Preisgekrönt vom Verein Deutscher Eisenbahn-Verwaltungen.

Das Gesetz über die Bahneinheiten.

Vom 19. August 1895
in der Fassung des Gesetzes vom 11. Juni 1902.

(Bisher: Gesetz, betreffend das Pfandrecht an Privateisenbahnen und Kleinbahnen und die Zwangsvollstreckung in dieselben.)

Kommentar

von

Dr. Georg Eger,
Regierungsrat.

Nebst einem Anhange, enthaltend die bezüglichen Gesetze, Ausführungs-Verfügungen, Verordnungen und Erlasse.

Zweite Auflage.

Berlin 1905.
J. Guttentag, Verlagsbuchhandlung,
G. m. b. H.

Vorwort zur ersten Auflage.

Im Anschluß an das Kleinbahngesetz vom 28. Juli 1892 bildet der Erlaß des Gesetzes, betreffend das Pfandrecht an Privateisenbahnen und Kleinbahnen und die Zwangsvollstreckung in dieselben, vom 19. August 1895 einen weiteren höchst bedeutsamen Schritt zur Förderung und Entwicklung des heimischen Eisenbahnwesens. Das Gesetz bezweckt, einem unabweisbaren Bedürfnisse entsprechend, die Regelung und Hebung der Kreditverhältnisse der Privat- und Kleinbahnen. Zu diesem Behufe sind die Bahnen zu einheitlichen Gegenständen des unbeweglichen Vermögens — Bahneinheiten — erklärt und damit die notwendigen dinglichen Grundlagen für einen gesicherten Eisenbahn-Kredit geschaffen. Denn durch die Beilegung der Eigenschaft als Immobilien hat das Gesetz die Bahnen zu Objekten der Veräußerung, Verpfändung und Zwangsvollstreckung gemacht und demgemäß prinzipiell den bezüglichen allgemeinen Vorschriften über Grundstücke unterworfen.

Aber die eigenartige Natur der Eisenbahnen und die Befriedigung des Kreditbedürfnisses erforderten zugleich wesentliche Abweichungen von den allgemeinen Vorschriften des Grundbuch-, Pfand- und Zwangsvollstreckungsrechts, vornehmlich die Einführung besonderer Eisenbahngrundbücher, ferner des Instituts der Teilschuldverschreibungen auf den Inhaber mit dem Rechtscharakter von Bahnpfandschulden, sowie neben den Formen der Zwangsvollstreckung auch der Zwangsliquidation der Bahneinheiten. Die von den allgemeinen Vorschriften abweichenden Bestimmungen und die damit verknüpfte Regelung dieser neuen Institute bilden den Inhalt des vorliegenden Gesetzes. Dasselbe bietet hiernach kein in sich abgeschlossenes Ganzes, keine vollständige und erschöpfende Regelung, sondern besteht auf der Grundlage und Voraussetzung der für Grundstücke gegebenen allgemeinen Vorschriften teils in der Ergänzung, teils in der Abänderung derselben.

In dieser Konstruktion des Gesetzes liegt aber die außerordentliche Schwierigkeit für das Verständnis desselben. Es ist in betreff aller Teile des Gesetzes notwendig, auf die zugrunde liegenden Bestimmungen anderer Gesetze — deren unmittelbare oder sinngemäße Anwendungen nur insoweit vorgeschrieben ist, als dies die besondere Natur der Verhältnisse der Bahnen erfordert, — vornehmlich der Grundbuchgesetze, der Zwangsvollstreckungsgesetze, des Gesetzes über die Inhaberpapiere, der Konkurs- und Zivilprozeßordnung ꝛc. zurückgehen. Daß sich daran zahlreiche Zweifel und Streitfragen knüpfen, liegt auf der Hand. Hiernach ist im Hinblick auf die außerordentliche Bedeutung der in Frage kommenden Interessen, die Neuheit der Materie, den Umfang und die Zahl der mit den einzelnen Bestimmungen verbundenen Streitfragen eine eingehende, auf die sorgfältige Benutzung der Materialien, Motive und Verhandlungen, der Literatur und Rechtsprechung gestützte Erläuterung des Gesetzes zum Bedürfnis geworden.

Das Bedürfnis besteht nicht nur für alle Interessenten aus den Kreisen des Verkehrs, des Handels und der Industrie, der Verwaltung und Justiz, namentlich für die Eisenbahnverwaltungen, Eisenbahnunternehmer und die mit der Gründung von Eisenbahnen befaßten Kommunalverbände und Finanzinstitute, sondern vor allem auch für die Bahnaufsichtsbehörden und Bahngrundbuchgerichte (Amtsgerichte), welchen bei der Anwendung und Handhabung dieses Gesetzes schwere und verantwortungsvolle Aufgaben und Obliegenheiten zugewiesen sind.

Vorwort zur zweiten Auflage.

Die überaus günstige Aufnahme, welche die erste Auflage gefunden hat, würde schon längst zur Herausgabe einer zweiten Auflage geführt haben, wenn nicht die durch die neue bürgerliche Gesetzgebung notwendig gewordene Änderung des Gesetzes vom 19. August 1895 hätte abgewartet werden müssen. Denn das Gesetz hat, wie in dem vorstehenden Vorwort zur ersten Auflage bereits erörtert, die Rechtsverhältnisse der Bahneinheiten teils durch Sondervorschriften, teils durch Verweisung auf die Grundbuchgesetze vom 5. Mai 1872 oder das sonst geltende Immobiliarsachenrecht und auf das Gesetz, betreffend die Zwangsvollstreckung in das unbewegliche Vermögen, vom 13. Juli 1883 geregelt. Soweit das Gesetz Sonderrecht für die Bahneinheiten enthält, ist es zwar von dem Bürgerlichen Gesetzbuche, der Reichs-Grundbuchordnung und dem Reichsgesetz über die Zwangsversteigerung und die Zwangsverwaltung unberührt geblieben (Einf.-Ges. z. B.G.B. Art. 112; G.B.O. § 83; Einf.-Ges. zum Gesetz über die Zwangsversteigerung 2c. § 2 Abs. 1; C.P.O. vom 20. Mai 1898 § 871). Dagegen sind die in dem Gesetze vom 19. August 1895 in bezug genommenen Vorschriften des bisherigen Liegenschafts-, Grundbuch- und Zwangsvollstreckungsrechts, der Konkurs- und Zivilprozeßordnung durch die entsprechenden neuen reichs- und landesgesetzlichen Vorschriften ersetzt worden (Einf.-Ges. z. B.G.B. Art. 4; G.B.O. § 82 Abs. 2; Einf.-Ges. zum Gesetz über die Zwangsversteigerung 2c. § 1 Abs. 2 und die gleichartigen Vorschriften der preußischen Ausführungsgesetze). Nachdem inzwischen auch das Reichsgesetz, betreffend die gemeinsamen Rechte der Besitzer von Schuldverschreibungen vom 4. Dezember 1899 (Reichs-Gesetzbl. S. 691) ergangen und ein Teil dessen, was das Gesetz enthielt, Reichsrecht geworden war, ergab sich die Notwendigkeit einer umfassenden Revision und insbesondere einer Anpassung des Gesetzes an das nunmehr geltende Reichs- und Landesrecht. Dies ist durch die Novelle vom 11. Juni 1902, welche zugleich dem bisherigen Gesetze die kürzere nnd geeignetere Bezeichnung „Gesetz über die Bahneinheiten" verliehen hat, geschehen.

In dem revidierten Gesetze sind in erster Reihe alle diejenigen Vorschriften fortgelassen, welche schon an sich im Reichs- und Landesrecht enthalten sind d. h. alle diejenigen Vorschriften, welche nunmehr durch das Bürgerliche Gesetzbuch, die Grundbuch-, Zivilprozeß- und Konkursordnung, die Reichsgesetze über die Zwangsversteigerung und Zwangsverwaltung, sowie über die gemeinsamen Rechte der Besitzer von Schuldverschreibungen und die hierzu ergangenen preußischen Ausführungsgesetze ersetzt sind. Sodann sind zahlreiche Änderungen vorgenommen, welche die Einfügung des Sprachgebrauchs der Reichsgesetze und der neueren sich daran anschließenden Landesgesetze bezwecken. Eine Reihe anderer Änderungen betrifft ferner die Richtigstellung von Verweisungen auf die gegenwärtige Fassung der allegierten Reichsgesetze, insbesondere der Zivilprozeß-, Grund- und Konkursordnung sowie des Zwangsversteigerungs- rc. Gesetzes. Endlich ist die Gelegenheit benutzt worden, um an vielen Stellen die Fassung des Gesetzes überhaupt zu verbessern und zu vereinfachen. Alle diese Änderungen haben das Gesetz in wesentlichen Teilen formell und materiell erheblich umgestaltet und es mußten daher zahlreiche Abschnitte des Kommentars einer vollständigen Umarbeitung unterzogen werden, so daß die neue Auflage als eine in vielen der wichtigsten Abschnitte gänzlich veränderte und umgestaltete bezeichnet werden darf.

Auch die neue Bearbeitung des Kommentars, welchem die ehrenvolle Anerkennung des Vereins deutscher Eisenbahn-Verwaltungen zuteil geworden ist, hat die Rechtsprechung und Literatur des Bahneinheitsrechts auf das sorgfältigste berücksichtigt. In eingehendster Weise sind ferner für die Erläuterung die Bestimmungen des Bürgerlichen Gesetzbuchs und der bezüglichen Gesetze, insbesondere der Grundbuch-, Zivilprozeß- und Konkursordnung, des Zwangsversteigerungsgesetzes, des Gesetzes über die gemeinsamen Rechte der Besitzer von Schuldverschreibungen, des Kleinbahngesetzes herangezogen worden.

Zur Erleichterung des Verständnisses der größtenteils sehr komplizierten Bestimmungen ist jedem Gesetzesparagraphen eine ausführliche Darstellung der zu Grunde liegenden Prinzipien und der Entstehungsgeschichte vorangeschickt und daran die Erläuterung der einzelnen Bestimmungen geknüpft. Auch sind die erwähnten Gesetze sowie die bisher ergangenen Ausführungs-Verfügungen und Ministerial-Erlasse im Zusammenhange mit den bezüglichen Bestimmungen des Gesetzes behandelt und am Schlusse des Werkes in einem besonderen Anhange als Anlagen chronologisch aufgenommen. Dem Kommentar ist ein genaues Inhaltsverzeichnis und ein ausführliches Sachregister beigegeben.

Berlin, im Oktober 1904.

Dr. Eger.

Inhaltsverzeichnis.

	Seite
Vorwort	III—VI
Inhaltsverzeichnis	VII—IX
Abkürzungen und Zitate der Literatur	X—XII
Erläuterungen des Gesetzes über die Bahneinheiten vom 19. August 1895 bezw. 11. Juni 1902	
Erster Abschnitt. Bahneinheit	1
§ 1. Begriff der Bahneinheit	1—6
§ 2. Vereinigungen von Privatbahnen zu einer Bahneinheit	6—11
§ 3. Entstehen und Aufhören der Bahneinheit	11—18
§ 4. Bestandteile der Bahneinheit	18—33
§ 5. Veräußerung und Belastung einzelner Grundstücke der Bahneinheit	33—39
§ 6. Verfolgung dinglicher Rechte an einzelnen Grundstücken der Bahneinheit	39—43
§ 7. Rechte der Bahn an fremden Grundstücken	43—45
Zweiter Abschnitt. Bahngrundbücher	45
§ 8. Anlegung der Bahngrundbücher	45—53
§ 9. Führung der Bahngrundbücher	53—56
§ 10. Anlegung der Bahngrundbuchblätter. Zuständigkeit der Gerichte	56—67
§ 11. Inhalt und Einrichtung des Titels des Bahngrundbuchblattes und der Grundakten	67—82
§ 12. Eigentum und Pfandfreiheit der auf dem Titel vermerkten Grundstücke	82—90
§ 13. Erfordernisse für die Anlegung des Bahngrundbuchblatts	91—106
§ 14. Schließung des Bahngrundbuchblatts	106—120
§ 15. Vermerk der Zugehörigkeit eines Grundstücks zur Bahneinheit	120—140
Dritter Abschnitt. Rechtsverhältnisse der Bahneinheiten	140
§ 16. Erwerb des Eigentums und dinglicher Rechte an der Bahneinheit	140—157
§ 17. Eintragung einer Grund- oder Rentenschuld	158—163

Seite

§ 18. Hypothek für Teilschuldverschreibungen auf den Inhaber 163—191
§ 19. Verfügungen des Bahneigentümers nach Erlöschen der Genehmigung . . . . 191—202

Vierter Abschnitt. Zwangsvollstreckung, Zwangsversteigerung und Zwangsverwaltung in besonderen Fällen 202

§ 20. Anwendung der reichs- und landesgesetzlichen Vorschriften auf die Zwangsvollstreckung in Bahneinheiten . . . . 202—208
§ 21. Eintragung von Sicherungshypotheken für Gläubigerforderungen . . . . 208—218
§ 22. Vollstreckungsgericht . . . . 218—220
§ 23. Anordnung der Zwangsvollstreckung und Verwaltung . 220—228
§ 24. Eintragung einer nicht eingetragenen Bahn . . . . 228—231
§ 25. Anteilverhältnis an Sachen und Rechten mehrerer Bahnen . . . . 231—240
§ 26. Reihenfolge der zu befriedigenden Ansprüche . . . . 240—252
§ 27. Antrag auf Einleitung der Zwangsversteigerung . . . 252—258
§ 28. Inhalt der Bekanntmachung des Versteigerungstermins . 258—262
§ 29. Bekanntmachung des Versteigerungstermins . . . . 262—265
§ 30. Anhörung der Aufsichtsbehörde vor Feststellung der Versteigerungsbedingungen . . . . 265—271
§ 31. Feststellung des Wertes der Bahneinheit . . . . . . 271—275
§ 32. Erteilung des Zuschlags . . . . 275—287
§ 33. Nachweis der Kostendeckung für die Einleitung einer Zwangsverwaltung . . . . 287—291
§ 34. Einleitung der Zwangsverwaltung im Konkurse . . . 291—296
§ 35. Befugnisse der Aufsichtsbehörde und des Ministers der öffentlichen Arbeiten bei Zwangsverwaltung . . . . 297—304
§ 36. Verteilung der Überschüsse der Zwangsverwaltung . . 304—311
§ 37. Zwangsvollstreckung in einzelne Gegenstände der Bahneinheit . . . . 312—326
§ 38. Geltung der §§ 172—184 des Zwangsversteigerungsgesetzes . . . . 326—328
§ 39. Versteigerungen gemäß §§ 21 und 47 Eisenbahnges. v. 3. Nov. 1838 . . . . 329—343

Fünfter Abschnitt. Zwangsliquidation 343

§ 40. Eröffnung der Zwangsliquidation . . . . 343—353
§ 41. Bekanntmachung des Eröffnungsbeschlusses . . . . . 353—358
§ 42. Beschwerde gegen den Eröffnungsbeschluß . . . . . 358—361
§ 43. Verfolgung von Bahnpfandrechten während der Zwangsliquidation . . . . 361—365
§ 44. Ernennung des Liquidators. Wahl des Gläubigerausschusses . . . . 365—377
§ 45. Bekanntmachung, Vergütung, Beaufsichtigung des Liquidators . . . . 377—387
§ 46. Verwertung der Bestandteile der Bahneinheit; Grundstücke 388—398
§ 47. Veräußerung der Bestandteile als Einheit . . . . . 398—402

Seite
§ 48. Verteilung der Masse . . . . 402—418
§ 49. Aufhebung und Einstellung der Zwangsliquidation . . 414—419
§ 50. Zustimmung der Gläubiger zur Einstellung des Verfahrens 419—424
§ 51. Berufung der Gläubigerversammlung . . . . . . 424—481
§ 52. Leitung und Beschlußfassung der Gläubigerversammlung 481—487
§ 53. Gerichtliche Bestätigung und Verwerfung des Gläubigerbeschlusses . . . . 437—445

Sechster Abschnitt. Schlußbestimmungen 445
§ 54. Zwangsvollstreckung in das Nutzungsrecht an der Bahneinheit . . . . 445—452
§ 55. Zum Teil im Preuß. Staatsgebiete liegende Bahnen . 452—456
§ 56. Rechtsmittel gegen Beschlüsse und Verfügungen der Kleinbahn-Aufsichtsbehörden . . . . 457—468
§ 57. Öffentliche Bekanntmachungen . . . . 468—468
§ 58. Ausführung des Gesetzes . . . . 468—470

Anhang 471
Anlage I. Preuß. Ausführungsgesetz zum Reichsgesetz über die Zwangsversteigerung und die Zwangsverwaltung, vom 28. September 1899. Art. 45 und 46 471
Anlage II. Preuß. Gerichtskostengesetz vom 25. Juni 1895 in der Fassung vom 6. Oktober 1899. §§ 67, 68, 119, 120, 124 bis 186 . . . . 471—475
Anlage IIIa. Preußisches Ausführungsgesetz zur Grundbuchordnung, vom 26. September 1899. Art. 80, 81 . . 475—476
Anlage IIIb. Allgemeine Verfügung des Preuß. Justizministers zur Ausführung der Grundbuchordnung, vom 20. November 1899. §§ 11 und 45 . . . . 476—477
Anlage IV. Reichsgesetz, betreffend die gemeinsamen Rechte der Besitzer von Schuldverschreibungen, vom 4. Dezember 1899 477—482
Anlage V. Allgemeine Verfügung des Preuß. Justizministers, betreffend die Bahngrundbücher, vom 11. November 1902 488—491
Anlage VI. Bürgerliches Gesetzbuch §§ 1184—1190, 1195 . 492—498
Anlage VII. Einführungsgesetz zum Bürgerlichen Gesetzbuch, Art. 112 498

Sachregister . . . . 494—508

Abkürzungen und Zitate der Literatur.*)

Abs. = Absatz.
Abschn. = Abschnitt.
Achilles u. Strecker = Dr. A. Achilles und O. Strecker, die Grundbuchordnung mit Kommentar. Berlin 1901.
A.L.R. = Allgemeines Preußisches Landrecht.
Anw. = Anweisung.
Ausf.-Verf. = Ausführungs-Verfügung.
Besch. = Bescheinigung.
Beschl. = Beschluß.
Best. = Bestimmung.
Bez. = Bezeichnung.
Biermann = Biermann, J., Das Sachenrecht. 2. Aufl. Berlin 1903.
Cirk.-Erl. = Cirkular-Erlaß.
Civ.-Proz.-Ord. = Civilprozeßordnung.
Dernburg = Dernburg, H., Das bürgerliche Recht des deutschen Reichs und Preußens. Bd. 3. Das Sachenrecht. 2. Aufl. Halle a. S. 1901.
Eger, Kleinb.-Ges. = Eger, G., Das Gesetz über Kleinbahnen und Privatanschlußbahnen vom 28. Juli 1892. 2. Aufl. Berlin 1904.
Eger, Handb. = Eger, G., Handbuch des Preuß. Eisenbahnrechts. 2 Bde. Breslau 1889, 1896.
Eig.-Erw.-Ges. = Preuß. Eigentumserwerbsgesetz vom 5. Mai 1872.
E.-V.-Bl. = Eisenbahn-Verordnungs-Blatt.
Eisenb. Arch. = Archiv für Eisenbahnwesen.
Eisenb. Entsch. = Eger, Eisenbahnrechtliche Entscheidungen und Abhandlungen.
Eisenb.-Ges. = Preuß. Eisenbahngesetz vom 3. November 1838.
Enteig.-Ges. = Preuß. Enteignungs-Gesetz vom 11. Juni 1874.
Entsch. = Entscheidung.
Entw. = Entwurf.

*) Ein erschöpfendes Verzeichnis der Literatur des preußischen Bahneinheitsrechts würde mit Rücksicht auf die große Zahl von Abhandlungen, Aufsätzen und Monographien einen unverhältnismäßigen Raum in Anspruch nehmen. Der Verfasser hat es daher vorgezogen, die benutzten Werke, Abhandlungen, Zeitschriften usw. an Ort und Stelle vollständig zu zitieren, und sich nur bezüglich der vorstehend angeführten auf die dabei vermerkten Abkürzungen beschränkt.

Erl. = Erlaß.

Fischer u. Schaefer = Fischer, O. und L. Schaefer, Die Gesetzgebung, betr. die Zwangsvollstreckung in das unbewegliche Vermögen, im Reiche und in Preußen. Berlin 1901/2.

Fitting = Fitting, Reichskonkursrecht und Konkursverfahren. 2. Aufl.

Freund = Freund, J., Die Zwangsvollstreckung in Grundstücke. Breslau 1901.

Fuchs = Fuchs, E., Grundbuchrecht. Bd. I. Berlin 1902.

Ges. = Gesetz.

G.-S. = Gesetz-Sammlung.

Gleim = Gleim, W., Das Gesetz, betreffend das Pfandrecht an Privateisenbahnen und Kleinbahnen und die Zwangsverwaltung in dieselben, vom 19. August 1895. Erläutert. Berlin, 1896.

Gleim, Recht d. Eisenb. = Gleim, W., Das Recht der Eisenbahnen in Preußen. Bd. I. Berlin 1898.

Gr.-B.-O. = Reichs-Grundbuchordnung vom 24. März 1897.

H.-G.-B. = Handelsgesetzbuch.

Hilse = Hilse, K., Handbuch der Straßenbahnkunde Leipzig 1892.

Jaeckel = Jaeckel, P., Das Reichsgesetz über die Zwangsversteigerung und die Zwangsverwaltung vom 24. März 1897. Berlin 1901.

J.-M.-Bl. = Preuß. Justiz-Ministerial-Blatt.

Kleinb. = Kleinbahnen.

Könige = Könige, H., Kommentar zum Gesetz, betr. die gemeinsamen Rechte der Besitzer von Schuldverschreibungen. Tübingen 1900.

Konk.-Ord. (auch K.-O.) = Konkursordnung.

Kuhlenbeck = Kuhlenbeck, L., Das bürgerliche Gesetzbuch für das deutsche Reich 3 Bde. Berlin 1903, 1904.

Min. = Minister.

M.-Bl. d. i. V. = Ministerialblatt der inneren Verwaltung.

Mitt. = Mitteilungen des Vereins deutscher Straßenbahn- und Kleinbahn-verwaltungen.

Mot. = Motive.

Neumann = Neumann, H., Handausgabe des Bürgerl. Gesetzbuchs für das Deutsche Reich. 3 Bde. 2. Aufl. Berlin 1900.

Riedner = Riedner, A., Gesetz über die Zwangsversteigerung und die Zwangsverwaltung. Berlin 1904.

Oberneck = Oberneck, H., Das Reichsgrundbuchrecht. 2. Aufl. Berlin 1900.

O.-V.-G. = Preuß. Oberverwaltungsgericht.

Petersen u. Kleinfeller = Petersen und Kleinfeller, Deutsche Konkursordnung. 3. Aufl. 1892.

Philler = Philler, O., Handausgabe der deutschen Grundbuchordnung. Berlin 1901.

Planck = Planck, Kommentar zum Bürgerl. Gesetzbuche 3. Aufl. Berlin 1903.

R.-Anz. = Reichs-Anzeiger.

R.-G. = Reichsgericht.

Reg.-Präs. = Regierungs-Präsident.

Reichs-Ges. = Reichsgesetz.

Reichs-Verf. = Reichsverfassung.

R.=G.=Bl. = Reichs=Gesetzblatt.

Reinhard = Reinhard, P., Das Zwangsversteigerungsgesetz. 2 Bde. 1901.

Rintelen = Rintelen, Konkursrecht 1890.

v. Sarwey = v. Sarwey, Deutsche Konkursordnung. 3. Aufl. 1895.

St.=G.=B. = Strafgesetzbuch.

Struckmann u. Koch = Struckmann, J. und R. Koch, Die Civilprozeß=ordnung. 2 Bde. 8. Aufl. Berlin 1901.

Sydow u. Busch = Sydow, R. und Busch, L., Civilprozeßordnung. 9. Aufl. Berlin 1901.

Verf. = Verfügung.

Verord. = Verordnung.

v. Völderndorff = v. Völderndorff, M., Deutsche Konkursordnung. 2. Aufl. 1885.

Willenbücher = Willenbücher, Reichs=Konkursordnung. 2. Aufl. 1896.

Wilmowski = G. v. Wilmowski, Deutsche Reichs=Konkursordnung. Berlin 1896.

Wilmowski u. Levy = G. v. Wilmowski und J. Levy, Die Civilprozeß=ordnung. 7. Aufl. Berlin 1895.

Zeit. d. Ver. D. E.=V. = Zeitung des Vereins Deutscher Eisenbahn=Verwaltungen.

Zeitschr. f. Kleinb. = Zeitschrift für Kleinbahnen.

Zw.=Verst.=Ges. = Reichsgesetz über die Zwangsversteigerung und die Zwangs=verwaltung vom 24. März 1897.

Zw.=Vollstr.=Ges. = Preuß. Zwangsvollstreckungsgesetz vom 13. Juli 1888.

Gesetz über die Bahneinheiten.

Vom 19. August 1895

in der Fassung der Novelle vom 11. Juni 1902 und der Bekanntmachung vom 8. Juli 1902.

(Ges.-Samml. 1902, Nr. 38, S. 288.)

(Bisher: Gesetz, betreffend das Pfandrecht an Privateisenbahnen und Kleinbahnen und die Zwangsvollstreckung in dieselben.)

Wir Wilhelm, von Gottes Gnaden König von Preußen rc., verordnen, unter Zustimmung beider Häuser des Landtags der Monarchie, was folgt:

Erster Abschnitt.

Bahneinheit.

§ 1.[1])

Eine Privateisenbahn, welche dem Gesetz über die Eisenbahnunternehmungen vom 3. November 1838 (Gesetz-Samml. S. 505) unterliegt,[2]) und eine Kleinbahn, deren Unternehmer verpflichtet ist, für die Dauer der ihm erteilten Genehmigung das Unternehmen zu betreiben,[3]) bildet mit den dem Bahnunternehmen gewidmeten Vermögenswerten eine Einheit (Bahneinheit).[4])

[1]) Prinzip und Entstehungsgeschichte des § 1. § 1. Prinzip.

I. Prinzip. Das vorliegende Gesetz verfolgt einen zweifachen Zweck, nämlich einerseits, dem Unternehmer inbezug auf das von ihm betriebene Unternehmen diejenigen Beschränkungen seines Verfügungsrechtes aufzuerlegen, welche im öffentlichen Interesse zur Aufrechterhaltung eines ordnungsmäßigen Betriebes erforderlich sind, andererseits dem Unternehmer einen den bestehenden pfandrechtlichen Grundsätzen entsprechenden und geeigneten Gegenstand der Verpfändung und Zwangsvollstreckung zu gewähren bezw. für die Bahngläubiger zu schaffen. Das Bahnunternehmen soll daher im öffentlichen Interesse während der Dauer des Betriebes und, soweit dieser es erfordert, wirtschaftlich und rechtlich ein untrennbares Ganzes bilden, zugleich aber auch im privaten Interesse in dieser Zusammenfassung als Ganzes zum Gegenstande privatrechtlicher Verfügungen, vornehmlich der Veräußerung, der Verpfändung und der Zwangsvollstreckung gemacht werden können. Beiden Zwecken wurde am besten dadurch genügt, daß das ganze Bahnunternehmen gesetzlich zu einer im wesentlichen für die Betriebsdauer untrennbaren Einheit erklärt (§§ 1—7) und diese als Berechtigung den sich auf Grundstücke beziehenden Vorschriften unterworfen worden ist (§ 16 Abs. 1 Anm. 77). Auf diese Weise wurde einerseits ein den Einzelverfügungen des Unternehmers entzogenes Objekt geschaffen, andererseits für die Gläubiger ein geeigneter Gegenstand der Befriedigung, auf welchen die allgemeinen Grundsätze über Veräußerung, Verpfändung und Zwangsvollstreckung von Grundstücken entsprechende Anwendung finden (§§ 16, 20), und zwar mit den durch die Eigenartigkeit und die Natur der Sache gebotenen Sonder-Bestimmungen und Einrichtungen. (Art. 112 Einf.-Ges. z. B.-G.-B.).

Mit § 1 beginnt der erste, die §§ 1—7 umfassende Abschnitt des Gesetzes, welcher von der Bahneinheit handelt. Es entspricht dem Zwecke des Gesetzes, daß den Bestimmungen über die Verpfändung und Zwangsvollstreckung die Normen über den Begriff und das Wesen der Bahneinheit, auf welcher jene beruhen, vorangehen.

An die Spitze des ersten Abschnittes ist im § 1 die Begriffsbestimmung der Bahneinheit gestellt, und zwar derartig, daß zunächst diejenigen Kategorien von Bahnen bezeichnet sind, welche den Gegenstand einer Bahneinheit und damit des Gesetzes bilden, und sodann der Umfang der Bahneinheit — die Bahn mit den dem Bahnunternehmen gewidmeten Vermögenswerten. Daß die Bahneinheit ihrer Rechtsnatur nach eine dingliche, den Grundstücken gleichgestellte, dem Erbbaurechte und Bergwerkseigentum analoge Berechtigung darstellt, ist im § 16 (Anm. 77) des näheren erörtert. (Vgl. § 864 C.-P.-O., § 1017 B.-G.-B., Art. 67 Einf.-Ges. z. B.-G.-B., Art. 87 Ziff. I und XIII, Art. 88 § 5, Art. 40 Preuß. Ausf.-Ges. z. B.-G.-B. v. 20. September 1899.).

§ 1. Entstehung. II. Entstehungsgeschichte: Aus der Entstehungsgeschichte des § 1 ist für das Verständnis der in demselben ausgesprochenen Grundsätze folgendes hervorzuheben:

Der Entwurf vom 13. März 1895 (Drucks. d. Herrenh. Nr. 24, S. 3) schlug folgende Fassung für § 1 vor: „Eine Privateisenbahn, welche dem Gesetze über die Eisenbahnunternehmungen vom 8. November 1888 (G.-S. S. 505) unterliegt, und eine Kleinbahn, deren Unternehmer verpflichtet ist, für die Dauer der ihm erteilten Genehmigung das Unternehmen zu betreiben, bildet mit den dem Bahnunternehmen gewidmeten Vermögenswerten als Einheit (Bahneinheit) einen Gegenstand des unbeweglichen Vermögens."

Die Motive führen folgendes aus (S. 27): „Gegenstand des Gesetzes sind nur diejenigen Bahnen, welche zur Beförderung von Personen oder Gütern im öffentlichen Verkehre bestimmt sind, also die Eisenbahnen im engeren Sinne und die Kleinbahnen, nicht die Privatanschlußbahnen (§ 48 des Gesetzes vom 28. Juli 1892). Von den dem öffentlichen Verkehre dienenden Bahnen scheiden ferner diejenigen Kleinbahnen aus, bei welchen eine Verpflichtung der Unternehmer zur Betreibung des Bahnunternehmens nicht begründet ist. Während die Erteilung der Genehmigung zum Betriebe einer Privateisenbahn stets auch die Verpflichtung zum Betriebe in sich schließt, kann nach der Ausführungsanweisung vom 22. August 1892, jetzt 13. August 1898, zu den §§ 10 und 11 des Kleinbahngesetzes bei denjenigen Kleinbahnen von der Auferlegung der Verpflichtung zum Betriebe abgesehen werden, welche für das öffentliche Verkehrsinteresse ohne Wert sind, vielmehr vornehmlich Privatzwecken des Unternehmers oder lediglich Vergnügungszwecken dienen. Indem das Gesetz die einem Bahnunternehmer gehörigen Vermögensrechte zu einer Einheit zusammenfaßt und die Sorge für die Erhaltung dieser Einheit in betriebsfähigem Zustande öffentlichen Behörden überträgt (vgl. §§ 5, 6, 47 des Entwurfs), räumt es dem Bahnunternehmen eine Sonderstellung vor anderen gewerblichen Unternehmungen ein, welche nur dann gerechtfertigt ist, wenn die Erhaltung des Unternehmens nicht bloß im Interesse des Eigentümers und der Gläubiger, sondern zugleich im öffentlichen Interesse liegt. Bei der Zusammenfassung der verschiedenen Vermögenswerte zu einer Einheit handelt es sich nicht bloß um eine abgekürzte Bezeichnung einer Mehrheit von Sachen, welche ihre volle rechtliche Selbständigkeit behalten, vielmehr wird durch dieselbe ein neues eigentümliches Rechtsobjekt geschaffen, welches nicht mit der Summe der Bestandteile zusammenfällt, sondern trotz des Wechsels derselbe unverändert bleibt und dessen jeweilige Bestandteile für die Dauer ihrer Zugehörigkeit zur Einheit ihre rechtliche Selbständigkeit zwar nicht völlig einbüßen, aber doch infolge dieser Zugehörigkeit rechtlichen Beschränkungen unterworfen werden. Dem Eigentümer der Bahneinheit wird die volle Verfügungsfreiheit über die einzelnen Bestandteile derselben entzogen, indem die letzteren nur in beschränkter Weise zum Gegenstand dinglicher Rechtsgeschäfte gemacht werden können.

In dem Bericht der Abg.-Haus-Kommission (Drucks. d. Abg.-H. Nr. 254 S. 8145, 8150) wurde zunächst zu § 1 in der Generaldiskussion festgestellt, daß nur solche Bahnen Gegenstand des Gesetzentwurfes sind, welche zur Beförderung von Personen und Gütern im öffentlichen Verkehre dienen, und zwar: 1. Privateisenbahnen (Gesetz vom 8. November 1888), 2. Kleinbahnen (Gesetz vom 28. Juli 1892). Bloße Privatanschlußbahnen (§ 48 des Gesetzes vom 28. Juli 1892) und solche Kleinbahnen, bei denen eine Verpflichtung des Unternehmers zum Betriebe der Bahn fehlt, sind ausgeschlossen, ebenso die Staatsbahnen, weil für dieselben ein Bedürfnis der Veräußerung oder Verpfändung zur Zeit nicht besteht. (Achilles und Strecker, Grundbuchordnung S. 457.)

Die Kommission hat hierauf den § 1 in der Fassung der Regierungsvorlage unverändert angenommen.

Auch in der II. und III. Lesg. des Abg.- und Herrenh. erfuhr § 1 keine Abänderung und ist ohne weitere Diskussion definitiv in das Eisenb.-Pfandr.-Gesetz v. 19. August 1895 übergegangen.

Der Revisionsentwurf v. 10. Februar 1902 (Drucks. d. Herrenh. Nr. 42 S. 8) schlug vor, im § 1 die Worte: „als Einheit (Bahneinheit) einen Gegenstand des unbeweglichen Vermögens“ zu ersetzen durch die Worte: „eine Einheit (Bahneinheit).“

In der Begründung (S. 11, 12) wird darauf hingewiesen, daß die bisherige Fassung deshalb gewählt worden ist, weil die Zuständigkeit der Landesgesetzgebung nach § 89 der Konkursordnung und § 757 der C.-P.-O. von der Zurechnung der Bahneinheit zum unbeweglichen Vermögen abhing. In letzterer Hinsicht ist der Standpunkt der Reichsgesetzgebung ein anderer geworden. Die Gegenstände, die der Zwangsvollstreckung in das unbewegliche Vermögen unterliegen, sind jetzt im § 864 der C.-P.-O. in der Fassung vom 20. Mai 1898, abgesehen von dem unten zu § 58 zu erwähnenden Vorbehalte des § 871, grundsätzlich erschöpfend bestimmt (vgl. § 47 der Konkursordnung in der Fassung vom 20. Mai 1898). Außer den Grundstücken und den im Schiffsregister eingetragenen Schiffen sind es die Berechtigungen, für welche die sich auf Grundstücke beziehenden Vorschriften gelten. Dem gegenwärtigen Standpunkte der Reichsgesetzgebung entspricht es hiernach nicht mehr, wenn das Gesetz die Bahneinheit zu einem Gegenstande des unbeweglichen Vermögens erklärt; vielmehr hat die Landesgesetzgebung lediglich zu bestimmen, daß für die Bahneinheit die sich auf Grundstücke beziehenden Vorschriften gelten. Dies geschieht durch die im Entwurfe vorgeschlagene neue Fassung des § 16. Der bisherige Schluß des § 1 ist dagegen in Wegfall zu bringen.

Dieser Vorschlag wurde vom Herren-Hause (IV. Sess. Verhandl. 1902 S. 58) und Abg.-Hause (IV. Sess. Verhandl. 1902 S. 4888, 5059/60, 5068) unverändert angenommen.

§ 1. Privateisenbahn u. Kleinbahn. [2]) § 1 bezeichnet zwei Kategorien von Eisenbahnen, welche eine Bahneinheit im Sinne dieses Gesetzes bilden, nämlich: eine Privateisenbahn, welche dem Gesetze über die Eisenbahnunternehmungen vom 8. November 1888 (G.-S. S. 505) unterliegt, und eine Kleinbahn, deren Unternehmer verpflichtet ist, für die Dauer der ihm erteilten Genehmigung das Unternehmen zu betreiben.

In erster Reihe bilden die unter das Eisenbahngesetz von 1888 fallenden, d. h. landesherrlich konzessionierten Privateisenbahnen Bahneinheiten. Privateisenbahnen sind hier im Gegensatze zu den dem Preußischen Staate oder dem Deutschen Reiche gehörigen Eisenbahnen — Staats- und Reichsbahnen — gemeint. (Übereinstimmend Fischer-Schaefer, Zw.-Vollstreck. S. 685.) Nach den Mot. (S. 7) liegt ein Anlaß, die Staatsbahnen den Vorschriften des Gesetzes zu unterstellen, nicht vor, da eine Veräußerung oder Verpfändung derselben nicht beabsichtigt wird. Das Gesetz beschränkt sich daher auf Privateisenbahnen. Was aber in den Mot. in betreff der Staatsbahnen gesagt ist, gilt auch für etwa auf preußischem Gebiete liegende Reichsbahnen. Dagegen wird man die Eisenbahnen anderer Staaten — gleichviel ob Privat- oder Staatsbahnen — bezüglich ihrer im preußischen Gebiete belegenen Strecken nicht als Staats-, sondern als Privatbahnen anzusehen haben. Auf diese in Preußen belegenen Teilstrecken der ausländischen Bahnen sollen die Vorschriften dieses Gesetzes, sofern nicht durch Staatsvertrag ein anderes bestimmt ist, Anwendung finden (s. § 55). Indes wie die einzelne, im Inlande belegene Teilstrecke einer ausländischen Bahn eine selbständige Bahneinheit bilden oder für sich allein als selbständiger Teil einer solchen rechtlich betrachtet oder behandelt werden soll, ist nicht ersichtlich. In der Praxis wird es daher geboten sein, derartige Strecken — ungeachtet des § 55 — den Staatsstrecken gleichzustellen und von der Anwendung des vorliegenden Gesetzes zu eximieren. Im übrigen sind mangels einer Einschränkung ausnahmslos alle dem Ges. von 1888 unterliegenden Privateisenbahnen inbegriffen. Daher kommt es auch nicht darauf an, ob eine Privateisenbahn ex lege diesem Gesetze unterstellt ist oder durch die Konzession oder einen Staatsvertrag (Gleim, Komm. § 1 Anm. 1).

[3]) In zweiter Reihe bilden nach § 1 Bahneinheiten die „Kleinbahnen, deren Unternehmer verpflichtet ist, für die Dauer der ihm erteilten Genehmigung das Unternehmen zu betreiben". Kleinbahnen sind die dem öffentlichen Verkehre

dienenden Eisenbahnen, welche wegen ihrer geringen Bedeutung für den allgemeinen Eisenbahnverkehr dem Gesetze vom 3. November 1888 nicht unterliegen, insbesondere der Regel nach solche Bahnen, welche hauptsächlich den örtlichen Verkehr innerhalb eines Gemeindebezirks oder benachbarter Gemeindebezirke vermitteln, sowie Bahnen, welche nicht mit Lokomotiven betrieben werden (§ 1 Kleinb.-Ges. v. 28. Juli 1892. Eger, Komment. z. Kleinb.-Ges., 2. Aufl. § 1 Anm. 1—4 S. 8—31. — H.-G.-B. § 473. — Eisenb.-Verk.-Ord. v. 26. Oktober 1899. Eingangs-Bestimmungen. Eger, Komment. zur Eisenb.-Verk.-Ord. 2. Aufl. Anm. 3, 4, S. 6 ff).

Mit Rücksicht auf das Wort „verpflichtet" könnte es scheinen, als seien nicht alle Kleinbahnen hier gemeint, sondern nur ein Teil, nämlich diejenigen, deren Unternehmern die Betriebspflicht obliegt. Indes diese Zusatzbestimmung ist deshalb bedeutungslos, weil nach dem Kleinbahngesetze vom 28. Juli 1892 die Unternehmer aller Kleinbahnen ausnahmslos betriebspflichtig sind. Nach § 1 sind Kleinbahnen begrifflich dem öffentlichen Verkehre dienende Eisenbahnen. Die ihren Unternehmern erteilte Genehmigung zum Bau und Betrieb hat, wie die den Unternehmern von Haupt- und Nebenbahnen nach dem Eisenb.-Ges. vom 3. November 1838 erteilte, den Rechtscharakter einer Konzession bezw. eines Privilegs, und dem mit besonderen Befugnissen ausgestatteten Rechte zum Bau und Betrieb steht auch die korrelate Pflicht hierzu gegenüber. Die Annahme, daß die Genehmigung einer Kleinbahn lediglich eine polizeiliche sei, wie die einer privatgewerblichen Anlage, ist eine irrige, im Gesetze nicht begründete, ebenso wie dasselbe nirgends dafür einen Anhalt bietet, daß dem Unternehmer die Betriebspflicht gesetzlich nicht obliege. Wenn daher die ministerielle Ausf.-Anweis. zu § 11 des Kleinb.-Ges. vom 13. August 1898 von dem Erfordernisse einer besonderen Auflage der Betriebspflicht für diejenigen Kleinbahnen spricht, welche für den öffentlichen Verkehr von Bedeutung sind, und die Auflage dieser Pflicht bei Kleinbahnen nicht für erforderlich hält, welche für das öffentliche Verkehrsinteresse ohne Wert seien, so steht diese Verwaltungsverfügung im Widerspruch mit dem Gesetze vom 28. Juli 1892, welches prinzipiell für alle Bahnen die Betriebspflicht anerkennt, und vornehmlich mit § 1 l. c., welcher sämtliche Kleinbahnen begrifflich als dem öffentlichen Verkehre dienende bezeichnet. (Vgl. hierzu Achilles u. Strecker S. 457. — Eger, Komment. z. Kleinb.-Ges. 2. Aufl. § 11, S. 179, 180. Allen Kleinbahnen sind ausnahmslos eine Reihe von Pflichten gegenüber verschiedenen Zweigen der Staats- und Reichsverwaltung, den Adjazenten, den Anschlußinhabern rc. auferlegt und demgegenüber unter dem Schutze des Gesetzes gewisse exemte Rechte verliehen (z. B. Benutzung öffentlicher Straßen); daraus erhellt, daß auch allen Kleinbahnen die Betriebspflicht gesetzlich obliegen muß. Wird hiernach im § 1 des Gesetzes vom 11. Juni 1902 über Kleinbahnen Bestimmung getroffen, deren Unternehmer zum Betriebe verpflichtet sind, so darf nicht e contrario geschlossen werden, daß es auch Kleinbahnen ohne Betriebspflicht gibt. Vielmehr ist dieser Zusatz selbstverständlich und daher überflüssig.

Nach vorstehendem fallen also alle Kleinbahnen (§ 1 Ges. v. 28. Juli 1892) unter das Gesetz. Es ist ganz allgemein „Kleinbahn" gesagt, doch sind unter Kleinbahnen im § 1 nur die Privat-Kleinbahnen, nicht auch die staatlichen Kleinbahnen zu verstehen. Hiernach findet § 1 keine Anwendung auf sämtliche, nicht dem öffentlichen, sondern nur dem Privatverkehr dienende Bahnen, auf alle

Staatsbahnen, Privatanschlußbahnen (§ 48 Gesetz vom 28. Juli 1892) und die dem Kleinbahngesetze nicht unterworfenen Bahnen für den Privatverkehr.

§ 1. Bahneinheit. [4]) § 1 beschränkt sich nicht darauf, diejenigen beiden Kategorien von Bahnen aufzuführen, auf welche allein das vorliegende Gesetz Anwendung findet, sondern bestimmt zugleich, daß jede dieser Bahnen mit den dem Bahnunternehmen gewidmeten Vermögenswerten eine Einheit bildet. Es wird damit durch gesetzliche Bestimmung ein neues Rechtsobjekt geschaffen, dazu bestimmt, einerseits öffentlich rechtlich und im öffentlichen Verkehrsinteresse ein einheitliches, untrennbares und daher in seinen einzelnen Teilen während der Betriebsdauer den Verfügungen des Unternehmers wie Dritter entzogenes Ganzes darzustellen, andererseits privatrechtlich als Ganzes ein geeigneter Gegenstand der Veräußerung, Belastung und Zwangsvollstreckung zu sein. Die Bahneinheit ist ihrem Rechtscharakter nach eine aus Sachen und Rechten (§ 4) bestehender Inbegriff (Berechtigung: s. Anm. 1, S. 2), welcher ein von den einzelnen Bestandteilen, aus denen er sich zusammensetzt, getrennte und selbständige Rechtsexistenz führt. Schulden und Lasten, welche auf dieser Einheit ruhen oder aus dem Betriebe des Unternehmens sich ergeben, gehören rechtlich zwar nicht zur Bahneinheit (§ 4), aber sie sind bei der Zwangsvollstreckung, Versteigerung oder Liquidation aus dem Werte der Bahneinheit vorerst zu decken. Die Bahneinheit besteht nach der Definition des Gesetzes nicht aus Rechten und Pflichten (Aktiven und Passiven), etwa wie die Erbschaft, die Konkursmasse ꝛc., sondern nur aus Vermögenswerten (arg. § 4), sie stellt die in dem Bahnunternehmen vereinigten Vermögenswerte dar. Zutreffend weisen die Motive darauf hin, daß durch die Einheit ein neues eigentümliches Rechtsobjekt geschaffen wird, welches nicht mit der Summe seiner Bestandteile zusammenfällt, sondern trotz des Wechsels derselben unverändert bleibt, und dessen jeweilige Bestandteile für die Dauer ihrer Zugehörigkeit zur Einheit ihre rechtliche Selbständigkeit zwar nicht völlig einbüßen, aber doch infolge dieser Zugehörigkeit rechtlichen Beschränkungen unterworfen werden.

Die Bahneinheit besteht aus der Eisenbahn selbst und den dem Bahnunternehmen gewidmeten Vermögenswerten. Unter der „Eisenbahn" an sich ist das körperliche Substrat, die Grundlage für das Eisenbahntransportgewerbe, die gesamte Eisenbahnanlage zu verstehen. Unter den „dem Bahnunternehmen gewidmeten Vermögenswerten" die Gesamtheit aller Gegenstände und Rechte, welche zum Betriebe des Unternehmens erforderlich und für dasselbe bestimmt sind (§ 4).

Nach der bisherigen Fassung des § 1 (1895) war am Schlusse die Bahneinheit noch ausdrücklich zu einem Gegenstande des unbeweglichen Vermögens erklärt. Dies entsprach jedoch — wie oben Anm. 1 S. 4 ausgeführt — dem gegenwärtigen Standpunkte der Reichsgesetzgebung nicht mehr (§ 864 C.-P.-O.) und ist mit Rücksicht auf § 16 Abs. 1 in Fortfall gebracht. (Anm. 77 ff.)

§ 2.[5])

Jedes Bahnunternehmen, für welches eine besondere Genehmigung erteilt ist, ist als eine selbständige Bahneinheit anzusehen.[6]) Ist jedoch eine Privateisenbahn nach den Bestimmungen der für dieselbe erteilten Genehmigung einheitlich mit einer anderen bereits bestehenden

Privateisenbahn (Stammbahn) zu betreiben, so bilden beide eine einzige Bahneinheit.[6a])

Wer zur Verfügung über eine Bahn berechtigt ist und in welchem Umfange das Verfügungsrecht ausgeübt werden kann, bestimmt sich nach den gesetzlichen Vorschriften und dem Inhalte der Genehmigung.[7])

[5]) Prinzip und Entstehungsgeschichte des § 2.

I. Prinzip. Für die Bahneinheit gelten die sich auf Grundstücke beziehenden Vorschriften des B.-G.-B. (§ 16 Abs. 1) insbesondere in betreff des Erwerbs bezw. der Veräußerung, der Belastung und Zwangsvollstreckung. Jede Bahn mit den ihr gewidmeten Vermögenswerten bildet an sich eine besondere, in sich abgeschlossene, selbständige Bahneinheit, kann daher auch selbständig veräußert oder belastet &c. werden. Sie verliert — wie Grundstücke — ihren selbständigen Charakter und ihre besondere Individualität nicht, wenn sie mit anderen Bahnen bezw. Bahneinheiten im Eigentum, in der Verwaltung oder im Betriebe eines Unternehmers vereinigt ist. Ihre Veräußerung oder Belastung trifft daher die anderen, mit ihr in dieser Weise vereinigten Bahneinheiten nicht. Indes diese Trennung läßt sich dann rechtlich nicht aufrecht erhalten und würde der Natur der bestehenden Verhältnisse nicht entsprechen, wenn in der für eine Bahn (Stammbahn) erteilten Genehmigung von vornherein der einheitliche Betrieb mit einer bereits bestehenden Bahn (Stammbahn) vorgesehen ist. Dieselben müssen alsdann, wie wirtschaftlich, so rechtlich ein einheitliches Ganzes, eine Bahneinheit bilden, derartig, daß beide integrierende Bestandteile eines Ganzen sind, und — wie sie einen Vermögenswert darstellen, gemeinsame Fonds, Anlagen, Betriebsmittel und Verwaltung haben — auch nur als ein Ganzes veräußert und belastet werden können, mithin die Pfandschulden der einen Bahn auch zugleich diejenigen der anderen sind. (Abweichend von § 890 Abs. 2 B.-G.-B. s. Mot. z. § 16 Anm. 77). § 2. Prinzip.

Im übrigen ist die in Rede stehende Bestimmung auf Privateisenbahnen eingeschränkt worden, weil nur bei diesen der einheitliche Betrieb mit später hinzutretenden Bahnen verfassungs- und gesetzmäßig vorgeschrieben ist, während dies bei Kleinbahnen nicht der Fall ist, der Kleinbahnunternehmer sich im Gegenteil ohne seine Zustimmung die Auflage eines einheitlichen Betriebes nicht gefallen zu lassen braucht.

Der Rechtscharakter der Bahneinheit als einer den auf Grundstücke bezüglichen Vorschriften unterworfenen Berechtigung legt ferner die Folgerung nahe, daß dem Unternehmer als Eigentümer des Bahnunternehmens alle diejenigen Rechte zustehen, welche dem Eigentümer eines Grundstücks zukommen, und daß er die gleiche Rechtstellung wie dieser habe. Diese Folgerung trifft aber deshalb nicht zu, weil der Bahneigentümer in seinen Eigentumsrechten beschränkt und insbesondere sein Verfügungsrecht teils durch öffentlichrechtliche Bestimmungen, teils durch Konzessionsbedingungen modifiziert ist. Würden diese Beschränkungen lediglich den Charakter privatrechtlicher Eigentumsbeschränkungen tragen, so würden auf dieselben auch die §§ 891, 892 ff. B.-G.-B. ohne weiteres Anwendung finden müssen, wonach derartige Einschränkungen Dritten gegenüber nur im Falle der Kenntnis derselben oder der Eintragung im Grundbuche Rechtswirksamkeit erlangen. Dies würde aber mit der öffentlichrechtlichen Natur jener Einschränkungen nicht vereinbar sein. Aus diesem Grunde und um auf den Unterschied der Rechtsstellung zwischen einem gewöhnlichen Eigentümer und einem Bahneigentümer, sowie darauf hinzuweisen, daß das Eigentum des letzteren kein freies, sondern ein durch öffentlichrechtliche Vorschriften der Gesetze und durch Konzessionsbedingungen beschränktes sei, ist der Abs. 2 des § 2 aufgenommen worden. Indem durch Abs. 2 Ausübung und Umfang des Verfügungsrechts über eine Bahn von der Bestimmung der gesetzlichen Vorschriften und dem Inhalte der Genehmigung abhängig gemacht wird, kann ein Zweifel darüber nicht bestehen, daß nicht ohne weiteres das freie Verfügungsrecht und die sonstige Rechtsstellung des Privateigentümers bei dem Bahneigentümer Platz greift.

§ 2. Entstehung. II. Aus der Entstehungsgeschichte des § 2 ist folgendes hervorzuheben: Der Regierungs-Entwurf vom 18. März 1895 (Drucks. d. Herrenh. Nr. 24 S. 8) schlug folgende Fassung des § 2 vor:

„Jedes Bahnunternehmen, für welches eine besondere Genehmigung erteilt ist, ist als eine selbständige Bahneinheit anzusehen. Ist jedoch ein Bahnunternehmen nach den Bestimmungen der für dasselbe erteilten Genehmigung einheitlich mit einem anderen bereits bestehenden Bahnunternehmen (Stammbahn) zu betreiben, so bildet es ein Zubehör des letzteren.

Wer zur Verfügung über eine Bahn berechtigt ist und in welchem Umfange das Verfügungsrecht ausgeübt werden kann, bestimmt sich nach den gesetzlichen Vorschriften und dem Inhalte der Genehmigung."

Die Motive (S. 27, 28) führen aus: „Die Begrenzung der Bahneinheit ergibt sich aus dem Inhalte der für das Unternehmen erteilten Genehmigung. Dabei erscheint jedes für sich genehmigte Unternehmen als eine besondere Einheit, welche ihre Selbständigkeit dadurch nicht verliert, daß mehrere Bahnunternehmen in der Hand eines Unternehmers vereinigt sind. Es kommt jedoch vor, daß ein neues Unternehmen nur in der Weise genehmigt wird, daß es mit einem bereits bestehenden Unternehmen, der sog. Stammbahn, in einheitlicher Weise betrieben wird. In diesem Falle würde die Gestaltung des neuen Unternehmens als einer selbständigen Bahneinheit den Bestimmungen der Genehmigung widersprechen. § 2 schreibt daher vor, daß das neue Unternehmen als Zubehör der Stammbahn anzusehen ist, was zur Folge hat, daß es in die an derselben bestehenden Pfandrechte eintritt. Der Entwurf bezeichnet den Unternehmer der Bahn als den Eigentümer derselben. Sein Eigentum ist aber ein beschränktes, sein Verfügungsrecht kann auf Grund der Vorschriften des öffentlichen Rechts oder der Bedingungen der erteilten Genehmigung in mannigfacher Weise beschränkt, insbesondere an die Zustimmung der staatlichen Aufsichtsorgane gebunden sein. Diese öffentlich-rechtlichen Beschränkungen läßt der Entwurf unberührt. Vom privatrechtlichen Standpunkt aus erscheinen sie als Eigentumsbeschränkungen im Sinne des § 11 des Eigentumserwerbsgesetzes vom 5. Mai 1872. Der öffentlichen Natur derselben entspräche es aber nicht, wenn sie gemäß § 11 a. a. O. Dritten gegenüber nur im Falle der Kenntnis oder der Eintragung im Grundbuche wirksam würden. § 2 sichert ihnen daher unbedingt Wirksamkeit gegen jeden Dritten."

Gegenüber Einwendungen des Referenten in der Kommission des Abg.-Hauses (Drucks. Nr. 254, S. 8150), welcher den zweiten Satz als unrichtig und den dritten als entbehrlich bezeichnete, wurde seitens der Regierungskommissarien bezüglich des zweiten Satzes in der ersten Lesung auf die Begründung des Entwurfs Bezug genommen und betont, daß eine Einheit in wirtschaftlicher Hinsicht notwendig sei, eine wirtschaftliche Einheit aber zur vollen Wirksamkeit die rechtliche Einheit voraussetze, und daß der Bahnpfandgläubiger wissen und von vornherein darauf gefaßt sein müsse, daß er sich etwaigen Modifikationen des Unternehmens zu unterwerfen habe. Die Beibehaltung des dritten Satzes sei deshalb für wünschenswert erklärt worden, weil der Entwurf das Bahnunternehmen als Bahneigentum bezeichne und daraus, wenn nicht durch § 2 Absatz 2 auf die Beschränkungen seines Verfügungsrechts hingewiesen würde, das Mißverständnis entstehen könne, als solle dem Bahnunternehmer dieselbe Rechtsstellung eingeräumt werden, wie sie sonst einem Eigentümer zukomme.

Bei der zweiten Lesung wurde regierungsseitig die Erklärung abgegeben, daß man auf die Aufrechterhaltung des zweiten Satzes nur bezüglich der eigentlichen Privateisenbahnen Wert lege, weil diese nach den Bestimmungen der Reichsverfassung mit der Staatsbahn wie ein einheitliches Netz betrieben werden müßten, während für Kleinbahnen eine derartige Verpflichtung nicht bestehe und dem Unternehmer in der Genehmigung auch nicht einmal gegen seinen Willen auferlegt werden könne.

Demgemäß wurde beantragt, den zweiten Satz so zu fassen:

> Ist jedoch eine Privateisenbahn nach den Bestimmungen der für dieselbe erteilten Genehmigung einheitlich mit einer anderen bereits bestehenden Privateisenbahn (Stammbahn) zu betreiben, so bilden beide eine einzige Bahneinheit.

Zu dieser Fassung haben die Regierungskommissare ihre Zustimmung erteilt. Seitens der Kommission ist der § 2 in der Fassung der Regierungsvorlage mit der vorstehend beantragten Abänderung des zweiten Satzes angenommen worden und ging solchergestalt, ohne in den weiteren Verhandlungen eine Änderung zu erfahren, endgültig in das Eisenb.-Pfandr.-Ges. v. 19. August 1895 über. Auch durch den Revisionsentwurf v. 10. Februar 1902 (Drucks. d. Herrenh. Nr. 42) erfuhr § 2 keine Änderung, und wurde wörtlich in das Bahneinheitsgesetz v. 11. Juni 1902 aufgenommen.

⁶) Abs. 1 des § 2 zerfällt in zwei Sätze, von denen der erste den eigentlich selbstverständlichen, folgerichtig sich aus § 1 ergebenden Satz ausspricht, daß jedes Bahnunternehmen, für welches eine besondere Genehmigung erteilt ist, als eine selbständige Bahneinheit anzusehen ist. Daraus folgt, daß für jedes derartige Bahnunternehmen die zivilrechtlichen Normen für Grundstücke gelten. Diese Konsequenz ist auch im § 16 des Gesetzes gezogen und vorgeschrieben, daß die für den Erwerb des Eigentums und die Ansprüche aus dem Eigentum an Grundstücken geltenden Vorschriften des B.-G.-B. auf die Bahneinheit entsprechende Anwendung finden, soweit sich nicht aus dem vorliegenden Gesetze ein anderes ergibt, ebenso die auf die Zwangsvollstreckung bezüglichen Normen des bürgerlichen Rechts (§ 20). Demgemäß finden auch die Bestimmungen über Hypotheken, Grund- und Rentenschulden auf die Bahneinheit Anwendung, und es ergibt sich daraus, daß sich die Wirkung derselben an sich nur auf das verpfändete Unternehmen als selbständige und besondere Bahneinheit, nicht auch auf andere Bahnunternehmungen erstreckt, wenngleich dieselben in der Hand desselben Unternehmers vereinigt sind.

§ 2. Abs. 1 Satz 1.

§ 2. Abs. 1 Satz 2. 6a) Indes Satz 2 des § 2 tritt dieser Folgerung für den Fall entgegen, daß eine Privateisenbahn nach den Bestimmungen der für dieselbe erteilten Genehmigungen einheitlich mit einer bereits bestehenden Privateisenbahn (Stammbahn) zu betreiben ist. In diesem Falle sollen trotz der besonderen Genehmigung beide Bahnen eine einzige Bahneinheit bilden; nicht aber die eine ein Bestandteil der anderen werden (B.-G.-B. § 890 Abs. 2 u. Mot. z. § 16 Anm. 77). Satz 2 ist eine Ausnahme von der Regel des Satzes 1. Der einheitliche Betrieb, welcher sich in der Zusammenfassung der Verwaltung ꝛc. darstellt, erfordert, indem er die wirtschaftliche Einheit der Stammbahn mit den neuen Bahnen herbeiführt, auch die Rechtseinheit derartig, daß beide eine einzige Bahneinheit, ein Rechtssubjekt bilden.

Voraussetzung ist 1) der einheitliche Betrieb einer bereits bestehenden Privateisenbahn (Stammbahn) mit einer neu hinzugetretenen Privateisenbahn. Die Bestimmung des § 2 bezieht sich nur auf Privat- nicht auch auf Kleinbahnen. Für letztere erschien sie nicht erforderlich (s. oben S. 7). Es handelt sich hier nicht um die Einheitlichkeit, welche die Reichsverfassung (Art. 41 ff.) für alle Haupt- und Nebenbahnen in Hinsicht auf Anlage, Ausrüstung und Betrieb erfordert. Vielmehr ist hier eine weit intensivere Art des einheitlichen Betriebes gemeint, eine Vereinigung der Verwaltung, der Fonds, des Personals, der Betriebsmittel ꝛc. derartig, daß die neue Bahn als ein integrierender, nicht mehr trennbarer Bestandteil zu der bisher bestehenden (Stamm-)Bahn hinzutritt und beide nunmehr vereint ein Ganzes, eine einzige Bahneinheit bilden.

Voraussetzung ist 2) daß diese Einheitlichkeit des Betriebs nach den Bestimmungen der für die neu hinzutretende Bahn erteilten Genehmigung erfolgt. Die Einheitlichkeit darf keine bloß faktische oder auf andere Weise herbeigeführte sein, sondern sie muß auf den Konzessionsbedingungen der neuen Bahn beruhen.

Liegen diese beiden Voraussetzungen vor, so bilden beide — die alte (Stamm-)Bahn und die neu hinzugetretene — eine einzige Bahneinheit; d. h. alle dinglichen Wirkungen, welche die eine betreffen, bestehen auch für die andere, sind aufeinander übergegangen und gegenseitig übertragen. Mithin ist das Eigentum, die Veräußerung, der Erwerb oder die Aufhebung dinglicher Rechte, das Pfandrecht, die Zwangsvollstreckung an der einen Bahn ohne die andere nicht möglich. In öffentlichrechtlicher, wie in privatrechtlicher Beziehung besteht nur noch eine Bahn bezw. eine Bahneinheit; die Aufsichtsbehörde, wie das Publikum hat es nur mit einem Unternehmer und einem Unternehmen zu tun, Betrieb und Verwaltung sind eine durchaus einheitliche; Rechte und Pflichten sind gemeinsame und solidarische. Daher tritt als Pfandobjekt für die Pfandrechte an der alten und der neuen Bahn die Bahneinheit als Ganzes.

§ 2. Abs. 2. 7) Abs. 2 des § 2 bezweckt ebenso, wie Abs. 1, die Folgerung, welche aus dem im § 1 bestimmten Rechtscharakter der Bahneinheit sich in Hinsicht auf die Anwendung der privatrechtlichen Normen ergeben muß, aus öffentlichrechtlichen Rücksichten in betreff des Verfügungsrechts und seines Umfangs zu modifizieren. Wäre die Bestimmung des Abs. 2 nicht in das Gesetz aufgenommen, so würden für das Verfügungsrecht über die Bahn und den Umfang derselben lediglich die allgemeinen privatrechtlichen Normen für Grundstücke gelten. Es würden alsdann vornehmlich auch die Vorschriften der §§ 891, 892 ff. B.-G.-B. über Eigentumsbeschränkungen Anwendung finden. Um diese Konsequenz im öffentlichen Interesse zu beseitigen, ist Abs. 2 eingefügt. Das Gesetz weist damit ausdrücklich in betreff der Berechtigung zur Verfügung über die Bahn und den Umfang des Verfügungsrechts auf die bestehenden Vorschriften der Gesetze und den Inhalt der Genehmigung, so daß niemand sich demgegenüber auf § 892 B.-G.-B. berufen kann. Damit weiß ein jeder, der das Eigentum oder dingliche Rechte an einer Bahn erwirbt, daß das Verfügungsrecht des Veräußerers oder Bestellers kein unbeschränktes ist, sondern nach Existenz und Umfang den gesetzlichen Vorschriften und dem Inhalte der Genehmigung unterworfen ist, mithin Eigentum und dingliche Rechte an der Bahn nur mit dieser Maßgabe erworben werden können.

§ 3.[8])

Die Bahneinheit entsteht, sobald die Genehmigung zur Eröffnung des Betriebs auf der ganzen Bahnstrecke erteilt ist und wenn die Bahn vorher in das Bahngrundbuch eingetragen wird, mit dem Zeitpunkte der Eintragung.[9]) Sie hört auf mit dem Erlöschen der Genehmigung für das Unternehmen, wenn jedoch die Bahn im Bahngrundbuch eingetragen ist, erst mit der Schließung des Bahngrundbuchblatts.[10])

Als ein Erlöschen der Genehmigung im Sinne dieses Gesetzes ist die Verwirkung derselben in Gemäßheit des § 47 des Gesetzes vom 3. November 1838 nicht anzusehen.[11]) Dagegen steht es dem Erlöschen der Genehmigung gleich, wenn in einer Zwangsversteigerung ein wiederholter Versteigerungstermin nicht zur Erteilung eines Zuschlags (§ 32 Satz 1) geführt hat und die zur Einleitung der Zwangsverwaltung erforderliche Erklärung der Bahnaufsichtsbehörde (§ 33) versagt worden ist.[12])

8) Prinzip und Entstehungsgeschichte des § 3.

I. Prinzip. Soll die Bahneinheit, deren Begriff und Rechtscharakter in den §§ 1 u. 2 normiert ist, zum Gegenstande von Veräußerungen und Belastungen sowie von Zwangsvollstreckungen gemacht werden können, so bedarf es gesetzlich genau bestimmter und markanter Akte, welche den Moment der Entstehung und des Aufhörens der Bahneinheit kennzeichnen. Daher trifft § 3 des Gesetzes Bestimmung über das Entstehen und das Aufhören der Bahneinheit. § 3. Prinzip.

Was das Entstehen der Bahneinheit anlangt, so entsteht dieselbe streng genommen erst mit der Vollendung der Bahn. Die Vollendung der Bahn wird aber konstatiert durch die behördliche Genehmigung zur Eröffnung des Betriebs auf der ganzen Bahnstrecke. Diesen Moment stellt daher § 1 Abs. 1 Satz 1 als den ersten Entstehungsakt der Bahneinheit hin. Erst mit diesem Momente ist die Bahn als Ganzes fertiggestellt bezw. als fertiggestellt und betriebsfähig anerkannt.

Würde man indes den Begriff so streng fassen und lediglich die vollständig fertiggestellte, mit der Genehmigung zur Betriebseröffnung versehene Bahn als rechtlich existente Bahneinheit ansehen, so würde dies dem Kreditbedürfnisse, namentlich der Kleinbahnen, nicht genügen. Für diese ist es von Bedeutung, daß sie schon vor dem Bau und während des Baues berechtigt und in der Lage sind, das Baukapital auf die projektierte oder im Bau begriffene Bahn pfandrechtlich sicher zu stellen. Zu diesem Behufe ist dem ersten Entstehungsakte — der Genehmigung zur Betriebseröffnung — durch § 8 Abs. 1 Satz 1, ein zweiter Entstehungsakt gleichgestellt: der Zeitpunkt der Eintragung der Bahn in das Grundbuch (§ 8). Die Eintragung einer Bahn in das Grundbuch kann aber von dem Eigentümer schon dann beantragt werden, wenn die Genehmigung für das Unternehmen erteilt ist (§ 8). Daß darin eine wesentliche Beschränkung des in § 1 aufgestellten Begriffes der Bahneinheit liegt, darf nicht verkannt werden. Die Bahneinheit besteht begrifflich in der Bahn mit ihren Vermögenswerten. Hier aber soll die bloße Genehmigung an die Stelle der Bahn treten. Indes wurde diese Ausnahme mit Rücksicht auf das Kreditbedürfnis für notwendig erachtet. Immerhin stellt die Genehmigung zur Herstellung einer Bahn einen Wert dar sowohl mit Rücksicht auf die Vorarbeiten wie auf die Gewährung des Betriebsmonopols, welches zumeist in der Genehmigung der Bahn für die betreffenden Strecken liegt. Hierzu tritt, daß die Genehmigung nur erteilt wird auf Grund einer eingehenden behördlichen Prüfung der wirtschaftlichen, technischen und finanziellen Verhältnisse des projektierten Unternehmens und der Solidität und Potenz des Unternehmers. Auch erfolgt die Aushändigung der Genehmigung bei Aktiengesellschaften, Kommanditgesellschaften auf Aktien, Gesellschaften mit beschränkter Haftung und Genossenschaften erst nach erfolgter Eintragung in das Gesellschafts- bezw. Genossenschaftsregister und Nachweis der für diese Eintragung vorgeschriebenen Garantien (H.-G.-B. §§ 195, 200 bezw. 320, 328, § 8 u. § 11 Reichs-Ges. v. 20. April 1892, §§ 5, 16 Kleinb.-Ges. v. 28. Juli 1892). Endlich wächst der Wert mit den Fortschritten des Bahnbaus und der Anschaffung der Betriebsmittel.

Was sodann das Aufhören der Bahneinheit betrifft, so stellt das Gesetz in § 8 Abs. 1 Satz 2 für dieses zwei den Entstehungsakten korrespondierende Beendigungsakte auf. Wie die Bahneinheit mit der Genehmigung zur Betriebseröffnung oder der Eintragung in das Bahngrundbuch entsteht, so endet sie mit dem Erlöschen der Genehmigung des Unternehmens oder mit der Schließung des Bahngrundbuchblattes. Muß wegen Erlöschens der Genehmigung der Betrieb eingestellt werden, so ist das Bahnunternehmen beendet und damit fällt auch die Bahneinheit. Eine Ausnahme hiervon ist nur für den Fall geschaffen, daß die Bahn in das Bahngrundbuch eingetragen ist. In diesem Falle endet die Bahneinheit erst mit Schließung des Bahngrundbuchblattes. Für die Schließung desselben sind, wenn Bahnpfandschulden eingetragen sind, durch § 14 des Gesetzes besondere Voraussetzungen vorgeschrieben, welche die Bahnpfandgläubiger ausreichend sicher stellen. Mithin genügt es für die Interessen der letzteren, den Bestand der Bahneinheit an den Bestand des Bahngrundbuchblattes zu knüpfen.

Das Erlöschen der Genehmigung tritt mit Ablauf der Konzessionsdauer, ferner mit dem Eintritt einer auflösenden Bedingung, bei Kleinbahnen mit der Rücknahme der Genehmigung (§§ 28, 24 Kleinb.-Ges.) ein. Zweifelhaft könnte es sein, ob auch die Verwirkung der Genehmigung gemäß § 47 des Gesetzes vom 8. November 1838 als ein Erlöschen derselben zu betrachten ist. Da aber die Verwirkung der Genehmigung nach § 47 l. c. zwar zu einer Zwangsversteigerung

(s. § 89 des Ges. v. 11. Juni 1902) führt, aber das Bahnunternehmen als solches fortbestehen läßt, so entscheidet § 8 Abs. 2 Satz 1 dahin, daß die im § 47 des Gesetzes von 1838 vorgesehene Verwirkung der Genehmigung als ein Erlöschen derselben nicht anzusehen ist. Ist dagegen eine zweimalige Versteigerung erfolglos geblieben (§ 32 Abs. 1) und kann auch wegen Unzulänglichkeit der Einnahmen eine Zwangsverwaltung nicht eingeleitet, bezw. die nach § 38 erforderliche Erklärung der Bahnaufsichtsbehörde nicht beigebracht werden, so nimmt das Gesetz an, daß damit die Betriebsunfähigkeit des Unternehmens ausreichend dokumentiert sei und ein Erlöschen der Genehmigung vorliege.

II. Aus der Entstehungsgeschichte des § 8 ist folgendes bemerkenswert: § 3. Entstehung.

Der Regier.-Entwurf vom 18. März 1895 (Druckf. des Herrenhauses Nr. 24, S. 8, 4) enthielt bereits wörtlich die in den § 8 des Eisenb.-Pfandr.-Ges v. 19. August 1895, sowie des Bahneinh.-Ges. v. 11. Juni 1902 übergegangene Fassung und war, wie folgt, begründet (a. a. O. S. 29—31):

„Der Zweck einer Förderung des Kleinbahnwesens kann in vollem Umfange nur erreicht werden, wenn das Gesetz die Möglichkeit gewährt, auch einen Teil des zur Herstellung der Bahnanlage erforderlichen Baukapitals durch eine pfandrechtliche gesicherte Anleihe aufzubringen. Allerdings ist die Sicherheit, welche ein Pfandrecht an einer unvollendeten Bahn bietet, eine wesentlich geringere, als diejenige, welche dem Gläubiger die Verpfändung einer schon im Betriebe stehenden Bahn verschafft. Immerhin hat schon die bloße Genehmigung zur Herstellung einer Bahn einen gewissen Wert. Die Prüfung, ob schon vor Vollendung der Bahn das Unternehmen einen solchen Wert hat, daß bei einer Veräußerung unter der Bedingung der Fertigstellung oder bei einer Verwertung der vorhandenen Vermögenswerte im einzelnen ein zur Deckung der Pfandgläubiger ausreichender Erlös zu erwarten ist, kann füglich den Beteiligten überlassen werden. Zwar soll in der Regel die Bahneinheit erst mit der Vollendung der ganzen Bahn entstehen, es wird aber dem Bauunternehmer, welcher schon vorher ein Pfandrecht begründen will, gestattet, schon vor diesem Zeitpunkte die Anlegung des Bahngrundbuchblatts zu beantragen (vgl. § 8), und es soll dann mit der Anlegung des Bahngrundbuchs die Bahneinheit entstehen.

Mit dem Erlöschen der Genehmigung des Bahnunternehmens hört die Grundlage der Bahneinheit auf, welche auf der Voraussetzung beruht, daß ein den Bahnbetrieb ermöglichendes Ganze vorhanden ist. Der Entwurf läßt daher mit dem Erlöschen der Genehmigung auch die Bahneinheit aufhören. Diese Regel bedarf indessen einer Ausnahme, falls zu diesem Zeitpunkte Pfandrechte an der Bahneinheit bestehen. Sollen die Gläubiger nicht geschädigt werden, so muß die den Gegenstand ihres Pfandrechts bildende Bahneinheit das Erlöschen der Genehmigung überdauern und es muß ihnen Gelegenheit gegeben werden, ihr Pfandrecht durch eine geordnete Liquidation des Bahnunternehmens zu verwirklichen. Der Entwurf hat sich daher auf den Standpunkt gestellt, daß, falls Bahnpfandschulden im Bahngrundbuch eingetragen sind, das Aufhören der Bahneinheit nicht sofort bei Erlöschen der Genehmigung, sondern erst dann eintritt, wenn das zur Verwertung der einzelnen Bestandteile der Bahneinheit bestimmte Zwangsliquidationsverfahren beendet oder die für die Beantragung des letzteren gesetzte sechsmonatige Frist unbenützt verstrichen ist oder die Bahnpfandschulden gelöscht sind. Treten diese Voraussetzungen des Aufhörens der Bahneinheit ein, so ist das für die Bahn angelegte Bahngrundbuchblatt zu schließen (§ 14), während die Schließung alsbald nach dem Erlöschen der Genehmigung erfolgt, wenn Bahnpfandschulden nicht bestehen. Es genügt daher die Bestimmung, daß die Bahneinheit, wenn ein Bahngrundbuchblatt angelegt ist — nur in diesem Falle können Bahnpfandschulden bestehen, vgl. § 8 — zugleich mit der Schließung des Grundbuchsblatts aufhört.

Das Erlöschen der Genehmigung hat daher, je nachdem ein Bahngrundbuchblatt angelegt ist oder nicht, eine verschiedene Bedeutung. Ist die Bahn im Grundbuch nicht eingetragen, so beendet das Erlöschen der Genehmigung ohne weiteres die Bahneinheit und es gewinnen schon mit diesem Zeitpunkte alle Bestandteile der bisherigen Bahneinheit ihre volle rechtliche Selbständigkeit wieder. Ist die Bahn aber eingetragen, so ist das Erlöschen der Genehmigung nur eine Voraussetzung der Schließung des Bahngrundbuchblatts, und zwar die einzige, wenn Bahnpfandschulden nicht eingetragen sind, sonst nur eine von mehreren Voraussetzungen. Ein Erlöschen der Genehmigung kann eintreten durch Ablauf der Zeit, für welche sie gewährt ist, durch den Eintritt einer auflösenden Bedingung und bei Kleinbahnen durch die Zurücknahme der Genehmigung (§§ 28, 24 des Kleinbahngesetzes). Die in § 47 des Gesetzes vom 8. November 1888 vorgesehene Verwirkung der Genehmigung führt zu einer Zwangsversteigerung der Bahn (siehe unten § 39), läßt aber das Bahnunternehmen als solches fortbestehen. Sie ist daher nicht als ein Erlöschen der Genehmigung im Sinne dieses Gesetzes anzusehen. Dagegen ist dem Erlöschen der Genehmigung der Fall gleichzustellen, daß ein zweimaliges Ausgebot der Bahn im Zwangsversteigerungsverfahren erfolglos geblieben ist und wegen Unzulänglichkeit der Einnahmen eine Zwangsverwaltung nicht eingeleitet werden kann, da in diesem Falle die Betriebsunfähigkeit des Unternehmens als nachgewiesen zu erachten und den Gläubigern eine Verwertung der einzelnen Bestandteile desselben nicht zu verwehren ist."

§ 8 ist unverändert von der Kommission und beiden Häusern des Landtages angenommen worden und endgültig sowohl in das Eisenb.-Pfandr.-Ges. v. 19. August 1895 wie in das Bahneinh.-Ges. vom 11. Juni 1902 übergegangen.

§ 3. Abs. 1 Satz 1. ⁹) Abs. 1 Satz 1 bestimmt die beiden Zeitpunkte, in welchen die Bahneinheit entsteht, d. h. rechtlich existent wird. Die Bestimmung durch formell markante Akte ist wichtig und notwendig, weil erst mit diesen die Bahneinheit zu einem selbständigen Rechtsobjekt wird und als solches Gegenstand der Veräußerung, Verpfändung und Zwangsvollstreckung werden kann.

I. Der erste Zeitpunkt ist derjenige, in welchem die Genehmigung zur Eröffnung des Betriebs auf der ganzen Bahnstrecke erteilt ist. Mit der Erteilung dieser Genehmigung entsteht die Bahneinheit.

a) Voraussetzung ist also zunächst die Erteilung der Genehmigung zur Eröffnung des Betriebs. Nicht die Erteilung der Genehmigung zum Bau und Betrieb, sondern zur Betriebseröffnung, ist entscheidend. Die Erteilung dieser Genehmigung erfolgt bei Privateisenbahnen durch den Minister der öffentlichen Arbeiten (§ 22 Eisenb.-Ges. v. 3. November 1888 und § 159 Zuständ. Ges. v. 1. August 1898), bei Kleinbahnen durch die zur Genehmigung der Herstellung und des Betriebes zuständige Behörde (§§ 19, 2, 8, Kleinb.-Ges. vom 28. Juli 1892) — in allen Fällen nach vorangegangener Prüfung betreffs der Erfüllung der Konzessionsbedingungen.

b) Ferner ist Voraussetzung, daß die Erteilung der Genehmigung zur

Eröffnung des Betriebes auf der ganzen Bahnstrecke erfolgt. Die Genehmigung zur Betriebseröffnung auf einer Teilstrecke der Bahn zieht — abgesehen von der Eintragung der Bahn im Grundbuche (s. unten II) — nicht die Rechtswirkung der Entstehung der Bahneinheit nach sich, weder in bezug auf die Veräußerung und Verpfändung (§ 16), noch in bezug auf die Zwangsvollstreckung (§ 20), weder für den zur Eröffnung genehmigten Teil, noch für die unfertigen Teile. Ebensowenig finden die §§ 5—7 und § 87 Anwendung. Es ist daher unzulässig, auf Grund der Genehmigung zur Betriebseröffnung einer Teilstrecke die ganze (zum Teil noch unfertige) Bahn zu veräußern oder zu verpfänden oder Zwangsvollstreckung in dieselbe zu bewirken.

c) Satz 1 des Abs. 1 läßt die Frage unbeantwortet, mit welchem Zeitpunkte die Bahneinheit im Falle des § 2 Abs. 1 Satz 2 entsteht. Gleim § 8 Anm. 2 nimmt an, daß alsdann die neue Bahn bereits mit ihrer Genehmigung der Bahneinheit der Stammbahn hinzutrete, weil anderenfalls die Möglichkeit der freiwilligen oder zwangsweisen Veräußerung der Stammbahn ohne die durch die neue Genehmigung begründete Erweiterung des Unternehmens gegeben sein würde. Indes dieser Annahme kann man mit Rücksicht auf den klaren Wortlaut der in Rede stehenden Bestimmung des § 8 nicht beipflichten. § 8 kennt nur zwei Fälle der Entstehung der Bahneinheit; keiner derselben liegt hier vor. Auch würde die Gefahr für die Pfandgläubiger der alten Bahn sich noch erheblich steigern, wenn der Zutritt zur Bahneinheit schon mit der Genehmigung der neuen Bahn erfolgen würde. Es kann daher trotz der von Gleim gezogenen Konsequenz die neu hinzutretende Bahn nur mit der Genehmigung ihrer Betriebseröffnung oder der Eintragung in das Bahngrundbuch der alten Bahn eine Bahneinheit mit der letzteren bilden.

II. Der zweite Zeitpunkt der Entstehung der Bahneinheit ist der Zeitpunkt der Eintragung in das Bahngrundbuch (§ 8). Das Gesetz setzt erläuternd hinzu, „wenn die Bahn vorher, d. h. vor der Genehmigung der Betriebseröffnung, in das Bahngrundbuch eingetragen wird.“ Denn ist die Eintragung nachher erfolgt, so ist die vorangegangene Genehmigung zur Betriebseröffnung der Zeitpunkt der Entstehung. Diese Bestimmung bildet gewissermaßen eine zur Befriedigung des Kreditbedürfnisses geschaffene Ausnahme von der Regel, daß die Genehmigung der Betriebseröffnung der entscheidende Moment sein solle. Indem man diesen früheren Zeitpunkt der Eintragung als gleichberechtigt zuließ, wollte man den Unternehmern die Möglichkeit gewähren, schon vor der Vollendung (Betriebseröffnung) der Bahn dieselbe zu verpfänden.

Die Eintragung einer Bahn in das Bahngrundbuch kann gemäß § 8 vom Eigentümer beantragt werden, sobald die Genehmigung für das Bahnunternehmen erteilt ist. Der Antrag ist an die Bahnaufsichtsbehörde zu richten, welche das Amtsgericht (§ 10) um die Eintragung zu ersuchen hat. Die Genehmigung einer Kleinbahn ist durch Aushändigung der Genehmigungsurkunde an den Bahnunternehmer, wenn dieser aber eine Aktiengesellschaft, eine Kommanditgesellschaft auf Aktien oder eine Gesellschaft mit beschränkter Haftung ist, erst mit dem Nachweise der Eintragung der Gesellschaft in das Handelsregister rechtswirksam erteilt. Die Genehmigung einer Privateisenbahn erfordert zu ihrer rechtswirksamen Erteilung neben der Aushändigung der Genehmigungsurkunde an den Unternehmer ihre Veröffentlichung nach Maßgabe des Gesetzes, betr. die Bekanntmachung landesherrlicher Erlasse durch die Amtsblätter vom 10. April 1872 (G.-S. S. 357), und setzt, wenn ein fremder Staat der Unternehmer ist, die Veröffentlichung des betreffenden Staatsvertrages in der Gesetzsammlung oder im Reichs-Gesetzblatte voraus.

Die hier in Frage kommende Eintragung kann nur vom Unternehmer selbst beantragt werden. Zwar kann der Antrag auf Eintragung auch von der Bahnaufsichtsbehörde gemäß § 21 ausgehen. Aber dieser Antrag zum Zwecke der Eintragung einer vollstreckbaren Forderung kommt hier nicht in Betracht, weil er — wie der Eingang des § 21 ergibt — die Zwangsvollstreckung in die Bahneinheit voraussetzt, eine Bahneinheit aber vor der Genehmigung zur Betriebseröffnung bezw. vor Eintragung der Bahn im Grundbuche noch nicht besteht, mithin bei dem Antrage gemäß § 21 es sich um die Eintragung einer bereits bestehenden, nicht um eine erst durch die Eintragung entstehende Bahneinheit handelt. Dasselbe gilt in den Fällen des § 87.

§ 3. Abs. 1 Satz 2 10) Abs. 1 Satz 2 bestimmt entsprechend dem Satz 1 diejenigen beiden Zeitpunkte, mit welchen die Bahneinheit aufhört, d. h. ihre rechtliche Existenz als solche verliert. Die Bestimmung des Aufhörens der Bahneinheit durch formell markante Akte ist aus gleichen Gründen notwendig, wie die im Satz 1 vorangehende Bestimmung für das Entstehen der Bahneinheit.

I. Der erste Zeitpunkt ist derjenige, mit welchem die Genehmigung für das Unternehmen erlischt. Mit dem Erlöschen dieser Genehmigung hört die Bahneinheit auf.

a) Es ist wohl auf den Unterschied zu achten, der trotz anscheinend gleicher Fassung zwischen Satz 1 und Satz 2 besteht. Im Satz 1 wird das Entstehen der Bahneinheit an die Erteilung der Genehmigung zur Eröffnung des Betriebs geknüpft, im Satz 2 das Aufhören an das Erlöschen der Genehmigung für das Unternehmen. Der Grund des Unterschieds ist klar. Bei der Entstehung kann erst die vollendete Bahn grundsätzlich ein Objekt der Veräußerung rc. bilden. Vollendet ist sie aber noch nicht mit der Genehmigung zum Bau und Betrieb, sondern erst mit der Genehmigung zur Betriebseröffnung. Dagegen hört die Bahneinheit und damit das Objekt der Veräußerung rc. mit dem Erlöschen der Genehmigung des Bahnunternehmens auf, denn der Fortfall dieser Genehmigung hat eo ipso den Fortfall des Bahnbetriebs zur Folge und damit auch der Bahneinheit, deren Grundlage ein den Bahnbetrieb ermöglichendes Ganzes voraussetzt. Folgerichtig knüpft daher § 8 an das Erlöschen der Genehmigung für das Unternehmen das Aufhören der Bahneinheit.

b) Das Erlöschen der Genehmigung kann aus verschiedenen Gründen erfolgen. Zunächst durch Ablauf der Zeit, für welche die Genehmigung erteilt war. Die Konzessionen der Haupt- und Nebenbahnen (Ges. vom 3. November 1838) enthalten eine Zeitbestimmung nicht. Für Kleinbahnen ist dieselbe in § 18 des Ges. vom 28. Juli 1892 vorgesehen. Bei Ablauf der bestimmten Zeit bedarf es einer besonderen Erlöschungserklärung nicht. Die Genehmigung ist eo ipso mit dem Tage des Ablaufs der Frist erloschen. — Sodann kann das Erlöschen durch Eintritt einer auflösenden Bedingung erfolgen, z. B. wenn die Genehmigung davon abhängig gemacht ist, daß nicht eine strategische Bahn, ein Kanal, eine Festung gebaut wird, und zu diesen Anlagen geschritten wird. Endlich durch die ausdrückliche Erklärung des Erlöschens oder der Zurücknahme der Genehmigung mittels Entscheidung der kompetenten Behörde in den vom Gesetze vorgesehenen Fällen (Erlöschen § 28, Zurücknahme § 24 des Ges. vom 28. Juli 1892). Daß die Verwirkung der erteilten Genehmigung gemäß § 47 des Eisenb.-Ges. von 1838 dem Erlöschen derselben nicht gleich steht, ist im Abs. 2 Satz 1 zum Ausdruck gebracht, wohl aber, wenn in einer Zwangsversteigerung ein wiederholter Versteigerungstermin nicht zur Erteilung eines Zuschlags (§ 82 Satz 1) geführt hat und die zur Einleitung der Zwangsverwaltung erforderliche Erklärung der Bahnaufsichtsbehörde (§ 38) versagt worden ist (s. Anm. 12 S. 18).

c) Mit dem Erlöschen der Genehmigung hört die Bahneinheit als solche auf, ein selbständiger Gegenstand der Veräußerung, Verpfändung, Zwangsvollstreckung zu sein, sie ist kein Sachinbegriff mehr, sondern zerfällt — wenn sie nicht in das Bahngrundbuch eingetragen ist (s. unten Ziff. II.) — in die einzelnen, bisher zu ihr gehörigen Gegenstände und Rechte. Der bisherige Bahneigentümer kann über die einzelnen Bestandteile der Bahneinheit frei verfügen. Eine Zwangsverwaltung oder Zwangsversteigerung der Bahn darf nicht mehr angeordnet und ein etwa anhängiges Verfahren muß aufgehoben werden (§ 23), wohl aber können nunmehr Rechte an den einzelnen, zur bisherigen Bahneinheit gehörigen Gegenständen geltend gemacht werden.

II. Der zweite Zeitpunkt des Aufhörens der Bahneinheit ist der Zeitpunkt der Schließung des Bahngrundbuchblatts nach Erlöschen der Genehmigung, wenn die Bahn im Bahngrundbuch eingetragen ist (§ 8). Diese Bestimmung ist im Interesse der Pfandgläubiger erfolgt. Wäre sie nicht, so würde die Bahneinheit trotz der Eintragung der Bahn im Grundbuche mit dem Erlöschen der Genehmigung aufhören; die eingetragenen Pfandgläubiger würden sich nicht mehr an die Bahneinheit als Ganzes, sondern nur an die einzelnen, bisher zu derselben gehörigen Gegenstände ꝛc. behufs ihrer Befriedigung halten können. Die Schließung des Bahngrundbuchblatts erfolgt, wenn Pfandrechte eingetragen sind, nach § 14 erst bei deren Löschung oder nach Beendigung des Zwangsliquidationsverfahrens oder mit Ablauf von 6 Monaten seit der Bekanntmachung des Erlöschens der Genehmigung, sofern bis zu diesem Zeitpunkt ein Antrag auf Einleitung der Zwangsliquidation nicht gestellt ist oder die gestellten Anträge durch Zurücknahme oder rechtskräftige Zurückweisung erledigt sind. Werden Anträge auf Einleitung der Zwangsliquidation erst nach Ablauf der 6 Monate zurückgenommen oder rechtskräftig zurückgewiesen, so erfolgt die Schließung des Bahngrundbuchblatts mit dem Zeitpunkte der Erledigung aller Anträge. Der Bahnpfandgläubiger ist hiernach durch die Bestimmung des § 8 ausreichend gesichert.

Die Bahneinheit bleibt zwar trotz des Erlöschens der Genehmigung im Falle der Eintragung im Bahngrundbuch bis zur Schließung des Bahngrundbuchblatts fortbestehen. Indes hat doch das Erlöschen der Genehmigung auch in diesem Falle wichtige Rechtswirkungen. Dahin gehört vornehmlich die Fixierung der Bahneinheit auf die zur Zeit des Erlöschens zu ihr gehörigen Gegenstände und Rechte (§ 4 Abs. 3). Sie kann nunmehr bis zur Schließung des Bahngrundbuchblatts weder zu- noch abnehmen. Bis zum Aufhören der Bahneinheit ist das Ausscheiden einzelner Objekte ausgeschlossen, außer wenn sämtliche Bahnpfandgläubiger zustimmen (§ 19) oder der zur Realisierung bestellte Liquidator die Ausscheidung einzelner Objekte verfügt (§ 46). Verfügungen des Bahneigentümers über einzelne Bestandteile der Bahneinheit sind den Bahnpfandgläubigern gegenüber unwirksam — unbeschadet der Rechte derjenigen, welche sich von einem Nichtberechtigten herleiten und insbesondere der Vorschriften über den öffentlichen Glauben des Grundbuchs. Das Recht der Bahnpfandgläubiger, die Unwirksamkeit einer Verfügung des Bahneigentümers geltend zu machen, erlischt erst mit der Schließung des Bahngrundbuchblatts (§ 19). Eine Zwangsverwaltung oder Zwangsversteigerung der Bahn ist nicht mehr anzuordnen und ein anhängiges Verfahren aufzuheben (§ 28). Die Zwangsvollstreckung in die zur Bahneinheit gehörigen Gegenstände ist nur zur Beitreibung eines den Bahnpfandgläubigern gegenüber wirksamen Rechts zulässig (§ 37). Die Zwangsliquidation ist auf Antrag von dem Amtsgericht, bei welchem das Bahngrundbuch geführt wird, zur abgesonderten Befriedigung der Bahnpfandgläubiger aus den einzelnen Bestandteilen der Bahneinheit zu eröffnen (§ 40).

§ 3. Abs. 2 Satz 1. [11]) Abs. 2 Satz 1 enthält ebenso wie Abs. 2 Satz 2 eine Erläuterung zu dem Begriffe des „Erlöschens der Genehmigung" im Sinne des vorangehenden Satzes. Zunächst könnte es zweifelhaft sein, ob die Verwirkung der Genehmigung gemäß § 47 des Gesetzes vom 8. November 1838 als ein Erlöschen der Genehmigung im Sinne des vorliegenden Gesetzes anzusehen sei. Um jeden Zweifel hierüber auszuschließen, bestimmt § 3 im Abs. 2 Satz 1, daß dieser Fall dem Erlöschen der Genehmigung nicht gleich steht. Daraus folgt, daß trotz der Verwirkung der Konzession die Bahneinheit als solche fortbesteht und weiter den Gegenstand der Veräußerung, Verpfändung und Zwangsvollstreckung bildet. Hierbei entsteht freilich der eigenartige Unterschied, daß bei Kleinbahnen die gleichen Voraussetzungen — nämlich die Nichterfüllung der Genehmigungsbedingungen — gemäß § 24 des Ges. vom 28. Juli 1892 zum Erlöschen der Genehmigung im Sinne des § 8 des Ges. vom 11. Juni 1902 führen können, während bei den dem Ges. vom 8. November 1838 unterworfenen Bahnen gemäß § 47 l. c. ein Erlöschen der Genehmigung nicht eintritt.

§ 3. Abs. 2 Satz 2. [12]) Andererseits stellt Satz 2 des Abs. 2 einen Fall dem Erlöschen der Genehmigung gleich, mit welchem das Gesetz zwar nicht ausdrücklich das Erlöschen verbindet, welcher aber in seinem Ergebnisse hierzu führt. Hat in einer Zwangsversteigerung ein wiederholter Versteigerungstermin nicht zur Erteilung eines Zuschlags (§ 32 Satz 1) geführt und ist die zur Einleitung der Zwangsverwaltung erforderliche Erklärung der Bahnaufsichtsbehörde (§ 38) versagt worden, so soll dies dem Erlöschen der Genehmigung gleich stehen. Diese gemäß § 38 mit dem Antrage auf Einleitung des Zwangsverfahrens zu verbindende Erklärung der Bahnaufsichtsbehörde geht dahin, daß die Einkünfte aus der Zwangsverwaltung den Kosten des Verfahrens mit Einschluß der Ausgaben und Ansprüche aus der Verwaltung voraussichtlich entsprechen werden. Es sind also zwei Voraussetzungen erforderlich: einerseits die Erfolglosigkeit eines zweimaligen Ausgebots der Bahn im Zwangsversteigerungsverfahren (§ 32), und andererseits die gemäß Erklärung der Bahnaufsichtsbehörde vorhandene Unmöglichkeit der Einleitung einer Zwangsverwaltung wegen Unzulänglichkeit der Einnahmen. Liegen diese beiden Voraussetzungen vereint vor, dann ist als erwiesen anzunehmen, daß das Unternehmen betriebsunfähig ist. Es soll also in diesem Falle ein Erlöschen der Genehmigung angenommen werden.

§ 4.[13])

Zur Bahneinheit gehören:

1. der Bahnkörper und die übrigen Grundstücke, welche dauernd,

unmittelbar oder mittelbar, dem Bahnunternehmen gewidmet sind, mit den darauf errichteten Baulichkeiten, sowie die für das Bahnunternehmen dauernd eingeräumten Rechte an fremden Grundstücken;[14])

2. die von dem Bahnunternehmer angelegten, zum Betrieb und zur Verwaltung der Bahn erforderlichen Fonds, die Kassenbestände der laufenden Bahnverwaltung, die aus dem Betriebe des Bahnunternehmens unmittelbar erwachsenen Forderungen und die Ansprüche des Bahnunternehmers aus Zusicherungen Dritter, welche die Leistung von Zuschüssen für das Bahnunternehmen zum Gegenstande haben;[14a])

3. die dem Bahnunternehmer gehörigen, beweglichen, körperlichen Sachen, welche zur Herstellung, Erhaltung oder Erneuerung der Bahn oder der Bahngebäude oder zum Betriebe des Bahnunternehmens dienen. Dieselben gelten, einer Veräußerung ungeachtet, als Teile der Bahneinheit, solange sie sich auf den Bahngrundstücken befinden, rollendes Betriebsmaterial auch nach der Entfernung von den Bahngrundstücken, solange dasselbe mit Zeichen, welche nach den Verkehrsgebräuchen die Annahme rechtfertigen, daß es dem Eigentümer der Bahn gehöre, versehen und dem Bahnbetriebe nicht dauernd entzogen ist. Ist die Bahn bereits vor der Genehmigung zur Eröffnung des Betriebs auf der ganzen Bahnstrecke im Bahngrundbuch eingetragen (§ 3 Abs. 1), so gehören die nur zur ersten Herstellung der Bahn zu benutzenden Gerätschaften und Werkzeuge der Bahneinheit nicht an.[14b])

So lange die Bahn nicht in das Bahngrundbuch eingetragen ist, gelten nur diejenigen Grundstücke, welche mit dem Bahnkörper zusammenhängen oder deren Widmung für das Bahnunternehmen sonst äußerlich erkennbar ist, als Teile der Bahneinheit. Nach der Anlegung des Bahngrundbuchblatts gehören außerdem alle auf dem Titel desselben verzeichneten Grundstücke zur Bahneinheit. Die Entscheidung darüber, ob ein vom Bahnunternehmer angelegter Fonds zum Betrieb und zur Verwaltung der Bahn erforderlich ist, steht der Bahnaufsichtsbehörde zu.[15])

Besteht die Bahneinheit nach Erlöschen der Genehmigung fort, so wird dieselbe durch alle zur Zeit des Erlöschens zu ihr gehörigen Gegenstände und Rechte gebildet.[16])

[13]) Prinzip und Entstehungsgeschichte des § 4.

§ 4. Prinzip. I. Prinzip. Der Zweck der Bahneinheit, als selbständiger Gegenstand von Veräußerungen und Belastungen sowie von Zwangsvollstreckungen zu dienen, erfordert ferner eine feste Begrenzung der Bestandteile der Bahneinheit. Leitend ist der Grundsatz, daß alle diejenigen Gegenstände, welche zur Erfüllung der Zwecke des durch die Genehmigung gekennzeichneten Unternehmens dienen und erforderlich sind, in ihrer Gesamtheit die Bahneinheit bilden. § 4 teilt diese Gegenstände in drei Kategorien: A) die Grundstücke mit den darauf errichteten Baulichkeiten und den Rechten an fremden Grundstücken, B) die zum Betriebe erforderlichen Fonds, Kassenbestände, Betriebs- und Subventionsforderungen, C) die zur Herstellung, Erhaltung und Erneuerung oder zum Betriebe dienenden beweglichen körperlichen Sachen.

Solange die Genehmigung zum Bahnbetriebe besteht, ist das Kriterium der Bestimmung für die Zwecke des Bahnunternehmens ausschließlich entscheidend. Ist aber die Genehmigung zum Bahnbetriebe erloschen und besteht die Bahneinheit doch noch fort (§ 8 Abs. 1 Satz 2), so kann dieses Kriterium nicht mehr maßgebend sein. Zweck des Fortbestandes der Bahneinheit ist nunmehr nur noch die Sicherstellung der Befriedigung der Pfandgläubiger. Es kommt daher nicht mehr die Widmung der Gegenstände für das Bahnunternehmen, sondern nur noch der Umstand in Betracht, ob sie z. Z. des Erlöschens der Genehmigung zur Bahneinheit gehört haben. Mit diesem Zeitpunkte tritt daher eine Fixierung aller zur Bahneinheit gehörigen Gegenstände, beweglichen und unbeweglichen, ein, dieselbe wird durch alle zu dieser Zeit zu ihr gehörigen Gegenstände und Rechte gebildet (§ 4 Abs. 8), und es kann bis zur Auflösung der Bahneinheit ein Ausscheiden einzelner Bestandteile derselben ohne Zustimmung der Pfandgläubiger oder des Liquidators (§§ 46, 47) nicht mehr stattfinden.

A) Zur ersten Kategorie der Bahnbestandteile gehören sowohl diejenigen Grundstücke, welche den Bahnkörper selbst bilden, als auch alle übrigen dem Bahnunternehmen dauernd, mittelbar oder unmittelbar gewidmeten Grundstücke nebst den darauf errichteten Baulichkeiten. Die solchergestalt erfolgte Widmung der Grundstücke für das Bahnunternehmen ist das Kriterium, nach welchem die Zugehörigkeit derselben zur Bahneinheit festzustellen ist (§ 18 Abs. 2). Da es aber erforderlich ist, hierfür ein sicheres, formelles Kennzeichen zu haben, so gelten nur diejenigen Grundstücke ohne weiteres als Teile der Bahneinheit, welche mit dem Bahnkörper zusammenhängen oder deren Widmung für das Bahnunternehmen äußerlich erkennbar ist; alle anderen Grundstücke nur dann, wenn sie auf dem Titel des für die Bahn angelegten Bahngrundbuchblatts verzeichnet sind (§ 11 Abs. 2 Nr. 2).

B) Zur zweiten Kategorie der Bahnbestandteile gehören die nach Entscheidung der Bahnaufsichtsbehörde zum Betriebe und zur Verwaltung der Bahn erforderlichen, dieser Zweckbestimmung dienenden Fonds, ferner die der Bahnverwaltung entsprungenen, zur Deckung der laufenden Ausgaben derselben bestimmten Kassenbestände, die aus dem Betriebe des Bahnunternehmens unmittelbar erwachsenen Forderungen, vornehmlich also die Frachtforderungen, und endlich die Subventionsforderungen, welche dem Unternehmer an Dritte zustehen.

C) Die dritte Kategorie der Bestandteile der Bahneinheit wird von den dem Unternehmer gehörigen beweglichen körperlichen Sachen gebildet, welche zur Herstellung, Erhaltung oder Erneuerung der Bahn und ihrer Anlagen, sowie zum

Betriebe dienen. Für die Mobilien ist der aus den §§ 97, 98 B.-G.-B. entnommene Grundsatz maßgebend, daß sie zur Bahneinheit gehören, solange sie sich auf den Bahngrundstücken befinden, gleichviel ob sie veräußert sind oder nicht. Eine Ausnahme bildet der Natur der Sache nach das rollende Material, welches auch außerhalb des Bahnterrains unter der Voraussetzung, daß es mit den üblichen Eigentumszeichen versehen und dem Bahnbetriebe nicht dauernd entzogen ist, zur Bahneinheit gerechnet wird. Eine weitere Ausnahme bilden ferner bei einer dem Verkehr noch nicht eröffneten Bahn, welche durch Eintragung in das Bahngrundbuch eine Bahneinheit bildet, die zur ersten Herstellung der Bahn erforderlichen Gerätschaften und Werkzeuge. Denn in betreff dieser wird erfahrungsgemäß angenommen, daß sie dem Baugewerbe des Unternehmers dienen und nicht Zubehör einer einzelnen Bahn sind.

II. Aus der Entstehungsgeschichte des § 4 ist folgendes zu entnehmen: Der Entwurf vom 18. März 1895 (Drucks. des Herrenh. Nr. 24 S. 4) schlug die als § 4 unverändert in das Gesetz aufgenommene Fassung vor. § 4. Entstehung.

Den Motiven ist folgendes zu entnehmen (S. 81—84): „Der Entwurf sieht davon ab, einzelne Bestandteile der Bahneinheit, etwa die Grundstücke, welche die Bahnanlage tragen, oder das bewegliche Betriebsmaterial, als die Hauptsache zu bezeichnen und den übrigen Bestandteilen die Bedeutung eines Zubehörs zu dieser Hauptsache zuzuweisen. Ein Bedürfnis für eine solche Unterscheidung besteht nicht. In welcher Weise der Umfang der zur Bahneinheit gehörigen Gegenstände zu begrenzen ist, ist schon in der Begründung zu § 2 angedeutet, es gehören dahin alle Gegenstände, welche zur Erreichung des Zwecks des Bahnunternehmens erforderlich sind. § 4 bestimmt im einzelnen näher, was dazu gehört.

Von besonderer Bedeutung sind die von dem Bahnunternehmer zur Herstellung der Bahnanlage ausgeführten Bauten. Sind diese Bauten auf eigenen Grundstücken des Bahnunternehmers ausgeführt, so gehören die Grundstücke selbst zur Bahneinheit, während bei Bauten auf fremden Grundstücken nur das dem Bahnunternehmer behufs Herstellung und Benutzung des Baus eingeräumte Nutzungsrecht als Bestandteil der Bahneinheit anzusehen ist und den an der Bahn begründeten Pfandrechten unterworfen wird. Neben den Grundstücken, welche den Bahnkörper (Bahndamm) bilden, dienen noch sonstige Grundstücke mit den auf ihnen befindlichen Baulichkeiten den Zwecken des Bahnunternehmens. Dieselben stehen meist mit dem Bahnkörper in unmittelbarem und sichtbarem Zusammenhange, — wie die Bahnhöfe — oder es ist sonst äußerlich erkennbar, daß die Grundstücke dauernd dem Bahnunternehmen gewidmet sind. Außerdem können noch andere Grundstücke, z. B. Arbeiterwohnungen, dauernd den Zwecken des Unternehmens dienen, ohne daß dies für jedermann erkennbar wäre. Da es erforderlich ist, eine sichere Grundlage für die Frage zu haben, ob ein Grundstück zur Bahneinheit gehört, sollen die letzteren Grundstücke nur dann zur Bahneinheit gerechnet werden, wenn sie im Bahngrundbuch eingetragen sind. Gleich den Grundstücken bilden auch die für die Förderung des Bahnunternehmens eingeräumten Nutzungsrechte an fremden Grundstücken, mag es sich dabei um Servituten an Privatgrundstücken, oder um Benutzungsrechte an fremden Bahnen (Bahnhöfen, Brücken, Schienenwegen usw.) oder um das Recht zur Benutzung öffentlicher Straßen handeln, eine wesentliche Grundlage des Betriebs. Namentlich bei Kleinbahnen, deren Bahnkörper oft ausschließlich auf öffentlichen Straßen angelegt ist, sind diese Nutzungsrechte von besonderer Bedeutung.

Für den ungestörten Fortbetrieb des Unternehmens sind ferner unentbehrlich die aus der Bahnverwaltung hervorgegangenen Kassenbestände, welche zur Deckung der laufenden Ausgaben der Verwaltung bestimmt sind, und die aus dem Betriebe des Bahnunternehmens erwachsenen Forderungen, zu welchen namentlich die Forderungen aus dem Abrechnungsverkehr der Eisenbahnen gehören. Nur diejenigen besonderen Fonds, welche mit der Zweckbestimmung, dem Betriebe und der Verwaltung der Bahn zu dienen, angelegt sind, insbesondere die bei der Bahnverwaltung üblichen Reserve- und Erneuerungsfonds, ferner Pensionsfonds und dergl., sind ihrer Bestimmung dadurch zu erhalten, daß sie für einen Teil der Bahneinheit erklärt werden. Es empfiehlt sich, die Entscheidung darüber, ob ein bestimmter Fonds hierher gehört, im Streitfalle in die Hände der Bahnaufsichtsbehörde zu legen. Zur Bahneinheit zu rechnen sind endlich diejenigen Forderungen, welche sich aus den Zusicherungen Dritter, betreffend die Leistung von Zuschüssen für das Bahnunternehmen, ergeben.

Die wesentliche Bedeutung, welche die beweglichen Fahrbetriebsmittel einer Bahn für die Fortdauer des Betriebes haben, ist reichsgesetzlich dadurch anerkannt, daß die Pfändung derselben für unzulässig erklärt ist (Gesetz vom 3. Mai 1886, Reichs-Gesetzbl. S. 131). Neben den Fahrbetriebsmitteln kommen aber noch sonstige, mittelbar den Zwecken des Betriebes dienende bewegliche Sachen in Betracht, insbesondere die Materialien für die Herstellung und Instandhaltung der Bahn. Wenn § 4 bestimmt, daß die beweglichen Gegenstände einer Veräußerung ungeachtet so lange zur Bahneinheit gehören, als sie sich auf den Bahngrundstücken befinden, so schließt sich diese Bestimmung an die Vorschrift im § 30 des Eigentumserwerbsgesetzes vom 5. Mai 1872 an, wonach für die Hypothek das bewegliche, dem Eigentümer gehörige Zubehör so lange haftet, bis dasselbe veräußert und von dem Grundstücke räumlich getrennt ist. (Vgl. jetzt B.-G.-B. §§ 1120, 1121.) Bezüglich des rollenden Betriebsmaterials, welches nach den bestehenden Einrichtungen auf andere Bahnen überzugehen pflegt, kann aber nicht der Aufenthaltsort als entscheidend angesehen werden; vielmehr ist das Gewicht auf das Vorhandensein von Zeichen zu legen, welche nach den Verkehrsgebräuchen einen Schluß auf das Eigentum des Bahnunternehmers gestatten, und es hat das Ausscheiden des Betriebsmaterials aus der Bahneinheit beim Vorhandensein dieser Zeichen nur dann einzutreten, wenn der betreffende Gegenstand erweislich dauernd dem Bahnbetrieb entzogen ist.

Die Bestimmungen des § 4 über die Bestandteile der Bahneinheit sind zunächst für den regelmäßigen Fall berechnet, daß die Bahn bereits dem Betriebe übergeben ist. Sie passen aber auch dann, wenn ausnahmsweise (vgl. § 8) die Bahneinheit schon früher zur Entstehung gelangt. Nur können die lediglich zur ersten Herstellung der Bahn erforderlichen Gerätschaften und Werkzeuge der Bahneinheit auch dann nicht wohl zugerechnet werden, wenn sie Eigentum des Bahnunternehmers sind. Ferner ist bei der Bestimmung des § 4 zu beachten, daß Grundstücke nur dann zur Bahneinheit gehören, wenn sie in äußerlich erkennbarer Weise dauernd dem Bahnunternehmen gewidmet oder im Bahngrundbuch verzeichnet sind.

Solange die Genehmigung zum Bahnbetriebe besteht, können die Bestandteile der Bahneinheit jederzeit wechseln. Die gemeinsame Bestimmung, den Betrieb des Unternehmens zu ermöglichen und ungestört zu erhalten, ist das Band, welches die jeweilig dieser Bestimmung dienenden Gegenstände zusammenhält. Mit dem Aufhören des Betriebs fällt dieses Band hinweg. Die Bahneinheit besteht nur noch zu dem Zweck fort, um die Befriedigung der Bahnpfandgläubiger sicher zu stellen. Die Frage, welche Gegenstände die Gläubiger als Bestandteile der Bahneinheit in Anspruch nehmen können, kann nunmehr nicht mehr nach der gegenwärtigen Bestimmung derselben entschieden werden; vielmehr muß darauf gesehen werden, ob sie zur Zeit des Erlöschens der Genehmigung zur Bahneinheit gehört haben. Mit diesem Zeitpunkt tritt daher eine Fixierung der Bestandteile der Bahneinheit ein. Solange die Bahneinheit noch fortbesteht, kann ein Ausscheiden einzelner Bestandteile aus derselben nur mit Zustimmung der Bahnpfandgläubiger oder durch eine Verfügung des zur Verwertung der einzelnen Bestandteile bestellten Liquidators stattfinden."

In der Kommission des Abg.-Hauses (Drucks. Nr. 254 S. 8152) wurde bemängelt, daß die Frage, ob ein Fonds zum Betrieb und zur Verwaltung gehöre, nicht nach objektiven Merkmalen, sondern nach dem Ermessen der Aufsichtsbehörde entschieden werden solle, und die Frage aufgeworfen: ob der Reservefonds hierher gehöre, der nach den Bestimmungen des Handelsgesetzbuches zur Deckung von Bilanzverlusten diene.

Regierungsseitig wurde erwidert: Andere objektive Merkmale für die Zugehörigkeit eines Fonds zur Bahneinheit, als die im Entwurfe bezeichneten, ließen sich nicht wohl aufstellen. Für Privateisenbahnen kämen insbesondere die sogenannten Reserve- und Erneuerungsfonds in Betracht. Die Möglichkeit sei aber nicht ausgeschlossen, daß bei einzelnen Bahnen noch andere, für den Betrieb erforderliche Fonds angelegt würden. Welcherlei Fonds für Kleinbahnen angelegt werden würden, lasse sich zurzeit noch gar nicht übersehen. Es bleibe daher nur übrig, sich auf das Erfordernis des Fonds zum Betriebe und zur Verwaltung zu beschränken. Die Frage, ob der in Art. 185b (jetzt § 262) des Handelsgesetzbuchs vorgeschriebene Fonds zur Deckung eines sich aus der Bilanz ergebenden Verlustes zur Bahneinheit gehöre, müsse als eine offene angesehen werden. Der Umstand, daß die Betriebspflicht und die Pflicht zur Erhaltung des gesamten Betriebsapparats ganz unabhängig von der Frage der Bilanz bestehe, spreche nicht für seine Einbeziehung in die Bahneinheit.

In den Verhandlungen des Abg.-Hauses über den Revisionsentwurf vom 10. Februar 1902 (Sitzung vom 29. April 1902 S. 5060) erläuterte der Abg. Opfergelt die Worte des § 4 Nr. 1 „mit den darauf errichteten Baulichkeiten" zur Begegnung von Zweifeln dahin, daß darunter nur solche Baulichkeiten zu verstehen sind, welche dem Bahnunternehmen gewidmet sind, hingegen betreffs aller übrigen Baulichkeiten die allgem. Bestimmungen der §§ 94, 95 B.-G.-B. für die Entscheidung maßgebend bleiben, was als Bestandteil eines Grundstückes anzusehen ist oder nicht. Dem stimmte der Reg.-Kommissar bei (a. a. O. S. 5060, 5061).

§ 4 ist hierauf unverändert angenommen worden und in das Gesetz ohne weitere Diskussion übergegangen.

14) In weiterer Ausführung der im § 1 gegebenen Begriffsbestimmung der Bahneinheit und ihres Inhalts führt § 4 im Abs. 1 in drei Kategorien die- § 4. Abs. 1 Nr. 1.

jenigen Gegenstände an, welche zur Bahneinheit gehören. Diese Bestimmungen sind obligatorischer Natur, sie sind Direktiven, die bei der Beurteilung, welche Gegenstände, Rechte rc. zur Bahneinheit zu rechnen sind, entscheidend sind und beobachtet werden müssen. Sie sind aber der Natur der Sache nach dehnbar; es bedarf daher im einzelnen Falle noch der besonderen Feststellung und, wo die im Abs. 1 gegebenen Kriterien es zweifelhaft lassen, müssen noch andere äußere oder formelle Kennzeichen hinzutreten, wie z. B. bei Grundstücken, welche nicht mit dem Bahnkörper zusammenhängen oder deren Widmung für das Bahnunternehmen sonst äußerlich nicht erkennbar ist, die Eintragung in das Bahngrundbuch (Abs. 2 Satz 1), ferner bei Fonds die Entscheidung der Bahnaufsichtsbehörde (Abs. 2 Satz 2), bei rollendem Material nach der Entfernung von den Bahngrundstücken die im Verkehre üblichen Eigentumszeichen (Abs. 1 Nr. 8).

Maßgebend ist der Grundsatz, daß alle diejenigen unbeweglichen und beweglichen Gegenstände zur Bahneinheit gehören und Bestandteile derselben bilden, welche zur Erreichung des Zwecks des Bahnunternehmens — des Betriebs- und Transportzwecks — erforderlich sind. Doch finden bei Bahnen, welche nur zum Teil im Gebiete des Preußischen Staates liegen, die Vorschriften des vorliegenden Gesetzes, also auch des § 4, nur auf die im Preußischen Gebiet befindlichen Bestandteile Anwendung, sofern nicht durch Staatsvertrag ein anderes bestimmt ist (s. § 55).

Nr. 1 des Abs. 1 umfaßt die erste Kategorie der Bestandteile der Bahneinheit, die unbeweglichen Gegenstände. Dahin gehören:

a) Der Bahnkörper d. h. die Gesamtheit derjenigen Grundstücke und Anlagen, welche den eigentlichen Fahrdamm, Bahndamm bilden, mit allem Zubehör an Schutzwehren, Sicherungs- und Nebenanlagen (s. auch § 14 Eisenb.-Ges. von 1888, § 14 Enteign.-Ges. vom 11. Juni 1874 und § 18 Kleinb.-Ges. vom 28. Juli 1892).

b) Die übrigen Grundstücke, welche dauernd, unmittelbar oder mittelbar dem Bahnunternehmen gewidmet sind. Es kommt hier, wie das Wort mittelbar erkennen läßt, nicht darauf an, daß die betreffenden Grundstücke projektmäßig zum Bahn-Bau und -Betriebe notwendig sind. Entscheidend ist allein, daß sie dem Bahnunternehmen überhaupt gewidmet sind, d. h. der Erfüllung des Zwecks desselben in irgend welcher Weise direkt oder indirekt dienen und daß dies dauernd geschieht.

1. Die erste Voraussetzung ist, daß die Grundstücke dem Bahnunternehmen gewidmet sind, d. h. dem Zwecke desselben, d. h. dem Eisenbahntransportgewerbe dienen. Insoweit ein Grundstück nicht speziell diesem Zwecke dient, sondern dem Betriebe eines anderen nicht damit zusammenhängenden Gewerbes — z. B. der Fabrikation, Schiffahrt, dem Bergwerksbetriebe rc. — gehört es nicht zur Bahneinheit, auch wenn es unmittelbar an der Bahn gelegen ist, im Eigentume des Eisenbahnunternehmers steht und den Zwecken desselben dient. Es genügt aber die solchergestalt bestehende Widmung für das Eisenbahnunternehmen. Daß der Unternehmer das Eigentumsrecht oder überhaupt ein Recht an dem dem Unternehmen gewidmeten Grundstücke habe, ist nicht erforderlich; es gehört demungeachtet zur Bahneinheit.

2. Die zweite Voraussetzung ist, daß die Grundstücke dem Bahnunternehmen unmittelbar oder mittelbar dienen.

Unmittelbar dienen demselben alle diejenigen Grundstücke, welche entweder durch ihr Vorhandensein oder die darauf errichteten Anlagen die sichere und ordnungsmäßige Durchführung des Eisenbahn-Betriebes und -Gewerbes, ohne daß es einer Zwischenfunktion oder Vermittelung bedarf, d. h. ohne weiteres bewirken oder fördern. Dahin gehören die Bahnhöfe, Haltestellen und die an der Bahn und den Bahnhöfen rc. zum Zwecke des Eisenbahnbetriebes zu errichtenden Gebäude und Anlagen: ferner die zur Sicherung des Schienenweges dienenden Nebenanlagen, Seitengräben rc., ferner Sicherungs- und Schutzanlagen wie Parallelwege, Brandschutzstreifen rc.

Mittelbar sind dem Unternehmen alle Grundstücke gewidmet, welche zwar zur sicheren und ordnungsmäßigen Durchführung des Eisenbahnbetriebes und Gewerbes nicht unbedingt notwendig sind, aber selbst oder durch die darauf errichteten Anlagen zur besseren und zweckmäßigeren Ausübung desselben dienen und deshalb in der Regel mit dem Unternehmen verbunden sind, zum Betriebe von Nebengewerben, welche ohne für die Hauptaufgabe der Eisenbahnen absolut notwendig zu sein, teils des vorteilhafteren und billigeren Betriebs wegen, teils zur Erleichterung und Erzielung eines möglichst präzisen Ineinandergreifens der Betriebsfunktionen, teils zur Bequemlichkeit des Publikums aus sanitären Gründen rc. mit dem Eisenbahnunternehmen akzessorisch verbunden sind. Es sind dies vornehmlich die zur Produktion, Aufbewahrung, Reparatur des Betriebsmaterials und der Betriebsmittel, sowie zur Bequemlichkeit des Publikums dienenden Anlagen; die Eisenbahnwagenbau- und Reparaturwerkstätten, Gas- oder elektrische Beleuchtungsanstalten usw. Von diesem Gesichtspunkte aus werden auch Dispositionsländereien dann zur Bahneinheit gehören, wenn ihr Erwerb zu späteren Erweiterungsbauten, Anlegung neuer Geleise, Forstschutzstreifen, Arbeiterwohnungen rc. vorgesehen ist; dagegen nicht, wenn der Erwerb nicht in dieser Absicht erfolgte, sondern nur, weil das zur Bahn notwendige Terrain ohne diesen Mehrerwerb nicht zu haben war (s. z. B. § 9 Enteign.-Ges.). Ferner sind unter gleicher Voraussetzung Dienstländereien zur Förderung der wirtschaftlichen Bedürfnisse der Eisenbahnbeamten und Arbeiter, Kiesgruben zur Vorhaltung des Bettungsmaterials für den Oberbau, Bahnhofszufahrtstraßen und Vorplätze hierher zu rechnen. Auch Kohlenabfuhr-, Erz-, Stein-, Ziegel- und Kohlen- rc. Lagerplätze gehören hierher, wenn sie für den allgemeinen Eisenbahnverkehr — vornehmlich behufs Entlastung der Ladestraßen und Ladeplätze und schnelleren Entladung der Güterwagen — erforderlich sind. Dienen dagegen solche Lagerplätze lediglich sonstigen privaten Zwecken des Unternehmers, so sind sie nicht zur Bahneinheit zu rechnen. Sind Getreidespeichereien, Gasthöfe, Gärten für das Publikum rc. zur Hebung des Eisenbahnverkehrs vom Unternehmer angelegt, so ist im Einzelfalle eine eingehende Prüfung erforderlich, ob eine auch nur mittelbare Widmung für die Zwecke des Eisenbahnunternehmens anzunehmen ist. Dagegen gehören diejenigen Grundstücke, welche der Unternehmer für Dienst- rc. Räume öffentlicher Verwaltungen (Post-, Zoll- rc. Verwaltung) gesetzlich zu verwenden verpflichtet ist, zur Bahneinheit.

8. Die dritte Voraussetzung ist, daß die Grundstücke dem Bahnunternehmen dauernd dienen. Sind die Grundstücke nur für vorübergehende Zwecke des Eisenbahnbaues oder Betriebes beschafft, z. B. zur Einrichtung von Interimswegen, Werkplätzen und Arbeiterhütten, zur vorläufigen Ablagerung von Bau- und Schüttungsmaterial, zur vorübergehenden Errichtung oder Erweiterung von Bahn-

hofsanlagen, Ausweichegeleisen aus Anlaß von Ausstellungen, Truppentransporten, ungewöhnlichen Verkehrssteigerungen 2c., so gehören sie nicht zur Bahneinheit im Sinne des § 4. Dienen aber solche Anlagen zwar nicht stetigen, jedoch periodisch wiederkehrenden Zwecken (militärischen Übungen, Eis-, Rüben-, Viehtransporten 2c.) und werden sie daher bleibend errichtet, so fallen sie als dauernde unter die Bahneinheit.

4. Sind Grundstücke den gemeinsamen Zwecken der Unternehmer verschiedener Bahnen dienstbar (Bahnhöfe, Anschlußweichen, Kreuzungen 2c.), so bedarf es im Einzelfalle der Prüfung, ob das Grundstück im Eigentume des einen Unternehmers steht und der andere nur ein Nutzungsrecht daran hat oder ob es im Miteigentume der beteiligten Unternehmer steht oder ob diese sämtlich nur Nutzungsrechte daran haben. Darnach ist festzustellen, ob zur Bahneinheit das mit einem Nutzungsrecht belastete Eigentum, oder das Miteigentum oder nur ein Nutzungsrecht gehört (s. hierzu § 11 Abs. 2 Ziff. 4 u. § 25).

5. Die dem Bahnunternehmen gewidmeten Grundstücke stehen meist mit dem Bahnkörper in unmittelbarem und sichtbarem realen Zusammenhange, wie z. B. die Bahnhöfe, oder sind — auch ohne solchen — durch ihre Benutzungsart als zugehörig für jedermann erkennbar, z. B. Eisenbahnreparaturwerkstätten, Dienstgebäude. Es können aber noch andere Grundstücke dauernd dem Zwecke des Bahnunternehmens dienen, welche weder im Zusammenhange mit dem Bahnkörper stehen, noch äußerlich als Zubehör erkennbar sind. Dahin gehört ein großer Teil derjenigen Grundstücke, auf welchen die oben Seite 25 aufgeführten akzessorischen Anlagen errichtet sind. Um in betreff dieser eine bestimmte Grundlage für ihre Zugehörigkeit zur Bahneinheit zu haben, ist vorgeschrieben, daß sie nur dann zur Bahneinheit gehören, wenn sie im Bahngrundbuche eingetragen sind (§ 4 Abs. 2 Satz 1). Es ist daher Sache der Aufsichtsbehörde (§ 11 Abs. 2 Nr. 2 u. § 18) — bezw. der Interessenten, — für die Eintragung dieser Grundstücke in das Bahngrundbuch Sorge zu tragen, weil sie anderenfalls rechtlich zur Bahneinheit nicht gezählt werden.

c) Die darauf errichteten Baulichkeiten. Unter „darauf" sind sowohl der Bahnkörper wie die übrigen Grundstücke zu verstehen. Mangels jeder Einschränkung sind hierher ausnahmslos alle Anlagen zu rechnen, welche unter den Begriff von Baulichkeiten fallen; insbesondere alle Arten von Betriebs-, Dienst-, Wohn-Gebäuden, Bahnwärterhäuser, Signalstationen, Gütermagazin-Materialiendepots-, Werkstätten-Gebäude, aber auch einfache Perronhallen, Wärterbuden. Entscheidend ist, daß es ein mit dem Bahnterrain fest und dauernd verbundener Bau ist. Bewegliche körperliche Sachen, auch wenn sie zeitweilig mit dem Grund und Boden befestigt sind, fallen nicht unter die Baulichkeiten, z. B. ausrangierte Eisenbahnwagen, bewegliche, auf Rädern gehende Wärterbuden aus Wellblech, Dampfkrahne, Wagen 2c. Ebensowenig Baulichkeiten, die nicht dem Bahnunternehmen gewidmet sind. Ob solche Baulichkeiten z. B. von einem anderen auf Grund eines ihm eingeräumten Rechtes errichtet werden, Bestandteile der Bahneinheit bilden, entscheidet sich nach den allgem. Bestimmungen der §§ 94, 95 B.-G.-B.; dies wurde in den Abg.-Haus-Verhandl. ausdrücklich konstatiert (s. oben S. 28).

d) Die für das Bahnunternehmen dauernd eingeräumten Rechte an fremden Grundstücken. Das Bahnunternehmen erfordert zur Herstellung und zum Betriebe nicht immer das Eigentum von Grundstücken; häufig genügen dem Bedürfnisse Nutzungsrechte an fremden Grundstücken, z. B. fremden Bahnhöfen,

Eisenbahnbrücken, Tunnels, öffentlichen Straßen, Flüssen, Kanälen. Auch diese Nutzungsrechte bilden Bestandteile der Bahneinheit, unter der Voraussetzung, daß sie de jure eingeräumt sind, und ferner dauernd, nicht bloß vorübergehend. Das Recht, zum Bahnbau vorübergehend Interimswege anzulegen, Arbeiterbaracken zu bauen, Schüttungs- und Baumaterial abzulagern rc. gehört somit nicht zu den Bestandteilen der Bahneinheit. Wohl aber das dauernd erworbene Recht der Kies-, Lehm-, Mergel- rc. Entnahme aus fremden Grundstücken, die Benutzung öffentlicher Straßen ganz oder teilweise — wie z. B. zum Bau und Betriebe von Kleinbahnen (§§ 6, 7 Ges. vom 28. Juli 1892). —

14a) Nr. 2 des Abs. 1 umfaßt die zweite Kategorie der Bestandteile der Bahneinheit: die Fonds, Kassenbestände, Betriebs- und Subventionsforderungen. Dahin gehören: § 4. Abs. 1 Nr. 2.

a) Die von dem Bahnunternehmer angelegten, zum Betriebe und zur Verwaltung der Bahn erforderlichen Fonds. Dreierlei wird verlangt:

1. Daß es Fonds seien. Unter „Fonds“ werden die für einen besonderen Zweck bestimmten und verwalteten Kapitalien in Geld, Geldeswert oder Wertpapieren verstanden. Vorräte an Bau- und Betriebs-Materialien sind keine Fonds und können nur den Umständen nach unter Nr. 8 fallen.

2. Die Fonds müssen vom Bahnunternehmer angelegt sein. Fonds, die zwar mit dem Bahnunternehmen zusammenhängen, aber nicht von dem Bahnunternehmer angelegt sind, sondern z. B. von den Aktionären (zu bes. wohltätigen Zwecken rc.), von den Beamten oder Arbeitern rc., gehören nicht hierher. Daß die „Fonds unbedingt im Eigentume des Unternehmers stehen“, wie Gleim § 4 Anm. 8 S. 52 als selbstverständliche Voraussetzung hinstellt, erscheint nicht durchaus erforderlich. Anderenfalls würde dem, wie bei Nr. 8 in betreff der beweglichen körperlichen Sachen, auch bei Nr. 2 besonders Ausdruck gegeben worden sein. Pensions-, Krankenkassenfonds rc. können durch die gemeinsamen Beiträge des Unternehmers, der Beamten und Arbeiter gebildet und daher im Miteigentume aller Beitragleistenden stehen und dennoch zur Bahneinheit gehören.

8. Die Fonds müssen zum Betriebe und zur Verwaltung der Bahn erforderlich, für den Fortbetrieb des Unternehmens nicht entbehrlich sein. Dahin gehören vornehmlich die Reserve- und Erneuerungsfonds, Feuerversicherungs-, Unfallversicherungs-, Amortisations-Fonds, in der Regel auch die Pensions-, Kranken- und Sterbekassenfonds, — außer wenn sie ohne Anlegung und Mitwirkung des Unternehmers selbständig von den Beamten bezw. Arbeitern gebildet worden sind, eine eigene Rechtspersönlichkeit besitzen und mit dem Betriebe und der Verwaltung der Bahn in keinem Zusammenhange stehen. Vom Standpunkte der Notwendigkeit für Betrieb und Verwaltung wird man Dividenden-Reserve- oder -Ergänzungsfonds nicht hierher rechnen können; ebensowenig die nach § 262 des H.-G.-B. von den Kommanditgesellschaften auf Aktien und den Aktiengesellschaften zur Deckung eines aus der Bilanz sich ergebenden Verlustes zu bildenden Fonds. Nach einer regierungsseitig in der Kommission des Abg.-H. (Aktst. Nr. 254 S. 3152) abgegebenen Erklärung müsse diese Frage zwar als eine offene angesehen werden. Der Umstand, daß die Betriebspflicht und die Pflicht zur Erhaltung des gesamten Betriebsapparates ganz unabhängig von der Frage der Bilanz bestehe, spreche nicht für die Einbeziehung dieser Fonds in die Bahneinheit. Dagegen gehören die für den Bau und die Unterhaltung der Bahn bestimmten Fonds zur Bahneinheit. Denn sie dienen

dem Ausbau und der Erhaltung der Betriebssicherheit der Bahn, sind also zur Verwaltung und zum Betriebe erforderlich (A.-M. Gleim § 4 Anm. 8). Häufig wird sich nur nach der konkreten Sachlage bestimmen lassen, ob ein Fonds zum Betriebe und zur Verwaltung der Bahn erforderlich ist, und weil sich bei der großen Verschiedenartigkeit der Verhältnisse der einzelnen Bahnen, sowie der Bestimmung und Benennung ihrer Fonds absolut bestimmte und überall ausreichende Bezeichnungen derselben nicht geben lassen, weist Abs. 2 Satz 3 des § 4 die Entscheidung der Bahnaufsichtsbehörde zu. Die Entscheidung derselben ist also die alleinige formelle Voraussetzung für die Zugehörigkeit der betreffenden Fonds zur Bahneinheit.

b) Die Kassenbestände der laufenden Verwaltung. Nicht alle in den Kassen des Unternehmers vorhandenen Bestände, sondern nur die der laufenden Verwaltung, d. h. der aus der Bahnverwaltung hervorgegangenen Kassenbestände sind gemeint, welche wiederum zur Deckung der laufenden Ausgaben der Verwaltung bestimmt sind. Ausgeschlossen sind hiernach die der laufenden Verwaltung entzogenen oder nicht gehörigen Bestände, z. B. Bankierguthaben, Frachtkredit-, Lieferungs- und andere Kautionen, Strafgelder usw.

c) Die aus dem Betriebe des Bahnunternehmens unmittelbar erwachsenen Forderungen. Es sind nicht allein Forderungen aus dem Transport bezw. Eisenbahn-Transportgewerbe, dem eigentlichen Frachtverkehre zu verstehen, Forderungen an Fracht, Zollauslagen, Spesen, Nachnahmeprovisionen 2c., sondern alle Forderungen, welche aus irgend einem Teile des Gesamtbetriebes der Bahn entstanden sind. Die Motive führen allerdings namentlich die Forderungen aus dem Abrechnungsverkehr auf. Darauf sind aber die hier in Betracht kommenden Forderungen keineswegs beschränkt. Es treten vielmehr noch hinzu alle Forderungen, deren Beträge zu den Betriebs-Einnahmen des Bahnunternehmens etats- und usancemäßig gehören, gleichviel ob sie aus dem Grundbesitze (Pachtgelder für Rasennutzung 2c. der Dammböschungen, Dienstländereien, Lagerplätze, Anlegestellen), aus den Betriebsanlagen (Telegraphengebühren, Brückengelder, Wiege-, Krahn-, Trajektgebühren, Anrückegebühren, Mitbenutzung von Bahnhöfen, Geleisanlagen, Signaleinrichtungen), aus akzessorischen Gewerben (Bahnhofsrestaurationen, Frachtbriefe, Gasanstalten, Werkstätten, Kiesgruben 2c.), Dienstgebäuden (Dienstwohnungen, Privatwohnungen), Strafgeldern (Konventionalstrafen für ungenaue oder unrichtige Deklaration, verspätete Lieferung, Disziplinarstrafen, Polizeistrafen für Bahnkontraventionen), Entschädigungsgeldern (für Beschädigung von Eisenbahnanlagen, Betriebsmitteln oder Betriebsmaterialien) herrühren. Alle diese Beträge bilden unmittelbar aus dem Betriebe des Bahnunternehmens erwachsene Forderungen. Dagegen gehören z. B. Forderungen an Zinsen der Betriebseinnahmebestände als nur mittelbar aus dem Betriebe entstanden nicht hierher.

d) Die Ansprüche des Bahnunternehmers aus Zusicherungen Dritter, welche die Leistung von Zuschüssen für das Bahnunternehmen zum Gegenstande haben. Es sind damit Subventionen aller Art gemeint, welche dem Unternehmer zugesichert sind, gleichviel ob für den Bau der Bahn im allgemeinen oder in einer bestimmten Richtung, für eine einzelne Anlage. Ferner kommt nicht in Betracht, ob die Subventionen in Naturalien (z. B. Hergabe von Grund und Boden, Kies, Holz 2c.) oder barem Gelde bestehen, ob sie sich als verzinsliche oder unverzinsliche Darlehen, als Beihilfen à fonds perdu, als Garantieleistungen für die Zinsen der Obligationen oder Dividenden bezw. deren Ergänzung charakterisieren.

Endlich kommt nicht in Betracht, von wem die Zusicherungen ausgehen, ob von Privatpersonen, Gemeinden, Kreisen, Korporationen oder anderen Verbänden oder vom Staate.

14b) Nr. 8 des Abs. 1 umfaßt die dritte Kategorie der Bestandteile der Bahneinheit: Die beweglichen Sachen. § 4. Abs. 1 Nr. 3.

a) Nach Satz 1 sind Bestandteile der Bahneinheit alle dem Bahnunternehmer gehörigen beweglichen körperlichen Sachen, welche zur Herstellung, Erhaltung oder Erneuerung der Bahn oder der Bahngebäude oder zum Betriebe des Bahnunternehmens dienen. Wesentlich ist, daß sie dem Bahnunternehmer gehören, d. h. in seinem Eigentume stehen müssen. Dadurch unterscheiden sie sich von den Grundstücken (Nr. 1), für welche dieses Erfordernis nicht vorgeschrieben ist. Der Annahme, daß, auch wenn dem Unternehmer an beweglichen Sachen zwar nicht das Eigentum, aber andere dingliche Rechte, z. B. das Nießbrauchs-, Miets-, Leiherecht an Betriebsmitteln zustehen sollte, dieses Recht als Teil der Bahneinheit betrachtet werden müsse, kann nicht beigepflichtet werden. Denn einerseits entspricht dies nicht dem Wortlaute. Andererseits würde, wenn damit ein weiterer Begriff verbunden werden sollte, dies im Gesetze, wie bei Rechten an Grundstücken (§ 4 Nr. 1 u. f.), besonderen Ausdruck haben finden müssen. Gehören die beweglichen Sachen dem Unternehmer nicht eigentümlich, gehören sie z. B. dem Bauunternehmer, der den Bau der Bahn in Entreprise unternommen hat, oder den Besitzern von Anschlußgeleisen, Lagerplatzpächtern, Absendern rc. (z. B. Wagendecken, Planen, Personwagen, Spezialwagen, Packungsmaterial rc.), Wagenleihanstalten rc., so unterliegen die betreffenden Gegenstände weder dem Pfandrechte an der Bahneinheit, noch einer Zwangsvollstreckung in dieselbe.

Es gehören hierher alle beweglichen Sachen, welche zur Herstellung, Erhaltung oder Erneuerung der Bahn oder der Bahngebäude oder zum Betriebe des Bahnunternehmens dienen, mithin an sich sowohl die zur erstmaligen Herstellung, wie die zur dauernden Erhaltung der Bahn und Bahngebäude, oder zur Betriebsführung erforderlichen. Hiervon sind nur die im Satz 8 der Nr. 8 (S. 80) bez. Gegenstände ausgenommen. Bezüglich der Herstellung, Erhaltung oder Erneuerung sind nur diejenigen Gegenstände zur Bahneinheit gehörig, welche die Bahn oder die Bahngebäude betreffen, also vornehmlich die Materialien für die Herstellung und Instandhaltung der Bahn, Baumaterial. Dagegen kommen bezüglich des Betriebes nicht nur die zum engeren — technischen — Betriebe, sondern alle zum Gesamtbetriebe des Unternehmens erforderlichen beweglichen Sachen in Betracht, gleichviel ob sie diesem unmittelbar oder nur mittelbar gewidmet sind. Es ist nicht „zum Betriebe der Bahn", sondern ganz allgemein zum Betriebe des „Bahnunternehmens" gesagt. Dahin gehören zunächst die zum Transport erforderlichen Gegenstände, die Betriebsmittel (Wagen, Tender, Maschinen) mit ihrem Zubehör (Reserveteile, Decken), die Signal- und Telegraphen-, Telephon-Apparate und sonstigen Ausrüstungsgegenstände der Bahn, überhaupt alle Gegenstände, welche dem Wiegen, Verpacken, Lagern, Verladen, Entladen dienen, sodann aber auch die zum Abfertigungsdienst bestimmten: wie z. B. das Mobiliar und die Gerätschaften in den Abfertigungsstellen, Bureauräumen, Wartesälen, die Vorräte an Büchern, Schreibmaterial, Drucksachen rc.; weiter die zur allgemeinen und Zentralverwaltung erforderlichen: das Mobiliar und Gerät der Verwaltungsräume, — endlich die Ausrüstungsgegenstände und Materialien der akzessorischen Betriebe: Werkstätten, Gasanstalten, Billetdruckereien, Bahnhofsrestaurationen an Werkzeugen, Betriebsmaterialien ꝛc.

b) Von der Erwägung aus, daß der Bahneinheit Befriedigungsobjekte durch Veräußerung entzogen werden könnten, welche trotz ihrer Veräußerung in Gewahrsam und Benutzung des Veräußerers bleiben, modifiziert Satz 2 den Grundsatz des Satzes 1, daß die dort angeführten beweglichen Sachen dem Unternehmer gehören müssen, zunächst durch die Ausnahmebestimmung, daß diese Gegenstände, auch wenn sie veräußert sind, mithin nicht mehr im Eigentume des Unternehmers stehen, als Teile der Bahneinheit gelten sollen, so lange sie sich auf den Bahngrundstücken befinden. Denn daraus ist der Schluß gerechtfertigt, daß sie den Zwecken des Unternehmers noch weiter dienen. Voraussetzung ist, daß die betr. Gegenstände sich noch auf den Bahngrundstücken befinden und zwar im weitesten Sinne auf irgend einem dem Bahnunternehmen unmittelbar oder mittelbar gewidmeten Grundstücke (Nr. 1 S. 25) lagern, aus dem Bahnbereiche noch nicht entfernt bezw. räumlich davon noch nicht getrennt sind. Dadurch, daß diese bereits veräußerten Sachen noch zur Bahneinheit gehören, sind sie dem Pfandrechte und der Zwangsvollstreckung nach wie vor unterworfen. Sind sie aber vom Bahnterrain entfernt, dann gehören sie im Falle der Veräußerung nicht mehr zur Bahneinheit.

Noch weiter geht die vorliegende Ausnahmebestimmung aus gleichem Grunde in betreff des rollenden Betriebsmaterials. Dieses gilt als Teil der Bahneinheit ungeachtet der Veräußerung auch dann, wenn es sich nicht mehr auf den Bahngrundstücken (§ 4 Nr. 1) befindet, also auch nach der Entfernung von denselben; jedoch nur unter zwei Voraussetzungen: 1. so lange es mit Zeichen versehen ist, welche nach den Verkehrsgebräuchen die Annahme rechtfertigen, daß es dem Eigentümer der Bahn gehöre, und 2. so lange es dem Bahnbetriebe nicht dauernd entzogen ist. Trägt das betr. Betriebsmittel das Eigentumszeichen, so soll es als zu der bez. Bahneinheit gehörig gelten, gleichviel wo es sich befindet, auf eigenem oder fremdem Terrain, auf Geleisen, in Werkstätten ꝛc., und ob es dem Unternehmer gehört oder von ihm veräußert ist. Aber auch beim Vorhandensein eines Eigentumszeichens fällt die Zugehörigkeit des Betriebsmittels zur Bahneinheit fort, wenn es nach der Veräußerung dem Bahnbetriebe dauernd entzogen ist. „Dauernd“, d. h. für lange, nicht absehbare Zeit, im Gegensatze von vorübergehend, z. B. nur zum Zwecke der Reparatur, der Revision und Kontrolle ꝛc. Wird z. B. ein an einen Kohlenhändler veräußerten Güterwagen als Wächterbude, zur Aufbewahrung von Materialien ꝛc. benutzt oder eine an einen Gutsbesitzer veräußerte Lokomotive zum Betriebe eines Feldbahngeleises ꝛc., so gehören diese Betriebsmittel nicht mehr zur Bahneinheit, auch wenn sie das Eigentumszeichen eines Unternehmers tragen. Denn sie sind in diesen Fällen dem Betriebe dauernd entzogen. Beide Erfordernisse zusammen müssen vorhanden sein, eines oder das andere genügt nicht.

c) Satz 3 sieht den Fall vor, daß die Bahneinheit durch Eintragung im Bahngrundbuche entstanden ist, bevor noch die Genehmigung zur Betriebseröffnung der ganzen Bahn erteilt ist. Alsdann fragt es sich, ob die noch zur ersten Herstellung der Bahn zu benutzenden Gerätschaften und Werkzeuge zur Bahneinheit gehören sollen. Diese Frage verneint Satz 3. Solche Gerätschaften und Werkzeuge, welche vor der Betriebseröffnung zur ersten Herstellung dienen, gehören nicht zur Bahneinheit. Vielmehr gehören zu derselben vor der Genehmigung zur Betriebseröffnung nur die zur Erhaltung oder Erneuerung der Bahn und Bahngebäude sowie zum Betriebe des Bahnunternehmens dienenden beweglichen Gegenstände, nach der Genehmigung aber auch die zur Herstellung der Bahn ꝛc. dienenden.

15) Im Anschluß an Abs. 1, welcher die drei Kategorien von Bestandteilen aufführt, aus welchen sich die Bahneinheit zusammensetzt, enthält Absatz 2 nach zwei Richtungen hin Bestimmungen, welche zur Präzisierung und Ergänzung der im Abs. 1 enthaltenen Vorschriften dienen sollen. Diese Bestimmungen betreffen einerseits die Grundstücke (Satz 1 und 2), andererseits die Fonds (Satz 3). § 4. Abs. 2.

A. In Nr. 1 des Abs. 1 des § 4 ist als Kriterium für die Zugehörigkeit der Grundstücke zur Bahneinheit — abgesehen vom Bahnkörper — die dauernde unmittelbare oder mittelbare Widmung für das Bahnunternehmen hingestellt. Die Widmung für das Bahnunternehmen ist nach Begriff und Wortlaut dehnbar und daher häufig schwer zu bestimmen und kontrovers. Da es aber notwendig ist, hierfür tunlichst sichere und genaue Kennzeichen (Merkmale) zu haben, so unterscheidet Abs. 2 in Satz 1 und 2 den Fall der Eintragung in das Bahngrundbuch und den Fall der Nichteintragung in dasselbe.

Ist die Bahn in das Bahngrundbuch nicht eingetragen (Satz 1), so gelten nur diejenigen Grundstücke als Teile der Bahneinheit, welche mit dem Bahnkörper zusammenhängen (z. B. das Terrain der Bahnhöfe, Rangiergeleise ꝛc.), oder deren Widmung für das Bahnunternehmen äußerlich erkennbar ist (z. B. die zu den Werkstätten, Verwaltungs- und Dienstgebäuden verwendeten Grundstücke, s. Anm. 14 S. 26).

Ist die Bahn in das Bahngrundbuch eingetragen (Satz 2), d. h. ein Bahngrundbuchblatt für dieselbe angelegt (§§ 8, 18), so treten außerdem — d. h. zu den mit dem Bahnkörper zusammenhängenden und den als der Bahn gewidmet äußerlich erkennbaren Grundstücken — noch ausnahmslos alle auf dem Titel des Bahngrundbuchblattes verzeichneten Grundstücke hinzu.

Nur wenn auf Grundstücke vor oder nach der Eintragung der Bahneinheit in das Bahngrundbuch eines der vorstehenden Kriterien zutrifft, gehören dieselben zur Bahneinheit. Durch den bloßen Erwerb eines Grundstücks mit der Absicht der Verwendung für die Herstellung oder den Betrieb der Bahn, wird dasselbe keineswegs ein Bestandteil der Bahneinheit. Wird hiernach ein Grundstück nicht zu dem Bahnunternehmen verwendet, so kann es der Unternehmer wieder veräußern, ohne an die Vorschriften des § 5 gebunden zu sein — außer wenn dasselbe bereits im Bahngrundbuche eingetragen ist. Bei teilweiser Verwendung eines Grundstücks kann auch die Zugehörigkeit zur Bahneinheit nach Maßgabe des konkreten Falles eine nur teilweise sein. Stellt sich der nicht verwendete Teil noch als ein selbständiger, d. i. zu einer selbständigen Benutzungsart (Acker, Bauplatz, Garten, Gewerbebetrieb ꝛc.) geeignetes Grundstück dar, so gehört er nicht zur Bahneinheit, wohl aber sind hierher kleine Absplisse ohne selbständige wirtschaftliche Bedeutung zu rechnen. Die Frage ob nach vorstehenden Kriterien ein Grundstück Bestandteil der Bahneinheit ist, ist zwar im Streitfalle, bei der Zwangsvollstreckung oder -Versteigerung ꝛc. als eine privatrechtliche vom Richter zu entscheiden. Die Vorentscheidung aber liegt der Bahnaufsichtsbehörde insofern ob, als sie nach § 11 Nr. 2 in Verbindung mit § 18 die Aufnahme der zur Bahneinheit gehörigen Grundstücke, deren Widmung für das Bahnunternehmen weder aus ihrem Zusammenhange mit dem Bahnkörper, noch sonst äußerlich erkennbar ist, in den Titel des Bahngrundbuchs oder die Grundakten, und alle Änderungen der bezüglichen Eintragungen zu bewirken hat.

Satz 3 des Abs. 2 des § 4 betrifft sodann die Bestimmung der zur Bahneinheit gehörigen Fonds. Da es an absolut bestimmten und für alle Verhältnisse ausreichenden Kriterien fehlt, so hat das Gesetz der Bahnaufsichtsbehörde die Entscheidung hierüber zugewiesen. An sich steht zwar diese Frage als eine Frage des Privatrechts im allgemeinen den Gerichten zu. Wenn aber die Beteiligten über die Natur des Fonds nicht einig sind, auch sich bei der Auffassung des amtierenden Gerichts nicht beruhigen wollen, so liegt die endgültige Entscheidung der Bahnaufsichtsbehörde als der mit der Verwaltung der Bahn und den Zwecken ihrer Fonds am besten vertrauten Behörde ob.

In Betreff der „Bahnaufsichtsbehörden" ist zwischen Privatbahnen und Kleinbahnen zu unterscheiden: 1. Für die Privateisenbahnen sind Bahnaufsichtsbehörden in Gemäßheit des § 6 Nr. 6 der durch Allerh. O. vom 28. Dezember 1901 (G.-S. 1902 S. 129) genehmigten „Verwaltungsordnung für die Staatseisenbahnen" die Präsidenten der Königl. Eisenbahndirektionen in den ihnen vom Minister der öffentl. Arbeiten zugewiesenen Aufsichtsbezirken in Gemeinschaft mit den zur ständigen Vertretung des Präsidenten bestimmten beiden Mitgliedern der Eisenbahndirektion (Ober-Regierungsrat und Ober-Baurat). 2. Für die Kleinbahnen sind Aufsichtsbehörden in Gemäßheit des § 22 des Kleinb.-Ges. vom 28. Juli 1892 die für die Genehmigung der Kleinbahnen jeweilig zuständigen Behörden. Jeweilig zuständig ist aber — abgesehen von dem im § 8 Abs. 8 Satz 2 l. c. bezeichneten Falle — stets diejenige Behörde, die für eine der dem Unternehmer angehörigen Bahnen zuletzt gemäß § 2 und 3 l. c. eine Genehmigung erteilt hat. (Eger, Kom. z. Kleinb.-Ges. 2. Aufl. § 3, Anm. 9—13, S. 55 ff.).

§ 4. Abs. 3. 16) Absatz 3 des § 4 entscheidet die wichtige Frage, aus welchen Bestandteilen die Bahneinheit sich zusammensetzt, welche nach Erlöschen der Genehmigung noch fortbesteht. Nach § 3 Abs. 1 Satz 2 hört die Bahneinheit mit dem Erlöschen der Genehmigung für das Unternehmen grundsätzlich auf, sie bleibt aber ausnahmsweise noch bis zur Schließung des Bahngrundbuchblatts fortbestehen, wenn die Bahn im Bahngrundbuch eingetragen ist. Bis zum Erlöschen der Genehmigung bildet die Bestimmung für den Betrieb des Unternehmens das Kriterium, welches für die Zugehörigkeit zur Bahneinheit maßgebend ist. Die Bestandteile der Bahneinheit können daher jederzeit wechseln, je nachdem sie für den Zweck des Unternehmens erforderlich sind oder nicht. Ist aber die Genehmigung zum Betriebe erloschen und besteht die Bahneinheit, weil sie im Bahngrundbuch eingetragen, doch noch fort (§ 3 Abs. 1 Satz 2), so trifft das Kriterium der Bestimmung für den Betrieb nicht mehr zu. Die Bahneinheit besteht nunmehr nur noch zu dem Zwecke fort, um die Befriedigung der Bahnpfandgläubiger sicher zu stellen. Die Frage der Zugehörigkeit der bisherigen Bestandteile zur Bahneinheit kann daher nicht mehr nach der Bestimmung für das Unternehmen, sondern lediglich darnach entschieden werden, ob sie z. Z. des Erlöschens der Genehmigung zur Bahneinheit gehört haben. Demgemäß bestimmt Abs. 3, daß in diesem Falle die Bahneinheit durch alle zur Zeit des Erlöschens zu ihr gehörigen Gegenstände und Rechte gebildet wird, d. h. die Bestandteile der Bahneinheit werden mit dem gedachten Zeitpunkte gewissermaßen fixiert, sie dürfen nicht mehr wechseln oder verändert werden; ohne Zustimmung der Gläubiger bezw. des Liquidators ist bis zur

Auflösung der Bahneinheit durch Schließung des Bahngrundbuchs ein Ausscheiden einzelner Bestandteile derselben nicht mehr zulässig. Unter „Gegenstände und Rechte" sind hier alle im § 4 Abs. 1 Nr. 1—8 bezeichneten Bestandteile der Bahneinheit gemeint, also sowohl die unbeweglichen (Nr. 1) und die beweglichen (Nr. 8), wie auch die in Nr. 2 bezeichneten Fonds, Kassenbestände, Forderungen und Ansprüche (s. § 4 Anm. 14—14b S. 28 ff.).

§ 5.[17])

Veräußerungen oder Belastungen einzelner zur Bahneinheit gehöriger Grundstücke sind ungültig, soweit nicht die Bahnaufsichtsbehörde bescheinigt, daß durch die Verfügung die Betriebsfähigkeit des Bahnunternehmens nicht beeinträchtigt wird.[18]) Sobald die Genehmigung für das Unternehmen erloschen ist, können Veräußerungen oder Belastungen ohne diese Bescheinigung erfolgen, jedoch unbeschadet der Vorschriften des § 19.[19]) Hinsichtlich der unter Grundbuchrecht stehenden Grundstücke kann die durch die Zugehörigkeit zur Bahneinheit begründete Verfügungsbeschränkung gegen den Erwerber nur unter der Voraussetzung geltend gemacht werden, daß die Zugehörigkeit des Grundstücks zur Bahneinheit ihm bekannt oder im Grundbuche vermerkt war.[20])

Dadurch, daß ein dem Bahnunternehmen gewidmetes Grundstück von dem Eigentümer einem anderen Zwecke dauernd gewidmet wird, hört es nicht auf, ein Teil der Bahneinheit zu sein, soweit nicht die im vorstehenden Absatze bezeichnete Bescheinigung erteilt wird.[21])

17) **Prinzip und Entstehungsgeschichte des § 5.**

I. **Prinzip.** Der Bestand der Bahneinheit, wie derselbe gemäß § 4 sich zusammensetzt und den Gegenstand der Veräußerung, Verpfändung und Zwangsvollstreckung bildet, würde ein illusorischer sein, wenn es dem Unternehmer nach Belieben frei stünde, die einzelnen Bestandteile — bewegliche und unbewegliche — zu veräußern oder zu belasten. Wenn auch einerseits dem Unternehmer nicht jede Disposition über die Bestandteile der Bahneinheit genommen zu werden braucht, so muß doch andererseits der Möglichkeit vorgebeugt werden, daß er nicht durch zu weitgehende Verfügungen den Betrieb beeinträchtigt und damit die Ertragsfähigkeit des Unternehmens stört und lähmt. Was die beweglichen Sachen anlangt, so genügte es bei dem in der Natur der Dinge liegenden häufigen und notwendigen Wechsel, die Veräußerung ohne gleichzeitiges Ausscheiden aus dem Betriebe für unwirksam zu erklären. Dagegen erforderte die große Bedeutung, welche dem Grundeigentum in bezug auf den Betrieb zukommt, einschneidendere Bestimmungen. Zwar ist keineswegs die gänzliche Aufhebung der Verfügung des Unternehmers über die Bahngrundstücke notwendig; sie können für den Betrieb entbehrlich, zum Zwecke des Umtausches geeignet sein und unter Umständen ohne jede Schädigung des Betriebs Gegenstand der Belastung (einer Grundgerechtigkeit, eines Gebrauchs- § 5. Prinzip.

und Nutzungsrechts) werden. Aber als das eigentliche Substrat des Eisenbahnunternehmens ist das Grundeigentum so wichtig, daß für die Veräußerung oder Belastung desselben behördliche Prüfung und Genehmigung erforderlich erschien. Demgemäß ist im § 5 Satz 1 die Gültigkeit von Veräußerungen oder Belastungen einzelner zur Bahneinheit gehöriger Grundstücke während der Betriebsdauer von der Bescheinigung der Bahnaufsichtsbehörde abhängig gemacht, daß durch die betreffende Verfügung die Betriebsfähigkeit des Unternehmens nicht beeinträchtigt werde.

Hat dagegen mit dem Erlöschen der Genehmigung für das Unternehmen der Betrieb aufgehört, so ist aus derartigen Verfügungen eine Beeinträchtigung des Betriebs selbstredend nicht mehr zu gewärtigen, wohl aber können dadurch, sofern nach dem Erlöschen der Genehmigung die Bahneinheit fortbesteht, die Rechte der Bahnpfandgläubiger beeinträchtigt werden. Um dies zu verhüten, andererseits aber auch den Unternehmer in der Disposition über seine Grundstücke nicht über Gebühr zu hemmen, ist die Bestimmung des Satzes 2 des § 5 getroffen. Satz 1 in Verbindung mit Satz 2 involviert eine Eigentumsbeschränkung des Unternehmers im Sinne des § 892 B.-G.-B., Art. 109, 111, 112, 115, 119 Ziff. 1, 168 Einf.-Ges. z. B.-G.-B. (§ 11 des Eigentumserwerbsgesetzes vom 5. Mai 1872). Geht man hiervon aus, so hat dieselbe, soweit auf das Grundstück Grundbuchrecht Anwendung findet, gegen Dritte nur dann Wirkung, wenn sie entweder denselben bekannt oder im Grundbuch eingetragen war. Diesem Grundsatze gibt Satz 3 des § 5 Ausdruck. Ist ein Bahngrundbuch für die Bahn angelegt, so wird der Vermerk der Zugehörigkeit des Grundstücks zur Bahneinheit in das über dasselbe geführte Grundbuch ex officio gemäß § 15 Abs. 1 Satz 1 vermerkt. Besteht ein Bahngrundbuch nicht, dann soll es dieses Vermerkes nicht bedürfen, weil alsdann nach § 4 Abs. 2 nur mit dem Bahnkörper zusammenhängende oder dem Unternehmen äußerlich erkennbar gewidmete Grundstücke zur Bahneinheit gehören.

Da die Widmung eines Grundstücks für das Unternehmen das Merkmal seiner Zugehörigkeit zur Bahneinheit ist, so kann das Grundstück nicht bloß durch das Rechtsgeschäft der Veräußerung, sondern durch die bloße Tatsache der Verwendung für einen anderen Zweck der Bahneinheit entzogen werden. Um dem vorzubeugen ist im Absatz 2 des § 5 bestimmt, daß es — ebenso wie bei Veräußerungen und Verfügungen — auch bei der tatsächlichen dauernden Widmung eines Grundstücks für einen anderen Zweck einer Bescheinigung der Bahnaufsichtsbehörde darüber bedarf, daß durch diese Maßnahme die Betriebsfähigkeit des Unternehmens nicht beeinträchtigt wird. Andernfalls gehört es demungeachtet weiter zur Bahneinheit.

§ 5. Entstehung. II. Aus der Entstehungsgeschichte des § 5 ist folgendes bemerkenswert:

Der Regier.-Entwurf vom 18. März 1895 (Drucks. des Herrenh. Nr. 24 S. 4, 5) enthielt bereits den § 5 in der in das Eisenb.-Pfandr.-Ges. v. 19. Aug. 1895 übergegangenen Fassung mit nachstehender Motivierung (S. 84—86): „Der Kredit eines Bahnunternehmens beruht nicht auf den einzelnen Bestandteilen der Bahneinheit, sondern auf dem Ertrage, welcher aus dem Betriebe des Unternehmens gezogen wird, und dem Werte, welcher dem Unternehmen mit Rücksicht auf diesen Ertrag für den Fall einer Veräußerung im ganzen beigemessen wird. Die Interessen der Bahngläubiger erfordern es daher nicht, daß dem Bahneigentümer jede Verfügung über die Bestandteile der Bahneinheit untersagt wird, es muß nur Vorsorge dafür getroffen werden, daß durch die Verfügungen des Bahneigentümers nicht die Fortdauer des Betriebs gefährdet und damit die Grundlage des Kredits zerstört wird. Bei den beweglichen Gegenständen erscheint es ausreichend, die Veräußerung ohne gleichzeitige Ausscheidung aus dem Betriebe für unwirksam zu erklären (vgl. die Begründung zu § 4). Weitere Beschränkungen sind bei den Grundstücken geboten und durchführbar. Zwar ist auch hier nicht jede Veräußerung, Verpfändung oder sonstige Belastung auszuschließen. Ein Grundstück kann für die Zwecke des Bahnbetriebs infolge einer Veränderung der Bahnrichtung oder aus anderen Gründen entbehrlich werden; ferner können Grundgerechtigkeiten und andere Gebrauchs- und Nutzungsrechte an einzelnen Grundstücken sehr wohl bestehen ohne die Betriebsfähigkeit des Unternehmers zu beeinträchtigen. Die hohe Bedeutung, welche dem Grundbesitz des Bahneigentümers zukommt, läßt es aber ratsam erscheinen, die Rechtsgültigkeit einer Verfügung von der Genehmigung der Bahnaufsichtsbehörde abhängig zu machen, welche zu erteilen ist, wenn durch die Veräußerung die Betriebsfähigkeit des Unternehmens nicht beeinträchtigt wird. Eine gleiche Behandlung, wie die Entziehung eines Grundstücks aus der Bahneinheit durch ein Rechtsgeschäft, erfordert die tatsächliche Entziehung durch Widmung zu einem anderen Zwecke.

Eine Beeinträchtigung der Betriebsfähigkeit des Bahnunternehmens durch Verfügungen des Eigentümers kommt nicht mehr in Frage, wenn durch Erlöschen der Genehmigung der Fortbetrieb der Bahn unmöglich gemacht ist. Von diesem Zeitpunkt an kann daher die Zulässigkeit einer Veräußerung nicht mehr davon abhängig gemacht werden, ob die Aufsichtsbehörde das Grundstück als ein für den Betrieb erforderliches ansieht. Der Entwurf regelt das nunmehr eingetretene Verhältnis so, daß der Bahneigentümer Grundstücke ohne Genehmigung veräußern kann, daß diese Veräußerung aber den Bahnpfandgläubigern gegenüber unwirksam ist, so daß diese ungeachtet der Veräußerung das Grundstück noch als einen Teil der Bahneinheit zu ihrer Befriedigung in Anspruch nehmen können (vgl. § 19 und Begründung zu demselben).

Die durch die Bestimmungen des § 5 begründete Verfügungsbeschränkung stellt sich als eine Eigentumsbeschränkung im Sinne des § 892 B.-G.-B., Art. 109, 111, 112, 115, 119 Ziff. 1, 168 Einf.-Ges. z. B.-G.-B. (§ 11 des Preuß. Eigentumserwerbsgesetzes vom 5. Mai 1872) dar. Sie wirkt daher, soweit Grundbuchrecht für das betreffende Grundstück anwendbar ist, gegen Dritte nur dann, wenn sie denselben bekannt oder im Grundbuche über das betreffende Grundstück eingetragen war. Wird die Bahn in das Bahngrundbuch eingetragen, so wird von Amts wegen dafür Sorge getragen, daß die Zugehörigkeit eines Grundstücks zur Bahneinheit in dem über dasselbe geführten Grundbuche vermerkt wird (§ 15). Für den Fall, daß die Anlegung eines Bahngrundbuchblattes nicht stattfindet, sieht der Entwurf von einem Vermerk der Zugehörigkeit im Grundbuche ab. Es kann dies ohne Bedenken geschehen, weil in diesem Falle nach § 4 Absatz 2 nur solche Grundstücke zur Bahneinheit gehören, bei denen die Widmung für das Bahnunternehmen äußerlich erkennbar ist, so daß die Verfügungsbeschränkung gegen jeden Dritten wegen Kenntnis ihrer Voraussetzungen wirksam ist."

§ 5 wurde in der Fassung des Entwurfs von 1895 unverändert angenommen und ging in dieser Fassung in das Eisenb.-Pfandr.-Ges. v. 19. Aug. 1895 über.

Der Revisionsentwurf v. 10. Februar 1902 (Drucks. d. Herrenh. Nr. 42 S. 8) schlug vor, in § 5 Abs. 1 die Worte: „jedoch unbeschadet der an der Bahn begründeten Pfandrechte (§ 19)" zu ersetzen durch die Worte: „jedoch unbeschadet der Vorschriften des § 19."

In der Begründung (S. 12) wird hervorgehoben, daß das Bürgerliche Gesetzbuch von einem Pfandrechte nur bei beweglichen Sachen und bei solchen Rechten spricht, für welche nicht die sich auf Grundstücke beziehenden Vorschriften gelten (§§ 1204, 1278). An Bahneinheiten können dagegen nach § 16 nur Hypotheken, Grundschulden oder Rentenschulden bestehen. Die vorgeschlagene Fassung vermeidet deshalb den Ausdruck „Pfandrecht". Der Vorschlag wurde angenommen.

§ 5. Abs. 1 Satz 1. [18]) Absatz 1 Satz 1 des § 5 erklärt Veräußerungen oder Belastungen einzelner zur Bahneinheit gehöriger Grundstücke für ungültig, soweit nicht die Bahnaufsichtsbehörde die Unschädlichkeit der betr. Verfügung für die Betriebsfähigkeit des Unternehmens bescheinigt. Der Grund dafür liegt darin, daß zwar das Interesse der Bahngläubiger es nicht erheischt, dem Unternehmer jede Verfügung über die Bestandteile der Bahneinheit unbedingt zu untersagen, aber eine Garantie dafür geschaffen werden muß, daß derartige Verfügungen nicht die Betriebsfähigkeit des Unternehmens schädigen und damit die Basis seines Kredits beeinträchtigen. Diese Garantie wird durch das Erfordernis des Unschädlichkeitsattestes seitens der Bahnaufsichtsbehörde geschaffen.

1. Satz 1 bezieht sich auf alle zur Bahneinheit gehörigen Grundstücke, sowohl auf die erstmalig zur Anlegung der Bahn zu erwerbenden bezw. erworbenen, wie auf alle später etwa hinzuerworbenen. Es bedarf daher schon bei der erstmaligen Erwerbung der Prüfung ihrer Belastung bezw. des Unschädlichkeitsattestes der Bahnaufsichtsbehörde.

2. Satz 1 bezieht sich nur auf einzelne Grundstücke. Daraus folgt: Die Vorschrift findet keine Anwendung, wenn es sich um das ganze Unternehmen handelt (§ 16 ff.). Alsdann bedarf es für die Veräußerung von Privateisenbahnen und Kleinbahnen der staatlichen Genehmigung, da ein Wechsel des konzessionierten Unternehmens in Betracht kommt (§ 1 Ges. vom 8. November 1888, § 2 Ges. vom 28. Juli 1892), ferner für die Belastung von Privateisenbahnen gemäß § 6 Ges. vom 8. November 1888, und für die Belastung von Kleinbahnen, wenn Teilschuldverschreibungen ausgegeben werden sollen (§ 21 Ges. vom 28. Juli 1892).

3. Ebensowenig bezieht sich Satz 1 auf bewegliche Sachen. In betreff dieser erschien es nach den Motiven ausreichend, die Veräußerung ohne gleichzeitige Ausscheidung aus dem Betriebe für unwirksam zu erklären, wie bei § 4 Nr. 3 (Anm. 14b S. 29 ff.) des näheren begründet ist.

4. Satz 1 betrifft ferner nur Grundstücke, welche zur Bahneinheit gehören, also den Bahnkörper bilden oder im übrigen dem Bahnunternehmen im Sinne des § 4 Abs. 1 Nr. 1 (s. Anm. 14 S. 24 ff.) gewidmet sind.

5. Satz 1 spricht aber nur von Grundstücken, nicht von den darauf errichteten Baulichkeiten, sowie den für das Bahnunternehmen dauernd eingeräumten Rechten an fremden Grundstücken (§ 4 Abs. 1 Nr. 1). Doch werden, da die gleiche ratio legis dafür ist, auch diese Baulichkeiten und Rechte, d. h. alle im § 4 Abs. 1 Nr. 1 bezeichneten Immobilien der Vorschrift des Satzes 1 zu

unterstellen sein. In betreff der dauernd eingeräumten Rechte an fremden Grundstücken ist dies im § 7 besonders ausgesprochen.

6. Satz 1 bezieht sich ausnahmslos auf alle Formen der Veräußerung und Belastung, mögen sie im Verkauf, Tausch, in der Verschenkung, Abtretung ganz oder teilweise, in der Belastung mit Veräußerungsrechten bestehen. Ausgenommen ist jedoch die Verpfändung (Hypothek, Renten- und Grundschuld) von Grundstücken, welche gemäß § 11 Abs. 2 Ziff. 2 auf dem Titel des Bahngrundbuchblatts zu vermerken sind. Denn diese Grundstücke müssen unbedingt pfandfrei sein und bleiben (§ 12 Abs. 1 Satz 1 und e contr. Abs. 2), dürfen also mit Pfandrechten auch dann nicht belastet werden, wenn die Bahnaufsichtsbehörde bescheinigt, daß dadurch die Betriebsfähigkeit des Unternehmens nicht beeinträchtigt wird. Auch wenn im Wege der Enteignung (aus Gründen des öffentlichen Wohles: Art. 9 Preuß. Verfass.-Urk., § 1 Ent.-Ges. vom 11. Juni 1874, Art. 41 Reichs-Verfass.) einzelne Grundstücke ꝛc. in Anspruch genommen werden, bedarf es einer Bescheinigung der Bahnaufsichtsbehörde nicht.

7. Die Bescheinigung ist von der Bahnaufsichtsbehörde auszustellen; und zwar vor dem betreffenden Akte. Es ist die damit auch im § 4 Abs. 2 Satz 8 bezeichnete Behörde gemeint (Anm. 15 S. 82). Die Ausstellung darf einer anderen Behörde nicht delegiert werden. Über die Form der Bescheinigung bestimmt das Gesetz nichts. Doch ist die Bescheinigung, da sie als Urkunde vor dem Grundbuchamte dienen soll, in derjenigen Form zu halten, welche die Grundbuchordnung für Erklärungen öffentlicher Behörden vorschreibt, d. h. sie bedarf der legalen Unterschrift und des öffentlichen Siegels (Art. 9 Preuß. Ausf.-Ges. z. Gr.-B.-O.). Der Inhalt muß in bestimmten Worten die amtliche Erklärung enthalten, daß durch die betr. Verfügung (Veräußerung oder Belastung) die Betriebsfähigkeit des Bahnunternehmens nicht beeinträchtigt wird (Unschädlichkeitsattest). Der Bescheinigung muß demgemäß pflichtmäßig eine sorgfältige Prüfung der in Betracht kommenden Umstände vorangehen. Gleim § 5 Anm. 2 nimmt an, daß jedenfalls die Genehmigung für diejenigen Grundstücke, deren Verzeichnung auf dem Titelblatt des Grundbuchblatts die Bahnaufsichtsbehörde herbeigeführt hat (§ 4 Abs. 2 Satz 2, § 11 Abs. 2 Ziff. 2), so lange werde versagt werden müssen, als die Verhältnisse noch fortbestehen, auf Grund deren diese Verzeichnung seiner Zeit beantragt worden ist. Indes kann dem nicht beigepflichtet werden. Die Behörde ist an ihre frühere Auffassung nicht gebunden, falls sie nunmehr — auch ohne Änderung der bez. Verhältnisse — zu der Überzeugung von der Entbehrlichkeit der betr. Grundstücke gelangt ist. Verweigert die Behörde die Bescheinigung, so muß die ablehnende Verfügung mit Gründen versehen sein. Gegen die Verfügung der Bahnaufsichtsbehörde sind bei Kleinbahnen die im § 56 (sc. § 52 Kleinb.-Ges.) vorgesehenen Rechtsmittel zulässig, bei den übrigen Privatbahnen ist Beschwerde an den Minister der öffentlichen Arbeiten gegeben.

8. Finden Veräußerungen oder Belastungen ohne die Unschädlichkeitsbescheinigung der Aufsichtsbehörde statt, so sind dieselben ungültig, d. h. für beide Teile rechtsunwirksam, es dürfen daraus weder Rechte noch Pflichten abgeleitet werden, das veräußerte oder belastete Grundstück gehört nach wie vor zur Bahneinheit, wie wenn es unveräußert oder unbelastet wäre. Der Grundbuchrichter, welcher ohne die qu. Bescheinigung die Veräußerung oder Belastung einträgt, macht sich regreßpflichtig und hat die Wiederlöschung zu veranlassen.

§ 5. Abs. 1 Satz 2. [19]) Satz 2 des Abs. 1 gestattet Veräußerungen und Belastungen einzelner zur Bahneinheit gehöriger Grundstücke ohne die im Satz 1 vorgesehene Unschädlichkeitsbescheinigung, sobald die Genehmigung für das Unternehmen erloschen ist, jedoch unbeschadet der an der Bahn begründeten Bahnpfandschulden (§§ 14, 19). Diese Ausnahme von der Regel des Satzes 1 beruht auf der Erwägung, daß mit dem Erlöschen der Genehmigung für das Unternehmen der Betrieb aufhört, die Grundstücke für diesen also nicht mehr erforderlich sind.

Dagegen können durch derartige Veräußerungen und Belastungen, wenn nach dem Erlöschen der Genehmigung die Bahneinheit fortbesteht, die Bahnpfandgläubiger wesentlich geschädigt und in ihren Rechten benachteiligt werden. Denn nach Aufhören des Betriebs beruht die Sicherheit des Pfandgläubigers nicht mehr auf dem betriebs- und ertragsfähigen Unternehmen, sondern lediglich auf den zur Zeit des Erlöschens der Genehmigung vorhandenen einzelnen Bestandteilen der Bahneinheit. Diese bilden den Gegenstand seines Rechts (§ 4 Abs. 8) und müssen zur abgesonderten Befriedigung der Bahnpfandgläubiger im Wege der Zwangsliquidation realisiert werden (§ 40). Damit dieses Recht der Bahnpfandgläubiger nicht durch Verfügungen des Unternehmers beeinträchtigt werde, erklärt das Gesetz (§ 19) dieselben den Bahnpfandgläubigern gegenüber für unwirksam. Die Unwirksamkeit ist mithin eine relative, die Verfügungen dürfen zwar Dritten, nicht aber den Befriedigung suchenden Bahnpfandgläubigern entgegengehalten werden.

Soweit indes nach den Vorschriften des bürgerlichen Rechts der Erwerb in gutem Glauben (der redliche Erwerb) geschützt wird, wird dieser Schutz auch denen zu teil, welche Veräußerungen oder Belastungen über Bahneinheitsbestandteile abschließen, und darf diesen von den Bahnpfandgläubigern nicht Unwirksamkeit entgegengesetzt werden. Der redliche Erwerber ist also namentlich geschützt, soweit ihm die Vorschriften über den öffentlichen Glauben des Grundbuchs zur Seite stehen. Auch ist das Recht der Bahnpfandgläubiger, die Unwirksamkeit einer Verfügung des Bahnunternehmers geltend zu machen, zeitlich nicht unbegrenzt. Vielmehr erlischt dieses Recht, wenn die zur Verwirklichung des Rechts gesetzte Frist verstrichen und die Schließung des Bahngrundbuchblatts erfolgt ist (§ 19 Satz 2). Die Schließung aber geschieht mit Beendigung des Zwangsliquidationsverfahrens (§ 49) oder, wenn ein solches nicht beantragt wird, mit Ablauf von 6 Monaten seit der gerichtlichen Bekanntmachung des Erlöschens der Genehmigung (§ 14).

§ 5. Abs. 1 Satz 3. [20]) Auf den nach den Vorschriften des bürgerlichen Rechts bestehenden Schutz des redlichen Erwerbs haben diejenigen, welche mit dem Bahneigentümer in betreff einzelner Grundstücke Veräußerungs- oder Belastungsverträge in gutem Glauben abgeschlossen haben, auch den Bahnpfandgläubigern gegenüber Anspruch. Dieser Schutz besteht in betreff der Eigentumsbeschränkungen darin, daß dieselben gegen Dritte nur dann wirken, wenn sie diesen bekannt oder im Grundbuche über das betreffende Grundstück eingetragen waren. Anderenfalls gilt der Dritte als redlicher Erwerber. Nun qualifizieren sich die durch Satz 1 und 2 des § 5 eingeführten Veräußerungs- und Belastungsbeschränkungen als Eigentumsbeschränkungen. Folglich haben sie, soweit die betreffenden Grundstücke unter Grundbuchrecht stehen, nur dann gegen Dritte Wirkung, wenn sie diesen bekannt oder im Grundbuche für das qu. Grundstück eingetragen waren. Dies spricht Satz 3 des Abs. 1 ausdrücklich aus.

„Unter Grundbuch stehend" sind sowohl die Grundstücke, für welche das

Grundbuch im Sinne der Reichsgesetze als angelegt anzusehen ist (Ausf.-Ges. z. B.-G.-B. § 186), als auch diejenigen gemeint, für welche erst die preuß. Grundbuchgesetze in Kraft getreten sind. Die Vorschrift steht mit § 892 B.-G.-B. im Zusammenhange (Mot. S. 12).

In betreff der Zugehörigkeit eines Grundstücks zur Bahneinheit unterscheidet das Gesetz: Entweder ist die Bahneinheit im Bahngrundbuch eingetragen, alsdann muß gemäß § 15 die Zugehörigkeit der dem Bahnunternehmen gewidmeten Grundstücke in den einzelnen Grundbuchblättern eingetragen werden. Jeder Bahneigentümer ist verpflichtet, diese Eintragung zu beantragen und kann hierzu von der Bahnaufsichtsbehörde angehalten werden. Soweit die Grundstücke auf dem Titel des Bahngrundbuchblatts vermerkt sind (§ 11 Abs. 2 Ziff. 2), wird die Eintragung von dem das Bahngrundbuch führenden Amtsgericht von Amts wegen veranlaßt. Oder die Bahneinheit ist in das Bahngrundbuch nicht eingetragen. In diesem Falle soll es eines Vermerks der Zugehörigkeit der der Bahneinheit gewidmeten Grundstücke im Grundbuche nicht bedürfen. Denn alsdann sind gemäß § 4 Abs. 2 als solche nur diejenigen Grundstücke anzusehen, welche mit dem Bahnkörper zusammenhängen oder deren Widmung für das Bahnunternehmen sonst äußerlich erkennbar ist. Der Dritte soll sich also aus diesen Umständen über die Zugehörigkeit Kenntnis und Gewißheit verschaffen.

Übrigens spricht Satz 3 nur vom „Erwerber", während Satz 1 und 2 Veräußerungen und Belastungen umfassen. Es ist daher anzunehmen, daß unter Erwerber nicht nur der Erwerber des Eigentums, sondern auch dinglicher Rechte an dem betreffenden Grundstücke zu verstehen ist.

21) Wie im § 4 Nr. 1 (s. Anm. 14 S. 24) bestimmt, ist das charakteristische Merkmal der Zugehörigkeit eines Grundstücks zur Bahneinheit seine dauernde, mittelbare oder unmittelbare Widmung für das betr. Bahnunternehmen. Hiernach würde die Zugehörigkeit zur Bahneinheit nicht nur durch eine Veräußerung, sondern auch durch die bloße Tatsache der dauernden Widmung für einen anderen Zweck, z. B. für einen anderen Gewerbebetrieb, für private Wohngebäude 2c. seitens des Unternehmers einseitig aufgehoben werden können. Um der mit einer solchen Handlungsweise des Unternehmers verknüpften Gefährdung der Bahnpfandgläubiger vorzubeugen, bestimmt Abs. 2, daß in diesem Fall ebenso wie bei Veräußerungen oder Belastungen die Ausscheidung des Grundstückes aus den Bestandteilen der Bahneinheit nur gültig ist, wenn von der Bahnaufsichtsbehörde ein Entbehrlichkeitsattest gemäß Abs. 1 Satz 1 ausgestellt wird (s. Anm. 18 S. 36 ff.). Wird diese Bescheinigung nicht erteilt, so hört das Grundstück nicht auf, ein Teil der Bahneinheit zu sein. Abs. 2 betrifft übrigens nur die dauernde Widmung dem Bahnunternehmen gewidmeter Grundstücke zu einem anderen Zwecke. Handelt es sich nur um eine vorübergehende Widmung, so bleibt das Grundstück der Bahneinheit zugehörig, gleichviel ob eine bez. Bescheinigung beigebracht wird oder nicht. Im übrigen kann Abs. 2 nur für solche Grundstücke gelten, welche nicht in das Bahngrundbuch eingetragen sind (§ 4 Abs. 2 Satz 2). § 5. Abs. 2.

§ 6. 22)

Die Verfolgung dinglicher Rechte an einzelnen zur Bahneinheit gehörigen Grundstücken findet bis zum Erlöschen der Genehmigung nur statt, soweit die Bahnaufsichtsbehörde bescheinigt, daß durch die

Verfolgung die Betriebsfähigkeit des Bahnunternehmens nicht beeinträchtigt werde.[23])

Wird die Bescheinigung versagt, so kann der Berechtigte gegen Aufgabe seines Rechtes von dem Eigentümer der Bahn eine Entschädigung fordern, welche sich nach den Vorschriften über die Entschädigung für den Fall der Enteignung bestimmt.[24])

[23]) Prinzip und Entstehungsgeschichte des § 6.

§ 6. Prinzip. I. Prinzip. Die Notwendigkeit des Zusammenhalts der Bestandteile der Bahneinheit während der Betriebsdauer, insbesondere der Grundstücke, erfordert, daß auch die Verfolgung dinglicher Rechte an den zur Bahneinheit gehörigen Grundstücken bis zum Erlöschen der Genehmigung von dem Unschädlichkeitsatteste der Bahnaufsichtsbehörde abhängig gemacht wird. Soweit die dem Bahnunternehmen gewidmeten Grundstücke im Wege der Enteignung erworben sind, werden sie gemäß § 45 Abs. 1 Enteign.-Gesetz zwar in der Regel von allen privatrechtlichen Schulden und Lasten frei sein. Indes sind doch vier Fälle der Belastung von Bahngrundstücken mit dinglichen Rechten möglich: 1. Zunächst kann im Enteignungsverfahren die Übernahme solcher Rechte besonders vereinbart sein (§ 45 Abs. 1 Ent.-Ges.). 2. Sodann können Grundstücke freihändig (ohne Enteignung) unter Übernahme der darauf ruhenden Lasten vom Unternehmer erworben sein. 3. Ferner ist die Belastung der zur Bahneinheit gehörigen Grundstücke auch jederzeit späterhin statthaft, insoweit die Bahnaufsichtsbehörde die im § 5 Abs. 1 Satz 1 vorgesehene Bescheinigung ausgestellt hat. 4. Endlich ist nicht ausgeschlossen, daß dingliche Rechte auch ohne diese Bescheinigung gültig entstanden sind, weil sich der Erwerber in gutem Glauben befunden hat (§ 5 Abs. 1 Satz 3). Würde in diesen Fällen der Belastung der Bahngrundstücke der Berechtigte befugt sein, ohne weiteres sein Recht zu verfolgen, so würden durch die unter Umständen damit verknüpfte Störung oder Unterbrechung des Betriebs die öffentlichen Interessen des Verkehrs empfindlich berührt und verletzt werden. Dies erforderte die Aufnahme der Bestimmung des Abs. 1 des § 6.

Muß aus Betriebsrücksichten die Bescheinigung versagt werden, so würde das dingliche Recht, da dessen Ausübung verhindert ist, bis zum Erlöschen der Genehmigung, d. h. bis zur Beendigung der Betriebsdauer gänzlich illusorisch sein. Aus Rücksichten des Rechts und der Billigkeit bestimmt daher Abs. 2, daß der Berechtigte gegen Aufgabe seines Rechts von dem Eigentümer der Bahn eine Entschädigung fordern kann, welche sich nach den Vorschriften über die Entschädigung für den Fall der Enteignung bestimmt. Es ist hier nicht gemeint, daß das Enteignungsverfahren Anwendung finden soll, sondern der Berechtigte hat den Rechtsweg zu beschreiten, und in diesem ist die Entschädigung nach den Entschädigungsgrundsätzen des Enteignungsgesetzes (§§ 8ff.) zu bemessen. Dies ergibt sich aus den Motiven.

§ 6. Entstehung. II. Die vorstehend erörterte Tendenz des § 6 wird durch die Entstehungsgeschichte desselben bestätigt.

Der Entwurf vom 18. März 1895 (Nr. 24 S. 5) schlug bereits als § 6 wörtlich die in das Gesetz übergegangene Fassung vor.

Die Motive führen folgendes aus (S. 36): „Die dem Bahnunternehmen dienenden Grundstücke werden meist im Wege der Enteignung erworben sein und daher im lastenfreien Eigentum des Bahnunternehmers stehen. Es muß aber zur Wahrung des öffentlichen Interesses an dem Fortbetriebe des Unternehmens dafür gesorgt werden, daß auch freihändig erworbene Grundstücke, welche für den Betrieb notwendig sind, dem Betrieb nicht durch Geltendmachung etwa an denselben bestehender Rechte Dritter entzogen werden können. Der Entwurf stellt daher den allgemeinen, für alle Eigentums- und sonstigen dinglichen Rechte geltenden Grundsatz auf, daß die Zugehörigkeit zur Bahneinheit der Verfolgung des dinglichen Anspruchs entgegensteht, sofern die Bahnaufsichtsbehörde die Bescheinigung versagt, daß durch die Verfolgung die Betriebsfähigkeit des Unternehmens nicht beeinträchtigt werde. Wenn aber durch einen Eingriff der Bahnaufsichtsbehörde ein wohlbegründetes dingliches Recht zum Besten der Bahneinheit vereitelt oder gewissermaßen enteignet werden kann, muß dem Berechtigten, welcher nicht abwarten will, bis das der Verfolgung seines Rechts entgegenstehende Hindernis wieder beseitigt wird, das Recht gewährt werden, von dem Eigentümer der Bahn eine nach den Grundsätzen des Enteignungsgesetzes zu bemessende volle Entschädigung gegen Aufgabe seines Rechtes zu verlangen."

§ 6 wurde in der Fassung des Entwurfs angenommen und definitiv dem Gesetze eingefügt.

²³) Absatz 1 des § 6 bestimmt im Interesse einer ungestörten Fortdauer des Betriebes, daß die Verfolgung dinglicher Rechte an einzelnen zur Bahneinheit gehörigen Grundstücken bis zum Erlöschen der Genehmigung nur stattfindet, soweit die Bahnaufsichtsbehörde bescheinigt, daß durch die Verfolgung die Betriebsfähigkeit des Bahnunternehmens nicht beeinträchtigt werde. § 6. Abs. 1.

1. Wie die Belastung und Veräußerung einzelner Bahngrundstücke (§ 5), so ist auch die Verfolgung dinglicher Rechte an denselben von einem Atteste der Bahnaufsichtsbehörde abhängig gemacht, welche die Nichtbeeinträchtigung des Betriebes durch die Verfolgung bescheinigt (Unschädlichkeitsattest). Diese Beschränkung des Verfolgungsrechts des Berechtigten umfaßt — mangels einer Begrenzung — ausnahmslos sämtliche dinglichen Rechte an Grundstücken. Auch das Eigentumsrecht gehört hierher. Die Motive (S. 77) heben ausdrücklich hervor, daß § 6 einen für alle Eigentums- und dinglichen Rechte geltenden Grundsatz aufstellt.

2. An sich werden zwar in der Regel dingliche Rechte an einzelnen zur Bahneinheit gehörigen Grundstücken nicht vorhanden sein, weil sie zumeist im Enteignungswege erworben sind und dadurch das Grundstück von dinglichen Lasten gewöhnlich vollständig frei wird. Abweichungen können aber bestehen, wenn dies zwischen den Beteiligten vereinbart ist (Ent.-Ges. § 45), oder wenn die Grundstücke freihändig mit den darauf ruhenden Lasten erworben sind, oder die Belastung eines zur Bahneinheit gehörigen Grundstücks auf Grund einer Unschädlichkeitsbescheinigung der Bahnaufsichtsbehörde (§ 5 Abs. 1 Satz 1) oder in gutem Glauben erfolgt ist (§ 5 Abs. 1 Satz 1).

3. Unter „Verfolgung" ist sowohl die außergerichtliche, wie gerichtliche Geltendmachung der dinglichen Rechte zu verstehen. Ohne behördliches Unschädlichkeitsattest dürfen derartige Rechte weder tatsächlich ausgeübt, noch gerichtlich verfolgt werden. Freilich bleibt dem Berechtigten unbeschränkt, diejenigen Schritte zu tun, welche ihn gegen die Verjährung seines Rechtes schützen.

4. Wie § 5 bezieht sich auch § 6 nur auf einzelne Grundstücke, nicht

auf das ganze Unternehmen. Handelt es sich um die Verfolgung des Eigentums oder sonstiger dinglicher Rechte an der Bahneinheit, so finden die Bestimmungen der §§ 16, 20, 40 Anwendung. Ebenso wenig wie § 5 bezieht sich auch § 6 auf bewegliche, zur Bahneinheit gehörige Sachen. Aber letztere bleiben demungeachtet solange zur Bahneinheit gehörig und daher dem Pfandrechte der Bahnpfandgläubiger unterworfen, als sie sich auf den Bahngrundstücken befinden: rollendes Betriebsmaterial auch nach der Entfernung von den Bahngrundstücken, so lange dasselbe mit Zeichen, welche nach den Verkehrsgebräuchen die Annahme rechtfertigen, daß es dem Eigentümer gehöre, versehen und dem Bahnbetriebe nicht dauernd entzogen ist (§ 4 Abs. 1 Nr. 3, s. Anm. 14b S. 29).

Wie § 5 so spricht auch § 6 nur von Grundstücken, nicht auch von für das Bahnunternehmen dauernd eingeräumten Rechten an fremden Grundstücken, doch fallen auch diese Rechte, d. h. alle im § 4 Nr. 1 bezeichneten Objekte nach der gleichen ratio legis unter die Vorschrift des § 6. Für die dem Bahnunternehmen dauernd eingeräumten Rechte an fremden Grundstücken ist dies daher im § 7 ausdrücklich bestimmt.

5. Zuständig zur Ausstellung der Unschädlichkeitsbescheinigung ist nur die Bahnaufsichtsbehörde; sie darf diese Befugnis anderen Behörden nicht übertragen; die Bescheinigung einer anderen Behörde hat nicht die im § 6 Abs. 1 vorgesehene Wirkung. In der Form muß die Bescheinigung den von Behörden auszustellenden, für das Grundbuchamt oder das Prozeßgericht bestimmten urkundlichen Erklärungen entsprechen, im Inhalte genau das vom Gesetze Erforderte bestätigen.

6. Wie in den Fällen des § 5 dauert auch hier die Beschränkung des Berechtigten nur bis zum Erlöschen der Genehmigung. Ist die Genehmigung für das Unternehmen erloschen, so kann die Verfolgung dinglicher Rechte auch ohne die in Rede stehende Bescheinigung der Bahnaufsichtsbehörde erfolgen, jedoch unbeschadet der an der Bahn begründeten Pfandrechte (s. § 5 Abs. 1 Satz 2 Anm. 19 S. 38). Hinsichtlich der unter Grundbuchrecht stehenden Grundstücke kann die durch die Zugehörigkeit zur Bahneinheit begründete Beschränkung gegen den dinglich Berechtigten nur unter der Voraussetzung geltend gemacht werden, daß die Zugehörigkeit des Grundstücks zur Bahneinheit ihm bekannt oder im Grundbuch vermerkt war (§ 5 Abs. 1 Satz 3 Anm. 20 S. 38, 39). Dadurch, daß ein dem Bahnunternehmen gewidmetes Grundstück von dem Eigentümer einem anderen Zwecke dauernd gewidmet wird, hört es nicht auf, ein Teil der Bahneinheit zu sein, soweit nicht die in Rede stehende Unschädlichkeitsbescheinigung erteilt wird (§ 5 Abs. 2 Anm. 21 S. 39). Auch in betreff solcher Grundstücke ist also die Verfolgung dinglicher Rechte bis zum Erlöschen der Genehmigung ohne die Erteilung der qu. Bescheinigung unstatthaft und ungültig.

7. Wird die Bescheinigung erteilt, so stehen dem Bahnunternehmer, wird sie versagt, dem dinglich Berechtigten, insoweit es sich um eine Kleinbahn handelt, die Rechtsmittel des § 52 Kleinb.=Ges. offen (s. § 56). Handelt es sich um eine dem Ges. vom 8. November 1888 unterworfene Privateisenbahn, so ist die Beschwerde an den Minister der öffentlichen Arbeiten zulässig. Ist hiernach die Versagung der Bescheinigung endgültig, so steht dem dinglich Berechtigten der im Abs. 2 des § 6 vorgesehene Entschädigungsanspruch zu (Anm. 24). Vgl. noch über das Vorrecht der Entschädigungsforderung bei der Zwangsvollstreckung: § 26 Ziff. 1, § 36 Abs. 1.

24) Abs. 2 gewährt dem Berechtigten, wenn die Unschädlichkeitsbescheinigung (Abs. 1), endgültig versagt wird, die Befugnis, gegen Aufgabe seines Rechts von dem Eigentümer der Bahn eine Entschädigung zu fordern, welche sich nach den Vorschriften über die Entschädigung für den Fall der Enteignung bestimmt. § 6. Abs. 2.

Erste Voraussetzung dieses Entschädigungsanspruchs des dinglich Berechtigten ist, daß ihm die in Abs. 1 bezeichnete Bescheinigung versagt worden ist, und zwar endgültig und rechtskräftig, d. h. nach Erschöpfung der zulässigen Rechtsmittel (Anm. 28 Ziff. 7). Der Nachweis der Versagung gehört zur Substantiierung des Entschädigungsanspruchs.

Zweite Voraussetzung des Entschädigungsanspruchs ist, daß der Berechtigte sein Recht in materiell und formell legaler Weise aufgibt. Nur gegen einen nach beiden Richtungen rechtsgültigen Verzicht des Berechtigten ist der Eigentümer entschädigungspflichtig. Die Entschädigung hat der Eigentümer der Bahn zu leisten, nicht der Betriebsführer, Pächter ꝛc. derselben. Die Entschädigung ist nach den Vorschriften über die Entschädigung für den Fall der Enteignung zu bestimmen, d. h. nach den §§ 8 ff. des Enteign.-Ges. vom 11. Juni 1874, nicht nach sonstigen Normen des bürgerl. Rechts. Auch greifen — wie aus den Motiven ersichtlich, — nicht die das formelle Enteignungsverfahren betreffenden Normen, sondern nur die materiellrechtlichen Entschädigungsgrundsätze des Enteign.-Gesetzes Platz. Die Geltendmachung des Entschädigungsanspruches erfolgt daher vor den ordentlichen Gerichten im Rechtswege (s. arg. § 26 Ziff. 1 Satz 2). Im Falle der Zwangsvollstreckung (§§ 20 ff.), d. h. sowohl der Zwangsversteigerung wie der Zwangsverwaltung ist den in Rede stehenden Entschädigungsforderungen mit Rücksicht darauf, daß es sich hierbei um Eingriffe handelt, welche in wohlbegründete Rechte im Interesse der Erhaltung der Bahneinheit erfolgen, ein Vorrecht hinsichtlich der Reihenfolge der aus dem Kaufgelde bezw. aus den Verwaltungseinkünften zu befriedigenden Ansprüche eingeräumt. (§ 26 Ziff. 1, § 36 Abs. 1.)

§ 7.[25])

Die Vorschriften der §§ 5 und 6 finden auf die Veräußerung und Belastung der für das Bahnunternehmen dauernd eingeräumten Rechte an fremden Grundstücken, auf die Verfolgung dinglicher Rechte an diesen Rechten, sowie auf den Widerspruch des Eigentümers des Grundstücks gegen die Geltendmachung dieser Rechte entsprechende Anwendung.[26])

25) Prinzip und Entstehungsgeschichte des § 7.

I. Prinzip. Die gleiche ratio legis, — das Interesse an der Erhaltung des Betriebs —, liegt, wie den Bestimmungen der §§ 5 und 6, so auch der Vorschrift des § 7 zugrunde. Was dort für Grundstücke, welche zur Bahneinheit gehören, und für dingliche Rechte an denselben vorgeschrieben ist, soll auch auf die Veräußerung und Belastung der für das Bahnunternehmen dauernd eingeräumten Rechte an fremden Grundstücken, auf die Verfolgung dinglicher Rechte an diesen Rechten, sowie auf den Widerspruch des Eigentümers des Grundstücks gegen die Geltendmachung dieser Rechte entsprechende Anwendung finden. Die für das Bahnunternehmen dauernd eingeräumten Rechte an fremden § 7. Prinzip.

Grundstücken bilden gemäß § 4 Nr. 1 ebenso wie der Bahnkörper selbst und die übrigen dem Bahnunternehmen gewidmeten Grundstücke und darauf errichteten Baulichkeiten integrierende Bestandteile der Bahneinheit und sind zur Erhaltung des Betriebes in der Regel notwendig. Es ist daher folgerichtig, daß die Grundsätze der §§ 5 und 6 auf diese Rechte ebenso übertragen werden, wie auf die zur Bahneinheit gehörigen Grundstücke und die dinglichen Rechte an denselben.

§ 7. Entstehung. II. Die Entstehungsgeschichte des § 7 bestätigt diese Tendenz desselben. Der Entwurf vom 18. März 1895 (Druckf. d. Herrenh. Nr. 24 S. 5) schlägt bereits die als § 7 unverändert in das Gesetz übergegangene Fassung vor.

Die Motivierung (S. 87) lautete: „Die große Bedeutung, welche den Nutzungsrechten an fremden Grundstücken, namentlich bei Kleinbahnen zukommen kann, läßt es geboten erscheinen, für dieselben im Interesse der Erhaltung der Betriebsfähigkeit der Bahn dieselben Vorschriften wie für Grundstücke maßgebend sein zu lassen. Bei Rechten an fremden Grundstücken kommt auch die Klage des Eigentümers, mit welcher er das Nichtbestehen des Rechts geltend macht (actio negatoria), in Betracht. Da auch durch die Zulassung dieser Klage der Betrieb des Unternehmers gefährdet werden könnte, ist sie gleichfalls den Vorschriften des § 6 zu unterstellen, so daß der Eigentümer, wenn ihm die Ausübung seines Eigentumsrechts untersagt wird, gegen Bestellung des für die Bahn in Anspruch genommenen Rechts volle Entschädigung zu beanspruchen hat."

§ 7 wurde ohne weitere Diskussion in der Fassung des Entwurfs angenommen und ging solchergestalt unverändert in das Eisenb.-Pfandr.-Ges. vom 19 August 1895 und in das Bahneinh.-Ges. vom 11. Juni 1902 über.

§ 7. Einziger Absatz. 26) § 7 geht davon aus, daß die Rechte an fremden Grundstücken, die für das Bahnunternehmen eingeräumt sind, ebenso wie die zur Bahneinheit gehörigen Grundstücke und die dinglichen Rechte an diesen Grundstücken, dem Interesse des Betriebs dienen und daher sowohl für die Veräußerung und Belastung solcher Rechte an fremden Grundstücken, wie für die Verfolgung dinglicher Rechte an diesen Rechten die zur Aufrechthaltung der Betriebsfähigkeit des Unternehmens gegebenen Vorschriften der §§ 5 und 6 entsprechende Anwendung finden müssen.

Unter den „für das Bahnunternehmen dauernd eingeräumten Rechten" an fremden Grundstücken sind die im § 4 Abs. 1 Nr. 1 als integrierende Bestandteile der Bahneinheit bezeichneten gemeint. Das Bahnunternehmen erfordert (Anm. 14 S. 28 ff.) zur Herstellung und zum Betriebe nicht immer notwendig das Eigentum an Grundstücken, vielmehr genügt häufig die Einräumung von Nutzungsrechten an fremden Grundstücken, sei es in Gestalt von Grunddienstbarkeiten an Privatgrundstücken, von Nutzungsrechten an fremdem Bahnterrain, z. B. fremden Bahnhöfen, Eisenbahnbrücken, Tunnels, Geleisen oder an öffentlichen Straßen und Flüssen. Auch diese Nutzungsrechte bilden Bestandteile der Bahneinheit, jedoch nur unter der Voraussetzung, daß sie de jure eingeräumt sind, und ferner dauernd, nicht nur vorübergehend (s. § 4 Anm. 14 S. 26, 27).

Auf die Veräußerung und Belastung dieser für das Bahnunternehmen dauernd eingeräumten Rechte an fremden Grundstücken finden die Vorschriften des § 5 Anwendung, d. h. Veräußerungen oder Belastungen solcher Rechte sind ungültig, soweit nicht die Bahnaufsichtsbehörde bescheinigt, daß durch die Verfügung die Betriebsfähigkeit des Bahnunternehmens nicht beeinträchtigt wird (Anm. 18 S. 86). Nur dann sind Veräußerungen oder Belastungen ohne diese

Bescheinigung gestattet, wenn die Genehmigung für das Unternehmen erloschen ist, und auch in diesem Falle unbeschadet der an der Bahn begründeten Bahnpfandschulden (§ 19) s. Anm. 19 S. 88. Hinsichtlich der unter Grundbuchrecht stehenden Rechte an fremden Grundstücken kann die durch die Zugehörigkeit zur Bahneinheit begründete Verfügungsbeschränkung gegen den Erwerber nur unter der Voraussetzung geltend gemacht werden, daß die Zugehörigkeit des betreffenden Rechts zur Bahneinheit ihm bekannt oder im Grundbuch vermerkt war (Anm. 20 S. 89). Dadurch, daß ein dem Bahnunternehmen gewidmetes Recht an einem fremden Grundstück von dem Berechtigten einem anderen Zwecke dauernd gewidmet wird, hört es nicht auf, ein Teil der Bahneinheit zu sein, soweit nicht die vorstehend bezeichnete Bescheinigung erteilt wird (Anm. 21 S. 89).

Auf die Verfolgung dinglicher Rechte an den für das Bahnunternehmen dauernd eingeräumten Rechten an fremden Grundstücken sind die Vorschriften des § 6 analog anzuwenden. Darnach ist die Verfolgung dinglicher Rechte an solchen Rechten bis zum Erlöschen der Genehmigung nur zulässig, soweit die Bahnaufsichtsbehörde bescheinigt, daß durch die Verfolgung die Betriebsfähigkeit des Bahnunternehmens nicht beeinträchtigt werde (Anm. 28 S. 41). Wird dem Berechtigten die Unschädlichkeitsbescheinigung endgültig versagt, so ist er befugt, gegen Aufgabe seines Rechts von dem Eigentümer der Bahn eine Entschädigung zu fordern, welche sich nach den Vorschriften über die Entschädigung für den Fall der Enteignung bestimmt (Anm. 24 S. 43). Auch diesen Entschädigungsforderungen steht das im § 26 Ziff. 1, § 36 Abs. 1 vorgesehene Vorrecht bei der Zwangsversteigerung und Zwangsverwaltung zu.

Endlich sind die Vorschriften des § 6 auch auf den Widerspruch des Eigentümers des Grundstücks gegen die Geltendmachung dieser Rechte entsprechend zur Anwendung zu bringen. Denn bei Rechten an fremden Grundstücken besitzt der Eigentümer des fremden Grundstücks die actio negatoria, d. h. eine Klage, mit welcher er das Nichtbestehen des vom Bahnunternehmer beanspruchten Rechts geltend machen kann. Auch in diesem Falle liegt, wenn die Klage zugelassen wird, die Gefahr einer Störung bezw. Beeinträchtigung des Betriebs nahe. Daher war es notwendig, für diese Klage gleichfalls die Anwendung der Normen des § 6 vorzuschreiben; d. h. der Eigentümer des Grundstücks kann sie bis zum Erlöschen der Genehmigung nur mit der Unschädlichkeitsbescheinigung geltend machen. Wird ihm die Bescheinigung und damit die Ausübung seines Eigentumsrechts untersagt, so kann er nicht auf Aberkennung des von der Bahn in Anspruch genommenen Rechts, sondern gegen Bestellung desselben auf die volle, nach § 6 Abs. 2 zu bemessende Entschädigung klagen.

Zweiter Abschnitt.

Bahngrundbücher.

§ 8.[27]

Für die in § 1 bezeichneten Bahnen werden nach Maßgabe der Bestimmungen dieses Gesetzes Bahngrundbücher geführt.[28] Die Eintragung einer Bahn in das Bahngrundbuch kann von dem Eigentümer beantragt werden, sobald die Genehmigung für das Bahnunternehmen erteilt ist.[29]) Der Antrag ist an die Bahnaufsichtsbehörde zu richten, welche das Amtsgericht (§ 10) um die Eintragung zu ersuchen hat.[30]) Im Falle der Zwangsvollstreckung geschieht die Eintragung nach Maßgabe der Vorschriften der §§ 21, 24 und 39.[31])

[27]) Prinzip und Entstehungsgeschichte des § 8.

§ 8. Prinzip. I. Prinzip. Mit § 8 beginnt der zweite, die §§ 8—15 umfassende Abschnitt des Gesetzes, welcher die Bahngrundbücher betrifft. Dem zweifachen Zwecke des Gesetzes entsprechend, einerseits im öffentlichen Interesse das Bahnunternehmen behufs Aufrechterhaltung der Betriebsfähigkeit zu einem wirtschaftlich und rechtlich untrennbaren Ganzen während der Betriebsdauer zu gestalten und deshalb den Verfügungen des Unternehmers zu entziehen, andererseits im privaten Interesse in dieser Zusammenfassung als selbständige Berechtigung zu einem privatrechtlich geeigneten Gegenstande der Veräußerung, Verpfändung und Zwangsvollstreckung zu machen, ist durch den Abschnitt I (§§ 1—7) der Begriff der Bahneinheit geschaffen und normiert worden.

1. Das ganze Bahnunternehmer ist danach gesetzlich zu einer im wesentlichen für die Betriebsdauer untrennbaren Einheit erklärt und diese den sich auf Grundstücke beziehenden Vorschriften des B.-G.-B. unterworfen worden. Hierdurch ist für die Pfandgläubiger ein geeigneter Gegenstand der Befriedigung kreiert, welcher den allgemeinen Vorschriften des B.-G.-B. über Veräußerung und Verpfändung von Grundstücken sowie über Zwangsvollstreckung in dieselben unterliegt (§§ 16, 20).

2. Damit steht das Institut der Bahngrundbücher im engen Zusammenhange, welches durch Abschnitt II (§§ 8—15) des vorliegenden Gesetzes geschaffen worden ist. Wird die Bahneinheit nicht als eine bloß zusammenhängende Reihe einzelner Grundstücke, Rechte, Mobilien rc., sondern als eine einzige, in sich abgeschlossene, wenngleich in ihren einzelnen Teilen veränderliche und selbständige Berechtigung betrachtet, so können die durch die Veräußerungen und Verpfändungen (§ 16), sowie Zwangsvollstreckungen (§ 20) gebotenen Eintragungen, welche die Bahneinheit als solche betreffen, nicht in die zur Beurkundung der Rechtsverhältnisse der einzelnen Grundstücke dienenden Grundbücher erfolgen, sondern müssen zweckmäßig und notwendig in besondere öffentliche, nur der Eintragung der Rechtsverhältnisse der Bahneinheit selbst gewidmete Bücher, in sog. Bahngrundbücher geschehen (§ 8).

3. Indes konnte nach der Rechtsnatur der Bahneinheit der Zweck des Bahngrundbuches ein beschränkterer sein, als der des für Grundstücke bestehenden Grundbuchs. Denn das Grundbuch dient einer zweifachen Zweckbestimmung. Es ist einerseits dazu bestimmt, die gesamten Eigentumsverhältnisse des Grundstücks evident zu halten, und andererseits die dinglichen Rechte am Grundstück erkennbar zu machen. Der erste Zweck findet bei Bahneinheiten als solchen dadurch seine Erledigung, daß die Eigentumsverhältnisse derselben durch die Genehmigung bereits hinreichend festgestellt sind. Wohl aber ist für die dinglichen Belastungen der Bahneinheit, ebenso wie für Erwerb bezw. Veräußerung derselben die Eintragung in das Bahngrundbuch Erfordernis. Häufig ist aber weder eine Veräußerung noch

eine Belastung erforderlich. Aus diesem Grunde ist die Anlegung des Bahngrundbuchblatts vom Gesetze nicht zu einer unter allen Umständen obligatorischen gemacht; sie ist vielmehr die Initiative des Bahneigentümers überlassen und kann jederzeit von diesem beantragt werden, sobald die Genehmigung für das Bahnunternehmen erteilt ist; der Antrag muß aber — sofern nicht die Bahneinheit auch als Bahneinheit des Erwerbers buchungsfrei ist (Art. 127 Einf.-Ges. z. B.-G.-B. — § 90 Abs. 1 Gr.-B.-O. — Art. 1, Preuß. Verordn. v. 18. November 1899 — Art. 27 Preuß. Ausf.-Ges. z. B.-G.-B.) — erfolgen und die Anlegung geschehen, wenn der Unternehmer eine Veräußerung (Übertragung) oder Belastung der Bahneinheit herbeiführen will, da für diese Akte die vorgängige Anlegung eines Bahngrundbuchblatts vorgeschrieben ist (Bahneinh.-Ges. § 16 Abs. 1 und 2 — B.-G.-B. § 878 — Einf.-Ges. z. B.-G.-B. Art. 186 — Gr.-B.-O. § 8). Vgl. Achilles und Strecker Gr.-B.-O. § 90 S. 844, 845, Philler § 90 S. 111. Ausnahmsweise erfolgt die Anlegung und Eintragung jedoch auch gegen seinen Willen auf Antrag der Bahnaufsichtsbehörde in den Fällen der Zwangsvollstreckung (§§ 21, 24, 89).

4. Das Verfahren in betreff der Anlegung und Führung der Bahngrundbücher beruht auf folgenden Grundsätzen:

a) Die gesetzliche Grundlage für das Verfahren bei Führung der Bahngrundbücher sind die Vorschriften der Grundbuchordnung vom 24. März 1897 in der Fassung der Bekanntmachung des Reichskanzlers vom 20. Mai 1898 (R.-G.-Bl. 1898 S. 754) sowie die zu ihrer Ausführung und Ergänzung dienenden Vorschriften, jedoch mit den im vorliegenden Gesetze getroffenen Modifikationen (§ 9).

b) Die Einrichtung der Bahngrundbücher bestimmt sich nach den Anordnungen des Justizministers, soweit sie nicht im vorliegenden Gesetze geregelt ist. Jede Bahneinheit erhält ein Grundbuchblatt. Die Vorschriften der §§ 8 bis 5 der Grundbuchordnung finden entsprechende Anwendung. Jedes Grundbuchblatt erhält einen besonderen Abschnitt für die im vorliegenden Gesetze vorgeschriebenen Angaben über den Bestand der Bahneinheit (Titel) 1 § 10 Abs. 1—8.

c) Die Zuständigkeit besitzt dasjenige Amtsgericht, in dessen Bezirk die Hauptverwaltung des Bahnunternehmens ihren Sitz hat; in das Bahngrundbuch dieses Amtsgerichts allein hat die Eintragung zu erfolgen, weil nicht die einzelnen Bestandteile des Unternehmens, sondern die Gesamtheit derselben als ein einheitliches Ganze den Gegenstand der Eintragung bildet. Auch bei der Ausdehnung der Bahn also über mehrere Amtsgerichtsbezirke wird doch nur in dieses eine Bahngrundbuch die Eintragung bewirkt (§ 10 Abs. 4).

d) Was den Inhalt des Titels anlangt, so ist in denselben eine Beschreibung des Unternehmens, die Angabe des Umfangs und des wesentlichen Inhalts der Genehmigung sowie der etwaigen Zeitdauer aufzunehmen. Von der Eintragung der einzelnen Grundstücke, aus welchen die Bahn besteht, hat das Gesetz Abstand genommen. Denn das Bahngrundbuch, dessen Gegenstand die Gesamtheit des Bahnunternehmens, nicht die wechselnden Bestandteile desselben sind, soll nicht zugleich das Grundbuch für die einzelnen, zum Unternehmen gehörigen Grundstücke sein. Die Grundbücher dieser werden vielmehr fortgeführt und in denselben nur zur Verhütung unzulässiger Verfügungen die Zugehörigkeit zur Bahneinheit vermerkt (§ 15). Nur diejenigen zur Bahneinheit gehörigen Grundstücke sind zu verzeichnen, deren Widmung für das Bahnunternehmen weder aus ihrem Zusammenhange mit dem Bahnkörper, noch sonst äußerlich erkennbar ist. Bei diesem bedarf es einer sicheren Grundlage für die Frage der Zugehörigkeit zur Bahneinheit, wie sie in der Aufnahme in den Titel des Bahngrundbuchs liegt (§ 4). Hierzu treten noch Angaben über die Länge der Bahnstrecken, die zur Bahneinheit gehörigen Fonds und Bestimmungen über das Anteilsverhältnis der mehreren Bahnunternehmungen gewidmeten Gegenstände (§ 11).

Was nun insbesondere den § 8 betrifft, so werden durch denselben prinzipiell Bahngrundbücher nach Maßgabe der Bestimmungen des Gesetzes eingeführt (Satz 1). Es wird ferner aus den oben S. 47 mitgeteilten Gründen die Eintragung der Bahneinheit in das Bahngrundbuch zu einem nur fakultativen Akt des Eigentümers gemacht (Satz 2), abgesehen von den Fällen der Veräußerung und Belastung einer Bahneinheit, welche die vorgängige Eintragung derselben in das Bahngrundbuch voraussetzt (§ 16 Abs. 1), und der Zwangsvollstreckung (Satz 4), für welche die Bahnaufsichtsbehörde unabhängig vom Willen des Eigentümers die erforderliche Eintragung von Amts wegen zu veranlassen hat (§§ 20, 24, 89). Der Antrag auf Eintragung einer Bahn in das Bahngrundbuch bezw. auf Anlegung des Bahngrundbuchblatts ist aber vom Eigentümer nicht unmittelbar an die Grundbuchbehörde, sondern an die Bahnaufsichtsbehörde zu richten, welche erstere um die Eintragung zu ersuchen hat. Diese Mitwirkung der Bahnaufsichtsbehörde bei der Anlegung des Bahngrundbuchblatts ist notwendig (§ 18 Anm. 57, 58), weil die Aufsichtsbehörde allein in der Lage ist, die erforderliche Kontrolle über die Richtigkeit und Vollständigkeit der vom Eigentümer zur Substantiierung seines Antrages gemachten Angaben zu üben und eventuell deren Berichtigung zu bewirken. Hierzu tritt, daß auch die Entscheidung darüber, ob ein Grundstück dauernd dem Bahnunternehmen gewidmet und daher auf dem Titel zu verzeichnen ist, zweckmäßig nur durch die Bahnaufsichtsbehörde erfolgen kann.

§ 8. Entstehung. II. Aus der Entstehungsgeschichte ist folgendes zu entnehmen:

Der Entwurf vom 18. März 1895 (Drucks. d. Herrenh. Nr. 24 S. 5) schlug die als § 8 unverändert in das ursprüngliche Gesetz vom 19. August 1895 aufgenommene Fassung vor.

Die Begründung lautete (S. 87): „Nach den jetzt allgemein zur Geltung gelangten Grundsätzen setzt die Entstehung eines Pfandrechts dessen Erkennbarkeit für Dritte voraus. Als Mittel zur Kennbarmachung kann bei Bahnen, wie bei andern Gegenständen des unbeweglichen Vermögens, nur die Einschreibung in ein öffentliches Buch in Frage kommen. Es müssen daher über die Bahnen öffentliche Bücher, für welche die Bezeichnung Bahngrundbuch vorgeschlagen wird, geführt werden. Der vorliegende Entwurf schreibt die Eintragung der Bahn in das Bahngrundbuch nicht von Amts wegen vor, sondern läßt dieselbe nur auf Antrag eintreten. Die Anlegung eines Bahngrundbuchblatts ist allerdings erforderlich, wenn der Bahnunternehmer von den Vorteilen des Gesetzes Gebrauch machen und die Bahn im ganzen veräußern oder mit Pfandrechten belasten will. Bei zahlreichen Bahnen wird aber weder eine Veräußerung noch eine Belastung stattfinden, und es würden die Besitzer derselben es als eine unnötige Belästigung empfinden, wenn sie trotzdem gezwungen wären, sich den Umständlichkeiten und Kosten, welche die Anlegung eines Bahngrundbuchblatts mit sich bringt, zu unterziehen. Der Entwurf überläßt es daher der freien Entschließung des Bahnunternehmers, ob er die Eintragung in das Bahngrundbuch beantragen will. Gegen seinen Willen muß allerdings die Eintragung in Fällen der Zwangsvollstreckung zugelassen werden, vgl. §§ 33, 34, 46 des Entwurfs."

In der Kommission des Abg.-Hauses (Drucks. 1895 Nr. 254 S. 3154) wurde der erste Satz bemängelt, weil die kategorische Form „sind Bahngrundbücher zu führen" zu dem Irrtum verleiten könne, als ob für alle in § 1 bezeichneten Bahnen ohne weiteres Bahnbücher angelegt werden müßten, während aus den übrigen Bestimmungen des Entwurfes sich ergebe und in der Begründung ausdrücklich anerkannt worden sei, daß die Eintragung der Bahneinheit in Bahngrundbücher, abgesehen von den Fällen der Veräußerung, der Zwangsvollstreckung und der pfandrechtlichen Belastung, nur auf Antrag des Eigentümers stattfindet. Es wurde beantragt, anstatt „sind zu führen" im Anschluß an eine entsprechende Bestimmung der Grundbuchordnung (§ 1) zu sagen: „werden geführt". Dieser Antrag wurde angenommen und zur mehreren Deutlichkeit auch noch der Zusatz eingefügt „nach Maßgabe der Bestimmungen dieses Gesetzes".

§ 8 ist mit der erwähnten Abänderung angenommen worden und definitiv in das Gesetz vom 19. August 1895 übergegangen.

Der Revisionsentwurf v. 10. Februar 1902 (Drucks. d. Herrenh. Nr. 42 S. 8) schlug vor, den Satz 4 zu streichen, wonach Veräußerungen und Belastungen einer Bahneinheit erst nach deren Eintragung in das Bahngrundbuch erfolgen können, weil sich dieser Satz von selbst aus dem § 16 Abs. 1 ergibt, demzufolge jede Veräußerung oder Belastung der Bahneinheit die Eintragung im Bahngrundbuch erfordert.

Dieser Vorschlag wurde von beiden Häusern angenommen. (Herren-H. IV. Session 1902 S. 58 und Abg.-H. IV. Session 1902 S. 5059/60. 5066) und mit dieser Kürzung ging § 8 in das Bahneinh.-Ges. vom 11. Juni 1902 über.

28) Satz 1 des § 8 bestimmt, daß für die im § 1 bezeichneten Bahnen nach Maßgabe der Bestimmungen dieses Gesetzes Bahngrundbücher geführt werden. Durch diese Bestimmung wird das Institut der Bahngrundbücher aus den bereits an früherer Stelle (Anm. 27 S. 46 ff.) angegebenen Gründen in das Grundbuchrecht eingeführt. Die Bestimmung bezweckt nicht die obligatorische Einführung der Bahngrundbücher unbedingt und in allen Fällen für die im § 1 bezeichneten Bahnen. Vielmehr soll durch Satz 1 nur die Möglichkeit geschaffen werden, die Anlegung eines Bahngrundbuchblatts bei der zuständigen Grundbuchbehörde zu bewirken, wenn die gesetzlichen Voraussetzungen dafür vorliegen. Diese Absicht des Gesetzes ergibt sich klar aus der Entstehung des Satzes 1. Es wurde in den Kommiss.-Verhandlungen (s. oben S. 49) die kategorische Fassung „sind zu führen", welche den Schluß einer obligatorischen Vorschrift der Führung zugelassen hätte, in die Fassung: „werden geführt" umgewandelt, um anzudeuten, daß die Führung keine für alle Fälle obligatorische sei, sondern, abgesehen von einigen gesetzlichen Ausnahmefällen, auf dem Antrage des Unternehmers beruhe. Stellt dieser den Antrag materiell und formell rechtsgültig unter den gesetzlichen Voraussetzungen, so darf derselbe nicht zurückgewiesen werden, vielmehr muß alsdann sowohl die Bahnaufsichtsbehörde (s. Satz 3) wie das Amtsgericht (§ 10 Abs. 4) dem Antrage stattgegeben.

§ 8. Satz 1.

29) Satz 2 des § 8 bezeichnet einerseits den — in der Regel — zum Antrage auf Eintragung einer Bahn in das Bahngrundbuch Legitimierten, und andererseits den Zeitpunkt, von welchem ab der Antrag gestellt werden darf.

§ 8. Satz 2.

a) Legitimiert zur Stellung des Antrages auf Anlegung eines Bahngrundbuchblatts ist der Eigentümer. Er ist hierzu grundsätzlich allein legitimiert; nur auf seinen Antrag soll, die Eintragung der Bahn in das Bahngrundbuch erfolgen. Hält er aus Zweckmäßigkeitsrücksichten die Eintragung nicht für erforderlich und stellt er demgemäß nicht den bezüglichen Antrag, so muß die Eintragung unterbleiben. Der Antrag und demgemäß die Eintragung hängt daher prinzipiell von seiner freien Entschließung ab.

Dieser Grundsatz erleidet jedoch mehrere Ausnahmen: 1. Zunächst ist der Eigentümer selbst genötigt, den Antrag auf Eintragung zu stellen und diese zu bewirken, wenn er die Veräußerung oder Belastung der Bahneinheit vornehmen will (Achilles und Strecker S. 459, 460). Aus § 16 Abs. 1 ergibt sich, daß Veräußerungen oder Belastungen einer Bahneinheit erst nach der Eintragung derselben in das Bahngrundbuch erfolgen können. Ohne die vorgängige Eintragung sind diese Akte nicht gültig und jederzeit anfechtbar. Will oder muß der Eigentümer die Bahneinheit veräußern oder belasten, so hängt also die Eintragung nicht mehr von seiner freien Entschließung ab, sondern ist die notwendige und unerläßliche Voraussetzung der Veräußerung oder Belastung. 2. Sodann muß auf Antrag der Bahnaufsichtsbehörde von Amts wegen und gegen den Willen des Eigentümers die Eintragung dann zugelassen werden, wenn es sich um eine Zwangsvollstreckung in die Bahn handelt und die in den §§ 21, 24 und 39 dafür angegebenen Voraussetzungen vorliegen (Achilles und Strecker S. 460).

Die von Gleim vertretene Annahme, daß — abgesehen von den der Bahnaufsichtsbehörde von Amts wegen durch das Gesetz zugewiesenen Fällen — der Eigentümer ausschließlich zur Stellung des Antrages auf Eintragung der Bahneinheit in das Grundbuchblatt berechtigt sei, ist jedoch von Hilse (Zeitschr. f. Kleinb. III, 1896, S. 420) in Zweifel gezogen worden. Hilse macht zunächst dagegen geltend, daß es in der Tendenz des Gesetzes liege, Sicherheit über die wahren Verhältnisse der einzelnen Bahnunternehmungen zu schaffen, um einerseits den Geldzuschuß für Bahnbauten zu vergrößern, andererseits aber auch die Darlehnsgläubiger vor Verlusten zu schützen. Von diesem Gesichtspunkte aus sei es vielleicht nicht immer im Interesse des Unternehmers, die Eintragung zu bewirken und so die Verhältnisse des Unternehmens klar zu stellen. Wohl aber liege dies zum Schutze der Gläubiger im öffentlichen Interesse der Bahnaufsichtsbehörde ob (§ 10 II 17 A.=L.=R.). Sodann berechtige der Wortlaut des Satzes 2 des § 8 zwar den Eigentümer, die Eintragung in das Bahngrundbuch zu beantragen; doch sei daraus nicht zu folgern, daß ein solcher Antrag abgewartet werden müsse und die Bahnaufsichtsbehörde nicht auch ohne Antrag aus eigener Initiative die Eintragung herbeiführen dürfe.

Gegen diese Annahme macht jedoch Gleim a. a. O. S. 423 f. geltend, es sei im Gesetz klar und bestimmt ausgesprochen, daß — abgesehen von den Fällen der Zwangsvollstreckung §§ 33, 34, 46 (jetzt §§ 21, 24 und 39) — nur der Eigentümer berechtigt sei, den qu. Antrag zu stellen. Aus dem Berufszwecke der Bahnaufsichtsbehörde ergebe sich für diese ein Recht zur Antragstellung nicht, ebensowenig aus § 10 II 17 A.=L.=R., da es sich hierbei nicht um eine dem Publikum bevorstehende Gefahr handle. Der Zweck der Anlegung der Grundbuchblätter liege nicht darin, sowohl Sicherheit über die wahren Verhältnisse der einzelnen Bahnen zu verschaffen, als auch die Darlehnsgläubiger gegen Verlust zu schützen, sonst wäre die obligatorische Anlegung von Bahngrundbuchblättern für alle Privateisenbahnen angeordnet worden. Der Zweck des Gesetzes sei ein beschränkterer (s. S. 46). Es wolle nur die Verpfändung von Bahnen und ihre Rechtswirkungen, sowie die Zwangsvollstreckung in Bahnen ordnen. Die Absicht, für Nichtpfandgläubiger irgendwelche Fürsorge zu treffen und diese vor Verlust zu schützen, habe dem Gesetzgeber völlig fern gelegen; das Gesetz habe nur dem Bahnunternehmer den Vorteil der Beschaffung pfandrechtlichen Kredits und der Veräußerung der Bahn als Ganzes gewähren wollen und deshalb, abgesehen von den Fällen der Zwangsvollstreckung, die Anlegung des Bahngrundbuchs von einem Antrage der Eigentümer abhängig gemacht. Es sei auch nicht richtig, daß es dem Grundbuchrichter nicht obliege, die Legitimation der Bahnaufsichtsbehörde zur Stellung des Eintragungsantrages zu prüfen.

Die Annahme Gleims erscheint nun zwar an sich gerechtfertigt. Man wird aber doch der Bahnaufsichtsbehörde die Befugnis und Pflicht nicht absprechen können, in allen denjenigen Fällen, in welchen das Gesetz die Eintragung in das Bahngrundbuch erfordert, den Bahneigentümer von Aufsichtswegen mit den ihr zur Verfügung stehenden Zwangsmitteln zur Stellung des Antrages auf Eintragung anzuhalten. Aus dem Aufsichtsrechte der Bahnaufsichtsbehörden (§ 46 Eisenb.-Ges. vom 2. November 1888 und Regulativ vom 24. November 1848, § 22 Kleinb.-Ges. vom 28. Juli 1892) folgt ihre Berechtigung und Verpflichtung, dafür Sorge zu tragen, daß von den Bahnunternehmern diejenigen Vorschriften beobachtet werden, welche — abgesehen vom allgemeinen bürgerlichen Rechte — in den speziell für Haupt-, Neben- und Kleinbahnen erlassenen Gesetzen enthalten sind. Es gehört also ohne Zweifel zur Zuständigkeit der Bahnaufsichtsbehörden, über die Erfüllung dieser Gesetzesbestimmungen durch den Bahnunternehmer zu wachen und zur zwangsweisen Durchführung derselben die gesetzlich statthaften Zwangsmittel anzuwenden (vgl. Eger, Komment. z. Kleinb.-Ges. 2. Aufl. § 22 Anm. 80 S. 271. Erl. d. Min. d. öff. Arb. vom 8. August 1894. Eisenb.-Verordn.-Bl. 1894 Nr. 20 S. 205).

b) Der Zeitpunkt, von welchem ab der Eigentümer den Antrag auf Eintragung der Bahn in das Bahngrundbuch stellen darf, ist die Erteilung der Genehmigung für das Bahnunternehmen.

In betreff einer Kleinbahn ist die Genehmigung rechtsgültig erteilt mit der Aushändigung der Genehmigungsurkunde (§§ 2, 15 Kleinb.-Ges. vom 28. Juli 1892). Weder auf die Genehmigung der Planfeststellung (§ 17), noch der Betriebseröffnung (§ 19) kommt es an. Durch Vorlegung der Genehmigungsurkunde ist der Eigentümer in der Lage, den Nachweis der rechtswirksam erteilten Genehmigung zu führen. Über die Genehmigung für eine Aktiengesellschaft, eine Kommanditgesellschaft auf Aktien oder eine Gesellschaft mit beschränkter Haftung vgl. § 16 Kleinb.-Ges. vom 28. Juli 1892 Ausf.-Anweisung vom 18. August 1892 zum § 16 l. c. Abs. 1 und 2, für eine Genossenschaft (Abs. 8).

Hinsichtlich einer Privateisenbahn ist die rechtswirksame Erteilung der Genehmigung nicht allein von der Aushändigung der Genehmigungsurkunde, sondern auch von ihrer öffentlichen Bekanntmachung nach Maßgabe des Gesetzes vom 10. April 1872, betr. die Bekanntmachung landesherrlicher Erlasse durch die Amtsblätter, abhängig. Ist ein fremder Staat Unternehmer, so bedarf es der Veröffentlichung des betreffenden Staatsvertrages in der Ges.-Sammlg. und im R.-Ges.-Blatt.

§ 8. Satz 3. **30**) Satz 8 des § 8 enthält zwei obligatorische Vorschriften:

a) Der Eintragungsantrag ist an die Bahnaufsichtsbehörde zu richten. Bahnaufsichtsbehörden sind die in Anm. 15 S. 32 bezeichneten. Es ist der vom Eigentümer gemäß Satz 2 (Anm. 29 S. 50) ausgehende Antrag gemeint. Denn in den Ausnahmefällen, in welchen die Bahnaufsichtsbehörde von Amts wegen ohne Antrag und Willen des Eigentümers die Eintragung zu bewirken hat (§§ 21, 24, 89), bedarf es der Natur der Sache nach eines an die Bahnaufsichtsbehörde zu richtenden Antrages nicht. Der Antrag muß vom Eigentümer genügend substantiiert und an die Bahnaufsichtsbehörde gerichtet werden, und zwar nur an diese. Ein an eine andere Behörde oder an das Bahngrundbuchamt gerichteter Antrag ist rechtlich wirkungslos und dem Antragsteller zurückzugeben, falls diese denselben nicht direkt an die Aufsichtsbehörde leiten. Lehnt die Aufsichtsbehörde die Weitergabe des Antrags an das Amtsgericht ohne Grund oder aus ungenügenden Gründen ab oder verzögert sie dieselbe, so steht dem Eigentümer die Beschwerde an die Aufsichtsinstanz, bei Kleinbahnen gemäß § 56 des vorliegenden Gesetzes, zu.

b) Die Bahnaufsichtsbehörde (Anm. 15 Seite 32) hat das Amtsgericht um die Eintragung der Bahn in das Bahngrundbuch zu ersuchen. Es steht nicht im bloßen Ermessen der Bahnaufsichtsbehörde, das betr. Ersuchen zu stellen, sondern sie ist hierzu verpflichtet.

Das Ersuchen der Aufsichtsbehörde ist also zwar ein obligatorisches, aber die Pflicht derselben ist davon abhängig, daß die gesetzlichen Voraussetzungen dafür vorliegen. Voraussetzung aber ist in erster Reihe, daß — abgesehen von den Fällen der §§ 21, 24, 84 und 89 s. Anm. 29 S. 48 — ein Antrag auf Eintragung vom Eigentümer an die Bahnaufsichtsbehörde gerichtet ist (s. unter a) und daß dieser Antrag mit den erforderlichen Angaben und Anlagen versehen ist. (§ 18 Abs. 1, vgl. Achilles und Strecker S. 460). § 18 Abs. 1 gibt zwar der Aufsichtsbehörde die Befugnis, den Bahneigentümer zur Beibringung der betreffenden Angaben und Urkunden anzuhalten, und sie kann sich hierzu der allgemeinen administrativen Zwangsmittel bedienen. Indes ist sie hierzu nur befugt, nicht verpflichtet. Eine Verpflichtung liegt ihr nur in denjenigen Fällen ob, in welchen sie die Eintragung von Amts wegen herbeiführen muß (§§ 21, 24, 84, 89); in allen anderen Fällen liegt, da der Antrag des Eigentümers auf Veranlassung der Eintragung ein freiwilliger, in sein Ermessen gestellter ist, für die Aufsichtsbehörde kein Anlaß vor, die Vervollständigung bezw. Substantiierung des Antrags durch Zwangsmaßregeln zu betreiben. Leistet der Eigentümer den bezüglichen Anforderungen der Bahnaufsichtsbehörde keine Folge, so ist die Sache so anzusehen, als wolle derselbe dem Antrage keinen Fortgang geben, das weitere Verfahren ruht und der Antrag wird dem Eigentümer wieder zurückgegeben.

c) Der Grund, weshalb der Eigentümer bei dem Antrage auf Eintragung der Bahn in das Bahngrundbuch, sich nicht direkt an das Grundbuchamt wenden darf, sondern sich der Vermittlung der Bahnaufsichtsbehörde bedienen muß, liegt darin, daß eine Mitwirkung der Bahnaufsichtsbehörde bei der Anlegung des Bahngrundbuchs ebensowenig wie bei der Vornahme der Eintragungen auf den Titel (§§ 11, 18 Abs. 2) entbehrt werden kann; denn diese Behörde ist allein imstande, die erforderliche Kontrolle über die Richtigkeit und Vollständigkeit der vom Bahneigentümer gemachten Angaben zu üben und nötigenfalls die Richtigstellung zu veranlassen. Aber die Zuständigkeit der Aufsichtsbehörden bezw. die Legitimation zu derartigen Ersuchen ist auf die erste Anlegung des Grundbuchblattes und die weiteren Eintragungen im Titel beschränkt. Alle anderen bezw. späteren Eintragungen bedürfen der Mitwirkung der Aufsichtsbehörde nicht, bezw. es fehlt ihr hierzu die Zuständigkeit und Legitimation.

d) Das Ersuchen der Bahnaufsichtsbehörde um Eintragung hat an das Amtsgericht zu geschehen, und zwar — wie der Hinweis auf § 10 andeutet — an das für die betreffende Bahn zuständige Amtsgericht (§ 10 Abs. 4 s. Anm. 89).

31) Satz 4 des § 8 bezeichnet diejenigen Fälle, in welchen es eines Antrages des Unternehmers zur Eintragung der Bahneinheit in das Bahngrundbuch überhaupt nicht bedarf, die Eintragung vielmehr von Amts wegen zu beantragen und zu betreiben ist. Es sind dies die Fälle der Zwangsvollstreckung. In diesen muß die Eintragung auch gegen den Willen des Eigentümers beantragt und zugelassen werden. Die hierher gehörigen Fälle sind — wie Satz 4 andeutet — in den §§ 21, 24 und 39 des Ges. enthalten (s. Achilles und Strecker S. 460, 464). § 8. Satz 4.

1. § 21 bestimmt, daß, wenn z. B. des Antrags auf Eintragung einer Sicherungs-(Zwangs-)Hypothek für die Forderung eines Gläubigers die Bahneinheit in dem Bahngrundbuche nicht eingetragen ist, der Antrag vom Amtsgericht der Bahnaufsichtsbehörde mitzuteilen ist, welche von Amts wegen das Ersuchen um Anlegung des Bahngrundbuchblatts in Gemäßheit der Vorschriften des zweiten Abschnittes dieses Gesetzes zu stellen hat (s. § 21 Anm. 98 ff.).

2. § 24 bestimmt, daß, wenn die Zwangsversteigerung oder Zwangsverwaltung einer nicht im Bahngrundbuch eingetragenen Bahn beantragt wird, es der Anlegung des Bahngrundbuchs nur dann bedarf, wenn nach § 128 des Reichsgesetzes über die Zwangsversteigerung und Zwangsverwaltung eine Sicherungshypothek für die Forderung gegen den Ersteher eingetragen ist. In diesem Falle erfolgt die Anlegung auf das nach § 130 des Reichsgesetzes zu stellende Ersuchen des Vollstreckungsgerichts (s. § 24 Anm. 108—110).

3. § 39 betrifft die in den §§ 21 und 47 des Gesetzes vom 8. November 1888 vorgesehenen öffentlichen Versteigerungen. Für diese sollen nach Abs. 1 des § 39 die für die Zwangsversteigerung der Bahn geltenden Vorschriften maßgebend sein. Indes handelt es sich im Falle des § 21 des Ges. vom 8. November 1888 um die öffentliche Versteigerung einer noch nicht vollendeten, mithin dem Betriebe noch nicht eröffneten Anlage. Da aber bei noch nicht eröffnetem Betriebe die Entstehung der Bahneinheit die Anlegung des Grundbuchs voraussetzt, so bestimmt § 39 Abs. 2 für den Fall des § 21 des Ges. vom 8. November 1888, daß die Bahnaufsichtsbehörde bei Stellung des Antrages auf Einleitung der Zwangsversteigerung zugleich um die Anlegung des Bahngrundbuchblatts — sc. von Amts wegen — zu ersuchen hat (s. § 39 Anm. 166 ff.).

Über den Inhalt des Ersuchens der Bahnaufsichtsbehörde oder des Vollstreckungsgerichts um Anlegung des Bahngrundbuchblatts s. § 13 Abs. 1 (Anm. 58), § 11 Abs. 1 (Anm. 42 ff.) und § 24 Abs. 1 (Anm. 109 ff.), vgl. auch Achilles und Strecker S. 460.

§ 9.[32])

Auf das Verfahren bei Führung der Bahngrundbücher finden die Vorschriften der Grundbuchordnung (Reichs-Gesetzbl. 1898 S. 754) sowie die zu ihrer Ausführung und Ergänzung dienenden Vorschriften entsprechende Anwendung, soweit nicht in diesem Gesetz ein Anderes bestimmt ist.[33])

[32]) Prinzip und Entstehungsgeschichte des § 9.

§ 9. Prinzip. I. Prinzip. Mit § 9 beginnen die Vorschriften des Gesetzes über die Anlegung und Führung der Bahngrundbücher. Das Gesetz unterscheidet zwischen dem Verfahren bei Führung und bei Anlegung derselben. Für das Verfahren bei Führung der Bahngrundbücher sind im wesentlichen besondere Vorschriften nicht gegeben. Es sollen die Vorschriften der Reichs-Grundbuchordnung vom 24. März 1897 in der Fassung der Bekanntmachung des Reichskanzlers vom 20. Mai 1898 (R.-G.-Bl. 1898 S. 369/370 und 754) und die zu ihrer Ausführung und Ergänzung dienenden Vorschriften entsprechende Anwendung finden, soweit nicht in diesem Gesetze ein Anderes bestimmt ist (§ 9), d. h. prinzipaliter gelten etwaige besondere Bestimmungen des Gesetzes und subsidiär diejenigen der Grundbuchordnung. Da aber nur wenige Bestimmungen des Gesetzes die Führung der Bahngrundbücher betreffen, so finden auf dieselbe im wesentlichen die Grundbuchordnung und die zu ihrer Ausführung und Ergänzung dienenden Vorschriften analoge Anwendung.

Dagegen sind für das Verfahren bei Anlegung der Bahngrundbücher in den §§ 10—15 des Gesetzes besondere Bestimmungen gegeben, so daß für die Anlegung die Vorschriften der Grundbuchordnung rc. auch nicht einmal subsidiär in Anwendung zu bringen sind.

II. Aus der Entstehungsgeschichte des § 9 ist folgendes hervorzuheben:

§ 9 Entstehung. Der Entwurf vom 18. März 1895 (Druckſ. des Herrenh. Nr. 24 S. 5/6) enthielt als § 9 Satz 1 übereinstimmend eine dem vorliegenden § 9 im wesentlichen gleiche, auf die preuß. Grundbuchordnung vom 5. Mai 1872 bezügliche Norm, während die durch die gegenwärtige Fassung des § 9 in Wegfall gekommenen Sätze 2 und 3 über die nunmehr obsolet gewordenen Vorschriften der Einführungsgesetze und über mehrere Landesteile, für welche Einführungsgesetze noch nicht erlassen waren, Bestimmung trafen.

Aus der Begründung (S. 38/39) ist folgendes hervorzuheben: „Auf die Führung der zur Beurkundung der Rechtsverhältnisse an Bahnen bestimmten gerichtlichen Bücher sollen nach der Vorschrift des § 9 die Bestimmungen der Grundbuchordnung und der dieselbe ergänzenden Gesetze Anwendung finden. Mit den in den folgenden Paragraphen vorgesehenen Maßgaben sind die in der Grundbuchordnung für Grundstücke gegebenen Vorschriften zur entsprechenden Anwendung auf Bahnen geeignet. Es empfiehlt sich daher, die Anwendung dieser in langjähriger Praxis bewährten Grundsätze vorzuschreiben. Die Vorschriften der Grundbuchordnung sollen nur bezüglich der Führung, nicht auch bezüglich der Anlegung der Bahngrundbücher Platz greifen, da für die Anlegung in diesem Gesetze besondere Bestimmungen gegeben sind (§ 18).“

Der Revisionsentwurf v. 10. Februar 1902 (Druckſ. d. Herrenh. Nr. 42 S. 8) schlug vor, die Sätze 2 und 3 des bisherigen § 9 zu streichen und dem Satz 1 die in das neue Gesetz v. 11. Juni 1902 übergegangene Fassung des § 9 zu geben.

Zur Begründung (a. a. O. S. 12, 13) ist ausgeführt: „Die neue Fassung stellt nur den Rechtszustand klar, welcher sich aus § 82 Abs. 2 der Reichs-Grundbuchordnung in Verbindung mit Artikel 4 des Einführungsgesetzes zum B.-G.-B. sowie aus Artikel 82 des Ausführungsgesetzes zur Grundbuchordnung ergeben hat. Die bisher im § 9 Satz 2, 3 für anwendbar erklärten Einführungsgesetze zur preußischen Grundbuchordnung sind durch Artikel 88 des Ausführungsgesetzes zur Grundbuchordnung aufgehoben. Die von der Aufhebung ausgeschlossenen Vorschriften über die Anlegung der Grundbücher sind schon nach § 9 Satz 2 auf die Bahngrundbücher nicht anwendbar. Die wenigen sonst aufrecht erhaltenen Bestimmungen der Einführungsgesetze kommen teils für die Führung der Bahngrundbücher nicht in Betracht, teils gehören sie zu den zur Ergänzung der Grundbuchordnung dienenden Vorschriften, so z. B. die für Neuvorpommern und Rügen und die Hohenzollernschen Lande aufrecht erhaltenen Vorschriften über die Befugnis zur Beglaubigung von Unterschriften in Grundbuchsachen."

Der Revisionsvorschlag wurde hierauf unverändert angenommen und ging unbeanstandet in das Bahneinh.-Gesetz vom 11. Juni 1902 über.

33) § 9 erklärt auf das Verfahren bei **Führung** der Bahngrundbücher die Vor- § 9. Einziger Absatz.
schriften der Grundbuchordnung d. h. die der Reichs-Grundbuchordnung vom 24. März 1897, in der Fassung der Bekanntmachung des Reichskanzlers vom 20. Mai 1898 (R.-G.-Bl. 1898 S. 869/870, 754), und die zu ihrer Ausführung und Ergänzung dienenden Vorschriften für entsprechend anwendbar. Der **Grund** für diese Bestimmung liegt nach den Motiven darin, daß — abgesehen von einigen in den folgenden Paragraphen (§§ 10 bis 15) enthaltenen Modifikationen — die in der Grundbuchordnung (bezw. ihren Ausführungs- und Ergänzungsvorschriften) für **Grundstücke** gegebenen Vorschriften zur entsprechenden Anwendung auf **Bahnen** geeignet sind und es sich daher empfiehlt, die Anwendung dieser in langjähriger Praxis bewährten Grundsätze vorzuschreiben. Durch das Wort „**entsprechend**" ist angedeutet, daß die Eigenartigkeit der Bahneinheiten und ihre rechtliche Verschiedenheit von Einzelgrundstücken immerhin eine strikte Anwendung der für letztere gegebenen Vorschriften nicht in allen Fällen zuläßt, sondern gewisse aus der Natur der Sache sich ergebende Modifikationen bedingt. Für entsprechend anwendbar erklärt sind 1) die **Grundbuchordnung** und 2) die **zu ihrer Ausführung und Ergänzung dienenden Vorschriften** — beide jedoch nur insoweit, als sie sich auf das **Verfahren bei Führung** der Bahngrundbücher beziehen.

I. Demgemäß kommen aus der **Grundbuchordnung** vornehmlich in Betracht: Erster Abschnitt: Allgemeine Vorschriften §§ 1, 3—5, 9—12; zweiter Abschnitt: Eintragungen in das Grundbuch (§§ 13—55) — jedoch mit den in den §§ 17, 18 enthaltenen Modifikationen —; dritter Abschnitt: Hypotheken-Grundschuld-Rentenbrief (§§ 56—70); vierter Abschnitt: Beschwerde (§§ 71—81); fünfter Abschnitt: Schlußbestimmungen (§§ 82—102).

II. Sodann sind die **zur Ausführung und Ergänzung der Grundbuchordnung dienenden Vorschriften** für anwendbar erklärt. Unter „Vorschriften" sind mangels einer Einschränkung sowohl Gesetze und Verordnungen, wie auch die Verfügungen der Landesjustizverwaltung zu verstehen. Es gehören hierher vornehmlich:

1. Das Preußische Ausführungsgesetz zur Gr.-B.-O. vom 26. September 1899 Art. 1—34 (G.-S. S. 307 ff.).

2. Die Kgl. Verordnung, betreffend das Grundbuchwesen, vom 13. November 1899 Art. 1—37 (G.-S. S. 519).

3. Die Allgemeine Verfügung des Justizministers vom 18. November 1899 zur Ausführung der Art. 4, 14 und 36 der Verordnung, betreffend das Grundbuchwesen, vom 18. November 1899 (J.=M.=Bl. 1899 S. 347).

4. Die Allgemeine Verfügung des Justizministers vom 20. November 1899 zur Ausführung der Gr.=B.=O., §§ 1—45 (J.=M.=Bl. 1899 S. 349).

Die Anwendung der Grundbuchordnung und ihrer Ausführungs= und Ergänzungsvorschriften ist nur insoweit vorgeschrieben, als nicht in diesem Gesetze ein Anderes bestimmt ist. Sind im Gesetze Bestimmungen enthalten, welche von den Normen der Grundbuchordnung und ihrer Ausführungs= und Ergänzungsvorschriften ꝛc. abweichen, so gehen erstere vor, sie sind prinzipaliter gültig, während ihnen gegenüber letztere nur subsidiäre Bedeutung haben. (Vgl. Art. 112 E.=G. z. B.=G.=B. und § 83 Gr.=B.=O.) Welche Bestimmungen des Gesetzes von der Gr.=B.=O. abweichen, wird im folgenden des näheren gezeigt werden.

Nur auf das Verfahren bei Führung der Bahngrundbücher, nicht auf das Verfahren bei Anlegung derselben kommen die Vorschriften der Grundbuchordnung nebst Ausführungs= und Ergänzungsvorschriften zur Anwendung (s. Anm. 32 S. 54 und Achilles=Strecker S. 461). Auf das Verfahren bei Anlegung der Bahngrundbücher dürfen diese Vorschriften nicht zur Anwendung gebracht werden nicht einmal subsidiär, d. h. auch dann nicht, wenn bezügliche Normen für die Anlegung im vorliegenden Gesetze fehlen. Dies geht aus der ausdrücklichen Beschränkung des Satzes 1 auf die Vorschriften bei Führung der Bahngrundbücher klar und zweifellos hervor. Reichen also die im Gesetze gegebenen Vorschriften über die Anlegung von Bahngrundbüchern nicht aus, so sind dieselben im Wege von Ausführungsvorschriften (§ 58) oder durch Zusätze zum Gesetze zu ergänzen.

§ 10.[34])

Die Einrichtung der Bahngrundbücher bestimmt sich nach den Anordnungen des Justizministers, soweit sie nicht in diesem Gesetze geregelt ist.[35])

Jede Bahneinheit erhält ein Grundbuchblatt.[36]) Die Vorschriften der §§ 3 bis 5 der Grundbuchordnung finden entsprechende Anwendung.[37])

Jedes Grundbuchblatt erhält einen besonderen Abschnitt für die in diesem Gesetze vorgeschriebenen Angaben über den Bestand der Bahneinheit (Titel).[38])

Die Eintragung der Bahn erfolgt in dem Bahngrundbuche des Amtsgerichts, in dessen Bezirk die Hauptverwaltung des Bahnunternehmens ihren Sitz hat.[39]) Befindet sich der Sitz der Hauptverwaltung nicht innerhalb des preußischen Staatsgebiets, so wird das zur Führung des Bahngrundbuchs zuständige Amtsgericht durch den Justizminister bestimmt.[40])

34) Prinzip und Entstehungsgeschichte des § 10. § 10. Prinzip.

I. Prinzip. § 10 enthält in seinen vier Absätzen eine Reihe für die Einrichtung (Anlegung) der Bahngrundbücher wichtiger Bestimmungen, von welchen die des Abs. 4 sich auch zugleich auf die Führung der Bahngrundbücher beziehen. Um die Einheitlichkeit der Form zu wahren, bedurfte es vornehmlich der Bestimmung eines Formulars für die anzulegenden Bahngrundbücher. Von den 8 verschiedenen Formularen, welche die ehemalige preuß. Grundbuchordnung kennt, sollte nach § 10 Abs. 1 Satz 1 der bisherigen Fassung für die Bahngrundbücher, weil die Bahneinheiten ihrer Natur nach geschlossenen Grundbesitz darstellen, das Formular I zur Anwendung kommen. Mit Rücksicht auf die Aufhebung der preuß. Gr.=B.=O. bedurfte diese Vorschrift bei der neuen Gestaltung des vorliegenden Gesetzes einer Änderung; die Ermächtigung hierzu war bereits durch Art. 29 des Ausführ.=Ges. zur R.=Gr.=B.=O. dem Justizminister gegeben. In der neuen R.=Gr.=B.=O. ist ein besonderes, gesetzlich bestimmtes Formular für die Grundbücher überhaupt nicht vorgesehen, sondern die Einrichtung derselben bestimmt sich nach den Anordnungen der Landesjustizverwaltung, soweit sie nicht durch die R.=Gr.=B.=O. selbst geregelt ist (R.=Gr.=B.=O. § 1 Abs. 2). Es erschien daher geboten, übereinstimmend hiermit, den Anordnungen des Justizministers die Einrichtung der Bahngrundbücher vorzubehalten, soweit sie nicht im vorliegenden Gesetze ausdrücklich geregelt ist. Bereits durch den bisherigen Abs. 4 des § 10 war, im Anschluß an die Abs. 1—3 des § 10, welche die grundsätzlichen (materiellen) Bestimmungen über den Inhalt des Titels des Bahngrundbuchblatts und der Grundakten enthielten, die Regelung der nach Maßgabe dieser Bestimmungen zu bewirkenden näheren formellen Einrichtung des Titels und der Grundakten dem Justizminister überlassen worden. Dieser Aufgabe hatte sich derselbe durch den Erlaß der Allgem. Verf. vom 19. September 1895, betr. die Bahngrundbücher, (J.=M.=Bl. S. 286) entledigt. Es empfahl sich nunmehr, diese beschränktere Befugnis auf die gesamte Einrichtung der Bahngrundbücher auszudehnen. Dies ist durch Abs. 1 des neuen § 10 geschehen. Nur insofern mußte eine Einschränkung dieser Befugnis gemacht werden, als im Gesetze an mehreren Stellen Voraussetzung ist, daß gewisse auf den Bestand der Bahneinheit bezügliche Angaben an einer bestimmten Stelle des Grundbuchblatts — dem bisherigen Titel des Formulars I der preuß. Gr.=B.=O. — vermerkt werden, so in den §§ 4, 11, 12, 13, 15, 24. Daher ist im Abs. 3 des neuen § 10 eine entsprechende Einrichtung des Grundbuchblatts, d. h. die Beibehaltung eines besonderen Abschnitts für die im vorliegenden Gesetze vorgeschriebenen Angaben über den Bestand der Bahneinheit und auch die Beibehaltung der Bezeichnung „Titel“ ausdrücklich angeordnet.

§ 10 Abs. 1 Satz 2 enthielt in der bisherigen Fassung die mit dem § 7 der ehemal. preuß. Gr.=B.=O. übereinstimmende Vorschrift (Satz 2), daß jede selbständige Bahneinheit ein eigenes Grundbuchblatt erhält. Doch bildete diese Vorschrift nur die Regel, von welcher die in den §§ 5 und 13 der preuß. Gr.=B.=O. vom 5. Mai 1872 vorgesehenen Ausnahmen analog zugelassen waren.

Der neue Abs. 2 des § 10 hat im Satz 1 den Grundsatz des Abs. 1 Satz 2 der bisherigen Fassung, daß jede Bahneinheit ein Grundbuchblatt erhält, aufrecht erhalten. Zugleich sind im Satz 2 die Vorschriften der §§ 3 bis 5 der R.=Gr.=B.=O. für entsprechend anwendbar erklärt. Mit der Anwendung des § 3 Satz 2 Gr.=B.=O. ist, da die sich auf Grundstücke beziehenden Vorschriften des B.=G.=B. nach Maßgabe des § 16 des vorliegenden Gesetzes für die Bahneinheiten gelten, festgestellt, daß im Sinne des B.-G.-B. das Bahngrundbuchblatt als das Grundbuch für die Bahneinheit (Bahngrundbuch) zu betrachten ist. Von dieser Regel ist die Ausnahme des § 18 der bisherigen preuß. Gr.-B.-O. dadurch unverändert beibehalten worden, daß das vorliegende Gesetz den sachlich damit übereinstimmenden § 4 der R.-Gr.-B.-O., wonach über mehrere Grundstücke desselben Eigentümers, die im Bezirke desselben Grundbuchamts belegen sind, ein gemeinschaftliches Grundbuchblatt geführt werden kann, für entsprechend anwendbar erklärt. Dagegen mußte die weitere, aus § 5 der bisherigen preuß. Gr.-B.-O. sich ergebende Ausnahme insofern eine Modifikation erfahren, als nach § 890 Abs. 2 des B.-G.-B. die Zuschreibung eines Grundstücks zu einem anderen nicht mehr als Zubehör, sondern nur noch als Bestandteil stattfinden darf. Daraus folgt, daß die Zuschreibung einer Bahneinheit, soweit zulässig, gemäß § 16 Abs. 1 des vorliegenden Gesetzes, § 5 der R.-Gr.-B.-O. nur als Bestandteil gestattet ist. Auch darf sowohl die Führung eines gemeinschaftlichen Grundbuchblattes für mehrere Bahneinheiten (§ 4 Gr.-B.-O.), wie die Zuschreibung einer Bahneinheit zu einer anderen (§ 5 l. c.) in allen Fällen nur erfolgen, wenn hiervon Verwirrung nicht zu besorgen ist. Soweit im § 5 R.-Gr.-B.-O. von einer Vereinigung eines Grundstücks mit einem anderen die Rede ist (§ 890 Abs. 1 B.-G.-B.), ist die Anwendung des § 5 auf Bahneinheiten mit Rücksicht auf § 2 Abs. 1 des vorliegenden Gesetzes ausgeschlossen.

Nach Absatz 4 erfolgt die Eintragung der Bahn in dem Bahngrundbuche des Amtsgerichts, in dessen Bezirk die Hauptverwaltung des Bahnunternehmens ihren Sitz hat (Satz 1). Diese Vorschrift gilt nicht nur für die Anlegung, sondern auch für die Führung des Bahngrundbuchs, denn es liegt darin implizite ausgesprochen daß dem bezeichneten Amtsgerichte auch die Führung des Bahngrundbuchs zusteht. Die Vorschrift des Abs. 4 Satz 1 ist dem § 19 Ziv.-Proz.-Ord. nachgebildet, der Sitz der Hauptverwaltung, d. h. der Leitung des Unternehmens soll maßgebend sein, und zwar nicht der Betriebsleitung, sondern der geschäftlichen, finanziellen Leitung. In dieser liegt die Hauptverwaltung. Dies ist folgerichtig, denn Gegenstand der Eintragung ist das ganze zusammengefaßte, einheitliche Unternehmen, nicht die einzelnen Teile desselben. Wenn sich daher auch die Bahn über die Bezirke mehrerer Amtsgerichte erstreckt, so ist kompetent nur dasjenige Gericht, wo die Hauptverwaltung ihren Sitz hat. Und dieses letztere ist auch dann das allein zuständige, wenn sich keine der zur Hauptverwaltung gehörigen Bahnstrecken in seinem Bezirke befindet, die Hauptverwaltung also mit den Streckenverwaltungen gar nicht zusammenhängt. Einer besonderen Vorschrift bedurfte es hier nur für den Fall, daß sich der Sitz der Hauptverwaltung nicht innerhalb des Preußischen Staatsgebietes befindet. In diesem Falle ist zur Vermeidung von Zweifeln zweckmäßig angeordnet, daß der Justizminister das zur Führung des Bahngrundbuchs zuständige Amtsgericht bestimmt (Satz 2).

§ 10. Entstehung. II. Aus der Entstehungsgeschichte ist folgendes hervorzuheben:

Der Revisionsentwurf (1901 1902 Drucks. des Herrenh. Nr. 42 S. 8) schlug die in den Text des Gesetzes als § 10 übergegangene Fassung vor.

Die Begründung lautete: „Der § 10 Abs. 1 Satz 1 (des bisherigen Gesetzes) bestimmt, daß für die Bahngrundbücher das Formular I zur preußischen Grundbuchordnung zur Anwendung kommt. Da die preußische Grundbuchordnung aufgehoben ist, kann die Vorschrift bei einer Neufassung des Gesetzes nicht beibehalten werden. Durch Artikel 29 des Ausführungsgesetzes zur Grundbuchordnung ist bereits der Justizminister zu ihrer Änderung ermächtigt. Das jetzt geltende Grundbuchrecht kennt kein gesetzlich bestimmtes Formular für die Grundbücher, überläßt deren Einrichtung vielmehr im wesentlichen den Anordnungen der Landesjustizverwaltung (Gr.=B.=O. § 1 Abs. 2). Dementsprechend empfiehlt es sich, auch die Einrichtung der Bahngrundbücher, soweit nicht das Gesetz selbst Bestimmungen trifft, der Regelung durch den Justizminister vorzubehalten, wie dies in beschränkterem Umfange schon der bisherige § 11 Abs. 4 tut. Da das Gesetz jedoch an mehreren Stellen voraussetzt, daß gewisse auf den Bestand der Bahneinheit bezügliche Angaben an einer bestimmten Stelle des Grundbuchblatts, dem Titel des Formulars I der preußischen Grundbuchordnung, vermerkt werden (vgl. §§ 4, 11, 12, 13, 15 34), so schreibt der § 10 Abs. 3 des Entwurfes eine entsprechende Einrichtung des Grundbuchblatts vor und behält auch die Bezeichnung „Titel" bei.

Der § 10 Abs. 1 Satz 2 des (bisherigen) Gesetzes stellt die Regel auf, daß jede selbständige Bahneinheit ein eigenes Grundbuchblatt erhält. Diese Regel ist im Abs. 2 Satz 1 der neuen Fassung beibehalten. Indem der Satz 2 die Vorschriften des § 3 der Grundbuchordnung für entsprechend anwendbar erklärt, stellt er klar, daß im Sinne des Bürgerlichen Gesetzbuchs, dessen Vorschriften nach Maßgabe des § 16 des Entwurfes für die Bahneinheiten gelten, das Bahngrundbuchblatt als das Grundbuch für die Bahneinheit anzusehen ist. Die erwähnte Regel gilt nach dem Gesetze nur unbeschadet einerseits der Anwendung des § 13 der preußischen Grundbuchordnung, andererseits der Befugnis des Eigentümers einer Bahneinheit, diese als Zubehör einer anderen Einheit zuschreiben zu lassen. Statt des § 13 a. a. O. erklärt der Entwurf den sachlich übereinstimmenden § 4 der Reichsgrundbuchordnung für entsprechend anwendbar. Da ferner nach § 890 Abs. 2 des Bürgerlichen Gesetzbuchs ein Grundstück einem anderen Grundstücke nicht mehr als Zubehör, sondern nur als Bestandteil zugeschrieben werden kann, so ergibt sich das Gleiche aus § 16 Abs. 1 des Entwurfes auch für die Zuschreibung einer Bahneinheit zu einer anderen Bahneinheit, soweit eine solche Zuschreibung nach dem für die Bahneinheiten geltenden Sonderrecht überhaupt zulässig ist. Abgesehen hiervon kann die Zuschreibung ebenso wie bei Grundstücken nur dann gestattet werden, wenn davon Verwirrung nicht zu besorgen ist. Es muß daher auch der § 5 der Grundbuchordnung hier entsprechende Anwendung finden. Soweit der § 5 von der Vereinigung mehrerer Grundstücke (B.=G.=B. § 890 Abs. 1) handelt, ist er unanwendbar, weil eine Vereinigung mehrerer Bahneinheiten durch die Vorschrift des § 2 Abs. 1 des Gesetzes ausgeschlossen wird."

Die vorgeschlagene Fassung des § 10 ist unbeanstandet von beiden Häusern des Landtages angenommen worden und definitiv in das Bahneinheits=Gesetz vom 11. Juni 1902 übergegangen.

35) Da gemäß § 9 für die Einrichtung (Anlegung) der Bahngrundbücher nicht ebenso wie für die Führung derselben die Vorschriften der Grundbuchordnung und der zu ihrer Ausführung und Ergänzung dienenden Vorschriften entsprechende Anwendung finden, so bedurfte es für die Einrichtung (Anlegung) der Bahngrundbücher besonderer Vorschriften im vorliegenden Abschnitte. Diese Vorschriften müßten sich, um die Einseitigkeit der Form zu wahren, vornehmlich auf die Bestimmung eines Formulars für die anzulegenden Bahngrundbücher beziehen. In der neuen R.=Gr.=B.=O. ist ein besonderes, gesetzlich bestimmtes Formular für die § 10. Abs. 1.

Grundbücher nicht vorgesehen, vielmehr bestimmt sich die Einrichtung derselben nach den Anordnungen der Landesjustizverwaltung, soweit sie nicht durch die R.-Gr.-B.-O. selbst geregelt ist (R.-Gr.-B.-O.). Übereinstimmend hiermit ist auch durch § 10 Abs. 1 des vorliegenden Gesetzes den Anordnungen des Justizministers die Einrichtung der Bahngrundbücher vorbehalten worden, soweit sie nicht in diesem Gesetze selbst geregelt ist. Damit ist die spezielle, auf die nähere Einrichtung des Titels und der Grundakten beschränkte Ermächtigung des Justizministers aus dem bisherigen Absatz 4 des § 11 nunmehr **auf die gesamte Einrichtung der Bahngrundbücher ausgedehnt**. Demgemäß ist die auf Grund des bisherigen Abs. 4 des § 11 erlassene Verfügung des Justizministers vom 19. September 1895 ersetzt worden durch die umfassendere allgemeine Verfügung desselben vom 11. November 1902, betreffend die Bahngrundbücher, welche unter Berücksichtigung der besonderen Bestimmungen des Gesetzes eine generelle Regelung der gesamten Einrichtung der Bahngrundbücher umfaßt. Nur insofern war eine Einschränkung der qu. Befugnis des Justizministers notwendig, als im Gesetze an mehreren Stellen vorausgesetzt ist, daß gewisse auf den Bestand der Bahneinheit bezügliche Angaben an einer bestimmten Stelle des Grundbuchblatts (sc. dem bisherigen Titel des Formulars I der preuß. Gr.-B.-O.) vermerkt werden (so z. B. in den §§ 4, 11, 13, 15, 24). Dieser Umstand erforderte die Vorschrift einer entsprechenden Einrichtung des Grundbuchblatts im Abs. 3 des neuen § 10, d. h. die Beibehaltung eines besonderen Abschnittes für die im vorliegenden Gesetze vorgeschriebenen Angaben über den Bestand der Bahneinheit und auch die Beibehaltung der Bezeichnung „Titel".

Mit dieser Einschränkung enthält die **Allgemeine Verfügung des Justizministers vom 11. November 1902** (Just.-Min.-Bl. S. 275), den Eisenbahn- und Kleinbahn-Verwaltungen mitgeteilt durch Erl. des Min. d. öffentl. Arb. vom 27. Dezember 1902 (Zeitschr. f. Kleinb. 1903 S. 115), s. **Anlage V**, eine **umfassende Regelung der Einrichtung der Bahngrundbücher**. An die Spitze ist der Grundsatz gestellt, daß auf die Einrichtung wie auf die Führung der Bahngrundbücher die Vorschriften der **Allgem. Verfügung vom 20. November 1899** zur Ausführung der Grundbuchordnung (Just.-Min.-Bl. S. 349), s. **Anlage III**, **entsprechende Anwendung** finden, soweit nicht das Bahneinheitsgesetz oder die Verfügung vom 11. November 1902 etwas anderes bestimmt (§ 1), ferner daß das **Bahngrundbuch** für den **ganzen Amtsbezirk** eingerichtet wird (§ 2) und für die Einrichtung der einzelnen Grundbuchblätter das der Allgem. Verf. beigefügte Formular maßgebend ist, welches aus dem **Titel** (§ 10 Abs. 3 Anm. 33 S. 65, 66) und 3 **Abteilungen** besteht (§ 3). Sodann ist bezüglich des **Titels** angeordnet, daß sein Inhalt aus der **Aufschrift** (Bezeichnung des Amtsgerichts, Nummern des Bandes und Blattes) und **sechs Abschnitten** besteht, die für die im Gesetze vorgeschriebenen Angaben über den Bestand der Bahneinheit bestimmt sind (§ 4). In den folgenden Paragraphen sind spezielle Bestimmungen über die Eintragung eines vorläufigen Vermerks in Abschn. II für eine dem Betriebe noch nicht eröffnete Bahn (§ 5), über die Eintragung der Streckenlänge in Abschn. III (§ 6), der Grundstücksveränderungen in Abschn. VI (§ 7), mehrerer selbständigen Bahneinheiten auf einem Grundbuchblatt (§ 8), der Vereinigung zweier Privateisenbahnen zu einer einzigen Bahneinheit gemäß § 2 Abs. 1 Satz 2, sowie der Zuschreibung einer Bahneinheit zu einer anderen als Bestandteil gemäß § 10 Abs. 2 (§ 9) getroffen. Die beiden Schlußparagraphen (§§ 10 und 11) verordnen die **Fortführung der bestehenden Bahngrundbücher** und die **Einrichtung und den Inhalt eines besonderen Bandes der Grundakten** zur Aufnahme der in § 11 Abs. 3 des Gesetzes bezeichneten Angaben.

[36]) Nach Abs. 2 Satz 1 erhält jede Bahneinheit ein Grundbuchblatt. Wie das Grundbuch nach § 3 Satz 1 Gr.=B.=O. und §§ 1, 2 der Allgem. Verf. des Just.=Min. vom 20. November 1899 in Grundbuchblätter zerfällt und jedes Grundstück grundsätzlich ein eigenes Grundbuchblatt erhält, so sind auch in dem für jeden Amtsgerichtsbezirk anzulegenden Bahngrundbuche Bahngrundbuchblätter zu bilden, von denen für **jede** Bahneinheit prinzipiell ein **Bahngrundbuchblatt** zu bestimmen ist. Die **beiden Ausnahmen** von diesem Grundsatze sind in dem folgenden Satze 2 des Abs. 2 des § 10 (Anm. 37) enthalten. § 10. Abs. 2 Satz 1

[37]) Abs. 2 Satz 2 bestimmt, daß die Vorschriften der §§ 3 bis 5 der Grundbuchordnung entsprechende Anwendung finden. § 10. Abs. 2 Satz 2.

a) Nach § 3 Satz 2 der Gr.=B.=O. ist das Grundbuchblatt als das Grundbuch im Sinne des Bürgerlichen Gesetzbuchs anzusehen, d. h. wo im B.=G.=B. in bezug auf ein Grundstück von dem Grundbuche die Rede ist, ist darunter nur der auf das betreffende Grundstück bezügliche Teil des für den Bezirk eingerichteten Grundbuchs, nämlich nur das Grundbuchblatt dieses Grundstückes zu verstehen (**Philler**, S. 38 Anm. 3. **Achilles** und **Strecker** S. 153, 154. **Fuchs** und **Arnheim** II. S. 67. **Turnau** und **Förster** S. 84). Indem Satz 2 den § 3 Satz 2 der Gr.=B.=O. auf die Bahngrundbücher für entsprechend anwendbar erklärt, ist, da die sich auf Grundstücke beziehenden Vorschriften des B.=G.=B. gemäß § 16 des Bahneinheitsgesetzes auch für die Bahneinheiten gelten, unzweifelhaft ausgesprochen, daß im Sinne des B.=G.=B. das Bahngrundbuchblatt ganz ebenso als das Grundbuch der Bahneinheit sc. als Bahngrundbuch anzusehen ist, wie für Grundstücke das Grundbuchblatt des betreffenden Grundstücks.

b) Nach § 4 der Gr.=B.=O. kann über mehrere Grundstücke desselben Eigentümers, die im Bezirke desselben Grundbuchamts belegen sind, ein gemeinschaftliches Grundbuchblatt geführt werden, solange hiervon Verwirrung nicht zu befürchten ist. Indem Satz 2 den § 4 der Gr.=B.=O. auf die Bahngrundbücher für entsprechend anwendbar erklärt, ist **die erste Ausnahme** zu der obigen Regel, daß jede Bahneinheit ein Bahngrundbuch erhält (s. oben Anm. 36), zugelassen, d. h. auch für mehrere selbständige Bahneinheiten die Führung eines gemeinschaftlichen Bahngrundbuchblatts unter den Voraussetzungen des § 4 Gr.=B.=O. gestattet. Die Ausnahme des § 4 Gr.=B.=O. soll also auch auf die Anlegung der Grundbuchblätter von Bahneinheiten Anwendung finden.

1. Voraussetzung ist in erster Reihe, daß es sich um Bahneinheiten **desselben** Eigentümers handelt. Sie müssen sämtlich im Eigentume eines und desselben Unternehmers stehen. Ist die eine Bahneinheit im Eigentum, die andere nur in der Pacht, Verwaltung, Betriebsleitung des Unternehmers, so kann die Anlegung eines gemeinschaftlichen Blattes nicht stattfinden. Die Bahneinheiten brauchen aber nicht im Alleineigentume einer juristischen oder physischen Person zu stehen. Auch mehrere Bahneinheiten derselben Mit= oder Gesamteigentümer können ein gemeinschaftliches Blatt erhalten (**Fuchs** und **Arnheim** II S. 98 — **Turnau** und **Förster** II S. 48, 49).

2. Ferner ist vorausgesetzt, daß die Bahneinheiten im **Bezirke desselben**

Amtsgerichts liegen, d. h. — wie aus Abs. 4 erhellt — die Hauptverwaltung jeder dieser Bahneinheiten in demselben Amtsgerichtsbezirke sich befindet. Die Motive heben hierbei ausdrücklich hervor, daß kein Bedürfnis vorliegen dürfte, die Vereinigung mehrerer Bahnen, deren Hauptverwaltungen ihren Sitz in verschiedenen Amtsgerichtsbezirken haben, auf einem Grundbuchblatt zuzulassen und zu diesem Zweck einen gemeinschaftlichen Gerichtsstand zu bestellen. Liegen die Bahnen also in verschiedenen Amtsgerichtsbezirken, so ist die Anlegung eines gemeinschaftlichen Blattes nur zugelassen, wenn sich die eine als Bestandteil der anderen darstellt (Gr.-B.-O. § 5 s. unten S. 63) oder eine Privateisenbahn mit einer anderen (Stammbahn) so zu betreiben ist, daß beide eine einzige Bahneinheit bilden (§ 2 Abs. 1 S. 2 s. oben Anm. 6a S. 10). Daß sie in mehreren Gemeinde- oder Steuerbezirken liegen, ist kein Hindernis.

8. Endlich ist vorausgesetzt, daß aus der Vereinigung auf einem gemeinschaftlichen Grundbuchblatt keine Verwirrung zu besorgen ist. Hierüber hat allein das Ermessen des zuständigen Amtsgerichts zu entscheiden. Wenn also auch ein Antrag des Eigentümers oder einer Behörde vorliegt, so braucht das Amtsgericht diesem nicht stattzugeben. Es kann trotz eines derartigen Antrages mehrere Blätter anlegen, wenn es aus der Vereinigung nach irgend welcher Richtung hin Verwirrung besorgt, insbesondere dann, wenn die Bahneinheiten so verschieden belastet sind oder werden sollen, daß die Übersicht über die Belastung erschwert wird, sei es, daß die bisher getrennten Bahneinheiten mit denselben Schulden in verschiedener Rangordnung oder mit verschiedenen Schulden belastet sind (Turnau und Förster S. 49 — Fuchs und Arnheim S. 94). Werden seinem Antrage entgegen mehrere Blätter angelegt, so ist dies dem Eigentümer mit Angabe der Gründe bekannt zu machen. Es bleibt ihm dann überlassen, gegen die qu. Verfügung des Grundbuchrichters den Beschwerdeweg zu beschreiten, um eine Änderung derselben herbeizuführen.

Weitere Erfordernisse sind nicht aufgestellt; insbesondere ist auch nicht, wie in den bisher. preuß. Gr.-B.-O. § 13 beim Formular I, ein Antrag des Eigentümers erfordert. Die Anlegung eines gemeinschaftlichen Bahngrundbuchblattes kann vielmehr unabhängig vom Antrage des Eigentümers lediglich von Amts wegen erfolgen, sobald das öffentliche Interesse dies zweckmäßig oder notwendig erscheinen läßt (Oberneck bei Rassow Bd. 48 S. 180. Philler S. 89. Turnau und Förster S. 49). Ebenso darf die getroffene Maßnahme von Amts wegen wieder aufgehoben werden, wenn die Voraussetzungen später fortfallen, sobald also die Bahneinheiten verschiedene Eigentümer erhalten oder von der Beibehaltung Verwirrung zu besorgen ist. Alsdann sind bei der Abschreibung einer Bahneinheit auf deren neues Blatt alle sich auf diese Bahneinheit beziehenden bisherigen noch ungelöschten Eintragungen zu übertragen; ein nicht mit übertragenes Recht gilt als gelöscht (arg. § 47 Abs. 2 Gr.-B.-O.) Achilles und Strecker S. 156, 157. Über das Verfahren vgl. nach § 49 Gr.-B.-O. und § 8 Abs. 3 Ziff. 2 und Abs. 7 der Allgem. Verf. vom 11. November 1902.

Die Vereinigung mehrerer selbständigen Bahneinheiten auf einem gemeinschaftlichen Grundbuchblatt ist an sich eine rein formale, es entsteht dadurch keineswegs ohne weiteres eine neue konfundierte Bahneinheit; vielmehr behalten die zusammengeschriebenen Bahneinheiten trotz ihrer äußerlichen grundbücherlichen Verbindung vollständig ihre bisherige Selbständigkeit und bleiben in ihrer bisherigen

Individualität Gegenstand der darauf haftenden Rechte (Ob.=Trib.=Entsch. Bd. 79 S. 84), sie können nach wie vor jede für sich selbständig belastet werden, und eine gemeinsame Belastung bewirkt die Entstehung einer korrealen Bahnpfandschuld. § 6 Gr.=B.=O. findet hierauf keine Anwendung. Hierin liegt der Unterschied von der Vereinigung mehrerer Grundstücke im Sinne des § 5 Gr.=B.=O. Wird vom Eigentümer eine neue rechtliche Bahneinheit (durch Fusion) zu schaffen beabsichtigt, so genügt dazu nicht der Antrag der Vereinigung auf einem Blatt, sondern es muß ausdrücklich beantragt werden, daß die eine Bahneinheit der anderen als Bestandteil zugeschrieben werden soll. Eine solche Zuschreibung hat die wichtige Folge, daß die als Bestandteil eingetragene Bahneinheit in die Pfandschulden der Hauptbahneinheit eintritt; freilich nur derartig, daß die mitübertragenen Lasten der ersteren — soweit es sich um Befriedigung derselben aus dieser handelt, — den z. Z. der Zuschreibung auf der Hauptbahn eingetragenen vorgehen. Dagegen hat die Vereinigung mehrerer Bahneinheiten auf einem Grundbuchblatte die Wirkung des Eintritts in die Haftverbindlichkeiten nicht.

Bezüglich der Form der Eintragung bestimmt d. Allg. J.=M.=V. vom 11. November 1902 § 8, daß wenn mehrere selbständige Bahneinheiten auf einem Grundbuchblatt eingetragen werden (§ 10 Abs. 2 des Ges., § 4 Gr.=B.=O.), die Angaben über den Bestand der Bahneinheiten für jede von ihnen auf einem besonderen Titelformular erfolgen. Die Bahneinheiten erhalten fortlaufende, unter der Aufschrift einzutragende Nummern. In der Aufschrift des Titels ist bei der ersten Bahneinheit auf die folgenden zu verweisen; bei den letzteren ist hinter der Nummer des Grundbuchblattes zu vermerken, daß es sich um eine Fortsetzung dieses Blattes handelt.

c) Nach § 5 der Gr.=B.=O. soll ein Grundstück nur dann einem anderen Grundstück als Bestandteil zugeschrieben oder mit ihm vereinigt werden, wenn hiervon Verwirrung nicht zu besorgen ist. Indem Satz 2 den § 5 Gr.=B.=O. auf die Bahngrundbücher für entsprechend anwendbar erklärt, erleidet der Grundsatz, daß jede Bahneinheit ein eigenes Grundbuchblatt erhält, eine zweite Ausnahme durch die Befugnis des Eigentümers einer Bahneinheit diese als Bestandteil einer anderen Bahneinheit unter den Voraussetzungen des § 5 Gr.=B.=O. zuschreiben zu lassen. Der § 5 Gr.=B.=O. läßt zwar die Bildung eines Grundbuchblatts für mehrere Grundstücke übereinstimmend mit § 890 B.=G.=B. in zwei Fällen zu, nämlich sowohl im Falle der Vereinigung mehrerer bisher getrennter Grundstücke zu einem einheitlichen, als auch im Falle der Hinzuschlagung eines Grundstücks als Bestandteil eines anderen. Von diesen beiden Fällen kommt aber für Bahneinheiten die erstere (Vereinigung) nicht in Betracht, weil eine Vereinigung mehrerer Bahneinheiten durch die Vorschriften des § 2 Abs. 1 des Bahneinh.=Ges. ausgeschlossen ist (Motive).

1. Vorausgesetzt ist, daß sich beide Einheiten — diejenige, welche zugeschrieben wird (als Bestandteil), und diejenige, an welche die Zuschreibung erfolgen soll (Hauptbahneinheit), — in der Hand desselben Eigentümers befinden (Identität des Eigentümers, Achilles und Strecker S. 158, Turnau und Förster II S. 52).

2. Ferner ist hier eine freiwillige und rein privatrechtliche Maßnahme gemeint. Es bedarf also der Willenserklärung des Eigentümers, daß die eine Bahneinheit der anderen als Bestandteil zugeschrieben werden soll. Diese Er-

klärung bedarf der im § 29 Satz 1 Gr.-B.-O. vorgeschriebenen Form; sie ist kein reiner Antrag im Sinne des § 30 l. c., keine bloße Verfahrenshandlung, sondern ein rechtsgeschäftlicher Akt. Von Amts wegen hat also hier — im Gegensatze zu den Fällen des § 4 Gr.-B.-O. s. S. 61ff. — weder die Zuschreibung noch die Abschreibung zu erfolgen; vielmehr hat beides nur auf Antrag des Eigentümers zu geschehen (s. Achilles und Strecker S. 160 Ziff. 6. Fuchs und Arnheim II S. 97).

8. Dazu kommt, daß dem Antrage des Eigentümers nicht stattgegeben werden soll, wenn von der Zuschreibung Verwirrung zu besorgen ist, hiernach insbesondere dann, wenn sie wegen verschiedener Belastung der Bahneinheiten das Grundbuch unübersichtlich macht oder bei der Zwangsvollstreckung zu Verwicklungen führen würde (Fuchs und Arnheim II S. 98 — Turnau und Förster S. 52).

Weitere Erfordernisse sind nicht vorgeschrieben. Insbesondere ist nicht notwendig, daß die Bahneinheiten räumlich zusammenhängen und daß sie wirklich eine wirtschaftliche Einheit bilden. Auch die Zugehörigkeit zu demselben Amtsgerichtsbezirk ist nicht vorausgesetzt. Selbst daß die Bahneinheiten in verschiedenen deutschen Bundesstaaten liegen, steht nicht entgegen, sofern nur unter den beteiligten Staaten über die Zuständigkeit des Amtsgerichts eine Einigung erzielt ist (Achilles und Strecker S. 158). Dagegen ist die Zuschreibung einer inländischen Bahn als Bestandteil zu einer ausländischen unzulässig. Vielmehr muß die inländische Bahn, auch wenn sie demselben Eigentümer, wie die ausländische Hauptbahn, gehört, ein selbständiges Grundbuchblatt bei dem vom Justizminister bestimmten Amtsgericht (§ 10 Abs. 4 Satz 2) haben. Ebensowenig kann eine ausländische Bahn einer inländischen als Bestandteil zugeschrieben werden.

Liegen die Hauptbahn und die ihr als Bestandteil zuzuschreibende Bahn in verschiedenen Amtsgerichtsbezirken, so ist nach dem Ausf.-Ges. dasjenige Amtsgericht zuständig, in dessen Bezirk die Hauptbahn belegen ist. Das Verfahren der Zuschreibung sowie die Art und Weise der Eintragung ist durch die Allgem. Verfüg. des Just.-Min. vom 20. November 1899 § 8 Abs. 8 Ziff. 2 und 3 und Abs. 4, welche analoge Anwendung finden, näher geregelt. Fuchs und Arnheim II S. 99 — Turnau und Förster S. 54). Stehen die Bahneinheiten bisher auf verschiedenen Blättern, so ist bei der Zuschreibung der Bestandteil von seinem bisherigen Grundbuchblatt abzuschreiben und mit seinen Belastungen auf das Blatt der Hauptbahneinheit zu übertragen. Über die Schließung des oder der bisherigen Blätter enthalten die §§ 17—19 der zit. Allgem. Verf. vom 20. November 1899 die näheren Anweisungen. Für den Fall, daß die Bahneinheiten in den Bezirken verschiedener Amtsgerichte liegen, ist ferner die Vorschrift des § 18 l. c. zu beachten. Im übrigen ist im § 9 der Allgem. J.-M.-Verf. vom 11. November 1902 über die Form der Eintragung noch folgendes bestimmt. Zunächst ist für den Fall, daß eine Privateisenbahn nach den Bestimmungen der für sie erteilten Genehmigung einheitlich mit einer anderen bereits bestehenden Privateisenbahn (Stammbahn) zu betreiben ist, so daß beide eine einzige Bahneinheit bilden (§ 2 Abs. 1 Satz 2 des Gesetzes), angeordnet, daß die durch die Eintragung der ersteren erforderlich werdenden Angaben über den Bestand der Bahneinheit auf dem Titel der Stammbahn zu bewirken und im Abschnitt II des Titels die Erweiterung des Bahnunternehmens zu vermerken ist. Diese Vorschriften sollen auch entsprechende Anwendung finden, wenn eine Bahneinheit einer anderen Bahneinheit als Bestandteil zugeschrieben wird (§ 10 Abs. 2 des Gesetzes, § 5 Gr.-B.-O.). Im Abschnitt I des Titels sind in diesem Falle die Bahneinheiten mit Buchstaben zu bezeichnen. In den folgenden Abschnitten erhalten die Angaben über den Bestand der Bahneinheiten eine Verweisung auf die Buchstaben des Abschnitts I. Die Zuschreibung als Bestandteil ist im Abschnitt II zu vermerken.

Die Wirkung der Zuschreibung besteht darin, daß die bisher selbständigen Bahneinheiten von nun an nur noch als ein einheitliches Ganzes für Veräußerungen und Belastungen in Betracht kommen. Soll eine von ihnen allein und selbständig belastet werden, so finden die Grundsätze der §§ 6 und 96 Gr.-B.-O. Anwendung (Fuchs I S. 143, 144). — Durch die Eintragung der Zuschreibung einer Bahn als Bestandteil der Hauptbahn tritt erstere Bahn in die bestehenden Pfandverbindlichkeiten (Hypotheken, Grund- und Rentenschulden) der Hauptbahn ein und wird auch von den ferneren Belastungen der Hauptbahn mit ergriffen. Doch gehen die mitübertragenen Posten der Bestandteilbahn — soweit es sich um Befriedigung derselben aus dieser Bahn handelt — den z. B. der Zuschreibung auf der Hauptbahn eingetragenen vor, ohne daß es einer besonderen Hervorhebung dieses Vorrechts im Übertragungsvermerke bedarf. (B.-G.-B. §§ 1131, 1192.) Dagegen wird die Hauptbahn durch die Zuschreibung der Zubehörbahn keineswegs auch von selbst für die mit der letzteren übertragenen Bahnpfandschulden verhaftet.

Die Wiederaufhebung der Verbindung kann jederzeit auf Antrag des Eigentümers erfolgen, nicht von Amts wegen. Sie muß außerdem erfolgen, wenn eine der früher selbständigen Bahneinheiten allein belastet werden soll, es sei denn, daß es sich um eine Dienstbarkeit oder eine Reallast handelt und keine Verwirrung zu besorgen ist (Gr.-B.-O. § 6). Bei der Wiederaufhebung wird die im Bezirke eines anderen Amtsgerichts belegene Bahneinheit wieder in das Bahngrundbuch ihres Bezirks übernommen, dem betreffenden Amtsgericht ist zu diesem Zwecke von der Abschreibung Mitteilung zu machen (Allgem. Verf. des Just.-Min. vom 20. November 1899, § 18). Vor dem 1. Januar 1900 war die Schließung des vor der Zuschreibung geschlossenen Bahngrundbuchblatts über die Bestandteilbahn keine endgültige, sondern erfolgte nur, um das Bahngrundbuchblatt gegen weitere Eintragungen zu sperren (preuß. Gr.-B.-O. § 5 Abs. 4). Dagegen kennt die Allgem. Verf. vom 20. November 1899 §§ 17 ff. nur eine Art der Schließung, keine besondere für den hier fraglichen Fall, und erwähnt die Wiedereröffnung nicht. Es muß daher die Abschreibung der Bahneinheit von ihrem bisherigen Blatte und dessen endgültige Schließung und bei der Wiederaufhebung der Verbindung die Übertragung auf ein anderes Blatt erfolgen (Achilles und Strecker S. 160. A. M. Turnau und Förster II S. 53, 54).

[38]) Nach Abs. 3 erhält jedes Grundbuchblatt einen besonderen Abschnitt für die in diesem Gesetze vorgeschriebenen Angaben über den Bestand der Bahneinheit (Titel). Diese Bestimmung enthält eine Einschränkung der dem Justizminister durch Abs. 1 gegebenen allgemeinen Ermächtigung, über die Einrichtung der Bahngrundbücher Bestimmung zu treffen (s. Anm. 36 S. 61). Die allgemeine Ermächtigung mußte — wie bereits oben Anm. 35 S. 60 hervorgehoben — insofern eingeschränkt werden, als im Gesetze an mehreren Stellen vorausgesetzt ist, daß gewisse auf den Bestand der Bahneinheit bezügliche Angaben an einer be- § 10. Abs. 3.

stimmten Stelle des Grundbuchblatts, — dem bisherigen Titel des Formulars I der preuß. Gr.-B.-O. — vermerkt werden, so vornehmlich in den §§ 4, 11, 12, 13, 15, 24 (s. oben Motive S. 59). Daher ist im Abs. 3 des § 10 eine entsprechende Einrichtung des Bahngrundbuchblatts, d. h. die Beibehaltung eines besonderen Abschnitts für die im vorliegenden Gesetze vorgeschriebenen Angaben über den Bestand der Bahneinheit (§ 11) und auch die Beibehaltung der Bezeichnung „Titel" ausdrücklich angeordnet. Über die Einrichtung eines besonderen Abschnitts (Titels) für die in diesem Gesetze vorgeschriebenen Angaben, bezüglich des Bestandes der Bahneinheit (§ 11), treffen die §§ 4—9 der Allgemeinen Verfügung des Justizministers vom 11. November 1902 (J.-M.-Bl. S. 275 ff.) nähere Bestimmung (s. § 10 Anm. 35 S. 60, § 11 Anm. 42 ff. S. 71 ff.). Vgl. auch Achilles und Strecker S. 458, 459 lit. c., Turnau und Förster II S. 21, 39, 48, 372 ff., 484 ff.

§ 10. Abs. 4. [39]) Abs. 4 trifft über das sowohl für die Anlegung (Eintragung), wie Führung des Bahngrundbuchs zuständige Amtsgericht Bestimmung, und zwar Satz 1 für den Fall, daß sich die Hauptverwaltung des Bahnunternehmens im preußischen Staatsgebiete, Satz 2, daß sie sich außerhalb desselben befindet.

§ 10. Abs. 4 Satz 1. Nach Satz 1 erfolgt — wenn die Hauptverwaltung sich im preußischen Staatsgebiete befindet — die Eintragung der Bahn in dem Bahngrundbuch des Amtsgerichts, in dessen Bezirk die Hauptverwaltung ihren Sitz hat. Daß der Sitz der Hauptverwaltung für die Zuständigkeit entscheidend sein soll, hat nach den Motiven seinen Grund darin, daß nicht die einzelnen Bestandteile des Unternehmens, sondern die Gesamtheit derselben als ein einheitliches Ganzes den Gegenstand der Eintragung bildet. Als Sitz der Bahneinheit ist nach Analogie des § 17 der Zivilprozeßordnung, der Ort anzusehen, wo die Verwaltung geführt wird, d. h. der Mittelpunkt ihrer geschäftlichen Tätigkeit ist, die eigentliche geschäftliche, vornehmlich die finanzielle Leitung des Unternehmens durch den zur Vollziehung der Geschäfte legitimierten Vorstand ꝛc. Auch wenn eine Bahn sich über die Bezirke mehrerer Amtsgerichte erstreckt, wird sie doch nur in dem Grundbuche des Orts eingetragen, wo die Hauptverwaltung ihren Sitz hat. Lediglich der Sitz der Hauptverwaltung ist für die Anlegung und Führung des Bahngrundbuchs maßgebend. Auch wenn sich im Bezirke des betr. Amtsgerichts nur der Sitz der Hauptverwaltung und keine der dieser unterstehenden Bahnen befindet, ist doch lediglich das Amtsgericht des Sitzes der Hauptverwaltung allein zuständig. Ist also z. B. der Sitz der Hauptverwaltung mehrerer in den Provinzen Pommern, Ostpreußen ꝛc. befindlichen Bahnen in Berlin, so ist ausschließlich das Amtsgericht Berlin kompetent.

§ 10. Abs. 4 Satz 2. [40]) Nach Satz 2 wird — wenn sich der Sitz der Hauptverwaltung nicht innerhalb des preußischen Staatsgebietes befindet — das zur Führung des Bahngrundbuchs zuständige Amtsgericht durch den Justizminister bestimmt. Hier liegt eine durch die Natur der Sache gebotene Ausnahmevorschrift zu der Regel des Satzes 1, wonach der Sitz der Hauptverwaltung über die Zuständigkeit des Amtsgerichts entscheidet, vor. Ist dieser Sitz außerhalb Preußens, so kann er für die Zuständigkeit des Amtsgerichts nicht maßgebend sein, weil sonst die Kompetenz über die inländische Bahn einem nichtpreußischen Gerichte übertragen werden müßte, — ganz abgesehen davon, ob dieses nach den bez. ausländischen Bestimmungen bereit und imstande sein würde, die Anlegung und Führung des Bahngrundbuchs zu übernehmen. Mithin mußte einem inländischen Gerichte die Zuständigkeit übertragen werden, und es lag nahe, da der Sitz der Hauptverwaltung im Auslande belegen ist und nicht entscheidend sein kann, die Bestimmung des inländischen Gerichtes dem obersten Chef der Justizverwaltung, dem Justizminister, zu überlassen. Dieser hat nach freiem Ermessen die Wahl, er ist nicht an den Bezirk der betr. Bahn gebunden, sondern kann beliebig ein außerhalb derselben belegenes Amtsgericht wählen. Doch muß es ein Amtsgericht, nicht ein Gericht höherer Instanz ꝛc. sein. Den Bestandteil einer ausländischen Bahn kann die inländische Bahn im Sinne des § 5 Gr.-B.-O. grundsätzlich nicht bilden, ebenso wie die ausländische nicht Bestandteil der inländischen sein kann. Daher finden bei Bahnen, welche zum Teil im Auslande liegen, die Vorschriften des vorliegenden Gesetzes gemäß § 55 nur auf die im preußischen Gebiete befindlichen Bestandteile Anwendung, sofern nicht durch Staatsvertrag etwas anderes bestimmt ist (s. § 55). Befindet sich die Hauptverwaltung im Auslande, so muß sie einen zur Erledigung der grundbücherlichen Geschäfte legitimierten Vertreter im Inlande haben.

§ 11.[41])

In den Titel des Grundbuchblatts ist eine Beschreibung des Bahnunternehmens aufzunehmen.[42]) Dieselbe hat den Anfangs- und Endpunkt der Bahn und den übrigen wesentlichen Inhalt der Genehmigung, insbesondere eine etwaige Begrenzung der Zeitdauer für das Bahnunternehmen zu enthalten.[42a]) Von der Genehmigungsurkunde ist eine beglaubigte Abschrift zu den Grundakten zu nehmen.[42b]) So lange die Genehmigung zur Eröffnung des Betriebs nicht erteilt ist, ist dies auf dem Titel zu vermerken.[42c])

In den Titel sind ferner folgende Angaben aufzunehmen:[43])

1. die Länge der auf eigenem und der auf fremdem Grund und Boden belegenen Bahnstrecken;[44])
2. die katastermäßige Bezeichnung derjenigen zur Bahneinheit gehörigen Grundstücke, deren Widmung für das Bahnunternehmen weder aus ihrem Zusammenhange mit dem Bahnkörper noch sonst äußerlich erkennbar ist.[45]) Soweit die Grundstücke in Grundbüchern oder anderen gerichtlichen Büchern verzeichnet sind, ist auch das Grundbuchblatt oder die sonstige buchmäßige Bezeichnung derselben anzugeben;[46])
3. die zur Bahneinheit gehörigen Fonds;[47])
4. die Bestimmungen über das Anteilsverhältnis an denjenigen Gegenständen, welche mehreren Bahnunternehmungen gewidmet sind.[48])

In den Grundakten ist der Betrag des zur Anlage und Ausrüstung der Bahn verwendeten Kapitals (Baukapitals) und der Betrag der Betriebseinnahmen und Betriebsausgaben eines jeden Geschäftsjahrs zu verzeichnen.[49])

§ 11. Prinzip.

[41]) Prinzip und Entstehungsgeschichte des § 11.

I. **Prinzip.** § 11 trifft über den Inhalt des Titels und der Grundakten Bestimmung bezw. über die Angaben, welche in den Titel des Bahngrundbuchblatts und in die Grundakten nach gesetzlicher Vorschrift aufzunehmen sind, und zwar umfassen die Abs. 1 und 2 vornehmlich die Angaben des Titels, Abs. 3 diejenigen der Grundakten. Die drei Absätze des § 11 enthalten grundsätzliche Vorschriften, welche bei den formellen Bestimmungen, zu welchen § 10 Abs. 1 den Justizminister in betreff der näheren Einrichtung der Bahngrundbücher ermächtigt, beobachtet werden müssen und als gesetzliche einer Abänderung im administrativen Wege nicht unterliegen.

Für die Einrichtung der drei Abteilungen des Grundbuchblatts ebenso wie für den Modus der Eintragungen in dieselben und die Voraussetzungen dieser Eintragungen genügten im wesentlichen die bezüglichen Vorschriften der Grundbuchordnung, so daß es in dieser Hinsicht besonderer gesetzlicher Vorschriften nicht bedurfte. Dagegen waren solche in betreff des Titels erforderlich, da die einschlägigen Bestimmungen der Gr.=B.=O. für Eisenbahnen hier nicht Anwendung finden konnten. Insbesondere gestatteten die Vorschriften über die Verbindung des Grundbuchs mit dem Kataster (Art. 2 der Kgl. Verordnung vom 13. November 1899) eine Anwendung auf Eisenbahnen nicht, da die Grundsteuerbücher über die Bahnunternehmungen die erforderliche Information nicht enthalten. Die Beibehaltung besonderer Vorschriften über den Titel war um so notwendiger, als die neue R.=Gr.=B.=O. die Einrichtung der Grundbücher den Anordnungen der Landesjustizverwaltung überließ (§ 1 Abs. 2 und Art. 29 preuß. Ausf.=Ges. z. Gr.=B.=O.) und die bezüglichen Anordnungen in Preußen einen Titel überhaupt nicht mehr vorsehen, sondern an die Stelle desselben die „Aufschrift" und das „Bestandsverzeichnis" gesetzt haben (s. §§ 1—26 Allg. Verf. d. J.=M. v. 20. November 1899, Achilles und Strecker S. 148, insbes. § 5 Allg. Verf.). Unter Berücksichtigung dieser gesetzlichen Vorschriften ist in betreff der Einrichtung der Bahngrundbücher (Titel, Abteilungen und Grundakten) die Allg. Verf. des Just.=Min. vom 11. November 1902 (J.=M.=Bl. S. 275 ff.) erlassen worden. Von diesem Gesichtspunkte aus sind zunächst im Abs. 1 Vorschriften über die Aufnahme einer Beschreibung des Bahnunternehmens in den Titel getroffen. Es soll in den Titel eine Beschreibung des Bahnunternehmens aufgenommen werden (Satz 1 s. Anm. 42 S. 71). Für diese Beschreibung ist obligatorisch, daß sie sowohl den Anfangs- und Endpunkt der Bahn und eine etwaige Begrenzung der Zeitdauer für das Bahnunternehmen, sowie den übrigen wesentlichen Inhalt der Genehmigung enthalten soll (Satz 2 s. Anm. 42a S. 72). Um nicht einerseits den Titel durch noch weitergehende Angaben über den Inhalt der Genehmigungsurkunde unübersichtlich zu machen, andererseits aber den Interessenten Gelegenheit zu geben, sich von dem gesamten Inhalte der Genehmigungsurkunde Kenntnis zu verschaffen, ist zugleich bestimmt, daß von der Genehmigungsurkunde eine beglaubigte Abschrift zu den Grundakten zu nehmen ist (Satz 3 s. Anm. 42b S. 72). Endlich ist noch vorgeschrieben, daß, solange die Genehmigung zur Eröffnung des Betriebs nicht erteilt ist, dies auf dem Titel — zur Bahnbeschreibung gehörig — zu vermerken ist (Satz 4). Dieser Vermerk bezweckt, einen jeden, der das Grundbuch einsieht, darauf hinzuweisen, daß bei der Beurteilung der Kreditwürdigkeit der Bahn mit Vorsicht zu verfahren ist (s. Anm. 42c S. 72, 73).

Zu der Beschreibung des Bahnunternehmens, wie sie im Abs. 1 des näheren bestimmt ist, tritt sodann gemäß Abs. 2 (s. Anm. 43—48) noch die Aufnahme mehrerer Angaben in den Titel, welche für die Bemessung des Wertes des Unternehmens von Bedeutung sind. In erster Reihe gehört dahin die Angabe der Länge der auf eigenem und der auf fremdem Grund und Boden belegenen Bahnstrecken (Nr. 1), und sodann die katastermäßige Bezeichnung derjenigen zur Bahneinheit gehörigen Grundstücke, deren Widmung für das Bahnunternehmen weder aus ihrem Zusammenhange, noch sonst äußerlich erkennbar ist (Nr. 2 Satz 1). Sämtliche zur Bahneinheit gehörigen Grundstücke in den Titel aufzunehmen, erschien nicht erforderlich. Nur die katastermäßige Bezeichnung der nicht unzweifelhaft als Teile der Bahneinheit erkennbaren, d. h. derjenigen Grundstücke ist durch Abs. 2 Nr. 2 bestimmt, deren Widmung für das Bahnunternehmen weder aus ihrem Zusammenhange mit dem Bahnkörper, noch sonst äußerlich erkennbar ist. Wie bereits bei § 4 (Anm. 15 S. 31, 32) erörtert, erscheint es bei diesen Grundstücken erwünscht, eine sichere Grundlage für die Entscheidung, ob sie zu den dem Bahnunternehmen dauernd gewidmeten gehören, zu gewähren und zu diesem Behufe ihre Zugehörigkeit zur Bahneinheit an die Tatsache der Bezeichnung im Titel zu knüpfen (§ 4). Auch soll, soweit solche Grundstücke in Grundbüchern oder anderen gerichtlichen Büchern verzeichnet sind, im Titel auch das Grundbuchblatt oder die sonstige buchmäßige Bezeichnung derselben angegeben werden (Nr. 2 Satz 2).

Für die Beurteilung der Kreditwürdigkeit des Unternehmens ist ferner die Aufnahme der zur Bahneinheit gehörigen Fonds in den Titel zur Vorschrift gemacht (Abs. 2 Nr. 3). Welche Fonds hierher gehören, ist bereits bei § 4 Abs. 1 Nr. 2 (Anm. 14a S. 27 ff.) des näheren erörtert. Endlich ist die Aufnahme der Bestimmungen über das Anteilsverhältnis an denjenigen Gegenständen angeordnet, welche mehreren Bahnunternehmungen gewidmet sind (Abs. 2 Nr. 4). Bei diesen Gegenständen (und Rechten s. § 25) — unbeweglichen und beweglichen — ist es, sowohl für die Bemessung des Werts der Bahn, wie insbesondere im Falle einer Beschlagnahme, Veräußerung, Versteigerung rc. von Bedeutung, zu wissen, in welchem Verhältnisse sie den einzelnen beteiligten Bahnen angehören.

Während Abs. 1 und 2 sich im wesentlichen (mit Ausnahme des 3. Satzes des Abs. 1) mit dem Inhalte des Titels befassen, trifft Abs. 3 (s. Anm. 49 S. 80) über die in die Grundakten aufzunehmenden Angaben Bestimmung. Hierbei beschränkte man sich, von der Erwägung ausgehend, daß es sich hier nur um Angaben handle, welche für den Realkredit, nicht auch für den Personalkredit, maßgebend seien, lediglich auf die Vorschrift zweier Angaben: 1. Verzeichnung des zur Anlage und Ausrüstung der Bahn verwendeten Kapitals (Baukapitals) und 2. Verzeichnung des Betrages der Betriebseinnahmen und Betriebsausgaben eines jeden Geschäftsjahres. Die Aufnahme auch dieser Angaben in den Titel würde denselben unübersichtlich machen, ihre Verweisung in die Grundakten erschien um so mehr ausreichend, als deren Einsichtnahme jedem Beteiligten zusteht. Andererseits wurde es nicht für angezeigt erachtet, in die Grundakten noch weitergehende Angaben über den Betrag des Grundkapitals bei den Aktien- und Kommanditgesellschaften bezw. des Gesellschaftskapitals bei Gesellschaften mit beschränkter Haftung rc. sowie über den Inhalt der Statuten aufzunehmen. Mit Recht wurde dagegen geltend gemacht, daß dies Angaben seien, welche nur für den Personalkredit der Bahn Bedeutung hätten und für deren Veröffentlichung grundsätzlich das Handelsregister bestimmt wäre.

§ 11. Entstehung. II. Aus der Entstehungsgeschichte ist folgendes hervorzuheben:

Der Regier.-Entwurf vom 18. März 1895 (Drucksachen d. Herrenh. Nr. 24 S. 6) enthielt die als § 11 in das Gesetz vom 19. August 1895 (11. Juni 1902) aufgenommene Fassung mit folgender Motivierung (Motive a. a. O. Seite 40): „Während die Vorschriften der Grundbuchordnung über die Einrichtung der drei Abteilungen des Grundbuchblattes, die Art und Weise, in welcher Eintragungen in denselben zu bewirken sind, und die Voraussetzungen dieser Eintragungen ohne weiteres auch auf die Bahngrundbücher angewendet werden können, bedarf es besonderer Vorschriften über die Einrichtung des Titels. Die Vorschriften über die Verbindung des Grundbuchs mit dem Kataster sind unanwendbar, da die Steuerbücher über die Bahnunternehmungen nicht die erforderliche Auskunft geben. In den Titel ist daher in ähnlicher Weise, wie dies bei den Bergwerken in § 9 der (preuß.) Grundbuchordnung vorgeschrieben ist, eine Beschreibung des Bahnunternehmens aufzunehmen. Mit derselben sind diejenigen Angaben zu verbinden, welche geeignet sind, einen Anhalt für die Beurteilung des Wertes des Unternehmens zu liefern. Soweit die Aufnahme dieser Angaben in den Titel geeignet sein würde, denselben unübersichtlich zu machen, werden dieselben in die Grundakten verwiesen, deren Einsicht jedem Beteiligten ebenso wie die Einsicht des Grundbuchs selbst zusteht. Der Vermerk, daß die Genehmigung zur Eröffnung des Betriebs noch nicht erteilt ist, soll einen jeden, der das Grundbuch einsieht, darauf hinweisen, daß bei der Beurteilung der Kreditwürdigkeit der Bahn besondere Vorsicht geboten ist. Bezüglich der Bezeichnung von Grundstücken des Bahneigentümers auf dem Titel (Abs. 2 Z. 2) ist folgendes zu bemerken. Das Bahngrundbuch, dessen Gegenstand die Gesamtheit des Bahnunternehmens, nicht die wechselnden Bestandteile desselben sind, soll nicht zugleich das Grundbuch für die einzelnen dem Bahneigentümer gehörigen Grundstücke sein; für die letzteren wird vielmehr das Grundbuch, in welchen sie eingetragen stehen, fortgeführt und es wird nur in demselben zur Verhütung unzulässiger Verfügungen ihre Zugehörigkeit zur Bahn vermerkt (§ 15). Eine Aufnahme sämtlicher Grundstücke des Bahneigentümers in den Titel würde denselben sehr unübersichtlich machen und infolge der Notwendigkeit, den lastenfreien Erwerb derselben zu prüfen (vgl. § 12), das mit der Grundbuchführung betraute Amtsgericht mit großer Mühewaltung und die Bahneigentümer mit Kosten belasten. Der Entwurf schreibt daher nur die Angabe derjenigen Grundstücke vor, welche nicht mit dem Bahnkörper zusammenhängen oder sonst äußerlich als Teile der Bahneinheit erkennbar sind. Bei diesen Grundstücken scheint es erwünscht, eine sichere Grundlage für die Entscheidung, ob sie zu den dem Bahnunternehmen dauernd gewidmeten gehören, zu gewähren und zu diesem Zwecke ihre Zugehörigkeit zur Bahneinheit an die Tatsache der Verzeichnung im Titel zu knüpfen (§ 4). Dafür, daß die wirklich dem Bahnunternehmen gewidmeten Grundstücke auch zur Verzeichnung im Bahngrundbuch gelangen, wird durch die in § 18 vorgesehene Einwirkung der Bahnaufsichtsbehörde gesorgt.

In der Kommission des Abg.-Hauses (Drucks. d. Abg.-H. II. Sess. 1895 Nr. 254 S. 3154) bemerkte auf ein bezügliches Monitum der Kommissar des Justizministers: Die Nichterwähnung des Gesellschaftskapitals und der Statuten beruhe auf der Erwägung, daß es sich hier um Angaben handele, welche nur für den Personalkredit der Bahn, nicht aber für den Realkredit Bedeutung hätten. Zur Veröffentlichung der in Frage stehenden Verhältnisse sei aber prinzipiell das Handelsregister bestimmt.

Weiter wurde von einem Mitgliede der Kommission zu Abs. 2 Ziff. 2 Zeile 2 die Frage gestellt, ob nur die hier bezeichneten Grundstücke in den Titel aufgenommen werden sollen, und regierungsseitig erwidert: Es gehe allerdings die Absicht dahin, daß Grundstücke, welche unzweifelhaft als Teile der Bahneinheit erkennbar wären, nicht verzeichnet werden dürften.

Schließlich fragte ein Mitglied noch an, wie zu verfahren sei, wenn ein Grundstück der Bahneinheit, das wegen seines Zusammenhanges mit dem Bahnkörper nicht in den Titel des Bahngrundbuchs aufgenommen zu werden brauche, mit Genehmigung der Bahnaufsichtsbehörde verkauft ist und aufgelassen werden soll. Regierungsseitig wurde auf diese Anfrage erwidert, daß ein solches Grundstück vor der Auflassung von neuem in das Grundbuch aufgenommen werden müsse.

Der Paragraph ist hierauf mit einer einzigen rein redaktionellen Änderung in Ziff. 4 in der vorgeschlagenen Fassung von der Kommission und vom Landtage angenommen worden (Drucks. Nr. 254 S. 8165).

Der Revisionsentwurf v. 10. Februar 1902 (Drucks. des Herrenh. Nr. 42 S. 4) schlug vor, im § 11 den Abs. 4 zu streichen. Zur Begründung (a. a. O. S. 14) wird angeführt: „Der Abs. 4 des § 11 wird zum Teil durch den § 10 Abs. 1 des Entwurfes, zum Teil durch den § 9 in Verbindung mit § 94 der Grundbuchordnung ersetzt." Dieser Vorschlag wurde angenommen und § 11 ging in der hiernach gekürzten Fassung in das Bahneinh.-Ges. vom 11. Juni 1902 über.

49) Absatz 1 des § 11 enthält — mit Ausnahme des die Grundakten betreffenden dritten Satzes — in Verbindung mit Absatz 2 Vorschriften über den Inhalt des Titels des Bahngrundbuchblattes (s. § 10 Abs. 1 Anm. 35 S. 60. Abs. 3 Anm. 38 S. 65), und zwar sind im Absatz 1 Bestimmungen mehr allgemeiner Natur getroffen, während im Absatz 2 eine Reihe besonderer Angaben aufgeführt sind. § 11. Abs. 1 Satz 1.

Satz 1 des Abs. 1 stellt für die Angaben des Titels den Grundsatz an die Spitze, daß in den Titel des Grundbuchblattes d. i. des Bahngrundbuchblatts eine Beschreibung des Bahnunternehmens aufzunehmen ist. (Vgl. Allgem. Verf. des J.-M. v. 11. November 1902 Formular: Titel, Abschn. II). Es wird nur eine allgemeine Beschreibung des Bahnunternehmens in dem im Satz 2 des Abs. 1 näher bestimmten Umfange erfordert. Der Grund für die Beschränkung auf eine im wesentlichen allgemeine Beschreibung des Bahnunternehmens besteht darin, daß für den Zweck der Darlegung der Realkreditverhältnisse des Unternehmens die Aufführung sämtlicher Bahngrundstücke im Titel nicht erforderlich erschien, vielmehr zur Vermeidung der Unübersichtlichkeit des Titels und der Belastung des Grundbuchgerichts es für zweckmäßig erachtet wurde, die Angabe im Titel auf die allgemeine Beschreibung des Unternehmens — abgesehen von der spezielleren Angabe unter Ziff. 2 des Abs. 2 — zu beschränken. Das Bahngrundbuch hat nach den Motiven nicht den Zweck, als Grundbuch für alle einzelnen zum Bahnunternehmen gehörigen Grundstücke zu dienen. Für diese wird daher auch das Grundbuch, in welchem sie ursprünglich eingetragen stehen, unverändert fortgeführt und lediglich in demselben zur Verhütung unzulässiger Verfügungen ihre Zugehörigkeit zur Bahn vermerkt (Sperrvermerk).

Freilich wird dadurch kein vollständiges grundbuchmäßiges Bild des gesamten, zur Bahneinheit gehörigen Grundeigentums erreicht. Denn es fehlen — mangels eines Grundbuchblatts — 1. die im § 90 Gr.-B.-O. bezw. Art. 1 der Kgl. Verordn. v. 13. November 1899 bezeichneten Eisenbahngrundstücke, für welche Grundbuchblätter nicht angelegt sind, und 2. die zur Eisenbahn erworbenen, nur von ihren bisherigen Grundstücken abgeschriebenen Parzellen (s. § 11 Abs. 2 Ziff. 2 Satz 2 Anm. 46 S. 77 und § 15 Anm. 74), 3. die im § 4 Abs. 2 Satz 1 des vorliegenden Gesetzes bezeichneten, mit dem Bahnkörper zusammenhängenden oder äußerlich erkennbar dem Bahnunternehmen gewidmeten Grundstücke.

§ 11 Abs. 1 Satz 2. **42a)** Satz 2 des Abs. 1 erläutert, was unter der im Satz 1 vorgeschriebenen „Beschreibung des Bahnunternehmens" zu verstehen ist, bezw. welche Angaben dieselbe enthalten soll. Darnach hat die Beschreibung zu enthalten: den Anfangs- und Endpunkt der Bahn, ferner den übrigen wesentlichen Inhalt der Genehmigung und insbesondere eine etwaige Begrenzung der Zeitdauer für das Bahnunternehmen. Dieser Inhalt der in den Titel aufzunehmenden Beschreibung ist, wie die Worte: „hat zu enthalten" deutlich erkennen lassen, obligatorisch (vgl Allg. Verf. des J.-M. v. 11. November 1902 Formular: Titel, Abschn. II). Abgesehen von diesen beiden ausdrücklich hervorgehobenen Punkten läßt das Gesetz die Frage offen, was unter dem „wesentlichen Inhalt der Genehmigung" zu verstehen ist, so daß es der Bahnaufsichtsbehörde bezw. dem eintragenden Richter (§ 13) anheimgegeben ist, hierüber nach Maßgabe des einzelnen Falles im Zweifel Entscheidung zu treffen. Denn § 13 Abs. 1 legt der Aufsichtsbehörde die Pflicht auf, in den Antrag um Anlegung des Bahngrundbuchs die im § 11 Abs. 1 bezeichneten Angaben aufzunehmen, und § 13 Abs. 3 verpflichtet den Bahneigentümer, ihr die hierzu erforderlichen Angaben und Urkunden zu liefern. Dem Wortsinne nach müssen aber unter dem „wesentlichen Inhalt der Genehmigung" jedenfalls noch folgende Angaben verstanden werden: Zunächst die Angabe, von welcher Instanz die Genehmigung erteilt ist (Landesherr rc.), und zu welcher Zeit (Datum), ferner für welche Art von Bahn (ob für eine Haupt-, Neben- oder Kleinbahn), endlich für welche Betriebskraft (ob mit Maschinen oder sonstiger mechanischer oder mit animalischer Kraft).

§ 11. Abs. 1 Satz 3. **42b)** Satz 3 des Abs. 1 enthält eine den Inhalt der Grundakten betreffende Bestimmung und hätte daher richtiger im Abs. 3 seine Stellung gefunden. Satz 3 schreibt vor, daß von der Genehmigungsurkunde eine beglaubigte Abschrift zu den Grundakten zu nehmen ist. Zu diesem Behufe hat die Genehmigungsbehörde mit ihrem Ansuchen um Anlegung des Grundbuchblatts dem Gerichte eine beglaubigte Abschrift der Genehmigungsurkunde vorzulegen (§ 13). Sache des Gerichts ist es sodann, die Aufnahme dieser Abschrift in die Grundakten zu bewirken. Wie die ursprüngliche Genehmigungsurkunde, so muß auch in gleicher Weise jede Abänderung derselben in beglaubigter Abschrift zu den Grundakten genommen werden.

§ 11. Abs. 1 Satz 4. **42c)** Satz 4 des Abs. 1 bestimmt, daß, so lange die Genehmigung zur Eröffnung des Betriebs nicht erteilt ist, dies, d. h. die Nichterteilung der Erlaubnis zur Betriebseröffnung auf dem Titel vermerkt werden soll. Da die Eintragungen in das Grundbuchblatt den Zweck haben, die Interessenten über die Kreditwürdigkeit und Beleihungsfähigkeit des Unternehmens zu informieren, so dient der Vermerk dazu, dieselben bei der Beurteilung dieser Fragen zur Vorsicht anzuhalten. Denn die Genehmigung der Bahn und die Anlegung eines Grundbuchblatts für dieselbe begründet an sich noch keineswegs ihre Kreditwürdigkeit. Erfüllt der Unternehmer z. B. die Genehmigungsbedingungen nicht und muß deshalb die Erlaubnis zur Betriebseröffnung zeitweilig oder überhaupt versagt bezw. zurückgenommen oder für erloschen erklärt werden (§§ 21, 22, 47 Eisenb.-Ges. vom 3. November 1838; §§ 23, 24 Kleinb.-Ges. v. 28. Juli 1892), so ist der eigentliche Zweck des Unternehmens vorläufig oder gänzlich in Frage gestellt.

Die Allgem. Verf. des Just.-Min. v. 11. November 1902 (§ 5) bestimmt, daß, wenn bei der Eintragung eines Bahnunternehmens die Genehmigung zur Eröffnung des Betriebs noch nicht erteilt ist, dies in dem Abschnitt II. des Titels (Beschreibung des Bahnunternehmens) zu vermerken, und ferner, daß nach Erteilung der Genehmigung der Vermerk zu löschen ist. Der Vermerk hat also in der Regel nur eine vorübergehende Bedeutung. Daraus folgt die Verpflichtung der Bahnaufsichtsbehörde, auf deren Ersuchen die Aufnahme der nach § 11 erforderlichen Angaben gemäß § 18 in das Grundbuchblatt erfolgt, von Amts wegen das Bahngrundbuchamt von der Erteilung der Genehmigung zu Betriebseröffnung unverzüglich in Kenntnis zu setzen, und ebenso die Verpflichtung des Bahngrundbuchamts, auf Grund dieser Benachrichtigung den qu. Vermerk zu löschen. Der Bahneigentümer hat nicht das Recht, die Löschung des Vermerks direkt bei dem Bahngrundbuchamt zu beantragen, da wie die Eintragung, so auch jede Abänderung der Angaben des Titels nur auf Ersuchen der Aufsichtsbehörde erfolgt (§ 8 Satz 3, § 18 Abs. 2 Satz 1). Wohl aber kann der Bahneigentümer bei der Bahnaufsichtsbehörde beantragen, daß sie eine entsprechende Requisition auf Löschung des Vermerks an das Bahngrundbuchamt richtet, und gegen eine ablehnende Verfügung die Rechtsmittel des § 56 ergreifen.

43) Absatz 2 des § 11 führt im Anschluß an die im Absatz 1 vorgeschriebenen Angaben allgemeinerer Natur noch eine Reihe besonderer Angaben auf, welche in den Titel aufzunehmen und dazu bestimmt sind, die Bemessung des Wertes des Unternehmens zu erleichtern. Die Aufnahme dieser Angaben, welche Absatz 2 unter Ziff. 1 bis 4 des näheren bezeichnet, ist obligatorisch. Demgemäß ist die Bahnaufsichtsbehörde nach § 18 Absatz 2 sowohl von Amts wegen wie auch auf Antrag des Bahneigentümers (§ 8) verpflichtet, das Bahngrundbuchamt um die Aufnahme dieser Angaben in den Titel zu ersuchen und sich die hierzu erforderlichen Materialien vom Bahneigentümer beibringen zu lassen. Und ebenso ist das Bahngrundbuchamt gehalten, diesem Ersuchen stattzugeben und die bezüglichen Angaben nach Prüfung der Richtigkeit, Vollständigkeit und Legalität der Beläge und Urkunden in den Titel aufzunehmen (§ 18 Absatz 3). Dasselbe gilt für die Abänderung dieser Angaben des Titels (§ 18 Abs. 2). Gegen Verzögerungen und Ablehnungen der Aufnahme sind dem Bahneigentümer die Beschwerdemittel des § 56 gegeben. § 11. Abs. 2.

44) Ziff. 1 des Absatz 2 bezeichnet als die erste dieser besonderen Angaben des Titels: „die Länge der auf eigenem und der auf fremdem Grund und Boden belegenen Bahnstrecken". Für die Beurteilung des Werts des Unternehmens ist nicht die Aufführung sämtlicher Bahngrundstücke erforderlich, sondern es genügt die Angabe der Länge der Bahnstrecken (Anm. 41 S. 69). Aus dieser, nicht aus der Gesamtheit der einzelnen Grundstücke, wird der Wert des Unternehmens, sein Umfang und seine Verkehrsbedeutung ersichtlich. § 11. Abs. 2 Ziff. 1.

Die Allgem. Verf. des J.-M. vom 11. November 1902 (Formular: Titel, Abschn. III) unterscheidet „Länge der Bahnstrecken" a) auf eigenem, b) auf fremdem, c) auf eigenem und fremdem Grund und Boden; und bestimmt im § 6, daß unter c die Länge nur solcher Bahnstrecken oder ihrer Teile zu vermerken ist, die in ihrer ganzen Längenausdehnung zugleich auf eigenem und fremdem Grund und Boden belegen sind, z. B. wenn als Bahnkörper teils eine in fremdem Eigentume stehende Straße, teils ein neben der Straße liegendes, vom Bahneigentümer erworbenes Gelände dient. Liegen nur kleinere Teile der Bahnstrecke, wie z. B. Wegeüberführungen, auf fremdem Grund und Boden, während im übrigen die Bahnstrecke im Eigentume des Bahneigentümers steht, so hat die Eintragung der Streckenlänge nur unter a zu erfolgen. Ebenso ist die Streckenlänge wie unter b einzutragen, wenn bei einer auf fremdem Grund und Boden belegenen Bahnstrecke einzelne kleinere Teile im Eigentume des Bahnunternehmers stehen. Bei jeder Eintragung unter c ist das ungefähre Verhältnis der Flächen auf eigenem zu denen auf fremdem Grund und Boden anzugeben.

Von Bedeutung ist, daß das Gesetz von der Länge der Bahnstrecken, nicht der Bahngleise spricht. Unter Bahnstrecken sind aber nicht bloß die mit Bahngleisen belegten Teile der Bahn zu verstehen, sondern die gesamten, auch gleisfreien Teile bis zu den Grenz-, bezw. Endpunkten des Bahnterrains, also z. B. auch die Endbahnhöfe in ihrer ganzen Länge einschließlich desjenigen Teiles, vor welchem die Gleise enden (Gleim § 11 Anm. 4).

Die Eintragung der Länge der Bahnstrecken erfolgt durch das Bahngrundbuchamt auf Ersuchen der Bahnaufsichtsbehörde, welche die bezüglichen Beläge und Urkunden diesem vorzulegen hat (§ 18 Abs. 2). Maßgebend sind wesentlich die betr. Angaben der Genehmigungsurkunde über die Bahnlinie, ihre Anfangs-, End- und Schnittpunkte, die behördlich genehmigten Baupläne (§ 4 Eisenb.-Ges. vom 8. November 1888, §§ 2, 5, 17 des Kleinb.-Ges. vom 28. Juli 1892), Bescheinigungen der Katasterämter usw. Die Richtigkeit und Legalität dieser Angaben und Urkunden hat das Grundbuchamt zu prüfen.

Dem Zwecke der Bestimmung der Ziff. 1 gemäß ist aber nicht nur die erstmalige Länge der Bahnstrecken, sondern es ist auch jede spätere Verminderung der ursprünglichen Länge im Titel anzugeben. Die Bahnaufsichtsbehörde hat die erforderliche Eintragung dieser Abänderungen von Amtswegen beim Bahngrundbuchamt zu beantragen und dieses die Eintragung zu bewirken (§ 18 Abs. 2 und 3). Maßgebend ist der Zeitpunkt des eigentümlichen Erwerbs der betreffenden neuen Teile für die Zwecke des Bahnunternehmens, der Hinzutritt zur Bahneinheit (§ 4 Ziff. 1), nicht der Zeitpunkt der betriebsfertigen Herstellung der neuen Strecken bezw. der Betriebseröffnung derselben.

§ 11. Abs. 2 Ziff. 2 Satz 1. 45) Ziff. 2 des Abs. 2 führt im ersten Satze als die zweite der besonderen, in den Titel aufzunehmenden Angaben „die katastermäßige Bezeichnung derjenigen zur Bahneinheit gehörigen Grundstücke an, deren Widmung für das Bahnunternehmen weder aus ihrem Zusammenhange mit dem Bahnkörper, noch sonst äußerlich erkennbar ist". Man ging hierbei von der Erwägung aus, daß die Aufführung aller einzelnen, zur Bahneinheit gehörigen Grundstücke nicht erforderlich sei. Denn für den hier vornehmlich in Betracht kommenden Zweck der Beurteilung der Kreditwürdigkeit bezw. des Wertes des Unternehmens seien nicht sowohl die bi einzen Grundstücke, aus welchen sich derselbe zusammensetzt, als vielmehr die Gesamtheit derselben, die Bahneinheit als Ganzes entscheidend. Diese werde aber in ihrem Umfange und ihrer Bedeutung nicht aus den einzelnen Grundstücken, sondern aus der nach Ziff. 1 zu verzeichnenden Länge der Bahnstrecken erkannt. In diesen seien die Bahngrundstücke enthalten. Auszunehmen seien hiervon nur diejenigen Grundstücke, deren Widmung für das Bahnunternehmen äußerlich nicht erkennbar sei. Es erscheine hiernach geboten, um eine sichere Grundlage für die Entscheidung über ihre Zugehörigkeit zur Bahneinheit zu gewinnen, diese durch die Verzeichnung im Titel ausdrücklich zu dokumentieren. Dies steht mit den Bestimmungen des § 4 Abs. 2 im Einklange (s. Anm. 15 S. 81).

Die Allgem. Verf. des J.-M. vom 11. November 1902 (Formular: Titel, Abschnitt VI) gibt unter „Verzeichnis der zur Bahneinheit gehörigen Grundstücke, deren Widmung für das Bahnunternehmen äußerlich nicht erkennbar ist" 8 Spalten an: 1) Nummer, 2) Nähere Bezeichnung des Grundstücks, 3) Gemarkung, 4) Bezeichnung nach dem Kataster (Kartenblatt oder Flur, Parzelle), 5) Amtsgericht, 6) Bezeichnung nach dem Grundbuch oder sonstigen gerichtlichen Buche, 7) Eintragungsvermerk, 8) Abschreibungen.

a) Ziff. 2 erfordert im ersten Satze „die katastermäßige Bezeichnung" der in Rede stehenden Grundstücke im Titel. Es genügt also nicht die einfache Aufführung der betr. Grundstücke nach ihrer Lage, Größe, Begrenzung, ortsüblichen Bezeichnung oder sonstigen Merkmalen, sondern es ist diejenige Bezeichnung vorgeschrieben, welche den Bestimmungen über Kennzeichnung der Grundstücke im Kataster entspricht. Vgl. Gr.-B.-O. § 2 und Just.-Min.-Erl. vom 31. Januar 1878 (J.-M.-Bl. S. 46), 2. September 1872, 18. November 1876, 5. Juni 1877, 11. Oktober 1877, 4. Februar 1890 und 25. März 1890, Art. 2 der Kgl. Verord. v. 18. November 1899, § 29 Just.-Min.-Verf. v. 18. November 1899, § 8 Allg. Verf. d. Just.-Min. v. 20. November 1899.

b) Die katastermäßige Bezeichnung der Bahngrundstücke im Titel ist nur für diejenigen zur Bahneinheit gehörigen Grundstücke vorgeschrieben, deren Widmung für das Bahnunternehmen weder aus ihrem Zusammenhange mit dem Bahnkörper noch sonst äußerlich erkennbar ist, die also nicht unzweifelhaft als Teile der Bahneinheit erkennbar sind. Bei diesen Grundstücken erscheint es erwünscht, eine sichere Grundlage für die Entscheidung zu gewähren, ob sie zu den dem Bahnunternehmen dauernd gewidmeten gehören, und zu diesem Zwecke ihre Zugehörigkeit zur Bahneinheit an die Tatsache der Verzeichnung im Titel zu knüpfen (Motive S. 40).

c) Die Fassung des vorliegenden Satzes läßt es zweifelhaft erscheinen, ob die Aufnahme bezw. katastermäßige Bezeichnung anderer Grundstücke im Titel, als derjenigen, deren Widmung für das Bahnunternehmen nicht äußerlich erkennbar ist, zulässig sei, oder ob § 11 die beantragte Aufnahme anderer Grundstücke ausschließe. Diese Frage wurde in der Kommission regierungsseitig dahin beantwortet, die Absicht gehe allerdings dahin, daß Grundstücke, welche unzweifelhaft als Teile der Bahneinheit erkennbar wären, nicht verzeichnet werden dürften. Es unterliege dies auch keinem Bedenken, da die Bahnaufsichtsbehörden, welchen nach § 18 die Entscheidung zustehe, den Wünschen der Beteiligten auf Verzeichnung eines Grundstücks im Titel in allen Fällen, in welchen ein Zweifel an der Erkennbarkeit der Zugehörigkeit möglich sei, stattgeben würden (Komm.-Ber. S. 19, 20).

d) Ausgeschlossen von der Eintragung in den Titel sind alle Grundstücke, deren Widmung für das Bahnunternehmen entweder aus ihrem Zusammenhange mit dem Bahnkörper, oder sonst äußerlich erkennbar ist. Es sind hier die gleichen Worte, wie im § 4 Abs. 2 Satz 1 gewählt, so daß im wesentlichen auf die Anm. 15 S. 81 gegebenen Erläuterungen Bezug genommen werden kann. Dort ist (S. 24 ff.) eingehend erörtert worden, welche Grundstücke nach Zweck und Begriff des Bahnunternehmens als unmittelbar oder mittelbar dauernd demselben gewidmet und demgemäß als zur Bahneinheit gehörig zu betrachten sind.

e) Formell steht zwar die Entscheidung hierüber bezw. die sich darnach bestimmende Eintragung in den Titel des Grundbuchs dem zuständigen Grundbuchrichter zu. Materiell aber liegt die maßgebende Prüfung und Feststellung der Bahnaufsichtsbehörde (§ 4 Anm. 15 S. 81) ob, welche allein imstande ist, die erforderliche Kontrolle über die Richtigkeit und Vollständigkeit der vom Bahneigentümer gemachten Angaben zu üben und nötigenfalls die Richtigstellung zu veranlassen. Die den Normen des Grundbuchrechts entsprechende Form für die bezügliche Mitwirkung der Bahnaufsichtsbehörde ist die, daß die Eintragung der Grundstücke in den Titel, sowie etwaiger Abänderungen auf Ersuchen der Aufsichtsbehörde erfolgt, welchem die Genehmigungsurkunde in Urschrift oder in beglaubigter Abschrift sowie die im § 12 bezeichneten beglaubigten Abschriften und Auszüge beizufügen sind (§ 18 Abs. 2, § 12 f. Anm. 59, 60 und Anm. 52—55).

f) Grundstücke, welche mehreren Bahneinheiten gewidmet sind, müssen auf dem Bahngrundbuchblatte einer jeden derselben verzeichnet, und es muß auf jedem ersichtlich gemacht werden, welcher anderen Bahneinheit sie gleichzeitig zugehören (s. Gleim § 11 Anm. 5 S. 66) und in welchem Anteilsverhältnisse (§ 11 Abs. 2 Ziff. 4 Anm. 48 S. 78 ff.).

g) In der Kommission des Abg.-H. (Bericht S. 20) wurde die Frage aufgeworfen, wie zu verfahren sei, wenn ein Grundstück der Bahneinheit, das wegen seines Zusammenhanges mit dem Bahnkörper nicht in den Titel des Bahngrundbuchs aufgenommen zu werden brauche, mit Genehmigung der Bahnaufsichtsbehörde verkauft ist und aufgelassen werden soll. Es wurde dabei an den Fall gedacht, daß dieses Grundstück für den Bahnunternehmer bei dem Erwerbe nicht auf ein besonderes Grundbuchblatt übertragen, sondern auf dem Titelblatte des früheren Grundbuchblattes zu Bahnzwecken abgeschrieben und damit aus dem Grundbuche verschwunden ist (§ 90 Gr.-B.-O., Art. 1. Kgl. Verordn. v. 18. November 1899). Regierungsseitig wurde auf diese Anfrage erwidert, daß ein solches Grundstück vor der Auflassung §§ 878, 925 B.G.B., § 20 Gr.-B.-O.) von neuem in das Grundbuch aufgenommen werden müsse.

h) Wie § 12 (Anm. 51 S. 85) des näheren erörtert ist, setzt der Vermerk von Grundstücken (§ 11 Abs. 2 Ziff. 2) auf dem Titel den Nachweis voraus, daß das Grundstück dem Bahneigentümer gehört und frei von Hypotheken, Grundschulden und Rentenschulden ist. Im § 12 ist bestimmt, in welcher Weise dieser Nachweis von der Aufsichtsbehörde dem das Bahngrundbuch führenden Amtsgerichte — je nachdem das Grundstück unter Grundbuchrecht steht oder nicht — zu führen ist (§ 12 Anm. 52 bis 55). Ist dem Amtsgericht bei der von ihm vorgenommenen Prüfung bekannt geworden, daß auf dem Grundstücke andere dingliche Rechte, als Hypotheken, Grundschulden und Rentenschulden lasten, so darf der Vermerk auf dem Titel nur stattfinden, falls von der Bahnaufsichtsbehörde bescheinigt wird, daß diese

Rechte mit der Betriebsfähigkeit des Bahnunternehmens vereinbar sind (§ 12 Abs. 2 Anm. 56). Vgl. auch **Achilles und Strecker** S. 460.

46) Ziff. 2 des Abs. 2 berührt im zweiten Satze noch den Fall, daß Grundstücke der im ersten Satze bezeichneten Art in Grundbüchern oder anderen gerichtlichen Büchern verzeichnet sind. In diesem Falle soll auch das Grundbuchblatt oder die sonstige buchmäßige Bezeichnung der betr. Grundstücke im Bahngrundbuchblatte angegeben werden. Dies bezieht sich nicht nur auf die erstmalige Eintragung, sondern auch auf alle späteren Abänderungen derselben. Im Anschluß daran und um in betreff dieser Grundstücke das Bahngrundbuch und die Einzelgrundbücher in ihren Eintragungen jederzeit konform zu halten, bestimmt die Allg. Verf. d. Just.-M. vom 11. November 1902 (J.-M.-Bl. S. 275 ff.) § 7, daß, wenn in dem Grundbuche über ein im Abschnitt VI des Titels (s. Formular) verzeichnetes Grundstück (§ 11 Abs. 2 Nr. 2) Veränderungen eingetragen werden, welche die in das Bahngrundbuch aufzunehmenden Angaben berühren, das Grundbuchamt dem das Bahngrundbuch führenden Amtsgericht behufs Vermerks der Veränderungen im Abschnitt VI des Titels des Bahngrundbuchs Mitteilung zu machen, und diese Mitteilung und der Vermerk der Veränderungen im Bahngrundbuch kostenfrei zu erfolgen hat. Es sind hier die Veränderungen gemeint, welche die nähere Bezeichnung des Grundstücks nach Nummer, Gemarkung, Kataster, Grundbuch &c. betreffen (s. Formular Abschn. VI Nr. 1—6). § 11. Abs. 2 Ziff. 2 Satz 2.

Andererseits ist nach § 15 die Zugehörigkeit eines Grundstücks zur Bahneinheit nach Anlegung des Bahngrundbuchs in dem über das Grundstück geführten Grundbuche oder Stockbuche oder in dem in der vormals freien Stadt Frankfurt geführten Verbotsbuche einzutragen (Sperrvermerk) und nach Aufhören der Bahneinheit dieser Vermerk unter gleichzeitiger Eintragung eines durch eine Veräußerung derselben eingetretenen Eigentumswechsels zu löschen (§ 15 Abs. 1 Anm. 70, 71). Der Bahneigentümer ist verpflichtet, die Eintragung und Löschung zu beantragen, und kann hierzu von der Bahnaufsichtsbehörde, welcher er ein Verzeichnis der zur Bahneinheit gehörigen Grundstücke mitzuteilen hat, angehalten werden. Soweit die Grundstücke auf dem Titel des Bahngrundbuchblatts vermerkt sind, wird die Eintragung und Löschung von dem das Bahngrundbuch führenden Amtsgericht von Amts wegen veranlaßt. Wird ein Grundstück, welches bisher im Grundbuch nicht eingetragen war, in das Grundbuch aufgenommen, so ist die Zugehörigkeit zur Bahneinheit von Amts wegen zu vermerken (§ 15 Abs. 2 Anm. 72, 73 u. 74).

47) Ziff. 3 des Abs. 2 bestimmt als die dritte der besonderen, in den Titel aufzunehmenden Angaben die Anführung „der zur Bahneinheit gehörigen Fonds". Auch diese Angabe dient, wie die vorangehenden, zum Zwecke der Beurteilung der Kreditwürdigkeit des Bahnunternehmens. Die Allgem. Verf. des J.-M. v. 11. November 1902 (Formular: Titel, Abschn. IV) sieht unter „Zur Bahneinheit gehörige Fonds" neben der laufenden Nummer eine Spalte für die Bezeichnung der Fonds und eine Spalte für Veränderungen und Löschungen vor. Welche „zur Bahneinheit gehörigen Fonds" hier gemeint sind, ist bei § 4 Abs. 1 Nr. 2 (Anm. 14a S. 27) des Näheren erörtert. Gemäß § 4 Abs. 2 Satz 3 hat hierüber die Bahnaufsichtsbehörde ausschließlich und endgültig zu entscheiden (Anm. 15 S. 32). Deren Entscheidung ist also auch für den Grundbuchrichter bezüglich der Eintragung in das Bahngrundbuch allein bindend (§ 13 Abs. 2). Er § 11. Abs. 2 Ziff. 3.

hat hiernach lediglich zu prüfen, daß die Requisition bezw. die betreffende Entscheidung in legaler Form durch die zuständige Bahnaufsichtsbehörde erfolgt ist.

Gleim (§ 11 Anm. 6) bemerkt, daß es, da aus der Bezeichnung des Fonds (Reserve-, Erneuerungs-, Pensionsfonds) dessen Zweckbestimmung nicht mit genügender Bestimmtheit zu entnehmen sei, erforderlich sein werde, die letztere näher zu bezeichnen, z. B. Erneuerungsfonds zur Beschaffung der Lokomotiven, Wagen und zur Erneuerung des Oberbaues (der Schwellen, Schienen und sonstigen Eisenteile des Oberbaues). Indes erscheint eine so weitgehende Spezifizierung wohl nicht erforderlich. Es genügt, daß die Angabe der zur Bahneinheit gehörigen Fonds im Titel des Bahngrundbuchblatts in der buchungsmäßig üblichen und erkennbaren Weise erfolgt. Da dem Grundbuchrichter hierüber mit Rücksicht auf § 4 Abs. 2 Satz 3 keine Kognition zusteht, er sich vielmehr lediglich nach den bezüglichen Anträgen der Bahnaufsichtsbehörde zu richten hat (§ 13 Abs. 2), so reicht es hin, daß die Eintragung lediglich nach deren Angaben in Hinsicht auf die Bezeichnung und Höhe der Fonds erfolgt. Notwendig aber ist die zahlenmäßige Angabe der Höhe der einzutragenden Fonds, weil anderenfalls der Zweck der Bestimmung illusorisch werden würde. Ebenso bedürfen alle bezüglichen Abänderungen, sei es daß bisher zur Bahneinheit gehörige Fonds aufgegeben oder neu begründet oder in ihrem Bestande vermehrt oder vermindert werden, der Eintragung. Über Fonds welche mehreren Bahneinheiten gewidmet sind, s. Anm. 48.

§ 11. Abs. 2 Ziff. 4. [48]) Ziff. 4 des Abs. 2 bezeichnet als die vierte der besonderen, in den Titel aufzunehmenden Angaben „die Bestimmungen über das Anteilsverhältnis an denjenigen Gegenständen, welche mehreren Bahnunternehmungen gewidmet sind“.

a) Es tritt häufig der Fall ein, daß Gegenstände nicht einer Bahneinheit allein, sondern mehreren Bahneinheiten dienen d. h. integrierende Bestandteile (§ 4) mehrerer Bahneinheiten sind. Es kann sich hierbei sowohl um unbewegliche Dinge (gemeinsame Grundstücke und Baulichkeiten ꝛc.), wie bewegliche Sachen (Betriebsmaterialien, Fonds, Kassenbestände ꝛc.) handeln. Sowohl für die Beurteilung der Kreditwürdigkeit der einzelnen Bahneinheiten d. h. der Bemessung des Beleihungswertes, wie auch in den Fällen der Verpfändung, Veräußerung, Beschlagnahme derselben, ist die Kenntnis von wesentlicher Bedeutung, in welchem Verhältnisse derartige Gegenstände den daran beteiligten Bahneinheiten angehören. Daher bestimmt Ziff. 4 des Abs. 2, daß in den Titel die Bestimmungen über das Anteilsverhältnis an solchen Gegenständen aufgenommen werden sollen. Es ist in Ziff. 4 gesagt: „an Gegenständen, welche mehreren Bahnunternehmungen gewidmet sind“. Indes erscheint das Wort „Bahnunternehmungen“ nicht korrekt und der Absicht des Gesetzes nicht entsprechend. Denn nicht auf das Anteilsverhältnis zwischen mehreren Bahnunternehmungen kommt es an. Bilden diese eine Bahneinheit (§ 2 Abs. 1), so ist das Anteilsverhältnis der ihnen gemeinsam gewidmeten Gegenstände irrelevant. Von Wichtigkeit ist dasselbe nur, wenn dieselben mehreren Bahneinheiten gewidmet sind.

Die Allgem. Verf. des J.-M. v. 11. November 1902 (Formular: Titel, Abschn. V) sieht unter „Bestimmungen über das Anteilsverhältnis an Gegenständen, welche mehreren Bahnunternehmungen gewidmet sind“ neben den laufenden Nummern 4 Spalten vor: 1. Bezeichnung des Gegenstandes, 2. Beteiligte Bahnen, 3. Bestimmungen über das Anteilsverhältnis, 4. Veränderungen und Löschungen.

b) Die Eintragung des Anteilsverhältnisses erfolgt sowohl bei unbeweglichen, wie beweglichen Sachen gemäß § 18 Abs. 2 auf Ersuchen der Bahnaufsichtsbehörde durch das zuständige, das Bahngrundbuch führende Amtsgericht (Bahngrundbuchamt). Maßgebend für die Feststellung des Anteilsverhältnisses sind bei Grundstücken in erster Reihe die Eintragungen über das Eigentum oder Miteigentum in den Grundbüchern und, soweit diese nichts enthalten, sowohl bei Grundstücken wie bei beweglichen Sachen die etwa hierüber vorhandenen Bestimmungen der Statuten, der Genehmigungsbedingungen, der Verträge der beteiligten Eigentümer (z. B. Anschlußverträge), der Verwaltungs- und Gerichtsentscheidungen 2c. Kann die Aufsichtsbehörde aus den hierüber von den Eigentümern gemäß § 18 Abs. 8 beizubringenden Angaben und Urkunden eine Feststellung des Anteilsverhältnisses nicht bewirken, oder wird ihre Feststellung vom Bahngrundbuchamte als unzureichend oder unbegründet zurückgewiesen oder von den beteiligten Eigentümern angegriffen, so ist letzteren aufzugeben, die Feststellung im Rechtswege herbeizuführen. Denn es handelt sich um eine im Streitfalle lediglich im Rechtswege zu entscheidende, privatrechtliche Frage. Der § 36 — auf welchen die Motive zum § 11 Bezug nehmen — ist hier nicht maßgebend, denn der dort angegebene Maßstab für das Anteilsverhältnis soll nur subsidiär im Falle der Zwangsvollstreckung Platz greifen „soweit nicht aus dem Bahngrundbuch ein anderes Verhältnis sich ergibt". Hier aber handelt es sich ja grade um die Feststellung des Anteilsverhältnisses zum Zwecke der Eintragung in das Bahngrundbuch, nicht um einen Fall der Zwangsvollstreckung (A. M. Gleim § 11 Anm. 7).

Gegen Maßnahmen der Eigentümer oder des Eigentümers mehrerer Bahneinheiten, die Anteilsverhältnisse an gemeinsamen Gegenständen willkürlich zu verschieben und auf diesem Wege etwa den Gläubigern einer Bahneinheit das Objekt ihrer Befriedigung zu schmälern, ist dadurch ausreichend Vorsorge getroffen, daß Veräußerungen und Belastungen der zu einer Bahneinheit gehörigen Grundstücke nur stattfinden können, wenn die Bahnaufsichtsbehörde bescheinigt, daß dadurch die Betriebsfähigkeit des Unternehmens nicht beeinträchtigt wird (§ 5). Eine Veräußerung liegt aber auch in der Aufgabe des Miteigentums oder Mitbenutzungsrechts an einem gemeinsamen Gegenstande. Ebenso ist der Eigentümer privatrechtlich in der Verfügung über diejenigen Teile der Bahneinheit beschränkt, bezüglich deren eine nach § 37 rechtsgültige Beschlagnahme erfolgt ist.

c) Für die Feststellung des Anteilsverhältnisses, sei es, daß dieselbe durch die Aufsichtsbehörde oder im Rechtswege erfolgt, ist von folgenden Erwägungen auszugehen:

I. Bei Grundstücken (§ 4 Nr. 1) ist zu unterscheiden, ob sie im Grundbuche (§ 11 Abs. 2 Ziff. 2, § 15 Abs. 1) eingetragen sind oder nicht.

1. Ist das Grundstück lediglich für eine bestimmte Bahneinheit und als Bestandteil derselben eingetragen, so gehört es zu dieser allein, wenngleich es, wie z. B. bei Werkstätten, Bahnhöfen, auch für Zwecke anderer Bahneinheiten benutzt wird. Es kann also auch ein Anteilsverhältnis dieser anderen Bahneinheiten auf Grund der tatsächlichen Mitbenutzung in das Bahngrundbuch (§ 11 Ziff. 4) nicht eingetragen werden. Eine Änderung ist nur möglich, wenn auf Grund der Bescheinigung der Bahnaufsichtsbehörde (§ 5) die Einräumung des Miteigentums an andere Bahneinheiten stattgefunden hat und die Eintragung desselben im Titelblatt des Grundbuches legal erfolgt ist.

2. Ist das Grundstück für mehrere Bahneinheiten eingetragen, so entscheidet das in das Grundbuch eingetragene Miteigentumsverhältnis. Fehlt in der Eintragung die Angabe des Anteilsverhältnisses, so wird dieses auf Grund der von den Miteigentümern beizubringenden Angaben und Urkunden (§ 18 Abs. 3) von der Bahnaufsichtsbehörde festgestellt und nach deren Requisition und nach erfolgter Prüfung durch das Bahngrundbuchamt eingetragen (§ 13 Abs. 2). Doch steht den Miteigentümern, da es sich um die rein privatrechtliche Frage des Miteigentums handelt, der Rechtsweg offen.

3. Ist das Grundstück nicht eingetragen (§ 90 Gr.-B.-O., Art. 1 der Kgl. Verord. v. 13. November 1899), so wird das Anteilsverhältnis auf Grund der von den beteiligten Bahneinheiten beizubringenden Angaben und Urkunden (§ 18 Abs. 3) von der Bahnaufsichtsbehörde bestimmt und auf deren Ersuchen und nach erfolgter Prüfung durch das Bahngrundbuchamt in das Bahngrundbuch eingetragen (§ 13 Abs. 2). Doch steht den beteiligten Bahneinheiten bezüglich dieser rein privatrechtlichen Frage des Miteigentums der Rechtsweg offen. § 25 ist hier nicht anwendbar.

II. Bei Fonds (§ 4 Nr. 2) ist für die Frage des Anteilsverhältnisses das sich hierüber aus Statuten, Genehmigungsbedingungen, Verträgen ꝛc., Ergebende von Bedeutung. Ist hieraus ein bestimmter Maßstab nicht zu entnehmen, so richtet sich die Bestimmung nach allgemeinen Rechtsregeln. Der Maßstab des § 25 ist nicht anwendbar (s. unter 2). Die Feststellung wird von der Bahnaufsichtsbehörde auf Grund der von den beteiligten Bahneinheiten beizubringenden Angaben und Urkunden (§ 18 Abs. 3) bestimmt und auf deren Ersuchen und nach erfolgter Prüfung durch das Bahngrundbuchamt in das Bahngrundbuch eingetragen (§ 18 Abs. 2). Auch steht mit Rücksicht auf die privatrechtliche Natur der Miteigentumsfrage den beteiligten Bahneinheiten der Rechtsweg offen.

III. Bei sonstigen beweglichen, körperlichen Sachen, bei Kassenbeständen, Forderungen, Subventionen (§ 4 Nr. 2 u. 3) greifen für die Frage des Anteilsverhältnisses die nämlichen Erwägungen Platz und findet dasselbe Verfahren Anwendung.

§ 11. Abs. 3. 49) Absatz 3 des § 11 trifft im Anschluß an die Abs. 1 u. 2, welche sich im wesentlichen mit den in den Titel des Bahngrundbuchs aufzunehmenden Angaben befassen, Bestimmung über diejenigen Angaben, welche in die Grundakten Aufnahme finden sollen. Freilich sind in Abs. 3 nicht alle in die Grundakten aufzunehmenden Angaben bezeichnet. Eine dieser Angaben ist bereits im 3. Satze des Abs. 1 vorgeschrieben: „die beglaubigte Abschrift der Genehmigungsurkunde"; eine andere (der Tilgungsplan) im § 20 Satz 3.

Abs. 3 beschränkt sich anschließend an die Vorschrift des Satzes 3 des Abs. 1 darauf, zwei weitere Angaben zur Aufnahme in die Grundakten vorzuschreiben. Es soll in denselben verzeichnet werden 1. der Betrag des zur Anlage und Ausrüstung der Bahn verwendeten Kapitals (Baukapitals) und 2. der Betrag der Betriebseinnahmen und Betriebsausgaben eines jeden Geschäftsjahres. Diese beiden Angaben wurden mit Rücksicht darauf, daß es sich hierbei lediglich um die Beurteilung und Würdigung des Realkredits des Unternehmens handle, für ausreichend erachtet. Es liegt in der Natur der Sache und entspricht der Absicht des Gesetzes, daß nicht nur die ursprünglichen erstmaligen Beträge in die Grundakten aufzunehmen sind, sondern auch jede spätere Veränderung derselben. Für die Betriebseinnahmen und

=ausgaben ergibt sich dies von selbst aus dem Zusatze „eines jeden Geschäftsjahres". Dasselbe gilt aber auch von jeder Änderung des Baukapitals, weil sonst der Zweck der Vorschrift, die Interessenten über den jeweiligen Bestand des auf das Unternehmen verwendeten Anlagekapitals in laufender Kenntnis zu erhalten und ihnen solchergestalt eine Grundlage für die Wertbemessung des Unternehmens zu schaffen, illusorisch werden würde. Freilich wird z. B. bei fortschreitenden Neubauten rc. nicht jede geringfügige Änderung des Baukapitals alsbald in den Grundakten vermerkt werden können, ohne die beteiligten Behörden sowie die Akten außerordentlich zu belasten. Vielmehr wird auch hier — wie bei den Betriebseinnahmen und =ausgaben — die Aufnahme abändernder Angaben nur in gewissen Zwischenräumen, zweckmäßig nach Abschluß der Rechnung für das Geschäftsjahr oder der Baurechnung zu erfolgen haben.

Wie die Worte „ist zu verzeichnen" erkennen lassen, ist die Aufnahme der im Abs. 8 bezeichneten Angaben in die Grundakten obligatorisch. Sie muß nach gesetzlicher Vorschrift erfolgen; die Bahnaufsichtsbehörde ist verpflichtet, die Aufnahme in die Grundakten beim Bahngrundbuchamt zu beantragen, und zu diesem Behufe den Bahneigentümer zur Beibringung der erforderlichen Angaben und Urkunden, nötigenfalls unter Anwendung der gesetzlich zulässigen Zwangsmittel, anzuhalten (§ 18 Abs. 2 u. 8 Anm. 59 bis 61). Aus § 18 Abs. 8 Satz 2 ergibt sich, daß ihr der Eigentümer zu diesem Zwecke die Abschlüsse der über das Baukapital und die jährlichen Betriebseinnahmen und =ausgaben geführten Rechnungsbücher (Bau= und Betriebsrechnungen) vorlegen muß, und daß sie sodann verpflichtet ist, die Übereinstimmung der Angaben des Bahneigentümers in betreff des Baukapitals, sowie der jährlichen Betriebseinnahmen und Betriebsausgaben mit den Abschlüssen der ihr von dem Bahneigentümer vorzulegenden Rechnungsbücher zu bescheinigen (Anm. 62). Die so bescheinigten Angaben hat sie mit dem Antrage auf Aufnahme in die Grundakten dem Bahngrundbuchamte vorzulegen, welches nur formell, nicht materiell die Legalität des Antrages und der damit verbundenen Angaben bezw. Bescheinigungen zu prüfen und sodann die Aufnahme in die Grundakten zu bewirken hat (§ 18 Abs. 2 Satz 1). Dies gilt auch von allen späteren Abänderungen der erstmaligen Angaben. (Anm. 42b S. 72 u. Anm. 59 S. 98. Gleim § 11 Anm. 2.)

Bezüglich des Verfahrens des Bahngrundbuchamts wegen Aufnahme der im § 11 Abs. 8 bezeichneten Angaben in die Grundakten bestimmt die Allgem. Verf. der J.=M. vom 11. November 1902 § 11, daß von den Grundakten ein besonderer Band zur Aufnahme der in § 11 Absatz 8 des Gesetzes bezeichneten Angaben zu bestimmen ist. In diesen Band sind lediglich diejenigen Schriftstücke aufzunehmen, welche den Betrag des zur Anlage und Ausrüstung der Bahn verwendeten Kapitals (Baukapitals) ergeben oder die fortlaufenden Mitteilungen über den Betrag der Betriebseinnahmen und Betriebsausgaben eines jeden Geschäftsjahres nebst der Bescheinigung der Bahnaufsichtsbehörde (§ 13 Abs. 8 des Gesetzes) enthalten. Auf diesen Schriftstücken ist die Stelle der Grundakten zu bezeichnen, wo sich die auf die Aufnahme der fraglichen Schriftstücke in die Grundakten bezüglichen Übersendungsschreiben, Verfügungen rc. befinden. Dem nach Absatz 1 anzulegenden besonderen Bande der Grundakten ist ein Inhaltsverzeichnis vorzuheften.

In diesen Band sind nur die im Abs. 3 des § 11 bezeichneten Angaben aufzunehmen, nicht auch die im Abs. 1 Satz 3 bez. beglaubigte Abschrift der Genehmigungsurkunde und ihrer Abänderungen, oder der im § 20 Satz 8 bez. Tilgungs=

plan. Diese sind also aus den Grundakten selbst, nicht aus dem gemäß § 11 der Allgem. Verf. v. 11. November 1902 anzulegenden besonderen Bande derselben zu entnehmen.

§ 12.[50])

Der Vermerk von Grundstücken (§ 11 Abs. 2 Ziffer 2) auf dem Titel setzt den Nachweis voraus, daß das Grundstück dem Bahneigentümer gehört und frei von Hypotheken, Grundschulden und Rentenschulden ist.[51]) Sofern für das Grundstück das Grundbuchrecht maßgebend ist, wird dieser Nachweis durch Vorlegung einer zu den Grundakten zu nehmenden beglaubigten Abschrift des Grundbuchblatts geführt.[52]) Bei anderen Grundstücken hat das Amtsgericht nach Maßgabe des in den einzelnen Landesteilen geltenden Rechtes auf Grund der ihm vorzulegenden Auszüge aus den über die Eigentums- und Belastungsverhältnisse des Grundstücks geführten Büchern zu entscheiden, ob der Nachweis als geführt zu erachten ist.[53]) Auf Erfordern des Amtsgerichts ist eine Bescheinigung des Ortsvorstandes oder der sonst zur Ausstellung solcher Bescheinigungen berufenen Behörde über den Eigenbesitz und die bekannten dinglichen Rechte beizubringen.[54]) Auch kann von dem Amtsgericht eine öffentliche Aufforderung zur Anmeldung von Eigentums- und anderen Ansprüchen erlassen werden.[55])

Ist dem Amtsgerichte bei der von ihm vorgenommenen Prüfung bekannt geworden, daß auf dem Grundstück andere dingliche Rechte als Hypotheken, Grundschulden und Rentenschulden lasten, so darf der Vermerk auf dem Titel nur stattfinden, falls von der Bahnaufsichtsbehörde bescheinigt wird, daß diese Rechte mit der Betriebsfähigkeit des Bahnunternehmens vereinbar sind.[56])

§. 12. Prinzip. 50) Prinzip und Entstehungsgeschichte des § 12.

I. Prinzip. § 12 schreibt im Anschluß und in weiterer Ausführung der Bestimmung des § 11 Abs. 2 Ziff. 2 Satz 1 für die Aufnahme der katastermäßigen Bezeichnung derjenigen zur Bahneinheit gehörigen Grundstücke, deren Widmung für das Bahnunternehmen weder aus ihrem Zusammenhange mit dem Bahnkörper noch sonst äußerlich erkennbar ist, in den Titel des Bahngrundbuchblatts (Abschnitt VI s. Anm. 45 S. 74) als Voraussetzung den Nachweis vor, daß die einzutragenden Grundstücke dem Bahneigentümer gehören und frei von Hypotheken, Grundschulden und Rentenschulden sind (Abs. 1 Satz 1), bezw. daß, wenn dem Amtsgericht sonstige auf den Grundstücken lastende dingliche Rechte bekannt geworden sind, die Bahnaufsichtsbehörde die Vereinbarkeit dieser Rechte mit der Betriebsfähigkeit des Bahnunternehmens bescheinigt (Abs. 2). Im Übrigen trifft § 12 darüber Bestimmung, auf welche Weise der Nachweis des Eigentums und der Pfandfreiheit zu erbringen ist (Abs. 1 Satz 2—5).

Das Erfordernis des Nachweises des pfandfreien Eigentums der einzutragenden Grundstücke wird in den Motiven als eine Konsequenz des im § 5 Abs. 1 ausgesprochenen Grundsatzes bezeichnet, welcher die Veräußerung und Belastung der zur Bahneinheit gehörigen Grundstücke für ungültig erklärt, soweit nicht die Bahnaufsichtsbehörde bescheinigt, daß dadurch die Betriebsfähigkeit des Bahnunternehmens nicht beeinträchtigt wird. Für die Bestimmungen des § 12 ist die Erwägung leitend gewesen, daß das pfand- bezw. lastenfreie Eigentum an den zur Bahneinheit gehörigen Grundstücken dem Wesen der öffentlichen Bahnunternehmungen entspreche, deren Betriebsfähigkeit nicht durch privatrechtliche Verfügungen Dritter, zu welchen ihnen das Eigentums- oder Pfandrecht die Legitimation bieten würden, in Frage gestellt werden dürfe (s. § 5 Anm. 17 und 18). Man nahm an, daß der Nachweis des lastenfreien Eigentums für die Aufrechthaltung dieses Grundsatzes von wesentlicher Bedeutung sei; er nötige die Bahneigentümer, bei den der Bahneinheit zuzuschreibenden Grundstücken vorweg den eigentümlichen Besitz und die Pfand- und sonstige Lastenfreiheit (letztere mit der im Abs. 2 bemerkten Ausnahme) herbeizuführen und dadurch die von privatrechtlichen Eingriffen Dritter freie und unabhängige Betriebsfähigkeit des Bahnunternehmens zu sichern. Die Führung des Nachweises des lastenfreien Eigentums vor der Eintragung der Grundstücke in das Bahngrundbuch sei aber auch im Interesse der an den Grundstücken dinglich Berechtigten notwendig, weil durch die Eintragung auf dem Titel die betreffenden Grundstücke ex lege Teile der Bahneinheit würden (§ 4 Abs. 2), und zwar mit der sich aus § 6 ergebenden Wirkung, daß die Verfolgung dinglicher Rechte an diesen Grundstücken bis zum Erlöschen der Genehmigung nur stattfinden darf, soweit die Bahnaufsichtsbehörde bescheinigt, daß durch die Verfolgung die Betriebsfähigkeit des Bahnunternehmens nicht beeinträchtigt werde. Im Falle der Versagung dieser Bescheinigung bleibt dem Berechtigten nur ein Entschädigungsanspruch. Durch die Eintragung eines belasteten Grundstücks würde also der dinglich Berechtigte in der Verfolgung seines Rechtes behindert und auf einen Entschädigungsanspruch beschränkt.

Was die Art und Weise anlangt, in welcher dem das Bahngrundbuch führenden Amtsgerichte der Nachweis des Eigentums des Bahneigentümers und der Pfandfreiheit zu führen ist, so unterscheidet § 12 im Abs. 1 zwischen den Grundstücken, für welche das Grundbuchrecht maßgebend ist (Satz 2), und den Grundstücken, für welche das Grundbuchrecht nicht gilt (Satz 3). Für erstere soll eine beglaubigte Abschrift des Grundbuchblattes bezw. des betr. Teiles desselben zur Führung des Nachweises genügen. Für letztere ist die Entscheidung dem Amtsgerichte zugewiesen, und zwar nach Maßgabe des in den einzelnen Landesteilen geltenden Rechts auf Grund von Auszügen aus den über die Eigentums und Belastungsverhältnisse der Grundstücke geführten Büchern. Auch ist auf Erfordern des Amtsgerichts eine Bescheinigung des Ortsvorstandes oder der sonst zur Ausstellung solcher Bescheinigungen berufenen Behörde über den Eigentumsbesitz und die bekannten dinglichen Rechte beizubringen. Und endlich kann auch vom Amtsgericht eine öffentliche Aufforderung zur Anmeldung von Eigentums- und anderen Ansprüchen erlassen werden. Nach den Motiven erscheint es beabsichtigt, die Beibringung von Bescheinigungen der Ortsvorstände 2c. und das Aufgebot subsidiär nur für Grundstücke zu bestimmen, für welche das Grundbuchrecht nicht gilt (Satz 3). Indes kann die Notwendigkeit dieser Maßnahmen auch ebenso bei Grundstücken eintreten, für welche das Grundbuchrecht maßgebend ist. Und weder der Wortlaut, noch die Stellung der Sätze 4 und 5 zwingt dazu, dieselben nur auf Satz 8, nicht auch auf Satz 2 zu beziehen (s. Anm. 54 S. 87 ff.). Ohne den solchergestalt erbrachten Nachweis darf die Eintragung von Grundstücken in den Titel des Bahngrundbuchs gemäß § 11 Abs. 2 Ziff. 2 nicht erfolgen. Durch jede dem entgegenstehende Eintragung macht sich das Amtsgericht wie auch die Bahnaufsichtsbehörde (§ 18 Abs. 2) sowohl den an den einzelnen Grundstücken Berechtigten, wie auch den Bahnpfandschuldnern verantwortlich.

§ 12. Entstehung. Diese Grundsätze finden auch in der Entstehungsgeschichte des § 12 ihre Bestätigung.

Im Reg.-Entwurfe vom 12. März 1895 (Drucks. d. Herrenh. 1895 Nr. 24 S. 7) war § 12 bereits in der in das Gesetz v. 19. August 1895 übergegangenen Fassung vorgeschlagen. Nur fehlte die erst später durch Beschluß der Kommission des Abgeordnetenhauses erfolgte Einschaltung: „(§ 11 Absatz 2 Ziffer 2)" hinter den Eingangsworten „Der Vermerk von Grundstücken".

Der Regierungsentwurf enthält folgende Begründung (a. a. O. S. 37 u. S. 41): „Entsprechend der Vorschrift des § 5, welche die Veräußerung und Belastung der zur Bahneinheit gehörenden Grundstücke nur mit Zustimmung der Bahnaufsichtsbehörde zuläßt, schreibt § 12 vor, daß nur solche Grundstücke als Bestandteile der Bahneinheit im Titel verzeichnet werden dürfen, bei welchen das pfandfreie Eigentum des Bahnunternehmens nachgewiesen wird und keine sonstigen Lasten, welche von der Bahnaufsichtsbehörde für unvereinbar mit der Betriebsfähigkeit des Unternehmens erachtet werden, bekannt sind. Die Zuschreibung im Titel ist von erheblicher Bedeutung, da sie die Voraussetzung für die Zugehörigkeit zur Bahneinheit bildet (§ 4 Abs. 2) und infolgedessen die Wirkung herbeiführt, daß etwa bestehende, mit dem Fortbetriebe des Bahnunternehmens nicht vereinbare Rechte nicht mehr geltend gemacht werden können (§ 6). Der Zuschreibung muß daher eine gerichtliche Prüfung der Rechte des Bahneigentümers an den Grundstücken vorhergehen. Bei der Bedeutung, welche den Eintragungen im Grundbuche zukommt, ist eine beglaubigte Abschrift des Grundbuchblattes oder Artikels als zur Führung des dem Bahneigentümer obliegenden Nachweises ausreichend anzusehen. Sofern für ein Grundstück das Grundbuchrecht nicht gilt, muß die Entscheidung darüber, ob der Nachweis als geführt anzusehen ist, dem mit der Führung des Bahngrundbuchs befaßten Amtsgericht überlassen werden, welches dabei die nach Maßgabe des betreffenden Partikularrechts zu Gebote stehenden Erkenntnisquellen für den dinglichen Rechtszustand des Grundstücks zu benutzen hat und, falls diese nicht ausreichen sollten, zur Befestigung seiner Überzeugung Bescheinigungen der Ortsbehörden (vgl. § 24 des Enteignungsgesetzes vom 11. Juni 1874, Gesetz-Samml. S. 221) erfordern oder ein öffentliches Aufgebot erlassen kann."

In der Kommission des Abg.-H. (Aktst. d. Abg.-H. Nr. 254 S. 3154) wurde zu § 12 beschlossen, durch eine Einschaltung hinter den Worten „Der Vermerk von Grundstücken" ausdrücklich auf § 11 Abs. 2 Ziffer 2 Bezug zu nehmen, um keinen Zweifel darüber aufkommen zu lassen, daß nur diejenigen Grundstücke gemeint werden, die auch im Bahngrundbuch zu vermerken seien. Hinsichtlich der Frage, in welcher Weise der Nachweis des Eigentums bei den im Grundbuch nicht eingetragenen Grundstücken zu führen sei (Bescheinigung des Ortsvorstandes), wurde regierungsseitig bemerkt, daß der Entwurf sich den Bestimmungen des Enteignungsgesetzes anschließe. Das öffentliche Aufgebot sei fakultativ, es sei nicht in jedem Fall erforderlich.

Mit der in der Kommission beschlossenen Einschaltung ging § 12 in das Eisenb.-Pfandr.-Gesetz v. 19. August 1895 über.

Der Revisionsentwurf v. 10. Februar 1902 (Drucks. d. Herrenh. Nr. 42 S. 8) schlug vor, zu ersetzen: a) im Abs. 1 Satz 1 und im Abs. 2 die Worte „Pfandrechten", „Pfandrechte" durch die Worte: „Hypotheken, Grundschulden und Rentenschulden"; b) im Abs. 1 Satz 4 das Wort „Eigentumsbesitz" durch das Wort: „Eigenbesitz".

Zur Begründung (S. 14) wird bemerkt: „Aus dem oben zu § 5 angegebenen Grunde ersetzt der Entwurf in den §§ 12, 14 das Wort „Pfandrecht" durch die Worte „Hypotheken, Grundschulden und Rentenschulden". Unter Hypotheken sind zugleich die Pfandrechte an Grundstücken, für die noch nicht „das Grundbuchrecht maßgebend ist" (§ 12 Satz 2), zu verstehen. In betreff der Grundstücke, für die das Grundbuchrecht maßgebend ist, gilt das zu § 5 Abs. 1 Satz 8 Bemerkte."

51) Nach Abs. 1 Satz 1 des § 12 setzt der Vermerk der gemäß § 11 Abs. 2 Ziff. 2 in den Titel des Bahngrundbuchblatts zu verzeichnenden Grundstücke auf dem Titel den Nachweis voraus, daß das Grundstück dem Bahneigentümer gehört und frei von Hypotheken, Grundschulden und Rentenschulden ist; d. h. mit anderen Worten: Diese Grundstücke dürfen auf dem Titel des Bahngrundbuchblatts nicht eingetragen werden, bevor nicht dem das Bahngrundbuch führenden Amtsgerichte der Nachweis des Eigentums des Bahneigentümers und der Pfandschuldenfreiheit erbracht ist. Für die Aufnahme dieser Grundstücke ist die unbedingte gesetzliche Voraussetzung der Nachweis, daß sie dem Bahneigentümer gehören und frei von Bahnpfandschulden sind. Nicht für alle zur Bahneinheit gehörigen Grundstücke ist hiernach der Nachweis des pfandschuldenfreien Eigentums vorgeschrieben. Er beschränkt sich lediglich auf die ins Bahngrundbuch einzutragenden, im § 11 Abs. 2 Ziff. 2 bezeichneten Grundstücke, und, um keinen Zweifel darüber aufkommen zu lassen, daß nur diejenigen Grundstücke gemeint sind, die auch im Bahngrundbuch vermerkt werden müssen, ist die den älteren Entwürfen fehlende Einschaltung „(§ 11 Abs. 2 Ziff. 2)" in den ersten Satz des § 12 aufgenommen worden.

§ 12. Abs. 1 Satz 1.

Der Nachweis hat sich auf zwei Punkte zu erstrecken; 1) daß das Grundstück dem Bahneigentümer gehört und 2) daß es frei von Hypotheken, Grundschulden und Rentenschulden ist. In welcher Weise nach beiden Richtungen hin der Nachweis zu führen ist, ist in den folgenden Sätzen (2—5) des Abs. 1 des § 11 des Näheren vorgeschrieben. Unter „gehört" ist das eigentümliche Gehören, d. i. das Eigentumsrecht zu verstehen, wie sich aus den Motiven ergibt; unter „Hypotheken, Grundschulden und Rentenschulden" nur Hypotheken-, Grundschuld- und Rentenschuldrechte im Gegensatze zu anderen dinglichen Rechten, für welche Abs. 2 Modifikationen zuläßt (Anm. 56 S. 88 ff.). In betreff der ersteren genügt also eine Bescheinigung der Bahnaufsichtsbehörde gemäß Abs. 2 nicht.

Indem der Nachweis des pfandschuldenfreien Eigentums zur Voraussetzung der Eintragung gemacht ist, bildet er das unbedingte und absolute vorgängige Erfordernis derselben, derartig, daß eine Eintragung der qu. Grundstücke ohne diesen Nachweis ungesetzlich ist, daher abgelehnt und eventuell wieder gelöscht werden muß. Freilich ist die Eintragung, so lange nicht die Löschung erfolgt ist, Dritten gegenüber zu Recht bestehend. Aber das Amtsgericht, welches die Eintragung bewirkt, macht sich ebenso, wie die Aufsichtsbehörde, welche dieselben beantragt, verantwortlich (§ 18 Abs. 2).

Der Nachweis muß dem das Bahngrundbuch führenden Amtsgerichte erbracht werden, und zwar von der Bahnaufsichtsbehörde, welche die Eintragung gemäß § 18 Abs. 2 zu beantragen hat und der es obliegt, die hierzu erforderlichen, im § 12 bezeichneten, beglaubigten Abschriften und Auszüge beizufügen. Auch jede Abänderung der ursprünglichen Angaben hat in gleicher Weise zu erfolgen (§ 18 Abs. 2).

§ 12. Abs. 1 Satz 2. [52]) Mit Satz 2 beginnen die Vorschriften über die Art und Weise, in welcher der nach Satz 1 für die Eintragung der Grundstücke als Voraussetzung erforderte Nachweis des Eigentums des Bahneigentümers und der Pfandfreiheit zu führen ist. § 12 Abs. 1 unterscheidet hierbei in den Sätzen 2 und 3 zwischen denjenigen Grundstücken, für welche das Grundbuchrecht maßgebend ist, und denjenigen, für welche dasselbe nicht gilt. Für erstere genügt die Beibringung beglaubigter Abschriften des Grundbuchblatts (Satz 2), für letztere hat das das Bahngrundbuch führende Amtsgericht über die Führung des Nachweises Entscheidung zu treffen, und zwar nach Maßgabe des in den einzelnen Landesteilen geltenden Rechts auf Grund der ihm vorzulegenden Auszüge aus den über die Eigentums- und Belastungsverhältnisse des Grundstücks geführten Büchern (Satz 3). Für beide Kategorien von Grundstücken kann aber das Amtsgericht zur Ergänzung des Beweises Bescheinigungen des Ortsvorstandes oder der sonst zur Ausstellung solcher Bescheinigungen berufenen Behörde über den Eigentumsbesitz und die bekannten dinglichen Rechte erfordern (Satz 4), auch ist das Amtsgericht berechtigt, ein öffentliches Aufgebot hierüber zu veranlassen (Satz 5).

Satz 2 trifft hinsichtlich derjenigen Grundstücke Bestimmung, für welche das Grundbuchrecht maßgebend ist. Für diese bedarf es keiner Entscheidung des Amtsgerichts über die Führung des Nachweises des Eigentums des Bahneigentümers und der Pfandfreiheit. Vielmehr genügt die Vorlegung von aus den Grundakten zu entnehmenden, beglaubigten Abschriften des Grundbuchblatts. Wie die Worte „wird geführt" erkennen lassen, ist die Führung des Nachweises in dieser Form obligatorisch. Der Bahneigentümer hat als Eigentümer des Grundstücks auf Erfordern der Bahnaufsichtsbehörde (§ 18 Abs. 3) die beglaubigte Abschrift des Grundbuchblatts vom Grundbuchamte zu verlangen und diese der Bahnaufsichtsbehörde behufs Vorlegung an das Bahngrundbuchamt zu übergeben. Fehlen diese Urkunden, so ist das Ersuchen um Eintragung des Grundstücks in Abschnitt VI des Titels (s. Anm. 45 S. 75) abzulehnen. Nur, wenn der Nachweis auf dem in Satz 2 vorgeschriebenen Wege ganz oder teilweise nicht möglich ist (z. B. bei Verlust, Beschädigung, Zerstörung der Grundbücher), kann subsidär und ergänzend die im Satz 4 und 5 bestimmte Beweisführung eintreten (s. Anm. 54 S. 87).

§ 12. Abs. 1 Satz 3. [53]) Nach Satz 3 soll für Grundstücke, für welche das Grundbuchrecht nicht maßgebend ist, mithin Grundbücher und Grundakten, welche den Vorschriften der Grundbuchordnung entsprechen, nicht vorhanden sind, der Nachweis des pfandschuldenfreien Eigentums durch Beibringung von Auszügen aus den über die Eigentums- und Belastungsverhältnisse des Grundstücks geführten Büchern erbracht werden; d. h. also aus Hypotheken-, Währschafts-, Stock- und sonstigen nach den z. Z. noch bestehenden partikularen Rechten einzelner Landesteile geführten Büchern.

Indes besteht im Vergleich mit den dem Grundbuchrechte unterliegenden Grundstücken der wesentliche Unterschied, daß bei letzteren die Beibringung der beglaubigten Auszüge zur Führung des Nachweises genügt, so daß das Amtsgericht sich lediglich auf die Prüfung der Form und Legalität der Auszüge zu beschränken hat, während bei jenen die Vorlegung der Auszüge für sich allein nicht ausreicht, sondern dem Amtsgericht das Recht und die Pflicht obliegt, auf Grund dieser Auszüge „zu entscheiden, ob der Nachweis als geführt zu betrachten ist". Die bloße formelle Prüfung der Auszüge reicht hier also nicht aus, es muß vielmehr die Entscheidung des Amtsgerichts über ihren materiellen Wert und Inhalt hinzutreten. Damit ist ein wesentlicher Unterschied von der entsprechenden Bestimmung des § 24 Abs. 3 des Enteign.=Ges. vom 11. Juni 1874 geschaffen, auf dessen Analogie die Motive zum § 12 des Eisenb.=Pfandr.=Ges. Bezug nehmen, da § 24 des Enteign.=Ges. die verschiedenen Arten der Grundbücher in ihrer Beweiskraft einander gleichstellt.

Unter „Entscheidung" ist hier eine den Beweis für geführt oder nicht geführt bezeichnende Verfügung des Amtsgerichts zu verstehen, auf Grund deren die Eintragung in den Titel des Bahngrundbuchblatts angeordnet oder abgelehnt wird. Gegen diese Verfügung steht den Beteiligten der gewöhnliche Beschwerdeweg offen. Abweichend von Satz 2 spricht Satz 3 nicht von beglaubigten Abschriften, sondern schlechtweg von „Auszügen" aus den betreffenden Büchern. Doch ist aus dem Zusammenhange zu schließen, daß es sich hier nur um eine Omission handelt, bezw. daß man mit Rücksicht auf die Vorschrift der Beglaubigung im Satz 2 von einer Wiederholung im Satz 3 als selbstverständlich absah, mithin diese Vorschrift auch für die Auszüge gemäß Satz 3 analog zur Anwendung zu bringen ist. Daß die buchführenden Behörden verpflichtet sind, dem Bahneigentümer auf sein Verlangen die erforderlichen Auszüge zu erteilen, kann, wenn auch diese Verpflichtung in den bezüglichen landesgesetzlichen Bestimmungen nicht ausdrücklich ausgesprochen sein sollte, keinem Zweifel unterliegen, da anderenfalls die Vorschrift des Satzes 3 illusorisch sein würde. Für die Kosten sind, je nachdem es sich um bloße beglaubigte Abschriften oder um Bescheinigungen bezw. Auszüge aus dem Inhalte der Bücher handelt, die bei § 58 Anm. 254 angeführten Kostenvorschriften maßgebend. (Vgl. Achilles und Strecker S. 439, 442.)

54) Nach Satz 4 ist, wenn Bücher der im Satz 2 oder 3 bezeichneten Art nicht vorhanden sind oder wenn die Auszüge aus den im Satz 3 gedachten Büchern nicht ausreichend erscheinen, eine Bescheinigung des Ortsvorstandes oder der sonst zur Ausstellung solcher Bescheinigungen berufenen Behörde über den Eigenbesitz (§ 872 B.=G.=B., Art. 11, 20 Preuß. Verordn. v. 13. November 1899) und die bekannten dinglichen Rechte beizubringen. Die Motive nehmen auf die analoge Bestimmung des § 24 Abs. 3 Satz 1 des Enteign.=Ges. vom 11. Juni 1874 Bezug, obwohl zwischen beiden Bestimmungen nicht unwesentliche Unterschiede bestehen. Prinzipaliter sind beglaubigte Abschriften aus den Grundbüchern (Satz 2) oder Auszüge aus sonstigen Büchern (Satz 3) zu erbringen. Subsidiär aber, d. h. wenn diese Bücher fehlen oder die Abschriften oder Auszüge aus denselben nicht ausreichen, ist an ihrer Stelle oder ergänzend eine Bescheinigung des Ortsvorstandes oder der sonst zur Ausstellung zuständigen Behörde auf Erfordern des Amtsgerichts zu erbringen. § 12. Abs. 1 Satz 4.

Wie für die Auszüge gemäß Satz 3, so ist auch für die Bescheinigungen nach

Satz 4 das Erfordernis der **Beglaubigung** nicht ausdrücklich vorgeschrieben. Aber es ist wie in den Fällen des Satzes 3, so auch hier aus dem Zusammenhang mit Satz 2 zu folgern, daß es sich hier nur um eine Omission handelt und die gleiche Formvorschrift analog auch für die Atteste des Ortsvorstandes oder der sonst zuständigen Behörde gilt.

§ 12. Abs. 1 Satz 5. 55) Satz 5 **ermächtigt** das **Amtsgericht**, eine **öffentliche Aufforderung** zur Anmeldung von Eigentums- und anderen Ansprüchen zu erlassen. (Vgl. Art. 21 Preuß. Verordn. v. 13. November 1899.) Der Bahneigentümer ist zwar gemäß § 18 Abs. 3 (Anm. 61) verpflichtet, der Bahnaufsichtsbehörde die für die Eintragungen in den Titel des Bahngrundbuchs erforderlichen Angaben und Urkunden zu liefern, also auch die in den Sätzen 2—4 des § 12 bezeichneten beglaubigten Abschriften, Auszüge und Bescheinigungen. Sind diese aber nicht zu erbringen, sei es, daß solche Bücher fehlen oder unvollständig sind oder die Ortsvorstände 2c. über die Eigentums- und Belastungsverhältnisse nichts ermitteln können, so darf der Bahneigentümer zur Beibringung anderweiter Nachweise nicht angehalten werden. Doch ist für diesen Fall dem Amtsgericht selbst durch Satz 5 gestattet, eine öffentliche Aufforderung zur Anmeldung von Eigentums- und anderen Ansprüchen zu erlassen. Das Amtsgericht **kann** ein derartiges Aufgebotsverfahren herbeiführen, aber es **braucht nicht**, auch wenn der Bahneigentümer oder die Bahnaufsichtsbehörde dies beantragen. Doch steht diesen gegen einen den Aufgebotsantrag ablehnenden Bescheid des Amtsgerichts der Beschwerdeweg offen. Das Aufgebot hat **subsidiären** Charakter. Nur wenn weder die Abschriften und Auszüge der Sätze 2 und 3, noch die Bescheinigungen des Satzes 4 zu erbringen sind, oder die beigebrachten nicht ausreichen, kann das Amtsgericht das Aufgebotsverfahren veranlassen. Dies liegt in der Konstruktion des Paragraphen, aber auch unverkennbar in der Absicht des Gesetzes und der Natur der Sache. Denn anderenfalls würde, wenngleich die in den Sätzen 2—4 bezeichneten Nachweise vorhanden sind und ausreichen, das Amtsgericht ein immerhin mit erheblichen Kosten verbundenes Aufgebotsverfahren ohne Not und Grund veranlassen können. Für das **Aufgebotsverfahren** sind die Bestimmungen der Art. 22—27 der Verordn. v. 13. November 1899 u. die §§ 946ff. Civ.-Proz.-Ord. maßgebend.

§ 12. Abs. 2. 56) **Abs.** 2 des § 12 trifft für den Fall Bestimmung, daß dem Amtsgericht bei der vorgenommenen Prüfung **bekannt** geworden ist, daß auf dem Grundstücke **andere dingliche Rechte**, **als Hypotheken**, **Grundschulden und Rentenschulden**, lasten. Während für die Eintragung in den Titel des Bahngrundbuchs das Freisein der betreffenden Grundstücke von Hypotheken, Grundschulden und Rentenschulden unbedingte Voraussetzung ist (Abs. 1 Satz 1 s. Anm. 51 S. 85ff.), ist nach Abs. 2 das Freisein von anderen, dem Amtsgericht bekannt gewordenen dinglichen Rechten nicht unbedingte Voraussetzung, vielmehr genügt bei Vorhandensein derartiger Rechte die **Bescheinigung der Bahnaufsichtsbehörde**, daß dieselben mit der Betriebsfähigkeit des Bahnunternehmens **vereinbar** sind. Als Grund für diese Unterscheidung der **Hypotheken**, **Grund- und Rentenschulden** und **anderer dinglicher Rechte** ist, wie an früherer Stelle (Anm. 51 S. 85) bereits bemerkt, angenommen worden, daß die Realisierung der ersteren nur in der **Veräußerung** des verpfändeten Grundstücks, also in der vollständigen Entziehung bezw. Trennung desselben vom Betriebe bestehen könne (Veräußerungsrechte), während die Ausübung anderer dinglicher Rechte auch **ohne**

Veräußerung bezw. Abtrennung des belasteten Grundstücks vom Unternehmen möglich sei. Ist dies der Fall, so sei der Betrieb des Unternehmens durch die Ausübung des Rechts nicht gefährdet, das Grundstück erfülle in vollem Umfange seinen dem Unternehmen gewidmeten Zweck und bilde trotz der Belastung einen vollwertigen Bestandteil des Unternehmens, dessen Betrieb durch das fragliche Recht nicht berührt oder beeinträchtigt werde. In diesem Falle solle daher der Eintragung des belasteten Grundstücks in den Titel des Bahngrundbuchblatts nichts entgegenstehen.

A) Voraussetzung ist, daß dem Amtsgerichte bei der von ihm vorgenommenen Prüfung die Belastung des Grundstücks mit anderen dinglichen Rechten, als Hypotheken, Grundschulden und Rentenschulden, bekannt geworden ist. Diese Rechte können sich teils aus den beglaubigten Abschriften der Grundbuchblätter und den Auszügen aus sonstigen Büchern (§ 12 Abs. 1 Satz 2 und 8, § 18 Abs. 2 Satz 1), sowie aus den Bescheinigungen der Ortsvorstände ꝛc. (§ 12 Abs. 1 Satz 4) und dem Aufgebotsverfahren (a. a. O. Satz 5) ergeben, aber auch auf anderem Wege zur Kenntnis des Amtsgerichts gekommen sein. Nur soweit sie bei der der Eintragung vorangehenden Prüfung dem Amtsgericht bekannt geworden sind, sind diese Rechte der Natur der Sache nach zu berücksichtigen. Ist dies erst nach erfolgter Eintragung geschehen, so zieht dies nicht eine Löschung des Vermerks auf dem Titel nach sich, selbst wenn die Bescheinigung der Bahnaufsichtsbehörde über die Vereinbarkeit mit der Betriebsfähigkeit des Unternehmens nicht erbracht werden kann. Nach dem Bürgerl.=Ges.=Buch ist zwar die Zahl der dinglichen Rechte eine geschlossene, nämlich — abgesehen vom Eigentume (§§ 908 ff.) — das Erbbaurecht (§§ 1012 ff.), Dienstbarkeiten (Grunddienstbarkeiten) Nießbrauch, beschränkte persönliche Dienstbarkeit (§§ 1018 ff.), Vorkaufsrecht (§§ 1094 ff.), Reallasten (§§ 1105 ff.), Hypothek, Grundschuld und Rentenschuld (§§ 1118 ff.) und dürfen diese begrenzten dinglichen Rechte durch Privatautonomie nicht über den vom Gesetze zugleich als Maximalinhalt festgesetzten Normalinhalt erweitert werden (Neumann, Komm. z. B.=G.=B. I Vorbemerkung zu §§ 854 ff.). Es soll Rechten anderer Art, insbesondere Wiederkaufsrechten, Pacht=, Mietsrechten ꝛc. hiernach die Dinglichkeit versagt sein.

Indes dieses Prinzip ist zunächst dadurch erheblich abgeschwächt, daß auf Grund der Bewilligung des Grundeigentümers, wie auch einer einstweiligen gerichtlichen Verfügung, Ansprüche auf Einräumung von Rechten an Grundstücken, wie insbesondere Wiederkaufsrechte, durch Vormerkung die Wirkung einer dinglichen Belastung d. h. dingliche Kraft erlangen können (Endemann, B.=G.=B. II § 65, Dernburg, Sachenrecht § 61). Zieht man ferner den weiten Spielraum in Betracht, welcher gesetzlich für den Inhalt der Reallasten und Grunddienstbarkeiten belassen ist, sowie die zahlreichen Vorbehalte für das Landesrecht, wonach der Fortbestand verschiedener partikulärer Formen der Sachenrechte (Familienfideikommisse, Stammgutsrecht, Lehnrecht, Emphyteuse, Erbzins= und Erbpachtrecht: Einführ.=Ges. z. B.=G.=B. Art. 59, 63, 64) gesichert wird (Endemann a. a. O. §§ 10, 11, Neumann a. a. O., Kuhlenbeck, Vorbemerk. zu §§ 854 ff.), so ist klar, daß begrifflich das Gebiet der dinglichen Rechte an fremden Grundstücken nach dem B.=G.=B. nicht wesentlich enger ist, als es nach bisherigem Preuß. Rechte war. Und hierzu tritt noch, daß nach Art. 184 Einführ.=Ges. z. B.=G.=B. Rechte, mit denen eine Sache oder ein Recht zur Zeit des Inkrafttretens des

B.-G.-B. belastet ist, mit dem sich aus den bisherigen Gesetzen ergebenden Inhalt und Range bestehen bleiben — abgesehen von den Modifikationen, welche die § 1017 B.-G.-B. (Erbbaurecht), §§ 1020—1028 B.-G.-B. (Grunddienstbarkeit) und Art. 192—195 Einführ.-Ges. z. B.-G.-B. (Grundstückspfandrechte) vorsehen, d. h. soweit nach früherem Rechte begrenzte dingliche Rechte an Grundstücken begründet sind, welche nach dem B.-G.-B. nicht mehr entstehen könnten (z. B. vererblicher Nießbrauch (B.-G.-B. § 1061), bleiben sie mit ihrem bisherigen gesetzlichen Inhalt und Rang erhalten. (Dernburg, Sachenrecht § 61).

B) Ist diese Voraussetzung gegeben, d. h. dem Amtsgerichte bekannt geworden, daß derartige dingliche Rechte auf dem Grundstücke lasten, so darf der im § 11 Abs. 2 Ziff. 2 vorgeschriebene Vermerk der zur Bahneinheit gehörigen Grundstücke auf dem Titel des Bahngrundbuchblatts nur stattfinden, wenn die Bahnaufsichtsbehörde die Vereinbarkeit dieser Rechte mit der Betriebsfähigkeit des Bahnunternehmens bescheinigt.

1. Das Verfahren besteht darin, daß das Amtsgericht die Bescheinigung von der Bahnaufsichtsbehörde zu erfordern hat, welche dieselbe auszustellen und dem Amtsgericht vorzulegen oder abzulehnen verpflichtet ist. Wird die Bescheinigung erbracht, so steht der Eintragung nichts entgegen. Wird sie nicht vorgelegt bezw. kann sie von der Bahnaufsichtsbehörde nicht erteilt werden, weil das dingliche Recht mit der Betriebsfähigkeit des Bahnunternehmens nicht vereinbar ist, so darf der Vermerk auf dem Titel nicht stattfinden. Dies ist ein absolutes und uneingeschränktes gesetzliches Verbot. Das Amtsgericht macht sich daher durch eine demungeachtet erfolgende Eintragung des Vermerks verantwortlich. Dieselbe ist ungültig und muß wieder gelöscht werden.

2. Der Inhalt der Bescheinigung besteht in der ausdrücklichen Bekundung der Bahnaufsichtsbehörde, daß die das einzutragende Grundstück belastenden dinglichen Rechte mit der Betriebsfähigkeit des Bahnunternehmens vereinbar sind. Es kann hierbei auf die Erläuterungen der im wesentlichen analogen Bestimmungen der § 5 Abs. 1 Satz 1 (Anm. 18 S. 86) und § 6 Abs. 1 (Anm. 28 S. 41) verwiesen werden; nur daß danach die Bescheinigung dahin zu gehen hat, daß die Betriebsfähigkeit des Bahnunternehmens „nicht beeinträchtigt" wird, während sie hier lauten soll, daß diese Rechte mit der Betriebsfähigkeit des Bahnunternehmens „vereinbar" sind. Beides ist nach der Bedeutung der Worte begrifflich nicht dasselbe. Denn es läßt sich wohl denken, daß die Ausübung eines dinglichen Rechtes zwar die Betriebsfähigkeit beeinträchtigt, dennoch aber mit derselben vereinbar ist. Man kann jedoch nach Sinn und Zusammenhang der in Rede stehenden Bestimmungen nicht annehmen, daß ein solcher Unterschied bezweckt sei. Vielmehr ist in beiden Fällen beabsichtigt, durch das behördliche Attest festzustellen, daß die volle Betriebsfähigkeit des Unternehmens weder berührt noch eingeschränkt oder geschädigt wird, mithin unversehrt bleibt.

8. In der Form endlich muß die Bescheinigung den Vorschriften entsprechen, welche für Erklärungen öffentlicher Behörden vorgeschrieben sind, d. h. sie bedarf der ordnungsmäßigen Unterschrift und des öffentlichen Siegels oder Stempels (Art. 9 des Preuß. Ausf.-Ges. zur Gr.-B.-O.). Sie darf nur von der Bahnaufsichtsbehörde d. h. der im § 4 Abs. 2 Satz 8 bezeichneten Behörde ausgestellt und kann nicht durch die Bescheinigung irgend einer anderen Behörde ersetzt werden (s. im übrigen § 5 Abs. 1 Anm. 18 S. 87).

§ 13.[57])

Das Ersuchen der Bahnaufsichtsbehörde um Anlegung des Bahngrundbuchs (§ 8) muß die Person des Bahneigentümers und die im § 11 Abs. 1 bezeichneten Angaben enthalten.[58])

Die Aufnahme der übrigen nach § 11 erforderlichen Angaben in den Titel oder die Grundakten, sowie die Abänderung von Angaben des Titels erfolgt gleichfalls auf Ersuchen der Aufsichtsbehörde.[59]) Den Ersuchen sind die Genehmigungsurkunde in Urschrift oder in beglaubigter Abschrift, sowie die in § 12 bezeichneten beglaubigten Abschriften und Auszüge beizufügen.[60])

Der Bahneigentümer ist verpflichtet, der Aufsichtsbehörde die erforderlichen Angaben und Urkunden zu liefern, und kann zur Beibringung derselben von der Bahnaufsichtsbehörde angehalten werden.[61]) Von der letzteren ist die Übereinstimmung der Angaben in betreff des Baukapitals, sowie in betreff der jährlichen Betriebseinnahmen und Betriebsausgaben mit den Abschlüssen der ihr von dem Bahneigentümer vorzulegenden Rechnungsbücher zu bescheinigen.[62])

[57]) Prinzip und Entstehungsgeschichte des § 18. § 13. Prinzip.

I. Prinzip. § 18 regelt die **Mitwirkung der Bahnaufsichtsbehörde** sowohl bei der **Anlegung des Bahngrundbuchblatts** (§ 8), wie bei der **Aufnahme der nach § 11 erforderlichen Angaben** in dasselbe. Wie bereits an früherer Stelle (Anm. 27 S. 46 ff.) hervorgehoben worden, erfordert sowohl das öffentliche Interesse: das Bahnunternehmen behufs Erhaltung der Betriebsfähigkeit zu einem wirtschaftlich und rechtlich untrennbaren Ganzen während der Betriebsdauer zu gestalten, und deshalb den Verfügungen des Unternehmers zu entziehen, wie auch das private Interesse: das Bahnunternehmen in dieser Zusammenfassung als Gesamtsache zu einem privatrechtlich geeigneten Gegenstande der Veräußerung, Verpfändung und Zwangsvollstreckung zu machen, — die Mitwirkung der Bahnaufsichtsbehörde bei der Anlegung des Bahngrundbuchblatts und die Aufnahme der gesetzlich vorgeschriebenen Angaben in den Titel und die Grundakten desselben. Die Beurteilung der in Betracht kommenden öffentlichen und administrativen Interessen konnte nicht dem Ermessen des hierzu nicht qualifizierten Grundbuchamts überlassen, sondern mußte der Bahnaufsichtsbehörde übertragen werden. Sie allein ist fähig und geeignet, auf der Grundlage der gesamten Verkehrs- und Betriebsverhältnisse des Bahnunternehmens über die bezüglichen Verhältnisse zu entscheiden und zu beurteilen, ob die vom Unternehmer beigebrachten Angaben richtig, angemessen und vollständig sind.

Soweit die Bahnaufsichtsbehörde nicht von Amts wegen die qu. Ersuchen zu stellen hat (§§ 21, 24, 39), liegt zwar die Anlegung des Bahngrundbuchblatts und folgeweise die erforderliche Eintragung der vorgeschriebenen Angaben im freien Willen des Bahneigentümers und erfolgt nur auf seinen Antrag (§ 8 Satz 2). Aber er darf diesen Antrag nicht direkt an das Grundbuchamt richten, sondern nur an die Bahnaufsichtsbehörde, welche alsdann ein entsprechendes Ersuchen an das Grundbuchamt zu stellen hat (§ 8 Satz 3). Das Grundbuchamt darf einem direkt an dasselbe vom Eigentümer gerichteten Antrage nicht stattgeben, muß denselben vielmehr an die Aufsichtsbehörde verweisen.

Indes beschränkt sich diese Zuständigkeit und Obliegenheit der Bahnaufsichtsbehörde zu direkten Anträgen beim Bahngrundbuchamt auf die erste Anlegung des Bahngrundbuchblatts (§ 13 Abs. 1) und die Aufnahme der übrigen nach § 11 erforderlichen Angaben in den Titel oder die Grundakten, sowie die Abänderung von Angaben des Titels (§ 13 Abs. 2). Für alle anderen Eintragungen in den drei Abteilungen des Bahngrundbuchblatts, namentlich bei Veräußerungen und Verpfändungen, sind direkte Requisitionen der Bahnaufsichtsbehörde an das Bahngrundbuchamt nicht vorgeschrieben; sie erfolgen gemäß §§ 13 ff. der Gr.-B.-O. auf unmittelbaren Antrag der Beteiligten an das Bahngrundbuchamt, bezw. bei Zwangsvollstreckungen auf Ersuchen des Vollstreckungsrichters, und die Mitwirkung der Bahnaufsichtsbehörde besteht hier nur mittelbar in der Bescheinigung der Nichtbeeinträchtigung der Betriebsfähigkeit. Aus der alleinigen Zuständigkeit der Bahnaufsichtsbehörde zu den in Rede stehenden Anträgen an das Bahngrundbuchamt entspringt notwendig ihre Obliegenheit, diese Anträge auch mit den für die Eintragung erforderlichen Urkunden und Auszügen zu versehen. Da sie aber diese Anträge im Interesse des Bahneigentümers stellt, so mußte diesem die entsprechende Verpflichtung auferlegt werden, der Aufsichtsbehörde die erforderlichen Angaben und Urkunden zu liefern, und dieser die Befugnis erteilt werden, ihn hierzu eventuell zwangsweise anzuhalten. Nur die Bescheinigung der Übereinstimmung der Angaben in betreff des Baukapitals, sowie in betreff der jährlichen Betriebseinnahmen und Betriebsausgaben mit den Abschlüssen der Rechnungsbücher (§ 11 Abs. 3) muß der Natur der Sache nach von ihr selbst ausgehen und von Amts wegen beigefügt werden.

§ 13. Entstehung. II. Die vorstehend erörterte Tendenz des § 13 wird auch durch die Entstehungsgeschichte desselben bestätigt.

Der Regierungs-Entwurf vom 18. März 1895 (Drucks. d. Herrenh. Sess. 1895 Nr. 24) hat das System der direkten Mitwirkung der Eisenbahnaufsichtsbehörde bei der Anlegung des Bahngrundbuchblatts und der nach § 11 erforderlichen Angaben auf dem Titel und in den Grundakten adoptiert und demgemäß dem gegenwärtigen § 13 mit geringfügigen Modifikationen entsprechende Bestimmungen vorgeschlagen; (a. a. O. S. 7) und zwar mit nachstehender Begründung (a. a. O. S. 41, 42): „Die innige Verknüpfung, welche bei den in § 1 bezeichneten Bahnen zwischen dem Interesse der Allgemeinheit an dem Fortbestand der Betriebsfähigkeit des Unternehmens und dem Interesse der Pfandgläubiger an der Erhaltung eines die Befriedigung ihrer Ansprüche sichernden Vermögenswertes besteht, führt dahin, daß der Bahnaufsichtsbehörde ein weitgehender Einfluß auf die Gestaltung der dinglichen Rechtsverhältnisse der Bahn eingeräumt wird. Dieser Einfluß tritt vornehmlich in den Bestimmungen der §§ 5, 6, 47 (jetzt 37) hervor, welche die Veräußerung oder Belastung von Grundstücken, die Verfolgung der dinglichen Rechte an denselben und die Zwangsvollstreckung in einzelne Bestandteile der Bahneinheit von der Entscheidung der Aufsichtsbehörde, ob durch die fraglichen Maßnahmen eine Gefährdung der Betriebsfähigkeit des Unternehmens zu besorgen ist, abhängig machen. Eine Mitwirkung der Bahnaufsichtsbehörde ist auch bei der Anlegung des Grundbuchs und bei der Vornahme der Eintragungen auf den Titel schon deshalb nicht zu entbehren, weil diese Behörde allein imstande ist, die erforderliche Kontrolle über die Richtigkeit und Vollständigkeit der vom Bahneigentümer gemachten Angaben zu üben und nötigenfalls die Richtigstellung zu veranlassen. Auch die Entscheidung darüber, ob ein Grundstück dauernd dem Bahnunternehmen gewidmet und daher auf dem Titel zu verzeichnen ist, kann zweckmäßig nur durch die Aufsichtsbehörde erfolgen. Die dem Preußischen Grundbuchrecht entsprechende Form für die Mitwirkung der Aufsichtsbehörde ist die, daß die Eintragungen auf Ersuchen derselben erfolgen (§ 41 der Grundbuchordnung). Die Zuständigkeit der Aufsichtsbehörden zu solchen Ersuchen beschränkt sich auf die erste Anlegung des Grundbuchblatts und die Eintragungen im Titel. Bei den Eintragungen in den drei Abteilungen des Grundbuchblatts, namentlich bei Veräußerungen und Verpfändungen, findet eine Mitwirkung derselben nicht statt, vielmehr erfolgen diese Eintragungen in der gewöhnlichen Weise auf Antrag der Beteiligten, bezw. bei Zwangsvollstreckungen auf Ersuchen des Vollstreckungsrichters. Die Unterlagen für die von der Bahnaufsichtsbehörde dem Grundbuchrichter mitzuteilenden Angaben muß ihr der Bahneigentümer gewähren. § 13 Absatz 3 legt ihm daher eine im Verwaltungszwangsverfahren erzwingbare Verpflichtung auf, der Aufsichtsbehörde alle zur Einwirkung der Eintragungen, mag es sich dabei um die erste Eintragung oder um die Eintragung von Veränderungen handeln, erforderlichen Angaben und Urkunden zu liefern. Die Bedeutung der einzelnen, nach § 11 in den Titel aufzunehmenden Angaben ist eine verschiedene. Wesentlich für die Kennzeichnung des Bahnunternehmens ist nur die in Absatz 1 des § 11 erwähnte Beschreibung. Nur die Mitteilung dieser ist daher neben der Bezeichnung der Person des Bahneigentümers Voraussetzung der Anlegung des Bahngrundbuchblatts. Die übrigen Angaben können nachträglich eingetragen werden, wenn ihre Aufnahme in das Ersuchen um Anlegung des Bahngrundbuchblattes nicht tunlich ist."

Der Paragraph ist als § 13 unbeanstandet in das Eisenb. Pfandr.-Ges. v. 19. August 1895 und aus diesem unverändert in das Bahneinh.-Ges. v. 11. Juni 1902 übergegangen.

58) Absatz 1 des § 13 trifft über den Inhalt des Ersuchens der Bahnaufsichtsbehörde um Anlegung des Bahngrundbuchs Bestimmung. § 13. Abs. 1.

I. Wie das Allegat des § 8 andeutet, ist Abs. 1 gewissermaßen eine Ausführungsvorschrift zu diesem Paragraphen. Nach Satz 2 des § 8 kann die Eintragung einer Bahn in das Bahngrundbuch von dem Eigentümer beantragt werden, sobald die Genehmigung für das Bahnunternehmen erteilt ist. Dieser Antrag ist gemäß Satz 3 l. c. an die Bahnaufsichtsbehörde zu richten, welche das gemäß § 10 zur Führung des Bahngrundbuchs zuständige Amtsgericht um die Eintragung zu ersuchen hat. Unter „Bahnaufsichtsbehörde" ist die in Anm. 15 S. 31 bezeichnete Behörde zu verstehen. Wie bei § 8 (Anm. 29 S. 49) des näheren erörtert ist, ist also in der Regel und grundsätzlich die Anlegung eines Bahngrundbuchblatts für sein Bahnunternehmen nach erteilter Genehmigung fakultativ in das Ermessen des Eigentümers gestellt, abgesehen von den S. 50 und 51 bezeichneten Ausnahmefällen, in welchen die Bahnaufsichtsbehörde von Amts wegen auch ohne den Willen des Eigentümers die Eintragung der Bahn in das Bahngrundbuch bezw. die Anlegung eines Bahngrundbuchblatts für dieselbe herbeizuführen hat (§§ 21, 24, 89). Der Eigentümer darf jedoch den bezüglichen Eintragungsantrag nicht direkt an das Amtsgericht stellen, sondern er hat ihn in allen Fällen und ausnahmslos an die Bahnaufsichtsbehörde zu richten, welche ihrerseits dasselbe um die Eintragung anzugehen hat. Ein direkt vom Eigentümer an das Amtsgericht gerichteter Antrag muß an letzteren zurückgewiesen bezw. an die Bahnaufsichtsbehörde abgegeben werden. Eine Eintragung auf Grund eines direkt vom Eigentümer an das Amtsgericht gerichteten Antrages ist gesetzwidrig und wieder zu löschen. Weder darf aber die Aufsichtsbehörde den Antrag des Eigentümers, noch das Amtsgericht den Antrag der Aufsichtsbehörde zurückweisen, wenn diese Anträge den gesetzlichen Erfordernissen entsprechen. Eine unbegründete Zurückweisung berechtigt zur Beschwerde im Instanzenwege und macht die zurückweisende Behörde verantwortlich.

II. Das Gesetz sagt nicht, in welcher Weise der Antrag des Eigentümers an die Bahnaufsichtsbehörde substantiiert sein muß (§ 8 Satz 2). Wohl aber ist im § 18 Abs. 1 bestimmt, welche Erfordernisse bezw. Voraussetzungen das entsprechende, von der Bahnaufsichtsbehörde an das Amtsgericht zu richtende Ersuchen (§ 8 Satz 8) besitzen muß, und es ist daraus der Rückschluß zu ziehen, daß auch der vorgängige, vom Eigentümer an die Bahnaufsichtsbehörde zu richtende Eintragungsantrag (§ 8 Satz 2) mit den gleichen Erfordernissen auszustatten ist.

III. Das Ersuchen der Bahnaufsichtsbehörde soll nach Abs. 1 auf „Anlegung des Bahngrundbuchs" gerichtet sein, diese Ausdrucksweise ist jedoch inkorrekt. Nicht um die Anlegung des Bahngrundbuchs handelt es sich, sondern, wie der ausdrückliche Hinweis auf § 8 erkennen läßt, um die Eintragung eines Bahnunternehmens in das Bahngrundbuch, d. h. um die Anlegung eines Bahngrundbuchblatts (Gr.-B.-O. § 8). Nicht um die Anlegung des Bahngrundbuchs hat daher die Bahnaufsichtsbehörde gemäß dem Antrage des Eigentümers das Amtsgericht zu ersuchen (§ 8 Satz 2 und 3), sondern um die Anlegung eines eigenen Bahngrundbuchblatts für die bezügliche Bahneinheit im Bahngrundbuch, d. h. um die Eintragung in ein besonderes Blatt des Bahngrundbuches.

IV. Der Inhalt des Ersuchens der Bahnaufsichtsbehörde soll obligatorisch aus zwei Kategorien von Angaben sich zusammensetzen: 1. der Angabe der Person des Bahneigentümers, 2. den im § 11 Abs. 1 bezeichneten Angaben.

1. Gesetzliches Erfordernis ist also in erster Reihe die Angabe der „Person des Bahneigentümers". Damit ist der konzessionierte Betriebsunternehmer gemeint, da eine Trennung der Person des Bahneigentümers und Konzessionars gesetzlich nicht möglich ist, vielmehr Eigentum und Konzession der Bahn in einer Person vereinigt sein müssen. Nicht derjenige ist darunter zu verstehen, der den Betrieb führt, sei es im Namen des Konzessionars und Eigentümers als dessen Stellvertreter, Beamter, Betriebsdirektor ꝛc. oder in eigenem Namen auf Grund einer (behördlich genehmigten) Verpachtung, Betriebsüberlassung ꝛc., sondern der Konzessionar selbst, diejenige physische oder juristische Person (Gesellschaft, Gemeinde, Kreis, Provinz ꝛc.), welche sich aus der Genehmigungsurkunde als Konzessionar und Unternehmer der Bahn ergibt.

2. Gesetzliches Erfordernis sind ferner „die im § 11 Abs. 1 bezeichneten Angaben." Mangels jeder Einschränkung sind hier sämtliche im § 11 Abs. 1

bezeichneten Angaben gemeint. Diese Angaben bestehen — Mangels jeder Einschränkung — aus dreierlei:

a) Zunächst in Gemäßheit des § 11 Abs. 1 Satz 1 aus einer Beschreibung des Bahnunternehmens, mit dem im Satz 2 l. c. vorgeschriebenen Inhalt, d. h. die Beschreibung hat den Anfangs- und Endpunkt der Bahn und den übrigen wesentlichen Inhalt der Genehmigung, insbesondere eine etwaige Begrenzung der Zeitdauer für das Bahnunternehmen zu enthalten (Abschnitt II des Titels). Es kann in dieser Hinsicht auf die Erläuterung der beiden ersten Sätze des Abs. 1 des § 11 lediglich Bezug genommen werden (Anm. 42, 42a S. 71, 72).

b) Ferner gemäß § 11 Abs. 1 Satz 3 in einer beglaubigten Abschrift der Genehmigungsurkunde (§ 11 Anm. 42b S. 72). Für die Anlegung des Bahngrundbuchblatts ist die Kenntnisnahme des Amtsgerichts von der vollständigen Genehmigungsurkunde von wesentlicher Bedeutung, da dieses durch die Vermittlung der Bahnaufsichtsbehörde keineswegs der Selbstprüfung der Angaben bezw. Erfordernisse der Eintragung überhoben ist und gerade aus der Genehmigungsurkunde nicht nur die Person des Bahneigentümers, sondern auch der Charakter und die Ausdehnung der Bahn sowie die Begrenzung ihrer Zeitdauer mit unbedingter Gewißheit zu entnehmen, mithin die Richtigkeit der bez. Angaben der Aufsichtsbehörde bezw. des Bahneigentümers genau zu prüfen und festzustellen ist.

c) Endlich gemäß § 11 Abs. 1 Satz 4 in einer Bescheinigung über die erteilte oder noch nicht erteilte Genehmigung zur Betriebseröffnung. Eine Angabe hierüber gehört zu den im § 11 Abs. 1 bezeichneten Angaben, weil ohne dieselbe der für die Kreditfähigkeit der Bahneinheit wichtige und erforderliche, im § 11 Abs. 1 Satz 4 vorgeschriebene Vermerk auf dem Titel (Abschnitt II) bei Anlegung des Bahngrundbuchblatts nicht würde angebracht werden können (s. § 11 Anm. 42c S. 72, 73).

Die vorstehend erörterten Angaben bezw. Erfordernisse sind obligatorisch derartig, daß ein hiernach unvollständiges Ersuchen vom Amtsgericht zurückzuweisen bezw. nicht auszuführen ist. Andererseits steht nichts entgegen, daß die Bahnaufsichtsbehörde diesen obligatorischen Angaben noch andere zur Information des Amtsgerichts aus freien Stücken beifügt. Doch geschieht dies freiwillig und kann vom Amtsgericht nicht gefordert werden. Ferner können mit den nach Abs. 1 erforderlichen Angaben alsbald die im Abs. 2 Satz 1 bezeichneten (selbstverständlich mit Ausnahme der auf spätere Abänderungen bezüglichen) verbunden werden. Doch ist dies für die Anlegung des Bahngrundbuchblatts (Abs. 1) nicht wesentlich und kann nicht gefordert werden.

V. Das bei dem Ersuchen um Anlegung des Bahngrundbuchblatts zu beobachtende Verfahren besteht darin, daß die Bahnaufsichtsbehörde an das zuständige Amtsgericht ein mit den im § 13 Abs. 1 bezeichneten Erfordernissen versehenes Ersuchen in der im § 13 Gr.-B.-O. vorgeschriebenen Form richtet. Es genügt nicht, daß die Bahnaufsichtsbehörde den an sie vom Bahneigentümer gemäß § 8 Satz 2 gerichteten Antrag urschriftlich und eventuell nur mit Zustimmungs- oder Beitritts-Erklärung versehen an das Amtsgericht weiter gibt. Vielmehr bedarf es, wie § 8 Satz 3, § 13 Abs. 1 deutlich zeigen, eines besonderen, selbständigen, mit den im § 13 Abs. 1 bezeichneten Angaben ausgestatteten Ersuchens der Bahnaufsichtsbehörde (§ 13 Gr.-B.-O.). Hierbei bleibt es dieser überlassen, ihrem Ersuchen den Antrag des Eigentümers oder die Beilagen, Abschriften, Auszüge desselben beizufügen. Diesem Ersuchen hat, wenn es in der vorgeschriebenen Form gefaßt und mit dem bezeichneten Inhalt versehen ist, also den gesetzlichen Erfordernissen entspricht und insbesondere auch alle wesentlichen Punkte der begehrten Eintragung enthält, das Amtsgericht zu entsprechen oder das sich ergebende Hindernis, sei es, daß es in einem Formmangel oder in einem Mangel des Inhalts rc. besteht, der ersuchenden Aufsichtsbehörde bekannt zu machen (§ 18 Gr.=B.=O.). Diese hat für die Beseitigung des Hindernisses, Ergänzung des Inhalts, Berichtigung der Form rc., eventuell unter Heranziehung des Bahneigentümers, Sorge zu tragen (§ 13 Abs. 2 Satz 2, Abs. 3) und sodann das Ersuchen zu wiederholen. Verweigert das Amtsgericht ohne Grund, dem legalen und mit allen gesetzlichen Erfordernissen versehenen Antrage zu entsprechen, so ist es Sache der Bahnaufsichtsbehörde, im geordneten Instanzenwege hierüber Beschwerde zu führen. (Vgl. auch Art. 8 Preuß. Ausf.=Ges. z. Gr.=B.=O.) Unterläßt oder verzögert sie dies, so kann der Bahneigentümer sie hierzu gleichfalls im Beschwerdewege anhalten. Eine direkte Beschwerde gegen das Amtsgericht ist ihm nicht gegeben.

Das Amtsgericht darf nicht noch andere, als die im Abs. 1 des § 13 bezeichneten Angaben behufs Anlegung des Bahngrundbuchblatts fordern. Nur diese Angaben sind für die Anordnung wesentlich und gesetzlich vorgeschrieben. Die Eintragung der anderen in das Bahngrundbuchblatt gemäß § 11 Abs. 2, 3 aufzunehmenden Angaben (Abschnitt III—VI des Titels) können, wie die Motive ausdrücklich erklären, auch nachträglich erfolgen, wenn ihre Aufnahme in das Ersuchen um Anlegung des Bahngrundbuchblattes nicht tunlich ist. (Achilles und Strecker S. 460.) Das Amtsgericht ist also, wenn die im Abs. 1 bezeichneten Angaben in dem Ersuchen der Bahnaufsichtsbehörde enthalten sind, nicht befugt, wegen des Fehlens noch anderer Angaben die Anlegung des Bahngrundbuchblatts abzulehnen oder zu verweigern. Und ebensowenig ist die Bahnaufsichtsbehörde berechtigt, dem Eigentümer die Beibringung noch weiterer Angaben und Urkunden, als der dem Abs. 1 des § 13 entsprechenden, auf Grund des Abs. 3 des § 13 aufzugeben, da anderenfalls der Bahneigentümer beliebig und ohne Grund mit derartigen Auflagen belastet und zu deren Kosten herangezogen werden würde.

§ 13. Abs. 2 Satz 1. 59) Absatz 2 des § 13 gibt im ersten Satze der Bestimmung Ausdruck, daß die Aufnahme der übrigen nach § 11 erforderlichen Angaben in den Titel oder die Grundakten, sowie die Abänderung von Angaben des Titels gleichfalls auf Ersuchen der Aufsichtsbehörde erfolgt.

I. Der Unterschied zwischen Abs. 1 und 2 besteht darin, daß im Falle des Abs. 1 — Anlegung des Bahngrundbuchblatts — die Anregung, abgesehen von den seitens der Aufsichtsbehörde von Amts wegen zu erwirkenden Fällen (§§ 21, 24, 39), vom Eigentümer auszugehen hat, in dessen Willen die Anlegung des Bahngrundbuchblatts gestellt ist, derartig, daß dieser die Eintragung beantragen kann und zu diesem Behufe den Antrag an die Bahnaufsichtsbehörde richtet, welche das zuständige Amtsgericht um die Eintragung ersucht (§ 8 Satz 2, 3). Dagegen hat sie im Falle des Abs. 2, d. h. bei Erwirkung der Aufnahme der übrigen nach § 11 erforderlichen Angaben in den Titel und die Grundakten die Aufsichtsbehörde, auch ohne weitere Anregung seitens des Eigentümers für die Eintragung ex officio Sorge zu tragen, und zwar selbst dann, wenn das Vollstreckungsgericht die Anlegung des Blattes erwirkt hat. Das Grundbuchamt hat in diesem Falle von der erfolgten Anlegung der Bahnaufsichtsbehörde Mitteilung zu machen. (Achilles und Strecker S. 460.)

Der Eigentümer kann — sei es zugleich mit der Anlegung des Bahngrundbuchblatts (§ 8 Satz 2) aber auch nachträglich — diese Eintragungen bei der Aufsichtsbehörde anregen, aber er braucht es nicht. Wohl aber liegt dem Eigentümer die Pflicht ob, der Aufsichtsbehörde die zu den qu. Eintragungen erforderlichen Angaben und Urkunden zu liefern (§ 18 Abs. 3).

In keinem Falle darf in betreff der Aufnahme der im Abs. 2 bezeichneten Angaben der Eigentümer den Antrag direkt an das Grundbuchamt stellen, sondern nur die Aufsichtsbehörde ist hierzu — wie im Falle des Abs. 1 — befugt. Darauf weisen die Worte „erfolgt gleichfalls auf Ersuchen der Aufsichtsbehörde" ausdrücklich hin. Auch in den Fällen des Abs. 2 würde daher ein direkt vom Eigentümer an das Amtsgericht gerichteter Eintragungsantrag von letzterem zurückgewiesen bezw. an die Aufsichtsbehörde verwiesen werden müssen. Eintragungen auf Grund eines solchen direkten Antrages des Eigentümers sind gesetzwidrig und müssen wieder gelöscht werden. Dagegen hat das Amtsgericht den von der Aufsichtsbehörde ausgehenden Anträgen stattzugeben, wenn sie den gesetzlichen Erfordernissen entsprechen, andernfalls die Hindernisse dieser bekannt zu machen (§§ 13, 18 Gr.=B.=O.). Eine unbegründete Zurückweisung rite erfolgter Anträge berechtigt zur Beschwerde im Aufsichtswege und macht das zurückweisende Amtsgericht verantwortlich. (Art. 8 Preuß. Ausf.=Ges. z. Gr.=B.=O.)

II. Das Ersuchen um Eintragung der im Abs. 2 bezeichneten Angaben seitens der Aufsichtsbehörde kann entweder zugleich mit dem Ersuchen um Anlegung des Bahngrundbuchblatts verbunden werden; oder aber auch nachträglich erfolgen, je nachdem die Aufsichtsbehörde in der Lage ist, alsbald sämtliche im § 11 bezeichneten Angaben dem Amtsgerichte zu machen oder vorläufig nur die im Abs. 1 bezeichneten, für die Anlegung des Bahngrundbuchblatts erforderlichen und wesentlichen. Denn nur die Mitteilung der letzteren ist nach den Motiven (S. 170) Voraussetzung der Anlegung des Bahngrundbuchblatts. Die übrigen Angaben können nachträglich eingetragen werden. Das Ersuchen um Aufnahme der im Abs. 2 bezeichneten Angaben braucht nicht uno actu alle diese Angaben zu umfassen. Es kann auch in zeitlichen Zwischenräumen nach einander die Aufnahme der einzelnen Angaben getrennt beantragt werden, je nachdem das Bedürfnis hierzu besonders hervortritt und die erforderlichen Unterlagen an Urkunden, Auszügen, Bescheinigungen beschafft sind.

III Die Zuständigkeit der Bahnaufsichtsbehörde zu dem Aufnahme=Ersuchen an das Amtsgericht erstreckt sich obligatorisch auf die „übrigen nach § 11 erforderlichen Angaben in den Titel oder die Grundakten, sowie die Abänderung von Angaben des Titels".

1. Zunächst auf die „übrigen nach § 11 erforderlichen Angaben in den Titel oder die Grundakten". Unter den „übrigen nach § 11 erforderlichen Angaben" sind die im Abs. 2 und 3 des § 11 aufgeführten Angaben zu verstehen; und zwar ist, da Abs. 2 die in den Titel, Abs. 3 die in die Grundakten aufzunehmenden Angaben bezeichnet, zutreffend gesagt: „die Aufnahme der ... Angaben in den Titel oder die Grundakten".

a) In den Titel gemäß § 11 Abs. 2 aufzunehmende Angaben sind: 1. die Länge der auf eigenem und der auf fremdem Grund und Boden belegenen Bahnstrecken (Abschnitt III s. Anm. 44 S. 78); 2. die katastermäßige Bezeichnung derjenigen zur Bahneinheit gehörigen Grundstücke, deren Widmung für das Bahnunter=

nehmen weder aus ihrem Zusammenhange mit dem Bahnkörper noch sonst äußerlich erkennbar ist. (Abschnitt VI s. Anm. 46 S. 74.) Soweit die Grundstücke in Grundbüchern oder anderen gerichtlichen Büchern verzeichnet sind, ist auch das Grundbuchblatt oder die sonstige buchmäßige Bezeichnung derselben anzugeben; 3. die zur Bahneinheit gehörigen Fonds (Abschnitt IV s. Anm. 47 S. 77); 4. die über das Anteilsverhältnis an Gegenständen, welche mehreren Bahnunternehmen dienen, getroffenen Bestimmungen (Abschnitt V s. Anm. 48 S. 78). In betreff der Erläuterung dieser Angaben wird auf die Anm. 43—48 S. 73—80 Bezug genommen.

b) In die Grundakten gemäß § 11 Abs. 3 aufzunehmende Angaben sind: 1. der Betrag des zur Anlage und Ausrüstung der Bahn verwendeten Kapitals (Baukapitals), 2. der Betrag der Betriebseinnahmen und Betriebsausgaben eines jeden Geschäftsjahres (s. Anm. 49 S. 80—82). Auch zur Erläuterung dieser Angaben wird auf die Anm. 49 S. 80 verwiesen.

2. Sodann auf „die Abänderung von Angaben des Titels". Diese Worte beziehen sich nicht allein auf die im Abs. 2 Satz 1, sondern auch auf die im Abs. 1 bezeichneten Angaben. Denn auch letztere sind, abgesehen von den im Satz 3 des Abs. 1 erwähnten „Angaben des Titels" und von den im Abs. 2 Satz 1 nur deshalb gesondert genannt, weil sie für die Anlegung des Bahngrundbuchblatts allein wesentlich sind. Es liegt aber kein Grund vor und würde der Absicht des Gesetzes widersprechen, wenn man bezüglich der im Abs. 2 Satz 1 bezeichneten Angaben des Titels die Aufsichtsbehörde als zuständig zu Anträgen auf Abänderung erklären wollte, dagegen nicht bezüglich der im Abs. 1 bezeichneten. Wenn daher in den Motiven gesagt ist: „die Zuständigkeit der Aufsichtsbehörden zu solchen Ersuchen beschränkt sich auf die erste Anlegung des Grundbuchblatts und die Eintragungen im Titel", so ist dies unzutreffend. Die Zuständigkeit der Aufsichtsbehörde ist nicht auf die „erste Anlegung" des Grundbuchblatts beschränkt, sie hat auch bei dessen späteren Veränderungen mitzuwirken, weil alle Anträge auf Abänderungen des Titels von ihr ausgehen müssen.

„Abänderungen der Angaben des Titels" bezw. der Eintragungen in denselben sind nach vorstehendem erforderlich beim Eintritt von Änderungen in den Fällen der §§ 11 Abs. 1 Satz 1, 2 und 4, Abs. 2 Ziff. 1—4.

Im § 7 der Allgem. Just.-Minist.-Verfüg. vom 11. November 1902, betreffend die Bahngrundbücher, ist bestimmt, daß wenn in dem Grundbuch über ein im Abschnitt VI des Titels verzeichnetes Grundstück (§ 11 Abs. 2 Satz 2 des Gesetzes) Veränderungen eingetragen werden, welche die in das Bahngrundbuch aufzunehmenden Angaben berühren, das Grundbuchamt dem das Bahngrundbuch führenden Amtsgerichte behufs Vermerkes der Veränderungen im Abschnitt VI des Titels des Bahngrundbuchs Mitteilung zu machen hat und daß diese Mitteilungen wie auch die Vermerke der Veränderungen im Bahngrundbuche kostenfrei sind. Diese Vorschrift steht jedoch nicht im Einklange mit § 13 Abs. 2 Satz 1, weil danach die Eintragung von Veränderungen der Angaben des Titels ausschließlich durch die Bahnaufsichtsbehörde bei dem das Bahngrundbuch führenden Amtsgericht nachgesucht werden darf, nicht auch durch Grundbuchgerichte direkt. (Zustimmend Achilles u. Strecker S. 460 lit. f.) De lege ferenda bedarf daher diese mit § 13 des Ges. nicht vereinbare Ministerialvorschrift einer Änderung dahin, daß die Grundbuchgerichte die bezüglichen Mitteilungen der Bahnaufsichtsbehörde zu machen haben und diese das Bahngrundbuchamt um die Eintragung der qu. Abänderungen zu ersuchen hat.

Satz 1 des Abs. 2 spricht nur von „Abänderung von Angaben des Titels", nicht auch der Grundakten, obwohl vorhergehend von der „Aufnahme der ... Angaben in den Titel oder die Grundakten" die Rede ist und daher konform damit und folgerichtig auch in betreff der „Abänderung" die Ausdehnung auf die Angaben der Grundakten erwartet werden müßte. Für diese Unterscheidung ist ein ausreichender Grund nicht ersichtlich. Es scheint als wenn die Fortlassung der Worte „und der Grundakten" hinter den Worten „die Abänderung von Angaben des Titels" auf einer durch die Art der Entstehung des § 11 veranlaßten Omission beruhe. Diese Annahme teilt wohl auch Gleim, denn er bemerkt in einer zu Abs. 2 Satz 1 gehörigen Note, daß in den Grundakten Änderungen des Baukapitals (§ 11 Abs. 3) zu verzeichnen sind (Gleim § 18 Anm. 2).

IV. Andere Eintragungen, als die im Abs. 2 Satz 1 bezeichneten, bedürfen eines Ersuchens der Aufsichtsbehörde an das zuständige Amtsgericht nicht, sondern sind direkt vom Bahneigentümer bei diesem zu beantragen. Dahin gehören die Eintragungen in den drei Abteilungen des Bahngrundbuchblatts, namentlich bez Veräußerungen, Verpfändungen, dauernden Belastungen und Einschränkungen. Die Aufsichtsbehörde ist zu derartigen Anträgen nicht zuständig, sie liegen dem Bahneigentümer ob. Doch hat sie im öffentlichen Verkehrsinteresse, wie im privaten Interesse der Gläubiger auch bei diesen Anträgen bezw. Eintragungen insofern mittelbar mitzuwirken, als es ihrer Bescheinigung darüber bedarf, daß die bezügliche Verfügung die Betriebsfähigkeit des Bahnunternehmens nicht beeinträchtigt bezw. mit dem Betriebe desselben vereinbar ist (§§ 5, 6, 87). Ohne diese Bescheinigung sind die betreffenden Verfügungen, mithin auch ihre Eintragungen in das Bahngrundbuch ungültig. Anträge des Bahneigentümers, welche nicht mit dieser Bescheinigung versehen sind, müssen vom Amtsgericht als unvollständig und illegal zurückgewiesen werden.

V. Das bei den Ersuchen der Bahnaufsichtsbehörde, betreffend die Aufnahme der im Abs. 2 Satz 1 bezeichneten Angaben in den Titel oder die Grundakten sowie die Abänderung von Angaben des Titels, zu beobachtende Verfahren ist analog dem im Falle des Abs. 1 zu beobachtenden (Anm. 58 Ziff. V s. S. 95).

60) Durch Absatz 2 Satz 2 des § 13 wird die Bahnaufsichtsbehörde verpflichtet, ihren Ersuchen an das Amtsgericht die Genehmigungsurkunde in Urschrift oder in beglaubigter Abschrift, sowie die in § 12 bezeichneten beglaubigten Abschriften und Auszüge beizufügen. Da die Aufsichtsbehörde allein zuständig, berechtigt und verpflichtet ist, die in Abs. 1 und 2 des § 18 bezeichneten Ersuchen an das Amtsgericht zu richten, so liegt ihr auch folgerichtig die Pflicht ob, die zur Substantiierung ihrer Anträge erforderlichen Urkunden, beglaubigten Abschriften und Auszüge diesen beizufügen. Soweit die bezüglichen Urkunden 2c. nicht von ihr selbst ausgehen, ist sie aber berechtigt, zur Lieferung derselben den Bahneigentümer anzuhalten (Abs. 3 Satz 1). § 13. Abs. 2 Satz 2.

Satz 2 schreibt, und zwar obligatorisch, nur die Beifügung von zwei Kategorien von Anlagen vor: 1. die Genehmigungsurkunde in Urschrift oder in beglaubigter Abschrift (s. Anm. 42b S. 72) und 2. die im § 12 bezeichneten beglaubigten Abschriften und Auszüge (Anm. 58ff. S. 86ff.). Daß damit Zahl und Umfang der den Ersuchen überhaupt beizufügenden Anlagen erschöpft sei, kann ebensowenig angenommen werden, wie daß etwa jedem bezüglichen Ersuchen diese Anlagen beigelegt werden müssen. Vielmehr sind hier nur diejenigen Urkunden bezeichnet, welche gegebenenfalls urschriftlich bezw. in beglaubigter Abschrift eingereicht werden müssen. Soweit hierbei Urkunden in Betracht kommen, welche von öffentlichen Behörden, z. B. der Aufsichtsbehörde selbst ausgehen, z. B. Genehmigungsurkunden derselben, involviert diese Vorschrift eine Abweichung von der Bestimmung des § 85 der bisherigen Preuß. Gr.=B.=O. bezw. Art. 9 des Preuß. Ausführ.=Ges. z. Gr.=B.=O., wonach Erklärungen oder Ersuchen von Behörden, wenn sie ordnungsmäßig unterschrieben und mit Siegel oder Stempel versehen sind, keiner Beglaubigung bedürfen. Ob diese Abweichung beabsichtigt ist, ergibt sich aus den Materialien nicht. Jedenfalls muß sie aber mit Rücksicht auf den unzweifelhaften Wortlaut beachtet werden.

1. Dem Ersuchen um Anlegung des Bahngrundbuchblatts (§ 18 Abs. 1) ist stets gemäß § 11 Abs. 1 Satz 8 eine beglaubigte Abschrift der Genehmigungsurkunde beizufügen, welche zu den Grundakten zu nehmen ist. Anträge auf Eintragung späterer Abänderungen dieser erstmaligen Angaben müssen von beglaubigten Abschriften der bezüglichen Abänderungen der Genehmigungsurkunde begleitet sein, welche gleichfalls zu den Grundakten zu nehmen sind.

2. Das Ersuchen um Aufnahme der Angabe der Länge der auf eigenem oder der auf fremdem Grund und Boden belegenen Bahnstrecken oder der Abänderung dieser Angabe in den Titel (Abschnitt III) bedarf der Beifügung einer Bescheinigung des zuständigen Katasteramtes oder Feldmessers in Urschrift oder beglaubigter Abschrift. Im übrigen genügt der Hinweis auf die bei den Grundakten befindliche beglaubigte Abschrift der Genehmigungsurkunde (§ 11 Abs. 1 Satz 8).

3. Das Ersuchen um Aufnahme der katastermäßigen Bezeichnung der zur Bahneinheit gehörigen Grundstücke in den Titel (Abschnitt VI), deren Widmung für das Bahnunternehmen weder aus ihrem Zusammenhange mit dem Bahnkörper noch sonst äußerlich erkennbar ist (§ 11 Abs. 2 Ziff. 2 Anm. 45 S. 74), sowie um Abänderung einer solchen Eintragung erfordert die Beifügung der betreffenden Scheine und Karten des zuständigen Katasteramtes sowie der im § 12 bezeichneten, zum Nachweise des pfandschuldenfreien Eigentums dienenden beglaubigten Abschriften und Auszüge (§ 12 Abs. 1 Satz 2 und 3 Anm. 52, 53 S. 86, 87), oder — insoweit diese nicht vorhanden sind oder nicht ausreichen — der Bescheinigungen der Ortsvorstände oder der sonst zuständigen Behörden (§ 12 Abs. 1 Satz 4 Anm. 54 S. 87) oder, nach etwa erfolgtem Aufgebot, des Ausschlußurteils des Amtsgerichts (§ 12 Abs. 1 Satz 5 dieses Gesetzes, Art. 22—27 der Verordn. vom 13. November 1899 und §§ 946 ff. C.=P.=O. Anm. 55 S. 88) in Urschrift oder beglaubigter Abschrift. Hierzu tritt in den Fällen des § 12 Abs. 2 die Bescheinigung der Aufsichtsbehörde, daß die auf dem Grundstücke haftenden dinglichen Rechte mit der Betriebsfähigkeit des Bahnunternehmens vereinbar sind (Anm. 56 S. 88 ff.). Im übrigen genügt auch hier ein Hinweis auf die bei den Grundakten befindliche beglaubigte Abschrift der Genehmigungsurkunde (§ 11 Abs. 1 Satz 8).

4. Das Ersuchen um Eintragung der zur Bahneinheit gehörigen Fonds oder Abänderung solcher Eintragungen (§ 11 Abs. 2 Ziff. 3 Anm. 47 S. 77) in den Titel (Abschnitt IV) erfordert gemäß § 4 Abs. 2 Satz 3 die Beifügung der Entscheidung (Erklärung) der Bahnaufsichtsbehörde, daß der Fonds bezw. der abgeänderte Fonds zum Betriebe und zur Verwaltung der Bahn erforderlich ist,

in Urschrift oder beglaubigter Abschrift. Ist die bezügliche Erklärung der Bahnaufsichtsbehörde in dem ordnungsmäßig unterschriebenen und untersiegelten Eintragungsersuchen selbst enthalten, so bedarf es der Beglaubigung nicht (Art. 9 Preuß. Ausf.-Ges. z. Gr.-B.-O.). Abgesehen hiervon ist der Hinweis auf die den Grundakten einverleibte beglaubigte Abschrift der Genehmigungsurkunde (§ 11 Abs. 1 Satz 8) ausreichend.

5. Auch für das Ersuchen um Eintragung von Bestimmungen über das Anteilsverhältnis an denjenigen Gegenständen, welche mehreren Bahnunternehmungen gewidmet sind (§ 11 Abs. 2 Ziff. 4 Anm. 48 S. 78) in den Titel (Abschnitt V) oder von Abänderungen derartiger Bestimmungen bedarf es der Beifügung einer Bescheinigung der Bahnaufsichtsbehörde in Urschrift oder beglaubigter Abschrift, welche sich jedoch erübrigt, wenn die bezüglichen Bestimmungen in das ordnungsmäßig unterschriebene und untersiegelte Eintragungsersuchen selbst aufgenommen sind, also einen integrierenden Teil derselben bilden (Art. 9 Preuß. Ausf.-Ges. z. Gr.-B.-O.). Der Beifügung der Genehmigungsurkunde in Urschrift oder in beglaubigter Abschrift bedarf es nicht, da deren Inhalt aus den Grundakten zu entnehmen ist (§ 11 Abs. 1 Satz 8).

6. Dem Ersuchen endlich um Aufnahme der Angaben über die Beträge des Baukapitals und der Jahres-Betriebs-Einnahmen und -Ausgaben in die Grundakten (§ 11 Abs. 8 Anm. 49 S. 80ff.), sowie der Abänderung dieser Beträge ist die Bescheinigung der Bahnaufsichtsbehörde über die Übereinstimmung der Angaben in betreff des Baukapitals sowie der jährlichen Betriebseinnahmen und Betriebsausgaben mit den Abschlüssen der ihr vom Bahneigentümer vorzulegenden Rechnungsbücher (§ 18 Abs. 8 Satz 2 Anm. 62 S. 104) in Urschrift oder beglaubigter Abschrift beizufügen, falls die Bescheinigung nicht in das ordnungsmäßig unterschriebene und untersiegelte Eintragungsersuchen selbst aufgenommen wird (Art. 9 Preuß. Ausf.-Ges. z. Gr.-B.-O.). Die Genehmigungsurkunde braucht dem qu. Ersuchen nicht annektiert zu werden, da sie sich in den Grundakten gemäß § 11 Abs. 1 Satz 8 bereits befindet.

Diese Schriftstücke sind zu einem besonderen, lediglich für die Aufnahme derselben bestimmten Bande der Grundakten zu nehmen, dem ein Inhaltsverzeichnis vorzuheften ist; und auf den Schriftstücken ist die Stelle des anderen Bandes der Grundakten zu bezeichnen, wo sich die auf die Aufnahme der fraglichen Schriftstücke in die Grundakten bezüglichen Übersendungsschreiben, Verfügungen :c. befinden (Allg. Verf. des Just.-Min. v. 11. November 1902 § 11 s. oben Anm. 41 S. 68).

61) Absatz 8 Satz 1 verpflichtet den Bahneigentümer, der Aufsichtsbehörde die erforderlichen Angaben und Urkunden zu liefern, und gewährt zugleich dieser die Befugnis, ihn zur Beibringung derselben anzuhalten. Diese Bestimmung steht im engen Zusammenhange mit den Vorschriften der Abs. 1 u. 2 des § 18. Nach diesen in Verbindung mit § 8 Satz 2 u. 8 ist der Bahnaufsichtsbehörde die Verbindlichkeit auferlegt, die zur Anlegung des Bahngrundbuchblatts wie zur Aufnahme der übrigen Angaben des § 11 in den Titel oder die Grundakten, sowie deren Abänderungen erforderlichen Ersuchen direkt an das zuständige Amtsgericht zu stellen. Diese Obliegenheiten sind lediglich im Interesse des Bahneigentümers der Bahnaufsichtsbehörde übertragen, weil ihre Mitwirkung bei diesen grundbuchmäßigen Akten nicht entbehrt werden kann. Mit Rücksicht darauf ist er daher

§ 13. Abs. 8 Satz 1.

folgerichtig durch Abs. 3 Satz 1 für verpflichtet erklärt, der Aufsichtsbehörde das hierzu notwendige Material zu beschaffen. § 18 Abs. 3 legt ihm eine im Verwaltungszwangsverfahren erzwingbare Verpflichtung auf, mag es sich dabei um die erste Eintragung oder um die Eintragung von Veränderungen handeln.

I. a) Die Pflicht zur Lieferung der erforderlichen Angaben und Urkunden liegt dem Bahneigentümer ob, d. h. dem Konzessionar der Bahn, nicht seinen Vertretern und Beamten, ebensowenig denjenigen, welche die Bahn für ihn betreiben oder welchen er den Betrieb überlassen, verpachtet hat 2c.

b) Die Pflicht besteht nur der Aufsichtsbehörde, nicht dem Amtsgericht gegenüber. Dieses kann sich also mit seinen bezüglichen Verfügungen um Beifügung oder Ergänzung der Angaben und Urkunden nur an die Aufsichtsbehörde, nicht an den Bahneigentümer wenden. Sache der ersteren ist es, alsdann ihrerseits den Eigentümer anzuhalten.

c) Die Pflicht umfaßt die „Lieferung der erforderlichen Angaben und Urkunden". Es handelt sich um sämtliche Kategorien von Angaben und Urkunden, und zwar gleichviel, ob die erste Eintragung oder die Eintragung späterer Abänderungen in Frage steht. Es sind also sowohl die für die Anlegung des Bahngrundbuchblatts (§ 18 Abs. 1) wie die für die Aufnahme aller übrigen nach § 11 erforderlichen Angaben in den Titel oder die Grundakten sowie die Abänderung von Angaben des Titels notwendigen Angaben und Urkunden gemeint.

d) Andererseits ist aber die Pflicht des Bahneigentümers auf die Lieferung der erforderlichen Angaben und Urkunden beschränkt. Sie geht also nicht über das Maß dessen hinaus, was durch Gesetz (Ges. über die Bahneinheiten v. 11. Juni 1902, Grundbuchordnung 2c.) oder Verordnung (Allgem. Verfüg. des Just.-Min. v. 11. November 1902 2c.) zu den Eintragungen oder Abänderungen derselben für erforderlich erklärt ist. Es würde zu einer ganz außerordentlichen Belastung des Eigentümers an Mühe und auch an Kosten führen, wenn es in das Ermessen der Aufsichtsbehörde gestellt wäre, beliebig noch andere, als die bestimmungsmäßig zu den Eintragungen erforderlichen Angaben oder Urkunden zu verlangen. Auch genügt nicht die Berufung der Bahnaufsichtsbehörde darauf, daß die erforderten Angaben oder Urkunden vom Amtsgericht verlangt werden. Vielmehr liegt ihr selbst ob, zu prüfen, ob dieses Verlangen ein berechtigtes ist, und eventuell die Pflicht, gegen unberechtigte Anforderungen den Beschwerdeweg zu beschreiten. Ebenso ist, wenn sie dennoch unbegründete Forderungen an den Bahneigentümer stellt, dieser berechtigt, dagegen Beschwerde zu erheben (§ 60).

e) Der Natur der Sache nach zessiert die Verpflichtung des Bahneigentümers zur Lieferung der erforderlichen Angaben und Urkunden insoweit, als dieselben sich im Besitze der Aufsichtsbehörde bereits befinden, bezw. von ihr selbst ausgehen bezw. auszustellen sind. Dahin gehört z. B. die Genehmigungsurkunde und ihre Abänderungen, wenn, und so lange sie sich noch in den Händen der Genehmigungsbehörde, die zugleich Aufsichtsbehörde ist, befinden, oder die Bescheinigung über die zur Bahneinheit gehörigen Fonds (§ 4 Abs. 2 Satz 3, § 11 Abs. 2 Ziff. 3), oder die nach § 11 Abs. 3 Satz 2 erforderliche Bescheinigung über die Übereinstimmung der Angaben in betreff des Betrages des Baukapitals sowie der jährlichen Betriebseinnahmen und -Ausgaben (Anm. 49 S. 80ff).

f) In der Verpflichtung des Bahneigentümers, die erforderlichen Urkunden zu liefern, liegt zugleich die Verbindlichkeit, sie in Form und Inhalt richtig, deutlich und vollständig beizubringen. Andernfalls ist der Bahneigentümer gehalten, die notwendigen Berichtigungen und Vervollständigungen nachträglich eintreten zu lassen, und die Bahnaufsichtsbehörde berechtigt, die Ergänzung unvollständiger, die Berichtigung unrichtiger sowie die Erläuterung unverständlicher Angaben oder Urkunden zu verlangen (Gleim § 13 Anm. 8). Aber auch hier geht die Pflicht des Bahneigentümers nicht weiter, als die Vervollständigungen und Berichtigungen bestimmungsmäßig notwendig sind (s. oben sub d).

g) Der Bahneigentümer kann zur Erfüllung der vorstehend erörterten Verbindlichkeiten zwangsweise angehalten werden. Über die Art, wie dies zu geschehen hat, s. unten S. 104.

II. a) Zu der Pflicht des Bahneigentümers, die erforderlichen Anlagen und Urkunden zu liefern, tritt als Korrelat das Recht der Bahnaufsichtsbehörde, ihn zur Beibringung derselben anzuhalten. Aus der Pflicht des Eigentümers ergibt sich ipsa lege das korrespondierende Recht der Aufsichtsbehörde. Es erschien aber zweckmäßig, dasselbe im Gesetze zum Ausdruck zu bringen, um jeden Zweifel darüber zu beseitigen, daß es sich um eine von Aufsichts wegen erzwingbare Pflicht des Bahneigentümers handle.

b) Wie die Pflicht des Bahneigentümers nur der Aufsichtsbehörde gegenüber besteht, so hat auch diese allein das Recht, ihn zur Erfüllung dieser Pflicht anzuhalten. Dem Amtsgericht steht ein gleiches Recht nicht zu. Dasselbe kann sich daher wegen der Beibringung fehlender Angaben und Urkunden oder wegen Vervollständigung, Ergänzung und Berichtigung nur an die Aufsichtsbehörde wenden, welche ihrerseits den Bahneigentümer entsprechend zu requirieren hat.

c) Wie die Pflicht des Bahneigentümers zur Lieferung, so erstreckt sich auch das korrelate Recht der Bahnaufsichtsbehörde auf alle zur Erwirkung der Eintragungen sowie der Abänderung derselben erforderlichen Angaben und Urkunden (s. oben S. 100 ff.) und zessiert nur insoweit, als die Aufsichtsbehörde die qu. Angaben und Urkunden bereits besitzt oder dieselben von ihr selbst bestimmungsmäßig ausgehen (S. 102). Auch hier umfaßt das Recht zugleich die Befugnis, Vervollständigungen, Berichtigungen, Ergänzungen und Erläuterungen zu erfordern, welche für die Eintragungen bestimmungsmäßig notwendig sind. Darüber hinaus dürfen die Anforderungen der Bahnaufsichtsbehörde nicht gehen. Gegen zu weitgehende Anforderungen steht dem Bahneigentümer der Beschwerdeweg offen (§ 56 f. oben S. 102).

d) Über die Art und Form, wie die Bahnaufsichtsbehörde den Bahneigentümer zur Beibringung der erforderlichen Angaben und Urkunden anzuhalten befugt ist, enthält das Gesetz keine Bestimmung. Wohl aber bemerken die Motive, daß dem Bahneigentümer im § 18 Abs. 8 eine im Verwaltungszwangsverfahren erzwingbare Verpflichtung auferlegt ist. Die Aufsichtsbehörde hat also den Eigentümer zunächst im Wege der Verfügung zur Beibringung aufzufordern und, wenn er dieser Verfügung nicht nachkommt, und die etwa dagegen eingelegten Rechtsmittel erfolglos geblieben sind, die Ausführung im Verwaltungszwangsverfahren zu veranlassen. Hierbei ist zwischen Privateisenbahnen und Kleinbahnen zu unterscheiden: Gegen die Verfügungen der Aufsichtsbehörden der Privateisenbahnen (s. § 4 Abs. 2 Anm. 15 S. 32) steht dem Bahneigentümer die Beschwerde an den Minister der öffentl. Arbeiten, gegen die Verfügungen der Aufsichtsbehörden der Kleinbahnen (§ 4 Abs. 2 Anm. 15 S. 82) stehen ihm die Rechtsmittel gemäß §§ 127—130 Allgem. Land.-Verw.-Ges., und wenn eine Eisenbahnbehörde mitwirkt, die Beschwerde an den Minister der öffentl. Arbeiten (§ 52 Kleinb.-Ges. v. 28. Juli 1892, § 56 des Gesetzes über die Bahneinheiten v. 11. Juni 1902) zu.

1. Die Zwangsmittel zur Durchführung der getroffenen Verfügungen sind den Aufsichtsbehörden der Privateisenbahnen durch § 11 der Geschäftsinstruktion für die Regierungen vom 23. Oktober 1817 bezw. §§ 34 ff. der Verordnung v. 26. Dezember 1808 sowie in den den Vorschriften dieser Verordnung entsprechenden Bestimmungen des Rhein. Ressortreglements v. 20. Juli 1818 gegeben (Erk. des kgl. Gerichtshofes zur Entscheidung der Kompetenzkonflikte vom 8. Januar 1857 J.-M.-Bl. 1857 S. 251, Rönne, Staatsrecht der Preuß. Monarchie IV. Aufl. Bd. 1 § 100 S. 428). Vgl. Erl. d. Min. d. öffentl. Arb. v. 8. August 1894 E.-V.-Bl. 1894 Nr. 20 S. 205. Als Rechtsmittel ist nur die Beschwerde an den Minister der öffentl. Arbeiten gegeben. Für die Vollstreckung ist die Verordnung, betr. das Verwaltungszwangsverfahren wegen Beitreibung von Geldbeträgen v. 15. November 1899 (G.-S. S. 545 ff.) maßgebend.

2. Die Zwangsmittel der Aufsichtsbehörden der Kleinbahnen ergeben sich aus § 132 des Ges. über die allgem. Landesverwaltung v. 30. Juli 1883 (G.-S. S. 195). Gegen die Androhung, Festsetzung und Ausführung der Zwangsmittel sind die Rechtsmittel im § 133 l. c. bestimmt. Der Annahme Gleims (§ 13 Anm. 4), daß, wenn bei den Zwangsverfügungen Eisenbahnbehörden mitwirken, für die hiergegen gerichteten Beschwerden nicht § 133 l. c., sondern § 60 des vorliegenden Ges. v. 19. August 1895 (jetzt § 56 Ges. über die Bahneinheiten v. 11. Juni 1902) bezw. § 52 Ges. v. 28. Juli 1892 maßgebend ist, kann nicht beigepflichtet werden. Denn es handelt sich hier nicht um Rechtsmittel gegen Entscheidungen, durch welche der Eigentümer zur Ausführung der an ihn gemäß § 13 Abs. 3 Satz 1 gerichteten Verfügungen angehalten werden soll (s. oben sub Ziff. 1), sondern um Rechtsmittel gegen die Androhung, Festsetzung oder Ausführung von Zwangsmitteln wegen Nicht-Ausführung derartiger Verfügungen. Für diese Rechtsmittel ist aber § 133 Ges. üb. d. allgem. Land.-Verw. v. 30. Juli 1883 maßgebend, auch wenn Eisenbahnbehörden daran beteiligt sind. Denn formell und nach außen liegt eine Zwangsverfügung des Regier.-Präsidenten vor. Wollte man dies nicht annehmen, dann wäre es auch unrichtig, für die Zwangsverfügungen selbst den § 132 l. c. als maßgebend zu erachten, wie dies Gleim a. a. O. zutreffend tut. Denn auch § 132 l. c. bietet für Verfügungen, bei welchen Eisenbahnbehörden beteiligt sind, an sich keinen Raum.

§ 13. Abs. 3 Satz 2. ⁶²) Absatz 3 Satz 2 legt der Bahnaufsichtsbehörde im Anschluß an § 11 Abs. 3 (s. Anm. 49 S. 80) die Verpflichtung auf, die Übereinstimmung der Angaben in betreff des Baukapitals sowie der jährlichen Betriebs-Einnahmen und -Ausgaben mit den Abschlüssen der Rechnungsbücher des Bahneigentümers zu bescheinigen, und zugleich letzterem die Verbindlichkeit, ihr zu diesem Behufe seine Rechnungsbücher vorzulegen. Indem Satz 2 die Verpflichtung, diese Übereinstimmung zu bescheinigen, der Bahnaufsichtsbehörde auferlegt, wird zugleich der Bahneigentümer von der ihm sonst obliegenden Pflicht (Satz 1) entbunden, diese nach § 11 Abs. 3 in die Grundakten aufzunehmende Bescheinigung zu erbringen. Ihm liegt nur ob, die bezüglichen Beträge anzugeben und die Rechnungsbücher vorzulegen; Sache der Aufsichtsbehörde ist es sodann, die Übereinstimmung dieser Angaben mit den Rechnungsbüchern zu bescheinigen und die Aufnahme der solchergestalt bescheinigten Angaben in die Grundakten beim zuständigen Amtsgericht zu erwirken (§ 11 Abs. 3, § 13 Abs. 2 und Abs. 3 Satz 2). Das Gleiche gilt für nachträgliche Abänderungen dieser Angaben. (Vgl. über die Bildung eines besonderen Bandes der Grundakten für diese Schriftstücke: § 11 der Allgem. Verf. des J.-M. v. 11. November 1902 s. oben Anm. 49 S. 81, 82 u. Anm. 60 S. 101).

1. Die Pflicht des Bahneigentümers besteht darin, die Angaben des Baukapitals d. h. des zur Ausrüstung der Bahn verwendeten Kapitals (§ 11 Anm. 49 S. 81), sowie die jährlichen Betriebseinnahmen und Betriebsausgaben, d. h. den Betrag der Betriebseinnahmen und Betriebsausgaben eines jeden Geschäftsjahres, sowie der Rechnungsbücher der Bahnaufsichtsbehörde vorzulegen. Er kann hierzu von dieser gemäß Satz 1 des Abs. 3 angehalten werden. Es genügt nicht die bloße Vorlegung der Rechnungsbücher, damit die Aufsichtsbehörde das Erforderliche daraus entnehme. Vielmehr ist es Sache des Eigentümers, selbst die im § 11 Abs. 3, § 13 Abs. 3 Satz 2 bezeichneten Angaben zu machen, zu diesem Behufe die bezüglichen über das Baukapital sowie die Betriebs-Einnahmen und -Ausgaben geführten Rechnungsbücher mit Abschlüssen zu versehen und mit diesen der Bahnaufsichtsbehörde vorzulegen. Auch beschränkt sich diese Pflicht nicht auf die einmalige Lieferung der qu. Angaben bezw. Vorlegung der Rechnungsbücher. Vielmehr hat dies alljährlich nach Beendigung der vorgeschriebenen Abschlüsse zu geschehen, wie aus den Worten des § 11 Abs. 3 „eines jeden Geschäftsjahres" bezw. des § 13 Abs. 3 „jährlichen" hervorgeht (Anm. 49 S. 81).

2. Die korrelate Pflicht des Bahnaufsichtsbehörde geht sodann dahin, die ihr gemäß Ziff. 1 vom Bahneigentümer gelieferten Angaben mit den Abschlüssen der vorgelegten Rechnungsbücher zu vergleichen, die Übereinstimmung der Angaben in betreff des Baukapitals und der jährlichen Betriebs-Einnahmen und -Ausgaben mit den Abschlüssen festzustellen und demgemäß zu bescheinigen. Nach dem Wortlaute der vorliegenden Bestimmung ist die Obliegenheit der Aufsichtsbehörde eine rein formale, sie hat lediglich durch einen Vergleich der Angaben des Bahneigentümers mit den Abschlüssen der Rechnungsbücher die Übereinstimmung beider festzustellen und danach zu bescheinigen. Irgend eine Verpflichtung, eine kalkulatorische oder materielle Prüfung der Richtigkeit der Rechnungsbücher, der Legalität, Angemessenheit und Notwendigkeit der darin verzeichneten Ausgaben, der Vollständigkeit 2c. der Einnahmen und Beläge 2c. vorzunehmen und demgemäß die Bescheinigung auszustellen, ist ihr nicht auferlegt. Mit Recht bemerkt Gleim § 13 Anm. 5, daß die Aufsichtsbehörde die Richtigkeit der qu. Angaben nicht zu prüfen vermöge und sowohl die zivilrechtliche wie die strafrechtliche Verantwortung hierfür nach Maßgabe der allgemeinen Rechtsgrundsätze dem Bahnunternehmer verbleibe. Wenn Gleim a. a. O. jedoch noch hinzufügt, daß der Prüfung, ob die Rechnungsführung und die Aufstellung des Rechnungsabschlusses ordnungsmäßig erfolgt sei, und der Anordnung von Änderungen in denjenigen Fällen, in welchen hiergegen Bedenken zu erheben sind, sie sich indessen nicht werde entziehen können, so steht dies mit den vorangehenden Ausführungen nicht im Einklang. Jede derartige Prüfung erfordert ein tieferes Eingehen auf den mate-

riellen Inhalt der Rechnungen selbst, welches in der Bestimmung des Satzes 2 an sich nicht begründet ist. Es mag die Aufsichtsbehörde befugt und verpflichtet sein, von Aufsichtswegen (§ 46 Eisenb.-Ges. u. Regulativ v. 24. November 1848, § 22 Kleinb.-Ges.) auf die Abstellung von Mängeln, welche sie bei Vorlegung der Rechnungsbücher und Prüfung der Abgaben bemerkt, hinzuwirken, eine Verpflichtung aber, auf Grund des § 18 Abs. 8 Satz 2 des vorl. Gesetzes auf eine materielle Prüfung der Rechnungsführung in irgend welcher Hinsicht einzugehen und danach die Bescheinigung der Übereinstimmung auszustellen, kann aus Satz 2 für die Aufsichtsbehörde nicht hergeleitet werden.

Findet die Aufsichtsbehörde bei der Vergleichung Mängel, welche der Bescheinigung der Übereinstimmung entgegenstehen, so hat sie den Eigentümer gemäß § 18 Abs. 8 Satz 1 zur Beseitigung der Mängel, Vervollständigung, Ergänzung oder Berichtigung, sei es der Angaben, sei es der Abschlüsse, anzuhalten. Unterliegt die Bescheinigung keinem Bedenken, so ist sie von der Aufsichtsbehörde urschriftlich den Angaben beizufügen und die Aufnahme derselben in die Grundakten beim Amtsgericht zu beantragen. Letzterem liegt lediglich die formale Prüfung der Legalität der behördlichen Bescheinigung ob; zu einer Prüfung des materiellen Inhalts ist das Amtsgericht weder befugt noch verpflichtet (vgl. im übrigen in betreff des Verfahrens bei Aufnahme der in Rede stehenden Angaben in die Grundakten: § 11 Abs. 8 Anm. 49 S. 81.

§ 14.[63])

Von dem Erlöschen der Genehmigung hat die Bahnaufsichtsbehörde dem Amtsgerichte Kenntnis zu geben.[64]) Das Amtsgericht hat nach Empfang dieser Mitteilung das Grundbuchblatt zu schließen, wenn keine Hypotheken, Grundschulden oder Rentenschulden an der Bahneinheit (Bahnpfandschulden) im Bahngrundbuche eingetragen sind.[65]) Sind Bahnpfandschulden eingetragen, so wird das Erlöschen der Genehmigung vom Amtsgericht im Bahngrundbuche vermerkt und öffentlich bekannt gemacht.[66]) Die Schließung des Bahngrundbuchblatts erfolgt in diesem Falle bei der Löschung der eingetragenen Bahnpfandschulden oder nach Beendigung des Zwangsliquidationsverfahrens oder mit Ablauf von sechs Monaten seit der Bekanntmachung des Erlöschens der Genehmigung, sofern bis zu diesem Zeitpunkt ein Antrag auf Einleitung der Zwangsliquidation nicht gestellt ist oder die gestellten Anträge durch Zurücknahme oder rechtskräftige Zurückweisung erledigt sind.[67]) Werden Anträge auf Einleitung der Zwangsliquidation erst nach Ablauf der sechs Monate zurückgenommen oder rechtskräftig zurückgewiesen, so erfolgt die Schließung des Bahngrundbuchblatts mit dem Zeitpunkte der Erledigung aller Anträge.[68])

§ 14. Prinzip. [63]) **Prinzip und Entstehungsgeschichte des § 14.**

I. **Prinzip.** Während die §§ 8—18 von der Anlegung des Bahngrundbuchblatts und der Führung des Bahngrundbuchs handeln, trifft § 14 über die

Schließung des Bahngrundbuchblatts Bestimmung. Die Schließung des Bahngrundbuchblatts ist ein Akt von wesentlicher Bedeutung. Denn das Gesetz kennt nur zwei formell markante Akte, durch welche die Bahneinheit beendet wird, d. h. ihre rechtliche Existenz als solche verliert, nämlich: das Erlöschen der Genehmigung für das Unternehmen und, wenn die Bahn im Bahngrundbuch eingetragen ist, die Schließung des Bahngrundbuchblatts nach Erlöschen der Genehmigung (§ 8 Abs. 1 Satz 2 s. Anm. 10 S. 17). Da die Bahneinheit ein selbständiger Gegenstand der Veräußerung, Verpfändung und Zwangsvollstreckung ist, so ist es von besonderer Wichtigkeit, die Zeitpunkte genau zu präzisieren, in welchen die Bahneinheit ihre Rechtsexistenz und damit die Fähigkeit verliert, als Objekt jener Rechtsakte zu dienen. Als solcher Zeitpunkt ist daher durch § 8 grundsätzlich das Erlöschen der Genehmigung hingestellt. Nur wenn die Bahn in das Bahngrundbuch eingetragen ist, genügt dies nicht, vielmehr muß alsdann noch im Interesse der Bahnpfandschuldgläubiger die Schließung des Bahngrundbuchblatts hinzutreten. Wäre diese Bestimmung nicht getroffen, so würde die Bahneinheit auch trotz erfolgter Eintragung in das Bahngrundbuch mit dem Momente des Erlöschens der Genehmigung aufhören, und die eingetragenen Bahnpfandschuldgläubiger würden sich nicht mehr an die Bahneinheit als Ganzes (sondern nur noch an die einzelnen, bisher zu derselben gehörigen Gegenstände rc.), behufs ihrer Befriedigung halten können. Durch die Bestimmungen des § 14 werden die Rechte der Gläubiger ausreichend gesichert.

Freilich nimmt die Bahneinheit, wenngleich sie in diesem Falle trotz Erlöschens der Genehmigung als Ganzes fortbestehen bleibt, einen von dem bisherigen wesentlich abweichenden Charakter an. Denn bis zum Erlöschen der Genehmigung bildet die Bestimmung für den Betrieb des Unternehmens das Kriterium, welches für die Zugehörigkeit der einzelnen Gegenstände rc. zur Bahneinheit maßgebend ist. Die Bestandteile der Bahneinheit können daher bis zu diesem Zeitpunkte jederzeit wechseln, je nachdem sie für den Zweck des Unternehmens erforderlich sind oder nicht. Nach Erlöschen der Genehmigung trifft aber dieses Kriterium nicht mehr zu. Die Bahneinheit besteht nunmehr nur noch zu dem Zwecke fort, um die Befriedigung der Bahnpfandgläubiger sicher zu stellen. Die Frage der Zugehörigkeit der Bestandteile zur Bahneinheit kann daher nicht mehr nach der Zweckbestimmung für den Betrieb, sondern lediglich nach der Tatfrage entschieden werden, ob sie im Zeitpunkte des Erlöschens der Genehmigung zur Bahneinheit gehört haben. Demgemäß bestimmt § 4 Abs. 8, daß in diesem Falle die Bahneinheit durch alle z. Z. des Erlöschens der Genehmigung zu ihr gehörigen Gegenstände und Rechte gebildet wird, sie dürfen nicht mehr wechseln oder verändert werden, die Bahneinheit kann in ihrem Bestande bis zur Schließung des Bahngrundbuchblatts ohne Zustimmung sämtlicher Bahnpfandgläubiger (§ 19) oder des zur Realisierung bestellten Liquidators weder zu- noch abnehmen (§ 46). Verfügungen des Bahneigentümers über einzelne Bestandteile der Bahneinheit sind den Bahnpfandschuldgläubigern gegenüber unwirksam. Das Recht der Bahnpfandgläubiger, die Unwirksamkeit einer Verfügung des Bahneigentümers geltend zu machen, erlischt erst mit der Schließung des Bahngrundbuchblatts (§ 19). Eine Zwangsverwaltung oder Zwangsversteigerung der Bahn ist nicht mehr anzuordnen und ein anhängiges Verfahren aufzuheben (§ 23). Die Zwangsvollstreckung ist nur noch zur Beitreibung eines den Bahnpfandgläubigern gegenüber wirksamen Rechts zulässig (§ 37).

Gleichviel ob die Bahneinheit im Bahngrundbuch eingetragen ist oder nicht, in beiden Fällen ist für ihr Ende das Erlöschen der Genehmigung die unbedingte und grundlegende Voraussetzung (§ 8 Abs. 1 Satz 2). Das Erlöschen der Genehmigung muß daher auch in dem Falle, daß für die Bahneinheit ein Bahngrundbuchblatt angelegt ist (§§ 8, 18), dem zuständigen Amtsgericht glaubhaft nachgewiesen werden, um die Schließung des Bahngrundbuchblatts und damit das Aufhören der Bahneinheit herbeizuführen. Ohne das Erlöschen der Genehmigung kann die bloße Schließung des Bahngrundbuchblatts ein Aufhören der Bahneinheit nicht bewirken. Daher ist an die Spitze des § 14 die Vorschrift gestellt, daß von dem Erlöschen der Genehmigung — sc. wenn ein Bahngrundbuchblatt besteht — die Bahnaufsichtsbehörde dem Amtsgericht Kenntnis zu geben hat (§ 14 Satz 1).

Ist die Mitteilung von dem Erlöschen der Genehmigung seitens der Aufsichtsbehörde an das Amtsgericht geschehen, so richtet sich nunmehr nach vorstehendem das weitere vom Amtsgericht in betreff der Schließung des Bahngrundbuchblatts einzuschlagende Verfahren nach dem Umstande, ob Bahnpfandschulden auf dem Bahngrundbuchblatte eingetragen sind oder nicht.

Sind Pfandrechte nicht eingetragen, so liegt ein Grund für das Fortbestehen der Bahneinheit im Interesse von Bahnpfandgläubigern nicht vor. Es ist daher bestimmt, daß in diesem Falle das Amtsgericht nach Empfang der Mitteilung der Bahnaufsichtsbehörde über das Erlöschen der Genehmigung das Grundbuchblatt zu schließen hat (§ 14 Satz 2). Damit hört die Bahneinheit gemäß § 8 Abs. 1 Satz 2 zu bestehen auf.

Sind Pfandrechte eingetragen, so liegt dagegen das Fortbestehen der Bahneinheit, d. h. die Nichtschließung des Bahngrundbuchblatts, solange im Interesse der Bahnpfandgläubiger, bis diese Zeit und Gelegenheit gehabt haben, ihre Rechte an der Bahneinheit geltend zu machen. Zu diesem Behufe bleibt dieselbe ausnahmsweise trotz des Erlöschens der Genehmigung noch fortbestehen, jedoch mit der Änderung ihres Rechtscharakters, daß ihre Bestandteile weiter ein Ganzes bilden, welches weder durch Verfügungen des Bahneigentümers über einzelne Bestandteile, noch durch Zwangsvollstreckung in dieselben zu Ungunsten der Pfandgläubiger verändert werden darf (§ 4 Abs. 3, § 19, § 37 Abs. 2). Es liegt einerseits im allgemeinen Interesse, das diese Veränderung der Rechtslage der Bahneinheit bewirkende Erlöschen der Genehmigung im Bahngrundbuche zu vermerken, um ungültigen Verfügungen des Eigentümers oder Zwangsvollstreckungen vorzubeugen, andererseits im besonderen Interesse der Bahnpfandgläubiger, von dem Erlöschen der Genehmigung diesen sowohl durch jenen Vermerk, wie auch durch öffentliche Bekanntmachung Kunde zu geben. Beides ist daher dem Amtsgericht zur Pflicht gemacht (§ 14 Satz 3).

Die Zeit, ihre eingetragenen Rechte auszuüben, durfte für die Bahnpfandgläubiger keine unbegrenzte sein, da der Ausnahmezustand, wonach trotz Erlöschens der Genehmigung, also der eigentlichen Grundlage der Bahneinheit, diese gewissermaßen fiktiv noch als Ganzes fortbestehen bleibt, nur vorübergehend im Interesse der Gläubiger aufrecht erhalten werden kann. Der Fortbestand der Bahneinheit bezw. der Nichtschließung des Bahngrundbuchblatts ist vielmehr auf dasjenige Zeitmaß bemessen, welches billigerweise für die Gläubiger erforderlich ist, um nach der Bekanntmachung des Erlöschens der Genehmigung ihre Rechte ordnungsmäßig geltend zu machen. Der vorgeschriebene Weg der Realisierung der Pfandrechte ist derjenige der Zwangsliquidation (§§ 40ff.). Da das Zwangsliquidationsverfahren ohne weiteres durch den Antrag eines jeden Pfandgläubigers herbeigeführt werden kann (§ 40 Abs. 2), so mußte aber, um der etwaigen Säumigkeit der Gläubiger in der Geltendmachung ihrer Rechte zu begegnen und den Beginn des Verfahrens nicht in das Belieben der Gläubiger zu stellen, eine angemessene Frist zur Anbringung des Antrages auf Einleitung der Liquidation bestimmt werden. Diese Frist ist auf 6 Monate nach der Bekanntmachung des Erlöschens der Genehmigung festgesetzt und der Nichtstellung des Antrags innerhalb dieser Frist die Zurücknahme oder rechtskräftige Zurückweisung des Antrags während der qu. Frist gleichgestellt (§ 14 Satz 4).

Ist aber der Antrag fristmäßig gestellt, so bildet folgerichtig die erst nach Ablauf von 6 Monaten erfolgte Zurücknahme oder rechtskräftige Zurückweisung des Antrags den Zeitpunkt für die Schließung des Bahngrundbuchblatts (§ 14 Satz 5).

Die vorstehend erörterten Grundsätze des § 14 finden auch in der Entstehungsgeschichte desselben ihre Bestätigung. § 14. Entstehung.

Der Regierungs-Entwurf vom 18. März 1895 enthielt bereits mit einer geringen Modifikation den in das Ges. v. 19. August 1895 übergegangenen § 14 (Drucks. des Herrenhauses Nr. 24 S. 7, 8) mit nachfolgender Begründung (a. a. O. S. 42, 48): „Das Erlöschen der Genehmigung hat die sofortige Auflösung der Bahneinheit nur dann zur Folge, wenn keine Pfandrechte an der Bahn bestehen. Nur in diesem Falle kann die Schließung des Grundbuchblatts alsbald erfolgen. Wenn Pfandrechte bestehen, so führt das Erlöschen der Genehmigung trotz der einstweiligen Aufrechterhaltung der Bahneinheit eine wesentliche Änderung der Bedeutung derselben herbei. Während bis dahin ein Wechsel der Bestandteile möglich und die Zulässigkeit von Verfügungen des Bahneigentümers über einzelne Bestandteile oder die Zwangvollstreckung in dieselben an die Voraussetzung geknüpft war, daß durch diese Maßregeln die Betriebsfähigkeit des Unternehmens nicht beeinträchtigt wurde, findet von jetzt an ein gesetzliches Veräußerungsverbot zugunsten der Bahnpfandgläubiger statt, welches Verfügungen des Bahneigentümers über die zur Zeit des Erlöschens vorhandenen Bestandteile nicht hindert, diesen Verfügungen aber die Wirksamkeit gegenüber den Bahnpfandgläubigern nimmt und Zwangsvollstreckungen in die einzelnen Bestandteile ausschließt (§§ 19, 47 Abs. 2). Es empfiehlt sich, diese Änderung der Rechtslage durch eine Eintragung im Bahngrundbuch erkennbar zu machen. Das Erlöschen der Genehmigung ist ferner öffentlich bekannt zu machen, um den Gläubigern Gelegenheit zu geben, ihre Rechte an den Bestandteilen zur Geltung zu bringen. Der geordnete Weg zur Geltendmachung dieser Rechte ist das Zwangsliquidationsverfahren (siehe unten Abschnitt 6). Nach Durchführung dieses Verfahrens ist die Eintragung der Bahn im Bahngrundbuch gegenstandslos geworden, da die Zwangsliquidation zu einer Verwertung aller Bestandteile der Bahneinheit führt. Das Bahngrundbuch ist daher zu schließen. Die gleiche Maßregel hat einzutreten, wenn durch eine Löschung der eingetragenen Pfandrechte der Grund zu einer Hinausschiebung des Aufhörens der Bahneinheit hinweggefallen ist oder die Bahnpfandgläubiger in der Verfolgung ihrer Rechte säumig sind und eine sechsmonatige Frist seit der Bekanntmachung des Erlöschens der Genehmigung verstreichen lassen, ohne die Einleitung der Zwangsliquidation zu beantragen."

In dem Kommissionsbericht des Abg.-Hauses v. 15. Juni 1895 (Drucks. d. Abg.-H. Aktst. Nr. 254 S. 3154) wurde das Wort „schließt" in der 8. Zeile umgeändert in „hat zu schließen", um klar zu stellen, daß das Gericht zur Schließung verpflichtet ist.

§ 14 wurde mit dieser Änderung angenommen, und ging in dieser Fassung ohne weitere Diskussionen in das Gesetz vom 19. August 1895 über.

Der Revisionsentwurf v. 10. Februar 1902 (Drucks. d. Herrenh. Nr. 42 S. 4) schlug vor, im § 14 zu ersetzen a) im Satz 2 das Wort „Pfandrechte" durch die Worte: „Hypotheken, Grundschulden oder Rentenschulden an der Bahneinheit (Bahnpfandschulden)" und b) im Satz 3, 4 das Wort „Pfandrechte" durch das Wort „Bahnpfandschulden".

In der Begründung wird nur kurz auf die Motive des Revisionsentwurfes zum § 5 (s. oben Anm. 17 S. 84) hingewiesen.

Die Vorschläge des Revisionsentwurfs wurden von beiden Häusern des Landtages unverändert angenommen und mit diesen Modifikationen die bisherigen Bestimmungen als § 14 des Bahneinheitsgesetzes v. 11. Juni 1902.

§ 14. Satz 1. 64) § 14 Satz 1 legt der Bahnaufsichtsbehörde die Verpflichtnug auf, dem Amtsgerichte von dem Erlöschen der Genehmigung Kenntnis zu geben. Da die Genehmigung zum Bau und Betriebe die Grundlage der Bahneinheit bezw. das Band bildet, welches die Bestandteile des Bahnunternehmens zusammenhält, so hat grundsätzlich das Erlöschen der Genehmigung das Aufhören der Bahneinheit zur Folge (§ 8 Abs. 1 S. 2). Nur wenn die Bahneinheit in das Bahngrundbuch eingetragen ist, findet hiervon eine Ausnahme zu Gunsten der Bahnpfandgläubiger statt, indem zu dem Erlöschen der Genehmigung noch die Schließung des Bahngrundbuchblatts hinzutreten muß, um das Aufhören der Bahneinheit zu bewirken. Gleichviel aber, ob die Bahneinheit im Bahngrundbuch eingetragen ist oder nicht, und ob also dieselbe ohne weiteres oder erst durch Schließung des Bahngrundbuchblatts ihr Ende erreicht, in beiden Fällen ist für ihr Aufhören das Erlöschen der Genehmigung die unbedingte und unabweisbare Voraussetzung. Daher muß also auch in allen denjenigen Fällen, in welchen ein Bahngrundbuchblatt angelegt ist, dem Amtsgericht, welches die Schließung zu bewirken hat, das Erlöschen der Genehmigung vorher dargetan werden. Und zwar geschieht dies gemäß Satz 1 des § 14 dadurch, daß die Aufsichtsbehörde dem Amtsgericht von dem Erlöschen der Genehmigung Kenntnis gibt. Der Bahneigentümer selbst darf sich nicht unmittelbar an das Amtsgericht wenden, sondern nur an die Aufsichtsbehörde, welche ihrerseits das Weitere beim Amtsgericht zu veranlassen hat.

Die Verpflichtung, welche Satz 1 der Bahnaufsichtsbehörde auferlegt, ist eine obligatorische. Sie muß diese Mitteilung an das Amtsgericht bewirken, ebenso wie sie auch allein dazu berechtigt ist. Kommt sie der Vorschrift des Satzes 1 nicht alsbald nach, so kann sie hierzu sowohl vom Bahneigentümer, wie von jedem Bahnpfandgläubiger und Dritten, der erweislich Interessent ist, im Beschwerdewege angehalten werden. Voraussetzung ist aber, daß ein Bahngrundbuchblatt angelegt ist. Besteht ein Bahngrundbuchblatt nicht, so hört die Bahneinheit mit dem Erlöschen der Genehmigung ipsa lege auf, ohne daß es noch einer weiteren Tätigkeit der Aufsichtsbehörde bedarf (§ 8 Abs. 1 Satz 2). Was unter „dem Erlöschen der Genehmigung" zu verstehen ist und aus welchen Gründen dieselbe erfolgen kann, ist bei § 8 Abs. 1 s. Anm. 10 S. 16 des näheren erörtert.

65) § 14 Satz 2 regelt den ersten der beiden Fälle, welche nach erfolgtem Erlöschen der Genehmigung für die Schließung des Bahngrundbuchblatts in Betracht kommen, nämlich: „wenn keine Hypotheken, Grundschulden oder Rentenschulden (Bahnpfandschulden) im Bahngrundbuche eingetragen sind". Ist für die Bahneinheit ein Bahngrundbuchblatt angelegt, so sind nur zwei Fälle möglich, entweder daß in dasselbe Bahnpfandschulden nicht eingetragen sind oder daß die Eintragung von Bahnpfandschulden erfolgt ist. Im ersteren Falle liegt ein Interesse von Bahnpfandgläubigern an der Erhaltung der Bahneinheit durch Nichtschließung des Bahngrundbuchblatts nicht vor, und steht der Schließung des Bahngrundbuchblatts und damit dem Aufhören der Bahneinheit nichts entgegen. Demgemäß bestimmt Satz 2 des § 14, daß nach Empfang dieser Mitteilung — sc. von dem Erlöschen der Genehmigung durch die Bahnaufsichtsbehörde (Satz 1 Anm. 64 S. 110) — das Amtsgericht das Grundbuchblatt zu schließen hat, wenn keine Bahnpfandschulden im Bahngrundbuche eingetragen sind. § 14. Satz 2.

Erste Voraussetzung für die Schließung des Bahngrundbuchblatts ist also der Empfang der Mitteilung von dem Erlöschen der Genehmigung seitens der Aufsichtsbehörde. Daß diese Mitteilung an das Amtsgericht, welche der Aufsichtsbehörde durch Satz 1 zur Pflicht gemacht ist (Anm. 64 S. 110), in allen Fällen der Schließung vorausgehen muß, weil das Erlöschen der Genehmigung die unbedingte Voraussetzung der Schließung ist, ist bereits erörtert (Anm. 64 S. 110) und ergibt sich aus § 8 Abs. 1 Satz 2 (Anm. 10 S. 17).

Zweite Voraussetzung ist, daß keine Bahnpfandschulden im Bahngrundbuche eingetragen sind. Das Vorhandensein dieses Umstandes hat das Amtsgericht durch genaue Prüfung der Abteilung III des Bahngrundbuchblatts festzustellen. Es handelt sich nur um Hypotheken, Grundschulden und Rentenschulden, nicht um andere dingliche Rechte und Belastungen (s. § 12 Abs. 2 Anm. 56 S. 88) wie dauernde Lasten und Einschränkungen des Eigentums (Abteilung II). Durch das Vorhandensein letzterer wird also die Schließung des Bahngrundbuchblatts nicht gehindert. Ferner kommen nur wirkliche Bahnpfandschulden in Betracht, d. h. welche auf der Bahneinheit als solcher haften. Bahnpfandschulden, welche etwa auf einzelnen zur Bahneinheit gehörigen Grundstücken haften (§§ 5, 6), sind hier nicht gemeint.

Sind diese beiden Voraussetzungen vorhanden, so hat das Amtsgericht das Grundbuchblatt zu schließen. Es müssen jedoch beide Voraussetzungen vereint gegeben sein, um diese Verpflichtung des Amtsgerichts zu begründen. Das Amtsgericht macht sich verantwortlich, wenn es trotz des Vorhandenseins beider Voraussetzungen das Bahngrundbuchblatt nicht schließt, ebenso aber auch, wenn es ungeachtet des Fehlens beider Voraussetzungen oder einer derselben die Schließung verfügt. Die Schließung hat mangels einer Zeit- oder Frist-Bestimmung sofort nach Empfang der Mitteilung und zwar von Amts wegen stattzufinden. Es ist nicht ein besonderes Ersuchen seitens der Aufsichtsbehörde, wie bei der Anlegung des Bahngrundbuchblatts (§ 8 Satz 3, § 13 Abs. 1) erforderlich oder der Antrag eines Interessenten oder des Eigentümers (Achilles u. Strecker S. 461 lit. g.), vielmehr genügt die Mitteilung der Aufsichtsbehörde von dem Erlöschen der Genehmigung (Satz 1). Die Form der Schließung ist dieselbe, wie die eines gewöhnlichen Grundbuchblatts, durch einen Schließungsvermerk auf dem Titelblatt (§ 19 Allg. Verf. v. 20. November 1899 z. Ausf. d. Gr.-B.-O). Die Rechtsfolgen der

Schließung bestehen darin, daß von diesem Zeitpunkte ab keinerlei Veränderungen mehr weder auf dem Titel, noch den Abteilungen des Grundbuchblatts oder in den Grundakten vorgenommen werden dürfen. Zugleich hört aber mit diesem Zeitpunkte die Bahneinheit auf (§ 8 Abs. 1 Satz 2), sie bildet nicht mehr ein selbständiges, der Veräußerung, Verpfändung und Zwangsvollstreckung unterworfenes Objekt, über deren einzelne Bestandteile nicht oder nur beschränkt verfügt werden darf (§§ 4—7), zerfällt vielmehr wieder in ihre einzelnen Bestandteile, welche uneingeschränkt und ohne behördliches Unschädlichkeitsattest (§§ 5, 6, 7, 19, 47) veräußert, verpfändet, belastet und der Verfolgung behufs Realisierung und Ausübung dinglicher Rechte ausgesetzt werden können.

Die Schließung bedarf weder eines vorgängigen Vermerks des Erlöschens der Genehmigung im Bahngrundbuche, noch einer öffentlichen Bekanntmachung, wie in den Fällen des Satzes 8 (Anm. 66 S. 112 ff.).

§ 14. Satz 3. 66) § 14 Satz 8 trifft in Verbindung mit Satz 4 und 5 Bestimmung für den zweiten der beiden Fälle, welche nach erfolgtem Erlöschen der Genehmigung für die Schließung des Bahngrundbuchblatts in Betracht kommen, nämlich „wenn Bahnpfandschulden im Bahngrundbuche eingetragen sind". Hier liegt es im Interesse der Bahnpfandgläubiger, daß die Schließung des Bahngrundbuchblatts durch das Amtsgericht, welche in Verbindung mit dem Erlöschen der Genehmigung das Aufhören der Bahneinheit zur Folge hat (§ 8 Abs. 1 Satz 2), nicht alsbald nach Empfang der Mitteilung von dem Erlöschen der Genehmigung seitens der Bahnaufsichtsbehörde erfolgt, sondern den Bahnpfandgläubigern Zeit und Gelegenheit gegeben wird, an der weiter fortbestehenden Bahneinheit ihre Rechte geltend zu machen. Demgemäß ist für den Fall des Vorhandenseins von Bahnpfandschulden in den Sätzen 4 und 5 des § 14 bestimmt, daß die Schließung des Bahngrundbuchblatts unterbleiben und somit die Bahneinheit fortbestehen soll, bis die eingetragenen Bahnpfandschulden gelöscht bezw. realisiert sind oder die zu diesem Behufe den Gläubigern gewährte Frist verstrichen ist.

Mit dem Erlöschen der Genehmigung tritt insofern eine wesentliche Veränderung in dem Rechtscharakter der Bahneinheit ein, als für den Bestand derselben nun nicht mehr das Kriterium der Betriebsfähigkeit maßgebend und hiervon der Wechsel ihrer Bestandteile und die Verfügung über dieselben abhängig gemacht sein kann, weil mit dem Erlöschen der Genehmigung der Betrieb aufhört. Der Zweck des Fortbestehens der Bahneinheit ist vielmehr nur noch die Befriedigung der Bahnpfandgläubiger aus derselben. Sollte also den Bahnpfandgläubigern die Bahneinheit als Ganzes und als Objekt ihrer Befriedigung noch bis zur Schließung des Bahngrundbuchblatts erhalten bleiben, so mußte gewissermaßen eine gesetzliche Fixierung der Bestandteile der Bahneinheit, wie sie im Momente des Erlöschens der Bahneinheit vorhanden waren, zugunsten der Gläubiger eintreten, derartig, daß von diesem Zeitpunkte ab bis zur Schließung des Bahngrundbuchblatts weder Verfügungen des Bahneigentümers, noch Zwangsvollstreckungen in die einzelnen Bestandteile der Bahneinheit zum Nachteile der Pfandgläubiger stattfinden dürfen.

Sowohl das allgemeine Interesse des Publikums, wie das besondere Interesse der Bahnpfandgläubiger erfordern es, daß das Erlöschen der Genehmigung und die dadurch veränderte, im vorstehenden erörterte Rechtslage der Bahneinheit zur Kenntnis aller Interessenten gelangen, damit unwirksamen bezw. ungültigen Verfügungen des Bahneigentümers, sowie Zwangsvollstreckungen vorgebeugt werde und zugleich die Bahnpfandgläubiger darauf hingewiesen werden, ihre Rechte rechtzeitig geltend zu machen. Demgemäß bestimmt Satz 3, daß, wenn Bahnpfandschulden eingetragen sind, das Erlöschen der Genehmigung vom Amtsgericht im Bahngrundbuch vermerkt und öffentlich bekannt gemacht wird.

Erste Voraussetzung ist, wie im vorangehenden Satze 2 (Anm. 65 S. 111), auch hier zunächst der Empfang der Mitteilung von dem Erlöschen der Genehmigung seitens der Aufsichtsbehörde, wenngleich dies im Satz 3 nicht ebenso, wie im Satz 2, ausdrücklich ausgesprochen ist (s. Anm. 65 S. 111). Es bedarf der Mitteilung von Amts wegen seitens der Aufsichtsbehörde an das Amtsgericht. Der Empfang derselben muß den vom Amtsgericht gemäß Satz 3 vorzunehmenden Schritten unbedingt vorangehen.

Zweite Voraussetzung ist, daß „Hypotheken, Grundschulden oder Rentenschulden (Bahnpfandschulden) eingetragen sind“ oder, wie man aus Satz 2 ergänzen muß, im Bahngrundbuche eingetragen sind und zwar auf der Bahneinheit als solcher haftende Schulden, gleichviel ob sie eine ungeteilte Schuld bilden oder in Teilschulden zerfallen. Hypotheken, Grund- oder Rentenschulden, welche nicht auf der ganzen Bahneinheit, sondern nur auf einzelnen, zu ihr gehörigen Grundstücken haften bezw. eingetragen sind (§§ 5, 6), kommen hier nicht in Betracht (s. Anm. 65 S. 111).

Sind die vorstehenden beiden Voraussetzungen erfüllt, so liegt dem zuständigen Amtsgericht (§ 10 Abs. 2) eine zweifache Pflicht ob: nämlich das Erlöschen der Genehmigung 1. im Bahngrundbuch zu vermerken und 2. öffentlich bekannt zu machen. Sowohl der Zusammenhang mit Satz 2 wie die wichtigen Folgen, welche die Sätze 4 und 5 an die im Satz 3 vorgesehenen Schritte des Gerichts knüpfen, lassen erkennen, daß der Gesetzgeber durch Satz 3 ganz ebenso wie durch Satz 2 bestimmten Pflichten des Gerichts habe Ausdruck verleihen wollen. Es liegt aber im Satz 3 ebenso wie im Satz 2 nicht nur eine Pflicht, sondern implicite auch ein Recht des Gerichts ausgesprochen. Dasselbe ist nach Empfang der Mitteilung von dem Erlöschen der Genehmigung nicht nur gehalten, die bezeichneten Maßnahmen zu verfügen, sondern auch dazu berechtigt. Beiden Verpflichtungen (Satz 2) ist gemeinsam, daß sie das Amtsgericht von Amts wegen lediglich auf Grund des Gesetzes zu erfüllen hat. Es bedarf weder eines vorgängigen Ersuchens der Aufsichtsbehörde, wie im Falle der Anlegung des Bahngrundbuchblatts oder der übrigen nach § 11 erforderlichen Eintragungen (§ 8 Satz 2, § 18), noch des Antrages eines Interessenten (Bahneigentümers, Pfandgläubigers), vielmehr hat das Amtsgericht ex officio beiden Pflichten nachzukommen. Es kann zwar eine Anregung seitens der Aufsichtsbehörde oder von dritter Seite erfolgen, aber notwendig ist sie nicht und darf vom Amtsgericht nicht abgewartet werden. Ferner muß beides sofort nach Empfang der Mitteilung von dem Erlöschen der Genehmigung seitens der Aufsichtsbehörde geschehen. Ergeben sich irgendwelche Anstände, so hat das Amtsgericht hiervon der Aufsichtsbehörde alsbald behufs Beseitigung derselben Kenntnis zu geben.

I. Zunächst kommt die Pflicht des Amtsgerichts in Betracht, das Erlöschen der Genehmigung im Bahngrundbuche zu vermerken.

a) Für diesen Vermerk im Bahngrundbuche ist eine bestimmte Fassung und Form im Gesetze nicht vorgeschrieben. Es genügt die der Mitteilung der Aufsichtsbehörde entsprechende Fassung: „Die Genehmigung zum Bau und Betrieb ist erloschen." Dies gilt auch für den Fall des § 2 Abs. 1 Satz 2. Form und Fassung muß im übrigen den Vorschriften der Gr.-B.-O. und ihrer Ausführ.-Bestimmungen entsprechen.

b) Ebensowenig wie in betreff der Fassung enthält das Gesetz eine Vorschrift bezüglich der Stelle des Grundbuchs, wo der in Rede stehende Vermerk anzubringen ist. Auch in der Allgem. Verfügung des Justiz-Minist. v. 11. November 1902 ist hierüber nichts bestimmt. Mit Recht nimmt Gleim (§ 14 Anm. 2) an, daß die Anbringung des Vermerks an zwei Stellen des Bahngrundbuchblatts zu erfolgen habe:

1. Erstens in der II. Abteilung des Bahngrundbuchblatts gemäß § 78 der Preuß. Gr.-B.-O. (§ 11 Ziff. 2 der Allgem. Verf. v. 20. November 1899, J.-M.-Bl. S. 349 ff.); denn rechtlich charakterisiere sich die gesetzliche Folge des Erlöschens der Genehmigung als eine Verfügungsbeschränkung des Bahneigentümers, weil derselbe nach diesem Zeitpunkte Verfügungen über einzelne Bestandteile der Bahneinheit mit Rechtswirksamkeit den Bahnpfandgläubigern gegenüber nicht mehr treffen könne (§ 19).

2. Zweitens im Titel des Bahngrundbuchblatts (zc. Abschn. II s. § 11 Anm. 42 S. 71), weil das Erlöschen der Genehmigung auch gleichzeitig eine wesentliche Änderung des wirtschaftlichen Charakters der Bahneinheit bedinge, indem diese sich aus dem Gegenstande eines betriebsfähigen und betriebspflichtigen Unternehmens nunmehr in einen bloßen Komplex von Sachen verwandle, dessen Zusammenhalt lediglich die Befriedigung der Bahnpfandgläubiger zum Zweck habe. Deshalb erscheine es angezeigt, einen kurzen Vermerk über das Erlöschen der Genehmigung zugleich in den Titel aufzunehmen.

8. Abgesehen von der Eintragung in den Titel und in die Abt. II des Bahngrundbuchblatts ist auch in die Grundakten die Angabe über das Erlöschen der Genehmigung vom Amtsgericht aufzunehmen. Es folgt dies daraus, daß nach § 11 Abs. 1 Satz 8, § 18 Abs. 1 eine beglaubigte Abschrift der Genehmigungsurkunde zu den Grundakten zu nehmen ist. Diese Bestimmung, durch welche nach den Motiven der Inhalt der Genehmigungsurkunde den Interessenten in vollem Umfange bekannt gegeben werden soll, würde — wie oben Anm. 59 S. 97 bereits bemerkt — keinen Sinn haben, wenn nicht auch die Angaben aller Abänderungen der ursprünglichen Genehmigungsurkunde — also auch über das Erlöschen derselben — zu den Grundakten genommen würden. Es kann dies, wenngleich im § 18 Abs. 2 nur von „Abänderung von Angaben des Titels" die Rede ist, keinem gegründeten Zweifel unterliegen.

c) Die Rechtswirkung, welche durch den Vermerk des Erlöschens der Genehmigung im Bahngrundbuche eintritt, besteht in einer gänzlich veränderten Rechtslage der Bahneinheit.

1. Während bis dahin ein Wechsel der Bestandteile möglich und die Zulässigkeit von Verfügungen des Bahneigentümers über einzelne Bestandteile oder die Zwangsvollstreckung in dieselben an die Voraussetzung geknüpft war, daß durch diese Maßregeln die Betriebsfähigkeit des Unternehmens nicht beeinträchtigt wurde, findet vom Zeitpunkte der Eintragung des qu. Vermerks an ein gesetzliches Veräußerungsverbot zugunsten der Bahnpfandgläubiger statt, welches Verfügungen des Bahneigentümers über die z. Zeit des Erlöschens vorhandenen Bestandteile zwar nicht hindert, diesen Verfügungen aber die Wirk-

samkeit gegenüber den Bahnpfandgläubigern nimmt und Zwangsvollstreckungen in die einzelnen Bestandteile ausschließt (§§ 19, 87 Abs. 2). Da die Bahneinheit nicht mehr zum Zwecke des Betriebes, sondern nur noch zu dem Zwecke fortbesteht, die Befriedigung der Bahnpfandgläubiger sicher zu stellen, so ist von jetzt ab für die Frage der Zugehörigkeit der Bestandteile zur Bahneinheit nicht mehr die Zweckbestimmung für den Betrieb, sondern lediglich die Tatfrage entscheidend, ob diese Bestandteile am Zeitpunkte des Erlöschungsvermerks zur Bahneinheit gehört haben (§ 4). Insoweit dies der Fall, sind alle Verfügungen des Bahneigentümers, sei es, daß sie in Veräußerungen oder Verpfändungen oder sonstigen Belastungen bestehen, zu Ungunsten der Pfandgläubiger rechtsunwirksam und daher ungültig, ebenso alle Akte der Zwangsvollstreckung in einzelne Teile der Bahneinheit (§ 87 Abs. 2, s. Anm. 159, 160).

2. Nur insofern macht das Gesetz eine Ausnahme, als die Vorschriften zugunsten derjenigen, welche Rechte von einem Nichtberechtigten herleiten, insbesondere die Vorschriften über den öffentlichen Glauben des Grundbuchs (s. §§ 892 ff. B.-G.-B.) entsprechend Anwendung finden (§ 19). Wenngleich also nach Erlöschen der Genehmigung die Bahneinheit gemäß § 8 Abs. 1, § 4 Abs. 8 fortbesteht und grundsätzlich zuungunsten der Bahnpfandgläubiger nicht Veränderungen erfahren soll, so sind doch nachträgliche Verfügungen des Bahneigentümers Dritten gegenüber dann nicht unwirksam, wenn diese das Erlöschen der Genehmigung und somit die daraus sich ergebende Verfügungsbeschränkung des Eigentümers nicht gekannt haben und letztere auch nicht im Grundbuche eingetragen war. Aus diesem Grunde ist es geboten, daß sowohl die Aufsichtsbehörde dem Amtsgerichte unverzüglich von dem Erlöschen der Genehmigung Mitteilung macht, als auch, daß dieses sofort nach Empfang der Mitteilung den bezüglichen Vermerk in das Bahngrundbuch einträgt.

II. Hieran reiht sich die weitere Pflicht des Amtsgerichts, das Erlöschen der Genehmigung öffentlich bekannt zu machen.

a) Wie für die Eintragung in das Bahngrundbuch, so ist auch für die öffentliche Bekanntmachung des Erlöschens der Genehmigung eine bestimmte Form und Fassung im Gesetze nicht vorgeschrieben. Es genügt, daß hier wie dort in klarer Form bekannt gegeben wird, daß die Genehmigung zum Bau und Betriebe durch Beschluß der Genehmigungsbehörde oder Ablauf der Zeit erloschen ist. Aus der Bekanntmachung muß hervorgehen, an welchem Tage das Erlöschen eingetreten ist, auch muß dieselbe datiert und vom zuständigen Amtsgericht unterzeichnet sein.

b) Auch über die Art der Bekanntmachung bezw. die Stellen und Organe, durch welche dieselbe erfolgen soll, ist im § 14 nichts bestimmt. Da nur eine öffentliche Bekanntmachung vorgeschrieben ist, so bedarf es einer Zustellung im einzelnen weder an den Bahneigentümer, noch die Bahnpfandgläubiger, noch andere Interessenten. Die öffentliche Bekanntmachung aber hat gemäß § 57 und ferner so zu erfolgen, wie die öffentlichen Bekanntmachungen des Amtsgerichts über grundbücherliche Eintragungen bestimmungsmäßig überhaupt geschehen. (Achilles u. Strecker S. 461).

c) Die Rechtswirkung der öffentlichen Bekanntmachung ergibt sich aus dem Zwecke, welchen das Gesetz mit derselben verbindet. Sie soll nicht nur sämtliche Interessenten, wie überhaupt das Publikum von der mehrfach erörterten Veränderung der Rechtslage der Bahneinheit, wie sie durch das Erlöschen der Genehmigung eintritt (§ 3 Abs. 1, § 4 Abs. 3, § 19, §§ 37, 40, 46) in Kenntnis setzen (Anm. 10 S. 16, Anm. 16 S. 32) derartig, daß eine Unkenntnis der Verfügungsbeschränkung des Bahneigentümers gegenüber den Rechten der Bahnpfandgläubiger nicht mehr vorgeschützt werden darf, sondern sie soll auch zugleich für letztere als öffentliche Aufforderung dienen, ihre Rechte an der Bahneinheit geltend zu machen, und demgemäß zugleich als Anfangspunkt der durch Satz 4 vorgeschriebenen sechsmonatlichen Frist zu Geltendmachung ihrer Rechte an der Bahneinheit durch Antrag auf Einleitung der Zwangsliquidation (§ 40). Denn der ausnahmsweise zugunsten der Bahnpfandgläubiger geschaffene Zustand, wonach die Bahneinheit mit dem Erlöschen der Genehmigung nicht aufhören, sondern noch fortbestehen soll, kann nicht unbegrenzte Zeit dauern, sondern muß auf eine zur ordnungsmäßigen Ausübung der Pfandrechte angemessene und ausreichende Zeit beschränkt werden. Nun ist der durch das Gesetz den Gläubigern gegebene Weg zur Geltendmachung ihrer Pfandrechte die Zwangsliquidation (§§ 40 ff.). Zwar hängt die Dauer des Zwangsliquidationsverfahrens an sich nicht von den Bahnpfandgläubigern ab, nimmt vielmehr je nach dem Umfange der zu realisierenden Objekte 2c. einen bald größeren, bald geringeren Zeitraum in Anspruch, so daß eine bestimmte Frist für die Durchführung des Verfahrens selbst vom Gesetze nicht festgesetzt und zur Grenze für die Schließung des Bahngrundbuchblatts gemacht werden konnte. Wohl aber beruht der Beginn des Zwangsliquidationsverfahrens auf einem freien Willensakte bezw. Antrage der Bahnpfandgläubiger (§ 40). Demgemäß mußte das Gesetz, um eine unbegrenzte Fortdauer des Ausnahmezustandes, d. h. des Fortbestandes der Bahneinheit nach Erlöschen der Genehmigung zugunsten der Bahnpfandgläubiger zu verhüten, eine angemessene Frist bestimmen, innerhalb deren die Bahnpfandgläubiger (und ebenso auch der Bahneigentümer und Konkursverwalter) nach erfolgter öffentlicher Aufforderung d. h. Bekanntmachung von dem Erlöschen der Genehmigung gehalten sind, den Antrag auf Eröffnung der Zwangsliquidation zu stellen.

Diese Frist zur Einbringung des Antrags auf Eröffnung der Zwangsliquidation ist auf sechs Monate nach der öffentlichen Bekanntmachung des Erlöschens der Genehmigung bemessen. Der Gesetzgeber geht davon aus, daß die Bahnpfandgläubiger in schuldbaren Verzug geraten, wenn sie innerhalb sechs Monaten nach der öffentlichen Bekanntmachung von ihrem Rechte, die Eröffnung der Zwangsliquidation zu beantragen (§ 40 Abs. 2), keinen Gebrauch machen, und damit den weiteren Anspruch auf Offenhaltung des Bahngrundbuchblatts bezw. auf Fortbestand der Bahneinheit zu ihren Gunsten verwirkt haben. Der Nichtstellung des qu. Antrags während dieser Frist steht die Zurücknahme oder rechtskräftige Zurückweisung des Antrags innerhalb desselben Zeitraums gleich (§ 14 Satz 4 s. Anm. 67 S. 118).

§ 14. Satz 4. 67) § 14 Satz 4 trifft in Verbindung mit Satz 5 Bestimmung hinsichtlich der Zeit, zu welcher die Schließung des Bahngrundbuchblatts und damit die Auflösung der Bahneinheit erfolgen soll, wenn Bahnpfandschulden im Bahngrundbuche eingetragen sind und das Erlöschen der Genehmigung im Bahngrundbuchblatt vermerkt und öffentlich bekannt gemacht worden ist. Sind Bahnpfandschulden nicht eingetragen, so liegt ein Grund zum Fortbestande der Bahneinheit nicht vor, es findet daher gemäß Satz 2 sofort nach Empfang der Mitteilung von dem Erlöschen der Genehmigung durch das Amtsgericht die Schließung des Bahngrundbuchblatts und damit die Auflösung der Bahneinheit statt. Sind aber Bahnpfandschulden eingetragen, so liegt trotz des Erlöschens der Genehmigung der einstweilige Fortbestand der Bahneinheit solange im Interesse der Bahnpfandgläubiger, bis ihre Rechte gelöscht sind oder bis sie Gelegenheit gehabt haben, auf dem gesetzlich vorgeschriebenen Wege der Zwangsliquidation ihre Befriedigung herbeizuführen. Die Bahneinheit bleibt daher zugunsten der Gläubiger in dem z. Z. des Erlöschens der Genehmigung vorhandenen Umfange noch fortbestehen. Zu diesem Behufe wird auf dem Grundbuchblatte das Erlöschen der Genehmigung vermerkt, um Dritten die Verfügungsbeschränkung des Bahneigentümers zuungunsten der Gläubiger zu dokumentieren, und zugleich öffentlich bekannt gemacht, um die Bahnpfandgläubiger zur Geltendmachung ihrer Rechte, die sie im Wege der Zwangsliquidation ausüben können, aufzufordern. Diese Bekanntmachung soll zugleich den Beginn der sechsmonatlichen Frist bilden, innerhalb deren sie durch Stellung von Anträgen die Initiative zur Eröffnung der Zwangsliquidation ergreifen dürfen.

A) Danach muß, wenn Bahnpfandschulden eingetragen sind und der Vermerk des Erlöschens der Genehmigung im Bahngrundbuchblatt eingetragen und dieses öffentlich bekannt gemacht ist, für die Schließung des Bahngrundbuchblatts bezw. das Aufhören der Bahneinheit eine der drei folgenden Voraussetzungen vorliegen:

I. Die Löschung der eingetragenen Bahnpfandschulden. Sie macht, gleichviel ob sie alsbald nach Erlöschen der Genehmigung erfolgt oder später, unter allen Umständen das Fortbestehen der Bahneinheit unnötig und überflüssig, und rechtfertigt daher die Schließung des Bahngrundbuchblatts.

II. Ebenso rechtfertigt die Beendigung des Zwangsliquidationsverfahrens, gleichviel von wem sie ausgegangen, bezw. auf wessen Antrag sie herbeigeführt worden ist — des Bahnpfandgläubigers, Bahneigentümers, Konkursverwalters, — und zu welcher Zeit sie erfolgt, die Schließung des Bahngrundbuchblatts und damit die Auflösung der Bahneinheit.

III. Endlich ist der Beendigung des Zwangsliquidationsverfahrens gleichgestellt der Ablauf von sechs Monaten seit der Bekanntmachung des Erlöschens der Genehmigung, sofern bis zu diesem Zeitpunkte ein Antrag auf Einleitung der Zwangsliquidation nicht gestellt ist oder die gestellten Anträge durch Zurücknahme oder rechtskräftige Zurückweisung erledigt sind.

a) Sollte der zugunsten der Bahnpfandgläubiger geschaffene Zustand des Fortbestehens der Bahneinheit nach Erlöschen der Genehmigung nicht unbegrenzte Zeit dauern, so konnte die Bestimmung der sub II. als Zeitpunkt für die Schließung des Bahngrundbuchblatts bezeichneten Beendigung des Zwangsliquidationsverfahrens für sich allein nicht genügen, da dieses Verfahren gemäß § 40 nicht von Amts wegen, sondern nur auf Antrag, sei es eines Bahnpfandgläubigers oder des Bahneigentümers oder des Konkursverwalters eröffnet wird. Es bedurfte daher (Anm. 63 S. 108, 109) der Bestimmung einer Frist, binnen welcher seitens eines der Antragsberechtigten der Antrag auf Eröffnung des Zwangsliquidationsverfahrens einzubringen ist, und zwar mit dem Präjudiz, daß, falls dieser Antrag nicht innerhalb dieser Frist gestellt wird oder während derselben zur Erledigung kommt, die Schließung des Bahngrundbuchblatts und damit die Auflösung der Bahneinheit erfolgt. Dieselbe Wirkung tritt aber auch dann ein, wenn innerhalb der sechsmonatlichen Frist der gestellte Antrag auf Eröffnung des Zwangsliquidationsverfahrens durch Zurücknahme oder rechtskräftige Zurückweisung erledigt ist. Denn in beiden Fällen ist das Erfordernis der Durchführung einer der Schließung des Bahngrundbuchblatts vorangehenden Zwangsliquidation beseitigt, bezw. sie stehen dieser Durchführung gleich.

b) Der Antrag muß auf Einleitung der Zwangsliquidation gerichtet sein, also auf den §§ 40 ff. des vorliegenden Gesetzes beruhen und formell und materiell den Erfordernissen derselben entsprechen. Ein Antrag, welcher nicht von den hierzu berechtigten Personen (Bahnpfandgläubigern, Bahneigentümer, Konkursverwalter) ausgeht oder nicht an das zuständige Amtsgericht gerichtet ist, genügt nicht und ist daher nicht geeignet, die sechsmonatliche Frist zu unterbrechen.

c) Der Antrag muß bis zum Ablauf von sechs Monaten seit der Bekanntmachung des Erlöschens der Genehmigung (s. Satz 3 Anm. 66 S. 115) gestellt sein. Denn der Ausnahmezustand, daß die Bahneinheit, obgleich mit dem Erlöschen der Genehmigung und der Einstellung des Betriebs das ihre Bestandteile zusammenhaltende Band weggefallen ist, zugunsten der Gläubiger als noch fortbestehend angenommen wird und eingreifende rechtliche Wirkungen erzeugt (§ 19), darf im Interesse der Rechtssicherheit und der Herbeiführung definitiver Rechtszustände kein dauernder werden. Daher ist die für die Beantragung des Zwangsliquidationsverfahrens ausreichende Frist von 6 Monaten bestimmt worden (Gleim § 14 Anm. 3).

Der Antrag auf Einleitung der Zwangsliquidation darf weder vor Beginn der sechsmonatlichen Frist gestellt sein, weil vor dem Erlöschen der Genehmigung ein Antrag auf Zwangsliquidation nicht statthaft und daher ungültig ist (§ 40), noch darf er nach Ablauf der sechsmonatlichen Frist angebracht werden, weil nach der ausdrücklichen Vorschrift des Gesetzes die Stellung des Antrags nur innerhalb der sechsmonatlichen Frist die Schließung des Bahngrundbuchblatts hindert, mit der Schließung aber die Bahneinheit und alle Bahnpfandrechte erlöschen, also eine Zwangsliquidation nicht mehr möglich ist.

1. Die öffentliche Bekanntmachung, welche nach Satz 3 (Anm. 66 S. 115) dem Amtsgericht obliegt, hat den Zweck, den Anfangspunkt der sechsmonatlichen Frist zu bilden und die Gläubiger zur Geltendmachung ihrer Rechte bezw. zum Antrage auf Zwangsliquidation aufzufordern. Eine spezielle Bekanntmachung bezw. Zustellung an die einzelnen Interessenten erfolgt nicht. Daher gilt der Zeitpunkt der öffentlichen Bekanntmachung gleichmäßig für alle Interessenten, bezw. dient für alle als Beginn der Frist. Der fristzeitige Antrag eines Interessenten hat Wirkung für alle, d. h. hindert die Schließung des Bahngrundbuchblatts für alle; denn das Verfahren wird nicht in betreff eines Interessenten eingeleitet. Ebenso hat aus gleichem Grunde die Rücknahme bezw. rechtskräftige Zurückweisung innerhalb der sechsmonatlichen Frist nur dann die dem Fristablauf entsprechende Wirkung, wenn sämtliche Anträge innerhalb derselben zurückgenommen oder rechtskräftig zurückgewiesen sind.

2. Unter den „sechs Monaten" sind Kalendermonate zu verstehen, nicht ein Zeitraum von sechsmal dreißig Tagen. Dies ergibt der Wortlaut. (Reichsger. 28. September 1882; Entsch. i. Civils. VII. S. 277, Eisenb.-Entsch. II. S. 344 und 23. November 1889, Bolze IX, S. 259).

3. Die sechsmonatliche Frist ist eine Präklusiv-, nicht eine Verjährungsfrist,

mit hin ist auch nicht die Unterbrechung der Frist nach den Grundsätzen der Verjährung möglich. Sie ist eine absolut von dem Tage der öffentlichen Bekanntmachung des Erlöschens der Genehmigung ab laufende und kann lediglich durch den Antrag auf Einleitung der Zwangsliquidation (§ 40) bei dem zuständigen Amtsgericht gewahrt werden. Durch einen nach Ablauf der Frist eingehenden Antrag wird also die Schließung des Bahngrundbuchblatts und die Auflösung der Bahneinheit nicht aufgehalten (s. § 40 Anm. 178). Das Bahngrundbuchblatt wird mit Ablauf der Frist oder der ihr gesetzlich gleichgestellten Momente (Rücknahme oder rechtskräftige Rückweisung der Anträge während der Frist) geschlossen. Ohne das Bahngrundbuchblatt können aber Bahnpfandschulden an der Bahneinheit nicht mehr bestehen. Das Zwangsliquidationsverfahren ist nicht mehr möglich, weil mit dem Aufhören der Bahneinheit ipsa lege alle Bahnpfandschulden an derselben erloschen sind, mithin ist auch ein Antrag auf Zwangsliquidation nicht mehr angängig.

4. Die Frist **beginnt** für alle Interessenten mit dem Tage der öffentlichen Bekanntmachung des Erlöschens der Genehmigung durch das zuständige Amtsgericht (Satz 3 Anm. 66 S. 118, 116); der Lauf der Frist **endet** mit Ablauf desjenigen Tages des letzten — sechsten — Monats, welcher durch seine Zahl demjenigen Tage entspricht, an welchem die Frist begonnen d. h. die öffentliche Bekanntmachung stattgefunden hat (§ 222 Civ.-Proz.-Ord., §§ 188, 189 B.-G.-B.).

B) I. Liegt eine der vorerörterten **Voraussetzungen** vor: 1. **Löschung der eingetragenen Bahnpfandschulden** oder 2. **Beendigung des Zwangsliquidationsverfahrens** oder 3. **Ablauf einer Frist von sechs Monaten** seit der öffentlichen Bekanntmachung des Erlöschens der Genehmigung, ohne daß ein Antrag auf Zwangsliquidation gestellt ist, oder wenn die fristzeitig gestellten Anträge durch Zurücknahme oder rechtskräftige Zurückweisung erledigt sind, so hat die **Schließung des Bahngrundbuchblatts** zu erfolgen. Diese Worte haben **obligatorische** Bedeutung, mithin ist das Amtsgericht zur Schließung des Bahngrundbuchblatts in den Fällen des Satzes 4 ganz ebenso **verpflichtet**, wie im Falle des Satzes 2.

II. Die Schließung erfolgt **von Amts wegen**. Es bedarf weder eines Antrags der Bahnaufsichtsbehörde, noch der Interessenten.

III. In betreff der **Form und Fassung** des Schließungsvermerks wird auf die Ausführungen in Anm. 65 (S. 111) Bezug genommen.

IV. Die **Wirkung** der Schließung des Bahngrundbuchblatts ist die nämliche, wie die im Falle des Satzes 2 eintretende (Anm. 65 S. 111, 112).

68) § 14 Satz 5 ergänzt folgerichtig die Bestimmungen des Satzes 4. In letzterem ist der nicht fristzeitigen Stellung des Antrages auf Zwangsliquidation gleichgestellt die Zurücknahme oder rechtskräftige Zurückweisung der gestellten Anträge innerhalb der sechsmonatlichen Frist. Denn dadurch erscheinen diese Anträge erledigt, und diese Erledigung steht der Durchführung und Beendigung des Liquidationsverfahrens und ihrer Rechtswirkung gleich. Es fehlte aber eine Bestimmung für den Fall, daß die Zurücknahme oder rechtskräftige Zurückweisung der fristzeitig gestellten Liquidationsanträge erst **nach Ablauf** der sechsmonatlichen Frist des Satzes 4 stattfindet. In diesem Falle soll nach Satz 5 die Schließung des Bahngrundbuchblatts **mit dem Zeitpunkte der Erledigung aller Anträge** erfolgen. Würde diese Bestimmung fehlen, dann könnten Zweifel darüber bestehen, ob diese § 14. Satz 5.

spätere Zurücknahme oder rechtskräftige Zurückweisung von Liquidationsanträgen ebenso wie die vor Ablauf der sechsmonatlichen Frist erfolgende, die Schließung des Bahngrundbuchblatts und damit die Auflösung der Bahneinheit zur Folge hat oder ob nicht vielmehr der Rücknahme oder Rückweisung nach Ablauf der Frist diese Wirkung versagt ist, auch wenn dadurch alle bezüglichen Anträge ihre Erledigung gefunden haben. Sind also Liquidationsanträge, welche innerhalb der sechsmonatlichen Frist zwar gestellt, aber noch nicht erledigt sind, späterhin durch Zurücknahme oder Zurückweisung sämtlich erledigt, so hat mit diesem Zeitpunkte der vollständigen Erledigung aller Anträge die Schließung des Bahngrundbuchblatts zu erfolgen. Es ist aus dem Zusammenhange ersichtlich, daß hier nur solche Anträge gemeint sind, welche fristzeitig, d. h. innerhalb des sechsmonatlichen Zeitraums des Satzes 4 gestellt sind. Denn, wenn sie erst nach Ablauf dieser Frist gestellt sind, so haben sie überhaupt keine Bedeutung mehr, mithin ist auch ihre Zurücknahme oder rechtskräftige Zurückweisung gegenstandslos.

§ 15.[69])

Nach Anlegung des Bahngrundbuchs ist die Zugehörigkeit eines Grundstücks zur Bahneinheit in dem über das Grundstück geführten Grundbuch oder Stockbuch oder in dem in der vormals freien Stadt Frankfurt geführten Verbotsbuch einzutragen.[70]) Nach Aufhören der Bahneinheit ist der Vermerk unter gleichzeitiger Eintragung eines durch eine Veräußerung derselben eingetretenen Eigentumswechsels zu löschen.[71])

Der Bahneigentümer ist verpflichtet, die Eintragung und Löschung zu beantragen, und kann hierzu von der Bahnaufsichtsbehörde, welcher er ein Verzeichnis der zur Bahneinheit gehörigen Grundstücke mitzuteilen hat, angehalten werden.[72]) Soweit die Grundstücke auf dem Titel des Bahngrundbuchblatts vermerkt sind, wird die Eintragung und Löschung von dem das Bahngrundbuch führenden Amtsgericht von Amts wegen veranlaßt.[73]) Wird ein Grundstück, welches bisher im Grundbuche nicht eingetragen war, in das Grundbuch aufgenommen, so ist die Zugehörigkeit zur Bahneinheit von Amts wegen zu vermerken.[74])

Vor dem Aufhören der Bahneinheit kann der Vermerk über die Zugehörigkeit eines Grundstücks zu derselben nur mit Zustimmung der Bahnaufsichtsbehörde oder des Liquidators im Falle der Zwangsliquidation gelöscht werden.[75])

In den vormals Großherzoglich Hessischen Landesteilen und in dem vormals Landgräflich Hessischen Amte Homburg tritt bis zum Inkrafttreten des Grundbuchrechts an die Stelle des Vermerkes im

Grundbuch und der Löschung desselben eine von dem Amtsgericht, in dessen Bezirk das Grundstück belegen ist, dem Ortsgericht über die Zugehörigkeit zur Bahneinheit und das Aufhören derselben zu machende Mitteilung.[69])

[69]) Prinzip und Entstehungsgeschichte des § 15.

I. Prinzip. Wie in der Einleitung S. 68 und in der Anm. 42 S. 71 zum § 11 bereits erörtert, soll das Bahngrundbuch, dessen Gegenstand die Gesamtheit des Bahnunternehmens, nicht die wechselnden Bestandteile desselben sind, nicht zugleich das Grundbuch für die einzelnen, zur Bahneinheit gehörigen Grundstücke sein. Für die letzteren werden vielmehr — und zwar gleichviel, ob sie im Bahngrundbuch eingetragen sind (§ 11 Abs. 2 Ziff. 2) oder nicht, — die bestehenden Grundbücher fortgeführt. Würde dies nun geschehen, ohne daß durch einen entsprechenden Hinweis in den einzelnen Grundbüchern kenntlich gemacht wäre, daß die betreffenden Grundstücke zur Bahneinheit gehören, so läge die Gefahr unzulässiger Verfügungen — Veräußerungen und Belastungen — seitens des Eigentümers vor, ohne daß dem gutgläubigen Dritten gegenüber mit Rücksicht auf den öffentlichen Glauben der Grundbücher die Unwirksamkeit derartiger Akte (§§ 5—7) entgegengehalten werden könnte. § 15. Prinzip.

II. Daher erschien die Aufnahme einer Vorschrift notwendig, daß zur Verhütung unzulässiger Verfügungen der Vermerk der Zugehörigkeit zur Bahneinheit (§ 11 Ziff. 2 der Allgem. Verf. v. 20. November 1899, J.-M.-Bl. S. 849 ff.) in den Grundbüchern der einzelnen Grundstücke wie auch — nach Aufhören der Bahneinheit — die Löschung dieses Vermerks einzutragen ist. Dies ist durch § 15 geschehen (Abs. 1); und zwar soll grundsätzlich bei den in den Titel des Bahngrundbuchs eingetragenen Grundstücken (§ 11 Abs. 2 Ziff. 2) die Anbringung dieses Vermerks, wie auch — nach Aufhören der Bahneinheit — die Löschung desselben von dem zuständigen Amtsgericht von Amts wegen veranlaßt werden, während bei den in den Titel des Bahngrundstücks nicht eingetragenen Grundstücken, soweit sie Grundbuchblätter besitzen, der Bahneigentümer verpflichtet ist, die Eintragung bezw. Löschung des Vermerks zu beantragen, und hierzu durch die Bahnaufsichtsbehörde angehalten werden kann. Besitzen derartige Grundstücke keine Grundbuchblätter, so hat der Grundbuchrichter, sobald Grundbuchblätter angelegt werden, die Eintragung des Vermerks von Amts wegen zu veranlassen (Abs. 2).

Diese Bestimmungen genügen jedoch dem Zwecke, unzulässige Verfügungen in betreff der einzelnen, zur Bahneinheit gehörigen Grundstücke zu verhüten, nicht vollständig. Denn sie erstrecken sich nach der Stellung und den einleitenden Worten des § 15 nur auf den Fall, daß ein Bahngrundbuchblatt angelegt ist. Für den Fall dagegen, daß die Anlegung eines Bahngrundbuchblatts nicht stattgefunden hat, ist die Anbringung der in Rede stehenden Vermerke in den Grundbuchblättern der einzelnen, zur Bahneinheit gehörigen Grundstücke nicht vorgeschrieben. Nach den Motiven (s. zum § 5 u. f.) war hierfür die Erwägung leitend, daß in diesem Falle nach § 4 Abs. 2 nur solche Grundstücke zur Bahneinheit gehören, bei denen die Widmung für das Bahnunternehmen äußerlich erkennbar ist, so daß die Verfügungsbeschränkung gegen jeden Dritten wegen der Kenntnis ihrer Voraussetzungen wirksam ist (s. auch § 5 Abs. 1 Satz 3). Indes ist hierbei außer acht gelassen, daß es füglich nicht jedem, der mit dem Eigentümer eines Grundstücks verhandelt, zugemutet werden kann, daß er — eventuell an Ort und Stelle — feststellt, ob dasselbe mit dem Bahnkörper zusammenhängt oder dessen Widmung für das Bahnunternehmen sonst äußerlich erkennbar ist, um die Legitimation des Eigentümers zur Verfügung über das Grundstück zu prüfen.

III. Von der Regel, daß nach Anlegung des Bahngrundbuchblatts der Vermerk der Zugehörigkeit zur Bahneinheit in den Grundbuchblättern der einzelnen Bahngrundstücke anzubringen ist, bestehen drei Ausnahmen.

a) Zunächst ist für den Fall, daß ein Bahngrundstück ein Grundbuchblatt nicht besitzt, vorgeschrieben, daß alsdann dies Grundstück den bezüglichen Vermerk von Amts wegen erst erhalten soll, wenn es in das Grundbuch aufgenommen wird (Abs. 2 Satz 3). Auch diese Ausnahme vermehrt die Rechtsunsicherheit in betreff der Frage der Zugehörigkeit der Bahngrundstücke zur Bahneinheit, weil es bei diesen nicht im Besitze von Grundbuchblättern befindlichen Bahngrundstücken nicht ohne weiteres möglich ist, ihre Zugehörigkeit zur Bahneinheit zu erkennen, und weil ferner auch im Falle der Aufnahme eines solchen Grundstücks in das Grundbuch der Grundbuchrichter schwerlich in der Lage ist, diese Eigenschaft zu wissen und demgemäß den Vermerk anzubringen. De lege ferenda kann nur die Eintragung sämtlicher Bahngrundstücke in das Bahngrundbuch die erforderliche Rechtssicherheit verbürgen.

b) Sodann greift die Regel der Anbringung des Vermerks nicht Platz, wenn es sich um den Erwerb von Parzellen handelt und der Erwerb in der Weise stattgefunden hat, daß die erworbene Parzelle nur abgeschrieben, nicht auch auf den Namen des neuen Eigentümers (Bahneigentümers) eingetragen ist. Auch hier ist die Zugehörigkeit der betreffenden Parzellen nicht genügend gekennzeichnet und daher der Möglichkeit weiterer Verfügungen über dieselben nicht ausreichend vorgebeugt.

c) Endlich findet die Regel der Anbringung des Vermerks der Natur der Sache nach in denjenigen Landesteilen keine Anwendung, welche Grundbücher oder ähnliche Bücher (Stock-, Verbotsbücher) nicht besitzen. In diesen Landesteilen soll bis zur Einführung des Grundbuchrechts der Vermerk durch eine vom Amtsgericht an das Ortsgericht zu machende Mitteilung ersetzt werden (Abs. 4 Anm. 76 S. 189).

IV. Die Bedeutung des Vermerks macht sich nach drei Richtungen hin geltend:

a) So lange die Genehmigung besteht, zeigt der Vermerk an, daß Verfügungen über das Grundstück oder der Rechte daran — Veräußerung, Belastung, Zwangsvollstreckung, — nur insoweit zulässig sind, als derartige Verfügungen mit der Betriebsfähigkeit des Unternehmens vereinbar sind, d. h. ein Unschädlichkeitsattest seitens der Bahnaufsichtsbehörde erteilt ist (§§ 5, 6, 7, 37 Abs. 1).

b) Wenn die Genehmigung erloschen ist und Bahnpfandschulden eingetragen sind, so deutet der Vermerk darauf hin, daß — bis zur Schließung des Bahngrundbuchs bezw. bis zum Aufhören der Bahneinheit — die Wirksamkeit von Veräußerungen und Belastungen infolge des zugunsten der Bahnpfandgläubiger bestehenden Veräußerungsverbots eine beschränkte ist und daß Zwangsvollstreckungen in das Grundstück nur zur Beitreibung eines den Bahnpfandgläubigern gegenüber wirksamen Pfandrechts zulässig sind (§ 19, § 37 Abs. 2).

c) Wenn eine Veräußerung der ganzen Bahneinheit stattfindet, so bedarf es der Eintragung des Eigentumswechsels bei den einzelnen, mit dem Vermerk versehenen Grundstücken nicht. Vielmehr ist nur die Auflassung der Bahneinheit und ihre Eintragung im Bahngrundbuche erforderlich. Die Eintragung des neuen Eigentümers in die Grundbuchblätter der einzelnen Bahngrundstücke erübrigt sich und wird erst dann erforderlich, wenn eine Veräußerung der Bahneinheit während ihres Bestehens stattgefunden hat, weil alsdann der Hinweis auf die Zugehörigkeit der einzelnen Grundstücke zur Bahneinheit und deren Eigentümer durch Löschung des Vermerks getilgt wird, mithin jedes Grundstück wieder selbständig für sich besteht und daher auch der besonderen Eintragung seines Eigentümers bedarf. Deshalb ist bei Aufhören der Bahneinheit und Löschung der Vermerke die gleichzeitige Eintragung des Eigentümers in die einzelnen Grundbuchblätter dem Grundbuchrichter von Amts wegen für den Fall zur Pflicht gemacht, daß inzwischen eine Veräußerung derselben stattgefunden hat (§ 15 Abs. 1 Satz 2).

V. Die Dauer der Eintragung des Vermerks währt in der Regel so lange, als die Bahneinheit selbst besteht, d. h. bis zum Aufhören der Bahneinheit (s. Satz 2 Anm. 71 S. 129ff.). Eine Ausnahme hiervon greift Platz, wenn das Grundstück seine Zugehörigkeit zur Bahneinheit verliert, ohne daß die Bahneinheit aufhört. Je nachdem dies vor Erlöschen der Genehmigung geschieht oder nach Erlöschen der Genehmigung im Zwangsliquidationsverfahren, sind verschiedene Formvorschriften gegeben.

a) Geschieht die Trennung des Grundstücks vor Erlöschen der Genehmigung, also während das Unternehmen im Betriebe steht und betriebsfähig ist, so bedarf es für dieses Ausscheiden (Veräußerung) grundsätzlich einer Bescheinigung der Bahnaufsichtsbehörde, daß dadurch die Betriebsfähigkeit des Unternehmens nicht beeinträchtigt wird (§ 5). Demgemäß ist für das Erlöschen des Vermerks die Zustimmung der Bahnaufsichtsbehörde vorgeschrieben (§ 15 Abs. 8).

b) Die Trennung kann aber auch nach Erlöschen der Genehmigung geschehen, wenn wegen eingetragener Bahnpfandschulden das Aufhören der Bahneinheit erst mit Schließung des Bahngrundblattes stattfindet (§ 14 Satz 4ff.). Ist die Zwangsliquidation eingeleitet, so ist die Zustimmung des Liquidators vorgeschrieben (§ 15 Abs. 8), da der Vermerk nun nicht mehr für den Betriebszweck, sondern nur noch für die Realisierung der Rechte der Pfandgläubiger von Bedeutung ist.

c) Wem in der Zeit zwischen dem Erlöschen der Genehmigung und der Einleitung der Zwangsliquidation die qu. Befugnis zustehen soll, ist in den Motiven nicht ausgesprochen. Der Liquidator kann es nicht sein, weil dieser erst nach Einleitung des Liquidationsverfahrens ernannt wird (§ 44), die Bahnaufsichtsbehörde aber hat nach Erlöschen der Genehmigung das Interesse des Betriebs, aus welchem ihre Zustimmungsbefugnis folgt, nicht mehr zu wahren, die Wahrnehmung der Rechte der Pfandgläubiger liegt ihr nicht ob. Man wird daher annehmen müssen, daß in dieser Zwischenzeit die Löschung des Vermerks und somit eine Verfügung über einzelne Grundstücke überhaupt nicht stattfinden darf.

II. Der Entstehungsgeschichte ist für das Verständnis des § 15 folgendes zu entnehmen: § 15. Entstehung.

Der Regierungsentwurf vom 18. März 1895 (Druckf. d. Herrenh. Nr. 24 S. 8) hatte bereits die als § 15 in das Gesetz vom 19. August 1895 übergegangene Fassung und war, wie folgt, begründet (a. a. O. S. 43, 44): „Wie in der Begründung zu § 11 dargelegt worden, werden die für die einzelnen zur Bahneinheit gehörigen Grundstücke bestehenden Grundbücher und sonstigen gerichtlichen Bücher fortgeführt. Es muß jedoch in denselben ersichtlich gemacht werden, daß sie zur Bahneinheit gehören. § 15 schreibt daher die Eintragung eines Vermerks vor. Soweit das Amtsgericht Kenntnis von der Zugehörigkeit eines Grundstücks zur Bahneinheit erhält, hat es die Eintragung des Vermerks von Amts wegen zu veranlassen, im übrigen ist es Sache des Eigentümers, diese Eintragung zu beantragen, er wird aber zur Stellung dieses Antrages von der Bahnaufsichtsbehörde angehalten. Die Eintragung eines Vermerks ist nur erforderlich, wenn das Grundstück im Grundbuch eingetragen ist; sofern nach § 2 der Grundbuchordnung das Grundstück kein Grundbuchblatt besitzt, kann zunächst von der Eintragung eines Vermerks abgesehen werden, es genügt, wenn dafür gesorgt wird, daß das Grundstück nicht ins Grundbuch aufgenommen wird, ohne daß gleichzeitig die Vermerkung zur Eintragung gelangt. Der Vermerk, welcher als eine Art von Sperrvermerk bezeichnet werden kann, ist von wesentlicher Bedeutung. So lange das Unternehmen betriebsfähig ist, bringt er zum Ausdruck, daß eine Veräußerung oder Belastung des Grundstücks oder eine Zwangsvollstreckung in dasselbe nur insoweit zulässig ist, als die Verfügung mit der Betriebsfähigkeit des Unternehmens vereinbar ist (§§ 5, 47). Ist die Genehmigung erloschen, so enthält der Vermerk einen Hinweis darauf, daß die Wirksamkeit von Veräußerungen und Belastungen infolge des zugunsten der Bahnpfandgläubiger bestehenden Veräußerungsverbots eine beschränkte ist und daß Zwangsvollstreckungen in das Grundstück nicht zulässig sind (§§ 19, 47 Abs. 2). Der Vermerk der Zugehörigkeit zur Bahneinheit macht es ferner entbehrlich, einen durch eine Veräußerung der ganzen Bahn eintretenden Eigentumswechsel bei den einzelnen Grundstücken einzutragen; es genügt die Auflassung der Bahn und die Eintragung im Bahngrundbuche. Eine Eintragung des neuen Eigentümers bei den einzelnen Grundstücken wird erst dann erforderlich, wenn die Bahneinheit aufhört und infolge dessen der Hinweis auf die Zugehörigkeit zu einem größeren Ganzen gelöscht wird. Der Vermerk der Zugehörigkeit zur Bahneinheit muß so lange eingetragen bleiben, als die Bahneinheit besteht. Ausnahmsweise kann er indessen schon vorher gelöscht werden, wenn das Grundstück ohne Aufhören der Bahneinheit aus derselben ausscheidet. Da ein solches Ausscheiden, so lange die Genehmigung nicht erloschen ist, nur statthaft ist, wenn die Aufsichtsbehörde bescheinigt, daß das Ausscheiden die Betriebsfähigkeit des Unternehmens nicht beeinträchtigt (§ 5), empfiehlt es sich, die Löschung des Vermerks an die Zustimmung der Bahnaufsichtsbehörde zu knüpfen. Ist die Genehmigung erloschen und das Zwangsliquidationsverfahren eingeleitet, so muß dem Liquidator die Befugnis zur Bewilligung der Löschung eingeräumt werden, da nunmehr der Vermerk nur noch zur Kennbarmachung der durch ihn zu verwertenden Pfandrechte dient. Im Grundbuch wird der Vermerk, wie andere Verfügungsbeschränkungen, in der zweiten Abteilung eingetragen. Außer dem Grundbuche sind zur Aufnahme eines derartigen Vermerks auch die im vormaligen Herzogtum Nassau geführten Stockbücher und das in der Stadt Frankfurt a. M. bestehende Verbotsbuch geeignet. Bezüglich der in Absatz 4 bezeichneten Landesteile ist von den Provinzialbehörden eine Mitteilung der Zugehörigkeit zur Bahneinheit an die Ortsgerichte als zweckmäßig bezeichnet worden. Diese Ortsgerichte haben bei Veräußerungen und Belastungen mitzuwirken, so daß der Zweck, die vorhandene Verfügungsbeschränkung zur Kenntnis derjenigen, welche Rechte an den Grundstücken erwerben wollen, zu bringen, durch eine Mitteilung an die Ortsgerichte erreicht wird."

In der I. Lesung des Abg.-Hauses hob der Abg. Bode (Sten.-Ber.

S. 1806), die großen Schwierigkeiten hervor, daß neben dem Bahngrundbuch noch das Grundbuch der zur Bahneinheit zugeschriebenen Grundstücke weitergeführt werden soll, und empfahl, hier der österreichischen Gesetzgebung zu folgen und das Bahngrundbuch zugleich auch zum Grundbuch der zur Bahn geschriebenen Grundstücke zu machen.

Hierauf erwiderte der Justizminister (Sten.-Ber. S. 1810): „Der Abgeordnete Bode ist davon ausgegangen, daß diejenigen Grundstücke, die von und für die Eisenbahn eigentümlich erworben würden, noch auf dem Grundbuchblatt des früheren Eigentümers stehen bleiben sollen, und daß dort ein Vermerk eingetragen werden soll. Davon ist aber nicht die Rede. Es ist selbstverständlich, daß diejenigen Grundstücke, die von den Eisenbahnunternehmern erworben werden, für diese ins Grundbuch eingetragen werden, aber nicht ins Bahngrundbuch. Und in dieses Grundbuch des Eisenbahnunternehmers soll für jedes einzelne Grundstück der Vermerk zur Eintragung gebracht werden, um jedem Dritten ersichtlich zu machen, daß es der freien Verfügung des Eigentümers nicht unterliegt, daß vielmehr gewisse Beschränkungen sich aus der Verwendung des Grundstückes zu dem Bahnunternehmen ergeben."

In der Kommission des Abg.-Hauses (Aktst. Nr. 254 S. 8155) wurde gefragt, ob die Eintragung des Vermerks auch bei solchen Grundstücken notwendig sei, die nicht ins Grundbuch aufgenommen seien und zu dem Zweck also erst in dasselbe aufgenommen werden müßten. Diese Frage wurde regierungsseitig verneint: Die Eintragung des Sperrvermerks sei nur erforderlich, wenn das Grundstück im Grundbuch eingetragen stehe. Wenn der Erwerb des Grundstücks seitens des Bahnunternehmers in der Weise stattgefunden habe, daß die erworbene Parzelle nur abgeschrieben, nicht auch auf den Namen des neuen Eigentümers eingetragen sei, so sei eine Eintragung des Vermerks nicht erforderlich. Das Grundstück sei vielmehr nur dann in das Grundbuch aufzunehmen, wenn es von dem Bahneigentümer beantragt werde. In diesem Falle sei nach Abs. 2 a. a. O. der Vermerk von Amts wegen nachzutragen. Bezüglich der Ausführung dieser Vorschrift (Abs. 2 Satz 8) wurde ferner in Zweifel gezogen, ob der Grundbuchrichter in der Lage sei, die Notwendigkeit der Eintragung des Vermerks zu übersehen, und es für richtiger erklärt, die Eintragung des Vermerks von einem speziellen Antrag abhängig zu machen. Regierungsseitig wurde jedoch die Bestimmung der Vorlage als zweckmäßiger bezeichnet mit dem Bemerken, daß der Grundbuchrichter im allgemeinen keinen Zweifel darüber haben werde, ob ein Grundstück, dessen Aufnahme ins Grundbuch ein Bahnunternehmer beantrage, zur Bahneinheit gehöre. Etwaige Zweifel würden sich durch Rückfrage bei der Bahnaufsichtsbehörde leicht erledigen lassen.

Nach diesen Erörterungen ging § 15 des Reg.-Entw. unverändert in das Gesetz vom 19. August 1895 über.

Der Revisionsentwurf v. 10. Februar 1902 (Drucks. des Herrenh. Nr. 42 S. 4) schlug vor, im § 15a) im Abs. 2 Satz 8 die Worte „gemäß § 2 der Grundbuchordnung" zu streichen und b) im Abs. 4 die Worte: „In den — Frankfurt" zu ersetzen durch die Worte: „In den vormals Großherzoglich Hessischen Landesteilen und in dem vormals Landgräflich Hessischen Amte Homburg", und das Wort „(Feldgerichte)" zu streichen.

Zur Begründung (a. a. O. S. 14) wird ausgeführt: Nach § 15 Abs. 2 Satz 8 des Gesetzes ist, wenn ein Grundstück, das bisher gemäß § 2 der (preußischen)

Grundbuchordnung im Grundbuch nicht eingetragen war, in das Grundbuch aufgenommen wird, die Zugehörigkeit von Amts wegen zu vermerken. Statt dieses § 2 ist für die Befreiung gewisser Grundstücke vom Buchungszwange seit dem Inkrafttreten der Reichsgrundbuchordnung der Artikel 1 der Verordnung, betreffend das Grundbuchwesen, vom 18. November 1899 (Gesetz-Samml. S. 519) maßgebend. Indessen fehlt es überhaupt an einem ausreichenden Grunde für die Beschränkung der hier fraglichen Vorschrift auf die Grundstücke, die wegen der Befreiung vom Buchungszwange noch nicht im Grundbuch eingetragen sind. Die Vorschrift muß auch für die aus anderen Ursachen noch nicht in das Grundbuch aufgenommenen Grundstücke gelten. Der Entwurf will deshalb die Bezugnahme auf den § 2 der Preußischen Grundbuchordnung ersatzlos streichen. Im Abs. 4 bedürfen die Landgemeinden der vormals freien Stadt Frankfurt nicht mehr der Erwähnung, da für sie bereits das Grundbuch angelegt ist, während das im Abs. 1 genannte Frankfurter Verbotsbuch noch für mehrere Anlegungsbezirke der Stadt Frankfurt Bedeutung behält. Die im Abs. 4 erwähnten Feldgerichte kommen für das vormals Hessische Amt Homburg, auch soweit dort das Grundbuch noch nicht angelegt ist, nicht mehr in Betracht, da ihre frühere Zuständigkeit für die Mitwirkung bei Grundbuchgeschäften in Gemäßheit des Artikel 189 Abs. 4 des Preußischen Gesetzes über die freiwillige Gerichtsbarkeit seit dem 1. Januar 1900 auf die durch die Verordnung vom 20. Dezember 1899 (Gesetz-Samml. S. 640) errichteten Ortsgerichte übertragen ist (vgl. § 104 der Allgemeinen Verfügung vom 28. Dezember 1899, Just.-Minist.-Bl. S. 889)."

Die Vorschläge des Revisionsentwurfes wurden von beiden Häusern des Landtages unverändert angenommen und demgemäß in dem Bahneinheitsgesetze vom 11. Juni 1902 die Bestimmungen des bisherigen § 15 entsprechend geändert.

§ 15. Abs. 1 Satz 1. **70)** Absatz 1 des § 15 enthält in seinen beiden Sätzen zwei obligatorische, miteinander korrespondierende Bestimmungen über die Eintragung und Löschung von Vormerkungen in den Grundbuchblättern der einzelnen, zur Bahneinheit gehörigen Grundstücke.

Satz 1 bestimmt, daß nach Anlegung des Bahngrundbuchs die Zugehörigkeit eines Grundstücks zur Bahneinheit in dem über das Grundstück geführten Grundbuche oder Stockbuche oder in dem in der vormals freien Stadt Frankfurt geführten Verbotsbuche einzutragen ist.

I. Der Zweck dieser Bestimmung ist, unzulässige Verfügungen in betreff der einzelnen, zur Bahneinheit gehörigen Grundstücke zu verhüten.

a) Bestände diese Vorschrift nicht, so würde aus den Grundbuchblättern der einzelnen Grundstücke ihre Zugehörigkeit zur Bahneinheit nicht hervorgehen und daher gutgläubigen Dritten die durch diese Zugehörigkeit bedingten Verfügungsbeschränkungen hinsichtlich der Veräußerung, Belastung und Zwangsvollstreckung nicht entgegengehalten werden können. Die Fortführung der Grundbuchblätter der einzelnen Bahngrundstücke erfordert mit Rücksicht auf den öffentlichen Glauben des Grundbuchs die Eintragung des Vermerks ihrer Zugehörigkeit zur Bahneinheit, welcher die gesetzlichen Verfügungsbeschränkungen jedem Dritten kenntlich macht (§§ 5—7, 19, 87), so daß dieser die Rechtsunwirksamkeit unzulässiger Verfügungen gegen sich gelten lassen muß (§ 19).

b) Die Eintragung des Vermerks soll „nach Anlegung des Bahngrundbuchs" erfolgen. Es ist damit das Bahngrundbuchblatt gemeint (s. Anm. 58

S. 94, auch Reichs-Gr.-B.-O. § 8). Eine frühere Eintragung hat der Grundbuchrichter von Amts wegen nicht zu bewirken. Die Eintragung der Vermerke ist also nur für Grundstücke von Bahneinheiten vorgeschrieben, für welche Bahngrundbuchblätter angelegt sind. Für Grundstücke anderer Bahneinheiten besteht diese Vorschrift nicht. Es steht zwar nichts entgegen, daß auch bei letzteren der Eigentümer freiwillig oder auf Grund besonderer Verpflichtungen und Betreiben von Interessenten derartige Vermerke nach den Vorschriften der Gr.-B.-O. §§ 18ff. jederzeit eintragen läßt. Aber weder ist der Grundbuchrichter ex officio hierzu berechtigt, noch kann der Eigentümer von Aufsichtswegen dazu angehalten werden. Es ist bereits an früherer Stelle (Anm. 69 S. 122) darauf hingewiesen worden, daß diese Unterscheidung, je nachdem für die Bahneinheit ein Bahngrundbuch angelegt ist oder nicht, unbegründet und unzweckmäßig ist. Wenngleich an Bahneinheiten ohne Bahngrundbuchblatt Bahnpfandschulden nicht bestehen können, so sind doch mannigfache öffentliche, wie privatrechtliche Interessen vorhanden, welche die Kenntlichmachung der gesetzlichen Verfügungsbeschränkungen (§§ 5—7, 87) in den Grundbuchblättern der einzelnen zur Bahneinheit gehörigen Grundstücke durchaus erfordern. De lege ferenda erscheint es daher angezeigt, den Vermerk für die Grundstücke einer jeden Bahneinheit, gleichviel ob sie ein Bahngrundbuchblatt besitzt oder nicht, vorzuschreiben.

II. Die Vorschrift der Eintragung des Vermerks ist obligatorisch. Der Grundbuchrichter muß die Eintragung bewirken, widrigenfalls er sich verantwortlich macht (B.-G.-B. § 839, Gr.-B.-O. § 12, Preuß. Ausf.-Ges. z. Gr.-B.-O. Art. 8). Doch ist mit Rücksicht auf den Umstand, daß dem Bahngrundbuchrichter die Zugehörigkeit nur bezüglich eines Teils der Bahngrundstücke, nämlich der gemäß § 11 Abs. 2 Ziff. 2 auf dem Titel des im Bahngrundbuch vermerkten, bekannt ist, hierbei zu unterscheiden:

a) Soweit es sich um Grundstücke handelt, welche in den Titel des Bahngrundbuchs eingetragen sind (§ 11 Abs. 2 Ziff. 2 Anm. 46 S. 77), hat das zuständige Bahngrundbuchamt die Eintragung des Vermerks in die Einzel-Grundbücher ꝛc. von Amts wegen zu veranlassen (§ 15 Abs. 2 Satz 2 f. Anm. 78 S. 135). Dieses — das Bahngrundbuch führende Amtsgericht — hat also, wenn es zugleich selbst das Grundbuch über das betreffende Grundstück führt, die Eintragung von Amts wegen vorzunehmen, anderenfalls das zuständige Grundbuchamt um die Eintragung zu ersuchen. (Achilles und Strecker S. 462. Turnau und Förster II S. 45, 874).

b) Für die nicht in dem Titel des Bahngrundbuchblatts vermerkten Bahngrundstücke d. h. für diejenigen, deren Widmung für das Bahnunternehmen aus ihrem Zusammenhange mit dem Bahnkörper oder sonst äußerlich erkennbar ist (§ 4 Abs. 2 Satz 1), ist der Bahneigentümer, soweit sie Grundbuchblätter besitzen, verpflichtet, die Eintragung zu beantragen, und kann hierzu von der Bahnaufsichtsbehörde, welcher er ein Verzeichnis der zur Bahneinheit gehörigen Grundstücke mitzuteilen hat, angehalten werden. Ob diese im Eigentume des Bahneigentümers stehen oder nicht, ist gleichgültig; letzterenfalls ist die Bewilligung des Eigentümers eingetragenen oder dessen rechtskräftige Verurteilung zur Bewilligung oder der Nachweis der Zugehörigkeit zur Bahneinheit erforderlich (Gr.-B.-O. §§ 19, 22 C.-P.-O. § 884). Bezüglich der Art und Form dieses „Angehaltenwerdens" und der der Aufsichtsbehörde zustehenden Zwangsmittel wird auf § 13 Abs. 3

(Anm. 61 S. 108ff.) Bezug genommen. Daß der Antrag direkt beim Grundbuchrichter, also nicht durch Vermittlung der Bahnaufsichtsbehörde (— wie in den Fällen des § 8 Satz 3, § 13 Abs. 1 und 2 —) zu erfolgen hat, und wie die Stellung der bezüglichen Anträge von dieser kontrolliert wird, ist unten (Abs. 2 Satz 1 s. Anm. 72 S. 134ff.) des näheren erörtert. Über Art, Form und Inhalt des der Bahnaufsichtsbehörde mitzuteilenden Verzeichnisses sind besondere Vorschriften nicht ergangen. Es entspricht aber dem Zwecke, daß dasselbe vollständig sein d. h. alle zur Bahneinheit gehörigen Grundstücke und Grundstücksteile (§ 4 Abs. 1 Ziff. 1) umfassen muß und diese genau nach Größe, Beschaffenheit, Kataster, Grundbuchgericht, Grundbuch 2c. zu verzeichnen sind. Auch ist es erforderlich, daß das Verzeichnis jederzeit kurrent gehalten, also jede nachträgliche Veränderung der Bahnaufsichtsbehörde mitgeteilt wird (s. Anm. 72 S. 135).

Soweit die hier in Rede stehenden Grundstücke bezw. Grundstücksteile Grundbuchblätter nicht besitzen, entsteht die Verpflichtung zur Eintragung des Zugehörigkeitsvermerks erst, wenn sie in das Grundbuch aufgenommen werden d. h. Grundbuchblätter erhalten sollen (Achilles und Strecker S. 462). In diesem Falle ist es Sache des Grundbuchrichters, welcher das Grundbuchblatt anlegt, von Amts wegen auch den Vermerk der Zugehörigkeit zur Bahneinheit auf dem Grundbuchblatt einzutragen. Es liegt ihm ob, diese Eigenschaft aus der Sachlage, insbesondere aus der Person des Antragstellers zu entnehmen.

III. Seiner Fassung nach beschränkt sich der Vermerk nur auf „die Zugehörigkeit des Grundstücks zur Bahneinheit". Es sind also weder die Namen der Bahneigentümer, noch sonstige Angaben erforderlich. Gehört das Grundstück zu einer später hinzugetretenen Bahn, so ist die Bahneinheit, welche diese mit der Stammbahn bildet, einzutragen (§ 2 Abs. 1, § 10 Abs. 1). Ist das Grundstück aber zu mehreren Bahneinheiten gehörig (im gemeinsamen oder anteilsweisen Besitz 2c. (§ 11 Abs. 2 Ziff. 4), so erfolgt der Vermerk für alle beteiligten Bahneinheiten unter näherer Angabe des Sachverhältnisses (Anteilsverhältnis, Mitbenutzung 2c.).

IV. Ort der Eintragung ist das über das Grundstück geführte Grundbuch, Stockbuch oder — für Frankfurt a./M. — Verbotsbuch (s. § 12 Abs. 1 Satz 3 Anm. 58 S. 86 und Motive z. Revis. Entw. S. 126).

a) Die Stelle der Eintragung in diesen Büchern ist, da es sich um eine Verfügungsbeschränkung handelt, die zweite Abteilung (§ 11 Abs. 2 Ziff. 2 Allgem. Verf. v. 20. November 1899 J.-M.-Bl. S. 349ff.).

b) Wo weder Grundbücher, noch Stock- oder Verbotsbücher bestehen, also in den vormals Großherzoglich Hessischen Landesteilen und in dem vormals Landgräflich Hessischen Amte Homburg, tritt bis zum Inkrafttreten des Grundbuchrechts an die Stelle des Vermerks im Grundbuche eine vom zuläßigen Amtsgerichte dem Ortsgerichte über die Zugehörigkeit zur Bahneinheit zu machende Mitteilung (§ 15 Abs. 4 s. Anm. 76 S. 139).

c) Wo für Grundstücke nach den Bestimmungen der Gr.-B.-O. die Anlegung eines Grundbuchblatts nicht erforderlich ist, kann, wenn ein Grundbuchblatt nicht angelegt ist, ausnahmsweise die Eintragung des Vermerks bezw. richtiger die Anlegung eines Grundbuchblatts zu diesem Behufe unterbleiben. Solche Ausnahmen sind folgende:

1. Die im Grundbuche nicht eingetragenen, bezw. vom Buchungszwange be-

freiten Grundstücke (§ 90 Gr.-B.-O., Art. 127 Einf.-Ges. z. B.-G.-B., Art. 27 Preuß. Ausf.-Ges. z. B.-G.-B.). Diese Ausnahme geht indirekt aus der Bestimmung des Abs. 2 Satz 3 hervor, wonach, wenn derartige bisher nicht eingetragene Grundstücke in das Grundbuch aufgenommen werden, die Zugehörigkeit zur Bahneinheit von Amts wegen zu vermerken ist (Anm. 78 S. 135). Wie bereits an früherer Stelle (Anm. 69 S. 122) erörtert, kann diese Ausnahme nicht gutgeheißen werden, weil sie die Rechtsunsicherheit in betreff dieser Grundstücke fördert und dieselben der Möglichkeit unzulässiger Verfügungen aussetzt.

2. Die nur abzuschreibenden, nicht auch auf den Namen des neuen Eigentümers einzutragenden Grundstücksteile (Parzellen). Auch für diese ist mangels eines Vermerks die Zugehörigkeit zur Bahneinheit an sich nicht erkennbar und daher die Möglichkeit unzulässiger Verfügungen nicht ausgeschlossen.

V. Die rechtliche Bedeutung des Vermerks tritt in folgenden drei Beziehungen hervor:

a) Während des Bestehens der Genehmigung weist der Vermerk darauf hin, daß Verfügungen über das Grundstück, Veräußerungen, Belastungen, Zwangsversteigerungen, nur soweit zulässig und rechtswirksam sind, als die Bahnaufsichtsbehörde bescheinigt, daß durch die Verfügung die Betriebsfähigkeit des Bahnunternehmens nicht beeinträchtigt wird. Dasselbe ist der Fall in betreff der Verfolgung dinglicher Rechte an einzelnen zur Bahneinheit gehörigen Grundstücken oder Rechten daran (§§ 5—7, 87).

b) Nach Erlöschen der Genehmigung macht, wenn Bahnpfandschulden eingetragen sind, der Vermerk kenntlich, daß bis zur Schließung des Bahngrundbuchblatts d. h. bis zum Aufhören der Bahneinheit die Rechtswirksamkeit von Veräußerungen und Belastungen infolge des zugunsten der Bahnpfandgläubiger bestehenden Veräußerungsverbots eine beschränkte ist, d. h. Verfügungen des Bahneigentümers über einzelne Bestandteile der Bahneinheit den Bahnpfandgläubigern gegenüber unwirksam sind, unbeschadet jedoch der Vorschriften zugunsten derjenigen, welche Rechte von einem Nichtberechtigten herleiten, insbesondere der Vorschriften über den öffentlichen Glauben des Grundbuchs (§ 19), und ferner, daß Zwangsvollstreckungen in das Grundstück nur zur Beitreibung eines den Bahnpfandgläubigern gegenüber wirksamen Rechts zulässig sind. Sind keine Bahnpfandgläubiger vorhanden, so fällt mit Erlöschen der Genehmigung jede Verfügungsbeschränkung fort (§ 5 Abs. 2, § 19, § 87 Abs. 2).

c) Bei einer Veräußerung der ganzen Bahneinheit ist die Eintragung des Eigentumswechsels in den mit Vermerk versehenen Grundbuchblättern der einzelnen Grundstücke nicht erforderlich. Es genügt die Auflassung der Bahneinheit und ihre Eintragung im Bahngrundbuch. Damit ist der Eigentumsübergang aller einzelnen Bahngrundstücke implizite mit vollzogen und durch die Vermerke ersichtlich. Erst dann bedarf es der Eintragung des neuen Eigentümers in den einzelnen Grundbuchblättern, wenn die Bahneinheit aufhört und damit der Zusammenhang mit dem Ganzen bezw. die Zugehörigkeit zu demselben beseitigt wird, mithin auch die Vermerke ihre Bedeutung als Hinweise auf das Ganze verlieren (s. § 15 Abs. 1 Satz 2 Anm. 71).

71) Satz 2 des Abs. 1 bestimmt, daß nach Aufhören der Bahneinheit der Vermerk unter gleichzeitiger Eintragung eines durch eine Veräußerung derselben eingetretenen Eigentumswechsels zu löschen ist. § 15. Abs. 1 Satz 2.

I. Der Zweck der Löschung ist, das betreffende Grundstück von den durch den Vermerk bewirkten Verfügungsbeschränkungen zu befreien derartig, daß dasselbe mit der Löschung wieder dem freien Verkehre zurückgegeben und uneingeschränkt veräußert, belastet werden oder zwangsweise Vollstreckung in dasselbe stattfinden kann. Die gesetzlichen Verfügungsbeschränkungen der §§ 5—7, 19, 37 fallen mit der Löschung des Vermerks fort, so daß Dritte irgend welche Einreden der Unwirksamkeit von Verfügungen über das Grundstück nicht mehr gegen sich gelten zu lassen brauchen.

a) Auch hier handelt es sich aber, wie in betreff der Eintragung des Vermerks, nur um Grundstücke von Bahneinheiten, für welche die Anlegung eines Bahngrundbuchs stattgefunden hat. Dies ergibt der Zusammenhang mit Satz 1. Auf Grundstücke von Bahneinheiten, für welche ein Bahngrundbuch nicht angelegt ist, bezieht sich Satz 2 nicht (s. Anm. 70 S. 127). Sind also für derartige Grundstücke Vermerke eingetragen, so richtet sich die Löschung nach den allgemeinen Vorschriften der Gr.-B.-O., nicht nach den Bestimmungen des § 15 des vorliegenden Gesetzes.

b) Freilich könnten durch die ganz allgemein gehaltenen Worte „nach Aufhören der Bahneinheit" Zweifel darüber bestehen, ob nicht auch Bahneinheiten hier gemeint seien, für welche Bahngrundbuchblätter nicht angelegt sind. Indes die Stellung des § 15 und die unmittelbare Anknüpfung des Satzes 2 an Satz 1 läßt derartige Zweifel nicht begründet erscheinen. Es handelt sich lediglich um die Löschung derjenigen Vermerke, welche gemäß Satz 1 eingetragen sind, und dies sind nur solche für Grundstücke, die zu Bahneinheiten mit Bahngrundbuchblättern gehören.

c) Das Aufhören dieser Bahneinheiten ist aber durch die Schließung des Bahngrundbuchblatts bedingt (§ 8 Abs. 1 Satz 2, s. Anm. 10 S. 17). Diese Schließung hat nach dem Erlöschen der Genehmigung zu erfolgen, von welchem die Bahnaufsichtsbehörde dem Bahngrundbuchgericht von Amts wegen Kenntnis zu geben hat; und zwar, wenn keine Bahnpfandschulden im Bahngrundbuche eingetragen sind, unmittelbar nach Empfang dieser Mitteilung; wenn aber Bahnpfandschulden eingetragen sind, unter den in Satz 3—5 des § 14 bez. Voraussetzungen (Anm. 66—68 S. 112ff.).

II. Die Vorschrift der Löschung ist obligatorisch. Der Grundbuchrichter hat also die Löschung zu bewirken, und macht sich durch die unbegründete Unterlassung verantwortlich (B.-G.-B. § 839, Gr.-B.-O. § 12, Preuß. Ausf.-Ges. z. Gr.-B.-O. Art. 8). Aber auch hier wird, wie bei der Eintragung des Vermerks (Anm. 70 S. 127), unterschieden:

a) Ist das Grundstück im Titel des Bahngrundbuchblatts eingetragen (§ 11 Abs. 2 Ziff. 2), so hat der Grundbuchrichter die Löschung des Vermerks in den einzelnen Grundbuchblättern von Amts wegen zu veranlassen (§ 15 Abs. 2 Satz 2).

b) Ist das Grundstück nicht im Titel des Bahngrundbuchblatts vermerkt, so ist der Bahneigentümer verpflichtet, die Löschung zu beantragen, und kann hierzu von der Bahnaufsichtsbehörde, welcher er ein Verzeichnis der zur Bahneinheit gehörigen Grundstücke mitzuteilen hat, angehalten werden (s. Anm. 70, IIb. S. 127).

III. Die Fassung des Löschungs-Vermerks besteht in der in der Gr.-B.-O.

für Löschungen angegebenen. Gehört das Grundstück zu mehreren Bahneinheiten (§ 11 Abs. 2 Ziff. 4), und hören sie nicht sämtlich auf, so ist bei der Löschung unter Angabe des Sachverhältnisses zu vermerken, für welche Bahneinheiten die Löschung erfolgt und daß der Vermerk für die fortbestehenden validiert, auch in welchem Anteilsverhältnisse das Grundstück nunmehr zu diesen gehört.

IV. Über Ort und Stelle der Eintragung des Löschungsvermerks, ferner über die Fälle, in welchen Grund- bezw. Stock- oder Verbotsbücher nicht bestehen (§ 15 Abs. 4), sowie über die Fälle, in welchen es der Anlegung von Grundbuchblättern nicht bedarf bezw. die Anlegung nur unter gewissen Voraussetzungen erforderlich ist, gilt mut. mut. das in der Anm. 70 S. 126 ff. über die Eintragung des Vermerks Gesagte.

V. Die rechtliche Bedeutung der Löschung des Vermerks besteht darin, daß mit der Löschung diejenigen Rechtswirkungen fortfallen, welche mit der Eintragung des Vermerks verbunden und bezweckt sind, d. h. der Eigentümer erlangt wieder die volle und freie Verfügungsfähigkeit über das betreffende Grundstück, dasselbe kann frei veräußert und belastet werden, es unterliegt wieder der Zwangsvollstreckung, ohne die Beschränkungen der §§ 5—7, 19, 87. Weder dem Eigentümer, noch Dritten darf bei den nach erfolgter Löschung des Vermerks getroffenen Verfügungen die Einrede der Rechtsunwirksamkeit derselben aus dem Grunde, daß das Grundstück zu einer Bahneinheit gehöre, oder daß das Unschädlichkeitsattest der Bahnaufsichtsbehörde nicht erbracht sei, entgegengehalten werden.

VI. Während des Bestehens der Bahneinheit bedarf es, wenn eine Veräußerung derselben stattfindet, d. h. sie in die Hände eines anderen Bahneigentümers, sei es durch freihändigen Verkauf (Fusion ꝛc.), sei es im Wege der Zwangsvollstreckung (§ 45 Satz 1) übergeht, der Eintragung des Eigentumswechsels auf den Grundbuchblättern der einzelnen mit Sperrvermerk versehenen Grundstücke nicht. Vielmehr genügt die Auflassung der Bahneinheit und ihre Eintragung im Bahngrundbuche. Der Vermerk auf den Grundbuchblättern der einzelnen Grundstücke bewirkt, daß implizite die Eintragung des Eigentumswechsels im Bahngrundbuche sich auch auf die Einzel-Grundbuchblätter erstreckt.

VII. Dagegen sind „nach Aufhören der Bahneinheit“ zwei Fälle zu unterscheiden: 1) Hat während des Bestehens der Bahneinheit keine Veräußerung derselben stattgefunden, so genügt bei ihrem Aufhören lediglich die Löschung des Vermerks und bleibt die Bezeichnung des ursprünglichen Bahneigentümers als nunmehrigen verfügungsfreien Eigentümers der einzelnen Grundstücke auf deren Grundbuchblättern unverändert. 2) Hat aber während des Bestehens der Bahneinheit eine Veräußerung derselben (oder mehrere) stattgefunden, so genügt bei ihrem Aufhören die bloße Löschung des Vermerks nicht, sondern es muß zugleich an Stelle des bisherigen Eigentümers der neue (letzte) Eigentümer auf den Grundbuchblättern der einzelnen Grundstücke eingetragen werden. Demgemäß bestimmt Satz 2 des Abs. 1, daß nach Aufhören der Bahneinheit der Sperrvermerk „unter gleichzeitiger Eintragung eines durch eine Veräußerung der Bahneinheit eingetragenen Eigentumswechsels“ zu löschen ist. Diese Eintragung des Eigentumswechsels ist obligatorisch; sie ist von dem das Bahngrundbuch führenden Amtsgericht zugleich, d. h. uno actu mit der Löschung des Vermerks, in betreff der auf dem Titel des Bahngrundbuchblatts eingetragenen Grundstücke von Amts wegen zu veranlassen (Abs. 2 Satz 2). Bezüglich der übrigen, in die Grundbücher eingetragenen Bahngrundstücke (Abs. 2 Satz 1), ist der Bahneigentümer verpflichtet, mit dem Antrage auf Löschung des Vermerks, den Antrag auf Eintragung des Eigentumswechsels zu verbinden, und eventuell von der Bahnaufsichtsbehörde hierzu anzuhalten (Abs. 2 Satz 1).

VIII. Nach Satz 2 wird der Vermerk der einzelnen zur Bahneinheit gehörigen Grundstücke erst nach Aufhören der Bahneinheit gelöscht, dauert also so lange, als diese besteht. Indes ist ausnahmsweise eine frühere Löschung zugelassen, wenn die Zugehörigkeit des Grundstücks noch vor Aufhören, also während des Bestehens der Bahneinheit für den Betrieb entbehrlich wird oder nach Erlöschen der Genehmigung während der Zwangsliquidation die Trennung von der Bahneinheit im Interesse der Bahnpfandgläubiger liegt. Im ersteren Fall liegt die Beurteilung der Entbehrlichkeit für den Betrieb der Bahnaufsichtsbehörde (§§ 5, 6, 37), im zweiten Falle die Wahrnehmung des Interesses der Gläubiger dem Liquidator ob (§ 46); demgemäß erfordert Abs. 3 des § 15 für die Löschung des Sperrvermerks vor Aufhören der Bahneinheit die Zustimmung der Bahnaufsichtsbehörde, im letzteren Falle die des Liquidators (Anm. 75 S. 138 ff.). Hierbei ist jedoch (s. Anm. 69 S. 128) derjenige Zeitraum nicht berücksichtigt, welcher zwischen dem Erlöschen der Genehmigung und der Einleitung des Zwangsliquidationsverfahrens, bezw. der Ernennung des Liquidators liegt (§ 14 Satz 4, 5). In diesem Zeitraume erscheint die Bahnaufsichtsbehörde nicht mehr zur Zustimmung kompetent, weil eine Beeinträchtigung des Betriebs nicht mehr in Betracht kommen kann, andererseits ist aber auch eine Zustimmung des Liquidators nicht möglich, weil dieser noch nicht ernannt ist. Es muß daher angenommen werden, daß in dieser Zwischenzeit eine Löschung des Sperrvermerks nicht stattfinden darf und die Ernennung des Liquidators abzuwarten ist.

§ 15. Abs. 2. 72) Absatz 2 enthält die bereits mehrfach berührten Bestimmungen über die Verpflichtungen, welche dem Bahneigentümer, dem das Bahngrundbuch führenden Amtsgericht und den anderen für Bahngrundstücke zuständigen Grundbuchgerichten in betreff der Eintragung und der Löschung des Vermerks der Zugehörigkeit der Bahngrundstücke zur Bahneinheit (Sperrvermerks) obliegen, und zwar regelt Satz 1 die Obliegenheiten des Bahneigentümers, Satz 2 diejenigen des das Bahngrundbuch führenden Amtsgerichts, Satz 3 diejenigen der übrigen für Bahngrundstücke zuständigen Grundbuchgerichte. Hierbei unterscheidet Absatz 2: 1. Bahngrundstücke, welche nicht in das Bahngrundbuch aufgenommen sind (§ 4 Abs. 2 Satz 1), 2. Bahngrundstücke, welche in das Bahngrundbuch eingetragen sind (§ 4 Abs. 2 Satz 2, § 11 Abs. 2 Ziff. 2) und 3. Bahngrundstücke, welche ein Grundbuchblatt nicht besitzen und erst in das Grundbuch aufgenommen werden sollen.

§ 15. Abs. 2 Satz 1. Satz 1 des Abs. 2 zerfällt in zwei Teile: In dem ersten wird grundsätzlich dem Bahneigentümer die Pflicht auferlegt, die Eintragung des Vermerks der Zugehörigkeit eines Grundstücks zur Bahneinheit (Sperrvermerk) zu beantragen (Abs. 1 Satz 1), und ebenso die Löschung, — und zwar diese zugleich mit der Eintragung eines durch eine Veräußerung der Bahneinheit etwa eingetretenen Eigentumswechsels (Abs. 1 Satz 2), — insoweit nicht in Gemäßheit des Satzes 2 (auf dem Titel des Bahngrundbuchblatts vermerkte Grundstücke) oder des Satzes 3 (im Grundbuche nicht eingetragene Grundstücke) die Eintragung und Löschung des Vermerks von Amts wegen zu bewirken ist. In dem zweiten Teile wird der Bahnaufsichtsbehörde die Befugnis gegeben, den Bahneigentümer zur Beantragung der

Eintragung und Löschung anzuhalten, zu welchem Behufe er verpflichtet ist, dieser ein Verzeichnis der zur Bahneinheit gehörigen Grundstücke mitzuteilen.

I. Die Verpflichtung des Bahneigentümers ist sowohl eine privat- wie öffentlich-rechtliche. Die Unterlassung oder Verzögerung der Erfüllung macht den Bahneigentümer den Interessenten gegenüber zivilrechtlich regreßpflichtig, und setzt denselben ferner dem administrativen Zwange der Bahnaufsichtsbehörde aus.

1. Dem Bahneigentümer ist die Pflicht auferlegt, die Eintragung und Löschung des Vermerks zu beantragen. Es ist zu unterscheiden, ob das betreffende Grundstück im Eigentume des Bahneigentümers steht oder nicht. Denn es sind Fälle wohl denkbar, daß Grundstücke zwar zur Bahneinheit gehören und deren Zwecken dauernd gewidmet sind, aber nicht im Eigentume, sondern nur in der Pacht, Miete Nutznießung des Bahneigentümers stehen (s. § 4 Abs. 1 Ziff. 1 Anm. 14 S. 26, 27).

2. Steht das Grundstück im Eigentume des Bahneigentümers, so genügt der Antrag desselben (Gr.-B.-O. § 18 Abs. 2, § 19). Steht das Grundstück nicht im Eigentume des Bahneigentümers, so muß dem Antrage desselben die Bewilligung des eingetragenen Eigentümers in einer beglaubigten Urkunde beigefügt sein. Fehlt diese Einwilligung, so kann sie nur durch ein rechtskräftiges Erkenntnis oder Ersuchen einer zuständigen Behörde ersetzt werden (§§ 19, 22 Gr.-B.-O.; § 897 C.-P.-O.).

3. Im übrigen ist, wenn auf dem Grundstücke Pfandrechte oder andere dingliche Rechte lasten, zur Substantiierung des Antrages auf Eintragung des Vermerks gemäß § 5 Abs. 1 Satz 1 (Anm. 18 S. 36) die Bescheinigung der Bahnaufsichtsbehörde erforderlich, daß durch diese Lasten die Betriebsfähigkeit des Bahnunternehmens nicht beeinträchtigt wird. Denn dieses Erfordernis gilt sowohl bei dem erstmaligen, wie bei dem späteren Erwerbe von Bahngrundstücken. Der Nachweis des Eigentums an dem Grundstücke und der Lastenfreiheit desselben ist mit Rücksicht auf § 6 nur dann erforderlich, wenn das Unschädlichkeitsattest der Bahnaufsichtsbehörde nicht erbracht werden kann (Anm. 22 S. 40, 41).

II. Der Umfang der Verpflichtung des Bahneigentümers ist nach zwei Richtungen hin bemerkenswert.

1. Die Verpflichtung des Bahneigentümers erstreckt sich auf alle Grundstücke, welche gemäß § 4 Abs. 1 Ziff. 1 zur Bahneinheit gehören (Anm. 14 S. 28—27), mit Ausnahme derjenigen, welche gemäß § 11 Abs. 2 Ziff. 2 in den Titel des Bahngrundbuchblatts aufgenommen sind (§ 15 Abs. 2 Satz 2, Anm. 73 S. 185—186) oder ein Grundbuchblatt noch nicht besitzen und ein solches erhalten sollen (§ 15 Abs. 2 Satz 3, Anm. 74 S. 187—188).

2. Die Verpflichtung des Bahneigentümers umfaßt sowohl die Eintragung wie die Löschung des Vermerks der Zugehörigkeit zur Bahneinheit, ist aber auch auf diese beiden Kategorien von Anträgen beschränkt.

a) Die Verpflichtung zum Antrage auf Eintragung tritt ein mit der Anlegung des Bahngrundbuchblatts (§ 15 Abs. 1 Satz 2), nicht mit der Entstehung der Bahneinheit (§ 8 Abs. 1). Auf Bahneinheiten, für welche ein Bahngrundbuchblatt nicht angelegt ist, bezieht sich die Verpflichtung aus § 15 Abs. 2 Satz 1 nicht. Es gilt im übrigen über Zweck (S. 126), Zeitpunkt (S. 127), Fassung (S. 128), Ort und Stelle (S. 128, 129), rechtliche Bedeutung (S. 129) der Eintragung das in Anm. 70 S. 126—129 Gesagte.

b) Die Verpflichtung zum Antrage auf Löschung tritt ein mit dem Aufhören der Bahneinheit (§ 15 Abs. 1 Satz 2), d. h. mit der Schließung des Bahngrundbuchblatts (§ 8 Abs. 1 Satz 2; § 14 s. S. 17, 111). Wie die Pflicht zur Eintragung, so bezieht sich auch die Pflicht zur Löschung nicht auf Bahneinheiten, für welche ein Bahngrundbuchblatt nicht angelegt ist (S. 110). Im übrigen gilt über Zweck (S. 130), Zeitpunkt (S. 130), Fassung (S. 130—131), Ort und Stelle (S. 131), rechtliche Bedeutung (S. 131) der Löschung das in Anm. 71 S. 130, 131 Bemerkte. Mit dem Antrage auf Löschung des Sperrvermerks muß zugleich der Antrag auf Eintragung eines durch eine Veräußerung der Bahneinheit eingetretenen Eigentumswechsels verbunden werden. Dieser Antrag ist ein integrierender Bestandteil des Löschungsantrages und folgt gänzlich den für letzteren bestehenden Normen (§ 15 Abs. 1 Satz 2 s. S. 129—132). Über die Fälle, in welchen ausnahmsweise der Zugehörigkeitsvermerk schon vor Aufhören der Bahneinheit unter Zustimmung der Bahnaufsichtsbehörde bezw. des Liquidators gelöscht werden kann s. oben Anm. 71 Ziff. VII S. 131—132 und § 15 Abs. 3 Anm. 75 S. 138, 139.

III. Die Pflicht, die bezüglichen Anträge auf Eintragung und Löschung des Sperrvermerks zu stellen, ist dem Bahneigentümer auferlegt.

1. Daß derselbe, wenn er nicht Eigentümer des betreffenden Grundstücks ist, der Bewilligung des Eigentümers (§ 18 Abs. 2 Gr.-B.-O.) und, wenn dasselbe nicht lastenfrei, der Unschädlichkeitsbescheinigung der Bahnaufsichtsbehörde bedarf (§ 5 Abs. 1), ist bereits oben S. 132 bemerkt worden.

2. Der Antragspflicht des Bahneigentümers steht jedoch nicht das ausschließliche Antragsrecht desselben gegenüber. Auch anderen Interessenten z. B. den Bahnpfandgläubigern steht das Recht zu, die Eintragung bezw. Löschung des Sperrvermerks gemäß § 13 Abs. 2, § 14 Gr.-B.-O. mit Bewilligung des eingetragenen Eigentümers oder auf Grund eines rechtskräftigen Erkenntnisses (§ 894 C.-P.-O.) in Antrag zu bringen.

3. Dagegen erscheint weder das Bahngrundbuchgericht, noch das für das betreffende Grundstück zuständige Amtsgericht befugt, von Amts wegen in betreff der hier in Rede stehenden Grundstücke die Eintragung und Löschung des Sperrvermerks zu bewirken. Dem widerspricht e contr. die in den Sätzen 2 und 3 dieses Absatzes enthaltene Beschränkung. Hätte diesen Gerichten auch in betreff der in den Sätzen 2 und 3 nicht bezeichneten Grundstücke die qu. Befugnis von Amts wegen verliehen werden sollen, so hätte dies in den Sätzen 2 und 3 allgemein ausgesprochen werden müssen.

4. Ebensowenig steht der Aufsichtsbehörde das Antragsrecht zu. Dagegen spricht e contr., daß derselben Satz 1 ausdrücklich nur die Befugnis gewährt, den Bahneigentümer zur Erfüllung der Antragspflicht anzuhalten, nicht aber, diese selbst auszuüben.

V. Bei der großen Bedeutung, welche der Vermerk besitzt, um die Gefahr unzulässiger Verfügungen in betreff der zur Bahneinheit gehörigen, in das Bahngrundbuch nicht eingetragenen Grundstücke zu verhüten, genügt es nicht, dem Bahneigentümer die Anträge auf Eintragung und Löschung des Vermerks zur Pflicht zu machen. Vielmehr ist zugleich durch die Worte: „und **kann** hierzu von der Bahnaufsichtsbehörde . . . angehalten werden" letzterer als Korrelat die **Befugnis** gegeben, den Bahneigentümer zur Erfüllung dieser Pflicht zu veranlassen.

1. Die Befugnis, den Bahneigentümer zur Erfüllung der Antragspflicht auf administrativem Wege anzuhalten, steht der **Bahnaufsichtsbehörde allein** zu.

Den Grundbuchgerichten steht diese Befugnis nicht zu; sie können sich daher, wenn dies zur Regelung der grundbücherlichen Verhältnisse oder aus anderen Gründen erforderlich erscheint, nur an die Aufsichtsbehörde wenden, welche ihrerseits den Bahneigentümer entsprechend zu requirieren hat.

2. Ihre Befugnis besteht ferner nur dem Bahneigentümer, nicht dritten Grundstücksbesitzern gegenüber. Ist also der Bahneigentümer nicht Eigentümer der mit Vermerk zu versehenden Grundstücke, so kann sie ihn vorerst nur dazu anhalten, sich die Bewilligung des eingetragenen Eigentümers in Form einer beglaubigten Urkunde (§ 18 Abs. 2, § 29 Gr.-B.-O.) oder durch rechtskräftiges Erkenntnis (§ 14 l. c.) zu beschaffen und dann auf Grund derselben den Antrag auf Eintragung zu stellen.

3. Der Vermerk setzt voraus, daß das Grundstück pfand- und lastenfrei ist oder, wenn dies nicht der Fall, die Bahnaufsichtsbehörde die Vereinbarkeit der Belastung mit dem Betriebe bescheinigt (Unschädlichkeitsattest). In der Befugnis der Bahnaufsichtsbehörde, den Bahneigentümer zur Eintragung des Sperrvermerks anzuhalten, liegt daher implicite ihre Befugnis, ihn zur Herbeiführung der Pfand- und Lastenfreiheit anzuhalten. Hält sie diese nicht für erforderlich, so muß sie dem Bahneigentümer ein Unschädlichkeitsattest erteilen, da er ohne dieses die Eintragung des Sperrvermerks nicht erlangen kann, dasselbe vielmehr zur Substantiierung des Eintragungsantrags gehört (s. oben S. 86, 188).

4. Die Befugnis der Bahnaufsichtsbehörde beschränkt sich lediglich darauf, mit den ihr zustehenden administrativen Zwangsmitteln den Bahneigentümer zur Stellung der Anträge auf Eintragung und Löschung des Vermerks anzuhalten. Sie ist aber nicht befugt, derartige Anträge von Amts wegen direkt an die einzelnen Grundbuchgerichte zu richten, wie ihr dies in betreff der Anlegung des Bahngrundbuchs und der Eintragung der nach § 11 erforderlichen Angaben in den Titel und die Grundakten derselben gestattet ist.

5. Damit diese Befugnis von der Bahnaufsichtsbehörde ausgeübt werden kann, ist dem Bahneigentümer die Pflicht auferlegt, ihr ein Verzeichnis der zur Bahneinheit gehörigen Grundstücke mitzuteilen. Diese Vorschrift ist ganz allgemein gehalten. Die Pflicht des Bahneigentümers erstreckt sich also ausnahmslos auf alle zur Bahneinheit gehörigen Grundstücke im Sinne des § 4 Abs. 1 Ziff. 1, gleichviel ob sie im Eigentume oder Miteigentume des Bahneigentümers stehen oder nur in der Pacht, Miete, Nutznießung 2c. desselben. Es sind unbeschränkt alle Bahngrundstücke gemeint. Entscheidend ist lediglich, daß sie zur Bahneinheit gehören.

6. In betreff der Art und Form, in welcher die Bahnaufsichtsbehörde den Bahneigentümer sowohl zur Beibringung des Grundstücksverzeichnisses wie zur Stellung der Anträge auf Eintragung und Löschung der Vermerke anzuhalten hat, sowie in betreff der Rechtsmittel gegen die Zwangsverfügungen der Bahnaufsichtsbehörden und der Vollstreckung wird auf die Ausführungen zum § 13 Abs. 3 Satz 1 (Anm. 61 S. 101—104) Bezug genommen.

73) Satz 2 des Abs. 2 legt in betreff derjenigen Grundstücke, welche auf dem Titel des Bahngrundbuchblatts vermerkt sind, dem das Bahngrundbuch führenden Amtsgericht die Verpflichtung auf, von Amts wegen die Eintragung und Löschung der Vermerke zu veranlassen. Der Grund für diese Vorschrift liegt nach den Motiven (S. 124) darin, daß von der Zugehörigkeit dieser Grundstücke zur Bahneinheit das das Bahngrundbuch führende Amtsgericht durch die § 15. Abs. 2 Satz 2.

Bahnaufsichtsbehörde (§ 18 Abs. 2) behufs Aufnahme in den Titel des Bahngrundbuchs (§ 11 Abs. 2 Ziff. 2) von Amts wegen Kenntnis erhält und daher in der Lage ist, ohne daß es weiterer Angaben und Anträge des Bahneigentümers bedarf, die Eintragung der Sperrvermerke in betreff dieser Grundstücke zu veranlassen.

I. Die Obliegenheit des das Bahngrundbuch führenden Amtsgerichts, die Eintragung und Löschung der qu. Sperrvermerke zu veranlassen, ist eine obligatorische. Das Amtsgericht ist „von Amts wegen" verpflichtet, diese Akte herbeizuführen, und kann hierzu nicht nur im Aufsichtswege angehalten werden, sondern macht sich auch den Interessenten durch die Unterlassung oder Verzögerung verantwortlich (B.-G.-B. § 889; Gr.-B.-O. § 12; Preuß. Ausf.-Ges. z. Gr.-B.-O. Art. 8).

1. Die Verpflichtung ist von Amts wegen und zwar nur dem das Bahngrundbuch führenden Amtsgerichte (§ 10 Abs. 2) zugewiesen, nicht den anderen für die betreffenden Grundstücke zuständigen Grundbuchämtern. Letztere haben also bezüglich der hier in Rede stehenden Grundstücke nicht von Amts wegen oder auf Ersuchen der Bahnaufsichtsbehörde oder des Bahneigentümers die Vermerke einzutragen oder zu löschen, sondern die Anträge des Bahngrundbuchamts abzuwarten, den Anträgen desselben aber ohne weiteres Folge zu geben.

2. Über die Art und Form, in welcher das Bahngrundbuchamt die Eintragung und Löschung der Vermerke zu veranlassen hat, ist im Gesetze nichts vorgeschrieben. Es ist unverkennbar absichtlich der allgemeine Ausdruck „veranlassen" gewählt, weil zu unterscheiden ist zwischen denjenigen Grundstücken, für welche das Bahngrundbuchamt selbst zugleich als Grundbuchgericht zuständig ist, und denjenigen Grundstücken, welche zur Zuständigkeit anderer Grundbuchgerichte gehören. In betreff der ersteren bedarf es keiner weiteren Requisition. Dagegen ist bezüglich der Grundstücke, welche zur Zuständigkeit anderer Grundbuchgerichte gehören, erforderlich, daß das Grundbuchamt an diese entsprechende Ersuchen richtet. Bezüglich der Verpflichtung des Bahneigentümers, die Löschung zu beantragen, gilt das zum § 18 Abs. 3 Satz 1 (Anm. 61 S. 101—104) Bemerkte. Vgl. auch Anm. 72 Ziff. 6 S. 135.

3. Erleichtert ist dem Bahngrundbuchamt die qu. Obliegenheit durch die Vorschrift des Satzes 2 im § 11 Abs. 2 Ziff. 2, wonach, soweit die im Titel des Bahngrundbuchs vermerkten Grundstücke in Grundbüchern oder anderen gerichtlichen Büchern verzeichnet sind, auch das Grundbuchblatt oder die sonstige buchmäßige Bezeichnung derselben anzugeben ist (Anm. 46, S. 77). Dadurch ist das Bahngrundbuchamt jederzeit in der Lage, in seinen Verfügungen und Requisitionen die in Betracht kommenden Grundstücke genau grundbuchmäßig bezeichnen zu können.

II. Was den Umfang der Verpflichtung des Bahngrundbuchamts anlangt, so ist derselbe auf diejenigen Grundstücke beschränkt, welche auf dem Titel des Bahngrundbuchblatts vermerkt sind (§ 11 Abs. 2 Ziff. 2, Anm. 45, 46 S. 74—77, § 18 Abs. 2 Anm. 59 S. 96—98). Dagegen bezieht sich die Verpflichtung sowohl auf die Eintragung, wie auch auf die Löschung der Vermerke in betreff dieser Grundstücke. Es wird hierbei auf das in Anm. 72 S. 235 Bemerkte Bezug genommen.

III. Aus der Verpflichtung, welche dem Bahngrundbuchamte durch Satz 2 auferlegt ist, folgt jedoch nicht die ausschließliche Berechtigung desselben, die in Rede stehenden Eintragungen und Löschungen herbeizuführen. Vielmehr kann auch den Interessenten, z. B. dem Bahneigentümer, den Bahnpfandgläubigern die Befugnis nicht abgesprochen werden, die Eintragung oder Löschung des Vermerks (unter den

Voraussetzungen der §§ 6, 14, 87) herbeizuführen. Dagegen erscheint weder das für das betreffende Grundstück zuständige Amtsgericht befugt, von Amts wegen in betreff der im Titel des Bahngrundbuchs vermerkten Grundstücke die Eintragung und Löschung der Sperrvermerke vorzunehmen, noch die Bahnaufsichtsbehörde, dies ohne Vermittlung des Bahngrundbuchamts direkt bei dem zuständigen Amtsgericht zu beantragen.

74) Satz 3 des Abs. 2 verpflichtet in betreff derjenigen Grundstücke, welche bisher im Grundbuche nicht eingetragen waren, aber in das Grundbuch aufgenommen werden sollen, die zuständigen Amtsgerichte von Amts wegen die Zugehörigkeit zur Bahneinheit zu vermerken. Diese Bestimmung ist mit Rücksicht auf § 6 Satz 2, § 96 Gr.-B.-O., § 80 Allg. Verf. d. J.-M. v. 20. November 1899 — § 90 Gr.-B.-O., Art. 1 Verord. v. 13. November 1899 aufgenommen worden. § 15. Abs. 2 Satz 3.

In den Motiven des Revisionsentwurfs wird darauf hingewiesen, daß nach § 15 Abs. 3 Satz 2 des Gesetzes, wenn ein Grundstück, das bisher gemäß § 2 der (Preußischen) Gr.-B.-O. im Grundbuch nicht eingetragen war, in das Grundbuch aufgenommen wird, die Zugehörigkeit von Amts wegen zu vermerken ist. Statt des § 2 der preuß. Gr.-B.-O. sei für die Befreiung gewisser Grundstücke vom Buchungszwange seit dem Inkrafttreten der Reichs-Gr.-B.-O. der Art. 1 der Verordnung, betr. das Grundbuchwesen, v. 13. November 1899 (G.-S. S. 519) maßgebend. Indessen fehlt es überhaupt an einem ausreichenden Grunde für die Beschränkung der hier fraglichen Vorschrift auf die Grundstücke, die wegen der Befreiung vom Buchungszwange noch nicht im Grundbuche eingetragen seien. Die Vorschrift müsse auch für die aus anderen Ursachen noch nicht in das Grundbuch aufgenommenen Grundstücke gelten. Der Entwurf wolle deshalb die Bezugnahme auf den § 2 der Preuß. Gr.-B.-O. ersatzlos streichen. Dieser Vorschlag fand auch Billigung und Annahme.

I. Satz 3 spricht nicht ausdrücklich aus, welchem Amtsgerichte die Verpflichtung zugewiesen ist, bei der Anlegung von Grundbuchblättern für Grundstücke, welche bisher im Grundbuche nicht eingetragen waren, die Zugehörigkeit zur Bahneinheit von Amts wegen zu vermerken. Indes kann darüber kein Zweifel obwalten, daß diese Verpflichtung demjenigen Amtsgerichte allein auferlegt ist, welches für die Anlegung des Grundbuchblatts zuständig ist, also dem Bahngrundbuchgericht nur dann, wenn es zugleich das für die Anlegung des Grundbuchblatts zuständige Amtsgericht ist.

II. Die dem zuständigen Amtsgericht zugewiesene Obliegenheit ist nach der Fassung des Satzes 3 eine obligatorische. Das Amtsgericht muß bei Anlegung des Grundbuchblatts von Amts wegen für die Eintragung des Vermerks Sorge tragen, und ist für die Unterlassung oder Verzögerung der Eintragung den Interessenten verantwortlich.

III. Einer vorgängigen Prüfung des Eigentumsrechts des Bahneigentümers an den betreffenden Grundstücken und Grundstücksteilen sowie der eventuellen Beifügung von Unschädlichkeitsattesten der Bahnaufsichtsbehörde im Falle der Belastung (S. 182 ff.) bedarf es hier nicht, weil es sich um Grundstücke handelt, welche bereits zur Bahneinheit gehören und nur noch formell — bei Gelegenheit der Anlegung von Grundbuchblättern — den Vermerk der Zugehörigkeit zur Bahneinheit erhalten sollen.

IV. Über die Art und Form, in welcher die Eintragung der Zugehörigkeit zu vermerken ist, ist nur bestimmt, daß die Vermerkung — und zwar durch das zuständige Amtsgericht — von Amts wegen zu erfolgen hat. Es bedarf also weder eines Antrags noch einer Anregung seitens des Bahneigentümers, der Bahnaufsichtsbehörde oder dritter Interessenten. Vielmehr hat das zuständige Amtsgericht aus eigener Initiative den Vermerk zur Eintragung zu bringen. Es ist auch die Einwilligung des Eigentümers (§ 19 Gr.-B.-O.) nicht erforderlich.

V. Der Umfang der Verpflichtung beschränkt sich auf diejenigen Grundstücke, welche bisher, d. h. bis zur Anlegung des Bahngrundbuchblatts im Grundbuche nicht eingetragen waren und in das Grundbuch aufgenommen werden bezw. Grundbuchblätter erhalten. Auch erstreckt sich die Verpflichtung nur auf die Eintragung des Vermerks der Zugehörigkeit. Ist die Eintragung erfolgt, so unterliegt das Grundstück — je nachdem es zu den in den Titeln des Bahngrundbuchs aufzunehmenden gehört oder nicht (§ 11 Abs. 2 Ziff. 2) — in betreff der Löschung den Bestimmungen des 1. oder 2. Satzes des Absatzes 2 des § 15.

VI. Die Verbindlichkeit, welche dem zuständigen Amtsgerichte durch Satz 3 auferlegt ist, hat jedoch nicht die alleinige Befugnis zur Folge, die Eintragung des Zugehörigkeitsvermerks herbeizuführen. Vielmehr erscheinen auch die Interessenten z. B. der Bahneigentümer, die Bahnpfandgläubiger berechtigt, die Eintragung des Zugehörigkeitsvermerks unter den sonstigen gesetzlichen Voraussetzungen in Antrag zu bringen. Dagegen steht weder dem Bahngrundbuchamt, noch der Bahnaufsichtsbehörde die Befugnis zu.

§ 15. Abs. 3. 75) Absatz 3 enthält zwei Ausnahmen zu der im Absatz 1 Satz 2 ausgesprochenen Regel, daß erst nach Aufhören der Bahneinheit der Vermerk zu löschen ist. Absatz 3 gestattet ausnahmsweise die Löschung des Vermerks schon vor dem Aufhören der Bahneinheit, d. h. vor der Schließung des Bahngrundbuchblatts (§ 8 Abs. 1 Satz 2), wenn die Zugehörigkeit des Grundstücks noch vor Aufhören also während des Bestehens der Bahneinheit, für den Betrieb entbehrlich (§ 5) oder nach Erlöschen der Genehmigung während der Zwangsliquidation die Trennung von der Bahneinheit im Interesse der Bahnpfandgläubiger liegt (§§ 14, 40, 46).

1. Wenn die Trennung des Grundstücks von der Bahneinheit noch vor Erlöschen der Genehmigung, also während des Betriebes, erfolgen soll, so liegt die Beurteilung, ob das Grundstück für den Betrieb entbehrlich bezw. die Verfügung darüber mit der Betriebsfähigkeit des Unternehmens vereinbar ist, der Bahnaufsichtsbehörde ob (§§ 5, 6, 37). Demgemäß ist im Abs. 3 in diesem Falle für das Erlöschen des Vermerks die Zustimmung der Bahnaufsichtsbehörde als Voraussetzung vorgeschrieben. Ohne diese in urkundlicher Form erteilte Zustimmung darf von den Grundbuchämtern die Löschung des Vermerks nicht verfügt werden, gleichviel von wem der Löschungsantrag ausgeht.

2. Wenn die Trennung des Grundstücks von der Bahneinheit erst nach Erlöschen der Genehmigung, aber zu einer Zeit erfolgen soll, wo wegen eingetragener Bahnpfandschulden die Schließung des Bahngrundbuchblatts und somit das Aufhören der Bahneinheit noch nicht stattgefunden hat (§ 8 Abs. 1 Satz 2, § 14 Satz 4), so ist zu unterscheiden, ob das Zwangsliquidationsverfahren eingeleitet ist oder nicht (§§ 40 ff.).

a) Ist das Zwangsliquidationsverfahren eingeleitet, so ist, weil es sich nach Erlöschen der Genehmigung nicht mehr um die Betriebsfähigkeit des Bahnunternehmens handelt, der Sperrvermerk nicht mehr für den Betriebszweck, sondern nur noch für die Realisierung der Rechte der Bahnpfandgläubiger von

Bedeutung, deren Wahrnehmung dem Liquidator obliegt (§ 46). Demgemäß ist im Abs. 3 in diesem Falle für das Erlöschen des Vermerks die Zustimmung des Liquidators als Voraussetzung vorgeschrieben. Im übrigen wird durch das Erfordernis der Zustimmung des Liquidators zur Löschung des Sperrvermerks die Vorschrift des § 46 Abs. 2 Satz 2 nicht berührt, wonach der Liquidator zur Veräußerung von Grundstücken aus freier Hand der Genehmigung des Ausschusses der Bahnpfandgläubiger, sowie der Zustimmung des Bahneigentümers oder Konkursverwalters bedarf.

b) Ist das Zwangsliquidationsverfahren noch nicht eingeleitet, so fehlt für den Zeitraum, welcher zwischen dem Erlöschen der Genehmigung und der Einleitung des Zwangsliquidationsverfahrens (§ 40) bezw. der Ernennung des Liquidators (§ 44) liegt, eine gesetzliche Bestimmung darüber, wem die Befugnis zur Erteilung der Zustimmung zur Löschung des Sperrvermerks zustehen soll. Unter diesen Umständen erscheint die Annahme gerechtfertigt, daß in dieser Zwischenzeit die Löschung des Sperrvermerks und somit eine Verfügung über einzelne Grundstücke nicht stattfinden darf, vielmehr die Ernennung des Liquidators abzuwarten ist.

76) Absatz 4 trifft Vorsorge für den Ersatz der Sperrvermerke in denjenigen Preußischen Landesteilen, in welchen zur Zeit Grundbücher bezw. Stock- oder Verbotsbücher noch nicht bestehen. Als solche Landesteile bezeichnet Abs. 4 1. die vormals Großherzoglich Hessischen Landesteile und 2. das vormals Landgräflich Hessische Amt Homburg. (Die in der bisherigen Fassung des Gesetzes noch aufgeführten Landgemeinden der vormals freien Stadt Frankfurt ebenso die dort erwähnten Feldgerichte fallen aus den in den Motiven (oben S. 126) angegebenen Gründen fort). Um in diesen Landesteilen bei Grundstücken, welche zur Bahneinheit gehören, den mit der Eintragung und Löschung der Sperrvermerke verknüpften Zweck zu erreichen, bestimmt Abs. 4, daß an die Stelle des Vermerks im Grundbuche und der Löschung desselben eine von dem Amtsgerichte, in dessen Bezirk das Grundstück belegen ist, dem Ortsgerichte über die Zugehörigkeit zur Bahneinheit und das Aufhören derselben zu machende Mitteilung tritt. § 15. Abs. 4.

Das Amtsgericht, in welchem das dem Grundbuchrecht nicht unterworfene, zur Bahneinheit gehörige Grundstück belegen ist, ist von dem Bahneigentümer (Abs. 2 Satz 1) oder zum Bahngrundbuchamt (Abs. 2 Satz 2) über die Zugehörigkeit zur Bahneinheit oder das Aufhören der Zugehörigkeit zu verständigen. Hierauf ist das Amtsgericht von Amts wegen verpflichtet, dem betreffenden Ortsgerichte entsprechende Mitteilung zu machen, so daß dieses in den Stand gesetzt ist, diejenigen, welche über ein derartiges Grundstück Verfügung treffen, Eigentums- oder dingliche Rechte daran erwerben wollen, auf Grund der gewordenen Mitteilung von der vorhandenen Verfügungsbeschränkung, wie auch von dem Aufhören derselben rechtzeitig und ordnungsgemäß in Kenntnis zu setzen. Das Ortsgericht ist zur vorgängig rechtzeitigen Bekanntgabe von Amts wegen verpflichtet, da anderenfalls die Bestimmung des Abs. 4 illusorisch sein würde. Folgeweise ist das Ortsgericht im Falle unterlassener oder verspäteter Mitteilung den Interessenten für die hieraus erwachsenden Nachteile verantwortlich.

Sowohl die Mitteilungspflicht des Bahneigentümers und Bahngrundbuchamts an das Ortsgericht, sowie die Pflicht des letzteren zur Bekanntgabe an die Interessenten erstreckt sich auf alle zur Bahneinheit gehörigen Grundstücke, für welche, wenn sie dem Grundbuchrechte unterliegen und ein Grundbuchblatt besitzen würden, die Eintragung und Löschung des Sperrvermerks gemäß Abs. 2 erforderlich sein würde. Denn Abs. 4 bezeichnet die Mitteilung an das Ortsgericht ausdrücklich als Ersatz für die Eintragung und Löschung des Vermerks. Daher ist die Bestimmung des Abs. 4 nur eine interimistische; sie gilt nur solange, bis für die betreffenden Grundstücke bezw. in den im Abs. 4 bezeichneten Landesteilen das Grundbuchrecht in Kraft tritt. Mit diesem Zeitpunkte fällt die Bestimmung des Abs. 4 fort und sind die qu. Grundstücke in bezug auf die Eintragung und Löschung der Vermerke gleichfalls den Bestimmungen des Abs. 2 unterworfen. Dies bedingt, daß die Ortsgerichte über die ihnen zuteil werdenden Mitteilungen genaue Verzeichnisse führen, damit bei Einführung des Grundbuchrechts die Eintragung der Sperrvermerke 2c. in die anzulegenden Grundbuchblätter ohne weiteres erfolgen kann.

Dritter Abschnitt.

Rechtsverhältnisse der Bahneinheiten.

§ 16.[77])

Für die Bahneinheit gelten die sich auf Grundstücke beziehenden Vorschriften des Bürgerlichen Gesetzbuchs, soweit nicht aus diesem Gesetze sich ein Anderes ergibt.[78])

Mit der gleichen Beschränkung finden die für den Erwerb des Eigentums und für die Ansprüche aus dem Eigentum an Grundstücken geltenden Vorschriften des Bürgerlichen Gesetzbuchs auf die Bahneinheit entsprechende Anwendung.[79])

Soweit am Sitze des für die Führung des Bahngrundbuchs zuständigen Gerichts landesgesetzliche Vorschriften bestehen, welche die in den Abs. 1 und 2 bezeichneten Vorschriften ergänzen oder abändern, sind sie neben diesen Vorschriften oder statt ihrer maßgebend.[80])

[77]) Prinzip und Entstehung des § 16.

§ 16. Prinzip. I. Prinzip. Mit § 16 beginnt der dritte, die §§ 16 bis 19 umfassende Abschnitt des Gesetzes, welcher die „Rechtsverhältnisse der Bahneinheiten" behandelt. In dem bisherigen Abschnitt III, der „die dinglichen Rechtsverhältnisse der Bahnen im allgemeinen" regelte, war der Grundsatz leitend, daß auf den Erwerb des Eigentums und der sonstigen dinglichen Rechte an der Bahneinheit, den Umfang, die Wirkung, Übertragung und Aufhebung dieser Rechte, soweit nicht das Gesetz ein anderes bestimmt, im ganzen Umfange der Monarchie die in den Grundbuchgesetzen für Grundstücke gegebenen Vorschriften Anwendung finden. Da an die Stelle dieser Vorschriften seit dem 1. Januar 1900 die entsprechenden Vorschriften des neuen Rechts, insbesondere des B.=G.=B. getreten sind, so mußte folgerichtig der Rechtszustand, wie er sich hiernach gestaltet hat, auch in bezug auf die Bahneinheiten zum Ausdruck gebracht werden. Dies ist im Abschn. III (§ 16) unter Aufrechterhaltung einiger durch die Eigenart der Bahneinheit bedingten

Sonderbestimmungen (§§ 17, 19) geschehen (Art. 112 Einf.-Ges. z. B.-G.-B.). Zugleich wurde dem Umstande Rechnung getragen, daß einerseits durch die Vorschriften des B.-G.-B. über Schuldverschreibungen auf den Inhaber (§§ 793—808) in Verbindung mit den Bestimmungen über die Hypothekbestellung für dieselben (§§ 1187—1189, 1195), andererseits durch das Reichsgesetz, betreffend die gemeinsamen Rechte der Besitzer von Schuldverschreibungen, v. 4. Dezember 1899, diejenigen Bestimmungen, welche das bisherige Eisenbahnpfandrechtsges. v. 19. August 1895 im Abschn. IV über die „Teilschuldverschreibungen auf den Inhaber" enthielt, im wesentlichen zum Reichsrecht gemacht worden sind, so daß sich die Vorschriften des bisherigen Abschn. IV bis auf wenige Sonderbestimmungen (Art. 112 Einf.-Ges. z. B.-G.-B.) erübrigten und es genügte, die letzteren unter Fortfall des Abschn. IV in den Abschn. III (§ 18) des Gesetzes aufnehmen. Demgemäß reihen sich nunmehr unmittelbar an den Abschn. III über die Rechtsverhältnisse der Bahneinheiten als Abschnitt IV (§§ 20—39) die Bestimmungen über Zwangsvollstreckung, Zwangsversteigerung und Zwangsverwaltung in besonderen Fällen, als Abschn. V (§§ 40—53) über die Zwangsliquidation und als Abschnitt VI (§§ 54—58) die Schlußbestimmungen.

A) Der Zweck des vorliegenden Gesetzes besteht vornehmlich darin, unter Wahrung der öffentlichen Interessen des Verkehrs und Betriebes einen ausreichenden Realkredit für Privat- und Kleinbahnen zu schaffen, und zwar durch die rechtswirksame Begründung von Bahnpfandschulden an diesen Bahnen und im Zusammenhange damit durch die Regelung der Zwangsvollstreckung in dieselben. Zu diesem Behufe ist als geeignetes Pfandobjekt vom Gesetze eine neue rechtliche Einheit, die Bahneinheit, aufgestellt worden, welche durch die Gesamtheit der einem Bahnunternehmen gewidmeten Sachen und Rechte gebildet wird und als selbständige, den Grundstücken gleichgestellte Berechtigung (vgl. Motive z. § 1 S. 1—6 u. z. § 16 S. 140—144) nach Analogie des Erbbaurechts (B.-G.-B. § 1017) und des Bergwerkeigentums (Art. 67 Nr. 1 Ausf.-Ges. z. B.-G.-B.), Liegenschaftscharakter besitzt und zum Gegenstand von Veräußerungen und Belastungen sowie von Zwangsvollstreckungen gemacht werden kann. Die einzelnen Grundstücke, Gegenstände und Rechte, aus welchen sich die Bahneinheit als Ganzes zusammensetzt (§ 4), erleiden, so lange sie zu derselben gehören, durch diese Eigenschaft der Zugehörigkeit ipsa lege eine wesentliche Einschränkung ihrer rechtlichen Selbständigkeit; insbesondere ist die Veräußerung und Belastung der Bahngrundstücke, sowie die Verfolgung dinglicher Rechte an denselben, solange die Genehmigung besteht, d. h. die Bahn im Betriebe ist, nur insoweit zulässig, als hierdurch nach Bescheinigung der Aufsichtsbehörde eine Beeinträchtigung der Betriebsfähigkeit des Unternehmens nicht herbeigeführt wird (§§ 5—7), und es findet nur unter gleicher Voraussetzung eine Zwangsvollstreckung in die einzelnen Bestandteile der Bahneinheit statt (§ 37 Abs. 1). Auch nach dem Erlöschen der Genehmigung bis zur Auflösung der Bahneinheit durch Schließung des Bahngrundbuchs ist eine Zwangsvollstreckung in die einzelnen Bestandteile der Bahneinheit — außer zur Beitreibung eines den Bahnpfandgläubigern gegenüber wirksamen Rechts — unzulässig (§ 37 Abs. 2) und sind zugunsten derselben Verfügungen des Bahneigentümers für unwirksam erklärt (§ 19). In der Gestaltung des Bahnunternehmens zu einer selbständigen, den Vorschriften des B.-G.-B. für Grundstücke, für den Erwerb des Eigentums und für den Ansprüchen aus dem Eigentum an Grundstücken unterworfenen Berechtigung und dadurch zu einem geeigneten Pfandobjekt, in der Regelung der Zwangsvollstreckung in dasselbe und in den zugunsten der Bahnpfandgläubiger gegebenen Kautelen gegen eine Zerstückelung des Unternehmens und eine Beeinträchtigung des Wertes desselben liegen die vom Gesetze geschaffenen, nach Art. 112 Einf.-Ges. z. B.-G.-B. zulässigen Maßnahmen zur wirksamen Begründung von Bahnpfandschulden und ihrer Realisierung.

Indem das Gesetz der Bahneinheit — trotz ihrer Zusammensetzung aus unbeweglichen und beweglichen Sachen — mit Rücksicht auf den Wert und das Überwiegen der ersteren eine den Grundstücken gleiche Rechtsnatur und Liegenschaftscharakter verleiht, hat es folgerichtig auch für die formellen wie materiellen Rechtsverhältnisse der Bahneinheit im wesentlichen und grundsätzlich dieselben Normen als maßgebend vorgeschrieben, welche die Gesetzgebung für Grundstücke aufstellt (Abschn. III). Ebenso finden die allgemeinen gesetzlichen Vorschriften über die Zwangsvollstreckung in das unbewegliche Vermögen auf die Zwangsvollstreckung in die Bahneinheit Anwendung, insbesondere richtet sich danach mit gewissen aus der Besonderheit der Bahneinheit entspringenden Modifikationen die Zwangsversteigerung und die Zwangsverwaltung der Bahn (Abschn. IV). Eine Eintragung der Bahneinheit in Bahngrundbücher ist nicht obligatorisch; dieselbe findet vielmehr, abgesehen von den Fällen der Zwangsvollstreckung und des Vorhandenseins von Prioritätsobligationen nur statt, wenn der Eigentümer dieselbe beantragt. Der Eigentümer muß aber den Antrag auf Eintragung stellen, wenn er eine Veräußerung oder Belastung der Bahn vornehmen will (§ 8). Wird ein Bahngrundbuch angelegt, so wird nur die Bahneinheit als solche eingetragen; dagegen ist das Bahngrundbuch nicht zugleich das Grundbuch für die einzelnen Bahngrundstücke (§§ 11—18); vielmehr werden die für diese bestehenden Bücher fortgeführt und nur in denselben wegen der durch ihre Zugehörigkeit zur Bahneinheit begründeten Verfügungsbeschränkung eine Art von Sperrvermerk eingetragen (§ 15). Dies zum Verständnisse des Zusammenhanges des Abschn. III mit den anderen Abschnitten vorausgeschickt, wird im besonderen noch folgendes hervorgehoben:

1. Die rechtliche Bedeutung der Bahneinheit, deren Begriff und Wesen, Entstehung, Aufhören und Bestand durch Abschnitt I und deren formell rechtliche Behandlung (Anlegung, Einrichtung und Führung von Bahngrundbüchern) durch Abschnitt II normiert ist, ist eine verschiedene, je nachdem die Zeit vor dem Erlöschen der Genehmigung für das Unternehmen in Betracht kommt, oder nach Erlöschen der Genehmigung. Vor dem Erlöschen der Genehmigung zeigt sich die rechtliche Bedeutung der Bahneinheit einerseits darin, daß die Bahneinheit aus Gründen des öffentlichen Interesses insoweit zusammengehalten wird, als die Veräußerung oder dingliche Belastung der zur Bahneinheit gehörigen Grundstücke, sowie die Zwangsvollstreckung in ihre unbeweglichen Bestandteile nur dann gestattet ist, wenn die Aufsichtsbehörde der Nichtbeeinträchtigung des Unternehmens bescheinigt (§§ 5—7, § 87); und andererseits darin, daß die Bahneinheit im privaten Interesse als solche, d. h. als Gesamtkomplex von unbeweglichen und beweglichen Sachen zum Gegenstande von Rechtsgeschäften (Veräußerung, Verpfändung) und der Zwangsvollstreckung gemacht werden kann (§§ 16 ff., §§ 20 ff.). Nach dem Erlöschen der Genehmigung gibt sich die rechtliche Bedeutung der Bahneinheit darin kund, daß sie im Interesse der Bahnpfand-

gläubiger und zur abgesonderten Befriedigung derselben aus den einzelnen Bestandteilen der Bahneinheit noch rechtlich als ein Ganzes bis zur Schließung des Bahngrundbuchblatts zusammengehalten wird, und daher bis zu diesem Zeitpunkte Verfügungen des Bahneigentümers über Bestandteile der Bahneinheit den Bahnpfandgläubigern gegenüber unwirksam (§ 19) und Zwangsvollstreckungen in Bestandteile der Bahneinheit nur zur Beitreibung eines den Bahnpfandgläubigern gegenüber wirksamen Recht zulässig sind (§ 87 Abs. 2).

2. Der Umstand, daß die Bahneinheit, wenngleich sie sich aus unbeweglichen und beweglichen Gegenständen (Grundstücken, Baulichkeiten, Rechten an fremden Grundstücken, Fonds, Betriebsmitteln rc. § 4) zusammensetzt, gesetzlich als eine den Grundstücken gleichgeartete, mit Liegenschaftscharakter versehene Berechtigung gilt (§ 1), hat zur Folge, daß im allgemeinen sowohl in formeller, wie in materieller Hinsicht grundsätzlich die Bestimmungen für Grundstücke, sowie für den Erwerb des Eigentums und für die Ansprüche aus dem Eigentum an Grundstücken auch auf die Rechtsverhältnisse der Bahneinheiten Anwendung finden. Grundsätzlich erfolgt daher wie bei Grundstücken die freiwillige Veräußerung einer Bahneinheit nur durch Auflassung und Eintragung in das Bahngrundbuch (§ 8 Satz 8, § 16). Hypotheken, Renten- und Grundschulden an der Bahneinheit (Bahnpfandschulden) entstehen gleich denen an Grundstücken durch Eintragung (§ 17). Für die Bahnpfandschulden wie anderen dinglichen Rechte, ihren Inhalt, ihre Übertragung und Aufhebung sind die allgemeinen Vorschriften über Hypotheken, Renten- und Grundschulden rc. an Grundstücken grundsätzlich maßgebend. Andererseits jedoch ist durch den Umstand, daß die Bahneinheit eine in ihrem Bestande, Zweck und Wesen eigenartige Berechtigung darstellt, bedingt, daß auf der Grundlage der allgemeinen für die Rechtsverhältnisse der Grundstücke gegebenen formellen und materiellen Normen mehrfache Änderungen und Ergänzungen in das Gesetz aufgenommen werden mußten. In formeller Hinsicht ist dies durch die in der einleitenden Anm. 27 (S. 46 ff.) zu § 8 näher erörterten und begründeten Vorschriften über die Anlegung, Einrichtung und Führung von Bahngrundbüchern geschehen (Abschn. II), in materieller Hinsicht durch die im Abschn. III über die Verpfändung und Teilschuldverschreibungen, im Abschn. IV über die Zwangsvollstreckung und im Abschn. V über die Zwangsliquidation gegebenen Bestimmungen.

3. Was nun den ersten der das materielle Recht betreffenden Abschnitte, den Abschnitt III, anlangt, so enthält derselbe zunächst (§ 16) den für die Abschnitte des materiellen Rechts überhaupt leitenden Grundsatz, daß das allgemeine für Grundstücke gegebene Grundbuch- und Immobiliarsachenrecht des B.-G.-B. — und zwar einschließlich der Übergangsvorschriften des Einf.-Ges. zum B.-G.-B. — auch für Bahneinheiten die Grundlage bildet, d. h. Anwendung findet, soweit nicht die besonderen Verhältnisse der Bahneinheiten Änderungen und Ergänzungen notwendig machen (§ 16), und schreibt sodann im einzelnen diejenigen Änderungen und Ergänzungen vor, welche sich auf den wichtigsten Abschnitt des Grundbuch- und Immobiliarsachenrechts, die Verpfändung der Bahneinheit einschließlich des hiermit eng zusammenhängenden Rechtsinstituts der Bahnpfandschuld in Teilschuldverschreibungen beziehen. Die abändernden und ergänzenden Vorschriften des Abschnitts III in betreff der Verpfändung bestehen in folgendem:

a) Zunächst ist in Ergänzung des § 878 B.-G.-B. und § 19 Gr.-B.-O.

und zur Beseitigung eines sich aus der Gesetzgebung ergebenden Zweifels angeordnet, daß nach Analogie des § 6 des Eisenb.-Ges. v. 8. November 1888 nicht nur die Eintragung einer Hypothek, sondern auch die einer Grundschuld oder Rentenschuld an einer Bahneinheit bei Privateisenbahnen der Genehmigung des Ministers der öffentlichen Arbeiten bedarf (§ 17 Anm. 82).

b) Sodann sind in betreff einer Hypothek für Teilschuldverschreibungen auf den Inhaber mit Rücksicht auf die §§ 1187—1189, 1195 B.-G.-B. Art. 112 Einf.-Ges. z. B.-G.-B. u. das Reichsgesetz, betr. die gemeinsamen Rechte der Besitzer von Schuldverschreibungen, v. 4. Dezember 1899 (R.-G.-Bl. S. 691) die bisherigen §§ 20—31 des Ges. v. 19. August 1895 in Wegfall gebracht und die Vorschriften der §§ 9 und 16 des vorliegenden Bahneinheitsgesetzes mit der Maßgabe für anwendbar erklärt, daß 1. die Eintragung öffentlich bekannt zu machen ist, 2. bei der Löschung der Hypothek die Vorlegung der Urkunde und Zinsscheine durch Hinterlegung der Beträge unter Verzicht auf das Rücknahmerecht ersetzt wird und in diesem Falle die Löschung öffentlich bekannt zu machen ist, 3. zur Eintragung der Aufgabe oder Beschränkung von Gläubigerrechten gemäß §§ 11—13 des Reichsgesetzes v. 4. Dezember 1899 die Vorlegung der Urkunden nicht erforderlich ist, wohl aber die öffentliche Bekanntmachung der Eintragung, 4. die Erleichterungen unter Ziff. 2 u. 3 auch auf eine für den Inhaber des Briefes eingetragene, in Teile zerlegte Grund- oder Rentenschuld Anwendung finden (§ 18 Anm. 88—91).

c) Endlich ist bestimmt, daß sofern nach dem Erlöschen der Genehmigung die Bahneinheit fortbesteht (d. h. bis zur Schließung des Bahngrundbuchblatts: § 8 Abs. 1 Satz 2), Verfügungen des Bahneigentümers über einzelne Bestandteile der Bahneinheit den Bahnpfandgläubigern gegenüber unwirksam sind. Doch soll, soweit nach Vorschriften des bürgerlichen Rechts der Erwerb in gutem Glauben geschützt wird, dieser Schutz auch denjenigen zuteil werden, welche Verträge über einen Bestandteil der Bahneinheit abschließen, ohne die Zugehörigkeit des betreffenden Gegenstandes zur Bahneinheit zu kennen. Daher finden nach ausdrücklicher Bestimmung des Gesetzes die Vorschriften zugunsten derjenigen, welche Rechte von einem Nichtberechtigten herleiten, insbesondere die Vorschriften über den öffentlichen Glauben des Grundbuchs entsprechende Anwendung. Auch erlischt das Recht der Bahnpfandgläubiger, die Unwirksamkeit einer Verfügung des Bahneigentümers geltend zu machen, mit der Schließung des Bahngrundbuchblatts (§ 19 Anm. 94, 95).

4. Abgesehen von diesen in den §§ 17—19 des Gesetzes ausdrücklich ausgesprochenen Abänderungen und Ergänzungen können mit Rücksicht auf die eigenartige Natur der Bahneinheit mannigfache Bestimmungen der für Grundstücke geltenden Bestimmungen des B.-G.-B. nicht ohne weiteres, sondern nur sinngemäß und modifiziert auf Bahneinheiten zur Anwendung gelangen, ohne daß dies im vorliegenden Gesetze besonderen Ausdruck gefunden hat (s. auch Gleim § 16 Anm. 1). Doch werden bei den folgenden Erläuterungen der Abschnitte III bis V die prinzipiell wichtigen und wesentlichen Modifikationen im allgemeinen erwähnt und — soweit dies für das Verständnis der Bestimmungen des Gesetzes erforderlich — in den Bereich der Erörterung gezogen werden.

B) Es kann nunmehr zur Erörterung der wesentlichen Prinzipien des an die Spitze des Abschnittes III gestellten § 16 übergegangen werden.

1. § 16 stellt für das materielle Recht denselben Grundsatz als leitend hin, welcher nach § 9 für das formelle Recht zur Anwendung zu bringen ist. Wie mit den durch die Eigenart der Bahneinheit gebotenen Modifikationen formell die Bestimmungen der R.-Gr.-B.-O., so sollen materiell die Vorschriften des B.-G.-B. nebst seinen Übergangsvorschriften zur Anwendung kommen. Für die Bahneinheit gelten die sich auf Grundstücke sowie auf den Erwerb des Eigentums und die Ansprüche aus dem Eigentum an Grundstücken beziehenden Vorschriften des Bürgerlichen Gesetzbuchs, soweit nicht aus diesem Gesetze sich ein anderes ergibt d. h. prinzipaliter greifen die positiven Bestimmungen des vorliegenden Gesetzes Platz, subsidiär (in Ermangelung oder Ergänzung derselben) die auf Grundstücke, den Eigentumserwerb und die Ansprüche aus dem Eigentum an Grundstücken sich beziehenden Bestimmungen des Bürgerlichen Gesetzbuchs.

2. Wie aber durch die R.-Gr.-B.-O. das formelle, so ist auch durch das B.-G.-B. das materielle Immobiliarsachenrecht (Liegenschaftsrecht) nicht erschöpfend geordnet. Es sind vielmehr einzelne Fragen der landesgesetzlichen Regelung vorbehalten worden. Soweit jedoch im B.-G.-B. oder im Einf.-Ges. zu demselben die Regelung den Landesgesetzen vorbehalten oder bestimmt ist, daß landesgesetzliche Vorschriften unberührt bleiben oder erlassen werden können, bleiben die bestehenden landesgesetzlichen Vorschriften in Kraft und können neue landesgesetzliche Vorschriften erlassen werden (Art. 3 Einf.-Ges. z. B.-G.-B.). Solche Vorbehalte sind nicht nur im 3. Abschnitt des Einf.-Ges. z. B.-G.-B. (Art. 55 ff.) enthalten, sondern auch in dem die Übergangsvorschriften betreffenden 4. Abschnitte (Art. 153 ff.). Demgemäß ist im Abs. 3 des § 16 bestimmt, daß soweit landesgesetzliche Vorschriften bestehen, welche die in den Abs. 1 u. 2 des § 16 bezeichneten Vorschriften ergänzen oder abändern, dieselben neben diesen Vorschriften oder statt ihrer maßgebend sind.

3. Hierbei kam jedoch noch der Umstand in Betracht, daß das die Bahneinheit bildende Bahnnetz sich über mehrere Gebiete mit voneinander abweichenden landesgesetzlichen Vorschriften erstrecken kann. Mit Rücksicht auf den Umstand, daß die ganze Bahn mit allen ihren Bestandteilen und Zubehörungen (§ 4) für den Rechtsverkehr eine Einheit bildet (§ 1), erschien es nicht angängig, ihre dinglichen Rechtsverhältnisse der Beurteilung nach verschiedenen landesgesetzlichen Normen zu unterwerfen. Es kann vielmehr für jede Bahneinheit in ihrem ganzen Umfange nur ein Recht maßgebend sein. Wie aber für das formelle Recht die am Sitze des für die Führung des Bahngrundbuchs zuständigen Amtsgerichts (Bahngrundbuchamts) geltenden Vorschriften entscheiden (§§ 9, 10), so erschien es bei dem engen Zusammenhange zwischen dem formellen und materiellen Rechte und dem häufigen Ineinandergreifen der Normen beider am zweckmäßigsten, die am Sitze des das Bahngrundbuch führenden Gerichts bestehenden landesgesetzlichen Vorschriften auch für die materiellen Rechtsbeziehungen als entscheidend hinzustellen.

4. Die Reihenfolge der für das materielle Recht der Bahneinheiten zur Anwendung kommenden Vorschriften gestaltet sich somit nach § 16 dahin, daß 1) in erster Reihe die positiven Bestimmungen des vorliegenden Gesetzes, 2) in zweiter Reihe die landesgesetzlichen, am Sitze der für die Führung des Bahngrundbuchs

zuständigen Gerichts bestehenden Vorschriften, welche die sich auf Grundstücke beziehenden oder für den Erwerb des Eigentums nur für die Ansprüche aus dem Eigentume an Grundstücken geltenden Vorschriften des B.-G.-B. ergänzen oder abändern, 3) und in dritter Reihe die bezüglichen Vorschriften des B.-G.-B. zur Anwendung zu bringen sind.

§ 16. Entstehung. II. Die Entstehungsgeschichte des § 16 bestätigt die vorstehend dargestellte Tendenz desselben.

Der Revisionsentwurf v. 10. Februar 1902 (Drucks. d. Herrenh. Nr. 42 Sess. 1902) enthielt bereits die wörtlich in das vorliegende Gesetz als § 16 übergegangene Fassung und zwar mit nachstehender Motivierung (S. 14, 15): „Nach § 16 Satz 1 des (sc. bisherigen) Gesetzes finden auf den Erwerb des Eigentums und der sonstigen dinglichen Rechte an der Bahneinheit, den Umfang, die Wirkung, Übertragung und Aufhebung dieser Rechte, soweit nicht das Gesetz ein anderes bestimmt, im ganzen Umfange der Monarchie die in den Grundbuchgesetzen für Grundstücke gegebenen Vorschriften Anwendung. An die Stelle dieser Vorschriften sind seit dem 1. Januar 1900 die entsprechenden Vorschriften des neuen Rechts, insbesondere des Bürgerlichen Gesetzbuchs, getreten (Einf.-Ges. z. B.-G.-B. Art. 4). Die neue Fassung des § 16 bringt den Rechtszustand, wie er sich hiernach gestaltet hat, zum Ausdrucke. Sie schließt sich dem § 1017 (sc. Erbbaurecht) des Bürgerlichen Gesetzbuchs und dem Artikel 87 Nr. I des Ausf.-Ges. z. B.-G.-B. (sc. Bergwerkseigentum) an.

Der Abs. 1 stellt klar, daß die Bahneinheit eine Berechtigung ist, für welche die sich auf Grundstücke beziehenden Vorschriften gelten und die daher nach § 864 der C.-P.-O. der Zwangsvollstreckung in das unbewegliche Vermögen unterliegen (vgl. oben S. 8, 4 Motive zu § 1). Zu den sich auf Grundstücke beziehenden Vorschriften des Bürgerlichen Gesetzbuchs gehören namentlich die sachenrechtlichen Vorschriften über die Belastung der Grundstücke mit Rechten sowie über den Inhalt, die Übertragung und die Aufhebung solcher Rechte, nicht dagegen die Vorschriften über das Eigentum an Grundstücken, insbesondere den Inhalt dieses Eigentums (§§ 905—918). Die auf das Eigentum an Grundstücken bezüglichen Vorschriften des Bürgerlichen Gesetzbuchs sollen vielmehr nach § 16 Abs. 2 nur insoweit auf die Bahneinheit entsprechende Anwendung finden, als sie den Erwerb des Eigentums und die Ansprüche aus diesem betreffen. Zu den im Abs. 1 in bezug genommenen Vorschriften gehören aber auch diejenigen sich auf Grundstücke beziehenden Vorschriften des Bürgerlichen Gesetzbuchs, welche sich außerhalb des Sachenrechts finden, z. B. in betreff der Form des Pachtvertrags über ein Grundstück (§ 566, § 581 Abs. 2), des Erfordernisses der Einwilligung der Frau oder der Genehmigung des Vormundschaftsgerichts zur Verfügung über ein zu dem Gesamtgut der ehelichen Gütergemeinschaft oder zum Mündelvermögen gehörendes Grundstück (§ 1445, § 1881 Abs. 1 Nr. 1). Mit den Vorschriften des Bürgerlichen Gesetzbuchs finden auch die Übergangsvorschriften des Einf.-Ges. z. B.-G.-B. auf die Bahneinheiten Anwendung, soweit sich nicht aus diesem Gesetz ein anderes ergibt. Der dargelegten Tragweite des neuen § 16 Abs. 1 entspricht die im Art. 1 Nr. 10 des Entwurfes vorgeschlagene allgemeine Fassung der Überschrift des Abschnitts.

Sowohl die im Abs. 1 als auch die im Abs. 2 des § 16 bezeichneten Vorschriften des Bürgerlichen Gesetzbuchs gelten aber nur, soweit sich aus diesem Gesetze nicht ein anderes ergibt. Beispielsweise ist, wie schon erwähnt, die Vorschrift des § 890 Abs. 2 des B.-G.-B. über die Vereinigung mehrerer Grundstücke durch den § 2 Abs. 1 des Gesetzes von der Anwendung auf Bahneinheiten ausgeschlossen.

Der neue § 16 Abs. 3 ersetzt die Sätze 2, 3 der bisherigen Fassung. Wegen der in dieser in bezug genommenen Einführungsgesetze ist auf die Begründung zu § 9 zu verweisen. Unter den Abs. 3 fallen z. B. die Vorschriften des Art. 26 des Ausf.-Ges. z. B.-G.-B. über die Form zur Auflassung im früheren Geltungsbereiche des Rheinischen Rechts."

Die vorgeschlagene Fassung wurde von beiden Häusern des Landtages unverändert angenommen, nachdem hervorgehoben worden war, daß die Änderung des bisherigen materiellen Sachenrechts durch die Einführung des Bürgerlichen Gesetzbuches die Notwendigkeit der Anpassung des alten Gesetzes an das nunmehr geltende Reichs- und Landesrecht ergeben habe (Sten.-Ber. d. Herrenh. 1902, 4. Sitzg. S. 58 ff.).

78) Absatz 1 des § 16 spricht als leitenden Grundsatz für die Regelung der Rechtsverhältnisse der Bahneinheiten aus, daß für die Bahneinheit die sich auf Grundstücke beziehenden Vorschriften des Bürgerlichen Gesetzbuchs gelten, soweit nicht aus diesem Gesetze sich ein anderes ergibt. Dieser Grundsatz hat jedoch durch die Bestimmungen der Abs. 2 und 3 des § 16 zwei wesentliche Einschränkungen erfahren. 1. An sich würden zu den sich auf Grundstücke beziehenden Vorschriften des B.-G.-B. ohne jede Begrenzung auch die Vorschriften desselben über das Eigentum an Grundstücken gehören. Der Grundsatz des Abs. 1 ist jedoch in Rücksicht auf die Rechtsnatur der Bahneinheit als einer Berechtigung durch Abs. 2 des § 16 (Anm. 79) insofern eingeschränkt, als die Anwendung der auf das Eigentum bezüglichen Vorschriften des B.-G.-B. auf Bahneinheiten nicht in vollem Umfange zugelassen ist, sondern nur bezüglich des Eigentumserwerbs und der Ansprüche aus dem Eigentume an Grundstücken, soweit nicht das vorliegende Gesetz etwas anderes vorsieht. 2. Sodann sollen nach Abs. 3 des § 16 (Anm. 80), landesgesetzliche Vorschriften, soweit solche am Sitze des für die Führung des Bahngrundbuchs zuständigen Gerichts bestehen und die in den Abs. 1 u. 2 des § 16 bezeichneten Vorschriften ergänzen oder abändern, neben diesen Vorschriften oder statt ihrer maßgebend sein. Mit diesen beiden, sich aus Abs. 2 u. 3 ergebenden Einschränkungen findet hiernach der allgemeine Grundsatz des Abs. 1 Anwendung. § 16. Abs. 1.

I. Dieser leitende Grundsatz für das materielle Recht der Bahneinheit stimmt vollständig überein mit der im § 9 für das formelle Recht (Verfahren bei Führung der Bahngrundbücher) ausgesprochenen Norm, wonach in erster Reihe die besonderen Vorschriften des Gesetzes und sodann subsidiär die Vorschriften der Grundbuchordnung (R.-G.-Bl. 1898 S. 754) sowie die zu ihrer Ausführung und Ergänzung dienenden Vorschriften Anwendung finden. Der Grund für diese Bestimmung liegt darin, daß die Bahneinheit, wenngleich sie sich aus unbeweglichen und beweglichen Sachen zusammensetzt (§ 4), doch nach dem Gesetze begrifflich als eine selbständige, den Grundstücken gleichgestellte und mit Liegenschaftscharakter versehene Berechtigung bildet (§ 1), und daher — abgesehen von den in den Abschnitten III bis V enthaltenen Abänderungen, Ergänzungen und Modifikationen — die für Grundstücke gegebenen Bestimmungen des materiellen Rechts auch zur Anwendung auf Bahneinheiten für geeignet erachtet worden sind.

II. Im § 9 ist für das formelle Recht durch die Worte „entsprechende Anwendung“ darauf hingewiesen, daß die Eigenartigkeit der Bahneinheiten und ihre rechtliche Verschiedenheit von Einzelgrundstücken eine vollständige und strikte Anwendung der für letztere gegebenen Vorschriften nicht in allen Fällen zuläßt. Im § 16 Abs. 1 fehlt das Wort „entsprechend“, während es in den Abs. 2 aufgenommen ist. Es kann aber bei der dem § 1017 B.-G.-B. (Erbbaurecht) und Art. 87 I des Ausf.-Ges. z. B.-G.-B. (Bergwerkseigentum) inhaltlich der Motive (s. S. 146) nachgebildeten Fassung nicht zweifelhaft sein, daß hier wie dort eine Omission vorliegt, d. h. auch die sich auf Grundstücke beziehenden Vorschriften des B.-G.-B., auf Bahneinheiten nur entsprechende Anwendung finden sollen. Denn daß die lediglich für Grundstücke gegebenen Vorschriften nicht überall vollständig und in allen Stücken und Beziehungen auf die Bahneinheit als eine selbständige Berechtigung anwendbar sind, sondern nur soweit dies die begriffliche Verschiedenheit gestattet, bedarf der Begründung nicht. Dies ergibt sich auch aus der für die Anwendung des formellen Grundbuchrechts gegebenen Bestimmungen des § 9 („entsprechende Anwendung“). In welchem Umfange und in welcher Weise dies aber zu geschehen hat, wird im folgenden erörtert werden.

III. Für subsidiär — d. h. soweit nicht aus dem Bahneinheitsgesetze sich ein anderes ergibt — auf die Bahneinheit anwendbar erklärt sind durch Abs. 1 des § 16 „die sich auf Grundstücke beziehenden Vorschriften des B.-G.-B.“

1. Hierbei ist davon auszugehen, daß, wie sich aus der ganzen Tendenz des Bahneinheitsgesetzes, der ausdrücklichen Erklärung der Motive zum § 1 und § 16 sowie dem Hinweise derselben auf § 864 C.-P.-O., § 1017 B.-G.-B. u. Art. 87 I des Ausf.-Ges. z. B.-G.-B. ergibt, die Bahneinheit begrifflich als eine dem Erbbaurecht oder Bergwerkseigentum analoge, mit dem Liegenschaftscharakter bekleidete selbständige Berechtigung gedacht ist. Diese Berechtigung besteht ihrem Wesen und Inhalte nach in dem Rechte, das Bahnunternehmen mit den ihm gewidmeten Vermögenswerten an Grundstücken, Baulichkeiten, Rechten an fremden Grundstücken, Fonds, beweglichen Sachen wie Betriebsmitteln rc. im Umfange des § 4 (Anm. 13ff. S. 19) herzustellen und zu betreiben. Also nicht die Objekte und Vermögenswerte, aus welchen sich die Bahn bezw. das Bahnunternehmen zusammensetzt, sondern dieses Recht selbst ist den Grundstücken gleichgestellt bezw. den Grundstücksnormen unterworfen. Ob die einzelnen Objekte den Liegenschaftsnormen oder den sich auf bewegliche Sachen beziehenden Bestimmungen unterliegen, hängt davon ab, ob sie Grundstücksqualität besitzen oder nicht.

Hier handelt es sich nur um die positive Feststellung des Gesetzes, daß das Recht, das Bahnunternehmen mittels dieser Objekte herzustellen und zu betreiben d. h. das Recht der Bahnunternehmung mit allen ihr gewidmeten Vermögenswerten als ein selbständiges Ganzes den sich auf Grundstücken beziehenden Vorschriften unterworfen, als eine grundstücksgleiche Berechtigung gesetzlich zu betrachten ist. Den einzelnen Objekten, auch wenn sie ihrer Qualität nach an sich den Liegenschaftsnormen unterliegen, fehlt, solange sie Bestandteile der Bahneinheit sind, der Charakter der Selbständigkeit, sie teilen das Schicksal der

Bahneinheit und sind kein zulässiger Gegenstand von Sonderrechten (§ 4 Abs. 2 und 3, §§ 5—7).

2. Als auf Grundstücke bezügliche Vorschriften des B.=G.=B. kommen nicht nur diejenigen in Betracht, welche im Sachenrecht (Drittes Buch) des B.=G.=B. enthalten sind, sondern auch die sich außerhalb des Sachenrechts findenden (Motive S. 15), überhaupt alle Vorschriften des B.=G.=B. für Grundstücke, soweit nicht der begriffliche Unterschied von Sache und Recht der Anwendung entgegensteht (Planck B.=G.=B. III S. 297), mithin die Gleichstellung der Grundstücke und der Bahneinheitsberechtigung mit Rücksicht auf die Verschiedenheit des Objekts begrifflich ausgeschlossen ist. (Anm. 77 S. 146.)

3. Ferner ist nur erforderlich, daß die Vorschriften sich auf Grundstücke beziehen, nicht aber, daß sie sich ausschließlich auf Grundstücke beziehen d. h. für diese besonders normiert sind. Lediglich diejenigen Vorschriften sind von der Anwendung ausgeschlossen, welche nach positiver Bestimmung oder nach ihrem Inhalt lediglich für bewegliche Sachen — im Gegensatz zu Rechten — gegeben sind (Biermann, Sachenrecht 2. Aufl. S. 228, Fuchs, Grundbuchr. I S. 274, H. Neumann, zu § 1017 B.=G.=B.). Daher untersteht der Nießbrauch an einer Bahneinheit nicht den Vorschriften über den Rechtsnießbrauch (§§ 1068 ff.), sondern denen des Sachnießbrauchs (§§ 1030 ff.) (Fuchs I S. 274 Ziff. 87, Turnau u. Förster I S. 445). Daher sind auf die Beendigung des Nießbrauchs an einer Bahneinheit nicht § 1072, sondern §§ 875, 889 anzuwenden. Auch Gegenstand eines Pfandrechts kann die Bahneinheit nicht sein, weil dasselbe nur an beweglichen Sachen und Rechten, nicht an Gegenständen mit Liegenschaftscharakter zulässig ist, es auch nicht angängig ist, daß eine Bahneinheit mit Hypotheken und zugleich mit Pfandrechten belastet wird (Fuchs I S. 274 Ziff. 86, Planck III S. 298).

4. Endlich sind nur die sich auf Grundstücke beziehenden Vorschriften des B.=G.=B. und des Einf.=Ges. z. B.=G.=B. — mit der im Abs. 3 des § 16 enthaltenen Modifikationen — gemeint. Für das Erbbaurecht ist diese Frage streitig. Der Annahme, daß § 1017 B.=G.=B. sich nur auf die Vorschriften des B.=G.=B. und das Einf.=Ges. beschränke (Fuchs, Grundbuchrecht I S. 274) steht die Meinung gegenüber, daß das Anwendungsgebiet auch die übrigen reichs- und landesgesetzlichen Vorschriften umfaßt (Planck B.=G.=B. III S. 298, Turnau u. Förster I S. 444, Biermann, Sachenrecht 2. Aufl. S. 228). Für die Bahneinheit erscheint die Einschränkung auf das B.=G.=B. und dessen Einf.=Ges. jedenfalls begründet, da § 16 Abs. 1 des Bahneinh.=Ges. im Gegensatze zu § 1017 B.=G.=B. ausdrücklich nur von den Vorschriften des B.=G.=B. spricht. Im übrigen erfährt die Anwendung — abgesehen von der Bestimmung des § 16 Abs. 3 — dadurch eine wesentliche Erweiterung, daß die C.=P.=O. §§ 864, 870 Abs. 1, 932 die Berechtigungen, für welche die sich auf Grundstücke beziehenden Vorschriften gelten, in Ansehung der Zwangsverwaltung und damit auch der Zwangsversteigerung, Zwangsvollstreckung und des Arrestes den Grundstücken gleichstellt, die Bahneinheit aber zu diesen Berechtigungen gehört. Die Ausdehnung trifft für alle nach dem B.=G.=B. entstandenen oder revidierten Reichs- und Landesgesetze zu, in welchen die Gleichstellung dieser Berechtigungen mit den Grundstücken ausdrücklich ausgesprochen oder dem Sinne nach anzunehmen ist (Planck III S. 298, Biermann S. 228, Turnau u. Förster I S. 446).

5. Nach vorstehenden Grundsätzen sowie nach den Motiven zu § 16, welche

zu den sich auf Grundstücke beziehenden Vorschriften des B.=G.=B. „namentlich die sachenrechtlichen Vorschriften über die Belastung der Grundstücke mit Rechten, sowie über den Inhalt, die Übertragung und die Aufhebung solcher Rechte" zählen, sind folgende Vorschriften des B.=G.=B. vornehmlich anwendbar: §§ 94 Abs. 2, 96, 97, 98 Nr. 1, 99—103, 282, 313, 416, 433, 435, 436, 439, 444, 446, 449, 468, 477, 503, 510, 537, 551, 556, 559—561, 565, 566, 571—580, 581 ff., 598 ff., 648, 753, 809, 836, 837, 859, 867, 873, 874, 876—899, 905, 925, 926, 946, 1005 ff., 1009, 1010, 1018 ff., 1030 ff., 1048 ff., 1090 ff., 1094 ff., 1113 ff., 1378, 1423, 1445, 1475, 1663, 1821, 1881 (Fuchs I S. 274, Biermann S. 222, Planck III S. 298, Turnau u. Förster I S. 445, 446, Motive S. 15.).

a) Was die Anwendung des § 96 B.=G.=B. anlangt, so bedingt dieselbe, daß Rechte, die mit dem Eigentume an der Bahneinheit verbunden sind, als Bestandteile derselben gelten (vgl. § 4 Anm. 14 S. 26). Hierher gehören insbesondere die Grunddienstbarkeiten (§ 1018), Vorkaufsrechte (§ 1094) und Reallasten (§ 1105 ff.) (Planck III S. 298a, Fuchs I S. 16, 274, Turnau u. Förster I S. 445).

b) Die Übertragung und Belastung einer Bahneinheit erfolgt mit den in diesem Gesetze gegebenen Modifikationen grundsätzlich nach denselben Vorschriften wie die Übertragung des Eigentums und die Belastung der Grundstücke (Achilles u. Strecker Gr.=B.=O. S. 46). Insbesondere findet auf den Vertrag, durch welchen sich der Bahneinheitsberechtigte (Unternehmer) verpflichtet, die Bahneinheit zu übertragen, auf Grund des § 16 Abs. 1 des Bahneinheitsgesetzes § 313 Satz 1 B.=G.=B. Anwendung d. h. der Vertrag bedarf der gerichtlichen oder notariellen Beurkundung. Und wenn derselbe ohne Beobachtung dieser Form geschlossen wird, so wird er seinem ganzen Inhalt nach gültig, wenn die Auflassung und Eintragung in das Bahngrundbuch erfolgen (§ 313 Satz 2, Fuchs I S. 269, Planck III S. 298, Turnau u. Förster I S. 445).

c) Aus der Anwendbarkeit des § 946 B.=G.=B. ergibt sich, daß, wenn eine bewegliche Sache mit der Bahneinheit als wesentlicher Bestandteil verbunden wird, die Bahneinheit sich auch auf diese Sache erstreckt (s. § 4 Anm. 14a u. b S. 27 ff., 29 ff.). Planck III S. 298.

6. Die Wirkungen, welche die Anwendung der sich auf Grundstücke beziehenden Vorschriften des B.=G.=B. auf die Bahneinheit ausübt, bestehen insbesondere darin, daß 1. mit der Bahneinheit wie mit einem Grundstücke subjektiv dingliche Rechte — Grunddienstbarkeiten, Vorkaufsrechte und Reallasten — verbunden werden können, 2. die Bahneinheit wie ein Grundstück mit Dienstbarkeiten, Reallasten, Vorkaufsrechten sowie mit Hypotheken, Grund= und Rentenschulden belastet werden kann, und auch Vormerkungen, Verfügungsbeschränkungen, Widersprüche auf der Bahneinheit gebucht werden können (Fuchs I S. 274 Ziff. 4, Planck III S. 298 Ziff. 2).

IV. Die Geltung der sich auf Grundstücke beziehenden Vorschriften des B.=G.=B. sind für die Bahneinheit nur insoweit vorgeschrieben, als sich aus diesem Gesetz nicht ein anderes ergibt. Insoweit also in dem vorliegenden Gesetze über die Bahneinheiten Bestimmungen enthalten sind, welche von den Liegenschaftsnormen des B.=G.=B. abweichen, gehen erstere vor, sie sind prinzipaliter gültig, während ihnen gegenüber letztere nur subsidiäre Bedeutung haben. Die prinzipalen Bestimmungen des Gesetzes, welche den sich auf Grundstücke beziehen=

den Vorschriften des B.-G.-B. vorgehen, betreffen a) Die Bildung einer einzigen Bahneinheit aus einer Privateisenbahn, welche bestimmungsmäßig mit einer anderen bereits bestehenden Privateisenbahn (Stammbahn) einheitlich zu betreiben ist — wodurch die Vorschrift des § 890 Abs. 2 B.-G.-B. über die Vereinigung mehrerer Grundstücke von der Anwendung auf Bahneinheiten ausgeschlossen ist (s. Mot. z. § 16 oben S. 147). b) Das Erfordernis der staatlichen Genehmigung zur Entstehung und Übertragung der Bahneinheit (§§ 8, 32) sowie der Erteilung von Unschädlichkeitsbescheinigungen in den Fällen der §§ 5—7. c) Das Erfordernis der Genehmigung des Ministers der öffentl. Arbeiten zur Eintragung einer Grundschuld oder Rentenschuld an einer Bahneinheit bei Privateisenbahnen (§ 17). d) Die Unwirksamkeit der Verfügungen des Bahneigentümers über einzelne Bestandteile der Bahneinheit den Bahnpfandgläubigern gegenüber, wenn diese nach Erlöschen der Genehmigung fortbesteht, jedoch vorbehaltlich der auf Grund des öffentlichen Glaubens des Grundbuchs erworbenen Rechte (§ 19). e) Die Modifikationen, von welchen nach § 18 in betreff der Bestellung und Eintragung einer Bahnpfandschuld in Gestalt von Teilschuldverschreibungen die Bestimmungen der §§ 1187—1189, 1195 B.-G.-B. und die Bestimmungen des Reichsgesetzes v. 4. Dezember 1899 über die gemeinsamen Rechte der Besitzer von Schuldverschreibungen getroffen werden. f) Die Zwangsvollstreckung — Zwangsversteigerung und Zwangsverwaltung in besonderen Fällen — (Abschn. IV §§ 20—39). g) Die Zwangsliquidation (Abschn. V §§ 40—58).

79) Absatz 2 des § 16 bestimmt, daß „mit der gleichen Beschränkung die für den Erwerb des Eigentums und für die Ansprüche aus dem Eigentum von Grundstücken geltenden Vorschriften des B.-G.-B. auf die Bahneinheit entsprechende Anwendung finden. § 16. Abs. 2.

I. Nicht alle Vorschriften des B.-G.-B. über das Eigentum sollen auf die Bahneinheit entsprechende Anwendung finden (s. oben Anm. 78 II S. 148), sondern nur die für den Erwerb des Eigentums und für die Ansprüche aus dem Eigentum an Grundstücken geltenden. Mit dieser Einschränkung sind aber auch hier, wie im Abs. 1 die gesamten bezüglichen Vorschriften des B.-G.-B. gemeint, soweit nicht der begriffliche Unterschied von Sache und Recht entgegensteht und die Anwendung ausschließt (s. oben III 2 S. 149), und gleichviel ob sie sich lediglich auf Grundstücke oder auch zugleich auf bewegliche Sachen beziehen (s. III, 8 S. 149). Jedoch ist gleichfalls, wie in den Fällen des Abs. 1, nach der positiven Bestimmung des Abs. 2 die Anwendung nur auf die Vorschriften des B.-G.-B. bezw. des zugehörigen Einf.-Ges. beschränkt, umfaßt also nicht ohne weiteres auch andere reichs- und landesgesetzliche Vorschriften, soweit sich dies nicht ausdrücklich oder sinngemäß aus denselben ergibt, oder Abs. 3 des § 16 Platz greift (s. oben III, 4 S. 149).

II. Anwendbar sind hiernach:

1. Die für den Erwerb des Eigentums an Grundstücken geltenden §§ 900, 925, 926 B.-G.-B.

a) Aus § 900 folgt, daß derjenige, welcher als Eigentümer einer Bahn in das Bahngrundbuch eingetragen ist, ohne daß er das Eigentum erlangt hat, das Eigentum der Bahn erwirbt, wenn die Eintragung dreißig Jahre bestanden und er während dieser Zeit die Bahn im Eigenbesitze gehabt hat. Für die Berechnung und Hemmung der Frist gelten Satz 2 und 3 des § 900.

b) Ferner ergibt sich aus § 925, daß die zur Übertragung des Eigentums an einer Bahneinheit nach § 873 erforderliche Einigung des Veräußerers und Erwerbers (Auflassung) bei gleichzeitiger Anwesenheit beider Teile vor dem Grundbuchamte erklärt werden muß. Das Landesrecht kann aber nach Einf.=Ges. Art. 143 Abs. 1 vorschreiben, daß im Falle des § 925 die Einigung der Parteien außer vor dem Grundbuchamt auch vor Gericht, vor einem Notar, vor einer anderen Behörde oder vor einem anderen Beamten erklärt werden kann. (Vgl. noch Anm. 80 Abs. 3 S. 156ff. Planck III S. 299, Turnau u. Förster I S. 355ff., Fuchs S. 275 lit. c.) Infolge der Anwendbarkeit des § 925 Abs. 2 ist die unter einer Bedingung oder einer Zeitbestimmung erfolgte Übertragung einer Bahneinheit — im Gegensatz zur Entstehung (§ 8 Bahneinh.=Ges.) — unwirksam. Dadurch wird selbstverständlich die (nicht an eine Bedingung oder Zeitbestimmung geknüpfte) Übertragung einer von vornherein bedingten oder befristeten Bahneinheit nicht ausgeschlossen (Planck III S. 299 Ziff. 3).

c) Die aus § 926 im Falle der Einigung des Veräußerers und Erwerbers folgende Mitveräußerung und Eigentumsübertragung der Zubehörstücke (§§ 97, 98 B.=G.=B.) betrifft nur solche bewegliche Sachen, die nicht Bestandteile der Bahneinheit oder ihrer Bestandteile sind (§§ 93—96 B.=G.=B.), denn diese Bestandteile (§ 4 Bahneinh.=Ges. Anm. 18ff. S. 19ff., §§ 93ff. B.=G.=B.) gehen durch die Auflassung der Bahneinheit von selbst auf dem Erwerber über (Fuchs I S. 275 lit. b).

2. Die für die Ansprüche aus dem Eigentum an Grundstücken geltenden §§ 985—1007 B.=G.=B.

a) Aus den §§ 985ff. ergibt sich, daß dem Bahneigentümer die Klage auf Herausgabe (rei vindicatio) gegen den Besitzer zusteht. (Biermann S. 228, Planck III S. 299 Ziff. 4, Fuchs I S. 276, Turnau u. Förster I, S. 410).

b) Ebenso folgt aus § 1004, daß der Bahneigentümer, wenn sein Eigentum in anderer Weise, als durch Entziehung oder Vorenthaltung des Besitzers beeinträchtigt wird, gegen den Störer auf Beseitigung der Beeinträchtigung und bei Besorgung weiterer Beeinträchtigungen auf Unterlassung klagen kann (actio negatoria) — außer wenn der Eigentümer zur Duldung verpflichtet ist. (Biermann S. 228, Planck III S. 299 Ziff. 4, Fuchs I S. 275 Ziff. 6, Turnau u. Förster I S. 412.)

III. Nicht anwendbar sind dagegen:

1. Die für den Verlust des Eigentums an Grundstücken geltenden §§ 927, 928 B.=G.=B.

a) Die Nichtanwendbarkeit des § 927 hat zur Folge, daß der Bahneigentümer, auch wenn die Bahn seit 30 Jahren im Eigenbesitz eines anderen ist, im Wege des Aufgebotsverfahrens mit seinem Rechte nicht ausgeschlossen werden, und derjenige, der ein Ausschlußurteil demungeachtet erwirkt, das Eigentum durch Eintragung nicht erlangen kann. Die für das analoge Erbbaurecht vertretene Annahme, daß § 927 anwendbar sei, weil er zugleich eine Vorschrift über den Erwerb des Eigentums enthalte (vgl. Männer Recht d. Grundst. § 32 S. 194, Kober B.=G.=B. III S. 146, Kipp bei Windscheid § 228 S. 1004, Oberneck R.=Grundb.=Recht § 76 S. 369, Lehmann Bürgerl.=Recht S. 221) ist unzutreffend, weil § 927 in erster Reihe den Eigentumsverlust regelt (Biermann S. 228, Predari Gr.=B.=O.

§ 7 Anm. 2 Fuchs I S. 275 Ziff. 5d, Planck III S. 299 Ziff. 3, Turnau und Förster I S. 446).

b) Aus der Nichtanwendbarkeit des § 928 ergibt sich, daß das Eigentum an einer Bahneinheit durch Verzichtserklärung des Eigentümers gegenüber dem Grundbuchamte und Eintragung des Verzichts in das Grundbuch nicht aufgegeben werden und folgeweise auch eine Aneignung gemäß § 928 nicht erfolgen kann.

2. Die auf den Inhalt des Eigentums an Grundstücken sich beziehenden Vorschriften der §§ 905—924 B.=G.=B.

Die Motive (S. 146) schließen diese den Inhalt des Eigentums betreffenden Vorschriften von der Anwendung auf Bahneinheiten ausdrücklich aus. Es liegt auch in der Natur der Berechtigung, daß die lediglich auf die besonderen körperlichen Verhältnisse der Grundstücke bezüglichen Vorschriften, wie z. B. Begrenzung nach Höhe und Tiefe (§ 905), Immissionen (§ 906), Schutz gegen störende Anlagen auf Nachbargrundstücken (§§ 907, 908), Vertiefung derselben (§ 909) rc. nicht Anwendung finden können, sondern der Bahneigentümer sein Recht mit der actio negatoria (§ 1004 S. 152) oder als Eigentümer der einzelnen Bahngrundstücke geltend machen muß.

Insoweit hiernach die für das Eigentum an Grundstücken geltenden Vorschriften des B.=G.=B. auf die Bahneinheit nicht anwendbar sind, also insbesondere die den Verlust und den Inhalt des Eigentums an Grundstücken betreffenden Vorschriften, kommen für diese die allgemeinen für Rechte — ihren Verlust, Inhalt rc. — bestehenden Bestimmungen zur Anwendung.

IV. Auch die im Abs. 2 des § 16 bezeichneten Vorschriften des B.=G.=B. gelten aber nur „mit der gleichen Beschränkung", wie diejenigen des Abs. 1 d. h. nur „soweit nicht aus diesem Gesetze sich ein anderes ergibt". Insoweit also das Bahneinheitsgesetz Vorschriften enthält, welche die Bestimmungen des B.=G.=B. über den Erwerb des Eigentums und die Ansprüche aus dem Eigentum an Grundstücken abändern oder damit nicht vereinbar sind, haben erstere den Vorzug und sind prinzipaliter in Anwendung zu bringen (vgl. Anm. 78 S. 150, 151). Dahin gehört z. B. das Erfordernis der staatlichen Genehmigung zum Erwerb des Eigentums einer Bahneinheit (§§ 8, 82).

V. Die durch § 16 vorgeschriebene Anwendung der für Grundstücke, für den Erwerb des Eigentums sowie die Ansprüche aus dem Eigentume an Grundstücken geltenden Bestimmungen des B.=G.=B. auf Bahneinheiten hat in betreff des Erwerbs bezw. der Veräußerung des Eigentums der Bahneinheit und von Teilen derselben zu mehreren Streitfragen geführt, welche der Erörterung bedürfen:

a) Die freiwillige Veräußerung einer jeden Bahneinheit erfordert zu ihrer Rechtsgültigkeit bezw. zum Erwerbe des Eigentums die Eintragung des Eigentumsüberganges im Bahngrundbuch auf Grund einer Auflassung. Dies kann nach §§ 878, 925 B.=G.=B. in Verbindung mit § 8 Satz 4 und § 16 des Bahneinheitsgesetzes nicht zweifelhaft sein.

b) Soll eine im Bahngrundbuche noch nicht eingetragene Bahneinheit freiwillig veräußert werden, so ist hiernach zum Zweck der rechtsgültigen Veräußerung und des Eigentumserwerbs die vorgängige Eintragung der Bahneinheit im Bahngrundbuche geboten.

c) Die Eintragung einer noch nicht eingetragenen Bahneinheit in das Bahngrundbuch bezw. die Anlegung eines Bahngrundbuchblatts für dieselbe erfordert grundsätzlich und in der Regel den Antrag des Bahneigentümers auf Grund der für das Bahnunternehmen erteilten Genehmigung (§ 8 Satz 2 Bahneinh.-Ges.). Dieser Antrag des Eigentümers ist von der Bahnaufsichtsbehörde dem Bahngrundbuchgerichte zu übermitteln (§ 8 Satz 3 l. c.), darf aber nicht selbständig und aus eigener Initiative von ersterer gestattet werden, außer in den vom Gesetze ausdrücklich hervorgehobenen Fällen (§§ 21, 24, 25 l. c.), in welchen die Bahnaufsichtsbehörde den Eintragungsantrag von Amts wegen zu stellen hat (s. auch Gleim, Zeitschr. f. Kleinb. III S. 428ff., a. M. K. Hilse a. a. O. S. 420ff.). Wohl aber liegt es in der Zuständigkeit der Bahnaufsichtsbehörde, in denjenigen Fällen, in welchen das Gesetz die Eintragung der Bahneinheit erfordert, z. B. im Falle freiwilliger Veräußerung, den Bahneigentümer, welcher dieselbe herbeizuführen unterläßt oder verzögert, im Aufsichtswege zu dem Antrage auf Eintragung anzuhalten. Denn es ist in dem Aufsichtsrechte der Behörde begründet, den Bahneigentümer zur Befolgung der gesetzlichen und konzessionsmäßigen Bestimmungen, insbesondere, insoweit dieselben im öffentlichen Interesse liegen, zu veranlassen (s. §§ 46 u. 47 Eisenb.-Ges. v. 3. November 1888 §§ 22 bis 25 Kleinb.-Ges. vom 28. Juli 1892).

d) Ferner erfordert jede Veräußerung der Bahneinheit in Form der Auflassung zugleich die Beibringung der staatlichen Genehmigung zum Erwerbe der Bahn durch den Erwerber, denn diese Genehmigung bildet den Kern und das Wesen der Bahneinheit, ohne welche dieselbe als betriebsfähiges Ganzes begrifflich nicht fortbestehen kann (arg. §§ 3, 32 des Bahneinh.-Ges.).

e) Die Veräußerung des ganzen Bahnkörpers für sich allein ohne Veräußerung der Bahneinheit — ein Fall, welchen Gleim, Zeitschr. f. Kleinb. IV S. 551 annimmt — d. h. eine Beschränkung des Verkaufs auf die immobile Bahnanlage ist bestimmungsmäßig ausgeschlossen. Denn der Bahnkörper bildet begrifflich nicht, wie die Bahneinheit gemäß §§ 1, 16 des Bahneinh.-Ges., eine mit Liegenschaftscharakter ausgestattete Berechtigung, sondern ist lediglich ein Komplex einzelner Grundstücke und Rechte an fremden Grundstücken rc. Ohne das Band der Bahneinheitsberechtigung zerfällt daher der Bahnkörper in eine Anzahl einzelner Grundstücke und Parzellen, deren Veräußerung und Belastung gemäß §§ 5 und 7 von den Unschädlichkeitsattesten der Bahnaufsichtsbehörde abhängig ist (Turnau u. Förster I S. 896). Insoweit diese erteilt sind, richtet sich die Veräußerung nach den allgemeinen Bestimmungen über die Übertragung von Grundeigentum oder Rechten am Grundeigentum. Die Bestimmungen des § 16 des Bahneinh.-Gesetzes sind hier nicht anwendbar, weil diese sich lediglich auf die Bahneinheit als Ganzes beziehen. Die Veräußerung des Bahnkörpers ist also nur als integrierender Bestandteil der Bahneinheit (§ 4) zugleich mit dieser möglich und zulässig. Erfolgt aber mit staatlicher Genehmigung die Veräußerung der Bahneinheit, so bedarf es einer besonderen Veräußerung des Bahnkörpers im Wege der Auflassung nicht, vielmehr involviert die Veräußerung der Bahneinheit im Wege der Auflassung implizite auch die Veräußerung bezw. Auflassung sämtlicher zur Bahneinheit gehörigen Grundstücke, Baulichkeiten, Rechte rc. (§ 4 Abs. 1 Nr. 1 u. Abs. 3, § 11 Abs. 2 Ziff. 2, § 15 l. c.).

f) Die Veräußerung einzelner zur Bahneinheit gehöriger Grundstücke und Rechte an fremden Grundstücken bedarf des Unschädlichkeitsattestes der Bahnaufsichtsbehörde (§§ 5, 7 Bahneinh.-Ges., § 7 des Eisenb.-Ges.

vom 8. November 1888, Turnau u. Förster I S. 890). Ist dieses erbracht, so kommen auf diese Veräußerungen — wie bereits unter e bemerkt — lediglich die allgemeinen Bestimmungen des B.-G.-B. über Übertragung von Eigentum und Rechten am Eigentum zur Anwendung, nicht die des § 16 Bahneinh.-Ges., da diese sich nur auf den Erwerb des Eigentums und der sonstigen dinglichen Rechte an der Bahneinheit als selbständiger Berechtigung mit Liegenschaftscharakter (§ 1) beziehen.

g) Die Veräußerung einer Teilstrecke unter Aufgabe (Einstellung) des Betriebes derselben erfordert die Genehmigung des zur Konzessionierung kompetenten Organs des Staates, da hierin eine Änderung der ursprünglich erteilten Konzession liegt. Ist die Betriebsgenehmigung für diesen Teil der Bahneinheit zurückgenommen bezw. das Ausscheiden derselben aus dem Verbande derselben genehmigt, so stellt sich die Veräußerung der Teilstrecke lediglich als eine Veräußerung einer Reihe einzelner, bisher zur Bahneinheit gehöriger Grundstücke, Rechte an fremden Grundstücken 2c. dar und ist den allgemeinen Bestimmungen des B.-G.-B. über Übertragung von Eigentum und Rechten am Eigentum unterworfen. Danach richtet sich auch die Entscheidung der Frage, ob und inwieweit für die einzelnen Objekte Auflassung erforderlich ist. Die Bestimmungen des § 16 des Bahneinh.-Ges. können nicht Platz greifen, da diese sich nur auf die selbständige Bahneinheit als Ganzes beziehen. Ebensowenig sind Unschädlichkeitsatteste (§§ 5, 6 l. c.) erforderlich, da die Grundstücke 2c. der Teilstrecke für die Betriebsfähigkeit des Unternehmens, zu welcher diese bisher gehörte, nicht mehr in Betracht kommen. Wohl aber finden, wenn auf der Bahneinheit Schulden und Lasten haften, bezw. Bahnpfandschulden 2c. eingetragen sind, die §§ 27, 29, 42—44 Gr.-B.-O. § 876 B.-G.-B. (Turnau u. Förster II S. 274, 284, 887) über Entlastung 2c. Anwendung, da die Teilstrecke bezw. die Grundstücke, Rechte 2c., aus welchen sich dieselbe zusammensetzt, einen integrierenden Bestandteil der Bahneinheit bilden.

h) Die Veräußerung einer Teilstrecke ohne Aufgabe (ohne Einstellung) des Betriebes derselben, sei es, daß daraus eine neue selbständige Bahneinheit gebildet oder die Teilstrecke mit einer anderen Bahneinheit vereinigt bezw. ihr einverleibt wird, unterliegt im wesentlichen denselben — unter g aufgeführten — Grundsätzen, welche bei der Veräußerung einer Teilstrecke unter Aufgabe des Betriebs derselben Platz greifen. Hier wie dort bedarf es der Genehmigung des zur Konzessionierung kompetenten Organs des Staates, da eine Änderung der ursprünglichen Konzession eintritt. Und ferner stellt sich auch im vorliegenden Falle die Lostrennung der Teilstrecke von der Bahneinheit lediglich als eine Veräußerung einer Anzahl von Bestandteilen derselben — Grundstücken, Rechten an fremden Grundstücken 2c. — dar, auf welche die allgemeinen Bestimmungen über Übertragung von Eigentum und Rechten am Eigentum Anwendung finden. Diese Normen sind auch für die Frage des Erfordernisses der Auflassung entscheidend. Die Annahme Gleims (a. a. O. S. 552), daß im beregten Falle die Veräußerung der Teilstrecke der gerichtlichen Auflassung deshalb bedürfe, weil sie im Momente des Ausscheidens aus der einen Bahneinheit einer anderen Bahneinheit zutrete, somit die Eigenschaft als integrierender Teil einer Bahneinheit nicht verliere und ihr als solcher unter allen Umständen Immobiliarqualität zukomme, erscheint nicht gerechtfertigt. Denn nach §§ 1 u. 16 des Bahneinh.-Ges. ist nur die Bahneinheit als Ganzes eine selbständige, mit Liegenschaftscharakter ausgestattete Berechtigung, nicht aber sind es die einzelnen integrierenden Teile der Bahneinheit, falls sie nicht, wie Grundstücke, nach den Normen des allgemeinen bürgerlichen Rechts schon an sich Immobiliarqualität haben. Denn auch bewegliche Sachen sind gemäß § 4 Abs. 1 Nr. 2 u. 3 l. c. integrierende Teile der Bahneinheit, ohne Immobiliarqualität zu besitzen. Teilstrecken setzen sich aber aus unbeweglichen und beweglichen Gegenständen zusammen, sie bilden als Teilstrecken keinen Rechtsbegriff, sind gesetzlich nicht zu selbständigen Berechtigungen mit Immobiliarqualität erklärt und haben keineswegs den Charakter von Bahneinheiten im Sinne der §§ 1 und 16 l. c., sondern sollen erst neue Bahneinheiten werden oder bestehenden Bahneinheiten hinzutreten. Folglich können auf dieselben bei der Loslösung von einer Bahneinheit die Normen des § 16 l. c. keine Anwendung finden. Für die einzelnen zur Bahneinheit gehörigen Grundstücke der ausscheidenden Teilstrecke sind Unschädlichkeitsatteste der Bahnaufsichtsbehörde (§§ 5, 6 l. c.) nicht erforderlich, da sie für die Betriebsfähigkeit der bisherigen Bahneinheit in ihrer nunmehr konzessionierten Form ohne Bedeutung sind. Wohl aber greifen die §§ 27, 29, 42—44 Gr.-B.-O., § 876 B.-G.-B. auch hier Platz, insoweit es sich um die Abtrennung von Grundstücken von der Bahneinheit handelt (s. oben lit. g S. 155).

§ 16. Abs. 3. 80) Der für die Rechtsverhältnisse der Bahneinheiten leitende Grundsatz, daß auf dieselben — soweit sich nicht aus dem Bahneinheitsgesetze ein Anderes ergibt — die sich auf Grundstücke beziehenden sowie die für den Erwerb des Eigentums und die Ansprüche aus dem Eigentum an Grundstücken geltenden Vorschriften des B.-G.-B. Anwendung finden (Abs. 1 Anm. 78 u. Abs. 2 Anm. 79), erfährt durch Abs. 3 eine gemäß Art. 3, 55 ff., 112 des Einf.-Ges. z. B.-G.-B. zulässige Einschränkung (Anm. 77 S. 140). Danach sind, soweit am Sitze des für die Führung des Bahngrundbuchs zuständigen Gerichts landesgesetzliche Vorschriften bestehen, welche die in den Abs. 1 und 2 bezeichneten Vorschriften ergänzen oder abändern, die ersteren neben den letzteren oder statt ihrer maßgebend.

1. Eine entsprechende Bestimmung war bereits in der bisherigen Fassung des § 16 (Satz 2) enthalten, wonach neben den in den Grundbuchgesetzen für Grundstücke gegebenen Vorschriften die am Sitze des für die Führung des Bahngrundbuchs zuständigen Gerichts geltenden Vorschriften der Einführungsgesetze und die nach Maßgabe der Grundbuchgesetze und der Einführungsgesetze an diesem Orte noch geltenden Vorschriften des bisherigen Immobiliarsachenrechts zur Anwendung kommen. Als Grund für diese Bestimmung war in den Motiven des Eisenb.-Pfandr.-Ges. angeführt, daß, da die Grundbuchgesetze eine erschöpfende Regelung des Immobiliarsachenrechts nicht enthalten, zur Ergänzung der Lücken auf die Vorschriften der Einführungsgesetze und das frühere für Grundstücke maßgebend gewesene Recht zurückgegangen werden müsse. Der neue an die Stelle des bisherigen Satzes 2 getretene Absatz 3 des § 16 soll nach den Motiven zum § 16 des Bahneinh.-Ges. (S. 147) den ersteren ersetzen. Abs. 3 geht aber insofern weiter, wie Satz 2 der bisherigen Fassung, als danach nicht nur die landesgesetzlichen Vorschriften, welche die in den Abs. 1 u. 2 bezeichneten Vorschriften ergänzen, neben diesen zur Ergänzung der Lücken maßgebend sein, sondern auch die landesgesetzlichen Vorschriften, welche die betreffenden Paragraphen des B.-G.-B. abändern, statt ihrer Anwendung finden sollen.

2. Danach ist den landesgesetzlichen Vorschriften nicht allein ein das Liegenschaftsrecht ergänzender, die Lücken desselben ausfüllender Charakter beigelegt, sondern sie haben, insoweit sie es abändern, prinzipale Bedeutung und ihnen gegenüber besitzen die in den Abs. 1 u. 2 bezeichneten Vorschriften des B.-G.-B. nur subsidiäre Natur. Daraus ergibt sich für die Rangordnung der subsidiären Rechtsquellen, daß in erster Reihe die landesgesetzlichen Vorschriften, welche die in den Abs. 1 u. 2 bezeichneten Vorschriften des B.-G.-B. abändern, und erst in zweiter Reihe die bezüglichen Vorschriften des B.-G.-B. in Verbindung mit den sie ergänzenden und mit ihnen vereinbaren landesgesetzlichen Vorschriften in Anwendung zu bringen sind. Diese landesgesetzlichen Vorschriften, zum Teil nur von lokalrechtlicher Bedeutung, lassen sich erschöpfend hier nicht aufzählen. Die Motive führen als ein Beispiel die Vorschriften des Art. 26 des Ausführungsgesetzes zum B.-G.-B. über die Form der Auflassung im früheren Geltungsbereiche des Rheinischen Rechts an (s. Art. 143 Einf.-Ges. z. B.-G.-B.).

3. Im übrigen gilt alles, was in den Absätzen 1 u. 2 (s. S. 147 ff. u. S. 151 ff.) in betreff der subsidiären Anwendung der Vorschriften des B.-G.-B. bestimmt ist, auch für die subsidiäre Anwendung der landesgesetzlichen Vorschriften. Prinzipaliter kommen also die Bestimmungen des Abschnitts III des Bahneinheitsgesetzes selbst unbedingt zur Anwendung, sodann die landesgesetzlichen Vorschriften, welche die in den Abs. 1 u. 2 des § 16 bezeichneten Vorschriften des B.-G.-B. abändern, und endlich die letzteren in Verbindung mit den sie ergänzenden Bestimmungen der Landesgesetze. Auch hier ist die Anwendung nur eine entsprechende, sinngemäße, d. h. soweit die bezüglichen Vorschriften des Sachenrechts dem Wesen der Rechte begrifflich nicht entgegenstehen.

4. Die Vorschrift der subsidiären Anwendung der landesgesetzlichen Bestimmungen, welche die in den Abs. 1 u. 2 des § 16 bezeichneten ergänzen oder abändern, würde jedoch in denjenigen Fällen zu Schwierigkeiten und Zweifeln geführt haben, in welchen das die Bahneinheit bildende Bahnnetz sich über mehrere partikularrechtliche Rechtsgebiete erstreckt. Indem davon ausgegangen wurde, daß die ganze Bahn mit allen ihren Bestandteilen und Zubehören (§ 1) rechtlich eine selbständige und untrennbare Einheit, ein einheitliches Rechtsobjekt bildet, mußte es für ausgeschlossen erachtet werden, die Regelung ihrer dinglichen Rechtsverhältnisse von den Normen verschiedener landesgesetzlicher Vorschriften abhängig zu machen. Vielmehr fand der Grundsatz unbedingte Anerkennung, daß für jede Bahneinheit in ihrem ganzen Umfange nur ein dingliches Recht maßgebend sein kann. Von dieser Auffassung aus lag es aber nahe, das Prinzip des formellen Rechts (§ 9), auch auf das materielle Recht zu übertragen, d. h. wie für das formelle, so auch für das materielle Recht die am Sitze des für die Führung des Bahngrundbuchs zuständigen Gerichts geltenden landesgesetzlichen Vorschriften zu den maßgebenden zu machen. Dies ist durch Abs. 3 geschehen. Es ist damit das Recht des im Abs. 4 bezeichneten Gerichts gemeint, d. h. desjenigen Amtsgerichts in dessen Bezirk die Hauptverwaltung des Bahnunternehmens ihren Sitz hat und welches, wenn sich der Sitz der Hauptverwaltung nicht innerhalb des Preußischen Staatsgebiets befindet, durch den Justizminister bestimmt wird (§ 10 Anm. 39 S. 66, 67).

§ 17.[81])

Zur Eintragung einer Grundschuld oder Rentenschuld an einer Bahneinheit ist bei Privateisenbahnen die Genehmigung des Ministers der öffentlichen Arbeiten erforderlich.[82])

[81]) Prinzip und Entstehung des § 17.

§ 17. Prinzip. I. Prinzip. Den im § 16 ausgesprochenen allgemeinen Grundsätzen über die prinzipale Geltung der Bestimmungen dieses Gesetzes für die Rechtsverhältnisse der Bahneinheiten und die subsidiäre Anwendung der sich auf Grundstücke, den Erwerb des Eigentums und die Ansprüche aus dem Eigentume an Grundstücken beziehenden Vorschriften des B.=G.=B. und der sie ergänzenden oder abändernden landesgesetzlichen Bestimmungen reihen sich in den §§ 17—19 mehrere wichtige, das Verhältnis der Bahnpfandschulden an der Bahneinheit regelnde, die allgemeinen Grundsätze modifizierende Normen an.

A) Das Gesetz geht nach § 16 von dem Grundsatze aus, daß die für die dinglichen Rechtsverhältnisse der Grundstücke gegebenen Vorschriften über den Erwerb des Eigentums und der sonstigen dinglichen Rechte an demselben, den Umfang, die Wirkung, Übertragung und Aufhebung dieser Rechte auch für Bahneinheiten im allgemeinen ausreichen und zur entsprechenden Anwendung zu bringen sind. Dies gilt insbesondere auch für die materielle Regelung des Eisenbahnpfandrechts. Sowohl die Voraussetzungen, unter welchen eine Eisenbahnpfandschuld kreiert und eingetragen wird, die Form der Eintragung, die Bildung der darüber auszustellenden Urkunden (Hypotheken= und Grundbuchschuldbriefe), die Bedeutung und Wirkung der Eintragung und der Dokumente, der Umfang, die Rechtswirkung, die Übertragung und Aufhebung (Löschung) der Bahnpfandschulden richten sich grundsätzlich nach den allgemeinen Normen des Grundbuch= und Immobiliarsachenrechts. Mit Rücksicht auf die eigenartige Natur der Eisenbahneinheit sind jedoch für Eisenbahnpfandschulden einige Modifikationen und Deklarationen der Normen des allgemeinen Grundbuch=Pfandrechts für erforderlich erachtet worden, welche die Voraussetzungen der Eintragung (§ 17), die Hypothek der Teilschuldverschreibungen auf den Inhaber (§ 18) und das Verfügungsrecht des Bahneigentümers (§ 19) betreffen.

B) Was zunächst die Eintragung anlangt, so ist für die Eisenbahnpfandschuld der für die Pfandschulden an Grundstücken (Hypothek, Grund= und Rentenschuld) allgemein geltende Grundsatz maßgebend, daß das Pfandschuldrecht nur durch die Eintragung im Eisenbahngrundbuche entsteht. Zwar ist die Eintragung der Bahneinheit in das Bahngrundbuch an sich nicht obligatorisch, hängt vielmehr von dem Antrage des Bahneigentümers ab (§ 8). Aber sie ist notwendig und muß daher vom Bahneigentümer beantragt werden, wenn eine Veräußerung oder Belastung der Bahneinheit erfolgen soll. Denn beides kann nur geschehen, wenn die Bahneinheit ein Bahngrundbuch besitzt, bezw. in dasselbe eingetragen ist. Daraus folgt, wie für Grundstücke, so auch für Bahneinheiten der Grundsatz, daß das Recht der Bahnpfandschuld nur durch die Eintragung in das Grundbuch entsteht. Zwar ist dieser Grundsatz im vorliegenden Gesetze nicht ausdrücklich ausgesprochen; er ergibt sich aber daraus, daß mangels anderweiter Bestimmung, die allgemeinen, sich auf die Rechte an Grundstücken beziehenden Vorschriften des B.=G.=B., also auch § 878 B.=G.=B. auf Bahneinheiten gemäß § 16 Satz 1 des vorliegenden Gesetzes Anwendung zu finden haben, und überdies in den Motiven hervorgehoben ist, daß Hypotheken und Grundschulden an der Bahneinheit (Bahnpfandschulden) nur durch Eintragung im Bahngrundbuche entstehen. Wie für die Entstehung der Bahnpfandschuld, nach § 873 B.-G.-B. das Prinzip der Eintragung Platz greift, so finden auch auf die Voraussetzungen der Eintragung die Normen der §§ 873 ff. B.-G.-B. Anwendung.

1. Erste Voraussetzung war nach § 19 Ziff. 1 des bis zum Inkrafttreten des B.-G.-B. geltenden Eigent.-Erw.-Ges. v. 5. Mai 1872, daß die Eintragung nur erfolgt, wenn der eingetragene oder seine Eintragung gleichzeitig erlangende Eigentümer sie bewilligt. Die Bewilligung der Eintragung der Bahnpfandschuld seitens des in das Bahngrundbuch eingetragenen oder seine Eintragung in dasselbe gleichzeitig beantragenden Eigentümers war somit ein wesentliches Erfordernis der Eintragung der Bahnpfandschuld. Indes war bezüglich des § 19 der Zweifel entstanden, ob die Eintragung einer Hypothek oder Grundschuld voraussetzt, daß der dieselbe Bewilligende schon zur Zeit der Bewilligung als Eigentümer eingetragen oder zu diesem Zeitpunkte wenigstens bereits der Antrag auf seine Eintragung gestellt sein müsse, oder ob es genüge, wenn die Erfordernisse des § 19 erst zur Zeit des Antrags auf Eintragung der Hypothek oder Grundschuld erfüllt seien. Die Meinung hierüber hat mehrfach geschwankt. In betreff der Eintragung einer Bahnpfandschuld ging man von folgender Erwägung aus: Da die Anlegung des Bahngrundbuchs in der Regel nicht von Amts wegen geschieht, sondern von dem Antrage des Bahneigentümers abhängig ist und häufig erst nach Eröffnung des Betriebes geschieht, auch das Eigentum an der Bahneinheit nicht von der Eintragung abhängig ist, so würde es nicht begründet erscheinen, der Wirksamkeit einer vom Eigentümer erklärten Eintragungsbewilligung die Einrede entgegenzustellen, daß er noch nicht eingetragener Eigentümer war, als er die Erklärung abgab. Es würde unter Umständen zu Unzuträglichkeiten führen und den vor Anlegung des Bahngrundbuchs aufzunehmenden Anlehen hinderlich sein, wenn den vor diesem Zeitpunkte abgeschlossenen Kreditgeschäften die volle Wirksamkeit versagt würde, weil z. B. des Abschlusses eines Kreditgeschäftes der Bahneigentümer noch nicht als Eigentümer eingetragen war. Aus diesen Gründen bestimmte § 17 im ersten Satze, um jedem Zweifel vorzubeugen, daß die Eintragung einer Hypothek oder Grundschuld an einer Bahn (Bahnpfandschuld) auch auf Grund einer vor der Eintragung der Bahn in das Bahngrundbuch von dem Eigentümer erklärten Bewilligung erfolgen kann.

Mit Inkrafttreten des B.-G.-B. und der R.-Gr.-B.-O. erübrigte sich aber diese deklarierende Vorschrift. Denn nach dem B.-G.-B. (§ 878) ist die zuvorige Eintragung des Eigentümers überhaupt kein Erfordernis für den Eintritt und die Gültigkeit der Rechtsänderung, und § 40 Gr.-B.-O. bestimmt nur, daß der Berechtigte, dessen Recht von der beantragten Eintragung betroffen wird, zu der Zeit eingetragen sein muß, wo die beantragte Eintragung erfolgen soll (Achilles u. Strecker S. 268). Es kommt also nur darauf an, ob der die Eintragung bewilligende in dem Augenblicke, wo die Eintragung geschehen soll, als Eigentümer eingetragen ist (Fuchs I S. 70, Turnau u. Förster I S. 92 ff.). Mithin darf die Eintragung einer Hypothek, Grund- oder Rentenschuld, welche der Eigentümer vor der Auflassung bewilligt hat, nicht abgelehnt werden, wenn z. B. des Eingangs des Eintragungsantrags die Auflassung bereits erfolgt ist oder gleichzeitig erfolgt. Es kann die Eintragung nicht deshalb versagt werden, weil die Eintragungsbewilligung zu einer Zeit erklärt war, als der Eigentümer noch nicht legitimiert war, es darf eine Wiederholung der Eintragungsbewilligung nicht verlangt werden (Turnau u. Förster I S. 99). Bei dieser Lage der Gesetzgebung war der bisherige erste Satz des § 17 nicht mehr erforderlich und konnte in Wegfall gebracht werden.

Die neuen Vorschriften bedingen aber auch, wie hervorzuheben ist, eine wesentliche Änderung in den Wirkungen des Verstoßes gegen die obige Regel. Für das bisherige Recht war die Ansicht vertreten, daß eine Hypothek ꝛc. nichtig sei, wenn ihr Besteller z. Z. ihrer Eintragung noch nicht als Eigentümer eingetragen war (Entsch. d. Reichsger. Bd. 28 S. 295, Achilles u. Strecker S. 49). Nach dem B.-G.-B. ist zweifellos die Eintragung des Bestellers nicht mehr ein materiellrechtliches Erfordernis für die Rechtsänderung. Gegenwärtig kommt nur die Vorschrift des § 40 Gr.-B.-O. in Betracht und diese ist lediglich eine Ordnungsvorschrift, deren Zweck darin besteht, dem Grundbuchamte die Legitimationsprüfung zu erleichtern und andererseits den eingetragenen Berechtigten gegen eine unbefugte Verfügung eines anderen zu sichern. Ein Verstoß gegen die bezügliche Vorschrift des § 40 Gr.-B.-O. hat also keinen Einfluß auf die Rechtsänderung und nimmt der erfolgten Eintragung die Rechtsbeständigkeit nicht (Philler S. 76, Fuchs S. 70, Achilles u. Strecker S. 269).

2. Zweite Voraussetzung der Eintragung ist entsprechend allgemeinen Rechtsregeln, daß der Eigentümer, welchem die Bewilligung der Eintragung obliegt, hierzu — abgesehen von der Willens- und Vertragsfähigkeit — auch nach etwa sonst speziell bestehenden Bestimmungen gesetzlich legitimiert ist. Dem Grundbuchrichter liegt die Prüfung ob, nicht allein ob der Pfandschuldner mit dem eingetragenen Eigentümer identisch ist, sondern auch ob nach Inhalt der Konzession und der Konzessionsgesetzgebung das einzutragende Recht legal entstanden ist. Insbesondere gehört hierzu die Prüfung, ob diese Verpfändungen nur unter Zustimmung der Aufsichtsbehörde gestattet sind. Von diesem Gesichtspunkte aus unterliegt es keinem Zweifel, daß zur Eintragung der Hypothek einer Privateisenbahn in das Bahngrundbuch die Genehmigung des Ministers der öffentlichen Arbeiten erforderlich ist, da der Eisenbahnunternehmer nach § 6 des Eisenbahngesetzes v. 3. November 1838 zur Aufnahme von Gelddarlehen der Genehmigung des Ministers der öffentlichen Arbeiten bedarf, und § 2 Abs. 2 des vorliegenden Gesetzes die Verfügungsberechtigung über eine Bahn und den Umfang des Verfügungsrechts von den gesetzlichen Vorschriften und dem Inhalte der Genehmigung ausdrücklich abhängig erklärt. Wohl aber ist es mit Rücksicht darauf, daß § 6 des Gesetzes v. 3. November 1838 nur von Gelddarlehen der Privateisenbahnen spricht, also den Schuldgrund hervorhebt, zweifelhaft geworden, ob sich § 6 cit. auch auf Grundschulden der Privateisenbahnen bezieht, um so mehr, als das Institut der Grundschulden z. Z. der Emanation des Gesetzes v. 3. November 1838 noch nicht bestand. Um diesen Zweifel auszuschließen und Eisenbahn-Hypotheken und -Grundschulden für Privateisenbahnen gleichzustellen, ist in den § 17 als Satz 2 die Bestimmung aufgenommen worden, daß die Eintragung einer Grundschuld an einer Privateisenbahn der Genehmigung des Ministers der öffentlichen Arbeiten bedarf. § 17 Satz 2 stellt sich also als eine notwendige Deklaration bezw. Ergänzung des § 6 des Eisenb.-Ges. v. 3. November 1838 dar.

Für die Hypotheken und Grundschulden der Kleinbahnen ist die Genehmigung des Ministers der öffentlichen Arbeiten nicht erforderlich, da § 6 des Eisenb.-Ges. v. 8. November 1838 auf Kleinbahnen nicht Anwendung findet und weder das Kleinb.-Ges. v. 28. Juli 1892, noch das vorliegende Pfandrechtsgesetz eine derartige Genehmigung vorschreibt.

II. Entstehung. Aus der Entstehungsgeschichte des § 17 ist für das Verständnis desselben folgendes zu entnehmen: § 17. Entstehung.

In den Motiven des Reg.-Entwurfes von 1895 (Drucks. d. Herrenh. Nr. 24 S. 45) war der in der neuen Fassung gestrichene erste Satz des § 19, unter Hinweis auf § 19 des Eig.-Erw.-Ges. v. 5. Mai 1872 damit motiviert, daß, „während früher die herrschende Meinung dahin ging, daß schon zur Zeit der Bewilligung der Bewilligende als Eigentümer eingetragen sein oder zu diesem Zeitpunkt wenigstens der Antrag auf seine Eintragung gestellt sein müsse, sich neuerdings die Rechtsprechung des Kammergerichts der Ansicht zuneigt, daß es genügt, wenn die in § 19 bezeichneten Erfordernisse zur Zeit des Antrags auf Eintragung der Hypothek oder Grundschuld erfüllt sind. Es empfiehlt sich, die Frage in diesem Sinne für Bahnpfandschulden zu entscheiden, weil das Bahngrundbuch nicht von Amts wegen angelegt wird und daher leicht der Fall eintreten kann, daß zur Zeit des Abschlusses eines Kreditgeschäftes der Bahneigentümer noch nicht als Eigentümer eingetragen ist."

In der Kommission des Abg.-Hauses (Aktst. Nr. 254 S. 8155) wurde sodann der Antrag gestellt, am Schluß des Paragraphen hinzuzufügen: „Die Eintragung einer Grundschuld an einer Privateisenbahn bedarf der Genehmigung des Ministers der öffentlichen Arbeiten." Der Antragsteller ging hierbei von der Erwägung aus, daß es für Privateisenbahnen nach § 6 des Eisenbahngesetzes zur Aufnahme von Darlehen der Genehmigung des Ministers bedürfe und es mindestens zweifelhaft sei, ob dieser Paragraph auf Grundschulden anwendbar wäre.

§ 17 ist mit dem beantragten Zusatz angenommen worden und ging in dieser Fassung unverändert und ohne weitere Diskussion in das Gesetz v. 19. August 1895 über.

In dem Revisionsentwurfe v. 10. Februar 1902 (Drucks. d. Herrenh. Sess. 1902 Nr. 42 S. 4) wurde § 17 in der in das gegenwärtige Bahneinh.-Ges. aufgenommenen Fassung vorgeschlagen und dies, wie folgt, begründet:

„Der § 17 Satz 1 des Gesetzes sollte einen Zweifel beseitigen, der sich aus dem § 19 des Gesetzes über den Eigentumserwerb rc. v. 5. Mai 1872 ergeben konnte, indem diese Vorschrift die Eintragung einer Hypothek oder Grundschuld von der Bewilligung des eingetragenen oder seine Eintragung gleichzeitig bewilligenden Eigentümers abhängig machte. Die Vorschrift des § 17 Satz 1 folgt jetzt von selbst aus dem § 9 des Entwurfes in Verbindung mit den §§ 19, 40 der Grundbuchordnung, da nach diesen Bestimmungen die Eintragung einer Hypothek oder Grundschuld auch auf Grund der Bewilligung des noch nicht eingetragenen Eigentümers erfolgen darf, sofern der Eigentümer nur vor dieser Eintragung eingetragen wird. Der § 17 Satz 1 ist deshalb entbehrlich. Die in ihm enthaltene Begriffsbestimmung der Bahnpfandschuld ist in die neue Fassung des § 14 Satz 1 aufgenommen.

Der § 17 Satz 2 ist im Entwurfe beibehalten; jedoch ist neben der Grundschuld die Rentenschuld erwähnt (vgl. Art. 85 des Ausf.-Ges. z. B.-G.-B.)."

§ 17 wurde von beiden Häusern des Landtags in der vorgeschlagenen Fassung unverändert angenommen.

§ 17. Einziger Absatz.

32) § 17 bestimmt, daß zur **Eintragung einer Grundschuld oder Rentenschuld an einer Bahneinheit bei Privateisenbahnen die Genehmigung des Ministers der öffentlichen Arbeiten erforderlich ist.** Dieser Satz dient zur Beseitigung eines sich aus der bisherigen Gesetzgebung ergebenden Zweifels. Die Eintragung einer Hypothek oder Grundschuld setzt nach allgemeinen Rechtsregeln voraus, daß der Eigentümer nach den sonst etwa bestehenden generellen oder speziellen Gesetzesbestimmungen zur Bewilligung der Eintragung fähig und legitimiert ist. Für die Aufnahme von Gelddarlehen bedarf der Unternehmer einer Privateisenbahn nach § 6 des Gesetzes über die Eisenbahnunternehmungen der Genehmigung des Ministers der öffentlichen Arbeiten. Es darf daher die Eintragung einer Hypothek für derartige Darlehen in Gemäßheit des § 2 Abs. 2 des vorliegenden Gesetzes, nach welchem sich das Verfügungsrecht über die Bahn und der Umfang seiner Ausübung nach den gesetzlichen Vorschriften und dem Inhalt der Genehmigung bestimmt, **nur** erfolgen, wenn **zugleich** die Genehmigung des Ministers der öffentlichen Arbeiten nachweislich erteilt ist. Da es zweifelhaft erschien, ob dieses Erfordernis auch für **Grundschulden** der Privateisenbahnen aus § 6 des Eisenb.-Ges. v. 8. November 1888 in Verbindung mit § 2 Abs. 2 des vorliegenden Gesetzes zu entnehmen ist, und zwar um so mehr, als das Institut der Grundschuld z. Z. der Emanation des Eisenbahngesetzes vom 8. November 1888 noch nicht bestand und die Grundschuld der Angabe eines Schuldgrundes nicht bedarf, aus derselben also nicht hervorgeht, ob sie auf einem Gelddarlehn beruht, so wurde zur Beseitigung dieses Zweifels vorgeschlagen, hinsichtlich des Erfordernisses der ministeriellen Genehmigung die **Grundschuld** an einer **Privateisenbahn** der **Hypothek** an einer solchen gleichzustellen und zu diesem Behufe Satz 2 in den § 17 eingefügt bezw. nach der bei der Revision des Gesetzes erfolgten Streichung des Satzes 1 als einziger Satz des § 17 beibehalten und durch den Zusatz „oder Rentenschuld" ergänzt. Zwar wurde gegen diesen Vorschlag geltend gemacht, daß ein Mißbrauch der Grundschuld in erster Reihe bei den Kleinbahnen — für welche das Erfordernis einer Genehmigung überhaupt nicht bestehe — zu befürchten sei, während bei Privateisenbahnen Grundschulden überhaupt nur ganz ausnahmsweise einmal vorgekommen seien und auch in Zukunft wohl selten beliebt werden würden. Demungeachtet wurde der Vorschlag angenommen.

Aus Satz 2 ergeben sich zwei Folgerungen:

1. Für jede Eintragung einer Grundschuld oder Rentenschuld an einer Bahneinheit bei **Privateisenbahnen** ist ebenso wie für die einer Hypothek an einer Bahneinheit bei Privateisenbahnen die Beibringung der **Genehmigung des Ministers der öffentlichen Arbeiten** erforderlich. Das Bahngrundbuchamt hat den Antrag auf Eintragung einer Grund- oder Rentenschuld ebenso wie den auf Eintragung einer Hypothek **ohne** diese Genehmigung in Gemäßheit des Legalitätsprinzips (**Philler** S. 8, 55, **Achilles** und **Strecker** S. 185) ausnahmslos und in allen Fällen **zurückzuweisen** und ist für eine dem qu. Erfordernisse nicht entsprechende Eintragung verantwortlich. Da nach § 14 u. § 39 Gr.-B.-O. der Antrag des Gläubigers auf Grund eines rechtskräftigen Erkenntnisses und das Eintragungsersuchen einer zuständigen Behörde die Eintragungsbe-

willigung des Eigentümers nur ersetzt, so ist auch in diesen Fällen ebenso wie im Falle der Zwangsvollstreckung die Genehmigung des Ministers der öffentlichen Arbeiten erforderlich, welche eine gesetzliche Vorbedingung der Eintragung bildet.

2. Für die Eintragung von Hypotheken, Grund- und Rentenschulden einer Kleinbahn bedarf es weder der Genehmigung des Ministers der öffentlichen Arbeiten, noch irgend einer sonstigen Aufsichtsbehörde, da Kleinbahnen dem Eisenb.-Ges. v. 8. November 1888 nicht unterworfen sind, und das Kleinb.-Ges. v. 28. Juli 1892 eine Genehmigung der Aufsichtsbehörden zur Aufnahme von Hypotheken, Grund- und Rentenschulden ebensowenig vorsieht, wie das vorliegende Bahneinheitsgesetz.

Im übrigen bietet die Fassung des § 17 gerade durch die ausdrückliche Hervorhebung, daß für die Eintragung einer Grund- oder Rentenschuld an einer Bahneinheit bei Privateisenbahnen die ministerielle Genehmigung erforderlich sei, zu Zweifeln Anlaß. Wer nicht die Motive zur Hand nimmt oder sich der exzeptionellen Bestimmung des § 6 des Eisenb.-Ges. v. 8. November 1888 erinnert, kann aus dem Wortlaute allein nicht entnehmen, daß es sich hier nur um eine Ergänzung bezw. Deklaration des allgemeinen § 6 handle, sondern gerade im Gegenteil leicht zu der Annahme geführt werden, daß es nur für die Eintragung einer Grund- oder Rentenschuld der Genehmigung des Ministers bedürfen solle, nicht aber für die Eintragung einer Hypothek. Die ausdrückliche Hervorhebung der Grundschuld legt arg. e contr. diesen Schluß nahe, so daß gerade das Gegenteil von dem erreicht wird, was das Gesetz beabsichtigt. Es hätte sich daher de lege ferenda empfohlen, entweder ausdrücklich darauf hinzuweisen, daß der vorliegende Satz zur Deklarierung des § 6 des Eisenb.-Ges. v. 8. November 1888 dienen soll, oder neben der Grund- oder Rentenschuld auch die Hypothek zu erwähnen, derartig, daß der Satz lautete: „Die Eintragung einer Hypothek, Grund- oder Rentenschuld an einer Bahneinheit von Privateisenbahnen bedarf der Genehmigung des Ministers der öffentlichen Arbeiten." Sollte auch in der Hinzufügung der Hypothek mit Rücksicht auf § 6 des Eisenb.-Ges. etwas Überflüssiges liegen, so erscheint dies doch besser, als die Undeutlichkeit und Zweifelhaftigkeit, welche mit der gegenwärtigen Fassung verbunden ist.

§ 18.[83])

Auf eine Hypothek für Teilschuldverschreibungen auf den Inhaber finden die Vorschriften der §§ 9 und 16 mit folgenden Maßgaben Anwendung:[84])

1. Die Eintragung ist öffentlich bekannt zu machen.[85])
2. Zur Löschung der Hypothek für eine fällige Teilschuldverschreibung bedarf es der Vorlegung der Urkunde nicht, wenn der Bahneigentümer den Betrag der Forderung unter Verzicht auf das Recht zur Rücknahme hinterlegt hat.[86]) Die Vorlegung eines Zinsscheins wird durch die in gleicher Weise erfolgte Hinterlegung seines Betrags ersetzt.[87])

Gründet sich der Löschungsantrag ganz oder teilweise auf Hinterlegung, so ist die Löschung öffentlich bekannt zu machen.[88])

3. Zu einer Eintragung auf Grund eines Beschlusses der Gläubigerversammlung nach den §§ 11 bis 13 des Reichsgesetzes, betreffend die gemeinsamen Rechte der Besitzer von Schuldverschreibungen, vom 4. Dezember 1899 (Reichs-Gesetzbl. S. 691) bedarf es der Vorlegung der Urkunde nicht.[89]) Die Eintragung ist öffentlich bekannt zu machen.[90])

Die Vorschriften des Abs. 1 Nr. 2, 3 finden entsprechende Anwendung, wenn eine für den Inhaber des Briefes eingetragene Grundschuld oder Rentenschuld in Teile zerlegt ist.[91])

§ 18. Prinzip. [88]) Prinzip und Entstehung des § 18.

I. Prinzip. § 18 trifft Bestimmung über die Hypothek für Teilschuldverschreibungen auf den Inhaber an einer Bahneinheit. Auf diese Hypothek finden nach dem Eingangssatze der § 18 grundsätzlich in formell- und materiellrechtlicher Beziehung die allgemeinen Vorschriften der Grundbuchordnung und des Liegenschaftsrechts des B.-G.-B. nach Maßgabe der §§ 9 und 16 des Gesetzes Anwendung, jedoch mit einigen unter Ziff. 1—8 des § 18 aufgeführten, durch die eigenartige Natur der Bahneinheit und durch Zweckmäßigkeitsrücksichten bedingten Modifikationen (s. Anm. 81 S. 158). In der bisherigen Fassung des Gesetzes war der Regelung der Hypothek für Teilschuldverschreibungen auf den Inhaber der ganze Abschnitt IV (§§ 20—31) gewidmet. An die Stelle dieses in der neuen Fassung in Wegfall gebrachten Abschnitts*) sind ledig-

---

*) Der in Wegfall gebrachte, bisherige Abschnitt IV lautete:

Vierter Abschnitt.

Teilschuldverschreibungen auf den Inhaber.

§ 20. Eine Bahnpfandschuld kann ohne Bezeichnung des Gläubigers im Bahngrundbuch eingetragen werden, wenn die Schuld in Teile zerlegt und die Genehmigung zur Ausstellung von Teilschuldverschreibungen auf den Inhaber erteilt ist. In diesem Falle sind in der Eintragung neben dem Gesamtbetrage die Teilschuldverschreibungen nach Anzahl, Bezeichnung und Betrag anzugeben. Ist ein Tilgungsplan vorhanden, so bedarf es nicht der Angabe der Zahlungsbedingungen in der Eintragung, sondern es genügt die Verweisung auf den zu den Grundakten zu nehmenden Plan. Die Vorlegung einer Schuldurkunde ist auch dann nicht erforderlich, wenn der Schuldgrund bei der Eintragung angegeben wird.

§ 21. Die Vorschriften des Gesetzes v. 17. Juni 1833 wegen Ausstellung von Papieren, welche eine Zahlungsverpflichtung an jeden Inhaber enthalten (G.-S. S. 75), finden auf die Ausstellung der Teilschuldverschreibungen (§ 20) Anwendung.

lich die Bestimmungen des vorliegenden § 18 getreten. Für das Verständnis der Bestimmungen des § 18 ist es daher erforderlich, auf den bisherigen Rechtszustand sowie auf die Gründe einzugehen, welche zu dieser wesentlichen Änderung und Kürzung des Gesetzes geführt haben.

---

§ 22. Die Eintragung der Teilschulden ist öffentlich bekannt zu machen. Die Bildung eines Hypotheken- oder Grundschuldbriefes findet nicht statt. Zur Geltendmachung der Rechte aus der Eintragung ist der Inhaber der Teilschuldverschreibung berechtigt.

§ 23. Auch eine für einen bestimmten Gläubiger eingetragene Bahnpfandschuld kann mit Zustimmung des eingetragenen Eigentümers in Teilschuldverschreibungen auf den Inhaber zerlegt werden. Die Umwandlung ist unter Vernichtung der Urkunde, welche über die Bahnpfandschuld gebildet war, in das Bahngrundbuch einzutragen. Die Vorschriften der §§ 21, 22 finden Anwendung.

Teilabtretungen einer für einen bestimmten Gläubiger eingetragenen Bahnpfandschuld können ohne Bezeichnung des Erwerbers nicht erfolgen.

§ 24. Zur Löschung von Teilschulden hat der Eigentümer eine gerichtliche oder notarielle Urkunde über die durch ihn erfolgte Vernichtung der Teilschuldverschreibungen beizubringen. Im Falle einer Kraftloserklärung derselben ist außer dem Ausschlußurteile die Löschungsbewilligung desjenigen, der das Ausschlußurteil erwirkt hat, beizubringen.

Die Beibringung der in Absatz 1 bezeichneten Urkunden wird durch die unter Verzicht auf Zurücknahme erfolgte Hinterlegung des Betrages der fälligen Teilschuld ersetzt.

§ 25. Soweit nicht nach Inhalt der Urkunde (§ 24) auch die Vernichtung der für die Teilschuldverschreibungen ausgegebenen Zinsscheine erfolgt ist, sind die letzteren vorzulegen. Zinsscheine über verjährte Zinsen brauchen nicht vorgelegt zu werden.

Die Vorlegung der nach der Fälligkeit der Teilschuld fällig werdenden Zinsscheine ist im Falle des § 24 Absatz 2 nicht erforderlich, in anderen Fällen nur insoweit, als der Aussteller zur Einlösung trotz der Fälligkeit der Hauptschuld verpflichtet ist.

Die Vorlegung eines Zinsscheines wird durch die unter Verzicht auf Zurücknahme erfolgte Hinterlegung des Betrages desselben ersetzt. Die Vorschriften des § 96 der Grundbuchordnung finden auf die Zinsscheine entsprechende Anwendung.

§ 26. Die Löschung der Teilschuld ist öffentlich bekannt zu machen, sofern der Antrag auf Löschung ganz oder zum Teil auf Hinterlegung (§ 24 Absatz 2) gestützt war.

§ 27. In einer Versammlung der Gläubiger einer Bahnpfandschuld kann die gänzliche oder teilweise Aufgabe des Pfandrechts, die Einräumung eines Vorrechts, die Gewährung einer Stundung oder einer Ermäßigung des Zinsfußes, der Verzicht auf Sicherungsmaßregeln, sowie die Zustimmung zur Einstellung des Konkursverfahrens beschlossen werden.

A.

Bei der Aufnahme des Abschnitts IV in das Eisenbahnpfandrechtsgesetz v. 19. August 1895 war die Erwägung leitend, daß zur Kreditgewährung für die Anlage und den Betrieb von Eisenbahnen in Gestalt von Darlehen bezw. Anleihen in der Regel größere Summen erforderlich sind, als die Kraft und das Vermögen eines Einzelnen aufzubringen imstande sind. Reicht daher der Unternehmer mit seinem Anlagekapitale nicht aus und ist eine Vermehrung des Aktien- 2c. Kapitals oder die Aufnahme einer Schuld von einem einzelnen Gläubiger 2c. nicht angängig, so erscheint die Kreierung einer Anleihe durch Ausgabe von Inhaberobligationen als das angemessenste Mittel, neues Kapital zu beschaffen. Die Eisenbahnen haben sich von Anfang an dieses Mittels bedient. Wenngleich aber die günstige Entwicklung der meisten Eisenbahnen und ihrer Erträgnisse die Verzinsung und Amortisation der Obligationen in hohem Grade sicherte, so besitzen sie doch

---

§ 28. Die Versammlung der Gläubiger wird durch das Gericht, bei welchem das Bahngrundbuch geführt wird, berufen. Die Berufung findet statt, wenn sie unter Angabe des Zwecks, sowie unter Einzahlung eines zur Deckung der Kosten hinreichenden Betrages von Gläubigern, deren Teilschuldverschreibungen zusammen den 25. Teil des Betrages der Bahnpfandschuld darstellen, oder von dem Eigentümer der Bahn oder dem Konkursverwalter beantragt oder wenn sie von der Bahnaufsichtsbehörde verlangt wird.

Die Berufung erfolgt durch öffentliche Bekanntmachung derselben unter Angabe des Zwecks.

Gegen den die Berufung ablehnenden Beschluß des Gerichts findet Beschwerde nach Maßgabe der deutschen C.-P.-O. (§§ 531—538) statt.

§ 29. Die Versammlung findet unter Leitung des Gerichts statt.

Der Beschluß (§ 27) wird nach Mehrheit der Stimmen gefaßt. Stimmenmehrheit ist vorhanden, wenn die Mehrzahl der im Termine anwesenden Gläubiger ausdrücklich zustimmt und die Gesamtsumme der Teilschuldbeträge der Zustimmenden wenigstens zwei Dritteile der Gesamtsumme der Bahnpfandschuld beträgt. Gezählt werden nur die Stimmen der Gläubiger, welche die Teilschuldverschreibungen nach Anordnung des Gerichts hinterlegt haben.

§ 30. Der Beschluß der Versammlung bedarf der Bestätigung des Gerichts, welches vor Erteilung derselben die Bahnaufsichtsbehörde zu hören hat. Auf die Bestätigung, deren Wirkung und Anfechtung finden die Bestimmungen der §§ 168, 170 Absatz 2, 171, 172 Nr. 1, 173, 174, 178, 181, 182 der Deutschen Konkursordnung entsprechende Anwendung. Der Antrag auf Verwerfung des Beschlusses, sowie die sofortige Beschwerde gegen die Entscheidung über die Bestätigung desselben steht jedem Inhaber der Teilschuldverschreibung zu. Der rechtskräftig bestätigte Beschluß ist in Ausfertigung zu den Grundakten der Bahn zu bringen.

§ 31. Vor der rechtskräftigen Bestätigung des Beschlusses findet auf Grund desselben eine endgültige Eintragung im Bahngrundbuch nicht statt. Zur Eintragung bedarf es nicht der Vorlegung der in den §§ 24, 25 bezeichneten Urkunden. Die Eintragung ist öffentlich bekannt zu machen.

immerhin nur den Rechtscharakter einfacher Schuldverschreibungen, welche lediglich auf dem persönlichen Kredit des Ausstellers beruhen, und entbehren der dinglichen Sicherstellung.

Um für ihren Kredit die insbesondere für kleinere Bahnen notwendig gewordene dingliche Sicherstellung zu ermöglichen, hat daher das Gesetz v. 19. August 1895 (§ 1) zunächst in der Bahneinheit, einen Gegenstand des unbeweglichen Vermögens und damit ein Objekt zur Verpfändung des Gesamtwertes eines Bahnunternehmens geschaffen und im wesentlichen den Normen des Grundbuchrechts unterstellt (§§ 8 ff., §§ 16 ff.). Die Kreierung der Bahneinheit als Pfandobjekt genügte nun zwar, um Hypotheken- und Grundschulden, welche auf den Namen des Gläubigers lauten, zur Eintragung in das Grundbuch der Bahneinheit zu bringen. Dagegen war nach den Bestimmungen des preußischen Grundbuchrechts (§§ 23, 55 Eigent.-Erw.-Ges. v. 5. Mai 1872) diese Maßnahme für sich allein noch nicht ausreichend, um auch das Bedürfnis der Eintragung von Inhaberobligationen zu befriedigen.

Von diesen Erwägungen ausgehend hat das Gesetz v. 19. August 1895 den Grundsatz des Grundbuchrechts, daß die Eintragungsbewilligung einer Pfandschuld auf den Namen eines bestimmten Gläubigers lauten muß (§ 28 Eigent.-Erw.-Ges.), mithin auf den Inhaber verboten ist (Fuchs I. S. 604), für das Eisenbahnpfandrecht modifiziert und die Eintragung einer Bahnpfandschuld auch ohne Bezeichnung oder Benennung des Gläubigers für zulässig erklärt, wenn die Schuld in Teile zerlegt und die Genehmigung zur Ausstellung von auf Grund der eingetragenen Teilschulden gebildeten Teilschuldverschreibungen auf den Inhaber erteilt ist (§ 21 Ges. v. 19. August 1895).

B.

Die durch diese den § 28 des Preuß. Eigent.-Erw.-Ges. abändernde Ausnahmebestimmung entstehenden Rechtsverhältnisse haben im Abschnitt IV des Ges. v. 19. August 1895 folgende besondere Regelung gefunden:

1. Auch im Falle der Zerlegung der Bahnpfandschuld in Teilschuldverschreibungen ist zwar der Grundsatz des Eigent.-Erw.-Ges. (§ 18) beibehalten, daß die Pfandschuld (Hypothek oder Grundschuld) nur durch Eintragung im Bahngrundbuch entsteht, aber der im § 28 Eigent.-Erw.-Ges. vorgeschriebene Inhalt der Eintragung ist insofern ermäßigt, als es der Benennung des Gläubigers nicht bedarf (§ 20 Satz 1).

2. Es ist ferner auch hier der aus § 19 Eigent.-Erw.-Ges. folgende Grundsatz in Geltung geblieben, daß die Eintragung nur auf Grund der Eintragungsbewilligung des Bahneigentümers (oder eines rechtskräftigen Erkenntnisses oder Ersuchens einer zuständigen Behörde) erfolgt; aber es ist in Modifikation des § 19 die Vorlegung einer Schuldurkunde auch dann nicht für erforderlich erklärt, wenn der Schuldgrund bei der Eintragung angegeben wird (§ 20 Satz 4). Diese Abweichung von § 19 Eigent.-Erw.-Ges. findet darin ihre Begründung, daß das Gesetz — abweichend von den §§ 122 ff., §§ 79 bis 83 Gr.-B.-O. — von der Bildung von Urkunden über die Eintragung in Form von Hypotheken- oder Grundschuldbriefen oder von Zweigurkunden zur Vermeidung der sich hieraus bei der

großen Zahl solcher Urkunden ergebenden Unzuträglichkeiten überhaupt absieht und statt dessen die öffentliche Bekanntmachung der Eintragung vorschreibt (§ 22). Zur Legitimation eines jeden Gläubigers dient — abweichend von § 20 Eigent.-Erw.-Ges. — statt des Hypotheken- oder Grundschuldbriefs die Teilschuldverschreibung.

3. Im übrigen regelt sich der Inhalt der Eintragung nach den Normen des Eigent.-Erw.-Ges. Dieselbe muß die Pfandsumme, den Zinssatz, Anfang der Verzinsung und Rückzahlungsbedingungen angeben. Nur insofern hat § 28 durch die Eigenartigkeit der vorliegenden Verpfändung Modifikationen erfahren, als bestimmt ist, daß neben dem Gesamtbetrage der Bahnpfandschuld noch die Teilschuldverschreibungen nach Anzahl, Bezeichnung und Betrag anzugeben sind, und daß ferner, wenn ein Tilgungsplan vorhanden ist, es nicht der Angabe der Zahlungsbedingungen in der Eintragung bedarf, sondern die Verweisung auf den zu den Grundakten zu nehmenden Plan genügt (§ 20 Satz 2 u. 3). Dagegen bedurfte Form und Inhalt der Teilschuldverschreibungen selbst einer Regelung durch Normativ-Bestimmungen nicht, da die Vorschriften des Gesetzes v. 17. Juni 1833 wegen Ausstellung von Papieren, welche eine Zahlungsverpflichtung an jeden Inhaber enthalten (G.-S. S. 95), auf die Ausstellung dieser Teilschuldverschreibungen von Bahnpfandschulden für anwendbar erklärt sind (§ 21) und in diesem Gesetz über Form, Inhalt und rechtliche Wirkungen Bestimmung getroffen ist.

4. Damit ist zugleich — wie bereits im § 20 Satz 1 Ausdruck gefunden hat — der wichtige Grundsatz des Erfordernisses der landesherrlichen Genehmigung auf die Teilschuldverschreibungen von Bahnpfandschulden als Inhaberpapiere übertragen.

5. Das Gesetz gestattet auch die Umwandlung einer für einen bestimmten Gläubiger eingetragenen Bahnpfandschuld (Namenschuld) in Teilschuldverschreibungen auf den Inhaber. Doch sind hierbei folgerichtig die für die Ausgabe der letzteren gemäß § 20 bestehenden Voraussetzungen und Bestimmungen zu erfüllen (§ 28 Abs. 1).

6. Dagegen verbietet das Gesetz — abweichend von § 55 Eigent.-Erw.-Ges. — für Bahnpfandschulden, welche in Teile zerlegt werden, die Abtretung ohne Nennung des Erwerbers [Blanko-Zession], (§ 28 Abs. 2).

7. Auch im Falle der Zerlegung einer Bahnpfandschuld in Teilschulden und Ausstellung von Teilschuldverschreibungen ist an dem Grundsatze der §§ 57, 58 Eigent.-Erw.-Ges., § 92 Gr.-B.-O. festgehalten, daß das Bahnpfandschuldrecht nur durch Löschung im Grundbuche aufgehoben wird, und daß die Löschung auf Antrag des eingetragenen Eigentümers erfolgt. Aber entsprechend der Rechtsnatur der Teilschuldverschreibungen als Inhaberpapiere ist in Abweichung von den Vorschriften des § 94 Gr.-B.-O. bestimmt, daß zur Begründung des Antrags des Eigentümers auf Löschung von Teilschulden von diesem eine gerichtliche oder notarielle Urkunde über die durch ihn erfolgte Vernichtung der Teilschuldverschreibungen und ferner, im Falle einer Kraftloserklärung derselben, außer dem Ausschlußurteile die Löschungsbewilligung desjenigen, der das Ausschlußurteil erwirkt hat, beizubringen ist (§ 24 Abs. 1).

8. Zugleich nimmt das Gesetz für den Fall, daß der Eigentümer die Verpflichtung übernimmt, die von ihm planmäßig zu tilgenden Teilschulden zur Löschung zu bringen, darauf Bedacht, daß ihm die Möglichkeit gewährt werden muß, die

Löschung herbeizuführen, ohne abzuwarten, bis der derzeitige Inhaber der Teilschuldverschreibung sich bei ihm gemeldet und ihn in den Besitz der Teilschuldverschreibung gesetzt hat. Deshalb ist vorgeschrieben, daß die Beibringung der vorbezeichneten Urkunden behufs Löschung einer Teilschuld auch durch die Hinterlegung des Betrages der fälligen Teilschuld unter Verzicht auf Zurücknahme ersetzt werden kann (§ 24 Abs. 2).

9. Was die Zinsscheine anlangt, so zieht die Modifikation des § 94 Gr.-B.-O. durch die Bestimmungen des § 24 des vorliegenden Gesetzes über die Löschung von Teilschulden notwendig auch Änderungen und Ergänzungen der im § 95 Gr.-B.-O. enthaltenen bezüglichen Bestimmungen nach sich. Das Gesetz unterscheidet die vor und die nach Fälligkeit der Teilschuld fälligen Zinsscheine.

a) Die vor Fälligkeit der Teilschuld fälligen Zinsscheine sind beizubringen, soweit nicht nach Inhalt der Vernichtungsurkunde in betreff der Teilschuld auch die Vernichtung der für die Teilschuldverschreibungen ausgegebenen Zinsscheine erfolgt ist oder Zinsscheine durch Verjährung kraftlos geworden sind (§ 25 Abs. 1).

b) Die nach Fälligkeit der Teilschuld fällig werdenden Zinsscheine sind nur insoweit vorzulegen oder in ihrem Betrage unter Verzicht auf Zurücknahme zu hinterlegen, als der Aussteller zur Einlösung trotz der Fälligkeit der Hauptschuld verpflichtet ist (§ 25 Abs. 2 u. 3).

10. Entsprechend der Veröffentlichung der Eintragung der Teilschuldverschreibungen ist auch für die erfolgte Löschung derselben die öffentliche Bekanntmachung gesetzlich angeordnet. Doch ist diese nur auf diejenigen Fälle beschränkt, in welchen der Antrag auf Löschung ganz oder zum Teil auf Hinterlegung (§ 24 Abs. 2) gestützt war (§ 26).

C.

Anschließend an die Ordnung des Rechts der Teilschuld hat das Gesetz auch über eine gemeinsame Vertretung der Teilschuldgläubiger in den §§ 27 bis 31 Bestimmungen getroffen.

1. Es ist hierbei von der Erwägung ausgegangen, daß zwar in der Regel jedem einzelnen Teilschuldgläubiger die selbständige Verfolgung seiner Rechte zu überlassen ist, aber ausnahmsweise Fälle vorkommen können, in welchen die Verwirklichung von Maßregeln zur Erhaltung der Lebensfähigkeit des Unternehmens, insbesondere durch ein teilweises Aufgeben der Gläubigerrechte, an der Gesamtvertretung der Gläubiger durch Mehrheitsbeschlüsse herbeigeführt werden muß.

2. Demgemäß wurde in das Gesetz der Grundsatz aufgenommen, daß in einer Versammlung der Gläubiger einer Bahnpfandschuld die gänzliche oder teilweise Aufgabe des Pfandrechts, die Einräumung eines Vorrechts, die Gewährung einer Stundung oder einer Ermäßigung des Zinsfußes, der Verzicht auf Sicherheitsmaßregeln, sowie die Zustimmung zur Einstellung des Konkursverfahrens beschlossen werden kann (§ 27).

3. Im übrigen geht das Gesetz von der Erwägung aus, daß ausreichende Bürgschaften geboten sein müssen, welche eine ungerechtfertigte Benachteiligung oder unbillige Vergewaltigung der einzelnen Gläubiger verhindern und ausschließen. Diese Bürgschaften sind folgende: a) Die Berufung der Versammlung der Gläubiger darf nur durch das Gericht, bei welchem das Bahngrundbuch geführt wird, stattfinden (§ 28). b) Die Beschlußfassung findet gleichfalls unter

Leitung des Gerichts statt (§ 29). c) Auch die Bestätigung des Beschlusses der Versammlung ist dem Gerichte übertragen, und für das Bestätigungs-Verfahren, die Wirkung der Bestätigung und deren Anfechtung die entsprechende Anwendung der bezüglichen Bestimmungen der Konkursordnung vorgeschrieben (§ 30). d) Endlich liegt die Eintragung des rechtskräftig bestätigten Beschlusses im Bahngrundbuche dem Gerichte ob, da anderenfalls die Veränderung in dem Pfandrechte der Teilschuldverschreibungen nicht ersichtlich werden würde. Zu diesem Behufe ist auch die öffentliche Bekanntmachung der Eintragung vorgeschrieben (§ 31).

D.

Mit dem Inkrafttreten des B.-G.-B. ist in dem vorstehend dargestellten Rechtszustande, wie er durch Abschnitt IV des Eisenbahnpfandrechtsges. v. 19. August 1895 geschaffen worden ist, insofern eine wesentliche und durchgreifende Änderung eingetreten, als das B.-G.-B. — im Gegensatze zu dem bisherigen Preuß. Liegenschafts- und Grundbuchrecht — auch bei Grundstücken die Belastung mit einer Sicherheitshypothek für die Forderung aus einer Schuldverschreibung auf den Inhaber sowie die Ausstellung von Grundschuldbriefen auf den Inhaber gestattet (§§ 1187—1189, 1195 B.-G.-B.), mithin das entgegenstehende Verbot des Preuß. Rechts aufgehoben ist. Zwar bestimmt Art. 112 des Einf.-Ges. zum B.-G.-B., daß die landesgesetzlichen Vorschriften über die Belastung einer Bahneinheit namentlich im Falle der Ausstellung von Teilschuldverschreibungen auf den Inhaber und die sich dabei ergebenden Rechtsverhältnisse unberührt bleiben bezw. gemäß Art. 3 a. a. O. hierüber auch neue landesgesetzliche Vorschriften erlassen werden können. Indes hat dieser Vorbehalt bereits durch das Reichsgesetz, betreffend die gemeinsamen Rechte der Besitzer von Schuldverschreibungen, v. 4. Dezember 1899*) insofern eine Beschränkung erfahren, als in bezug auf die Versammlung und Vertretung der Bahnpfandgläubiger die Vorschriften der §§ 27—31 des bisherigen Eisenbahn-Pfandrechts-Ges. v. 19. August 1895 außerhalb des Liquidationsverfahrens (zur abgesonderten Befriedigung der Gläubiger aus den Bestandteilen der Bahneinheit) reichsgesetzlich aufgehoben und durch das Gesetz v. 4. Dezember 1899 ersetzt sind, mithin nur noch innerhalb des Liquidationsverfahrens (§ 57 Abs. 2 Satz 2 der bisherigen Fassung) als fortbestehend gelten (§ 25 Reichsgesetz v. 4. Dezember 1899) und demgemäß in den die Zwangsliquidation regelnden Abschnitt V des neuen Bahneinheitsgesetzes als §§ 50—58 aufgenommen bezw. dorthin übertragen worden sind. Abgesehen hiervon wäre es gemäß Art. 3 und 112 Einf.-Ges. z. B.-G.-B. an sich zulässig gewesen, die Sonderbestimmungen der §§ 20—26 des bisherigen Eisenb.-Pfandr.-Ges. — statt bezw. ungeachtet der reichsgesetzlichen Vorschriften der §§ 1187—1189, 1195 B.-G.-B. — weiter aufrecht zu erhalten und in das neue Bahneinheitsgesetz hinüberzunehmen. Aber bei Prüfung der Frage, ob ein Bedürfnis zur Aufrechterhaltung dieser Sonderbestimmungen noch vorhanden, zeigte sich, daß diese Frage im wesentlichen zu verneinen und — abgesehen von wenigen, in den neuen § 18 des Bahneinheitsgesetzes aus Zweckmäßigkeitsgründen aufgenommenen Ausnahmevorschriften — der Fortfall der §§ 20—26 bezw. ihr Ersatz durch die allgemeinen Vorschriften des B.-G.-B., vornehmlich durch die §§ 1187—1189, 1195 zweckmäßig erschien.

*) S. Anhang: Anlage IV.

Dies wird durch die folgenden Ausführungen der Motive zum § 18 des Bahneinh.=Ges. (Drucks. d. Herrenh. Sess. 1902 Nr. 42 S. 16—19) erschöpfend begründet:

„Die Bestimmungen des § 20 des Eisenb.=Pfandr.=Ges. v. 19. August 1895 (s. oben S. 164) werden durch die nach § 16 anwendbaren reichsgesetzlichen Vorschriften ohne wesentliche sachliche Änderung ersetzt, und zwar der Satz 1 durch die §§ 1187, 1195 des B.=G.=B., der Satz 2 durch § 51 der Gr.=B.=O., der Satz 3 durch § 1115 Abs. 1, § 1192 des B.=G.=B. Der Satz 4 erübrigt sich dadurch, daß nach Reichsrecht zur Eintragung einer Hypothek nicht, wie nach § 19 des Gesetzes über den Eigentumserwerb v. 5. Mai 1872, die Vorlegung einer Schuldurkunde erforderlich ist.

An die Stelle des § 21 (s. S. 164) ist der sachlich im wesentlichen übereinstimmende § 795 sowie der § 1195 Satz 2 des B.=G.=B. getreten.

Nach § 22 Satz 1 (S. 164) ist die Eintragung der Teilschulden öffentlich bekannt zu machen. Diese vom Reichsrecht abweichende Vorschrift behält der Entwurf bei der Hypothek für Teilschuldverschreibungen auf den Inhaber im § 18 Abs. 1 Nr. 1 bei, da sie einen zweckmäßigen Ersatz dafür bietet, daß die Eintragung auf den Schuldverschreibungen nicht vermerkt wird. Der § 22 Satz 2 (S. 164) erledigt sich, soweit er die Bildung eines Hypothekenbriefes betrifft, dadurch, daß das B.=G.=B. für Teilschuldverschreibungen auf den Inhaber nur eine Sicherungshypothek zuläßt und bei einer solchen die Erteilung eines Hypothekenbriefs ausgeschlossen ist (§ 1185 Abs. 1). Dagegen ist bei einer für den Inhaber des Briefes eingetragenen Grundschuld oder Rentenschuld, die in Teile zerlegt ist, nach § 70 Abs. 2 der Gr.=B.=O. über jeden Teil ein besonderer Brief herzustellen. An die Stelle des 3. Satzes im § 22 (S. 164) treten die Vorschriften des B.=G.=B. § 798 Abs. 1, § 1184, § 1195 Satz 2.

Nach § 16 des Gesetzes in Verbindung mit den §§ 1180, 1186, 1188, 1198 des B.=G.=B. kann eine für einen bestimmten Gläubiger eingetragene Bahnpfandschuld in eine Sicherungshypothek für die Forderungen aus Teilschuldverschreibungen auf den Inhaber oder in eine Grundschuld für den Inhaber des Briefes umgewandelt werden; zu der Umwandelung ist die Zustimmung des bisherigen Gläubigers und nach den §§ 1188, 1195 die Erklärung des Eigentümers sowie die Eintragung erforderlich. Daß eine über das Recht erteilte Urkunde zu vernichten ist, folgt aus § 69 Satz 2 der Gr.=B.=O. Die Vorschrift des § 28 Abs. 1 Satz 3 (S. 165) ist, soweit sie auf den § 21 und den § 22 Satz 2, 3 verweist, aus dem gleichen Grunde wie diese entbehrlich, soweit sie den § 22 Satz 1 für anwendbar erklärt, durch § 18 Abs. 1 Nr. 1 des Entwurfes gedeckt. Der § 28 Abs. 2 (S. 165) erledigt sich dadurch, daß das Reichsrecht eine Blankoabtretung nicht zuläßt.

Zur Löschung der Hypothek für eine Teilschuldverschreibung auf den Inhaber ist nach Reichsrecht, außer dem Löschungsantrag, entweder die Bewilligung des Gläubigers und die Zustimmung des Eigentümers oder der Nachweis des Überganges der Hypothek auf den Eigentümer und dessen Bewilligung sowie in beiden Fällen die Vorlegung des Papiers erforderlich (Gr.=B.=O. §§ 19, 27, 44). Statt des Papiers kann im Falle der Kraftloserklärung das Ausschlußurteil vorgelegt werden § 42 Abs. 2 S. 2 (vgl. die Denkschrift zum Entwurf der Gr.=B.=O., Drucksache des Reichstags 1895/97 Nr. 681, S. 82). Der Nachweis des Überganges der Hypothek auf den Eigentümer muß durch öffentliche Urkunden geführt werden.

Da die Vernichtung einer Schuldverschreibung auf den Inhaber durch den Eigentümer des belasteten Grundstücks die Forderung aus dem Papiere zum Erlöschen bringt, wird durch den Nachweis der Vernichtung auch der Übergang der Hypothek auf den Eigentümer erwiesen; zugleich ersetzt dieser Nachweis die Vorlegung des Papiers (Denkschrift S. 82). Die reichsgesetzlichen Vorschriften stimmen hiernach mit dem § 24 Abs. 1 (S. 165) des Gesetzes v. 19. August 1895 im wesentlichen Ergebnis überein.

Was dagegen den § 24 Abs. 2 (S. 165) betrifft, so kann zwar auch nach dem B.-G.-B. der Eigentümer des belasteten Grundstücks nach dem Eintritte der Fälligkeit einer Teilschuldverschreibung den Gläubiger durch eine unter Verzicht auf das Recht zur Rücknahme erfolgende Hinterlegung des Betrags befriedigen (§ 1142) und dadurch die Hypothek erwerben. Zur Löschung der Hypothek bleibt aber auch in diesem Falle die Vorlegung des Papiers erforderlich und, wenn der Eigentümer, wie dies die Regel bilden wird, hierzu nicht imstande ist, so kann er nur durch Erwirkung eines Ausschlußurteils nach § 1171 des B.-G.-B. die Löschung erlangen. Um diese Erschwerung der Löschung zu vermeiden, ist die Vorschrift des § 24 Abs. 2 im § 18 Abs. 1 Nr. 2 des Entwurfes beibehalten.

Auch bezüglich der im § 25 des Gesetzes (S. 165) geregelten Frage, inwieweit zur Löschung der Hypothek für eine Teilschuldverschreibung die Vorlegung von Zinsscheinen oder die Hinterlegung ihres Betrages erforderlich ist, führen die reichsrechtlichen Vorschriften teilweise zu abweichenden Ergebnissen. Das Grundstück haftet danach kraft der Hypothek für die Ansprüche aus fälligen Zinsscheinen, soweit sie noch nicht durch den Ablauf der Vorlegungsfrist nach § 801 des B.-G.-B. erloschen sind, sowie aus solchen noch nicht fälligen Zinsscheinen, welche gemäß § 803 nach dem Erlöschen der Hauptforderung in Kraft bleiben. Zur Löschung der Hypothek muß daher der Eigentümer nachweisen, daß die Hypothek für die vorbezeichneten Zinsforderungen auf ihn übergegangen ist. Dieser Nachweis kann durch Vorlegung der Zinsscheine oder durch den Beweis ihrer Vernichtung oder bei fälligen Zinsscheinen durch den Beweis der Hinterlegung ihres Betrags geführt werden. Hinterlegt der Eigentümer den Kapitalbetrag der fälligen Teilschuldverschreibung zum Zwecke der Befriedigung des Gläubigers, so ist die Hinterlegung des Betrags der noch nicht fälligen Zinsscheine, die der Aussteller einzulösen verpflichtet ist, nicht erforderlich, weil die Inhaber solcher Zinsscheine aus dem hinterlegten Kapitalbetrage zu befriedigen sind (§ 803 Abs. 2). Trotz der Hinterlegung des Betrags der fälligen Zinsscheine oder des Kapitalbetrags wäre jedoch nach § 44 der Grundbuchordnung die Vorlegung der Zinsscheine notwendig. Auch hierin würde eine unnötige Erschwerung der Löschung liegen. Der Entwurf beläßt es daher im § 18 Abs. 1 Nr. 2 bei dem bisherigen § 25 Abs. 3 Satz 1, wonach die Vorlegung eines Zinsscheines durch die unter Verzicht auf Rücknahme erfolgte Hinterlegung des Betrags ersetzt wird.

Die Bestimmungen, die nach Artikel 31 des Ausführungsgesetzes zur Grundbuchordnung an die Stelle des § 25 Abs. 3 Satz 2 getreten sind, können dagegen wegfallen, da die Berechtigung des Zinsscheininhabers zum Empfange des hinterlegten Betrags, das Erlöschen seines Rechtes, das Rücknahmerecht des Hinterlegers und die Unzulässigkeit eines Aufgebots von Zinsscheinen reichsrechtlich geregelt sind.

Die Löschung der Hypothek für die Forderungen aus Teilschuldverschreibungen auf den Inhaber wird übrigens durch das neue Recht insofern noch erheblich erleichtert, als sowohl nach § 1189 des B.-G.-B. als auch nach dem Reichsgesetze v. 4. Dezember 1899 (§ 1 Abs. 2, § 14) für die jeweiligen Gläubiger ein zur Verfügung über die Hypothek berechtigter Vertreter bestellt werden kann.

Die Vorschrift des § 26 des Gesetzes (S. 165) über die öffentliche Bekanntmachung der Löschung der Teilschuld ist ebenso wie die entsprechende Bestimmung des § 22 Satz 1 im Entwurfe beibehalten (§ 18 Abs. 1 Nr. 2).

Die §§ 27—31 des Ges. (s. S. 165, 166) lassen bei Teilschuldverschreibungen auf den Inhaber zur Wahrnehmung der Interessen der Gläubiger bindende Beschlüsse einer Gläubigerversammlung zu. Diese Sondervorschriften wären zwar nach Artikel 112 des Einf.-Ges. z. B.-G.-B. unberührt geblieben. Der Vorbehalt des Artikel 112 hat jedoch durch das Reichsgesetz, betreffend die gemeinsamen Rechte der Besitzer von Schuldverschreibungen, vom 4. Dezember 1899 eine Einschränkung erfahren. Durch den § 25 dieses Gesetzes sind nur die landesgesetzlichen Vorschriften über die Versammlung und Vertretung der Pfandgläubiger einer Eisenbahn oder Kleinbahn in dem zur abgesonderten Befriedigung dieser Gläubiger aus den Bestandteilen der Bahneinheit bestimmten Verfahren aufrecht erhalten. Dagegen sollen außerhalb der Zwangsliquidation auch für die Zulässigkeit von Beschlüssen einer Versammlung von Bahnpfandgläubigern ausschließlich die Vorschriften des Reichsgesetzes v. 4. Dezember 1899 maßgebend sein (vgl. die Begründung des Entwurfs des Reichsgesetzes, Drucksache des Reichstags 1898/99 Nr. 105 S. 29). Die §§ 27—30 des Gesetzes v. 19. August 1895 können hiernach nur insoweit beibehalten werden, als sie nach § 57 Abs. 2 Satz 2 für die Zwangsliquidation gelten; im übrigen sind sie reichsrechtlich beseitigt. Dagegen ist die Aufrechterhaltung der Vorschriften des § 31 Satz 2, 3 zulässig und zweckmäßig (vgl. § 18 Abs. 1 Nr. 3 des Entw.).

Die Erleichterungen, die der § 18 Abs. 1 Nr. 2, 3 für Eintragungen bei einer Hypothek für Teilschuldverschreibungen auf den Inhaber vorsieht, dehnt der § 18 Abs. 2 auf die entsprechenden Eintragungen bei einer für den Inhaber des Briefes eingetragenen, in Teile zerlegten Grundschuld oder Rentenschuld aus. Die Vorschriften enthalten eine Ausnahme von dem Grundsatze des § 43 der Grundbuchordnung."

II. Entstehung. Der § 18 des Eisenb.-Pfandr.-Gesetzes v. 19. August 1895 betraf eine auf die Ausschließung des Kündigungsrechts des Gläubigers einer Bahnpfandschuld bezügliche Bestimmung und lautete: „Das Kündigungsrecht des Gläubigers einer Bahnpfandschuld kann auch über die Dauer von 30 Jahren hinaus ausgeschlossen werden." § 18. Entstehung.

Nach den Motiven (Drucks. d. Herrenh. 1902 Nr. 42 S. 16) enthielt dieser Paragraph eine Abweichung von dem § 92 des Ablösungsgesetzes v. 2. März 1850 und den ihm nachgebildeten provinziellen Gesetzen, soweit nach ihnen bei Kapitalien, die einem Grundstück oder einer Gerechtigkeit auferlegt werden, das Kündigungsrecht des Gläubigers nur für höchstens 30 Jahre ausgeschlossen werden konnte. Nachdem der § 92 a. a. O. und die gleichartigen Vorschriften durch Artikel 89 (Nr. 15, 22, 27, 29, 31) des Ausführungsges. z. B.-G.-B. aufgehoben und nur insoweit, als sie sich auf den Ausschluß des Kündigungsrechts des Schuldners bezogen, durch den Artikel 32 des Ausführungsgesetzes ersetzt sind, konnte dieser bisherige § 18 als selbstverständlich in Wegfall kommen. An Stelle dieses alten

§ 18 sind aus den vorstehend (S. 171 bis S. 178) erörterten Gründen die in dem neuen § 18 des Bahneinheitsgesetzes v. 11. Juni 1902 enthaltenen Vorschriften über die Hypothek für Teilschuldverschreibungen auf den Inhaber unter Wegfall des ganzen Abschnitts IV (§§ 20—31) des bisherigen Eisenb.-Pfandr.-Ges. v. 19. August 1895 getreten.

Der Regierungsentwurf v. 10. Februar 1902 schlug den neuen § 18 in der in das Gesetz definitiv übergegangenen Fassung (Drucks. d. Herrenh. 1902 Nr. 42 S. 4 u. 5) und mit der bereits oben S. 171—178 mitgeteilten Begründung vor und diese Fassung wurde von beiden Häusern des Landtages unbeanstandet angenommen.

§ 18. Abs. 1 Eingangssatz. 84) Der Eingangssatz des § 18 bestimmt, daß auf eine Hypothek für Teilschuldverschreibungen auf den Inhaber die Vorschriften der §§ 9 und 16 des vorliegenden Gesetzes mit den unter Ziff. 1—3 des § 18 aufgeführten Maßgaben Anwendung finden. Damit ist ausgesprochen, daß grundsätzlich für diese Hypotheken in formell- und materiellrechtlicher Beziehung die allgemeinen Normen der Grundbuchordnung nebst den zu ihrer Ausführung und Ergänzung dienenden Vorschriften, sowie die sich auf Grundstücke beziehenden Vorschriften des B.-G.-B., das neue Liegenschaftsrecht, abgesehen von den wenigen in Ziff. 1—3 des § 18 enthaltenen Abweichungen — maßgebend sein soll. Es bedurfte dieser positiven Bestimmung, um mit Rücksicht auf die Art. 3 u. 112 des Einf.-Ges. z. B.-G.-B. keinen Zweifel darüber bestehen zu lassen, daß die Sonderbestimmungen des Abschn. IV (§§ 20—31) des bisherigen Eisenb.-Pfandr.-Ges. v. 19. August 1895 über „Teilschuldverschreibungen auf den Inhaber" im wesentlichen in Wegfall gebracht und durch die formell- und materiellrechtlichen Vorschriften des neuen Liegenschaftsrechts — bis auf die unter Nr. 1—3 des § 18 aufrechterhaltenen Normen — ersetzt sind.

Danach kann für die Forderung aus Teilschuldverschreibungen auf den Inhaber eine Hypothek an der Bahneinheit bestellt werden, jedoch nur in Gestalt einer Sicherungshypothek (B.-G.-B. § 1187 Satz 1) d. h. in der Weise, daß das Recht der Gläubiger aus der Hypothek sich nur nach der Forderung bestimmt und die Gläubiger sich zum Beweise nicht auf die Eintragung berufen können (B.-G.-B. § 1184 Abs. 1), also für den jeweiligen Gläubiger aus dem Papier bezw. für die Forderung als solche (Fuchs I S. 605, Biermann S. 404, Turnau u. Förster I S. 808). Zur Bestellung einer Hypothek für die Forderung aus einer Schuldverschreibung auf den Inhaber genügt die einseitige Erklärung des Bahneigentümers gegenüber dem Bahngrundbuchamte, daß er die Hypothek bestelle, und die Eintragung in das Bahngrundbuch (B.-G.-B. § 1188 Abs. 1). Es bedarf also nicht der Einigung von Bahneigentümer und Gläubiger. Die Eintragung kann auch der Erklärung vorangehen. Die Vorlegung des Inhaberpapiers vor der Eintragung ist nicht erforderlich, die Eintragung wird auf dem Papiere nicht vermerkt (Gr.-B.-O. § 44). Als Gläubiger ist keine individuell bestimmte Person, sondern der Inhaber der näher zu bezeichnenden Schuldverschreibungen als solcher im Grundbuche einzutragen. Die Ausschließung des Gläubigers mit seinem Rechte nach § 1170 ist nur zulässig, wenn die im § 801 bezeichnete Vorlegungsfrist verstrichen ist. Ist innerhalb der Frist die Schuldverschreibung vorgelegt oder der Anspruch aus der Urkunde gerichtlich geltend gemacht worden, so kann die Ausschließung erst erfolgen, wenn die Verjährung eingetreten ist (B.-G.-B. § 1188 Abs. 2). Bei einer derartigen Sicherungshypothek kann nach den für die Bestellung der Hypothek geltenden Grundsätzen (§§ 873, 877, 1115, 1188 B.-G.-B.) für die jeweiligen Gläubiger ein Vertreter (Treuhänder) mit der Befugnis bestellt werden, mit Wirkung für und gegen jeden späteren Gläubiger bestimmte Verfügungen über die Hypothek zu treffen und den Gläubiger bei der Geltendmachung der Hypothek zu vertreten, und zwar nicht nur bei der gerichtlichen Geltendmachung, sondern überhaupt. Zur Bestellung des Vertreters ist die Eintragung in das Bahngrundbuch erforderlich (B.-G.-B. § 1189 Abs. 1). Die Bestellung erfolgt bei Schuldverschreibungen auf den Inhaber durch den Eigentümer (Biermann S. 418, Turnau u. Förster I S. 825, Planck S. 618, A. M. Cosack § 266 S. 366). Ist der Eigentümer berechtigt, von dem Gläubiger eine Verfügung zu verlangen, zu welcher der Vertreter befugt ist, so kann er die Vornahme der Verfügung von dem Vertreter verlangen (B.-G.-B. § 1189 Abs. 2). Insbesondere handelt es sich um Verfügungen vor dem Grundbuchamt. Der Umfang der Verfügungsmacht ist durch Eintragung im Grundbuche oder durch Bezugnahme auf die Eintragungsbewilligung (§ 874) grundbuchmäßig festzustellen (Fuchs I S. 414, Biermann S. 614). Der Vertreter ist an sich nur zur Geltendmachung der Hypothek, der dinglichen Rechte, nicht auch der Forderung berechtigt. Die Befugnisse und Pflichten eines gemäß § 1189 B.-G.-B. bestellten Vertreters werden durch die (unten S. 178 erwähnte) Bestellung eines von der Gläubigerversammlung bestellten Vertreters der Gläubiger aus § 14 des Reichsgesetzes v. 4. Dezember 1899, betreffend die gemeinsamen Rechte der Besitzer von Schuldverschreibungen, nicht berührt (§ 16 l. c.), doch kann das Recht der Berufung der Gläubigerversammlung und der Ankündigung von Gegenständen zur Beschlußfassung (§§ 3, 7 Abs. 3 l. c.) auch von ersterem geltend gemacht werden (§ 16 Abs. 2 l. c.). Vgl. Fuchs I. S. 611 u. 616 Anm. 83, Biermann S. 415, Königs S. 68ff., Turnau u. Förster I S. 828, 829).

Die Hypothek muß im Bahngrundbuch als Sicherungshypothek bezeichnet werden (B.-G.-B. § 1184 Abs. 2), gilt aber auch dann als solche, wenn diese Bezeichnung unterblieben ist (B.-G.-B. § 1187 Satz 2). Notwendig erscheint es aber, im Grundbuche ersichtlich zu machen, daß die Forderung eine solche aus einer Schuldverschreibung auf den Inhaber ist. Zur Abtretung der Forderung bedarf es keiner Eintragung im Grundbuche, denn die Anwendung des § 1154 Abs. 3 B.-G.-B. ist hier ausdrücklich ausgeschlossen. Die Zulässigkeit von Einwendungen und Einreden gegen die Forderung bestimmt sich nach den Vorschriften des Rechts der Schuldverhältnisse über Schuldverschreibungen auf den Inhaber (B.-G.-B. § 796 H.-G.-B. § 364 Abs. 2). Die Erteilung eines Hypothekenbriefes ist bei der Hypothek für die Forderungen aus Teilschuldverschreibungen auf den Inhaber an einer Bahneinheit — weil es eine Sicherungshypothek ist — ausgeschlossen (B.-G.-B. § 1185 Abs. 1) und es finden daher alle diejenigen Bestimmungen des B.-G.-B. u. der Gr.-B.-O. keine Anwendung, welche sich auf den Hypothekenbrief beziehen (B.-G.-B. § 1185 Abs. 2). Ein trotzdem ausgestellter Hypothekenbrief ist nichtig, auch gegenüber gutgläubigen Dritten.

Auch eine Grundschuld kann an einer Bahneinheit in der Weise bestellt werden, daß der Grundschuldbrief auf den Inhaber gestellt wird, in welchem Falle auf einen solchen Brief die Vorschriften über Schuldverschreibungen auf den Inhaber (B.-G.-B. §§ 793ff.) entsprechende Anwendung finden (B.-G.-B. § 1195). Die Eintragung der Grundschuld im Grundbuche (§ 1115) erfolgt für den Inhaber des Grundschuldbriefes. Die Erteilung des Briefes kann hier nicht ausgeschlossen werden. Für die Bestellung der Inhabergrundschuld sind im übrigen die oben (S. 175) bezüglich der Bestellung einer Hypothek für die Forderung aus einer Schuldverschreibung auf den Inhaber (B.=G.=B. § 1188 § 51 Abs. 1) und eines Gläubigervertreters (§ 1189) mitgeteilten Normen maßgebend. Die für den Inhaber des Grundschuldbriefes eingetragene Grundschuld kann auch in Teile zerlegt werden; aber es ist alsdann über jeden Teil ein besonderer Grundschuldbrief auszustellen (Gr.=B.=O. § 70 Abs. 2).

Bei der Eintragung einer Hypothek für Teilschuldverschreibungen auf den Inhaber ist der Gesamtbetrag der Hypothek unter Angabe der Anzahl, des Betrages und der Bezeichnung der Teile einzutragen (Gr.=B.=O. Abs. 1). Es braucht also nicht für die Forderung aus jeder einzelnen Teilschuldverschreibung eine besondere Hypothek eingetragen zu werden. Und dasselbe genügt bei der Eintragung einer in Teile zerlegten Grund= oder Rentenschuld für den Inhaber des Briefes (§ 51 Abs. 2 l. c. Fuchs I S. 660, Turnau u. Förster I S. 877). Ist die Forderung verzinslich, so muß der Zinssatz, wenn andere Nebenleistungen zu entrichten sind, ihr Geldbetrag, und zwar in Reichswährung (Gr.=B.=O. § 28 Satz 2), im Bahngrundbuche angegeben werden; im übrigen kann zur Bezeichnung der Forderung auf die Eintragungsbewilligung Bezug genommen werden; insbesondere bedarf es, wenn ein Tilgungsplan (Plan der Rückzahlungsbedingungen) vorhanden ist, nicht der Angabe der Rückzahlungsbedingungen in der Eintragung, sondern es genügt die Bezugnahme auf die Eintragungsbewilligung (B.=G.=B. § 1115 Abs. 3, § 1192).

Auf die Teilschuldverschreibungen auf den Inhaber, für welche eine Sicherungshypothek bestellt ist, finden ebenso wie auf die besonderen Grundschuldbriefe einer in Teile zerlegten Grund= oder Rentenschuld (B.=G.=B. § 1195) die Vorschriften über Schuldverschreibungen auf den Inhaber entsprechende Anwendung (B.=G.=B. §§ 793ff. u. Preuß. Ausf.=Ges. Art. 17 u. 18) und zwar insbesondere in folgenden Beziehungen: 1. Der Erwerb richtet sich nach den §§ 793, 794, nicht nach § 1117 B.=G.=B. 2. Die Übertragung erfolgt nach den für Inhaberpapiere geltenden Vorschriften, also durch Übergabe des Papiers bezw. Briefes. Die §§ 1154, 1155 B.=G.=B. finden keine Anwendung. 3. Die Zulässigkeit von Einwendungen gegen den Inhaber des Papiers bezw. Briefes richtet sich nach § 796 B.=G.=B. (Turnau u. Förster I S. 878). 4. Für ein Pfandrecht an dem Papiere bezw. Briefe gelten die Vorschriften über das Pfandrecht an beweglichen Sachen (B.=G.=B. § 1293). Das gleiche gilt auch bezüglich der Zwangsvollstreckung. 5. Für die Kraftloserklärung des Papiers bezw. Briefes im Wege des Aufgebotsverfahrens ist § 799, nicht § 1162 B.=G.=B. maßgebend. 6. Die Verlegungsfrist der §§ 801, 802 besteht auch für die hier in Betracht kommenden Papiere bezw. Briefe. 7. Die Ausgabe von Zins= und Erneuerungsscheinen ist zulässig (§§ 803—805). 8. Die Papiere bezw. Briefe dürfen nur mit staatlicher Genehmigung in den Verkehr gebracht werden (B.=G.=B. § 795), welche durch den Minister der öffentlichen Arbeiten auf Grund eingeholter Kais. Ermächtigung erteilt wird (Verordn. v. 16. November 1899, § 8 G.=S. S. 568). Vgl. Biermann S. 412, 424, Turnau u. Förster I S. 820, 821, 877, Planck S. 640, Fuchs I S. 607, 661, A. M. Dernburg Sachenr. § 245 Nr. 86). Die Erteilung der Genehmigung und die Bestimmungen, unter denen sie erfolgt, sind durch den deutschen Reichsanzeiger bekannt zu machen. Die Genehmigung muß dem Grundbuchamte vor der Eintragung nachgewiesen werden (Biermann S. 412, Turnau u. Förster II S. 277, A. M. Oberneck § 158 Ziff. 8, Fuchs I S. 607). Der Nachweis ist in grundbuchmäßiger Form (Gr.-B.-O. § 29) zu erbringen. Eine ohne staatliche Genehmigung in den Verkehr gelangte Schuldverschreibung (bezw. Teilgrundschuldbriefe) ist nichtig (Biermann a. a. O.). Der Aussteller hat dem Inhaber den durch die Ausgabe verursachten Schaden zu ersetzen (Fuchs I S. 607).

Zur Geltendmachung der Rechte aus der Teilschuldverschreibung bezw. dem Teilgrundschuldbrief ist der Inhaber befugt, es sei denn, daß er zur Verfügung über die Urkunde nicht berechtigt ist. Der Aussteller wird jedoch auch durch die Leistung an einen nicht zur Verfügung berechtigten Inhaber befreit (B.-G.-B. § 798 Abs. 1, §§ 1184, 1195 Satz 2).

Eine für einen bestimmten Gläubiger eingetragene gewöhnliche Hypothek bezw. Grundschuld an einer Bahneinheit kann in eine Sicherungshypothek für die Forderungen aus Teilschuldverschreibungen auf den Inhaber bezw. in eine Grundschuld für die Inhaber des in Teile zerlegten Grundschuldbriefes umgewandelt werden, wie auch umgekehrt (B.-G.-B. §§ 1186, 1198). Zu der Umwandlung, welche eine Änderung des Inhalts des Rechts darstellt, ist die Einigung der Gläubiger und des Eigentümers, sowie die Erklärung des Eigentümers gegenüber dem Bahngrundbuchamte und die Eintragung in das Bahngrundbuch erforderlich (B.-G.-B. §§ 873, 874, 876—878, 1180, 1188, 1192, 1195; Biermann S. 408, 426, Fuchs I S. 600, 669; Turnau-Förster S. 814, 882). Dagegen bedarf es der Zustimmung der im Range gleich- oder nachstehenden Berechtigten nicht (B.-G.-B. § 1186 Satz 2 § 1198 Satz 2). Die über die Bahnpfandschuld gebildete Schuldurkunde ist bei der Umwandlung zu vernichten (Gr.-B.-O. § 69). Ist durch die Einigung und Eintragung die Umwandlung der gewöhnlichen Hypothek in eine Sicherungshypothek vollzogen, so finden die Beschränkungen der §§ 1184, 1185 auf sie vom Zeitpunkte der Eintragung an Anwendung (Fuchs I S. 602), wie überhaupt alle für Sicherungshypotheken geltenden Vorschriften (Biermann S. 409, 426).

Die Löschung der Hypothek für Teilschuldverschreibungen auf den Inhaber erfordert — abgesehen von dem Antrage auf Löschung und der Vorlegung der Urkunde — die Zustimmung des Eigentümers und die Bewilligung des Gläubigers oder den Nachweis des Überganges der Hypothek auf den Eigentümer und die Bewilligung desselben (Gr.-B.-O. §§ 19, 27, 44). Statt der Vorlegung der Urkunde genügt im Falle der Kraftloserklärung die Vorlegung des Ausschlußurteils (Gr.-B.-O. § 42 Abs. 2, Satz 2; Achilles-Strecker S. 276; Philler S. 79. Turnau-Förster II; S. 272, Denkschr. z. Entw. d. Gr.-B.-O., Drucks. d. Reichst. 1895/97, Nr. 631, S. 82). Da durch die Vernichtung einer Schuldverschreibung auf den Inhaber durch den Eigentümer der belasteten Bahneinheit die Forderung aus dem Papiere zum Erlöschen gebracht wird, so wird durch den Nachweis der Vernichtung auch der Übergang der Hypothek auf den Eigentümer erwiesen; zugleich ist durch diesen Nachweis die Vorlegung des Papiers ersetzt (zit. Denkschr. S. 82). Endlich kann der Bahneigentümer nach dem Eintritt der Fälligkeit einer Teilschuldverschreibung den Gläubiger unter den Voraussetzungen des § 372 B.-G.-B. auch durch eine unter Verzicht auf das Recht zur Rücknahme erfolgende Hinterlegung des Betrages befriedigen (B.-G.-B. § 378) und dadurch die Hypothek erwerben. Aber auch in diesem Falle bedarf es zur Löschung der Hypothek der Vorlegung des Papiers oder des Ausschlußurteils (B.-G.-B. §§ 1142, 1143—1145, 1158, 1171, 1177). Biermann S. 841, 882ff., 884; Fuchs I S. 527ff., 546ff.; Turnau-Förster, S. 264 u. S. 272. Was die Zinsscheine einer Schuldverschreibung oder eines Grundschuldbriefes auf den Inhaber anlangt, so haftet das Grundstück aus der Hypothek oder der Grundschuld für die Ansprüche aus fälligen Zinsscheinen, soweit sie nicht durch Ablauf der Vorlegungsfrist erloschen sind (B.-G.-B. §§ 801, 1192), und ebenso aus noch nicht fälligen Zinsscheinen, auch wenn die Hauptforderung erlischt oder die Verpflichtung zur Verzinsung aufgehoben oder geändert wird (B.-G.-B. §§ 803, 1192). Zur Löschung der Hypothek ist daher der Nachweis erforderlich, daß die Hypothek für die vorbezeichneten Zinsforderungen auf den Eigentümer übergegangen ist. Dies kann er entweder durch Vorlegung der Zinsscheine oder den Nachweis ihrer Vernichtung oder — bei fälligen Zinsscheinen — der Hinterlegung ihres Betrages unter Verzicht auf Zurücknahme dartun. Wird zum Zwecke der Befriedigung der Gläubiger der Betrag der fälligen Teilschuldverschreibung hinterlegt, so bedarf es der Hinterlegung des Betrages der noch nicht fälligen Zinsscheine, die der Aussteller gemäß § 803 Abs. 1 B.-G.-B. einzulösen hat, nicht, weil diese aus dem hinterlegten Kapitalbetrage zu decken sind (B.-G.-B. § 803 Abs. 2). Aber auch in diesem Falle bedarf es außer der Hinterlegung des Betrages der fälligen Teilschuldverschreibungen noch der Vorlegung der Zinsscheine oder des Ausschlußurteils (B.-G.-B. §§ 1142, 1171).

Auf die Teilschuldverschreibungen und die Teilgrundschuldbriefe auf den Inhaber finden — abgesehen vom Liquidationsverfahren (§§ 50—58, s. Anm. 88 S. 170ff. — an Stelle der Sonderbestimmungen der bisherigen §§ 27—31 des Eisenb.-Pfandr.-Ges. v. 19. August 1895 die allgemeinen Vorschriften des Reichsgesetzes betreffend die gemeinsamen Rechte der Besitzer von Schuldverschreibungen v. 4. Dezember 1899 (R.-G.-Bl. Nr. 47), Anwendung. Von der danach gebildeten und berufenen Gläubigerversammlung (§§ 1—8 l. c.) kann mittels eines zu seiner Giltigkeit eines gerichtlichen oder notariellen Protokolls bedürfenden (§ 9) und in Gemäßheit der Abstimmungsvorschriften des § 10 gefaßten Beschlusses über die Aufgabe oder Beschränkung von Rechten der Gläubiger — wie die gänzliche oder teilweise Aufgabe des Pfandrechts, die Einräumung eines Vorrechts — insbesondere aber die Ermäßigung des Zinsfußes oder die Bewilligung einer Stundung, jedoch nur zur Abwendung einer Zahlungseinstellung oder des Konkurses des Schuldners beschlossen werden. In allen diesen Fällen, vornehmlich auch in der Herabsetzung des Zinssatzes, liegt eine gänzliche oder teilweise Aufhebung des Rechts der Hypotheken- oder Grundschuldgläubiger vor. Der Beschluß der Gläubigerversammlung tritt hier an die nach § 875 B.-G.-B. erforderliche Erklärung der Berechtigten in betreff der gänzlichen oder teilweisen Aufgabe ihres Rechtes. Zur gänzlichen oder teilweisen Aufhebung der Hypothek oder Grundschuld ist aber auch die Zustimmung des Eigentümers erforderlich, welche dem Grundbuchamt oder dem Gläubiger gegenüber zu erklären und unwiderruflich ist (B.-G.-B. §§ 1183, 1192). Nur mit dieser Zustimmung darf die Eintragung der Löschung bezw. Beschränkung erfolgen (Gr.-B.-O. § 27 Abs. 1); Biermann S. 814; Fuchs I S. 407). Der Beschluß, durch welchen Rechte der Gläubiger aufgegeben oder beschränkt werden, bedarf einer Mehrheit von mindestens drei Vierteilen der abgegebenen Stimmen. Die Mehrheit muß mindestens die Hälfte des Nennwerts der im Umlaufe befindlichen Schuldverschreibungen, und, wenn dieser nicht mehr als zwölf Millionen Mark beträgt, mindestens zwei Dritteile des Nennwerts erreichen; beträgt der Nennwert der im Umlaufe befindlichen Schuldverschreibungen weniger als sechzehn Millionen, aber mehr als zwölf Millionen Mark, so muß die Mehrheit acht Millionen Mark erreichen. In diesen Fällen bleiben bei der Berechnung des Nennwerts der umlaufenden Schuldverschreibungen die im Besitze des Schuldners befindlichen Schuldverschreibungen, für welche das Stimmrecht ausgeschlossen ist (§ 10 Abs. 4) außer Ansatz. Der Schuldner ist verpflichtet, in der Gläubigerversammlung Auskunft über den Betrag der im Umlaufe befindlichen, zum Stimmen berechtigenden Schuldverschreibungen zu erteilen (§ 11 Könige, Komment. z. Ges. betr. d. gemeins. Rechte der Bes. v. Schuldverschreibungen § 11, S. 53—55). Ein derartiger Beschluß der Gläubigerversammlung muß für alle Gläubiger die gleichen Bedingungen festsetzen. Die Festsetzung ungleicher Bedingungen ist nur mit ausdrücklicher Einwilligung der zurückgesetzten Gläubiger zulässig. Jedes sonstige Abkommen des Schuldners oder eines Dritten mit einem Gläubiger, durch welches dieser begünstigt werden soll, ist nichtig. Ein Beschluß der Versammlung, der durch Begünstigung einzelner Gläubiger zustande gebracht ist, hat den übrigen Gläubigern gegenüber keine verbindliche Kraft. Auf die dem Nennwerte der Schuldverschreibungen entsprechenden Kapitalansprüche kann durch Beschluß der Versammlung nicht verzichtet werden. Der Schuldner hat den Beschluß durch mindestens zweimalige Bekanntmachung im Deutschen Reichsanzeiger und in den sonstigen Blättern, durch welche für den Bezirk des Amtsgerichts, in dessen Bezirk er seinen Wohnsitz oder seine gewerbliche Niederlassung hat bezw. zuletzt gehabt hat, die Eintragungen in das Handelsregister bekannt gemacht werden (Könige a. a. O. § 12, S. 56ff.). An die Stelle der letzteren Blätter treten, wenn der Schuldner eine Aktiengesellschaft, eine Kommanditgesellschaft auf Aktien, eine Gesellschaft mit beschränkter Haftung oder eine eingetragene Genossenschaft ist, die für die Veröffentlichungen der Gesellschaft oder der Genossenschaft bestimmten Blätter (§§ 12, 6 u. 4.). Steht der Geschäftsbetrieb des Schuldners unter staatlicher Aufsicht, wie es bei sämtlichen Privateisenbahnen und Kleinbahnen der Fall ist, so ist zu den in Rede stehenden Beschlüssen die Bestätigung der Aufsichtsbehörde erforderlich, welche die Erteilung, sowie die Versagung der Bestätigung öffentlich bekannt zu machen hat (§ 13 Könige a. a. O. § 13, S. 63, 64). Die fehlende Bestätigung macht den Beschluß nichtig. Gegen die Versagung der Bestätigung gibt es für Privateisenbahnen nur die nach dem Eisenb.-Ges. v. 3. November 1838, für Kleinbahnen die nach dem Kleinb.-Ges. v. 28. Juli 1892 (§ 52) zulässigen Rechtsmittel (§ 56 des Bahneinh.-Ges.)

85) Nr. 1 des Abs. 1 des § 18 schreibt vor, daß die Eintragung öffentlich bekannt zu machen ist. Diese Vorschrift ist aus § 22 Satz 1 des Eisenb.-Pfandr.-Ges. v. 19. August 1895 entnommen. Bereits dieses Gesetz sah — abweichend von den allgemeinen Normen der §§ 122ff., §§ 79—83, Preuß. Gr.-B.-O. — von der Bildung von Urkunden über die Eintragung in Form von Hypotheken- und Grundschuldbriefen oder von Zweigurkunden derselben im Interesse der Zirkulationsfähigkeit und Negoziabilität zur Vermeidung der sich hieraus bei der großen Zahl solcher Urkunden ergebenden Unzuträglichkeiten ab. Auch die Beurkundung der Eintragung in der möglichst einfachen Form eines auf die Teilschuldverschreibung zu setzenden Vermerks wurde für zu umständlich erachtet. Um § 18. Abs. 1 Nr. 1.

daher an Stelle der Beurkundung auf dem Inhaberpapier oder durch besondere Zweigurkunden die Eintragung der Teilschulden und demgemäß die Qualifikation der auf Grund derselben ausgestellten Teilschuldverschreibungen als dinglich sichergestellten Schuldverschreibungen, für welche die Bahneinheit als Pfand haftet, bekannt zu geben, ist die öffentliche Bekanntmachung der Eintragung der Teilschulden vorgeschrieben worden. Diese Vorschrift ist also eine Folge der Aufhebung der grundbuchrechtlichen Norm über das Erfordernis der Bildung von Hypotheken- oder Grundschuldbriefen, da auch das neue Liegenschaftsrecht bei der für die Forderung aus Teilschuldverschreibungen auf den Inhaber — im Gegensatz zu den allgemeinen Bestimmungen — zu bestellenden Sicherungshypothek die Erteilung eines Hypothekenbriefes ausschließt (B.-G.-B. § 1185) und der Vermerk der Eintragung auf den Schuldverschreibungen gleichfalls mit großen Schwierigkeiten und Umständen verknüpft sein würde, so ist als zweckmäßiger Ersatz dafür auch im Bahneinheitsgesetz die Vorschrift der öffentlichen Bekanntmachung der Eintragung beibehalten worden. Diese Vorschrift bezieht sich aber, wie aus § 18 Abs. 2 ersichtlich, nur auf Hypotheken, nicht auf Grund- oder Rentenschulden. Für die Inhaber einer in Teile zerlegten Grund- oder Rentenschuld ist über jeden Teil ein besonderer Brief auszustellen und daher auch der Eintragungsvermerk — abweichend von dem bisherigen § 22 des Eisenb.-Pfandr.-Ges. — auf jedem Teilgrundschuldbrief zu vermerken.

I. Die Eintragung einer Hypothek für Teilschuldverschreibungen auf den Inhaber ist öffentlich bekannt zu machen. Diese Vorschrift ist ihrer Fassung nach obligatorisch. Die öffentliche Bekanntmachung muß erfolgen. Ohne dieselbe würde, da sie die Bildung der Hypothekenbriefe ersetzt bezw. die Eintragungsvermerke auf denselben, den Teilschuldverschreibungen die Eigenschaft von Pfandurkunden fehlen, mithin auch alle diejenigen Rechtswirkungen, welche das Grundbuchrecht mit der Ausstellung und dem Besitze von Hypothekenbriefen verknüpft. Aus dem obligatorischen Charakter der Vorschrift folgt, daß die öffentliche Bekanntmachung der Eintragung durch keinen anderen Akt, wie z. B. durch spezielle Benachrichtigungen, durch Bildung von Instrumenten — welche B.-G.-B. § 1185 verbietet — ersetzt werden darf. Auch macht sich das Bahngrundbuchamt, welches die vorgeschriebene öffentliche Bekanntmachung unterläßt, für die Folgen der Unterlassung verantwortlich.

II. Über die Form der öffentlichen Bekanntmachung ist in Nr. 1 nichts bestimmt. Sie richtet sich daher, mangels besonderer Vorschrift, nach den Normen des § 57. Danach erfolgt die Bekanntmachung durch mindestens einmalige Einrückung in den Anzeiger des Amtsblatts. Die Bekanntmachung gilt als bewirkt mit dem Ablauf des zweiten Tages nach der Ausgabe des die Einrückung oder erste Einrückung enthaltenden Blattes. Außerdem erfolgt die Bekanntmachung durch mindestens einmalige Einrückung in die durch die Statuten oder die Bedingungen der Ausgabe der Teilschuldverschreibungen bestimmten Blätter. Abgesehen hiervon aber wird man annehmen müssen, daß die Bekanntmachung als eine grundbuchmäßige nach dem für alle Bekanntmachungen des betreffenden Grundbuchamts vorgeschriebenen Modus und in den für diese bestimmten Publikationsorganen zu erfolgen hat.

III. Aus der Vorschrift, daß die Eintragung öffentlich bekannt zu machen ist, ergibt sich — mangels einer Einschränkung — daß auch alle Änderungen, Beschränkungen, Erweiterungen der Eintragung der öffentlichen Bekanntmachung bedürfen. Für die durch eine Gläubigerversammlung beschlossene Aufgabe oder Beschränkung von eingetragenen Rechten der Gläubiger (§ 11 des Reichsges. v. 4. Dezember 1899) ist dies durch § 18 Nr. 8 besonders vorgeschrieben (s. Anm. 88).

IV. Nach der in den Motiven deutlich ausgesprochenen Absicht des Gesetzes soll die öffentliche Bekanntmachung der Eintragung den Vermerk der Eintragung auf den Teilschuldverschreibungen ersetzen. Die öffentliche Bekanntmachung der Eintragung stattet daher die gemäß § 1187 B.-G.-B. ausgestellten Teilschuldverschreibungen mit denjenigen Rechtswirkungen aus, die ihnen sonst nur die Bildung von Hypothekenbriefen verleihen würde. Sie sind dadurch den über Pfandschulden zu bildenden Hypothekenbriefen gleichgestellt; es geht mit der Begebung des Inhaberpapiers auch das daran haftende Pfandrecht ohne weiteres auf den neuen Inhaber über, die öffentliche Bekanntmachung verleiht dem Papiere alle rechtlichen Wirkungen, welche mit der Pfandurkunde bestimmungsmäßig verknüpft sind. Freilich erfordert der Umstand, daß an die Stelle der speziellen Bekanntgabe, welche in der Bildung besonderer Hypothekenbriefe und den darauf anzubringenden Eintragungsvermerken liegt, die öffentliche Bekanntmachung der Eintragung tritt, für jeden Inhaber eine erhöhte Aufmerksamkeit. Aber dieser Nachteil wird aufgewogen durch die großen Vorteile, welche den Teilschuldverschreibungen durch den Fortfall der Bildung besonderer Instrumente und den bei diesen gebotenen Eintragungsvermerken gewährt ist.

86) Nr. 2 des Abs. 1 des § 18 bestimmt im ersten Satze, daß es zur Löschung der Hypothek für eine fällige Teilschuldverschreibung der Vorlegung der Urkunde nicht bedarf, wenn der Bahneigentümer den Betrag der Forderung unter Verzicht auf das Recht zur Rücknahme hinterlegt hat. Diese Sonderbestimmung entspricht dem § 24 Abs. 2 des Eisenb.-Pfandr.-Ges. v. 19. August 1895, während der Abs. 1 des § 24 l. c. mit Rücksicht auf die allgemeinen reichsrechtlichen Vorschriften in Wegfall gebracht ist. § 18. Abs. 1 Nr. 2 Satz 1.

§ 24 des Eisenb.-Pfandr.-Ges. v. 19. August 1895, welcher über die Löschung der Teilschulden Bestimmung traf, enthielt auf der subsidiären Grundlage des bisherigen materiellen und formellen Grundbuchrechts diejenigen Modifikationen desselben, welche durch den Charakter der Teilschuldverschreibungen auf den Inhaber geboten erschienen. Soweit nicht diese Modifikationen Platz griffen, fanden in materieller wie in formeller Beziehung die allgemeinen grundbuchrechtlichen Normen auch auf die Löschung der Bahnpfandschulden Anwendung. Auch im Falle der Zerlegung einer Bahnpfandschuld in Teilschulden und Ausstellung von Teilschuldverschreibungen auf den Inhaber ist an den Grundsätzen der §§ 57, 58 Eigent.-Erwerb.-Ges. §§ 92, 94 Gr.-B.-O. festgehalten, daß das Bahnpfandschuldrecht nur durch Löschung im Grundbuche aufgehoben wird, daß die Löschung auf Antrag des eingetragenen Eigentümers oder auf Ersuchen einer zuständigen Behörde geschieht, daß von dem Gläubiger Quittung oder Löschungsbewilligung erteilt, bezw. die rechtskräftige Verurteilung desselben hierzu, oder die eingetretene Vereinigung (Konfusion oder Konsolidation) nachgewiesen oder ein rechtskräftiges Ausschlußurteil nach Aufgebot ergangen ist, sowie daß die Verlegung der Teilschuldverschreibung, welche die Pfandurkunde über die Teilschuld bildet bezw. ersetzt, oder eines rechtskräftigen Ausschlußurteils erfolgt ist. Aber entsprechend der

Rechtsnatur der Teilschuldverschreibung als eines Inhaberpapiers, in welchem sich die Forderung verkörpert, ist in Abweichung von den Vorschriften des § 94 Gr.-B.-O. bestimmt, daß zur Begründung des Antrags des Eigentümers auf Löschung von Teilschulden von diesem eine gerichtliche oder notarielle Urkunde über die durch ihn erfolgte Vernichtung der Teilschuldverschreibungen und ferner im Falle der Kraftloserklärung derselben, außer dem Ausschlußurteile die Löschungsbewilligung desjenigen, der das Ausschlußurteil erwirkt hat, beizubringen ist, aber auch genügt (§ 24 Abs. 1). Zugleich nimmt das Gesetz für den Fall, daß der Eigentümer die Verpflichtung übernimmt, die von ihm planmäßig zu tilgenden Teilschulden zur Löschung zu bringen, darauf bedacht, daß ihm die Möglichkeit gewährt werden muß die Löschung herbeizuführen, ohne abzuwarten, bis der derzeitige Inhaber der Teilschuldverschreibung sich bei ihm gemeldet und ihn in den Besitz der Teilschuldverschreibung gesetzt oder ein Ausschlußverfahren und die Beibringung eines Ausschlußurteils stattgefunden hat. Zur Begegnung dieser Erschwerung der Löschung ist deshalb im § 24 Abs. 2 vorgeschrieben, daß die Beibringung der vorbezeichneten Urkunden behufs Löschung einer Teilschuld auch lediglich durch die Hinterlegung des Betrags der fälligen Teilschulden — ohne Vorlegung eines Ausschlußurteils — ersetzt werden kann, und zwar ist mit Rücksicht auf die §§ 18, 19 der früheren Hinterlegungsordnung v. 14. März 1879, welche die Hinterlegung unter Vorbehalt der Zurücknahme zuläßt, angeordnet, daß nur die Hinterlegung unter Verzicht auf Zurücknahme die gedachte Rechtswirkung hat.

Der Aufnahme der im § 24 Abs. 1 des Eisenb.-Pfandr.-Ges. v. 19. August 1895 enthaltenen Bestimmungen in das Bahneinh.-Ges. v. 11. Juni 1902 bedurfte es nicht, weil sich dieselben — wie oben Anm. 88 S. 171, 172 dargelegt — bereits aus den allgemeinen reichsrechtlichen Vorschriften (Gr.-B.-O. §§ 19, 27, 44, 42 Abs. 2 Satz 2) von selbst ergeben. Nur für den Fall der Hinterlegung des Betrages der fälligen Teilschuldverschreibung zum Zwecke der Löschung genügen dieselben nicht. Zwar kann der Bahneigentümer nach dem Eintritt der Fälligkeit einer Teilschuldverschreibung den Gläubiger unter den Voraussetzungen des § 372 B.-G.-B. auch durch eine unter Verzicht auf das Recht zur Rücknahme erfolgende Hinterlegung des Betrages nach der allgemeinen Bestimmung des § 878 B.-G.-B. befriedigen und dadurch die Hypothek erwerben. Aber auch in diesem Falle genügt nicht der Nachweis der Hinterlegung und des Verzichts auf das Recht der Rücknahme allein, sondern es bedarf zur Löschung der Hypothek auch noch der Vorlegung des Papiers oder des Ausschlußurteils (B.-G.-B. §§ 1142—1145, 1153, 1171, 1177). Um diese Erschwerung der Löschung zu vermeiden, ist nach Analogie des § 24 Abs. 2 Eisenb.-Pfandr.-Ges. (S. 172) in den vorliegenden § 18 als Nr. 2 Satz 1 die vom allgemeinen Reichsrecht abweichende Sonderbestimmung aufgenommen, daß es zur Löschung der Hypothek für eine fällige Teilschuldverschreibung der Vorlegung der Urkunde bezw. des Ausschlußurteils nicht bedarf, wenn der Bahneigentümer den Betrag der Forderung unter Verzicht auf das Recht zur Rücknahme hinterlegt hat. Der Gesetzgeber ist hierbei von der Erwägung ausgegangen, daß wenn dem Eisenbahneigentümer in der Konzession oder in den Emissionsbedingungen die Verpflichtung auferlegt ist, die von ihm planmäßig zu tilgenden Teilschulden zur Löschung zu bringen, ihm auch Mittel und Wege geboten werden müssen, die Löschung herbeizuführen, ohne nach Ablauf der bestimmungsmäßigen Einlösungsfristen die weitere Meldung des zeitigen Inhabers der Teilschuldverschreibung und die Präsentation derselben zum Zwecke der Einlösung abzuwarten oder ein langwieriges Aufgebotsverfahren durchzuführen. Leistet der Inhaber der in den Emissionsbedingungen vorgeschriebenen Aufforderung zur Einlösung nicht Folge, so kann der Eigentümer die Beibringung der bezeichneten Urkunden durch die unter Verzicht auf Zurücknahme erfolgte Hinterlegung des Betrages der fälligen Teilschuld ersetzen.

Voraussetzung ist, daß die betreffende Teilschuld fällig ist. Der Eigentümer hat der Hinterlegungsstelle den Nachweis der Fälligkeit zu führen. Hierzu gehört, insofern nicht für die einzelne Teilschuldverschreibung ein bestimmter Fälligkeitstag eingetragen ist, der Nachweis der Innehaltung derjenigen Bestimmungen, welche nach Inhalt des Tilgungsplanes die Publizität der nach demselben erfolgten Kündigung herstellen sollen.

Ist diese Voraussetzung gegeben, so kann der Eigentümer die Löschung der fälligen einzelnen Teilschuld und damit das Ende der Pfandhaftung durch Hinterlegung des Betrages der von ihm nicht beizubringenden Inhaberpapiere herbeiführen. Es bedarf einer Extrahierung und Beibringung von Urkunden nicht. Dieselbe wird durch die Hinterlegung ersetzt. Über das Hinterlegungsverfahren schreibt das Gesetz nichts vor. Es hat daher mit Rücksicht auf die §§ 9, 16 desselben das Verfahren nach Maßgabe der Hinterlegungsordnung v. 14. März 1879 mit den durch das Ausf.-Ges. z. B.-G.-B. v. 20. September 1899 herbeigeführten Änderungen Anwendung zu finden.

Vgl. hierzu B.-G.-B. Buch II Tit. 2 §§ 372 ff., — Einf.-Ges. z. B.-G.-B. Art. 144—146, Preuß. Ausf.-Ges. z. B.-G.-B. v. 20. September 1899 (G.-S. S. 177 ff.) Art. 84, 85. — Vgl. auch § 14 Ausf.-Ges. z. Ger.-Verf.-Ges.

Hinterlegungsstellen sind nach der Hinterlegungsordnung: für Berlin (und zwar für den Bezirk des Landgerichts I und für die Bezirke der zum Landgericht II gehörigen Amtsgerichte in Berlin, Charlottenburg und Rixdorf) die Königl. Ministerial-, Militär- und Baukommission zu Berlin, für alle übrigen Orte die zuständigen Bezirksregierungen.

Über die Bezirke der einzelnen Hinterlegungsstellen vgl. Verf. der Minister der Finanzen und der Justiz v. 31. Juli 1879 (J.-M.-Bl. S. 216 ff.). Siehe auch die Bestimmungen des Fin.-Min. zur Ausführung der Hinterlegungs-Ordnung vom 29. Juli 1879 (J.-M.-Bl. S. 327 f.).

Die Hinterlegungsstellen sind dem Finanzminister untergeordnet (§ 4 H.-O.). Beschwerden, welche die Annahme und Auszahlung der hinterlegten Entschädigungsgelder betreffen, sind daher stets direkt an diesen zu richten, ohne daß besondere Fristen oder Förmlichkeiten zu beobachten sind.

Als Kassen der Hinterlegungsstellen dienen die Regierungs-Hauptkassen, bezw. für die Ministerial-, Militär- und Bau-Kommission die vereinigte Konsistorial-, Militär- und Bau-Kasse (§§ 1 u. 2 H.-O., Verf. d. Finanz- und Justiz-Min., Ziff. 1 u. 2, v. 31. Juli 1879, J.-M.-Bl. S. 216 ff.).

Die Annahme zur Hinterlegung erfolgt ebenso wie die Auszahlung hinterlegter Gelder auf Weisung der Hinterlegungsstelle (§ 5). Die Weisung hat schriftlich zu erfolgen und tritt an die Stelle des früheren Depositalmandats. Hierdurch wird aber die nach den bestehenden Vorschriften begründete Zuständigkeit der Gerichte und anderer Behörden, zwischen den Beteiligten über die Berechtigung oder die Verpflichtung zur Hinterlegung oder über den Anspruch auf Auszahlung oder Herausgabe zu entscheiden, sowie den Beteiligten gegenüber eine Hinterlegung oder die Auszahlung oder Herausgabe anzuordnen, nicht berührt (§ 6). Die Behörde, die die Auszahlung anordnet, kann die Hinterlegungsstelle direkt um Auszahlung ersuchen (§ 31), nur den Beteiligten gegenüber ordnet die Behörde an.

Das hinterlegte Geld geht in das Eigentum des Staats über (§ 7). Die Staatskasse haftet dem zum Empfang des Geldes Berechtigten für das Kapital zu dem hinterlegten Betrage und die Zinsen (§ 8 vgl. jedoch §§ 58 ff. H.-O.). Wer empfangsberechtigt ist, ergibt sich aus dem Inhalte der Erklärung, welche von der hinterlegenden Partei abgegeben wird oder aus der Entscheidung der in Frage kommenden Behörden (§ 6). Der empfangsberechtigte Gläubiger, welcher das hinterlegte Geld ausgezahlt haben will, hat nach den Vorschriften der H.-O. nicht direkt eine Klage gegen die Hinterlegungsstelle, sondern zunächst den Antrag auf Auszahlung mit dem Nachweise seiner Berechtigung zu stellen. Hat dieser Antrag keinen Erfolg, so kann er die Klage erheben.

Die Bestimmung des Prozentsatzes, zu welchem das hinterlegte Geld verzinst wird, die Erhöhung oder Herabsetzung erfolgt durch Königl. Verordnung. Dieselbe ist bis auf weiteres durch die Verordnung v. 21. Mai 1879 auf $2^1/_2$ Prozent festgesetzt. Eine Verzinsung der Zinsen findet nicht statt. Die am Jahresschluß berechneten Zinsen werden dem Kapital nicht gutgeschrieben (§ 9, vgl. auch §§ 10, 11 H.-O.). Die Einzahlung kann unmittelbar bei der Kasse oder mittels der Post erfolgen. In letzterem Falle gilt die Einzahlung erst mit dem Eingang bei der Kasse als bewirkt, d. h. die Gefahr der Übersendung trägt der Hinterleger (§ 12). Ein vorgängiges Gesuch um Annahme ist nicht erforderlich, aber statthaft (§§ 14, 15 H.-O.). Dagegen muß stets in zwei Exemplaren eine schriftliche Erklärung eingeschickt bezw. vorgelegt werden, welche enthalten muß: 1. Namen, Stand oder Gewerbe und Wohnort des Hinterlegers. 2. Den Betrag des hinterlegten Geldes. 3. Die bestimmte Angabe der Veranlassung zur Hinterlegung und sofern die Rechtsangelegenheit, in welcher die Hinterlegung erfolgt, bei einer Behörde anhängig ist, insbesondere auch die Bezeichnung der Sache und der Behörde. 4. Soweit es tunlich, die Person, an welche der hinterlegte Betrag ausgezahlt werden soll, nach Namen, Stand oder Gewerbe und Wohnort (§ 14). (Vgl. noch Erl. d. Min. d. öffentl. Arb. v. 4. Juni 1894 Ziff. 7. Grotefend 1894 S. 310.)

Der Vertreter des Hinterlegenden braucht keine besondere Vollmacht beizulegen. Die Hinterlegungsstelle muß prüfen, ob die Erklärungen vollständig sind, eventuell eine Ergänzung derselben herbeiführen. Ist die Erklärung vollständig, so ist der Annahmebefehl unverzüglich zu erlassen; bestehen Hindernisse, so sind dieselben dem Hinterleger mitzuteilen. Die Kasse behält das eine Exemplar der Erklärung (§§ 14, 15) zurück und bescheinigt auf dem anderen die erfolgte Hinterlegung (§ 16).

Bei der Hinterlegung, welche der Schuldner eines Geldbetrages zum Zwecke der Befreiung von seiner Verbindlichkeit bewirkt, ist in der nach § 14 erforderlichen Erklärung der Gläubiger, für welchen die Hinterlegung erfolgt, zu bezeichnen oder anzugeben, infolge welcher Umstände der Schuldner seine Verbindlichkeit nicht oder nicht mit Sicherheit erfüllen kann. Macht der Schuldner das Recht des Gläubigers zur Empfangnahme des hinterlegten Geldes von der Bewirkung einer Gegenleistung abhängig, so ist dies unter Bezeichnung der Gegenleistung in der Erklärung anzugeben (§ 18 Abs. 1 u. 2 H.-O., §§ 372, 373 B.-G.-B.). Von einer gerichtlichen Anordnung kann die Hinterlegung nicht abhängig gemacht werden (Art. 145 Abs. 2 Einf.-Ges. z. B.-G.-B.).

Die Hinterlegung hat bei der Hinterlegungsstelle des Leistungsortes zu erfolgen. Hinterlegt der Schuldner bei einer anderen Stelle, so hat er dem Gläubiger den daraus entstehenden Schaden zu ersetzen (§§ 874, 269 B.-G.-B.), nicht aber wird dadurch die Wirksamkeit der Hinterlegung beeinträchtigt. Der Schuldner hat dem Gläubiger die Hinterlegung unverzüglich anzuzeigen. Im Falle der Unterlassung ist er zum Schadensersatz verpflichtet. Die Anzeige darf zwar unterbleiben, wenn sie untunlich ist. Doch empfiehlt sich auch in diesem Falle die Vornahme gemäß § 182 B.-G.-B. mit Rücksicht auf § 882 B.-G.-B. Die Hinterlegungsstelle hat den Schuldner unter Bezugnahme auf § 885 B.-G.-B. zu dem Nachweis aufzufordern, daß und wann der Gläubiger die im § 874 Abs. 2 B.-G.-B. vorgeschriebene Anzeige von der Hinterlegung empfangen hat. Wird der Nachweis nicht vor Ablauf von drei Monaten nach der Aufforderung geführt, so ist die Hinterlegungsstelle ermächtigt, im Namen und auf Kosten des Schuldners dem Gläubiger die Anzeige zu machen; die Aufforderung muß einen Hinweis auf diese Rechtsfolge enthalten (§ 18 Abs. 3 H.-O.).

Ist die hinterlegte Summe der Hinterlegungsstelle durch die Post übersendet worden, so wirkt die Hinterlegung auf die Zeit der Aufgabe der Summe zur Post zurück (§ 375 B.-G.-B.). Von diesem Zeitpunkte tritt die Befreiung des Schuldners ein, wenn die Rücknahme ausgeschlossen ist (B.-G.-B. §§ 876, 878). Die Gerichtsvollzieher sind zuständig, die Aufgabe des Geldes zur Post zu beurkunden (Form und Inhalt der Urkunde §§ 17, 89 H.-O.).

Die Hinterlegung muß nach ausdrücklicher Vorschrift des Abs. 2 „unter Verzicht auf Zurücknahme" erfolgen, die Hinterlegungserklärung (§ 14) mit diesem Verzicht versehen sein, widrigenfalls sie die im Abs. 2 der Hinterlegung beigelegte Rechtswirkung, die Beibringung der im Abs. 1 bezeichneten Urkunden zu ersetzen, nicht hat. Diese Bestimmung begründen die Motive damit, daß nach §§ 18, 19 der H.-O. v. 14. März 1879 und § 11 Nr. 1 Gesetz v. 20. Juni 1861 der Schuldner das hinterlegte Geld zurücknehmen kann, wenn er die Zurücknahme in der nach § 14 erforderlichen Erklärung sich ausdrücklich vorbehalten hat, mithin vorzuschreiben war, daß nur eine solche Hinterlegung die Wirkung einer zur Löschung führenden Tilgung hat, welche unter Verzicht auf Zurücknahme erfolgt ist.

Ist die Rücknahme ausgeschlossen, so wird der Schuldner durch die Hinterlegung von seiner Verbindlichkeit in gleicher Weise befreit, wie wenn er z. Z. der Hinterlegung an den Gläubiger geleistet hätte (B.-G.-B. § 378). Das Recht des Gläubigers auf den hinterlegten Betrag erlischt mit Ablauf von 30 Jahren nach Empfang der Hinterlegungsanzeige, wenn nicht der Gläubiger sich vorher bei der Hinterlegungsstelle meldet. Der Schuldner ist im Falle des Erlöschens zur Rücknahme befugt, auch wenn er auf das Rücknahmerecht verzichtet hat (B.-G.-B. § 382). Es ist nicht Sache der Hinterlegungsstelle, den materiellen Rechtsgrund der Hinterlegung, ihre Rechtmäßigkeit in materieller Hinsicht zu prüfen, sondern sie ist zur Annahme berechtigt und verpflichtet, wenn formell die Voraussetzungen für die Hinterlegung erfüllt sind, insbesondere die Erklärung gemäß § 14 der H.-O. vorschriftsmäßig abgegeben ist und die angegebenen Tatsachen einen gesetzlichen Grund zur Hinterlegung bilden. Die Entscheidung darüber, ob rechtmäßig hinterlegt d. h. ob die Hinterlegung materiell gerechtfertigt d. h. rechtsgültig erfolgt ist, steht der Bahnaufsichtsbehörde zu. Ist der Hinterleger durch Anordnung derselben zur Hinterlegung für berechtigt und verpflichtet erklärt, so darf die Annahme nicht auf Grund der Unzulässigkeit einer Hinterlegung abgelehnt werden (H.-O. § 20 Abs. 1).

§ 18. Abs. 1 Nr. 2 Satz 2. [87]) Nr. 2 des Abs. 1 des § 18 bestimmt im zweiten Satze, daß die Verlegung eines Zinsscheines durch die in gleicher Weise (sc. Satz 1 Anm. 86) erfolgte Hinterlegung seines Betrages ersetzt wird.

§ 25 des Eisenb.-Pfandr.-Ges. v. 19. August 1895, welcher über die mit den Teilschuldverschreibungen ausgegebenen Zinsscheine Bestimmung traf, ließ im wesentlichen anknüpfend an die entsprechenden Normen der §§ 95 und 96 der Pr.-Gr.-B.-O. über die Zinsquittungsscheine der zur Löschung vorgelegten Grundschuldbriefe nur diejenigen Modifikationen eintreten, die durch die Rechtsnatur der Teilschuldverschreibungen als Inhaberpapiere geboten sind. Der Inhalt des § 25 kann hiernach in folgende Grundsätze zusammengefaßt werden:

A) Das Eisenb.-Pfandr.-Ges. unterschied zwischen den vor und nach der Fälligkeit der Teilschuld fällig werdenden Zinsscheinen. 1. Bei den vor der Fälligkeit der Teilschuld fälligen Zinsscheinen sind die nicht verjährten und die verjährten auseinanderzuhalten. a) Die noch nicht verjährten müssen mit dem Löschungsantrage vorgelegt werden (Abs. 1 Satz 1). b) Die verjährten Zinsscheine brauchen dagegen nicht vorgelegt zu werden (Abs. 1 Satz 2). 2. Bei den nach der Fälligkeit der Teilschuld fällig werdenden Zinsscheinen ist der Fall der Hinterlegung der fälligen Teilschuld von dem Falle der Nichthinterlegung zu trennen. a) Im Falle der Hinterlegung der fälligen Teilschuld (§ 24 Abs. 2) ist die Hinterlegung der nach der Fälligkeit der Teilschuld fällig werdenden Zinsscheine nicht erforderlich (Abs. 2 Satz 1). b) Im Falle der Nichthinterlegung der fälligen Teilschuld braucht die Vorlegung der nach der Fälligkeit der Teilschuld fällig werdenden Zinsscheine nur insoweit stattzufinden, als der Aussteller zur Einlösung trotz der Fälligkeit der Hauptschuld verpflichtet ist (Abs. 2 Satz 2).

B) In allen Fällen, in welchen nach vorstehendem die Vorlegung von Zinsscheinen geboten ist, wird dieselbe durch die unter Verzicht auf Zurücknahme erfolgte Hinterlegung des Betrages der vorzulegenden Zinsscheine ersetzt (Abs. 3 Satz 1).

C) Die Aufnahme der im § 25 Abs. 1 u. 2 des Eisenb.-Pfandr.-Ges. v. 19. August 1895 enthaltenen Bestimmungen in das Bahneinheitsgesetz v. 11. Juni 1902 war nicht erforderlich, weil sich dieselben — wie Anm. 84 S. 172, 177, 178 dargelegt — bereits aus den allgemeinen reichsrechtlichen Vorschriften (B.-G.-B. §§ 801, 808, 1192 Gr.-B.-O. § 44) von selbst ergeben. Nur für den Fall der Hinterlegung des Betrages der Zinsscheine (S. 172, 178) zum Zwecke der Löschung genügen dieselben nicht. Zwar kann der Eigentümer den Gläubiger auch durch eine unter Verzicht auf das Recht zur Rücknahme erfolgende Hinterlegung des Betrages der noch nicht verjährten, aber bereits fälligen Zinsscheine, ausnahmsweise auch der erst nach der Fälligkeit der Teilschuld fällig werdenden Zinsscheine befriedigen. Aber auch in diesen Fällen genügt nicht der Nachweis der Hinterlegung und des Verzichts auf die Rücknahme allein, sondern es bedarf zur Löschung der Hypothek auch noch der Vorlegung der Zinsscheine oder des Ausschlußurteils (B.-G.-B. §§ 1142, 1171). Um diese Erschwerung der Löschung zu vermeiden, ist nach Analogie des § 25 Abs. 3 Satz 1 Eisenb.-Pfandr.-Ges. in den vorliegenden § 18 als Nr. 2 Satz 2 die vom allgemeinen Reichsrecht (B.-G.-B. § 1171, Gr.-B.-O. § 44) abweichende Sonderbestimmung aufgenommen, daß die Vorlegung eines Zinsscheins durch die unter Verzicht auf das Recht zur Rücknahme erfolgte Hinterlegung seines Betrages ersetzt wird. Satz 2 wiederholt also für alle Fälle, in welchen bestimmungsmäßig die Vorlegung von Zinsscheinen erforderlich ist, also gleichviel ob vor oder nach der Fälligkeit der Teilschuld, die für letztere selbst im Satz 1 gegebene Vorschrift. Also auch für die Zinsscheine ist — wie im Satz 1 für die Teilschuldverschreibungen selbst — dem Eigentümer, welcher die Vorlegung nicht ermöglichen kann, in der Zulassung der Hinterlegung unter Verzicht auf Rücknahme ein geeignetes Ersatzmittel gegeben. Es wird hiernach auf die Erörterungen zum Satz 1 (Anm. 86 S. 181 ff.) Bezug genommen.

88) Nr. 2 des § 18 bestimmt in Abs. 2, daß, wenn sich der Löschungsantrag ganz oder teilweise auf Hinterlegung gründet, die Löschung öffentlich bekannt zu machen ist. Diese Vorschrift ist aus § 26 des Eisenb.-Pfandr.-Ges. v. 19. August 1895 entnommen. Mangels der Bildung eines Hypothekenbriefs (B.-G.-B. § 1185) und der Schwierigkeiten der Anbringung von Eintragungsvermerken auf den Inhaber lautenden Teilschuldverschreibungen ist — abweichend von den allgemeinen grundbuchrechtlichen Bestimmungen — wie im § 22 des Eisenb.-Pfandr.-Ges., so auch im § 18 Abs. 1 Nr. 1 des Bahneinheitsgesetzes an die Stelle der Eintragungsvermerke, auf den Teilschuldverschreibungen die öffentliche Bekanntmachung der Eintragung der Hypothek für dieselben gesetzt worden. Der Vorschrift des § 22 d. Eisenb.-Pfandr.-Ges. bezw. § 18 Abs. 1 Nr. 1 Bahneinheitsgesetzes, daß die Eintragung der Hypothek für Teilschuldverschreibungen auf den Inhaber öffentlich bekannt zu machen ist, entspricht aber folgerichtig die des § 26 Eisenb.-Pfandr.-Ges. bezw. § 18 Nr. 2 Abs. 2 des Bahneinheitsgesetzes, welche für die Löschung der Hypothek für Teilschuldverschreibungen gleichfalls die öffentliche Bekanntmachung in Abweichung von den allgemeinen Löschungsbestimmungen anordnet. Doch ist die öffentliche Bekanntmachung nur auf diejenigen Fälle beschränkt, in welchen sich der Löschungsantrag ganz oder teilweise auf Hinterlegung gründet. In allen übrigen Fällen der Löschung erschien durch die gerichtliche oder notarielle Beurkundung der Vernichtung der Teilschuldverschreibungen bezw. die Kraftloserklärung in Verbindung mit der Löschungsbewilligung des Extrahenten das Interesse der Gläubiger ausreichend gesichert. § 18. Nr. 2 Abs. 2.

Wie an früherer Stelle (Anm. 85 S. 179 ff.) dargestellt ist, hat die Vorschrift der öffentlichen Bekanntmachung der Eintragung einer Hypothek für Teilschuldverschreibungen auf den Inhaber darin ihren Grund, daß es im Interesse der Erleichterung des Verkehrs und der Begebung (Negoziabilität) der Eisenbahnobligationen sich als untunlich und unzuträglich erwies, über die eingetragene Hypothek, auf welche deren dingliche Sicherstellung beruht, Pfand- oder Grundschuldbriefe Zweiginstrumente) mit dem Vermerke der Eintragung zu bilden, im Wege der grundbuchmäßigen Abtretung kursieren zu lassen und dadurch der fortgesetzten Kontrolle und Aufsicht des Grundbuchamts zu unterstellen. Aus gleichem Grunde empfahl es sich nicht, die Teilschuldverschreibungen auf den Inhaber mit entsprechenden Eintragungsvermerken zu versehen. Vielmehr wurde es mit Rücksicht darauf, daß die Teilschulden nach Anzahl, Bezeichnung und Betrag einzutragen und gemäß der staatlichen Genehmigung die Teilschuldverschreibungen auf Inhaber dementsprechend auszustellen sind, für ein geeignetes Ersatzmittel und für genügend erachtet, die Eintragung öffentlich bekannt zu machen und dadurch die Eigenschaft der darüber ausgestellten Teilschuldverschreibungen als Pfandurkunden, welche den Inhaber zur Geltendmachung der Rechte aus der Eintragung legitimieren, — auch ohne Bildung von Hypotheken- oder Grundschuldbriefen und ohne Eintragungsvermerke, — kundzugeben (§ 18 Abs. 1 Nr. 1).

Wurde aber die öffentliche Bekanntmachung der Eintragung der Hypothek für Teilschuldverschreibungen auf den Inhaber an Stelle der Bildung von Hypotheken- oder Grundschuldbriefen oder Eintragungsvermerken auf den Teilschuldverschreibungen für ausreichend gehalten, diese als Pfandurkunden zu notifizieren, so mußte auch folgerichtig die öffentliche Bekanntmachung der Löschung der Hypothek — abweichend von §§ 47, 62, 69 Gr.-B.-O. — für genügend angesehen werden, um für die Teilschuldverschreibungen den Verlust der Eigenschaft als Pfandurkunden zu bekunden. Doch bedarf es der Natur der Sache nach der öffentlichen Bekanntmachung der Löschung in denjenigen Fällen nicht, in welchen durch notarielle oder gerichtliche Urkunde die Vernichtung der Teilschuldverschreibungen oder durch Ausschlußurteil und Löschungsbewilligung des Extrahenten die Kraftloserklärung derselben nachgewiesen ist. Es bleiben also nur diejenigen Fälle übrig, in welchen der Antrag auf Löschung ganz oder zum Teil auf Hinterlegung der fälligen Teilschuld sich gründet (§ 18 Nr. 2 Abs. 1). Daher beschränkt § 18 Nr. 2 Abs. 2 das Erfordernis der öffentlichen Bekanntmachung der Löschung der Teilschuld auf diese Fälle. Der Grund also für diese Beschränkung liegt darin, daß eine öffentliche Bekanntmachung der Löschung mit Rücksicht auf ihren Zweck dann überflüssig ist, wenn die Teilschuldverschreibung tatsächlich oder rechtlich nicht mehr vorhanden ist, d. h. durch notarielle oder gerichtliche Urkunde ihre Vernichtung, oder durch Ausschlußurteil und Löschungsbewilligung des Extrahenten desselben ihre Kraftloserklärung nachgewiesen ist. Das Gesetz nimmt an, daß dann nur noch diejenigen Fälle übrig bleiben und die öffentliche Bekanntmachung der Löschung erfordern, in welchen der Antrag auf Löschung ganz oder zum Teil auf Hinterlegung sich gründet (§ 18 Nr. 2 Abs. 1 Anm. 88 S. 187).

Wie im § 18 Nr. 2 Abs. 1, so ist auch hier über die Form der öffentlichen Bekanntmachung keine Bestimmung getroffen. Für dieselbe sind daher, wie in den Fällen des § 18 Nr. 2 Abs. 1, die Vorschriften des § 57 maßgebend und es gilt im übrigen das in Anm. 85 S. 179—181 Gesagte.

Durch die öffentliche ordnungsmäßige Bekanntmachung der Löschung wird dem Inhaber der betreffenden Teilschuldverschreibung die Legitimation entzogen, Rechte aus der Eintragung geltend zu machen. Er kann daher durch Weiterbegebung der Teilschuldverschreibung (in den Fällen des § 18 Nr. 2 Abs. 1) diese Rechte auch nicht auf andere Inhaber übertragen. Findet nur eine teilweise Löschung der Teilschuld statt, so werden durch die öffentliche Bekanntmachung auch die Rechte zur Geltendmachung aus der Eintragung entsprechend beschränkt und können bei Übertragung der Obligation nur in dieser Beschränkung auf den neuen Inhaber übergehen.

§ 18. Abs. 1 Nr. 3 Satz 1

89) Bereits an früherer Stelle (Anm. 83 S. 170, 178 u. Anm. 84 S. 178 ist dargelegt worden, daß die §§ 27 bis 31 des Eisenb.-Pfandr.-Ges. v. 19. August 1895, welche über die Befugnis einer Gläubigerversammlung zur

gänzlichen oder teilweisen Aufgabe des Pfandrechts, Einräumung eines Vorrechts, Gewährung einer Stundung oder Ermäßigung des Zinsfußes, Verzicht auf Sicherungsmaßregeln, Zustimmung zur Einstellung des Konkurses, sowie über das hierbei zu beachtende Verfahren besondere Bestimmungen trafen, außerhalb der Zwangsliquidation durch die Vorschriften des Reichsgesetzes betreffend die gemeinsamen Rechte der Besitzer von Schuldverschreibungen, v. 4. Dezember 1899, insbesondere die §§ 11—18 dieses Gesetzes ersetzt sind, so daß die bisherigen Bestimmungen der §§ 27—31 des Eisenb.-Pfandr.-Ges. v. 19. August 1895 nur noch innerhalb der Zwangsliquidation gemäß §§ 50—58 des Bahneinheitsgesetzes Anwendung finden. Nur die Bestimmungen der Sätze 2 und 3 des § 31 des bisherigen Eisenb.-Pfandr.-Ges., wonach es zur Eintragung der bezüglichen Beschlüsse der Gläubigerversammlung der Vorlegung der Urkunden — Teilschuldverschreibungen nebst Zinsscheinen — nicht bedarf, dagegen die öffentliche Bekanntmachung der Eintragung erfordert wird, sind als zulässig und zweckmäßig (s. Motive S. 178) beibehalten und in den 18 des Bahneinheitsgesetzes unter Nr. 8 Satz 1 und 2 aufgenommen worden.

Demgemäß bestimmt Nr. 8 im Satz 1, daß es zu einer Eintragung auf Grund eines Beschlusses der Gläubigerversammlung nach den §§ 11 bis 18 des Reichsgesetzes, betreffend die gemeinsamen Rechte der Besitzer von Schuldverschreibungen, v. 4. Dezember 1899 (R.-G.-Bl. S. 691) der Vorlegung der Urkunde nicht bedarf.

Wie die Hypothek für Teilschuldverschreibungen auf den Inhaber selbst, (B.-G.-B. §§ 1184, 1187 Anm. 83 S. 171), so erfordern auch die Änderungen derselben durch Herabminderung der Gläubigerrechte — sei es, daß dieselben in der gänzlichen oder teilweisen Aufgabe des Pfandrechts, oder der Herabsetzung des Zinsfußes, der Modalitäten der Rückzahlung (des Tilgungsplanes), der Einräumung eines Vorrechts ꝛc. bestehen — der Eintragung in das Bahngrundbuch, und die erfolgte Eintragung bedarf der Veröffentlichung. Anderenfalls legitimiert die Teilschuldverschreibung als Pfandurkunde und Inhaberpapier weiter zur Geltendmachung der vollen, aus der ursprünglichen Eintragung sich ergebenden Rechte (B.-G.-B. § 798 Anm. 85 S. 179ff.). Demgemäß schreibt Satz 2 die öffentliche Bekanntmachung der Eintragung vor. Die Veröffentlichung tritt auch hier — wie in den Fällen der Nr. 1 (Anm. 85 S. 180) — an die Stelle der Eintragungsvermerke auf den Pfandurkunden bezw. Teilschuldverschreibungen. Daher bedarf es auch zur Eintragung der Änderung weder der Vorlegung der Teilschuldverschreibungen, noch der Urkunden über ihre Vernichtung oder Kraftloserklärung (Nr. 2), noch der Zinsscheine. Vielmehr genügt zur Substantiierung des Antrags die Vorlegung einer Ausfertigung des von der Aufsichtsbehörde der Bahn bestätigten Beschlusses (§ 18 Reichsges. v. 4. Dezember 1899 s. Anm. 84 S 179) durch den Bahneigentümer. Diese Bestimmung entspricht dem in den §§ 1185, 1187 B.-G.-B. zur Anerkennung gelangten Prinzip, daß über Hypotheken für Teilschuldverschreibungen auf den Inhaber besondere Instrumente (Hypothekenbriefe) nicht gebildet werden, vielmehr die Teilschuldverschreibungen auf den Inhaber an deren Stelle treten, und die Bildung von Schuldbriefen, sowie von Eintragungsvermerken auf denselben oder den Teilschuldverschreibungen durch die öffentliche Bekanntmachung derselben ersetzt wird. Diese ist daher auch hier im folgenden Satz 2 vorgeschrieben. Es ist mithin weder die Vorlegung der Teilschuldverschreibungen behufs Anbringung entsprechender Vermerke erforderlich, wenn es sich z. B. um die teilweise Aufgabe des Pfandrechts, Ermäßigung des Zinsfußes, Stundung, Einräumung eines Vorrechts handelt, noch die Vorlegung von Urkunden über die Vernichtung oder Kraftloserklärung der Teilschuldverschreibungen und der Zinsscheine, falls die gänzliche Aufgabe des Pfandrechts beschlossen worden ist. Wenn bestimmungsmäßig diese Urkunden zur Löschung von Teilschulden erfordert werden, so liegt der Grund darin, daß durch die Löschung der Teilschulden sowohl die dingliche, wie die persönliche Forderung aus der Teilschuld aufgegeben wird und daher die Teilschuldverschreibung als die Trägerin beider Forderungen nicht mehr existent bleiben darf. Dagegen zieht die bloße Aufgabe des Pfandrechts nur den Verlust der dinglichen Forderung nach sich, so daß die Teilschuldverschreibung als Trägerin der persönlichen Forderung weiter bestehen bleibt und nur ihrer Eigenschaft als Legitimationspapier über die dingliche Forderung verlustig geht. Letzteres wird durch die im Satz 2 vorgeschriebene öffentliche Bekanntmachung der Eintragung des Beschlusses zur allgemeinen Kenntnis gebracht.

§ 18 Abs. 1 Nr. 3 Satz 2. 90) Nr. 3 schreibt im Satz 2 die öffentliche Bekanntmachung der Eintragung des Beschlusses vor. Wie gemäß Nr. 1 durch die öffentliche Bekanntmachung der Eintragung der Hypothek für Teilschuldverschreibungen auf den Inhaber die Bildung von Hypothekenbriefen und die Eintragungsvermerke auf diesen oder den Teilschuldverschreibungen ersetzt werden, so ist auch folgerichtig die öffentliche Bekanntmachung an Stelle der Eintragungsvermerke ꝛc. über die Änderung der ursprünglichen Eintragung durch den Beschluß der Gläubigerversammlung erforderlich (s. Anm. 85 S. 180, 181).

Die Vorschrift ist — wie die des § 18 Nr. 1 — ihrer Fassung nach obligatorisch. Die öffentliche Bekanntmachung muß erfolgen. Ohne dieselbe haben die Teilschuldverschreibungen ihre volle, durch den eingetragenen Beschluß nicht beschränkte Geltung, und das Bahngrundbuchamt ist für die Folgen der unterlassenen Bekanntmachung verantwortlich. Für die Form der Bekanntmachung gilt das Anm. 85 S. 180 Gesagte. Auch alle weiteren, von einer Gläubigerversammlung beschlossenen und behördlich bestätigten Änderungen und Ergänzungen des ursprünglichen Beschlusses bedürfen, sobald sie eingetragen sind, der öffentlichen Bekanntmachung. Da die öffentliche Bekanntmachung den Eintragungsvermerk ersetzt, so sind mit dieser ohne weiteres die Rechte aus den Teilschuldverschreibungen dem Beschlusse gemäß entsprechend ermäßigt, bezw. die Teilschuldverschreibungen nur noch in dem durch den Beschluß herabgeminderten Maße geltend.

§ 18 Abs. 2. 91) Nach § 18 Abs. 2 finden die Vorschriften der Abs. 1 Nr. 2, 3 entsprechende Anwendung, wenn eine für den Inhaber des Briefes eingetragene Grundschuld oder Rentenschuld in Teile zerlegt ist. Diese Bestimmung bezieht sich darauf, daß nach den Bestimmungen des B.=G.=B. die Belastung einer Bahneinheit nicht nur mit einer Sicherheitshypothek für die Forderung aus einer Schuldverschreibung auf den Inhaber, sondern auch mit Grund= oder Rentenschulden derartig gestattet ist, daß der Grund= oder Rentenschuldbrief auf den Inhaber ausgestellt wird (B.=G.=B. § 1195 Anm. 83 S. 171). Wird eine solche Grund= oder Rentenschuld in Teil=, Grund= oder Rentenschulden bezw. der Brief in Teilbriefe zerlegt, so sollen die Erleichterungen, die der § 18 im Abs. 1 Nr. 2 u. 3 für Eintragungen bei einer Hypothek für Teilschuldverschreibungen auf den Inhaber vorsieht, auch bei den entsprechenden Eintragungen einer für den Inhaber des

Briefes eingetragenen, in Teile zerlegten Grund- oder Rentenschuld eintreten. Diese Vorschrift bezieht sich nur auf die Bestimmungen des § 18 Abs. 1 Nr. 2 u. 3, nicht auf Nr. 1, betreffend die öffentliche Bekanntmachung der Eintragung. Denn bei der Sicherheitshypothek, welche für die Forderung aus einer Schuldverschreibung auf den Inhaber bezw. aus den Teilschuldverschreibungen ausgestellt wird (B.-G.-B. § 1187), ist die Erteilung eines Hypothekenbriefes ausgeschlossen und daher die öffentliche Bekanntmachung erforderlich werdender Eintragungen als zweckmäßiges Ersatzmittel vorgeschrieben. Dagegen wird über die Grundschuld auf den Inhaber ein Grundschuldbrief ausgestellt bezw. es ist für die Inhaber einer in Teile zerlegten Grund- oder Rentenschuld über jeden Teil ein besonderer Brief auszustellen und daher auch der Eintragungsvermerk auf jedem Teilgrundschuldbrief, auf welchen im übrigen die Vorschriften über Schuldverschreibungen auf den Inhaber entsprechende Anwendung finden (B.-G.-B. § 1195), anzubringen. Mit Rücksicht hierauf erübrigte sich bei diesen Grundschuldbriefen die öffentliche Bekanntmachung der Eintragung. Dagegen greifen die Bestimmungen der Nr. 2 u. 3. auch auf Teilgrundschuldbriefe auf den Inhaber Platz. Nach Nr. 2 bedarf es also zur Löschung der Grundschuld für einen fälligen Teilgrundschuldbrief — ebensowenig wie zur Löschung der Hypothek für eine fällige Teilschuldverschreibung — der Vorlegung der Urkunde, wenn der Bahneigentümer den Betrag der Forderung unter Verzicht auf das Recht zur Rücknahme hinterlegt hat (Anm. 86 S. 181). Und in gleicher Weise wird auch bei Teilgrundschuldbriefen die Verlegung eines Zinsscheines durch die erfolgte Hinterlegung seines Betrages ersetzt (Anm. 87 S. 186). Und es ist in diesen Fällen die Löschung öffentlich bekannt zu machen (Anm. 88 S. 187). Ebenso ist auch bei Teilgrundschuldbriefen zur Eintragung auf Grund eines Beschlusses der Gläubigerversammlung nach den §§ 11—18 des Reichsgesetzes v. 4. Dezember 1899 die Vorlegung der Urkunde nicht erforderlich (Anm. 89 S. 189), dagegen die öffentliche Bekanntmachung der Eintragung geboten (Anm. 90 S. 190). Diese Vorschriften bedingen eine nach Art. 112 Einf.-Ges. z. B.-G.-B. zulässige Ausnahme von dem Grundsatze des § 48 Satz 1 der Gr.-B.-O.

§ 19.[92])

Sofern nach dem Erlöschen der Genehmigung die Bahneinheit fortbesteht, sind Verfügungen des Bahneigentümers über einzelne Bestandteile der Bahneinheit den Bahnpfandgläubigern gegenüber unwirksam;[93]) jedoch finden die Vorschriften zugunsten derjenigen, welche Rechte von einem Nichtberechtigten herleiten, insbesondere die Vorschriften über den öffentlichen Glauben des Grundbuchs entsprechende Anwendung.[94]) Das Recht der Bahnpfandgläubiger, die Unwirksamkeit einer Verfügung des Bahneigentümers geltend zu machen, erlischt mit der Schließung des Bahngrundbuchblatts.[95])

[92]) Prinzip und Entstehung des § 19.

I. Prinzip. Die Bestimmungen des § 19 bezwecken im Anschluß an die §§ 3, 5 und 14, den Bahnpfandgläubigern ihr Recht — vorbehaltlich etwaiger Rechte gutgläubiger Dritter — auch nach Erlöschen der Genehmigung § 19. Prinzip.

bis zum Aufhören der Bahneinheit, d. h. bis zur Schließung des Bahngrundbuchblatts gegen Verfügungen über einzelne Bestandteile der Bahneinheit zu sichern. Zu diesem Behufe erklärt § 19, sofern nach dem Erlöschen der Genehmigung die Bahneinheit fortbesteht, d. h. ein Bahngrundbuchblatt angelegt und in dasselbe Bahnpfandschulden eingetragen sind, bis zur Schließung des Bahngrundbuchblatts (§ 8), Verfügungen des Bahneigentümers über einzelne Bestandteile der Bahneinheit den Bahnpfandgläubigern gegenüber für unwirksam. Das Recht derselben, die Unwirksamkeit einer Verfügung des Bahneigentümers geltend zu machen, erlischt erst mit der Schließung des Bahngrundbuchblatts. Jedoch sollen die Vorschriften zugunsten derjenigen, welche Rechte von einem Nichtberechtigten herleiten, insbesondere die Vorschriften über den öffentlichen Glauben des Grundbuchs entsprechende Anwendung finden.

Hierbei ist von folgenden Erwägungen ausgegangen. Grundsätzlich hört die Bahneinheit mit dem Erlöschen der Genehmigung für das Unternehmen auf; ist jedoch die Bahn im Bahngrundbuch eingetragen, erst mit der Schließung des Grundbuchblatts. Wenn Bahnpfandschulden im Bahngrundbuch eingetragen sind, so erfolgt im Interesse der Bahnpfandgläubiger die Schließung des Bahngrundbuchblatts und damit das Aufhören der Bahneinheit erst, wenn diesen ausreichende Gelegenheit zur Geltendmachung ihrer Rechte in Gemäßheit der Bestimmungen des § 14 Satz 4 und 5 gegeben worden ist.

Wenngleich aber die Bahneinheit auch nach Erlöschen der Genehmigung im Interesse der Bahnpfandgläubiger und ihrer Befriedigung noch eine Zeitlang erhalten bleibt, so erfährt doch der Rechtscharakter der Bahneinheit mit dem Erlöschen der Genehmigung eine wesentliche Veränderung. Solange die Genehmigung und damit das Unternehmen in betriebsfähigem Zustande besteht, bildet die Bahneinheit als betriebsfähiges Ganzes das Pfandobjekt und die Grundlage für die Sicherheit der Pfandgläubiger. Es darf daher auch gemäß § 5 Abs. 1 Satz 1 die Veräußerung und Belastung einzelner Bestandteile der Bahneinheit nur erfolgen, wenn die Aufsichtsbehörde bescheinigt, daß durch eine derartige Verfügung die Betriebsfähigkeit des Unternehmens nicht beeinträchtigt wird (Unschädlichkeitsattest). Mit dem Erlöschen der Genehmigung wird der Fortbetrieb des Unternehmens gehemmt und unmöglich, und es bleibt daher als Befriedigungsobjekt für den Bahnpfandgläubiger nicht mehr das betriebsfähige Unternehmen, sondern nur die Gesamtheit der einzelnen Bestandteile der Bahneinheit übrig. Es bedarf somit auch nach dem Erlöschen der Genehmigung für die Veräußerung oder Belastung der einzelnen Bestandteile der Bahneinheit nicht mehr der Unschädlichkeitsbescheinigung der Bahnaufsichtsbehörde. Zwar bleibt die Bahneinheit im Interesse der Befriedigung der Bahnpfandgläubiger nach dem Erlöschen der Genehmigung noch fortbestehen, aber, während bis dahin das betriebsfähige Unternehmen mit seinen wechselnden Bestandteilen den Gegenstand des Pfandrechts bildete, wird die Bahneinheit von nun an, da das Betriebsinteresse und -Bedürfnis nicht mehr maßgebend ist, in ihren Bestandteilen gewissermaßen fixiert, d. h. durch alle z. Z. des Erlöschens der Genehmigung zu ihr gehörigen Gegenstände und Rechte gebildet. Nicht mehr die jeweiligen Bestandteile derselben, sondern die grade im Zeitpunkte des Erlöschens der Genehmigung die Bahneinheit bildenden Bestandteile stellen nunmehr den Gegenstand des Pfandrechts dar.

Da nach Erlöschen der Genehmigung die Bescheinigung der Aufsichtsbehörde über die Unschädlichkeit der Veräußerung oder Belastung für den Betrieb nicht mehr erforderlich ist, so würde der Bahneigentümer zu Verfügungen über einzelne Bestandteile der Bahneinheit und damit zur Beeinträchtigung der Rechte der Bahnpfandgläubiger in der Lage sein, zumal die Verwirklichung des Pfandrechts an der Bahn nicht mehr durch eine Veräußerung der Bahn als Ganzes geschehen kann, sondern nur durch Verwertung der einzelnen Bestandteile im Wege der Zwangsliquidation (Abschn. V §§ 40 ff.). Um daher zu verhüten, daß durch Verfügungen des Bahneigentümers die Rechte der Bahnpfandgläubiger auf Befriedigung aus den einzelnen Bestandteilen vereitelt oder beeinträchtigt werden, ist — wie bereits im § 5 Abs. 1 Satz 2 durch die Worte: „jedoch unbeschadet der Vorschriften des § 19" angedeutet — im § 19 eine Verfügungsbeschränkung des Bahneigentümers durch die Bestimmung ausgesprochen, daß, sofern nach dem Erlöschen der Genehmigung die Bahneinheit fortbesteht, Verfügungen des Bahneigentümers über einzelne Bestandteile der Bahneinheit bis zur Schließung des Bahngrundbuchblatts d. i. bis zum Aufhören der Bahneinheit (§ 8 Abs. 1 S. 1) den Bahnpfandgläubigern gegenüber unwirksam sind (§ 19 S. 1 u. 3).

§ 19 S. 1 und 3 enthalten nicht — wie die Motive S. 194 zu weit gehend sagen — ein Veräußerungsverbot, sondern nur eine Veräußerungs- und Belastungsbeschränkung in dem Sinne, daß die bezügliche Verfügung des Bahneigentümers nicht rechtsungültig und absolut nichtig ist, sondern nur zugunsten der Bahnpfandgläubiger relativ rechtsunwirksam, derartig, daß diesen bis zur Schließung des Bahngrundbuchblatts ein Anfechtungsrecht gegen Dritte zusteht, welche durch derartige Verfügungen des Bahneigentümers Rechte an einzelnen Bestandteilen der Bahneinheit erworben haben. Machen diese bis zu dem bezeichneten Zeitpunkte von ihrem Anfechtungsrechte keinen Gebrauch, so wird die Verfügung bezw. das daraus erworbene Recht unanfechtbar gültig und rechtswirksam.

Indes liegt es sowohl in der Tendenz des modernen bürgerlichen Rechts, wie der Grundbuchgesetzgebung, den Erwerb in gutem Glauben und im Vertrauen auf den öffentlichen Glauben des Grundbuchs und Bahngrundbuchs zu schützen. Soweit es sich um Grundstücke handelt, bei denen der Vermerk der Zugehörigkeit in das Grundbuchblatt eingetragen ist (Sperrvermerk: s. § 15 Anm. 72), kann der Erwerb eines Rechtes seitens eines Dritten den Bahnpfandgläubigern gegenüber kein gutgläubiger sein. Wenn aber Grundstücke in Betracht kommen, bei denen der Vermerk der Zugehörigkeit in das Grundbuchblatt (Sperrvermerk) nicht eingetragen ist, sei es durch Negligenz der Behörden oder des Bahneigentümers oder weil das Gesetz ausnahmsweise eine Eintragung nicht erfordert bezw. das Grundstück ein Grundbuchblatt nicht besitzt (§ 15 Abs. 2 Satz 3, §§ 2, 59 Gr.-B.-O.), oder andere Bestandteile der Bahneinheit (Baulichkeiten, Fonds, bewegliche Sachen, z. B. Betriebsmittel § 4 Ziff. 2, 3), so greifen nach Satz 2 des § 19 des vorliegenden Gesetzes die Vorschriften des Bürgerlichen Gesetzbuches und des Eigent.-Erw.-Ges. über den Schutz des Erwerbs in gutem Glauben Platz. Danach finden die Vorschriften zugunsten gutgläubiger Erwerber, welche Rechte von einem Nichtberechtigten herleiten, insbesondere die Vorschriften über den öffentlichen Glauben des Grundbuchs auf die in Rede stehenden Verfügungen des Bahneigentümers entsprechende Anwendung.

Aus der Entstehungsgeschichte des § 19 ist für das Verständnis desselben folgendes hervorzuheben. § 19. Entstehung.

Der Regierungsentwurf v. 13. März 1895 (Drucks. d. Herrenh. Nr. 24) schlug zur Wahrung der Interessen der Bahnpfandgläubiger nach Erlöschen der Genehmigung gegen sie benachteiligende Verfügungen des Bahneigentümers bereits § 19 in der später wörtlich in das Gesetz übergegangenen Fassung vor und war, wie folgt, motiviert: „Solange das Bahnunternehmen in betriebsfähigem Zustande besteht, beruht die Sicherheit des Bahnpfandgläubigers auf dem Ertrage des Betriebs und dem Verkaufswerte der Bahn als eines betriebsfähigen Ganzen. Mit dem Erlöschen der Genehmigung wird der Fortbetrieb des Unternehmens unmöglich und es bleiben als Befriedigungsmittel für den Bahnpfandgläubiger nur die einzelnen Bestandteile der Bahneinheit übrig. Während bis dahin die Bahneinheit mit ihren wechselnden Bestandteilen den Gegenstand der Pfandhaftung bildete, tritt mit dem Erlöschen der Genehmigung ein Erstarren des lebensvollen Organismus der Bahneinheit ein; nicht mehr die jeweiligen Bestandteile derselben, sondern die gerade zu diesem Zeitpunkte die Bahneinheit ausmachenden Gegenstände bilden von nun an den Gegenstand des Pfandrechts (vgl. § 4 Abs. 8). Die Verwirklichung des Pfandrechts an der Bahn geschieht nicht mehr durch eine Veräußerung der Bahn als Ganzes, sondern durch eine Verwertung der einzelnen Bestandteile im Wege der Zwangsliquidation nach Maßgabe der Bestimmungen des sechsten Abschnitts. Um zu verhüten, daß durch Verfügungen des Bahneigentümers das Recht der Bahnpfandgläubiger auf Befriedigung aus den einzelnen Bestandteilen vereitelt werde, wird in § 19 ein Veräußerungsverbot zugunsten der Bahnpfandgläubiger vorgesehen. Danach sollen Verfügungen des Bahneigentümers (Veräußerungen oder Belastungen) nicht nichtig, wohl aber relativ unwirksam sein, indem sie den Bahnpfandgläubigern nicht entgegengesetzt werden können. Die Fortdauer des Pfandrechts an den einzelnen Bestandteilen trotz Wegfalls des dieselben zusammenhaltenden Bandes und ohne Erfüllung der für ein Pfandrecht an diesen Gegenständen, als selbständigen Rechtsobjekten, vorgeschriebenen Erfordernisse darf aber nicht zu einem dauernden Zustande werden. Der Entwurf läßt daher diese Rechte erlöschen, wenn die von ihm zur Verwirklichung derselben gesetzte Frist verstrichen und das Bahngrundbuchblatt geschlossen ist. Diese Schließung erfolgt mit Beendigung des zur geordneten Verwertung der einzelnen Bestandteile bestimmten Zwangsliquidationsverfahrens oder, wenn ein solches nicht beantragt wird, mit Ablauf von 6 Monaten seit Bekanntmachung des Erlöschens der Genehmigung (§ 14). Mit dem Aufhören der Bahneinheit, welche gemäß § 8 mit der Schließung des Bahngrundbuchblattes zusammenfällt, erlangen die bisherigen Bestandteile der Bahneinheit ihre volle rechtliche Selbständigkeit wieder und werden von allen auf die Bahneinheit gelegten Lasten befreit. Mit dem Wegfall des Pfandrechts der Bahnpfandgläubiger fällt auch die auf demselben beruhende relative Unwirksamkeit der Rechtsgeschäfte des Bahneigentümers hinweg."

Die Kommission des Abg.-Hauses (Aktst. Nr. 254 S. 8155) hat sich für unveränderte Annahme des § 19 ausgesprochen, und in Übereinstimmung hiermit ist § 19 sowohl vom Abgeordneten- wie vom Herrenhause unbeanstandet und ohne Diskussion angenommen worden, unverändert in das Eisenb.-Pfandr.-Gesetz übergegangen, und auch in dieser Fassung im Bahneinheitsgesetz beibehalten worden.

§ 19 Satz 1. **93**) Satz 1 des § 19 gibt der Vorschrift Ausdruck, daß, sofern nach dem Erlöschen der Genehmigung die Bahneinheit fortbesteht, Verfügungen über einzelne Bestandteile der Bahneinheit den Bahnpfandgläubigern gegenüber unwirksam sind

— unbeschadet jedoch der in gutem Glauben erworbenen Rechte Dritter (s. Satz 2: Anm. 94 S. 199).

I. Der Grund für die in Rede stehende Bestimmung liegt darin, daß es unbillig sein würde, die Bahnpfandgläubiger durch das Erlöschen der Genehmigung, d. h. durch einen ganz außerhalb ihres Willens und ihrer Verfügung liegenden Akt um das Objekt ihrer Befriedigung zu bringen:

a) Solange die Genehmigung für das Bahnunternehmen erteilt ist, besteht dasselbe als betriebsfähiges Ganzes und beruht die Sicherheit der Bahnpfandgläubiger auf den Betriebserträgnissen und eventuell dem Verkaufswerte desselben. Zur Erhaltung der Betriebsfähigkeit ist es durch die Bestimmung geschützt, daß die Veräußerung und Belastung seiner wesentlichsten und wertvollsten Bestandteile, der zur Bahneinheit gehörigen Grundstücke, ungültig ist, soweit nicht die Bahnaufsichtsbehörde bescheinigt, daß durch die Verfügung die Betriebsfähigkeit des Bahnunternehmens nicht beeinträchtigt wird. Für die beweglichen Zubehörstücke der Bahneinheit fehlt zwar eine gleiche Schutzbestimmung. Indes liegt dies in der Natur des Betriebs, welcher einen fortgesetzten Wechsel der Mobilien (Fonds, Betriebsmittel ꝛc.) ihre Erneuerung und Ergänzung notwendig macht und eine gleiche Beschränkung in der Veräußerung nicht tunlich erscheinen läßt.

b) Wenn aber die Genehmigung erlischt, wird der Fortbetrieb unmöglich, das Bahnunternehmen als betriebsfähiges Ganzes hört auf, das Objekt der Befriedigung für die Bahnpfandgläubiger zu bilden, und es bleiben denselben nur noch die einzelnen Bestandteile der Bahneinheit als Gegenstand der Sicherung übrig. Für die Gültigkeit der Veräußerung und Belastung der einzelnen Bestandteile der Bahneinheit durch den Bahneigentümer bedarf es nicht mehr einer Bescheinigung der Bahnaufsichtsbehörde über die Nichtbeeinträchtigung des Betriebs. Hiernach würde mit dem Erlöschen der Genehmigung der Bahneigentümer in der Lage sein, durch Veräußerung und Belastung der einzelnen Bestandteile der Bahneinheit den Bahnpfandgläubigern, die Objekte ihrer Befriedigung gänzlich zu entziehen, wenn nicht das Gesetz durch positive Bestimmungen derartigen Verfügungen des Bahneigentümers im Interesse der Rechte der Bahnpfandgläubiger begegnete.

c) Die Maßnahmen, welche das Gesetz zugunsten der Bahnpfandgläubiger getroffen hat, sind zweifacher Art.

1. Die erste Maßnahme besteht in der Bestimmung, daß die Bahneinheit mit dem Erlöschen der Genehmigung nicht aufhört, wenn sie im Bahngrundbuch eingetragen ist, sondern alsdann bis zur Schließung des Bahngrundbuchblatts fortbesteht (§ 8 Abs. 1 Satz 2), und daß die Schließung des Bahngrundbuchblatts und damit das Aufhören der Bahneinheit erst dann herbeizuführen ist, wenn den eingetragenen Bahnpfandgläubigern Gelegenheit gegeben worden, in Gemäßheit der Bestimmungen des § 14 Satz 4 und 5 ihre Rechte geltend zu machen. Freilich kann die Bahneinheit nach Erlöschen der Genehmigung nicht mehr mit ihrem früheren Charakter als betriebsfähiges Ganzes fortbestehen, das Gesetz kann sie nur noch als Gesamtheit der einzelnen zur Zeit des Erlöschens der Genehmigung vorhandenen Bestandteile aufrecht erhalten und fixieren, und demgemäß bestimmt § 4 Abs. 3, daß, wenn die Bahneinheit nach Erlöschen der Genehmigung fortbesteht, dieselbe durch alle z. Z. des Erlöschens zu ihr gehörigen Gegenstände und Rechte gebildet wird; die gerade zu diesem Zeitpunkte die Bahneinheit ausmachenden Gegenstände bilden von nun an den Gegenstand des Gläubigerrechts, und die Verwirklichung

dieses Rechts kann demgemäß auch nicht mehr durch eine Veräußerung der Bahn als Ganzes, sondern nur durch eine Verwertung der einzelnen Bestandteile im Wege der Zwangsliquidation nach Maßgabe der Bestimmungen des 5. Abschnittes geschehen.

2. Die zweite Maßnahme besteht in der Bestimmung, daß nach dem Erlöschen der Genehmigung Verfügungen des Bahneigentümers über einzelne Bestandteile der Bahneinheit den Bahnpfandgläubigern gegenüber unwirksam sind, der Bahneigentümer also in seinen Verfügungen durch die Aufrechterhaltung der Rechte der Bahnpfandgläubiger beschränkt ist. Diese Bestimmung ist eine notwendige Konsequenz und Ergänzung der ersteren. Das bloße Fortbestehen der Bahneinheit in ihren Bestandteilen z. Z. des Erlöschens der Genehmigung würde die Interessen der Bahnpfandgläubiger nicht genügend wahren, wenn es dem Bahneigentümer freistände, die einzelnen Bestandteile beliebig und unbeschränkt zu veräußern oder zu belasten, zumal nunmehr das vorher erforderliche Unschädlichkeitsattest der Aufsichtsbehörde zur Gültigkeit derartiger Verfügungen des Bahneigentümers nicht mehr notwendig ist. Als Korrelat zu der Vorschrift über das Fortbestehen der Bahneinheit bedurfte es noch der weiteren Bestimmung, daß die Wirksamkeit der Rechte der Bahnpfandgläubiger durch derartige Verfügungen nicht beschränkt wird bezw. diese Verfügungen den Bahnpfandgläubigern gegenüber unwirksam sind. Diese Bestimmung ist durch § 19 Satz 1 gegeben. (Vgl. § 5 Abs. 1 Satz 2.)

II. Voraussetzung für die Unwirksamkeit der Verfügungen des Bahneigentümers über einzelne Bestandteile der Bahneinheit den Bahnpfandgläubigern gegenüber ist das Fortbestehen der Bahneinheit nach dem Erlöschen der Genehmigung. Nach § 8 Abs. 1 Satz 2 hört die Bahneinheit grundsätzlich mit dem Erlöschen der Genehmigung für das Unternehmen auf, jedoch ausnahmsweise erst mit der Schließung des Bahngrundbuchblatts, wenn die Bahn im Bahngrundbuch eingetragen ist (§ 8 Anm. 10 S. 16—18). Nach Erlöschen der Genehmigung erfolgt aber, wenn keine Hypotheken, Grund- oder Rentenschulden an der Bahneinheit im Bahngrundbuche eingetragen sind, die Schließung des Bahngrundbuchblatts, sobald das Bahngrundbuchamt von der Aufsichtsbehörde die Mitteilung von dem Erlöschen der Genehmigung empfangen hat (§ 14 Satz 2); wenn Bahnpfandschulden eingetragen sind, erst nachdem den Bahnpfandgläubigern nach Maßgabe des § 14 Satz 3—5 Gelegenheit gegeben worden ist, ihre Rechte geltend zu machen, d. h. mit Löschung der Bahnpfandschulden oder Beendigung des zur geordneten Verwertung der einzelnen Bestandteile bestimmten Zwangsliquidationsverfahrens (Abschnitt V §§ 40 ff.) oder, wenn ein solches nicht beantragt wird, mit Ablauf von 6 Monaten seit Bekanntmachung des Erlöschens der Genehmigung (s. § 14 Anm. 66 ff. S. 112—116 ff.).

Sind keine Bahnpfandschulden eingetragen, so ist hiernach das Verfügungsrecht des Bahneigentümers durch die Pfandrechte der Bahnpfandgläubiger nur während der kurzen Zwischenzeit beschränkt, welche zwischen dem Erlöschen der Genehmigung und der nach Mitteilung desselben an das Bahngrundbuchamt von diesem alsbald zu bewirkenden Schließung des Bahngrundbuchblatts liegt.

Sind Bahnpfandschulden eingetragen, so erstreckt sich die Verfügungsbeschränkung des Bahneigentümer auf den in der Regel längeren Zeitraum, welcher von dem Erlöschen der Genehmigung bis zu der nach Erledigung der in den Sätzen

4 und 5 des § 14 vorgesehenen Maßnahmen herbeizuführenden Schließung des Bahngrundbuchblatts verstreicht.

In beiden Fällen bildet also die Schließung des Bahngrundbuchblatts, weil sie identisch ist mit dem Aufhören der Bahneinheit, den Endpunkt der Beschränkung der Verfügung des Bahneigentümers gegenüber den Bahnpfandgläubigern. Hierbei ist unter „Bahneinheit" nicht mehr das vor Erlöschen der Genehmigung bestehende betriebsfähige Ganze mit allen seinem jeweiligen Zubehör (§ 4 Abs. 1 u. 2), sondern die Gesamtheit der z. Z. des Erlöschens der Genehmigung vorhandenen einzelnen Bestandteile (unbeweglichen und beweglichen Gegenstände und Rechte) zu verstehen (§ 4 Abs. 3).

III. Ist die Voraussetzung, der Fortbestand der Bahneinheit nach dem Erlöschen der Genehmigung gegeben, so tritt als Folge nach Satz 1 die Wirkung ein, daß Verfügungen des Bahneigentümers über einzelne Bestandteile der Bahneinheit den Bahnpfandgläubigern gegenüber unwirksam sind.

1. Der Zweck dieser Bestimmung ist, auch nach Erlöschen der Genehmigung die Bahnpfandgläubiger in ihren Rechten an der Bahneinheit gegen ihnen nachteilige Verfügungen des Bahneigentümers so lange zu schützen, bis sie Gelegenheit gehabt haben, ihre Rechte an den einzelnen Bestandteilen der Bahneinheit geltend zu machen. Solange die Genehmigung nicht erloschen ist, besteht dieser Schutz in dem Pfandrechte an dem betriebsfähigen Ganzen, dessen Bestandteile, soweit sie in Grundstücken bestehen, ohne Unschädlichkeitsattest der Aufsichtsbehörde weder veräußert, noch belastet werden dürfen (§ 5 Abs. 1 Satz 3). Nach Erlöschen der Genehmigung fehlt dieser Schutz und bedarf es daher der im § 19 getroffenen Sicherheitsmaßnahmen im Interesse der Pfandgläubiger gegen Verfügungen des Bahneigentümers über die einzelnen Bestandteile der Bahneinheit.

2. Die Bestimmung findet mangels einer Einschränkung des Gesetzes ausnahmslos auf alle Verfügungen des Bahneigentümers über einzelne Bestandteile der Bahneinheit Anwendung; sie beschränkt sich nicht nur auf Veräußerung (Verkauf, Tausch ꝛc.) und Verpfändung (Hypothek, Grund- und Rentenschuld, Mobiliarpfandrechtschuld), sondern erstreckt sich auf jede andere Art der Belastung und Konstituierung dinglicher Rechte. Andererseits kommen aber nur Verfügungen des Bahneigentümers in Betracht. Auf Verfügungen anderer Personen, die hierzu gesetzlich befugt sind, z. B. des Liquidators (§ 46) oder zuständiger Behörden bezieht sich die in Rede stehende Bestimmung nicht. Ferner umfaßt dieselbe unbeschränkt Verfügungen über alle einzelnen Bestandteile der Bahneinheit, nicht nur, wie die Vorschrift des § 5 Abs. 1 S. 1 u. 3, die zur Bahneinheit gehörigen Grundstücke, sondern auch alle zugehörigen Baulichkeiten, Gerechtigkeiten, Rechte an fremden Grundstücken, Miteigentum an solchen (§ 4 Abs. 1 Ziff. 1 u. Abs. 2), Fonds, Kassenbestände, Forderungen und Ansprüche (§ 4 Abs. 1 Ziff. 2), sowie bewegliche körperliche Sachen, Betriebsmittel, Materialien ꝛc. (§ 4 Abs. 1 Ziff. 3). Aber es müssen Bestandteile der Bahneinheit sein, und zwar der Bahneinheit, wie sie im § 4 Abs. 3 definiert ist, d. h. welche zusammengesetzt ist aus den zur Zeit des Erlöschens zu ihr gehörigen Gegenständen und Rechten. Darauf also, ob derartige Gegenstände vor dem Erlöschen der Genehmigung zu dem betriebsfähigen Unternehmen gehört haben und dem Betriebe gewidmet waren, kommt es nicht an. Entscheidend ist allein die Zugehörigkeit zur Zeit des Erlöschens der Genehmigung. Insofern ist der Schutz der Bahnpfandgläubiger in bezug auf den

Umfang der vom Pfandrechte ergriffenen Gegenstände ein größerer nach als vor Erlöschen der Genehmigung. Freilich wird dieser Vorteil für die Bahnpfandgläubiger dadurch aufgewogen, daß vor Erlöschen der Genehmigung das betriebsfähige Unternehmen als Ganzes bezw. der Wert desselben den Bahnpfandgläubigern haftet — ein Wert, welcher nach dem Erlöschen der Genehmigung fortfällt, weil das die Bahneinheit zusammenhaltende Band der Betriebsfähigkeit und des Betriebszwecks fehlt, und daher nur noch die einzelnen Bestandteile der Bahneinheit verwertbar sind und das Objekt der Haftung bieten. Nur in einem Falle können ausnahmsweise die einzelnen Bestandteile der Bahneinheit noch als verwertbares Ganzes in Betracht kommen, nämlich wenn einem Unternehmer die Genehmigung zum Fortbetriebe des in Zwangsliquidation befindlichen Unternehmens erteilt wird. Alsdann kann nach § 47 der Liquidator mit Zustimmung des Ausschusses der Bahnpfandgläubiger, sowie des Bahneigentümers oder Konkursverwalters die noch vorhandenen Bestandteile der Bahneinheit als Einheit nach den im § 16 bezeichneten Vorschriften veräußern.

3. Die Verfügungen des Bahneigentümers über einzelne Bestandteile der Bahneinheit sind durch Satz 1 des § 19 nicht überhaupt und absolut für rechtsunwirksam d. h. nichtig erklärt, derartig, daß sie dies jedermann gegenüber und ohne weitere Anfechtung ipsa lege sind, sondern sie sollen nur den Bahnpfandgläubigern gegenüber unwirksam sein, da der Absicht des Gesetzes entsprechend Satz 1 nur eine Schutzvorschrift im Interesse der Rechte der Bahnpfandgläubiger ist. Die Verfügungen sind also nur relativ, d. h. mit Bezug auf die Personen und Rechte der Bahnpfandgläubiger bezw. ihrer Rechtsnachfolger unwirksam, indem sie diesen nicht entgegengesetzt werden können (Motive s. S. 194) und von ihnen auf Grund ihres besseren Rechtes sowohl gegen den Bahneigentümer, wie gegen jeden Dritten angefochten werden dürfen. Die bezüglichen Verfügungen des Bahneigentümers sind also an sich und jedem anderen gegenüber wirksam, nur den Bahnpfandgläubigern gegenüber fehlt ihnen die Wirksamkeit. Aus dem relativen Charakter der Unwirksamkeit folgt, daß sie im konkreten Falle vom Bahnpfandgläubiger geltend gemacht bezw. die seinem Rechte entgegenstehende Verfügung des Bahneigentümers auf Grund der vorliegenden Bestimmung angefochten werden muß. Dafür spricht auch, daß es nicht Sache der Gerichte und Behörden sein kann, ex officio zu eruieren, ob nicht der Bahnpfandgläubiger auf sein Recht aus Satz 1 stillschweigend oder ausdrücklich verzichtet hat und demselben durch die Vorschriften des § 14 ausreichende Gelegenheit geboten ist, seine Pfandrechte geltend zu machen. Endlich bezieht sich Satz 1 nicht allein auf unbewegliche, sondern auch auf bewegliche Bestandteile der Bahneinheit. Bei Verfügungen über letztere ist aber das darauf lastende Pfandrecht der Bahnpfandgläubiger nicht erkennbar und auch für die Gerichte und Behörden nicht ersichtlich. Von einer Berücksichtigung der Rechte der Bahnpfandgläubiger ex officio kann hier also nicht die Rede sein.

4. Eine Ausnahme von der Regel des Satzes 1 über die Unwirksamkeit der Verfügungen des Bahneigentümers gegenüber den Bahnpfandgläubigern bilden nur die im Satze 2 getroffenen Bestimmungen zum Schutze gutgläubiger Erwerber, welche in der folgenden Anmerkung (88) ihre Erläuterung finden.

§ 19. Satz 2. 84) Die Bestimmung des Satzes 1, erfährt eine Ausnahme durch den Satz 2, wonach auch den Bahnpfandgläubigern gegenüber dem gutgläubigen Erwerber bei dem Erwerbe des Eigentums oder dinglicher Rechte an einzelnen Bestandteilen der Bahneinheit der Schutz der Gesetze und der öffentliche Glauben des Grundbuchs zugute kommt. Es liegt in der Tendenz des allgemeinen bürgerlichen Rechts, wie auch des Grundbuchrechts, den Erwerb in gutem Glauben und insbesondere im Vertrauen auf den Inhalt der Grundbücher unter allen Umständen zu schützen. Zwar erschien es billig, den Bahnpfandgläubigern durch eine spezielle Gesetzesbestimmung auch nach Erlöschen der Genehmigung die Geltendmachung ihrer Pfandrechte zu ermöglichen, und zu diesem Zwecke die Verfügungen des Bahneigentümers über einzelne Bestandteile der Bahneinheit dem älteren und besseren Rechte der Bahnpfandgläubiger gegenüber für unwirksam bezw. anfechtbar zu erklären. Doch sollte diese spezielle Bevorrechtung derselben nicht die allgemeinen Normen des Erwerbs in gutem Glauben berühren, vielmehr, soweit nach diesen der Erwerb in gutem Glauben geschützt wird, dieser Schutz auch denjenigen zuteil werden, welche Verträge über Bestandteile der Bahneinheit abschließen, ohne die Zugehörigkeit des betreffenden Gegenstandes zur Bahneinheit zu kennen. Dies drückt Satz 2 aus, stellt also den Erwerbern in gutem Glauben gegenüber die Rechtsbeständigkeit und volle Wirksamkeit der Verfügungen des Bahneigentümers wieder her, welche zugunsten der Bahnpfandgläubiger durch Satz 1 gegenüber allen anderen Erwerbern von Bestandteilen der Bahneinheit oder Rechten daran beschränkt ist. Daraus ergibt sich folgendes:

I. Der Bahnpfandgläubiger ist zwar nach Satz 1 grundsätzlich berechtigt, allen Verfügungen des Bahneigentümers, sofern die Bahneinheit nach Erlöschen der Genehmigung noch fortbesteht, sein Pfandrecht entgegenzusetzen, d. h. diese Verfügungen als unwirksam insoweit anzufechten, als sie mit der Ausübung und Realisierung seines Pfandrechts nicht vereinbart sind. Aber dieses spezielle Vorrecht zessiert gegenüber denjenigen, welche durch Verfügungen des Bahneigentümers in gutem Glauben Bestandteile der Bahneinheit oder Rechte daran erworben haben und durch die allgemeinen Bestimmungen des bürgerlichen Rechts und den öffentlichen Glauben des Grundbuchs gesetzlich geschützt sind. Den gutgläubigen Erwerbern gegenüber ist also der Bahnpfandgläubiger nicht befugt, derartige Verfügungen als rechtsunwirksam anzufechten. Würde er dies tun, so würde ihm der gutgläubige Erwerber sein besseres Recht aus Satz 2 des § 19 mit Erfolg entgegenhalten können. Die Verfügungen des Bahneigentümers, welche gutgläubige Erwerber betreffen, sind auch den Bahnpfandgläubigern gegenüber nicht unwirksam und nicht anfechtbar.

II. Mangels einer Einschränkung finden sämtliche Vorschriften zugunsten derjenigen, welche Rechte von einem Nichtberechtigten herleiten, also zum Schutze des Erwerbs in gutem Glauben gesetzlich ergangen sind, auf die im Satz 1 bezeichneten Verfügungen des Bahneigentümers Anwendung. Es gehören dahin nicht nur die bezüglichen Bestimmungen des allgemeinen bürgerlichen Rechts, sondern auch die in Einzelgesetzen enthaltenen, insbesondere, wie Satz 2 ausspricht, die Vorschriften über den öffentlichen Glauben des Grundbuchs u. m. a.

III. Aus vorstehendem ergibt sich ferner, daß Satz 2 ebenso wie Satz 1 nicht nur Verfügungen über unbewegliche Gegenstände (Grundstücke oder Rechte am Grundeigentum), sondern auch über bewegliche Gegenstände umfaßt.

a) Bei unbeweglichen Gegenständen (Grundstücken oder dinglichen Rechten daran) ist zu unterscheiden, ob der Vermerk der Zugehörigkeit (Sperrvermerk) nach den Vorschriften des § 15 in das Grundbuchblatt des betreffenden Grundstücks eingetragen war.

1. War der Sperrvermerk eingetragen, so ist die Gutgläubigkeit des Erwerbs Dritter ausgeschlossen, weil der öffentliche Glauben des Grundbuchs und die Pflicht eines jeden, sich vor Eingehung von Verträgen über ein Grundstück mit dem Inhalt des Grundbuchblatts, also auch etwaigen Eintragungen über Verfügungsbeschränkungen bekannt zu machen (B.-G.-B. §§ 891 ff.), dem entgegensteht. Bei Eintragung eines Sperrvermerks gemäß § 15 kann also der Schutz der Vorschriften über den Erwerb in gutem Glauben für die Rechte der Bahnpfandgläubiger aus § 19 Satz 1 nicht in Anspruch genommen werden.

2. War der Sperrvermerk nicht eingetragen, sei es, daß die vorgeschriebene Eintragung durch die Negligenz der Grundbuchämter oder Aufsichtsbehörden oder des Bahneigentümers oder aus anderen Gründen unterblieben ist oder das Gesetz ausnahmsweise eine Eintragung nicht erfordert, bezw. das Grundstück ein Grundbuchblatt noch nicht besitzt (§ 15 Abs. 2 Satz 3 und Abs. 4), so steht dem Erwerber der Schutz der Vorschriften über den Erwerb in gutem Glauben zur Seite, wenn er erweislich die Verfügungsbeschränkung, bezw. die Zugehörigkeit des Grundstücks zur Bahneinheit nicht gekannt hat (B.-G.-B. §§ 891 ff.). Die Vermutung spricht dafür, daß Grundstücke, deren Grundbuchblatt keinen Sperrvermerk trägt, nicht zur Bahneinheit gehören und der dritte Erwerber eine derartige Verfügungsbeschränkung nicht gekannt und in gutem Glauben gehandelt hat. Sache des anfechtenden Bahnpfandgläubigers ist es also, das Gegenteil aus den Umständen nachzuweisen. Dazu kann je nach der konkreten Sachlage der Nachweis dienen, daß das Grundstück zum Bahnkörper gehört, bezw. unmittelbar mit demselben zusammenhängt oder offensichtlich und äußerlich erkennbar den Zwecken des Bahnbetriebs gewidmet ist (z. B. durch die darüber gezogenen Schienen, die darauf errichteten Baulichkeiten 2c.), einen integrierenden Bestandteil desselben bildet, oder daß der Verfügende ein Bahneigentümer ist und diese Eigenschaft und ihre Beziehung zum Grundstücke klar aus den Umständen erhellt.

Zweifelhaft kann hierbei sein, ob die Eintragung von zur Bahneinheit gehörigen Grundstücken, deren Widmung für das Bahnunternehmen weder aus ihrem Zusammenhange mit dem Bahnkörper noch sonst äußerlich erkennbar ist, in den Titel des Bahngrundbuchs (§ 11 Abs. 2 Ziff. 2 — § 18 Abs. 1) dem guten Glauben des Erwerbers entgegensteht, wenn die Eintragungen des Sperrvermerks in das Grundbuchblatt der betreffenden Grundstücke unterblieben, d. h. vom Bahngrundbuchamt nicht veranlaßt worden ist (§ 15 Abs. 2 Satz 2). Diese Frage ist jedoch zu verneinen. Der Dritte kann in Ermangelung eines Sperrvermerks (und anderer notorischer Umstände) einem Grundstücke nicht ansehen, daß es zu einer Bahneinheit gehört und in ein für diese gebildetes Bahngrundbuchblatt gemäß § 11 Abs. 2 Ziff. 2 eingetragen worden ist. Die Eintragung in das Bahngrundbuch ist nicht die im § 11 Ziff. 2 der Allgem. Just.-Min.-Verf. v. 20. November 1899 zur Ausführung der Gr.-B.-O. (J.-M.-Bl. S. 849) gemeinte und kann die Eintragung in das Einzelgrundbuchblatt nicht ersetzen.

b) Bei beweglichen Gegenständen fällt die für Grundstücke wichtige Unterscheidung nach der Eintragung des Sperrvermerks fort und finden die Vorschriften des bürgerlichen Rechts über den Schutz des Erwerbs in gutem Glauben uneingeschränkt Anwendung (s. oben S. 199). Der Bahnpfandgläubiger, welcher die

Rechte aus Satz 1 dem dritten Erwerber gegenüber in Anspruch nimmt, hat diesem nach Maßgabe jener Vorschriften nachzuweisen, daß er die Zugehörigkeit des betreffenden Gegenstandes zur Bahneinheit nach Lage der konkreten Verhältnisse gekannt hat oder kennen mußte, sich mithin nicht in gutem Glauben befunden hat.

IV. Der Zeit nach kommen auch für die vorliegende Bestimmung nur solche Verfügungen des Bahneigentümers in Betracht, welche nach dem Erlöschen der Genehmigung bis zum Aufhören der Bahneinheit (Schließung des Bahngrundbuchblatts) erfolgt sind. Denn für die Zeit vor Erlöschen der Genehmigung bedürfen die Verfügungen des Bahneigentümers über die Veräußerung und Belastung von Grundstücken des Unschädlichkeitsattestes der Aufsichtsbehörde (§ 5 Abs. 1 Satz 1), und die über bewegliche Sachen sind dem Bahneigentümer je nach den Bedürfnissen des Betriebs freigestellt, ohne daß die Bahnpfandgläubiger ein Einspruchs- oder Anfechtungsrecht besitzen. Für die Zeit aber nach Aufhören der Bahneinheit (Schließung des Bahngrundbuchblatts) fallen die Pfandrechte der Bahnpfandgläubiger überhaupt fort, kann also von einer Anfechtung der Verfügungen des Bahneigentümers durch diese nicht mehr die Rede sein.

95) Satz 3 bestimmt den Zeitpunkt, mit welchem das den Bahnpfandgläubigern durch Satz 1 gewährte Vorrecht sein Ende erreicht. Das Recht der Bahnpfandgläubiger, die Unwirksamkeit einer Verfügung des Bahneigentümers geltend zu machen, soll mit der Schließung des Bahngrundbuchblatts erlöschen. Denn die Bahneinheit besteht auch nach Erlöschen der Genehmigung in der durch § 4 Abs. 3 fixierten Gestalt nur noch bis zur Schließung des Bahngrundbuchblatts fort, wenn Pfandrechte in diesem eingetragen, also Bahnpfandgläubiger vorhanden sind. Die Motive begründen die Aufnahme dieses Satzes damit, daß die Fortdauer des Pfandrechts an den einzelnen Bestandteilen trotz Wegfalls des dieselben zusammenhaltenden Bandes und ohne Erfüllung der für ein Pfandrecht an diesen Gegenständen, als selbständigen Rechtsobjekten, vorgeschriebenen Erfordernisse nicht zu einem dauernden Zustande werden dürfe. Es müßten daher diese Rechte erlöschen, wenn die zur Verwirklichung derselben gesetzte Frist verstrichen und das Bahngrundbuchblatt geschlossen sei. Diese Schließung erfolge mit Beendigung des zur geordneten Verwertung der einzelnen Bestandteile bestimmten Zwangsliquidationsverfahrens (§§ 40 ff.) oder, wenn ein solches nicht beantragt werde, jedenfalls mit Ablauf von 6 Monaten seit Bekanntmachung des Erlöschens der Genehmigung (§ 14). Es sei somit den Bahnpfandgläubigern ausreichende Gelegenheit zur Geltendmachung ihrer Rechte gegeben. Mit dem Aufhören der Bahneinheit, welche gemäß § 8 — bei Eintragung der Bahn im Bahngrundbuche — mit der Schließung des Bahngrundbuchblatts zusammenfalle, erlangten die bisherigen Bestandteile der Bahneinheit ihre volle rechtliche Selbständigkeit wieder und würden von allen auf die Bahneinheit gelegten Lasten befreit. Mit dem Wegfalle des Pfandrechts der Bahnpfandgläubiger falle auch die auf demselben beruhende relative Unwirksamkeit der Rechtsgeschäfte des Bahneigentümers hinweg. § 19. Satz 3.

Folgt man diesen an sich zutreffenden Deduktionen der Motive, so erscheint jedoch der vorliegende Satz 3 des § 19 aus einem zwiefachen Grunde selbstverständlich und daher überflüssig.

Zunächst besagt Satz 3 nichts anderes, als die Eingangsworte des Satzes 1 „sofern nach dem Erlöschen der Genehmigung die Bahneinheit fortbesteht“. Denn da nach dem Erlöschen der Genehmigung die Bahneinheit gemäß § 3 Abs. 1 und

§ 14 nur bis zur Schließung des Bahngrundbuchblatts fortbesteht, so ist im Satz 1 der Zeitpunkt der Wirksamkeit des Rechtes der Bahnpfandgläubiger auf die Verfügungen des Bahneigentümers bezw. das Recht derselben, die Unwirksamkeit einer Verfügung des Bahneigentümers in bezug auf ihre Pfandrechte geltend zu machen, ganz ebenso begrenzt, wie im Satz 8, d. h. es ist im Satz 8, wenn auch mit anderen Worten, nach der Absicht des Gesetzes dasselbe gesagt, wie bereits im Satz 1.

Sodann aber ist es, da mit der Schließung des Bahngrundbuchblatts und dem dadurch bedingten Aufhören der Bahneinheit (§ 8 Abs. 1 § 14) also des Pfandobjekts, die Pfandrechte der Bahnpfandgläubiger von selbst fortfallen und daher auch an den einzelnen Bestandteilen, in welche die Bahneinheit nach ihrem Aufhören zerfällt, nicht weiter fortbestehen bezw. an diesen wieder aufleben können, ganz folgerichtig und selbstverständlich, daß mit der Schließung des Bahngrundbuchblatts d. i. dem Aufhören der Bahneinheit die bisherigen Bahnpfandgläubiger irgendwelche Rechte an den Bestandteilen der ehemaligen Bahneinheit nicht mehr ausüben bezw. den Bahneigentümer in der freien Verfügung über die ihm etwa noch verbliebenen Bestandteile auf Grund ihres früheren Bahnpfandrechts nicht hindern können.

Der vorliegende Satz ist jedoch nicht nur überflüssig, sondern gibt auch in seiner Fassung zu Bedenken Anlaß. Denn während durch Satz 1 die Verfügungen des Bahneigentümers über einzelne Bestandteile der Bahneinheit nur den Bahnpfandgläubigern gegenüber für unwirksam erklärt, d. h. relativ wirksam sind, soweit nicht eine Anfechtung oder Anspruch seitens der Bahnpfandgläubiger erfolgt, spricht Satz 8 ganz allgemein von dem Rechte der Bahnpfandgläubiger, die Unwirksamkeit einer Verfügung des Bahneigentümers geltend zu machen. Soweit soll aber nach der Absicht des Gesetzes das Recht der Bahnpfandgläubiger nicht gehen. Sie sind vielmehr nur befugt, gegenüber einer Verfügung des Bahneigentümers ihr besseres Recht den Ansprüchen Dritter gegenüber geltend zu machen, und auch dies nur, soweit letzteren nicht der Schutz des gutgläubigen Erwerbs oder der öffentliche Glauben des Grundbuchs zur Seite steht.

Im übrigen ist sowohl aus Satz 1 wie aus Satz 8 zu entnehmen, daß mit Schließung des Bahngrundbuchblatts nicht nur das Recht der Klage des Bahnpfandgläubigers auf Anfechtung der Verfügungen des Bahneigentümers, sondern auch das Recht der Einrede erlischt.

Vierter Abschnitt.

Zwangsvollstreckung, Zwangsversteigerung und Zwangsverwaltung in besonderen Fällen.

§ 20.[96])

Auf die Zwangsvollstreckung in die Bahneinheit finden die Vorschriften der Reichsgesetze sowie der zu ihrer Ausführung und Ergänzung dienenden Landesgesetze über die Zwangsvollstreckung in Grundstücke nach Maßgabe der §§ 21 bis 36 entsprechende Anwendung.[97])

⁹⁶) I. Prinzip. Mit § 20 beginnt der vierte, die §§ 20 bis 39 umfassende Abschnitt des Gesetzes über die „Zwangsvollstreckung, Zwangsversteigerung und Zwangsverwaltung in besonderen Fällen". Indem das vorliegende Gesetz die Bahneinheit — trotz ihrer Zusammensetzung aus unbeweglichen und beweglichen Sachen — mit Rücksicht auf den Wert und das Überwiegen der ersteren als eine Berechtigung hinstellt, für welche die sich auf Grundstücke beziehenden Vorschriften des Bürgerlichen Gesetzbuchs gelten (§§ 1, 16), hat es folgerichtig auch für die formellen und materiellen Rechtsverhältnisse der Bahneinheit im wesentlichen und grundsätzlich dieselben Normen als maßgebend vorgeschrieben, welche die Liegenschafts- und Grundbuchgesetzgebung für Grundstücke vorschreibt. Als eine unerläßliche Folge der Anwendung dieser Gesetzgebung auf die Rechtsverhältnisse der Bahneinheit ergab sich aber auch die Anwendung der allgemeinen gesetzlichen Vorschriften über die Zwangsvollstreckung in das unbewegliche Vermögen (Reichsges. v. 24. März 1897 i. d. Fassung v. 20. Mai 1898 u. Preuß. Ausführ.-Ges. v. 23. September 1899) auf die Zwangsvollstreckung in die Bahneinheit, da sich die Notwendigkeit einer Änderung der bestehenden Gesetzgebung nicht allein auf die rechtswirksame Begründung von Bahnpfandschulden an Privat- ꝛc. Bahnen beschränkte, sondern auch die Zwangsvollstreckung in dieselben umfaßte. Auch für diese fehlte es an einer gesetzlichen Grundlage, die nicht entbehrt werden konnte, wenn nicht das an dem Fortbestande der Bahn beteiligte öffentliche Interesse und das Interesse der Gläubiger an einer möglichst günstigen Verwertung des Unternehmens geschädigt werden sollte. § 20. Prinzip.

Bei der Regelung der Zwangsvollstreckung in Bahneinheiten kam in Betracht, daß dieselbe in vier Kategorien zerfällt, in die Zwangseintragung, Zwangsversteigerung, Zwangsverwaltung und Zwangsliquidation. Die ersteren drei beziehen sich auf das betriebsfähige Ganze, die letztere auf das dem Betriebe entzogene Unternehmen (nach Erlöschen der Genehmigung: § 28, § 40). Im engeren Sinne bilden nur die Zwangseintragung, Zwangsversteigerung und Zwangsverwaltung die Zwangsvollstreckung. Sie sind daher im Abschnitt IV zusammen unter der Überschrift „Zwangsvollstreckung, Zwangsversteigerung und Zwangsverwaltung in besonderen Fällen" geregelt. Im weiteren Sinne gehört auch die Zwangsliquidation hierzu, welcher wegen der Verschiedenheit des Gegenstandes und des dadurch bedingten Verfahrens der Abschnitt V des Gesetzes besonders gewidmet ist.

Was nun den, die Zwangsvollstreckung im engeren Sinne (Zwangseintragung, -versteigerung und -verwaltung) umfassenden Abschnitt IV anlangt, so enthält derselbe an der Spitze den bereits im § 870 C.-P.-O. ausgesprochenen, leitenden Grundsatz, daß, wie auf die dinglichen Rechtsverhältnisse der Bahneinheiten die allgemeinen Liegenschafts- und Grundbuchgesetze mit gewissen, durch die Eigenart des Gegenstandes gebotenen Abweichungen entsprechend anzuwenden sind (Abschn. II und III), so auch für die Zwangsvollstreckung in die Bahneinheit die allgemeinen Vorschriften der Reichsgesetze, sowie der zu ihrer Ausführung und Ergänzung dienenden Landesgesetze über die Zwangsvollstreckung in Grundstücke entsprechende Anwendung finden, lediglich mit denjenigen im vorliegenden Gesetze (§§ 21 bis 36) enthaltenen Modifikationen, welche durch die Eigentümlichkeit der Verhältnisse der Bahnen notwendig bedingt erschienen und nach Art. 112 des Einf.-Ges. zum B.-G.-B. und § 2 Abs. 1 des Einf.-Ges. zum Reichsges. vom 24. März 1897 der

Landesgesetzgebung gestattet sind. Demgemäß kommen für die Bahneinheiten vornehmlich die §§ 864 bis 869 der C.-P.-O. und der I. und III. Abschnitt des Reichsgesetzes vom 24. März 1897 über die Zwangsversteigerung und die Zwangsverwaltung (in der Fassung vom 20. Mai 1898) nebst dem Einführungsgesetz vom 24. März 1897 sowie dem I., III. und IV. Abschnitt des für Preußen ergangenen Ausführungsgesetzes vom 23. September 1899 in Betracht, welche das Verfahren der Zwangsvollstreckung in Grundstücke regeln (Abschn. I) bezw. Vorschriften für das Verfahren in besonderen Fällen, namentlich für Zwangsverwaltung und Zwangsversteigerung auf Antrag des Konkursverwalters geben (Abschn. III) und in den Einführungs- bezw. Schluß- und Übergangsbestimmungen allgemein gültige Vorschriften enthalten. An die Stelle des Abschnitts II des Reichsgesetzes v. 24. März 1897 bezw. Preuß. Ausführungsgesetzes v. 23. September 1899, welcher besondere Vorschriften über die Zwangsvollstreckung in andere Gegenstände des unbeweglichen Vermögens, als Grundstücke enthält, treten die modifizierenden Bestimmungen des vorliegenden Gesetzes (§§ 21—86) für **Bahneinheiten** (Art. 112 Einf.-Ges. z. B.-G.-B. u. § 2 Abs. 1 Einf.-Ges. z. R.-G. v. 24. März 1897). Daß die Bestimmungen des Abschnitts III des Reichsgesetzes v. 24. März 1897 (§§ 172 bis 184), welcher solche Fälle betrifft, in denen reichsgesetzlich die Versteigerung oder die Verwaltung eines Vermögensgegenstandes im Wege des rechtlichen Zwanges zugelassen wird, ohne daß eine eigentliche Zwangsvollstreckung in diesen Gegenstand in Frage steht, auch für Bahneinheiten gelten, hat im § 88 des vorliegenden Bahneinheitsgesetzes besonderen Ausdruck gefunden. Da es sich hierbei, wie auch in den im § 89 des Reichsgesetzes bezeichneten Fällen, nicht um die eigentliche Zwangsvollstreckung, sondern nur um eine außerhalb derselben liegende Versteigerung oder Verwaltung — wenngleich mit rechtlichem Zwange — handelt, hat auch die Überschrift des vorliegenden Abschnitts IV eine seinem Inhalte gemäße Überschrift erhalten.

Die modifizierenden Bestimmungen des Gesetzes, welche den Abschnitt II des Reichsges. v. 24. März 1897 zu ersetzen bestimmt sind, betreffen zum Teile **beides**: die Zwangsversteigerung und -verwaltung. Zum Teile beziehen sie sich aber nur auf **eines** von beiden Gebieten: die **Zwangsversteigerung** oder die **Zwangsverwaltung** (s. Anm. 97 S. 206).

§ 20. Entstehung. II. **Entstehung.**

Der Regierungsentwurf vom 18. März 1895 (Drucks. d. Herrenh. Nr. 24 S. 11) schlug als § 82 Abs. 1 folgende Bestimmung vor:

> „Auf die Zwangsvollstreckung in die Bahneinheit finden der erste, dritte und fünfte Abschnitt des Gesetzes vom 13. Juli 1883, betreffend die Zwangsvollstreckung in das unbewegliche Vermögen (Gesetz-Samml. S. 131) im ganzen Umfange der Monarchie Anwendung, soweit nicht nachstehend ein anderes bestimmt ist."

In den **Motiven** (S. 46 bezw. 50) wird folgendes ausgeführt: „Eine Konsequenz der Anwendung der Grundbuchgesetze auf die Rechtsverhältnisse an der Bahn ist es, daß die Bahnen auch im ganzen Umfang der Monarchie dem Zwangsvollstreckungsgesetze vom 13. Juli 1883 zu unterstellen sind. Die Eigentümlichkeit der Verhältnisse der Bahnen macht nur einige besondere Vorschriften nötig, bei welchen zum Teil die für das Bergwerkseigentum in dem Gesetze vom 13. Juli 1883 gegebenen besonderen Bestimmungen zum Vorbilde dienen können. Von den Vorschriften des Gesetzes vom 13. Juli 1883 kommen nur der erste, dritte und fünfte Abschnitt in Betracht, welche das Verfahren der Zwangsvollstreckung in Grundstücke regeln, bezw. Bestimmungen für das Verfahren in besonderen Fällen, namentlich für Zwangsverwaltungen und Zwangsversteigerungen auf Antrag des Konkursverwalters, geben und in den Schlußbestimmungen allgemein gültige Vorschriften enthalten. Die Vorschriften des zweiten Abschnitts (Zwangsvollstreckung in andere Gegenstände des unbeweglichen Vermögens) enthalten besondere Vorschriften für einzelne Arten des unbeweglichen Vermögens, an deren Stelle für die Bahnen die nachstehenden Bestimmungen dieses Gesetzes treten. An Stelle der Vorschriften des vierten Abschnitts (Verfahren bei noch nicht vollendetem Grundbuch) waren für das Bahneigentum besondere Bestimmungen (§§ 33, 34) zu treffen, da die dem vierten Abschnitt zugrunde liegenden Vorschriften der Grundbuchgesetze und der Einführungsgesetze über die Anlegung der Grundbücher auf das Bahneigentum keine Anwendung finden (vgl. die Begründung zu § 9)."

Der § 32 Abs. 1 des Entwurfs ging unverändert und ohne Diskussion definitiv in das Eisenb.-Pfandr.-Ges. v. 19. August 1895 über.

In dem Revisionsentwurfe v. 10. Februar 1902 (Drucks. d. Herrenh. Sess. 1902 Nr. 42 S. 4) wurde § 32 Abs. 1 in der als § 20, in das vorliegende Bahneinheitsgesetz aufgenommenen Fassung vorgeschlagen, während aus § 32 Abs. 2 ein neuer selbständiger § 38a (§ 28 des neuen Gesetzes) gebildet wurde (s. Anm. 105 S. 220, 221). Dieser Vorschlag war, wie folgt, begründet:

„Der § 32 Abs. 1 erklärt auf die Bahneinheit den ersten, dritten und fünften Abschnitt des Gesetzes, betreffend die Zwangsvollstreckung in das unbewegliche Vermögen, v. 13. Juli 1883 für anwendbar. Der erste Abschnitt des genannten Gesetzes, der von der Zwangsvollstreckung in Grundstücke handelt, ist ebenso wie der fünfte Abschnitt durch die §§ 864 bis 869 der C.-P.-O. und durch den ersten Abschnitt des Reichsgesetzes über die Zwangsversteigerung und die Zwangsverwaltung sowie durch den ersten und den vierten Abschnitt des Ausführungsgesetzes zu diesem Reichsgesetz ersetzt. Da die Bahneinheit nach § 16 Abs. 1 des Entwurfes zu den Berechtigungen gehört, für welche die sich auf Grundstücke beziehenden Vorschriften des Bürgerlichen Gesetzbuchs gelten, so finden auf sie schon nach § 870 Abs. 1 der C.-P.-O. die Vorschriften über die Zwangsvollstreckung in Grundstücke entsprechende Anwendung. Diese reichsgesetzliche Vorschrift läßt aber nach Artikel 112 des Einf.-Ges. z. B.-G.-B. und § 2 Abs. 1 des Einf.-Ges. zum Reichsgesetz über die Zwangsversteigerung rc. landesgesetzliche Änderungen und Ergänzungen zu, wie solche in den §§ 33 bis 45 vorgesehen sind. Dem entspricht die neue Fassung des § 32.

Soweit der § 32 Abs. 1 des Gesetzes den dritten Abschnitt des Gesetzes v. 13. Juli 1883 für anwendbar erklärt, der die Zwangsversteigerung und Zwangsverwaltung in besonderen Fällen regelt, ist an dessen Stelle der dritte Abschnitt des Reichsgesetzes über die Zwangsversteigerung rc. getreten. Die bezügliche Vorschrift des § 32 Abs. 1 wird im Entwurfe durch den § 45a (jetzt § 38) ersetzt. Da es sich in diesem sowie im § 46 nicht um die Zwangsvollstreckung in die Bahneinheit handelt, empfiehlt sich die vorgeschlagene Ergänzung der Überschrift des mit § 32 beginnenden Abschnitts."

§ 20 wurde von beiden Häusern des Landtages in der vorgeschlagenen Fassung unverändert angenommen.

§ 20. Einziger Absatz. 27) Davon ausgehend, daß die Bahneinheit eine mit Immobiliarcharakter versehene Berechtigung ist, stellt § 20 als leitenden Grundsatz des vorliegenden Abschnitts IV hin, daß, wie für die materiellen und formellen dinglichen Rechtsverhältnisse der Bahneinheit die allgemeinen Grundsätze und Normen des Liegenschaftsrechts Platz greifen (§§ 9, 16) lediglich mit den durch die Eigenartigkeit des Gegenstandes gebotenen Änderungen und Ergänzungen, so auch für die damit im engen Zusammenhange stehende Zwangsvollstreckung, durch welche das Bahnpfandrecht erst seinen eigentlichen Wert in der Möglichkeit der Realisierung des Pfandobjekts erhält, die allgemeinen Vorschriften der Reichsgesetze sowie der zu ihrer Ausführung und Ergänzung dienenden Landesgesetze über die Zwangsvollstreckung in Grundstücke Anwendung finden, gleichfalls nur insoweit modifiziert, als die Natur der Bahneinheit es erfordert.

Es ergeben sich daraus zwei Folgerungen: 1. Prinzipaliter sind auf die Zwangsvollstreckung in die Bahneinheit die Bestimmungen des vorliegenden Gesetzes (§§ 20—39) zur Anwendung zu bringen. 2. Subsidiär und ergänzend kommen die in den vorstehend bezeichneten Reichs- und Landesgesetzen, insbesondere in den §§ 864 bis 869 C.-P.-O., in dem Reichsgesetze über die Zwangsversteigerung und die Zwangsverwaltung v. 24. März 1892 nebst Einführungsgesetz und in dem Preußischen Ausführungsgesetz v. 23. September 1899 gegebenen Vorschriften zur Anwendung. Die Zwangsvollstreckung in die Bahneinheit wird also nicht erschöpfend geregelt, sondern es werden nur die durch die Besonderheit der Verhältnisse bedingten Sonderbestimmungen gegeben und, soweit diese nichts Abweichendes enthalten, die allgemeingesetzlichen Bestimmungen über Zwangsvollstreckung in Kraft und Anwendung belassen.

I. § 20 enthält seiner Fassung nach die obligatorische Vorschrift der entsprechenden Anwendung der Bestimmungen der Reichsgesetze sowie der zu ihrer Ausführung und Ergänzung dienenden Landesgesetze über die Zwangsvollstreckung in Grundstücke, auf Bahneinheiten. Die Anwendung soll nur eine „entsprechende“ sein. Denn es liegt in der Eigenartigkeit der Bahneinheiten, vornehmlich in ihrer Zusammensetzung aus unbeweglichen und beweglichen Gegenständen, sowie in dem in das öffentliche Interesse hinübergreifenden Betriebsrecht, und in der daraus sich ergebenden rechtlichen Verschiedenheit von Einzelgrundstücken, daß eine vollständige und absolute Anwendung der für die Zwangsvollstreckung in letztere erteilten Vorschriften auf die Zwangsvollstreckung in Bahneinheiten nicht in allen Fällen und ohne weiteres stattfinden kann, vielmehr gewisse, sich aus der Natur und dem Wesen der Sache notwendig entspringende Modifikationen, — ohne daß dies im Gesetze ausdrücklich ausgesprochen ist, — von selbst eintreten müssen. Daher ist auch hier nur eine „entsprechende“ Anwendung vorgeschrieben. In welchem Umfange und in welcher Weise diese aber zu geschehen hat, läßt sich bei dem Umfange der Materie nicht im einzelnen anführen, sondern ist von Fall zu Fall zu entscheiden.

II. Für subsidiär anwendbar erklärt sind sowohl die Vorschriften der Reichsgesetze, wie auch die zu ihrer Ausführung und Ergänzung dienenden Landesgesetze über die Zwangsvollstreckung in Grundstücke.

a) Als Reichsgesetze kommen in Betracht:

1. die §§ 864 bis 869 des zweiten Titels des achten Buches der Reichs-C.-P.-O. in der Fassung v. 17. Mai 1898 (R.-G.-Bl. 1898 Nr. 21 S. 382).

2. Das Reichsgesetz über die Zwangsversteigerung und die Zwangsverwaltung v. 24. März 1897 (R.-G.-Bl. Nr. 14 S. 97 ff.) in der Fassung v. 20. Mai 1898 (R.-G.-Bl. Nr. 25 S. 713 ff.).

3. Das Einführungsgesetz zu dem Reichsgesetz über die Zwangsversteigerung und die Zwangsverwaltung v. 24. März 1897 in der Fassung v. 20. Mai 1898 (R.-G.-Bl. Nr. 27 S. 750 ff.).

b) Als Landesgesetze, welchen auch die Ausführungs- und Kostenbestimmungen zugehören, sind anwendbar:

1. Das Ausführungsgesetz zum Reichsgesetz über die Zwangsversteigerung und die Zwangsverwaltung v. 23. September 1899 (G.-S. S. 291).

2. Allgemeine Verfügung des Preußischen Justizministers v. 7. Dezember 1899, betreffend den Inhalt der Bestimmung des Versteigerungstermins bei der Zwangsversteigerung von Grundstücken (Just.-Min.-Bl. 1899 S. 790).

3. Allgemeine Verfügung des Preußischen Justizministers v. 8. Dezember 1899, betreffend die Geschäftsführung der Verwalter, welche bei der Zwangsverwaltung bestellt werden, und die den Verwaltern zu gewährende Vergütung (Just.-Min.-Bl. 1899 S. 791).

4. Allgemeine Verfügung des Preußischen Justizministers v. 9. Dezember 1899, betreffend Mitteilung an Behörden bei der Zwangsversteigerung in das unbewegliche Vermögen (Just.-Min.-Bl. 1899 S. 802).

5. Preußisches Gerichtskostengesetz v. 25. Juni 1895 in der Fassung der Bekanntmachung v. 6. Oktober 1899 (G.-S. 1899 S. 326). Insbesondere zweiter Teil, erster Abschnitt §§ 119, 122 und zweiter Abschnitt §§ 124 bis 136.

6. Gesetz, enthaltend die landesgesetzlichen Vorschriften über die Gebühren der Rechtsanwalte und der Gerichtsvollzieher, v. 27. September 1899 (G.-S. S. 317) in der Fassung der Bekanntmachung v. 6. Oktober 1899 (G.-S. S. 381); insbesondere Art. 1, 3 bis 6, 10, 15 bis 17, 27.

III. Prinzipaliter kommen, wie die Worte „nach Maßgabe der §§ 21 bis 36" andeuten, zur Anwendung die, die vorstehend sub. II aufgeführten Reichs- und Landesgesetze modifizierenden Bestimmungen der §§ 21 bis 36 des vorliegenden Bahneinheitsgesetzes.

1. Diese Bestimmungen betreffen zum Teil die gesamte Zwangsvollstreckung d. h. beides, sowohl die Zwangsversteigerung, wie die Zwangsverwaltung. Dahin gehören die Vorschriften, welche das Verfahren bei noch nicht angelegtem Bahngrundbuchblatt regeln, und zwar § 21, wenn ein Antrag auf Eintragung einer Sicherungshypothek für die Forderung eines Gläubigers vorliegt, und § 24, wenn die Zwangsversteigerung oder Zwangsverwaltung einer nicht im Bahngrundbuch eingetragenen Bahn beantragt wird, ferner § 22 über die Zuständigkeit des Vollstreckungsgerichts und § 25 über das Anteilsverhältnis an Gegenständen und Rechten, welche zu mehreren Bahnen desselben Eigentümers gehören.

2. Zum Teil beziehen sich die modifizierenden Bestimmungen des Gesetzes nur auf die Zwangsversteigerung. Dies sind § 26, welcher das im § 10 des Gesetzes von 1897 enthaltene Verzeichnis der vorzugsweise zu befriedigenden Forderungen mehrfach modifiziert, ferner die §§ 27 bis 32, welche die Vorschriften des § 16 des Gesetzes von 1897 über die Substantiierung des Antrages auf Zwangsversteigerung, die Feststellung der Kaufbedingungen (§§ 44 ff.), die Erfordernisse der

öffentlichen Bekanntmachung des Versteigerungstermins (§ 87 Ziff. 1 und § 89), sowie die Erteilung des Zuschlags (§§ 81 ff.) abändern, endlich § 89, welcher die Vorschriften des Abschn. IV über die Zwangsversteigerung auf die in den §§ 21 und 47 des Eisenb.-Ges. v. 8. November 1888 vorgesehenen Versteigerungen für anwendbar erklärt.

3. Zum Teil beschränken sie sich allein auf die Zwangsverwaltung. Dies sind § 83, der die Bestimmungen des § 155 des Gesetzes v. 1897 über die Kosten des Verwaltungsverfahrens ergänzt, ferner § 84, welcher die §§ 180 bis 188 l. c. über die Befugnis, im Konkurse über das Vermögen des Bahneigentümers die Zwangsverwaltung zu beantragen, § 85, der die §§ 158 ff. über die Zuständigkeit des Gerichts über den Verwalter, und § 86, der die §§ 155, 156 über Verteilung der Einkünfte der Zwangsverwaltung und die dabei zu beobachtende Rangordnung Modifikationen unterwirft.

4. Diesen die Zwangsvollstreckung in die Bahneinheit als Ganzes modifizierenden Vorschriften schließt sich § 87 an, welcher einige Sonderbestimmungen über die Zwangsvollstreckung in die zur Bahneinheit gehörigen Gegenstände enthält.

IV. Bezüglich der Behandlung der Teilschuldverschreibungen auf den Inhaber bei der Zwangsvollstreckung hat der Gesetzgeber — abgesehen von der Bestimmung des § 86 Satz 2 bei Verwendung der Einkünfte aus der Zwangsverwaltung — besondere Vorschriften nicht für erforderlich erachtet, vielmehr die Bestimmungen des Gesetzes v. 24. März 1897 als ausreichend angesehen. Hervorzuheben ist, daß die Forderungen der Teilschuldgläubiger, weil dieselben im Grundbuch eingetragen sind, von Amts wegen bei Feststellung des geringsten Gebots und bei der Kaufgelderbelegung zu berücksichtigen sind, daß aber der einzelne Gläubiger, weil seine Person aus dem Grundbuch nicht erhellt, nur dann als Beteiligter gemäß § 9 zuzuziehen ist, wenn er sich zu den Vollstreckungsakten gemeldet und seine Ansprüche glaubhaft gemacht hat. Hinsichtlich derjenigen Gläubiger, welche sich bei der Kaufgelderbelegung nicht unter Vorlegung der Teilschuldverschreibung melden, finden die Vorschriften der §§ 126, 135—141 des Gesetzes v. 24 März 1897 Anwendung. Wird den Teilschuldgläubigern, welche sich legitimiert haben, rückständiges Kaufgeld überwiesen, so ist die hierfür einzutragende Hypothek auf ihre Namen einzutragen, falls nicht eine Umwandlung der Kaufpreisschuld in eine Sicherheitshypothek erfolgt (B.-G.-B. 1186, 1198). Da die Teilschuldverschreibungen in Ansehung der Legitimation des Gläubigers an die Stelle des Hypothekenbriefes treten, so findet § 67 Abs. 2 des Gesetzes v. 24. März 1897 auf dieselben Anwendung.

§ 21.[98])

Ist zur Zeit des Antrags auf Eintragung einer Sicherungshypothek für die Forderung eines Gläubigers die Bahneinheit in dem Bahngrundbuche nicht eingetragen, so ist der Antrag vom Amtsgerichte der Bahnaufsichtsbehörde mitzuteilen, welche von Amts wegen das Ersuchen um Anlegung des Bahngrundbuchblatts in Gemäßheit der Vorschriften des zweiten Abschnitts dieses Gesetzes zu stellen hat.[99]) Die Eintragung der Sicherungshypothek erfolgt bei Anlegung des

Grundbuchblatts auf Grund des vorher gestellten Antrags mit dem Range, welcher der Zeit des Einganges des Antrags entspricht;[100]) mit dieser Zeit gilt die Sicherungshypothek in Ansehung des Rechtes auf Befriedigung aus der Bahneinheit als entstanden.[101])

99) Prinzip und Entstehung des § 21. § 21. Prinzip.

I. Prinzip. Mit § 21 beginnt die Reihe derjenigen Vorschriften, welche dazu bestimmt sind, die allgemeinen Normen des Reichs-Ges. v. 24. März 1897 über die Zwangsversteigerung und die Zwangsverwaltung nach Maßgabe der Eigentümlichkeit der Verhältnisse der Bahnen abzuändern. Mit Rücksicht darauf, daß die Einrichtung und Anlegung der Bahngrundbuchblätter durch die §§ 10 bis 15 des Bahneinh.-Ges. eine besondere Regelung erfahren hat, mußte notwendig auch das Zwangsvollstreckungsverfahren in eine Bahneinheit bei noch nicht angelegtem Bahngrundbuche bezw. Bahngrundbuchblatte besonderen Bestimmungen unterworfen werden, insofern dieses Verfahren die Anlegung von Bahngrundbuchblättern bezw. die Eintragung erforderlich macht. Diese besonderen Bestimmungen sind in den §§ 21 und 24 gegeben, und zwar regelt § 21 den Fall, wenn zur Zeit des Antrags auf Zwangseintragung einer vollstreckbaren Forderung im Bahngrundbuche die Bahneinheit im letzteren nicht eingetragen ist, während § 24 für den Fall, daß die Zwangsversteigerung oder Zwangsverwaltung einer nicht im Bahngrundbuch eingetragenen Bahn beantragt wird, Bestimmung trifft.

Es ist grundsätzlich davon auszugehen, daß die Bahneinheit unabhängig von der Eintragung in das Bahngrundbuch besteht und die Eintragung bezw. die Anlegung eines Bahngrundbuchblatts in der Regel für die Bahneinheit fakultativ in das Ermessen des Bahneigentümers gestellt ist (§ 8 Satz 1 und 2 Anm. 28, 29 S. 49—51). Eine Ausnahme bilden nur die Fälle der Veräußerung oder Belastung einer Bahneinheit. Denn alsdann muß die vorgängige Eintragung derselben in das Bahngrundbuch bezw. die Anlegung eines Bahngrundbuchblatts erfolgen (§ 16 Abs. 1 u. 2 Anm. 78, 79 S. 147 ff.). Daraus ist zunächst ersichtlich, daß, wenn gemäß § 866 C.-P.-O. im Wege der Zwangseintragung die Bahneinheit mit einer Sicherungshypothek für die Forderung eines Gläubigers auf Grund eines vollstreckbaren Titels belastet werden soll, es zum Zwecke der Eintragung der Sicherungshypothek als Bahnpfandschuld der vorgängigen Anlegung eines Bahngrundbuchblattes bedarf. Dies ist im § 21 Satz 1 ausgesprochen und bestimmt, daß zu diesem Behufe der Antrag auf Zwangseintragung der Sicherungshypothek vom Amtsgericht der Bahnaufsichtsbehörde mitzuteilen ist, welche die Anlegung des Bahngrundbuchblatts von Amts wegen (§ 18) nach Maßgabe des II. Abschnittes des vorliegenden Gesetzes herbeizuführen hat. Im Zusammenhange damit regelt § 21 Satz 2 die Reihenfolge der Eintragungen der Sicherungshypotheken bei Anlegung des Bahngrundbuchblatts dahin, daß der vor Anlegung des Bahngrundbuchblatts gestellte Antrag die spätere Eintragung mit dem der Zeit des Antrags entsprechenden Range sichert. Zugleich ist mit Rücksicht auf § 867 Abs. 1 C.-P.-O. bestimmt, daß mit dieser Zeit die Sicherungshypothek in Ansehung des Rechtes auf Befriedigung aus der Bahneinheit als entstanden gilt.

II. Entstehung. Der Regierungsentwurf v. 18. März 1895 (Druckf. d. Herrenh. Nr. 24 S. 11, 12) enthielt mit unwesentlichen Änderungen bereits die als §§ 33 und 34 in das Eisenb.-Pfandr.-Ges. v. 19. August 1895 übergegangenen Bestimmungen. § 21. Entstehung.

Die Begründung, welche beide Paragraphen — § 33 und § 34 — zusammen umfaßt, lautet wie folgt (S. 50): „Der Umstand, daß die Bahngrundbücher nicht von Amts wegen angelegt werden, macht eine besondere Regelung des Falles notwendig, daß eine Zwangsvollstreckung in eine nicht im Grundbuche eingetragene Bahn erfolgen soll. Die Zwangsverwaltung setzt die vorherige Anlegung des Grundbuchs nicht voraus; auch die Zwangsversteigerung kann ohne eine solche durchgeführt werden, wenn der Ersteher den ganzen Kaufpreis bar zahlt. Dagegen ist in allen Fällen der Eintragung einer vollstreckbaren Forderung und bei der Zwangsversteigerung dann, wenn das Kaufgeld rückständig bleibt und infolgedessen hypothekarisch sicher zu stellen ist, die Anlegung des Grundbuchs geboten. Die Kosten dieser Anlegung fallen dem Gläubiger bezw. dem Ersteher zur Last (vgl. unten § 63)."

Die §§ 33 und 34 gingen mit einer unerheblichen, in der Kommission des Abg.-Hauses (Aktenst. 1895 Nr. 254 S. 3157) angenommenen Änderung endgiltig ohne weitere Diskussion in das Gesetz v. 19. August 1895 über.

Der Revisionsentwurf v. 10. Februar 1902 (Drucks. d. Herrenh. Sess. 1902 Nr. 42 S. 5) schlug als § 21 den bisherigen § 33 des Eisenb.-Pfandr.-Ges. v. 19. August 1895 mit folgenden Abänderungen vor (bezüglich des bisherigen § 34 s. den neuen § 24):

„Im § 33 werden ersetzt: a) im Satz 1 die Worte „einer vollstreckbaren Forderung im Bahngrundbuche die Bahneinheit in dem letzteren" durch die Worte: „einer Sicherungshypothek für die Forderung eines Gläubigers die Bahneinheit in dem Bahngrundbuche"; b) im Satz 2 die Worte „der vollstreckbaren Forderungen" durch die Worte: „der Sicherungshypothek" und die Worte „mit den nach der Zeit — als Zeit der Entstehung des Pfandrechts" durch die Worte: „mit dem Range, welcher der Zeit des Einganges des Antrags entspricht; mit dieser Zeit gilt die Sicherungshypothek in Ansehung des Rechtes auf Befriedigung aus der Bahneinheit als entstanden."

Die Begründung dieser Vorschläge (S. 20 a. a. O.) hebt lediglich hervor, daß dieselben den Ersatz der dem Gesetze v. 13. Juli 1883, betr. die Zwangsvollstreckung in das unbewegliche Vermögen, entnommenen Begriffe und Verweisungen durch die entsprechenden Begriffe und Verweisungen aus dem Reichsgesetze über die Zwangsversteigerung und die Zwangsverwaltung v. 24. März 1897/20. Mai 1898 bezwecken.

Mit den vorgeschlagenen Änderungen wurde § 21 von beiden Häusern des Landtags angenommen und ging in das Bahneinheitsgesetz über.

§ 21. Satz 1. 99) Satz 1 des § 21 verpflichtet für den Fall, daß zur Zeit des Antrags auf Eintragung einer Sicherungshypothek für die Forderung eines Gläubigers (Zwangseintragung) die Bahneinheit in dem Bahngrundbuche nicht eingetragen ist, das Amtsgericht, diesen Antrag der Bahnaufsichtsbehörde mitzuteilen, und ferner die Bahnaufsichtsbehörde, auf Grund dieser Mitteilung von Amts wegen das Ersuchen um Anlegung des Bahngrundbuchblatts nach Maßgabe des Abschn. II des vorliegenden Gesetzes zu stellen. Der Grund, weshalb Satz 1 des § 21 die genannten Behörden verpflichtet, die Anlegung des Bahngrundbuchblatts herbeizuführen, liegt darin, daß durch den Antrag auf Eintragung einer Sicherungshypothek für die Forderung eines Gläubigers in das Bahngrundbuch die Belastung einer Bahneinheit bewirkt werden soll. Prinzipiell ist zwar die Anlegung eines Grundbuchblatts für eine Bahneinheit nicht notwendig, vielmehr in das Ermessen des Bahneigentümers gestellt (§ 8 Satz 2). Wohl aber ist die Anlegung gesetzliches Erfordernis, wenn eine dingliche Belastung der Bahneinheit vorgenommen werden soll; demgemäß bedarf es für den Fall, daß eine Bahneinheit im Wege der Zwangsvollstreckung mit einer Sicherungshypothek für eine Gläubigerforderung gegen den Bahneigentümer gemäß §§ 866, 867, C.-P.-O. belastet und diese dadurch zu einer bahnpfandberechtigten gemacht werden soll, behufs Eintragung der letzteren der vorgängigen Anlegung eines Bahngrundbuchblattes, ohne welche die Belastung der Bahneinheit bezw. die Eintragung einer Bahnpfandschuld nicht zulässig ist (s. § 8 Anm. 29 S. 50).

A. Voraussetzungen für die durch Satz 1 vorgeschriebene obligatorische Anlegung eines Bahngrundbuchblatts ist 1. das Vorhandensein einer vollstreckbaren Geldforderung eines Gläubigers gegen den Eigentümer im Sinne der §§ 866, 867 C.-P.-O.; 2. der Antrag auf Eintragung einer Sicherungshypothek für diese Forderung im Bahngrundbuche und 3. die noch nicht erfolgte Anlegung eines Bahngrundbuchblatts für die betreffende Bahneinheit.

Nur für Geldforderungen, nicht für Ansprüche aus Individualleistungen findet die Zwangseintragung einer Sicherungshypothek statt; ferner nicht auf Grund eines Vollstreckungsbefehls (§ 699 C.-P.-O.) und nicht auf Grund anderer Schuldtitel — Urteile und vollstreckbarer Urkunden (§ 794 l. c.) —, welche nicht den Betrag von 300 Mark übersteigen; wobei die §§ 4, 5 l. c. entsprechende Anwendung finden (§ 866 Abs. 3 C.-P.-O.).

B. Liegen diese Voraussetzungen, deren Vorhandensein das zuständige Amtsgericht zu prüfen hat, vor, so ergeben sich daraus für die beteiligten Behörden folgende Verpflichtungen:

1. Das zuständige Amtsgericht, bei welchem der Antrag auf Eintragung einer Sicherungshypothek für die Forderung eines Gläubigers im Bahngrundbuche ordnungsmäßig gestellt ist, hat denselben der Bahnaufsichtsbehörde mitzuteilen, und zwar von Amts wegen. Es ist nicht in das Ermessen des Amtsgerichts gestellt, den Antrag an die Bahnaufsichtsbehörde abzugeben, sondern das Amtsgericht ist, wenn die gesetzlichen Voraussetzungen vorliegen, hierzu verpflichtet und kann event. im Beschwerdewege zu dieser Mitteilung angehalten werden. Über die „Bahnaufsichtsbehörde" für Privateisenbahnen und Kleinbahnen s. § 4 Anm. 15 S. 32).

2. Die Bahnaufsichtsbehörde hat hierauf von Amts wegen — ohne daß es also des sonst gemäß § 8 Satz 2 erforderlichen Antrags des Eigentümers bedarf (s. Anm. 29 S. 49—51) — das Amtsgericht (§ 10) um Anlegung des Bahngrundbuchblatts zu ersuchen (§ 8 Satz 3 s. Anm. 30 S. 52—53). Sie muß das Ersuchen, wenn die gesetzlichen Erfordernisse dafür gegeben sind, an das Amtsgericht stellen. Auch hier ist, wie in den Fällen, in welchen der Eigentümer selbst den Antrag auf Eintragung stellt, der Antrag nicht direkt an das Bahngrundbuchgericht zu richten, sondern bedarf der Vermittelung der Bahnaufsichtsbehörde, welcher allein die unmittelbare Stellung des Antrages an das Gericht zusteht (vgl. § 8 Abs. 4 Anm. 31 S. 53).

3. Das Ersuchen um Anlegung des Bahngrundbuchblatts ist „in Gemäßheit der Vorschriften des zweiten Abschnitts dieses Gesetzes" zu stellen; d. h. sowohl das Ersuchen der Bahnaufsichtsbehörde um Anlegung des Bahngrundbuch-

blatts, wie auch die vom Amtsgericht demgemäß zu bewirkende Anlegung muß den Vorschriften des II. Abschnitts (§§ 8 ff.) entsprechen.

a) Der Bahnaufsichtsbehörde liegt daher, da die Anlegung nicht eher beantragt werden kann, bis die Genehmigung für das Bahnunternehmen erteilt ist (§ 8 Satz 2), in erster Reihe die Feststellung der Genehmigung für das Unternehmen ob (Anm. 29 sub b S. 51). Ist diese noch nicht erteilt, so kann das Amtsgericht um die Anlegung nicht ersucht werden. Ist sie aber erteilt, so ist es weiter Sache der Aufsichtsbehörde, ein gemäß § 18 Abs. 1 substantiiertes Ersuchen an das Amtsgericht zu stellen, d. h. das Ersuchen muß die Person des Bahneigentümers und die im § 11 Abs. 1 bezeichneten Angaben enthalten. Die hierzu erforderlichen Angaben und Urkunden hat der Bahneigentümer, nicht der forderungsberechtigte Antragsteller, der Aufsichtsbehörde auf Erfordern zu liefern, und diese ist, da es sich nicht um einen freiwilligen Antrag, sondern um einen Akt der Zwangsvollstreckung handelt, verpflichtet, den Eigentümer — eventuell unter Anwendung der administrativen Zwangsmaßregeln — zur Beibringung anzuhalten (§ 8 Anm. 30 S. 52 ff. § 18 Abs. 3 Anm. 61 S. 101—104).

b) Das Amtsgericht (§ 10 Abs. 2) hat dem mit den gesetzlichen Erfordernissen bestimmungsmäßig versehenen Ersuchen der Bahnaufsichtsbehörde um Anlegung des Bahngrundbuchblatts stattzugeben und diese gleichfalls in Gemäßheit der Vorschriften des II. Abschnitts nach Maßgabe der §§ 10 ff. vorschriftsmäßig zu bewirken.

§ 21. Satz 2. **100**) Da der Zweck der gemäß Satz 1 herbeizuführenden Anlegung des Bahngrundbuchblatts darin besteht, dem Antrag auf Eintragung einer Sicherungshypothek für die Forderung eines Gläubigers zu entsprechen, d. h. die Eintragung derselben im Wege der Zwangsvollstreckung in das Bahngrundbuchblatt zu ermöglichen, so ist das Gericht nicht allein verpflichtet, die Anlegung des Bahngrundbuchblatts gemäß dem Ersuchen der Bahnaufsichtsbehörde zu bewirken, sondern zugleich auch bei Anlegung des Grundbuchblatts die beantragte Eintragung der Sicherungshypothek vorzunehmen. Satz 2 des § 21 schreibt demgemäß vor, daß die — nach Satz 1 beantragte — Eintragung der Sicherungshypothek bei d. h. zugleich zeitlich zusammenfallend mit der Anlegung des Grundbuchblatts auf Grund des vorher gestellten Antrages zu erfolgen hat, d. h. des gemäß Satz 1 eingebrachten Eintragungsantrages des Gläubigers, und regelt zugleich die Rangordnung mehrerer einzutragenden Forderungen dahin, daß sich dieselbe nach der Zeit des Einganges des Antrages bestimmt, mithin die Priorität des Eingangs des Antrages für den Rang entscheidend ist (vgl. hierzu §§ 879—881, B.-G.-B. §§ 18 u. 17, Gr.-B.-O. u. § 11 R.-G. v. 24 März 1897/20. Mai 1898).

Die Pfandnahme für vollstreckbare Forderungen wird damit auch vor Anlegung des Bahngrundbuchblatts und vor der Möglichkeit, das Pfandrecht durch Eintragung im Bahngrundbuche zu begründen, gewährt. Dies kann mit Rücksicht darauf, daß die Belastung noch uneingetragener Bahneinheiten nur durch Eintragung im Bahngrundbuche erfolgen kann (§ 8 Anm. 29 S. 50), nur durch die Vorschrift geschehen, daß der vor Anlegung des Bahngrundbuchblatts gestellte Antrag die spätere Eintragung mit dem der Zeit des Eingangs des Antrags entsprechenden Range sichert.

§ 21. Satz 3. **101**) Satz 3 bestimmt, daß mit der Zeit des Eingangs des Eintragungsantrages bei dem Amtsgericht die Sicherungshypothek in Ansehung des Rechts auf Befriedigung aus der Bahneinheit als entstanden gilt. Diese Bestimmung weicht von der zugrunde liegenden des § 867 Satz 8 der C.-P.-O. insofern ab, als nach letzterer die Sicherungshypothek mit der Eintragung der Sicherungshypothek entsteht. Nicht der Zeitpunkt der Eintragung, sondern die Zeit des Eingangs des Eintragungsantrages ist für die Entstehung der Sicherungshypothek im Falle des § 21 des Bahneinheitsgesetzes entscheidend. Diese nach § 112 Einf.-Ges. z. B.-G.-B. zulässige Abweichung von der C.-P.-O. hängt eng und folgerichtig zusammen mit der im Satz 2 des vorliegenden § 21 angenommenen Regelung des Ranges der Sicherungshypotheken. Wurde für den Rang der zur Eintragung beantragten Sicherungshypotheken der Eingang des Eintragungsantrages als entscheidend hingestellt, so war es folgerichtig geboten, auch die Entstehung der Sicherungshypothek an diesen Zeitpunkt, nicht an die Zeit der Eintragung zu knüpfen.

§ 22.[102])

Für die Zwangsvollstreckung in die Bahn ist als Vollstreckungsgericht das zur Führung des Bahngrundbuchs berufene Amtsgericht ausschließlich zuständig.[103]) Die Vorschriften des § 2 Abs. 2 des Reichsgesetzes über die Zwangsversteigerung und die Zwangsverwaltung finden entsprechende Anwendung.[104])

[102]) Prinzip und Entstehung des § 22.

Der § 22, welcher die Zuständigkeit des Vollstreckungsgerichts für Bahneinheiten regelt, gehört zu den allgemeinen Bestimmungen, die sich sowohl auf die Zwangsversteigerung wie auf die Zwangsvollstreckung beziehen (§ 20 Anm. 97 S. 206 ff). Bei der Regelung der Zuständigkeit des Vollstreckungsgerichts für die Zwangsvollstreckung in Bahneinheiten ist von folgenden Erwägungen ausgegangen worden. § 22. Prinzip.

A. Die Deutsche Civilprozeßordnung v. 30. Januar 1877 (R.-G.-Bl. 1877 S. 83) hatte die Zuständigkeit des Gerichts bei der Zwangsvollstreckung in das unbewegliche Vermögen in den §§ 755, 756 nur für Grundstücke geordnet, dagegen für andere Gegenstände des unbeweglichen Vermögens der Landesgesetzgebung überlassen. Die C.-P.-O. unterschied hierbei in betreff der Grundstücke in den §§ 755 und 756 die ordentliche (§ 755) und außerordentliche (§ 756) Zuständigkeit.

I. In betreff der ordentlichen Zuständigkeit bestimmte § 755:

(1) Für die Zwangsvollstreckung in ein Grundstück ist als Vollstreckungsgericht das Amtsgericht zuständig, in dessen Bezirke das Grundstück belegen ist.

(2) Die Zwangsvollstreckung wird von diesem Gericht auf Antrag angeordnet.

II. In betreff der außerordentlichen Zuständigkeit bestimmte § 756:

(1) Ist es mit Rücksicht auf die Grenzen verschiedener Amtsgerichtsbezirke ungewiß, welches Amtsgericht zuständig sei, oder ist das Grundstück in den Bezirken verschiedener Amtsgerichtsbezirke belegen, so ist auf Antrag eines Beteiligten von dem zunächst höheren Gericht unter Berücksichtigung der im § 36 Nr. 1 enthaltenen Vorschriften eines dieser Gerichte zum Vollstreckungsgerichte zu bestellen.

(2) Dieselbe Anordnung kann getroffen werden, wenn die Zwangsvollstreckung

in mehrere Grundstücke desselben Schuldners, welche in verschiedenen Amtsgerichtsbezirken belegen sind, beantragt wird.

B. Das Gesetz, betreffend die Zwangsvollstreckung in das unbewegliche Vermögen, v. 13. Juli 1883 enthielt für Grundstücke (Abschnitt I) eine von §§ 755, 756 C.=P.=O. abweichende Zuständigkeitsbestimmung nicht, weil die Zuständigkeit für Grundstücke hierdurch reichsgesetzlich geregelt und daher eine Änderung durch die Landesgesetzgebung nicht zulässig ist.

C. Was dagegen die Regelung der Zuständigkeit des Gerichts für die Zwangsvollstreckung in Bahneinheiten anlangt, so konnte über dieselbe — ebenso wie die der im Abschnitt II des Gesetzes v. 13. Juli 1883 behandelten Gegenstände — mangels einer Regelung durch die C.=P.=O., im landesgesetzlichen Wege Bestimmung getroffen werden.

I. In betreff der ordentlichen Zuständigkeit ist hierbei von der Erwägung ausgegangen, daß aus den bereits an früherer Stelle (§ 10 Abs. 4 Anm. 40 S. 66) erörterten Gründen der Zweckmäßigkeit als das für die dinglichen Rechtsverhältnisse der Bahneinheit und Führung des Bahngrundbuchs zuständige Gericht nicht dasjenige Gericht zu bestimmen war, in dessen Bezirk die für die Bahneinheit gehörigen Bahnstrecken belegen sind, sondern vielmehr das Gericht, in dessen Bezirk die Hauptverwaltung des Bahnunternehmens ihren Sitz hat, und zwar selbst dann, wenn sich in diesem Bezirke keine der der Hauptverwaltung unterstehenden Bahnstrecken befindet. Die gleiche Erwägung hat dazu geführt, auch für die Zwangsvollstreckung in Bahneinheiten als Vollstreckungsgericht das zur Führung des Bahngrundbuchs berufene Amtsgericht für ausschließlich zuständig zu erklären (§ 35 Satz 1 Eisenb.=Pfandr.=Ges. v. 19. August 1895) und zugleich die Bestimmung des § 755 Abs. 2 C.=P.=O., wonach die Zwangsvollstreckung von diesem Gericht auf Antrag angeordnet wird, zur entsprechenden Anwendung vorzuschreiben.

II. Hinsichtlich der außerordentlichen Zuständigkeit kamen die im § 756 Abs. 1 C.=P.=O. (s. oben S. 213) bezeichneten beiden Fälle der Unbestimmtheit des in concreto zuständigen Gerichts nicht in Betracht, weil infolge der im § 35 Satz 1 Eisenb.=Pfandr.=Ges. angeordneten ausschließlichen Zuständigkeit des Bahngrundbuchgerichts als Vollstreckungsgericht diese Fälle bei der Zwangsvollstreckung in Bahneinheiten nicht eintreten können. Es blieb also nur der dritte, dem § 756 Abs. 2 C.=P.=O. entsprechende Fall übrig, daß die Zwangsvollstreckung in mehrere Bahneinheiten desselben Schuldners, für welche verschiedene Bahngrundbuchgerichte zuständig sind, beantragt wird. Für diesen Fall wurde die Bestimmung des § 756 Abs. 2 C.=P.=O. zur entsprechenden Anwendung für geeignet erklärt (§ 37 Satz 2 Eisenb.=Pfandr.=Ges.).

D. Nachdem im B.=G.=B. ein gemeinsames Liegenschaftsrecht geschaffen worden und durch das Reichsgesetz v. 24. März 1897/20. Mai 1898 auch die Zwangsversteigerung und Zwangsverwaltung einschließlich der Zuständigkeit der Vollstreckungsgerichte einheitlich geregelt war, sind durch die Novelle zur C.=P.=O. v. 17. Mai 1898 die früheren §§ 755, 756 als durch die §§ 1, 2 und 15 des Reichsgesetzes v. 24. März 1897/20. Mai 1898 entbehrlich in Wegfall gebracht worden. Demgemäß bedurfte auch der vorliegende § 22 des Bahneinheitsgesetzes, welcher an die Stelle des § 35 des bisherigen Eisenb.=Pfandr.=Ges. getreten ist, einer entsprechenden Änderung, da die Bezugnahme auf den fortgefallenen § 755 Abs. 2 u. § 756 Abs. 2 der bisherigen C.=P.=O. nicht mehr angängig war. Die

Vorschrift des § 755 Abs. 2 der C.-P.-O. hat im § 15 des Zw.-V.-Ges., die Vorschrift des § 756 Abs. 2 C.-P.-O. im § 2 Abs. 2 des Zw.-V.-Ges. Ersatz gefunden. Eine Bezugnahme auf § 15 des Zw.-V.-Ges. erschien aber im § 21 Bahneinheitsges. mit Rücksicht auf die allgemeine Vorschrift des § 20 l. c. überhaupt übrig und ist daher unterblieben. Auch die Bezugnahme auf § 2 Abs. 2 des Zw.-V.-Ges. hätte aus gleichem Grunde entbehrt werden können, ist aber wohl, um anzudeuten, daß e contr. die Anwendung der Bestimmung des § 2 Abs. 1 Zw.-V.-Ges. ausgeschlossen ist, in den § 21 Bahneinheitsges. als Satz 2 ausdrücklich aufgenommen worden.

II. Aus der Entstehungsgeschichte des § 35 ist folgendes hervorzuheben: § 22. Entstehung.

Der Regierungsentwurf v. 18. März 1895 (Drucks. d. Herrenh. Nr. 24 S. 12) schlug als § 35 folgende Bestimmung vor:

> Für die Zwangsvollstreckung in die Bahn ist als Vollstreckungsgericht das zur Führung des Bahngrundbuchs berufene Amtsgericht ausschließlich zuständig. Die Vorschriften des § 755 Abs. 2 und des § 755 Abs. 2 der Deutschen C.-P.-O. finden entsprechende Anwendung.

Die Begründung (S. 47 resp. S. 51) lautete: „Die in den §§ 755, 756 der C.-P.-O. hinsichtlich der Grundstücke gegebenen Zuständigkeitsvorschriften bedürfen insofern einer Änderung, als das Amtsgericht, in dessen Bezirk das Grundstück belegen ist, durch das zur Führung des Bahngrundbuchs zuständige Amtsgericht zu ersetzen ist. Infolge dieser Anordnung kann die in § 756 Abs. 1 geregelte Ungewißheit bezüglich des zuständigen Amtsgerichts nicht eintreten; dagegen eignen sich die Vorschriften des § 755 Abs. 2 über die Anordnung der Zwangsvollstreckung auf Antrag und des § 756 Abs. 2 über die Bestimmung des zuständigen Gerichts (bei Zwangsvollstreckung in mehrere Bahneinheiten, über welche das Grundbuch bei verschiedenen Amtsgerichten geführt wird) zur entsprechenden Anwendung auf Bahnen."

In der Fassung des Entwurfs ging § 35 unverändert und ohne weitere Diskussion in das Eisenb.-Pfandr.-Ges. v. 19. August 1899 über.

Der Revisionsentwurf v. 10. Februar 1902 (Drucks. d. Herrenh. Sess. 1902 Nr. 42 S. 6) schlug als § 21 den bisherigen § 35 des Eisenb.-Pfandr.-Ges. v. 19. August 1895 mit folgender Abänderung vor: Der § 35 Satz 2 erhält folgende Fassung: Die Vorschriften des § 2 Abs. 2 des Reichsgesetzes über die Zwangsversteigerung und die Zwangsverwaltung finden entsprechende Anwendung.

Zur Begründung dieses Vorschlages wurde (S. 20 a. a. O.) angeführt: „Von den im § 35 Satz 2 für entsprechend anwendbar erklärten Vorschriften des § 755 Abs. 2 und des § 756 Abs. 2 der C.-P.-O. ist die erstere durch den § 15, die letztere durch den § 2 Abs. 2 des Reichsgesetzes über die Zwangsversteigerung rc. ersetzt. Die entsprechende Anwendung des § 15 folgt schon aus § 82 des Entwurfes, so daß hier nur der § 2 Abs. 2 in bezug zu nehmen ist."

Mit dieser Änderung ging § 22 definitiv in das Bahneinh.-Ges. v. 11. Juni 1902 über.

103) Satz 1 des § 22 erklärt für die Zwangsvollstreckung in die Bahn als Vollstreckungsgericht das zur Führung des Bahngrundbuchs berufene Amtsgericht für ausschließlich zuständig. § 22. Satz 1.

Diese Bestimmung über die Zuständigkeit erstreckt sich allgemein und ohne Einschränkung auf die „Zwangsvollstreckung", d. h. sowohl auf die Zwangsversteigerung wie auf die Zwangsverwaltung. Für die Zwangsliquidation (Abschnitt V) ist die gleiche Zuständigkeit durch § 40 besonders angeordnet.

Durch Satz 1 wird für die Zwangsvollstreckung in Bahneinheiten — sowohl für die Zwangsversteigerung wie für die Zwangsverwaltung — das Vollstreckungsgericht bestimmt, d. h. dasjenige Gericht, welches nach § 764 C.-P.-O. zur Einleitung und Durchführung des gesamten Vollstreckungsverfahrens, zur Anordnung aller Vollstreckungshandlungen und Mitwirkung bei solchen nach Maßgabe des vorliegenden Abschnittes IV dieses Gesetzes bezw. des Zw.-V.-G. befugt sein soll.

Zuständig als Vollstreckungsgericht soll das zur Führung des Bahngrundbuchs berufene Amtsgericht sein. Zur Führung des Bahngrundbuchs berufen ist nach § 10 Abs. 4 (s. Anm. 40 S. 66) das Amtsgericht, in dessen Bezirk die Hauptverwaltung des Bahnunternehmens ihren Sitz hat. Befindet sich der Sitz der Hauptverwaltung nicht innerhalb des Preußischen Staatsgebietes, so wird das zur Führung des Bahngrundbuchs zuständige Amtsgericht durch den Justizminister bestimmt (s. hierüber das nähere Anm. 35 S. 59 und Anm. 40 S. 66). Bereits in der einleitenden Anm. 102 S. 218 ist erläutert, weshalb abweichend von dem Prinzipe des früheren § 755 Abs. 1 der C.-P.-O. und des Zwangsvollstreckungsgesetzes v. 18. Juli 1888 § 155 bezw. v. 24. März 1897 § 1 hier mit Rücksicht auf die eigenartigen Verhältnisse der Bahneinheit für die Vollstreckung in dieselbe nicht das Gesetz der belegenen Sache (forum rei sitae), sondern das zur Führung des Bahngrundbuchs gemäß § 10 Abs. 4 berufene Amtsgericht als zuständig erwählt worden ist. Diese Wahl hat auch zur Folge, daß die im § 2 Abs. 2 Zw.-V.-G. v. 24. März 1897 bezeichneten beiden Fälle der Unbestimmtheit des in concreto zuständigen Gerichts für die Bestimmung der Zuständigkeit bei der Zwangsvollstreckung in Bahneinheiten gänzlich außer Betracht bleiben können. Da das zuständige Gericht sich lediglich nach dem Sitze der Hauptverwaltung des Bahnunternehmens oder, falls diese nicht in Preußen, nach der Anordnung des Justizministers bestimmt, so ist es gleichgültig, ob die Bahn in den Bezirken verschiedener Amtsgerichte belegen oder ob die Grenzen der verschiedenen von der Bahn berührten Amtsgerichtsbezirke zweifelhaft sind; für die Zuständigkeit als Vollstreckungsgericht kommt — ganz abgesehen von der Lage der Bahn bezw. ihrer Strecken — lediglich der Sitz der Hauptverwaltung oder die Bestimmung des Justizministers in Betracht. Ein Zweifel darüber, welches Gericht als Vollstreckungsgericht zuständig sei, kann nur entstehen, wenn die Zwangsvollstreckung in mehrere Bahneinheiten desselben Schuldners, deren Hauptverwaltungssitze in verschiedenen Amtsgerichtsbezirken sich befinden, beantragt wird. Diese Frage wird im Satz 2 des § 22 nach Maßgabe des § 2 Abs. 2 Zw.-V.-G. entschieden (Anm. 104 S. 217—220).

Das zur Führung des Bahngrundbuchs berufene Gericht ist als Vollstreckungsgericht ausschließlich zuständig. Dies entspricht dem § 802 C.-P.-O. Der ausschließliche Gerichtsstand besteht für die gesamte Zwangsvollstreckung, es sind nicht etwa alternierend oder fakultativ neben dem Bahngrundbuchgericht noch andere Gerichte — z. B. die Gerichte, in welchen die zur Bahneinheit gehörigen Strecken belegen sind oder das Domizil des Bahneigentümers sich befindet ꝛc. — zuständig. In der C.-P.-O. ist der ausschließliche Gerichtsstand allerdings nur für die Zwangsvollstreckung schuldenhalber festgesetzt; er ist aber durch § 172

Zw.=V.=G., welcher nach § 20 des vorliegenden Gesetzes auch für Bahneinheiten gilt, auf die Zwangsvollstreckung und Zwangsverwaltung „in besonderen Fällen“ übertragen.

104) Satz 2 des § 22 bestimmt, daß die Vorschriften des § 2 Abs. 2 des Reichsgesetzes über die Zwangsversteigerung und die Zwangsverwaltung auch auf die Zwangsvollstreckung in Bahneinheiten entsprechende Anwendung finden sollen. § 22. Satz 2.

I. Der § 2 Abs. 2 Zw.=V.=G. bestimmt, daß, wenn die Zwangsversteigerung oder die Zwangsverwaltung mehrerer Grundstücke in demselben Verfahren zulässig ist und die Grundstücke in den Bezirken verschiedener Amtsgerichte belegen sind, von dem zunächst höheren Gericht eines der Amtsgerichte zum Vollstreckungsgerichte bestellt werden kann und alsdann die Vorschriften des § 87 C.=P.=O. Anwendung finden. Von der Anordnung soll das zum Vollstreckungsgerichte bestellte Gericht die übrigen Gerichte in Kenntnis setzen. Indem § 22 Satz 2 des vorliegenden Gesetzes diese Bestimmung als entsprechend anwendbar auf die Zwangsvollstreckung in Bahneinheiten erklärt, kann also auch bei diesen, wenn die Zwangsversteigerung oder die Zwangsverwaltung mehrerer Bahneinheiten in demselben Verfahren zulässig ist, welche in verschiedenen Bahngrundbuchgerichtsbezirken belegen sind, das nächst höhere Gericht unter Berücksichtigung der Vorschriften des § 87 C.=P.=O. eines dieser Bahngrundbuchgerichte zum Vollstreckungsgerichte bestellen, welches die übrigen Gerichte hiervon zu benachrichtigen hat. Die Maßnahme ist, wie das Wort „kann“ erkennen läßt, fakultativ, die Gerichte können, aber sie brauchen nicht — im vorliegenden Falle — ein gemeinsames Vollstreckungsgericht zu bestellen.

1. Die Bestellung eines gemeinsamen Vollstreckungsgerichts durch das zunächst höhere Gericht kann nur erfolgen, wenn die Zwangsvollstreckung oder die Zwangsverwaltung mehrerer Bahneinheiten in demselben Verfahren zulässig ist. Dies ist aber gemäß § 18 Zw.=V.=G. der Fall, a) wenn wegen einer Forderung gegen denselben Schuldner mehrere ihm gehörige Bahneinheiten und b) wenn mehrere — auch nicht demselben Schuldner gehörige — Bahneinheiten wegen eines an jeder von ihnen bestehenden Rechts (z. B. Korrealhypothek) zur Zwangsversteigerung oder Zwangsverwaltung gebracht werden sollen. Gehören dagegen die mehreren, in verschiedenen Bahngrundbuchbezirken belegenen Bahneinheiten mehreren Schuldnern, die aus einer persönlichen Korrealverbindlichkeit in Anspruch genommen werden, so liegt keiner der beiden vorstehenden Fälle (a u. b) vor und darf die Bestellung eines gemeinsamen Vollstreckungsgerichts nicht stattfinden.

2. Die Bestellung eines gemeinsamen Vollstreckungsgerichts kann nur „auf Antrag eines Beteiligten“ erfolgen. Zwar ist dies im § 2 Abs. 2 Zw.=V.=G. nicht ausdrücklich — wie in dem zugrunde liegenden früheren § 756 C.=P.=O. — ausgesprochen. Aber die Bezugnahme des § 2 Abs. 1 Zw.=V.=G. auf den § 87 C.=P.=O. und der Umstand, daß § 2 Abs. 2 von der „gleichen“ Anordnung spricht, läßt erkennen, daß das Gesetz ein Gesuch um Bestimmung des zuständigen Gerichts voraussetzt (Riedner S. 6). Der Annahme Jäckels (Zw.=V.=G. S. 17), daß in den Fällen des § 2 Abs. 2 die Bestellung eines gemeinsamen Vollstreckungsgerichts auch ohne Antrag eines Beteiligten erfolgen könne bezw. der Antrag, wenn auch die Regel bildend, doch nicht unbedingt erforderlich sei, kann hiernach nicht beigepflichtet werden. Vielmehr hat von Amts wegen das angegangene Vollstreckungsgericht eine Erweiterung seiner Kompetenz nicht nachzusuchen.

es hat aber die Eröffnung des Verfahrens abzulehnen, wenn sich von vornherein ergibt, daß es so, wie beantragt, nur auf Grund einer Entscheidung aus § 2 Zw.-B.-G. eröffnet werden könnte, und es hat, wenn sich dies erst nach der Eröffnung herausstellt, das Verfahren unter Bestimmung einer Frist, binnen welcher der Gläubiger die Entscheidung des übergeordneten Gerichts beizubringen hat, einstweilen einzustellen (Zw.-B.-G. § 28, Jäckel a. a. O. S. 17, Riebner S. 47 ff.). Zu den „Beteiligten“ ist nicht nur der betreibende Gläubiger und der Schuldner, sondern auch jeder Realinteressent zu rechnen, dessen Interesse durch eine getrennte Zwangsvollstreckung in mehrere, demselben Schuldner gehörige Bahneinheiten gefährdet werden würde. Ein Unterschied zwischen dem Extrahenten und den übrigen Beteiligten besteht jedoch darin, daß letztere den Antrag auf Bestellung eines gemeinsamen Forums erst einbringen können, wenn ein hierzu Veranlassung gebender Zwangsvollstreckungsantrag bereits vorliegt. Im übrigen ist aber keine Zeitgrenze vorgeschrieben. Der Antrag ist also bis zur Versteigerung zulässig.

3. Der Antrag ist an keine Form gebunden; er kann privatschriftlich oder zu Protokoll des Gerichtsschreibers gestellt werden. Anwaltszwang (§ 78 C.-P.-O.) findet nicht statt (v. Wilmowski-Levy und Seuffert z. § 37 C.-P.-O.). Er ist an das zunächst höhere Gericht einzureichen und, wenn er von dem betreibenden Gläubiger vor Eröffnung des Verfahrens gestellt wird, durch den Nachweis zu begründen, daß dem Gläubiger die behauptete Vollstreckungsbefugnis zustehe. Insbesondere muß der vollstreckbare Schuldtitel bereits zugestellt sein. Die auf den Antrag ergehende Entscheidung ist als eine im Zwangsvollstreckungsverfahren ergangene Entscheidung anzusehen (Jäckel a. a. O. S. 18, Wolff § 2 Note 2, Rudorff S. 19 — v. Wilmowski-Levy u. Petersen zu § 37 C.-P.-O. — A. M. Dorendorf S. 10, Krech-Fischer S. 200).

4. Die Entscheidung ergeht durch das im Instanzenzuge „zunächst höhere Gericht“; also in der Regel durch das Landgericht, oder, wenn die betreffenden Bahngrundbuchgerichte in verschiedenen Landgerichtsbezirken desselben Oberlandesgerichts belegen sind, durch das gemeinsame Oberlandesgericht, wenn in mehreren Oberlandesgerichtsbezirken, durch das Reichsgericht.

5. Die Entscheidung über den Antrag kann ohne vorgängige mündliche Verhandlung erfolgen (Riebner S. 6). Der Beschluß ist von Amts wegen den Parteien (Gläubiger und Schuldner) und, wenn ein anderer Beteiligter den Antrag gestellt hat, auch diesem zuzustellen (Zw.-B.-G. §§ 3—8, Riebner S. 6 ff., Freund S. 81 ff.). Der Gläubiger hat unter Überreichung des Beschlusses seine Anträge bei dem für zuständig erklärten Vollstreckungsgerichte anzubringen.

6. Der Beschluß, durch welchen dem Antrage stattgegeben wird, ist unanfechtbar (C.-P.-O. § 37). Gegen die Zurückweisung des Antrages findet die Beschwerde statt, welche durch § 95 Zw.-B.-G. nicht ausgeschlossen wird und nach § 793 C.-P.-O. eine sofortige ist, da die Entscheidung als eine im Zwangsvollstreckungsverfahren ergangene zu betrachten ist (S. 219). Die Beschwerde steht indes nur dem Antragsteller, nicht den übrigen Beteiligten zu; letztere werden mit ihrem Antrage durch den Ablauf der Beschwerdefrist nicht präkludiert. Wird die Zurückweisung bestätigt, so ist die Zwangsvollstreckung für jede der beteiligten Bahneinheiten getrennt durch das für sie zuständige Bahngrundbuchgericht anzu-

ordnen, da die Maßregel des § 2 Abs. 2 Zw.-V.-G. nur eine fakultative, in das Ermessen der Gerichte gestellte, nicht eine obligatorische ist.

7. Eine Bestimmung des zuständigen Bahngrundbuchgerichts durch das im Instanzenzuge zunächst höhere Gericht kann außerdem durch § 2 Abs. 2 Zw.-V.-G. bezw. § 22 Satz 2 Bahneinh.-Ges. noch vorkommen, 1. wenn das an sich zuständige Bahngrundbuchgericht in einem einzelnen Falle an der Ausübung des Richteramts rechtlich oder tatsächlich verhindert ist (C.-P.-O. §§ 36 Ziff. 1, §§ 41, 42, 45), 2. wenn über dieselbe Bahneinheit das Verfahren von mehreren Gerichten eingeleitet worden ist (§ 36 Ziff. 5 l. c.), 3. wenn sich mehrere Bahngrundbuchgerichte, von denen eines für das Verfahren zuständig ist, für unzuständig erklärt haben (§ 36 Ziff. 6 l. c.).

II. Daß die Zwangsvollstreckung von dem zuständigen Vollstreckungsgericht (Bahngrundbuchgericht) nur auf Antrag angeordnet wird, war in dem früheren § 35 des Eisenb.-Pfandr.-Ges. durch die Bezugnahme auf § 755 Abs. 2 der ehem. C.-P.-O. ausdrücklich vorgeschrieben. Diese Bestimmung erübrigte sich im Bahneinheitsgesetze, weil aus der allgemeinen Vorschrift des § 20 desselben die entsprechende Anwendung des § 15 Zw.-V.-G. von selbst folgt (Motive). Zwar spricht § 15 l. c. nur von der Zwangsversteigerung. Dasselbe gilt jedoch nach § 146 l. c. auch für die Zwangsverwaltung (Jäckel S. 488 ff.). Danach ist also — wie früher nach § 755 Abs. 2 C.-P.-O. — so setzt nach § 15 Zw.-V.-G. und § 22 Satz 2 Bahneinh.-Ges. die Zwangsversteigerung und -Verwaltung nur auf Antrag von dem zuständigen Vollstreckungsgericht anzuordnen, mithin nicht von Amts wegen. Sie ist eine dem Bahngrundbuchgerichte ausschließlich zugewiesene Vollstreckungsmaßregel. Die Anordnung kann auch landesgesetzlich keiner anderen Behörde, keinem Beamten oder Notar übertragen werden (§ 18 Abs. 1 Einf.-Ges. z. Zw.-V.-G.). Ein nicht vom Bahngrundbuchgericht angeordnetes Verfahren ist nichtig und der Zuschlag gemäß § 83 Nr. 6 Zw.-V.-G. zu versagen, ohne daß eine Genehmigung aller Beteiligten dies ändern könnte. Wird die Anordnung erst in der Beschwerdeinstanz erzielt, so tritt das Beschwerdegericht an die Stelle des Bahngrundbuchgerichts. Der Antrag muß formell und materiell den Voraussetzungen der C.-P.-O. (§§ 864 ff.) bezw. des Zw.-V.-G. v. 24. März 1897, 20. Mai 1898 mit den durch Abschn. IV des Bahneinh.-Ges. v. 11. Mai 1902 bestimmten Modifikationen entsprechen. Er kann, da für das amtsgerichtliche Verfahren Anwaltszwang nicht gilt, von dem gesetzlich hierzu legitimierten Gläubiger selbst, für nicht prozeßfähige Parteien von dem gesetzlichen Vertreter gestellt oder zu Protokoll des Gerichtsschreibers erklärt werden. Die Prozeßfähigkeit und die Legitimation des gesetzlichen Vertreters hat das Vollstreckungsgericht selbständig zu prüfen, ohne hierbei durch die nach § 56 C.-P.-O. dem Prozeßgericht obliegende Prüfung beschränkt zu sein (Freund S. 21, 22). Der Prozeßbevollmächtigte ist als solcher zur Stellung des Antrages befugt, weil ihn die Prozeßvollmacht zu allen den Rechtsstreit betreffenden Prozeßhandlungen, einschließlich derjenigen, welche durch die Zwangsvollstreckung veranlaßt werden, ermächtigt (C.-P.-O. § 81). Die Prozeßvollmacht ermächtigt auch zur Vertretung des Machtgebers im weiteren Verfahren, einschließlich der Verteilung des Erlöses, soweit es sich um Rechte handelt, die dem Machtgeber als Beteiligten im Sinne des § 9 Zw.-V.-G. zustehen (Jäckel a. a. O. S. 64).

Der Antrag des Gläubigers, wie die Anordnung des Gerichts kann nicht allgemein auf Zwangsvollstreckung gerichtet sein, sondern nur auf die drei ausschließlich zulässigen Arten der Zwangsvollstreckung, d. h. auf Eintragung einer Sicherungshypothek für die Forderung in das Bahngrundbuch, Zwangsversteigerung oder Zwangsverwaltung (C.-P.-O. § 866 Abs. 1). Doch ist der Gläubiger befugt, nach seiner Wahl eine dieser Maßregeln oder mehrere derselben nebeneinander ausführen zu lassen, und folgeweise das Gericht verpflichtet, den bezüglichen Anträgen zu entsprechen (C.-P.-O. § 866 Abs. 2), soweit nicht gesetzliche Vorschriften, nach welchen die Zwangsversteigerung wegen gewisser Forderungen nicht erfolgen darf (s. hierüber Jäckel a. a. O. S. 70, 71, 290, 451, 485) entgegenstehen. Die Zwangsverwaltung und Zwangsversteigerung kann auch ohne vollstreckbaren Titel in den Fällen der §§ 172 ff. Zw.-V.-G. beantragt und angeordnet werden.

§ 23.[105])

Die Zwangsversteigerung oder die Zwangsverwaltung darf nach dem Erlöschen der für das Bahnunternehmen erteilten Genehmigung nicht mehr angeordnet werden.[106]) Ein zur Zeit des Erlöschens der Genehmigung anhängiges Verfahren ist aufzuheben.[107])

[105]) Prinzip und Entstehung des § 23.

§ 23. Prinzip. I. Prinzip. § 23 enthält Bestimmungen über die Grenzen, welche dem Zwangsvollstreckungsverfahrens im engeren Sinne, d. h. der Zwangsversteigerung und -Verwaltung zeitlich gezogen sind. Nach Erlöschen der für das Bahnunternehmen erteilten Genehmigung ist eine Zwangsverwaltung oder Zwangsversteigerung der Bahn nicht mehr anzuordnen und ein etwa anhängiges Verfahren aufzuheben. Der Grund für diese Vorschrift liegt darin, daß sowohl die Zwangsversteigerung, wie die Zwangsverwaltung ihrem Zwecke nach die Fortdauer der Betriebsfähigkeit des Unternehmens zur notwendigen Voraussetzung haben. Das betriebsfähige, mit dem Betriebsrechte ausgerüstete Unternehmen soll Gegenstand des Zwangsverkaufs bezw. der Zwangsverwaltung sein. Mit dem Erlöschen der Genehmigung hört die Betriebsfähigkeit bezw. die Betriebsberechtigung auf, die Bahneinheit als Betriebsunternehmen geht unter und wird nur noch als ein rechtlich ganz anderes Objekt in ihren Teilen, wie sie z. Z. des Erlöschens vorhanden sind, behufs Befriedigung der Bahnpfandgläubiger bis zur Schließung des Bahngrundbuchblatts zusammengehalten (§ 3 Abs. 1 Satz 2 — § 4 Abs. 3). Daraus folgt, daß nach dem Erlöschen der Genehmigung und damit auch der Betriebsfähigkeit, eine Zwangsversteigerung oder Zwangsverwaltung nicht mehr möglich und zulässig ist, sondern nur noch die Zwangsliquidation der Bahneinheit durch Verwertung ihrer einzelnen Teile gemäß §§ 40 ff. stattfinden kann.

§ 23. Entstehung. II. Entstehung. Der Regierungsentwurf v. 18. März 1895 (Drucks. d. Herrenh. Nr. 24 S. 11) schlug als § 32 Abs. 2 folgende Bestimmung vor: „Nach Erlöschen der für das Bahnunternehmen erteilten Genehmigung ist eine Zwangsverwaltung oder Zwangsversteigerung der Bahn nicht mehr einzuleiten und ein etwa eingeleitetes Verfahren einzustellen.“

In den Motiven (S. 50) wird folgendes ausgeführt: „Mit dem Erlöschen der Genehmigung hört die Betriebsfähigkeit des Unternehmens auf. Die Zwangsverwaltung hat die Fortdauer der Betriebsfähigkeit zur notwendigen Voraussetzung, sie kann daher nach Erlöschen der Genehmigung nicht mehr stattfinden. Das gleiche ist für die Zwangsversteigerung der Bahneinheit zu bestimmen, da auch die hierfür gegebenen Vorschriften nur für die Veräußerung einer Bahn als eines betriebsfähigen Ganzen passen. Nach dem Erlöschen der Genehmigung ist daher die allein zulässige Maßnahme der Zwangsvollstreckung das zur Verwertung der einzelnen Bestandteile dienende Zwangsliquidationsverfahren (§§ 48 ff.)."

Der vorgeschlagene § 32 Abs. 2 ging unverändert und ohne Diskussion in das Eisenb.-Pfandr.-Ges. v. 19. August 1895 über.

In dem Revisionsentwurfe v. 10. Februar 1902 (Drucks. d. Herrenh. Sess. 1902 Nr. 42 S. 4) wurde § 32 Abs. 2 in folgender Fassung als neuer selbständiger § 33a vorgeschlagen:

„Die Zwangsversteigerung oder die Zwangsverwaltung soll nach dem Erlöschen der für das Bahnunternehmen erteilten Genehmigung nicht mehr angeordnet werden. Ein zur Zeit des Erlöschens der Genehmigung anhängiges Verfahren ist aufzuheben."

Zur Begründung führen die Motive (a. a. O. S. 20) lediglich an, daß der § 32 Abs. 2 im § 33a des Entwurfs sachlich beibehalten, jedoch der reichsgesetzlichen Terminologie angepaßt sei.

§ 33a des Entwurfs wurde hierauf von beiden Häusern des Landtages mit der vom Herrenhause bewirkten Änderung, daß das Wort „soll" in der ersten Zeile in „darf" verwandelt wurde, angenommen. Die Änderung soll den zwingenden Charakter der Vorschrift klarstellen (Sten. Ber. des Herrenh. 1902 S. 54). In dieser Fassung ging § 28 in das Gesetz über.

106) 1. Die Vorschrift des Satzes 1 des § 28 hat zur Voraussetzung das „Erlöschen der für das Bahnunternehmen erteilten Genehmigung". § 28 Satz 1.
Nicht darauf kommt es an, daß die Bahneinheit aufhört. Denn diese besteht, wenn sie im Bahngrundbuch eingetragen ist, auch nach Erlöschen der Genehmigung noch bis zur Schließung des Bahngrundbuchblatts fort (§ 8 Abs. 1 Satz 2). Entscheidend ist allein, daß ihre Betriebsfähigkeit aufhört, und dies geschieht in allen Fällen unbedingt mit dem Erlöschen der Genehmigung. Das Erlöschen der Genehmigung kann, wie bei § 8 Anm. 10 S. 16 des Näheren erörtert ist, aus verschiedenen Gründen erfolgen. Zunächst durch Ablauf der Zeit, für welche die Genehmigung erteilt war (§ 13 Kleinb.-Ges. v. 28. Juli 1892); sodann durch Erlöschungserklärung oder Zurücknahme der Genehmigung aus den gesetzlich bestimmten Gründen (§§ 23 bis 25 l. c.), endlich auch durch Eintritt einer Resolutivbedingung, unter welcher die Eisenbahn genehmigt worden ist. Die Verwirkung der erteilten Genehmigung gemäß § 47 des Eisenb.-Ges. v. 3. November 1838 soll das Erlöschen der Genehmigung nicht herbeiführen (§ 8 Abs. 2 Satz 1 Anm. 11 S. 18); wohl aber soll ein solches vorliegen, wenn in einer Zwangsversteigerung ein wiederholter Versteigerungstermin nicht zur Erteilung eines Zuschlags (§ 32 Satz 1) geführt hat und die zur Einleitung der Zwangsverwaltung erforderliche Erklärung der Bahnaufsichtsbehörde (§ 33) versagt worden ist (§ 8 Abs. 2 Satz 2 Anm. 11 S. 18).

2. Ist die Voraussetzung des Erlöschens der Genehmigung gegeben, so darf eine Zwangsverwaltung oder Zwangsversteigerung der Bahn nicht mehr angeordnet werden (Zw.-V.-G. §§ 15, 146). Das Verbot ist an das Vollstreckungsgericht (§ 22) gerichtet. Deshalb hat das Gericht durch Beschluß von

Amts wegen einen Antrag auf Anordnung zurückzuweisen, wenn es Kenntnis davon besitzt, daß die Genehmigung erloschen ist. Das Gericht macht sich verantwortlich, wenn es nach dem ihm bekannt gewordenen Erlöschen der Genehmigung die Zwangsversteigerung oder -verwaltung anordnet. Der Nachweis, daß die Genehmigung nicht erloschen sei, gehört nicht zur Substantiierung des Antrages auf Anordnung der Zwangsversteigerung (§§ 15 ff. Zw.-V.-G.) oder Zwangsverwaltung (§ 146 l. c.), da nach § 14 des Bahneinheitsgesetzes die Bahnaufsichtsbehörde verpflichtet ist, von Amts wegen dem Vollstreckungsgericht (§ 22) von dem Erlöschen der Genehmigung Kenntnis zu geben. Doch wird zur Vermeidung von Verzögerungen und Unzuträglichkeiten der Antragsteller gut tun, dem Antrage auf Anordnung eine Bescheinigung der Aufsichtsbehörde darüber beizufügen, daß die Genehmigung nicht erloschen ist, eventuell für das Vollstreckungsgericht sich eine bezügliche Rückfrage an die Aufsichtsbehörde empfehlen. Gibt das Gericht dem Antrage auf Anordnung statt, obwohl die Genehmigung erloschen ist, oder weist dasselbe aus § 28 den Antrag auf Anordnung zurück, obwohl die Genehmigung nicht erloschen ist, so steht dem Antragsteller bezw. dem Bahneigentümer gegen den betreffenden einleitenden oder zurückweisenden Gerichtsbeschluß die sofortige Beschwerde (§ 95 Zw.-V.-G. §§ 577, 798 C.-P.-O., Jäckel, Reichsges. über d. Zwangsverst. u. d. Zwangsverw. S. 882 ff., Freund S. 29 ff., Riedner S. 147 ff., Fischer-Schäfer S. 869 ff.).

§ 23. Satz 2. 107) Satz 2 des § 28 bestimmt, daß ein zur Zeit des Erlöschens der Genehmigung anhängiges Verfahren aufzuheben ist (§ 28 Zw.-V.-G.). Auch die Vorschrift des Satzes 2 hat das Erlöschen der Genehmigung zur Voraussetzung (Anm. 106 S. 221). Und ebenso hat auch hier das Gericht die Aufhebung eines bereits anhängigen Verfahrens von Amts wegen zu beschließen, sobald es von dem Erlöschen der Genehmigung sei es durch die Bahnaufsichtsbehörde (§ 14 Satz 1) oder auf anderem Wege (durch Nachweis eines Interessenten, des Antragstellers 2c.) glaubhaft Kenntnis erlangt hat. Das Gericht macht sich durch Unterlassung der Aufhebung des Verfahrens verantwortlich. Eines Antrags auf Aufhebung bedarf es mit Rücksicht auf § 14 Satz 1 nicht. Wird aber ein Antrag auf Aufhebung des Verfahrens mit der Behauptung begründet, daß die Genehmigung erloschen sei, und ist dem Gericht hiervon seitens der Aufsichtsbehörde gemäß § 14 Satz 1 oder auf anderem Wege keine Kenntnis geworden, so muß der Antragsteller, sei es durch eine Bescheinigung der Aufsichtsbehörde oder durch Bezugnahme auf die Auskunft derselben, das Erlöschen der Genehmigung unter Beweis stellen. Beschließt das Gericht von Amts wegen oder auf Antrag die Aufhebung, obwohl die Genehmigung nicht erloschen ist, oder weist es aus § 28 Abs. 2 den Antrag auf Aufhebung zurück, obwohl die Genehmigung erloschen ist, so kann gegen den betreffenden Beschluß die sofortige Beschwerde eingelegt werden (§ 95 Zw.-V.-G. §§ 577, 798 C.-P.-O. Jäckel a. a. O. S. 882 ff., Fischer-Schäfer S. 869 ff.).

Kann infolge des Erlöschens der Genehmigung weder das Zwangsversteigerungs- oder Verwaltungsverfahren angeordnet, noch ein anhängiges weiter fortgesetzt werden, so bleibt nach dem Erlöschen der Genehmigung als die allein zulässige Art der Zwangsvollstreckung das zur Verwertung der einzelnen Bestandteile der Bahneinheit dienende Zwangsliquidations-Verfahren übrig (Abschn. V §§ 40—58). Denn mit dem Erlöschen der Genehmigung ist, wenn auch die Bahneinheit für die im Bahngrundbuche eingetragenen Bahnen erst mit der Schließung des Bahngrundbuchblatts aufhört (§ 8), das Band gelöst, welches auch im Falle der Zwangsvollstreckung den Zusammenhalt der Bahneinheit erfordert; die Betriebsberechtigung und damit die Betriebsfähigkeit des Unternehmens ist beendet, die Bahneinheit als betriebsfähiges Ganzes hört auf bezw. verwandelt sich in einen Komplex einzelner Gegenstände und Rechte, welche zur Zeit des Erlöschens der Genehmigung vorhanden waren und lediglich zum Zwecke der Befriedigung der Gläubiger behufs Verwertung im einzelnen noch bis zur Schließung des Bahngrundbuchblatts als eine Einheit zusammengehalten werden. Es findet daher nach Erlöschen der Genehmigung eine Zwangsverwaltung oder Zwangsversteigerung der Bahneinheit, weil diese ein betriebsfähiges Ganzes als Objekt der Verwertung erfordern, nicht mehr statt. Vielmehr beschränkt sich von diesem Zeitpunkte, wie auch die Bestimmungen des § 14 klar ergeben, die Zwangsvollstreckung ausschließlich auf die allein zulässige Maßnahme der Zwangsliquidation (§§ 40ff.), d. h. es darf bis zur Schließung des Bahngrundbuchblatts die Realisierung des Pfandrechts an der Bahneinheit nur noch durch Verwertung ihrer einzelnen Bestandteile erfolgen. Lediglich um die vielfachen Mißstände zu vermeiden, welche ein isoliertes Vorgehen der einzelnen, im Falle der Ausgabe von Teilschuldverschreibungen sehr zahlreichen, Pfandgläubiger mit sich bringen würde, und zum Zwecke möglichst hohen Erlöses eine planmäßige Versilberung der dem Bahnkörper bildenden Grundstücke zu ermöglichen, hat das Gesetz in den §§ 40—58 die Verfolgung des Pfandrechts durch einzelne Bahnpfandgläubiger ausgeschlossen und ein gemeinsames Zwangsliquidationsverfahren für alle Bahnpfandgläubiger geordnet, dessen nähere Ausgestaltung im Anschlusse an die Bestimmungen der Konkursordnung erfolgt ist. Es bildet die einzige Form, in welcher in dem vorbezeichneten Stadium die an der Bahneinheit bestehenden Pfandrechte realisiert werden können. Es findet nur statt bei Bahnen, welche im Grundbuche eingetragen sind, weil ohne Bahngrundbuch Pfandrechte an der Bahneinheit nicht bestehen können, und es findet für eingetragene Bahnen nicht mehr statt nach Schließung des Grundbuchblattes, weil mit dem Aufhören der Bahneinheit die Bahnpfandschulden erlöschen.

§ 24.[108])

Wird die Zwangsversteigerung oder Zwangsverwaltung einer nicht im Bahngrundbuch eingetragenen Bahn beantragt, so bedarf es der Anlegung des Bahngrundbuchs nur dann, wenn nach § 128 des Reichsgesetzes über die Zwangsversteigerung und die Zwangsverwaltung eine Sicherungshypothek für die Forderung gegen den Ersteher einzutragen ist.[109]) In diesem Falle erfolgt die Anlegung auf das nach § 130 des Reichsgesetzes zu stellende Ersuchen des Vollstreckungsgerichts.[110]) Bei der Anlegung wird in den Titel die im § 11 Absatz 1 bezeichnete Beschreibung des Bahnunternehmens aufgenommen.[111]) Die Aufnahme der übrigen nach § 11 erforderlichen Angaben erfolgt auf Ersuchen der Bahnaufsichtsbehörde (§ 13 Absatz 2 und 3), welcher von der erfolgten Anlegung seitens des Grundbuchrichters Mitteilung zu machen ist.[112])

Wird im Laufe des Verfahrens der Zwangsversteigerung oder Zwangsverwaltung das Bahngrundbuch angelegt, so ist die Anordnung der Zwangsversteigerung oder Zwangsverwaltung bei der Anlegung von Amts wegen einzutragen.[113]) Zu diesem Zwecke hat das Vollstreckungsgericht von der Stellung eines solchen Antrags dem Grundbuchrichter Mitteilung zu machen.[114])

[108]) Prinzip und Entstehung des § 24.

§ 24 Prinzip. I. Prinzip. Wie die §§ 21, 22 und 23, so ist auch § 24 aus den oben Anm. 98 S. 209ff. dargestellten Gründen dazu bestimmt, die allgemeinen Normen des Reichsgesetzes v. 24. März 1897 über die Zwangsversteigerung und die Zwangsverwaltung mit Rücksicht auf die Eigentümlichkeit der Verhältnisse der Bahnen abzuändern. Auch hier ist davon auszugehen, daß die Anlegung der Bahngrundbücher bezw. Bahngrundbuchblätter grundsätzlich nicht obligatorisch ist und nicht von Amts wegen erfolgt, sondern der freien Entschließung des Bahneigentümers überlassen ist, und von diesem Prinzipe nur insofern eine Ausnahme besteht, als Veräußerungen oder Belastungen einer Bahneinheit nicht ohne vorgängige Eintragung derselben in das Bahngrundbuch erfolgen können (§ 8 Anm. 28, 29 S. 49 § 16 Abs. 1 und 2 Anm. 78, 79 S. 147ff.). Handelt es sich nur im Zwangsvollstreckungsverfahren um die Zwangsverwaltung einer nicht im Bahngrundbuch eingetragenen Bahn, so bedarf es der Anlegung eines Bahngrundbuchblatts nicht, weil die Zwangsverwaltung weder mit einer dinglichen Belastung, noch mit einer Veräußerung der Bahn verknüpft ist. Kommt aber die Zwangsversteigerung einer Bahn in Frage, so würde es in allen Fällen der Anlegung eines Bahngrundbuchblatts bedürfen, weil die Zwangsversteigerung eine — wenngleich nach besonderen gesetzlichen Vorschriften stattfindende und erzwungene — Art der Veräußerung ist.

§ 24 modifiziert jedoch die Ausnahme, welche für Veräußerungen die Anlegung eines Bahngrundbuchblatts erfordert, in betreff der Zwangsversteigerung durch die Vorschrift, daß für Zwangsversteigerungen die Anlegung eines Bahngrundbuchblatts nur dann erforderlich sein soll, wenn nach § 128 des Reichsgesetzes über die Zwangsversteigerung und die Zwangsverwaltung eine Sicherungshypothek für die Forderungen gegen den Ersteher einzutragen, d. h. mit der Veräußerung zugleich eine Belastung verknüpft ist (Abs. 1 Satz 1). In allen anderen Fällen, d. h. wenn eine Sicherungshypothek nicht einzutragen ist, soll es der Anlegung des Bahngrundbuchblatts nicht bedürfen.

Muß wegen der Notwendigkeit der Eintragung einer Sicherungshypothek gemäß § 128 l. c. die Anlegung eines Bahngrundbuchblatts erfolgen, so soll dies — abweichend von dem sonst beobachteten Prinzip der Vermittelung des Eintragungsantrages durch die Bahnaufsichtsbehörde (s. § 8 Satz 3, § 18 Abs. 1, § 21 Satz 1) — unmittelbar durch Ersuchen des Vollstreckungsgerichts an das Bahngrundbuchgericht (§ 130 Abs. 1, Ges. v. 24. März 1897) geschehen (Abs. 1 Satz 2), weil sich in diesem Falle der Antrag auf Anlegung des Bahngrundbuchblatts von den anderen, dem Vollstreckungsgericht durch §§ 128, 130 l. c. zugewiesenen Anträgen mit Rücksicht auf ihren engen Zusammenhang nicht trennen läßt. Doch beschränkt sich die bezügliche Zuständigkeit des Vollstreckungsgerichts auf den Eintragungsantrag, welchem behufs Aufnahme in den Titel die dem Inhalte der Genehmigungsurkunde zu entnehmende Beschreibung des Bahnunternehmens beizufügen ist (Abs. 1 Satz 3). Die Aufnahme der übrigen nach § 11 erforderlichen Angaben erfolgt dagegen wieder der Regel gemäß auf Ersuchen der Bahnaufsichtsbehörde (§ 18 Abs. 2 u. 3), welcher zu diesem Behufe von der auf den Antrag des Vollstreckungsgerichts erfolgten Anlegung seitens des Grundbuchrichters Mitteilung zu machen ist (Abs. 1 Satz 4).

Während aber einerseits die Anlegung eines Bahngrundbuchblatts bei dem Antrage auf Zwangsversteigerung oder -Verwaltung nicht für erforderlich erklärt ist, außer im Falle der Eintragung einer Sicherungshypothek für die Forderung gegen den Ersteher (Abs. 1), erfordert es andererseits der öffentliche Glauben des Grundbuchs, daß, wenn ein Bahngrundbuchblatt für eine Bahneinheit im Laufe des über dieselbe schwebenden Zwangsversteigerungs- oder Zwangsverwaltungsverfahrens angelegt wird, der Vermerk der Anordnung der Zwangsversteigerung oder -verwaltung nach Maßgabe der §§ 19, 146 des Ges. v. 24. März 1897 zur Eintragung gelangt. Demgemäß ist in diesem Falle die Eintragung der Anordnung der Zwangsversteigerung oder Zwangsverwaltung von Amts wegen dem Grundbuchrichter zur Pflicht gemacht (Abs. 2 Satz 1) und dem Vollstreckungsgericht zu diesem Zwecke die Mitteilung von der Stellung eines solchen Antrages an den Grundbuchrichter obligatorisch aufgegeben.

II. Entstehung. Der Regierungsentwurf v. 18. März 1895 (Druckf. d. Herrenh. Nr. 24 S. 11, 12) hat im § 84 für die Fälle der Zwangsverwaltung und Zwangsversteigerung diejenigen Bestimmungen in Vorschlag gebracht, welche unverändert als § 84 in das Eisenb.-Pfandr.-Ges. v. 19. August 1895 übergegangen sind. Die Motive, welche die §§ 83 u. 84 l. c. zusammen umfassen, sind oben Anm. 98 S. 209, 210 bereits mitgeteilt. § 24. Entstehung.

Der Revisionsentwurf v. 10. Februar 1902 (Druckf. d. Herrenh. Sess. 1902 Nr. 42 S. 5, 6) schlug als § 24 den bisherigen § 84 des Eisenb.-Pfandr.-Ges. v. 19. August 1895 mit folgenden Abänderungen vor:

Im § 84 werden ersetzt:

a) im Abs. 1 Satz 1 die Worte „gemäß § 124 des Gesetzes v. 13. Juli 1883 rückständiges Kaufgeld als Hypothek" durch die Worte: „nach § 128 des Reichsgesetzes über die Zwangsversteigerung und die Zwangsverwaltung eine Sicherungshypothek für die Forderung gegen den Ersteher";

b) im Abs. 1 Satz 2 die Worte „in Gemäßheit der bezeichneten Vorschrift" durch die Worte: „nach § 130 des Reichsgesetzes";

c) im Abs. 2 die Worte „der Vermerk über den Antrag auf Zwangsversteigerung oder Zwangsverwaltung (§§ 18, 139 des Gesetzes v. 13. Juli 1883)" durch die Worte: „die Anordnung der Zwangsversteigerung oder Zwangsverwaltung".

In den Motiven (a. a. S. 20) wird nur kurz bemerkt, daß die vorgeschlagenen Änderungen den Ersatz der dem Gesetze v. 13. Juli 1883 entnommenen Begriffe und Verweisungen durch die entsprechenden Begriffe und Verweisungen aus dem Reichsgesetze über die Zwangsversteigerung 2c. bezwecken.

Mit den vorgeschlagenen Änderungen wurde § 24 von beiden Häusern des Landtages angenommen und ging in das Bahneinheitsgesetz über.

109) Satz 1 des Abs. 1 enthält eine Ausnahmebestimmung von dem Grundsatze, daß Veräußerungen und Belastungen der Bahneinheit, die — sonst nur fakultative — Anlegung eines Bahngrundbuchblatts obligatorisch erfordern (§ 8 § 24. Abs. 1 Satz 1.

Anm. 28 S. 49). Obwohl die Zwangsversteigerung eine Form der Veräußerung ist, soll sowohl die Zwangsversteigerung wie auch die Zwangsverwaltung einer nicht im Bahngrundbuch eingetragenen Bahn der Anlegung des Bahngrundbuchs bezw. richtiger des Bahngrundbuchblatts nicht bedürfen, außer wenn gemäß § 128 des Ges. v. 24. März 1897 eine Sicherungshypothek für die Forderung gegen den Ersteher einzutragen ist. Vorausgesetzt ist eine Bahn, für welche die Genehmigung zur Eröffnung des Betriebs auf der ganzen Bahnstrecke bereits erteilt ist, denn anderenfalls liegt gemäß § 8 Abs. 1 — mangels einer Eintragung — eine Bahneinheit nicht vor und kann das vorliegende Gesetz keine Anwendung finden. Soll also — wie im Falle des § 21 Ges. v. 3. November 1888 — eine noch nicht dem Betriebe eröffnete Bahn versteigert werden, so bedarf es der vorgängigen Eintragung in das Bahngrundbuch (s. § 89 Abs. 2).

1. Daß die Zwangsverwaltung einer nicht im Bahngrundbuch eingetragenen Bahn ohne Anlegung eines Bahngrundbuchblattes durchgeführt werden darf, steht mit dem reichsrechtlichen Prinzip (B.-G.-B. § 873 Gr.-B.-O. § 3 f. oben § 8 Anm. 27 Ziff. 3) nicht im Widerspruch, da die Zwangsverwaltung weder eine Veräußerung, noch eine Belastung involviert. Dagegen enthält die Vorschrift, daß auch die Zwangsversteigerung einer nicht eingetragenen Bahn der Anlegung eines Bahngrundbuchblatts grundsätzlich und mit Ausnahme des Falles der Eintragung rückständiger Kaufgelder nicht bedarf, einen wichtigen Eingriff in dieses Prinzip, weil die Zwangsversteigerung unbedingt den Charakter einer Veräußerung hat.

2. Satz 1 bestimmt, daß es in beiden Fällen — sowohl bei dem Antrage auf Zwangsversteigerung, wie bei dem Antrage auf Zwangsverwaltung einer nicht eingetragenen Bahn — der Anlegung des Bahngrundbuchs, außer, wenn nach § 128 des Reichsgesetzes über die Zwangsversteigerung und die Zwangsverwaltung eine Sicherungshypothek für die Forderung gegen den Ersteher einzutragen ist, nicht bedarf. Der Ausdruck „Anlegung des Bahngrundbuchs" ist hier — wie auch schon an früheren Stellen (§ 13 Anm. 58, § 14 Anm. 66) bemerkt — unrichtig. Nicht die Anlegung des Bahngrundbuchs, sondern nur die Anlegung eines Bahngrundbuchblatts für die betreffende Bahneinheit ist gemeint. Es bedarf der Anlegung nicht, d. h. sie kann unterbleiben und braucht nicht zu geschehen; aber sie ist auch andererseits nicht verboten und, wenn sie demungeachtet erfolgt, so tritt das für eingetragene Bahneinheiten vorgeschriebene Verfahren ein.

3. Eine Ausnahme bildet der Fall, wenn nach § 128 des Reichsgesetzes über die Zwangsversteigerung und die Zwangsverwaltung eine Sicherungshypothek für die Forderung gegen den Ersteher einzutragen ist. Alsdann tritt zu der Veräußerung noch die Belastung und macht die Anlegung des Bahngrundbuchblatts erforderlich. Wenn daher das Vollstreckungsgericht gemäß §§ 128, 130 Zw.-V.-G. den Grundbuchrichter um die Eintragung der Sicherungshypothek ersucht, so hat dieser die Anlegung des Bahngrundbuchblatts herbeizuführen, um die Eintragung der Hypothek bewirken zu können. Die erforderlichen Eintragungen hat das Vollstreckungsgericht genau anzugeben. Dies bezieht sich auf den jedem Gläubiger zugewiesenen Betrag, den Zeitpunkt und die Rangordnung. Die Eintragung erfolgt nach § 128 l. c. „soweit" für einen Anspruch die Forderung gegen den Ersteher übertragen wird, also in Höhe des übertragenen Betrages; ferner auch für Zinsen, laufende und rückständige Beträge wiederkehrender Leistungen und Kosten, sowie „mit dem Range des Anspruches". Der Rang ist also mit-

einzutragen und deshalb darf das Ersuchen an das Bahngrundbuchamt (§ 180 l. c.), da es ausschließlich für den Grundbuchrichter maßgebend ist (Gr.=B.=O. § 89), über das Rangverhältnis der einzutragenden Sicherungshypotheken untereinander und im Verhältnis zu bestehen bleibenden Rechten keinen Zweifel lassen. Die Fassung des Eintragungsvermerks ist Sache des Grundbuchrichters; nur der Inhalt der Eintragung muß vom Vollstreckungsgericht genau angegeben werden.

Die Worte „nur dann" weisen bestimmt darauf hin, daß nur bei der Notwendigkeit der Eintragung der Sicherungshypotheken gemäß § 128 Zw.=V.=G. die Anlegung eines Bahngrundbuchblatts zu erfolgen hat, in allen anderen Fällen aber ausnahmslos unterbleiben kann.

110) Satz 2 des Abs. 1 schreibt vor, daß in dem im Satz 1 bezeichneten Falle die Anlegung des Bahngrundbuchblatts auf das gemäß § 180 Zw.=V.=G. zu stellende Ersuchen des Vollstreckungsgerichts zu erfolgen hat. Diese Bestimmung weicht von dem sonst in allen Fällen festgehaltenen Grundsatze des Bahneinheitsgesetzes ab, daß die Anlegung des Bahngrundbuchblatts durch Vermittelung der Bahnaufsichtsbehörde geschehen muß, d. h. gleichviel ob der Bahneigentümer freiwillig die Anlegung beantragt (§ 8 Satz 2) oder ob dieselbe zwangsweise geschieht (§ 21, § 89), stets der Antrag zunächst an die Bahnaufsichtsbehörde geht und diese sodann das Ersuchen um Anlegung an das zuständige Bahngrundbuchgericht stellt. Der Grund für diese Abweichung ist in den Motiven und den übrigen Gesetzesmaterialien nicht ausgesprochen, er liegt aber unverkennbar darin, daß der enge Zusammenhang, in welchem die gemäß § 180 von dem Vollstreckungsgerichte an den Grundbuchrichter zu stellenden Anträge stehen, eine Trennung derselben nicht angängig erscheinen läßt. Auch hat sich das Vollstreckungsgericht lediglich auf das Ersuchen um Anlegung des Bahngrundbuchblatts unter Beifügung einer Beschreibung des Unternehmens (Satz 3 Anm. 150) zu beschränken, während die Eintragung aller übrigen für die Anlegung des Bahngrundbuchblatts erforderlichen Angaben (§ 11) von dem Ersuchen der Bahnaufsichtsbehörde abhängig gemacht sind (Satz 4 Anm. 151). Das Ersuchen liegt dem Vollstreckungsgericht von Amts wegen ob. Weder der Ersteher, noch die Beteiligten sind zu dem Antrage berechtigt. Die Amtspflicht des Vollstreckungsgerichts tritt ein, wenn der Teilungsplan ausgeführt und der Zuschlag rechtskräftig ist (§ 180 Abs. 1 Satz 1 Zw.=V.=G.). Das Ersuchen ist nach § 9 des preuß. Ausf.=Ges. z. Gr.=B.=O. v. 26. September 1899 ordnungsmäßig zu unterschreiben und mit Siegel oder Stempel zu versehen. § 24 Abs. 1 Satz 2.

111) Satz 3 des Abs. 1 schreibt die Aufnahme der im § 11 Abs. 1 (s. Anm. 42 S. 71 ff.) bezeichneten Beschreibung des Bahnunternehmens in den Titel bei der gemäß Satz 1 des § 24 erforderlichen Anlegung des Bahngrundbuchblatts vor. Wie die Gegenüberstellung zu den übrigen nach § 11 erforderlichen Angaben im Satz 4 zeigt, ist dieses Erfordernis nicht von der Bahnaufsichtsbehörde zu erfüllen, sondern von dem Vollstreckungsgericht, welches nach Satz 2 die Anlegung des Bahngrundbuchblatts beim Grundbuchrichter zu beantragen hat. Es gehört zur Substantiierung des Antrags auf Anlegung des Bahngrundbuchblatts. Demgemäß muß sich das Vollstreckungsgericht, sei es durch die Bahnaufsichtsbehörde oder durch den Bahneigentümer in den Besitz der zur Beschreibung erforderlichen Angaben setzen bezw. in den Besitz der Genehmigungsurkunde, aus welcher dieselben zu entnehmen sind (§ 11 Abs. 1 S. 1 u. 2 Anm. 42, 42a S. 71, 72). § 24 Abs. 1 Satz 3.

Übrigens ist Satz 3 nicht ganz vollständig. Denn zu den unbedingt für die Anlegung des Bahngrundbuchblatts erforderlichen Voraussetzungen gehört neben der Mitteilung der Beschreibung des Bahnunternehmens auch die Bezeichnung der Person des Bahneigentümers (§ 18 Abs. 1, s. Anm. 58 S. 94; Motive S. 42; Gleim § 18 Anm. 1). Alle übrigen Angaben können nachträglich eingetragen werden. Anscheinend ist das Erfordernis der Bezeichnung der Person des Bahneigentümers im Satz 3 als selbstverständlich nicht erwähnt worden oder die Nichterwähnung beruht auf Omission.

§ 24. Abs. 1 Satz 4. [112]) Satz 4 des Abs. 1 folgt in betreff der übrigen — d. h. im Satz 3 nicht erwähnten — nach § 11 erforderlichen Angaben der Regel (§ 8 Satz 3), daß die Aufnahme durch Vermittelung bezw. auf Ersuchen der Bahnaufsichtsbehörde in das Bahngrundbuchblatt zu erfolgen hat. Diese Angaben sind im Abs. 2 und 3 des § 11 vorgeschrieben und in Anm. 43 ff. S. 78 ff. und Anm. 49 S. 80 ff. eingehend erörtert. Daraus, daß ganz uneingeschränkt von den „übrigen nach § 11 erforderlichen Angaben" im Satz 4 die Rede ist, wird ebenso wie durch den Hinweis auf § 18 Abs. 2 u. 3 zu erkennen gegeben, daß es sich nicht nur um die für das Grundbuchblatt, sondern auch für die Grundakten erforderlichen Angaben handelt. Im übrigen ergibt das Zitat des § 18 Abs. 2 u. 3, daß die Bahnaufsichtsbehörde hierbei alle die in diesen beiden Absätzen ihr zugewiesenen Rechte und Pflichten auch bei der hier in Rede stehenden Anlegung des Bahngrundbuchblatts auszuüben bezw. zu erfüllen hat, und daß der Bahneigentümer verpflichtet ist, der Bahnaufsichtsbehörde auch im vorliegenden Falle die erforderlichen Angaben und Urkunden zu liefern (§ 18 Abs. 1 Anm. 58 S. 93 ff. und § 18 Abs. 2 Anm. 59 S. 96 ff.).

Die Bahnaufsichtsbehörde ist gemäß Satz 4 von Amts wegen verpflichtet, die dort bezeichneten Angaben zu beschaffen und das bezügliche Ersuchen um Aufnahme derselben in das Bahngrundbuchblatt und die Bahngrundakten zu stellen. Damit sie dies jedoch tun kann, ist es erforderlich, daß sie der Grundbuchrichter von der gemäß Satz 2 erfolgten Anlegung des Bahngrundbuchblatts in Kenntnis setzt. Demgemäß bestimmt Satz 4 am Schluß, daß der Bahnaufsichtsbehörde von der erfolgten Anlegung seitens des Grundbuchrichters Mitteilung zu machen ist. Er ist zu dieser Mitteilung verpflichtet und für die Folgen der Unterlassung verantwortlich. Hat er die qu. Mitteilung an die Bahnaufsichtsbehörde gemacht, so ist diese ihrerseits verbunden, die erforderlichen Angaben zu beschaffen und deren Eintragung zu beantragen. Der Grundbuchrichter endlich ist gehalten, diesem Antrage stattzugeben und nach Prüfung der Ordnungs- und Gesetzmäßigkeit die Aufnahme in das Grundbuchblatt bezw. die Grundakten zu verfügen.

§ 24. Abs. 2 Satz 1. [113]) Satz 1 Abs. 2 trifft Bestimmung über die Anlegung des Bahngrundbuchs im Laufe des Verfahrens der Zwangsversteigerung oder Zwangsverwaltung. Nach Abs. 1 ist — abgesehen von dem Falle der Eintragung von Sicherungshypotheken für die Forderung gegen den Ersteher gemäß §§ 128, 130 Zw.-V.-G. — bei der Zwangsversteigerung oder Zwangsverwaltung einer im Bahngrundbuch nicht eingetragenen Bahn die Anlegung eines Bahngrundbuchblatts und Eintragung der Bahn in dasselbe an sich nicht erforderlich. Vielmehr kann auch ohne diese die Zwangsversteigerung und -verwaltung erfolgen. Wenn aber dennoch im Laufe dieses Verfahrens aus anderen Gründen — sei es auf freiwilligen Antrag des Bahneigentümers (§ 8 Satz 2 Anm. 29), sei es von Amts wegen

z. B. in den Fällen des § 21 Satz 1 (Anm. 148ff.) oder des § 89 (Anm. 192ff.) — die Anlegung des Bahngrundbuchblatts erfolgt, so erfordert es der öffentliche Glauben des Grundbuchs, daß alsdann auch die Anordnung der Zwangsversteigerung oder Zwangsverwaltung bei der Anlegung von Amts wegen einzutragen ist. Dem gibt Satz 1 des Abs. 2 in entsprechender Anwendung der Normen des § 19 (Zwangsversteigerung) und § 146 (Zwangsverwaltung) Ausdruck. Denn § 19 Abs. 1 (und § 146) l. c., welche gemäß § 20 des vorliegenden Gesetzes auf die Zwangsvollstreckung in Bahneinheiten Anwendung finden, schreiben vor, daß, wenn das Vollstreckungsgericht die Zwangsversteigerung (bezw. Zwangsverwaltung) anordnet, es zugleich das Grundbuchamt um Eintragung dieser Anordnung in das Grundbuch zu ersuchen hat. Die Bestimmung des § 24 Abs. 2 des vorliegenden Gesetzes unterscheidet sich hiervon nur dadurch, daß an Stelle eines Ersuchens des Vollstreckungsgerichts um Eintragung das bloße Erfordernis der Mitteilung von der Stellung des Antrags (s. Satz 2 des Abs. 2) in allen Fällen getreten ist, und zwar aus dem Grunde, weil bei Einleitung des Verfahrens der Zwangsversteigerung oder Zwangsverwaltung das Vollstreckungsgericht noch nicht weiß und nicht wissen kann, ob im Laufe dieses Verfahrens die Anlegung des Bahngrundbuchblatts überhaupt erfolgen wird (s. Anm. 158).

1. Aus den Worten: „im Laufe des Verfahrens der Zwangsversteigerung oder Zwangsverwaltung" ergibt sich hiernach folgendes: Ist bei Anordnung des Verfahrens das Bahngrundbuchblatt bereits angelegt, so hat auf Grund der Mitteilung des Vollstreckungsgerichts die Eintragung des Vermerks gemäß § 19, 146 des Zw.-V.-G. v. 24. März 1897 sofort zu erfolgen. Ist aber zu dieser Zeit das Bahngrundbuchblatt noch nicht angelegt, so hat das zuständige Grundbuchgericht (§ 10 Abs. 2, § 22), an welches die Mitteilung des Vollstreckungsgerichts gelangt ist, von dieser vorläufig Kenntnis zu nehmen und den Eintragungsvermerk gemäß Satz 1 Abs. 2 zu bewirken, wenn und sobald im Laufe des Verfahrens die Anlegung des Bahngrundbuchblatts erfolgt. Auf diese Weise ist Vorsorge getroffen, daß, gleichviel ob z. Z. der Anordnung des Verfahrens das Bahngrundbuchblatt bereits angelegt ist oder erst im Laufe des Verfahrens angelegt wird, der Umstand, daß die Zwangsversteigerung oder -verwaltung beantragt ist, durch Eintragung in das angelegte oder noch anzulegende Bahngrundbuchblatt zur öffentlichen Kenntnis gebracht wird.

2. Der Vermerk ist auf Grund der Mitteilung des Vollstreckungsgerichts (Satz 2 Anm. 114) vom Bahngrundbuchgericht (§ 22) von Amts wegen einzutragen, die Vorschrift ist obligatorisch. Die Eintragung muß von Amts wegen, also ohne jede Beantragung oder Anregung Dritter, lediglich auf Grund der qu. Mitteilung des Vollstreckungsgerichts, erfolgen und darf nicht unterbleiben, sobald die Anlegung des Bahngrundbuchblatts erfolgt. Sache des Bahngrundbuchgerichts ist es nicht, aus irgendwelchen Anständen, sei es, daß sie aus der zugrunde liegenden Forderung oder aus der Person des Schuldners rc. hergeleitet werden, die Eintragung des Vermerks zu unterlassen. Nach der Gr.-B.-O. § 89 hat das Grundbuchamt nur zu prüfen, ob das Vollstreckungsgericht gesetzlich befugt ist, die beantragte Eintragung zu verlangen. Ergibt die Prüfung, daß diese Befugnis besteht, so muß die Eintragung erfolgen.

3. Die Eintragung muß den Vermerk über die Anordnung der Zwangsversteigerung oder Zwangsverwaltung enthalten, d. h. gemäß §§ 19, 146 des Zw.-V.-G. v. 24. März 1897

den Vermerk, daß die Zwangsversteigerung oder Zwangsverwaltung „angeordnet", nicht, wie bisher nach §§ 18, 189 des Preuß. Zw.=V.=G., daß sie „beantragt" ist, da der Zweck der Eintragung die Veröffentlichung des mit der Zwangsversteigerung bezw. Zwangsverwaltung zu verbindenden Veräußerungsverbots ist und eine Eintragung dahin, daß die Zwangsversteigerung &c. „beantragt" sei, dem § 892 B.=G.=B. nicht entsprechen würde. Die Eintragung erfolgt lediglich dahin, daß die Zwangsversteigerung &c. beantragt sei. Die Bezeichnung der Person, für und gegen welche die Anordnung ergangen ist, ist in die Eintragungsformel nicht aufzunehmen. Dies würde über den Wortlaut und den vorerörterten Zweck des Gesetzes hinausgehen.

4. Der Vermerk muß „bei der Anlegung" des Bahngrundbuchblatts, uno actu mit derselben (§ 11, § 13) eingetragen werden. Eine spätere Eintragung macht das rechtzeitig vom Vollstreckungsgericht benachrichtigte Bahngrundbuchgericht verantwortlich. Bei nicht oder nicht rechtzeitiger Mitteilung (Satz 2) hat dagegen das Vollstreckungsgericht die Folgen der Verspätung oder Unterlassung der Eintragung zu tragen.

§ 24. Abs. 2 Satz 2. [114]) Satz 2 Abs. 2 verpflichtet in Ergänzung der Vorschrift des Satzes 1 das Vollstreckungsgericht, zum Zwecke der Eintragung des im Satz 1 bezeichneten Vermerks bei Anlegung des Bahngrundbuchblatts dem Bahngrundbuchgericht von der Stellung des Antrags auf Anordnung der Zwangsversteigerung oder =Verwaltung Mitteilung zu machen. Schon oben (S. 228) ist darauf hingewiesen worden, daß diese Mitteilung erforderlich ist, weil anderenfalls das Bahngrundbuchgericht von dem Vorhandensein eines solchen Antrages keine Kenntnis haben würde.

1. Satz 2 spricht nur von Mitteilung des Antrags, nicht von Ersuchen um Eintragung desselben, wie in den Fällen der §§ 14, 39. Der Grund liegt darin, daß noch nicht gewiß ist, ob die Anlegung eines Bahngrundbuchblatts überhaupt erfolgen wird, also einem Ersuchen stattgegeben werden kann. Unter diesen Umständen ist es richtiger, nur von einer Mitteilung zu sprechen, welche gegebenenfalls das Ersuchen bezw. den Antrag ersetzt.

2. Zuständig zur Empfangnahme der Mitteilung ist das im § 10 Abs. 4 bezeichnete Gericht. Diesem muß das Vollstreckungsgericht ausnahmslos in allen Fällen, gleichviel ob ein Bahngrundbuchblatt bereits angelegt ist, oder nicht, Mitteilung von dem Antrage machen. Auch diese Mitteilung erfolgt von Amts wegen, ohne besonderen Antrag. Ist das Bahngrundbuchblatt bereits angelegt, so verfährt das Grundbuchgericht nach Maßgabe der §§ 19, 146 des Zw.=V.=G. v. 24. März 1897; ist es noch nicht angelegt, nach § 24 Abs. 2 des Gesetzes v. 19. August 1895. Die Mitteilung hat daher stets und bei allen Anträgen sofort nach Eingang derselben zu erfolgen.

3. Die Form der Mitteilung muß, da es sich um eine Eintragung ins Bahngrundbuch handelt, den Bestimmungen des Art. 9 Ausf.=Ges. z. Gr.=B.=O. entsprechen, d. h. ordnungsmäßig unterschrieben und mit Siegel oder Stempel versehen sein, denn diese Mitteilung ersetzt den Eintragungsantrag; sie muß ferner die Angabe enthalten, daß in betreff der — genau zu beschreibenden — Bahneinheit die Zwangsversteigerung oder Zwangsverwaltung beantragt sei; eine Bezeichnung der Person des Schuldners, gegen welchen der Antrag gestellt ist, ist nicht erforderlich,

da die Bezeichnung der Person ins Grundbuchblatt nicht eingetragen wird (Anm. 118 Ziff. 8 S. 280).

4. Verzögert oder unterläßt das Vollstreckungsgericht die ihm obliegende Mitteilung, so ist es für die Folgen der Verspätung oder Unterlassung der Eintragung des Vermerks verantwortlich.

§ 25.[115])

An unbeweglichen oder beweglichen Gegenständen und Rechten, welche zu mehreren Bahnen desselben Eigentümers gehören, bestimmt sich das Anteilsverhältnis durch das Verhältnis der im letzten Geschäftsjahre vor der Beschlagnahme auf den einzelnen Bahnen zurückgelegten Wagenachskilometer, soweit nicht aus dem Bahngrundbuch ein anderes Verhältnis sich ergibt;[116]) liegen mehrere Beschlagnahmen vor, so finden die Vorschriften des § 13 Abs. 3 des Reichsgesetzes über die Zwangsversteigerung und die Zwangsverwaltung entsprechende Anwendung.[117]) Ist die Zahl der Wagenachskilometer nicht buchmäßig festzustellen, so wird das Anteilsverhältnis durch das Vollstreckungsgericht nach Anhörung der Bahnaufsichtsbehörde bestimmt.[118])

[115]) Prinzip und Entstehung des § 25.

I. Prinzip. § 25 enthält ebenso wie die §§ 22 bis 24 eine allgemeine für die gesamte Zwangsvollstreckung — Zwangsversteigerung und Zwangsverwaltung — geltende Bestimmung, welche das Anteilsverhältnis nach erfolgter Beschlagnahme von unbeweglichen oder beweglichen Gegenständen und Rechten, welche zu mehreren Bahnen desselben Eigentümers gehören, regelt. Es ist hierbei von der Erwägung ausgegangen, daß bis zur Einleitung einer Zwangsvollstreckung das Gesetz dem Bahneigentümer ein ausgedehntes Verfügungsrecht an den gemäß § 4 zur Bahneinheit gehörigen unbeweglichen und beweglichen Gegenständen gewährt, dagegen mit der Einleitung der Zwangsvollstreckung dieses Verfügungsrecht nimmt, indem die von der Beschlagnahme ergriffenen Bestandteile der Bahneinheit nach Maßgabe der §§ 20ff., 146—148 des Zw.-V.-G. v. 24. März 1897 derselben nicht mehr entzogen werden dürfen. Aus diesem Grunde ist es notwendig, die zur Zeit der Beschlagnahme zur Bahneinheit gehörigen Gegenstände genau zu fixieren und da, wo die Zugehörigkeit unbestimmt oder zweifelhaft ist, Grundsätze aufzustellen, welche für die Beurteilung der Zugehörigkeit maßgebend sind. Insbesondere liegt diese Notwendigkeit vor, wenn gewisse Gegenstände den Zwecken mehrerer Bahneinheiten dienen. Unterliegt in diesem Falle eine der betreffenden Bahneinheiten der Zwangsvollstreckung, so muß das Anteilsverhältnis der einzelnen Bahneinheiten an dem gemeinsam benutzten Gegenstand festgestellt werden, um dadurch zu ermitteln, in wie weit derselbe der Zwangsvollstreckung mit zu unterwerfen ist. § 25. Prinzip.

Als Grundsatz, welcher im Falle der Zwangsvollstreckung für die Feststellung des Anteilsverhältnisses entscheidend sein soll, stellt § 25 die Vorschrift hin, daß sich dasselbe durch das Verhältnis der im letzten Geschäftsjahre vor der Beschlagnahme (§ 18 des Ges. v. 24. März 1897) auf den einzelnen Bahnen zurückgelegten Wagenachskilometer bestimmt, soweit nicht aus dem Bahngrundbuch ein anderes Verhältnis sich ergibt (Satz 1). Prinzipaliter soll hiernach die im § 11 Abs. 2 Ziff. 4 gesetzlich angeordnete Eintragung des Anteilsverhältnisses in das Bahngrundbuch, und nur eventuell, d. h. soweit sich aus demselben ein anderes Verhältnis nicht ergibt, ein die Benutzung des gemeinsamen Gegenstandes für den Betrieb anzeigender Maßstab, nämlich die Zahl der im Bereiche jeder beteiligten Bahneinheit zurückgelegten Wagenachskilometer, entscheidend sein. Dabei hat man das letzte Geschäftsjahr d. h. Rechnungsjahr vor der Beschlagnahme als maßgebend für die Feststellung der Zahl der Wagenachskilometer hingestellt und zugleich für den Fall mehrerer Beschlagnahmen bezw. Beitrittserklärungen zur ersten Beschlagnahme durch die besondere Bezugnahme auf § 18 Abs. 3 des Zw.-V.-G. darauf hingewiesen, daß die erste Beschlagnahme in Betracht kommt, welche in dem anhängigen Zwangsvollstreckungsverfahren oder bei einer bis zur Einleitung derselben fortgesetzten Zwangsverwaltung erfolgt ist, nicht die späteren Beschlagnahmen bezw. Beitrittserklärungen zur ersten Beschlagnahme (Anm. 117 S. 239). Auch ist Vorsorge für den Fall getroffen, daß die Zahl der Wagenachskilometer und damit der entscheidende Maßstab nicht buchmäßig d. h. aus den Aufzeichnungen und Büchern rc. der beteiligten Bahnverwaltungen festzustellen sein sollte. Alsdann ordnet das Gesetz die Bestimmung des Anteilsverhältnisses durch das Vollstreckungsgericht nach Anhörung der Bahnaufsichtsbehörde an (Anm. 118 S. 239—240).

Festzuhalten ist, daß in erster Reihe für das Anteilsverhältnis die Eintragung in das Bahngrundbuch entscheidet (§ 11 Abs. 2 Ziff. 4), und nur in zweiter Reihe, d. h. wenn die Bahneinheit nicht eingetragen oder die Eintragung unvollständig oder mangelhaft ist, die Wagenachskilometerzahl den Maßstab bildet. Auch ist dieser subsidiär anzuwendende Maßstab — wie sich aus der Stellung des § 25 ergibt — ausschließlich für das Zwangsvollstreckungsverfahren vorgeschrieben. Außerhalb desselben entscheidet gemäß § 11 Abs. 2 Ziff. 4 die Eintragung in das Bahngrundbuch. Diese kann durch die Statuten und Genehmigungsbedingungen der beteiligten Bahneinheiten oder durch Vereinbarungen der betreffenden Bahneigentümer oder im Streitfalle auf Grund der für das Miteigentum in Betracht kommenden rechtlichen Momente, Erwerbshandlungen, Verträge rc. durch gerichtliche Entscheidung bestimmt werden. Wie bereits an früherer Stelle (§ 11 Anm. 48 S. 78—80) erörtert, ist die Annahme nicht zutreffend, daß der im § 25 vorgeschriebene subsidiäre Maßstab nach der Zahl der Wagenachskilometer auch außerhalb der Zwangsvollstreckung im Zweifelsfalle für die Eintragung des Anteilsverhältnisses im Bahngrundbuch der gesetzlich maßgebende sei und zur Anwendung kommen müsse. Hierbei kann zwar auch von den Parteien bezw. vom Gericht der Umfang der Benutzung bezw. der Maßstab der Wagenachskilometer als ein Moment für die Entscheidung über das Anteilsverhältnis herangezogen werden. Aber ein gesetzliches Erfordernis hierzu darf aus § 25, der nur für die Zwangsvollstreckung gegeben ist, nicht hergeleitet werden. Der § 25 findet lediglich Anwendung, wenn im Zwangsvollstreckungsverfahren das Bahngrundbuch über das Anteilsverhältnis nichts ergibt, sei es, daß versehentlich die Eintragung desselben unterlassen worden ist, sei es, daß die Bahneinheit überhaupt nicht eingetragen ist oder die erfolgte Eintragung sich als nicht genügend bestimmt erweist oder infolge nachträglicher Änderungen den rechtlichen oder tatsächlichen Verhältnissen nicht mehr entspricht (§ 11 Anm. 48 S. 78—80). Dann hat das Vollstreckungsgericht den Maßstab des § 25 anzuwenden. Daß dieser allein auf die Zwangsvollstreckung zu beziehen ist, ergibt sich auch evident daraus, daß nur in dieser von einem „letzten Geschäftsjahre vor der Beschlagnahme“ die Rede sein kann.

§ 25 beschränkt die Regelung des Anteilsverhältnisses auf Gegenstände und Rechte, welche zu mehreren Bahnen „desselben Eigentümers“ gehören. Diese Beschränkung erscheint jedoch nicht gerechtfertigt, stimmt auch mit der Vorschrift des § 11 Abs. 2 Ziff. 4 nicht überein, welcher ebenso wie die Motive zum § 86 des Eisenb.-Pfandr.-Ges.-Entwurfes von 1894 und 1895 ganz allgemein von Bestimmungen über das Anteilsverhältnis an denjenigen Gegenständen spricht, die „mehreren Bahnunternehmungen“ gewidmet sind. Denn das Bedürfnis einer Feststellung des Anteilsverhältnisses an gemeinsamen Gegenständen tritt in gleichem, ja sogar in noch höherem Grade dann hervor, wenn die Bahneinheiten, von welchen eine oder die andere der Zwangsvollstreckung unterliegt, verschiedenen Eigentümern, als wenn sie demselben Eigentümer angehören.

§ 25 des Bahneinheitsgesetzes ergänzt noch den entsprechenden § 86 des bisherigen Eisenb.-Pfandr.-Ges. v. 19. August 1895 für den Fall, daß mehrere Beschlagnahmen vorliegen. Alsdann sollen die Vorschriften des § 13 Abs. 3 des Reichsgesetzes über die Zwangsversteigerung und die Zwangsverwaltung entsprechende Anwendung finden d. h. die erste dieser Beschlagnahmen maßgebend sein und bei der Zwangsversteigerung, wenn bis zur Beschlagnahme eine Zwangsverwaltung fortgedauert hat, die für diese bewirkte Beschlagnahme als die erste gelten.

II. Aus der Entstehungsgeschichte des § 25 ist für die Erläuterung desselben folgendes zu entnehmen: § 25. Entstehung.

Der Regierungsentwurf v. 18. März 1895 (Druckf. d. Herrenh. Nr. 24 S. 12) schlug als § 86 nur den ersten Satz des in das Eisenb.-Pfandr.-Ges. übergegangenen § 86 vor, während der zweite Satz fehlte.

Zur Begründung (S. 51/2) wird ausgeführt: „Während dem Bahneigentümer, solange eine Zwangsvollstreckung nicht eingeleitet ist, ein ausgedehntes Verfügungsrecht über die einzelnen Bestandteile der Bahneinheit zusteht (vgl. die Begründung zu § 5), wird ihm durch die Einleitung der Zwangsvollstreckung infolge der Wirkungen der Beschlagnahme (§§ 16, 17, 139, 140 des Gesetzes v. 13. Juli 1883) dies freie Verfügungsrecht genommen, so daß die von der Beschlagnahme ergriffenen Bestandteile der Bahneinheit nicht mehr derselben entzogen werden können (§ 82 Ges. v. 13. Juli 1883). Aus den Bestimmungen des letzteren ist auch zu entnehmen, in welcher verschiedenen Weise die Beschlagnahme, je nachdem es sich um Zwangsversteigerung oder Zwangsverwaltung handelt, auf die Verfügungsbefugnis des Bahneigentümers einwirkt. Eine besondere Bestimmung macht nur der Umstand erforderlich, daß gewisse Bestandteile einer Bahneinheit häufig den Zwecken mehrerer Bahnunternehmungen dienen. Dabei kommen sowohl Grundstücke als auch bewegliche Bestandteile in Betracht. Über das Anteilsverhältnis der verschiedenen Bahnen an diesen Gegenständen können die Statuten oder die Bedingungen der Genehmigung nähere Bestimmungen enthalten oder es können solche Bestimmungen von dem Bahneigentümer innerhalb der Grenzen des ihm zustehenden Verfügungsrechts getroffen sein. Derartige Bestimmungen sind als verbindlich anzusehen, wenn sie in Gemäßheit der §§ 11, 18 auf dem Titel des Bahngrundbuchblatts vermerkt sind. Für den Fall, daß es an besonderen Bestimmungen fehlt, ist zur Bestimmung des Anteilsverhältnisses zweckmäßig auf den Umfang der in Frage kommenden Betriebe zurückzugehen. Einen geeigneten Maßstab zur Bemessung dieses Umfangs bietet die bei den Eisenbahnen zu Aufsichtszwecken jährlich festgestellte Zahl der Wagenachskilometer, d. h. die Anzahl der im Geschäftsjahre auf der Bahn in Bewegung gesetzten Achsen multipliziert mit der Zahl der von denselben im Bereiche der Bahn zurückgelegten Kilometer. Maßgebend ist das letzte Geschäftsjahr vor der Beschlagnahme."

In der Kommission des Abg.-Hauses (Drucks. Nr. 254 S. 8157) ist zu § 36 festgestellt worden, daß unter „Beschlagnahme" die erste Beschlagnahme zu verstehen sei. Die Frage, ob man statt auf Wagenachskilometer nicht besser auf Zugkilometer zurückgehe, wurde verneint und sodann bemerkt, daß die Bahnaufsichtsbehörde die Bahnverwaltungen zur genauen Buchführung über die Zahl der zurückgelegten Wagenachskilometer werde anzuhalten haben, die Möglichkeit und Wahrscheinlichkeit einer genauen Buchführung aber besonders für Kleinbahnen in Abrede gestellt und für alle Fälle die Hinzufügung einer kategorischen Bestimmung des Inhalts vom Referenten vorgeschlagen: „Ist die Zahl der Wagenachskilometer nicht buchmäßig festzustellen, so wird das Anteilsverhältnis durch das Vollstreckungsgericht nach Anhörung der Bahnaufsichtsbehörde bestimmt." Die letzte Fassung hat vor mehreren anderen, welche die Entscheidung in die Hand der Bahnaufsichtsbehörde legen wollten, den Vorzug erhalten, weil anerkannt wurde, daß diese Entscheidung, streng genommen, Sache des Gerichts sei, vom Gericht aber zweckmäßigerweise nur in Verbindung mit der Aufsichtsbehörde getroffen werden könne.

§ 36 ist hierauf mit dem Antrag des Referenten angenommen worden, und in dieser Fassung in das Eisenb.-Pfandr.-Ges. endgültig übergegangen.

Der Revisionsentwurf v. 10. Februar 1902 (Drucks. d. Herrenh. Sess. 1902 Nr. 42 S. 4) schlug für den dem § 25 des Bahneinheitsgesetzes v. 11. Juni 1902 entsprechenden § 36 des bisherigen Eisenb.-Pfandr.-Ges. folgende Änderung vor: Der § 36 Satz 1 erhält unter Streichung der Worte „(§ 36 des Gesetzes v. 18. Juli 1883)" den Zusatz: „liegen mehrere Beschlagnahmen vor, so finden die Vorschriften des § 18 Abs. 3 des Reichsgesetzes über die Zwangsversteigerung und die Zwangsverwaltung entsprechende Anwendung" mit der kurzen Begründung, daß die Verweisung auf das Preußische Gesetz durch die Verweisung auf die entsprechende Vorschrift des Reichsgesetzes ersetzt und ihre Bedeutung klar gestellt werden soll (a. a. O. S. 20).

Mit dieser vom Abgeordneten- und Herrenhause angenommenen Änderung ging der bisherige § 36 als § 25 in das Bahneinheitsgesetz über.

§ 25. Satz 1. **116**) Satz 1 des § 25 regelt die Frage, wie sich in der Zwangsvollstreckung das Anteilsverhältnis an unbeweglichen oder beweglichen Gegenständen bestimmt, welche zu mehreren Bahnen desselben Eigentümers gehören. Die Regelung dieser Frage war notwendig, weil mit der Einleitung des Zwangsvollstreckungsverfahrens das Objekt, in welches die Zwangsvollstreckung stattfindet, in dem in den §§ 20ff., 146—148 des Ges. v. 24. März 1897 vorgezeichneten Umfange in Beschlag genommen wird und genau feststehen muß, mithin auch, wenn Gegenstände zu mehreren Bahnen gehören, der Anteil, welcher an jenen gemeinsamen Gegenständen der in Zwangsvollstreckung befindlichen Bahneinheit zusteht.

I. Voraussetzung ist das Vorhandensein von unbeweglichen oder beweglichen Gegenständen und Rechten, welche zu mehreren Bahnen desselben Eigentümers gehören.

a) Als solche Gegenstände kommen vornehmlich in Betracht: 1. Gemeinschaftliche Grundstücke und Baulichkeiten, wie Bahnhöfe und Haltestellen, Weichen- und Gleisanlagen, Verbindungsbahnen, Dienstgebäude, Werkstätten, Magazine, Güterschuppen, Gasanstalten, Schutzstreifen ꝛc. (f. § 4 Abs. 1 Nr. 1 Anm. 14 S. 28 ff.). 2. Gemeinsame zum Betriebe und der Verwaltung der Bahn gehörige Fonds, wie Erneuerungs-, Reserve-, Pensions-, Krankenkassen-, Feuer- und Unfall-Versicherungs-, Amortisations-Fonds, Kassenbestände, Forderungen aus dem gemeinsamen Transport-Verkehre ꝛc. (§ 4 Abs. 1 Nr. 2 Anm. 14a S. 27 ff.). 3. Gemeinsame bewegliche körperliche Sachen, welche zur Herstellung, Erhaltung oder Erneuerung der Bahnen oder ihrer Gebäude oder zum Betriebe des Bahnunternehmens dienen, insbesondere Baumaterialienbestände (Schwellen, Schienen, Weichen ꝛc.), Betriebsmittel (Lokomotiven, Tender, Wagen), Ausrüstungsgegenstände (Wagen, Krahne, Signale) f. § 4 Abs. 1 Nr. 3 Anm. 14b (S. 29 ff.). 4. Gemeinsame Rechte an fremden Privat-Grundstücken und Baulichkeiten, vornehmlich Servituten an fremden Bahnhöfen, Eisenbahnbrücken, Tunnels oder an öffentlichen Straßen, Flüssen, Kanälen (z. B. §§ 6, 7 Ges. v. 28. Juli 1892) § 4 Abs. 1 Nr. 1 Anm. 14 S. 28).

b) Die vorbezeichneten (a) Gegenstände müssen zu mehreren Bahnen desselben Eigentümers gehören.

1. Der Ausdruck „Bahnen" ist jedoch nicht richtig und der Absicht des Gesetzes entsprechend gewählt. Nicht auf das Anteilsverhältnis mehrerer Bahnen an dem gemeinsamen Gegenstande kommt es an. Bilden diese eine Bahneinheit (§ 2 Abs. 1 Satz 2), so ist das Anteilsverhältnis derselben an dem gemeinsamen Gegenstande irrelevant, da die Zwangsvollstreckung nicht in die einzelne Bahn, sondern in die Bahneinheit stattfindet. Von Wichtigkeit ist das Anteilsverhältnis also nur, wenn der gemeinsame Gegenstand mehreren Bahneinheiten gewidmet ist, weil lediglich in diesem Falle die Frage der Entscheidung bedarf, welcher Teil des Gegenstandes zu der in Beschlag genommenen Bahneinheit gehört und der Zwangsvollstreckung mit unterliegt. Es liegt hier ein redaktionelles Versehen vor.

2. Ebensowenig sind die Worte „desselben Eigentümers" zutreffend. Denn es kommt nicht in Betracht, ob die beteiligten Bahneinheiten demselben Eigentümer oder verschiedenen Eigentümern angehören. Vielmehr bildet jede Bahneinheit für sich allein ein selbständiges und von anderen Bahneinheiten unabhängiges Objekt der Zwangsvollstreckung. Gleichviel also, ob die beteiligten Bahneinheiten demselben Eigentümer oder verschiedenen Eigentümern gehören, bedarf es für den Fall der Zwangsvollstreckung der Bestimmung des Anteilsverhältnisses an den mehreren Bahneinheiten gemeinsamen Gegenständen und Rechten (Anm. 48 S. 78—80).

c) Die Voraussetzung besteht hiernach korrekt in dem Vorhandensein unbeweglicher oder beweglicher Gegenstände oder Rechte, welche zu mehreren Bahneinheiten gehören. Nur auf solche ist § 25 anwendbar. Er findet mithin keine Anwendung auf Gegenstände, welche erweislich oder notorisch Eigentum oder Zubehör einer Bahneinheit sind, selbst wenn sie, sei es precario, usancemäßig, aus Konvenienz auch der Mitbenutzung oder den Zwecken anderer Bahneinheiten überlassen sind. Dahin gehören z. B. Grundstücke, welche durch Bezeichnung auf dem Titel eines Bahngrundbuchblatts (§ 11 Abs. 2 Ziff. 2) als Bestandteile einer bestimmten Bahneinheit eingetragen sind, wenngleich sie, wie häufig Bahnhöfe,

Werkstätten, Zufahrtstraßen rc., auch für Zwecke anderer Bahneinheiten benutzt werden. Solange diese Eintragung nicht mit Genehmigung der Bahnaufsichtsbehörde (§ 5) geändert worden ist, sind die betreffenden Grundstücke ausschließlich als Teile dieser Bahneinheit anzusehen und kann von einem Anteile anderer Bahneinheiten nicht die Rede sein (Gleim, Eisenb.-Pfandr.-Ges., § 36 Anm. 1).

Bei beweglichen Gegenständen fehlt es zwar an einem so bestimmten Erkennungszeichen, wie es bei Grundstücken die Eintragung im Bahngrundbuche für eine Bahneinheit bietet. Aber es ist, wie Gleim a. a. O. richtig bemerkt, grundsätzlich daran festzuhalten, daß bewegliche Gegenstände dann zu einer bestimmten Bahneinheit gehören, wenn sie aus deren Mitteln (Kassenbeständen, Erneuerungs- und Reservefonds, Anleihen, welche pfandrechtlich nur auf dieser Bahneinheit lasten) beschafft sind. Nur dann, wenn dies nicht festgestellt werden kann, oder wenn die Beschaffung aus den mehreren Bahneinheiten gemeinschaftlichen Kassenbeständen, Fonds oder Anleihen erfolgt ist, und wenn diese Gegenstände zugleich mehreren Bahneinheiten dienen, ist die Annahme gerechtfertigt, daß sie zu diesen mehreren Bahneinheiten gehören. Das gleiche gilt von Forderungen, welche als Teile derjenigen Bahneinheit gelten müssen, aus deren Betriebe sie entstanden oder zu deren Gunsten sie begründet sind. Nur die aus gemeinschaftlichem Betriebe, insbesondere aus der Benutzung der mehreren Bahneinheiten zugehörigen Gegenstände, z. B. der Fahrbetriebsmittel hervorgegangenen, sowie die Forderungen aus Zusicherungen Dritter für mehrere Bahneinheiten sind als gemeinschaftliche Forderungen dieser Bahneinheiten anzusehen. Für die Zugehörigkeit eines Fonds zu einer Bahneinheit ist seine Zweckbestimmung für eine Bahneinheit und seine Dotierung aus den Mitteln derselben entscheidend, und nach Anlegung des Bahngrundbuchs seine Verzeichnung auf dem Titel des Bahngrundbuchblatts der Bahneinheit (§ 11 Nr. 2). Der § 25 findet daher nur auf diejenigen Fonds Anwendung, welche nach diesen Merkmalen mehreren Bahneinheiten zugehören.

II. Ist die vorerörterte Voraussetzung: „das Vorhandensein von Gegenständen und Rechte, welche zu mehreren Bahneinheiten gehören", gegeben, so bestimmt sich das Anteilsverhältnis durch das Verhältnis der im letzten Geschäftsjahr vor der Beschlagnahme (§ 13 Abs. 3 Zw.-V.-Ges. v. 24. März 1897) auf den einzelnen Bahnen zurückgelegten Wagenachskilometer, soweit nicht aus dem Bahngrundbuch ein anderes Verhältnis sich ergibt. Die Bestimmung ist also eine zweifache, von denen die eine prinzipaliter, die andere eventualiter (subsidiär) Platz greift. Prinzipaliter ist die im § 11 Abs. 2 Ziff. 4 gesetzlich angeordnete Eintragung des Anteilsverhältnisses in das Bahngrundbuch entscheidend. Nur eventualiter, d. h. wenn die Bahneinheit nicht eingetragen ist oder sich aus dem Bahngrundbuch ein anderes Verhältnis nicht ergibt, soll als Maßstab die Zahl der im Bereiche jeder beteiligten Bahneinheit im letzten Geschäftsjahre vor der Beschlagnahme zurückgelegten Wagenachskilometer gelten.

a) Prinzipaliter bestimmt sich hiernach das Anteilsverhältnis an den gemeinsamen Gegenständen nach der Eintragung desselben im Bahngrundbuche. Diese Eintragung ist durch § 11 Abs. 2 Ziff. 4 obligatorisch für das Anteilsverhältnis an allen Gegenständen — unbeweglichen und beweglichen —, welche mehreren Bahnunternehmungen gewidmet sind, vorgeschrieben. In welcher Weise und nach welchen Grundsätzen die Feststellung der Eintragung des Anteilsverhältnisses ins Bahngrundbuch zu erfolgen hat, ist bei § 11 Abs. 2 Anm. 48 S. 78—80, erörtert. Demungeachtet kann die Bestimmung des Anteilsverhältnisses nach Maßgabe der Eintragung im Bahngrundbuche versagen, wenn die Bahneinheit nicht eingetragen oder die bezügliche Eintragung ungenau, unbestimmt, mangelhaft oder zweifelhaft ist, versehentlich gänzlich unterlassen ist oder das Bahngrundbuch selbst oder die bezw. Eintragung zerstört ꝛc. ist. Auch ist ganz allgemein von dem „Bahngrundbuch" gesprochen. Nun läßt sich zwar annehmen, daß damit in erster Reihe das Bahngrundbuch derjenigen Bahneinheit gemeint ist, in welche die Zwangsvollstreckung stattfindet. Aber es muß nach dem Wortlaute und der Absicht des Gesetzes auch auf die entsprechende Eintragung in die Bahngrundbücher der anderen beteiligten Bahneinheiten zurückgegangen werden, dieselben müssen notwendig in bezug auf die Bestimmung des Anteilsverhältnisses an dem gemeinsamen Gegenstande übereinstimmen bezw. sich decken. Stimmen sie nicht überein, so können sie zur Feststellung des Anteilsverhältnisses nicht dienen, da man nicht einer Eintragung vor der anderen den Vorzug geben kann.

b) Eventualiter soll daher das Anteilsverhältnis, wenn die Bahneinheit nicht eingetragen ist oder die Bestimmung nach der Eintragung im Bahngrundbuche versagt, nach dem Verhältnis der im letzten Geschäftsjahre vor der Beschlagnahme auf den einzelnen Bahnen zurückgelegten Wagenachskilometer bestimmt werden; d. h., sieht einen geeigneten Maßstab in der Zahl der bei den Eisenbahnverwaltungen zu Aufsichts- und Kontrollzwecken jährlich festgestellten Zahl der Wagenachskilometer sc. der Anzahl der im Geschäftsjahre auf der Bahn in Bewegung gesetzten Achsen multipliziert mit der Zahl der von denselben im Bereiche der Bahn zurückgelegten Kilometer. Wie also die Zahlen dieser Wagenachskilometer der beteiligten Bahneinheiten im letzten Geschäftsjahre vor der Beschlagnahme sich zueinander verhalten, so sollen sich die Anteile der Bahneinheiten an dem gemeinsamen Gegenstande berechnen. Geschäftsjahr ist hierbei gleichbedeutend mit Rechnungsjahr. Maßgebend ist daher das dem laufenden vorangegangene Rechnungsjahr, wenn auch der Rechnungsabschluß für dasselbe noch nicht fertiggestellt sein sollte. Entscheidend ist, wie schon aus der Bezugnahme auf § 13 des Zw.-V.-G. v. 24. März 1897 hervorgeht, das Geschäftsjahr, welches der in dem anhängigen Verfahren oder bei einer bis zur Einleitung desselben fortgesetzten Zwangsverwaltung erfolgten ersten Beschlagnahme vorausgegangen ist.

c) Die Bestimmung, daß eventualiter die Zahl der Wagenachskilometer der Bahneinheiten im letzten Geschäftsjahre vor der Beschlagnahme für das Anteilsverhältnis maßgebend sein soll, bezieht sich lediglich auf das Zwangsvollstreckungsverfahren und darf nicht — wie irrtümlich angenommen worden ist — als bindende Vorschrift für die gemäß § 11 Abs. 2 Ziff. 4 in das Grundbuch aufzunehmende Eintragung des Anteilsverhältnisses angesehen werden. Dies ergibt sich schon aus der Stellung des § 25 in dem Abschnitt IV über die Zwangsvollstreckung. Für die Eintragung des Anteilsverhältnisses von Gegenständen, welche mehreren Bahneinheiten gewidmet sind, gemäß § 11 Abs. 2 Ziff. 4 sind in erster Reihe die Statuten und Genehmigungsbedingungen und sodann die Vereinbarungen der Bahneigentümer entscheidend, und, wo diese versagen, muß die Frage des Anteilsverhältnisses unter den beteiligten Bahneigentümern im Rechtswege zum Austrage gebracht werden. Hierbei sind für den Richter lediglich die Grundsätze des allgemeinen bürgerlichen Rechts über Miteigentum (B.-G.-B. §§ 1008—1011

Einf.-Ges. z. B.-G.-B. Art. 131) maßgebend, und zur Entscheidung diejenigen Direktiven heranzuziehen, welche dieses Recht an die Hand gibt. Bieten ihm diese bei der Eigentümlichkeit und Besonderheit der Bahnunternehmungen keinen genügenden Anhalt, so kann er zwar nach freiem Ermessen als Hilfsmittel die Eventualitätbestimmung des § 25 über die Bemessung des Anteilsverhältnisses nach der Anzahl der Wagenachskilometer in Anwendung bringen, aber eine Verpflichtung hierzu liegt weder ihm, noch der Bahnaufsichtsbehörde, noch dem Bahngrundbuchgericht ob. Denn die Bestimmungen des § 25 sind lediglich für die Zwangsvollstreckung gegeben und besitzen außerhalb derselben keine zwingende Kraft.

d) Die Frage, welche Instanz im Streitfalle das Anteilsverhältnis nach Maßgabe des Satzes 1 des § 25 zu bestimmen hat, ist zweifelhaft. Da es sich hierbei nicht sowohl um eine interne Handlung oder Anordnung des Vollstreckungsverfahrens, als vielmehr um die materiell- und privatrechtliche Frage der Feststellung des Anteils am Miteigentum oder der Mitbenutzung rc. an unbeweglichen oder beweglichen Sachen handelt, woran auch andere, der Zwangsvollstreckung nicht unterliegende Bahneinheiten beteiligt sein können, so würde an sich und grundsätzlich sowohl nach den bezüglichen Normen der C.-P.-O., wie des Zw.-V.-G. v. 24. März 1897 das zuständige Prozeßgericht über das Anteilsverhältnis bezw. die Miteigentums- und Interventionsansprüche zu entscheiden haben, und demgemäß vom Vollstreckungsgerichte die Entscheidung dem Prozeßgerichte zum besonderen Prozesse zu überweisen sein (vgl. § 115 Zw.-V.-G. v. 24. März 1897, §§ 771, 879—882 C.-P.-O.). Indes hiergegen spricht, daß durch Satz 3 des § 25 für den Fall, daß die Zahl der Wagenachskilometer nicht buchmäßig festzustellen ist, die Entscheidung über das Anteilsverhältnis dem Vollstreckungsgericht nach Anhörung der Bahnaufsichtsbehörde übertragen ist. Es läßt sich daraus der Schluß ziehen, daß nach der Absicht des Gesetzes das Vollstreckungsgericht auch in allen anderen Fällen zur Bestimmung des Anteilsverhältnisses zuständig sein soll, und zwar in diesen ohne Anhörung der Bahnaufsichtsbehörde. Auch würde sonst eine höchst mißliche Differenz in den gegen die Entscheidung gegebenen Rechtsmitteln Platz greifen.

Indes erscheint die Übertragung dieser Zuständigkeit auf das Vollstreckungsgericht mit Rücksicht auf die reine materielle und privatrechtliche Natur der in Rede stehenden Frage und des häufig sehr bedeutenden Umfanges des Objekts (z. B. bei Streitigkeiten wegen des Miteigentums an gemeinsamen Bahnhöfen, Baulichkeiten, Verbindungsbahnen rc.) in hohem Grade bedenklich. Bereits in den Verhandlungen der Abg.-Haus-Kommission wurde gegenüber mehreren Vorschlägen, diese Entscheidung der Bahnaufsichtsbehörde zu übertragen, regierungsseitig darauf hingewiesen, daß es für diese mißlich sei, „so unmittelbar das Privatrecht tangierde Entscheidungen“ zu treffen. Das gleiche gilt aber auch für das Vollstreckungsgericht, dessen Kompetenz ihrem Zwecke nach nur die Leitung des Vollstreckungsverfahrens und die Entscheidung der damit zusammenhängenden, innerhalb desselben sich bewegenden Streitigkeiten umfaßt, nicht aber auf materielle Entscheidungen sich zu erstrecken hat, welche tief in die Privatrechte Dritter, die der Zwangsvollstreckung nicht unterworfen sind, eingreifen. Dazu tritt, daß das gegen die Entscheidungen des Vollstreckungsgerichts in Vollstreckungssachen gegebene Rechtsmittel der Beschwerde mit Rücksicht auf die privatrechtliche Natur der Entscheidung über das Anteilsverhältnis nicht passend erscheint. Es ist daher angezeigt, die Bestimmung des Anteilverhältnisses im Streitfalle den zuständigen Prozeßgerichten zu überlassen.

[117]) Satz 2 des § 25 bestimmt im engen Anschluß an Satz 1, daß, wenn mehrere Beschlagnahmen vorliegen, die Vorschriften des § 13 Abs. 3 des Reichsgesetzes über die Zwangsversteigerung und die Zwangsverwaltung entsprechende Anwendung finden. Nach den Motiven z. Zw.-V.-G. beruht die Vorschrift, daß, wenn mehrere Beschlagnahmen zusammentreffen, nicht jedem betreibenden Gläubiger gegenüber ein anderer Zeitpunkt, insbesondere für die Berechnung der Rückstände, anzunehmen ist, vielmehr der Zeitpunkt ein einheitlicher und demgemäß auch die Berechnung der Rückstände für alle Gläubiger eine gleichmäßige sein muß, auf praktischen Gründen. Die erste Beschlagnahme bleibt auch maßgebend, wenn der erste Antragsteller nach dem Beitritt eines anderen Gläubigers seinen Antrag zurückgenommen hat und das Verfahren nur auf Grund dieses Beitritts fortgesetzt wird (Jäckel a. a. O. § 13 Anm. 3, Riedner S. 25, Fischer-Schäfer S. 202). Bei der Zwangsversteigerung gilt, wenn bis zur Beschlagnahme eine Zwangsverwaltung fortgedauert hat, die für diese letztere bewirkte Beschlagnahme als die erste. § 25. Satz 2.

[118]) Satz 3 des § 25 trifft Vorsorge für den Fall, daß bei der Bestimmung des Anteilsverhältnisses nach der Zahl der Wagenachskilometer (Satz 1 Anm. 116 S. 234) diese nicht buchmäßig festzustellen ist. Alsdann soll das Anteilsverhältnis durch das Vollstreckungsgericht nach Anhörung der Bahnaufsichtsbehörde bestimmt werden. Diese Vorschrift ist erst in der Abg.-Haus-Kommission hinzugefügt worden (Anm. 115 S. 234) mit Rücksicht darauf, daß eine genaue Buchführung über die Zahl der zurückgelegten Wagenachskilometer insbesondere bei Kleinbahnen weder möglich, noch wahrscheinlich sei. Ursprünglich war vorgeschlagen worden, daß in diesem Falle die Bahnaufsichtsbehörde endgültig die Zahl festzusetzen habe. Nachdem aber regierungsseitig dagegen eingewendet worden war, daß für die Bahnaufsichtsbehörde eine so unmittelbar das Privatrecht tangierende Entscheidung mißlich sei, wurde diese dem Vollstreckungsgericht nach Anhörung der Bahnaufsichtsbehörde übertragen. (Vgl. über die Unzweckmäßigkeit dieser Bestimmung: Anm. 116 i. f. S. 238). § 25. Satz 3.

Voraussetzung ist, daß die Zahl der Wagenachskilometer nicht buchmäßig festzustellen ist, sei es, daß die bezüglichen Bücher, Journale und sonstigen Aufzeichnungen fehlen oder mangelhaft und unvollständig sind oder seit Eröffnung der Bahn noch nicht ein volles Jahr vor der Beschlagnahme verflossen ist ꝛc. Daraus folgt, daß, wenn diese Zahl buchmäßig festzustellen ist, für die Bestimmung des Anteilsverhältnisses nicht die Vorschriften des Satzes 3, sondern die des Satzes 1 Platz greifen. Beide, sowohl die buchmäßige Feststellung der Zahl, wie die Entscheidung, daß eine buchmäßige Feststellung nicht möglich sei, liegt aber dem Vollstreckungsgerichte ob, nur mit dem Unterschiede, daß im ersteren Falle die Feststellung des Anteilsverhältnisses nach Satz 1, im letzteren Falle nach Satz 3 erfolgt.

Liegt die Voraussetzung der Unmöglichkeit der buchmäßigen Feststellung vor, so wird das Anteilsverhältnis durch das Vollstreckungsgericht nach Anhörung der Bahnaufsichtsbehörde bestimmt. Die Vorschrift ist ihrer Fassung nach obligatorisch. Nur das Vollstreckungsgericht, nicht auch ein anderes Gericht, ist für die in Rede stehende Bestimmung zuständig. Vollstreckungsgericht ist das im § 22 bezeichnete Gericht. Die Bestimmung erfolgt durch Beschluß bezw. Entscheidung. Eine vorgängige mündliche Verhandlung mit den Beteiligten ist zwar nicht vorgeschrieben, wird aber mit Rücksicht auf die erforderliche Vorlegung und Einsichtnahme der Bücher ꝛc. nicht umgangen werden können. Jedenfalls muß, wenn die Zahl der Wagenachskilometer nicht buchmäßig festzustellen ist, die Bahnaufsichtsbehörde, sei es schriftlich oder mündlich vorher ordnungsmäßig gehört werden. Als geeignete Anhaltspunkte für eine anderweite Ermittelung des Anteilsverhältnisses werden insbesondere der Fahrplan in Verbindung mit der zu veranschlagenden durchschnittlichen Zahl der in jedem Zuge beförderten Achsen, die Höhe der Verkehrseinnahmen, bei gemeinsamen Bahnhöfen die Zahl der von jeder Bahneinheit einlaufenden und abgehenden Züge bezw. Wagen, bei gemeinsamen Werkstätten ꝛc. die Zahl der reparierten Betriebsmittel einer jeden Bahneinheit sowie die Kosten der Reparaturen ꝛc. dienen müssen. Der Beschluß bezw. die Entscheidung ist den Beteiligten, d. h. den Vorständen der Bahneinheiten, zu welchen der betreffende Gegenstand gehört, sowie dem Antragsteller zuzustellen. Gegen den Beschluß findet das Rechtsmittel der Beschwerde nach Maßgabe der §§ 567 ff. C.-P.-O. statt.

§ 26.[119])

Für das Recht auf Befriedigung aus der Bahneinheit gelten die Vorschriften des § 10 des Reichsgesetzes über die Zwangsversteigerung und die Zwangsverwaltung und die Artikel 1 bis 3 des Ausführungsgesetzes vom 23. September 1899 (Gesetz-Samml. S. 291) mit folgenden Maßgaben:[120])

1. Die nach den §§ 6 und 7 dieses Gesetzes begründeten Ansprüche auf Entschädigung gewähren ein Recht auf Befriedigung nach den im § 10 Nr. 1 des Reichsgesetzes bezeichneten Ansprüchen.[121]) Das Recht erlischt, wenn der Entschädigungsanspruch nicht innerhalb eines Jahres nach der Erklärung der Bahnaufsichtsbehörde gerichtlich geltend gemacht und bis zur Anordnung des Vollstreckungsverfahrens verfolgt wird.[122])
2. Das im § 10 Nr. 2 des Reichsgesetzes bezeichnete Recht auf Befriedigung steht denjenigen zu, welche sich dem Eigentümer der Bahn für den Betrieb zu dauerndem Dienste verdungen haben.[123])
3. Das im § 10 Nr. 3 des Reichsgesetzes bezeichnete Recht auf Befriedigung gewähren nach folgender Rangordnung, bei gleichem Range nach dem Verhältnis ihrer Beträge, die Ansprüche auf Entrichtung:[124])
   a) der in Artikel 1 Abs. 1 Nr. 1 des Ausführungsgesetzes bezeichneten Lasten, die auf den zur Bahneinheit gehörenden Grundstücken haften;[125])

b) der zur Staatskasse fließenden Abgaben für den Bahnbetrieb sowie der in Artikel 3 des Ausführungsgesetzes bezeichneten Lasten, die in Ansehung der zur Bahneinheit gehörenden Grundstücke zu entrichten sind;[126])

c) der in Artikel 1 Abs. 1 Nr. 2 und in Artikel 2 des Ausführungsgesetzes bezeichneten Lasten, die für den Bahnbetrieb oder in Ansehung der zur Bahneinheit gehörenden Grundstücke zu entrichten sind.[127])

4. Nach den in § 10 Nr. 3 des Reichsgesetzes bezeichneten Ansprüchen gewähren ein Recht auf Befriedigung die Ansprüche auf Erstattung von Beträgen, welche innerhalb des letzten Jahres im gegenseitigen Bahnverkehre von einem anderen Bahnunternehmer ausgelegt oder für ihn erhoben oder für die Benutzung von Fahrbetriebsmitteln zu entrichten sind (Abrechnungsforderungen).[128])

119) Prinzip und Entstehung des § 26.

I. Prinzip. An die §§ 22 bis 25, welche sich auf die gesamte Zwangs- § 26.
vollstreckung (Zwangsverwaltung und Zwangsversteigerung) beziehen, reihen sich Prinzip.
die §§ 26 bis 82, welche ausschließlich die Zwangsversteigerung, und die §§ 38 bis 86, welche nur die Zwangsverwaltung betreffen. § 26 bezieht sich nur auf die Zwangsversteigerung, indem einige die Vorschriften des § 10 des Reichsges. über die Zwangsversteigerung und die Zwangsverwaltung und die Artikel 1 bis 8 des Ausführungsgesetzes v. 28. September 1899 (G.-S. S. 291) modifizierende und ergänzende Vorschriften hinsichtlich der Reihenfolge und des Umfangs der Ansprüche auf Befriedigung aus der Bahneinheit den Inhalt des § 26 bilden.

Was nun die Reihenfolge und den Umfang der aus der Bahneinheit (Zwangsversteigerung) zu befriedigenden Ansprüche anlangt (§ 10 des Zw.-V.-G. v. 24. März 1897, so ist an die Spitze des § 26 der sich schon aus § 20 von selbst ergebende Grundsatz gestellt, daß hinsichtlich der Reihenfolge und des Umfangs die Vorschriften des § 10 des Zw.-V.-G. v. 24. März 1897 und der Art. 1—8 des Ausführ.-Ges. v. 23. September 1899 gelten (§ 26 Satz 1). Doch haben die eigentümlichen Verhältnisse der Bahneinheiten teils zu einer Vermehrung der im § 10 des Zw.-V.-G. v. 24. März 1897 aufgeführten acht Kategorien dieser Ansprüche geführt, teils zu einer Deklaration, Ergänzung und Ausführung dieses Paragraphen des bezeichneten Gesetzes.

Eine Vermehrung der bestehenden Kategorien ist zunächst dadurch eingetreten, daß man im weiteren Sinne die gemäß §§ 6 u. 7 des Bahneinheitsgesetzes begründeten Entschädigungsforderungen dinglich Berechtigter als Ansprüche betrachtete, welche im Interesse der Erhaltung der Betriebsfähigkeit des Bahnunternehmens entstanden und deshalb unmittelbar hinter der I. Kategorie (§ 10 Zw.-V.-G. v. 24. März 1897), betreffend die bis zum Zuschlage von dem die Zwangsversteigerung betreibenden Gläubiger gemachten Ausgaben, zu liquidieren sind. Doch ist dieses Recht nicht für unbegrenzte Zeit gegeben, soll vielmehr erlöschen, wenn der Entschädigungsanspruch nicht innerhalb eines Jahres nach der Erklärung der

Bahnaufsichtsbehörde gerichtlich geltend gemacht und bis zur Anordnung des Vollstreckungsverfahrens verfolgt wird (§ 26 Ziff. 1 Satz 2).

Eine Vermehrung der vorhandenen Kategorien hat ferner dadurch stattgefunden, daß den aus der Kreditgewährung der Bahnen im gegenseitigen Verkehr an Frachten, Benutzungsgebühren für Fahrbetriebsmittel entstandenen Ansprüchen (Abrechnungsforderungen) im Interesse der Aufrechterhaltung dieser Formen der Kreditgewährung ein Recht auf Befriedigung eingeräumt und diese neue Kategorie der Abrechnungsforderungen direkt hinter den in § 10 Nr. 3 des Zw.-V.-G. bezeichneten Ansprüchen auf Entrichtung der öffentlichen Lasten wegen der laufenden und der aus den letzten zwei Jahren rückständigen Beträge eingefügt worden ist. Doch ist auch das Recht auf Befriedigung dieser Ansprüche zeitlich auf die Erstattung von Beträgen beschränkt, welche innerhalb des letzten Jahres im gegenseitigen Bahnverkehr von einem anderen Bahnunternehmer ausgelegt oder für ihn erhoben oder für die Benutzung von Fahrbetriebsmitteln zu entrichten sind (§ 26 Ziff. 4).

Die acht im § 10 Zw.-V.-G. aufgeführten Kategorien von Ansprüchen sind demnach für die Zwangsvollstreckung in Bahneinheiten in zehn umgewandelt worden, und zwar dergestalt, daß hinter die I. und III. Kategorie (§ 10 Nr. 1 und 3 Zw.-V.-G. v. 24. März 1897) je eine neue Kategorie getreten ist.

Eine deklaratorische Ergänzung und Ausführung der im § 10 des Zw.-V.-G. v. 24. März 1897 enthaltenen Bestimmungen ist in erster Reihe dadurch erforderlich geworden, daß die Bestimmung im § 10 Nr. 2 betreffend die Ansprüche aus den Dienstleistungen der zur Bewirtschaftung des Grundstücks oder zum Betriebe eines damit verbundenen land- oder forstwirtschaftlichen Nebengewerbes in einem Dienst- oder Arbeitsverhältnisse stehenden Personen, auf das Bahnpersonal nicht paßte. Deshalb ist diese Bestimmung dahin deklariert worden, daß das im § 10 Nr. 2 des Reichsgesetzes bezeichnete Recht auf Befriedigung denjenigen zusteht, welche sich dem Eigentümer der Bahn für den Betrieb zu dauerndem Dienste verdungen haben (§ 26 Nr. 2). Es sind damit nicht nur Personen gemeint, welche dem Eisenbahnbetriebsdienste angehören, sondern alle, welche für den gesamten Eisenbahnverkehr vertragsmäßig dienstbar sind; aber das Dienstverhältnis darf kein vorübergehendes, mit kurzer Frist lösbares sein, sondern es muß, wenn auch kündbar, so doch ein auf längere Dauer berechnetes sein.

Eine fernere deklaratorische Ergänzung hat sich aus dem Umstande ergeben, daß § 10 Nr. 3 des Reichs-Ges., Art. 1—3 des Ausführ.-Ges., welche das Recht auf Befriedigung für die Ansprüche auf Entrichtung der öffentlichen Lasten des Grundstücks wegen der laufenden und der aus den letzten zwei Jahren rückständigen Beträge feststellen, nur allgemein gehalten sind und der Natur der Sache nach die besonderen Staats- und Kommunalabgaben und Lasten nicht berücksichtigen, welche den Bahnunternehmungen obliegen. Aus diesem Grunde ist im § 26 des Bahneinheitsges. dem § 10 Nr. 3 des Reichsges. bezw. Art. 1—3 des Ausführ.-Ges. noch erläuternd hinzugefügt, daß das im § 10 Nr. 3 des Reichsges. bezeichnete Recht auf Befriedigung bei gleichem Range nach dem Verhältnis ihrer Beträge, die im § 26 Ziff. 3 des Bahneinh.-Ges. unter lit. a bis c aufgeführten Ansprüche in der dort angegebenen Reihenfolge gewähren.

Mit diesen Maßnahmen stellt sich die Reihenfolge und der Umfang der aus der Bahneinheit zu befriedigenden Ansprüche bei der Zwangsversteigerung einer Bahneinheit gemäß § 10 Nr. 3 des Zw.=V.=G. v. 24. März 1897 und Art. 1—8 des Ausführ.=Ges. in Verbindung mit § 109 des Zw.=V.=G. und § 26 des Bahneinh.=Ges. zu befriedigenden Ansprüche (vgl. hierzu Jäckel Zw.=V.=G. § 10 S. 37 ff., Fischer und Schäfer, Zwangsvollstreckung S. 188 ff., 192 ff., 690, Freund, Zwangsvollstreckung, 8. Aufl. S. 58 ff., Riedner S. 17 ff.) wie folgt:

I. Allen voran geht der Anspruch auf die im § 109 Zw.=V.=G. v. 24. März 1897 bezeichneten Kosten des Verfahrens, welche aus dem Versteigerungserlös vorweg zu entnehmen sind. Sodann folgen:

II. Der Anspruch eines die Zwangsverwaltung betreibenden Gläubigers auf Ersatz seiner eigenen Ausgaben zur Erhaltung oder nötigen Verbesserung der Bahneinheit, im Falle der Zwangsversteigerung jedoch nur, wenn die Verwaltung bis zum Zuschlage fortdauert und die Ausgaben nicht aus den Nutzungen der Bahneinheit erstattet werden können (§ 10 Nr. 1 Zw.=V.=G. v. 24. März 1897).

III. Die gemäß §§ 6, 7 des Bahneinh.=Ges. begründeten Ansprüche auf Entschädigung, welche innerhalb eines Jahres seit der Erklärung der Bahnaufsichtsbehörde gerichtlich geltend gemacht und bis zur Eröffnung des Vollstreckungsverfahrens verfolgt sind (§ 26 Ziff. 1 Bahneinh.=Ges.).

IV. Die Ansprüche auf Lohn, Kostgeld und andere Bezüge wegen der laufenden und der aus dem letzten Jahre rückständigen Beträge seitens derjenigen, welche sich dem Eigentümer der Bahn für den Betrieb zu dauerndem Dienste verdungen haben (§ 26 Ziff. 2 Bahneinh.=Ges., § 10 Nr. 2 Zw.=V.=G.).

V. Die Ansprüche auf Entrichtung der öffentlichen Lasten wegen der laufenden und der aus den letzten zwei Jahren rückständigen Beträge, und zwar nach folgender Rangordnung, bei gleichem Range nach dem Verhältnis ihrer Beträge:

a) die im Art. 1 Abs. 1 Nr. 1 des Ausführ.=Ges. bezeichneten Lasten, die auf dem zur Bahneinheit gehörenden Grundstücke haften;

b) die zur Staatskasse fließenden Abgaben für den Bahnbetrieb sowie die im Art. 8 des Ausführ.=Ges. bezeichneten Lasten, die in Ansehung der zur Bahneinheit gehörenden Grundstücke zu entrichten sind;

c) die im Art. 1 Abs. 1 Nr. 2 und im Art. 2 des Ausführ.=Ges. bezeichneten Lasten, die für den Bahnbetrieb oder in Ansehung der zur Bahneinheit gehörenden Grundstücke zu entrichten sind (§ 26 Ziff. 3 Bahneinh.=Ges., § 10 Nr. 3 Zw.=V.=G.).

VI. Die Ansprüche auf Erstattung von Beträgen, welche innerhalb des letzten Jahres im gegenseitigen Bahnverkehre von einem anderen Bahnunternehmer ausgelegt oder für ihn erhoben oder für die Benutzung von Fahrbetriebsmitteln zu entrichten sind (Abrechnungsforderungen) (§ 26 Ziff. 4 Bahneinh.=Ges.).

VII. Die Ansprüche aus Rechten an der Bahneinheit, soweit sie nicht infolge der Beschlagnahme dem Gläubiger gegenüber unwirksam sind, die Ansprüche auf wiederkehrende Leistungen jedoch mit Einschluß derjenigen, welche als Zuschlag zu den Zinsen behufs allmählicher Kapitalstilgung zu entrichten sind, nur wegen der laufenden und der aus den letzten zwei Jahren rückständigen Beträge (§ 10 Nr. 4 Zw.=V.=G. v. 24. März 1897).

VIII. Die Ansprüche des betreibenden Gläubigers, soweit sie nicht in einer der vorhergehenden Klassen zu befriedigen sind (§ 10 Nr. 5 l. c.).

IX. Die Ansprüche der vierten Klasse des Reichsgesetzes, soweit sie infolge der Beschlagnahme dem Gläubiger gegenüber unwirksam sind (§ 10 Nr. 6 l. c.).

X. Die Ansprüche der dritten Klasse des Reichsgesetzes wegen der älteren Rückstände (§ 10 Nr. 7 l. c.).

XI. Die Ansprüche der vierten Klasse des Reichsgesetzes wegen der älteren Rückstände (§ 10 Nr. 8 l. c.).

Überdies besteht bei allen Klassen das Recht der Befriedigung aus der Bahneinheit auch zugleich für die Kosten der Kündigung und der die Befriedigung aus der Bahneinheit bezweckenden Rechtsverfolgung und wird dem § 1118 B.-G.-B. entsprechend in diesen beiden Richtungen erweitert (§ 10 Abs. 2 l. c.). Vgl. Jäckel S. 58 ff.

§ 26. Entstehung. II. Aus der Entstehungsgeschichte des § 26 ist folgendes hervorzuheben:

Der Regierungsentwurf v. 18. März 1895 (Drucks. d. Herrenh. Nr. 24 S. 12) schlug als § 87 diejenige Fassung vor, welche unverändert in das Eisenb.-Pfandr.-Ges. v. 19. August 1895 (§ 87) überging.

Die Motive (S. 48/49) führen folgendes aus: „Nach dem Zwangsvollstreckungsgesetze gehen den am Grundstücke dinglich Berechtigten einzelne im Grundbuch nicht eingetragene Forderungen vor, welche sowohl bei der Zwangsversteigerung (§ 23), als auch bei der Zwangsverwaltung (§ 147) vorzugsweise zu befriedigen sind. Das in den §§ 24 bis 30 des Gesetzes v. 18. Juli 1883 enthaltene Verzeichnis dieser Forderungen bedarf mit Rücksicht auf die besonderen Verhältnisse der Bahnen mehrfacher Abänderungen. Die bezüglich der §§ 26—28 in § 87 des Entwurfs vorgesehenen Maßgaben werden einer näheren Erläuterung nicht bedürfen (vgl. § 159 des Gesetzes v. 13. Juli 1888). Hervorgehoben sei nur, daß bei der Bestimmung der Personen, welche sich für den Betrieb der Bahn zu dauernden Diensten verdungen haben, nicht bloß an die im eigentlichen Betriebsdienste beschäftigten Personen zu denken ist; auch ein Arzt, welcher als Angestellter der Bahnverwaltung die ärztliche Behandlung des Bahnpersonals übernommen hat, kann zu diesen Personen gerechnet werden. Daß den in §§ 6, 7 des Entwurfs gewährten Entschädigungsansprüchen für die Aufgabe dinglicher Rechte eine bevorrechtigte Stellung eingeräumt wird, beruht auf der Erwägung, daß es sich hierbei um Eingriffe handelt, welche in wohlbegründete Rechte im Interesse der Erhaltung der Bahneinheit erfolgen. Die im letzten Absatz erwähnten Abrechnungsforderungen sind bei den Eisenbahnen von besonderer Wichtigkeit, können aber auch bei Kleinbahnen vorkommen. Zur Erleichterung des Verkehrs ermächtigen die Bahnverwaltungen sich gegenseitig, bei Transporten, welche mehrere Bahnstrecken berühren, die ganze Transportgebühr namens aller beteiligten Bahnen zu erheben und das rollende Betriebsmaterial fremder Bahnen gegen eine bestimmte Entschädigung in Benutzung zu nehmen. Sie übernehmen ferner die Pflicht, schadhaftes Betriebsmaterial ausbessern zu lassen und die Reparaturkosten zu verauslagen. Die aus diesen Beziehungen sich ergebenden gegenseitigen Ansprüche werden in bestimmten Fristen gegeneinander aufgerechnet. Zur Aufrechterhaltung dieser Formen der Kreditgewährung empfiehlt es sich nach dem Vorgange der österreichischen Gesetzgebung (Gesetz v. 19. Mai 1874 § 47), den Abrechnungsforderungen ein Vorrecht einzuräumen."

In der Kommission des Abg.-Hauses (Drucks. Nr. 254 S. 3157) wurde unter Zustimmung des Regierungskommissars konstatiert, daß der Begriff der Verdingung zu dauerndem Dienste im Sinne des 3. Absatzes nicht schon dadurch ausgeschlossen werde, daß die betreffende Person auf Kündigung angenommen ist. Es komme vielmehr lediglich auf die Annahme für dauernde Bedürfnisse an.

Der Revisionsentwurf v. 10. Februar 1902 (Drucks. d. Herrenh. Sess. 1902 Nr. 42 S. 6) brachte für den dem § 26 des Bahneinh.-Ges. v. 11. Juni 1902 entsprechenden § 87 des bisherigen Eisenb.-Pfandr.-Ges. v. 19. August 1895 diejenige Fassung in Vorschlag, welche unverändert in das letztere Gesetz aufgenommen worden ist.

In der Begründung (a. a. O. S. 20, 21) wird ausgeführt:

„Die neue Fassung bezweckt die Anpassung der Vorschriften des § 37 an das neue Recht. Die Rangordnung der Ansprüche, die bei der Zwangsvollstreckung in Grundstücke ein Recht auf Befriedigung aus dem Grundstücke gewähren, bestimmt sich nach § 10 des Reichsgesetzes über die Zwangsversteigerung ꝛc. und in der dritten Klasse nach den Artikeln 1 bis 3 des Ausführungsgesetzes zu dem Reichsgesetze. Zwischen die beiden ersten Klassen schiebt der § 87 Nr. 1 des Entwurfes, entsprechend dem § 87 Abs. 2 des Gesetzes, die nach den §§ 6, 7 des Gesetzes begründeten Entschädigungsforderungen ein. Der § 87 Nr. 2 bestimmt die Personen, denen bei der Bahneinheit das Vorrecht der zweiten Klasse des Reichsgesetzes zusteht. In Nr. 8 wird die Rangordnung unter den Ansprüchen der dritten Klasse bestimmt. Dabei sind hier, abweichend von der Zwangsvollstreckung in Grundstücke, auch die zur Staatskasse fließenden Abgaben für den Bahnbetrieb zu berücksichtigen, und zwar entsprechend dem § 27 des Gesetzes v. 13. Juli 1888 an zweiter Stelle neben den im Artikel 8 des Ausführungsgesetzes bezeichneten Renten, Kosten und Vorschüssen. Nach § 87 Nr. 4 schieben sich zwischen die Ansprüche der dritten und der vierten Klasse des Reichsgesetzes die Abrechnungsforderungen."

120) § 26 bestimmt die Reihenfolge und den Umfang derjenigen Ansprüche, welche nach Abzug der aus dem Versteigerungserlöse vorweg zu entnehmenden Kosten (Kosten des Verfahrens ꝛc. § 109 Zw.-V.-G. v. 24. März 1897 sc., Preuß. Gerichtskost.-Ges. v. 25. Juni 1895 in der Fassung v. 6. Oktober 1899 G.-S. S. 326 §§ 67, 68, 124 ff.) bei der Zwangsversteigerung einer Bahneinheit zu berücksichtigen sind. Nach dem Eingangssatze des § 26 sind für die Reihenfolge und den Umfang der aus der Bahneinheit zu befriedigenden Ansprüche — wie schon aus § 20 Abs. 1 erhellt — § 10 des Reichsgesetzes über die Zwangsversteigerung und die Zwangsverwaltung und die Art. 1—8 des Ausführ.-Ges. v. 28. September 1899 (G.-S. S. 291) maßgebend, jedoch mit mehreren Modifikationen, welche durch die besonderen Verhältnisse der Bahneinheiten erforderlich geworden sind und zum Teil in der Vermehrung der im § 10 Zw.-V.-G. aufgeführten Kategorien von Ansprüchen, zum Teil in der deklaratorischen Ergänzung dieser Bestimmungen bestehen. Die Vermehrung ist durch Einfügung je einer neuen Kategorie hinter § 10 Nr. 1 und § 10 Nr. 3 herbeigeführt, so daß an die Stelle der acht Kategorien des Gesetzes v. 24. März 1897 zehn Kategorien getreten sind, die deklaratorische Ergänzung durch Zusätze bezw. Erläuterungen zu § 10 Nr. 2 und 8 des Ges. v. 24. März 1897. Wie sich danach die Reihenfolge und der Umfang der zu befriedigenden Ansprüche in der Zwangsvollstreckung in Bahneinheiten gestaltet, ist bereits oben Anm. 119 S. 243, 244 durch Aufführung sämtlicher Kategorien unter Einfügung der bezüglichen Modifikationen dargestellt worden. § 26. Eingangssatz.

§ 26. Ziff. 1 Satz 1. [121]) Ziff. 1 des § 26 schreibt im ersten Satze vor, daß nach den im § 10 Nr. 1 des R.-Zw.-V.-G. bezeichneten Ansprüchen die nach den §§ 6 und 7 des Bahneinheitsgesetzes begründeten Ansprüche auf Entschädigung ein Recht auf Befriedigung gewähren, und führt damit eine neue Kategorie bevorrechtigter Forderungen ein, während im zweiten Satze über die zeitliche Begrenzung dieses Rechts Bestimmung getroffen ist. Als erste Kategorie der in der Zwangsvollstreckung zu befriedigenden Forderungen sind im § 10 Nr. 1 des R.-Zw.-V.-G. v. 24. März 1897 die Ansprüche der die Zwangsverwaltung betreibenden Gläubiger auf Ersatz seiner Ausgaben zur Erhaltung oder nötigen Verbesserung des Grundstücks (sc. der Bahneinheit) bezeichnet, jedoch nur, wenn die Verwaltung bis zum Zuschlage fortdauert und die Ausgaben nicht aus den Nutzungen des Grundstücks erstattet werden können. Wenn nun Ziff. 1 des § 26 des vorliegenden Gesetzes anordnet, daß nach diesen Ansprüchen die nach den §§ 6, 7 begründeten Ansprüche auf Entschädigung ein Recht auf Befriedigung gewähren, so sind damit die letzteren in die zweite Stelle gesetzt und als zweite Kategorie anzusehen und zu befriedigen. Der Grund für die unmittelbare Anschließung an die erste Kategorie liegt darin, daß das Gesetz auch diese Forderungen als Ansprüche betrachtet, welche im weiteren Sinne der Erhaltung des Bahnunternehmens dienen. Bezüglich des Umfangs, der Geltendmachung und Begründung dieser Entschädigungsforderungen s. die Erläuterungen zu den §§ 6 und 7 Anm. 22 ff. S. 40 ff. Sie treten gemäß § 26 Ziff. 1 in die zweite Stelle und sind unmittelbar nach den im § 10 Nr. 1 des Zw.-V.-G. v. 24. März 1897 bezeichneten Erhaltungs- und Verbesserungskosten zu befriedigen, so daß die im gewöhnlichen Vollstreckungsverfahren gemäß § 10 Nr. 2 an zweiter Stelle zu berichtigenden Lohn- 2c. Ansprüche bei Bahneinheiten erst die dritte Stelle einnehmen (s. oben Anm. 119 S. 243).

§ 26. Ziff. 1 Satz 2. [122]) Nach dem zweiten Satze der Ziff. 1 des § 26 ist jedoch das Recht auf Befriedigung dieser Ansprüche nicht für unbegrenzte Zeit verliehen; es erlischt, wenn der Entschädigungsanspruch nicht innerhalb eines Jahres nach der Erklärung der Bahnaufsichtsbehörde — über die Versagung der Verfolgung — gerichtlich geltend gemacht und bis zur Anordnung des Vollstreckungsverfahrens verfolgt wird. Der Gläubiger darf also in der Geltendmachung seiner Forderung nicht säumig gewesen sein, zumal es sich um eine weitgehende Bevorzugung derselben handelt. Nur das durch § 26 Ziff. 1 Satz 1 bestimmte Vorrecht auf Befriedigung in der Zwangsvollstreckung erlischt, nicht etwa die Entschädigungsforderung selbst; für diese gilt vielmehr die allgemeine gesetzliche Verjährungsfrist und sie kann daher, soweit diese nach Erlöschen des Vorrechts noch nicht abgelaufen, als einfache Entschädigungsforderung ohne Vorrecht liquidiert werden.

Die Existenz und Geltung des Vorrechts ist also von zwei Voraussetzungen abhängig gemacht, welche zusammen — kopulativ — vorliegen müssen.

1. Die Entschädigungsforderung muß innerhalb eines Jahres nach der Erklärung der Bahnaufsichtsbehörde gerichtlich geltend gemacht sein. Den Anfang der einjährigen Frist bildet hiernach die Erklärung der Bahnaufsichtsbehörde. Darunter ist die Mitteilung der Versagung der Bescheinigung an den Berechtigten zu verstehen, daß durch die Verfolgung des dinglichen Rechts die Betriebsfähigkeit des Bahnunternehmens nicht beeinträchtigt werde (§ 6 Anm. 23, 24 S. 41 ff.). Doch

wird mit Rücksicht darauf, daß gegen die Versagung der Bescheinigung noch die oben Anm. 28 S. 41 bezeichneten Rechtsmittel zulässig sind, angenommen werden müssen, daß die einjährige Frist erst vom Zeitpunkte der Zufertigung des definitiven (rechtskräftigen) Bescheides über die Versagung beginnt. Von dem Tage der Zustellung an wird die einjährige Frist gerechnet, welche also mit dem entsprechenden Tage des folgenden Jahres abläuft. In dieser Frist muß die Entschädigungsforderung — und zwar die ganze — gerichtlich geltend gemacht sein, anderenfalls erlischt das Vorrecht des ganzen bezw. des nicht geltend gemachten Teiles der Forderung. Die gerichtliche Geltendmachung kann im Wege der Klage (Erhebung) oder Widerklage, oder auch der Einrede erfolgen.

2. Hierzu tritt, daß die Entschädigungsforderung bis zur Anordnung des Vollstreckungsverfahrens verfolgt sein muß. Unter Anordnung ist der Anordnungsbeschluß (§§ 1, 2, 15, 20, 146, 172 ff. R.-Zw.-V.-G. v. 24. März 1897) zu verstehen (Jäckel S. 89, Riedner S. 27, 82, Fischer-Schäfer S. 210 ff.). Es ist also die Betreibung des Prozesses bis zu diesem Zeitpunkte erforderlich. Die bloße Erhebung der Klage genügt nicht.

Beide Momente zusammen sind erforderlich, um das Recht aufrecht zu erhalten. Fehlt eines derselben, so erlischt das Recht und kann nicht wieder aufleben.

123) Ziff. 2 des § 26 enthält eine deklaratorische Ergänzungs- und Ausführungsbestimmung zum § 10 Nr. 2 des Zw.-V.-G. v. 24. März 1897. Die Vorschrift des § 10 Nr. 2, wonach ein Vorrecht auf Befriedigung bei einem land- oder forstwirtschaftlichen Grundstücke die Ansprüche der zur Bewirtschaftung des Grundstücks oder zum Betriebe eines mit dem Grundstücke verbundenen land- oder forstwirtschaftlichen Nebengewerbes angenommen, in einem Dienst- oder Arbeitsverhältnisse stehenden Personen, insbesondere des Gesindes, der Wirtschafts- und Forstbeamten auf Lohn, Kostgeld und andere Bezüge wegen der laufenden und der aus dem letzten Jahre rückständigen Beträge gewähren, konnte auf die Zwangsvollstreckung in Bahneinheiten nicht unmittelbare Anwendung finden. Vielmehr war eine Bestimmung notwendig, durch welche dieses gleiche Vorrecht den Dienstbezügen des entsprechenden Dienstpersonals der Bahnen gewährt wird. Dies ist durch Ziff. 2 des § 26 geschehen, indem das im § 10 Nr. 2 des Ges. v. 24. März 1897 bestimmte Recht auf Befriedigung auch denjenigen Personen zugestanden ist, welche sich dem Eigentümer der Bahn für den Betrieb zu dauerndem Dienste verdungen haben. § 26. Ziff. 2.

Indem Ziff. 2 „das im § 10 Nr. 2 des Reichsgesetzes bezeichnete Recht auf Befriedigung“ dem in dauerndem Dienste stehenden Betriebspersonale der Bahn zuweist, ist damit ausgesprochen, daß dieses berechtigt sein soll, an der Stelle der im § 10 Nr. 2 bezeichneten Ansprüche die laufenden Beträge und die Rückstände aus dem letzten Jahre an Dienstbezügen zu liquidieren. Der Grund für die Gewährung dieses Vorrechts liegt in der Erwägung, daß die Tätigkeit dieser Personen als in die Bahneinheit nützlich verwendet gilt und dazu beigetragen hat, ihr denjenigen Wert bezw. diejenigen Einkünfte zu geben, welche bei der Veräußerung bezw. Verwaltung erzielt worden sind.

1. Von diesem Gesichtspunkte aus sind nicht bloß Personen des eigentlichen Betriebsdienstes gemeint, sondern des gesamten Eisenbahndienstes in allen seinen Zweigen, Transport-, Abfertigungs-, Kontroll-, Bureau-, Kassendienst rc., einschließlich

des Dienstes in den akzessorischen und Nebenbetrieben, wie Werkstätten, Gasanstalten rc. Vorausgesetzt ist nur, daß sie dem Gesamtbetriebe des betreffenden Bahnunternehmens dienen. Daher kann, wie die Motive erläutern, auch ein Arzt, welcher als Angestellter der Bahnverwaltung die ärztliche Behandlung des Bahnpersonals übernommen hat, zu diesen Personen gerechnet werden. Es kommen aber, wie Gleim § 87 Anm. 1 zutreffend bemerkt, nur Forderungen aus Dienstverträgen in Betracht, welche der Bahnunternehmer als solcher für seine Rechnung, nicht auch diejenigen, welche er etwa als Vertreter einer selbständigen, mit Rechtsfähigkeit ausgestatteten (Pensions-, Kranken- usw.) Kasse abgeschlossen hat. Verträge, welche der Bahnunternehmer in Verwaltung der der Bahneinheit zugehörigen Fonds geschlossen hat, werden daher in der Regel dieses Vorrecht begründen.

2. Wohl aber müssen sich die betreffenden Personen dem Bahneigentümer zu dauerndem Dienste verdungen haben. Entscheidend ist also, daß sie in ein dauerndes vertragliches Dienstverhältnis zu dem Bahneigentümer getreten sind, d. h. in ein solches, welches nicht durch tägliche oder wöchentliche oder sonst kurz gegriffene Lohnzahlungen gelöst wird, sondern Funktionen für lange Zeit zum Gegenstande hat. Daß der Dienst auf Lebenszeit übernommen sei, ist nicht erforderlich. Auch bei vereinbarter Kündigung kann das Verhältnis den Charakter eines dauernden haben. In der Kommission des Abg.-Hauses wurde ausdrücklich konstatiert, daß der Begriff der Verdingung zu dauerndem Dienste im Sinne des Gesetzes nicht schon dadurch ausgeschlossen werde, daß die betr. Person auf Kündigung angenommen ist. Es komme vielmehr lediglich auf die Annahme für dauernde Bedürfnisse an.

3. Endlich ist Erfordernis, daß der Dienst ein persönlicher sei. Dies ergibt sich aus der zugrunde liegenden Bestimmung des § 26 Ges. v. 13. Juli 1883 bezw. § 10 Nr. 2 des Ges. v. 24. März 1897. Die bezüglichen Dienste müssen die persönliche Tätigkeit des Verdungenen dauernd und gänzlich oder doch hauptsächlich in Anspruch nehmen, seinen Beruf bilden, ein persönliches Dienstverhältnis zum Eigentümer begründen. Daher findet Ziff. 2 keine Anwendung auf Lieferanten, wenn auch die verdungenen Lieferungen dauernde bezw. sich wiederholende sind und mit persönlichen Leistungen verknüpft sind, ebensowenig auf Bahnunternehmer, Bahnspediteure, Gas-, Wasser-, Elektrizitätswerke rc. Beispielsweise würde ein Vertrag, worin die Verpflichtung übernommen wird, die zur Erneuerung des Oberbaus erforderlichen Materialien fortlaufend zu liefern und selbst in den Bahnkörper zu legen, zur Geltendmachung dieses Rechts auf Befriedigung nicht berechtigten, ebensowenig auch die Übernahme der Reparatur der schadhaft gewordenen Fahrbetriebsmittel.

§ 26. Ziff. 3 Eingangsworte. **124**) Ziff. 3 des § 26 enthält eine deklaratorische Ergänzung und Ausführungsbestimmung, welche zum § 10 Nr. 3 des Reichsgesetzes und den Art. 1 bis 3 des Ausführungsgesetzes gehört. Sie ist dadurch notwendig geworden, daß § 10 Nr. 3 des Reichsgesetzes und die Art. 1 bis 3 des Ausführungsgesetzes, welche das Recht auf Befriedigung für die Ansprüche auf Entrichtung der öffentlichen Lasten und der ihnen gleichstehenden Verpflichtungen an Renten, Kosten und Vorschüssen wegen der laufenden und der aus den letzten zwei Jahren rückständigen Beträge feststellen, nur allgemein für Grundstücke gegeben sind und der Natur der Sache nach die aus den eigentümlichen Verhältnissen der Bahnen erwachsenen besonderen Staats- und Kommunalabgaben und Lasten rc. nicht berücksichtigen, welche durch spezielle Gesetze und Bestimmungen den Bahnunternehmungen auferlegt sind. Aus diesem Grunde ist das im § 10 Nr. 3 des Reichsgesetzes bezeichnete Recht auf Befriedigung in Beziehung gesetzt zu den betreffenden Ansprüchen auf Entrichtung der Lasten und Abgaben, welche für den Bahnbetrieb oder die zur Bahneinheit gehörenden Grundstücken zu leisten sind, in der unter lit. a bis c vorgeschriebenen Rangordnung, und zwar bei gleichem Range nach dem Verhältnis ihrer Beträge. Danach stellt sich die Reihenfolge und der Umfang der aus der Bahneinheit zu befriedigenden Ansprüche auf Entrichtung der öffentlichen Lasten der Bahneinheit, sowie der zu ihr gehörenden einzelnen Grundstücke, wie folgt:

125) a) Die in Art. 1 Abs. 1 Nr. 1 des Ausführungsgesetzes bezeichneten Lasten, die auf den zur Bahneinheit gehörenden Grundstücken haften, d. h. die zur Erfüllung der Deichpflicht erforderlichen Beiträge und Leistungen, ohne Unterschied, ob sie von der zuständigen Staatsbehörde ausgeschrieben sind oder aus der auf einem Deichverbande beruhenden Deichpflicht entspringen. In Betracht kommt das Deichgesetz vom 28. Januar 1848 (§§ 9, 18), welches durch Gesetz v. 11. April 1872 auf Hannover und Schleswig-Holstein ausgedehnt worden ist und die nach II und III des letzteren Gesetzes für kleinere Distrikte in Kraft gebliebenen Deich- und Sielordnungen. Zuständige Staatsbehörde ist der Bezirksausschuß (§ 96 Abs. 1 Zuständ.-Ges. v. 1. August 1888). § 26. Ziff. 3 lit. a.

126) b) Die zur Staatskasse fließenden Abgaben für den Bahnbetrieb sowie die in Artikel 8 des Ausf.-Ges. bezeichneten Lasten, die in Ansehung der zur Bahneinheit gehörenden Grundstücke zu entrichten sind. Zur Staatskasse fließende, den Bahnbetrieb betreffende Abgaben sind: 1. die von Privateisenbahnen nach Maßgabe der Gesetze v. 30. Mai 1858 (G.-S. S. 449) und v. 16. März 1867 (G.-S. S. 465) zu entrichtende Eisenbahnabgabe; 2. die von physischen Personen, von Aktiengesellschaften und Kommanditgesellschaften auf Aktien nach dem Einkommensteuergesetz v. 24. Juni 1891 (G.-S. S. 175) zu entrichtenden Einkommensteuern. § 26. Ziff. 3 lit. b.

Die im Artikel 3 des Ausf.-Ges. bezeichneten Lasten sind

1. die an die Rentenbanken oder die Tilgungskassen abgetretenen Renten sowie die an die Staatskasse zu entrichtenden Ablösungsrenten. Vgl. hierüber §§ 7, 18, 58 u. 64 des Rentenbankgesetzes v. 2. März 1850. Auch die auf die Rentenbank übernommenen Renten der Rentengüter mittleren und kleineren Umfangs haben die Rangstelle der Rentenbankrenten (Ges. v. 27. Juni 1890, Ges. v. 7. Juli 1891 §§ 7, 10; vgl. Einf.-Ges. z. B.-G.-B. Art. 62);

2. wenn das Grundstück bei einer Auseinandersetzung beteiligt ist, die in § 7 Nr. 6 des Gesetzes über das Kostenwesen in Auseinandersetzungssachen v. 24. Juni 1875 (G.-S. S. 397) bezeichneten Kosten und Terminalvorschüsse auch außerhalb des ursprünglichen Geltungsbereiches des genannten Gesetzes.

127) c) Die in Artikel 1 Abs. 1 Nr. 2 und in Artikel 2 des Ausführungsgesetzes bezeichneten Lasten, die für den Bahnbetrieb oder in Ansehung der zur Bahneinheit gehörenden Grundstücke zu entrichten sind. Es sind dies alle auf einem nicht privatrechtlichen Titel beruhenden Abgaben und Leistungen, die auf dem Bahnbetriebe oder den einzelnen zur Bahneinheit gehörenden Grundstücken nach Gesetz oder Verfassung haften (gemein haften). § 26. Ziff. 3 lit. c.

1. Kommunale und sonstige auf den Bahnbetrieb gelegte Abgaben sind vornehmlich 1. die von Privateisenbahnen und Kleinbahnen nach § 33 des

Kommunalabgabengesetzes v. 14. Juli 1893 (G.-S. S. 152) zu entrichtenden Gemeindeeinkommensteuern; 2. die von Kleinbahnen nach § 40 des Kleinbahngesetzes v. 28. Juli 1892 (G.-S. S. 225) und § 28 des Kommunalabgabengesetzes zu entrichtenden Gewerbesteuern; 3. die von Privateisenbahnen und Kleinbahnen nach § 24 des Kommunalabgabengesetzes vom Grundbesitz zu entrichtenden Gemeindeabgaben; 4. die von Privateisenbahnen und Kleinbahnen nach §§ 9 ff. und § 14 der Kreisordnung zu entrichtenden Kreis-, Einkommen- und Grundsteuern, sowie die von Kleinbahnen zu entrichtenden Kreisgewerbesteuern. (Vgl. Eger, Komm. z. Kleinb.-Ges. 2. Aufl. S. 385 ff.)

2. Bezüglich der auf Grundstücken ruhenden gemeinen Lasten ist bisher an drei Kriterien festgehalten worden: a) daß sie auf öffentlich-rechtlichem Titel (Gesetz, Verfassung des Ortes, des Kreises oder der Provinz) beruhen, b) daß sie an eine Obrigkeit oder öffentlich-rechtliche Stelle (Kirche, Gemeinde, Korporation) zu entrichten und c) daß sie auf allen Grundstücken derselben Art im Bereiche ihrer Verfassung lasten müssen (Dernburg Pr. Privatr. Bd. 1 § 206; Turnau Gr.-B.-O. S. 678; Reichsgericht Entsch. Bd. 28 S. 286, Bd. 25 S. 288). Demgemäß gehören nach Art. 2 des Ausf.-Ges. zu den gemeinen Lasten namentlich: 1. Abgaben und Leistungen, die aus dem Kommunal-, Kirchen-, Pfarr- oder Schulverbande entspringen oder an Kirchen, Pfarren, Schulen, Kirchen- oder Schulbediente zu entrichten sind. 2. Beiträge, die aus der Verpflichtung zu öffentlichen Wege-, Wasser- oder Uferbauten entstehen. 3. Beiträge, die an öffentliche Meliorationsgenossenschaften oder andere einen gemeinnützigen Zweck verfolgende Körperschaften des öffentlichen Rechtes, insbesondere Versicherung gegen Brand 2c., zu entrichten sind. 4. Diejenigen Beiträge zur Entschädigung oder zu den Kosten der Schutzanlagen, welche nach Maßgabe des Gesetzes, betr. Schutzwaldungen und Waldgenossenschaften, v. 6. Juli 1875 (G.-S. S. 416) den Eigentümern gefährdeter oder gefahrbringender Grundstücke auferlegt sind. (Vgl. die Aufführung der in der Judikatur anerkannten gemeinen Lasten bei Turnau u. Förster Liegenschaftsrecht 2. Aufl. I S. 227 ff., 428 ff. u. Jäckel Zw.-V.-Ges. S. 46—49.)

Auch für die Kategorien des § 26 Ziff. 3 lit. a bis c gilt die zeitliche Begrenzung des § 10 Nr. 3 des Reichsgesetzes, d. h. es genießen das Vorrecht nur die laufenden Steuern, Abgaben 2c. sowie die Rückstände derselben aus den letzten beiden Jahren. Es sind damit die Steuer- 2c. Rechnungsjahre, nicht die Kalenderjahre gemeint.

§ 26. Ziff. 4. 125) Ziff. 4 des § 26 bestimmt, daß nach den im § 10 Nr. 3 des Reichsgesetzes bezeichneten Ansprüchen (s. § 26 Ziff. 3 Anm. 124 S. 248—249) ein Recht auf Befriedigung die Erstattung von Beiträgen gewähren, welche innerhalb des letzten Jahres im gegenseitigen Bahnverkehr von einem anderen Bahnunternehmer ausgelegt oder für ihn erhoben oder für die Benutzung von Fahrbetriebsmittel zu entrichten sind (Abrechnungsforderungen). Mit dieser Bestimmung wird — wie mit derjenigen der Ziff. 1 des § 26 (Anm. 122 S. 246—247) — gleichfalls eine neue Kategorie bevorrechtigter Forderungen eingeführt und die Zahl der bei der Zwangsvollstreckung in Bahneinheiten zu berücksichtigenden Kategorien — gegenüber den ursprünglichen acht des § 10 des Reichsges. v. 24. März 1897 — auf zehn erhöht. Diese neue Kategorie der Abrechnungsforderungen soll unmittelbar auf die im § 10 Nr. 3 des Reichsges. bezeichneten Forderungen, betr. die auf der Bahneinheit und den ihr angehörigen Grundstücken haftenden öffentlichen Lasten, folgen, also unter Berücksichtigung der bereits hinter § 10 Nr. 1 l. c. durch § 26 Ziff. 1 des Gesetzes v. 11. Juni 1902 eingefügten Kategorie (Entschädigungsforderungen aus §§ 6, 7) in der Reihenfolge den sechsten Platz einnehmen. Ihr stehen noch die im § 10 Nr. 4 bis 8 des Reichsgesetzes bezeichneten Forderungen als siebente bis elfte Kategorie nach (s. Anm. 119 S. 248 bis 244.)

Als Grund für die Einführung dieser neuen Kategorie bevorrechtigter Forderungen bei der Zwangsvollstreckung in Bahneinheiten wird geltend gemacht, daß damit vom Gesetzgeber beabsichtigt sei, die dem Bahnverkehr eigenartigen und wichtigen Formen der Kreditgewährung der Bahnunternehmer untereinander, aus welcher die sog. Abrechnungsforderungen hervorgehen, aufrecht zu erhalten. Zur Erleichterung des Verkehrs ermächtigen die Bahnverwaltungen sich gegenseitig, bei Transporten, welche mehrere Bahnstrecken berühren, die ganze Transportgebühr namens aller beteiligten Bahnen zu erheben und das rollende Betriebsmaterial fremder Bahnen gegen eine bestimmte Entschädigung in Benutzung zu nehmen. Sie übernehmen ferner die Pflicht, schadhaftes Betriebsmaterial ausbessern zu lassen und die Reparaturkosten zu verauslagen. Die aus diesen Beziehungen sich ergebenden gegenseitigen Ansprüche werden in bestimmten Fristen gegeneinander aufgerechnet. Zur Aufrechterhaltung dieser Formen der Kreditgewährung empfiehlt es sich, den Abrechnungsforderungen ein Vorrecht einzuräumen. (Motive). Aus dieser Begründung, wie auch aus dem Wortlaute der Bestimmung des Abs. 5 ergibt sich folgendes:

1. Unter den bevorrechtigten Abrechnungsforderungen sind solche zu verstehen, welche aus drei Beziehungen der Bahnunternehmer untereinander hervorgehen: a) Kreditierung der erhobenen Frachten im gegenseitigen Bahnverkehr, b) Kreditierung der Gebühren für die gegenseitige Benutzung der Fahrbetriebsmittel, c) Kreditierung der Auslagen und Kosten für die gegenseitige Reparatur schadhaft gewordener Fahrbetriebsmittel. Indes beschränkt sich die Abrechnung der Bahnverwaltungen nicht allein auf diese drei Kategorien; vielmehr werden auch noch andere im gegenseitigen Verkehre entstehende Forderungen zur Abrechnung gebracht, z. B. die Auslagen für Entschädigung aus Verlust und Beschädigung des Gutes, Rückzahlung überhobener Fracht, Telegraphengebühren ꝛc. Da Abs. 5 ganz allgemein von Forderungen spricht, welche „im gegenseitigen Bahnverkehr" ausgelegt oder erhoben sind, so liegt kein Grund vor, nicht auch diese Forderungen als bevorrechtigte im Sinne des Abs. 5 anzusehen.

2. Die in Ziff. 4 bezeichneten Forderungen aus dem gegenseitigen Bahnverkehr sind jedoch — wie Gleim a. a. O. Anm. 5 S. 95 zutreffend ausführt — nur insoweit bevorrechtigte, als sie bei der gegenseitigen Abrechnung der Bahnen nicht durch Aufrechnung getilgt worden sind. Der Bahnunternehmer, welcher für einen anderen Beträge ausgelegt hat, oder für welchen von dem letzteren Beträge erhoben oder von welchem für die Benutzung von Transportmitteln Beträge zu entrichten sind, kann daher das Vorrecht für diese Forderungsbeträge nicht in Anspruch nehmen, wenn eine Abrechnung über die gegenseitigen Forderungen stattgefunden hat oder noch stattfindet. Erfolgt nach der unter den betreffenden Bahnen bestehenden Übung eine Abrechnung, so steht ihm das Vorrecht nur für das aus der Abrechnung sich ergebende Guthaben, d. h. für die neue Forderung zu, welche durch Skontration entsteht. Daß auch diese Forderung der Pfändung unterliegt,

ist in einer Entscheidung des Reichsgerichts v. 14. Oktober 1885 (Entsch. d. R.=G. in Civils. Bd. 15 S. 5) anerkannt.

3. Auch das Vorrecht der Abrechnungsforderungen ist zeitlich begrenzt. Dasselbe besteht nur für Forderungen auf Erstattung derjenigen Beträge, welche innerhalb des letzten Jahres im gegenseitigen Bahnverkehre von einem anderen Bahnunternehmer ausgelegt oder für ihn erhoben oder für die Benutzung von Fahrbetriebsmitteln zu entrichten sind. Die Worte: „innerhalb des letzten Jahres" sind nicht genau genug, es ergibt sich aus denselben nicht, von welchem Zeitpunkte ab das letzte Jahr zu berechnen ist. Man wird jedoch nicht fehl gehen, wenn man hierbei nach Analogie des § 13 des Reichsges. v. 24. März 1897 und § 25 Ges. v. 11. Juni 1902 den Zeitpunkt der Beschlagnahme als maßgebend betrachtet und von diesem ab das letzte Jahr zurückrechnet. Hiernach steht nur den innerhalb eines Jahres vor dem Zeitpunkte der Beschlagnahme ausgelegten oder erhobenen Beträgen dieses Vorrecht zu. Der Zeitpunkt, wann die Abrechnung stattgefunden hat oder stattfinden wird, kommt nicht in Betracht.

§ 27.[129])

Bei dem Antrag auf Zwangsversteigerung bedarf es der Beifügung eines Auszugs aus der Grundsteuermutterrolle und der Gebäudesteuerrolle (Artikel 4 des Ausführungsgesetzes vom 23. September 1899) hinsichtlich der zur Bahneinheit gehörigen Grundstücke nicht.[130])

[129]) Prinzip und Entstehung des § 27.

§ 27. Prinzip. I. Prinzip. Wie § 26, so beziehen sich auch die nun folgenden §§ 27 bis 32 ebenso wie § 39 des vorliegenden Gesetzes nicht auf die gesamte Zwangsvollstreckung, sondern ausschließlich auf die Zwangsversteigerung. Daß grundsätzlich auf die Zwangsversteigerung einer Bahneinheit die allgemeinen Bestimmungen des Reichsgesetzes v. 24. März 1897 in Anwendung kommen, ist im § 20 ausdrücklich bestimmt und an früherer Stelle (Anm. 96 S. 208 ff.) bereits erörtert. Es ist aber zugleich hervorgehoben worden, daß die besonderen Verhältnisse der Bahneinheiten mehrfache Abänderungen jener allgemeinen Bestimmungen erforderlich gemacht haben, welche zum Teil den Antrag auf Einleitung der Zwangsversteigerung (§ 27), zum Teil das Versteigerungsverfahren (§§ 28—31) und die Zuschlagserteilung (§ 32), sowie die Ausdehnung der Normen der Zwangsversteigerung von Bahnen auf die in §§ 21 und 47 des Ges. v. 3. November 1838 vorgesehenen Versteigerungen (§ 39) betreffen. Die erste dieser Abänderungen, welche die Reihenfolge und den Umfang der bei der Zwangsversteigerung aus dem Kaufgelde zu befriedigenden Forderungen regelt und demgemäß § 10 des Reichsgesetzes v. 24. März 1897 modifiziert, hat im § 26 des vorliegenden Gesetzes Ausdruck gefunden und ist bereits in den Anm. 119 ff. S. 241 ff. erörtert worden. Dieser schließt sich in den §§ 27—32 noch eine Reihe weiterer Abänderungen an, welche zum Teil darin ihren Grund haben, daß die Grund= und Gebäudesteuerrollen, auf welche Art. 4 des Ausführ.=Ges. v. 23. September 1899 Bezug nimmt, für Bahnen ohne Bedeutung und einige besondere Formvorschriften über den Inhalt und die öffentliche Bekanntmachung der Terminsbestimmung erforderlich geworden sind, zum Teil darin, daß der Ersteher der Bahn durch den Zuschlag im Zwangsversteigerungs=

verfahren nur das Privateigentum an der Bahn erwirbt, zum Betriebe aber der staatlichen Verleihung des Betriebsrechts bedarf. Dem ersteren Grunde verdanken die §§ 27—29 ihre Aufnahme in das Gesetz, der zweite Grund hat die Aufnahme der §§ 30—32 veranlaßt, der § 34 endlich, welcher die in den §§ 21 und 47 des Ges. v. 3. November 1838 im öffentlichen Interesse vorgesehenen Versteigerungen den Vorschriften des vorliegenden Gesetzes unterstellt, ist mit Rücksicht darauf aufgenommen worden, daß es für das bei jenen Versteigerungen zu beobachtende Verfahren bisher an bestimmten Vorschriften fehlte bezw. über die hierbei anzuwendenden Normen Zweifel und Kontroversen bestanden.

Was nun zunächst den § 27 anlangt, so enthält derselbe eine Modifikation der im Reichsges. v. 24. März 1897 und im Preuß. Ausführ.=Ges. v. 23. September 1899 bestimmten Voraussetzungen für die Anordnung der Zwangsversteigerung, und zwar in betreff der Substantiierung des Antrages auf Anordnung der Zwangsversteigerung. Das Reichsges. v. 24. März 1897, welches, soweit das vorliegende Bahneinheits=Gesetz nicht ein anderes bestimmt, auch auf die Zwangsversteigerung der Bahneinheiten Anwendung findet (§ 20), regelt in den §§ 16 und 17 die Substantiierung des Antrages auf Anordnung der Zwangsversteigerung, und zwar dahin, daß im § 16 der notwendige Inhalt des Antrages auf Zwangsversteigerung vorgeschrieben ist, während im § 17 in Verbindung mit Art. 4 des Preuß. Ausführ.=Ges. v. 23. September 1899 die dem Antrage beizufügenden Anlagen aufgeführt sind. Zu diesen Anlagen gehört nach Art. 4 l. c.: „Ein das Grundstück betreffender neuester Auszug aus der Grundsteuermutterrolle und der Gebäudesteuerrolle, soweit er nach Lage der Rollen erteilt werden kann." Von der Beibringung dieser Auszüge, welche dem Zwecke einer genügenden Individualisierung des zu versteigernden Grundstücks dienen, soll nach § 27 des vorliegenden Gesetzes bei dem Antrage auf Zwangsversteigerung einer Bahneinheit hinsichtlich der zur Bahneinheit gehörenden Grundstücke abgesehen werden, es soll der Beifügung dieser Auszüge nicht bedürfen, und zwar, wie die Motive bemerken, weil die Bahneinheit als Ganzes versteigert wird und eine Feststellung, welche Grundstücke dazu gehören, im Versteigerungsverfahren nicht erfolgt.

Abgesehen von der durch § 27 des vorliegenden Gesetzes vorgeschriebenen Modifikation, d. h. von dem Wegfall der nach Art. 4 des Ausf.=Ges. v. 23. September 1899 dem Einleitungsantrage beizulegenden Auszüge, kommen gemäß § 20 des Ges. v. 11. Juni 1902 die allgemeinen Bestimmungen über die Erfordernisse für den Antrag auf Zwangsversteigerung in Grundstücke (§§ 16, 17 Reichsges. v. 24. März 1897) auch auf die Zwangsversteigerung von Bahneinheiten zur vollen Anwendung. Daß hierbei das Erfordernis der Individualisierung sich nur auf die Bahneinheit als Ganzes erstrecke, nicht auf die einzelnen zur Bahneinheit gehörenden Grundstücke und daher — im Gegensatze zu der Tendenz des Zwangsvollstreckungsgesetzes v. 24. März 1897 — der Bestand der als Teile der Bahneinheit mitversteigerten Grundstücke nicht ausreichend präzisiert und bestimmt erscheint, ist eine notwendige Konsequenz des von dem Ges. v. 11. Juni 1902 angenommenen Systems (§ 4 Abs. 2, § 11 Abs. 2 Ziff. 2, §§ 12, 13 und 15), dessen Mängel bereits an früherer Stelle (Anm. 15 S. 31) erörtert worden sind. In Ermangelung der Eintragung der Bahneinheit in die Grundsteuermutterrollen und Gebäudesteuerrollen muß die Individualisierung der Bahneinheit in der Bekanntmachung der Terminsbestimmung notwendig in anderer Weise erfolgen, als dies in den §§ 87, 88 des Reichsgesetzes v. 24. März 1897 für gewöhnliche Grundstücke vorgeschrieben ist. Daher ist im § 28 des Ges. v. 11. Juni 1902 bestimmt, daß an Stelle der dort vorgeschriebenen Angaben eine den wesentlichen Inhalt der Genehmigung wiedergebende Beschreibung der Bahn tritt (s. Anm. 181, 182). Und ebenso ist die Vorschrift des Art. 4 des Ausführ.-Ges. v. 28. September 1899 in betreff des Auszugs aus der Steuerrolle auf Bahneinheiten nicht anwendbar.

§ 27. Entstehung. II. Aus der Entstehungsgeschichte des § 27 ist folgendes zu entnehmen: Der Regierungsentwurf v. 18. März 1895 (Drucks. d. Herrenh. Nr. 24 S. 18) brachte folgende Bestimmung als § 42 in Vorschlag:

> Bei dem Antrage auf Einleitung der Zwangsversteigerung bedarf es der Beifügung eines Auszuges aus der Grundsteuermutterrolle und der Gebäudesteuerrolle (§ 14 Ziff. 1 des Ges. v. 18. Juli 1883) hinsichtlich der zur Bahneinheit gehörigen Grundstücke nicht.

Die Begründung lautete: „Das Zwangsvollstreckungsgesetz (sc. v. 18. Juli 1883) nimmt wiederholt (§ 14 Ziff. 1, § 40 Ziff. 2 und 3, § 64 Abs. 2) auf die Grund- und Gebäudesteuerbücher Bezug. Da die Bahnen in diesen Büchern nicht eingetragen sind, bedurfte es der Bestimmungen der §§ 42 und 45 des Entwurfs. Die in § 14 Ziff. 1 vorgeschriebene Beilegung eines Auszuges aus den Rollen kann ohne Bestimmung eines Ersatzes wegfallen, es bedarf derselben auch hinsichtlich der zur Bahneinheit gehörigen Grundstücke, da die Bahneinheit als Ganzes versteigert wird und eine Feststellung, welche Grundstücke dazu gehören, im Versteigerungsverfahren nicht erfolgt."

Diese Bestimmung fand weder in den Kommissionen noch im Plenum des Abg.- und Herrenh. Widerspruch und ging unverändert ohne Diskussion in das Eisenb. Pfandr.-Ges. v. 19. August 1895 definitiv über.

Der Revisionsentwurf v. 10. Februar 1902 (Drucks. des Herrenh. Session 1902 Nr. 42 S. 7) schlug folgendes vor: „Im § 42 werden die Worte „Einleitung der" gestrichen und die Worte „(§ 14 Ziffer 1 des Gesetzes v. 18. Juli 1883)" ersetzt durch die Worte „(Artikel 4 des Ausführungsgesetzes v. 28. September 1899)".

In der Begründung (a. a. O. S. 21) wird lediglich darauf hingewiesen, daß es sich nur um die Anpassung an das neue Recht handle.

Die Abänderungsvorschläge wurden vom Landtage angenommen und der so abgeänderte § 42 ging als § 27 in das Bahneinheitsgesetz v. 11. Juni 1902 über.

§ 27. Einziger Absatz. **180**) I. Die allgemeinen Voraussetzungen für den Antrag auf Zwangsversteigerung in Grundstücke (§§ 16, 17 Reichsges. v. 24. März 1897), welche nach § 20 des vorliegenden Gesetzes auch für Bahneinheiten gelten, bestehen darin, daß seitens der hierzu Berechtigten ein Antrag auf Zwangsversteigerung gestellt und dieser Antrag mit den in den §§ 16, 17 des Reichsges. v. 24. März 1897 bezw. Art. 4 des Preuß. Ausführ.-Ges. v. 28. September 1899 bezeichneten Angaben und Anlagen versehen wird.

II. Diese allgemeinen Voraussetzungen ändert § 27 des vorliegenden Gesetzes in betreff der im Art. 4 des Ausführ.-Ges. v. 28. September 1899 dem Antrage beizufügenden Anlagen dadurch ab, daß die Beifügung einer dieser Anlagen, nämlich des Auszuges aus der Grundsteuermutterrolle und der der Gebäudesteuerrolle hinsichtlich der zur Bahneinheit gehörenden Grundstücke für nicht erforderlich erklärt wird. Es bedarf der Beifügung der Anlage nicht, sie kann fortfallen, sie braucht weder vom Antragsteller beigefügt, noch darf sie vom Vollstreckungsgericht erfordert werden.

III. Der Grund für diese Bestimmung liegt nach den Motiven darin, daß die Bahn als Ganzes versteigert wird, und eine Feststellung, welche Grundstücke dazu gehören, im Versteigerungsverfahren nicht erfolgt. Dieser Grund erscheint nicht zutreffend und die Bestimmung des § 22 selbstverständlich und daher überflüssig. Denn die Bahneinheit selbst wird in die Grundsteuermutterrolle und Gebäudesteuerrolle nicht eingetragen, ein Auszug aus diesen kann daher für die Bahneinheit nicht erbracht werden; die einzelnen zur Bahneinheit gehörenden Grundstücke kommen aber hier überhaupt nicht in Betracht, da nur die Bahneinheit als Ganzes, nicht die einzelnen Grundstücke versteigert werden. Demgemäß fällt die im Art. 4 des Ausführ.-Ges. v. 28. September 1899 bezeichnete Anlage bei dem Antrage auf Zwangsversteigerung von selbst fort, ohne daß es einer Bestimmung hierüber bedarf.

IV. Der Antrag auf Einleitung der Zwangsversteigerung einer Bahneinheit ist hiernach im Vergleich mit dem Einleitungsantrage bei einem Grundstücke vereinfacht, die dem Antrage gemäß §§ 16, 17 Reichsges. v. 24. März 1897 beizufügenden Anlagen sind durch den Wegfall der im Art. 4 des Ausführ.-Ges. vorgeschriebenen um eine Anlage verringert. Abgesehen hiervon sind aber auch bei dem Antrage auf Einleitung der Zwangsversteigerung einer Bahneinheit die übrigen, in den §§ 16 und 17 des Reichsges. v. 24. März 1897 bezeichneten Erfordernisse in betreff des Inhalts und der Anlagen des Antrages zu erfüllen.

A. Was den Inhalt des Antrages anlangt, so muß derselbe also notwendig die Bezeichnung der Bahneinheit, des Eigentümers, des Anspruchs und des vollstreckbaren Titels (§ 16 Abs. 1 Reichs-Zw.-V.-Ges.) enthalten.

1. Die Bezeichnung der „Bahneinheit" erfolgt, da die Bahneinheit in die Grundsteuermutterrolle und Gebäudesteuerrolle nicht eingetragen ist, diese mithin zur Individualisierung der Bahneinheit nicht dienen können, durch eine den wesentlichen Inhalt der Genehmigung wiedergebende Beschreibung der Bahn (§ 28). Diese hat daher auch an Stelle der für Grundstücke vorgeschriebenen Angaben zu treten.

2. Die Bezeichnung des Eigentümers der Bahneinheit ist erforderlich, weil er diejenige Person ist, gegen welche sich die Zwangsvollstreckung richtet. Der Eigentümer muß daher in dem Urteile oder der demselben beigefügten Vollstreckungsklausel namentlich bezeichnet sein (C.-P.-O. § 750). Das Vollstreckungsgericht hat zu prüfen, ob die im Schuldtitel namentlich bezeichnete Person, gegen welche die Zwangsvollstreckung stattfinden soll, nach dem Grundbuch oder nach dem Zeugnis des Grundbuchamts als Eigentümer eingetragen oder Erbe des eingetragenen Eigentümers ist (§ 17 R.-Zw.-V.-Ges.). Ist die in dem Urteile oder der Vollstreckungsklausel bezeichnete Person eine andere, als der derzeitige Bahneigentümer oder der Erbe desselben, so ist der Versteigerungsantrag unterschiedslos zurückzuweisen. Sache des Gläubigers ist es, alsdann die Erteilung der Vollstreckungsklausel gegen den derzeitigen Bahneigentümer bei dem Prozeßgericht zu betreiben (Jäckel a. a. O. S. 80, 81 ff., Riedner S. 29, Fischer-Schäfer S. 206). Die Voraussetzung des § 17 R.-Zw.-V.-G. muß auch dann zutreffen, wenn im Falle des § 825 Abs. 3 C.-P.-O. das über den eingetragenen Anspruch

ergangene Urteil gegen den Rechtsnachfolger in der Bahneinheit (Singularsukzessor) vollstreckt werden soll, d. h. der Singularsukzessor muß als Eigentümer eingetragen und die Vollstreckungsklausel muß gegen ihn erteilt sein. Ist eines von beiden nicht der Fall, so ist der Antrag zurückzuweisen. Die Erteilung der Vollstreckungsklausel gegen den Rechtsnachfolger als den derzeitigen Eigentümer, gegen den die Vollstreckung sich richtet und der daher auch Schuldner im Sinne des § 9 R.-Zw.-V.-G. ist, hat der Gläubiger bei dem Prozeßgericht zu erwirken und das Vollstreckungsgericht hat nicht zu prüfen, ob die Klausel hätte erteilt werden dürfen, sondern nur, ob den prozessualen Vorschriften genügt ist (§ 727 Abs. 2, § 730 Abs. 1 u. 3, § 750 Abs. 2 C.-P.-O.), welche für eine gegen den Rechtsnachfolger erteilte Vollstreckungsklausel gegeben sind. Dasselbe gilt in den Fällen der §§ 826 u. 827 C.-P.-O. Vgl. § 728 l. c. (Jäckel a. a. O. S. 68, Fischer-Schäfer S. 206.)

Eine Zwangsvollstreckung, welche zur Zeit des Todes des Schuldners (Bahneigentümers) gegen diesen bereits begonnen hatte, wird in den Nachlaß desselben fortgesetzt (C.-P.-O. § 779 Abs. 1). Hatte die Vollstreckung noch nicht begonnen, so ist die Erteilung der Vollstreckungsklausel gegen den Erben erforderlich (§ 727). Ist bei einer Vollstreckungshandlung die Zuziehung des Schuldners (Bahneigentümers) nötig, so hat, wenn die Erbschaft noch nicht angenommen (B.-G.-B. §§ 1922, 1923, 1936, 1958) oder wenn der Erbe unbekannt oder es ungewiß ist, ob er die Erbschaft angenommen hat, das Vollstreckungsgericht auf Antrag des Gläubigers dem Erben einen einstweiligen besonderen Vertreter zu bestellen. Die Bestellung hat jedoch zu unterbleiben, wenn ein Nachlaßpfleger bestellt ist oder wenn die Verwaltung des Nachlasses einem Testamentsvollstrecker zusteht (B.-G.-B. §§ 2218, 1960, 1961).

3. Die Bezeichnung des Anspruchs umfaßt den bestimmten Geldbetrag der beizutreibenden Forderung, deren Schuldgrund, die Angabe, ob dieselbe eine Personal- oder Realforderung ist, und letzterenfalls die Bezeichnung ihrer Rangstelle. Soweit sich diese Angaben aus dem beigefügten vollstreckbaren Schuldtitel ersehen lassen, muß die Bezugnahme auf diesen genügen (Fischer-Schäfer S. 205, Riedner S. 27, Freund S. 44). Abgesehen von den Fällen des § 16 findet der Antrag auf Zwangsversteigerung noch in den Fällen der §§ 172—184 R.-Zw.-V.-G. statt, d. h. 1. auf Antrag des Konkursverwalters, 2. behufs Regulierung der Nachlaßverbindlichkeiten, 3. zum Zweck der Aufhebung einer Gemeinschaft (vgl. nach Art. 22 bis 32 Preuß. Ausf.-Ges. v. 23. September 1899).

4. Die Bezeichnung des vollstreckbaren Titels. Dieselbe wird regelmäßig in einer Bezugnahme auf den beigefügten Titel (§ 16 Abs. 2 R.-Zw.-V.-G.) bestehen. Die Vollstreckbarkeit des Titels muß durch Vorlegung einer vollstreckbaren, d. h. mit der Vollstreckungsklausel aus § 725 C.-P.-O. versehenen Ausfertigung derselben nachgewiesen werden, da nach §§ 724, 795 C.-P.-O. die Zwangsvollstreckung nur auf Grund einer solchen Ausfertigung erfolgt. Das Attest der Rechtskraft ersetzt die Vollstreckungsklausel nicht. Die materielle Zulässigkeit der erteilten Vollstreckungsklausel hat das Vollstreckungsgericht nicht zu prüfen, wohl aber I. ob der Titel, welcher ihm in vollstreckbarer Ausfertigung vorgelegt wird, zu denjenigen gehört, aus welchen eine Zwangsvollstreckung überhaupt stattfindet und II. ob die Klausel formell in Ordnung, insbesondere ob sie von dem zuständigen Beamten erteilt ist. Ist beides der Fall, so ist die Vollstreckungsklausel für das Vollstreckungsgericht bindend.

B. Was sodann die **Anlagen** des Antrages anlangt, so müssen die für den Beginn der Zwangsvollstreckung erforderlichen Urkunden dem Antrage beigefügt sein (16 Abs. 2 R.=Zw.=V.=Ges.) denn es gilt als selbstverständliche Voraussetzung, daß diejenigen Erfordernisse erfüllt sein müssen, welche die C.=P.=O. (§§ 750 bis 752) für den Beginn jeder Zwangsvollstreckung aufstellt. Diese Urkunden bestehen in folgenden Stücken:

1. In einer vollstreckbaren **Ausfertigung des Schuldtitels**.

2. In einem **Zeugnisse des Grundbuchamts**, daß der Schuldner als Eigentümer der Bahneinheit im Bahngrundbuche eingetragen ist, da die Zwangsversteigerung — den Fall der Erbfolge ausgenommen — erst dann angeordnet werden darf, wenn der Schuldner als Eigentümer eingetragen ist. Über die Form, in der das Zeugnis zu erteilen ist, ist der Landesgesetzgebung die Bestimmung stillschweigend überlassen, da die Gr.=B.=O. hierüber nichts enthält. In Preußen erfolgt die Ausstellung des Zeugnisses gemäß Art. 7 Abs. 2 Ausf.=Ges. z. Gr.=B.=O. durch den Richter und Gerichtsschreiber. Ist das Vollstreckungsgericht zugleich Grundbuchamt, so genügt nach § 17 Abs. 2 S. 1 R.=Zw.=V.=Ges. statt des Zeugnisses die **Bezugnahme auf das Grundbuch**. Da gemäß § 22 des Bahneinh.=Ges. v. 11. Juni 1902 das Bahngrundbuch stets vom Vollstreckungsgericht geführt wird, so wird hier dieses Zeugnis durch eine Bezugnahme auf das Bahngrundbuch ersetzt. Ist die Bahneinheit im Bahngrundbuche überhaupt nicht eingetragen, so finden die Bestimmungen des § 24 l. c. (Anm. 108ff.) Anwendung. Der Grundbuchrichter hat alsdann zu bescheinigen, daß die Bahneinheit nicht eingetragen ist.

Ist der Schuldner Bahneigentümer, als solcher aber **nicht eingetragen**, so steht der Inhalt des Bahngrundbuchs in Ansehung seines Rechts an der Bahneinheit mit der wirklichen Rechtslage nicht im Einklange. Der **persönliche** Gläubiger muß daher zunächst die Berichtigung des Bahngrundbuchs herbeiführen, bevor er die Bahneinheit wegen einer Schuld des nicht eingetragenen Eigentümers in Anspruch nehmen kann. Den Weg hierzu gibt ihm § 14 in Verbindung mit § 22 Abs. 2 Gr.=B.=O. an (vgl. §§ 866, 867 C.=P.=O. — § 40 Abs. 1 Gr.=B.=O.). Dem Grundbuchamte muß in gehöriger Form (§ 29 Gr.=B.=O.) nachgewiesen werden, daß und weshalb der zur Zeit als Eigentümer Eingetragene die Eintragung des wahren Eigentümers dulden muß. Bedarf der Gläubiger zum Zwecke der Zwangsvollstreckung einer Urkunde, die dem Schuldner auf Antrag von einer Behörde, einem Beamten oder Notar zu erteilen ist, so kann er nach § 792 C.=P.=O. deren Erteilung an Stelle des Schuldners verlangen. Der **dingliche** Gläubiger bedarf keiner Berichtigung des Bahngrundbuchs. Er macht sein eingetragenes Recht gegen denjenigen geltend, der als Bahneigentümer eingetragen ist und der deshalb ihm gegenüber als Bahneigentümer gilt (§§ 1148, 1192, 1199, 1107 B.=G.=B. s. Jäckel S. 81, 82).

Ist der Schuldner Erbe des eingetragenen Eigentümers, so bedarf es für die Anordnung der Zwangsversteigerung seiner vorgängigen Eintragung nicht, weil er, auch ohne vorher seine Eintragung als Bahneigentümer erlangt zu haben, die ererbte Bahneinheit auflassen kann (§ 41 Gr.=B.=O.). Die Erbfolge ist durch Urkunden **glaubhaft zu machen**, sofern sie nicht bei dem Gericht offenkundig ist (§ 17 Abs. 1 u. 3 R.=Zw.=V.=G.). Als Mittel der Glaubhaftmachung sind also nur Urkunden zuzulassen, öffentliche Urkunden sind abweichend vom § 36 Abs. 1 Gr.=B.=O. nicht erforderlich. Inwieweit aber Privaturkunden genügen, hat das Vollstreckungsgericht zu ermessen und kann z. B. dafür, daß der Erblasser das Testament eigenhändig ge- und unterschrieben hat, urkundliche Glaubhaftmachung (Bescheinigung durch das Gericht, Polizei oder Zeugen) verlangen (Jäckel S. 84, Wolff R.-Zw.-V.-G. S. 52, Fischer-Schäfer S. 207, Riedner S. 29).

V. Die vorstehend angeführten Normen über die Substantiierung — Inhalt und Anlagen — des Versteigerungsantrages gelten gemäß § 27 R.-Zw.-V.-G. auch dann, wenn ein Gläubiger einem bereits angeordneten Verfahren beitreten will. Da der spätere Antrag die Natur des Versteigerungsantrages hat, so finden auf ihn die für diesen geltenden Vorschriften ohne weiteres und unmittelbar Anwendung. Es müssen also die nach §§ 16, 17 dem Versteigerungsantrage beizufügenden Urkunden auch dem Beitrittsgesuche beigefügt sein. Es genügt jedoch die Bezugnahme auf die bereits bei den Akten befindlichen Urkunden. Das Beitrittsgesuch wird mit der vollstreckbaren Ausfertigung des Schuldtitels dem Vollstreckungsgerichte eingereicht. Ist nach Anordnung der Zwangsversteigerung die Bahneinheit aufgelassen worden und der neue Eigentümer eingetragen, so ist der Beitritt wegen Forderungen, für die gegen den bisherigen Eigentümer die Vollstreckungsklausel erteilt ist, nicht mehr zulässig und muß zurückgewiesen werden. Der Gläubiger muß erst gegen den neuen Eigentümer die Vollstreckungsklausel erwirken, wobei für dingliche Ansprüche auf § 825 Abs. 8 C.-P.-O. zu verweisen ist. Lautet aber die Vollstreckungsklausel gegen den neuen Eigentümer (der Anspruch mag persönlich oder dinglich sein), so kann der Beitritt ausgesprochen werden (Jäckel S. 116, 117). Über das Verfahren bei schwebender Beschwerde s. Wolff § 27 Anm. 9, Reinhard Anm. 8, Fischer-Schäfer Anm. 1, Riedner S. 47.

Der Gläubiger, dessen Beitritt zugelassen ist, hat dieselben Rechte, wie wenn auf seinen Antrag die Versteigerung angeordnet wäre (§ 27 Abs. 2 R.-Zw.-V.-G.). Der beigetretene Gläubiger und der erste Antragsteller sind voneinander völlig unabhängig, so daß jeder von ihnen das Verfahren fortsetzen, keiner für sich allein dasselbe aufhalten kann. Das Verfahren nimmt daher seinen Fortgang, wenn es nur gegen einen Gläubiger eingestellt ist. Daher ist auch überall, wo das Gesetz schlechtweg vom „Gläubiger" spricht, darunter sowohl der erste Antragsteller, wie auch der beigetretene Gläubiger zu verstehen.

VI. Eine Erklärung der Bahnaufsichtsbehörde gemäß § 88 des vorliegenden Gesetzes ist nur dann erforderlich, wenn mit dem Antrage auf Zwangsversteigerung zugleich der Antrag auf Zwangsverwaltung verbunden ist. Anderenfalls ist der Antragsteller nur verpflichtet, einen zur Deckung der baren Auslagen hinreichenden Vorschuß zu zahlen § 6 des Gerichtskostengesetzes v. 25. Juni 1895 in der Fassung der Bekanntmachung vom 6. Oktober 1899 (G.-S. 1899 S. 826).

§ 28.[131])

Die Terminsbestimmung soll zur Bezeichnung der Bahneinheit eine den wesentlichen Inhalt der Genehmigung wiedergebende Beschreibung der Bahn enthalten.[132])

[131]) Prinzip und Entstehung des § 28.

§ 28. Prinzip. I. Prinzip. § 28 enthält eine Abänderung der allgemeinen Bestimmungen des R.-Zw.-V.-G. v. 24. März 1897, welche durch die eigenartige Natur der Bahneinheit erforderlich geworden ist und die Durchführung des Zwangsversteigerungsverfahrens betrifft. Auch für die Versteigerung der Bahneinheit gelten grundsätzlich gemäß § 20 des Bahneinh.-Ges. die Bestimmungen der §§ 87 und 38 des R.-Zw.-V.-G. v. 24. März 1897 über den Inhalt der Terminsbestimmung. Von diesen schreibt § 87 den wesentlichen Inhalt vor derartig, daß die Terminsbestimmung nicht wirksam ist, der Termin daher aufgehoben oder — wenn der Mangel erst später entdeckt wird — der Zuschlag versagt werden muß (§ 48, § 88 Nr. 7 R.-Zw.-V.-G.), wenn in der Terminsbestimmung ein nach § 87 l. c. notwendiger Bestandteil fehlt. Dagegen ist der im § 88 vorgeschriebene Inhalt nicht wesentlich, die Vorschrift des § 88 ist vielmehr nur eine Ordnungsvorschrift, welche dazu dienen soll, das Grundstück für die Beteiligten noch deutlicher zu bezeichnen, als gemäß § 87 Ziff. 1, und die Bietungslustigen über seine Größe zu informieren. Das bloße Fehlen einer Angabe, die § 88 vorschreibt, hat daher die Bedeutung nicht, welche mit der Verletzung der Bestimmungen der § 87 verbunden ist. Nun schreibt § 88 l. c. in weiterer, besonderer Ausführung der § 87 Ziff. 1, welcher in der Terminsbestimmung allgemein die Bezeichnung des Grundstücks erfordert, vor, daß die Terminsbestimmung die Bezeichnung des zur Zeit der Eintragung des Versteigerungsvermerkes eingetragenen Eigentümers sowie die Angabe des Grundbuchblatts und der Größe des Grundstücks enthalten soll. Von diesen drei Erfordernissen läßt sich bei Bahneinheiten die letzte deshalb nicht erfüllen, weil mangels einer Veranlagung der Bahneinheit zur Grund- und Gebäudesteuer sowie der Eintragung derselben in die Grund- und Gebäudesteuerbücher die Bestimmung der Größe 2c. des Flächeninhalts der Bahn nicht oder doch nur unter großen und unverhältnismäßigen Schwierigkeiten und Kosten ausführbar ist (vgl. § 6 Einf.-Ges. z. R.-Zw.-V.-G. und Allg. Verf. d. J.-M. v. 7. Dezember 1899 J.-M.-Bl. S. 790). Der Zweck der Vorschrift des § 88 Zw.-V.-G., das Grundstück in Beziehung auf seinen Umfang und seiner Bedeutung noch deutlicher zu bezeichnen, als dies im § 87 Ziff. 1 l. c. allgemein vorgeschrieben ist, läßt sich aber bei Bahneinheiten dadurch erreichen, daß an Stelle der Angabe der Größe derselben eine den wesentlichen Inhalt der Genehmigung wiedergebende Beschreibung der Bahn, wie sie § 11 Abs. 1 Satz 2 und 8 das Bahneinh.-Ges. behufs Aufnahme in den Titel des Bahngrundbuchblatts erfordert, gesetzt wird (Anm. 42, 42a S. 71, 72). Eine dahingehende Bestimmung ist im § 28 des Bahneinh.-Ges. getroffen.

Der dem § 28 entsprechende § 44 des bisherigen Eisenb.-Pfandr.-Ges. v. 19. August 1895 enthielt noch Bestimmungen über die Wertfestsetzung von Hypotheken und Grundschulden, welche nach der Vorschrift des § 64 Abs. 2 des Preuß. Zw.-V.-G. v. 18. Juli 1888 von dem Bieter als Sicherheitsleistung (Bietungskaution) benutzt werden können. Diese Bestimmungen sind dadurch überflüssig geworden, daß das R.-Zw.-V.-G. v. 24. März 1897 eine Sicherheitsleistung mit Hypotheken oder Grundschulden nicht gestattet (vgl. § 69 l. c.)

Aus der Entstehungsgeschichte des § 28 ist folgendes zu entnehmen: § 28. Entstehung.

Der Regierungs-Entwurf v. 18. März 1895 (Drucks. d. Herrenh. Nr. 24 S. 14) brachte folgende Bestimmung als § 44 in Vorschlag:

An Stelle des nach der Veranlagung zur Grund- und Gebäudesteuer zu berechnenden Betrages, innerhalb dessen Hypotheken und Grundschulden auf dem zu versteigernden Gegenstande eingetragen sein müssen, um nach der Vorschrift des § 64 des Gesetzes v. 18. Juli 1888 als Sicherheitsleistung benutzt werden zu können, ist ein bestimmter Betrag von dem

Gerichte nach Anhörung der Bahnaufsichtsbehörde festzusetzen. Der festgesetzte Betrag ist in der Bekanntmachung des Versteigerungstermins anzugeben.

An Stelle der in § 40 Ziffer 1 bis 3 des Gesetzes v. 18. Juli 1883 bezeichneten Angaben tritt eine den wesentlichen Inhalt der Genehmigung wiedergebende Beschreibung der Bahn.

Zur Begründung wird folgendes ausgeführt (S. 56): „Das Zwangsvollstreckungsgesetz nimmt wiederholt (§ 14 Ziffer 1, § 40 Ziffer 2 und 3, § 64 Absatz 2) auf die Grund- und Gebäudesteuerbücher Bezug. Da die Bahnen in diesen Büchern nicht eingetragen sind, bedurfte es der Bestimmungen der §§ 42 und 45 des Entwurfs. Die Bezeichnung der Bahn bei der Bekanntmachung des Versteigerungstermins hat durch eine Beschreibung derselben im Anschluß an den Inhalt der Genehmigung zu geschehen; soweit ein nach Maßgabe des Reinertrags und des Nutzungswerts berechneter Wert maßgebend ist, hat ein nach Anhörung der Bahnaufsichtsbehörde festgesetzter Wert an die Stelle zu treten (vgl. § 41 des Gesetzes v. 18. Juli 1883)."

In der vorgeschlagenen Fassung fand § 44 ohne weitere Diskussion unveränderte Aufnahme in das Eisenb.-Pfandr.-Ges. v. 19. August 1895.

Der Revisionsentwurf v. 10. Februar 1902 (Drucks. d. Herrenh. Session 1902 Nr. 42 S. 7) schlug folgendes vor: „Der § 44 erhält folgende Fassung: „Die Terminsbestimmung soll zur Bezeichnung der Bahneinheit eine den wesentlichen Inhalt der Genehmigung wiedergebende Beschreibung der Bahn enthalten."

In der Begründung wird ausgeführt (a. a. O. S. 21): „Der § 44 Abs. 1 des Gesetzes erledigt sich dadurch, daß das Reichsgesetz eine Sicherheitsleistung mit Hypotheken und Grundschulden nicht zuläßt (vgl. den § 69 des Reichsgesetzes). Der dem Abs. 2 des Gesetzes entsprechende § 44 des Entwurfes ersetzt den § 88 des Reichsgesetzes, soweit er die Angabe der Größe des Grundstücks vorschreibt, und hat daher wie dieser und der Artikel 20 des Ausführungsgesetzes zu dem Reichsgesetze nur die Bedeutung einer Ordnungsvorschrift. Zum wesentlichen Inhalte der Terminsbestimmung gehört entsprechend dem § 87 Nr. 1 des Reichsgesetzes nur eine zur Unterscheidung des Gegenstandes der Zwangsversteigerung genügende Bezeichnung der Bahneinheit."

Die neue Fassung wurde von beiden Häusern des Landtages angenommen und ging als § 28 in das Bahneinheitsgesetz über.

[132]) § 28 des Bahneinheitsgesetzes unterwirft die allgemeinen Bestimmungen der §§ 87 und 88 des R.-Zw.-V.-G. v. 24. März 1897 über den Inhalt der Terminsbestimmung bei der Zwangsversteigerung von Grundstücken für Bahneinheiten in einem Punkte einer Modifikation. Während § 87 Ziff. 1 als Inhalt der Terminsbestimmung in erster Linie die Bezeichnung des Grundstücks vorschreibt und § 88 in näherer Ausführung dieses Erfordernisses die Bezeichnung der zur Zeit der Eintragung des Versteigerungsvermerkes eingetragenen Eigentümers sowie die Angabe des Grundbuchblatts und der Größe des Grundstücks verlangt, soll nach § 28 des Bahneinheitsgesetzes die Terminsbestimmung zur Bezeichnung der Bahneinheit eine den wesentlichen Inhalt der Genehmigung wiedergebende Beschreibung der Bahn enthalten und nach den Motiven (s. oben) diese Beschreibung den § 88 des R.-Zw.-V.-G., soweit er die Angabe der Größe des Grundstücks vorschreibt, ersetzen. Der Ersatz ist deshalb notwendig, weil bei Bahneinheiten weder

das Bahngrundbuchblatt eine Angabe der Größe derselben enthält, noch eine Veranlagung zur Grund- und Gebäudesteuer sowie eine Eintragung derselben in die Grund- und Gebäudesteuerbücher stattfindet, mithin auch aus den Steuerbuchauszügen die Größenangabe nicht entnommen werden kann, und daher die Bestimmung der Größe und des Flächeninhalts einer Bahneinheit nicht oder doch nur mit unverhältnismäßigen Kosten und Schwierigkeiten für den Zweck der Versteigerung ausführbar sein würde. Da es aber nur der Zweck der Vorschrift des § 88 R.-Zw.-V.-G. ist, das Grundstück nach seinem Umfange und seiner Bedeutung genauer zu bezeichnen, als dies generell durch § 87 l. c. vorgeschrieben ist, und bei Bahneinheiten die vorgeschriebene Bezeichnung des Umfangs bezw. der Größe sich am klarsten und vollständigsten aus der Genehmigung des Bahnunternehmens ergibt, so war es zweckmäßig, hier an Stelle der Größenangabe eine den wesentlichen Inhalt der Genehmigung wiedergebende Beschreibung der Bahn treten zu lassen, wie sie gemäß § 11 Abs. 1 Satz 1 und 2 in den Titel des Bahngrundbuchblatts aufzunehmen ist.

Im übrigen ist die Fassung des § 28 Bahneinh.-Ges. nicht korrekt und unvollständig, weil sie nicht mit der Absicht des Gesetzgebers bezw. nicht mit den Motiven übereinstimmt. Denn nach den Motiven ist die im § 28 vorgeschriebene in die Terminsbestimmung aufzunehmende Bahnbeschreibung dazu bestimmt, die im § 88 R.-Zw.-V.-G. angeordnete Angabe der Größe zu ersetzen, und dies hätte im § 28 des vorliegenden Gesetzes — analog dem § 44 Abs. 2 des bisherigen Eisenb.-Pfandr.-Ges. v. 19. August 1895 — klaren und bestimmten Ausdruck finden müssen. Eine entsprechende Bestimmung findet sich aber im § 28 nicht, so daß dem Wortlaute nach die Bahnbeschreibung nicht die Größenangabe zu ersetzen hat, sondern den drei Erfordernissen des § 88 R.-Zw.-V.-G. als weiteres Erfordernis noch hinzutritt. Indes war — wie sich auch aus dem zugrunde liegenden § 44 Abs. 2 Ges. v. 19. August 1895 klar ergibt und die Motive ausdrücklich betonen, — diese Absicht nicht vorhanden, vielmehr soll durch die Beschreibung die Größenangabe ersetzt werden, so daß, da die anderen Erfordernisse des § 88 R.-Zw.-V.-G. unberührt bleiben, die Terminsbestimmung zur näheren Bezeichnung der Bahneinheit (§ 87 Nr. 1 l. c.) zu enthalten hat: 1. die Bezeichnung des zur Zeit der Eintragung des Versteigerungsvermerks eingetragenen Bahneigentümers, 2. die Angabe des Grundbuchblatts und 3. eine den wesentlichen Inhalt der Genehmigung wiedergebende Beschreibung der Bahn. De lege ferenda müßte § 28 lauten: „An Stelle der nach § 88 des Reichsgesetzes v. 24. März 1897 bezeichneten Angabe der Größe soll die Terminsbestimmung zur Bezeichnung der Bahneinheit eine den wesentlichen Inhalt der Genehmigung wiedergebende Beschreibung der Bahn enthalten."

Wie an früherer Stelle hervorgehoben (Anm. 131 S. 257) sind die Angaben des § 88 R.-Zw.-V.-G. und daher auch die dieselbe zum Teil ersetzende Angabe des § 28 Bahneinh.-Ges. in der Terminsbestimmung nicht wesentlicher Natur. Wesentlich ist nur die im § 87 R.-Zw.-V.-G. vorgeschriebene Bezeichnung der Bahneinheit, welche dieselbe, sei es durch Angabe des Bahngrundbuchblatts oder der Anfangs- und Endpunkte der Bahn, genügend individualisiert. Aber, wenn demgemäß das Fehlen der Bahnbeschreibung im § 28 in der Terminsbestimmung an sich nicht die Bedeutung hat, dieselbe unwirksam zu machen und die Versagung des Zuschlags zu rechtfertigen, weil es sich nicht um die Verletzung einer wesentlichen Formvorschrift handelt, so kann doch die fehlende oder unrichtige Bahnbeschreibung die Terminsbestimmung derartig unklar und unverständlich machen, daß sie unwirksam ist und nach Ermessen des Gerichts die gleichen Rechtsfolgen nach sich zieht, wie ein Verstoß gegen eine der wesentlichen Formvorschriften des § 37 R.-Zw.-V.-G. (Jäckel S. 141).

§ 29.[133])

Die Terminsbestimmung muß auch durch mindestens einmalige Einrückung in die durch die Statuten oder die Bedingungen der Ausgabe von Teilschuldverschreibungen bestimmten Blätter öffentlich bekannt gemacht werden.[134])

[133]) Prinzip und Entstehung des § 29.

§ 29. Prinzip. I. Prinzip. § 29 enthält eine für die Durchführung des Zwangsversteigerungsverfahrens bei Bahneinheiten vorgesehene Ergänzung der allgemeinen Bestimmungen des R.-Zw.-V.-G. v. 24. März 1897, über die Terminsbestimmung. Während sich § 28 auf den Inhalt der Terminsbestimmung bezieht, betrifft § 29 die „Form der öffentlichen Bekanntmachung" derselben. Die Form aller im vorliegenden Gesetze angeordneten öffentlichen Bekanntmachungen ist durch § 57 Abs. 1 derselben, welcher dem § 61 Abs. 1 des bisherigen Eisenb.-Pfandr.-Ges. entspricht, allgemein dahin geregelt, daß dieselben durch mindestens einmalige Einrückung in den Anzeiger des Amtsblatts zu erfolgen haben. Außerdem ist mit Rücksicht auf Gesellschaften als Bahnunternehmer sowie auf die Ausgabe von Teilschuldverschreibungen durch § 57 Abs. 2 Satz 1 (konform mit § 61 Abs. 2 Satz 1 des bisherigen Eisenb.-Pfandr.-Ges.) bestimmt, daß die Bekanntmachung auch noch durch mindestens einmalige Einrückung in die durch die Statuten oder die Bedingungen der Ausgabe der Teilschuldverschreibungen bestimmten Blätter zu bewirken ist. Die vorbezeichneten Bestimmungen über die öffentlichen Bekanntmachungen erstrecken sich jedoch nur auf die im vorliegenden Gesetze ausdrücklich angeordneten. Insoweit nach Maßgabe derselben andere Gesetze auf die Verhältnisse der Bahneinheit Anwendung zu finden haben, z. B. Grundbuch-, Konkursordnung, Zw.-V.-G.), haben die in diesen Gesetzen angeordneten Bekanntmachungen in der in ihnen vorgesehenen Form zu erfolgen. Nur in betreff des R.-Zw.-V.-G. bestimmte § 61 Abs. 2 Satz 2 des bisherigen Eisenb.-Pfandr.-Ges. v. 19. August 1895 aus Zweckmäßigkeitsgründen ausnahmsweise, daß die Bekanntmachung des Termins einer Zwangsversteigerung auch durch mindestens einmalige Einrückung in die durch die Statuten oder die Emissionsbedingungen der Teilschuldverschreibungen bestimmten Blättern zu geschehen hat, ohne daß jedoch dadurch im übrigen die bezüglichen Publikationsvorschriften des damals geltenden § 46 des Preuß. Zw.-V.-G. v. 18. Juli 1883 berührt wurden. Das Bahneinheitsgesetz v. 11. Juni 1902 hat diese Ausnahmebestimmung des § 61 Abs. 2 Satz 2 des bisherigen Eisenb.-Pfandr.-Ges. über die Form der öffentlichen Bekanntmachung der Terminsbestimmung bei Zwangsversteigerung einer Bahneinheit zwar beibehalten, aber zweckmäßig und folgerichtig aus dem Abschnitt des Gesetzes für Schlußbestimmungen in den zugehörigen Abschnitt über die Zwangsvollstreckung versetzt. Auch ist die zusätzliche Vorschrift, daß im übrigen die Vorschriften des Zwangsversteigerungsgesetzes über die öffentliche Bekanntmachung des Versteigerungstermins (§ 46 des Preuß. Zw.-V.-G. v. 13. Juli 1883, jetzt §§ 39, 40 R.-Zw.-

V.-G. v. 24. März 1897) unberührt bleiben, in Fortfall gebracht, da dies aus § 20 des Bahneinh.-Ges. von selbst sich ergibt und daher keiner besonderen positiven Vorschrift bedarf. Auf diese Weise ist in den Abschnitt 4 des Bahneinh.-Ges. ein neuer, im wesentlichen mit § 61 Abs. 2 Satz 2 des bisherigen Eisenb.-Pfandr.-Ges. identischer Paragraph (§ 29) aufgenommen worden, welcher — neben den allgemeinen Bekanntmachungsvorschriften der §§ 39 und 40 des R.-Zw.-V.-G. v. 24. März 1897 — noch ergänzend und „ausnahmsweise" die öffentliche Bekanntmachung der Terminsbestimmung bei der Zwangsversteigerung von Bahneinheiten durch mindestens einmalige Einrückung in die durch die Statuten oder die Bedingungen der Ausgabe von Teilschuldverschreibungen bestimmten Blätter vorschreibt.

II. Aus der Entstehungsgeschichte des § 29 ergibt sich folgendes: § 29. Entstehung.

In den Regierungsentwürfen v. 27. Februar 1894 (Nr. 82 S. 17 § 62) und 18. März 1895 (Nr. 24 S. 17 § 60) war der Vorschlag der dem § 29 entsprechenden Vorschrift des § 61 Abs. 2 Satz 2, welche den Schlußbestimmungen des Eisenb.-Pfandr.-Ges. Abschnitt 6 angehörte, damit begründet (Motive a. a. O. S. 80), „daß sich eine derartige Vorschrift mit Rücksicht darauf empfehle, daß eine Bekanntmachung in den nach den Statuten oder den Ausgabebedingungen von Teilschuldverschreibungen bestimmten Blättern am sichersten zur Kenntnis der in Frage kommenden Interessenten gelange".

In dem Revisionsentwurfe v. 10. Februar 1902 (Drucks. d. Herrenh. 1902 Nr. 42 S. 7) wurde hinter dem § 42 des bisherigen Eisenb.-Pfandr.-Ges. v. 19. August 1895 ein neuer § 42a vorgeschlagen, der in der Fassung wörtlich mit dem § 29 des neuen Bahneinh.-Ges. übereinstimmte.

Zur Begründung (a. a. O. S. 21) wurde angeführt: „Im § 42a ist die Vorschrift des bisherigen § 61 Abs. 2 Satz 2 des Zusammenhanges wegen in den Abschnitt über die Zwangsvollstreckung versetzt. Daß für die Bekanntmachung der Terminsbestimmung im übrigen die §§ 39, 40 des Reichsgesetzes maßgebend sind, folgt aus § 32."

Die vorgeschlagene Fassung fand keinen Widerspruch und ging als § 29 unverändert in das Bahneinh.-Ges. über.

134) Wie in der vorangehenden Anmerkung hervorgehoben, beziehen sich die im § 57 getroffenen Bestimmungen über öffentliche Bekanntmachungen ausschließlich auf die im Bahneinh.-Ges. selbst angeordneten Bekanntmachungen. Soweit dagegen auf die in demselben behandelten Pfandrechts- und Zwangsvollstreckungsverhältnisse der Privat- und Kleinbahnen die Vorschriften anderer Gesetze Platz greifen, kommen die hierfür in diesen Gesetzen angeordneten öffentlichen Bekanntmachungen, nach Form und Wirkung zur Anwendung (s. § 57 Anm. 249). Dies gilt insbesondere für die Anwendung der Grundbuchordnung (§§ 9 ff.) der Konkursordnung, des Zw.-V.-G. (§§ 20 ff.). Nur in bezug auf das Zwangsvollstreckungsgesetz ist durch § 29 eine die Vorschriften derselben über die öffentliche Bekanntmachung der Terminsbestimmung (§§ 39, 40 Zw.-V.-G.) ergänzende Bestimmung getroffen. Danach sind für die öffentliche Bekanntmachung der Terminsbestimmung bei der Versteigerung einer Bahneinheit nicht nur die Vorschriften der §§ 39, 40 R.-Zw.-V.-G. maßgebend, sondern die Terminsbestimmung muß auch durch mindestens einmalige Einrückung in die durch die Statuten oder die Bedingungen der Ausgabe von Teilschuldverschreibungen bestimmten Blätter öffentlich § 29. Einziger Absatz.

bekannt gemacht werden. Die Formvorschriften für die öffentliche Bekanntmachung der Terminsbestimmung sind also im Vergleich zu den allgemein durch die §§ 39, 40 des R.-Zw.-V.-G. vorgeschriebenen noch um eine vermehrt, es ist denselben noch ergänzend die besondere Vorschrift des § 29 des Bahneinh.-Ges. beigefügt. Von den allgemeinen Vorschriften der §§ 39, 40 R.-Zw.-V.-G. sind nur die im § 39 enthaltenen obligatorischer Natur, während die Bestimmung des § 40 Abs. 1 lediglich eine Ordnungsvorschrift enthält und die Anwendung der Bestimmung des § 40 Abs. 2 dem Ermessen des Gerichts anheimgegeben ist, und nur eine Ermächtigung für dasselbe involviert.

Nach § 39 Abs. 1 R.-Zw.-V.-G. muß die Terminsbestimmung durch einmalige Einrückung in das für Bekanntmachungen des Vollstreckungsgerichts d. h. das zur Führung des Bahngrundsbuchs berufenen Amtsgerichts (§ 22 Bahneinh.-Ges.) bestimmte Blatt öffentlich bekannt gemacht werden, und nach Art. 5 des Preuß. Ausführ.-Ges. vom 23. September 1899 ist für die Bekanntmachung der Terminsbestimmung der Anzeiger des Amtsblatts d. h. des betreffenden Regierungsamtsblatts (s. Freund 3. Aufl. S. 71) bestimmt. Nach § 39 Abs. 2 kann bei einem nur geringen Werte des Grundstücks (sc. der Bahneinheit) das Gericht anordnen, daß die Einrückung unterbleibt. In diesem Falle muß an deren Statt die Anheftung der Terminsbestimmung in der Gemeinde, in der das Grundstück (sc. die Bahneinheit) belegen ist, an der für amtliche Bekanntmachungen bestimmten Stelle treten. Hierzu tritt nun noch ergänzend die Vorschrift des § 29 Bahneinh.-Ges., wonach die Terminsbestimmung auch durch mindestens einmalige Einrückung in die durch die Statuten oder die Bedingungen der Ausgabe von Teilschuldverschreibungen bestimmten Blätter öffentlich bekannt gemacht werden muß. Mit Rücksicht auf den — wie die Fassung lehrt — obligatorischen Charakter dieser Vorschriften muß die öffentliche Bekanntmachung insoweit, als sie hiernach vorgeschrieben, unbedingt sechs Wochen vor dem Termin erfolgt sein, widrigenfalls derselbe aufzuheben oder von neuem zu bestimmen (§ 43 Abs. 1 R.-Zw.-V.-G.) oder, wenn der Mangel erst nach Schluß der Versteigerung entdeckt wird, der Zuschlag zu versagen ist (§ 83, § 83 Nr. 7 R.-Zw.-V.-G.). Er unterliegt sonst der Anfechtung. Die Einrückung gemäß § 29 muß „auch" erfolgen d. h. neben der allgemeinen im § 39 R.-Zw.-V.-G. vorgeschriebenen Form. Das eine soll das andere nicht ausschließen, vielmehr sind beide Formen vereint geboten, so daß die Unterlassung beider oder auch nur einer von beiden die vorstehend bezeichneten Folgen nach sich zieht.

Was den Zeitpunkt anlangt, mit welchem die Bekanntmachung als bewirkt gilt, so ist hier eine dem § 57 Abs. 1 Satz 2 des Bahneinh.-Ges. entsprechende Vorschrift nicht gegeben. Man wird diese mangels einer bezüglichen Bestimmung nicht analog anwenden dürfen, sondern annehmen müssen, daß die Bekanntmachung der Terminsbestimmung an dem Tage als bewirkt gilt, an welchem die betreffende Nummer der Blätter zur Ausgabe gelangt bezw. die Anheftung erfolgt ist. Geschieht die Ausgabe zu verschiedenen Zeiten, so erscheint die Annahme wohl begründet, daß in diesem Falle die durch den Anzeiger des Amtsblatts erfolgte allgemeine sc. für alle Beteiligte geltende Bekanntmachung als die entscheidende anzusehen ist (s. § 57 Anm. 250). Beschließt das Gericht wiederholte Einrückung oder solche auch in anderen Blättern (§ 40 Abs. 2 Zw.-V.-G.), so steht zwar, wenn die Ausführung des Beschlusses unterlassen worden ist, einer Aufhebung des Termins bis zum

Schlusse der Versteigerung (§ 83 l. c.) nichts entgegen. Der Zuschlag aber kann, da für diesen die Vorschriften des § 83 l. c. ausschließlich maßgebend sind, dieserhalb nicht versagt werden.

Die für geringwertige Grundstücke vorgeschriebene Anheftung (§ 89 Abs. 2 Zw.=V.=G.) an Stelle der Einrückung in öffentliche Blätter wird wohl bei Bahneinheiten kaum jemals in Betracht kommen. Wird aber die Anheftung als Ersatz für die Einrückung angeordnet, — was dem Ermessen des Gerichts überlassen ist, — so ist die Anheftung obligatorischer Natur im Sinne des § 43 Abs. 1 Zw.=V.=G., wie sich aus der Fassung des § 39 Abs. 2 („in diesem Falle muß die Bekanntmachung dadurch erfolgen" ꝛc.) klar ergibt. Das gilt auch dann, wenn sich das Gericht in derselben Gemeinde befindet und ein Aushang an der Gerichtstafel stattgefunden hat.

Die Belagsblätter über die erfolgte Einrückung und die Bescheinigung über erfolgten Aushang sind zu den Akten zu bringen. Letztere wird in der Regel von der betreffenden Ortsbehörde erteilt. Der Beweis kann aber auch in anderer Weise geführt werden (Striethorst Bd. 60 S. 5).

§ 30.[135])

Vor Feststellung der Versteigerungsbedingungen ist die Bahnaufsichtsbehörde zu hören.[136])

[135]) Prinzip und Entstehung des § 30. § 30.

I. Prinzip. Der in dem Rechte des Staates zur Genehmigung des Baues und Betriebs von Bahnen begründete Umstand, daß der Ersteher einer Bahn nicht nur den Zuschlag des Gerichts, sondern auch die staatliche Genehmigung (Konzession) bedarf, hat, wie bereits in Anm. 129 (S. 252ff.) bemerkt, zu drei wesentlichen Abänderungen der allgemeinen Bestimmungen des R.=Zw.=V.=G. v. 24. März 1897 geführt. Einmal ist im § 30 des vorliegenden Gesetzes vorgeschrieben, daß die Eisenbahnaufsichtsbehörde vor Feststellung der Versteigerungsbedingungen zu hören ist, ferner im § 31, daß, wenn der Wert der Bahneinheit festzustellen ist, die Feststellung durch das Gericht nach Anhörung der Bahnaufsichtsbehörde zu erfolgen hat, und sodann im § 32, daß die Erteilung des Zuschlags unter der Bedingung erfolgt, daß für die Person des Erstehers die staatliche Genehmigung zum Erwerbe der Bahn beigebracht wird und die Versagung die Aufhebung des Zuschlagsbeschlusses und die Versagung des Zuschlags zur Folge hat. Diese Bestimmungen stehen im engen und unmittelbaren Zusammenhange. Nach dem Prinzipe des zugrunde liegenden Gesetzes v. 24. März 1897 ist eine Abänderung der aus dem Gesetze hervorgehenden Versteigerungsbedingungen — z. B. über Erwerb des Eigentums (§ 90 l. c.), Erlöschen und Fortbestand dinglicher Rechte (§§ 44, 52 l. c., Art. 6 Ausführ.=Ges. v. 23. September 1899), Verpflichtung des Erstehers zur Berichtigung des Kaufgeldes (§ 49) usw. — nur zulässig im Falle der Zustimmung aller Interessenten, der Gläubiger, Schuldner, Realberechtigten (§ 9 l. c.), deren Rechte durch die Abänderung berührt werden. Die hiernach Beteiligten sind berechtigt, schon vor dem Versteigerungstermine eine von den gesetzlichen Vorschriften abweichende Feststellung des geringsten Gebots und der Versteigerungsbedingungen zu verlangen. Es können von Amts wegen, nötigenfalls unter Anberaumung eines Termins, Erörterungen der Beteiligten über die Versteigerungsbedingungen und insbesondere über die Feststellung des geringsten Gebots herbeigeführt werden (§§ 59—62 R.-Zw.-V.-G. v. 24. März 1897). Eine Abänderung der aus dem Gesetze hervorgehenden Versteigerungsbedingungen kann freiwillig von den Interessenten vereinbart, aber auch nach Lage des Einzelfalles notwendig werden, wenn die Rechte des Erstehers oder wohlerworbene Rechte anderer Beteiligten gehörig geschützt oder auch nur klargestellt werden sollen. In allen solchen Fällen gehört es zur Pflicht des Vollstreckungsgerichts, die besonderen Rechtsverhältnisse des Versteigerungsobjekts zu berücksichtigen und ihnen entsprechend die Versteigerungsbedingungen so zu regulieren, daß über die gegenseitigen Verpflichtungen und Berechtigungen des Erstehers und der Interessenten kein Zweifel bleibt.

Wenngleich die Bahnaufsichtsbehörde nicht zu den Interessenten gehört, welche gemäß § 59 l. c. berechtigt sind, eine von den gesetzlichen Vorschriften abweichende Feststellung des geringsten Gebots und der Versteigerungsbedingungen zu verlangen oder schon vor dem Versteigerungstermin Erörterungen hierüber mit den Beteiligten zu pflegen (§ 62), so liegt es doch bei der Versteigerung einer Bahneinheit im Interesse aller Beteiligten, vor Feststellung der Versteigerungsbedingungen die Voraussetzungen zu kennen, unter welchen der Ersteher die staatliche Genehmigung zum Erwerbe der Bahn zu gewärtigen hat. Da die dem Ersteher zu erteilende staatliche Genehmigung den Charakter einer neuen Konzession hat und mithin der Staat berechtigt ist, dem Ersteher, welchem der Zuschlag erteilt wird, die Erteilung dieser Konzession zu versagen, so ist es für die Bieter und Interessenten, zur Vermeidung erfolgloser Bietungen und Zuschlagserteilungen, von großem Werte, von vornherein über diejenigen Voraussetzungen vor der Versteigerung genau unterrichtet zu sein, von welchen staatlicherseits die Erteilung der Konzession für den Ersteher abhängig ist, und darauf die Bedingungen festzustellen. Demgemäß bestimmt § 30 des vorliegenden Gesetzes, daß die Bahnaufsichtsbehörde vor Feststellung der Versteigerungsbedingungen zu hören ist. Würden die Beteiligten und das Vollstreckungsgericht mit den hierbei geäußerten Voraussetzungen der Bahnaufsichtsbehörde die festzustellenden Versteigerungsbedingungen nicht in Einklang bringen, so würde die Erfolglosigkeit der Versteigerung die wahrscheinliche Folge sein.

Freilich bietet die vorgängige Berücksichtigung der von der Bahnaufsichtsbehörde vor der Versteigerung mitgeteilten Bedingungen keineswegs eine unbedingte Garantie dafür, daß dem Ersteher, dem unter diesen Bedingungen der Zuschlag erteilt wird, die staatliche Genehmigung zum Erwerbe der Bahn auch wirklich erteilt werden wird. Der Staat ist gemäß § 32 l. c. demungeachtet befugt, dem Ersteher die Genehmigung nachträglich zu versagen oder dieselbe von anderen Bedingungen abhängig zu machen, und die Erfüllung der in den Versteigerungsbedingungen angegebenen behördlichen Voraussetzungen gibt diesem kein Anrecht auf die Erteilung der Genehmigung. Wohl aber liegt in der vorgängigen Bekanntgabe der Voraussetzungen, unter welchen die Genehmigung staatlicherseits erteilt werden wird, seitens der Aufsichtsbehörde doch immerhin eine gewisse Gewähr dafür, daß bei Erfüllung dieser Voraussetzungen dem Ersteher die Genehmigung voraussichtlich gegeben werden wird, falls nicht etwa inzwischen eingetretene Umstände oder Bedenken die Genehmigung demungeachtet untunlich machen.

Von wesentlicher Bedeutung ist, daß das Gesetz im § 30 lediglich ganz allgemein die Vorschrift erteilt, vor Feststellung der Versteigerungsbedingungen „die Bahnaufsichtsbehörde zu hören". Es ist hiernach der Bahnaufsichtsbehörde gänzlich überlassen, ob sie überhaupt eine bezügliche Mitteilung machen und eventuell ob sie dieselbe nur auf allgemeine oder auch auf besondere, oder auf rein staatliche, oder auch persönliche sc. die persönlichen Eigenschaften ꝛc. des künftigen Erstehers betreffende Bedingungen erstrecken wolle. Weder ist das Vollstreckungsgericht berechtigt, bestimmte Angaben zu fordern, noch die Bahnaufsichtsbehörde verpflichtet, solche zu machen. Auch ist sie an die etwa gemachten Angaben nicht definitiv gebunden, es kann die später nach erfolgtem Zuschlage zu erteilende Genehmigung nach Lage der Umstände auch von anderen Bedingungen ꝛc. abhängig gemacht werden.

Aus den Materialien (s. unten) geht klar hervor, daß man der Aufsichtsbehörde volle Freiheit lassen wollte, wie weit sie in der Angabe der für die neue Genehmigung zu stellenden Bedingungen gehen wolle. Es ist zwar von der Annahme ausgegangen, daß es sich, da ein bereits bestehendes und konzessioniertes Unternehmen in Betracht komme, nicht um die Neuregelung aller Verhältnisse handeln werde, aber im übrigen ist mit Rücksicht auf die Verschiedenartigkeit der Fälle jede Andeutung und Direktive über den Umfang der vorzunehmenden Prüfung und der demgemäß zu stellenden Bedingungen absichtlich vermieden worden.

II. Aus der Entstehungsgeschichte des § 30 ist folgendes bemerkenswert: § 30 Entstehung.
Der Regierungs-Entwurf v. 13. März 1895 (Drucks. d. Herrenhauses Nr. 24 S. 14) schlug folgende Bestimmung als § 43 vor: „Vor Feststellung der Kaufbedingungen ist die Bahnaufsichtsbehörde zu hören. Dieselbe hat vor dem Versteigerungstermine die allgemeinen Bedingungen mitzuteilen, an welche die Genehmigung zum Erwerb des Bahnunternehmens geknüpft wird."

In den Motiven (S. 54/55) wird ausgeführt: „Die Vorschriften des Gesetzes v. 13. Juli 1883 über das Verfahren bei Zwangsversteigerungen sind mit wenigen Änderungen auch auf Zwangsversteigerungen von Bahnen anwendbar. Von diesen Änderungen sind die wichtigsten diejenigen, welche dem Umstande Rechnung tragen, daß die Übertragung der Bahn auf andere Personen nur unter Vorbehalt der staatlichen Genehmigung für die Person des Erwerbers zulässig ist. Mit Rücksicht hierauf war der Bahnaufsichtsbehörde Gelegenheit zu geben, schon bei Feststellung der Kaufbedingungen die allgemeinen Bedingungen zu bezeichnen, an welche die Genehmigung zum Erwerbe des Bahnunternehmens geknüpft wird (§ 43). Es war ferner die Erteilung des Zuschlags von der Bedingung abhängig zu machen, daß für die Person des Erstehers die Genehmigung zum Erwerbe beigebracht wird (§ 45). Hervorgehoben sei, daß die Erfüllung der in den Kaufbedingungen angegebenen Voraussetzungen noch kein Anrecht auf die Erteilung dieser Genehmigung gibt, daß die Genehmigung vielmehr trotzdem versagt werden darf, wenn gegen die Person des Erstehers Bedenken entstehen."

In der Kommission des Abg.-Hauses (Drucks. des Abg.-Hauses 1895 Nr. 254 S. 3158) beantragte der Referent, da der zweite Satz des Paragraphen in seiner Wortfassung allerdings zu der Annahme verleiten könne, als ob in eine völlige Neuprüfung der Verhältnisse nach allen Seiten hin eingetreten werden solle, beim Verkauf einer einmal konzessionierten Bahn die Sache aber wesentlich anders liege, als bei der ersten Prüfung zum Zwecke der Konzessionserteilung: die fragliche Bestimmung, die entbehrlich sei, zur Vermeidung von Mißverständnissen lieber ganz zu streichen. Demgemäß ist unter Zustimmung der Kommissare der zweite Satz dieses Paragraphen gestrichen worden.

In der solchergestalt abgeänderten Fassung wurde § 48 vom Abg.- und Herrenh. ohne weitere Diskussion angenommen und ging endgültig in das Eisenb.-Pfandr.-Ges. v. 19. August 1895 über.

Der Revisionsentwurf v. 10. Februar 1902 (Druckſ. d. Herrenh. Session 1902 Nr. 42 S. 7) schlug folgendes vor: „Im § 48 wird das Wort „Kaufbedingungen" durch das Wort „Versteigerungsbedingungen" ersetzt."

In den Motiven (a. a. O. S. 21) wird nur darauf hingewiesen, daß es sich bei der Abänderung nur um die Anpassung an das neue Recht handle.

Der Vorschlag wurde von beiden Häusern des Landtags angenommen und der hiernach abgeänderte § 48 ging als § 30 in das Bahneinh.-Ges. v. 11. Juni 1902 über.

§ 30. Einziger Absatz.

186) Während § 27 eine Modifikation der allgemeinen Bestimmungen des Zwangsvollstreckungsgesetzes in betreff der dem Antrage auf Einleitung der Zwangsversteigerung beizufügenden Anlagen (§ 14 l. c.) enthält und die §§ 28 und 29 Änderungen bezw. Ergänzungen des Inhalts und der öffentlichen Bekanntmachung der Terminsbestimmung zum Gegenstande haben, sind in den nun folgenden §§ 30 bis 32 Abänderungen bezüglich der Durchführung des Zwangsversteigerungsverfahrens getroffen, welche in der Besonderheit der Verhältnisse der Bahnen ihren Grund haben. Was den § 30 des vorliegenden Gesetzes anlangt, so verdankt derselbe (Anm. 185 S. 268) dem Umstande seine Aufnahme in das Gesetz, daß der Ersteher der Bahn durch den Zuschlag im Zwangsversteigerungsverfahren nur das Privateigentum an der Bahn erwirbt, zum Betriebe aber der staatlichen Verleihung des Betriebsrechts, d. h. der staatlichen Genehmigung bedarf. Denn die Konzession — die staatliche Genehmigung zum Bau und Betriebe der Eisenbahn (§ 1 Ges. v. 3. November 1838, § 2 Ges. v. 28. Juli 1892) — ist ein persönliches Privileg, welches ohne Genehmigung des Verleihers weder freiwillig, noch zwangsweise auf Dritte übertragen werden kann (W. Koch, Deutschlands Eisenb. I S. 4 und 489, Gleim, Recht d. Eisenb. I S. 75 ff., Eger, Handb. d. Preuß. Eisenb.-R. I S. 98). Die Erteilung der staatlichen Genehmigung ist daher, wie an den bisherigen Unternehmer, so auch an den Ersteher in der Zwangsversteigerung ein durchaus freiwilliger Akt, eine neue Konzession, auf welche derselbe keinen Rechtsanspruch hat. Gleim (Eisenb.-Pfandr.-Ges. S. 100 ff.) will zwar hierbei einen Unterschied machen zwischen Privateisenbahnen, welche dem Gesetz v. 3. November 1838, und Kleinbahnen, welche dem Gesetz v. 28. Juli 1892 unterworfen sind, indem er annimmt, daß die Genehmigung des letzteren nicht die rechtliche Natur eines Privilegiums, sondern nur die einer polizeilichen Genehmigung habe, welche nicht verweigert werden dürfe, wenn der Bewerber bereit sei, sich den im polizeilichen Interesse an ihn zu stellenden Anforderungen zu unterwerfen. Indes ist bereits anderen Ortes (Eger, Komment. z. Kleinb.-Ges. 2. Aufl. § 2 Anm. 5 S. 82 ff.) eingehend gezeigt worden, daß diese Annahme eine irrige ist, und die Konzession einer Kleinbahn ganz ebenso wie die einer Privatbahn den Rechtscharakter eines freiwillig erteilten, persönlichen Privilegs hat, auf dessen Verleihung der Bewerber selbst dann kein Anrecht besitzt, wenn er den polizeilichen

Anforderungen zu genügen bereit ist. Der Unterschied besteht lediglich darin, daß für Kleinbahnen im Falle der Verleihung das Gesetz das Höchstmaß der zu stellenden Anforderungen, welches nicht überschritten werden soll, vorschreibt. Die Genehmigung selbst aber und die Bedingungen innerhalb dieser gesetzlichen Grenzen sind in das Ermessen der konzessionierenden Behörde gestellt.

Aus vorstehenden Gründen bestimmt § 32, daß die Erteilung des Zuschlags — und zwar ohne Unterschied, ob Privat- oder Kleinbahn — unter der Bedingung zu erfolgen hat, daß der Ersteher der Bahn die staatliche Genehmigung erhält. Diese zu erlangen hat er aber nur dann Aussicht, wenn er sich den Auflagen und Bedingungen (Konzessionsbedingungen) unterwirft, an welche die Genehmigung staatlicherseits geknüpft wird. Um daher zu vermeiden, daß das Zwangsversteigerungsverfahren und die Zuschlagserteilung sich erfolglos vollzieht und wieder aufgehoben werden muß, weil der Ersteher die für die Erteilung der Genehmigung vom Staate aufgestellten Bedingungen nicht erfüllen kann oder will, ist im § 80 bestimmt, daß vor Feststellung der Versteigerungsbedingungen die Bahnaufsichtsbehörde zu hören ist. Damit erfahren für die Zwangsversteigerung von Bahnen die allgemeinen Bestimmungen des Gesetzes v. 24. März 1897 eine Modifikation bezw. Erweiterung. Denn nach diesen sind zwar vor der Versteigerung die Bedingungen, welchen sich der Ersteher im Falle des Zuschlags zu unterwerfen hat, vom Vollstreckungsgericht festzustellen und mit den Beteiligten darüber zu verhandeln (§§ 62, 66 l. c.). Auch können die Beteiligten nach Maßgabe der §§ 59, 62 l. c. besondere, von den gesetzlichen abweichende Versteigerungsbedingungen vereinbaren und von Amts wegen darüber Erörterungen herbeigeführt werden. Aber zu den im Gesetze v. 24. März 1897 bezeichneten Interessenten (§ 9 l. c.) gehört die Bahnaufsichtsbehörde nicht und es ist daher mit Rücksicht auf das staatliche Genehmigungsrecht durch § 80 des vorliegenden Gesetzes eine Erweiterung des Kreises der vor der Versteigerung zu Hörenden durch Aufnahme der Bahnaufsichtsbehörde erfolgt. Indes unterscheidet sich die durch § 80 angeordnete Anhörung der Bahnaufsichtsbehörde von den herbeizuführenden Erörterungen und Verhandlungen der Beteiligten über die Versteigerungsbedingungen in wesentlichen Punkten.

1. Die Anhörung der Bahnaufsichtsbehörde ist nach § 80 obligatorisch und hat durch das Vollstreckungsgericht (§ 22) von Amts wegen zu geschehen, während gemäß § 62 Ges. v. 24. März 1897 Erörterungen der Beteiligten über das geringste Gebot und die Versteigerungsbedingungen fakultativ in das Ermessen des Gerichts gestellt sind. Ist die Anhörung der Bahnaufsichtsbehörde unterlassen worden, so ist die Erteilung des Zuschlags ungültig. Auch ist das Gericht für den dadurch den Beteiligten erwachsenen Schaden verantwortlich.

2. Über die Form, in welcher die Anhörung erfolgen soll, bestimmt das Gesetz nichts. Die Vorschrift, daß die Bahnaufsichtsbehörde „zu hören" ist, hat hier nicht die Bedeutung, daß ihr Gehör in mündlicher Verhandlung gestattet sein müßte. Es genügt, ihr „rechtliches Gehör", d. h. Gelegenheit zur schriftlichen oder mündlichen Erklärung zu geben. Gibt die Bahnaufsichtsbehörde binnen einer angemessenen Frist eine schriftliche Erklärung nicht ab oder erscheint sie ohne Grund in dem zur mündlichen Erörterung anberaumten Termine nicht, so ist anzunehmen, daß sie eine Erklärung überhaupt nicht abgeben wolle, und daher dem Verfahren weiterer Fortgang zu geben.

3. Da die Anhörung der Zeit nach „vor Feststellung der Versteigerungsbedingungen" zu erfolgen hat, für welche die von der Bahnaufsichtsbehörde abzugebenden Erklärungen von wesentlicher Bedeutung sind, und die Feststellung der Versteigerungsbedingungen erst im Versteigerungstermine definitiv geschieht (§§ 66 ff. Ges. v. 24. März 1897), so folgt daraus, daß die Anhörung der Bahnaufsichtsbehörde vor dem Versteigerungstermine vor sich gehen muß. Dies ist auch schon dadurch geboten, daß die Feststellung der Versteigerungsbedingungen der Interessenten wesentlich von den Voraussetzungen 2c. abhängig ist, welche die Bahnaufsichtsbehörde für die staatliche Genehmigung aufstellt. Demgemäß ist es zweckmäßig, daß das Vollstreckungsgericht den Entwurf der Versteigerungsbedingungen der Bahnaufsichtsbehörde mitteilt und diese nach erfolgter Prüfung dem Vollstreckungsgerichte die bezüglichen Erklärungen übermittelt.

4. Auch über den Inhalt der durch § 30 angeordneten Vernehmung der Bahnaufsichtsbehörde bezw. der Erklärungen derselben ist eine nähere Bestimmung nicht getroffen. Es ist ganz allgemein gesagt, daß die „Bahnaufsichtsbehörde zu hören" ist. Wenn auch aus der in den Motiven zu § 30 entwickelten Absicht des Gesetzes im Zusammenhalt mit den Bestimmungen des § 32 klar hervorgeht, daß diese „Anhörung der Bahnaufsichtsbehörde" die Mitteilung derjenigen Voraussetzungen und Bedingungen betreffen soll, unter welchen die Erteilung der staatlichen Genehmigung an den Ersteher (§ 32 Satz 1), bezw. die Erneuerung der Konzession zu gewärtigen ist, so enthält doch § 30 nach seinem Wortlaute keine Direktive über Inhalt und Umfang der Erklärungen der Bahnaufsichtsbehörde. Es ist hiernach derselben gänzlich überlassen, ob sie überhaupt bezügliche Erklärungen abgeben und eventuell, ob sie diese nur auf allgemeine oder auch auf besondere, ob auf rein sachliche oder auch persönliche (z. B. die Qualifikation, technischen 2c. Fähigkeiten und Sachkenntnisse des künftigen Erstehers erfordernde) Bedingungen erstrecken will. Das Vollstreckungsgericht hat lediglich von Amts wegen der Bahnaufsichtsbehörde die Gelegenheit und Möglichkeit zu geben, sich noch vor Feststellung der Versteigerungsbedingungen hierüber zu äußern, aber es ist nicht berechtigt, bestimmte Erklärungen von ihr zu fordern, ebenso wenig wie diese verpflichtet ist, solche abzugeben. Auch sind die gemachten Angaben nicht definitiv bindend, sie bezeichnen nur dasjenige, was der Ersteher im Falle der staatlichen Genehmigung voraussichtlich zu gewärtigen hat. Diejenige Instanz, welche die staatliche Genehmigung nach erfolgtem Zuschlage zu erteilen hat, kann nach freiem Ermessen die bezeichneten Voraussetzungen und Bedingungen je nach Lage der Sache späterhin abändern oder durch andere ersetzen, nicht nur in sachlicher, sondern auch in persönlicher Hinsicht.

Aus Vorstehendem ergibt sich in betreff des Inhalts der Erklärungen der Bahnaufsichtsbehörde gemäß § 30 folgendes:

a) Die Bahnaufsichtsbehörde kann die Abgabe von Erklärungen gänzlich unterlassen, oder sich auf die Mitteilung beschränken, daß eine neue staatliche Genehmigung — gleichviel an welchen Ersteher — überhaupt nicht zu gewärtigen sei (z. B. weil strategische 2c. Rücksichten dagegen sprechen). Es bleibt alsdann den Beteiligten überlassen, ob sie demungeachtet dem Zwangsversteigerungsverfahren Fortgang geben wollen, in der Erwartung, daß nach erfolgtem Zuschlage die staatliche Genehmigung dennoch werde erteilt oder im Falle der Versagung die im § 32 Satz 2—4 und § 3 Abs. 2 bezeichneten Folgen eintreten werden.

b) Die Bahnaufsichtsbehörde kann sich auf die Erklärung beschränken, daß die bisherigen allgemeinen, d. h. die gesetzlichen Pflichten des Unternehmers wiederholenden, ergänzenden und ausführenden, sowie besonderen, d. h. aus der individuellen Art und den konkreten Verhältnissen der betreffenden Unternehmung sich ergebenden Konzessionsbedingungen voraussichtlich unverändert beibehalten und zur Grundlage der neuen staatlichen Genehmigung (§ 32 Satz 1) werden gemacht werden.

c) Die Bahnaufsichtsbehörde kann Änderungen, Ergänzungen, Erweiterungen oder Ermäßigungen, der bisherigen allgemeinen oder besonderen oder beider Kategorien angeben, welche voraussichtlich bei der Erteilung der staatlichen Genehmigung eintreten werden. Daß diejenigen Bedingungen, welche sich an die individuelle Persönlichkeit des Erstehers knüpfen, erst nach Erteilung des Zuschlags und Kenntnis der Person desselben angegeben werden können, liegt in der Natur der Sache und bedarf keiner weiteren Begründung.

d) Die Bahnaufsichtsbehörde kann gänzlich neue allgemeine und besondere Konzessionsbedingungen — abgesehen von den erst später hinzutretenden, die Person des künftigen Erstehers betreffenden — an Stelle der bisherigen angeben. Nach den oben S. 265 mitgeteilten Verhandlungen der Kommission des Abgeordnetenh. hat es zwar in der Absicht des Gesetzgebers gelegen, hierin nicht zu weit zu gehen und eine völlige Neuprüfung und Neuregelung der Verhältnisse 2c. tunlichst zu vermeiden. Indes im Gesetze selbst hat eine derartige Beschränkung keinen Ausdruck gefunden. Vorschläge, welche bezweckten, die Erschwerung der bisherigen Bedingungen zu verbieten oder Bedingungen zu untersagen, durch welche das Recht der Bahnpfandgläubiger benachteiligt oder der Zweck der Zwangsversteigerung vereitelt werden könnte, fanden keine Billigung. Es sind daher Erschwerungen ebensowenig ausgeschlossen, wie Erleichterungen.

5. Da die Erklärungen der Bahnaufsichtsbehörde nicht bindend sind und auch schon aus dem Grunde nicht bindend sein können, weil die genehmigende Instanz (z. B. bei Privatbahnen der Landesherr: § 1 Gesetz v. 3. November 1838) häufig nicht identisch ist mit der Bahnaufsichtsbehörde und durch letztere nicht präjudiziert werden darf, so hat der Ersteher weder ein Anrecht darauf, daß ihm die staatliche Genehmigung erteilt wird, wenn er die von der Bahnaufsichtsbehörde bekannt gegebenen Konzessionsbedingungen übernommen hat, noch ein Anrecht darauf, daß ihm die staatliche Genehmigung gerade unter diesen Konzessionsbedingungen erteilt werden muß. Wenn dies auch in der Regel geschehen wird, so ist doch rechtlich die genehmigende Instanz in keiner Weise gebunden; sie kann nach freiem Ermessen die Genehmigung versagen, sie kann aber auch die Genehmigung im Rahmen der gesetzlichen Vorschriften unter anderen — schwereren oder leichteren — Bedingungen erteilen.

§ 31.[137])

Ist der Wert der Bahneinheit festzustellen, so erfolgt die Feststellung durch das Gericht nach Anhörung der Bahnaufsichtsbehörde.[138])

[137]) Prinzip und Entstehung des § 31.

I. Prinzip. § 31 enthält eine weitere Abänderung der allgemeinen Bestimmungen des R.=Zwangsvollstreckungsgesetzes v. 24. März 1897 (Anm. 185 § 31. Prinzip.

S. 263), welche durch die eigenartigen Verhältnisse der Bahneinheiten erforderlich geworden sind und die Durchführung des Zwangsversteigerungsverfahrens betreffen. Diese Abänderung beruht einerseits auf dem Umstande, daß die Bahneinheiten als solche der Grund- und Gebäudesteuer nicht unterliegen, mithin in die Grund- und Gebäudesteuerbücher nicht eingetragen sind und daher in denjenigen Fällen, in welchen das R.-Zw.-V.-G. für die Feststellung des Wertes eines Grundstückes die Bemessung nach dem Grundsteuerreinertrage und dem Gebäudesteuernutzungswerte vorschreibt, für die Feststellung des Wertes einer Bahneinheit zweckentsprechende anderweite Bestimmungen treten mußten. Hierzu tritt noch ferner der Umstand, daß das Erfordernis der staatlichen Genehmigung für die Erteilung des Zuschlags (§ 82) eine durchaus sachgemäße Feststellung des Wertes der Bahneinheit zur Voraussetzung hat. Wie bei der Zwangsversteigerung von Grundstücken, so ist auch bei der Zwangsversteigerung von Bahneinheiten die Feststellung des Wertes derselben vornehmlich in 2 Fällen erforderlich: 1. bei der Versteigerung mehrerer mit einer dem Anspruche des Gläubigers vorangehenden Gesamthypothek belasteten Bahneinheiten in demselben Verfahren behufs Feststellung des geringsten Gebotes für jede einzelne Bahneinheit (§ 64 R.-Zw.-V.-G. v. 24. März 1897) und 2. bei der Versteigerung mehrerer Bahneinheiten im Falle der Zuschlagserteilung auf Grund eines Gesamtausgebots und Notwendigkeit der Verteilung des Erlöses auf die einzelnen Bahneinheiten (§ 112 l. c.). Für Grundstücke wird in diesen Fällen der Wert gemäß Art. 8 Abs. 1 Satz 1 des Preuß. Ausf.-Ges. v. 28. September 1899 (nach Analogie des § 40 Ziff. 8 der bisher. Preuß. Zw.-V.-Ges. v. 13. Juli 1883) nach dem vierzigfachen Betrag des staatlich ermittelten Grundsteuerreinertrages und dem fünfundzwanzigfachen Betrage des staatlich ermittelten Gebäudesteuernutzungswertes bestimmt. Da für Bahnen als solche Grund- und Gebäudesteuern nicht bestehen, mithin auch aus den Grund- und Gebäudesteuerrollen ein Grundsteuerreinertrag und Gebäudesteuernutzungswert nicht entnommen werden kann (§ 27 Bahneinh.-Ges. Anm. 129 S. 258), so mußte für die Bemessung des Wertes einer Bahneinheit bei Durchführung des Zwangsversteigerungsverfahrens eine andere, den Art. 8 Abs. 1 Satz 1 Ausf.-Ges. ersetzende Bestimmung geschaffen werden und diese ist nach Analogie der für den Fall des Versagens der Rollen im Art. 8 Abs. 1 Satz 2 bezw. für das Bergwerkseigentum im Art. 21 des Ausf.-Ges. v. 23. September 1899 (vgl. auch § 41 des bisher. Preuß. Zw.-V.-Ges. v. 13. Juli 1883) gegebenen Vorschriften im vorliegenden § 81 des Bahneinheitsgesetzes dahin getroffen worden, daß an Stelle der Berechnung des Wertes nach der Veranlagung zur Grund- und Gebäudesteuer — die Feststellung des Wertes der Bahneinheit durch das Gericht und an die Stelle der fakultativen (nötigenfalls) in das Ermessen des Gerichts gestellten Zuziehung eines Sachverständigen die vorgängige obligatorische Anhörung der Bahnaufsichtsbehörde getreten ist.

Für die Bemessung und Festsetzung des in Rede stehenden Betrages sind im Gesetze weder Vorschriften noch Direktiven erteilt. Man wird daher gut tun, auf den Zweck zurückzugehen, der mit der Festsetzung des qu. Betrages vom Gesetze verbunden wird. Dieser Zweck besteht darin, in den Fällen der Versteigerung mehrerer Bahneinheiten bei Belastung mit einer Gesamthypothek zur Ermittelung des geringsten Gebotes für jede einzelne Bahneinheit (§ 64 Zw.-V.-G.) sowie im Falle der Zuschlagserteilung auf Grund eines Gesamtausgebots zur Verteilung des Erlöses auf die einzelnen Bahneinheiten (§ 112 l. c.), den Wert derselben festzustellen (s. oben S. 270). Bei gewöhnlichen Grundstücken sieht das Gesetz den Wert nach Maßgabe gewonnener Erfahrungen in dem Vierzigfachen des Grundsteuerreinertrages und in dem Fünfundzwanzigfachen des Gebäudesteuernutzungswertes (Art. 8 Abs. 1 Satz 1 Ausf.-Ges. z. R.-Zw.-V.-G.). Da für Bahneinheiten dieser Maßstab zur Feststellung des Wertes fehlt, so ist es zweckmäßig, diejenigen Bestimmungen analog anzuwenden, welche in anderen Gesetzen die Wertbemessung von Bahnen normieren. Dies sind aber für Privateisenbahnen die Bestimmungen des § 42 des Eisenb.-Ges. v. 8. November 1888 und für Kleinbahnen die Bestimmungen des § 81 des Kleinb.-Ges. v. 28. Juli 1892.

II. Aus der Entstehungsgeschichte des § 31 ist folgendes zu entnehmen. § 31. Entstehung.

Das bisherige Eisenbahnpfandrechtsgesetz v. 19. August 1895 besaß keine dem § 31 des Bahneinheitsgesetzes, betreffend die Feststellung des Wertes der Bahneinheit durch das Gericht nach Anhörung der Bahnaufsichtsbehörde im Zwangsversteigerungsverfahren, entsprechende Bestimmung. Nur zum Zwecke der Ermittelung der Bietungskaution enthielt § 44 Abs. 1 des Ges. v. 19. August 1895 die analoge Vorschrift, daß an Stelle der nach der Veranlagung zur Grund- und Gebäudesteuer zu berechnenden Betrages der Bietungskaution ein bestimmter Betrag von dem Gerichte nach Anhörung der Bahnaufsichtsbehörde festzusetzen ist. Diese Vorschrift ist damit begründet (Regier.-Entw. v. 18. März 1895, Drucks. d. Herrenh. Nr. 24 S. 51, 55), daß das Zwangsvollstreckungsgesetz wiederholt auf die Grund- und Gebäudesteuerbücher Bezug nimmt. Da aber die Bahnen in diesen Büchern nicht eingetragen sind, bedurfte es der vorliegenden Bestimmung.

Im Revisionsentwurfe v. 10. Februar 1902 (Drucks. d. Herrenh., Session 1902 Nr. 42 S. 7) wurde als § 44a folgende Vorschrift eingestellt: „Ist der Wert der Bahneinheit festzustellen, so erfolgt die Feststellung durch das Gericht nach Anhörung der Bahnaufsichtsbehörde" und, wie folgt, begründet (a. a. O. S. 21): „Die Vorschrift entspricht dem Artikel 21 des Ausführungsgesetzes v. 23. September 1899 und dem, was sich aus § 41 des Gesetzes v. 13. Juli 1883 ergab (vgl. Begründung zum Entwurfe des Gesetzes v. 19. August 1895 S. 55)."

Der neue Paragraph wurde von beiden Häusern des Landtages unverändert angenommen und ging als § 31 in das Gesetz über.

138) In den oben S. 270 bezeichneten Fällen (R.-Zw.-V.-Ges. v. 24. März 1897 § 64 u. § 112), in welchen, wie bei Grundstücken, so auch bei Bahneinheiten eine Feststellung des Wertes des Versteigerungsobjektes erforderlich ist, soll nach der Vorschrift des § 31 die Feststellung durch das Gericht nach Anhörung der Bahnaufsichtsbehörde erfolgen. § 31. Einziger Absatz.

1. Grundsätzlich erfolgt zwar diese Wertfeststellung bei Grundstücken gemäß Art. 8 Abs. 1 Satz 1 des Ausf.-Ges. v. 23. September 1899 (§ 40 Ziff. 3 Preuß. Zw.-V.-G. v. 13. Juli 1883) nach Maßgabe des Grundsteuerreinertrages und Gebäudesteuernutzungswertes. Aber bereits das Preuß. Zw.-V.-Ges. v. 13. Juli 1883 § 41 bestimmte, daß, wo dies nicht angängig, das Gericht, erforderlichenfalls nach Anhörung eines Sachverständigen, den Betrag zu bestimmen hat, welcher in dem Verfahren an die Stelle des Grundsteuerreinertrages oder des Gebäudesteuernutzungswerts treten soll (so auch für das Bergwerkseigentum: § 161 l. c.). Und eine im wesentlichen gleiche Bestimmung hat das Preuß. Ausf.-Ges. v. 23. September 1899 Art. 8 Abs. 1 Satz 2 für Grundstücke im allgemeinen und Art. 21 l. c. für das Bergwerkseigentum 2c. im besonderen getroffen. Da für Bahneinheiten die

Verhältnisse ganz gleich liegen d. h. auch diesen die Veranlagung zur Grund- und Gebäudesteuer fehlt, so war der Erlaß einer analogen Vorschrift auch für die Bahneinheiten notwendig, wie sie im § 81 gegeben ist. Nur insofern besteht ein Unterschied, als eine Rücksicht auf das besondere Sachverständnis, welches die Wertbemessung einer Bahneinheit erfordert, und ferner auch das besondere Interesse, welches der Staat wegen der zu erteilenden Zuschlagsgenehmigung (§ 82) an der angemessenen Wertfeststellung besitzt, an die Stelle einer nach dem Ermessen des Gerichts fakultativen Zuziehung eines Sachverständigen die obligatorische Anhörung der Bahnaufsichtsbehörde getreten ist.

2. Für alle Fälle, in welchen der Wert der Bahneinheit im Zwangsversteigerungsverfahren festzustellen ist (s. insbesondere § 64 u. § 112 R.-Zw.-V.-G. v. 24. März 1897), ist die Vorschrift, daß die Feststellung des Werts durch das Gericht erfolgt, nach Wortlaut und Absicht des Gesetzes obligatorisch. Die Feststellung darf auf andere Weise, als durch das Vollstreckungsgericht (§ 22), nicht geschehen, also weder durch eine Verwaltungsbehörde, noch durch ein anderes Gericht noch durch eine Privatperson 2c. Das Vollstreckungsgericht hat die Vorschrift des § 81 von Amts wegen zu beachten und auszuführen, widrigenfalls das Verfahren wegen eines wesentlichen formellen Mangels ungültig und das Gericht für die Folgen verantwortlich ist. Auch steht den Beteiligten der Beschwerdeweg offen.

3. Die Bestimmung ist zwar im allgemeinen den Vorschriften der Art. 8, 21 des Ausführ.-Ges. v. 23. September 1899 nachgebildet, unterscheidet sich aber doch dadurch wesentlich von den letzteren, daß in diesen die Zuziehung eines Sachverständigen fakultativ in das Ermessen des Gerichts gestellt ist, während hier die Anhörung der Bahnaufsichtsbehörde als begutachtender Instanz obligatorisch vorgeschrieben ist, mithin unbedingt und in allen Fällen vom Gericht zur Vermeidung der Ungültigkeit bewirkt werden muß. Dagegen ist weder über die Form und Zeit noch über die Bedeutung der Anhörung sc. der Erklärungen der Bahnaufsichtsbehörde auf die Feststellung des Wertes eine Bestimmung enthalten. Es muß daher angenommen werden, daß die Anhörung in beliebiger Form (schriftlich, mündlich, unter Anberaumung eines besonderen Termins) erfolgen kann (s. Anm. 186 S. 267), und es dem Ermessen des Gerichts überlassen ist, die Bedeutung der Erklärung der Bahnaufsichtsbehörde für die Feststellung des Betrages zu würdigen. Wohl aber ist den Beteiligten gegen eine unangemessen erscheinende Festsetzung das Rechtsmittel der Beschwerde gegeben. Jedenfalls muß die Anhörung der Bahnaufsichtsbehörde bezw. Feststellung des Wertes der Bahneinheit vor der Erteilung des Zuschlags erfolgen. Dies ergibt sich nicht nur aus dem Zwecke der Bestimmung, sondern auch aus dem Zusammenhange mit den vorhergehenden und folgenden Vorschriften, insbesondere auch aus dem Umstande, daß für die staatliche Genehmigung die vorgängige Feststellung des Wertes der Bahneinheit von Bedeutung sein kann.

4. Für die Feststellung des Wertes enthält das Gesetz weder Vorschriften, noch Direktiven, so daß sowohl die Bahnaufsichtsbehörde bei der Begutachtung, wie auch das Gericht bei der Festsetzung an sich ganz nach freiem Ermessen verfahren können. Mangels anderweiter Bestimmungen für den Fall des Erwerbes einer Bahn durch den Staat erübrigt nur, auf diejenigen Vorschriften zurückzugehen, welche das Eisenb.-Ges. v. 8. November 1888 § 42 und das Kleinb.-Ges. v. 28. Juli 1892 § 81 für die Wertberechnung von Privateisenbahnen bezw.

Kleinbahnen geben und danach die Festsetzung des als Wertgrenze dienenden Betrages zu bestimmen (vgl. Eger, Komm. z. Kleinbahnges. v. 28. Juli 1892 2. Aufl. § 31 Anm. 105 ff. S. 388 ff.).

§ 32.[139])

Die Erteilung des Zuschlags erfolgt unter der Bedingung, daß für die Person des Erstehers die staatliche Genehmigung zum Erwerbe der Bahn beigebracht wird.[140]) Wird die Genehmigung versagt, so hat das Gericht den Beschluß, durch den der Zuschlag erteilt ist, aufzuheben und den Zuschlag zu versagen.[141]) Der neue Beschluß ist allen Beteiligten zuzustellen; eine Verkündung findet nicht statt.[142]) Die Zustellung des Beschlusses wirkt wie eine einstweilige Einstellung des Verfahrens.[143])

Der Termin zur Verteilung des Versteigerungserlöses ist erst dann zu bestimmen, wenn die Genehmigung zum Erwerbe der Bahn beigebracht ist.[144])

[139]) Prinzip und Entstehung des § 32.

I. Prinzip. Die Modifikationen des Zwangsvollstreckungsgesetzes v. 24. März 1897, welches grundsätzlich gemäß § 120 Abs. 1 des vorliegenden Gesetzes auch auf die Zwangsversteigerung von Bahneinheiten Anwendung findet, beruht im wesentlichen einerseits darauf, daß die Bahnen als solche nicht der Grund- und Gebäudesteuer unterliegen, mithin die Bezugnahme des allegierten Gesetzes hierauf fortfallen und ersetzt werden mußte (§§ 27, 31), andererseits auf dem Umstande, daß die Genehmigung (Konzession) einer Bahn — gleichviel ob Privateisenbahn oder Kleinbahn — ihrem Rechtscharakter nach ein persönliches Privileg ist, welches ohne staatliche Genehmigung nicht übertragen, mithin auch nicht durch Veräußerung der Bahn im Wege der Zwangsversteigerung auf Dritte übergehen kann (Anm. 129 S. 252 ff.) Auf diesem Umstande beruht die Vorschrift des § 30, daß vor Feststellung der Versteigerungsbedingungen vom Vollstreckungsgericht die Bahnaufsichtsbehörde zu hören ist, und zwar zu dem Zweck, daß diese Behörde sich über die Bedingungen äußert, unter welchen dem Ersteher voraussichtlich die staatliche Genehmigung erteilt werden wird, und dadurch erfolglose Zuschlagserteilungen tunlichst verhindert. § 32. Prinzip.

Diese von der Bahnaufsichtsbehörde mitgeteilten Bedingungen haben aber für die genehmigende Instanz einen bindenden oder präjudiziellen Charakter nicht (Anm. 135 S. 265). Die Erfüllung bezw. Übernahme der von der Bahnaufsichtsbehörde mitgeteilten Konzessionsbedingungen gewährt kein Anrecht auf die Erteilung der staatlichen Genehmigung. Dieselbe kann vielmehr demungeachtet nach erfolgter Versteigerung entweder gänzlich versagt oder an anderweite — schwerere oder leichtere — Bedingungen geknüpft werden, soweit sich diese in den gesetzlichen Grenzen halten. Hierfür war nun ein zwiefacher Weg gegeben: 1. Entweder konnte die Erteilung des Zuschlags an den Meistbietenden von der vorgängigen staatlichen Genehmigung abhängig gemacht 2. oder der Zuschlag demselben zwar alsbald erteilt werden, aber unter der Bedingung der nachträglichen Beibringung der staatlichen Genehmigung. Das Gesetz hat den letzteren Weg gewählt, weil es im ersteren Falle — insbesondere bei Privatbahnen — mißlich erschien, die landesherrliche Genehmigung zurückzuziehen, wenn nachträglich aus anderen Gründen der Zuschlag nicht erteilt werden konnte. Demgemäß soll nach § 82 Satz 1 die Erteilung des Zuschlags unter der Bedingung erfolgen, daß für die Person des Erstehers die staatliche Genehmigung zum Erwerbe der Bahn beigebracht werde. Hierbei dürfen die Worte „für die Person des Erstehers" nicht etwa zu der unzutreffenden Annahme verleiten, daß die staatliche Genehmigung den durch die Bahnaufsichtsbehörde gemäß § 80 bekannt gegebenen Bedingungen nur noch solche beifügen könne, welche sich auf die Person des Erstehers (Qualifikation, Solidität, Eigenschaften rc.) beziehen. Eine derartige Beschränkung ist vom Gesetze nicht beabsichtigt. Die von der Bahnaufsichtsbehörde mitgeteilten Bedingungen sind für die Genehmigungsinstanz weder in sachlicher, noch in persönlicher Hinsicht bindend. Die Worte „für die Person des Erstehers" sollen also nur aussprechen, daß es sich nicht um eine generelle, sondern um eine die individuelle Persönlichkeit des Erstehers betreffende Genehmigung handelt, also nur auf die individuelle, nicht allgemeine Natur der zu erteilenden staatlichen Genehmigung hinweisen (Anm. 140 S. 280).

Der Zuschlag kann aus den allgemeinen, in den §§ 83, 85 des Gesetzes v. 24. März 1897 bezeichneten Gründen versagt werden. Wird er aber — sei es vom Vollstreckungsgericht, sei es von der Beschwerdeinstanz — erteilt, so geschieht dies zwar in der gewöhnlichen Weise, aber mit dem wesentlichen Unterschiede, daß die Wirkung des Zuschlags von der Bedingung der staatlichen Genehmigung abhängig gemacht wird. Die Nichtgenehmigung tritt nicht etwa als ein neuer besonderer Versagungsgrund zu den allgemeinen der §§ 83, 85 des Gesetzes v. 24. März 1897 hinzu; sondern es wird der Zuschlag rite erteilt, aber bedingt, d. h. unter der Resolutivbedingung, daß die staatliche Genehmigung verliehen wird. Wird diese nicht erfüllt, d. h. die staatliche Genehmigung nicht erteilt, so würde nun zwar nach allgemeinen Rechtsregeln der Rechtsakt der Erteilung des Zuschlags von selbst ipso jure wirkungslos und hinfällig werden. Das Gesetz bestimmt jedoch im § 82 Satz 2, daß die Nichterfüllung der Bedingung und demgemäß die Wirkungslosigkeit des Zuschlags durch einen formellen Akt unzweideutig konstatiert, d. h. durch das Vollstreckungsgericht die Wirkungslosigkeit des bedingt erteilten Zuschlags ausdrücklich ausgesprochen werden soll, indem der Beschluß, durch den der Zuschlag erteilt ist, aufzuheben und der Zuschlag zu versagen ist. Der neue Beschluß ist allen Beteiligten zuzustellen. In der Wiederaufhebung des bereits ergangenen Beschlusses und in dem nunmehrigen Erlaß eines neuen versagenden Beschlusses liegt die wesentliche Abweichung vom gewöhnlichen Verfahren, denn die Aufhebung des den Zuschlag erteilenden Beschlusses gemäß § 101 Gesetz v. 24. März 1897 ist anderer Natur, da sie nicht im erstinstanzlichen Verfahren, sondern erst in der Beschwerdeinstanz erfolgt. Mit Rücksicht auf die Bestimmung, daß der den Zuschlag versagende Beschluß allen Beteiligten von Amts wegen zuzustellen ist, ist eine Verkündung dieses Beschlusses für nicht erforderlich erachtet worden und daher im Satz 3 bestimmt, daß eine Verkündung des neuen Beschlusses nicht stattfindet.

Im übrigen treten entsprechend der Natur der Resolutivbedingung mit dem Ergehen bezw. mit der Zustellung des Versagungsbeschlusses ganz dieselben Rechtswirkungen ein, wie wenn der Zuschlag von vornherein versagt worden wäre.

Materiell wirkt nun die Versagung des Zuschlags entweder als Aufhebung oder als einstweilige Einstellung des Verfahrens (§ 86 R.-Zw.-V.-G. v. 24. März 1897), ersteres dann, wenn die Versagung aus Gründen erfolgt, die eine Fortsetzung des Verfahrens unzulässig erscheinen lassen, letzteres dann, wenn die Fortsetzung zulässig ist. § 82 Satz 4 des Bahneinh.-Ges. legt der Zustellung des den Zuschlag versagenden Beschlusses die Wirkung einer einstweiligen Einstellung des Verfahrens bei, d. h. das Verfahren darf nur auf Antrag des Gläubigers fortgesetzt werden, und wenn dieser Antrag nicht binnen 6 Monaten gestellt ist, so ist das Verfahren durch Beschluß aufzuheben. (§§ 31, 32 Ges. v. 24. März 1897). Freilich darf gemäß § 8 Abs. 2 Satz 2 ein dritter Antrag auf Fortsetzung der Versteigerung der Bahneinheit als solcher nur dann gestellt werden, wenn die zur Einleitung der Zwangsverwaltung erforderliche Erklärung der Bahnaufsichtsbehörde abgegeben worden ist; denn sonst ist die Genehmigung erloschen und nur das Zwangsliquidationsverfahren (§§ 40 ff.) noch zulässig. Der Absatz 2 des § 32 bestimmt, daß der Termin zur Verteilung des Versteigerungserlöses erst dann zu bestimmen ist, wenn die Genehmigung zum Erwerbe der Bahn beigebracht ist. Dieser Satz ordnet etwas Selbstverständliches an, denn es liegt in der Natur der Sache, daß das Vollstreckungsgericht zu den den Zuschlag ausführenden Abschnitten des Verfahrens so lange nicht schreiten wird, als dessen Aufhebung durch Versagung der Genehmigung noch möglich ist.

Das durch § 32 geregelte Verfahren leidet an einem wesentlichen Mangel. Es fehlt die Bestimmung einer Frist, binnen welcher nach erfolgtem Zuschlage die staatliche Genehmigung beigebracht und nach deren Ablauf die Versagung ex lege angenommen wird und eine Wiederholung der Versteigerung eingeleitet werden kann. Dadurch kann sich zum Nachteil der Gläubiger das Verfahren für nicht absehbare Zeit hinziehen. De lege ferenda wäre es daher angezeigt gewesen, im Gesetze eine Maximalfrist für die Beibringung der staatlichen Genehmigung festzusetzen, nach deren Ablauf, ohne daß es der Aufhebung des Zuschlages und des Erlasses eines Versagungsbeschlusses bedarf, der bedingt ergangene Zuschlagsbeschluß wirkungslos und die Fortsetzung des Verfahrens nach Maßgabe des § 31 Ges. v. 24. März 1897 zulässig ist.

II. Aus der Entstehungsgeschichte des § 32 ist folgendes hervorzuheben: § 32. Entstehung.

Der Regierungsentwurf v. 18. März 1895 (Druckſ. d. Herrenh. Nr. 24 S. 14) schlug als § 45 den in den Tenor des Eisenb.-Pfandr.-Ges. v. 19. August 1895 übergegangenen § 45 vor. Nur fehlte in dem vorgeschlagenen Entwurfe der Satz 4.

In den Gründen wird ausgeführt (S. 54): „Die Vorschriften des Gesetzes v. 13. Juli 1883 über das Verfahren bei Zwangsversteigerungen sind mit wenigen Änderungen auch auf Zwangsversteigerungen von Bahnen anwendbar. Von diesen Änderungen sind die wichtigsten diejenigen, welche dem Umstande Rechnung tragen, daß die Übertragung der Bahn auf andere Personen nur unter Vorbehalt der staatlichen Genehmigung für die Person des Erwerbers zulässig ist. Hervorgehoben sei, daß die Erfüllung der in den Kaufbedingungen angegebenen Voraussetzungen noch kein Anrecht auf die Erteilung dieser Genehmigung gibt, daß die Genehmigung vielmehr trotzdem versagt werden darf, wenn gegen die Person des Erstehers Bedenken bestehen. Der Zuschlag wird zunächst in der gewöhnlichen Weise erteilt, nur mit dem Unterschiede, daß die Wirkung desselben von der bezeichneten Bedingung abhängig gemacht wird. Wird diese nicht erfüllt, so hat dies das Vollstreckungsgericht durch Wiederaufhebung des Zuschlags festzustellen. Diese Entscheidung ist ebenso wie eine in der Beschwerdeinstanz erfolgte Versagung des Zuschlags den Interessenten von Amts wegen zuzustellen (§ 95 des Gesetzes v. 18. Juli 1888). Mit dem Erlasse derselben treten die gleichen Wirkungen ein, als wenn der Zuschlag von vornherein versagt wäre, insbesondere gilt dies von dem Rechte, die Wiederholung der Versteigerung zu beantragen (§ 99 a. a. O.)."

In der Kommission des Abg.-Hauses (Drucks. Nr. 254 S. 3158) wurde beantragt, hinter dem dritten Satz der Vorlage die Worte einzufügen: „Ein Termin zur Verkündung dieses Urteils findet nicht statt" und dieser Antrag angenommen.

In der II. Lesung des Abg.-Haus. (Sten. Ber. S. 2582) wurde da als wünschenswert bezeichnet, wenn ein Vertreter der Regierung sich über die Grundsätze äußern wollte, unter denen die Genehmigung zum weiteren Betriebe zu erwarten steht.

Darauf entgegnete der Vertreter der Regierung (S. 2588): „Die Erteilung der Genehmigung zur Übertragung einer Eisenbahn auf einen anderen erfolgt für jede einzelne Privateisenbahn durch Königliche Ordre, und zwar auf Grund einer Prüfung, die im Königlichen Staatsministerium stattgefunden hat. Da handelt es sich nun um Prüfungen, die man erst eintreten lassen kann, wenn man tatsächlich die betreffende Person des Bewerbers kennt. Die Gründe, weshalb unter Umständen eine solche Konzession nicht erteilt oder an bestimmte Voraussetzungen und Bedingungen geknüpft wird, liegen in den beteiligten öffentlichen Interessen; also wenn beispielsweise ein Privatbahnunternehmer eine andere Privatbahn, die zur Versteigerung gelangt, ankaufen will, beide Linien konkurrieren bei der Bedienung eines und desselben Verkehrs, so sagt sich der Staat: wenn zwei Privatbahnen bei diesem Verkehr konkurrieren, dann ist das öffentliche Interesse besser gewahrt, als wenn ein einziger Privatunternehmer diesen Verkehr vermittelt. Es ist bekanntlich stets davon ausgegangen, daß die Ausschaltung des Konkurrenzinteresses immer nur unter der Voraussetzung erfolgen kann, daß an Stelle der konkurrierenden Privatbewerber der Staat tritt, weil der an sich das öffentliche Interesse wahrt. Wenn aber zwei Privatbewerber es sind, wird Wert darauf gelegt, daß das Konkurrenzinteresse nicht ausgeschaltet wird.

Hierauf wurde § 45 in II. u. III. Lesung unverändert angenommen und definitiv in der Fassung der Kommissionsvorschläge dem Gesetze eingefügt.

In dem Revisionsentwurfe v. 10. Februar 1902 (Drucks. d. Herrenh. Session 1902 Nr. 42 S. 8) wurde folgendes vorgeschlagen: Im § 45 werden ersetzt: a) die Sätze 2, 3, 4 durch folgende Vorschriften: „Wird die Genehmigung versagt, so hat das Gericht den Beschluß, durch den der Zuschlag erteilt ist, aufzuheben und den Zuschlag zu versagen. Der neue Beschluß ist allen Beteiligten zuzustellen; eine Verkündung findet nicht statt. Die Zustellung des Beschlusses wirkt wie eine einstweilige Einstellung des Verfahrens." b) der Satz 5 durch folgenden Abs. 2: „Der Termin zur Verteilung des Versteigerungserlöses ist erst dann zu bestimmen, wenn die Genehmigung zum Erwerbe der Bahn beigebracht ist."

In der Begründung (a. a. O. S. 22) wird ausgeführt: „Die vorgeschlagenen Änderungen tragen den Abweichungen des Reichsgesetzes vom preußischen Gesetze Rechnung. Dem im § 45 Satz 3 des Gesetzes angeführten § 99 Abs. 4 des Gesetzes v. 13. Juli 1883, wonach der Versteigerungsantrag als zurückgenommen gilt, falls nicht der Antrag auf Fortsetzung des Verfahrens innerhalb dreier Monate nach der Verkündung des letzten den Zuschlag versagenden Urteils gestellt ist, entspricht im Reichsgesetze der § 86 in Verbindung mit dem § 31 Abs. 2; nach diesen Vorschriften wirkt die rechtskräftige Versagung des Zuschlags, wenn die Fortsetzung des Verfahrens zulässig ist, wie eine einstweilige Einstellung des Verfahrens, und das Verfahren ist demnach aufzuheben, sofern nicht die Fortsetzung binnen sechs Monaten beantragt wird. Dem § 86 schließt sich die neue Fassung des § 45 Satz 4 an."

Die vorgeschlagene Fassung wurde von beiden Häusern des Landtages unverändert angenommen und ging als § 32 in das Bahneinheitsgesetz über.

140) Abs. 1 Satz 1 des § 32 trifft über den Inhalt der Zuschlagserteilung bei der Zwangsversteigerung einer Bahneinheit Bestimmung. In wesentlicher Abweichung von der Zuschlagserteilung im gewöhnlichen Verfahren ist bestimmt, daß die Erteilung des Zuschlags unter der Bedingung erfolgt, daß für die Person des Erstehers die staatliche Genehmigung zum Erwerbe der Bahn beigebracht wird. Während also im übrigen — abgesehen von den Modifikationen der §§ 27 bis 31 Ges. v. 24. März 1897 — das in diesem Gesetze geordnete Versteigerungsverfahren gemäß § 20 uneingeschränkt und vollständig zur Anwendung zu bringen ist, ist in betreff der Erteilung des Zuschlags die Änderung vorgeschrieben, daß diese unter der Bedingung der Beibringung der staatlichen Genehmigung zum Erwerbe der Bahn für die Person des Erstehers zu erfolgen hat. § 32. Abs. 1. Satz 1.

1. Der Grund für diese Bestimmung liegt in der Rechtsnatur der Bahnkonzession. Diese stellt sich — gleichviel ob sie für Privateisenbahnen oder Kleinbahnen erteilt ist — rechtlich als ein höchstpersönliches Privileg dar, welches ohne Genehmigung des Verleihers — sc. des Staates — auf einen anderen nicht übertragen werden darf. Soll also eine Übertragung, sei es durch einen freiwilligen oder einen Zwangsakt stattfinden, so bedarf es der staatlichen Genehmigung. Bei Privateisenbahnen sind dem Staate sc. dem Landesherrn in betreff der Bedingungen, unter welchen er die Genehmigung erteilen will, gesetzlich keine Grenzen gesetzt; bei Kleinbahnen sind durch das Ges. v. 28. Juli 1892 zwar Maximalgrenzen bestimmt, innerhalb deren sich die Genehmigungsinstanz zu bewegen hat. Ob aber überhaupt die Genehmigung erteilt wird, ist bei beiden Kategorien dem freien Ermessen der genehmigenden Instanzen überlassen. Daher haben auch die Bedingungen, welche die Bahnaufsichtsbehörde gemäß § 30 dem Vollstreckungsgericht mitteilt, für die Entschließung der Genehmigungsinstanz keinen bindenden oder präjudizierlichen Charakter; sie kann die Genehmigung auch bei Übernahme dieser Bedingungen versagen oder an andere — schwerere oder leichtere — knüpfen (Anm. 136 S. 268, 269).

2. Die Bedingung der staatlichen Genehmigung zum Erwerbe der Bahn für die Person des Erstehers folgt aus dem Gesetze. Das Vollstreckungsgericht kann dieser Bedingung in dem Zuschlagsurteile besonderen Ausdruck geben. Aber auch wenn dies unterblieben ist, ist das Zuschlagsurteil ein bedingtes und gilt für dasselbe die in Rede stehende Bedingung ex lege. Die Erteilung des Zuschlags erfolgt stillschweigend unter der im § 32 Abs. 1 Satz 1 bezeichneten Bedingung. Die Annahme, daß die Bedingung im Zuschlagsurteil ausdrücklich ausgesprochen sein müsse und sonst anfechtbar oder ungültig sei, kann nach Wortlaut und Absicht des Gesetzes nicht gebilligt werden.

3. Die Bedingung besteht darin, daß für die Person des Erstehers die staatliche Genehmigung zum Erwerbe der Bahn beigebracht wird.

a) Die Worte „für die Person des Erstehers“ bedeuten nicht, daß die Bedingungen sich etwa lediglich auf persönliche Eigenschaften (Qualifikation, finanzielle Solidität ꝛc.) des Erstehers zu beschränken haben, und im übrigen die allgemeinen, von der Bahnaufsichtsbehörde gemäß § 80 mitgeteilten Bedingungen für die Genehmigungsinstanz bindend sind. Die fraglichen Worte sollen nur darauf hinweisen, daß, nachdem durch den Zuschlag die Person des Erstehers festgestellt ist, im Gegensatz zu den vorher nur generell bekannt gegebenen Bedingungen die Genehmigung nunmehr an seine Person anzuknüpfen und nach seiner Individualität sich zu gestalten hat. In der Gestaltung der Genehmigungsbedingungen ist aber — abgesehen von den durch das Kleinbahngesetz gezogenen Maximalgrenzen — die Genehmigungsinstanz ebenso unbeschränkt, wie in der Erteilung der Genehmigung selbst. Die Annahme, daß bei Kleinbahnen die Genehmigung erteilt werden müsse, wenn die gesetzlich vorgezeichneten Bedingungen übernommen werden, ist irrtümlich und anderen Orts bereits widerlegt (Eger, Komment. z. Kleinb.-Ges. 2. Aufl. § 2 Anm. 5 S. 38 ff., § 4 Anm. 14 S. 78 ff.).

b) „Die staatliche Genehmigung“ bedeutet die formell und materiell den gesetzlichen Vorschriften entsprechende legale Zustimmung (Konzessionierung) seitens des zuständigen Organs der Staatshoheit. Dies ist für Privateisenbahnen der Landesherr nach Maßgabe des § 1 des Eisenb.-Ges. v. 3. November 1838 (s. Eger, Handb. d. Preuß. Eisenb.-Rechts Bd. I §§ 12, 16 S. 40, 98, Gleim, Recht der Eisenb. I § 20 S. 100), für Kleinbahnen die im § 3 des Gesetzes über Kleinbahnen und Privatanschlußbahnen v. 28. Juli 1892 bezeichneten Behörden (s. Eger, Komment. z. Kleinb.-Ges. 2. Aufl. § 3 Anm. 9 ff. S. 55 ff., Gleim, desgl. § 3 Anm. 5 ff. S. 62 ff.).

c) Die Genehmigung zum „Erwerbe der Bahn“ schließt der Natur der Sache nach die Genehmigung zum Bau und Betriebe der erworbenen Bahn in sich. Zur Vermeidung von Zweifeln wäre es aber freilich de lege ferenda angezeigt gewesen, dies im Gesetze ausdrücklich auszusprechen, da auch nach Erlöschen der Genehmigung zum Betriebe die Bahn als Ganzes noch eine Zeitlang fortbestehen und den Gegenstand des Erwerbes bilden kann (§ 8 Abs. 1 Satz 2, § 4 Abs. 3 § 47 Bahneinh.-Ges.).

4. Das Gesetz spricht nur allgemein von der „Beibringung der staatlichen Genehmigung“. Es ist ohne Zweifel damit gemeint, daß die schriftliche Genehmigung d. h. die den gesetzlichen Vorschriften entsprechende Konzessionsurkunde im Originale oder beglaubigter Abschrift dem Vollstreckungsgericht vorgelegt werden muß. Eine bloße Mitteilung, daß die staatliche Genehmigung erteilt sei, genügt nach dem Wortlaute des Gesetzes nicht, auch wenn sie von der Genehmigungsinstanz ausgeht. Dafür spricht auch der Wortlaut des fünften Satzes des § 82, welcher die Anberaumung des Termins zur Belegung und Verteilung des Versteigerungserlöses ausdrücklich von dem Akte der Beibringung der Genehmigung abhängig macht.

5. Eine Frist für die Beibringung der Genehmigung ist im Gesetze nicht bestimmt. Ob eine solche in die Versteigerungsbedingungen aufgenommen werden darf, erscheint sehr zweifelhaft, da dem Ersteher füglich nicht eine Bedingung gestellt werden kann, deren Erfüllung gar nicht in seiner Macht steht. Auch spricht gegen

diese Annahme der Umstand, daß Satz 2 des § 82 den Fortgang des Verfahrens nicht — negativ — an die bloße Nichtbeibringung der Genehmigung, sondern an die ausdrückliche Versagung derselben knüpft, also an eine positive, lediglich von dem Willen der Staatsgewalt abhängige Erklärung. Das Fehlen der gesetzlichen Bestimmung einer Frist für die Beibringung der Genehmigung, an deren Nichteinhaltung das Präjudiz geknüpft ist, daß die Genehmigung als versagt und der Zuschlag als wirkungslos bezw. aufgehoben gilt, ist daher bereits oben S. 277 als ein empfindlicher Mangel des Verfahrens bezeichnet worden. Denn es kann dadurch die Beendigung des Verfahrens, wenn die Genehmigung verzögert, vertagt oder durch jahrelange Prüfungen hingezogen wird, zum Nachteile der Gläubiger auf nicht absehbare Zeit aufgeschoben werden. Selbst wenn man mit Fischer und Schäfer (Anm. z. § 82) annimmt, daß das Gericht eine Frist, innerhalb welcher der Ersteher nur die Erteilung der Genehmigung nachzusuchen hat, festsetzen darf, würde dadurch die Sache nicht gefördert, da es nicht sowohl auf die Nachsuchung der Genehmigung, als vielmehr auf die Erteilung oder Versagung derselben ankommt. Und ebensowenig erscheint die Anwendung des § 162 B.-G.-B. hier angängig, weil es sich um einen öffentlich rechtlichen Akt der zuständigen Behörde handelt, welcher von dem Willen der Parteien nicht abhängig gemacht werden darf (A. M. Fischer u. Schäfer a. a. O.).

141) Im Anschluß an Satz 1 bestimmt Satz 2, daß, wenn die Genehmigung — durch deren Erteilung der Zuschlag bedingt ist — versagt wird, das Gericht den Beschluß, durch den der Zuschlag erteilt ist, aufzuheben und den Zuschlag zu versagen hat. § 82. Abs. 1. Satz 2.

I. Das Gesetz hätte zwar bestimmen können, daß bei Nichteintritt der Resolutivbedingung ohne weiteres die Erteilung des Zuschlags wirkungslos wird und als aufgehoben gilt. Aber es ist vorgezogen worden, die ausdrückliche Aufhebung des Zuschlagsbeschlusses durch Erlaß eines den Zuschlag versagenden Beschlusses anzuordnen, um hierdurch in präziser und markanter Form die Wiederaufhebung des Zuschlags festzustellen. Zugleich ist durch die Zustellung des neuen Beschlusses an alle Beteiligte (Satz 3 s. Anm. 142) ein bestimmter Anfangspunkt für die im § 81 Abs. 2 des Ges. v. 24. März 1897 vorgesehene Frist zur Stellung des Antrags auf Fortsetzung des Verfahrens geschaffen. Nach dem gewöhnlichen Verfahren des Ges. v. 24. März 1897 kann der Zuschlag durch Beschluß des Vollstreckungsgerichts erteilt (§ 82) bezw. aus den in den §§ 83, 85 l. c. angeführten Gründen versagt werden, und es findet gegen den Beschluß über die Erteilung oder Versagung des Zuschlags das Rechtsmittel der sofortigen Beschwerde statt (§§ 96 bis 104 l. c.). In der Beschwerdeinstanz kann sodann entweder das Zuschlagsurteil bestätigt oder wieder aufgehoben oder abgeändert werden (§§ 103, 104 l. c.). Die Abweichung, welche Satz 2 des § 32 des vorliegenden Gesetzes verfügt, besteht darin, daß das Vollstreckungsgericht selbst — nicht die Beschwerdeinstanz — im Falle des Nichteintritts der Resolutivbedingung, d. h. der Versagung der Genehmigung die Wiederaufhebung des bedingten Zuschlagsbeschlusses und den Erlaß eines Versagungsbeschlusses zu bewirken hat, mithin die Wiederaufhebung des ergangenen Zuschlagsbeschlusses in erster Instanz, nicht in der Beschwerdeinstanz erfolgt, das Vollstreckungsgericht selbst hiernach seinen eigenen Beschluß wieder aufzuheben hat.

II. Voraussetzung dieser Pflicht des Vollstreckungsgerichts zur Wiederaufhebung des Zuschlagsbeschlusses ist, daß die staatliche Genehmigung versagt wird. Da der Zuschlag gemäß Satz 1 nur unter der Bedingung der Beibringung der staatlichen Genehmigung erteilt wird, so soll die Wiederaufhebung des Zuschlagsbeschlusses erfolgen, wenn diese Genehmigung versagt wird. Indes ist dies nicht ganz folgerichtig. Denn konform zu der Bestimmung des Satzes 1 hätte im Satz 2 gesagt sein müssen, „wenn diese Genehmigung nicht beigebracht wird". Nach Satz 2 genügt aber die bloße Nichtbeibringung der Genehmigung nicht, sondern es ist die ausdrückliche Versagung derselben erforderlich, also eine besondere Erklärung der zuständigen Instanz, in welcher die Ablehnung der Genehmigung ausgesprochen wird. Daß dadurch wie durch den Mangel einer Fristbestimmung und eines Präjudizes für den Fall der Nichtbeibringung der Versagungserklärung das Verfahren für nicht absehbare Zeit hingezogen und verzögert werden kann, ist bereits an früherer Stelle (Anm. 140 S. 281) erörtert worden. Auch ist nicht bestimmt, wer die Erklärung der Versagung beizubringen hat. Der Ersteher hat — falls er nicht etwa eine Bietungskaution hinterlegt hat (§§ 67ff. Ges. v. 24. März 1897) — an dem Fortgange des Verfahrens kein Interesse, mithin auch nicht an der Beibringung der Versagungserklärung, die Gläubiger sind zur Extrahierung einer solchen nicht legitimiert; ebensowenig das Vollstreckungsgericht. Hiernach kann der Fortgang des Verfahrens leicht illusorisch gemacht werden.

III. Ist die Voraussetzung eingetreten, d. h. die Genehmigung versagt, so muß gemäß Satz 2 1. der Beschluß über die Erteilung des Zuschlags aufgehoben und 2. ein den Zuschlag versagendes Urteil erlassen sowie nach Satz 8 (s. Anm. 142) 8. dieser Beschluß allen Beteiligten zugestellt werden. Diese drei Verpflichtungen sind nach dem Wortlaute des Gesetzes obligatorisch, sie liegen sämtlich dem Vollstreckungsgerichte ob, welches den bedingten Zuschlagsbeschluß erlassen hat. Die Aufhebung des bedingten Zuschlagsbeschlusses und der Erlaß des den Zuschlag versagenden Beschlusses sind zweckmäßig miteinander zu verbinden. Mit der Zustellung dieses Beschlusses treten die gleichen Wirkungen ein, wie wenn der Zuschlag von vornherein versagt, aber die Fortsetzung des Verfahrens zulässig ist, d. h. die Zustellung des Beschlusses wirkt wie eine einstweilige Einstellung des Verfahrens (§§ 81, 86, 98 Ges. v. 24. März 1897) § 82 Satz 4 des vorliegenden Gesetzes. Mit dem Erlaß des Beschlusses können die Wirkungen noch nicht eintreten, da eine Verkündung desselben nicht stattfindet (s. § 82 Satz 8 des vorliegenden Gesetzes, § 87 Ges. v. 24. März 1897), vielmehr an die Stelle desselben die Zustellung an alle Beteiligten tritt (§ 82 Satz 8 des vorliegenden Gesetzes).

Im übrigen gelten für den Versagungsbeschluß die im Ges. v. 24. März 1897 gegebenen Vorschriften. Demgemäß ist auch das Rechtsmittel der sofortigen Beschwerde zulässig (§ 96 l. c. ff.). Da aber der einzige Grund der Versagung des Zuschlags die Nichterteilung der staatlichen Genehmigung ist, so kann hier § 100 nicht Platz greifen, vielmehr die Beschwerde nur auf die Behauptung gestützt werden, daß die Genehmigung nicht versagt, sondern erteilt worden oder daß die Versagung der Genehmigung infolge materieller Mängel illegal sei oder daß ein Nichtigkeits- oder Restitutionsgrund vorliege (§ 88 Ziff. 6, 7 Gesetz v. 24. März 1897 — §§ 578—582 C.-P.-O.). Die Beschwerdefrist beginnt gemäß § 577 Abs. 2 C.-P.-O. mit der Zustellung.

IV. Abgesehen von der exzeptionellen Aufhebung des Beschlusses infolge Versagung der staatlichen Genehmigung finden gegen die Erteilung und Versagung des Zuschlags (§ 82 Satz 1) auch bei der Versteigerung einer Bahneinheit gemäß § 20 die gewöhnlichen Rechtsmittel des Ges. v. 24. März 1897 Anwendung. Demnach sind folgende Fälle möglich:

a) Der Zuschlag wird von vornherein versagt entweder auf Antrag eines Beteiligten oder von Amts wegen (§§ 83, 85 Ges. v. 24. März 1897).

1. Wird kein Rechtsmittel eingelegt, so behält es dabei sein Bewenden. Doch kann Fortsetzung des Verfahrens gemäß §§ 86, 81 l. c. beantragt werden.

2. Wird ein Rechtsmittel eingelegt (§§ 96—100 l. c.) und die Versagung bestätigt, so ist der versagende Beschluß rechtskräftig.

3. Wird ein Rechtsmittel eingelegt und in der Beschwerdeinstanz abgeändert und der Zuschlag erteilt §§ 101—104 l. c.), so darf dies nur unter der Bedingung der Beibringung der staatlichen Genehmigung geschehen (§ 82 Abs. 1 Satz 1 Ges. v. 11. Juni 1902) und es folgt dann das Verfahren gemäß § 82 Abs. 1 Satz 2 ff.

b) Der Zuschlag wird erteilt unter der Bedingung der Beibringung der staatlichen Genehmigung (§ 82 Abs. 1 Satz 1 Ges. v. 11. Juni 1902).

1. Wird kein Rechtsmittel auf Grund des § 100 Ges. 24. März 1897 eingelegt, so greift das Verfahren gemäß § 82 Abs. 1 Satz 2 ff. des Ges. v. 11. Juni 1902 Platz.

2. Wird ein Rechtsmittel eingelegt, weil einer der gesetzlichen Versagungsgründe vorliegt (§§ 96, 100 Ges. v. 24. März 1897), und in der Beschwerdeinstanz die Erteilung des Zuschlags bestätigt, so folgt nunmehr gleichfalls das Verfahren gemäß § 82 Abs. 1 Satz 2 ff. Ges. v. 11. Juni 1902.

3. Wird ein Rechtsmittel eingelegt und in der Beschwerdeinstanz der Zuschlagsbeschluß abgeändert und der Zuschlag versagt, so behält es dabei sein Bewenden. Aber es kann in Gemäßheit der §§ 86, 81 Ges. v. 24. März 1897 Fortsetzung des Verfahrens beantragt werden.

Durch die Erteilung der staatlichen Genehmigung an den Ersteher wird zugleich die Genehmigung für den bisherigen Unternehmer zurückgenommen. Es bedarf also in diesem Falle der ausdrücklicheu Zurücknahme der bisherigen Genehmigung nicht. Solange aber diese Genehmigung für den Ersteher nicht ausdrücklich erteilt bezw. solange sie diesem versagt wird, bleibt die bisherige Genehmigung fortbestehen — außer im Falle des § 8 Abs. 2 Satz 2.

142) Satz 3 bestimmt, daß der neue Beschluß allen Beteiligten zuzustellen ist und eine Verkündung desselben nicht stattfindet. Nach der allgemeinen Vorschrift des § 87 des R.-Ges. v. 24. März 1897 soll zwar der Beschluß, durch welchen der Zuschlag erteilt oder versagt wird, in dem Versteigerungstermine oder in einem sofort zu bestimmenden Termine verkündet werden. Da aber in den Fällen des Satzes 2 dieser Beschluß allen Beteiligten von Amts wegen zuzustellen ist und denselben also speziell bekannt gemacht wird, so erübrigt sich die Verkündung und es ist daher — abweichend von der obigen Vorschrift des Ges. v. 24. März 1897 — bestimmt worden, daß eine Verkündung dieses Beschlusses nicht stattfindet. An die Stelle der Verkündung tritt die Zustellung des Beschlusses an alle Beteiligten von Amts wegen. Sie ist insbesondere wichtig als Beginn der Beschwerdefrist (§§ 96—98 l. c.), sowie als Anfangspunkt für die Frist des Antrages auf Fortsetzung des Verfahrens (§§ 81, 86 l. c. § 82 Satz 4 des vorliegenden Ges. v. § 82. Abs. 1. Satz 3.

11. Juni 1902). Die Vorschrift des Satzes 3 ist obligatorisch. Findet demnach versehentlich rc. eine Verkündung statt, so gilt demungeachtet als Fristbeginn ausschließlich die Zustellung des Beschlusses.

Indes gilt die Vorschrift des Satzes 3 nur für diejenigen Fälle, in welchen der den Zuschlag der Bahneinheit versagende Beschluß wegen Versagung der staatlichen Genehmigung ergangen ist. Beruht der versagende Beschluß auf anderen Versagungsgründen, so muß nach den Bestimmungen der §§ 87, 88 Ges. v. 24. März 1897 eine Verkündung stattfinden und ist diese der Beginn der Beschwerdefrist (§ 48), sowie der Antragsfrist (§§ 31, 86).

Unter „allen Beteiligten" sind mangels jeder Einschränkung sinngemäß sämtliche im § 9 des R.-Ges. v. 24. März 1897 bezeichneten zu verstehen d. h. außer dem Gläubiger und Schuldner 1. diejenigen, für welche zur Zeit der Eintragung des Vollstreckungsvermerkes ein Recht im Bahngrundbuch eingetragen oder durch Eintragung gesichert ist; 2. diejenigen, welche ein der Zwangsvollstreckung entgegenstehendes Recht, ein Recht an der Bahneinheit oder an einem die Bahneinheit belastenden Rechte, einen Anspruch mit dem Rechte auf Befriedigung aus der Bahneinheit oder ein Miet- oder Pachtrecht, auf Grund dessen ihnen die Bahneinheit überlassen ist, bei dem Vollstreckungsgericht angemeldet oder auf Verlangen des Gerichts oder eines Beteiligten glaubhaft gemacht haben (vgl. hierzu Jäckel, Freund, Fischer u. Schäfer Komment. z. § 9). Eine Zustellung an den Ersteher ist, da dieser nicht zu den Beteiligten gehört, nicht vorgeschrieben, aber zweckmäßig (Fischer u. Schäfer § 32 Anm. 2).

Die Zustellung erfolgt von Amts wegen (§ 3 R.-Ges. v. 24. März 1897) unter Anwendung der Vorschriften der §§ 4—7 l. c. Es ist nicht bloß die Formel des Beschlusses, sondern der ganze Beschluß zuzustellen.

§ 32. Abs. 1. Satz 4. [143]) Die Zustellung des den Zuschlag der Bahneinheit versagenden Beschlusses wegen Ablehnung der staatlichen Genehmigung (Satz 2), wirkt nach Satz 4 wie eine einstweilige Einstellung, also nicht wie die Aufhebung des Verfahrens (§ 86 R.-Ges. v. 24. März 1897). Daraus folgt gemäß § 31 l. c., daß das Verfahren anhängig bleibt; jedoch nur auf Antrag des Gläubigers fortgesetzt werden darf, welcher binnen sechs Monaten zu stellen ist. Diese Frist beginnt mit der Einstellung des Verfahrens d. h. abweichend vom § 86 Zw.-V.-G. nicht erst mit der Rechtskraft, sondern bereits mit der Zustellung des den Zuschlag versagenden Beschlusses (vgl. Jäckel § 86 Zw.-V.-Ges. Anm. 2, Fischer und Schäfer S. 692). Beantragt der Gläubiger während der sechsmonatlichen Frist die Fortsetzung des Verfahrens, so ist — ohne daß ein Beschluß auf Fortsetzung erforderlich — dem Antrage stattzugeben. Ob zu diesem Zwecke sofort ein neuer Versteigerungstermin angesetzt werden kann oder ob es erst einer anderen, das Verfahren wieder in Gang bringenden Verfügung bedarf, hängt von den Umständen ab. Jedenfalls steht dem Schuldner gegen die Anordnung, aus der sich die Fortsetzung des Verfahrens ergibt, die sofortige Beschwerde zu (§ 95 R.-G. v. 24. März 1897), da erst mit dieser Anordnung den Parteien gegenüber eine Entscheidung des Inhalts, daß die Fortsetzung zulässig sei, getroffen wird. Der Schuldner kann sich aber, wenn er die Fortsetzung des Verfahrens für unzulässig hält, die Möglichkeit der Beschwerde dadurch verschaffen, daß er nach der Zustellung des Versagungsbeschlusses die Aufhebung des Verfahrens beantragt und gegen den diesen Antrag zurückweisenden Beschluß Beschwerde einlegt. Beantragt der Gläubiger die Fortsetzung des Verfahrens nicht binnen der gedachten sechs Monate, so ist das Verfahren durch Beschluß aufzuheben (§§ 31, 32 R.=Ges. v. 24. März 1897).

Die Fortsetzung des Verfahrens wird dadurch, daß gegen den den Zuschlag versagenden Beschluß Beschwerde eingelegt wird, nicht ausgeschlossen. Auch § 30 l. c. findet in dem fortgesetzten Verfahren Anwendung. Eine neue Bewilligung der Einstellung gilt also als Rücknahme des Versteigerungsantrages (vgl. Jäckel S. 300, 301).

Voraussetzung der Fortsetzung des Verfahrens im Falle der Versagung des Zuschlags ist, daß eine erneute Versteigerung überhaupt zulässig ist. Dies ist insbesondere nicht der Fall, wenn die Zwangsvollstreckung überhaupt, — z. B. weil das zugrunde liegende Erkenntnis in höherer Instanz aufgehoben worden ist, — oder durch Versteigerung der Bahneinheit nicht mehr zulässig ist, z. B. weil ein Dritter an derselben rechtskräftig Eigentum erstritten hat. Bei Bahneinheiten tritt noch hinzu, daß es nach § 8 Abs. 2 Satz 2 dem Erlöschen der Genehmigung gleichsteht, wenn in einer Zwangsversteigerung ein wiederholter Versteigerungstermin nicht zur Erteilung eines Zuschlags (§ 32 Abs. 1 Satz 1) geführt hat und die zur Einleitung der Zwangsverwaltung erforderliche Erklärung der Bahnaufsichtsbehörde (§ 33) versagt worden ist. Eine nochmalige Versteigerung kann in diesem Falle mit Rücksicht auf das Erlöschen der Genehmigung nicht stattfinden, mithin auch nicht eine Fortsetzung des bisherigen Verfahrens. Vielmehr ist in allen diesen Fällen mit der Rechtskraft des Versagungsbeschlusses das Verfahren aufzuheben.

Weder ist der Antrag des Gläubigers auf Fortsetzung des Verfahrens den Beteiligten zuzustellen, noch bedarf es eines Beschlusses über diesen Antrag. Vielmehr genügt es, wenn sogleich die neue Terminsbestimmung ergeht, gegen welche, da sie gleichzeitig den Beschluß auf Fortsetzung des Verfahrens in sich trägt, die Beteiligten die sofortige Beschwerde haben. Im übrigen greifen bei der wiederholten Terminsbestimmung für die Zustellung und für die Wahrung der Fristen die allgemeinen Vorschriften über die Terminsbestimmung sowie die §§ 28, 29 des Ges. v. 11. Juni 1902 Platz. Wird dagegen der Antrag des Gläubigers abgelehnt, so muß hierüber ein besonderer, den Grund der Ablehnung ersichtlich machender Beschluß ergehen, der den Beteiligten zuzustellen ist. Gegen denselben steht die sofortige Beschwerde zu (§ 95 R.=Ges. v. 24. März 1897). — Durch Einlegung der Beschwerde wird die Fortsetzung des Verfahrens nicht ausgeschlossen; das Beschwerdegericht kann jedoch auf Antrag die Einstellung desselben anordnen.

144) Während für den Fall der Nichterfüllung der im Abs. 1 Satz 1 ausgesprochenen Bedingung, d. h. im Falle der Versagung der staatlichen Genehmigung gemäß Satz 2 ein neuer Beschluß zu erlassen ist, durch welches der bedingte Zuschlagsbeschluß aufgehoben und der Zuschlag versagt wird, bedarf es, wenn die Bedingung erfüllt, d. h. die staatliche Genehmigung beigebracht wird, eines neuen, den Zuschlag unbedingt und definitiv erteilenden Beschlusses nicht. Vielmehr wird durch die Beibringung der Genehmigung der bisher bedingte Zuschlagsbeschluß ipsa lege zu einem unbedingten. Ist rechtzeitig gegen den Zuschlagsbeschluß Beschwerde erhoben (§ 96 Ges. v. 24. März 1897), so kann das Vollstreckungsgericht gemäß § 572 Abs. 2 C.=P.=O. ohne Antrag, also von Amts wegen anordnen, daß die Vollziehung des Beschlusses mithin das ganze Kaufgelderbelegungsverfahren (Belegung und Verteilung des Versteigerungserlöses: §§ 49, 61, 105 R.=Ges. v. 24. März § 32. Abs. 2.

1897) auszusetzen sei, und ferner soll, wenn der Ersteher oder im Falle des § 61 der für zahlungspflichtig erklärte Dritte sowie in den Fällen des § 81 Abs. 2, 3 der Meistbietende die Aussetzung beantragt, nach § 116 Ges. v. 24. März 1897 die Ausführung der Verteilung bis zur Rechtskraft des Zuschlags ausgesetzt werden. Liegt aber keiner dieser Fälle vor, so würde nach den Vorschriften des Ges. v. 24. März 1897 und in Gemäßheit des § 20 Ges. v. 11. Juni 1902 auch bei der Versteigerung einer Bahneinheit dem Verfahren Fortgang gegeben, d. h. gemäß §§ 105 ff. Ges. v. 24. März 1897 die Belegung und Verteilung des Versteigerungserlöses in einem nach Verkündung des Zuschlagsurteils von Amts wegen zu bestimmenden Termine erfolgen müssen. Indes würde dieses Verfahren im Falle des § 82 Abs. 1 Satz 1 l. c. zwecklos werden, wenn die dort ausgesprochene Bedingung der Beibringung der staatlichen Genehmigung nicht erfüllt wird. Aus diesem Grunde bestimmt Abs. 2, daß der Termin zur Verteilung des Versteigerungserlöses erst dann zu bestimmen ist, wenn die Genehmigung zum Erwerbe der Bahn beigebracht ist oder mit anderen Worten, daß das in den §§ 105 ff. Ges. v. 24. März 1897 angeordnete Kaufgelderbelegungs- und -verteilungsverfahren so lange auszusetzen ist, bis die im § 82 Abs. 1 Satz 1 für die Erteilung des Zuschlags gegebene Bedingung der Beibringung der staatlichen Genehmigung erfüllt ist. Es tritt also bei der Versteigerung einer Bahneinheit zu den durch das Ges. v. 24. März 1897 gegebenen beiden Gründen für die Aussetzung dieses Verfahrens noch ein dritter hinzu, nämlich:

1. Die Kaufgelderbelegung und die -verteilung des Versteigerungserlöses kann vom Vollstreckungsgericht ohne Antrag von Amts wegen ausgesetzt werden bei rechtzeitiger Beschwerde gegen den Zuschlagsbeschluß (§ 96 Ges. v. 24. März 1897, § 572 Abs. 2 C.-P.-O.).

2. Die Ausführung der Verteilung des Versteigerungserlöses soll vom Vollstreckungsgericht bis zur Rechtskraft des Urteils ausgesetzt werden, wenn der Ersteher oder im Fall des § 61 der für zahlungspflichtig erklärte Dritte sowie in den Fällen des § 81 Abs. 2, 3 der Meistbietende die Aussetzung beantragt (§ 116 R.-G. v. 24. März 1897).

3. Die Verteilung des Versteigerungserlöses bezw. die Bestimmung des Verteilungstermins muß vom Vollstreckungsgericht ohne Antrag von Amts wegen ausgesetzt werden bis zur Beibringung der Genehmigung zum Erwerbe der Bahn (§ 82 Abs. 2 Ges. v. 11. Juni 1902).

Für die Beibringung der Genehmigung gilt das oben § 82 Abs. 1 Satz 1 Anm. 140 S. 279 ff. hierüber Gesagte. Erst nachdem die Genehmigungsurkunde im Originale oder in beglaubigter Abschrift dem Vollstreckungsgerichte vom Ersteher vorgelegt worden ist, ist dieses befugt und verpflichtet, den Verteilungstermin (§ 105 Ges. v. 24. März 1897) zu bestimmen. Eine Anberaumung dieses Termins und Fortsetzung des Verfahrens ohne die Beibringung der Genehmigung ist unstatthaft und gesetzwidrig; die betreffenden Akte sind ungültig und das Vollstreckungsgericht ist für die Folgen verantwortlich; ebenso aber auch, wenn dasselbe trotz erfolgter Beibringung der Genehmigungsurkunde die Anberaumung des Termins und Fortsetzung des Verfahrens unterläßt oder verzögert. Denn wenn auch der Ersteher durch den Zuschlag Eigentümer der versteigerten Bahneinheit wird, so kann doch seine Eintragung im Bahngrundbuche erst nach Ausführung des

Teilungsplanes und Rechtskraft des Zuschlags auf Ersuchen des Vollstreckungsgerichts erfolgen (§ 180 l. c.).

§ 33.[145])

Mit dem Antrag auf Zwangsverwaltung ist von dem Antragsteller eine Erklärung der Bahnaufsichtsbehörde beizubringen, daß die Einkünfte aus der Zwangsverwaltung den Kosten des Verfahrens mit Einschluß der Ausgaben und Ansprüche aus der Verwaltung voraussichtlich entsprechen werden, oder es ist eine nach den Erklärungen der Bahnaufsichtsbehörde voraussichtlich hierzu ausreichende Deckung zu gewähren.[146])

[145]) Prinzip und Entstehung des § 33.

I. Prinzip. Die §§ 33—36, welche nunmehr folgen, haben ausschließlich die Zwangsverwaltung zum Gegenstande. An sich finden in Gemäßheit des § 20 die Vorschriften des Gesetzes v. 24. März 1897 auch auf die Zwangsverwaltung der Bahneinheiten volle Anwendung. Aber der Gesetzgeber hat mit Rücksicht auf die besonderen Verhältnisse der Bahneinheiten nicht unwesentliche Modifikationen dieser allgemeinen Bestimmungen für erforderlich erachtet, welche in den §§ 33—36 des vorliegenden Gesetzes zum Ausdruck gelangt sind und zum Teil die Voraussetzungen der Anordnung der Zwangsverwaltung (§ 33), zum Teil die Anordnung (§ 34) und Durchführung (§§ 35, 36) des Zwangsverwaltungsverfahrens selbst betreffen. Hierbei ist von der Erwägung ausgegangen, daß in allen diesen Beziehungen es nicht genüge, die erforderlichen Beschlüsse und Verfügungen ausschließlich von dem Ermessen des Vollstreckungsgerichts abhängig zu machen, sondern die Mitwirkung einer im Eisenbahnwesen besonders sachverständigen Behörde notwendig sei, und aus diesem Grunde sind der Bahnaufsichtsbehörde in den folgenden Paragraphen eine Reihe von Funktionen und Befugnissen in betreff der Zwangsverwaltung zugewiesen. § 33. Prinzip.

§ 33 modifiziert die allgemeinen Vorschriften des Gesetzes v. 24. März 1897 in betreff der Voraussetzungen für die Anordnung des Zwangsverwaltungsverfahrens in einem wesentlichen Punkte, nämlich in betreff der Deckung der Kosten. Es ist ein im Zwangsvollstreckungsrecht anerkannter Grundsatz, daß voraussichtlich zum Mindesten die Kosten der beantragten Vollstreckungsmaßnahme gedeckt sein müssen, bevor ihre Anordnung herbeigeführt wird, weil anderenfalls das Verfahren zwecklos und den Interessen der Gläubiger nicht dienlich erscheint. Aus diesem Grunde bestimmt § 803 Abs. 2 der C.-P.-O., daß die Pfändung in das bewegliche Vermögen zu unterbleiben hat, wenn sich von der Verwertung der zu pfändenden Gegenstände ein Überschuß über die Kosten der Zwangsvollstreckung nicht erwarten läßt. Und ferner § 107 der Konk.-Ord., daß die Abweisung des Eröffnungsantrages erfolgen kann, wenn nach dem Ermessen des Gerichts eine den Kosten des Verfahrens entsprechende Konkursmasse nicht vorhanden ist. In das Gesetz v. 13. Juli 1888 und in das R.-Ges. v. 24. März 1897 ist dieser Grundsatz nicht übergegangen, wohl vornehmlich deshalb, weil bei Gegenständen des unbeweglichen Vermögens, insbesondere Grundstücken, die Beurteilung, ob der Erlös bezw. Ertrag die Kosten decken wird, eine schwierige und unsichere sein würde. Hiervon weicht das Gesetz v. 11. Juni 1902 zugunsten der Gläubiger ab, indem es sich der im § 808 Abs. 2 der C.-P.-O. und § 107 Konk.-Ord. ausgesprochenen Auffassung nähert. Maßgebend für diese Modifikation der Ges. v. 18. Juli 1888 u. 24. März 1897 war die Erwägung, daß es sich bei Bahneinheiten, wenngleich sie als Rechte mit Immobiliarqualität anzusehen sind, dennoch in Wirklichkeit um einen aus unbeweglichen und beweglichen Gegenständen zusammengesetzten, umfangreichen Vermögenskomplex handelt, ferner bei dem Umfange und der Bedeutung des Objekts und der daraus der Verwaltung erwachsenden Kosten ein vorsichtiges, den Zweck der Maßnahme berücksichtigendes Vorgehen ganz besonders geboten ist, sodann die Verwaltung unter staatlicher Autorität (§ 85) stattfindet, welche durch eine die Betriebskosten nicht deckende und in Defizit geratende Führung beeinträchtigt würde, und endlich in der Bahnaufsichtsbehörde ein mit besonderem Sachverständnis ausgerüstetes Organ vorhanden ist, welches vornehmlich dazu qualifiziert erscheint, den Erfolg der Zwangsverwaltung und das Verhältnis der sich daraus ergebenden Einkünfte zu den zu gewärtigenden Kosten zu bemessen.

Demgemäß macht § 88 die Anordnung der Zwangsverwaltung von der Voraussetzung abhängig, daß entweder von dem Antragsteller eine Erklärung der Bahnaufsichtsbehörde beigebracht wird, wonach die Einkünfte aus der Zwangsverwaltung den Kosten des Verfahrens mit Einschluß der Ausgaben und Ansprüche aus der Verwaltung voraussichtlich entsprechen werden oder, daß eine nach den Erklärungen der Bahnaufsichtsbehörde voraussichtlich hierzu ausreichende Deckung gewährt wird. Eines von beiden Momenten muß vorliegen, bevor das Vollstreckungsgericht die Anordnung der Zwangsverwaltung beschließen darf, und in beiden Fällen ist die sachverständige Erklärung der Bahnaufsichtsbehörde allein entscheidend. Der Erklärung der Bahnaufsichtsbehörde über die voraussichtliche Deckung der Kosten des Verfahrens und der Verwaltung aus den Einkünften soll die Tatsache gleichstehen, daß vom Antragsteller oder einem dritten Interessenten die nach behördlicher Erklärung ausreichende Deckung geboten wird.

II. Entstehung. Die Entstehungsgeschichte des § 88 bestätigt die vorstehend erörterte Tendenz desselben.

Der Gesetzentwurf v. 18. März 1895 (Drucks. d. Herrenh. Nr. 24 S. 13) schlug als § 88 die mit § 88 des Ges. v. 19. August 1895 bezw. § 88 R.-Ges. v. 11. Juni 1902 fast wörtlich gleichlautende Bestimmung vor, und zwar mit folgender Motivierung (S. 52): „Hinsichtlich der Voraussetzungen der Einleitung der Zwangsverwaltung sind im übrigen die allgemeinen Vorschriften des Gesetzes v. 18. Juli 1888 maßgebend. Es erscheint jedoch zweckmäßig, diese Einleitung nur zuzulassen, wenn nicht zu besorgen ist, daß durch die Zwangsverwaltung Kosten entstehen, welche nicht gedeckt werden können. Es liegt dies im Interesse der Gläubiger, welchen aus einer Zwangsverwaltung sonst nur Nachteile erwachsen würden, und ist auch mit Rücksicht darauf angezeigt, das die Verwaltung unter staatlicher Autorität geführt wird. Die Entscheidung darüber, ob ein Überschuß aus der Verwaltung zu erwarten, oder eine zur Bestreitung der Kosten angebotene Deckung für ausreichend zu erachten ist, kann nicht von dem Gerichte, sondern nur von der Bahnaufsichtsbehörde, welcher die zur Beurteilung dieser Frage erheblichen Verhältnisse bekannt sind, getroffen werden. Die für die Betriebskosten zu gewährende Deckung stellt nicht einen Gerichtskostenzuschuß dar, von dessen Entrichtung die Bewilligung des Armenrechts entbinden würde, sondern erscheint als eine materielle Voraussetzung der Zwangsverwaltung, da sie den Nachweis der Ertragsfähigkeit des Unternehmens ersetzen soll."

Diesen Vorschlägen gemäß ist § 88 ohne weitere Diskussion in das Gesetz v. 19. August 1895 aufgenommen worden.

Der Revisionsentwurf v. 10. Februar 1902 (Drucks. d. Herrenh. 1902 Nr. 42 S. 7) schlug vor, die Worte „Einleitung der" zu streichen, weil das Wort „Einleitung" dem Reichsgesetz v. 24. März 1897 fremd ist (a. a. O. S. 21). Dieser Vorschlag wurde angenommen und im übrigen § 88 unverändert als § 83 in das Bahneinh.=Ges. übertragen.

146) Die allgemeinen Voraussetzungen für den Antrag auf Anordnung der Zwangsversteigerung und Zwangsverwaltung in Grundstücke (§§ 15 ff., § 146 Gesetz v. 24. März 1897, welche nach § 20 des vorliegenden Gesetzes auch für Bahneinheiten gelten, bestehen darin, daß seitens des hierzu Berechtigten ein Antrag auf Zwangsverwaltung gestellt und dieser Antrag mit den im § 16 des Gesetzes v. 24. März 1897 bezeichneten Angaben und Anlagen versehen wird. Zu diesen allgemeinen Voraussetzungen fügt für die Anordnung der Zwangsverwaltung in eine Bahneinheit § 83 aus den in der vorangehenden Anm. 145 eingehend dargelegten Gründen eine besondere neue hinzu, durch welche § 16 bezw. § 146 des Gesetzes v. 24. März 1897 ergänzt oder modifiziert wird. Es soll mit dem Antrage auf Anordnung der Zwangsverwaltung § 83. Einziger Absatz.

1. entweder vom Antragsteller eine Erklärung der Bahnaufsichtsbehörde beigebracht werden, daß die Einkünfte aus der Zwangsverwaltung den Kosten des Verfahrens mit Einschluß der Ausgaben und Ansprüche aus der Verwaltung voraussichtlich entsprechen werden;

2. oder eine nach den Erklärungen der Bahnaufsichtsbehörde voraussichtlich hierzu ausreichende Deckung gewährt werden.

Nach den Bestimmungen des Gesetzes v. 24. März 1897 über die Zwangsversteigerung und Zwangsverwaltung, sowie des Gerichtskostengesetzes v. 25. Juni 1895 in der Fassung der Bekanntmachung v. 6. Oktober 1899 (G.-S. S. 326) bestehen für den Extrahenten einer Zwangsverwaltung die vorstehenden Verpflichtungen nicht. Der Antragsteller ist zwar nach § 6 des Gesetzes v. 6. Oktober 1899 verpflichtet, einen zur Deckung der baren Auslagen hinreichenden Vorschuß zu zahlen, und haftet für die zu erhebenden Kosten. Aber diese Bestimmung bezieht sich nur auf die gerichtlichen Kosten (Bekanntmachungen, Termine rc.), nicht auf die übrigen Kosten des Verfahrens, sowie auf die Ausgaben der Verwaltung. Und die Vorschrift des § 161 Absatz 3 des Gesetzes vom 24. März 1897 bestimmt nur, daß das Gericht die Aufhebung des Verfahrens anordnen kann, wenn die Fortdauer der Beschlagnahme besondere Aufwendungen erfordert und der Gläubiger den nötigen Geldbetrag nicht vorschießt. Sie bezieht sich also nicht auf die Anordnung, sondern auf die Fortsetzung des Verfahrens. § 83 des vorliegenden Gesetzes v. 11. Juni 1902 weicht aber hiervon ab und erfordert für die Anordnung der Zwangsverwaltung in eine Bahneinheit in betreff der Deckung der Kosten, — um weder durch eine erfolglose Verwaltung die Gläubiger zu benachteiligen, noch die Autorität des Staates, unter dessen Aufsicht und Mitwirkung die Verwaltung geführt werden muß, zu beeinträchtigen, — daß die Deckung sowohl der Kosten des Verfahrens, wie der Ausgaben und Ansprüche aus der Verwaltung voraussichtlich vorhanden sein müssen.

Diese Erfordernisse der Deckung können auf zweifachem Wege erfüllt werden. Entweder durch Beibringung einer Erklärung der Bahnaufsichtsbehörde seitens des Antragstellers, daß die Einkünfte aus der Zwangsverwaltung voraussichtlich den Kosten entsprechen werden oder durch die tatsächliche Gewährung einer nach den Erklärungen der Bahnaufsichtsbehörde hierzu ausreichenden Deckung. Die Vorschrift des § 83 ist obligatorisch. Eine der beiden darin bezeichneten Voraussetzungen muß erfüllt werden, wenn das Vollstreckungsgericht dem Antrage auf Einleitung der Zwangsverwaltung stattgeben sc. die Einleitung beschließen soll. Das Gericht macht sich verantwortlich, falls es ohne Erfüllung einer von beiden Voraussetzungen die Einleitung herbeiführen würde.

Aber die beiden angegebenen Voraussetzungen brauchen nur alternativ erfüllt zu werden, eine oder die andere, die Erfüllung beider ist nicht erforderlich. In beiden Fällen ist die Erklärung der Bahnaufsichtsbehörde (Anm. 15 S. 81) als der hierzu besonders qualifizierten und sachverständigen Instanz maßgebend und für das Vollstreckungsgericht, wie für die Parteien entscheidend. Unter den „Einkünften aus der Zwangsverwaltung" sind die gesamten Einnahmen aus dem Betriebe des Eisenbahnunternehmens (Personen- und Güter-Transportverkehr, Pacht- und Mietszinsen, Erlös aus Altmaterialien ꝛc.) zu verstehen; unter den „Kosten des Verfahrens" die nach dem Gerichtskostengesetz v. 25. Juni 1895/6. Oktober 1899 (G.-S. 1899 S. 326 ff.) Abschn. II §§ 124 ff. zu entrichtenden Kosten des gerichtlichen Vollstreckungsverfahrens (die eigentlichen Gerichtskosten); endlich unter den „Ausgaben und Ansprüchen der Verwaltung" die dem eingesetzten Verwalter zugebilligte Vergütung (§ 158 R.-Ges. v. 24. März 1897 und Allgem.-Verf. d. Just.-Min. v. 8. Dezember 1899 § 16 (J.-M.-Bl. S. 791), sowie alle auf die Erhaltung, Verbesserung und Betriebsführung des Eisenbahnunternehmens und seiner unbeweglichen und beweglichen Bestandteile verwendeten Kosten (sächliche und persönliche Ausgaben, Betriebskosten ꝛc.) § 155 l. c. Die Bahnaufsichtsbehörde hat also gewissermaßen einen Etat der Verwaltungseinnahmen und der Verwaltungsausgaben einschließlich der eigentlichen Gerichtskosten aufzustellen und danach pflichtmäßig eine Erklärung abzugeben, ob die ersteren den letzteren voraussichtlich entsprechen, bezw. durch diese ihre Deckung finden werden oder, wenn dies nicht der Fall ist, welche Summe zu dieser Deckung ausreichend sein wird. Daß diese Erklärungen nur überschläglich und approximativ die bezüglichen Beträge angeben können, liegt in der Natur der Sache. Das Gesetz hat daher das Wort „voraussichtlich" eingefügt.

Sache des Antragsstellers ist es sodann, dem Antrage auf Anordnung der Zwangsverwaltung mit den nach § 16 bezw. § 146 des Gesetzes v. 24. März 1897 erforderlichen Angaben und Anlagen entweder noch die bezügliche Erklärung der Bahnaufsichtsbehörde beizufügen, daß die Einkünfte der Zwangsverwaltung die Kosten des Verfahrens und Ausgaben der Verwaltung voraussichtlich decken werden, oder den Nachweis (durch Quittung der Hinterlegungsstelle, Bürgschaftserklärung ꝛc.), daß eine entsprechende, die Differenz zwischen Einnahmen und Ausgaben deckende Summe, sei es von ihm selbst, sei es von einem dritten Interessenten gewährt wird, verbunden mit einer Erklärung der Bahnaufsichtsbehörde, daß diese Summe voraussichtlich zur Deckung ausreichend sein wird.

Die Bahnaufsichtsbehörde erscheint zur Abgabe dieser Erklärungen nur dann verpflichtet, wenn der die Erklärung Erfordernde sich als zur Stellung des Antrags auf Zwangsverwaltung in die Bahneinheit legitimiert erweist. Kann er diesen Nachweis nicht erbringen, so wird der Bahnaufsichtsbehörde nicht zugemutet werden dürfen, derartige Erklärungen abzugeben. Es liegt aber nicht in der Kompetenz der Bahnaufsichtsbehörde, über diese Legitimation des Antragstellers eine Entscheidung zu treffen. Hierzu ist vielmehr lediglich das Vollstreckungsgericht zuständig. Daraus folgt, daß der Antragsteller zunächst eine Erklärung des Gerichts über seine Legitimation zu dem Antrage herbeiführen und diese gerichtliche Erklärung der Bahnaufsichtsbehörde vorlegen muß, um auf Grund derselben die Erklärung der letzteren in betreff der voraussichtlichen Suffizienz der Einkünfte oder der Deckungssumme zu erlangen. Das Vollstreckungsverfahren (§§ 15 ff., § 146 Gesetz v. 24. März 1897) sieht aber eine derartige vorläufige Erklärung oder Entscheidung des Vollstreckungsgerichts über die Legitimation des Antragstellers nicht vor, sondern verlangt, daß der Antrag auf Vollstreckung alsbald vollständig mit allen gesetzlichen Erfordernissen versehen (also auch den Erklärungen der Bahnaufsichtsbehörde aus § 38 des Ges. v. 11. Juni 1902) dem Vollstreckungsgerichte vorgelegt werde (arg. § 16 „der Antrag soll bezeichnen" rc. und „dem Antrage sind beizufügen" und § 88 Ges. v. 11. Juni 1902: „Mit dem Antrage ist . . eine Erklärung . . beizubringen").

Schließlich ist noch hervorzuheben, daß der zur Deckung der Kosten des Verfahrens und der Ausgaben und Ansprüche der Verwaltung erforderliche Betrag nicht die Natur eines prozessualen Kostenvorschusses hat, von dessen Erlegung z. B. die Bewilligung des Armenrechts befreien könnte, sondern nur eine materiell rechtliche Voraussetzung der Anordnung der Zwangsverwaltung, da sie den Nachweis der Ertragsfähigkeit des Unternehmens ersetzen soll. Dies ergibt sich schon daraus, daß die Deckung nicht allein die Kosten des Verfahrens (Gerichtskosten), sondern auch die gesamten Verwaltungskosten (Ausgaben und Ansprüche) der Verwaltung umfassen soll.

§ 34.[147])

Wird über das Vermögen des Bahneigentümers das Konkursverfahren eröffnet, so ist die Zwangsverwaltung auch dann anzuordnen, wenn die Bahnaufsichtsbehörde das Vollstreckungsgericht um die Anordnung derselben ersucht.[148]) Dies Ersuchen ist nur dann zu stellen, wenn die Einkünfte aus der Zwangsverwaltung den Kosten des Verfahrens mit Einschluß der Ausgaben und Ansprüche aus der Verwaltung voraussichtlich entsprechen werden.[149])

[147]) Prinzip und Entstehung des § 84.

I. Prinzip. Der § 84 enthält eine die Vorschriften des Ges. v. 24. März 1897 über die Anordnung der Zwangsverwaltung modifizierende Ausnahmebestimmung, welche Zweckmäßigkeitsgründen und den Rücksichten auf das an dem Betriebe der Bahnunternehmungen beteiligte öffentliche Interesse ihrer Ent- § 84. Prinzip.

stehung verdankt. Legitimiert zum Antrage auf Anordnung der Zwangsverwaltung einer Bahneinheit ist an sich jeder Gläubiger, der für seine Forderung einen vollstreckbaren Schuldtitel besitzt (§ 16 Ges. v. 24. März 1897), und im Falle der Konkurseröffnung über das Vermögen des Bahneigentümers, jeder absonderungsberechtigte Gläubiger, sowie der Konkursverwalter (§§ 4, 47 ff., 126 Konkursordnung). Gleichviel, ob die Einleitung der Zwangsverwaltung der Bahneinheit ohne Konkurs oder nach Eröffnung des Konkursverfahrens über das Vermögen des Bahneigentümers beantragt wird, und ob der Antrag von einem absonderungsberechtigten Gläubiger oder vom Konkursverwalter ausgeht, in allen diesen Fällen finden die Bestimmungen der §§ 1—177 des Ges. v. 24. März 1897 (§ 172 l. c.), bezw. auch der dieselben modifizierenden Bestimmungen der §§ 20 ff. des Gesetzes v. 11. Juni 1902 und insbesondere auch des § 85 l. c. Anwendung, derartig, daß in Gemäßheit des § 85 die durch die §§ 150, 153 und 154 des Gesetzes v. 24. März 1897 dem Vollstreckungsgerichte zugewiesene Tätigkeit der Bahnaufsichtsbehörde zusteht, mithin diese befugt ist, einen Verwalter zu ernennen und dessen Geschäftsführung zu beaufsichtigen.

Ist somit im Falle eines Antrages auf Zwangsverwaltung sowohl innerhalb wie außerhalb des Konkurses durch die Zuständigkeit der Bahnaufsichtsbehörde in betreff der Ernennung und Beaufsichtigung des Verwalters das öffentliche Interesse ausreichend gewahrt, so ist dies nicht in gleichem Maße der Fall, wenn nach der Eröffnung des Konkurses ein Antrag auf Zwangsverwaltung der Bahn nicht gestellt wird. Denn in diesem Falle geht die Verwaltung des Bahnunternehmens wie die aller anderen zur Konkursmasse gehörigen beweglichen und unbeweglichen Gegenstände vom Kridar auf den Konkursverwalter über (§§ 6, 78 ff., 117 ff. Konkursordnung), dessen Ernennung und Beaufsichtigung Sache des Konkursgerichts ist. Wenn nun der ohne Mitwirkung der Bahnaufsichtsbehörde ernannte Konkursverwalter eine zur sachgemäßen Leitung des Bahnunternehmens nicht geeignete Persönlichkeit ist, so würde das an dem ordnungsmäßigen Fortbetriebe der Bahn beteiligte öffentliche Interesse in empfindlicher Weise beeinträchtigt werden. Um dieser Gefahr vorzubeugen und der Bahnaufsichtsbehörde die Möglichkeit zu sichern, auch dann, wenn im Konkurse von anderer Seite ein Antrag auf Zwangsverwaltung nicht erfolgt, die Ernennung eines sachverständigen Verwalters und die Beaufsichtigung seiner Geschäftsführung in ihre Hand zu bekommen, bestimmt § 84 im Satz 1 in Ergänzung der bestehenden Vorschriften über die Legitimation zum Antrage auf Anordnung der Zwangsverwaltung, daß nach Eröffnung des Konkursverfahrens über das Vermögen des Bahneigentümers auch die Bahnaufsichtsbehörde zu diesem Antrage legitimiert sein soll, indem Satz 2 noch — entsprechend dem § 88 — die Vorschrift beifügt, daß von der Bahnaufsichtsbehörde nur bei voraussichtlicher Deckung der Kosten des Verfahrens und der Verwaltung aus den Einkünften derselben ein derartiger Antrag zu stellen ist. Auf diese Weise ist die Bahnaufsichtsbehörde im Konkurse — auch ohne Antrag von seiten eines Gläubigers oder des Konkursverwalters — in die Lage versetzt, selbst den Antrag auf Anordnung der Zwangsverwaltung zu stellen, wenn ihr der Konkursverwalter zur Leitung des Bahnunternehmens nicht qualifiziert erscheint, und dadurch die Anwendung der §§ 1—177 des Gesetzes v. 24. März 1897, bezw. des die §§ 150, 153, 154 modifizierenden § 85 des Gesetzes v. 11. Juni 1902 in betreff der Ernennung und Beaufsichtigung eines Verwalters herbeizuführen.

Daß die Landesgesetzgebung befugt sei, in Ergänzung der Konk.-Ordn. eine derartige, die Einwirkung der Konkursordnung auf ein bestimmtes Rechtsverhältnis betreffende Anordnung zu erlassen, unterliegt nach § 25 Konkursordnung und der bei den Kommissionsberatungen über den Entwurf der Konkursordnung bezüglich der Tragweite des § 25 konstatierten Auffassung keinem Bedenken. Das Recht der Gläubiger der Bahneinheit sowie des Konkursverwalters, die Zwangsverwaltung zu beantragen, wird durch § 84 in keiner Weise alteriert, aufgehoben oder beschränkt. Es tritt lediglich zu diesem Rechte die Legitimation der Bahnaufsichtsbehörde, gleichfalls den Antrag auf Zwangsverwaltung zu stellen hinzu, um dadurch das öffentliche Interesse an der sachgemäßen Führung des Bahnbetriebes wahren zu können.

II. Entstehung. Daß die vorstehend erörterten Erwägungen für die Aufnahme des § 84 in das Gesetz leitend waren, findet in der Erstehungsgeschichte desselben volle Bestätigung. § 84. Entstehung.

Der Entwurf v. 18. März 1895 (Drucks. d. Herrenh. Nr. 24 S. 18) enthielt als § 89 folgende Bestimmung:

> Wird über das Vermögen des Bahneigentümers das Konkursverfahren eröffnet, so ist die Zwangsverwaltung einzuleiten, falls die Bahnaufsichtsbehörde das Vollstreckungsgericht um die Einleitung derselben ersucht. Dies Ersuchen ist nur dann zu stellen, wenn die Einkünfte aus der Zwangsverwaltung den Kosten des Verfahrens mit Einschluß der Ausgaben und Ansprüche aus der Verwaltung voraussichtlich entsprechen werden.

Die Begründung (S. 48, 49) lautete: „Im Falle der Konkurseröffnung über das Vermögen des Bahneigentümers hat jeder absonderungsberechtigte Gläubiger das Recht, auf Grund eines vollstreckbaren Schuldtitels die Einleitung der Zwangsverwaltung zu beantragen. Die Zwangsverwaltung kann ferner auf Antrag des Konkursverwalters eingeleitet werden (Konkursordnung §§ 8, 116). An den nach Maßgabe dieser Vorschriften begründeten Rechten, die Zwangsverwaltung zu beantragen, wird durch § 89 nicht geändert. Nach § 89 soll aber der Bahnaufsichtsbehörde auch das Recht zustehen, von Amts wegen die Einleitung der Zwangsverwaltung zu verlangen. Durch die Eröffnung des Konkurses erlischt die Genehmigung zum Bahnbetrieb nicht ohne weiteres; dieselbe besteht vielmehr zunächst fort und mit ihr die öffentlich rechtliche Verpflichtung zum Betriebe. So lange es zu einer zwangsweisen oder freiwilligen Veräußerung des Unternehmens nicht gekommen ist, muß daher für einen ungestörten Fortbetrieb desselben Sorge getragen werden, vorausgesetzt, daß das Unternehmen nach Maßgabe des § 88 überhaupt als betriebsfähig anzusehen ist. Da der Konkursverwalter ohne Mitwirkung der Bahnaufsichtsbehörde ernannt wird und nach der Konkursordnung im allgemeinen durchaus selbständig zu handeln hat, könnte es zu Mißständen führen, wenn ihm in allen Fällen die Fortführung des Bahnbetriebs überlassen würde. Einen Anspruch auf diese Überlassung hat der Konkursverwalter nicht, da die Genehmigung zum Betriebe nur dem Unternehmer für seine Person erteilt ist. Das Gesetz könnte sich auf den Standpunkt stellen, daß mit der Konkurseröffnung, welche dem mit Genehmigung versehenen Unternehmer die persönliche Leitung des Betriebes unmöglich macht, die Genehmigung erlischt. Den Interessen aller Beteiligten, wie dem öffentlichen Interesse an der Verhütung einer Einstellung des Betriebes wird aber besser gedient, wenn die Genehmigung erhalten bleibt, der Aufsichtsbehörde aber das Recht gewährt wird, die Zwangsverwaltung zu veranlassen, wenn die Persönlichkeit des Konkursverwalters nicht die erforderlichen Garantien für eine sachgemäße Leitung des Bahnunternehmens bietet. Die Befugnis der Landesgesetzgebung zum Erlasse einer Anordnung, wie sie in § 89 vorgesehen ist, unterliegt keinem Bedenken, da es der Landesgesetzgebung zusteht, Vorschriften darüber zu treffen, in welcher Weise die Konkurseröffnung auf bestimmte Rechtsverhältnisse einwirkt, vgl. § 20 der Konkursordnung und die bei den Kommissionsberatungen erfolgte Konstatierung der Tragweite dieser Vorschrift nach der übereinstimmenden Auffassung der Kommission und der Regierungsvertreter (Kommissionsprotokolle S. 202)."

In der Kommission des Abgeordnetenhauses (Aktenst. Nr. 254 S. 3157) wurde die Bedeutung des Wortes „auch" in Zeile 3 dahin klargestellt, daß durch das Recht der Bahnaufsichtsbehörde, die Einleitung der Zwangsverwaltung zu beantragen, die gleiche anderweitig statuierte Befugnis des Konkursverwalters und der absonderungsberechtigten Gläubiger mit vollstreckbarem Schuldtitel nicht berührt werde.

Hiernach wurde § 89 in der Fassung des Entwurfs unverändert angenommen und ging so in das Gesetz v. 19. August 1895 über.

Der Revisionsentwurf v. 10. Februar 1902 (Druckf. d. Herrenh. 1902 Nr. 42 S. 7) schlug vor, im § 89 Satz 1 die Worte „einzuleiten", „Einleitung" durch die Worte „anzuordnen", „Anordnung" zu ersetzen um die dem Reichsgesetze vom 24. März 1897 fremden Ausdrücke „einzuleiten" und „Einleitung" zu beseitigen (Begründung a. a. O. S. 21). Dieser Vorschlag wurde angenommen und mit dieser Maßgabe § 89 in das Bahneinheitsgesetz als § 84 übertragen.

§ 84. Satz 1. 148) Satz 1 des § 84 schreibt vor, daß, wenn über das Vermögen des Bahneigentümers das Konkursverfahren eröffnet wird, die Zwangsverwaltung auch dann einzuleiten ist, wenn die Bahnaufsichtsbehörde das Vollstreckungsgericht um die Einleitung derselben ersucht, d. h. durch Satz 1 wird in Ergänzung der §§ 4, 47, 126 Konk.-Ord. und §§ 15 ff., 146 des Ges. v. 24. März 1897 die Zahl derjenigen, welche im Konkursverfahren zum Antrage auf Einleitung der Zwangsverwaltung einer Bahneinheit legitimiert sind, dadurch vermehrt, daß auch der Bahnaufsichtsbehörde diese Legitimation vom Gesetze erteilt wird. Der Grund für diese Ergänzung der bestehenden Vorschriften liegt — wie in der vorangehenden Anm. 147 S. 291 ff. eingehend erörtert — darin, daß nach den Bestimmungen des Ges. v. 24. März 1897, welche gemäß § 20 des Ges. v. 11. Juni 1902 auch auf die Zwangsvollstreckung in Bahneinheiten Anwendung finden, und nach dem die §§ 150, 153, 154 des ersteren Ges. abändernden § 35 l. c. nur im Falle der Einleitung der Zwangsverwaltung die Bahnaufsichtsbehörde die Befugnis erlangt, an Stelle des Vollstreckungsgerichts einen sachverständigen Verwalter zu ernennen und dessen Geschäftsführung zu überwachen. Nach den Bestimmungen der Konk.-Ord. (§§ 4, 47, 126 sind aber im Konkursverfahren nur die absonderungsberechtigten Gläubiger und der Konkursverwalter zum Antrage auf Einleitung der Zwangsverwaltung berechtigt. Wird also im Konkurse über das Vermögen eines Bahneigentümers weder von einen absonderungsberechtigten Gläubiger, noch vom Konkursverwalter ein Antrag auf Einleitung der Zwangsverwaltung in die zur

Konkursmasse gehörige Bahneinheit gestellt, so geht, da gemäß § 8 des Ges. v. 11. Juni 1902 die Konkurseröffnung nicht ohne weiteres das Erlöschen der Bahneinheit zur Folge hat oder diese Folge doch eine sehr zweifelhafte ist, die Verwaltung der Bahneinheit, wie die aller anderen zur Masse gehörigen beweglichen und unbeweglichen Sachen, vom Bahnunternehmer auf den Konkursverwalter über §§ 6, 78, 117 ff. Konk.-Ord.), gleichviel, ob dieser die hierzu erforderliche Qualifikation besitzt. Um der Gefahr vorzubeugen, welche dem öffentlichen Interesse durch die Verwaltung der Bahn seitens eines hierzu nicht geeigneten Konkursverwalters entstehen kann, ist daher durch Satz 1 des § 84 auch der Bahnaufsichtsbehörde — neben den Gläubigern und dem Konkursverwalter — die Legitimation verliehen, im Konkurse des Bahneigentümers den Antrag auf Einleitung der Zwangsverwaltung zu stellen, und auf diese Weise gemäß § 85 l. c. die Möglichkeit zur Ernennung eines qualifizierten Verwalters und zur Beaufsichtigung desselben gegeben, wenn die Persönlichkeit des Konkursverwalters hierzu nicht geeignet erscheint. Hieraus ergibt sich folgendes:

1. Die Befugnis, den Antrag auf Einleitung der Zwangsverwaltung an das Vollstreckungsgericht zu stellen, steht als eine ganz exzeptionelle der Bahnaufsichtsbehörde nur im Konkursverfahren über das Vermögen des Bahneigentümers zu. Ist ein Konkursverfahren nicht eröffnet, so haben nur die mit einem vollstreckbaren Schuldtitel versehenen Gläubiger (§§ 15 ff., 146 Ges. v. 24. März 1897 dieses Recht.

2. Durch die im Satz 1 der Bahnaufsichtsbehörde verliehene Befugnis, im Konkursverfahren des Bahneigentümers den Antrag auf Zwangsverwaltung der Bahneinheit zu stellen, wird die Legitimation der bisher nach den bestehenden Bestimmungen zur Stellung eines solchen Antrags im Konkurse Berechtigten nicht abgeändert. Es tritt nur zu den bestehenden Antragsrechten noch ein neues Antragsrecht hinzu. Nach Maßgabe der Vorschriften der Konk.-Ord. besitzt jeder absonderungsberechtigte Gläubiger das Recht, auf Grund eines vollstreckbaren Schuldtitels die Einleitung der Zwangsverwaltung zu beantragen. Ferner kann der Antrag vom Konkursverwalter ausgehen (§§ 4, 126 Konk.-Ord.). An diesen Rechten findet durch § 84 Satz 1 eine Änderung nicht statt. Dies ergibt evident die Fassung, „so ist die Zwangsverwaltung auch einzuleiten“, indem das Wort „auch“ auf den Hinzutritt der neuen Legitimation zu den bereits bestehenden ausdrücklich hinweist. Es sind also drei nebeneinanderstehende und gleichwertige Legitimationen zur Stellung des Antrags auf Zwangsverwaltung im Konkurse vorhanden, die Legitimation 1. der absonderungsberechtigten Gläubiger mit vollstreckbarem Schuldtitel, 2. des Konkursverwalters und 3. der Bahnaufsichtsbehörde. Macht einer der anderen Legitimierten — Gläubiger oder Konkursverwalter — von dem Antragsrechte Gebrauch, so hat die Bahnaufsichtsbehörde dies nicht nötig, weil sie alsdann durch die auf den Antrag dieser bewirkten Einleitung der Zwangsverwaltung das Recht zur Ernennung eines qualifizierten Verwalters und dessen Beaufsichtigung gemäß § 85 erlangt. Wird aber von anderer Seite ein Antrag nicht gestellt, so ist ihr durch die im § 84 erteilte Befugnis, selbst den Einleitungsantrag zu stellen, die Möglichkeit einer Einwirkung auf die Verwaltung gegeben, falls ihr der Konkursverwalter hierzu nicht geeignet erscheint, um auf diese Weise das an der ordnungsmäßigen Aufrechthaltung des Bahnbetriebs bestehende öffentliche Interesse zu wahren.

8. Satz 1 enthält in den Worten „so ist die Zwangsverwaltung einzuleiten" eine zwingende Vorschrift für das Vollstreckungsgericht. Dasselbe ist verpflichtet, dem Einleitungsantrage der Bahnaufsichtsbehörde zu entsprechen und macht sich durch die Unterlassung oder Verzögerung verantwortlich. Andererseits liegt der Bahnaufsichtsbehörde, Mangels einer anderweiten Bestimmung die Verpflichtung ob, den Einleitungsantrag in Gemäßheit der §§ 15 ff., 146 Ges. v. 24. März 1897, § 20 Ges. v. 11. Juni 1902 durch die vorgeschriebenen Angaben und Anlagen zu substantiieren. Ob sie berechtigt erscheint, den Bahneigentümer, bezw. an dessen Stelle den Konkursverwalter zur Lieferung der erforderlichen Angaben und Urkunden anzuhalten, erscheint sehr zweifelhaft, da die Bestimmungen des § 18 des vorliegenden Gesetzes sich nur auf die Anlegung und Führung des Bahngrundbuchs beziehen. Es würde sich also eine derartige Befugnis nur aus dem allgemeinen Aufsichtsrechte der Bahnaufsichtsbehörde herleiten lassen.

§ 34. Satz 2. 149) Satz 2 des § 34 schreibt aus denselben Gründen, welche zu der Bestimmung des § 33 geführt haben (Anm. 145 S. 287 ff.), auch der Bahnaufsichtsbehörde vor, von der ihr im Satz 1 verliehenen Antragsbefugnis im Konkursverfahren nur dann Gebrauch zu machen, wenn die zu gewärtigenden Einkünfte aus der Zwangsverwaltung voraussichtlich zur Deckung der Kosten des Verfahrens einschließlich der Ausgaben und Ansprüche aus der Verwaltung suffizient sind. Die Vorschrift ist ganz analog derjenigen des § 33, so daß auf die Erläuterungen zu diesem (Anm. 146 S. 289 ff.) Bezug genommen werden kann. Sie ist, wie diejenige des § 33, obligatorisch, d. h. die Bahnaufsichtsbehörde ist verpflichtet, durch eine Prüfung und Gegenüberstellung der Einnahmen und Ausgaben nach Art einer Etatsaufstellung sich pflichtgemäß über die Suffizienz der Einkünfte zur voraussichtlichen Deckung der gerichtlichen und Verwaltungskosten zu informieren und zu vergewissern, und darf den Antrag auf Zwangsverwaltung nur dann stellen, wenn die Prüfung die voraussichtliche Deckung ergibt. Sie macht sich verantwortlich, wenn sie ohne diese Prüfung und Feststellung den bezüglichen Antrag an das Vollstreckungsgericht richtet. Die Worte „nur dann" weisen zugleich darauf hin, daß der Antrag selbst in dem Falle nicht gestellt werden darf, wenn zwar die Zwangsverwaltung im öffentlichen Interesse liegt, aber die Einkünfte zur Deckung der Ausgaben 2c. voraussichtlich nicht ausreichen werden.

In formeller Hinsicht unterscheidet sich Satz 2 des § 34 von § 33 dadurch, daß der erstere nicht, wie der letztere die Beibringung einer besonderen Erklärung der Bahnaufsichtsbehörde erfordert, welche dem Antrage auf Zwangsverwaltung beizufügen ist. Dies liegt in der Natur der Sache, da sich die Bahnaufsichtsbehörde füglich nicht selbst eine ihrem Antrage beizufügende Bescheinigung auszustellen braucht. Wohl aber dürfte es mit Rücksicht darauf, daß die voraussichtliche Suffizienz der Einkünfte gemäß Satz 2 die Voraussetzung für die Stellung des Antrages auf Zwangsverwaltung nach Satz 1 bildet, angezeigt sein, daß die Bahnaufsichtsbehörde in den zu stellenden Antrag die Angabe über die voraussichtliche Suffizienz der Einkünfte zur Deckung der Kosten und Ausgaben 2c. aufnimmt. Fehlt jedoch diese Angabe, so wird, Mangels besonderer Bestimmung, das Vollstreckungsgericht nicht berechtigt erscheinen, den Antrag aus diesem Grunde zurückzuweisen.

§ 35.[150])

Die in den §§ 150, 153 und 154 des Reichsgesetzes über die Zwangsversteigerung und die Zwangsverwaltung dem Gerichte zugewiesene Tätigkeit steht der Bahnaufsichtsbehörde zu.[151]) Der Minister der öffentlichen Arbeiten kann für die Geschäftsführung der Verwalter und die denselben zu gewährende Vergütung allgemeine Anordnungen treffen.[152])

[150]) Prinzip und Entstehung des § 35.

I. Prinzip. Wie für die Einleitung (§§ 33, 34), so sind auch für die Durchführung der Zwangsverwaltung wesentliche Modifikationen der allgemeinen Bestimmungen des Ges. v. 24. März 1897 erforderlich geworden, welche sich zum Teil auf die Ernennung und Beaufsichtigung des Verwalters (§ 35), zum Teil auf die Verteilung der Einkünfte der Zwangsverwaltung (§ 36) beziehen. § 35. Prinzip.

Was zunächst die Ernennung und Beaufsichtigung des Verwalters anlangt, so enthält § 35 des vorliegenden Gesetzes insofern eine durchgreifende Änderung der Bestimmungen des Gesetzes vom 24. März 1897 als er für die in diesem Gesetze §§ 150, 153 und 154 vorgesehene Tätigkeit des Gerichts bei der Zwangsverwaltung in eine Bahneinheit die Bahnaufsichtsbehörde für zuständig erklärt. Das Gesetz v. 24. März 1897 geht von dem zutreffenden Gesichtspunkte aus, daß eine Zwangsverwaltung nicht auf anderer Grundlage zugelassen werden kann, als daß die Tätigkeit des Verwalters unter obrigkeitliche Aufsicht gestellt wird. Sache der obrigkeitlichen Aufsicht ist es insbesondere, einen geeigneten Verwalter zu bestellen, ihm zweckdienliche Weisungen zu erteilen und seine Rechnungen entgegenzunehmen, überhaupt seine gesamte Geschäftsführung zu beaufsichtigen.

An und für sich fällt diese Aufgabe dem Vollstreckungsgerichte zu. Demgemäß erklären die §§ 150, 153 und 154 des Ges. v. 24. März 1897 das Vollstreckungsgericht für berechtigt und verpflichtet, den Zwangsverwalter zu bestellen, ihm die Bahn durch einen Gerichtsvollzieher oder durch einen sonstigen Beamten zu übergeben oder ihm die Ermächtigung zu erteilen, sich selbst den Besitz zu verschaffen, ihn nach Anhörung des Gläubigers und des Schuldners mit der erforderlichen Anweisung für die Verwaltung zu versehen, die dem Verwalter zu gewährende Vergütung festzusetzen und die Geschäftsführung zu beaufsichtigen, sowie in geeigneten Fällen einen Sachverständigen zuzuziehen. Auch ist dem Gericht die Befugnis zugewiesen, dem Verwalter die Leistung einer Sicherheit aufzuerlegen, gegen ihn Ordnungsstrafen bis zu zweihundert Mark zu verhängen, ihn zu entlassen; sowie die von ihm alljährlich und nach der Beendigung der Verwaltung eingereichte Rechnung dem Gläubiger und dem Schuldner darzulegen.

In betreff der Regelung der Zwangsverwaltung einer Bahneinheit machte sich jedoch die Erwägung geltend, daß das Gericht nicht die geeignete Behörde sei, um den zur Verwaltung des Bahnunternehmens qualifizierten Verwalter auszuwählen und zu bestellen, sowie seine Geschäftsführung zu beaufsichtigen, daß sich hierbei der Natur der Sache nach ein Mangel an Sachkenntnissen fühlbar machen würde, und daher eine besonders qualifizierte und mit spezieller Sachkunde ausgerüstete Behörde erforderlich sei. Es wurde zugleich in Betracht gezogen, daß die staatliche Konzession sich auf den Betrieb der Bahn durch den Schuldner beschränkt und diesem persönlich verliehen sei, mithin an die Stelle des Betriebs durch den Schuldner nicht wohl ohne Mitwirkung der Staatsverwaltung der Betrieb der Bahn einer anderen, durch das Gericht ernannten Persönlichkeit übertragen werden dürfe.

Aus diesen Gründen ist es für notwendig erachtet worden, abweichend von den Bestimmungen des Ges. v. 24. März 1897, für die Zwangsverwaltung einer Bahneinheit die Bestellung des Verwalters und die Beaufsichtigung seiner Geschäftsführung mit allen hierzu erforderlichen Befugnissen an Stelle des Vollstreckungsgerichts der Bahnaufsichtsbehörde zuzuweisen, so daß sich die Zwangsverwaltung einer Bahneinheit als ein zwar auf Grund gerichtlicher Anordnung, aber unter Leitung der Bahnaufsichtsbehörde durchgeführte darstellt, durch welche einerseits die Befriedigung der die Eröffnung des Verfahrens beantragenden oder sich dem Antrage anschließenden Gläubiger herbeigeführt, auf der anderen Seite aber der ungestörte Fortbetrieb des Unternehmens nach Möglichkeit gesichert werden soll. In diesem Sinne bestimmt § 35 im Satz 1, daß die in den §§ 150, 153 und 154 des Ges. v. 24. März 1897 dem Gericht zugewiesene Tätigkeit der Bahnaufsichtsbehörde zusteht, und gewährt noch nach Analogie des § 14 des Einführungsgesetzes zum vorbezeichneten Gesetze im Satz 2 dem Minister der öffentlichen Arbeiten die Befugnis, für die Geschäftsführung der Verwalter und die denselben zu gewährende Vergütung allgemeine Anordnungen zu treffen.

§ 35. Entstehung. II. Aus der Entstehungsgeschichte des § 35 ist für die vorentwickelte Tendenz desselben folgendes hervorzuheben.

Der Regierungs-Entwurf v. 18. März 1895 (Drucks. d. Herrenh. Nr. 24 S. 18) brachte die als § 40 im Eisenbahnpfandrechtsgesetz v. 19. August 1895 enthaltene Bestimmung in Vorschlag.

Der Entwurf hatte folgende kurze Begründung (a. a. O. S. 58): „Die Mitwirkung der Bahnaufsichtsbehörde bei der Bestellung des Verwalters und die Beaufsichtigung der Geschäftsführung desselben ist notwendig, weil dem Gericht die erforderlichen technischen Kenntnisse abgehen. Sie erscheint auch deshalb geboten, um der Aufsichtsbehörde Gelegenheit zur Wahrung der von ihr wahrzunehmenden öffentlichen Interessen zu geben.

Ohne weitere Änderung und Diskussion ging § 40 des Entwurfs von 1895 definitiv in das Gesetz v. 19. August 1895 über.

In dem Revisionsentwurfe v. 10. Februar 1902 (Drucks. d. Herrenh. 1902 Nr. 42 S. 7) wurde vorgeschlagen: „Im § 40 werden die Worte „§§ 142 und 144 des Gesetzes v. 13. Juli 1883" ersetzt durch die Worte: „§§ 150, 153 und 154 des Reichsgesetzes über die Zwangsversteigerung und die Zwangsverwaltung" und dieser Vorschlag (a. a. O. S. 21) wie folgt motiviert. „Die im Gesetze genannten Vorschriften des Preußischen Gesetzes v. 13. Juli 1883 stimmen mit den im Entwurf angeführten reichsgesetzlichen Vorschriften überein."

§ 40 wurde mit dieser Veränderung als § 35 in das Bahneinheitsgesetz aufgenommen.

§ 35. Satz 1. 151) Satz 1 des § 35 überträgt die in den §§ 150, 153 u. 154 des Gesetzes v. 24. März 1897 dem Vollstreckungsgericht zugewiesene Tätigkeit auf die Bahnaufsichtsbehörde, d. h. es wird durch das Gesetz bestimmt, daß für die in diesen Paragraphen dem Gerichte zugewiesenen Obliegenheiten und Befugnisse in betreff der Ernennung des Verwalters und der Beaufsichtigung seiner Geschäftsführung bei der Zwangsverwaltung einer Bahneinheit die Bahnaufsichtsbehörde zuständig ist.

I. Die Gründe für diese Übertragung der Zuständigkeit vom Gericht auf die Bahnaufsichtsbehörde liegen darin, daß die Auswahl und Beaufsichtigung des Verwalters bei der Zwangsverwaltung einer Bahneinheit eine besondere Sachkenntnis erfordert, welche den Gerichten fehlt, aber den Bahnaufsichtsbehörden innewohnt, daß ferner den letzteren durch die Zuständigkeit zur Ernennung und Beaufsichtigung des Verwalters Gelegenheit gegeben ist, die an der Aufrechthaltung und Fortführung des Betriebes des Bahnunternehmens wesentlich beteiligten öffentlichen Interessen zu wahren, und endlich das Betriebsrecht (die Konzession) dem Unternehmer persönlich verliehen ist und daher die Ausübung dieses Rechts füglich nicht ohne Mitwirkung der Staatsverwaltung auf eine andere, durch das Gericht ernannte Person übertragen werden kann.

II. Die Bestimmung des Satzes 1 des § 85 ist obligatorisch. Die Übertragung der in den §§ 150, 153, 154 des Gesetzes v. 24. März 1897 bezeichneten Befugnisse und Obliegenheiten in betreff der Ernennung und Beaufsichtigung des Verwalters ist eine gesetzliche. Es bedarf daher keines Aktes der Übertragung oder Delegation seitens des Gerichts an die Bahnaufsichtsbehörde. Mit dem Beschlusse des Gerichts auf Anordnung der Zwangsverwaltung ist ex lege die Bahnaufsichtsbehörde zur Ausübung der in den §§ 150, 153 u. 154 des Gesetzes v. 24. März 1897 dem Gerichte zugewiesenen Tätigkeit zuständig. Darin weicht die vorliegende Bestimmung wesentlich ab von den Bestimmungen des Gesetzes v. 8. August 1897 (G.-S. S. 388), wonach die landschaftliche Kreditanstalt auf Ersuchen des Gerichts die qu. Tätigkeit bezüglich land- oder forstwirtschaftlicher Grundstücke übernehmen und ihr mit landesherrlicher Genehmigung durch Satzung ein Recht auf Überweisung dieser Tätigkeit beigelegt werden kann.

III. Sache des Vollstreckungsgerichts ist es, bei Erlassung des Anordnungsbeschlusses (§§ 15, 20, 146 l. c.) die Bahnaufsichtsbehörde von demselben in Kenntnis zu setzen und um Ausübung der in §§ 150, 153 u. 154 l. c. bezeichneten Tätigkeit zu ersuchen. Sie erlangt zwar durch die gemäß § 88 von ihr auszustellenden Erklärungen Kenntnis davon, daß ein Antrag auf Anordnung der Zwangsvollstreckung beabsichtigt sei. Daraus ergibt sich aber nicht, ob die Anordnung vom Gericht beschlossen sei. Hiervon muß sie, um die Tätigkeit aus den §§ 150, 153 u. 154 ausüben zu können, vom Gericht benachrichtigt werden.

IV. Der Bahnaufsichtsbehörde ist ausnahmslos die gesamte in den §§ 150, 153 u. 154 Gesetz v. 24. März 1897 dem Gerichte zustehende Tätigkeit mit allen darin liegenden Obliegenheiten, Pflichten und Befugnissen zugewiesen. Demgemäß ist die Bahnaufsichtsbehörde ohne jede Mitwirkung, Genehmigung, Zustimmung oder vorgängige Verständigung des Gerichts berechtigt und bezw. verpflichtet:

1. Den Verwalter zu bestellen (§ 150 Abs. 1). Die Behörde ist in der Wahl der Persönlichkeit frei. Der Gläubiger kann bezüglich seiner nur Vorschläge machen. Der Schuldner und der Gläubiger sind wegen ihres Interesses zur Sache in der Regel nicht zum Verwalter zu bestellen (Fischer-Schäfer S. 499). Ob der Umstand, daß eine im übrigen geeignete Person Realgläubiger oder sonst Interessent ist, ihre Bestellung zum Verwalter untunlich erscheinen läßt, hat die Bahn-

aufsichtsbehörde zu ermessen. Der Konkursverwalter kann auch zum Verwalter in der Zwangsverwaltung über die zur Konkursmasse gehörige Bahneinheit bestellt werden. Die Parteien und auch die übrigen Beteiligten, da ihnen allen nach § 154 Zw.-V.-G. der Verwalter verantwortlich ist, können gegen die von der Bahnaufsichtsbehörde getroffene Auswahl Erinnerungen erheben. Gegen die darauf erfolgende Entscheidung der Behörde steht den Beteiligten die Beschwerde nach § 52 des Kleinbahngesetzes v. 28. Juli 1892 zu (s. § 56 Bahneinh.-Ges.). Die rechtliche Stellung des Verwalters ist im wesentlichen dieselbe, wie die des Konkursverwalters (Reichsger. Bd. 29 S. 29). Die Bestellung erfolgt mündlich oder schriftlich (zweckmäßig durch den Anordnungsbeschluß) durch die Bahnaufsichtsbehörde und ist im ersteren Falle aktenkundig zu machen. Eine Verpflichtung zur Annahme des Amtes besteht für den Verwalter nicht. Ist er aber einmal bestellt, so kann er nicht ohne weiteres sein Amt niederlegen (§§ 627, 671 B.-G.-B.), s. Niedner S. 228. Ein Verpflichtung an Eidesstatt findet nicht statt. Es empfiehlt sich, dem Verwalter eine schriftliche Bestallung zu erteilen, damit er in der Lage ist, sich als solcher zu legitimieren, z. B. bei der Prozeßführung des § 56 Abs. 1 C.-P.-O. (Nach § 1 der Allgem. Verf. v. 8 Dezember 1899 [J.-M.-Bl. 1899 S. 791] erhält der Verwalter zu seiner Legitimation eine Ausfertigung des Beschlusses, durch welchen die Zwangsverwaltung angeordnet und seine Bestallung erfolgt ist.) Einer Vollmachtsurkunde steht dieselbe aber nicht in jeder Beziehung gleich, namentlich nicht in dem Sinne, daß der gutgläubige Dritte, welcher auf Grund der ihm vorgelegten Bestallung Geschäfte mit dem Verwalter schließt, gegen inzwischen eingetretene Veränderungen geschützt wäre. § 172 Abs. 2 B.-G.-B. findet keine Anwendung, die Bestallung ist nach Beendigung des Amtes zu den Akten zurückzugeben (Jäckel S. 496, 497, Fischer-Schäfer S. 500, 501).

2. Die Bahn dem Verwalter durch einen Gerichtsvollzieher oder durch einen sonstigen Beamten zu übergeben oder ihm die Ermächtigung zu erteilen, sich selbst den Besitz zu verschaffen. Wird dem Verwalter bei der Besitzergreifung Widerstand geleistet, so kann er einen Gerichtsvollzieher zuziehen (§ 892 C.-P.-O.) welcher nach den Bestimmungen des § 758 Abs. 8 u. §§ 759—763 C.-P.-O. zu verfahren hat. Die Vollstreckungshandlung muß sich aber gegen den Schuldner richten, sie darf nicht, wenn der Gerichtsvollzieher oder der Verwalter einen anderen im Besitz der Bahn findet, ohne weiteres gegen diesen ausgeführt werden (vgl. hierüber Jäckel S. 497, 498, Niedner S. 228, Fischer-Schäfer S. 501).

Der Verwalter ist auf Grund der Ernennung der Bahnaufsichtsbehörde zur Einziehung aller in Leistungen Dritter bestehender Einkünfte (Frachten, Pacht- und Mietszinsen, Konventionalstrafen, Kaufpreise für Veräußerung von Altmaterialien ꝛc.) an Stelle des Schuldners berechtigt. Der Verwalter hat das Recht und die Pflicht, alle Handlungen vorzunehmen die erforderlich sind, um die Bahn in ihrem wirtschaftlichen Bestande bestimmungsgemäß zu erhalten und betriebsfähig und ordnungsmäßig zu benutzen; er hat die Ansprüche, auf welche sich die Beschlagnahme erstreckt, geltend zu machen und die für die Verwaltung entbehrlichen Nutzungen in Geld umzusetzen (Freund S. 202). Ist die Bahn vor der Beschlagnahme einem Pächter überlassen (Betriebsüberlassung), so ist der Pachtvertrag auch dem Verwalter gegenüber wirksam (§ 152 Zw.-V.-G.). Der Verwalter ist daher als solcher auch legitimiert zur Vornahme aller Verwaltungsakte einschließlich der Führung von Prozessen, welche zur Einziehung der in Leistungen Dritter bestehenden Einkünfte erforderlich werden (Riedner S. 281). Mit Rücksicht auf die große Zahl der von ihm vorzunehmenden Verwaltungsakte, sowie der Verhandlungen rc. mit Behörden rc. erscheint es zweckmäßig, ihm eine für alle Fälle zu benutzende besondere Bestallung zu geben. Soweit der Zweck der Verwaltung reicht, vertritt der Verwalter den Schuldner, weder die Realgläubiger noch den betreibenden Gläubiger. Aber auch Forderungen, Klagerechte rc. des Schuldners, welche nicht aus der Verwaltung entspringen und auch nicht auf dem durch den Verwalter ausgeübten Besitze beruhen, darf der Verwalter nicht wahrnehmen. In demselben Umfange ist er passivlegitimiert. Die possessorischen Reichsmittel stehen ihm zu (Fischer-Schäfer S. 505ff.).

3. Den Verwalter nach Anhörung des Gläubigers und des Schuldners mit der erforderlichen Anweisung zu versehen (§ 153 Abs. 1 Zw.-V.-G.). Die Bahnaufsichtsbehörde hat die Verwaltung nicht, sondern der Verwalter als der von ihr Beauftragte. Seine Geschäftsführung unterliegt zwar der Aufsicht der Behörde, aber er ist innerhalb der ihm zugewiesenen Tätigkeit selbständig. Die Anweisung, mit welcher ihn die Behörde zu versehen hat, darf daher nur allgemeine Direktiven aufstellen (A. M. Fischer-Schäfer S. 518); namentlich ist im Streitfalle zwischen Schuldner und Gläubiger über die Art der Verwaltungsführung Entscheidung zu treffen. Es bedarf nicht unbedingt einer Anweisung, sondern nur „der erforderlichen Anweisung", d. h. wenn die Art der Geschäftsführung eine Anweisung überhaupt erforderlich macht. Wird von der Behörde eine Anweisung für notwendig erachtet, so soll sie erst „nach Anhörung des Gläubigers und Schuldners" erfolgen, die vorgängige Anhörung beider ist obligatorisch (Riedner S. 282) sie kann in einem Termine aber auch durch Einforderung schriftlicher Erklärungen geschehen. Die Entscheidung der Behörde unterliegt der Beschwerde (§ 56 Bahneinh.-Ges.). Dem Verwalter steht ein Beschwerderecht nicht zu. Die Behörde ist befugt, ihre Anweisung erforderlichenfalls zu ändern. Auch die Parteien haben das Recht, Änderungen zu beantragen. Für den Verwalter ist die Anweisung bindend (§ 4 Just.-Min.-Verf. v. 8 Dezember 1899). Für Zuwiderhandlungen ist er schadensersatzpflichtig (Fischer-Schäfer S. 514). Doch sind ihm nach Maßgabe der §§ 665, 675 B.-G.-B. Abweichungen gestattet.

4. Die dem Verwalter zu gewährende Vergütung festzusetzen (§ 153 Abs. 1 Zw.-V.-G.) und zwar nach freiem Ermessen unter Berücksichtigung des Umfanges der Geschäftsführung und ihrer Erfolge (vgl. jedoch § 16 der Allg. Verf. d. Just.-Min. v. 8. Dezember 1899, J.-M.-Bl. S. 791). Die Vergütung gehört einschließlich der dem Verwalter zu erstattenden Reisekosten und Auslagen zu den Ausgaben der Verwaltung, die nach § 155 Abs. 1 Zw.-V.-G. aus den Nutzungen der Bahneinheit vorweg zu bestreiten sind (§ 26 Anm. 119 S. 248). Reichen diese nicht aus, so kann sich der Verwalter nur an den Schuldner und den betreibenden Gläubiger halten, die Staatskasse haftet ihm nicht (Jäckel S. 510, A. M. Eccius b. Gruchot Bd. 88 S. 744, Fischer-Schäfer S. 515, 516, Riedner S. 282, 283).

5. Die Geschäftsführung des Verwalters zu beaufsichtigen (§ 153 Abs. 1 Zw.-V.-G.). Die Beaufsichtigung hat sich auf alle Zweige der Verwaltung zu erstrecken. Hierzu gehört, daß sich die Bahnaufsichtsbehörde regelmäßig über den Stand der Sache vom Verwalter Berichte erstatten läßt. Die Behörde kann auch kraft ihres Aufsichtsrecht jederzeit Rechnungslegung oder besondere Auskunft vom

Verwalter fordern und seine Bücher, Akten, Kassenbestände prüfen (Freund S. 204). Gegen die behördlichen Verfügungen können die Beteiligten, auch der Verwalter, vorstellig werden und haben gegen die nunmehr ergehende Entscheidung die Rechtsmittel des § 56 (Kleinb.-Ges. § 52); wer aus einer Pflichtverletzung des Verwalters die Klage hat und inwieweit eine Regreßklage gegen den Verwalter zu begründen ist, bestimmt sich nach dem bürgerlichen Rechte.

6. In geeigneten Fällen einen Sachverständigen zuzuziehen (§ 158 Abs. 1 Zw.-V.-G.). Diese Bestimmung bezieht sich auf die vorangehenden Pflichten und Befugnisse der Bahnaufsichtsbehörde, insbesondere in betreff der Bestellung des Verwalters, der Anweisungen an denselben, der Festsetzung der Vergütung, der Beaufsichtigung der Geschäftsführung. Die Worte „in geeigneten Fällen" lassen erkennen, daß die vorliegende Bestimmung nur fakultativ ist. Es ist dem Ermessen der Behörde überlassen, zu bestimmen, welche Fälle sie für geeignet zur Zuziehung eines Sachverständigen erachtet; vornehmlich wird diese auch dann erforderlich sein, wenn mit dem eigentlichen Bahnbetriebe assessorische Nebenbetriebe, wie Gas- und Kokesanstalten, Maschinen- und Wagenfabriken ꝛc. verbunden sind, für welche die Sachkenntnis der Bahnaufsichtsbehörde und ihrer Beamten nicht ausreicht.

7. Dem Verwalter die Leistung einer Sicherheit aufzuerlegen (§ 153 Abs. 2 Zw.-V.-G.). Ob die Bahnaufsichtsbehörde eine Sicherheitsleistung vom Verwalter verlangen will, und in welcher Höhe und Art, bleibt ihrem pflichtmäßigen Ermessen überlassen (Niedner S. 288). In der Regel bedarf es hierzu einer besonderen Veranlassung; diese kann sowohl in der Person des Verwalters, wie auch in anderen Umständen liegen. Werden entsprechende Anträge der Beteiligten zurückgewiesen, so steht ihnen das Recht der Beschwerde zu (§ 56 Bahneinh.-Ges.); ebenso dem Verwalter (vgl. im übrigen § 4 Abs. 2 allgem. Just.-Min.-Verf. v. 8. Dezember 1899, Jäckel S. 509, Freund S. 204, Fischer-Schäfer S. 516, 517, Peiser S. 168).

8. Gegen den Verwalter Ordnungsstrafen bis zu zweihundert Mark zu verhängen und ihn zu entlassen. Diese Befugnis ergibt sich aus dem Aufsichtsrecht. Es besteht nur die Beschränkung, daß die Einzelstrafe den Betrag von 200 M. nicht übersteigen darf. Eine Umwandlung der nicht beizutreibenden Strafe in Haft ist unzulässig. Der Verwalter hat gegen die Geldstrafe und die Entlassung das Recht der Beschwerde (Fischer-Schäfer S. 501). Die Entlassung kann aus jedem sachgemäßen Grunde z. B. Unfähigkeit, Krankheit, also nicht bloß wegen Pflichtwidrigkeit erfolgen. Die Behörde kann sie auf Antrag oder von Amts wegen beschließen. Vorherige Anhörung des Verwalters ist nicht vorgeschrieben (Jäckel S. 509, Fischer-Schäfer S. 517, Wolff 2. Aufl. § 158 Anm. 5).

9. Die vom Verwalter alljährlich und nach Beendigung der Verwaltung eingereichte Rechnung dem Gläubiger und dem Schuldner vorzulegen (§ 154 Satz 3 Zw.-V.-G.). In dem Rechte der Aufsicht liegt die Befugnis der Bahnaufsichtsbehörde, jederzeit Rechnungslegung von dem Verwalter zu fordern. Verschieden hiervon ist seine Verpflichtung, dem Schuldner und dem betreibenden Gläubiger nach § 154 Satz 2 l. c. Rechnung zu legen. Letztere resultiert, wie bei jeder Verwaltung, aus dem Zivilrechte. Ihr Inhalt bestimmt sich nach § 259 B.-G.-B. Die Vorschrift des § 259 B.-G.-B. gilt daher auch für die Verpflichtung des Zwangsverwalters, aber mit zwei Maßgaben, nämlich a) die Bahnaufsichtsbehörde hat die Rechnungslegung zu vermitteln; die Rechnung ist ihr einzureichen

und von ihr den Berechtigten vorzulegen, b) die Zeit (sc. die Periode), über welche Rechnung gelegt werden muß, ist gesetzlich bestimmt; die Rechnung ist nur dem betreibenden Gläubiger und dem Schuldner, nicht allen Beteiligten vorzulegen; doch können sich auch die übrigen Beteiligten, da ihnen allen der Verwalter verantwortlich ist (§ 154 Satz 1), auf die von ihm gelegte Rechnung berufen. Ein eigentliches Rechnungsabnahmeverfahren kennt die C.-P.-O. nicht. Die Bahnaufsichtsbehörde teilt nach Vorlegung der Rechnung an die Beteiligten deren Erklärungen dem Verwalter mit und verständigt ihn sowie die Beteiligten darüber, welche Monita als im Aufsichtswege zu erledigende anerkannt werden. Die Rechnung ist jährlich, nicht in kürzeren Perioden (vgl. §§ 24, 28 Allg. Just.-Min.-Verf. v. 9. Dezember 1899) und nach Beendigung der Verwaltung — also auch nach Entlassung der bisherigen und Bestellung eines neuen Verwalters — zu legen. Gläubiger und Schuldner haben einen zivilrechtlich verfolgbaren Anspruch auf die Rechnungslegung, doch können sie vorerst vermerken, daß die Bahnaufsichtsbehörde im Aufsichtswege für die Rechnungslegung sorgen wird; eventuell müssen sie auf Rechnungslegung klagen (Jäckel S. 511 ff., Riedner S. 284, Freund S. 204, Fischer-Schäfer S. 518, 519, Peiser S. 170, Wolff z. § 154). Wird die Rechnung vom Schuldner oder betreibenden Gläubiger, welche allein auf sie einen Anspruch haben (s. oben S. 302) bemängelt, so entscheidet hierüber nicht die Bahnaufsichtsbehörde, sondern das Prozeßgericht. Die Bahnaufsichtsbehörde hat sich zwar nach dem Zwecke der vorliegenden Bestimmung dem Versuche einer gütlichen Beilegung gezogener Bemängelungen zu unterziehen, mißlingt diese aber, so soll sie nicht selbständig entscheiden, sondern auf den Prozeßweg verweisen.

Im allgemeinen ist nochmals hervorzuheben, daß als Rechtsmittel gegen die auf Grund des § 85 Gesetz v. 11. Juni 1902 bezw. §§ 150, 153, 154 Gesetz v. 24. März 1897 ergehenden Verfügungen der Bahnaufsichtsbehörde die Beschwerde an die derselben vorgesetzte Instanz nach Maßgabe der gesetzlichen Bestimmungen gegeben (s. § 56 Gesetz v. 11. Juni 1902 bezw. § 52 Gesetz v. 28. Juli 1892 Anm. 247, 248) und für Privatbahnen die Beschwerde an den Minister der öffentlichen Arbeiten.

V. Das Vollstreckungsgericht darf die in den §§ 150, 153 u. 154 des Gesetzes v. 24. März 1897 bezeichneten, vorstehend dargestellten Befugnisse und Obliegenheiten bei der Zwangsverwaltung einer Bahneinheit nicht ausüben; weder neben noch an Stelle der Bahnaufsichtsbehörde; dieselben stehen vielmehr ausschließlich der Bahnaufsichtsbehörde zu. Bezügliche Verfügungen des Vollstreckungsgerichts sind ungültig und rechtsunwirksam. Würde die Bahnaufsichtsbehörde die ihr gemäß § 85 übertragenen Funktionen nicht ordnungsmäßig wahrnehmen und dadurch die Zwangsvollstreckung verzögern oder stören, so würde das Gericht als die das ganze Verfahren betreibende Behörde lediglich die der Bahnaufsichtsbehörde vorgesetzte Instanz um Remedur angehen können, nicht aber selbst die betreffenden Anordnungen treffen dürfen.

VI. Die Bahnaufsichtsbehörde ist aber lediglich auf die gemäß § 85 des Ges. v. 11. Juni 1902 ihr übertragene Tätigkeit aus §§ 150, 153, 154 Ges. v. 24. März 1897 beschränkt. Für alle anderen aus dem allegierten Gesetze sich ergebenden Obliegenheiten und Befugnisse der Vollstreckungsbehörde, wie z. B. die Beschlußfassung über die Einleitung der Zwangsverwaltung der Bahneinheit, die Requisition um Eintragung des Sperrvermerks, die Verteilung der Einkünfte 2c. ist nicht die Bahnaufsichtsbehörde, sondern nur das Vollstreckungsgericht zuständig. Bezügliche Verfügungen rc. der Bahnaufsichtsbehörde sind daher ungültig.

§ 35. Satz 2. [152]) Satz 2 des § 35 gewährt im Anschluß an Satz 1 bezüglich der Zwangsverwaltung von Bahneinheiten dem Minister der öffentlichen Arbeiten die Befugnis, für die Geschäftsführung der Verwalter und die denselben zu gewährende Vergütung allgemeine Anordnungen zu treffen. Diese Bestimmung ist dem § 14 des Einführungsgesetzes zu dem Zw.-V.-G. v. 24. März 1897 (R.-G.-Bl. 1897 S. 135; 1898 S. 750) nachgebildet, welcher für die Zwangsverwaltung von Grundstücken der Landes-Justiz-Verwaltung die gleiche Befugnis gibt. Der Grund ist, nach den Motiven des entsprechenden § 144 Abs. 4 des früheren Preuß. Z.-V.-G. v. 13. Juli 1883, für die Vergütung „bestimmte regelmäßige nicht außer acht zu lassende Anhalte zu geben", und für die Geschäftsführung eine wünschenswerte Gleichmäßigkeit herzustellen. Bisher sind jedoch derartige allgemeine Anordnungen vom Minister der öffentlichen Arbeiten noch nicht erlassen worden. Bis dies geschieht, wird man annehmen dürfen, daß die allgemeine Verfügung des Justizministers v. 8. Dezember 1899, betreffend die Geschäftsführung der Verwalter, welche bei der Zwangsverwaltung bestellt werden, und die den Verwaltern zu gewährende Vergütung, von den Bahnaufsichtsbehörden sinngemäß zur Anwendung zu bringen ist.

§ 36.[153])

Bei der Verteilung der Überschüsse der Zwangsverwaltung sind die im § 26 Nr. 1 und 4 bezeichneten Ansprüche nach der dort bestimmten Rangordnung in ihrem ganzen Betrage zu berichtigen.[154])

Vor den im § 10 Nr. 5 des Reichsgesetzes über die Zwangsversteigerung und die Zwangsverwaltung bezeichneten Ansprüchen sind die während des Verfahrens fällig werdenden Forderungen aus Teilschuldverschreibungen auf den Inhaber zu berichtigen, soweit die Berichtigung nicht aus statutenmäßig dazu bestimmten Fonds, die nicht zur Bahneinheit gehören, erfolgt.[155]) Diese Vorschrift findet keine Anwendung, wenn den Forderungen fällige Bahnpfandschulden vorgehen oder die Zwangsversteigerung angeordnet oder das Konkursverfahren eröffnet ist.[156])

[153]) Prinzip und Entstehung des § 36.

§ 36. Prinzip. I. Prinzip. Wie § 35, so bezieht sich auch § 36 auf die Durchführung der Zwangsverwaltung (Anm. 150 S. 297, Anm. 151 S. 298) und enthält mehrere wesentliche, durch die besonderen Verhältnisse der Eisenbahnen erforderlich gewordenen Modifikationen der allgemeinen Bestimmungen des Zw.-V.-G. v. 24. März 1897, welche die Verteilung der Überschüsse der Zwangsverwaltung und die dabei zu beobachtende Rangordnung der Forderungen zum Gegenstande haben. Wie der Reihenfolge der bei der Zwangsversteigerung aus dem Versteigerungserlöse zu befriedigenden Ansprüche (§§ 10—14 l. c.), so liegen auch der Rangordnung der bei der Zwangsverwaltung aus den Einkünften zu berücksichtigenden Forderungen gemäß § 20 des vorliegenden Gesetzes die allgemeinen Bestimmungen des

Zwangsvollstreckungsgesetzes v. 24. März 1897 prinzipiell zugrunde (§§ 155, 156 Abs. 1). Die Zwangsverwaltung verfolgt jedoch im Gegensatze zur Zwangsversteigerung wesentlich den Zweck, dem Schuldner den Besitz zu erhalten, dem betreibenden Gläubiger aber die Befriedigung aus den Nutzungen wegen der laufenden wiederkehrenden Hebungen zu sichern. Die Befriedigung wegen des Kapitals tritt daher in den Hintergrund und wird nur insoweit erstrebt, als er im übrigen mit jener Rücksicht auf den Schuldner vereinbar ist. Dieser Zweck würde vereitelt werden, wenn die dem Gläubiger nachstehenden Berechtigten mit der Befriedigung wegen ihrer laufenden Ansprüche so lange warten müßten, bis die Rechte des Gläubigers und der ihm vorgehenden Berechtigten in voller Höhe gedeckt wären. Demgemäß finden bei der Zwangsverwaltung die auf die Zwangsversteigerung bezüglichen §§ 10–14 l. c. über die Reihenfolge und den Umfang der zu befriedigenden Forderungen entsprechende Anwendung. Doch sind nur die im § 10 Nr. 1—5 Zw.-V.-G. bezeichneten Ansprüche und zwar die unter § 10 Nr. 2 bis 4 aufgeführten auch nur insoweit, als laufende Beträge wiederkehrender Leistungen zu berichtigen sind, zu berücksichtigen (§ 155 Abs. 2 l. c.) Andere Ansprüche, insbesondere die im § 10 Nr. 6—8 vorgesehenen, werden nicht berücksichtigt. Hat einer der im § 10 Nr. 4 bezeichneten Gläubiger seine Befriedigung lediglich aus den Einkünften zu fordern (Revenuenhypothek), so ist derselbe an der ihm zustehenden Stelle mit dem ganzen Betrage seines Anspruchs, also Kapital, laufende und zweijährige rückständige Zinsen, zu befriedigen (Art. 18 Ausf.-Ges. z. Zw.-V.-G.). Aus den Nutzungen sind die Ausgaben der Verwaltung, sowie die Kosten des Verfahrens mit Ausnahme derjenigen, welche durch die Anordnung des Verfahrens oder den Beitritt eines Gläubigers entstehen, vermag zu bestreiten (§ 155 Abs. 1) die im § 10 Nr. 8 bezeichneten laufenden Leistungen aus öffentlichen Lasten sind von dem Verwalter aus den Einkünften ohne weiteres Verfahren zu berichtigen (§ 156 Abs. 1).

Diese allgemeinen Bestimmungen haben jedoch durch § 36 des vorliegenden Gesetzes v. 11. Juni 1902 wesentliche Modifikationen erfahren. Zunächst durch Satz 1 des § 36, welcher im Anschluß an § 26 und aus den in Anm. 158 S. 304 ff. mitgeteilten Gründen bestimmt, daß bei der Verteilung der Überschüsse der Zwangsverwaltung die in § 26 Nr. 1 und 4 bezeichneten Ansprüche nach der dort bestimmten Rangordnung in ihrem ganzen Betrage zu berichtigen sind, d. h. es sollen nach den im § 10 Nr. 1 des Gesetzes v. 24. März 1897 bezeichneten Kosten und Ausgaben die gemäß §§ 6, 7 des Bahneinheitsgesetzes v. 11. Juni 1902 begründeten Ansprüche auf Entschädigung (§ 26 Nr. 1) und nach den im § 10 Nr. 8 des Ges. v. 24. März 1897 bezeichneten Ansprüchen auf Entrichtung öffentlicher Lasten die Abrechnungsforderungen (§ 26 Ziff. 4) berichtigt werden. Daß die im § 26 Nr. 2 und 3 Bahneinh.-Ges. zu dem § 10 Nr. 2 und 3 des Ges. v. 24. März 1897 ausgesprochenen Maßgaben auch bei der Zwangsverwaltung Anwendung finden, ist nach den Motiven selbstverständlich. Sodann sind die allgemeinen Bestimmungen durch § 36 Satz 2 wesentlich modifiziert, welcher vorschreibt, daß vor den im § 10 Nr. 5 der Zw.-V.-G. bezeichneten Ansprüchen (des die Zwangsverwaltung betreibenden Gläubigers) die während des Verfahrens fällig werdenden Forderungen aus Teilschuldverschreibungen auf den Inhaber zu berichtigen sind, soweit die Berichtigung nicht aus statutenmäßig dazu bestimmten Fonds, die nicht zur Bahneinheit gehören, erfolgt. Für diese Einfügung der fälligen Forderungen aus Teilschuldverschreibungen vor den im § 10 Nr. 5 des Zw.=V.=G. bezeichneten Ansprüchen war die Erwägung leitend, daß erstere in der Regel, d. h. soweit nicht ein besonderer Amortisationsfonds besteht, auf die Befriedigung aus den Einkünften angewiesen und daher den aus den Einkünften zu berichtigenden Realansprüchen (§ 10 Nr. 4 Zw.=V.=G.) gleichzustellen sind. Indes ist dies nur so lange der Fall, als durch die regelmäßige Zahlung der betreffenden Beträge die Zwangsversteigerung oder die Konkurseröffnung vermieden wird. Sobald eine dieser Eventualitäten eintritt, liegt kein Grund zu einer vorzugsweisen Befriedigung der fällig werdenden Forderungen aus Teilschuldverschreibungen vor, und ebensowenig dann, wenn andere, denselben im Range vorangehende Bahnpfandschulden fällig werden.

Hiernach gestaltet sich die Rangordnung und der Umfang der aus den Überschüssen bei der Zwangsverwaltung einer Bahneinheit gemäß §§ 155, 156 Ges. v. 24. März 1897 in Verbindung mit § 86 des Gesetzes v. 11. Juni 1902 zu befriedigenden Forderungen, wie folgt:

I. Die Ausgaben der Verwaltung und die Kosten des Verfahrens zu den Ausgaben gehören in eigentlichen Verwaltungs= und Wirtschaftsausgaben, welche erforderlich sind, um die Bahneinheit im ordnungsmäßigen Zustande und Betriebe zu erhalten, die Löhne, Versicherungsprämien, Prozeßkosten 2c., sowie die Vergütung für die Tätigkeit des Verwalters (§ 158 l. c.) und etwaige Vorschüsse derselben (Jäckel S. 518, 519). Kosten des Verfahrens sind die eigentlichen Gerichtskosten (§§ 180, 181 des Ger.=Kost.=Ges. v. 25. Juni 1895 in der Fassung v. 6. Oktober 1899) Dagegen sind hierher diejenigen Kosten nicht zu rechnen, welche durch die Anordnung des Verfahrens und den Beitritt eines Gläubigers entstehen. Diese fallen dem betreffenden Gläubiger zur Last.

II. Der Anspruch des die Zwangsverwaltung betreibenden Gläubigers auf Ersatz seiner eigenen Ausgaben zur Erhaltung oder nötigen Verbesserung der Bahneinheit.

III. Die gemäß §§ 6, 7 des Bahneinheitsgesetzes begründeten Ansprüche auf Entschädigung, welche innerhalb eines Jahres seit der Erklärung der Bahnaufsichtsbehörde gerichtlich geltend gemacht und bis zur Eröffnung des Vollstreckungsverfahrens verfolgt sind (§ 26 Ziff. 1 § 36 Abs. 1 Bahneinh.=Ges.).

IV. Die zur Zeit der Beschlagnahme laufenden Beträge von Lohn, Kostgeld und anderen Bezügen seitens derjenigen, welche sich dem Eigentümer der Bahn für den Betrieb zu dauerndem Dienste verdungen haben (§ 26 Ziff. 2 Bahneinh.=Ges., § 10 Nr. 2 Zw.=V.=G.).

V. Die laufenden Beträge der öffentlichen Lasten. und zwar nach folgender Rangordnung, bei gleichem Range nach dem Verhältnis ihrer Beträge:

a) der im Art. 1 Abs. 1 Nr. 1 des Ausführungsgesetzes bezeichneten Lasten, die auf den zur Bahneinheit gehörenden Grundstücken haften;
b) der zur Staatskasse fließenden Abgaben für den Bahnbetrieb sowie der im Artikel 8 des Ausführungsgesetzes bezeichneten Lasten, die in Ansehung der zur Bahneinheit gehörenden Grundstücke zu entrichten sind;
c) der im Artikel 1 Abs. 1 Nr. 2 und im Artikel 2 des Ausführungsgesetzes bezeichneten Lasten, die für den Bahnbetrieb oder in Ansehung der zur Bahneinheit gehörenden Grundstücke zu entrichten sind (§ 26 Ziff. 8 Bahneinh.=Ges., § 10 Nr. 8 Zw.=V.=G.).

VI. Die Ansprüche auf Erstattung von Beträgen, welche innerhalb des letzten Jahres im gegenseitigen Bahnverkehre von einem anderen Bahnunternehmer ausgelegt oder für ihn erhoben oder für die Benutzung von Fahrbetriebsmitteln zu entrichten sind (Abrechnungsforderungen: § 26 Ziff. 4, § 86 Abs. 1 Bahneinh.-Ges.).

VII. Die laufenden Beträge wiederkehrender Hebungen von Realgläubigern, also insbesondere Zinsen, Amortisationsraten ꝛc. nach ihrer Rangfolge (§ 10 Nr. 4 Zw.-V.-G.).

VIII. Die während des Zwangsverwaltungsverfahrens fällig werdenden Forderungen aus Teilschuldverschreibungen auf den Inhaber, soweit die Berichtigung nicht aus statutenmäßig dazu bestimmten Fonds, die nicht zur Bahneinheit gehören, erfolgt — außer wenn den Forderungen fällige Bahnpfandschulden vorgehen oder die Zwangsversteigerung angeordnet oder das Konkursverfahren eröffnet ist (§ 86 Abs. 2 Bahneinh.-Ges.).

IX. Die Ansprüche des betreibenden Gläubigers an Kapital, Kosten und rückständigen, wiederkehrenden Leistungen. Mehrere betreibende Gläubiger rangieren untereinander nach dem Range, welcher ihrem Hauptanspruche zusteht oder nach der Priorität der Beschlagnahme (§ 10 Nr. 5 Zw.-V.-G.).

Weitere Ansprüche bezw. Klassen von Beteiligten, also auch die nach der Beschlagnahme eingetragenen Rechte kommen nicht in Betracht, da nach Befriedigung des betreibenden Gläubigers das Verfahren aufzuheben ist. In diesem Falle erhält einen etwa verbliebenen Überschuß der Eigentümer der Bahneinheit, und es steht den Beteiligten nur frei, dessen Anspruch gegen den Verwalter auf diesen Überschuß durch Pfändung an sich zu ziehen.

II. Aus der Entstehungsgeschichte des § 36 ist folgendes hervorzuheben: § 36. Entstehung.

Der Regierungsentwurf v. 18. März 1895 (Drucks. d. Herrenh. Nr. 24 S. 18) enthielt als § 41 diejenige Fassung, welche als § 41 in das Eisenbahnpfandrechtsgesetz v. 19. August 1895 wörtlich übergegangen ist.

In den Motiven (S. 54) wird ausgeführt: „Die Vorschriften des Gesetzes v. 13. Juli 1883 über die Verwendung der Einkünfte aus einer Zwangsverwaltung bedürfen bei ihrer Übertragung auf die Zwangsverwaltung von Bahnen in doppelter Hinsicht einer Abänderung. Nach § 147 Absatz 1 sind von den bevorrechtigten oder mit Pfandrecht versehenen Forderungen zunächst nur die laufenden Abgaben, Leistungen und Zinsen zu berichtigen. Den laufenden Beträgen sind die in § 37 bezeichneten Entschädigungs- und Abrechnungsforderungen gleichzustellen, da diese Schulden als eine Erweiterung der Verwaltungsunkosten erscheinen, welche gemäß § 148 vorweg zu berichtigen sind. Daß die §§ 26—28 des Gesetzes v. 13. Juli 1883 nur mit den oben in § 37 bezeichneten Maßgaben zur Anwendung zu bringen sind, bedarf keiner besonderen Hervorhebung. Nach Berichtigung der Verwaltungskosten, der laufenden Abgaben, Leistungen und Zinsen und der lediglich auf den Einkünften haftenden Forderungen sollen nach § 147 Absatz 3 zunächst die Forderungen der die Zwangsvollstreckung betreibenden Gläubiger befriedigt werden. Es erscheint indessen angezeigt, vor diesen Forderungen die im Laufe des Verfahrens fällig werdenden Teilschuldbeträge berichtigen zu lassen, da diese, falls nicht statutenmäßig besondere Fonds zu ihrer Einlösung angesammelt sind, wirtschaftlich auf die Befriedigung aus den Einkünften angewiesen sind und daher insofern den in § 147 Absatz 2 bezeichneten Forderungen ähnlich sind. Nur wenn die Zahlung dieser Beträge mit Regelmäßigkeit weiter geleistet wird, kann die Einleitung der Zwangsversteigerung oder des Konkurses hinausgeschoben werden. Ist es indessen schon zur Zwangsversteigerung oder zum Konkurse gekommen, so fehlt es an einem ausreichenden Grunde zur vorzugsweisen Berücksichtigung der fällig werdenden Teilschulden, dieselbe würde ferner unbillig sein, wenn eine im Range vorgehende Bahnpfandschuld, ganz oder zum Teil, an Kapital oder an Zinsen ebenfalls fällig ist. Aus den vorstehenden Erwägungen ergeben sich die Beschränkungen, welche in § 41 der Vorschrift wegen Berichtigung der fälligen Teilschulden hinzugefügt sind."

Hierauf wurde § 41 sowohl von der Kommission des Abg.-Hauses, wie von beiden Häusern des Landtags ohne weitere Diskussion unverändert angenommen.

Der Revisionsentwurf v. 10. Februar 1902 (Drucks. d. Herrenh. 1902 Nr. 42 S. 7) schlug die als § 86 in das Bahneinheitsgesetz v. 11. Juni 1902 übergegangene Fassung des bisherigen § 41 vor.

In den Motiven wird nur kurz bemerkt (a. a. O. S. 21): „Die neue Fassung knüpft an den § 155 Abs. 2 des Reichsgesetzes über die Zwangsversteigerung ꝛc. an und bezweckt im übrigen eine Verdeutlichung des Gesetzes."

Mit der rein redaktionellen, durch die veränderte Paragraphenfolge gebotene Abänderung „§ 26" statt „§ 37" im ersten Absatze ging hierauf der vorgeschlagene § 41 als § 36 in das Bahneinheitsgesetz über.

§ 36. Absatz 1. 154) Der Rangordnung der bei der Zwangsverwaltung aus den Überschüssen zu berücksichtigenden Forderungen liegen ebenso, wie bei der Zwangsversteigerung, gemäß § 20 des vorliegenden Gesetzes die allgemeinen Bestimmungen des Zwangsvollstreckungsgesetzes v. 24. März 1897 insbesondere die §§ 155, 156 prinzipiell zugrunde. Indes haben die besonderen Verhältnisse der Bahneinheiten zu mehreren Abänderungen dieser allgemeinen Bestimmungen geführt, welche in den beiden Absätzen des § 36 ihren Ausdruck gefunden haben.

Absatz 1 enthält eine wesentliche Modifikation der Bestimmungen des § 155 des Ges. v. 24. März 1897. Nach § 155 Abs. 2 l. c. gilt für die bei der Zwangsverwaltung aus den Überschüssen zu befriedigenden Ansprüche der ersten fünf Klassen dieselbe Reihenfolge, wie für die bei der Zwangsversteigerung aus dem Kaufgelde zu deckenden Ansprüche, d. h. die, die Reihenfolge bei der Zwangsversteigerung regelnden § 10 Nr. 1—5, §§ 11—14 l. c. finden auch auf die Zwangsverwaltung entsprechende Anwendung. Nur insoweit findet eine Abweichung statt, als bei der Zwangsverwaltung aus den Überschüssen die Ansprüche der zweiten, dritten und vierten Klasse nur insoweit befriedigt werden, als laufende Beträge wiederkehrender Leistungen zu berichtigen sind, nicht auch, wie bei der Zwangsversteigerung die zwei- bezw. einjährigen Rückstände derselben. Die Modifikation dieser Bestimmung, welche Absatz 1 des § 86 der Bahneinh. Ges. v. 11. Juni 1902 enthält, besteht in der Vorschrift, daß bei der Verteilung der Überschüsse die im § 26 Nr. 1 und 4 bezeichneten Ansprüche nach der dort bestimmten Rangordnung in ihrem ganzen Betrage zu berichtigen sind; d. h. es sollen ebenso, wie dies bei der Reihenfolge der bei der Zwangsversteigerung aus dem Kaufgelde zu befriedigenden Ansprüche durch § 26 Nr. 1 und 4 angeordnet, auch bei der Verteilung der Überschüsse aus der Zwangsverwaltung die im § 26 Nr. 1 und 4 bezeichneten Ansprüche an der entsprechenden Stelle in die Reihe der Ansprüche des § 10 Nr. 1 bis 5 des Ges. v. 24. März 1897 eingeschoben werden.

1. „Die in § 26 Nr. 1 und 4 bezeichneten Ansprüche" sind die gemäß §§ 6, 7 des vorliegenden Gesetzes begründeten Entschädigungsforderungen

(vgl. § 6 Anm. 24, § 7 Anm. 26, § 26 Nr. 1 Anm. 121) und die Abrechnungsforderungen (§ 26 Nr. 4 Anm. 128). Die Gründe, aus welchen diese beiden Kategorien von Forderungen bei der Zwangsverwaltung unter die bevorrechtigten eingereiht wurden, sind die nämlichen, welche für die Bevorzugung bei der Zwangsversteigerung maßgebend waren (s. Anm. 119 S. 241, Anm. 120, 128 S. 245, 250). Sie werden gewissermaßen als eine Erweiterung der Verwaltungsunkosten angesehen, welche wie die zur Erhaltung und notwendigen Verbesserung des Grundstücks und die laufenden Zinsen, Abgaben und Leistungen zur Aufrechthaltung des Betriebs vorweg zu berichtigen sind.

2. Abs. 1 des § 86 spricht nur von der Einreihung der „im § 26 Nr. 1 und 4 bezeichneten" Ansprüche, d. h. der Entschädigungsansprüche aus den §§ 6 und 7 und der sog. Abrechnungsforderungen. Indes sind diese Forderungen in Nr. 1 und 4 nicht bedingungslos unter die bevorrechtigten gestellt, sondern die Entschädigungsansprüche aus §§ 6 und 7 nur dann, wenn sie innerhalb eines Jahres nach der Erklärung der Bahnaufsichtsbehörde (§ 6 Anm. 24 S. 48 ff. § 26 Nr. 1 Anm. 122 S. 246 ff.) gerichtlich geltend gemacht, und bis zur Anordnung des Vollstreckungsverfahrens verfolgt sind (§ 26 Nr. 1 Anm. 122), und ferner die Abrechnungsforderungen nur, wenn sie innerhalb des letzten Jahres im gegenseitigen Bahnverkehr von einem andern Bahnunternehmer ausgelegt oder für ihn erhoben oder für die Benutzung von Fahrbetriebsmitteln zu entrichten sind (§ 26 Nr. 4 Anm. 128 S. 250). Es kann keinem Zweifel unterliegen, daß diese zeitlichen Beschränkungen sich auch auf die bezüglichen, im Zwangsverwaltungsverfahren zu berücksichtigenden Forderungen beziehen, da § 86 Abs. 1 ganz allgemein auf die „im § 26 Nr. 1 und 4 bezeichneten Ansprüche", also auch mit den daselbst angegebenen Modalitäten verweist.

3. Wenngleich es nicht ganz unbedenklich erscheint, auch die im § 26 Nr. 2 und 3 aufgeführten Maßgaben der Ansprüche aus § 10 Nr. 2 und 3 des Ges. v. 24. März 1897 ohne weiteres auf die Zwangsverwaltung zu übertragen, so wird man doch, da die Motive des 1895 Entwurfs dies ausdrücklich hervorheben, die Maßgaben der Nr. 2 und 3 des § 26 auch auf die Zwangsverwaltung anzuwenden haben.

4. Die im § 26 Nr. 1 und 4 bezeichneten Ansprüche sind „nach der dort bestimmten Rangordnung" zu berichtigen, d. h. in der Reihenfolge der im § 10 Nr. 1 bis 5 des Zw.-V.-G. v. 24. März 1897 aufgeführten Ansprüche sind die im § 26 Nr. 1 und 4 des Bahneinh.-Ges. v. 11. Juni 1902 bezeichneten Ansprüche an der dort bestimmten Stelle einzufügen, mithin vor den laufenden Beträgen an Lohn, Kostgeld, sog. Liedlohn (§ 10 Nr. 2 Zw.-V.-G.). Die Entschädigungsansprüche aus §§ 6, 7 des vorliegenden Gesetzes (§ 26 Nr. 1), und vor den laufenden Beträgen wiederkehrender Hebungen von Realgläubigern (§ 10 Nr. 4 Zw.-V.-G.) die Abrechnungsforderungen (§ 26 Nr. 4 Bahneinh.-Ges.). Danach folgen auf die an erster Stelle zu berichtigenden Ausgaben der Verwaltung und Kosten des Verfahrens (§ 155 Abs. 1 Zw.-V.-G.) sowie die an zweiter Stelle zu befriedigenden Ansprüche des betreibenden Gläubigers auf Ersatz seiner eigenen Ausgaben (§ 10 Nr. 1. Zw.-V.-G.) zunächst die Entschädigungsansprüche aus den §§ 6, 7 Bahneinh.-Ges. v. 11. Juni 1902 (§ 26 Nr. 1 § 86 Abs. 1 l. c.), sondern die laufenden Dienstbezüge (§ 10 Nr. 2 Zw.-V.-G.), öffentliche Lasten (§ 10 Nr. 3 Zw.-V.-G. § 26 Nr. 3 Bahneinh.-Ges.), die Abrechnungsforderungen (§ 26 Nr. 4

Bahneinh.-Ges., § 86 Abs. 1 Bahneinh.-Ges.), die laufenden Beträge wiederkehrender Hebungen von Realgläubigern (§ 10 Nr. 4 Zw.-V.-G.), die während der Zwangsverwaltung fällig werdenden Forderungen aus Teilschuldverschreibungen mit den im § 86 Abs. 2 Zw.-V.-G. vorgesehenen Maßgaben, und endlich die Ansprüche des betreibenden Gläubigers an Kapital, Kosten und wiederkehrenden Leistungen (§ 10 Nr. 5 Zw.-V.-G.). Weitere Ansprüche werden nicht berücksichtigt.

§ 36. Abs. 2. Satz 1. [155]) Absatz 2 Satz 1 des § 86 enthält ebenso wie Absatz 1 eine wesentliche Modifikation der allgemeinen Bestimmungen des Zw.-V.-Ges. v. 24. März 1897, über die Reihenfolge der im Zwangsverwaltungsverfahren zu berichtigenden Ansprüche. Nach Abs. 2 Satz 1 sind von den in § 10 Nr. 5 des R.-Zw.-V.-Ges. v. 24. März 1897 bezeichneten Ansprüchen, d. h. von den Ansprüchen des die Zwangsvollstreckung betreibenden Gläubigers an Kapital, Kosten und wiederkehrenden Hebungen die während des Verfahrens fällig werdenden Forderungen aus Teilschuldverschreibungen auf den Inhaber (§ 18 Bahneinh.-Ges. v. 11. Juni 1902), unter gewissen, im folgenden noch des Näheren zu erörternden Voraussetzungen zu berichtigen. Diese Bevorrechtigung der im Laufe des Verfahrens fällig werdenden Forderungen aus Teilschuldverschreibungen auf den Inhaber vor den im § 10 Nr. 5 des Ges. v. 24. März 1897 bezeichneten Ansprüchen gründet sich darauf, daß erstere — falls nicht ein besonderer Amortisationsfonds existiert — auf die Befriedigung aus den Überschüssen angewiesen und daher einen den aus den Überschüssen zu berichtigenden Realansprüchen (§ 10 Nr. 4 l. c.) ähnlichen Charakter haben. Dieser zeigt sich auch darin, daß die Teilschuldverschreibungen sich gewissermaßen als negoziable, auf den Inhaber lautende Pfandurkunden darstellen, welche Hypotheken und Grundschuldbriefe zu ersetzen bestimmt sind (§ 18 Ges. v. 11. Juni 1902). Muß es aber als das Hauptziel der Zwangsverwaltung betrachtet werden, daß trotz der notwendig gewordenen Zwangsvollstreckung das Unternehmen aufrecht erhalten und die Zwangsversteigerung vermieden werde, so muß auch die Berichtigung der im Laufe des Verfahrens fällig werdenden und nicht aus besonderen Fonds zu erlegenden Forderungen aus Teilschuldverschreibungen auf den Inhaber regelmäßig erfolgen. Denn nur wenn die Zahlung dieser Beträge ebenso wie die der Zinsen der Realansprüche mit Regelmäßigkeit weiter geleistet wird, kann die Einleitung der Zwangsversteigerung oder des Konkurses hinausgeschoben und eventuell ganz vermieden werden. Ist aber die Zwangsversteigerung bereits angeordnet oder der Konkurs bereits eröffnet, so fällt der Grund weg, aus welchem die Berichtigung der fällig werdenden Teilschuldbeträge notwendig und denselben vor anderen Ansprüchen ein Vorzug eingeräumt ist. Und dasselbe ist der Fall, wenn irgend eine andere im Range vorangehende Bahnpfandschuld ganz oder zum Teil an Kapital oder an Zinsen ebenfalls fällig ist. Daraus folgt, daß nicht jeder fällig werdenden Forderung aus Teilschuldverschreibungen auf den Inhaber ohne weiteres das im Abs. 2 des § 86 bezeichnete Vorrecht eingeräumt, sondern letzteres daselbst von mehreren im ersten und zweiten Satze des Abs. 2 bestimmten Voraussetzungen abhängig gemacht ist.

Nach Satz 1 dürfen die fällig werdenden Forderungen aus Teilschuldverschreibungen auf den Inhaber nicht aus den statutenmäßig zu ihrer Berichtigung bestimmten Fonds, welche nicht zur Bahneinheit gehören, berichtigt werden. Bestehen statutenmäßig derartige Amortisationsfonds und gehören dieselben nicht auch zu Bahneinheit im Sinne des § 4 Abs. 1 Ziff. 2 des vorliegenden Gesetzes, und gelangen endlich aus derartigen Fonds die fällig werdenden Forderungen aus Teilschuldverschreibungen auf den Inhaber zur Berichtigung, so entfällt das diesen anderenfalls zustehende Vorrecht; in letzterem Falle schon deshalb, weil sonst die qu. Forderungen zwiefach berichtigt werden würden, einerseits aus dem Amortisationsfonds, andererseits aus den Verwaltungsüberschüssen. Es müssen jedoch alle drei Voraussetzungen zusammentreffen, d. h. der Fonds muß statutenmäßig zur Einlösung fällig werdender Forderungen aus Teilschuldverschreibungen auf den Inhaber bestimmt sein, er darf nicht zur Bahneinheit als integrierender Bestandteil gehören und es müssen aus diesem Fonds die betr. Forderungen tatsächlich zur Berichtigung gelangen. Fehlt auch nur eine dieser Voraussetzungen, so findet die in Rede stehende Einschränkung keine Anwendung.

156) Sodann enthält Satz 2 des Abs. 2 noch zwei weitere für das bezeichnete Vorrecht maßgebende Voraussetzungen. § 86. Abs. 2 Satz 2.

Zunächst dürfen den Forderungen fällige Bahnpfandschulden nicht vorgehen. Denn die Teilschuldverschreibung hat den Rechtscharakter einer Bahnpfandschuld, sie kann also vor anderen Bahnpfandschulden ein Vorrecht nicht beanspruchen, rangiert vielmehr in der Reihenfolge der Bahnpfandschulden nach den allgemeinen Bestimmungen, d. h. in der Regel nach der Zeit der Eintragung, falls besondere Vorrechte nicht ausbedungen sind. Ist also eine in der Rangordnung vorangehende Bahnpfandschuld fällig, so würde die Berücksichtigung der während des Verfahrems zur Fälligkeit gelangenden nachstehenden Forderung aus einer Teilschuldverschreibung unbillig sein und ohne in der Sache liegende Gründe mit den allgemeinen Regeln der Rangordnung grundbücherlicher Pfandschulden im Widerspruch stehen. Dem ist zur Vermeidung von Zweifeln durch Satz 2 des Abs. 2 besonderer Ausdruck verliehen worden.

Ferner darf weder die Zwangsversteigerung angeordnet, noch das Konkursverfahren eröffnet sein. Denn die Vermeidung dieser Eventualitäten durch die Befriedigung der andrängenden Gläubiger aus den Verwaltungsüberschüssen ist das Ziel der Zwangsverwaltung. Sind diese Eventualitäten eingetreten, so fehlt es daher an einem ausreichenden Grunde zur vorzugsweisen Berücksichtigung der fällig werdenden Forderungen aus Teilschuldverschreibungen auf den Inhaber und treten dieselben ohne Vorrecht in die Reihe der aus dem Versteigerungserlöse zu befriedigenden Realansprüche.

Das Vorrecht, welches Satz 2 des Abs. 2 den im Laufe des Zwangsverwaltungsverfahrens fällig werdenden Forderungen aus Teilschuldverschreibungen auf den Inhaber einräumt, fällt fort, wenn auch nur eine der vorerörterten Voraussetzungen fehlt. Die Bestimmung ist absolut und obligatorisch. Sache des Gerichts bezw. des Verwalters ist es also (§§ 146 ff. Ges. v. 24. März 1897), von Amts wegen bei der Verteilung der Überschüsse zu prüfen, ob eine der Voraussetzungen aus § 86 Abs. 2 Satz 2 fehlt, von welchen das Vorrecht der fälligen Teilschulden abhängig gemacht ist. Überdies ist selbstverständlich auch jeder Interessent befugt, das qu. Vorrecht durch den Nachweis des Fehlens einer der im § 86 Abs. 2 Satz 2 angegebenen Voraussetzungen anzufechten. Welcher Rang den fälligen Forderungen aus Teilschuldverschreibungen auf den Inhaber durch die Bestimmung des Satzes 2 Abs. 2 in der Reihenfolge der aus den Verwaltungsüberschüssen zu befriedigenden Forderungen zusteht, ist in der in Anm. 153 S. 806, 807 enthaltenen Zusammenstellung ersichtlich gemacht.

§ 37.[157])

Eine Zwangsvollstreckung in andere, als die im Reichsgesetze vom 3. Mai 1886, betreffend die Unzulässigkeit der Pfändung von Eisenbahnfahrbetriebsmitteln (Reichs-Gesetzbl. S. 131) bezeichneten, zur Bahneinheit gehörigen Gegenstände findet nur statt, soweit die Bahnaufsichtsbehörde bescheinigt, daß die Vollstreckung mit dem Betriebe des Bahnunternehmens vereinbar ist.[158])

So lange nach dem Erlöschen der Genehmigung die Bahneinheit fortbesteht, kann die Zwangsvollstreckung in die zu ihr gehörigen Gegenstände nur von einem Gläubiger betrieben werden, der auf Grund eines den Bahnpfandgläubigern gegenüber wirksamen Rechtes Befriedigung aus den Gegenständen zu suchen berechtigt ist.[159]) Durch diese Bestimmung werden die Gegenstände im Falle des Konkursverfahrens von der Konkursmasse nicht ausgeschlossen.[160])

In den Fällen der Absätze 1 und 2 endigt mit dem Beginne der Zwangsvollstreckung die Zugehörigkeit des Gegenstandes zur Bahneinheit, unbeschadet der an ihm vorher begründeten Rechte. Mit der Aufhebung der Vollstreckungsmaßregel wird der Gegenstand wieder Bestandteil der Bahneinheit. Das Gleiche gilt von dem Erlöse, soweit er dem Bahneigentümer zufällt.[161])

[157]) Prinzip und Entstehung des § 37.

§ 37. Prinzip. I. Prinzip. Im Gegensatz zu den vorangehenden §§ 20—36 des vierten Abschnittes, welche sich sämtlich auf die Zwangsvollstreckung in die Bahneinheit als Ganzes beziehen, trifft § 87 über die Zwangsvollstreckung in die einzelnen zur Bahneinheit gehörigen Gegenstände (§ 4) Bestimmung, und zwar im Abs. 1 für die Zeit, während das Bahnunternehmen im Betriebe sich befindet, im Abs. 2 für die Zeit, während welcher nach dem Erlöschen der Genehmigung die Bahneinheit noch fortbesteht. Diese Unterscheidung gründet sich — wie bereits an früherer Stelle wiederholt hervorgehoben (Anm. 1 S. 1 ff., Anm. 17 S. 83 ff.) — darauf, daß die Bahneinheit, solange sie im Betriebe steht, zu ihrer Aufrechthaltung im öffentlichen Interesse gegen privatrechtliche Eingriffe geschützt werden muß und solche mithin nur insoweit zugelassen werden, als dies nach der Bescheinigung der Bahnaufsichtsbehörde mit dem Betriebe des Bahnunternehmens vereinbar ist (§§ 5—7), während nach Erlöschen der Genehmigung ein derartiges öffentliches Interesse nicht mehr vorliegt und die Bahneinheit in der Gesamtheit ihrer Bestandteile daher nur noch kraft des Gesetzes solange zusammengehalten wird, bis die Bahnpfandgläubiger in der vorgeschriebenen Zeit und Art Gelegenheit gehabt haben, ihre Rechte an denselben geltend zu machen. Nun sind zwar durch § 865 C.-P.-O. die Gegenstände, die der Zwangsvollstreckung in das unbewegliche Vermögen unterliegen, reichsgesetzlich bestimmt, und es ist der Landesgesetzgebung durch Art. 196 Einf.-Ges. zum B.-G.-B. nur vorbehalten, Berechtigungen — wie die Bahneinheit — als Ganzes dadurch, daß auf sie die für sich auf Grundstücke beziehenden Vorschriften für anwendbar erklärt werden, zu reichsgesetzlich der Zwangsvollstreckung in das unbewegliche Vermögen unterliegenden Berechtigungen zu machen. Dagegen ist es zweifelhaft, ob die Landesgesetzgebung befugt ist, in einzelne Gegenstände, solange sie zu einer Bahneinheit gehören, die gesonderte Zwangsvollstreckung zuzulassen. Um diesen Zweifel zu beseitigen, ist im Abs. 3 für die Dauer der Zwangsvollstreckung in einzelne Gegenstände deren Ausscheiden aus der Bahneinheit vorgesehen. Denn über die Zugehörigkeit der einzelnen Gegenstände zur Bahneinheit und die Dauer dieser Zugehörigkeit Bestimmung zu treffen, steht der Landesgesetzgebung zweifellos zu.

Was nun zunächst die Zwangsvollstreckung in die zur Bahneinheit gehörigen Gegenstände während der Dauer des Betriebs, also bei bestehender Genehmigung anlangt, so sind von der Regelung diejenigen Gegenstände vorerst ausgeschieden worden, deren Pfändung durch Spezialgesetz überhaupt für unzulässig erklärt ist. Dies sind die Fahrbetriebsmittel der Eisenbahnen, welche Personen oder Güter im öffentlichen Verkehr befördern. In betreff dieser Fahrbetriebsmittel bestimmt Absatz 1 des Reichsgesetzes vom 3. Mai 1886 (R.-G.-Bl. S. 131), daß sie von der ersten Einstellung in den Betrieb bis zur endgültigen Ausscheidung aus den Beständen der Pfändung nicht unterworfen sind. Mit der Unzulässigkeit der Pfändung ist reichsgesetzlich zugleich die Unzulässigkeit der Zwangsvollstreckung in die Fahrbetriebsmittel der Eisenbahnen (wegen Geldforderungen: § 803 d. C.-P.-O.) ausgesprochen. Da sich aber das Reichsgesetz nur auf die Haupt- und Nebenbahnen als die gemäß dem preußischen Gesetze vom 8. November 1888 der reichsgesetzlichen Regelung unterworfenen Bahnen erstreckt, so blieben für die Regelung der Zwangsvollstreckung die Fahrbetriebsmittel der Kleinbahnen, sowie alle übrigen Bestandteile sowohl der Privateisenbahnen, wie der Kleinbahnen übrig. Für alle diese Gegenstände im vollen Umfange des § 4 gestattet Abs. 1 des § 87 eine Zwangsvollstreckung nur insoweit, als die Bahnaufsichtsbehörde bescheinigt, daß die Vollstreckung mit dem Betriebe des Bahnunternehmens vereinbar ist. Wird diese Bescheinigung versagt, so kann die Verfolgung der vollstreckbaren Forderung nur durch Eintragung in das Bahngrundbuch und im Wege der Zwangsvollstreckung in die Bahneinheit geschehen.

Immerhin besteht zwischen der Bestimmung des Reichsges. v. 3. Mai 1886 und des vorliegenden Abs. 1 des § 87 der wesentliche Unterschied, daß für die in ersterem bezeichneten Fahrbetriebsmittel die Pfändung absolut unzulässig ist, während sie für die im letzteren bezeichneten Gegenstände von dem Unschädlichkeitsatteste der Bahnaufsichtsbehörde abhängig gemacht ist. Dagegen stimmen beide Gesetze darin überein, daß sie sich nur auf die Zwangsvollstreckung wegen Geldforderungen beziehen. Handelt es sich um die Zwangsvollstreckung zur Erwirkung der Herausgabe von Gegenständen, welche zur Bahneinheit gehören, so finden bei Bahngrundstücken die Vorschriften des § 6 Anwendung, während bei beweglichen Sachen mangels anderweiter Bestimmung des Gesetzes die §§ 883, 884 und 886 C.-P.-O. solange Platz greifen, bis infolge einer Beschlagnahme der Bahneinheit die Wirkungen des § 21 des Ges. v. 24. März 1897 eintreten.

Was sodann die Zwangsvollstreckung in die zur Bahneinheit gehörigen Gegenstände für die Zeit betrifft, während welcher nach dem Erlöschen der Genehmigung die Bahneinheit noch fortbesteht, also bis zur Schließung des Bahngrundbuchblattes (§ 3 Abs. 1 Satz 2, § 4 Abs. 3, § 14 Satz 3—5), so kann nunmehr ein öffentliches Interesse an der Erhaltung der Betriebsfähigkeit der Bahn der Natur der Sache nach nicht mehr in Betracht kommen. Wohl aber soll nach dem Erlöschen der Genehmigung die Bahneinheit als Inbegriff aller zu diesem Zeitpunkte zu ihr gehörigen Rechte und Sachen (§ 4 Abs. 3) gerade zu dem Zwecke noch eine angemessene, im § 14 bestimmte Zeit fortbestehen, damit den vorhandenen Bahnpfandgläubigern zur Wahrung ihrer Rechte Gelegenheit gegeben wird, ihre abgesonderte Befriedigung aus den einzelnen Bestandteilen der Bahneinheit herbeizuführen (§§ 40 ff.). Zu diesem Behufe erklärt das Gesetz, solange nach Erlöschen der Genehmigung die Bahneinheit noch fortbesteht, d. h. bis zur Schließung des Bahngrundbuchs die Zwangsvollstreckung in die zur Bahneinheit gehörigen Gegenstände grundsätzlich für unzulässig, und nimmt davon nur den Fall aus, daß es sich um die Beitreibung eines den Bahnpfandgläubigern selbst gegenüber wirksamen Rechts handelt. Derartige Rechte können z. B. ausnahmsweise vorliegen, wenn ein schon mit Pfandrechten belastetes Grundstück der Bahneinheit einverleibt und dabei die Aufgabe der Pfandrechte gemäß § 6 Abs. 2 nicht erfolgt ist, oder wenn die Bahnaufsichtsbehörde die Belastung mit einem Pfandrechte gemäß § 5 gestattet hat, oder bei versehentlicher Nichteintragung des Sperrvermerks ein Pfandrecht bona fide an einem zur Bahneinheit gehörigen Grundstück entstanden ist. In diesem Falle geht das Recht des Pfandberechtigten an dem einzelnen Grundstück dem Rechte der Bahnpfandgläubiger vor und kann ersterem die Zwangsvollstreckung nicht versagt werden. Wohl aber entspricht es der Absicht des Gesetzes, daß der alsdann dem Bahneigentümer zufallende Teil des Erlöses Bestandteil der Bahneinheit wird, mithin der Befriedigung der Bahnpfandgläubiger dient (§ 37 Abs. 3 Satz 2).

Da die Konkursmasse nach § 1 der Konkursordnung nur das einer Zwangsvollstreckung unterliegende Vermögen des Gemeinschuldners z. Z. der Eröffnung des Konkursverfahrens umfaßt, so würden mit Rücksicht auf das Verbot der Zwangsvollstreckung in die Bestandteile der Bahneinheit durch § 37 der Bahneinheit des Ges. v. 11. Juni 1902 diese nicht zur Konkursmasse des Bahneigentümers gezogen werden können. Dieses Verbot hat aber lediglich die abgesonderte Befriedigung der Bahnpfandgläubiger im Auge und bezweckt, sobald dieses Ziel erreicht ist, nicht, die einzelnen Bestandteile der Bahneinheit dem Konkursverfahren zu entziehen. Demgemäß ist in das Gesetz die Bestimmung aufgenommen worden, daß durch das Verbot der Zwangsvollstreckung in die zur Bahneinheit gehörigen Gegenstände diese im Falle des Konkursverfahrens von der Konkursmasse nicht ausgeschlossen werden (§ 37 Abs. 2 Satz 2). Soweit also der Erlös der Zwangsliquidation zur Befriedigung der Bahnpfandgläubiger nicht in Anspruch genommen wird, ist derselbe zur Konkursmasse gehörig; auch ist aus diesem Grunde dem Konkursverwalter das Recht zum Antrage auf Eröffnung der Zwangsliquidation eingeräumt (§ 40 Abs. 2) und eine dem Interesse der Konkursverwaltung entsprechende Mitwirkung bei dem Zwangsliquidationsverfahren gesichert (§§ 42, 45—48).

§ 37. Entstehung. II. Aus der Entstehungsgeschichte des § 37 ist für das Verständnis desselben folgendes zu entnehmen:

Der Regierungsentwurf v. 27. Februar 1894 (Drucks. des Herrenh. Nr. 32 S. 14) schlug als Absatz 1 des § 47 die unverändert als § 47 Abs. 1 in das Eisenb.-Pfandr.-Ges. und als § 37 Abs. 1 in das Bahneinh.-Ges. aufgenommene Bestimmung vor und der Regierungsentwurf v. 18. März 1895

Drucks. des Herrenh. Nr. 24 S. 14/15) als Absatz 2 des § 47 nachstehende Bestimmung:

„Besteht nach dem Erlöschen der Genehmigung die Bahneinheit fort, so ist bis zur Schließung des Bahngrundbuchblatts die Zwangsvollstreckung in die zur Bahneinheit gehörigen Gegenstände nur zur Beitreibung eines den Bahnpfandgläubigern gegenüber wirksamen Pfandrechts zulässig. Durch diese Bestimmung werden dieselben im Falle des Konkursverfahrens von der Konkursmasse nicht ausgeschlossen. Soweit eine Zwangsversteigerung zulässig ist, wird derjenige Teil des Erlöses, welcher dem Bahneigentümer zufällt, Bestandteil der Bahneinheit."

Die Motive des Entwurfes v. 27. Februar 1894 zum Absatz 1 des § 47 (S. 52, 58) führen folgendes aus:

„Das Bedürfnis, den Betrieb der Eisenbahn gegen Hemmnisse durch Zwangsvollstreckung in einzelne Bestandteile der Bahn zu sichern, hat zum Erlaß des Reichsgesetzes vom 8. Mai 1886 geführt, durch welches bestimmt ist, daß die Fahrbetriebsmittel der Eisenbahnen, welche Personen oder Güter im öffentlichen Verkehr befördern, von der ersten Einstellung in den Betrieb bis zur endgültigen Ausscheidung aus den Beständen der Pfändung nicht unterworfen sind. Dies Gesetz beschränkt sich auf das sogenannte rollende Betriebsmaterial und bezieht sich nicht auf die übrigen Bestandteile der Bahneinheit (Grundstücke, Materialien zur Herstellung oder Erneuerung der Bahn 2c.). Auch hat es nur die Eisenbahnen im engeren Sinne, welche dem Eisenbahngesl. v. 3. November 1838 unterstehen, im Auge, nicht auch die Kleinbahnen. Es erscheint daher eine ergänzende Bestimmung erforderlich, welche Platz greift, soweit nicht das Reichsgesetz zur Anwendung kommt. Diese Bestimmung trifft § 47 im Anschluß an die für Verfügungen des Bahneigentümers über Bestandteile der Bahn gegebenen Vorschriften (§ 5) dahin, daß die Zwangsvollstreckung nur insoweit zulässig ist, als sie nach der Bescheinigung der Bahnaufsichtsbehörde mit dem Betriebe des Bahnunternehmens vereinbar ist. Wird diese Bescheinigung, welche der Vollstreckungsbehörde vor Beginn der Vollstreckung vorzulegen ist, versagt, so findet nur Zwangsverwaltung und Zwangsversteigerung der Einheit statt. Hervorgehoben sei, daß die Bahnaufsichtsbehörde nur über die Vereinbarkeit der Vollstreckung mit dem Betriebe zu entscheiden hat; darüber, ob ein bestimmter Gegenstand zur Bahneinheit gehört, hat die Vollstreckungsbehörde zu befinden. Auf das Verfahren zur Entscheidung von Einwendungen und Erinnerungen findet § 685 der C. P.-O. Anwendung; auch der Bahnaufsichtsbehörde steht das Recht zu, zur Wahrung des öffentlichen Interesses an dem Fortbetriebe der Bahn die Entscheidung des Vollstreckungsgerichts anzurufen. § 47 handelt nur von der Zwangsvollstreckung in zur Bahneinheit gehörige Gegenstände, bezieht sich also nach dem Sprachgebrauch der Zivilprozeßordnung nur auf die Zwangsvollstreckung wegen Geldforderungen (vgl. die Titelüberschriften des zweiten Abschnitts des achten Buches). Was die Zwangsvollstreckung zur Erwirkung der Herausgabe von Sachen anlangt, so ist bezüglich der Verfolgung dinglicher Rechte die Vorschrift des § 6 maßgebend."

Die Motive (S. 57, 58) des Entwurfs v 13. März 1895 zum Absatz 2 des § 47 lauten, wie folgt: „Die Aufrechterhaltung der Betriebsfähigkeit kommt nicht mehr in Frage, wenn die Genehmigung erloschen ist. Man könnte daran denken, von diesem Zeitpunkte an die Zwangsvollstreckung in die einzelne Bestandteile zuzulassen, den Bahnpfandgläubigern aber ein Widerspruchsrecht gemäß § 690 (jetzt

§ 771) der C.-P.-O. oder einen Anspruch auf vorzugsweise Befriedigung aus dem Erlöse nach § 710 (jetzt § 805) daselbst zu gewähren. Zur Vereinfachung der Rechtsverhältnisse und zur Sicherung einer zweckmäßigen Durchführung der Zwangsliquidation dient es aber mehr, wenn für das Stadium zwischen Erlöschen der Genehmigung und Schließung des Bahngrundbuchblatts (§ 14) eine jede Zwangsvollstreckung für unzulässig erklärt wird, es sei denn, daß sie zur Befriedigung eines Gläubigers führen soll, welchem ein zur Bahneinheit gehöriges Grundstück dinglich verhaftet ist. Eine auch von den Bahnpfandgläubigern trotz des Veräußerungsverbots des § 19 anzuerkennende Pfandhaftung kann ausnahmsweise vorkommen, wenn ein schon mit Pfandrechten belastetes Grundstück zur Bahneinheit gezogen worden ist und eine Aufgabe des Pfandrechts gemäß § 6 Absatz 2 nicht stattgefunden hat oder wenn die Bahnaufsichtsbehörde nach § 5 die Bestellung des Pfandrechts genehmigt hat. Da in solchen Fällen der Pfandberechtigte den Bahnpfandgläubigern vorgeht, kann ihm das Recht, das Grundstück zur Zwangsversteigerung zu bringen oder die Zwangsverwaltung desselben zu beantragen, nicht verwehrt werden. Macht er von diesem Rechte Gebrauch, so werden die Bahnpfandgläubiger auf den dem Eigentümer zufallenden Teil des Erlöses beschränkt. Da nach § 1 der Konkursordnung nur die der Zwangsvollstreckung unterworfenen Gegenstände zur Konkursmasse gehören, war nach dem Vorgange des oben erwähnten Reichsges. v. 8. Mai 1886 zu bestimmen, daß die Bestandteile der Bahneinheit im Falle des Konkurses von dem Zugriffe der Gläubiger nicht ausgeschlossen sein sollen. Der Konkursverwalter hat daher Anspruch auf den Erlös der Zwangsliquidation, soweit derselbe zur Befriedigung der Bahnpfandgläubiger nicht erforderlich ist, und ist befugt, seinerseits die Einleitung der Zwangsliquidation zu beantragen, auch ist ihm im Zwangsliquidationsverfahren eine gewisse Mitwirkung gesichert (vgl. §§ 50, 53, 54, 55 und 56)."

Sowohl von den Kommissionen, wie vom Plenum des Herren- und Abg.-Hauses wurde § 47 in der Fassung des Entwurfs v. 1895 unverändert und ohne jede Diskussion angenommen und ging in das Eisenbahnpfandrechtsges. v. 19. August 1895 endgültig über.

Der Revisionsentwurf v. 10. Februar 1902 (Druckf. d. Herrenh. 1902 Nr. 42 S. 7) schlug den § 47 in derjenigen Fassung vor, in welcher er als § 87 in das Bahneinheitsges. v. 11. Juni 1902 unverändert aufgenommen wurde (s. S. 312).

Die Motive (S. 22 a. a. O.) führen zu den neu hinzugefügten Abs. 3 folgendes aus: „Die Vorschriften des § 47 über die Zulässigkeit einer Sonderzwangsvollstreckung in einzelne zur Bahneinheit gehörende Gegenstände gründeten sich auf den § 757 der C.-P.-O. alter Fassung, welcher die Bestimmung der Gegenstände, die in Ansehung der Zwangsvollstreckung in das unbewegliche Vermögen gehören, der Landesgesetzgebung vorbehielt. Jetzt sind diese Gegenstände durch den § 864 der C.-P.-O. reichsgesetzlich bestimmt. Die Landesgesetzgebung kann zwar die Bahneinheiten dadurch, daß sie die sich auf Grundstücke beziehenden Vorschriften auf sie für anwendbar erklärt, zu einer reichsgesetzlich der Zwangsvollstreckung in das unbewegliche Vermögen unterliegenden Berechtigung machen. Dagegen ist es zweifelhaft, ob sie befugt ist, in Gegenstände, die zur Bahneinheit gehören, trotzdem unter Umständen eine gesonderte Zwangsvollstreckung zuzulassen. Der Landesgesetzgebung steht jedoch jedenfalls die Bestimmung darüber zu, welche Gegenstände zur Bahneinheit gehören und wie lange diese Zugehörigkeit dauert. Der hervorgehobene Zweifel läßt sich daher in der Weise vermeiden, daß, soweit eine besondere Zwangsvollstreckung in die einzelnen zur Bahneinheit gehörigen Gegenstände zugelassen werden soll, an den Beginn dieser Zwangsvollstreckung das Aufhören der Zugehörigkeit zur Bahneinheit geknüpft wird. Selbstverständlich dürfen die vorher an dem Gegenstande begründeten Rechte von dem Ausscheiden aus der Bahneinheit nicht berührt werden. Auch erscheint es geboten, im Falle der Aufhebung der Vollstreckungsmaßregel den von ihr betroffenen Gegenstand und den dem Bahneigentümer zufallenden Teil des Erlöses der Zwangsversteigerung, ebenso wie schon bisher nach Abs. 2 Satz 8, wieder Bestandteil der Bahneinheit werden zu lassen. Diese Erwägungen liegen dem neuen Abs. 3 zugrunde."

158) Den in den §§ 20—86 enthaltenen Bestimmungen über die Zwangsvollstreckung in die Bahneinheit als Ganzes reihen sich im § 87 Vorschriften über die Zwangsvollstreckung in die zur Bahneinheit gehörigen Gegenstände an, und zwar werden in den beiden ersten Absätzen des § 87 hierbei zwei Zeiträume unterschieden: 1. Die Zeit des betriebsfähigen Bestehens der Bahneinheit auf Grund der staatlichen Genehmigung (Abs. 1 und 2) die Zeit, während welcher der Bestand der Bahneinheit nach dem Erlöschen der Genehmigung nur noch im Interesse der Bahnpfandgläubiger bis zur Schließung des Bahngrundbuchs kraft des Gesetzes zusammengehalten wird. Der Umstand, daß während des ersten Zeitraums das öffentliche Interesse der Aufrechthaltung des Betriebes privatrechtliche Eingriffe in die Bestandteile der Bahneinheit, welche zu einer Störung des Betriebs führen, nicht gestattet, dagegen während des zweiten Zeitraumes dieses öffentliche Interesse fortfällt und nur die privaten Interessen der Bahnpfandgläubiger noch in Betracht kommen, mußte folgerichtig in beiden Fällen zu einer verschiedenen Gestaltung der Vorschriften über die Zwangsvollstreckung führen. § 87. Abs. 1.

Absatz 1 des § 87 betrifft den Zeitraum des betriebsfähigen Bestehens der Bahneinheit auf Grund der staatlichen Genehmigung. In diesem Zeitraume erfordert das öffentliche Interesse, daß die Zwangsvollstreckung in die einzelnen Bestandteile der Bahneinheit nur insoweit gestattet werde, als dies mit dem Betriebe der Bahn vereinbar ist. Dieses Erfordernis war ein so dringendes, daß bereits durch das Reichsges. v. 3. Mai 1886 die Pfändung von Eisenbahnfahrbetriebsmitteln als einer für den Betrieb ganz besonders wichtigen und unentbehrlichen Gattung von Bahnbestandteilen überhaupt für unzulässig erklärt worden ist. Es erstreckte sich aber lediglich auf das sogenannte rollende Material, nicht auch auf die übrigen — unbeweglichen und beweglichen — Bestandteile der Bahn, wie Grundstücke, Betriebs- und Baumaterialien, Fonds und Kassenbestände rc., obgleich auch diese für die ordnungsmäßige Aufrechterhaltung des Betriebes in der Regel nicht entbehrlich sind. Auch konnte es sich allein auf die der Reichsgesetzgebung unterworfenen Eisenbahnen beziehen. Als solche gelten aber in Preußen rechtlich nur die nach dem Eisenb.-Ges. v. 3. November 1838 konzessionierten Eisenbahnen, nicht auch die Kleinbahnen. Demgemäß bedurfte es im vorliegenden Gesetze einer ergänzenden Bestimmung, welche Anwendung findet, soweit nicht das Reichsges. v. 3. Mai 1886 Platz greift. Diese ergänzende Bestimmung trifft Abs. 1 des § 87.

I. Absatz 1 enthält ein bedingtes Verbot der Zwangsvollstreckung in die zur Bahneinheit gehörigen Gegenstände. Die Zwangsvollstreckung ist für unzulässig erklärt, wenn nicht die Bahnaufsichtsbehörde bescheinigt, daß die Vollstreckung mit dem Betriebe vereinbar ist. Wird diese Bedingung nicht erfüllt, so darf die Zwangsvollstreckung nicht ausgeführt werden.

a) Demgemäß ist die Bahnaufsichtsbehörde gehalten, dem Gläubiger, welcher ihr eine mit der Vollstreckungsklausel versehene Ausfertigung des Urteils (§ 724 C.=P.=O.) vorlegt, auf seinen Antrag das Unschädlichkeitsattest zu erteilen oder die Erteilung abzulehnen. Verweigert die Bahnaufsichtsbehörde jede Erklärung oder lehnt sie die Erteilung ab, so kann der Gläubiger den Beschwerdeweg im Instanzenzuge beschreiten. Das Unschädlichkeitsattest ist bei beweglichen Sachen dem Gerichtsvollzieher (§ 753 C.=P.=O.), bei unbeweglichen Gegenständen dem Vollstreckungsgericht (§§ 1, 2, 16 Abs. 2 Zw.=V.=G. v. 24. März 1897) zugleich mit der mit Vollstreckungklausel versehenen Ausfertigung des Urteils bezw. mit dem Anordnungsantrage zu übergeben. Vollzieht bei beweglichen Sachen der Gerichtsvollzieher die Vollstreckung ohne Unschädlichkeitsattest, so entscheidet hierüber auf Einspruch des Bahnunternehmers als Schuldners das Vollstreckungsgericht gemäß § 766 C.=P.=O. Gegen diese Entscheidung haben beide Teile die sofortige Beschwerde (§ 793 l. c.). Faßt bei unbeweglichen Gegenständen das Vollstreckungsgericht den Anordnungsbeschluß ohne Unschädlichkeitsattest (§ 20 Ges. v. 24. März 1897), so steht dem Bahnunternehmer die sofortige Beschwerde zu (§ 793 C.=P.=O.). Die Motive (s. oben S. 315) weisen zwar auch der Bahnaufsichtsbehörde das Recht zu, zur Wahrung des öffentlichen Interesses an dem Betriebe der Bahn die Entscheidung des Vollstreckungsgerichts ꝛc. anzurufen. Indes bietet für diese Annahme weder die C.=P.=O., noch das Ges. v. 24. März 1897 irgend einen Anhalt. Es kann daher mangels einer positiven gesetzlichen Bestimmung (arg. §§ 8, 18, 21, 34 u. a. des vorliegenden Ges.) der Bahnaufsichtsbehörde ein derartiges Recht nicht eingeräumt werden. Wohl aber erscheint dieselbe befugt, den Bahnunternehmer im Aufsichtswege zum Einspruche bezw. zur Beschwerde anzuhalten. Die Bahnpfandgläubiger können, da sich im Falle der Nichterteilung der Bescheinigung ihr Pfandrecht an der Bahneinheit als ein die Veräußerung der einzelnen Gegenstände hinderndes Recht darstellt, auf Grund des § 771 C.=P.=O. ihren Widerspruch gegen die Zwangsvollstreckung im Wege der Klage geltend machen.

b) Hinsichtlich der Form und des Inhalts der Bescheinigung der Aufsichtsbehörde, sowie des Begriffs der Betriebsfähigkeit des Bahnunternehmens wird auf die Ausführungen zum § 5 Abs. 1 Satz 1 (Anm. 18 S. 36ff.) und § 6 Abs. 1 (Anm. 28 S. 41ff.) Bezug genommen. Wird die Bescheinigung endgültig versagt, so ist nur die Vollstreckung in die Bahneinheit als Ganzes im Wege der Zwangsverwaltung und Zwangsversteigerung möglich, indem zunächst die Eintragung der vollstreckbaren Forderung als Hypothek in das Bahngrundbuch bewirkt (§ 867 C.=P.=O.) und sodann der Antrag auf Zwangsvollstreckung in die Bahneinheit gestellt wird (§§ 16, 146 Ges. v. 24. März 1897, §§ 20, 21 Bahneinh.=Ges. v. 11. Juni 1902).

II. Das Verbot des Abs. 1 erstreckt sich aber nicht auf alle Arten der Zwangsvollstreckung, sondern nur auf die Zwangsvollstreckung wegen Geldforderungen (Buch 8 Abschn. 2 §§ 708—768 d. C.=P.=O.).

1. Dafür daß es sich nur um die Zwangsvollstreckung wegen Geldforderungen handelt, spricht zunächst die Legalordnung und der Sprachgebrauch der C.=P.=O. Denn diese unterscheidet im Buch 8 die Zwangsvollstreckung wegen

Geldforderungen, welche entweder in das bewegliche oder unbewegliche Vermögen stattfindet (Abschnitt 2 Titel 1 und 2), und die Zwangsvollstreckung zur Erwirkung der Herausgabe von Sachen, welche in der unmittelbaren Wegnahme derselben durch den Gerichtsvollzieher besteht (Abschnitt 3). Indem § 47 Abs. 1 von der Zwangsvollstreckung „in die zur Bahneinheit gehörigen Gegenstände“ spricht, deutet das Gesetz ausdrücklich darauf hin, daß damit im Sinne der C.-P.-O. nur die Zwangsvollstreckung in die Vermögensstücke der Bahneinheit, d. h. wegen Geldforderungen, nicht aber die Zwangsvollstreckung zur Erwirkung der Herausgabe von Bestandteilen der Bahneinheit gemeint sei (Motive S. 570). Dies wird ferner auch dadurch bestätigt, daß § 47 Abs. 1 nach seinem Inhalt und nach der Angabe der Motive lediglich eine ergänzende Bestimmung zu den Vorschriften des Reichsges. v. 3. Mai 1886 sein soll. Dieses Gesetz erklärt aber nur die „Pfändung“ von Eisenbahnfahrbetriebsmitteln für unzulässig, d. h. nach der Stellung der §§ 708, 709 in der C.-P.-O. die Gewährung eines Pfandrechts wegen Geldforderungen, nicht auch die Zwangsvollstreckung zur Erwirkung der Herausgabe von Eisenbahnfahrbetriebsmitteln.

Bei dem Vergleiche der Bestimmungen des Reichsges. v. 3. Mai 1886 und des § 87 Abs. 1 des Ges. v. 11. Juni 1902 darf übrigens der wesentliche Unterschied nicht übersehen werden, daß nach ersterem die Pfändung der Eisenbahnfahrbetriebsmittel absolut verboten ist, während nach letzterem das Verbot ein bedingtes, d. h. davon abhängig gemacht ist, daß sie nach der Bescheinigung der Aufsichtsbehörde mit dem Betriebe des Bahnunternehmens nicht vereinbar ist.

2. Aus dem Umstande, daß Abs. 1 des § 87 sich nur auf die Zwangsvollstreckung wegen Geldforderungen bezieht, folgt:

a) Auf die Zwangsvollstreckung zur Einwirkung der Herausgabe von Gegenständen der Bahneinheit (Buch 8 Abschn. 3 §§ 883 ff. C.-P.-O.) ist § 87 Abs. 1 nicht anwendbar. Vielmehr greifen, insoweit es sich um die Herausgabe unbeweglicher Gegenstände (Grundstücke) wie überhaupt um die Verfolgung dinglicher Rechte an Grundstücken handelt, die §§ 6, 7 des vorliegenden Gesetzes Platz (Anm. 22 ff. S. 40 ff.). Kommt aber die Herausgabe beweglicher Gegenstände in Betracht, so sind — mangels besonderer Bestimmungen des vorliegenden Gesetzes — die §§ 883 ff. der C.-P.-O. solange in Anwendung zu bringen, bis infolge der Zwangsvollstreckung in die Bahneinheit als Ganzes die Wirkungen der §§ 20, 21 des R.-Zw.-V.-Ges. 24. März 1897 für die zur Bahneinheit gehörigen beweglichen Gegenstände eintreten.

b) Auf die Zwangsvollstreckung wegen Geldforderungen ist § 87 Abs. 1 unbeschränkt anwendbar; erstreckt sich ausnahmslos auf alle zur Bahneinheit gehörigen unbeweglichen und beweglichen Gegenstände im vollen Umfang des § 4, auf dessen Erörterungen (Anm. 13 ff. S. 19 ff.) Bezug genommen wird. Es gehören also dahin nicht nur die Grundstücke und Baulichkeiten sowie Rechte an fremden Grundstücken, sondern auch die Fonds, Kassenbestände und Forderungen sowie sämtliche bewegliche körperliche Sachen, welche zur Herstellung, Erhaltung oder Erneuerung der Bahn oder der Bahngebäude oder zum Betriebe des Bahnunternehmens dienen. Daß die Zwangsvollstreckung in unbewegliche Gegenstände (Grundstücke ꝛc.) nur bedingt, d. h. bei bescheinigter Vereinbarkeit mit dem Betriebe zugelassen ist, entspricht den Vorschriften der §§ 5, 6, welche auch die Belastung und Veräußerung von unbeweglichen Gegenständen nur unter dieser Bedingung gestatten. Dagegen erscheint die Bestimmung des § 87 Abs. 1 für bewegliche Sachen nicht in gleicher Weise konsequent, da diese ohne jede Bescheinigung der Aufsichtsbehörde unter Entfernung vom Bahnterrain veräußert, vertauscht, zum Faustpfand gegeben und dadurch der Bahneinheit entzogen werden können.

Die Zwangsvollstreckung in Baufonds ist nach den Motiven (s. oben S. 815) nicht zulässig, weil die Baufonds nicht zu den Bestandteilen der Bahneinheit und somit zu den Gegenständen des unbeweglichen Vermögens gehören, über welche in betreff der Zwangsvollstreckung Bestimmungen zu treffen die Landesgesetzgebung nach dem früheren § 757 Abs. 1 C.-P.-O. zuständig ist, und weil es auch nicht zweckmäßig erschien, sie unter die Gegenstände des unbeweglichen Vermögens gemäß § 757 Abs. 2 l. c. aufzunehmen. Dies gilt auch, nachdem an die Stelle des § 757 die reichsgesetzliche Regelung der Zwangsvollstreckung in das unbewegliche Vermögen durch die §§ 864—871 der C.-P.-O. und das R.-Zw.-V.-G. v. 24. März 1897 getreten ist.

III. Zur Bestimmung, ob ein bestimmter beweglicher oder unbeweglicher Gegenstand zur Bahneinheit gehört, ist im Zweifel grundsätzlich das Vollstreckungsgericht zuständig, da es sich um eine Frage privatrechtlicher Natur handelt. Nur in betreff zweier Kategorien von Gegenständen ist hierfür die Entscheidung der Bahnaufsichtsbehörde nach ausdrücklicher Vorschrift des Gesetzes maßgebend. Nach Abs. 2 des § 4 in Verbindung mit § 11 Nr. 2 u. § 18 haben in betreff derjenigen Grundstücke, welche nur dann als Teile der Bahneinheit gelten, wenn sie in den Titel des Bahngrundbuchblatts aufgenommen sind (§ 11 Nr. 2), und ferner bezüglich der zur Verwaltung oder zum Betriebe erforderlichen Fonds (§ 4 Abs. 1 Ziff. 2 und Abs. 2 Satz 3) die Bahnaufsichtsbehörden die für diese Entscheidung maßgebende Prüfung und Feststellung, indem ihnen im ersteren Falle die Herbeiführung der Eintragung der Grundstücke auf dem Titel des Bahngrundbuchblatts, im zweiten Falle die Entscheidung darüber, ob der qu. Fonds zum Betrieb und zur Verwaltung der Bahn erforderlich ist, vom Gesetze speziell zugewiesen ist. Aber gerade diese ausnahmsweise Übertragung der Entscheidung in den beiden beregten Fällen durch besondere Bestimmung des Gesetzes beweist, daß grundsätzlich und der Regel nach die Entscheidung der Zugehörigkeit dem Gerichte zusteht.

§ 37. Abs. 2. Satz 1. [159]) Nach dem Erlöschen der Genehmigung fällt das öffentliche Interesse an der Erhaltung der Betriebsfähigkeit der Bahn fort. Von diesem Umstande kann daher die Zulässigkeit der Zwangsvollstreckung in die zur Bahneinheit gehörigen Gegenstände nicht mehr abhängig gemacht werden. Dagegen tritt der vom Gesetze in dem § 8 Abs. 1, § 4 Abs. 8, § 14 Satz 8—5 im Interesse der Rechte der Bahnpfandgläubiger konstant festgehaltene Gesichtspunkt in den Vordergrund, daß nach dem Erlöschen der Genehmigung die Bahneinheit in ihrem zu dieser Zeit vorhandenen Bestande noch behufs vorzugsweiser und abgesonderter Befriedigung der Bahnpfandgläubiger so lange als ein Ganzes zusammengehalten werden soll, bis diesen ausreichende Gelegenheit gegeben ist, ihre Rechte an den Bestandteilen der Bahneinheit geltend zu machen und zu realisieren. Zu diesem Behufe soll nach §§ 8, 14, wenn Bahnpfandschulden im Bahngrundbuche eingetragen, d. h. Bahnpfandgläubiger vorhanden sind, die Bahneinheit bis zur Schließung des Bahngrundbuchs fortbestehen. Die Schließung des Bahngrundbuchs darf aber in diesem Falle erst erfolgen, wenn entweder die eingetragenen Bahnpfandschulden gelöscht (sc. befriedigt) oder das Zwangsliquidationsverfahren (zur abgesonderten Befriedigung der Bahnpfandgläubiger aus den einzelnen Bestandteilen der Bahneinheit: §§ 40 ff.) beendet oder sechs Monate seit der öffentlichen Bekanntmachung des Erlöschens der Genehmigung abgelaufen sind, — falls bis dahin Anträge auf Zwangsliquidation nicht gestellt oder durch Zurücknahme oder rechtskräftige Zurückweisung erledigt sind (§ 14 Satz 4 Anm. 67 S. 116 ff.). Geschieht die Zurücknahme oder Zurückweisung erst nach Ablauf der sechs Monate, so erfolgt die Schließung des Bahngrundbuchblatts mit dem Zeitpunkt der Erledigung aller Anträge (§ 14 Satz 5 Anm. 68 S. 119). Um vom Zeitpunkte des Erlöschens der Genehmigung bis zum Aufhören der Bahneinheit durch Schließung der Bahneinheit den Bahnpfandgläubigern die durch Dritte ungestörte Realisierung ihrer Rechte an den einzelnen Bestandteilen der Bahneinheit zu ermöglichen, bestimmt Satz 1 des Abs. 2 des § 87, daß solange nach dem Erlöschen der Genehmigung die Bahneinheit fortbesteht, die Zwangsvollstreckung in die zu ihr gehörigen nur von einem Gläubiger betrieben werden kann, der auf Grund eines den Bahnpfandgläubigern gegenüber wirksamen Rechts Befriedigung aus den Gegenständen zu suchen berechtigt ist.

a) Satz 1 bestimmt mittelbar, daß grundsätzlich und in der Regel während des gedachten Zeitraumes die Zwangsvollstreckung in diese Gegenstände verboten ist — außer in dem einen Falle, da es sich um die Geltendmachung eines auch den Bahnpfandgläubigern gegenüber wirksamen Rechts handelt. Das Verbot umfaßt, wie dasjenige im Abs. 1, sowohl die unbeweglichen wie die beweglichen Bestandteile der Bahneinheit im vollen Umfange des § 4 (Anm. 158 S. 317 ff.). Es ist aber gleichfalls auf die Zwangsvollstreckung wegen Geldforderungen beschränkt, erstreckt sich somit nicht auf die Herausgabe von Sachen (Anm. 158 S. 318 ff.). Die Bescheinigung der Bahnaufsichtsbehörde über die Vereinbarkeit mit dem Betriebe ist hier, da der Betrieb nicht mehr in Frage kommt, ohne jede Bedeutung. Das Verbot ist vielmehr ein absolutes und wird nur in dem vorbezeichneten Ausnahmefalle aufgehoben. Jede Zwangsvollstreckung ist also, abgesehen hiervon, unzulässig und kann vom Bahneigentümer und den Bahnpfandgläubigern gemäß § 766 C.=P.=O. angefochten werden. Sache des betreibenden Gläubigers ist es sodann, dem Vollstreckungsgericht nachzuweisen, daß ein auch den Bahnpfandgläubigern gegenüber wirksames Recht vorliegt. Hierüber, wie über die Frage, ob die gepfändeten Gegenstände zur Bahneinheit gehören, steht mit den sich aus § 4 Abs. 2 Satz 3 und § 11 Nr. 2, § 18 ergebenden Modifikationen dem Vollstreckungsgericht die Entscheidung zu (Anm. 158 S. 320). Der Zeitraum der Unzulässigkeit der Zwangsvollstreckung erstreckt sich vom Momente des Erlöschens der Genehmigung bis zum Momente der Schließung des Bahngrundbuchs, beginnt also, auch wenn die Zwangsliquidation (§§ 40 ff.) noch nicht eingeleitet ist. Vor dem Erlöschen der Genehmigung greift § 87 Abs. 1 Platz. Nach Schließung des Bahngrundbuchs fallen die Beschränkungen des § 87 fort und finden auf die Bestandteile der Bahneinheit lediglich die allgemeinen Vorschriften der C.=P.=O. und des R.=Zw.=V.=G. v. 24. März 1897 uneingeschränkte Anwendung.

b) Von dem im Satz 1 ausgesprochenen Verbote der Zwangsvollstreckung in die zur Bahneinheit gehörigen Gegenstände während der Zeit vom Erlöschen der Genehmigung bis zur Schließung des Bahngrundbuchs ist nur eine Ausnahme gestattet: „Die Betreibung der Zwangsvollstreckung durch einen Gläubiger, der auf Grund eines den Bahnpfandgläubigern gegenüber wirksamen Rechts Befriedigung aus den Gegenständen zu suchen berechtigt ist." Nicht wegen jeder vollstreckbaren Forderung oder jedes Rechts ist während dieses Zeitraumes die Zwangsvollstreckung in die zur Bahneinheit gehörigen Gegenstände zulässig, sondern nur zur Betreibung eines den Bahnpfandgläubigern gegenüber wirksamen Rechts seitens eines hierzu berechtigten Gläubigers. Denn billigerweise kann den Bahnpfandgläubigern ein Vorzugsrecht nicht gegenüber solchen Gläubigern eingeräumt werden, deren Rechten Wirksamkeit gegenüber den Bahnpfandrechten zusteht. Derartige Rechte werden nur selten bestehen.

1. Was unbewegliche Gegenstände anlangt, so ist für alle auf dem Titel des Bahngrundbuchblatts vermerkten Grundstücke (§ 11 Abs. 2 Ziff. 2) der Nachweis vorgeschrieben, daß sie frei von Pfandrechten sind (§ 12 Abs. 1 Satz 1). Und auch die nicht auf dem Titel vermerkten Grundstücke dürfen gültig nicht ohne Unschädlichkeitsattest der Bahnaufsichtsbehörde belastet werden. Ein den Bahnpfandgläubigern gegenüber wirksames Recht an Grundstücken kann daher, wie die Motive bemerken, nur ausnahmsweise vorkommen: z. B. wenn ein bereits mit Pfandrechten belastetes und nicht auf dem Titel zu vermerkendes Grundstück der Bahneinheit einverleibt worden ist oder wenn die Bahnaufsichtsbehörde gemäß § 5 die nachträgliche Belastung mit einem Pfandrecht genehmigt hat oder wenn bei versehentlicher Unterlassung der Eintragung des Sperrvermerks ein Pfandrecht bona fide an einem Grundstück während seiner Zugehörigkeit zur Bahneinheit konstituiert worden ist.

2. Auch bei beweglichen Gegenständen ist ein dem Bahnpfandgläubiger gegenüber wirksames Recht nicht ausgeschlossen, z. B. wenn während des Bestehens der Genehmigung der Unternehmer Fahrbetriebsmittel oder andere bewegliche Sachen zum Faustpfande dem Gläubiger übergeben hat. Einer Genehmigung der Bahnaufsichtsbehörde hierzu bedarf es nicht, da diese im § 5 nur für Belastung von Grundstücken vorgeschrieben ist. Ebensowenig steht das Reichsges. v. 3. Mai 1886 entgegen, welches sich nur auf Pfändung (Zwangsvollstreckung) von Fahrbetriebsmitteln, nicht auf die Hingabe derselben zum Faustpfande bezieht.

3. In allen diesen Fällen hat der Berechtigte den Vorzug vor den Bahnpfandgläubigern, so daß letzteren im Falle der Zwangsversteigerung nur derjenige Teil des Erlöses, welcher dem Bahneigentümer zufällt, zur Befriedigung dienen kann. Macht nach Erlöschen der Genehmigung ein derartig Berechtigter sein besseres Recht an Gegenständen der Bahneinheit durch Beantragung der Zwangsversteigerung bezw. -Verwaltung geltend, so ist es seine Sache, dem Vollstreckungsrichter bezw. Gerichtsvollzieher den Nachweis zu führen, daß ihm ein auch den Bahnpfandgläubigern wirksames Recht zusteht. Der als Schuldner zum Vollstreckungsverfahren zugezogene Bahneigentümer hat die Zugehörigkeit des Gegenstandes zur Bahneinheit geltend zu machen und wird durch die Unterlassung verantwortlich. Ist die Versteigerung angeordnet, sei es, weil der Vollstreckungsstelle die Zugehörigkeit zur Bahneinheit unbekannt geblieben oder das bessere Recht des Pfandgläubigers als nachgewiesen anerkannt ist, so ist es auf Grund der Bekanntmachung der Versteigerung (§ 816 C.-P.-O., §§ 39, 40 Ges. v. 24. März 1897) Sache des Bahnpfandgläubigers oder nach Einleitung des Zwangsliquidationsverfahrens Sache des Liquidators, eine ihnen gegenüber bestehende Wirksamkeit des

geltend gemachten Rechts zu bestreiten und zu widerlegen bezw. gegen eine hiernach ungerechtfertigte Vollstreckungsverfügung Widerspruch oder Beschwerde zu erheben (bei beweglichen Sachen: § 766 C.-P.-O., bei unbeweglichen: § 798 l. c.). Der Vollstreckungsrichter hat den Überschuß des Erlöses den Bahnpfandgläubigern bezw. dem Liquidator zuzuführen, und diesen liegt es ob, eventuell bezügliche Anträge an den Vollstreckungsrichter zu stellen.

160) Die Aufnahme der Bestimmung des Satzes 2 in den Abs. 2 des § 87 ist durch die Vorschrift des § 1 der Konk.-Ordn. notwendig geworden. Denn nach § 1 l. c. umfaßt die Konkursmasse nur das einer Zwangsvollstreckung unterliegende Vermögen des Gemeinschuldners zur Zeit der Eröffnung des Konkursverfahrens. Indem aber Satz 1 Abs. 2 des § 87 die Zwangsvollstreckung in die zur Bahneinheit gehörigen Gegenstände nach Erlöschen der Genehmigung bis zur Schließung des Bahngrundbuchs verbietet (außer im Falle eines den Bahnpfandgläubigern gegenüber wirksamen Rechts), liegt die Folgerung nahe, daß diese Gegenstände als nicht der Zwangsvollstreckung unterliegend, auch nicht zur Konkursmasse gehören. Dies ist jedoch nicht die Absicht des Gesetzes, welches durch das Verbot der Zwangsvollstreckung nur die vorzugsweise und abgesonderte Befriedigung der Bahnpfandgläubiger sichern, nicht aber die Bestandteile der Bahneinheit bezw. deren Erlös der Konkursmasse überhaupt entziehen will. Um daher jener Folgerung zu begegnen, ist — wie dies schon aus gleichem Grunde im Abs. 2 des Reichsges. v. 8. Mai 1886 bestimmt ist — auch hier durch Satz 2 zum Ausdruck gebracht, daß durch die Bestimmung des Satzes 1 die Bestandteile der Bahneinheit im Falle des Konkurses von der Konkursmasse nicht ausgeschlossen sein sollen, freilich mit der selbstverständlichen, aus dem Zusammenhange folgenden Maßgabe, daß dieselben bezw. ihr im Zwangsliquidationsverfahren erzielter Erlös in erster Linie zur abgesonderten Befriedigung der Bahnpfandgläubiger dienen (§§ 47, 48 Konk.-Ordn.). § 87. Abs. 2 Satz 2.

Der Konkursverwalter ist daher berechtigt, die im Zwangsliquidationsverfahren nicht realisierten Bestandteile der Bahneinheit bezw. deren Erlös, soweit derselbe zur abgesonderten Befriedigung der Bahnpfandgläubiger nicht erforderlich war für die Konkursgläubiger in Anspruch zu nehmen. Es ist ihm zu diesem Behufe auch im Zwangsliquidationsverfahren nicht nur das Recht des Antrags auf Einleitung, sondern auch zur Mitwirkung bei der Liquidation eingeräumt (§§ 40, 42 45—48). Dagegen kann er von der ihm durch § 126 Konk.-Ordn. zugewiesenen Befugnis, die Zwangsverwaltung und -Versteigerung der zur Konkursmasse gehörigen unbeweglichen Gegenstände bei der zuständigen Behörde zu betreiben, hinsichtlich der Bahneinheit nach Erlöschen der Genehmigung nicht mehr Gebrauch machen, da von diesem Zeitpunkte an gemäß § 28 des vorliegenden Gesetzes eine Zwangsverwaltung oder Zwangsversteigerung der Bahn nicht mehr angeordnet werden darf und ein zur Zeit des Erlöschens der Genehmigung anhängiges Verfahren aufzuheben ist (Anm. 105 S. 220 ff.). Aus vorstehendem ergibt sich also: 1. Die zur Bahneinheit gehörigen unbeweglichen und beweglichen Gegenstände sind zwar auch nach Erlöschen der Genehmigung grundsätzlich zur Konkursmasse zu rechnen 2. Aber die Bahnpfandgläubiger haben an diesen Gegenständen ein Recht auf abgesonderte Befriedigung im Zwangsliquidationsverfahren, welche unabhängig vom Konkursverfahren erfolgt (§ 8 Abs. 2, § 47 Konk.-Ordn.). 3. Auf den hierzu nicht verwendeten Teil der Gegenstände bezw. ihres Erlöses haben die Konkursgläubiger Anspruch. 4. Der Konkursverwalter ist deshalb behufs Wahrnehmung der bezüglichen Rechte der Masse befugt, den Antrag auf Zwangsliquidation zu stellen und im Liquidationsverfahren nach Maßgabe der gesetzlichen Bestimmungen (§§ 40, 42, 45—48) mitzuwirken.

Für die Zeit vor Erlöschen der Genehmigung (Abs. 1 des § 37) war eine dem Satz 2 entsprechende Vorschrift nicht erforderlich. Denn vor Erlöschen der Genehmigung ist die Zwangsvollstreckung in die Bahneinheit als Ganzes zulässig (§ 28). Demgemäß gehört zu dieser Zeit die Bahneinheit als Ganzes im Falle des Konkurses des Bahneigentümers zur Konkursmasse und folglich erstreckt sich die Zugehörigkeit auch auf die einzelnen Bestandteile der Bahneinheit. Die Bahnpfandgläubiger haben nur ein Recht auf abgesonderte Befriedigung an der Bahneinheit als Ganzes, nicht an ihren einzelnen Teilen.

§ 37. Abs. 3 Satz 1. 161) Absatz 3 des § 37 dient zur Beseitigung eines Zweifels, welcher in betreff der Zuständigkeit der Landesgesetzgebung bei Regelung der Zwangsvollstreckung in einzelne zur Bahneinheit gehörige Gegenstände hervorgetreten ist. Nach § 757 der C.-P.-O. in der alten Fassung war die Bestimmung der Gegenstände, die bezüglich der Zwangsvollstreckung zum unbeweglichen Vermögen gehörten, der Landesgesetzgebung vorbehalten. Die Zuständigkeit derselben zur Festsetzung der dem jetzigen § 37 des Bahneinh.-Ges. entsprechenden Bestimmungen des bisherigen § 47 des Eisenb.-Pfandr.-Ges. konnte daher keinem Zweifel unterliegen. Anders nach der Novelle zur C.-P.-O. v. 17. Mai 1898. Danach sind die der Zwangsvollstreckung in das unbewegliche Vermögen unterliegenden Gegenstände reichsgesetzlich bestimmt (C.-P.-O. § 864). Zwar ist der Landesgesetzgebung vorbehalten, auf Nutzungsrechte, selbständige Gerechtigkeiten 2c., die auf Grundstücke sich beziehenden Vorschriften für anwendbar zu erklären und dadurch zu der Zwangsvollstreckung in das unbewegliche Vermögen unterliegenden Berechtigungen zu machen (Einf.-Ges. z. B.-G.-B. Art. 196, — Preuß. Ausf.-Ges. z. B.-G.-B. Art. 37—40). Dies ist in betreff der Bahneinheiten durch § 16 Abs. 1 des Bahneinh.-Ges. geschehen und damit sind dieselben den Vorschriften der Reichsgesetze sowie der zu ihrer Ausführung und Ergänzung dienenden Landesgesetze über die Zwangsvollstreckung in Grundstücke nach Maßgabe der Bestimmungen des Bahneinheitsgesetzes unterworfen (§ 20). Aber diese Befugnis der Landesgesetzgebung erstreckt sich nur auf Bahneinheiten als Ganzes und es ist zweifelhaft geworden, ob die Landesgesetzgebung auch zuständig ist, in zur Bahneinheit gehörige einzelne Gegenstände eine gesonderte Zwangsvollstreckung zu gestatten und zu regeln. Zur Behebung dieses Zweifels ist im Abs. 3 des § 37 für die Dauer der Zwangsvollstreckung in einzelne Gegenstände deren Ausscheiden aus den Bestandteilen der Bahneinheit bestimmt. Denn die Verfügung darüber, welche Gegenstände zur Bahneinheit gehören und wie lange die Zugehörigkeit dauert, ist der Landesgesetzgebung nicht genommen.

Satz 1 des Abs. 3 bestimmt hiernach, daß in den Fällen der Absätze 1 u. 2 mit dem Beginn der Zwangsvollstreckung die Zugehörigkeit des Gegenstandes zur Bahneinheit endigt. Als zur Bahneinheit gehörige Gegenstände sind hier alle im § 4 Nr. 2 u. 3 des vorliegenden Gesetzes aufgeführten Fonds, Forderungen, körperliche bewegliche Sachen 2c. zu betrachten (Anm. 14a u. b S. 27 ff.). Die Zwangsvollstreckung beginnt mit der vom Vollstreckungsgericht ausgehenden Anordnung des Verfahrens (§§ 15, 16 Abs. 2 Zw.-V.-G. v. 24. März 1897) also weder bereits mit dem Antrage auf diese Anordnung (s. Jäckel S. 68, 77), noch erst mit der Zustellung des Anordnungsbeschlusses, sondern mit der Anordnung selbst. Mit diesem Zeitpunkte endigt die Zugehörigkeit des Gegenstandes zur Bahneinheit d. h. derselbe scheidet aus der Bahneinheit aus und bildet nicht mehr einen ihrer Bestandteile im Sinne des § 4, sondern ist als ein selbständiger, mit ihr weder rechtlich, noch tatsächlich verknüpfter Gegenstand anzusehen. Aber diese Bestimmung beschränkt sich auf die Fälle der Absätze 1 und 2 des § 37, d. h. einerseits auf den Fall, daß die Zwangsvollstreckung von zur Bahneinheit gehörigen Gegenständen als mit dem Betriebe vereinbar von der Bahnaufsichtsbehörde bescheinigt wird (Anm. 158 S. 318), andererseits auf den Fall, daß es sich während des Fortbestehens der Bahneinheit nach Erlöschen der Genehmigung (d. h. bis zur Schließung des Bahngrundbuchs) um die Vollstreckung in Gegenstände auf Grund von Gläubigerrechten handelt, die gegenüber den Bahnpfandgläubigern wirksam sind (Anm. 159 S. 321). In allen anderen Fällen finden die Bestimmungen des ersten, wie auch des zweiten und dritten Satzes des Abs. 3 des § 37 keine Anwendung, d. h. ist ein Ausscheiden (Satz 1) oder Wiedereintreten (Satz 2) von der Bahneinheit zugehörigen Gegenständen zum Zwecke der gesonderten Zwangsvollstreckung nicht zulässig. Daß die vorher an den betreffenden Gegenständen begründeten Rechte von dem Ausscheiden aus der Bahneinheit nicht berührt werden, also bei der gesonderten Zwangsvollstreckung berücksichtigt werden müssen, entspricht den allgemeinen Regeln des Vollstreckungsverfahrens und ist nur zur Beseitigung jedes Zweifels ausdrücklich ausgesprochen.

162) Satz 2 des Abs. 3 bestimmt als notwendige Folge der Bestimmung des Satzes 1, daß mit der Aufhebung der Vollstreckungsmaßregel der mit Beginn der Vollstreckung aus der Bahneinheit ausgeschiedene Gegenstand wieder Bestandteil derselben wird, d. h. nunmehr von neuem mit dem Rechte der Bahneinheit integrierend verknüpft und zu ihr gehörig ist. Als Vollstreckungsmaßregel kommt hier nur die Pfändung in Betracht (C.-P.-O. § 803), und zwar sowohl von körperlichen Sachen (§§ 803, 808, 826), wie von Ansprüchen (§§ 829 ff.) und anderen Vermögensrechten (§§ 857 ff.). Lediglich die endgültige Aufhebung der Vollstreckungsmaßregel (§ 775 Nr. 1 und 3) hat den Wiedereintritt des ausgeschiedenen Gegenstandes und den Bestand der Bahneinheit zur Folge, nicht die bloße einstweilige Einstellung oder Beschränkung (§ 775 Nr. 4 u. 5), im Falle des § 775 Nr. 2, wenn durch die betreffende Entscheidung auch zugleich die Aufhebung der erfolgten Vollstreckungsmaßregeln angeordnet wird (vgl. nach §§ 707, 718, 719, 769, 770, 785, 795 C.-P.-O.). § 37. Abs. 3 Satz 2.

163) Satz 3 des Abs. 3 gibt folgerichtig dem Grundsatze Ausdruck, daß dasjenige, was nach vorstehendem für die gesonderte Zwangsvollstreckung in einzelne zur Bahneinheit gehörige Gegenstände gilt, auch von dem Erlöse gilt, soweit er dem Bahneigentümer zufällt. Denn die gesonderte Zwangsvollstreckung in einzelne zur Bahneinheit gehörige Gegenstände nach Maßgabe der Abs. 1 u. 2 des § 37 findet nicht zugunsten des Bahneigentümers, sondern zugunsten der hierzu berechtigten Gläubiger statt. Daraus ergibt sich, daß der Erlös aus der Zwangsvollstreckung bezw. der Überschuß des Erlöses, welcher dem Bahneigentümer formell zufällt, d. h. nicht zur Befriedigung der betreffenden Gläubiger in Anspruch genommen wird, nicht in das freie Eigentum des Bahneigentümers übergehen kann, sondern, wie der Gegenstand selbst, Bestandteil der Bahneinheit wird und § 37. Abs. 3 Satz 3.

zur Befriedigung der Bahnpfandgläubiger dienen muß. Diese Folgerung spricht Satz 8 zur Begegnung aller Zweifel ausdrücklich aus: Soweit eine Zwangsversteigerung in einzelne zur Bahneinheit gehörige Gegenstände zulässig ist, wird derjenige Teil des Erlöses, welcher dem Bahnunternehmer zufällt, Bestandteil der Bahneinheit. Der Überschuß muß also zur Befriedigung der Bahnpfandgläubiger verwendet werden. Satz 8 findet auch im Konkursverfahren Anwendung, so daß der Überschuß des Erlöses zunächst der Bahneinheit behufs Befriedigung der Bahnpfandgläubiger und eventuell der Konkursmasse zufällt.

§ 38.[164])

Die Vorschriften der §§ 172 bis 184 des Reichsgesetzes über die Zwangsversteigerung und die Zwangsverwaltung gelten mit den Änderungen, die sich aus den Vorschriften dieses Abschnitts ergeben, auch für Bahneinheiten.[165])

[164]) Prinzip und Entstehung des § 38.

§ 38. Prinzip. I. Prinzip. An die Spitze des vorliegenden Abschnitts des Bahneinheitsgesetzes ist im § 20 der bereits allgemein durch § 870 C.-P.-O. ausgesprochene Grundsatz gestellt, daß auch die Zwangsvollstreckung in die Bahneinheit die Vorschriften der Reichsgesetze, sowie die zu ihrer Ausführung und Ergänzung dienenden Landesgesetze über die Zwangsvollstreckung in Grundstücke Anwendung finden, und zwar mit denjenigen im vorliegenden Abschnitte (§§ 21—86) enthaltenen Maßgaben, welche durch die Eigentümlichkeit der Verhältnisse der Bahnen notwendig bedingt und nach Art. 112 Einf.-Ges. zum B.-G.-B. und § 2 Abs. 1 des Einf.-Ges. zum R.-Zw.-V.-Ges. v. 24. März 1897 der Landesgesetzgebung gestattet sind. Demnach kamen für die Bahneinheiten vornehmlich die §§ 864—869 C.-P.-O. und der I. und III. Abschnitt des Reichsgesetzes v. 24. März 1897 (in der Fassung v. 20. Mai 1898) nebst dem Einführungsgesetz v. 24. März 1897 sowie der I., III. und IV. Abschnitt des für Preußen ergangenen Ausführungsgesetzes vom 28. September 1899 in Betracht, welche das Verfahren der Zwangsvollstreckung in Grundstücke regeln (Abschn. I) und Vorschriften für das Verfahren in besonderen Fällen enthalten (Abschn. III), während an die Stelle des Abschn. II des Reichsges. v. 24. März 1897 bezw. des Preuß. Ausf.-Ges. v. 23. September 1899, welcher besondere Vorschriften über die Zwangsvollstreckung in andere Gegenstände des unbeweglichen Vermögens, als Grundstücke, enthält, die modifizierenden Bestimmungen des vorliegenden Gesetzes (§§ 21—36) für Bahneinheiten treten (Art. 112 Einf.-Ges. z. B.-G.-B. und § 2 Abs. 1 Einf.-Ges. z. B.-G.-B. v. 24. März 1897). Wenngleich hiernach die Geltung des Abschn. III des Zw.-V.-G. für Bahneinheiten nicht zweifelhaft sein kann, so erschien es doch mit Rücksicht einerseits darauf, daß im Ausf.-Ges. zum B.-G.-B. v. 20. September 1899 (Art. 40) nur die sich auf Grundstücke beziehenden Vorschriften des Bürgerlichen Gesetzbuchs auf selbständige Gerechtigkeiten (zu denen nicht die Bahneinheiten gehören) für verwendbar erklärt sind, andererseits darauf, daß es sich im Abschn. III des R.-Zw.-V.-G. v. 24. März 1897 (Zwangsversteigerung und Zwangsverwaltung in besonderen Fällen), welcher solche Fälle betrifft, in denen reichsgesetzlich die Zwangsversteigerung und -Verwaltung eines Vermögensgegenstandes im Wege rechtlichen Zwanges zugelassen wird, ohne daß eine eigentliche Zwangsvollstreckung in diesen Gegenstand in Frage steht, angezeigt, klarzustellen, und ausdrücklich auszusprechen, daß die Vorschriften der §§ 172—184 des Reichsgesetzes über die Zwangsversteigerung und die Zwangsverwaltung mit den Änderungen, die sich aus den Vorschriften des vorliegenden Abschnittes des Bahneinheitsgesetzes ergeben, auch für Bahneinheiten gelten. Dies ist durch § 38 geschehen.

II. Dem Eisenbahnpfandrechtsgesetz v. 19. August 1895 fehlte eine dem § 38 des Bahneinheitsgesetzes v. 11. Juni 1902 entsprechende Sonderbestimmung. § 32 des Ges. v. 19. August 1895 erklärte auf die Zwangsvollstreckung in einer Bestimmung zusammengefaßt den ersten, dritten und fünften Abschnitt des Preuß. Zw.-V.-Ges. v. 13. Juli 1883, betreffend die Zwangsvollstreckung in das unbewegliche Vermögen auf die Bahneinheit für anwendbar, soweit nicht in den nachstehenden §§ 33—46 ein anderes bestimmt ist. Der dritte Abschnitt umfaßte die Vorschriften über Zwangsversteigerung und Zwangsverwaltung in besonderen Fällen. Auch diese Vorschriften galten gemäß § 32 des Ges. v. 19. August 1895 für Bahneinheiten (s. oben § 20 Anm. 96 S. 204). § 38. Entstehung.

In dem § 32 des Eisenbahnpfandrechtsgesetzes v. 19. August 1895 entsprechenden § 20 des Bahneinheitsgesetzes v. 11. Juni 1902 sind einzelne Abschnitte des R.-Zw.-V.-Ges. v. 24. März 1897, welches an die Stelle des Preuß. Zw.-V.-Ges. v. 13. Juli 1883 getreten ist, nicht besonders hervorgehoben, sondern es sind allgemein und grundsätzlich die Vorschriften der Reichsgesetze sowie der zu ihrer Ausführung und Ergänzung dienenden Landesgesetze über die Zwangsvollstreckung in Grundstücke nach Maßgabe der §§ 21—36 für entsprechend anwendbar erklärt. An die Stelle des im § 32 des Eisenbahnpfandrechtsgesetzes v. 19. August 1895 erwähnten dritten Abschnittes des Gesetzes v. 13. Juli 1898, der die Zwangsversteigerung und Zwangsverwaltung in besonderen Fällen regelt, ist hiernach der dritte Abschnitt des R.-Zw.-V.-Ges. v. 24. März 1897 und der dritte Abschnitt des Preuß. Ausf.-Ges. v. 23. September 1899 getreten (s. Motive zu § 20 des Bahneinheitsgesetzes Anm. 96 S. 204 ff.). Da es sich hier aber nicht um eine eigentliche Zwangsvollstreckung in die Bahneinheit, sondern um eine außerhalb derselben liegende Versteigerung oder Verwaltung, wenngleich mit rechtlichem Zwange handelt, so erschien es zur Beseitigung von Bedenken angezeigt, analog dem Art. 22 des Ausf.-Ges. v. 23. September 1899 ausdrücklich und durch besondere Gesetzesbestimmung auszusprechen, daß auch der dritte Abschnitt des Zw.-V.-Ges. v. 24. März 1897 auf die Bahneinheit Anwendung findet, und zwar mit den Änderungen, die sich aus den Vorschriften des vierten Abschnittes des Bahneinheitsgesetzes v. 11. Juni 1902 ergeben.

Diesen Erwägungen gemäß wurde in dem Revisionsentwurfe v. 10. Februar 1902 (Drucks. d. Herrenh. 1902 Nr. 42 S. 8) vorgeschlagen:

„Als § 45a wird folgende Vorschrift eingestellt: Die Vorschriften der §§ 172 bis 184 des Reichsgesetzes über die Zwangsversteigerung und die Zwangsverwaltung gelten mit den Änderungen, die sich aus den Vorschriften dieses Abschnittes ergeben, auch für Bahneinheiten" und dieser Vorschlag nur mit dem kurzen Hinweis darauf motiviert, daß die vorgeschlagene Vorschrift dem Artikel 22 des Ausf.-Ges. v. 23. September 1899 entspricht, und im übrigen auf die Begründung des § 32 (jetzt § 20) Bezug genommen.

Die eingeschaltete neue Vorschrift des § 45a wurde hierauf ohne Widerspruch als § 38 in das Bahneinheitsgesetz aufgenommen.

§ 38. Einziger Absatz. 165) Die Bestimmung des § 38, daß die Vorschriften der §§ 172—184 des Reichsgesetzes über die Zwangsversteigerung und die Zwangsverwaltung mit den Änderungen, die sich aus den Vorschriften des vorliegenden — vierten — Abschnittes des Bahneinheitsgesetzes ergeben, auch für Bahneinheiten gelten, ist streng genommen bereits im § 20 enthalten und hier nur — nach Analogie des Art. 22 des Preuß. Ausf.-Ges. v. 23. September 1899 — zur Klarstellung besonders aufgenommen.

Die Vorschriften der §§ 172—184 des R.-Zw.-V.-Ges. v. 24. März 1897 bilden den dritten Abschnitt dieses Gesetzes, welcher nicht die eigentliche Zwangsvollstreckung, sondern die Zwangsversteigerung und Zwangsverwaltung in besonderen Fällen umfaßt. Die §§ 172—184 regeln drei besondere Fälle, nämlich das Verfahren

1. auf Antrag des Konkursverwalters (§§ 172—174),
2. behufs Regulierung der Nachlaßverbindlichkeiten (§§ 175—179),
3. zum Zwecke der Aufhebung einer Gemeinschaft (§§ 180—184).

Es sind dies solche Fälle, in denen reichsgesetzlich die Versteigerung oder die Verwaltung eines Vermögensgegenstandes im Wege rechtlichen Zwanges zugelassen wird, ohne daß eine Zwangsvollstreckung in diesen Gegenstand in Frage steht. Indem durch § 38 des Bahneinheitsgesetzes die Bestimmungen der §§ 172—184 R.-Zw.-V.-Ges. auch auf Bahneinheiten für anwendbar erklärt werden, wird ausgesprochen, daß das Verfahren, welches in den drei aufgeführten besonderen Fällen für die Versteigerung oder die Verwaltung eines Vermögensgegenstandes im Wege rechtlichen Zwanges reichsgesetzlich vorgeschrieben ist, auch für Bahneinheiten gegebenenfalls gelten soll.

Danach finden grundsätzlich auch in den aufgeführten drei besonderen Fällen die Vorschriften des ersten Abschnittes des R.-Zw.-V.-Ges. v. 24. März 1897 (§§ 1—161) auf Bahneinheiten Anwendung, soweit nicht im dritten Abschnitt besondere Bestimmungen gegeben sind d. h. im Falle des Verfahrens des Konkursverwalters der § 172 mit den Maßgaben der §§ 173 und 174, — im Falle des Verfahrens behufs Regulierung der Nachlaßverbindlichkeiten in §§ 175, 176 mit den Maßgaben der §§ 173, 174, 177—179, — im Falle des Verfahrens zum Zwecke der Aufhebung einer Gemeinschaft der § 180 mit den Maßgaben der §§ 181 bis 184.

Indes sind die Bahneinheiten in den drei bezeichneten, besonderen Fällen nicht allein denjenigen Modifikationen unterworfen, welche sich reichsgesetzlich bei der Anwendung des ersten Abschnitts des R.-Zw.-V.-Ges. (§§ 1—161) aus den Bestimmungen des dritten Abschnittes (§§ 172—184) ergeben, sondern überdies auch den Änderungen, welche landesgesetzlich aus den Vorschriften des vierten Abschnitts des Bahneinheitsgesetzes v. 11. Juni 1902 hervorgehen. Es finden also in den besonderen Fällen der §§ 172—184 des R.-Zw.-V.-Ges. v. 24. März 1897 auch alle diejenigen Änderungen Anwendung, welche in den §§ 21—37 des Bahneinheitsgesetzes v. 12. Juni 1902 für die Zwangsversteigerung oder Zwangsverwaltung einer Bahneinheit vorgeschrieben sind und in den Anm. 98 bis Anm. 161 ihre Erläuterung gefunden haben. (S. 209 ff.)

§ 39.[166])

Die in den §§ 21 und 47 des Gesetzes über die Eisenbahnunternehmungen vom 3. November 1838 vorgesehenen öffentlichen Versteigerungen erfolgen nach den für die Zwangsversteigerung der Bahn geltenden Vorschriften.[167]) Die Vorschriften über das geringste Gebot finden keine Anwendung.[168]) Das Meistgebot ist in seinem ganzen Betrage durch Zahlung zu berichtigen.[169])

Ist eine Bahn, für welche die Genehmigung zur Eröffnung des Betriebs noch nicht erteilt ist, nicht im Bahngrundbuch eingetragen, so hat die Bahnaufsichtsbehörde bei Stellung des Antrags auf Zwangsversteigerung zugleich um die Anlegung des Bahngrundbuchblatts zu ersuchen.[170])

[166]) Prinzip und Entstehung des § 39.

I. Prinzip. Den Bestimmungen über die privatrechtliche Zwangsversteigerung von Bahneinheiten, wie sie auf der Grundlage des Gesetzes vom 24. März 1897 unter Berücksichtigung der Bahneinheiten der Eisenbahnen in den vorangehenden Paragraphen (§§ 20ff.) getroffen sind, unterwirft § 39 auch diejenigen beiden Arten der öffentlichrechtlichen Zwangsversteigerung von Privatbahnen, welche von Aufsichts wegen in den §§ 21 u. 47 des Eisenb.-Ges. v. 3. November 1838 vorgesehen sind. Es bestimmt nämlich § 21 l. c., daß im Falle der Nichtvollendung einer Privateisenbahn binnen der vom Minister der öffentlichen Arbeiten bestimmten Zeit vorbehalten bleibt, die Anlage, so wie sie liegt, für Rechnung des Unternehmers unter der Bedingung zur öffentlichen Versteigerung zu bringen, daß dieselbe von den Ankäufern ausgeführt werde. Es muß jedoch dem Antrage auf Versteigerung die Bestimmung einer schließlichen Frist von sechs Monaten zur Vollendung der Bahn vorangehen. Und ferner bestimmt § 47 l. c., daß die erteilte Konzession verwirkt und die Bahn mit den Transportmitteln und allem Zubehör für Rechnung des Unternehmers versteigert wird, wenn diese eine der allgemeinen oder besonderen Bedingungen nicht erfüllt und eine Aufforderung zur Erfüllung binnen einer endlichen Frist von mindestens drei Monaten ohne Erfolg bleibt. Wie für Versteigerungen von Bahnen überhaupt, so fehlte es insbesondere auch für die in den §§ 21 u. 47 des Eisenb.-Ges. v. 3. November 1838 vorgesehenen öffentlichen Versteigerungen an näheren Vorschriften sowohl über die Einleitung, wie über die Ausführung der Versteigerung. § 39. Prinzip.

Was die Einleitung der Zwangsversteigerung auf Grund der §§ 21 u. 47 anlangt, so war es bei der Unbestimmtheit dieser Vorschriften zweifelhaft, von wem der Antrag auf Zwangsversteigerung zu stellen sei und ob dieser Antrag auf einem vorgängigen gerichtlichen Erkenntnisse beruhen müsse oder lediglich die bezügliche Entschließung und Erklärung der zuständigen Verwaltungsinstanz genüge. In betreff der Ausführung der Versteigerung war es streitig, ob dieselbe im Wege der Auktion oder der Subhastation zu erfolgen habe, da das Eisenbahnunternehmen sich aus beweglichen und unbeweglichen Sachen zusammensetzt, einen Inbegriff von Sachen beiderlei Art bildet und je nachdem dem einen oder anderen Teile der Vorzug eingeräumt wird, die Frage der Auktion oder Subhastation in Betracht kommt, und im Zusammenhange damit, welches Gericht als Zwangsvollstreckungsgericht zuständig sei und welche Rechtswirkungen die Versteigerung zur Folge habe.

Von diesen beiden Hauptfragen hat nur die letztere — in betreff der Ausführung der Zwangsversteigerung — im § 89 des vorliegenden Gesetzes ihre Lösung gefunden. Es lag nahe, die für die privatrechtlichen Zwangsversteigerungen durch das Gesetz v. 11. Juni 1902 getroffenen Bestimmungen auch auf die in den §§ 21 u. 47 des Eisenb.-Ges. v. 3. November 1888 vorgesehenen öffentlichrechtlichen Versteigerungen für anwendbar zu erklären. Indem dies durch § 89 Abs. 1 Satz 1 des vorliegenden Gesetzes geschieht, gelten die Vorschriften desselben (insbesondere die §§ 20, 22—26, 27—32) sowohl für die Regelung des Versteigerungsverfahrens (den eigentlichen Versteigerungsprozeß: Erfordernisse und Stellung des Antrags, Anordnungsbeschluß, Teilnahmerechte der Beteiligten, Reihenfolge und Umfang der zu berichtigenden Ansprüche und Forderungen, Bekanntmachung und Abhaltung des Versteigerungstermins, Erteilung und Verkündung des Zuschlags- oder Versagungsbeschlusses, Widerspruch und Rechtsmittel, Wirkung des Zuschlags, Belegung und Verteilung der Kaufgelder 2c.), wie auch für die Zuständigkeit des Vollstreckungsgerichts (§ 22) und die aus der Versteigerung sich ergebenden Rechtswirkungen. Maßgebend war hierbei der Vorgang der Art. 28 bis 32 des Ausf.-Ges. v. 23. September 1899 z. R.-Zw.-V.-Ges. v. 24. März 1897, wonach der im Preuß. Allg. Landrecht vorgesehene öffentliche Verkauf eines Hauses, welches vom Eigentümer nicht in baulichem Zustande erhalten wird, in den Formen der Zwangsversteigerung erfolgt. Denn die in den §§ 21 u. 47 des Eisenb.-Ges. v. 3. November 1888 vorgesehenen öffentlichen Versteigerungen sind Vollstreckungsakte im Verwaltungszwangsverfahren, auf welche die Verordnung wegen verbesserter Einrichtung der Provinzial-, Polizei- und Finanzbehörden v. 26. Dezember 1808 (Beilage zu der Instruktion für die Regierungen v. 23. Oktober 1817 G.-S. S. 282) Anwendung findet und, — nachdem für die Bahneinheit durch § 16 Abs. 1 des Bahneinh.-Ges. v. 11. Juni 1902 die sich auf Grundstücke beziehenden Vorschriften des B.-G.-B. für anwendbar erklärt worden waren, — insbesondere der § 48 Ziff. 4 der qu. Verordnung, welcher lautet: „Kommt es bei der Exekution auf den Verkauf eines Grundstücks an, so wird selbiger zwar von dem ordentlichen Gericht, unter welchem dasselbe belegen ist, im Wege der notwendigen Subhastation bewirkt; die Subhastation kann aber von den Gerichten nicht verweigert werden, sobald die Verbindlichkeit des Schuldners außer Zweifel ist."

Indes sind für das Verfahren der öffentlichen Versteigerungen gemäß §§ 21 u. 47 Ges. v. 3. November 1888 doch zwei Modifikationen des für Bahneinheiten durch den Abschnitt IV des Ges. v. 21. Juni 1902 eingeführten Verfahrens der Zwangsversteigerung notwendig geworden.

Zunächst gilt für die Zwangsversteigerung von Bahneinheiten im privaten Interesse gemäß § 29 l. c. die Bestimmung des § 44 des Zwangsvollstreckungsges. v. 24. März 1897. Es darf also ohne Deckung derjenigen Rechte, welche dem Anspruche des Gläubigers vorgehen, die Versteigerung der Bahneinheit nicht stattfinden; demgemäß muß die Feststellung des hiernach zulässigen geringsten Gebotes nach den Vorschriften der §§ 45—48 l. c. erfolgen und sind Angebote, welche dieses geringste Gebot nicht erreichen, unzulässig (§ 44 Satz 1), so daß auf Grund derselben der Zuschlag nicht erteilt werden darf. In betreff der Zwangsversteigerungen aus §§ 21, 47 Ges. v. 3. November 1888 griff aber die Erwägung Platz, daß in diesen Fällen die Versteigerung im öffentlichen Interesse — ähnlich der auf Antrag der Ortspolizeibehörde einzuleitenden Zwangsversteigerung verfallender Gebäudegrundstücke (Art. 28—32 Ausf.-Ges. z. Zw.-V.-Ges.) — notwendig ist, und das öffentliche Interesse ausnahmslos allen privaten Rechten voransteht. Demgemäß kann hier die Berücksichtigung bereits bestehender und vorangehender, privater Rechte nicht stattfinden; vielmehr muß der Zuschlag für jedes Gebot erteilt werden. Aus diesem Grunde ist für die Versteigerungen aus §§ 21, 47 l. c. die von den allgemeinen Bestimmungen (§ 20 Ges. v. 11. Juni 1902) abweichende Vorschrift aufgenommen, daß die Vorschriften über das geringste Gebot keine Anwendung finden (§ 39 Abs. 1 Satz 2) und im Zusammenhange damit — abweichend vom § 49 Zw.-V.-Ges. —, daß das Meistgebot in seinem ganzen Betrage durch Zahlung zu berichtigen ist (§ 39 Abs. 1 Satz 3).

Sodann kann das Zwangsversteigerungsverfahren des IV. Abschnitts des vorliegenden Gesetzes nur auf Bahneinheiten im Sinne desselben Anwendung finden. Die Entstehung einer Bahneinheit, für welche die Genehmigung zur Eröffnung des Betriebes noch nicht erteilt ist, setzt aber die Eintragung in das Bahngrundbuch voraus (§ 8 Abs. 1 Satz 1 l. c.). Da in den Fällen des § 21 Ges. v. 3. November 1888 die Genehmigung zur Eröffnung des Betriebes der Natur der Sache nach noch nicht erteilt sein kann, in den Fällen des § 47 unter Umständen noch nicht erteilt ist, so bestimmt § 39 Abs. 2 des vorliegenden Gesetzes, daß, wenn eine Bahn, für welche diese Genehmigung noch nicht erteilt ist, nicht im Bahngrundbuche eingetragen ist, die Bahnaufsichtsbehörde bei Stellung des Antrags auf Einleitung der Zwangsversteigerung zugleich um die Anlegung des Bahngrundbuchblatts zu ersuchen hat. Ohne vorgängige Eintragung in dasselbe besteht die Bahneinheit nicht, kann also auch eine Zwangsversteigerung derselben nicht stattfinden.

Die oben (S. 329) berührten, die Voraussetzungen für die Anordnung der Zwangsversteigerung in den Fällen der §§ 21, 47 Ges. v. 3. November 1888 betreffenden Fragen sind durch § 39 des vorliegenden Gesetzes nicht zur Entscheidung gelangt; sie sind daher, wie in den folgenden Anmerkungen noch des näheren gezeigt werden wird, nach wie vor streitig geblieben.

Die Bestimmungen der §§ 21 u. 47 des Eisenb.-Ges. v. 3. November 1888 und demgemäß auch die des § 39 des Ges. v. 11. Juni 1902 gelten nur für Privateisenbahnen, nicht auch für Kleinbahnen. In betreff der Kleinbahnen kann im Falle der Nichteinhaltung der Bau- und Eröffnungsfrist nur die Erlöschung der Genehmigung durch Beschluß der Bahnaufsichtsbehörde (§ 28 Kleinb.-Ges. v. 28. August 1892) und, im Falle der Unterbrechung des Baus und Betriebs ohne genügenden Grund oder wiederholter Verstöße des Unternehmers gegen die Genehmigungsbedingungen oder die gesetzlichen Verpflichtungen in wesentlicher Beziehung, die Zurücknahme der Genehmigung auf Klage der zur Genehmigung zuständigen Behörde durch Entscheidung des Oberverwaltungsgerichts erfolgen (§§ 24, 25 l. c.). Eine Versteigerung im öffentlichen Interesse nach Analogie der §§ 21, 47 Ges. v. 3. November 1888 ist im Kleinbahngesetze v. 28. Juli 1892 nicht vorgesehen. Eine solche würde nur mittelbar dadurch möglich werden, daß die Bahnaufsichtsbehörde bei Übertretungen Geldstrafen verhängt (§§ 11, 28, 24 l. c.), diese vollstreckbaren Geldstrafen im Falle der Nichtbeitreibung im Bahngrundbuchblatt als Sicherungshypothek zur Eintragung bringt (§§ 866, 867 C.-P.-O. — § 54 V. v. 7. September 1879 — § 21 Ges. v. 11. Juni 1902) und auf Grund derselben die Zwangsversteigerung beantragt; oder daß — was immerhin zweifelhaft — nach Maßgabe des oben S. 330 angeführten § 48 Ziff. 4 der Verordn. v. 26. Dezember 1808 verfahren wird (s. auch Erl. d. Minist. v. öff. Arb. v. 8. August 1894, Eisenb.=Ver.=Bl. Nr. 20 S. 205). Indes würde im ersteren Falle die Versteigerung lediglich einen privatrechtlichen Charakter tragen und in beiden Fällen die wichtige Bestimmung der Unanwendbarkeit der Vorschriften über das geringste Gebot (§ 89 Abs. 1 Satz 2) nicht Platz greifen können. Es erscheint daher de lege ferenda sehr zweifelhaft, ob es angezeigt war, bei Kleinbahnen sowohl für die Fälle der Fristversäumnis (§ 23 Ges. v. 28. Juli 1892), wie der Verletzung der konzessionsmäßigen und gesetzlichen Pflichten (§ 24 l. c.) die gänzliche Aufhebung der Genehmigung mit der Wirkung des vollständigen Zerfalls des Unternehmens eintreten zu lassen, und ob es im öffentlichen Interesse nicht richtiger und zweckmäßiger gewesen wäre, in den Fällen der §§ 23 und 24 der Behörde nach Analogie der §§ 21 und 47 des Eisenb.=Ges. von 1838 das Recht zu verleihen, vorerst die Zwangsversteigerung des Unternehmens im ganzen für Rechnung des bisherigen Unternehmers mit dem Vorbehalte der Erteilung der Genehmigung an den Ersteher herbeizuführen (s. § 45 Ges. v. 11. Juni 1902). In der Kommission des Abg.=H. von 1892 (Aktst. Nr. 206 S. 2287) waren entsprechende Anträge gestellt, jedoch nicht in Beratung gezogen worden, weil regierungsseitig eine gesetzliche Regelung der bezüglichen privatrechtlichen Verhältnisse der Eisenbahnen in Aussicht gestellt worden war (a. a. O. S. 2288). Indes hat weder das Eisenb.=Pfandr.=Ges. v. 19. August 1895, noch das Bahneinh.=Ges. v. 11. Juni 1902 eine Regelung in der vorbezeichneten Weise eintreten lassen.

Wird also nach Maßgabe der §§ 23 bis 25 des Kleinb.=Ges. das Erlöschen oder die Zurücknahme der Genehmigung ausgesprochen, so ist eine Zwangsversteigerung der Bahn als Ganzes an sich nicht mehr möglich (§ 28 Ges. v. 11. Juni 1902), so sehr die Erhaltung derselben auch im öffentlichen Interesse und im Interesse der beteiligten Gemeinden, Adjazenten, Anschlußinhaber ꝛc. liegen mag. Vielmehr kann nur eventuell noch eine Zwangsvollstreckung in die zur Bahneinheit gehörigen Gegenstände bezw. eine Zwangsliquidation zur abgesonderten Befriedigung der Bahnpfandgläubiger aus den einzelnen Bestandteilen der Bahneinheit eintreten (§ 37 Abs. 2 § 40 ff. l. c.). Zwar kann die Behörde nach Erlöschen oder Zurücknahme der Genehmigung nunmehr einem anderen Unternehmer die Genehmigung für ein gleiches Unternehmen erteilen. Aber dieser muß, wenn ihm der bisherige Unternehmer, die Wege=Unterhaltungspflichtigen (§§ 6, 26 Ges. v. 28. Juli 1892) oder die Bahnpfandgläubiger (§ 47 Ges. v. 11. Juni 1902) die Bestandteile des alten Unternehmens nicht freiwillig überlassen, mit der Herstellung des Unternehmens zum Schaden der beteiligten öffentlichen und privaten Interessen von neuem beginnen, was der Natur der Sache nach mit erheblichen Unterbrechungen des Baues und Betriebes verknüpft ist. Auch wird sich ein Unternehmer für ein in Bausch und Bogen zu erstehendes, bereits im Bau oder Betrieb befindliches Unternehmen viel leichter finden, als für ein von Grund aus neu herzustellendes. Dieser wesentliche Mangel des Kleinb.=Ges. ist auch gefühlt worden und man hat versucht, wenigstens für den Fall der Benutzung öffentlicher Wege, durch die Bestimmung des § 26 Abs. 3 l. c. die Rekonstruktion des aufgehobenen Unternehmens zu erleichtern. Indes ist dieses Auskunftsmittel ein höchst unzureichendes, abgesehen davon, daß es in allen denjenigen Fällen keine Anwendung findet, in welchen für das betreffende Unternehmen öffentliche Wege nicht benutzt worden sind (Eger, Komment. z. Kleinb.-Ges. 2. Aufl. S. 298ff., 303, 304).

II. Aus der Entstehungsgeschichte des § 39 ist folgendes zu entnehmen: § 39. Entstehung.

Der Regierungsentwurf v. 13. März 1895 (Drucks. d. Herrenh. (Nr. 24 S. 14) schlug als § 46 folgende Vorschrift vor:

Die in den §§ 21 u. 47 des Gesetzes über die Eisenbahnunternehmungen v. 3. November 1838 vorgesehenen öffentlichen Versteigerungen erfolgen nach den für die Zwangsversteigerung der Bahn geltenden Vorschriften. Die Feststellung eines geringsten Gebotes findet nicht statt.

Ist eine Bahn, für welche die Genehmigung zur Eröffnung des Betriebs noch nicht erteilt ist, nicht im Bahngrundbuchblatt eingetragen, so hat die Bahnaufsichtsbehörde bei Stellung des Antrags auf Einleitung der Zwangsversteigerung zugleich um die Anlegung des Bahngrundbuchblatts zu ersuchen.

In den Motiven (S. 55) wird im wesentlichen übereinstimmend ausgeführt: „Nach § 21 des Gesetzes v. 3. November 1838 über die Eisenbahnunternehmungen kann das Ministerium der öffentlichen Arbeiten im Falle der Nichtvollendung der Anlage einer Eisenbahn die Anlage, so wie sie liegt, für Rechnung der Gesellschaft unter der Bedingung zur öffentlichen Versteigerung bringen, daß dieselbe von den Ankäufern ausgeführt werde. Ferner wird nach § 47 dieses Gesetzes die erteilte Genehmigung verwirkt und die Bahn mit den Transportmitteln und allem Zubehör für Rechnung der Gesellschaft öffentlich versteigert, wenn diese eine der allgemeinen oder besonderen Bedingungen nicht erfüllt und eine Aufforderung zur Erfüllung binnen einer endlichen Frist von mindestens drei Monaten ohne Erfolg bleibt. Bisher fehlte es an näheren Vorschriften über das bei solchen Versteigerungen einzuschlagende Verfahren. Indem der Entwurf die Formen der Zwangsversteigerung für anwendbar erklärt, folgt er dem Vorgange der §§ 180 Abs. 2 Ziffer 4, 187 des Zwangsvollstreckungsgesetzes v. 13. Juli 1883, wonach der im Allgem. Landr. vorgesehene öffentliche Verkauf eines Hauses, welches vom Eigentümer nicht in baulichem Stande erhalten wird, in den Formen der Zwangsversteigerung erfolgt. Soll die Versteigerung der Bahn ein wirksames Mittel darstellen, um dem öffentlichen Interesse an Ausführung der Bahn oder Erhaltung derselben in betriebsfähigem Zustande Befriedigung zu verschaffen, so muß ihr die Wirkung eines Zwangsverkaufs beigemessen werden, so daß etwa an der Bahn bestehende Pfandrechte den Verkauf nicht hindern, sondern durch denselben erlöschen und in einen Anspruch auf Befriedigung aus dem Erlöse umgewandelt werden. § 46 bestimmt daher, daß die Vorschriften über das geringste Gebot außer Anwendung bleiben; der Zuschlag wird, weil das öffentliche Interesse an dem Bahnbetrieb den privaten Rechten an der Bahn vorgeht, für jedes Gebot erteilt. Da bei noch nicht eröffnetem Betriebe die Entstehung der Bahneinheit die Anlegung des Grundbuchs voraussetzt (§ 8), mußte für den Fall des § 21 des Gesetzes v. 3. November 1838 bestimmt werden, daß die Bahnaufsichtsbehörde zugleich mit der Einleitung der Zwangsversteigerung auch die Anlegung des Bahngrundbuchs herbeizuführen hat."

Sowohl in den Beratungen der Kommissionen wie der Häuser des Landtages blieb die Fassung des Entwurfs unbeanstandet und ging als § 46 unverändert in das Eisenb.-Pfandr.-Ges. v. 19. August 1895 über.

Der Revisionsentwurf v. 10. Februar 1902 (Drucks. d. Herrenh. 1902

Nr. 42 S. 8) schlug an Stelle des zweiten Satzes des Absatzes 1 des § 46 folgende zwei Sätze vor:

„Die Vorschriften über das geringste Gebot finden keine Anwendung. Das Meistgebot ist in seinem ganzen Betrage durch Zahlung zu berichtigen.“

Die Motive (a. a. O. S. 22) heben lediglich hervor, daß die statt des Abs. 1 Satz 2 vorgeschlagenen Bestimmungen dem § 169 Abs. 1 des Reichsgesetzes (v. 24 März 1897) nachgebildet sind.

Der Vorschlag wurde angenommen und § 46 mit der danach geänderten Fassung als § 39 in das Bahneinh.-Ges. v. 11. Juni 1902 übertragen.

§ 89 Abs. 1 Satz 1. 167) Satz 1 des Abs. 1 des § 89 erklärt die vorangehenden, nur für die privatrechtliche Zwangsversteigerung von Bahnen gegebenen Vorschriften auch auf die in den §§ 21 u. 47 des Gesetzes über die Eisenbahnunternehmungen v. 3. November 1888 vorgesehenen öffentlichen Versteigerungen für anwendbar.

I. Der Grund für diese Unterstellung der vorbezeichneten öffentlichen Versteigerungen von Privateisenbahnen unter die Bestimmungen des vorliegenden Gesetzes über die Zwangsversteigerung von Bahnen liegt nach den Motiven des dem § 89 des Bahneinh.-Ges. v. 11. Juni 1902 entsprechenden § 46 des Eisenb.-Pfandr.-Ges. v. 19. August 1895 darin, daß „es bisher an näheren Vorschriften über das bei solchen Versteigerungen einzuschlagende Verfahren fehlte“, — ein Grund, welcher in gleicher Weise auch gegen die privatrechtliche Versteigerung einer Eisenbahn Platz griff (s. Schmöckel in d. Eisenb.-Entsch. Bd. XI S. 289 ff.). So lange in betreff der Eisenbahn, als eines Inbegriffs beweglicher und unbeweglicher Sachen, nicht durch das Gesetz entschieden war, ob dieselbe zu den beweglichen oder unbeweglichen Gegenständen in der Hauptsache zu rechnen sei, konnte der Zweifel nicht beseitigt werden, ob die Versteigerung eines ganzen Eisenbahnunternehmens im Wege der Auktion oder der Subhastation stattzufinden habe (§ 340 ff. I 11 Allgem. Land-Recht), oder ob getrennt die beweglichen Gegenstände durch Auktion, die unbeweglichen durch Subhastation zu veräußern seien, — ganz abgesehen davon, daß die Besonderheit der Eisenbahnen eine unveränderte Anwendung der Normen der Auktion oder Subhastation auf die Versteigerung von Eisenbahnen bezw. dazu gehöriger Gegenstände nicht angängig erscheinen ließ. Es lag daher nahe, daß, nachdem durch das Gesetz v. 19. August 1895 die Bahneinheit zu einem der Belastung, Veräußerung und Zwangsvollstreckung fähigen Gegenstande des unbeweglichen Vermögens bezw. durch das Gesetz v. 11. Juni 1902 zu einer mit Immobiliarqualität ausgestatteten Berechtigung erklärt und für dieselbe besondere, der Eigenartigkeit der Verhältnisse der Bahnen entsprechende Normen der Zwangsversteigerung geschaffen worden waren, diese auch auf die in den §§ 21 und 47 des Eisenb.-Ges. v. 2. November 1888 vorgesehenen öffentlichen Versteigerungen für anwendbar zu erklären. Man folgte hierbei dem Vorgange des § 180 Abs. 2 Ziff. 4 u. § 187 des Zwangsvollstreckungs-Ges. v. 13. Juli 1883 bezw. Art. 28 bis 32 des Ausf.-Ges. z. R.-Zw.-V.-Ges. v. 24. März 1897, welche bereits für einen anderen Fall der öffentlichen Versteigerung, nämlich den im Allgem. Preuß. Landrecht Teil I Titel 8 §§ 40, 58, 60 vorgesehenen Verkauf eines baufälligen Hauses, die Formen der privatrechtlichen Zwangsversteigerung vorgeschrieben hatten (Jäckel a. a. O. S. 625 ff., Fischer-Schäfer S. 685 ff.).

II. Die beiden Fälle der öffentlichen Versteigerung, über welche § 89 Bestimmung trifft, sind „die in den §§ 21 und 47 des Gesetzes über die Eisenbahnunternehmungen v. 8. November 1888 vorgesehenen". Nach § 21 ist es, wenn nach Konzessionierung einer Privateisenbahn, die vom Minister der öffentlichen Arbeiten, zur Vollendung der Bahn bestimmte Frist (Baufrist) nicht innegehalten worden ist, dem Staate vorbehalten, die Anlage, so wie sie liegt, für Rechnung der Gesellschaft unter der Bedingung zur öffentlichen Versteigerung zu bringen, daß dieselbe von den Ankäufern ausgeführt werde. Es muß jedoch dem Antrage auf Versteigerung die Bestimmung einer schließlichen Frist von sechs Monaten zur Vollendung der Bahn vorangehen. Nach § 47 wird die für eine Privateisenbahn erteilte Konzession verwirkt und die Bahn mit den Transportmitteln und allem Zubehör für Rechnung der Gesellschaft öffentlich versteigert, wenn diese eine der allgemeinen oder besonderen Bedingungen nicht erfüllt und eine Aufforderung zur Erfüllung binnen einer endlichen Frist von mindestens drei Monaten ohne Erfolg bleibt. Die beiden in den §§ 21 u. 47 vorgesehenen öffentlichen Versteigerungen sind ihrem Rechtscharakter nach Vollstreckungsakte im Verwaltungszwangsverfahren, auf welche die Instruktion zur Geschäftsführung der Regierungen v. 23. Oktober 1817 (§ 11) und die Verordnung wegen verbesserter Einrichtung der Provinzial-, Polizei- und Finanzbehörden v. 26. Dezember 1808 (§§ 84 ff.), sowie die den Vorschriften dieser Verordnung entsprechenden Bestimmungen des Rhein. Ressortreglements v. 20. Juli 1818 Anwendung findet (s. Gleim a. a. O. S. 105), insbesondere auch die Vorschrift des § 48 Ziff. 4 der V. v. 26. Dezember 1808: „Kommt es bei der Exekution (der Regierung) auf den Verkauf eines Grundstücks an, so wird selbiger zwar von dem ordentlichen Gericht, unter welchem dasselbe belegen ist, im Wege der notwendigen Subhastation bewirkt; die Subhastation kann aber von den Gerichten nicht verweigert werden, sobald die Verbindlichkeit des Schuldners außer Zweifel ist." Diese Exekutivakte können aber regierungsseitig nur eingeleitet werden, wenn die Voraussetzungen, welche die §§ 21 u. 47 des Gesetzes v. 8. November 1888 dafür vorsehen, tatsächlich gegeben sind. In welcher Weise diese Voraussetzungen festzustellen sind, ist noch im folgenden (S. 336 ff.) Gegenstand der Erörterung.

III. Die Vorschrift des Satzes 1 des § 89 ist nach Wortlaut des Gesetzes obligatorisch. Die in den vorangehenden Paragraphen gegebenen Bestimmungen über die Zwangsversteigerung von Eisenbahnen müssen auf die in den §§ 21 u. 47 des Gesetzes v. 8. November 1888 vorgesehenen öffentlichen Versteigerungen zur Anwendung kommen. Die Anwendung anderer Bestimmungen ist unzulässig und die auf Grund derselben bewirkte Versteigerung ungültig. Demgemäß ist jeder Zweifel darüber beseitigt, daß diese Versteigerung, zu deren Vornahme dem Wortlaute der §§ 21 u. 47 l. c. nach die Staatsgewalt nur berechtigt, nicht verpflichtet ist, in allen Fällen nur auf gerichtlichem Wege geschehen darf. Es gelten für diese öffentlichen Versteigerungen nach § 20 des Gesetzes v. 11. Juni 1902 die Vorschriften der Reichsgesetze sowie der zu ihrer Ausführung und Ergänzung dienenden Landesgesetze über die Zwangsvollstreckung in Grundstücke nach Maßgabe der §§ 21 bis 86, d. h. das gesamte in den bezüglichen Reichsgesetzen, insbesondere im Reichsgesetze v. 24. März 1897 und in den Ausführungs- und Ergänzungsgesetzen hierzu geordnete Versteigerungsverfahren findet mit den im Abschnitt IV des vorliegenden Gesetzes getroffenen Modifikationen auf die öffentlichen Versteigerungen der cit. §§ 21 u. 47 volle Anwendung. Die Zuständigkeit des Vollstreckungsgerichts regelt sich nach § 22 des Gesetzes v. 11. Juni 1902, die Bestimmung des Anteilsverhältnisses an unbeweglichen oder beweglichen Gegenständen und Rechten, welche zu mehreren Bahnen desselben Eigentümers gehören, nach § 25 l. c., die Reihenfolge der aus der Bahneinheit zu befriedigenden Ansprüche nach § 26 l. c. Auf den Inhalt des Anordnungsantrags, die Feststellung der Versteigerungsbedingungen, die Bezeichnung rc. der Bahneinheit in der Terminsbestimmung, die Bekanntmachung der Terminsbestimmung, die Erteilung des Zuschlags finden die das Gesetz v. 24. März 1897 modifizierenden §§ 27—32 des Gesetzes v. 11. Juni 1902 gleichfalls Anwendung. Vornehmlich hat also auch in den Fällen der öffentlichen Versteigerung gemäß § 32 Abs. 1 Satz 1 die Erteilung des Zuschlags unter der Bedingung zu erfolgen, daß für die Person des Erstehers die staatliche Genehmigung zum Erwerbe der Bahn beigebracht wird.

Nur insofern hat die Rechtsnatur der öffentlichen Versteigerung Abänderungen von dem für die privatrechtlichen Versteigerungen vorgeschriebenen Verfahren notwendig gemacht, als bestimmt ist, daß die Vorschriften über das geringste Gebot keine Anwendung finden und das Meistgebot in seinem ganzen Betrage durch Zahlung zu berichtigen ist (§ 39 Abs. 1 Satz 2 u. 3, s. Anm. 166 S. 329) und ferner mit Rücksicht darauf, daß die Entstehung einer noch nicht mit der Genehmigung zur Betriebseröffnung versehenen Bahn der Eintragung in das Bahngrundbuch bedarf (§ 8 Abs. 1), der Bahnaufsichtsbehörde für diesen Fall (der bei § 21 Gesetz v. 3. November 1838 stets, bei § 47 l. c. unter Umständen vorliegt) die Pflicht auferlegt ist, bei Stellung des Antrags auf Einleitung der Zwangsversteigerung zugleich um die Anlegung des Bahngrundbuchblatts zu ersuchen (§ 39 Abs. 2 s. Anm. 170 S. 341 ff.).

IV. Durch Satz 1 Abs. 1 des § 39 hat zwar das bei den öffentlichen Versteigerungen der §§ 21 u. 47 des Gesetzes v. 3. November 1838 zu beobachtende Verfahren sowie die Zuständigkeit des Vollstreckungsgerichts und die Rechtswirkung der Versteigerung die erforderliche Regelung erfahren, und es sind damit die hierüber bestehenden Kontroversen beseitigt worden. Dagegen sind die Voraussetzungen für die Einleitung der öffentlichen Zwangsversteigerung in jenen beiden Fällen nicht geregelt worden und die hierüber bestehenden Streitfragen ohne Entscheidung geblieben. § 21 des Gesetzes v. 3. November 1838 verordnet ganz allgemein, daß im Falle der Nichtvollendung einer konzessionierten Privateisenbahn innerhalb der dafür bestimmten Frist und bei erfolglosem Ablauf einer nochmaligen sechsmonatlichen Frist, „vorbehalten bleibt, die Eisenbahnanlage für Rechnung des Unternehmers zur öffentlichen Versteigerung zu bringen", und ebenso § 47, daß im Falle der Nichterfüllung der Konzessionsbedingungen und erfolglosem Ablauf einer endlichen, wenigstens dreimonatlichen Erfüllungsfrist die für eine Privateisenbahn „erteilte Konzession verwirkt und die Bahn für Rechnung des Unternehmers versteigert wird." In beiden Fällen ist unbestimmt gelassen, von wem der Antrag auf öffentliche Versteigerung in die Wege zu leiten, in welcher Weise der Antrag substantiiert sein muß und ob dem Antrage ein gerichtliches Erkenntnis voranzugehen hat, in welchem das Vorhandensein der gesetzlichen Voraussetzungen der §§ 21 u. 47 für die Versteigerung bezw. Verwirkung der Konzession festgestellt ist. Alle diese Fragen sind in der Theorie und Praxis zweifelhaft und streitig.

1. Was die erste Frage anlangt, von wem der Antrag auf öffentliche Versteigerung in die Wege zu leiten und an das Vollstreckungsgericht zu stellen ist, so wird — mangels einer Bestimmung hierüber in den §§ 21 und 47 — angenommen werden müssen, daß dieser Antrag formell von der Bahnaufsichtsbehörde als dem zuständigen Administrativorgan auszugehen hat. Bahnaufsichtsbehörde war bis zum 1. April 1895 das Eisenbahnkommissariat, welchem das betreffende Unternehmen unterstellt worden ist. Seit 1. April 1895 sind an die Stelle des Eisenbahnkommissariats die Präsidenten der Königlichen Eisenbahndirektionen in den ihnen vom Minister der öffentlichen Arbeiten zugewiesenen Aufsichtsbezirken in Gemeinschaft mit den zur ständigen Vertretung des Präsidenten bestimmten beiden Mitgliedern der Eisenbahndirektion (Ober-Regierungsrat und Ober-Baurat) getreten (Verw.-Ordn. f. d. Staatseisenb. v. 15. Dezember 1894 § 6 Nr. 6 G.-S. 1895 S. 11 in der Fassung v. 17. Mai 1902 G.-S. 1902 S. 131 ff.). Vor der Übertragung der Aufsicht an diese Instanz ist nur der Minister der öffentlichen Arbeiten als Zentralaufsichtsbehörde zur Antragstellung befugt (Gleim, Eisenbahnrecht I, S. 164, Schmoeckel, Eisenbahnrechtl. Entsch. Bd. XI S. 365).

2. Der Antrag der Aufsichtsbehörde für sich allein würde aber nicht genügen. Geht man davon aus, daß es sich in beiden Fällen um die Entziehung, bezw. Verwirkung einer landesherrlich gemäß § 1 des Eisenb.-Ges. v. 8. November 1888 erteilten Konzession, d. h. eines kraft eines Hoheitsrechts verliehenen öffentlichen Rechts (Privilegs), durch welches privatrechtliche Ansprüche erworben werden, handelt, so erscheint die Annahme begründet, daß diese Entziehung nicht ohne den Willen und die Genehmigung derjenigen Stelle erfolgen kann, von welcher die Verleihung der Konzession herrührt (§ 70 Einleitg. z. Allg. Landr.). Zu dem Antrage der Bahnaufsichtsbehörde muß daher in beiden Fällen die Ermächtigung des Landesherrn hinzutreten, die Versteigerung der Bahn und damit die Entziehung der Konzession herbeizuführen. Die Bahnaufsichtsbehörde kann nicht aus eigener Machtvollkommenheit den Versteigerungsantrag in die Wege leiten, sondern es bedarf zur Substantiierung desselben der ausdrücklichen Zustimmung des Landesherrn. (A. M. ohne Begründung: Fischer und Schäfer, Zwangsvollstreckung 1902 S. 695.)

3. Die Verleihung der Konzession als eines Privilegs begründet aber zugleich wohlerworbene private Rechte, deren Entziehung nur aus den vom Gesetze bestimmten Gründen und unter den gesetzlichen Voraussetzungen durch richterliches Erkenntnis ausgesprochen werden kann (§§ 71, 72 u. 56 Einleitg. z. Preuß. Allg. Landr., Eger, Handb. d. Preuß. Eisenb.-R. I. S. 94. Gleim, Recht d. Eisenb. I. S. 78 ff.). Es bedarf daher sowohl in den Fällen des § 11, wie in denen des § 47 des Ges. v. 8. November 1888 eines vorgängigen gerichtlichen Erkenntnisses, durch welches die in diesen §§ bezeichneten tatsächlichen Voraussetzungen (d. h. im Falle des § 21 die Versäumnis der Vollendungs- und der Schlußfrist — im Falle des § 47 der Nichterfüllung einer Konzessionsbedingung und der Versäumnis der Erfüllungsfrist) für die Entziehung der Konzession festgestellt und auf Entziehung erkannt wird. Zwar gelangt Schmoeckel a. a. O. S. 290 ff. auf Grund der Materialien des Ges. v. 8. November 1888 zu dem Ergebnis, daß nur im Falle des § 47 die Konzession verwirkt und durch Richterspruch aufgehoben werden soll, während im Falle des § 21 die Aufhebung im Verwaltungswege ohne vorhergegangenes richterliches Erkenntnis

genüge, indem hier die Bedingung, unter welcher die Konzession erteilt worden, unerfüllt geblieben und daher die Konzession gewissermaßen als gar nicht verliehen anzusehen sei. Und dasselbe nimmt Gleim (Komm. z. Eisenb.-Pfandr.-Ges. S. 105) an.

Indes kann diese Unterscheidung zwischen den Fällen des § 21 und 47 nicht für gerechtfertigt erachtet werden. Weder der Wortlaut, noch die Absicht des Gesetzes sprechen dafür. In beiden Fällen ist unstreitig die landesherrliche Konzession gemäß § 1 des Ges. v. 8. November 1838 definitiv erteilt; sie kann daher als Privileg in beiden Fällen auch nur auf Grund eines Richterspruchs wieder entzogen werden (§§ 71, 72 Einleitg. z. Preuß. Allg. Landr.). Die Annahme Gleims, daß im Falle des § 21 dem Minister der öffentlichen Arbeiten die Anordnung der Versteigerung und damit auch die Entziehung der Konzession vorbehalten sei, ist daher nicht zutreffend, und aus dem Wortlaute nicht zu entnehmen. § 21 Satz 2 spricht nur allgemein davon, daß die Versteigerung im Falle der Nichteinhaltung der für die Vollendung der Bahn bestimmten Frist „vorbehalten bleibt". Es ist aber nicht gesagt, daß dies dem Minister der öffentlichen Arbeiten vorbehalten ist und darf nicht ohne weiteres daraus gefolgert werden, daß diesem nach § 21 Satz 1 die Bestimmung der Bau- und Vollendungsfrist zusteht. Ebensowenig erhellt aus den von Schmoeckel a. a. O. mitgeteilten Materialien, daß in den Fällen des § 21 die Anordnung im Verwaltungswege zur Entziehung der Konzession genügen solle. An keiner Stelle ist dies ausgesprochen. Es sind vielmehr höchst zweifelhafte und angreifbare Folgerungen und Rückschlüsse aus einzelnen Stellen der Materialien, auf welche Schmoeckel diese Annahme stützt; und noch weniger erscheint seine Ansicht begründet, daß in den Fällen des § 21 — weil die Bedingung der Erteilung der Konzession unerfüllt geblieben sei, — die letztere als „gar nicht verliehen" angesehen werden solle. Diese Annahme ist willkürlich und mit der Tatsache der erfolgten landesherrlichen Verleihung der Konzession im strikten Widerspruch. Die Fälle des § 21 und § 47 stehen im wesentlichen gleich; denn die Nichteinhaltung der Vollendungsfrist ist nichts anderes, als die Nichterfüllung einer in der Konzession vorgesehenen Bedingung. Ob die versäumte Frist in der Konzession selbst oder auf Grund derselben oder des § 21 vom Minister bestimmt war, ist gleichgültig (s. Gleim, Eisenb.-Baurecht S. 164). Es liegt also weder nach dem Wortlaute, noch der Absicht des Gesetzes irgend ein Grund zu der Annahme vor, in den Fällen des § 21 die Entziehung der Konzession im Verwaltungswege, in den Fällen des § 47 dagegen nur im Rechtswege zuzulassen, vielmehr erfordert diese tief in die privaten wie öffentlichen Rechte einschneidende Maßnahme ausnahmslos in allen Fällen die richterliche Entscheidung. (A. M. Fischer u. Schaefer a. a. O. S. 695 ohne nähere Begründung.)

Das Ergebnis dieser Ausführungen ist also, daß sowohl in den Fällen des § 21, wie des § 47 des Eisenb.-Ges. v. 8. November 1838 die Voraussetzung für die Einleitung der öffentlichen Zwangsversteigerung einer Privateisenbahn in einem mit landesherrlicher Ermächtigung eingebrachten und auf einem richterlichen Erkenntnisse beruhenden Antrage der zuständigen Bahnaufsichtsbehörde an das kompetente Vollstreckungsgericht besteht. Dieser Inhalt des Antrags tritt an die Stelle der im § 16 des Zwangsvollstreckungsgesetzes v. 24. März 1897 bestimmten Erfordernisse.

V. § 39 unterwirft **nur** die in den §§ 21 und 47 des Ges. v. 3. November 1838 vorgesehenen öffentlichen Versteigerungen von **Privateisenbahnen** den für die Zwangsversteigerung geltenden Vorschriften des Ges. v. 11. Juni 1902. Für **Kleinbahnen** erübrigte sich eine entsprechende Bestimmung, da das Kleinbahngesetz öffentliche Versteigerungen aus den in den §§ 21 und 47 des Ges. v. 3. November 1838 bezeichneten Gründen nicht kennt. Nur mittelbar kann aus derartigen Gründen auch bei Kleinbahnen eine Versteigerung im öffentlichen Interesse dadurch herbeigeführt werden, daß die Bahnaufsichtsbehörde bei Übertretungen (§§ 11, 23, 24 Kleinb.-Ges. v. 28. Juli 1892) Geldstrafen verhängt, die vollstreckbaren Geldstrafen im Falle der Nichtbeitreibung im Bahngrundbuchblatt als Sicherungshypothek zur Eintragung bringt (§ 54 Verord. v. 7. September 1879 — §§ 866, 867 C.-P.-O. — § 21 Ges. v. 11. Juni 1902) und auf Grund derselben die Zwangsversteigerung beantragt (§§ 15, 16 Ges. v. 24. März 1897, § 20 Ges. v. 11. Juni 1902), oder daß — was immerhin zweifelhaft — der die exekutorische Subhastation von Grundstücken betreffende § 48 Ziff. 4 der Verordn. v. 26. Dezember 1808 zur Anwendung gebracht wird (s. Erl. d. Minist. d. öffentl. Arb. v. 8. August 1894, Eisenb.-Verordn.-Bl. Nr. 20 S. 205). Indes würde im ersteren Falle die Versteigerung lediglich einen privatrechtlichen Charakter tragen, und in beiden Fällen die wichtige Bestimmung der Unanwendbarkeit der Vorschriften über das geringste Gebot, welche § 39 Abs. 1 Satz 2 nur für die Fälle der §§ 21, 47 Ges. v. 3. November 1838 getroffen hat, nicht Platz greifen können. Es ist oben (S. 331 ff.) bereits ausführlich erörtert worden, daß die in den §§ 23 bis 25 des Kleinb.-Ges. v. 28. Juli 1892 den Bahnaufsichtsbehörden gewährten Befugnisse der Erklärung des Erlöschens und der Zurücknahme der Genehmigung nicht ausreichend erscheinen, vielmehr das Fehlen von den §§ 21 und 47 des Ges. v. 3. November 1838 entsprechenden Bestimmungen de lege ferenda als eine zu ergänzende Lücke des Kleinbahngesetzes bezeichnet werden muß.

168) Satz 2 des Abs. 1 des § 39 führt für die öffentlichen Versteigerungen der §§ 21 und 47 des Eisenb.-Ges. v. 3. November 1838 eine wesentliche **Modifikation** des für Bahneinheiten durch den Abschnitt IV des Gesetzes v. 11. Juni 1902 bestimmten Verfahrens der Zwangsversteigerung durch die Bestimmung ein, daß **die Vorschriften über das geringste Gebot keine Anwendung finden.** § 39. Abs. 1 Satz 2

I. Diese Modifikation ist im öffentlichen Interesse und in Rücksicht auf den öffentlichen Charakter jener Versteigerungen erforderlich geworden. Für privatrechtliche Zwangsversteigerungen überhaupt und — da das Gesetz v. 11. Juni 1902 in dieser Hinsicht ein anderes nicht bestimmt — gemäß § 20 l. c. auch für die Zwangsversteigerungen von Bahneinheiten gilt der § 44 des Zwangsvollstreckungsgesetzes v. 24. März 1897. Danach wird bei der Versteigerung nur ein solches Gebot zugelassen, durch welches die dem Anspruche des Gläubigers vorgehenden Rechte, sowie die aus dem Versteigerungserlöse zu entnehmenden Kosten des Verfahrens gedeckt werden. (Geringstes Gebot.) Für die Feststellung des geringsten Gebotes sind die §§ 45—48 l. c. maßgebend. Auf die öffentlichen Versteigerungen gemäß den §§ 21 und 47 des Eisenb.-Ges. v. 3. November 1838 erwiesen sich diese Bestimmungen über die Feststellung und Innehaltung eines geringsten Gebotes als unanwendbar. Es machte sich die Erwägung geltend, daß in diesen Fällen die Versteigerung lediglich im öffentlichen Interesse behufs Vollendung der Bahn oder bedingungsmäßiger Fortführung ihres Betriebes erfolgt und das öffentliche Interesse ausnahmslos allen privaten Rechten vorgeht. Daher kann hier die Berücksichtigung bereits bestehender und besserer privater Rechte nicht stattfinden. Es tritt hinzu, daß es einen betreibenden Gläubiger im Sinne der §§ 44 bis 48 des Gesetzes v. 24. März 1897 in den hier in Betracht kommenden Fällen überhaupt nicht gibt, vielmehr die Zwangsversteigerung von der Staatsgewalt zur Wahrung der beteiligten öffentlichen Interessen betrieben wird und auch aus diesem Grunde, die auf das Vorhandensein eines privatrechtlichen Gläubigers gegründeten allgemeinen Vorschriften des Gesetzes v. 24. März 1897 in betreff des geringsten Gebotes nicht durchführbar sind und nicht Platz greifen können (übereinstimmend: Fischer und Schaefer S. 694, 695).

II. Diese Vorschrift ist nach Absicht und Wortlaut des Gesetzes obligatorisch. Das Vollstreckungsgericht darf ein geringstes Gebot nicht feststellen; kein Gläubiger ist berechtigt, eine solche zu fordern. Die Feststellung eines geringsten Gebotes ist unzulässig und macht die betreffende Versteigerung anfechtbar. Zweifellos wird damit tief in die Rechte der Gläubiger eingeschnitten. Aber mit Rücksicht auf das öffentliche Interesse, welches den Versteigerungen der §§ 21 u. 47 des Gesetzes v. 8. November 1888 zugrunde liegt, war aus den oben angeführten Gründen diese Vorschrift notwendig.

III. Die Rechtsfolgen der in Rede stehenden Vorschrift bestehen darin, daß mit dem § 44 des Zwangsvollstreckungsgesetzes v. 24. März 1897, welcher die Feststellung des geringsten Gebotes bestimmt und ein Gebot, welches das geringste Gebot nicht erreicht, für unzulässig erklärt, zugleich auch die damit zusammenhängenden §§ 45—48 l. c., über die Art der Feststellung des geringsten Gebotes außer Anwendung treten. Aus gleichem Grunde sind auch die Vorschriften der §§ 67—70 über die Sicherheitsleistungen (Bietungskautionen) nicht anwendbar. Da für die beregten öffentlichen Versteigerungen eine untere Gebotsgrenze nicht vorhanden und unzulässig ist, so ist der Zuschlag dem Meistbietenden zu erteilen, gleichviel von welcher Höhe das Meistgebot ist, sofern die Bedingungen, unter welchen dasselbe abgegeben worden, den gesetzlichen, bezw. im Versteigerungstermin festgestellten entsprechen und im übrigen die formell- und materiellrechtlichen Vorschriften des Gesetzes gewahrt sind. Der Widerspruch gegen den Zuschlag bezw. die Versagung desselben darf sich daher nicht auf die Verletzung einer das Mindestgebot betreffenden gesetzlichen Vorschrift stützen. Der Zuschlag wird — wie die Motive hervorheben —, weil das öffentliche Interesse an dem Bahnbetrieb den privaten Rechten an der Bahn vorgeht, für jedes Gebot (sc. Meistgebot) erteilt. Die Sicherheit dafür, daß der Ersteher für die Vollendung der Bahnanlage und den bedingungsmäßigen Betrieb der Bahn leistungsfähig sei, ist demungeachtet dadurch gegeben, daß der Zuschlag gemäß § 32 des Gesetzes v. 11. Juni 1902 unter der Bedingung der staatlichen Genehmigung erteilt wird. Es ist also der zur Genehmigung zuständigen Instanz die Möglichkeit gewährt, die Solvenz und Leistungsfähigkeit des Erstehers zu prüfen und von dem Ergebnis der Prüfung die Erteilung der Genehmigung und damit des definitiven Zuschlags abhängig zu machen.

Im übrigen sind unanwendbar die §§ 50, 51, 53, 54 und 64 des Zw.-V.-G. v. 24. März 1897; während die §§ 55—58, 71—76, 78—82, 86—93, 95—104 unberührt bleiben. Dagegen werden durch die vorliegende Bestimmung folgende

Vorschriften modifiziert: § 49 Abs. 2 u. 3, § 52 Abs. 2, §§ 59—63, §§ 65, 66, § 68, § 77, § 83 Nr. 1, § 84, § 85 (vgl. Jäckel a. a. O. § 169 S. 544, 545). Auch die Vorschriften über Verteilung des Erlöses finden insoweit Anwendung, als sie nicht durch den Wegfall des geringsten Gebotes beseitigt oder beeinflußt werden (s. Jäckel a. a. O. S. 547, 548).

169) Satz 3 Abs. 1 des § 39 bestimmt im engen Zusammenhange mit der Vorschrift des Satzes 2, daß das Meistgebot in seinem ganzen Betrage durch Zahlung zu berichtigen ist. Satz 3 enthält ebenso wie Satz 2 eine wesentliche Modifikation des für Bahneinheiten durch Abschnitt IV des Gesetzes v. 11. Juni 1902 bestimmten Verfahrens der Zwangsversteigerung. Auch diese Modifikation ist im öffentlichen Interesse erforderlich geworden, weil es geboten erschien, die Bahnanlage (§ 21 Ges. v. 3. November 1888) bezw. die Bahn (§ 47 l. c.) frei von Schulden und Lasten auf den Ersteher zu übertragen. Die Abweichung des Satzes 3 von § 49 Zw.-V.-Ges. v. 24. März 1897 besteht darin, daß nach § 49 nicht der ganze Betrag des Meistgebotes, sondern nur derjenige Teil des geringsten Gebots, welcher zur Deckung der Kosten sowie der im § 10 Nr. 1 bis 3 und im § 12 Nr. 1, 2 l. c. bezeichneten Ansprüche bestimmt ist, desgleichen nur der das geringste Gebot übersteigende Betrag des Meistgebots vom Ersteher im Verteilungstermine bar zu berichtigen ist. Die Abweichung des Satzes 3 von § 49 ist auch durchaus folgerichtig, da, wo das geringste Gebot überhaupt nicht festgestellt wird, auch von einem zu berichtigenden Teile des geringsten Gebotes und einem das geringste Gebot übersteigenden Betrag des Meistgebots füglich nicht die Rede sein, vielmehr nur die Berichtigung des Meistgebots in seinem ganzen Betrage in Frage kommen kann. Im übrigen finden die Vorschriften des § 49 entsprechende Anwendung. Danach hat die Berichtigung des Meistgebots in seinem ganzen Betrage durch den Ersteher im Verteilungstermine zu erfolgen. Die Vorschrift ist obligatorisch (s. Anm. 168 S. 340), soweit nicht etwa nach den §§ 60, 61 des Zw.-V.-G. Zahlungsfristen bewilligt sein sollten. Das Bargebot ist vom Zuschlag an zu verzinsen. Auch durch Hinterlegung wird der Ersteher von seiner Verbindlichkeit befreit, wenn die Hinterlegung des Meistgebots im ganzen Betrage und die Ausschließung der Rücknahme im Verteilungstermine nachgewiesen wird (§ 49 Abs. 2 u. 3 l. c.). Die Hinterlegung hat bei der für das Vollstreckungsgericht zuständigen Hinterlegungsstelle zu geschehen, da sie die im Verteilungstermine an das Gericht zu leistende Zahlung ersetzen soll (B.-G.-B. § 269). § 39. Abs. 1 Satz 3.

170) Bei den öffentlichen Versteigerungen auf Grund der §§ 21 u. 47 des Eisenb.-Ges. v. 3. November 1888 kommt ferner in Betracht, daß die Anwendung der Vorschriften des vorliegenden Gesetzes über die Zwangsversteigerung (Abschnitt IV §§ 20 ff.) das Vorhandensein einer Bahneinheit im Sinne desselben voraussetzt. Eine Bahneinheit muß entstanden sein (Fischer u. Schaefer S. 695). Die Entstehung einer Bahneinheit ist aber nach § 8 Abs. 1 Satz 1 l. c. entweder durch die Genehmigung zur Eröffnung des Betriebs auf der ganzen Bahnstrecke oder durch die vorgängige Eintragung der Bahn in das Bahngrundbuch bedingt. In den Fällen des § 21 des Ges. v. 3. November 1888 kann, da die Bahn noch nicht im Bau vollendet ist, die Genehmigung zur Betriebseröffnung auf der ganzen Bahnstrecke der Natur der Sache nach noch nicht erteilt sein; in den Fällen des § 47 liegt die Möglichkeit vor, daß diese Genehmigung noch nicht erteilt ist, weil auch schon vor der Genehmigung zur Betriebseröffnung § 39. Abs. 2.

der Unternehmer die Erfüllung allgemeiner oder besonderer Konzessionsbedingungen unterlassen haben kann. Insoweit also in den Fällen der §§ 21 u. 47 die Genehmigung zur Eröffnung des Betriebs noch nicht erteilt ist, bedarf es zur Entstehung der Bahneinheit der Herbeiführung der Eintragung der Bahn in das Bahngrundbuch. Erst nach erfolgter Eintragung ist die Anwendung der gesetzlichen Vorschriften über die Zwangsversteigerung der Bahn angängig. Demgemäß bestimmt Abs. 2 des § 89, daß, wenn eine Bahn, für welche die Genehmigung zur Eröffnung des Betriebs noch nicht erteilt ist, nicht im Bahngrundbuch eingetragen ist, die Bahnaufsichtsbehörde bei Stellung des Antrags auf Zwangsversteigerung zugleich um die Anlegung des Bahngrundbuchblatts zu ersuchen hat.

Voraussetzung ist, daß die Bahn weder die Genehmigung zur Eröffnung des Betriebs erhalten hat, noch im Bahngrundbuch eingetragen ist. Denn ist die Genehmigung erteilt oder hat die Eintragung stattgefunden, so ist nach § 3 Abs. 1 die Bahneinheit entstanden und finden die Vorschriften der Zwangsversteigerung ohne weiteres auf dieselbe Anwendung. Unter „Eröffnung des Betriebs" ist gemäß § 8 Abs. 1 die Eröffnung des Betriebs auf der ganzen Bahnstrecke, nicht bloß auf einer Teilstrecke zu verstehen (s. § 8 Anm. 9 S. 15), denn nur die Genehmigung zur Betriebseröffnung im ganzen Umfange der Bahn begründet die Entstehung der Bahneinheit. Die Motive (S. 883) und mit denselben auch Gleim (Komm. § 46 Anm. 3 S. 106) wollen die Bestimmung des Abs. 2 nur auf die Fälle des § 21 des Ges. v. 3. November 1838 beziehen. Sie gehen hierbei anscheinend davon aus, daß nur in den Fällen des § 21 die Genehmigung zur Betriebseröffnung noch nicht erteilt sein könne. Dies ist jedoch nicht zutreffend. Auch in den Fällen des § 47 ist die Möglichkeit nicht ausgeschlossen, daß die Erteilung der Genehmigung zur Betriebseröffnung noch nicht erfolgt ist. Auch bei einer dem Betriebe noch nicht oder nicht ganz eröffneten Bahn kann der Unternehmer Verstöße gegen die Konzessionsbedingungen begehen. Abs. 2 ist daher sowohl auf die Fälle des § 21, wie des § 47 zu beziehen. Damit stimmt auch der Wortlaut des Abs. 2 überein, welcher eine Einschränkung auf die Fälle des § 21 nicht enthält und daher im Anschluß an den Abs. 1 auf beide Paragraphen bezogen werden muß.

Liegt die vorerörterte Voraussetzung vor, d. h. ist die Genehmigung zur Betriebseröffnung noch nicht erteilt und auch die Eintragung ins Bahngrundbuch nicht erfolgt, so hat die Bahnaufsichtsbehörde bei Stellung des Antrags auf Zwangsversteigerung zugleich um die Anlegung des Bahngrundbuchblatts zu ersuchen. Die Vorschrift ist eine obligatorische. Die Bahnaufsichtsbehörde muß zugleich mit der Stellung des Antrags auf Zwangsversteigerung den Antrag auf Anlegung des Bahngrundbuchblatts einbringen.

Beide Anträge — auf Anordnung der Zwangsversteigerung sowie auf Eintragung der Bahn ins Bahngrundbuch — sind „zugleich" zu stellen bezw. miteinander zu verbinden, was keinen Schwierigkeiten begegnet, da nach § 10 Abs. 2 und § 22 das Vollstreckungs- und das Bahngrundbuch-Gericht identisch sind. Der Anordnungsantrag ohne gleichzeitigen Eintragungsantrag muß vom Gericht zurückgewiesen werden, weil alsdann eine Bahneinheit als Gegenstand der Zwangsversteigerung nicht zur Entstehung gebracht werden kann. Ebenso ist aber auch der Eintragungsantrag ohne Anordnungsantrag vom Gericht zurückzuweisen, weil die Bahnaufsichtsbehörde — abgesehen von dem Falle des § 21 — nur in diesen

Fällen der öffentlichen Versteigerung die Befugnis hat, aus eigener Initiative und von Amts wegen den Antrag auf Eintragung einer Bahn in das Bahngrundbuch zu stellen. Nur wenn der Eigentümer mit der öffentlichen Versteigerung einverstanden ist und gemäß § 8 Abs. 1 Satz 2 u. 3 einen Eintragungsantrag an die Bahnaufsichtsbehörde richtet, würde diese befugt sein, den qu. Antrag auf Eintragung dem Antrage auf Anordnung der Zwangsversteigerung voranzuschicken. In jedem Falle aber ist der Eigentümer verpflichtet, der Bahnaufsichtsbehörde die zur Eintragung erforderlichen Angaben und Urkunden zu liefern, und kann von ihr zur Beibringung derselben angehalten werden (§ 18 Abs. 2 Satz 1 Anm. 59 S. 96 ff.). Der Antrag auf Eintragung in das Bahngrundbuch ist hiernach — falls die Genehmigung zur Betriebseröffnung noch nicht erteilt ist — ein integrierender und notwendiger Bestandteil des Antrags der Bahnaufsichtsbehörde auf Zwangsversteigerung in den Fällen der §§ 21, 47 Ges. v. 8. November 1888 und gehört zur Substantiierung des letzteren. Ist dagegen die Genehmigung zur Betriebseröffnung erteilt, so bedarf es zur Zwangsversteigerung der Bahn der Eintragung derselben in das Bahngrundbuch nur in dem im § 24 des vorliegenden Gesetzes vorgesehenen Falle und greifen alsdann auch im übrigen die Vorschriften des § 34 Platz.

Fünfter Abschnitt.

Zwangsliquidation.

§ 40.[171])

Nach Erlöschen der Genehmigung für das Bahnunternehmen ist auf Antrag von dem Amtsgerichte, bei welchem das Bahngrundbuch geführt wird, zur abgesonderten Befriedigung der Bahnpfandgläubiger aus den einzelnen Bestandteilen der Bahneinheit die Zwangsliquidation zu eröffnen.[172])

Zu dem Antrag ist jeder Bahnpfandgläubiger sowie der Bahneigentümer und, wenn über dessen Vermögen der Konkurs eröffnet ist, der Konkursverwalter berechtigt.[173])

[171]) Prinzip und Entstehungsgeschichte des § 40.

I. Prinzip. Der mit § 40 beginnende, die §§ 40—58 umfassende fünfte Abschnitt des Gesetzes trifft Bestimmung über die „Zwangsliquidation". Hierüber Bestimmung zu treffen ist die Landesgesetzgebung nach Art. 112 Einf.-Ges. zum B.-G.-B. zuständig. Der Bahneinheit einschließlich aller ihr zugehörigen Bestandteile ist, sowohl während sie als betriebsfähiges Ganzes besteht (§ 8 Abs. 1 Satz 1), als auch solange sie nach Erlöschen der Genehmigung als nicht mehr betriebsfähiges Ganzes bis zur Schließung des Bahngrundbuchblatts noch fortbesteht (§ 8 Abs. 1 Satz 2, § 4 Abs. 3), der Rechtscharakter einer mit Immobiliarqualität ausgestatteten Berechtigung gesetzlich beigelegt (s. § 16 Anm. 77 S. 141). Demgemäß war die Landesgesetzgebung in dem S. 208 angegebenen Umfange kompetent, auch die Zwangsvollstreckung in die Bahneinheit ihrer Regelung zu unterwerfen. Diese ist (s. Anm. 96 S. 208 ff.) im vorliegenden Gesetze der Natur der Sache nach verschieden gestaltet, je nachdem es sich um die Zwangsvollstreckung in die Bahn- § 24. Prinzip.

einheit als **betriebsfähiges Ganzes** oder als durch Erlöschen der Genehmigung **dem Betriebe entzogenes Ganzes** handelt. Während im ersteren Falle die Zwangsvollstreckung im **engeren** Sinne in der Form der **Zwangsverwaltung** und **Zwangsversteigerung** des Ganzen sich vollzieht (Abschnitt IV §§ 20—39), findet im letzteren Falle die Zwangsvollstreckung im **weiteren** Sinne in Gestalt der **Zwangsliquidation** zur abgesonderten Befriedigung der Bahnpfandgläubiger in die einzelnen Bestandteile der Bahneinheit statt (Abschnitt V §§ 40—58). Daß die landesgesetzliche Regelung auch im Falle des Konkurses über das Vermögen des Bahneigentümers zulässig ist, gründet sich auf die Bestimmungen des § 4 der Reichs-Konkursordnung.

A. Es ist bereits an früherer Stelle wiederholt darauf hingewiesen worden, daß die rechtliche Bedeutung der Bahneinheit eine wesentlich verschiedene ist, je nachdem die Zeit **vor** dem Erlöschen der Genehmigung für das Unternehmen in Betracht kommt, oder **nach** dem Erlöschen der Genehmigung. **Vor dem Erlöschen der Genehmigung** zeigt sich die rechtliche Bedeutung der Bahneinheit einerseits darin, daß dieselbe aus Gründen des **öffentlichen** Interesses insoweit zusammengehalten wird, als die Veräußerung oder dingliche Belastung der zur Bahneinheit gehörigen Grundstücke, sowie die Zwangsvollstreckung in ihre unbeweglichen oder beweglichen Bestandteile nur dann gestattet ist, wenn die Aufsichtsbehörde die Nichtbeeinträchtigung der Betriebsfähigkeit des Unternehmens bescheinigt (§§ 5—7, § 37) und andererseits darin, daß die Bahneinheit im **privaten** Interesse als solche, d. h. als betriebsfähiges Unternehmen und Gesamtkomplex von unbeweglichen und beweglichen Sachen zum Gegenstande von Rechtsgeschäften (Veräußerung, Verpfändung) und der Zwangsvollstreckung (Verwaltung, Versteigerung) gemacht werden kann (§§ 16 ff., §§ 20 ff.). **Nach dem Erlöschen der Genehmigung** gibt sich die rechtliche Bedeutung der Bahneinheit darin kund, daß sie, wenngleich ihr die Betriebsfähigkeit fehlt, im Interesse der Bahnpfandgläubiger zur abgesonderten Befriedigung derselben aus den einzelnen Bestandteilen der Bahneinheit noch rechtlich als ein Ganzes bis zur Schließung des Bahngrundbuchblatts zusammengehalten wird (§ 8 Abs. 1, § 4 Abs. 3, § 14 Satz 4 und 5), und daher auch bis zu diesem Zeitpunkte Verfügungen des Bahneigentümers über Bestandteile der Bahneinheit den Bahnpfandgläubigern gegenüber unwirksam (§ 19) und Zwangsvollstreckungen in Bestandteile der Bahneinheit nur zur Beitreibung eines den Bahnpfandgläubigern gegenüber wirksamen Rechts zulässig sind (§ 37 Abs. 2).

B. Auf diesem Wege sind zwar durch die vorbezeichneten Bestimmungen des Gesetzes die Bahnpfandgläubiger in die Lage versetzt worden, auch noch nach Erlöschen der Genehmigung ihr Pfandrecht an der bisherigen Bahneinheit nunmehr an den einzelnen Bestandteilen derselben zur abgesonderten Befriedigung zu bringen. Aber wichtige Umstände sprachen dagegen, die Verwirklichung dieses Pfandrechts dem freien und selbständigen Zugriffe der **einzelnen Gläubiger** zu überlassen. Zunächst greifen bei einem jeden Objekt in das Recht des Einen die Rechte aller anderen Pfandgläubiger auf Befriedigung ein. Der Erlös muß also nach Maßgabe der gesetzlichen Rangordnung verteilt werden, so daß auf den betreibenden Gläubiger häufig wenig oder nichts entfallen würde. Dazu tritt ferner der unverhältnismäßige Aufwand an Zeit und Kosten, welcher mit den zahlreichen einzelnen Vollstreckungsmaßnahmen und der insbesondere bei Immobilien erforderlichen Heranziehung aller eingetragenen Gläubiger verbunden sein würde. Endlich läßt sich eine zweckmäßige

Verwertung der Bahngrundstücke, aus welchen sich der Bahnkörper zusammensetzt, zumeist nur durch eine für den Verkauf geeignete Zusammenfassung oder Abteilung derselben herbeiführen, für die dem einzelnen Gläubiger die Befugnis fehlt.

C. Aus diesen Gründen sieht das Gesetz in den §§ 40—58 ein gemeinschaftliches Zwangsliquidationsverfahren vor, welches nach Analogie des Konkursverfahrens die Verfolgung des Pfandrechts durch einzelne Bahnpfandgläubiger ausschließt und die Verwertung der Bestandteile der Bahneinheit, sowie die Verteilung des Erlöses für sämtliche Bahnpfandgläubiger einheitlich regelt. Zu dem Behufe der gemeinsamen und abgesonderten Befriedigung derselben wird kraft des Gesetzes die Bahneinheit trotz des Verlustes ihrer Betriebsfähigkeit noch als ein Ganzes unter Fixierung der Gesamtheit ihrer Bestandteile mit dem Zeitpunkte des Erlöschens der Genehmigung zusammengehalten (§ 8 Abs. 1, § 4 Abs. 8), bis die Bahnpfandgläubiger in der gesetzlich bestimmten Zeit Gelegenheit gehabt haben, im Wege der Zwangsliquidation ihre Rechte wahrzunehmen (§ 14 Satz 4 und 5). Weder darf während dieses Verfahrens der einzelne Bahnpfandgläubiger sein Recht an den Bestandteilen der Bahneinheit selbständig verfolgen (§ 48), noch der Bahneigentümer Verfügungen über dieselben mit Wirksamkeit gegen die Bahnpfandgläubiger treffen (§ 19), noch endlich ein Pfandrecht Dritter durch Zwangsvollstreckung ausgeübt werden, außer wenn es den Bahnpfandgläubigern selbst gegenüber wirksam ist (§ 87 Abs. 2). Während des bezeichneten Zeitraums bildet die Zwangsliquidation gemäß §§ 40—58 — wie Gleim S. 109 zutreffend bemerkt — die einzige Form, in welcher die an der Bahneinheit bestehenden Pfandrechte realisiert werden können. Sie findet nur statt bei Bahnen, welche im Bahngrundbuch eingetragen sind, weil ohne Bahngrundbuch Pfandrechte an der Bahneinheit nicht bestehen können (§ 8 Satz 4, § 16), und sie findet für eingetragene Bahnen nicht mehr statt nach Schließung des Bahngrundbuchblattes, weil mit dem Aufhören der Bahneinheit die Bahnpfandschulden erlöschen (§§ 14, 16). Vgl. auch Fischer-Schaefer S. 695.

D. Das gemeinschaftliche Zwangsliquidationsverfahren ist, wie auch die Motive betonen, in seinen Grundzügen dem Konkursverfahren nachgebildet. Doch hat es einen wesentlich anderen Umfang und Zweck, als das letztere. Während das Konkursverfahren das gesamte, einer Zwangsvollstreckung unterliegende Vermögen des Gemeinschuldners, welches ihm zur Zeit der Eröffnung des Verfahrens gehört (Konkursmasse) umfaßt (Konkursordnung § 1 Abs. 1), die Verwertung dieses Vermögens zur Befriedigung aller Gläubiger bezweckt, und die Eröffnung des Konkursverfahrens die Zahlungsunfähigkeit des Gemeinschuldners voraussetzt (§ 94 Abs. 1 l. c.), beschränkt sich das Zwangsliquidationsverfahren lediglich auf die zur Zeit des Erlöschens der Genehmigung zur Bahneinheit gehörigen Gegenstände und Rechte (§ 4 Abs. 8 des vorliegenden Gesetzes), bezweckt nur die abgesonderte Befriedigung der Bahnpfandgläubiger aus den Bestandteilen der Bahneinheit (§ 40 Abs. 1 l. c.) und hat die Zahlungsunfähigkeit des Bahneigentümers nicht zur Voraussetzung.

E. Wenngleich also das Zwangsliquidationsverfahren in seinen Grundzügen dem Konkursverfahren nachgebildet ist, so zeigt doch mit Rücksicht auf den beschränkteren Umfang und Zweck das erstere der Natur der Sache nach wesentliche Verschiedenheiten von dem Konkursverfahren. Diese treten nicht nur in den Voraussetzungen der Eröffnung des Verfahrens und der Berechtigung zum Eröffnungsantrage hervor, sondern auch in den Obliegenheiten des Liquidators im

Vergleiche zum Konkursverwalter, in den Befugnissen der Gläubiger, des Gläubigerausschusses und der Gläubigerversammlung, sowie auch vornehmlich in der Art der Verteilung des Erlöses, für welche die Vorschriften der Zwangsversteigerung in Anwendung zu bringen sind, da es sich nicht um im Range gleichstehende, sondern durch Priorität 2c. verschiedene Gläubiger handelt. Immerhin ist es jedoch im Hinblick auf die kurze und nicht überall genügend ins Einzelne gehende Fassung der Vorschriften über das Liquidationsverfahren häufig erforderlich, auf die bezüglichen Bestimmungen des Konkursverfahrens zurückzugreifen und dieselben subsidiär und zur Ergänzung heranzuziehen.

F. Die Grundzüge des Zwangsliquidationsverfahrens, wie es der fünfte Abschnitt des Gesetzes (§§ 40—58) vorschreibt, sind folgende. Die Bestimmungen des Abschnittes zerfallen in vier Teile, von welchen I) der erste die Voraussetzungen für die Eröffnung des Verfahrens, II) der zweite den Beschluß auf den Eröffnungsantrag und die Wirkung des Eröffnungsbeschlusses in bezug auf das Verfolgungsrecht der Bahnpfandgläubiger, III) der dritte die Bestellung des Liquidators und des Gläubigerausschusses, sowie die Verhältnisse und Obliegenheiten dieser, insbesondere in bezug auf die Verwertung und Verteilung des Liquidationserlöses, endlich IV) der vierte die Aufhebung und Einstellung des Verfahrens umfaßt.

I. Die Voraussetzungen für die Eröffnung des Verfahrens bestehen darin, daß ein Antrag auf Eröffnung seitens eines hierzu Legitimierten, d. h. eines Bahnpfandgläubigers, des Bahneigentümers und, wenn über dessen Vermögen der Konkurs eröffnet ist, des Konkursverwalters gestellt wird. Dieser Antrag muß an das Amtsgericht, bei welchem das Bahngrundbuch geführt wird, gerichtet sein. Zur Substantiierung des Antrages ist erforderlich, daß die Genehmigung für das Unternehmen erloschen ist, daß der Antrag innerhalb einer sechsmonatlichen Frist seit der gerichtlichen Bekanntmachung des Erlöschens der Genehmigung gestellt ist und daß Bahnpfandschulden im Bahngrundbuche eingetragen sind (§§ 14 und 40).

II. Der Eröffnungsbeschluß wird auf Grund des solchergestalt substantiierten Antrages von dem zuständigen Amtsgericht gefaßt und durch öffentliche Bekanntmachung verkündet. Neben dieser allgemeinen Bekanntmachung sollen die ihrem Wohnorte nach bekannten Bahnpfandgläubiger eine besondere Benachrichtigung des Beschlusses erhalten. Wird der Antrag auf Eröffnung des Zwangsliquidationsverfahrens vom Gericht abgewiesen, so muß Zustellung des abweisenden Beschlusses an den Antragsteller von Amts wegen erfolgen (§ 41). Als Rechtsmittel gegen den Eröffnungsbeschluß steht jedem zum Eröffnungsantrage Legitimierten, gegen den abweisenden Beschluß dem Antragsteller die sofortige Beschwerde nach Maßgabe der C.-P.-O. zu; die Frist zur Einlegung der Beschwerde gegen den Eröffnungsbeschluß beginnt mit der Bekanntmachung desselben, gegen den abweisenden Beschluß mit der Zustellung (§ 42). Die Wirkung des Eröffnungsbeschlusses in bezug auf die Rechte der Bahnpfandgläubiger besteht darin, daß mit der Bekanntmachung desselben und bis zur Beendigung der Zwangsliquidation der einzelnen Bahnpfandgläubiger ihr Recht nicht selbständig geltend machen können (§ 43).

III. Die Ernennung des Liquidators erfolgt zugleich mit der Eröffnung der Liquidation durch das Gericht und ebenso die Berufung und Leitung einer

Gläubigerversammlung behufs Bestellung eines aus mindestens zwei Mitgliedern bestehenden Ausschusses, dessen Wahlmodalitäten im Gesetz geregelt sind. Das Gesetz trifft ferner Bestimmung über die öffentliche Bekanntmachung des Namens des Liquidators, über die ihm zu erteilende Bestallung, über die für die Geschäftsführung dem Liquidator und den Ausschußmitgliedern zu gewährende und mangels Einigung vom Gericht festzusetzende Vergütung, über die Aufsichts-, Straf- und Entlassungsbefugnis des Gerichts gegenüber dem Liquidator und die Beschwerde gegen die bezüglichen gerichtlichen Entscheidungen (§§ 44, 45). Die Obliegenheiten und Befugnisse des Liquidators bestehen in der Verwertung aller Bestandteile der Bahneinheit und in der Verteilung des Erlöses. (§§ 46—48.) Der Liquidator kann die Zwangsverwaltung und Versteigerung von Grundstücken ohne vollstreckbaren Schuldtitel betreiben. Zur freihändigen Veräußerung von Grundstücken bedarf er ebenso wie im Falle der Veräußerung der noch vorhandenen Bestandteile der Bahneinheit als Einheit, — wenn einem Unternehmer die Genehmigung zum Fortbetriebe des Unternehmens erteilt ist, — der Genehmigung des Ausschusses, sowie des Bahneigentümers oder Konkursverwalters.

IV. Die Aufhebung der Zwangsliquidation beruht — ebenso wie die Eröffnung — auf einem an das Gericht gestellten Antrag. Derselbe muß gemeinschaftlich vom Liquidator und dem Ausschusse der Bahnpfandgläubiger ausgehen, setzt die letzte Verteilung und die Rechnungslegung des Liquidators voraus und erfolgt auf Beschluß des Gerichts. Auch die Einstellung der Zwangsliquidation erfordert den Beschluß des Gerichts und setzt die vorgängige Zustimmung des Bahnpfandgläubigers voraus, welche, insoweit es sich um die Inhaber von Teilschuldverschreibungen handelt, nach den Vorschriften der §§ 50 bis 53 zu erfolgen hat. Sowohl gegen den Aufhebungs- wie Einstellungsbeschluß ist das Rechtsmittel der Beschwerde nach Maßgabe der C.-P.-O. gegeben. Für die Aufhebung des Verfahrens ist öffentliche Bekanntmachung vorgeschrieben (§ 49 Abs. 3).

II. Aus der Entstehungsgeschichte des fünften Abschnittes im allgemeinen und des § 40 im besonderen ist folgendes hervorzuheben. § 40. Entstehung.

Der Regierungsentwurf vom 13. März 1895 (Drucks. d. Herrenh. Nr. 24 S. 15) schlug wörtlich die als § 48 in das Eisenb.-Pfandr.-Ges. v. 19. August 1895 und als § 40 in das Bahneinh.-Ges. v. 11. Juni 1902 übergegangene Bestimmung vor.

Diese Bestimmung war, wie folgt, begründet (S. 58, 59): „Nach dem Erlöschen der Genehmigung ist das Pfandrecht an der Bahneinheit durch Verwertung der einzelnen Bestandteile derselben zu verwirklichen. Diese Verwertung kann nicht den einzelnen Gläubigern überlassen werden. Das Kaufgeld ist unter alle Berechtigte nach ihrer Rangordnung, beziehungsweise bei gleichen Rechten verhältnismäßig zu verteilen. Die Zwangsvollstreckung in einen einzelnen Gegenstand würde daher keineswegs die Befriedigung des betreibenden Gläubigers zur Folge haben, demselben würde vielmehr in der Regel nur ein kleiner Bruchteil des Erlöses zufallen. Durch die Zersplitterung der Verwertung der Bestandteile der Bahneinheit in eine große Zahl gesonderter Vollstreckungsverfahren würde ferner namentlich infolge der Zuziehung der Hypothekengläubiger bei jedem Zwangsverkauf von Immobilien, ein ganz außerordentlicher Aufwand an Zeit und Kosten entstehen. Zur Abhilfe der bezeichneten Mißstände sieht der Entwurf ein gemeinschaftliches Befriedigungsverfahren vor, in welchem nach einheitlichem Plane die

Verwertung der Bestandteile der Bahneinheit für gemeinsame Rechnung aller Pfandgläubiger erfolgt. Dieses Verfahren (Zwangsliquidation) ist nur so lange zulässig, als das Bahngrundbuchblatt nicht geschlossen ist, da mit dem Aufhören der Bahneinheit die Bahnpfandschulden erlöschen, von diesem Zeitpunkte an also eine abgesonderte Befriedigung von Bahnpfandgläubigern nicht mehr in Frage kommt (vgl. hierzu §§ 8, 14, 19). Das Zwangsliquidationsverfahren bietet manche Berührungspunkte mit dem Konkursverfahren. Hier wie dort handelt es sich um die Verwertung einer Vermögensmasse im gemeinsamen Interesse der Gläubiger. Der Entwurf schließt sich daher bei der Regelung des Zwangsliquidationsverfahrens den Vorschriften der Konkursordnung an."

In der Fassung des 1895er Entwurfs ist hierauf § 48 ohne weitere Abänderung oder Diskussion in das Eisenb.-Pfandr.-Ges. v. 19. August 1895 übergegangen.

Der Revisionsentwurf v. 10. Februar 1902 (Drucks. d. Herrenh. Session 1902 Nr. 42 S. 7) wurde § 48 in unveränderter Fassung unter Bezugnahme auf Art. 112 des Einf.-Ges. z. B.-G.-B. vorgeschlagen und als § 40 in der neuen Anordnung in das Bahneinh.-Ges. aufgenommen.

§ 40. Abs. 1. **172**) Absatz 1 des § 40 enthält den für den fünften Abschnitt des Gesetzes leitenden Grundsatz, das nach Erlöschen der Genehmigung für das Bahnunternehmen zur abgesonderten Befriedigung der Bahnpfandgläubiger aus den einzelnen Bestandteilen der Bahneinheit ein Zwangsliquidationsverfahren auf Antrag der hierzu gesetzlich Legitimierten (Abs. 2) bei dem Bahngrundbuchgericht zu eröffnen ist und damit zugleich als ersten Teil des Verfahrens (s. Anm. 171 S. 346) die für die Einleitung der Zwangsliquidation erforderlichen Voraussetzungen.

A) Der Grund für die Einführung des Zwangsliquidation durch das Gesetz ist bereits in der vorangehenden Anmerkung ausführlich erörtert worden (Anm. 171 S. 344 ff.). Im Interesse der durch das Erlöschen der Genehmigung bedrohten Bahnpfandgläubiger hat das Gesetz zu ihrem Schutze zwiefache Maßregeln getroffen.

In erster Reihe ist bestimmt, daß die Bahneinheit mit dem Erlöschen der Genehmigung nicht aufhört, wenn sie im Bahngrundbuch eingetragen ist, sondern alsdann bis zur Schließung des Bahngrundbuchblatts fortbesteht (§ 8 Abs. 1 Satz 2) und daß diese Schließung und damit das Aufhören der Bahneinheit erst dann herbeizuführen ist, wenn den eingetragenen Bahnpfandgläubigern Gelegenheit gegeben ist, ihre Rechte abgesondert an den Bestandteilen der Bahneinheit geltend zu machen (§ 14). Freilich kann die Bahneinheit nach Erlöschen der Genehmigung nicht mehr mit ihrem früheren Charakter als betriebsfähiges Ganzes fortbestehen. Das Gesetz kann sie nur noch als Gesamtheit der einzelnen z. Z. des Erlöschens der Genehmigung vorhandenen Bestandteile aufrecht erhalten und fixieren (§ 4 Abs. 3). Aber in dieser Form bildet nunmehr die Bahneinheit den Gegenstand der abgesonderten Befriedigung der Bahnpfandgläubiger und es ist, um die bereits oben S. 344 ff. geschilderten Unzuträglichkeiten einer Einzelverfolgung der Rechte der Bahnpfandgläubiger zu vermeiden, im § 48 bestimmt, daß diese abgesonderte Befriedigung im Wege eines gemeinschaftlichen Zwangsliquidationsverfahrens — nach Analogie des Konkursverfahrens — zu erfolgen hat, und dieses Liquidationsverfahren im fünften Abschnitt des Näheren geregelt.

Hand in Hand mit dieser Maßnahme des Gesetzes gehen die Bestimmungen, daß nach dem Erlöschen der Genehmigung bis zur Schließung des Bahngrundbuchblatts einerseits Verfügungen des Bahneigentümers über einzelne Bestandteile der Bahneinheit den Bahnpfandgläubigern gegenüber unwirksam sind (§ 19 und § 5 Abs. 1 Satz 2), und andererseits die Zwangsvollstreckung in die zur Bahneinheit gehörigen Gegenstände nur zur Beitreibung eines den Bahnpfandgläubigern gegenüber wirksamen Pfandrechts zulässig ist (§ 37 Abs. 2 Satz 1). Denn das bloße Fortbestehen der Bahneinheit und die Einführung einer Zwangsliquidation zur abgesonderten Befriedigung der Bahnpfandgläubiger aus den einzelnen Bestandteilen der Bahneinheit nach Erlöschen der Genehmigung würde an sich die Interessen dieser Gläubiger nicht genügend wahren, wenn es dem Bahneigentümer freistände, die einzelnen Bestandteile beliebig und unbeschränkt zu veräußern oder zu belasten, oder wenn jedem dritten Gläubiger die Zwangsvollstreckung in dieselben gestattet wäre. Ersteres ist daher den Bahnpfandgläubigern gegenüber für unwirksam erklärt, letzteres auf den Fall der Beitreibung eines diesen gegenüber wirksamen Pfandrechts beschränkt.

B) Die Voraussetzungen für die Eröffnung der Zwangsliquidation bestehen in 1. dem Erlöschen der Genehmigung für das Bahnunternehmen, 2. dem Vorhandensein von Bahnpfandgläubigern (bezw. eingetragenen Bahnpfandschulden), 3. dem Antrage auf Eröffnung des Verfahrens a) bei dem Amtsgerichte, welches das Bahngrundbuch führt, b) binnen einer sechsmonatlichen Frist seit der Bekanntmachung des Erlöschens der Genehmigung, c) von den zur Antragstellung gesetzlich Legitimierten.

1. Die erste Voraussetzuug ist das „Erlöschen der Genehmigung“ für das Bahnunternehmen. Aus welchen Gründen das Erlöschen der Genehmigung erfolgt ist, ob infolge des Ablaufs der Konzessionszeit, Nichtinnehaltung der Bau- und Eröffnungsfrist (§ 28 Kleinb.-Ges. v. 28. Juli 1892), Unterbrechung des Baus und Betriebs ohne genügenden Grund, wiederholter Verstöße gegen die Bedingungen der Genehmigung oder die gesetzlichen Verpflichtungen in wesentlicher Beziehung (§§ 24, 25 l. c) usw. (vgl. § 8 Anm. 10—12 S. 16—18), kommt nicht in Betracht. Es genügt die Tatsache, daß die Genehmigung erloschen ist. Auch braucht der Antragsteller (§ 40 Abs. 2 s. Anm. 178 S. 352 ff.) diese Tatsache nicht zu beweisen. Denn nach § 14 Satz 1 hat die Bahnaufsichtsbehörde dem Amtsgericht von Amts wegen von dem Erlöschen der Genehmigung Kenntnis zu geben (Anm. 64 S. 110). Daß die im § 14 Satz 3 vorgeschriebene Vermerkung des Erlöschens der Genehmigung im Bahngrundbuche sowie die öffentliche Bekanntmachung des Erlöschens durch das Amtsgericht stattgefunden habe (Anm. 66 S. 112—116), ist nicht Erfordernis. § 40 Abs. 1 spricht ohne jede Einschränkung von dem „Erlöschen der Genehmigung“.

Die Insolvenz des Bahneigentümers bezw. die Eröffnung des Konkurses über das Vermögen desselben ist nicht erforderlich bezw. nicht Voraussetzung für die Zwangsliquidation. Der Konkurs beeinflußt dieselbe nur insoweit, als die Bestandteile der Bahneinheit an sich von der Konkursmasse nicht ausgeschlossen sind (§ 37 Abs. 2 Satz 2). Jedoch haben die Bahnpfandgläubiger an denselben ein Recht auf abgesonderte Befriedigung in der Zwangsliquidation, welche unabhängig vom Konkursverfahren erfolgt (§ 3 Abs. 3, § 39 Konk.-Ordn.). Auf den hierauf nicht verwendeten Teil der Gegenstände bezw. ihres Erlöses haben die Konkursgläubiger Anspruch, und deshalb ist der Konkursverwalter berechtigt, seinerseits die

Zwangsliquidation zu beantragen, wie auch in dieser im Interesse der Konkursgläubiger mitzuwirken (§§ 40, 42, 45—48).

Andererseits braucht der Konkurs des Bahneigentümers nicht das Erlöschen der Genehmigung für das Bahnunternehmen bezw. die Zwangsliquidation zur Folge zu haben. Vielmehr kann des Konkurses ungeachtet die Genehmigung fortbestehen und die Bahneinheit im Interesse der Konkursmasse im Wege der Zwangsversteigerung als Ganzes veräußert werden (§§ 32, 84 ff.).

2. Die zweite Voraussetzung ist das Vorhandensein von Bahnpfandgläubigern bezw. im Bahngrundbuche eingetragener Bahnpfandschulden, sei es in Gestalt von Namenshypotheken oder Sicherungshypotheken ohne Bezeichnung der Gläubiger behufs Emission von Teilschuldverschreibungen oder in Gestalt von Grund- oder Rentenschulden (§§ 17, 18). Andere eingetragene dingliche Lasten bedingen nicht die Zwangsliquidation und sind nicht Voraussetzung derselben. Sind keine Bahnpfandschulden im Bahngrundbuch eingetragen, so muß nach Empfang der Benachrichtigung der Bahnaufsichtsbehörde von dem Erlöschen der Genehmigung das Amtsgericht unverzüglich das Bahngrundbuchblatt schließen (§ 14 Satz 2 f. Anm. 66 S. 111 ff.). Mit der Schließung des Bahngrundbuchblatts hört aber die Bahneinheit auf (§ 8 Abs. 1 Satz 2 f. Anm. 10 S. 17) und ihre Bestandteile können nicht mehr Gegenstand der abgesonderten Befriedigung der Bahnpfandgläubiger im Wege der Zwangsliquidation sein.

3. Die dritte Voraussetzung ist der Antrag auf Eröffnung des Zwangsliquidationsverfahrens. Das Verfahren kann nur auf Antrag eröffnet werden (§ 95 Abs. 1 Konk.-Ordn.). Ohne Antrag kann die Eröffnung nicht stattfinden, auch wenn die anderen Voraussetzungen — Erlöschen der Genehmigung und eingetragene Bahnpfandschulden — vorhanden sind; Erfordernisse sind:

a) Der Antrag muß schriftlich oder zu gerichtlichem Protokoll gestellt werden und auf die Angaben, daß die Genehmigung erloschen ist und Bahnpfandschulden eingetragen sind, sowie daß der Antragsteller zum Antrage legitimiert ist (§ 40 Abs. 2 f. Anm. 178) gestützt sein. Zum Beweise kann, soweit diese Tatsachen aus den Gerichtsakten erhellen, auf diese Bezug genommen werden, und bedarf es, wenn diese das Erforderliche ergeben, einer Glaubhaftmachung seitens des Antragstellers und einer Anhörung des Bahneigentümers als Schuldners nach Analogie des § 97 Konk.-Ordn. nicht.

b) Der Antrag muß bei dem Amtsgericht, welches das Bahngrundbuch führt, gestellt sein. Es ist das im § 10 Abs. 4 (Anm. 89 u. 40 S. 66 ff.) mit dem Vollstreckungsgericht identische Amtsgericht gemeint. Ein anderes Amtsgericht ist für die Prüfung des Antrages sowie die Beschlußfassung über denselben und die Eröffnung und Leitung des Verfahrens nicht zuständig, und zwar auch dann nicht, wenn über das Vermögen des Bahneigentümers der Konkurs eröffnet ist. § 64 Konk.-Ordn. kommt gemäß §§ 8, 89 l. c. hier nicht zur Anwendung. Diesem Gerichte stehen als Liquidationsgericht im wesentlichen die Befugnisse eines Konkursgerichts zu, insbesondere die im § 67 Konk.-Ordn. angeführten.

c) Der Antrag muß binnen einer sechsmonatlichen Frist seit der gerichtlichen Bekanntmachung des Erlöschens der Genehmigung gestellt sein. Denn von dem Erlöschen der Genehmigung hat die Bahnaufsichtsbehörde dem Amtsgericht Kenntnis zu geben. Sind Bahnpfandschulden im Bahngrundbuch eingetragen (§ 14 Satz 1 Anm. 64 S. 110 ff.), so wird das Erlöschen der Genehmigung vom Amtsgericht im Bahngrundbuch vermerkt und öffentlich bekannt gemacht (§ 14 Satz 3 Anm. 66 S. 112 ff.). Ist binnen sechs Monaten seit dieser Bekanntmachung ein Antrag auf Einleitung der Zwangsliquidation nicht gestellt, so hat die Schließung des Bahngrundbuchblatts zu erfolgen (§ 14 Satz 4 Anm. 67 S. 116 ff.) und damit hört die Bahneinheit zu bestehen auf (§ 8 Abs. 1 Satz 2 Anm. 10 S. 16 ff.) und kann nicht mehr Gegenstand der Zwangsliquidation sein. Diese sechsmonatliche Frist, deren Prüfung dem Amtsgericht obliegt, ist eine Präklusivfrist. Nach ihrem Ablauf ist der Antrag auf Eröffnung der Zwangsliquidation unzulässig und muß zurückgewiesen werden, auch wenn versehentlich oder aus anderen Gründen die Schließung des Bahngrundbuchblattes unterblieben sein sollte. Es findet alsdann keine abgesonderte Befriedigung der Bahnpfandgläubiger aus den einzelnen Bestandteilen der Bahneinheit statt, die Bahnpfandgläubiger haben auf die abgesonderte Befriedigung keinen Anspruch mehr, sie sind den anderen nicht bevorrechtigten Gläubigern des Bahneigentümers gleichgestellt.

d) Der Antrag muß von einem hierzu gesetzlich Berechtigten ausgehen. Wer gesetzlich berechtigt ist, ist im Abs. 2 des § 40 (Anm. 178 S. 352) bestimmt. Der Antragsteller hat seine Legitimation, soweit sie sich nicht aus den Gerichtsakten ergibt, zu erweisen bezw. glaubhaft zu machen. Die Prüfung liegt dem zuständigen Amtsgerichte ob. Daß der Bahneigentümer bezw. Konkursverwalter — — wie gemäß § 96 Konk.-Ordn. der Gemeinschuldner — ein Verzeichnis der Gläubiger und Schuldner sowie eine Übersicht der Bestandteile der Bahneinheit mit dem Antrage einzureichen oder ohne Verzug nachzuliefern habe, ist nicht vorgeschrieben. Diese Vorschrift würde auch in betreff der Teilschuldgläubiger (Inhaber von Teilschuldverschreibungen) nicht durchführbar sein.

C) Liegen die angeführten Voraussetzungen vor, so ist von dem zuständigen Amtsgericht (S. 66) als Vollstreckungsgericht die Zwangsliquidation zu eröffnen. Die Eröffnung erfolgt durch einen förmlichen Beschluß des Gerichts (arg. §§ 41, 42, 43), welcher nach Maßgabe des § 41 bekannt zu machen ist, das Recht zur sofortigen Beschwerde gibt (§ 42) und das selbständige Verfolgungsrecht der einzelnen Bahnpfandgläubiger bis zur Beendigung der Zwangsliquidation aufhebt (§ 43). Mit dem Eröffnungsbeschluß sind zugleich die im § 44 bezeichneten Maßnahmen der Ernennung eines Liquidators und der Berufung einer Gläubigerversammlung zur Bestellung eines Ausschusses zu verbinden. Liegen die vorerörterten Voraussetzungen nicht vor, so ist der Eröffnungsantrag und zwar gleichfalls durch Gerichtsbeschluß abzuweisen, welcher dem Antragsteller von Amts wegen zuzustellen (§ 41 Satz 3) ist und das Recht zur sofortigen Beschwerde gibt (§ 42). Der abweisende Beschluß beseitigt aber immer nur den gegenwärtig vorliegenden Antrag und ist nur insoweit, nicht aber objektiv gegen alle Interessenten gerichtet. Der abgewiesene Antrag kann daher nicht nur von einem andern, sondern auch — unter besserer Begründung — vom Abgewiesenen selbst wieder aufgenommen werden. Aus anderen Gründen jedoch, als wegen des Fehlens der qu. Voraussetzungen, darf der Eröffnungsantrag nicht abgewiesen werden. Insbesondere ist nicht vorgeschrieben, daß die Abweisung erfolgen kann, wenn nach dem Ermessen des Gerichts eine den Kosten des Verfahrens entsprechende Masse nicht vorhanden ist (§ 107 Konk.-Ordn.). Vorläufige Sicherungsmaßregeln, wie im § 106 Konk.-Ordn., sind zwar nicht ausdrücklich vorgeschrieben. Doch entspricht es dem Zwecke des Liquidationsverfahrens, daß dem

Gerichte hier die gleichen Befugnisse, wie dem Konkursgerichte, eingeräumt werden. Ist über das Vermögen des Bahneigentümers der Konkurs eröffnet, so sind selbstredend auch die Bestandteile der Bahneinheit, als zur Konkursmasse gehörig (§ 87 Abs. 2 Satz 2), den Vorschriften des § 106 Konk.-Ordn. unterworfen, soweit dadurch die Verfügungen des Liquidators (§§ 46 ff.) nicht gehindert werden. Nach Analogie des § 108 Konk.-Ordn. hat der Eröffnungsbeschluß die Stunde der Eröffnung anzugeben. Ist dies versäumt worden, so gilt als Zeitpunkt der Eröffnung die Mittagsstunde des Tages, an welchem der Beschluß erlassen ist. Dies ist insbesondere auch mit Rücksicht auf die Vorschrift des § 48 von Bedeutung. Daß die Eröffnung des Zwangsliquidationsverfahrens in das Bahngrundbuch von Amts wegen einzutragen ist, bestimmt zwar das Gesetz nicht ausdrücklich, muß aber in Gemäßheit des § 108 Konk.-Ordn. nach Analogie der §§ 19, 22 des Zwangsvollstreckungsges. v. 24. März 1897 angenommen werden.

D. Der Zweck der Eröffnung der Zwangsliquidation ist die „abgesonderte Befriedigung der Bahnpfandgläubiger aus den einzelnen Bestandteilen der Bahneinheit". Da die Bahneinheit nach § 1 ein mit Immobiliarqualität ausgestattete Berechtigung ist, so konnte gemäß § 864 Abs. 1 C.-P.-O. die Zwangsliquidation als eine besondere Art der Zwangsvollstreckung durch Landesgesetz eingeführt werden. Daß auch im Konkurse des Bahneigentümers die abgesonderte Befriedigung der Bahnpfandgläubiger für zulässig erklärt ist, beruht darauf, daß nach § 8 der Konk.-Ordn. in den von diesem Gesetze zurückgelassenen Fällen die abgesonderte Befriedigung unabhängig vom Konkursverfahren erfolgen darf und nach § 89 Abs. 1 l. c. zur abgesonderten Befriedigung Gegenstände dienen, welche in Ansehung der Zwangsvollstreckung zum unbeweglichen Vermögen gehören, insoweit ein dingliches oder sonstiges Recht auf vorzugsweise Befriedigung aus demselben besteht, zu diesen Gegenständen aber nach §§ 1, 16, 20 ff. des vorliegenden Gesetzes der Bahneinheit in bezug auf die Bahnpfandschulden gehört. Nach Maßgabe des § 89 Abs. 2 der Konk.-Ordn. bestimmt das vorliegende Gesetz im § 4 Abs. 8, daß der Umfang der Immobiliarmasse sich aus allen zur Zeit des Erlöschens der zur Bahneinheit gehörigen Gegenstände und Rechte bildet (Anm. 16 S. 82). Die Masse in diesem Umfange den Bahnpfandgläubigern behufs ihrer abgesonderten Befriedigung zu sichern, zu verwerten und zu verteilen, ist Sache des Liquidators unter Mitwirkung des Gläubigerausschusses (§§ 44—48) und unter Leitung und Aufsicht des Gerichtes (§ 45 Abs. 3). „Bahnpfandgläubiger" sind alle diejenigen, auf deren Namen Pfandrechte an der Bahneinheit (Hypotheken, Grund- oder Rentenschulden) im Bahngrundbuche eingetragen oder welche Inhaber von Teilschuldverschreibungen gemäß § 18 sind (s. Anm. 88 ff.).

§ 40 Abs. 2. 173) Zu den Voraussetzungen der Eröffnung der Zwangsliquidation gehört nach Abs. 1 des § 40, daß nicht nur die Genehmigung erloschen ist und Bahnpfandschulden bestehen, sondern auch, daß ein an das zuständige Amtsgericht fristzeitig gestellter Antrag auf Eröffnung der Zwangsliquidation seitens eines hierzu gesetzlich Berechtigten vorliegt (s. Anm. 172 S. 349 ff.). Absatz 2 des § 40 bezeichnet als zu dem Antrage berechtigt 1. jeden Bahnpfandgläubiger, 2. den Bahneigentümer und 3. den Konkursverwalter, wenn über das Vermögen des Bahneigentümers der Konkurs eröffnet ist. Andere sind nicht berechtigt, den Eröffnungsantrag zu stellen. Ein von hiernach nicht legitimierter Seite kommender Antrag muß vom Gericht zurückgewiesen werden.

Berechtigt zu dem Antrage ist 1. jeder Bahnpfandgläubiger, d. h. jeder im Bahngrundbuchblatt der betreffenden Bahneinheit als Gläubiger einer Hypothek, Grund- oder Rentenschuld namentlich eingetragene Gläubiger (§§ 1118 ff. B.-G.-B.) oder dessen Rechtsnachfolger (Zessionar) sowie ferner jeder Inhaber einer Teilschuldverschreibung (§ 18). 2. Der Bahneigentümer, d. h. die in das Bahngrundbuchblatt, in die erste Spalte der ersten Abteilung gemäß § 18 Abs. 1 als Eigentümer eingetragene physische oder juristische Person (§§ 11, 18) und 3. der Konkursverwalter, wenn über das Vermögen des Bahneigentümers der Konkurs eröffnet ist. In diesem Falle zessiert gemäß §§ 109, 110 Konk.-Ordn. die Berechtigung des Bahneigentümers zur Stellung des Antrages. Es liegt zwar in der Absicht des Gesetzes, durch die Zwangsliquidation die abgesonderte Befriedigung der Bahnpfandgläubiger herbeizuführen, nicht aber, die Bestandteile der Bahneinheit der Konkursmasse überhaupt zu entziehen. Demgemäß bestimmt § 37 Abs. 2 Satz 2, daß dieselben im Falle des Konkurses von der Konkursmasse nicht ausgeschlossen sein sollen, freilich mit der selbstverständlichen, aus §§ 40 ff. folgenden Maßgabe, daß sie bezw. ihr in der Zwangsliquidation erzielter Erlös in erster Reihe zur abgesonderten Befriedigung der Bahnpfandgläubiger zu verwenden sind (§§ 8, 89 Konk.-Ordn.). Soweit dies aber nicht erforderlich ist, ist der Konkursverwalter berechtigt, die Bestandteile der Bahneinheit bezw. ihren Erlös für die Konkursmasse in Anspruch zu nehmen. Daraus folgt das Interesse des Konkursverwalters an der Eröffnung und Durchführung des Zwangsliquidationsverfahrens und es ist ihm zur Wahrnehmung dieses Interesses nicht nur im § 40 Abs. 2 das Recht des Antrags auf Eröffnung des Liquidationsverfahrens, sondern auch in den §§ 42, 45 bis 48 eine Reihe von Befugnissen zur Mitwirkung bei diesem Verfahren gewährt.

§ 41.[174])

Der Beschluß, durch welchen die Zwangsliquidation eröffnet wird, ist öffentlich bekannt zu machen.[175]) Die ihrem Wohnorte nach bekannten Bahnpfandgläubiger sollen von dem Beschluß benachrichtigt werden.[176]) Der den Antrag auf Zwangsliquidation abweisende Beschluß des Gerichts ist dem Antragsteller von Amts wegen zuzustellen.[177])

[174]) Prinzip und Entstehungsgeschichte des § 41.

I. Prinzip. § 41 erhält im Verein mit den §§ 42 u. 43 als zweiten Teil des Liquidationsverfahrens (s. Anm. 171 S. 346) die Bestimmungen über den auf den Eröffnungsantrag (§ 40 Anm. 172 S. 350 ff.) folgenden Gerichtsbeschluß, und zwar § 41 über die Bekanntgabe des Beschlusses, § 42 über das Rechtsmittel gegen den Beschluß, § 43 über die Wirkung des Eröffnungsbeschlusses in bezug auf das Verfolgungsrecht der Bahnpfandgläubiger. § 23. Prinzip.

§ 41 spricht für den auf den Eröffnungsantrag (§ 40 Abs. 1) folgenden Gerichtsbeschluß das Erfordernis der Bekanntgabe aus. Doch ist die Art derselben eine verschiedene, je nachdem der Beschluß dem Antrage stattgibt, d. h. die Eröffnung des Verfahrens ausspricht, oder den Antrag ablehnt, d. h. die Eröffnung abweist, mithin ein Eröffnungs- oder ein Abweisungsbeschluß ist.

Im Falle der Eröffnung ist die öffentliche Bekanntmachung des

Beschlusses vorgeschrieben, da die Eröffnung der Zwangsliquidation für einen großen Kreis von zum Teil unbekannten Gläubigern und Interessenten, z. B. Teilschuldgläubigern, von Bedeutung ist (§ 41 Satz 1). Nähere Vorschriften über die Art und Form der öffentlichen Bekanntmachung waren nicht erforderlich, da § 57 über die in diesem Gesetze angeordneten öffentlichen Bekanntmachungen Bestimmung trifft, auch die §§ 76 und 111 der Konkursordnung zur analogen Anwendung herangezogen werden können. Nur für die ihrem Wohnorte nach bekannten Bahnpfandgläubiger, d. h. vornehmlich der in der Eintragung im Bahngrundbuchblatt mit Angabe des Wohnorts bezeichneten, soll noch eine besondere Benachrichtigung, jedoch nur instruktioneller Natur und ohne den Charakter einer formellen Zustellung stattfinden, — mithin abweichend von der Vorschrift des § 111 Abs. 3 Konk.-Ordnung (s. übrigens § 76 Abs. 3 und § 77 l. c.).

Im Falle der Abweisung ist der den Antrag auf Zwangsliquidation abweichende Beschluß des Gerichts dem Antragsteller von Amts wegen zuzustellen. Es genügt die Bekanntgabe an den Antragsteller, da für Dritte ein Interesse an der Kenntnis der Abweisung nicht vorliegt, und nur der Antragsteller zur Beschwerde gegen den abweichenden Beschluß berechtigt ist (§ 42 Satz 1). Wohl aber ist, mangels öffentlicher Bekanntmachung eine formelle Zustellung an den Antragsteller vorgeschrieben (s. §§ 167 ff. der C.-P.-O.), von welcher ab die Frist zur Einlegung der Beschwerde für ihn zu laufen beginnt (§ 577 C.-P.-O.).

§ 41. Entstehung. II. Aus der Entstehungsgeschichte des § 41 ist folgendes zu entnehmen:

Der Regierungsentwurf v. 18. März 1895 (Drucks. d. Herrenh. Nr. 24 S. 15) enthielt als § 49 folgende Bestimmung: Der Beschluß, durch welchen die Zwangsliquidation eröffnet wird, ist öffentlich bekannt zu machen. Der den Antrag auf Zwangsliquidation abweisende Beschluß des Gerichts ist dem Antragsteller von Amts wegen zuzustellen.

In der Kommission des Abgeordnetenhauses (Drucks. d. Abg.-H. 1895 Nr. 254 S. 3158), wurde noch eine besondere Benachrichtigung der ihrem Wohnorte nach bekannten Bahnpfandgläubiger gewünscht und beantragt, hinter dem ersten Satze einzuschalten: „Die ihrem Wohnorte nach bekannten Bahnpfandgläubiger sollen von dem Beschluß benachrichtigt werden.“

Mit diesem Zusatze, welcher angenommen wurde, ging § 49 unverändert und ohne weitere Diskussion in das Eisenb.-Pfandr.-Ges. über.

Im Revisionsentwurf v. 10. Februar 1902 (Drucks. d. Herrenh. Session 1902 Nr. 42 S. 7) wurde § 49 in gleicher Fassung unter Bezugnahme auf Art. 112 des Einf.-Ges. z. B.-G.-B. vorgeschlagen und als § 41 in der neuen Reihenfolge in das Bahneinh.-Ges. v. 11. Juni 1902 aufgenommen.

§ 41. Satz 1. **175)** Satz 1 des § 41 schreibt für den Eröffnungsbeschluß (Anm. 172 S. 351) öffentliche Bekanntmachung vor, während für den abweisenden Beschluß nach Satz 3 (Anm. 177 S. 357 ff.) nur Zustellung an den Antragsteller bestimmt ist. Die öffentliche Bekanntmachung ist obligatorisch, „der Beschluß, durch welchen die Zwangsliquidation eröffnet wird, ist öffentlich bekannt zu machen,“ bedingt daher die rechtliche Wirksamkeit des Eröffnungsbeschlusses und ist ein essentieller Teil des Verfahrens. Daraus folgt, daß das Unterlassen der öffentlichen Bekanntmachung des Eröffnungsbeschlusses, welche das Liquidationsgericht (Anm. 172 S. 351) von Amts wegen zu bewirken hat, das Verfahren ungültig macht.

1. Was die **Art** der öffentlichen Bekanntmachung anlangt, so sind die Bestimmungen des § 57 des vorliegenden Gesetzes maßgebend. Danach hat die Bekanntmachung durch mindestens einmalige Einrückung in den Anzeiger des Amtsblatts (sc. des Gerichtsbezirks) und, wenn Teilschuldverschreibungen bestehen, außerdem durch mindestens einmalige Einrückung in die durch die Statuten oder die Bedingungen der Ausgabe von Teilschuldverschreibungen bestimmter Blätter zu erfolgen. Die öffentliche Bekanntmachung setzt nicht, wie im Zivilprozeß, voraus, daß der Aufenthalt der Gläubiger und sonstigen Beteiligten unbekannt ist. Das Wort „mindestens" läßt darauf schließen, daß das Gericht, nach seinem Ermessen auch weitere Bekanntmachungen — gleicher Art — anordnen kann, wenn ihm die einmalige Einrückung nicht genügend erscheint (s. § 76 Abs. 2 Konk.-Ordn.). Weder ein Anheften an die Gerichtstafel, noch, wie bei Ladungen im Zivilprozesse, die zweimalige Einrückung in das Gerichtsblatt ist vorgeschrieben, und geeignet, die öffentliche Bekanntmachung zu ersetzen. Ebensowenig ist neben derselben eine auszugsweise Einrückung des Beschlusses in den Deutschen Reichsanzeiger (§ 111 Abs. 2 Konk.-Ordn.) angeordnet. Die öffentliche Bekanntmachung darf, mangels einer Bestimmung hierüber, nicht durch auszugsweise Einrückung in die bezüglichen Blätter erfolgen, — wie dies für das Konkursverfahren § 76 Abs. 1 Satz 1 gestattet. Abweichend vom § 206 C.-P.-O., aber in Übereinstimmung mit § 76 Abs. 1 Satz 2 Konk.-Ordn. ist ferner im Interesse der Beschleunigung des Verfahrens vorgeschrieben, daß die Bekanntmachung als bewirkt gilt mit dem Ablaufe des zweiten Tages nach der Ausgabe des die Einrückung oder die erste Einrückung enthaltenden Blattes. Der Tag der wirklichen **Ausgabe** des betreffenden Blattes, nicht seines Datums soll also nach dem zweifellosen Wortlaute des Gesetzes entscheiden. Von diesem Tage müssen zwei Tage vergangen sein, bevor die Bekanntmachung als bewirkt gilt. Ob einer dieser Tage ein Sonn- oder Feiertag ist, macht keinen Unterschied. Nach Analogie des § 76 Abs. 3 Konk.-Ordn. erscheint die Annahme begründet, daß auch hier die öffentliche Bekanntmachung als Zustellung an alle Beteiligten gilt, und die besondere Zustellung ersetzt, wenngleich das Gesetz neben ihr eine besondere Zustellung, bezw. Benachrichtigung vorschreibt (s. § 41 Satz 2 Anm. 176 S. 356 ff.). Und daraus folgt, daß die Fristen jedenfalls von dem im § 57 Abs. 1 Satz 2 bestimmten Termin an laufen, auch wenn neben der öffentlichen Bekanntmachung noch eine besondere Zustellung bezw. Benachrichtigung an Beteiligte vorgeschrieben und diese später oder überhaupt nicht erfolgt ist (s. § 50 Satz 2). Man wird dies auch für den Fall gelten lassen müssen, wenn die besondere Zustellung bezw. Benachrichtigung früher erfolgt ist, jedenfalls im vorliegenden Zwangsliquidationsverfahren mit Rücksicht auf § 42 Satz 2 (Anm. 180 S. 360), zumal die Benachrichtigung den Gläubigern nicht insinuiert und daher der Zeitpunkt des Empfangs schwer nachzuweisen sein wird. (Im Konkursverfahren ist diese Frage streitig. S. **Wengler** S. 478, A. M. **Wilmowski** 5. Aufl. S. 283, **Willenbücher** 2. Aufl. S. 152, v. **Sarwey** 5. Aufl. S. 572).

2. Über die **Form**, in welcher der Eröffnungsbeschluß öffentlich bekannt zu machen ist, trifft das Gesetz keine Bestimmung. Daß eine auszugsweise Veröffentlichung gestattet sein soll (nach Analogie des § 76 Abs. 1 Satz 1, § 111 Abs. 2 Konk.-Ordn.) ist nicht anzunehmen. Es ist also der Eröffnungsbeschluß in seinem **ganzen Umfange** öffentlich bekannt zu machen; freilich aber nur die **Formen** sc. der Tenor desselben (§ 111 Abs. 1 Konk.-Ordn.), nicht die etwaigen tatsächlichen

und rechtlichen, zur Begründung ꝛc. beigefügten Ausführungen. Eine Hinweisung auf die gesetzlichen Folgen der Eröffnung der Liquidation (z. B. §§ 43, 46) und andere Rechtsbelehrungen (z. B. über das Rechtsmittel und die Frist der Beschwerde § 42), gehören nicht in die Bekanntmachung und würden ungerechtfertigte, also nicht aus der Masse zu berichtigende Kosten (§ 46 Absatz 1 Satz 2) verursachen, für welche das die Publikation veranlassende Gerichtsorgan aufzukommen hätte.

3. Auch über das Organ des Gerichts, welches die öffentliche Bekanntmachung zu bewirken hat, fehlt eine Bestimmung im Gesetze. Man wird aber nach Analogie des § 111 Abs. 1 Konk.-Ordn. annehmen dürfen, daß dies Sache des Gerichtsschreibers sei, und daher erscheint es auch notwendig, daß dieser zur Niederschrift des Eröffnungsbeschlusses herangezogen wird.

4. Endlich mangelt dem Gesetze eine Vorschrift über die Zeit der Veröffentlichung. Auch hier ist es geboten auf die analoge Vorschrift des § 111 Abs. 1 Konk.-Ordn. zurückzugreifen, welche die sofortige Bekanntmachung anordnet und damit auch dem Zwecke und Wesen des Verfahrens entspricht. Denn es liegt bei den wichtigen, mit der Liquidationseröffnung verknüpften Rechtsfolgen (§§ 43, 46 ff.) die vorzugsweise Beschleunigung der öffentlichen Bekanntmachung in der Natur der Sache und im Interesse aller Beteiligten. Zu diesem Behufe muß über die Art der Bekanntmachung sogleich in dem Eröffnungsbeschlusse Bestimmung getroffen werden und die Ausführung dergestalt erfolgen, daß die Bekanntmachung mit den erforderlichen Verfügungen und Anschreiben noch an demselben Tage, an welchem der Beschluß gefaßt ist, zum Abgange befördert und, wenn irgend tunlich, spätestens in demjenigen Blatte, welches am Tage nach der Mitteilung des Inserats erscheint, enthalten ist. Wenn die Eröffnung der Liquidation erst im Beschwerdewege (§ 42) von dem Beschwerdegericht beschlossen wird, so hat doch das Liquidationsgericht bezw. dessen Gerichtsschreiber die weiter nach § 41 erforderlichen Verfügungen zu treffen. Das Beschwerdegericht muß daher unzweifelhaft stets das Amtsgericht sofort von der Eröffnung der Zwangsliquidation benachrichtigen, obwohl der hierauf bezügliche § 575 C.-P.-O. die Übertragung der erforderlichen Anordnungen an das Gericht, gegen dessen Verfügung Beschwerde erhoben wurde, nur fakultativ vorschreibt (v. Sarwey S. 106, A. M. Petersen S. 356).

§ 41. Satz 2. [176]) Satz 2 des § 41 bestimmt, daß die ihrem Wohnorte nach bekannten Bahnpfandgläubiger von dem Eröffnungsbeschlusse benachrichtigt werden sollen. Sie sollen also neben der öffentlichen Bekanntmachung desselben noch eine besondere Mitteilung von dem Eröffnungsbeschlusse durch das Gericht erhalten. Dieser Satz ist von der Abg.-Haus-Kommission eingefügt worden unter Hinweis auf analoge Bestimmungen der Konk.-Ordn. (§ 111 Abs. 3) und mit dem Bemerken, daß er nur instruktioneller Natur sei, wie sich aus der Fassung „soll benachrichtigt werden“ ergebe, und keine förmliche Zustellung, sondern nur eine formularmäßige Notifikation erfordern. Der Zweck sei, unter Umständen die Wiederholung einer öffentlichen Bekanntmachung zu ersparen.

1. Die Art der Benachrichtigung unterscheidet sich von der analogen in bezug genommenen des § 111 Abs. 3 der Konk.-Ordn. dadurch, daß letztere eine besondere Zustellung gemäß §§ 170 ff. der C.-P.-O. oder doch nach § 77 Abs. 1 Konk.-Ordn. gemäß §§ 175, 192 C.-P.-O. erfordert, während hier nur eine einfache Mitteilung unmittelbar und ohne besondere Form (s. § 77 Abs. 2 Konk.-Ordn.), eine „for-

mularmäßige Notifikation" ohne förmliche Zustellung genügt; dieselbe hat nur instruktionellen, nicht essentiellen Charakter. Demgemäß hat auch die Verabsäumung oder der Verlust der Benachrichtigung keinen Einfluß auf die rechtliche Wirkung des Eröffnungsbeschlusses bezw. des Liquidationsverfahrens. Nach Analogie des § 76 Abs. 3 Konk.-Ordn. ist anzunehmen, daß die öffentliche Bekanntmachung als Benachrichtigung an alle Beteiligten, also auch die Bahnpfandgläubiger gilt, obwohl § 41 Satz 2 des vorliegenden Gesetzes eine besondere Benachrichtigung derselben angeordnet hat. Denn wenn dies nach § 76 Abs. 3 Konk.-Ordn. für besondere Zustellungen vorgeschrieben ist, so muß es um so mehr auch für bloße Benachrichtigungen gelten. Daraus folgt aber auch das oben Anm. 175 S. 355 ff. über den Beginn und Lauf der Fristen vom Tage der öffentlichen Bekanntmachung ab bemerkte.

2. Über die Form der Benachrichtigung ist im Gesetze nichts bestimmt. Die Benachrichtigung bedarf daher keiner besonderen Form, sie kann nach Art der im § 77 Abs. 2 Konk.-Ordn. bezeichneten Mitteilungen, in einer einfachen formularmäßigen Notifikation ohne förmliche Zustellung, in einer schriftlichen Mitteilung durch Post, Boten 2c. bestehen. Nur das ist bestimmt, daß sie — neben der öffentlichen Bekanntmachung — an jeden Bahnpfandgläubiger besonders zu richten ist, jedoch nur an diejenigen, die ihren Wohnort nach bekannt sc. dem Gerichte bekannt sind, d. h. deren Wohnort sich mit Sicherheit aus den Eintragungen des Bahngrundbuchs oder dem Inhalt der Grundakten ergibt: unter dieser Voraussetzung aber auch an die Teilschuldgläubiger, da die ganz allgemeine Fassung des Satzes alle Bahnpfandgläubiger ausnahmlos und ohne Einschränkung begreift. Eine Verpflichtung zur Ermittelung des Wohnorts von Gläubigern liegt dem Gerichte nicht ob. Feststellungen durch die Polizeibehörde, Adreßbücher 2c. sind also nicht geboten. Unter Wohnort ist in der Regel der Gemeindebezirk zu verstehen. Die Benachrichtigung kann sich auf Abschrift der Formel des Eröffnungsbeschlusses beschränken (Anm. 175 S. 355) oder abgekürzt bezw. auszugsweise lediglich auf die Angabe, daß die Zwangsliquidation über das Bahnunternehmen . . . . durch Beschluß v. . . . . . eröffnet sei.

3. In betreff des Gerichtsorgans, welches die Benachrichtigung an die Bahnpfandgläubiger zu bewirken hat, sowie in betreff der Zeit der Benachrichtigung wird auf das oben Anm. 175 S. 356 Bezug genommen.

177) Satz 3 des § 41 schreibt für den, den Antrag auf Zwangsliquidation abweisenden Beschluß des Gerichts Zustellung an den Antragsteller von Amts wegen vor. Ein Erfordernis, anderen an der Bahneinheit Beteiligten die Abweisung des Beschlusses bekannt zu machen, liegt nicht vor, da diesen die Stellung des Antrags unbekannt ist, auch nicht notifiziert wird und sich keinerlei Rechtsfolgen für sie an die Abweisung knüpfen. Dagegen ist eine formelle Zustellung des abweisenden Beschlusses an den Antragsteller geboten, weil er zur Beschwerde gegen diesen Beschluß berechtigt ist (§ 42) und die Frist zur Einlegung der Beschwerde für ihn von der Zustellung ab zu laufen beginnt (§ 577 C.-P.-O.). Die Form der Bekanntmachung ist hier die besondere Zustellung an den Antragsteller, für welche die Vorschriften der C.-P.-O. §§ 166 ff. maßgebend sind. Die Zustellung erfolgt nicht auf Betreiben einer Partei unter bloßer Mitwirkung des Gerichts, sondern ist, wie die nicht verkündeten Gerichtsbeschlüsse (§ 329 Abs. 3 C.-P.-O.) von Amts wegen seitens des zuständigen Gerichts (§ 40 Anm. 172 S. 350) dem Antrag- § 41. Satz 3.

steller zuzustellen, und kann durch keine andere Form der Bekanntmachung oder Benachrichtigung gültig ersetzt werden. Neben der Zustellung ist eine öffentliche Bekanntmachung weder vorgeschrieben, noch erforderlich. Die Frist zur Beschwerde (§ 42) läuft daher ausschließlich von der Zustellung, auch wenn eine öffentliche Bekanntmachung aus irgendwelchem Grunde, versehentlich 2c. erfolgt sein sollte. Zuzustellen ist „der den Antrag auf Zwangsliquidation abweisende Beschluß des Gerichts" und zwar in demselben Umfange, in welchem im Eröffnungsfalle der Eröffnungsbeschluß öffentlich bekannt zu machen ist (Anm. 175 S. 354 ff.), auf Verfügung des beschließenden Gerichts und alsbald nach Fassung des Beschlusses (s. über die Zeit: Anm. 175 S. 356).

§ 42.[178])

Gegen den Eröffnungsbeschluß steht jedem Bahnpfandgläubiger, sowie dem Bahneigentümer oder Konkursverwalter, gegen den abweisenden Beschluß dem Antragsteller die sofortige Beschwerde nach Maßgabe der Deutschen Zivilprozeßordnung (§§ 577, 568 bis 575) zu.[179]) Die Frist zur Einlegung der Beschwerde gegen den Eröffnungsbeschluß beginnt mit der Bekanntmachung desselben (§ 41).[180])

[178]) **Prinzip und Entstehungsgeschichte des § 42.**

§ 42. Prinzip. I. **Prinzip.** Im Anschluß an § 41, welcher die Bekanntgabe des Eröffnungs- und Abweisungsbeschlusses regelt, trifft § 42 über das dagegen zulässige **Rechtsmittel** Bestimmung. Sowohl gegen den Eröffnungsbeschluß, wie gegen den Abweisungsbeschluß gibt Satz 1 als Rechtsmittel die **sofortige Beschwerde** nach Maßgabe der deutschen Zivilprozeßordnung (§§ 577, 568—575). Doch ist dem Maße des Interesses entsprechend gegen den Eröffnungsbeschluß jedem nach § 40 Abs. 2 (Anm. 178 S. 352 ff.) zum Antrage auf Eröffnung Berechtigten, d. h. jedem Bahnpfandgläubiger, dem Bahneigentümer oder Konkursverwalter, dieses Rechtsmittel gestattet, gleichviel ob er der Antragsteller ist oder nicht, während es gegen den Abweisungsbeschluß nur dem Antragsteller zusteht, also unter Ausschluß aller anderen, an der Bahneinheit Beteiligten. Daran reiht sich im Satz 2 eine Bestimmung über den **Beginn der Frist** zur Einlegung der Beschwerde gegen den **Eröffnungsbeschluß**. In betreff des Abweisungsbeschlusses war eine bezügliche Bestimmung nicht notwendig, da dieser gemäß § 41 Satz 3 des vorliegenden Gesetzes stets zugestellt werden muß und für diesen Fall der allegierte § 577 C.-P.-O. über den Fristbeginn ausreichend disponiert. Wohl aber war eine Regelung hinsichtlich des Eröffnungsbeschlusses erforderlich, weil dieser nicht durch Zustellung, sondern durch öffentliche Bekanntmachung (§ 41 Satz 1) und außerdem, soweit die Bahnpfandgläubiger ihrem Wohnort nach bekannt sind, an diese durch besondere Benachrichtigung notifiziert wird, diese Formen der Bekanntgabe des Gerichtsbeschlusses aber im § 577 C.-P.-O. nicht berücksichtigt sind. Aus diesem Grunde stellt § 42 im Satz 2 als Fristbeginn für den Eröffnungsbeschluß die Bekanntmachung desselben hin, und zwar in **allen Fällen**, gleichviel ob nur diese (§ 41 Satz 1) oder auch noch außerdem eine besondere Benachrichtigung an Bahnpfandgläubiger stattgefunden hat.

§ 42. Entstehung. II. Aus der Entstehungsgeschichte des § 42 ist nur hervorzuheben, daß in dem **Regierungsentwurfe** v. 18. März 1895 § 50 (Nr. 24 S. 15), welcher eine nähere Begründung nicht gefunden hat, der vorliegende § 50 fast wörtlich übereinstimmend enthalten war.

[179]) Satz 1 des § 42 gibt das Rechtsmittel der sofortigen Beschwerde sowohl gegen den Eröffnungsbeschluß (§ 40 Anm. 172 S. 351, § 41 Anm. 175 S. 354) wie gegen den Abweisungsbeschluß (§ 40 Anm. 172 S. 351, § 41 Anm. 177 S. 357). Für maßgebend sind die §§ 568 bis 576 in Verbindung mit § 577 der deutschen Zivilprozeßordnung erklärt. § 42. Satz 1.

1. Die Zuständigkeit zur Entscheidung über die Beschwerde besitzt danach das im Instanzenwege zunächst höhere Gericht, d. h. das dem bahngrundbuchführenden Amtsgerichte (§ 40 Anm. 172 S. 350) vorstehende Landgericht (§ 71 Ger.-Verf.-Ges.). Gegen die Entscheidung des Beschwerdegerichts findet, soweit nicht in derselben ein neuer selbständiger Beschwerdegrund enthalten ist, eine weitere Beschwerde nicht statt. Eventuell ist weitere sofortige Beschwerde an das diesem vorstehende Oberlandesgericht (§ 123 Nr. 4) und an das Reichsgericht (§ 135 Nr. 2) zu richten (C.-P.-O. § 568).

2. Die Einlegung der Beschwerde hat bei dem bahngrundbuchführenden Amtsgericht zu erfolgen, kann aber auch in dringenden Fällen bei dem Beschwerdegericht stattfinden (C.-P.-O. § 569 Abs. 1). Sie ist binnen einer Notfrist von zwei Wochen (§§ 222 bis 224 C.-P.-O.), welche beim Eröffnungsbeschluß mit der öffentlichen Bekanntmachung (s. unten Anm. 180), beim Abweisungsbeschluß mit der Zustellung beginnt, einzulegen. Die Einlegung bei dem Beschwerdegericht genügt zur Wahrung der Notfrist, auch wenn der Fall für dringlich nicht erachtet wird (über Wiedereinsetzung gegen den Ablauf der Notfrist s. § 286 Abs. 2 C.-P.-O.). Liegen die Erfordernisse der Nichtigkeits- oder der Restitutionsklage vor (§§ 579 bis 582 l. c.), so kann die Beschwerde auch nach Ablauf der Notfrist innerhalb der für diese Klagen geltenden Notfristen (§ 586 l. c.) erhoben werden. Das Gericht ist zu einer Abänderung seiner durch Beschwerde angegriffenen Verfügung nicht befugt (§ 577 Abs. 3 l. c.), außer in den Fällen des § 103 Abs. 1 und des § 105 Abs. 4 gemäß der Vorschrift des § 571.

Die Einlegung erfolgt durch Einreichung einer Beschwerdeschrift, kann aber auch durch Erklärung zum Protokolle des Gerichtsschreibers erfolgen (§ 569 Abs. 2). Die Beschwerde kann auf neue Tatsachen und Beweise gestützt werden (C.-P.-O. § 570). Sie ist vor Ablauf einer Woche dem Beschwerdegerichte vorzulegen (§ 571 l. c). Die Beschwerde hat keine aufschiebende Wirkung. Das Beschwerdegericht ist auch nicht befugt, anzuordnen, daß die Vollziehung des Beschlusses auszusetzen sei. Wohl aber kann dasselbe vor der Entscheidung einstweilige Anordnungen hinsichtlich der Verwertung der Masse treffen, um später nicht mehr rückgängig zu machende Nachteile abzuwenden (Vgl. Wilmowski 5. Aufl. S. 327, Willenbücher 2. Aufl. S. 178, Eccius I. § 116. Anm. 1).

3. Das Verfahren vor dem Beschwerdegericht ist dadurch vereinfacht, daß die Entscheidung über die Beschwerde ohne vorgängige mündliche Verhandlung erfolgen kann (§ 573 Abs. 1 C.-P.-O.). Alsdann ist die Entscheidung von Amts wegen zuzustellen (§ 329 Abs. 3 l. c.). Ordnet das Gericht eine schriftliche Erklärung an, so kann dieselbe zum Protokolle des Gerichtsschreibers abgegeben werden (§ 573 l. c.). Das Beschwerdegericht hat von Amts wegen zu prüfen, ob die Beschwerde an sich statthaft und ob sie in der gesetzlichen Form (§ 569 l. c.) und Frist (§ 577 Abs. 2 l. c.) eingelegt sei. Mangelt es an einem dieser Erfordernisse, so

ist die Beschwerde als unzulässig zu verwerfen. Erachtet aber das Beschwerdegericht die Beschwerde für begründet, so kann es demjenigen Gericht, von welchem der beschwerende Beschluß erlassen war, die erforderliche Anordnung übertragen (§§ 574, 575 l. c.).

4. In betreff der Berechtigung zur Einlegung der Beschwerde ist zwischen dem Eröffnungsbeschluß und dem Abweisungsbeschluß unterschieden.

a) Gegen den Eröffnungsbeschluß steht jedem Bahnpfandgläubiger, ausnahmslos also auch dem Teilschuldgläubiger, ferner dem Bahneigentümer oder, wenn über dessen Vermögen der Konkurs eröffnet ist, dem Konkursverwalter die sofortige Beschwerde zu (s. § 40 Abs. 2 Anm. 178 S. 852ff.). Es kommt nicht in Betracht, ob der Beschwerdeführer den Antrag auf Eröffnung der Zwangsliquidation gestellt hat. Auch wenn er diesen Antrag nicht gestellt hat, ist er zur Einlegung der Beschwerde legitimiert, falls er nur einer der vorbezeichneten Kategorien angehört bezw. sich als dazu gehörig legitimiert. Hat der Bahneigentümer oder Konkursverwalter jedoch selbst den Antrag auf Eröffnung der Liquidation gestellt, so hat er keinen Grund zur Beschwerde, — es müßte denn sein, daß Legitimationsmängel vorliegen oder der Antrag zurückgenommen ist.

b) Dagegen ist zur Beschwerde gegen den Abweisungsbeschluß nur der Antragsteller berechtigt, kein anderer der an der Bahneinheit als Bahnpfandgläubiger, Eigentümer oder Konkursverwalter Beteiligten. Zwar muß der Natur der Sache nach der Beschwerdeführer eine dieser Kategorien angehören, weil nur ein zu diesen Gehöriger überhaupt gemäß § 40 Abs. 2 den Antrag auf Eröffnung der Zwangsliquidation stellen darf. Aber ausschließlich der Antragsteller, dessen Antrag vom Gericht abgewiesen ist, ist berechtigt, gegen den abweisenden Beschluß Beschwerde einzulegen. Aus diesem Grunde ist auch nach § 41 Satz 3 der den Antrag auf Zwangsliquidation abweisende Beschluß des Gerichts lediglich dem Antragsteller von Amts wegen zuzustellen (Anm. 177 S. 357). Der abweisende Beschluß beseitigt aber immer nur den gegenwärtig vorliegenden Antrag und ist nur insoweit, nicht aber objektiv gegen alle Interessenten der Rechtskraft fähig. Der abgewiesene Antrag kann nicht nur von einem andern, sondern auch — unter besserer Begründung — von dem Abgewiesenen selbst aufgenommen werden (Willenbücher 2. Aufl. S. 178).

§ 42. Satz 2. 180) Satz 2 des § 42 ergänzt die für den Beginn der Beschwerdefrist in der C.-P.-O. (§ 577) enthaltenen Bestimmungen. Denn § 577 Abs. 2 l. c. trifft hierüber nur für den Fall der Zustellung des Beschlusses und zwar dahin Bestimmung, daß die zweiwöchentliche Notfrist mit der Zustellung beginnt. Im vorliegenden Zwangsliquidationsverfahren ist aber nur für den Abweisungsbeschluß durch § 41 Satz 3 (Anm. 177) die Zustellung vorgeschrieben. Für den Eröffnungsbeschluß ist lediglich die öffentliche Bekanntmachung (§ 41 Satz 1 Anm. 175) und soweit ihrem Wohnorte nach bekannte Bahnpfandgläubiger vorhanden sind, eine einfache Benachrichtigung an diese angeordnet. Hiernach bedurfte es für den Eröffnungsbeschluß einer besonderen, den § 577 Abs. 2 C.-P.-O. ergänzenden Bestimmung über den Fristbeginn der sofortigen Beschwerde. Und diese Bestimmung ist im § 42 Satz 2 dahin getroffen, daß die Frist zur Einlegung der Beschwerde gegen den Eröffnungsbeschluß mit der Bekanntmachung desselben beginnt. Es ist zwar nur allgemein „Bekanntmachung“ gesagt und auf den § 41 Bezug genommen, so daß es fraglich sein könnte, ob nicht für die Bahnpfandgläubiger, welche gemäß

§ 41 Satz 2 eine besondere Benachrichtigung erhalten sollen, die Frist mit dieser beginnt. Indes ist doch anzunehmen, daß unter „Bekanntmachung" die öffentliche Bekanntmachung zu verstehen ist und von der letzteren an die Frist ausnahmslos für alle zur Beschwerde Berechtigten (§ 42 Satz 1), also auch für die besonders zu benachrichtigenden Bahnpfandgläubiger, läuft. Denn einerseits spricht dafür die Analogie des § 76 Abs. 3 Konk.-Ordn., wonach die öffentliche Bekanntmachung als Zustellung an alle Beteiligten gilt, selbst wenn neben ihr eine besondere Zustellung vorgeschrieben ist. Und andererseits handelt es sich im § 42 Satz 2 lediglich um eine nicht obligatorische, die Rechtswirksamkeit des Verfahrens beeinträchtigende Maßnahme, um eine einfache Notifikation, welche nicht von einer Empfangsbescheinigung (Zustellungsurkunde 2c.) begleitet zu sein braucht und über deren Empfang durch den Gläubiger also zumeist ein Beweis sich nicht würde erbringen lassen.

§ 43.[181])

Nach der Bekanntmachung des Eröffnungsbeschlusses und bis zur Beendigung der Zwangsliquidation können die einzelnen Bahnpfandgläubiger ihr Recht nicht selbständig geltend machen.[182])

[181]) Prinzip und Entstehungsgeschichte des § 43.

I. Prinzip. Der Zweck der Zwangsliquidation, wie sie im fünften Abschnitt des vorliegenden Gesetzes geregelt ist, besteht darin, im Interesse der Kreditfähigkeit der Bahneinheit, den Bahnpfandgläubigern auch nach Erlöschen der Genehmigung das Recht und die Möglichkeit der abgesonderten, vorzugsweisen Befriedigung aus den einzelnen Bestandteilen der bis zum Erlöschen der Genehmigung betriebsfähig gewesenen Bahneinheit zu gewähren. Zu diesem Behufe wird dieselbe, obwohl ihr nunmehr das Band der Betriebsfähigkeit fehlt, rechtlich bezw. durch positive Gesetzesbestimmung als ein Ganzes bis zur Schließung des Bahngrundbuchblatts zusammengehalten (§ 3 Abs. 1, § 4 Abs. 3, § 14 Satz 4 u. 5); es sind bis zu diesem Zeitpunkte Verfügungen des Bahneigentümers über Bestandteile der Bahneinheit den Bahnpfandgläubigern gegenüber für unwirksam erklärt (§ 19) und allen Gläubigern — mit Ausnahme derjenigen, deren Rechte auch den Bahnpfandgläubigern gegenüber wirksam sind, — Zwangsvollstreckungen in die Bestandteile der Bahneinheit verboten (§ 37 Abs. 2 Satz 1). § 43. Prinzip.

Diese Maßnahmen würden jedoch für sich allein noch nicht ausreichen, um den oben bezeichneten Zweck der Zwangsliquidation zu erfüllen. Sie versetzen zwar die Bahnpfandgläubiger rechtlich in die Lage, ihr Recht an der bisherigen Bahneinheit nunmehr an den einzelnen Bestandteilen derselben zur abgesonderten Befriedigung zu bringen. Aber sie schützen nicht dagegen, daß dies durch selbständige und unzusammenhängende Zugriffe der einzelnen Bahnpfandgläubiger geschieht und dadurch aus den bereits an früherer Stelle (Anm. 171 S. 348 ff.) angeführten Gründen die Befriedigung gehemmt und vereitelt wird. Demgemäß hat das Gesetz das Zwangsliquidationsverfahren zu einem gemeinschaftlichen gestaltet, welches nach Analogie des Konkursverfahrens die Verfolgung der Rechte durch einzelne Bahnpfandgläubiger ausschließt. Diesem Grundsatze gibt § 43 in Anlehnung an die §§ 11, 12, insbesondere aber an den § 126 Konkursordnung, welcher die Befugnis zur Betreibung einer Zwangsverwaltung oder Zwangsversteigerung der zur Masse gehörigen unbeweglichen Gegenstände lediglich auf den Konkursverwalter beschränkt. durch die Bestimmung Ausdruck, daß nach Bekanntmachung des Eröffnungsbeschlusses und bis zur Beendigung der Zwangsliquidation die einzelnen Bahnpfandgläubiger ihr Recht nicht selbständig geltend machen können. Mithin ist während der ganzen Dauer des Zwangsliquidationsverfahrens die Geltendmachung der Rechte nicht durch die einzelnen Bahnpfandgläubiger, sondern nur durch den Liquidator (s. § 44 Anm. 188 S. 366, 367) gestattet.

Das Verbot der selbständigen Geltendmachung bezieht sich nur auf die Bahnpfandgläubiger, d. h. auf die in das Bahngrundbuch eingetragenen Pfandrechtsgläubiger. Für alle anderen Gläubiger ist vom Erlöschen der Genehmigung bis zur Schließung des Bahngrundbuchs die Zwangsvollstreckung in die zur Bahneinheit gehörigen Gegenstände bereits durch die Vorschrift des § 37 Abs. 2 Satz 1 ausgeschlossen. Eine Ausnahme hiervon bilden nur diejenigen Gläubiger, welche ein auch den Bahnpfandgläubigern gegenüber wirksames Recht besitzen (Anm. 159 S. 321).

Das Verbot des § 48 erstreckt sich auf den Zeitraum von der Bekanntmachung des Eröffnungsbeschlusses (§ 41) bis zur Beendigung der Zwangsliquidation (§ 49), so daß für die Zeit von dem Erlöschen der Genehmigung (§ 8, § 14 Satz 1) bis zur Bekanntmachung des Eröffnungsbeschlusses den einzelnen Bahnpfandgläubigern an sich die Möglichkeit gegeben sein würde, ihr Recht selbständig geltend zu machen. Indes würde dies den betreibenden Bahnpfandgläubigern gegenüber den anderen keinen Vorteil bieten. Denn nach § 4 Abs. 8 wird die Bahneinheit, wenn sie wegen eingetragener Pfandrechte nach Erlöschen der Genehmigung noch fortbesteht, als ein unversehrbares Ganzes durch alle zur Zeit des Erlöschens zu ihr gehörigen Gegenstände und Rechte gebildet, und es ist durch die Bestimmungen des § 14 Satz 3—5 genügende Vorsorge dafür getroffen, daß bei rechtzeitig gestelltem Antrage auf Eröffnung des Zwangsliquidationsverfahrens ein einseitiges Vorgehen eines Bahnpfandgläubigers in der Zeit von dem Erlöschen der Genehmigung bis zur Bekanntmachung des Eröffnungsbeschlusses zweck- und gegenstandslos, mithin für die anderen Bahnpfandgläubiger ohne Nachteil bleibt. Andererseits kann von der selbständigen Wiederaufnahme der Geltendmachung des Pfandrechts der Bahnpfandgläubiger nach Beendigung der Zwangsliquidation nicht mehr die Rede sein. Denn mit dieser Beendigung erfolgt die Schließung des Bahngrundbuchs und erlöschen folgeweise sämtliche Bahnpfandrechte (§ 14 Satz 4). Es können also nur noch Rechte in Frage kommen, die den Bahnpfandgläubigern — abgesehen von den Bahnpfandrechten — zustehen.

§ 48. Entstehung. II. Durch die Entstehungsgeschichte des § 48 werden die vorstehenden Ausführungen bestätigt.

In dem Regierungsentwurfe v. 13. März 1895 (Drucks. d. Herrenh. Nr. 24 S. 15) § 50 war der vorliegende § 48 fast wörtlich übereinstimmend in Vorschlag gebracht und kurz damit begründet (a. a. O. S. 54), daß der Liquidator die den Pfandgläubigern hinsichtlich der Einziehung von Forderungen zustehenden Rechte auszuüben habe. Damit seine auf die Verwertung der Pfandgegenstände gerichtete Tätigkeit nicht durch ein Vorgehen einzelner Gläubiger gestört werde, sei die selbständige Verfolgung einer Bahnpfandschuld während der Dauer des Verfahrens ausgeschlossen.

Hierauf ist der Paragraph als § 51 ohne weitere Diskussion in den Kommissionen und Häusern des Landtages unbeanstandet in der Fassung des Entwurfs von 1895 in das Eisenb.-Pfandr.-Ges. v. 19. August 1895 aufgenommen worden.

Im Revisionsentwurf v. 10. Februar 1902 (Drucks. d. Herrenh. Sess. 1902 Nr. 42 S. 7) wurde § 51 unverändert vorgeschlagen und ging als § 48 in das Bahneinh.-Ges. v. 11. Juni 1902 über.

182) § 48 gibt der Bestimmung Ausdruck, daß während des im vorliegenden Abschnitt geregelten Zwangsliquidationsverfahrens eine selbständige Geltendmachung ihrer Rechte durch einzelne Bahnpfandgläubiger nicht stattfinden darf. Diese Bestimmung ist eine notwendige Konsequenz des gemeinschaftlichen Zwangsliquidationsverfahrens. Mußte zur Vermeidung der an früherer Stelle (§ 40 Anm. 171 S. 348 ff.) bereits eingehend erörterten, durch den Zugriff der einzelnen Bahnpfandgläubiger drohenden Unzuträglichkeiten behufs abgesonderter Befriedigung derselben, die Bahneinheit als Ganzes noch weiter aufrecht erhalten und aus den Bestandteilen der Bahneinheit nach Erlöschen der Genehmigung ein gemeinschaftliches Zwangsliquidationsverfahren eingeführt werden, so ergab sich daraus folgerichtig, daß ein selbständiges Verfolgungsgeltendmachungsrecht durch einzelne Bahnpfandgläubiger neben diesem Liquidationsverfahren nicht zugelassen werden konnte, weil anderenfalls der Zweck des letzteren illusorisch geworden wäre. Vielmehr mußten während der Dauer der Zwangsliquidation die zur gemeinsamen Befriedigung der Bahnpfandgläubiger dienenden Bestandteile der Bahneinheit gegen jeden Einzelangriff tunlichst geschützt und die Geltendmachung der Gläubigerrechte dem Liquidator als Vertreter sowohl der Gesamtheit der Bahnpfandgläubiger, wie auch des Bahneigentümers überlassen werden.

1. Aus vorstehendem folgt, daß die Bestimmung des § 48 eine obligatorische ist. Sie enthält nach ihrer kategorischen Fassung, wie auch dem Zwecke gemäß ein absolutes Verbot der selbständigen Geltendmachung der Rechte durch die einzelnen Bahnpfandgläubiger, während der Dauer der Zwangsliquidation. Dieselben dürfen ebensowenig irgendwelche selbständige Verfolgungsakte, Anträge, Beschlagnahmen zc. vornehmen bezw. beantragen, wie es den zuständigen Behörden, Gerichten nicht gestattet ist, derartige Maßnahmen zuzulassen bezw. entsprechenden Anträgen zu willfahren. Das Zuwiderhandeln wider dieses Verbot macht sowohl die betreffenden Gläubiger, wie die Behörden bezw. Gerichte verantwortlich und die qu. Akte rechtsungültig.

2. Das Verbot des § 48 umfaßt die Zeit von der „Bekanntmachung des Eröffnungsbeschlusses bis zur Beendigung der Zwangsliquidation".

a) Anfangspunkt ist hiernach die Bekanntmachung des Eröffnungsbeschlusses. Unter Eröffnungsbeschluß ist der im § 40 Abs. 1 bezeichnete, nach Erlöschen der Genehmigung auf Antrag der hierzu Berechtigten (§ 40 Abs. 2) von dem zuständigen Gerichte zu fassende Beschluß über die Eröffnung der Zwangsliquidation zur abgesonderten Befriedigung der Bahnpfandgläubiger aus den einzelnen Bestandteilen der Bahneinheit gemeint (Anm. 172 S. 351). Als Bekanntmachung des Eröffnungsbeschlusses gilt in allen Fällen die im § 41 Satz 1 bezeichnete öffentliche Bekanntmachung, und zwar auch für die ihrem Wohnorte nach bekannten Bahnpfandgläubiger, welche eine besondere Benachrichtigung des Beschlusses erhalten (§ 41 Anm. 175 S. 354, Anm. 176 S. 356 ff.). Das Verbot beginnt also für alle

Bahnpfandgläubiger gleichmäßig und ausnahmslos mit der öffentlichen Bekanntmachung des Eröffnungsbeschlusses.

b) Der Endpunkt ist die Beendigung der Zwangsliquidation. Es ist hier nicht die öffentliche Bekanntmachung des Aufhebungsbeschlusses (§ 49 Abs. 3), wie in betreff des Anfangspunktes als Termin bezeichnet, sondern die Beendigung der Zwangsliquidation. Man wird daher arg. e contr. als Endpunkt den Tag der Rechtskraft des Beschlusses der Aufhebung ansehen müssen (§ 49 Abs. 1, 2), nicht den Tag der öffentlichen Bekanntmachung dieses Beschlusses (§ 49 Abs. 3 Anm. 220). Die Bezeichnung dieses Endpunktes ist eigentlich selbstverständlich. Denn mit der Beendigung der Zwangsliquidation erfolgt die Schließung des Bahngrundbuchs (§ 14), damit hört die Bahneinheit zu bestehen auf (§ 8 Abs. 1), mithin enden auch die Pfandrechte der Bahnpfandgläubiger und das Recht der Geltendmachung an den ehemaligen Teilen der Bahneinheit.

c) Der Zeitraum von der Bekanntmachung des Eröffnungsbeschlusses bis zur Beendigung der Zwangsliquidation schließt sich nicht unmittelbar an das Erlöschen der Genehmigung an. Vielmehr bleibt zwischen letzterem und der Bekanntmachung des Eröffnungsbeschlusses ein Zwischenraum, in welchem, mangels eines Verbots gemäß § 48, die selbständige Geltendmachung des Pfandrechts durch einzelne Bahnpfandgläubiger an sich gestattet ist. Doch würde darin für den betreibenden Gläubiger kein Vorteil liegen. Denn da die Bahneinheit, wenn Pfandrechte eingetragen sind, gemäß § 8 und § 4 Abs. 3 auch nach Erlöschen der Genehmigung als Ganzes erhalten bleibt und mit ihren z. Z. des Erlöschens vorhandenen Bestandteilen sämtlichen Bahnpfandgläubigern bei rechtzeitiger Stellung des Antrags auf Zwangsliquidation (§ 14 Satz 3—5) als Pfandobjekt weiter haftet, so würde der betreibende Gläubiger den Erlös aus Bestandteilen der Bahneinheit mit den übrigen Bahnpfandgläubigern teilen müssen.

3. Das Verbot erstreckt sich auf jede selbständige Geltendmachung des Gläubigerrechts, gleichviel in welcher Art sich dieselbe äußert, ob durch einen Antrag auf Zwangsversteigerung, Zwangsverwaltung oder durch irgend einen anderen Akt der Geltendmachung. Wesentlich ist, daß die selbständige Geltendmachung untersagt ist, daraus folgt, daß nur die unselbständige, durch das gemeinschaftliche Liquidationsverfahren (§ 40) herbeigeführte bezw. mittelbar durch den Liquidator (§§ 44 ff.) bewirkte Geltendmachung und Realisierung der Gläubigerpfandrechte gesetzlich gestattet ist. Diese Vorschrift lehnt sich an den § 126 Konk.-Ordn. und es ist demgemäß der Liquidator durch § 46 mit gleichen Befugnissen versehen, wie der Konkursverwalter gemäß § 126 Konk.-Ordn. (vgl. hierzu noch § 19 Anm. 98 S. 195 ff.).

4. Das Verbot bezieht sich ausschließlich auf die Bahnpfandgläubiger, d. h. diejenigen Gläubiger, deren Pfandrechte in das Bahngrundbuchblatt eingetragen sind, welchen also die Bahneinheit pfandrechtlich haftet, auf diese aber ausnahmslos, mithin gleichviel ob die Schuld eine Hypothek, Grund- oder Rentenschuld ist, ob sie für einen bestimmten Gläubiger oder ohne Bezeichnung eines bestimmten Gläubigers (in Teilschulden zerlegt) eingetragen ist (§ 18), sonach auch auf die Inhaber von Teilschuldverschreibungen.

Aus der Beschränkung des Verbots auf die einzelnen Bahnpfandgläubiger darf jedoch nicht gefolgert werden, daß anderen Gläubigern die selbständige Geltendmachung ihrer Rechte während der Dauer des Zwangsliquidationsverfahrens gestattet sei. Es kommen außer den Bahnpfandgläubigern nur noch zwei Kategorien von Gläubigern in Betracht; erstens solche, deren Rechte denen der Bahnpfandgläubiger nachstehen, und zweitens solche, deren Rechte auch den Bahnpfandgläubigern gegenüber wirksam sind, diesen also vorgehen. Über beide Kategorien disponiert § 87 durch Satz 1 des Abs. 2, indem er die Zwangsvollstreckung, wenn die Bahneinheit nach dem Erlöschen der Genehmigung noch fortbesteht, bis zur Schließung des Bahngrundbuchblatts (§ 14) — also auch während der Dauer der Zwangsliquidation — nur zur Beitreibung eines den Bahnpfandgläubigern gegenüber wirksamen Rechts für zulässig erklärt. Welche Rechte dies sind, ist bei § 87 (Anm. 159 S. 820 ff.) des näheren erörtert. Es folgt daraus, daß allen anderen Gläubigern, außer diesen, die Zwangsvollstreckung während der Liquidationsdauer nicht zusteht. Erwägt man nun noch, daß durch § 19 im Falle des Fortbestehens der Bahneinheit nach dem Erlöschen der Genehmigung Verfügungen des Bahneigentümers über einzelne Bestandteile der Bahneinheit den Bahnpfandgläubigern gegenüber für unwirksam erklärt sind (Anm. 98 S. 194 ff.), abgesehen von den in gutem Glauben erworbenen Rechten (Anm. 94 S. 198 ff.), von einem gutgläubigen Erwerbe aber nach öffentlicher Bekanntmachung des Liquidationseröffnungsbeschlusses (§ 41) wohl nicht mehr die Rede sein kann, so erscheint die Durchführung des gemeinschaftlichen Liquidationsverfahrens gegen die Zugriffe und selbständige Verfolgung einzelner Gläubiger genügend geschützt und mit ausreichenden Garantien umgeben. Selbst wenn ein Gläubiger, dessen Recht auch den Bahnpfandgläubigern gegenüber wirksam ist, von seinem Recht Gebrauch macht und an Bestandteilen der Bahneinheit einen selbständigen Akt der Geltendmachung (Versteigerung ꝛc.) ausübt, so wird nach § 87 Abs. 3 Satz 3 (Anm. 163 S. 825 ff.) derjenige Teil des Erlöses, welcher dem Bahneigentümer zufällt, Bestandteil der Bahneinheit und damit nunmehr der selbständigen Geltendmachung durch die Bahnpfandgläubiger entzogen.

§ 44.[183])

Zugleich mit der Eröffnung der Zwangsliquidation ernennt das Gericht einen Liquidator und beruft eine Versammlung der Bahnpfandgläubiger zur Bestellung eines Ausschusses von mindestens zwei Mitgliedern.[184])

Die Berufung erfolgt durch öffentliche Bekanntmachung derselben unter Angabe des Zweckes.[185]) Die Versammlung findet unter Leitung des Gerichts statt.[186])

Wahlen erfolgen nach relativer Mehrheit, andere Beschlußfassungen nach absoluter Mehrheit der Stimmen der erschienenen Gläubiger.[187]) Die Stimmenmehrheit wird nach den Beträgen der Forderungen berechnet.[188]) Die Inhaber von Teilschuldverschreibungen müssen dieselben nach Anordnung des Gerichts hinterlegt haben.[189])

[183]) Prinzip und Entstehungsgeschichte des § 44.

I. Prinzip. Mit § 44 beginnt der die §§ 44 bis 48 umfassende dritte Teil des Zwangsliquidationsverfahrens, welcher die Bestellung bezw. Berufung, Verhältnisse und Obliegenheiten (Rechte und Pflichten) der die Liquidation durchführenden Organe regelt (Anm. 171 S. 846, 847). In Anlehnung an die Konkurs- § 44. Prinzip.

ordnung bestehen diese Organe in dem Liquidator, welchem die Verwertung der Bestandteile der Bahneinheit und die Verteilung des Erlöses aus denselben behufs abgesonderter Befriedigung der Bahnpfandgläubiger, die Schlußrechnung und Herbeiführung der Aufhebung des Verfahrens unter Aufsicht des Gerichts obliegt (§ 45 Abs. 3, §§ 46—49), in dem Gläubigerausschusse, welcher bei diesen Obliegenheiten in wichtigeren Fällen mitzuwirken (§ 46 Abs. 2, §§ 47, 48 Abs. 3, 49 Abs. 1) und die gesamte Tätigkeit des Liquidators zu überwachen hat (§ 46 Abs. 1), und in der Gläubigerversammlung, welcher das Gesetz zwar nur die Wahl der Mitglieder des Ausschusses zuweist (§ 44), ohne jedoch auszuschließen, daß die Gläubigerversammlung nicht auch mit Stimmenmehrheit dem Liquidator Anweisungen in betreff der Führung der Geschäfte erteilt.

Der Umfang der Obliegenheiten und der Geschäftskreis dieser Organe ergibt sich aus der ihnen gestellten Aufgabe; wobei die bezüglichen Vorschriften der Konk.-Ordn. ergänzend heranzuziehen sind. Insbesondere bemessen sich danach die Rechte und Pflichten des Liquidators als des eigentlichen Exekutivorgans. Seine Rechtsstellung gegenüber dem Vollstreckungsgericht, dem Bahneigentümer und den Bahnpfandgläubigern ist, wie die Motive des 1895er Entwurfs ausdrücklich aussprechen, eine der Stellung des Konkursverwalters ähnliche, wenngleich der wesentlich beschränktere Zweck der Liquidation im Vergleiche zum Konkurse der Natur der Sache nach ein geringeres Maß von Befugnissen und Obliegenheiten bedingt.

Die Rechtsstellung des Konkursverwalters ist aber eine sehr bestrittene. Die einen erklären denselben für den Vertreter des Gemeinschuldners, andere als Vertreter der Gläubiger, dritte als Vertreter der Konkursmasse und noch andere endlich wollen ihn in einer Beziehung als Vertreter des Gemeinschuldners, in anderer als Vertreter der Gläubiger oder der Konkursmasse auffassen. In der Praxis ist nach langem Schwanken (Entsch. d. Reichsger. Bd. II S. 24, 270; VI S. 112; VIII S. 418; XIV S. 408; XVIII S. 893) die Vertretungstheorie verworfen und in einer neueren Entscheidung des Reichsgerichts v. 80. März 1892 (Entsch. Bd. XXIX S. 29, 36) der zutreffende Grundsatz ausgesprochen worden, daß der Konkursverwalter ein im öffentlichen Interesse geschaffenes Organ für die Durchführung des Zwecks des Konkurses ist, das seine Legitimation zur Ausübung der ihm übertragenen Funktionen unmittelbar aus dem Gesetze entnimmt. Er handelt nicht als Vertreter des Gemeinschuldners oder der Konkursgläubiger, denn seine Funktionen gehen über den Kreis der rechtlichen Funktionen dieser hinaus; er handelt auch nicht als Vertreter der Konkursmasse, die überhaupt kein Vermögenssubjekt, sondern nur ein der Verfügung des Konkursverwalters unterworfenes Vermögensobjekt bildet. Er handelt vielmehr lediglich kraft gesetzlichen Auftrages zur Erfüllung der ihm gestellten Aufgabe. Hat er dabei auch die Interessen des Gemeinschuldners wahrzunehmen, so geschieht dies doch nicht in stellvertretender Ausübung von rechtlichen Befugnissen dieser Personen, sondern in Erfüllung der ihm gesetzlich auferlegten Verpflichtungen. Wie diese Verpflichtungen seine eigenen sind, so sind auch die ihm zur Ermöglichung ihrer Erfüllung beigelegten Berechtigungen seine eigenen, und dazu gehört auch die Dispositionsbefugnis über das zur Konkursmasse gezogene Vermögen. Daher werden auch die in der Konkursverwaltung vorkommenden Prozesse vom Konkursverwalter in dieser gesetzlichen Eigenschaft geführt, nicht in Vertretung des Gemeinschuldners.

Auch der Liquidator im vorliegenden Zwangsliquidationsverfahren ist hiernach als ein im öffentlichen Interesse geschaffenes Organ für die Durchführung des Zwecks der Liquidation zu erachten, das seine Legitimation zur Ausübung der ihm übertragenen Funktionen unmittelbar aus dem Gesetze entnimmt. Zutreffend bemerken daher die Motive, daß der Liquidator mit Rücksicht auf die ihm vom Gesetze übertragenen Funktionen „nicht mehr bloß der Bevollmächtigte der Bahnpfandgläubiger, sondern, ebenso wie der Konkursverwalter, ein Organ des Gerichts ist, auf welches das Verfügungsrecht des Bahneigentümers übergeht". Die gesetzliche Legitimation und Vollmacht des Liquidators ist eine allgemeine, die ihren konkreten Inhalt durch die von ihm zu erfüllende Aufgabe erhält, die abgesonderte Befriedigung der Bahnpfandgläubiger bestens aus den einzelnen Bestandteilen der Bahneinheit durch Verwertung derselben und Verteilung des Erlöses unter möglichster Schonung des Bahneigentümers bezw. — falls er im Konkurse ist — der Konkursmasse desselben herbeizuführen. Aus dieser Aufgabe heraus ergibt sich sein Geschäftskreis und bemißt sich der Umfang seiner Befugnisse und Obliegenheiten.

Was nun insbesondere den Inhalt des § 44 anlangt, so befaßt sich derselbe mit formellen Bestimmungen über die Bestellung eines Liquidators und eines Gläubigerausschusses. Danach hat die Ernennung des Liquidators zugleich mit der Eröffnung der Zwangsliquidation, d. h. mit dem Eröffnungsbeschlusse durch das Gericht zu erfolgen (§§ 78—80, 110 Konk.-Ordn.), und zwar — abweichend von § 80 Konk.-Ordn. — definitiv (die spätere Wahl eines anderen Verwalters durch die Gläubigerversammlung ist nicht vorgesehen), ebenso die Berufung einer Versammlung der Bahnpfandgläubiger behufs Bestellung eines Ausschusses (§§ 110, 129 Abs. 2 Konk.-Ordn.) von mindestens zwei Mitgliedern (Abs. 1). Für die Berufung der Gläubigerversammlung, welche den Ausschuß zu wählen hat, ist öffentliche Bekanntmachung unter Angabe des Zwecks — sc. der Ausschußwahl — (s. § 98 Konk.-Ordn.) und ferner ist die Leitung der Versammlung durch das Gericht (§ 94 Abs. 1 Konk.-Ordn.) angeordnet (Abs. 2). Endlich ist bezüglich der Abstimmungsmodalitäten im Anschluß an § 94 Abs. 2 und 3 Konk.-Ordn. bestimmt, daß die Wahlen nach relativer Mehrheit zu erfolgen haben, während für andere Beschlußfassungen die absolute Mehrheit der Stimmen der erschienenen Gläubiger erforderlich ist. Hierbei wird die Stimmenmehrheit nach den Beträgen der Forderungen berechnet und ist für die Inhaber von Teilschuldverschreibungen die Hinterlegung derselben nach Anordnung des Gerichts vorgeschrieben (Abs. 3).

II. Aus der Entstehungsgeschichte des § 44, mit welcher des engen Zusammenhanges wegen die der §§ 45—49 verbunden ist, wird zum Verständnis der vorliegenden Bestimmungen folgendes mitgeteilt: § 44. Entstehung.

Der Regierungsentwurf v. 18. März 1895 (Drucks. d. Herrenh. Nr. 24 S. 15) brachte bereits den vorliegenden Paragraphen als § 52 wörtlich in Vorschlag.

Die Motive des Entwurfs von 1895 — führen folgendes aus (a. a. O. S. 59): „Zur Ausführung der Verwertung der Pfandrechte wird ein Liquidator vom Gericht ernannt. Hinsichtlich der Art und Weise der Verwertung der Bestandteile der Bahneinheit erscheint es zweckmäßig, dem Liquidator hinsichtlich der Art der Verwertung freie Hand zu lassen und sein Verfügungsrecht über die Bestandteile der Bahneinheit nur insoweit einzuschränken, daß er Grundstücke nur in den Formen der Zwangsversteigerung veräußern kann, falls nicht Gläubigerausschuß und

Bahneigentümer oder Konkursverwalter einer freihändigen Veräußerung zustimmen. Diese Zustimmung soll auch dann erforderlich sein, wenn die Erteilung einer neuen Genehmigung für den Bahnbetrieb die Möglichkeit gewährt, die Bahn als Ganzes zu veräußern. Durch diese Vorschriften des Entwurfs ändert sich die Stellung des Liquidators, er ist nicht mehr bloß der Bevollmächtigte der Bahnpfandgläubiger, sondern, ebenso wie der Konkursverwalter, ein Organ des Gerichts, auf welches das Verfügungsrecht des Bahneigentümers übergeht. Mit Rücksicht hierauf stellt der Entwurf den Liquidator unter die Aufsicht des Gerichts und gibt auch dem Eigentümer oder Konkursverwalter das Recht, die Entlassung des Liquidators zu beantragen. Es versteht sich von selbst, daß der Liquidator, soweit er zur Veräußerung von Bestandteilen der Bahneinheit des Besitzes derselben bedarf, die Einräumung des Besitzes vom Eigentümer, Konkursverwalter oder einem dritten Besitzer verlangen kann. Die freihändige Veräußerung einer Sache durch den Liquidator ist ebenso eine Maßregel der Zwangsvollstreckung, wie eine Versteigerung durch das Gericht oder den Gerichtsvollzieher; es unterliegt daher keinem Bedenken, daß die Befugnis des Liquidators zu freihändigem Verkaufe durch Landesgesetz begründet werden kann, da die abgesonderte Befriedigung der Pfandgläubiger nach § 8 der Konkursordnung außerhalb des Konkursverfahrens erfolgt und die Landesgesetzgebung die Art und Weise der Beitreibung eines Pfandrechts beliebig regeln kann.

Neben der Verwertung der Masse liegt dem Liquidator auch die Verteilung des Erlöses ob. Diese Verteilung erfolgt nach denselben Grundsätzen, wie bei einer Zwangsversteigerung, insbesondere sind auch die bevorrechtigten Forderungen (§ 87 dieses Gesetzes, §§ 24—28 des Ges. v. 18. Juli 1888), denen ein Pfandrecht nicht zusteht, zu berücksichtigen. Dabei findet nur der Unterschied statt, daß das Vorrecht der Entschädigungsforderung des § 6, da bei der Zwangsliquidation eine Veräußerung der einzelnen Gegenstände erfolgt, auf den Erlös des betreffenden Grundstücks zu beschränken ist und daß an die Stelle des Zeitpunkts der Beschlagnahme derjenige der Eröffnung des Liquidationsverfahrens zu treten hat. Ein gerichtliches Verteilungsverfahren erscheint nicht erforderlich, vielmehr kann die Genehmigung zu der von dem Liquidator vorzunehmenden Verteilung dem ihm zur Seite stehenden Gläubigerausschusse übertragen werden. Die nicht aus dem Bahngrundbuch ersichtlichen Ansprüche müssen angemeldet werden, die im Grundbuch eingetragenen Rechte sind ohne weiteres zu berücksichtigen. Gläubiger, welche mit dem Verteilungsplan des Liquidators nicht einverstanden sind, können Klage auf Feststellung ihrer Rechte erheben und die Auszahlung des Erlöses bis zur Entscheidung dem Liquidator im Wege einstweiliger Verfügung untersagen lassen.

Aus der Reihe der Gläubiger ist ein Ausschuß zu bestellen. Mit diesem Ausschusse hat sich der Liquidator vor Ausführung wichtigerer Maßregeln ins Benehmen zu setzen; in gewissen Fällen (Veräußerung von Grundstücken, Vornahme von Verteilungen) ist die Genehmigung des Ausschusses erforderlich. Der Ausschuß hat die Tätigkeit des Liquidators zu überwachen und kann dessen Entlassung wegen Pflichtverletzung oder aus anderen wichtigen Gründen beim Gericht beantragen. Die Mitwirkung einer Gläubigerversammlung findet im allgemeinen nur behufs Wahl des Ausschusses statt; es ist indessen nicht ausgeschlossen, daß die Gläubigerversammlung mit Stimmenmehrheit dem Verwalter Anweisungen wegen seiner Geschäftsführung erteilt."

Die Fassung des § 52 des Entwurfs von 1895 stieß weder in den Kommissionen noch in den Plenarberatungen der beiden Häuser des Landtages auf Bedenken und ging ohne weitere Diskussion unverändert in das Eisenb.-Pfandr.-Ges. v. 19. August 1895 über. Dasselbe war bezüglich des entsprechenden § 52 des Revisionsentwurfs v. 10. Februar 1902 (Druckf. d. Herrenh. Session 1902 Nr. 42 S. 7) der Fall, welcher in gleicher Fassung in das Bahneinh.-Ges. v. 11. Juni 1902 übernommen wurde.

184) Abs. 1 des § 44 weist dem Gericht sc. dem Liquidationsgericht (§ 40 Abs. 1 Anm. 172 S. 350) in bezug auf die Bestellung der Liquidationsorgane zwei wichtige Obliegenheiten und Befugnisse zu, nämlich erstens die Ernennung eines Liquidators und zweitens die Berufung einer Versammlung der Bahnpfandgläubiger zur Bestellung eines Gläubigerausschusses. Beiden Maßnahmen ist gemeinsam, daß sie ausschließlich vom Liquidationsgericht zu treffen sind und ferner „zugleich mit der Eröffnung der Zwangsliquidation", d. h. gleichzeitig mit und neben derselben bezw. dem die Eröffnung aussprechenden Beschlusse sofort und ohne besonderen Antrag. Dagegen ist nicht vorgeschrieben, daß die beregten beiden Anordnungen im Eröffnungsbeschlusse selbst auszusprechen, mit demselben als integrierende Teile zu verbinden sind; sie sollen nur zugleich mit der Eröffnung bewirkt, nicht aber in den Eröffnungsbeschluß aufgenommen werden.

A. Die erste Anordnung ist die Ernennung des Liquidators durch das Gericht. Die Rechtsstellung des Liquidators ist bereits in der Anm. 188 S. 366 ff. im allgemeinen erörtert und wird noch bei der Erläuterung der folgenden Paragraphen und der einzelnen Rechte und Pflichten derselben, Gegenstand der weiteren Darlegung sein. Für die Ernennung des Liquidators ist die Bestimmung des Gerichts ausschließlich entscheidend. Das Gesetz ist den analogen Bestimmungen der Konk.-Ordn. (§ 78 Abs. 1, § 110 Abs. 1) insofern nicht ganz gefolgt, als nach letzteren die Ernennung des Konkursverwalters durch das Gericht eine nur provisorische ist, indem die Gläubigerversammlung einen anderen Konkursverwalter im ersten Termine wählen und bis dahin das Gericht ihn selbständig von Amts wegen seines Amtes entlassen kann (§ 84 S. 2 Konk.-Ordn.). Dagegen ist die gerichtliche Ernennung des Liquidators eine definitive, die Gläubigerversammlung ist nicht befugt, einen anderen zu wählen, und seine Entlassung kann von vornherein nur auf Antrag des Gläubigerausschusses, Bahneigentümers oder Konkursverwalters aus den im § 45 Abs. 3 bezeichneten Gründen erfolgen (Anm. 196 S. 386). Das Liquidationsgericht hat also einerseits eine größere Machtvollkommenheit, als das Konkursgericht, weil es den Liquidator alsbald definitiv und ohne spätere zulässige Änderung durch die Gläubigerversammlung ernennen kann, andererseits eine geringere, weil es niemals von Amts wegen, sondern stets nur auf Antrag denselben zu entlassen befugt ist. Auf diesen Widerspruch mit der Konk.-Ordn. wurde in den Beratungen der Kommission des Abg.-H. hingewiesen (Aktst. d. Abg.-H. 1895 Nr. 254 S. 3158/9), aber eine Änderung nicht gebilligt, um dem Liquidator eine freiere und selbständigere Stellung gegenüber dem Gericht zu gewähren (§ 45 Abs. 3 Anm. 196 S. 386). Im übrigen ist es den Beteiligten nicht verschränkt, dem Gerichte geeignete Persönlichkeiten zu Liquidatoren vorzuschlagen. Die Befugnis, dem Liquidator die Leistung einer Sicherheit aufzuerlegen oder mehrere Liquidatoren zu ernennen (s. § 78 Abs. 2, § 79 Konk.-Ordn.), steht mangels ausdrücklicher Bestimmungen dem Liquidationsgericht nicht zu. Die Ernennung des Liquidators durch das Gericht kann nicht auf Zeit oder Kündigung erfolgen, sondern geschieht für die ganze Dauer des Liquidationsverfahrens.

Die Zuständigkeit zur Ernennung des Liquidators besitzt das Gericht aber nicht nur bei der Eröffnung der Zwangsliquidation, sondern auch späterhin, wenn infolge eines triftigen Grundes, z. B. Tod, geistige Unfähigkeit, Entlassung rc. der ernannte Liquidator ausscheidet. Über die Kategorien von Personen, aus welchen der Liquidator zu entnehmen ist, bestimmt das Gesetz nichts. Der Kreis der in Betracht kommenden Personen ist also nicht beschränkt. Die Ernennung des Bahneigentümers erscheint grundsätzlich wegen der Interessenkollision ausgeschlossen, ebenso in der Regel auch wohl die eines Bahnpfandgläubigers. Ferner ist derjenige nicht fähig, welcher nicht rechts- und prozeßfähig ist oder welchem die bürgerlichen Ehrenrechte aberkannt (§ 84 Nr. 6 St.-G.-B.) sind. Dagegen ist Verwandtschaft mit dem Bahneigentümer oder Gläubigern an sich kein Hinderungsgrund. Es ist nicht erforderlich, daß der Liquidator am Wohnorte des Bahneigentümers oder am Sitze des Liquidationsgerichts bezw. der Hauptverwaltung der Bahneinheit wohnt. Der Wohnort des Liquidators beschränkt gesetzlich überhaupt nicht hinsichtlich der Wahl. Auch Beamte sind, soweit sie bestimmungsmäßig private Arbeiten übernehmen dürfen und die Erlaubnis ihrer vorgesetzten Behörde erlangen, grundsätzlich nicht ausgeschlossen. Gegen die Ernennung des Liquidators steht jedem Beteiligten (§ 40 Abs. 2) die Beschwerde zu. Eine Vereidigung oder Verpflichtung des Liquidators ist nicht vorgeschrieben, seine Pflichten sind gesetzliche. Niemand ist verbunden, die Ernennung zum Liquidator anzunehmen, wenn er sie nicht übernommen hat. Denn die Funktion als Liquidator ist kein öffentliches Amt; eine gesetzliche Verpflichtung zur Übernahme besteht nicht. Die gesetzlichen Rechte und Pflichten des Liquidators nehmen mit der Ernennung und deren Annahme ihren Anfang, mit der, wenngleich ohne besondere Formen dem Liquidator zugehenden Mitteilung der Ernennung, sofern die Annahme derselben erfolgt oder vorausgesetzt werden kann; wenn auch die Bekanntmachung und urkundliche Bescheinigung seiner Ernennung erst später erfolgt (§ 45 Abs. 1). Die Annahme ist im Falle einer Verpflichtung des Ernannten als selbstverständlich vorauszusetzen und auch sonst aus einer vorbehaltlosen Hinnahme zu folgern. Hat der Ernannte die Ernennung angenommen, so hat er sich dadurch zur Ausführung der Funktionen des Liquidators für dieses Verfahren verpflichtet, auch wenn er an sich gesetzlich zur Annahme nicht verpflichtet gewesen wäre. Er darf auch das Amt nicht beliebig niederlegen; er ist Liquidator und kann als solcher nach § 45 Abs. 3 durch Ordnungsstrafen zur Fortführung angehalten werden (Sarwey K.-O. § 84 Anm. 2, v. Wilmowsky Anm. 1, Stieglitz Anm. 2).

Die Beendigung des Amts als Liquidator tritt außer der Beendigung des Liquidationsverfahrens (§ 49) ein, im Falle des Todes, der Entlassung (§ 45 Abs. 3) oder des Verlustes der bürgerlichen Ehrenrechte (St.-G.-B. § 34). Die geistige oder körperliche Unfähigkeit ist nur ein Entlassungsgrund; daß das Amt mit der Unfähigkeit von selbst beendet sei, ist nicht bestimmt.

B. Die zweite Anordnung ist die Berufung einer Versammlung der Bahnpfandgläubiger zur Bestellung eines Ausschusses von mindestens zwei Mitgliedern, durch das Gericht. Der Umfang der Obliegenheiten und die Rechtsstellung des Ausschusses sind im allgemeinen bereits an früherer Stelle (Anm. 184 S. 372 ff.) erörtert worden und gelangen im einzelnen noch in den folgenden Paragraphen zur eingehenderen Erläuterung. Der Ausschuß ist — wie die Motive zur

Konk.-Ordn. § 87 bemerken — als ein Vertretungsorgan der Gläubiger aufzufassen, durch freie Willensbestimmung begründet und begrenzt, nicht einem öffentlichen Amte, sondern einem Mandatsverhältnisse entsprechend. Zweck des Ausschusses ist, die Tätigkeit und Geschäftsführung des Liquidators zu unterstützen und zu überwachen (Mot.). Es liegt im Wesen des Ausschusses begründet und erhellt aus den ihm durch das Gesetz ausdrücklich zugewiesenen Befugnissen, daß er das Kontroll- und Aufsichtsorgan für den Liquidator ist. Demgemäß hat sich der Liquidator nicht nur vor Ausführung wichtigerer Maßregeln mit dem Ausschusse ins Benehmen zu setzen (§ 46 Abs. 1), sondern muß in gewissen Fällen, wie freihändige Veräußerung von Grundstücken (§ 46 Abs. 2), Veräußerung der vorhandenen Bestandteile der Bahneinheit als Einheit (§ 47), Vornahme von Verteilungen (§ 48 Abs. 3), die Genehmigung des Ausschusses einholen. Der Ausschuß kann sich vom Gange der Geschäfte unterrichten, die Bücher und Schriften des Liquidators einsehen, den Bestand seiner Kasse untersuchen, von ihm Berichterstattung über die Lage der Sache und die Geschäftsführung verlangen 2c. (arg. § 88 Konk.-Ordn.) und die Entlassung des Liquidators wegen Pflichtverletzung oder aus anderen wichtigen Gründen beantragen (§ 45 Abs. 3). Die Mitglieder des Ausschusses haben bei ihrer Geschäftsführung die Sorgfalt eines ordentlichen Hausvaters anzuwenden, sie fassen ihre Beschlüsse mit absoluter Mehrheit der abgegebenen Stimmen und können eine Vergütung beanspruchen.

Sache des **Gerichts** ist es, eine Gläubigerversammlung zur Bestellung eines Gläubigerausschusses zu berufen (vgl. § 51 Anm. 226 S. 425). Wie bei der Ernennung des Liquidators (s. S. 369), so ist auch bei der Bestellung des Gläubigerausschusses das Gesetz nicht unwesentlich von den entsprechenden Normen der Konk.-Ordn. abgewichen. Nach § 87 Konk.-Ordn. ist die Bestellung eines Ausschusses fakultativ, sie kann vor der ersten Gläubigerversammlung durch das Gericht, nach derselben durch die Gläubigerversammlung erfolgen. Aber beides ist nicht obligatorisch. Erfolgt die Bestellung nicht, so fallen die Funktionen des Ausschusses zum Teil der Gläubigerversammlung zu, zum Teil ganz fort (§§ 133 ff. Konk.-Ordn.). Dagegen ist bei der **Zwangsliquidation die Bestellung des Ausschusses obligatorisch**. Das Gericht ist gemäß § 44 Abs. 1 **verpflichtet**, zu diesem Behufe eine Gläubigerversammlung zu berufen, und diese ist gehalten, einen Ausschuß zu bestellen bezw. zu wählen. Würde dies nicht geschehen, so würde dem Verfahren kein Fortgang gegeben werden können und nach Ablauf der im § 14 Satz 3—5 bezeichneten Zeit das Recht der Bahnpfandgläubiger auf abgesonderte Befriedigung fortfallen bezw. vom Gericht unter der Präsumtion, daß die Bahnpfandgläubiger zustimmen, die Einstellung des Verfahrens zu beschließen sein (§ 49 Abs. 1). Denn es sind durch positive Bestimmungen des Gesetzes eine Reihe wichtiger Akte sowohl bei der Verwertung, wie bei der Verteilung und auch bei der Aufhebung des Verfahrens von der Mitwirkung und Genehmigung des Ausschusses abhängig gemacht, so daß dieser nicht entbehrt werden kann. Freilich bildet es eine Lücke des Gesetzes, welche auch durch die Normen der Konk.-Ordn. nicht ergänzt werden kann, daß die Folgen nicht ausdrücklich bestimmt sind, welche eintreten, wenn die Gläubigerversammlung die Bestellung eines Ausschusses nicht beschließt bezw. nicht beschließen will. Dies dürfte de lege ferenda erforderlich sein. Denn die Bestimmungen der Konk.-Ordn. können hier deshalb nicht zur Ergänzung herangezogen werden, weil diese von einer nur fakultativen Bestellung des Ausschusses ausgeht.

Die Berufung der Gläubigerversammlung und die Leitung derselben durch das Gericht erfolgt nach den Vorschriften des Abs. 2 (Anm. 185, 186, S. 873—875), die Wahl der Mitglieder des Ausschusses nach den Bestimmungen des Abs. 3 (Anm. 187—189 S. 875—877). Die Wahl darf nur durch die Gläubigerversammlung geschehen und nicht dem Gericht übertragen oder durch dieses unter Umgehung der Versammlung bewirkt werden. Nach der Konk.-Ordn. (§ 87) ist die Gläubigerversammlung in der freien Wahl der Mitglieder des Ausschusses unbeschränkt, sowohl hinsichtlich der Zahl, als in der Auswahl. Vor der Wahl ist durch Mehrheitsbeschluß (§ 44 Abs. 3) über die Vorfrage zu entscheiden, wie viel Mitglieder den Ausschuß bilden sollen.

Was die Zahl anlangt, so ist im Konkursverfahren mit Rücksicht auf § 90 Konk.-Ordn., welcher nur Mehrheitsbeschlüsse als gültig bezeichnet, angenommen worden, daß in der Regel mindestens drei Mitglieder zu wählen sind. Doch genügt auch die Zahl von zwei Mitgliedern, weil, wenn sie übereinstimmen, die Stimmeneinheit doch zum mindesten als Mehrheitsbeschluß gelten muß, und, wenn sie nicht übereinstimmen, der betreffende Antrag als nicht genehmigt anzusehen ist, indem alsdann ein Mehrheitsbeschluß nicht vorliegt. Für das Zwangsliquidationsverfahren ist durch § 44 Abs. 1 bestimmt, daß die Bestellung eines Ausschusses von mindestens zwei Mitgliedern erfolgen soll. Damit ist also ausgesprochen, daß auch ein Ausschuß von nur zwei Mitgliedern genügt. Diese Bestimmung ist aber hier insofern ungeeignet, als in gewissen Fällen, welche erledigt werden müssen, wie z. B. die Verteilung der Bestände (§ 48 Abs. 3), die Genehmigung des Ausschusses unbedingt vom Gesetze erfordert wird. Will man nicht annehmen, daß ein Irrtum vorliegt und drei Mitglieder anstatt zwei Mitglieder zu setzen sind, so erübrigt nur die Annahme, daß die Versammlung zuständig ist, das eine der beiden Mitglieder zugleich mit dem Vorsitze im Ausschusse zu betrauen, und dieses bei Stimmengleichheit den Ausschlag zu geben hat, oder daß die Gläubigerversammlung kompetent ist, dem Ausschusse in betreff seiner Tätigkeit mit bindenden Direktiven und Instruktionen zu versehen. Jedenfalls hätte es sich de lege ferenda empfohlen, die mit der in Rede stehenden Vorschrift verknüpften Bedenken durch eine positive Bestimmung zu beseitigen. Die Wahl von Ersatzmännern ist nicht ausgeschlossen, vielmehr unter allen Umständen, wenn die Mitgliederzahl klein ist, rätlich. Dagegen ist die Wahl mehrerer Ausschüsse nicht zulässig.

Die Pflicht des Gerichts zur Berufung einer Gläubigerversammlung bezw. die Befugnis zur Wahl der Ausschußmitglieder durch diese besteht nicht allein für die erstmalige Wahl, sondern auch für jede spätere etwa durch Tod, Ausscheiden ꝛc. von Mitgliedern erforderlich werdende Ergänzung, die Gläubigerversammlung ist auch befugt, die Zahl der Ausschußmitglieder zu vermehren oder zu vermindern (§ 92 Konk.-Ordn.), doch darf unter die Zahl von mindestens zwei Mitgliedern nicht herabgegangen werden. Die Mitglieder brauchen nicht Bahnpfandgläubiger zu sein, sondern es können auch andere Personen hierzu gewählt werden. Zwar spricht das Gesetz an mehreren Stellen von dem Gläubigerausschuß (§ 45 Abs. 3, § 49 Abs. 1). Aber damit ist nur gemeint, daß derselbe von den Gläubigern zu wählen, nicht auch, daß er aus denselben zusammenzusetzen ist (arg. § 87 Abs. 2 Konk.-Ordn.). Auch der Bahneigentümer ist grundsätzlich von der Wahl nicht ausgeschlossen; doch erscheint dieselbe wegen der Möglichkeit einer

Interessenkollision nicht angezeigt. Die Wahl ist, da das Gesetz beschränkende Bestimmungen nicht trifft, weder hinsichtlich der Anzahl, noch durch das Erfordernis der Eigenschaft als Gläubiger bezw. Vertreter oder einer sonstigen Eigenschaft, noch durch die Notwendigkeit einer gerichtlichen Bestätigung der Wahl beschränkt.

Im übrigen gelten im wesentlichen die gleichen Normen für die Wahl der Ausschußmitglieder, wie für die Bestellung des Liquidators. Auch die Mitglieder müssen rechts- und prozeßfähig sein, und sich im Besitz der bürgerlichen Ehrenrechte befinden (§ 34 Nr. 6 St.-G.-B.). Verwandtschaft mit den Gläubigern oder dem Bahneigentümer steht ihrer Wahl nicht entgegen, ebenso kommt ihr Wohnort nicht in Betracht. Auch Beamte sind nach Maßgabe der für die Übernahme privater Geschäfte bestehenden Bestimmungen wahlfähig. Gegen die Bestellung steht jedem Beteiligten (§ 40 Abs. 2) die Beschwerde zu. Eine Vereidigung oder Verpflichtung der Ausschußmitglieder findet nicht statt. Niemand ist gezwungen, die Wahl anzunehmen. Hat er sie aber ausdrücklich oder durch konkludente Handlungen angenommen, so hat er die gesetzlich vorgeschriebenen Pflichten zu erfüllen. Diese beginnen mit der Annahme der Wahl. Eine beliebige Niederlegung des übernommenen Amtes ist ihm nicht gestattet, er ist Ausschußmitglied und als solches zur Führung der ihm obliegenden Geschäfte verpflichtet und für deren ordnungsmäßige Erledigung verantwortlich. Für die Beendigung des Amtes als Ausschußmitglied gelten die gleichen, oben S. 370 in betreff der Beendigung des Amtes als Liquidator mitgeteilten Normen.

[185]) Abs. 2 des § 44 schreibt für die gemäß Abs. 1 zur Bestellung eines Ausschusses durch das Gericht zu berufende Versammlung der Bahnpfandgläubiger drei formale Erfordernisse vor, von deren Erfüllung die Wirksamkeit des Beschlusses der Versammlung abhängig ist. Diese Erfordernisse sind zwar hier im Zusammenhange mit der zur Bestellung des Ausschusses gemäß Abs. 1 zu berufenden Versammlung vorgeschrieben; aber es ist nicht zweifelhaft, daß sie nicht nur für diese Versammlung, sondern überhaupt für alle etwa notwendig werdenden Gläubigerversammlungen (z. B. § 45 Abs. 2 Satz 2) in gleicher Weise bestimmt sind, mithin die Vorschriften des Abs. 2 generellen Charakter besitzen. § 44. Abs. 2 Satz 1.

Satz 1 des Abs. 2 stellt zwei dieser Erfordernisse auf: 1. die Versammlung ist vom Gericht durch öffentliche Bekanntmachung zu berufen und 2. der Zweck der Versammlung muß in der Bekanntmachung angegeben sein (vgl. § 51 Anm. 228 S. 429).

a) Die Gläubigerversammlung im Zwangsliquidationsverfahren hat im wesentlichen gleichen Rechtscharakter mit der Gläubigerversammlung im Konkursverfahren, und findet wie letztere trotz der äußeren Ähnlichkeit keine Analogie in der Generalversammlung einer Aktiengesellschaft. Sie bildet daher nicht ein einheitliches Rechtssubjekt, sondern nur ein Verwaltungsorgan, durch welches die Interessen der Gläubiger innerhalb eines bestimmten Kreises zu wahren sind, eine Versammlung, in welcher die einzelnen Bahnpfandgläubiger als einzelne Berechtigte zusammenkommen und über gemeinsame Angelegenheiten beschließen. Sind auch die bezüglichen Fälle nicht so bestimmt aufgeführt, wie in der Konkursordnung, so wird man doch nach den Motiven (Entw. von 1895 S. 60) und der Tendenz des Gesetzes annehmen müssen, daß sich die Kompetenz der Gläubigerversammlung — abgesehen von der Bestellung des Ausschusses (§ 44 Abs. 1) und der Mitwirkung bei der Vereinbarung über die Vergütung desselben (§ 45 Abs. 3) — nicht über

Instruktionen für die Geschäftsführung des Liquidators und des Ausschusses ist wichtigeren Fällen ausdehnt. In diesen Beschlußfällen wird die Minderheit durch den Beschluß der Mehrheit (§ 44 Abs. 8 Anm. 187) gebunden, damit nicht, wie die Motive zum § 85 der Konk.-Ordn. bemerken, das gleiche Recht aller dadurch bedenklich gefährdet wird, daß ein einzelner sein Interesse auf Grund formalen Rechts durchführen könnte. Daraus folgt, daß die Versammlung der Bahnpfandgläubiger ebensowenig wie die der Konkursgläubiger beliebig über alle gemeinsamen Interessen der Gläubiger beschließen und ihren Willen durch beliebige Mittel und Formen durchsetzen kann; die Versammlung kann daher weder gegen den Liquidator, noch gegen die Ausschußmitglieder Rechtsansprüche, noch auch gegen andere irgendwelche Ansprüche im gemeinsamen Interesse der Bahnpfandgläubiger durch Klage oder Bevollmächtigung anderer geltend machen. Sie hat weder das Rechtsmittel der Beschwerde, noch kann eine Zustellung an sie erfolgen, da sie kein Rechtssubjekt ist. Ebensowenig kann sie die Funktionen des Liquidators oder Ausschusses übernehmen oder in die individuellen Rechte der einzelnen Gläubiger außerhalb der ihr zugewiesenen Sphäre durch Beschlüsse eingreifen.

b) Nur das Gericht kann die Gläubigerversammlung berufen (vgl. § 51 Abs. 1 Anm. 227 S. 427). Die Berufung muß erfolgen in den gesetzlich ausdrücklich vorgeschriebenen Fällen (§ 44 Abs. 1 und § 45 Abs. 8) und kann außerdem erfolgen, wenn das Gericht aus eigener Initiative oder auf Anregung des Liquidators, des Ausschusses oder von Bahnpfandgläubigern eine Gläubigerversammlung im Interesse der Gläubiger für notwendig erachtet. Bestimmte Vorschriften hierüber, wie im § 51 Abs. 1 Satz 2 (§ 85 Satz 2 Konk.-Ordn.) fehlen. Es ist also die Berufung dem Ermessen des Gerichts anheimgegeben (§ 98 Satz 2 Konk.-Ordn.). Doch steht den Beteiligten gegen die Ablehnung eines Antrags auf Berufung, wie gegen die Anordnung einer solchen das Recht der Beschwerde zu (vgl. § 51 Abs. 8 Anm. 229 S. 480 und C.-P.-O., §§ 568—575). In betreff des Orts der Versammlung findet § 219 C.-P.-O. entsprechende Anwendung.

c) Die öffentliche Bekanntmachung muß nach den Bestimmungen des § 57 erfolgen und unter entsprechender Anwendung des § 205 C.-P.-O., und nicht nur die Bezeichnung des Liquidationsgerichts, der Liquidationssache (Bahneinheit), den etwaigen Antrag, die Zeit und den Ort des Termins, Art und Ort der Hinterlegung der Teilschuldverschreibungen (Abs. 8 Satz 8 Anm. 189), sondern auch ausdrücklich die Gegenstände der Verhandlung und Beschlußfassung bezw. den Zweck der Berufung enthalten (vgl. § 51 Abs. 2 Anm. 228 S. 429), also z. B. „Bestellung des Ausschusses“ (§ 44 Abs. 1), „Vereinbarung über die Höhe der den Ausschußmitgliedern zu bewilligenden Vergütung“ (§ 45 Abs. 8). Im übrigen ist der Grad der Genauigkeit und Spezialität in betreff der Bezeichnung des zu verhandelnden Gegenstandes in der öffentlichen Bekanntmachung nach den konkreten Umständen zu bemessen. Jedenfalls muß dem Zwecke der Vorschrift gemäß die Angabe des Zwecks so bestimmt gefaßt sein, daß der Interessent daraus nicht bloß die allgemeine Kategorie des Beschlusses (Genehmigung von Anträgen des Liquidators, Anweisungen an denselben oder an den Ausschuß, Verwertung von Bestandteilen der Bahneinheit), sondern auch den speziellen Gegenstand der Tagesordnung klar und zweifellos ersehen kann. Da die Bekanntmachung bei der Berufung erfolgen soll, so muß, wenn etwa nachträglich noch ein weiterer Gegenstand zur Verhandlung gebracht werden soll, für denselben eine neue öffentliche Bekanntmachung gemäß § 57 erfolgen. Ebenso bedarf es einer erneuten öffentlichen Bekanntmachung, wenn von der Gläubigerversammlung eine Vertagung der Verhandlung beschlossen (§ 227 C.-P.-O.) oder vom Gericht von Amts wegen (§ 228 l. c.) angeordnet wird. Die Spezialbestimmung des § 98 Abs. 2 Satz 2 Konk.-Ordn. ist in das vorliegende Gesetz nicht aufgenommen. Der neue Termin ist zwar alsdann nur eine Fortsetzung des vorangegangenen. Wenn aber in dem neuen Termine noch über andere Gegenstände, als in der früheren Bekanntmachung angegeben, verhandelt werden soll, so müssen diese in der neuen Bekanntmachung mit bezeichnet werden. Ohne vorgängige Bekanntmachung des Zwecks bezw. Gegenstandes, kann selbst bei Zustimmung sämtlicher erschienenen Gläubiger ein gültiger Beschluß nicht gefaßt werden, weil durch denselben infolge des Formfehlers die nicht erschienenen Gläubiger nicht gebunden sein würden.

186) Der Satz 2 des Abs. 2 schreibt als drittes Erfordernis für die Wirksamkeit des Beschlusses der Gläubigerversammlung nach Analogie des § 46 Abs. 1 Konk.-Ordn. vor, daß diese unter Leitung des Gerichts stattfindet (vgl. auch § 52 Anm. 281 S. 482). Die Leitung des Gerichts hat sich auf die formellen Fragen bezw. darauf zu beschränken, daß ordnungsmäßig nach den bestehenden Bestimmungen beraten und beschlossen wird, insbesondere auf die Prüfung der Legitimation der Abstimmenden, die urkundliche Feststellung der Verhandlungsresultate, Aufnahme der Protokolle 2c. Dagegen stehen Eingriffe in die sachlichen Erörterungen dem Gerichte nicht zu und gehören nicht zur Leitung der Versammlung. Das Gericht hat die gesetzlichen Befugnisse zur Aufrechterhaltung der Ordnung gegen alle, auch gegen den Liquidator und ist letzterem gegenüber nicht auf die im § 58 Abs. 8 vorgesehenen Maßnahmen beschränkt. Denn diese Vorschrift enthält keine Beschränkung jener allgemeinen Befugnisse, sondern gibt nur neben den allgemeinen, für alle geltenden Bestimmungen noch besondere für die Geschäftsführung des Liquidators (s. Anm. 195 S. 884). Ein Recht, die Ausführung eines von der Gläubigerversammlung gefaßten Beschlusses auf den in dieser gestellten Antrag des Liquidators oder eines überstimmten Gläubigers zu untersagen, wenn der Beschluß dem gemeinsamen Interesse der Bahnpfandgläubiger widerspricht — wie dies gemäß § 99 Konk.-Ordn. dem Konkursgericht zusteht —, ist dem Liquidationsgerichte nicht verliehen. Im übrigen ergeben sich die Befugnisse des Gerichts aus der analogen Anwendung der §§ 184, 187, 189, 141—144, 149, 156—165 C.-P.-O. Die Aufnahme eines Protokolls und die Beiziehung eines Gerichtsschreibers ist unbedingt erforderlich (§ 159, 160, 165 C.-P.-O.). Die Verhandlungen sind nicht öffentlich, § 170 Ger.-Verf.-Ges. kann nicht Anwendung finden, da die Verhandlungen nicht vor einem erkennenden Gericht erfolgen. Mithin sind nur die Gläubiger, Ausschußmitglieder, der Bahneigentümer oder Konkursverwalter und der Liquidator zuzuziehen. § 44. Abs. 2 Satz 2.

187) Absatz 8 des § 44 regelt die Art und Form der Abstimmung der Gläubiger in der Gläubigerversammlung. Leitender Grundsatz ist die Beschlußfassung mit Stimmenmehrheit, derartig, daß die Minderheit in allen Fällen durch den Beschluß der Mehrheit gebunden ist. Satz 1 unterscheidet hierbei zwischen relativer und absoluter Mehrheit, je nachdem es sich um Wahlen oder andere Beschlußfassungen handelt. Satz 2 bestimmt die Berechnung der Mehrheit nach den Beträgen der Forderungen. Satz 8 erfordert für die Inhaber von Teilschuldverschreibungen die Hinterlegung derselben nach Anordnung des Gerichts. § 44. Abs. 3 Satz 1.

Satz 1 unterscheidet nach dem Inhalte und Gegenstande der Beschlußfassung zwischen relativer und absoluter Mehrheit. An sich ist — wie Satz 2 bestimmt (Anm. 188) — in allen Fällen zum gültigen Beschlusse die Stimmenmehrheit der Forderungsbeträge erforderlich. Als Regel ist aber durch Satz 1 die absolute Stimmenmehrheit vorgeschrieben, d. h. sie gilt, mit Ausnahme von Wahlen, für alle sonstigen Beschlußfassungen. Zur absoluten Mehrheit bedarf es eines Betrages über die Hälfte der Gesamtsumme der Forderungen der im Termine vertretenen Bahnpfandgläubiger. Gezählt werden nur die Stimmen der im Termine erschienenen Gläubiger, bei Inhabern von Teilschuldverschreibungen nur im Falle der Hinterlegung (Satz 8). Die nicht erschienenen Gläubiger sind an die Beschlüsse gebunden. Zu den erschienenen Gläubigern gehören auch die durch Bevollmächtigte legal Vertretenen. Als Bevollmächtigter ist jede prozeßfähige Person zuzulassen. In betreff der Vollmachten finden C.-P.-O. §§ 80 Abs. 2, 81, 83, 88 entsprechende Anwendung; in betreff der Beistände s. C.-P.-O. § 90. Die Erschienenen, welche sich an einer Abstimmung nicht beteiligen, also hierbei nicht mit verhandeln, sind für diesen Akt als nicht erschienen anzusehen; es ist nur die Mehrheit der abgegebenen Stimmen nötig.

Als Ausnahme von der Regel der absoluten Mehrheit ist vorgeschrieben, daß Wahlen nach relativer Mehrheit erfolgen, d. h. für Wahlen genügt die relative Mehrheit der abgegebenen Stimmen der erschienenen oder vertretenen Gläubiger, also eine Mehrheit über die für andere abgegebenen Stimmen. Es ist ganz allgemein von „Wahlen" gesprochen; es können aber damit füglich nur die Wahlen und Ergänzungswahlen der Mitglieder des Ausschusses gemeint sein, da andere Wahlen der Gläubigerversammlung nicht obliegen (der Liquidator wird vom Gericht ohne Mitwirkung oder Wahl der letzteren ernannt: § 44 Abs. 1). Die Ausnahmevorschrift bezieht sich aber ausschließlich auf die Wahl. Der ihr notwendig vorangehende Beschluß, welche Zahl von Mitgliedern der Ausschuß bilden soll, unterliegt der Ausnahmevorschrift nicht; es ist daher für diesen Beschluß die relative Mehrheit nicht ausreichend, sondern die absolute der Regel gemäß nötig. Die Abweichung soll nur der Wahl selbst zustatten kommen, um auch erhebliche Minoritäten der Bahnpfandgläubiger durch die Gewählten vertreten sein zu lassen. Demnächst kann die beschlossene Zahl der Mitglieder in einem Wahlgange gewählt werden, so daß diejenigen als gewählt gelten, welche die relativ meisten Stimmen erhalten.

§ 44. Abs. 3 Satz 2. **188**) Satz 2 des Abs. 3 bestimmt die Berechnung der Stimmenmehrheit nach den Beträgen der Forderungen. Es sind die Forderungen der Bahnpfandgläubiger und zwar nur ihre im Bahngrundbuchblatt zur Zeit der Eröffnung der Zwangsliquidation eingetragenen Forderungen (Hypotheken, Grundschulden, Teilschuldverschreibungen) gemeint. Persönliche ꝛc. Forderungen kommen nicht in Betracht, auch nicht, wenn sie den Bahnpfandgläubigern zustehen. In betreff dieser stehen die Bahnpfandgläubiger allen anderen persönlichen ꝛc. Gläubigern gleich. Zur Teilnahme an den Abstimmungen berechtigen also nur die eingetragenen Bahnpfandschulden einschließlich der Teilschuldverschreibungen. Die Forderungen sind dabei so zu berechnen, wie sie als Zwangsliquidationsforderungen bezw., da die Zwangsliquidation als eine besondere Art der Zwangsvollstreckung anzusehen ist (Anm. 96 S. 203, 204), als Zwangsvollstreckungsforderungen geltend gemacht werden können und gemacht sind, also einschließlich der Kosten, Zinsen ꝛc. (§§ 10 ff.

Zwangsvollstreckungs-Ges. v. 24. März 1897). Die Vorschrift der Stimmenmehrheit ist eine absolute. Ist die Mehrheit nicht vorhanden, so ist der Antrag rc. abgelehnt. Die Vorschrift des § 94 Abs. 3 Satz 2 Konk.-Ordn., wonach bei Gleichheit der Stimmen die Zahl der Gläubiger entscheidet, ist in das vorliegende Gesetz nicht aufgenommen.

189) Satz 3 schreibt für die Inhaber von Teilschuldverschreibungen die Hinterlegung derselben nach Anordnung des Gerichts vor. Nur diejenigen Inhaber von Teilschuldverschreibungen sind als Bahnpfandgläubiger in der Gläubigerversammlung stimmberechtigt und werden bei Berechnung der Stimmenmehrheit mit in Berücksichtigung gezogen, welche ihre Teilschuldverschreibungen nach Anordnung des Gerichts hinterlegt haben. Diese Vorschrift ist obligatorisch. Ohne ordnungsmäßige Hinterlegung ist eine Stimmenabgabe der Inhaber von Teilschuldverschreibungen nicht statthaft und ein demungeachtet gefaßter Beschluß unwirksam und ungültig. Im übrigen wird in bezug auf die Art und Form dieser Hinterlegung auf die eingehenden Erläuterungen zu der entsprechenden Bestimmung des § 52 Abs. 2 Satz 3 Anm. 284 S. 485 verwiesen. § 44. Abs. 3 Satz 3.

§ 45.190)

Der Name des Liquidators ist öffentlich bekannt zu machen.191) Ihm ist eine urkundliche Bescheinigung seiner Bestellung zu erteilen, welche er bei Beendigung seiner Geschäftsführung zurückzureichen hat.192)

Die Vergütung für die Geschäftsführung des Liquidators wird in Ermangelung einer Einigung mit dem Ausschusse der Bahnpfandgläubiger und dem Bahneigentümer oder Konkursverwalter durch das Gericht festgesetzt.193) Das Gleiche gilt für eine den Mitgliedern des Ausschusses bewilligte Vergütung, wenn über die Höhe derselben eine Einigung mit der Versammlung der Bahnpfandgläubiger und dem Bahneigentümer oder Konkursverwalter nicht erzielt wird.194)

Der Liquidator steht unter der Aufsicht des Gerichts.195) Das Gericht kann gegen denselben Ordnungsstrafen bis zu 200 Mark festsetzen und ihn auf Antrag des Gläubigerausschusses oder des Bahneigentümers oder Konkursverwalters wegen Pflichtverletzung oder aus anderen wichtigen Gründen entlassen.196) Vor der Entscheidung ist der Liquidator zu hören.197)

Gegen die in diesem Paragraphen bezeichneten Entscheidungen des Gerichts findet Beschwerde nach Maßgabe der Deutschen Zivilprozeßordnung (§§ 568 bis 575) statt.198) Die Beschwerde gegen die Entlassung eines Liquidators ist die sofortige (§ 577).199)

190) Prinzip und Entstehungsgeschichte des § 45.

I. Prinzip. Im Anschluß an die im § 44 enthaltenen Vorschriften über die Ernennung des Liquidators und die Bestellung eines Gläubigerausschusses trifft § 45 eine Reihe formeller, im wesentlichen den Normen der Konk.-Ordn. nach- § 45. Prinzip.

gebildeter Bestimmungen über die öffentliche Bekanntmachung des Namens des Liquidators, sowie die ihm zu erteilende Bestellungsurkunde (Abs. 1), über die für die Geschäftsführung dem Liquidator und den Ausschußmitgliedern zu gewährende Vergütung (Abs. 2), über die Aufsichts-, Straf- und Entlassungsbefugnis des Gerichts gegenüber dem Liquidator (Abs. 3) und über die Zulässigkeit der Beschwerde gegen die bezüglichen gerichtlichen Entscheidungen (Abs. 4).

Die öffentliche Bekanntmachung des Namens des Liquidators, sowie die Gewährung einer Bestellungsurkunde an denselben erschien nach Analogie des § 81 Konk.-Ordn. erforderlich, um ihn als Exekutivorgan des Gerichts und Vertreter der Bahnpfandgläubiger, wie auch des Bahneigentümers (s. Anm. 188 S. 365) in der Führung der Liquidationsgeschäfte zu kennzeichnen und zu legitimieren (Abs. 1). Ebenso war es angezeigt, entsprechend den §§ 85 u. 91 Konk.-Ordn. die dem Liquidator und den Mitgliedern des Ausschusses zu gewährende Vergütung für ihre Geschäftsführung zu regeln und über die Modalitäten der Festsetzung dieser Vergütungen Bestimmung zu treffen (Abs. 2). Sodann mußte dem § 83 der Konk.-Ordn. gemäß der Grundsatz positiven Ausdruck im Gesetze finden, daß der Liquidator nicht bloß als Bevollmächtigter der Bahnpfandgläubiger bezw. des Bahneigentümers, sondern auch, ebenso wie der Konkursverwalter, als Organ des Gerichts fungiert, auf welches das Verfügungsrecht des Bahneigentümers übergeht, und folgeweise der Aufsicht des Liquidationsgerichts unterstellt ist. Damit ist notwendig die Befugnis desselben verbunden, den Liquidator — nach vorgängiger Anhörung — bis zu einer bestimmten Höhe mit Ordnungsstrafen zu belegen und auf Antrag des Ausschusses oder Bahneigentümers oder Konkursverwalters wegen Pflichtverletzung oder aus anderen wichtigen Gründen zu entlassen (Abs. 3). Im Zusammenhange hiermit ist gegen die vorbezeichneten Entscheidungen des Gerichts den Beteiligten das Rechtsmittel der Beschwerde (§§ 568—575 C.-P.-O.) und gegen die Entlassung des Liquidators die sofortige Beschwerde (§ 577 l. c.) gewährt.

§ 45. Entstehung. II. Aus der Entstehungsgeschichte des § 58 ist folgendes hervorzuheben:

Der Preuß. Regierungsentwurf v. 18. März 1895 (Aktenst. d. Herrenh. Nr. 24 S. 15) enthielt als § 58 im wesentlichen gleichlautende Bestimmungen mit den als § 58 und das Eisenb.-Pfandr.-Ges. v. 19. August 1895 aufgenommenen Vorschriften.

Aus den bereits oben (Anm. 188 S. 365) im Zusammenhange mitgeteilten Motiven werden hier nur folgende beiden Passus als besonders bemerkenswert hervorgehoben: .... „Durch diese Vorschriften des Entwurfs ändert sich die Stellung des Liquidators, er ist nicht mehr bloß der Bevollmächtigte der Bahnpfandgläubiger, sondern, ebenso wie der Konkursverwalter, ein Organ des Gerichts, auf welches das Verfügungsrecht des Bahneigentümers übergeht. Mit Rücksicht hierauf stellt der Entwurf (§ 58) den Liquidator unter die Aufsicht des Gerichts und gibt auch dem Eigentümer oder Konkursverwalter das Recht, die Entlassung des Liquidators zu beantragen. ... Der Ausschuß hat die Tätigkeit des Liquidators zu überwachen und kann dessen Entlassung wegen Pflichtverletzung oder aus anderen wichtigen Gründen beim Gericht beantragen."

In der Kommission des Abg.-Hauses (Drucks. Nr. 254 S. 3158) wurde zum Abs. 3 des § 58 auf Antrag des Referenten und der Kommissare die Umwandlung des Wortes „Verwalter" in „Liquidator" beschlossen, weil das Wort

„Verwalter“ die Möglichkeit einer Verwechselung mit dem Konkursverwalter befürchten läßt. Von anderer Seite wurde die Streichung der Worte „auf Antrag des Gläubigerausschusses oder des Bahneigentümers oder Konkursverwalters“ beantragt mit der Begründung, daß, wenn der Richter den Liquidator frei — ohne Einspruch und ohne Antrag eines Dritten — bestellen solle, er ihn auch ohne Antrag von Amts wegen müsse entlassen können. Da das Gesetz Pflichtverletzung oder andere erhebliche Gründe als Ursache der Entlassung verlange, so sei um so weniger ein Mißbrauch des freien Ermessens des Richters zu besorgen, andererseits aber desto weniger verständlich und mit der Würde und Stellung des Richters unvereinbar, dann noch den Antrag von unter dem Richter stehenden Organen und Personen zu fordern. Der Entwurf zeige hierin einen Widerspruch mit den Anschauungen der Konkursordnung; denn in dieser werde der Verwalter zunächst durch den Richter ernannt, und letzterer sei bis zur Beschlußfassung der ersten Versammlung der Gläubiger zur Entlassung desselben berechtigt, und zwar ohne daß die Entlassung an eine gesetzliche Bedingung, wie Pflichtverletzung usw. geknüpft wäre. Von anderer Seite wurde dieser Vergleich mit der Konkursordnung als unzutreffend bezeichnet und Wert darauf gelegt, daß der Liquidator auch dem Richter gegenüber eine gewisse Selbständigkeit besitze und seine Stellung nicht völlig von dessen Belieben abhänge; denn die Klausel des Paragraphen „wegen Pflichtverletzung oder aus anderen wichtigen Gründen“ stelle doch alles in das Ermessen des Richters, der allein darüber befände, was wichtig sei. Die Kommission hat aus diesen Gründen die Fassung der Vorlage vorgezogen.

Hierauf wurde § 58 in der Fassung des Entwurfs angenommen und ging ohne weitere Diskussion in den Häusern des Landtages unverändert in das Eisenb.-Pfandr.-Ges. v. 19. August 1895 über.

Auch der Revisionsentwurf v. 10. Februar 1902 (Drucks. d. Herrenh. Sess. 1902 Nr. 42 S. 9) enthielt — abgesehen von der neuen Bezeichnung der Paragraphen der im Abs. 4 zitierten Vorschriften der C.-P.-O. — keine Änderung und wurde in gleicher Fassung in das Bahneinh.-Ges. v. 11. Juni 1902 aufgenommen.

191) Abs. 1 des § 45 schreibt in seinen beiden Sätzen nach Analogie des § 81 Konk.-Ordn. zwei für die Legitimation des Liquidators zur Geschäftsführung wichtige Maßnahmen vor, 1. die öffentliche Bekanntmachung des Namens des Liquidators (Satz 1) und 2. die Erteilung einer urkundlichen Bescheinigung seiner Bestellung, sowie Rückreichung dieser Bescheinigung nach Beendigung seiner Geschäftsführung. Sowohl die Bekanntmachung wie die Erteilung der Bescheinigung liegt dem das Verfahren leitenden Liquidationsgerichte ob. Dasselbe ist hierzu von Amts wegen verpflichtet und für Unzuträglichkeiten und Nachteile, die aus Verzug oder Unterlassung entstehen, den Beteiligten verantwortlich. Der Liquidator wie die anderen Beteiligten (§ 44 Abs. 2) können diese Maßnahmen vom Gerichte verlangen und im Verzugs- oder Unterlassungsfalle Beschwerde im Instanzenwege erheben. § 45. Abs. 1 Satz 1.

Satz 1 schreibt obligatorisch vor, daß der Name des Liquidators öffentlich bekannt zu machen ist. Es ist diejenige Person gemeint, welche gemäß § 44 Abs. 1 zugleich mit der Eröffnung der Zwangsliquidation vom Gericht zum Liquidator ernannt ist (Anm. 184 S. 369). Die öffentliche Bekanntmachung hat nach Maßgabe des § 57 zu geschehen, sie kann zugleich mit derjenigen des

Eröffnungsbeschlusses (Anm. 175 S. 854 ff.) verbunden werden oder muß unverzüglich und unmittelbar auf die Bekanntmachung desselben folgen. Satz 1 spricht zwar nur vom Namen des Liquidators. Es ist aber selbstverständlich, daß auch der Wohnort und — wo Zweifel bestehen können — der Stand des Liquidators ꝛc. zur näheren Bezeichnung seiner Person publiziert werden müssen. Die Bekanntmachung ist nicht nur bei der Eröffnung der Liquidation bezw. der erstmaligen Ernennung eines Liquidators erforderlich, sondern auch bei jeder späteren Ernennung eines solchen. Durch die Bekanntmachung wird bezweckt, die Legitimation des Liquidators allseitig bekannt zu geben. Aber es wird dadurch weder der Beginn seiner Legitimation, noch das Ende der Funktion eines früheren Liquidators bestimmt. Vielmehr sind für Anfang und Ende des Amtes die an früherer Stelle (Anm. 184 S. 869 ff.) mitgeteilten Grundsätze maßgebend. Auch der durch eine Bekanntmachung oder andere Umstände veranlaßte gute Glaube, daß jemand noch fortdauernd (bezw. überhaupt) Liquidator sei, hat keinen Einfluß auf die Verbindlichkeiten der Liquidationsmasse. Mit der Bekanntmachung, welche ohnehin für die Beendigung der Funktion eines Liquidators nicht vorgeschrieben ist, ist eine solche Folge im § 45 Abs. 1 Satz 1 nicht verbunden. Vielmehr steht derjenige, welcher mit einem Nicht-Liquidator oder Nichtmehr-Liquidator verhandelt bezw. Rechtsgeschäfte eingeht, demjenigen gleich, der mit einem Nichtbevollmächtigten verhandelt, auch wenn er in gutem Glauben war. Denn nur der wirkliche Liquidator besitzt kraft Gesetzes die Vollmacht, die Liquidationsgeschäfte zu führen und die Beteiligten zu vertreten. Über die Wirkungen entscheidet das bürgerliche Recht. Für die Liquidationsmasse bezw. die Beteiligten sind die Handlungen eines nicht oder nicht mehr zur Vertretung Beauftragten unverbindlich, wenn sie nicht etwa der wirkliche Liquidator genehmigt; die Vorschriften des § 58 H.-G.-B. betreffs der Prokura sind, wie in die Konk.-Ordn., auch nicht in das vorliegende Gesetz aufgenommen und gestatten keine Analogie für gesetzliche Vertreter.

§ 45. Abs. 1 Satz 2. 192) Satz 2 des Abs. 1 erfordert vom Gericht — gleichfalls obligatorisch (Anm. 191 S. 879) —, daß dem Liquidator eine urkundliche Bescheinigung seiner Bestellung zu erteilen ist, und verbindet damit die Vorschrift an denselben, die Bescheinigung nach Beendigung seiner Geschäftsführung zurückzureichen. Das Gericht ist zur Erteilung der Bescheinigung von Amts wegen verpflichtet, Verzug oder Unterlassung zieht die oben Anm. 191 S. 879 ff. bezeichneten Folgen nach sich. Die Bescheinigung muß eine urkundliche sein, d. h. die Erfordernisse einer Urkunde materiell und formell besitzen; sie hat, da sie vom Gericht in den Grenzen seiner Zuständigkeit ausgestellt ist, den Charakter einer öffentlichen Urkunde (§§ 415, 417 C.-P.-O.) und daher zivil- wie strafrechtlich die Wirkungen einer solchen. Die Urkunde soll die Ernennung des Liquidators bescheinigen, ihr Inhalt muß also diesem Akte Ausdruck geben, und insbesondere den Namen und Wohnort, eventuell auch den Stand des Liquidators, ferner die Bahneinheit und den Zeitpunkt der Ernennung bezeichnen, endlich Datum und Unterschrift des Gerichts. Der Liquidator ist gehalten, bei allen Liquidationsgeschäften (§§ 46 ff.) auf Erfordern der Gegenpartei bezw. der Behörden ꝛc. die urkundliche Bescheinigung seiner Ernennung zur Legitimation vorzulegen. Ist seine Geschäftsführung beendet (Anm. 184 S. 870), so ist er — bezw. im Todesfalle sein Erbe oder in sonstigen Behinderungsfällen sein Vertreter — verpflichtet, die urkundliche Bescheinigung zurückzureichen. Zur Rückreichung kann der Liquidator, da dieselbe zu den ihm gesetzlich obliegenden Pflichten gehört, durch Ordnungsstrafen (Abs. 8), aber auch im Wege der Klage angehalten werden. Ferner ist ein öffentlicher Widerruf der erteilten Bescheinigung bezw. Vollmacht zulässig, und jedenfalls liegt ein solcher implicite in der gemäß § 57 Abs. 8 bewirkten öffentlichen Bekanntmachung der Aufhebung der Zwangsliquidation. Ist das Amt des Liquidators beendigt (Anm. 184 S. 370), so ist er auch ohne Rückgabe der Bescheinigung nicht mehr berechtigt, als Liquidator zu handeln und es finden, falls dies dennoch geschieht, die oben Anm. 191 S. 630 mitgeteilten Grundsätze Anwendung.

[193]) Abs. 2 trifft in seinen beiden Sätzen nach Analogie der §§ 85 und 91 Konk.=Ordn. Bestimmung über die mit dem Liquidator (Satz 1) und den Mitgliedern des Ausschusses (Satz 2) zu vereinbarende und mangels einer Einigung durch das Gericht festzusetzende Vergütung für die Geschäftsführung. Doch weichen die vorliegenden Vorschriften des § 45 Abs. 2 von den Bestimmungen der §§ 85 und 91 Konk.=Ordn. in wesentlichen Beziehungen ab. § 45. Abs. 2 Satz 1.

Die §§ 85, 91 Konk.=Ordn. gewähren sowohl dem Konkursverwalter wie den Mitgliedern des Gläubigerausschusses ausdrücklich einen gesetzlichen Anspruch auf Erstattung angemessener barer Auslagen und auf Vergütung für ihre Geschäftsführung. Den Anspruch des Liquidators hat das Konkursgericht ohne weiteres festzusetzen, den Anspruch der Mitglieder des Ausschusses in Ermangelung einer Einigung mit der Gläubigerversammlung.

Dagegen erwähnt Abs. 2 des § 45 des vorliegenden Gesetzes die Erstattung angemessener barer Auslagen des Liquidators und der Ausschußmitglieder überhaupt nicht, und zwar weil der Gesetzgeber ohne Zweifel von der zutreffenden Annahme ausging, daß der Anspruch auf derartige Auslagen sich aus den allgemeinen Rechtsregeln über beauftragte Geschäftsführung (B.=G.=B. §§ 670, 675) von selbst ergibt und daher einer besonderen Hervorhebung im Gesetze nicht bedarf. In betreff der Vergütung wird zwischen Liquidator und Ausschußmitgliedern unterschieden. Satz 1 setzt seiner Fassung nach, wenngleich dies nicht, wie im § 85 Konk.=Ordn. ausdrücklich ausgesprochen ist, den Anspruch des Liquidators auf Vergütung für die Geschäftsführung als bestehend voraus und bestimmt nur in betreff der Höhe der Vergütung, daß dieselbe in Ermangelung einer Einigung mit dem Ausschusse der Bahnpfandgläubiger und dem Bahneigentümer oder Konkursverwalter durch das Gericht festgesetzt wird. Prinzipaliter ist also die Einigung, eventualiter die Festsetzung des Gerichts entscheidend. Satz 2 macht die Vergütung der Ausschußmitglieder von einer Bewilligung abhängig und bestimmt, daß die Höhe der bewilligten Vergütung in Ermangelung einer Einigung mit der Versammlung der Bahnpfandgläubiger und dem Bahneigentümer oder Konkursverwalter gleichfalls durch Festsetzung des Gerichts erfolgt. Auch hier ist mithin die gerichtliche Festsetzung nur eine subsidiäre.

Diese Regelung bietet jedoch nach zwei Richtungen hin Lücken. 1. Zunächst ist nicht bestimmt, von wem über die Angemessenheit und tatsächliche Verausgabung der baren Auslagen des Liquidators und der Ausschußmitglieder, sowie über die Erstattung zu befinden ist. Es erscheint, da das Gesetz und die Motive hierüber schweigen, die Annahme begründet, daß die Erstattung der baren Auslagen in gleicher Weise wie die Vergütung für die Geschäftsführung zu bewirken, d. h. in Ermangelung einer Einigung sowohl für den Liquidator wie für die Ausschußmitglieder durch das Gericht festzusetzen ist. Doch hätte es sich de lege ferenda empfohlen, dies ausdrücklich im Gesetze auszusprechen. 2. Sodann fehlt eine Bestimmung darüber, von wem die Bewilligung der Vergütung für die Geschäftsführung der Ausschußmitglieder ausgehen soll. Das Gesetz läßt diese Frage offen und spricht lediglich von einer „bewilligten" Vergütung. Es ist, da die Mitglieder des Gläubigerausschusses von der Gläubigerversammlung gewählt und bestellt werden (§ 44), anzunehmen, daß letztere auch über die Bewilligung einer Vergütung zu befinden hat. Denn dem Gericht ist nur über die Höhe der bewilligten Vergütung (also die Bewilligung vorausgesetzt) in Ermangelung einer Einigung, nicht aber über die Gewährung der Vergütung selbst das Recht der Festsetzung verliehen. Auch hier wäre zur Vermeidung von Zweifeln eine positive Bestimmung de leg. fer. angezeigt gewesen.

Beides, sowohl die Erstattung der baren Auslagen, wie die Vergütung für die Geschäftsführung des Liquidators und der Ausschußmitglieder, gehört zu den Kosten und Ausgaben der Zwangsliquidation und ist daher bei der Verteilung gemäß § 48 Abs. 1 Satz 2 (Anm. 209) vorweg zu berichtigen (§§ 60—62 Konk.-Ordn.).

Satz 1 des Abs. 2 enthält Vorschriften über die Vergütung für die Geschäftsführung des Liquidators. Daß dem Liquidator ein gesetzlicher Anspruch auf diese Vergütung zusteht, ist oben aus der Fassung des Satzes 1 gefolgert worden, ebenso, daß er nach allgemeinen Rechtsregeln auch einen Anspruch auf Erstattung angemessener barer Auslagen hat (B.-G.-B. §§ 670, 675), und daß beide als Liquidationskosten bei der Verteilung vorweg zu berichtigen sind. Für die Höhe der Vergütung des Liquidators, welche nach dem vorstehenden aus dem Honorare für die Mühewaltung der Geschäftsführung besteht, ist prinzipaliter die Einigung mit dem Ausschusse der Bahnpfandgläubiger und dem Bahneigentümer, oder, wenn über dessen Vermögen der Konkurs eröffnet ist, mit dem Konkursverwalter maßgebend. (Abweichend von § 85 Konk.-Ordn., welcher ohne weiteres gerichtliche Festsetzung vorschreibt.) Eine Einigung ist nur dann zustande gekommen, wenn alle Teile — Liquidator, Ausschuß und Bahneigentümer (bezw. Konkursverwalter) — mit der Höhe und den Zahlungsmodalitäten des Honorars einverstanden sind. Ist dies nicht der Fall, was sich daraus ergibt, daß einer der beteiligten Faktoren die Entscheidung des Liquidationsgerichts anruft, so hat „in Ermangelung einer Einigung" dieses Gericht subsidiär die Vergütung festzusetzen. Die Einigung ist eine definitive und nur wie ein geschlossener Vergleich anfechtbar. Dagegen steht gegen die Entscheidung des Gerichts allen Beteiligten — Liquidator, Ausschuß, Bahneigentümer bezw. Konkursverwalter, auch jedem Bahnpfandgläubiger — die Beschwerde (§§ 568—575 C.-P.-O.) zu (s. § 45 Abs. 4 Satz 1 Anm. 198). Die Festsetzung des Gerichts erfolgt nach freiem Ermessen desselben. Die Normierung fester und allgemeiner Taxen findet nicht statt. Vielmehr sind nach Lage des einzelnen Falles die Leistungen des Liquidators und der Betrag und Umfang der Liquidationsobjekte in Betracht zu ziehen. Ein absoluter Maßstab ist mit Rücksicht auf die Mannigfaltigkeit der Fälle, sowie die Verschiedenheit der Leistungen nicht möglich.

Daß auch die Erstattung angemessener barer Auslagen in gleicher Weise erfolgt, wie die Vergütung für die Geschäftsführung, ist oben S. 381 bereits erörtert. Zu den Auslagen gehören vornehmlich die Vorschüsse, welche der Liquidator etwa an Gerichts- und Prozeßkosten, sowie für die Verwaltung, Verwertung und Verteilung der Liquidationsmasse leistet, Aufwendungen zur Erhaltung, Überwachung und nötigen Verbesserung der Liquidationsobjekte, Verwaltungs- und Bewirtschaftungskosten für Bestandteile der Bahneinheit, insbesondere Mietsbeträge, Arbeitslöhne, Reisekosten, Entschädigung für die erforderliche Beschaffung eigener oder gemieteter Lokalitäten, Remunerierung des zur Ausübung der Geschäftsführung nötigen Hilfspersonals, Abgaben, Steuern rc.

Die Vereinbarung wie auch die gerichtliche Festsetzung kann sich auf bestimmte Fristen, aber auch auf die ganze Dauer des Liquidationsverfahrens beziehen und muß im ersteren Falle wiederholt werden. Auch ist alsdann nicht ausgeschlossen, daß nach Ablauf der betreffenden Frist an die Stelle der gerichtlichen Festsetzung eine Einigung tritt ebenso wie umgekehrt auf die Einigung eine gerichtliche Festsetzung folgen kann. Über die Form und Zustellung der Entscheidung, sowie die Beschwerde gegen dieselbe s. Anm. 198 S. 386.

194) Satz 2 des Abs. 2 trifft Bestimmung über die Vergütung für die Geschäftsführung der Mitglieder des Ausschusses. Den Mitgliedern des § 45. Abs. 2 Satz 2. Ausschusses steht nicht, wie dem Liquidator (Satz 1 s. Anm. 198) und dem Gläubigerausschusse im Konkurse (§ 91 Konk.-Ordn.), ein gesetzlicher Anspruch auf Vergütung für die Geschäftsführung zu, sondern die Gewährung einer Vergütung ist von der Bewilligung des hierzu zuständigen Organs abhängig. Satz 2 spricht von „einer den Mitgliedern des Ausschusses bewilligten Vergütung". Zuständig zur Bewilligung erscheint — mangels einer besonderen Bestimmung — die Gläubigerversammlung, welcher gemäß § 44 die Wahl und Bestellung der Ausschußmitglieder obliegt. Dem Gerichte ist nur die Festsetzung der Höhe der Vergütung, in Ermangelung einer Einigung, vom Gesetze zugewiesen. Ist eine Vergütung den Mitgliedern des Ausschusses nicht bewilligt, so kann selbstredend über ihre Höhe weder eine Einigung mit der Gläubigerversammlung, noch eine Festsetzung des Gerichts erfolgen. Die Bewilligung ist vielmehr die Vorfrage, über welche zuerst Entscheidung getroffen werden muß. Ist diese verneint, so erübrigt sich alles weitere und es bleibt den Ausschußmitgliedern nur übrig, ohne Vergütung ihr Amt auszuüben oder dessen Übernahme abzulehnen. Ist dagegen die Frage der Bewilligung bejaht, so ist nunmehr die Höhe der Vergütung zu bestimmen, und zwar ist prinzipaliter eine Einigung mit der Versammlung der Bahnpfandgläubiger und dem Bahneigentümer oder Konkursverwalter maßgebend. (Im Konkursverfahren genügt eine Einigung mit der Gläubigerversammlung: § 91 Satz 2 Konk.-Ordn.) Eine Einigung ist nur dann erfolgt, wenn sämtliche Beteiligte — Gläubigerversammlung, Bahneigentümer (oder Konkursverwalter) und die einzelnen Mitglieder des Ausschusses — zugestimmt haben. Denn dieses Recht der Vergütung ist ein jus singulare eines jeden einzelnen Mitgliedes und hinsichtlich desselben keines an einen Beschluß des Ausschusses gebunden. Hat keine Einigung stattgefunden, so hat das Liquidationsgericht subsidiär die Höhe der Vergütung festzusetzen, also nur in Ermangelung einer Einigung, aber alsdann nach freiem Ermessen, wie im Falle des Satzes 1 (Anm. 198 S. 382) vorbehaltlich des Beschwerderechts der Beteiligten gemäß § 45 Abs. 4 Satz 1 (Anm. 198). Als beteiligt sind das betreffende Ausschußmitglied, der Liquidator, jeder Bahnpfandgläubiger und der Bahneigentümer oder Konkursverwalter anzusehen. Über die Form und Zustellung der Entscheidung, sowie die Beschwerde gegen dieselbe s. Anm. 198 S. 386, 387.

Für die Erstattung angemessener barer Auslagen an die Mitglieder des Ausschusses bedarf es dagegen einer Bewilligung seitens der Gläubigerversammlung an sich nicht. Vielmehr steht den Mitgliedern ebenso wie dem Liquidator (Anm. 198 S. 381—383) hierauf nach den allgemeinen Rechtsregeln über die beauftragte Geschäftsführung ein Anspruch zu (B.-G.-B. §§ 670, 675). Die Bestimmung der baren Auslagen findet in gleicher Weise statt, wie die Bestimmung der Höhe der bewilligten Vergütung. Prinzipaliter ist die Einigung der Mitglieder des Ausschusses mit der Versammlung der Bahnpfandgläubiger und dem Bahneigentümer oder Konkursverwalter maßgebend und, in Ermangelung einer Einigung, subsidiär die Festsetzung durch das Gericht, vorbehaltlich der Beschwerde der Beteiligten (§ 45 Abs. 4 Satz 1 Anm. 198). Im übrigen werden Auslagen der Ausschußmitglieder, da diesen nur eine kontrollierende und beratende Tätigkeit obliegt, verhältnismäßig selten vorkommen und vornehmlich in Reisekosten zur Wahrnehmung der Ausschußsitzungen, Beaufsichtigung und Überwachung der Bestandteile der Bahneinheit 2c. bestehen.

§ 45. Abs. 3 Satz 1. 195) Absatz 3 des § 45 regelt in seinen drei Sätzen die Rechtsstellung des Liquidators dem Liquidationsgericht (§ 40 Abs. 1) gegenüber; und zwar wird nach Analogie der §§ 83, 84 Konk.-Ordn. durch Satz 1 der Liquidator allgemein unter die Aufsicht des Gerichts gestellt, und durch Satz 2 dem Gerichte zu diesem Behufe die Befugnis zur Festsetzung von Ordnungsstrafen gegen den Liquidator bis zur Höhe von 200 Mark verliehen und ferner — auf Antrag des Gläubigerausschusses oder des Bahneigentümers oder Konkursverwalters — auch das Recht zur Entlassung des Liquidators wegen Pflichtverletzung oder aus anderen wichtigen Gründen, während Satz 3 hinsichtlich des formellen Verfahrens bestimmt, daß vor der bezüglichen gerichtlichen Entscheidung der Liquidator zu hören ist.

Diese Regelung des Verhältnisses, die Stellung des Liquidators unter die Aufsicht des Gerichtes und die Übertragung weitgehender Disziplinarbefugnisse auf dasselbe gegenüber dem Liquidator, beruht vornehmlich auf zwei Gründen. Zunächst bedingte der Umstand, daß den einzelnen Bahnpfandgläubigern die selbständige Geltendmachung ihrer Rechte bis zur Beendigung der Liquidation durch das Gesetz entzogen (§ 48) und die gemeinschaftliche Geltendmachung im Wege eines einheitlichen Zwangsliquidationsverfahrens ausschließlich in die Hand des Liquidators gelegt ist (§§ 40, 46—48), die Notwendigkeit, den Gläubigern eine Garantie für die ordnungsmäßige Durchführung der Liquidation durch die Stellung des Liquidators unter Aufsicht und Disziplin des Gerichts zu gewähren. Sodann ist die Machtvollkommenheit des Liquidators — wie die Motive des 1895er Entwurfs hervorheben — dadurch im Vergleiche mit den früheren reichsgesetzlichen Entwürfen zu einer weit freieren gestaltet, daß sie sich nicht auf die bloße Befugnis zur Verwertung in derselben Weise erstreckt, wie dies sonst seitens der Pfandgläubiger selbst geschehen darf, also durch den Antrag auf Zwangsversteigerung oder nach Maßgabe der faustpfandrechtlichen Vorschriften. Sondern es ist dem Liquidator hinsichtlich der Art der Verwertung freie Hand gelassen und sein Verfügungsrecht nur in betreff der Veräußerung von Grundstücken aus freier Hand (§ 46 Abs. 2 Satz 2) und der noch vorhandenen Bestandteile als Einheit (§ 47) beschränkt. Um so mehr erschien es aber geboten, den Liquidator der Aufsicht und Disziplin des Gerichts zu unterwerfen und zugleich auch dem Gläubigerausschusse und dem Eigentümer oder Konkursverwalter das Recht zu gewähren, die Entlassung des Liquidators zu beantragen.

Nach Satz 1 steht der Liquidator unter der Aufsicht des Gerichts (§ 40 Abs. 1, Anm. 172 S. 350). Diese Bestimmung entspricht gänzlich dem § 83 K.=O., sie ist nach Absicht und Fassung für das Gericht, wie für den Liquidator absolut bindend derartig, daß sich weder das Gericht der Aufgabe zur pflichtmäßigen Aufsicht, noch der Liquidator zu der gerichtlichen Aufsichtsführung entziehen darf. Daran können auch Beschlüsse der Gläubigerversammlung oder des Ausschusses nichts ändern. Die sehr allgemein und dehnbar gehaltene Vorschrift wird in den wohl auch hier zu beachtenden Motiven zum § 83 K.=O. wie folgt umgrenzt: „Keineswegs ist beabsichtigt, das Gericht durch Beilegung von Disziplinarbefugnissen indirekt zu einer oberen Instanz in Verwaltungssachen zu machen. Der bezeichnende Unterschied liegt darin, daß dasselbe niemals die Zweckmäßigkeit, sondern nur die Pflichtwidrigkeit der Handlungen oder Unterlassungen des Verwalters zu prüfen hat. Direkte Verstöße gegen die gesetzlichen Vorschriften, grobe Vernachlässigung der Amtspflichten können von dem Gerichte ohne Einmischung in die eigentliche Verwaltung sehr wohl geahndet werden. In der Regel wird dasselbe nicht von Amts wegen, sondern nur auf Antrag vorgehen. Im Gesetze haben zwar diese Erwägungen keinen Ausdruck gefunden. Auch wird sich oft das Urteil über Pflichtwidrigkeit nicht von der Beurteilung der Zweckmäßigkeit trennen lassen. Dennoch ist im Sinne der mitgeteilten Motive die vorliegende Vorschrift restriktiv auszulegen. Aber auch bei beschränkender Interpretation erscheint das Gericht jedenfalls berechtigt, stets auf Antrag der Beteiligten oder von Amts wegen Auskunft und Rechenschaft über die Geschäftsführung zu verlangen, gesetzwidrige Maßregeln des Liquidators zu sistieren, ihn zur Erfüllung seiner Pflichten aufzufordern. Hierzu kann es sich der Zwangsmittel des § 84 K.=O. bedienen. Mit Rücksicht hierauf erscheint die Frage, ob er auch Verweise erteilen darf, irrelevant. In dem Aufsichtsrechte des Gerichts liegt nicht die Befugnis desselben, vom Liquidator die Vornahme bestimmter Verwaltungsakte zu fordern, z. B. Fortsetzung von Miets= und Pachtverträgen, Anstellung von Klagen, Veräußerungen aus freier Hand. Dies hätte eines positiven Ausdrucks im Gesetze bedurft. Nur die Geschäftsführung des Liquidators unterliegt der Disziplinargewalt des Gerichts, nicht sein persönliches und privates Verhalten, obwohl letzteres einen Grund zur Entlassung geben kann (z. B. Trunksucht).

196) Satz 2 des Abs. 3 gewährt dem Gerichte in Ausführung der Bestimmung des Satzes 1 eine zwiefache Befugnis: 1. Die Befugnis zur Festsetzung von Ordnungsstrafen bis zu 200 Mark gegen den Liquidator, und zwar von Amts wegen, gleichviel also ob ein Antrag oder eine Anregung Beteiligter vorliegt. 2. Die Befugnis zur Entlassung des Liquidators wegen Pflichtverletzung oder aus anderen wichtigen Gründen, jedoch nur auf Antrag des Gläubigerausschusses oder des Bahneigentümers oder Konkursverwalters. § 45. Abs. 3 Satz 2.

1. Die Befugnis des Gerichts zur Festsetzung von Ordnungsstrafen bis zu 200 Mark entspricht vollständig der gleichen dem Konkursgericht durch § 84 Abs. 1 Satz 1 K.=O. gegen den Verwalter gegebenen Befugnis. Die Ordnungsstrafe kann von Amts wegen festgesetzt werden. Ob ein Antrag oder eine Anregung des Ausschusses, des Eigentümers, Konkursverwalters oder eines Gläubigers vorliegt, kommt nicht in Betracht. Dieselben können daher zwar die Festsetzung anregen oder beantragen, haben aber gegen eine Ablehnung kein Beschwerderecht. Eine vorgängige Androhung erscheint billig aber nicht notwendig. Ihrem Begriffe nach ist

die Ordnungsstrafe eine wirkliche Strafe für eine begangene Ordnungs- oder Pflichtwidrigkeit, kein Zwangsmittel im Sinne des § 888 C.-P.-O. Daraus ergibt sich, daß durch die einmalige Festsetzung der Strafe die Pflichtwidrigkeit gebüßt ist und nicht eine Wiederholung oder Erhöhung der Strafe stattfinden darf, es sei denn, daß die Fortdauer der Säumnis eine neue Pflichtwidrigkeit in sich schließt. Nur Geldstrafen bis zur bestimmten Höhe sind gestattet, nicht auch andere Strafen, insbesondere auch nicht die Umwandlung der Geld- in Freiheitsstrafe.

2. Die Befugnis des Gerichts zur Entlassung des Liquidators entspricht nicht ganz der bezüglichen dem Konkursgericht durch § 84 Abs. 1 Satz 2 K.-O. eingeräumten Befugnis. Denn letztere darf bis zu der auf die Ernennung des Verwalters folgenden Gläubigerversammlung von Amts wegen (ohne Antrag), von da ab nur auf Antrag der Gläubigerversammlung oder des Gläubigerausschusses ausgeübt werden, während die Ausübung der Entlassungsbefugnis des Liquidationsgerichts in allen Fällen vom Antrage des Gläubigerausschusses oder des Bahneigentümers oder Konkursverwalters abhängig ist. Von einem dieser drei Faktoren muß die Entlassung beim Gericht beantragt werden. Ohne diesen Antrag darf das Gericht die Entlassung nicht verfügen. Der Antrag der Gläubigerversammlung oder einzelner Bahnpfandgläubiger genügt nicht und ist nicht zulässig; ebensowenig eine Entlassung von Amts wegen. Das Gesetz gestattet die Entlassung wegen Pflichtverletzung oder aus anderen wichtigen Gründen. Damit sind bei der allgemeinen Fassung „aus anderen wichtigen Gründen" alle sachgemäßen Gründe gemeint, welche gegen eine Fortführung der Geschäfte durch den Liquidator sprechen, unter Umständen auch solche, die mit seinem persönlichen Verhalten zusammenhängen (Anm. 195 S. 884). Die Gründe brauchen in dem Entlassungsbeschlusse nicht angegeben zu werden.

3. Über die Form und Zustellung der Entscheidungen, betreffend Ordnungsstrafen und Entlassung, s. Anm. 198 S. 886 ff., und über die Beschwerde gegen die Entlassung Anm. 199 S. 887.

§ 45. Abs. 3 Satz 3. **197**) Satz 3 des Abs. 3 gewährt dem Liquidator das Recht auf Anhörung vor der Entscheidung durch das Gericht. Die Bestimmung bezieht sich mangels einer Einschränkung sowohl auf die Festsetzung von Ordnungsstrafen (Satz 1), wie auf die Anordnung der Entlassung (Satz 2). Die Vorschrift, daß der Liquidator „zu hören" ist, hat nicht die Bedeutung, daß ihm Gehör in mündlicher Verhandlung gestattet werden müßte. Es genügt, daß ihm Gelegenheit gegeben wird, sich mündlich oder schriftlich zu äußern. Das Hören vor der Entlassung ist aber nur dann notwendig, wenn es tunlich ist, also z. B. nicht, wenn der Liquidator geistig oder körperlich unfähig zur Ausübung seines Amtes geworden ist; — es müßte denn sein, daß dieser Zustand durch das „Hören" konstatiert werden soll. Vgl. im übrigen über die Form der Entscheidung Anm. 198 S. 886.

§ 45. Abs. 4 Satz 1. **198**) Nach Satz 1 des Abs. 4 findet gegen die im § 45 bezeichneten Entscheidungen des Gerichts Beschwerde nach Maßgabe der deutschen C.-P.-O. (§§ 568—575) statt. Unter „Entscheidungen" sind nicht Urteile im Sinne der C.-P.-O. gemeint, da es sich nicht um bestimmte Rechtsstreite und bestimmte Parteien handelt, sondern Beschlüsse (C.-P.-O. §§ 160 Nr. 5, 329 Abs. 1, 2). Mündliche Verhandlungen im Sinne der C.-P.-O. finden nicht statt, sondern nur mündliche Erörterungen vor oder mit dem Liquidationsgerichte, soweit dieses derartige Erörterungen für notwendig erachtet. Die §§ 182—185, 188, 145—148

150 C.-P.-O. sind also nicht anzuwenden. Anwaltszwang ist ausgeschlossen, da das Verfahren vor einem Amtsgericht stattfindet. Anwendbar sind dagegen die Bestimmungen über Protokolle (C.-P.-O. §§ 159—165), deren Unterzeichnung durch die Beteiligten es nicht bedarf (§§ 162, 163 l. c.), die Vorschriften über die richterliche Leitung (§§ 136, 139, 144, 156, 503 l. c.), über Sitzungspolizei und Gerichtssprache (§§ 177 ff. Ger.-Verf.-Ges.), über die Zulassung von Bevollmächtigten und Beiständen (§ 143 l. c.). Die Entscheidungen bedürfen der Zustellung schon mit Rücksicht auf die Zulässigkeit der Beschwerde. Doch genügt als Zustellung die öffentliche Bekanntmachung (§ 76 Abs. 3 K.-O.). Die Zustellungen geschehen von Amts wegen (§ 73 Abs. 2 K.-O.), das Liquidationsgericht erscheint nach Analogie des § 75 K.-O. befugt, zur Aufklärung aller das Verfahren betreffenden Verhältnisse die erforderlichen Ermittlungen, insbesondere die Vernehmung von Zeugen und Sachverständigen anzuordnen (§§ 375 ff., §§ 404 ff. C.-P.-O.), ohne daß es eines förmlichen Beweisbeschlusses bedarf. Das Gericht kann jede andere zuständige Behörde um die Vernehmung oder sonstige Ermittlung ersuchen.

§ 45 führt vier Kategorien gerichtlicher Entscheidungen auf: 1. die Feststellung der Vergütung für die Geschäftsführung des Liquidators (Abs. 2 Satz 1); 2. die Festsetzung der Vergütung für die Geschäftsführung der Mitglieder des Ausschusses (Abs. 2 Satz 2); 3. die Festsetzung von Ordnungsstrafen gegen den Liquidator (Abs. 3 Satz 2); 4. die Anordnung der Entlassung des Liquidators (Abs. 3 Satz 2). Abweichend von der K.-O., welche als Regel die sofortige Beschwerde gegen Entscheidungen hinstellt (§ 73 Abs. 3 K.-O.), ist im Liquidationsverfahren gegen die drei ersten Kategorien die einfache Beschwerde gegeben, während nur gegen die vierte die sofortige Beschwerde stattfindet (Abs. 4 Satz 2 Anm. 199). Für das gewöhnliche Beschwerdeverfahren ist auf die §§ 568—575 C.-P.-O. Bezug genommen. Diese sind also zur Anwendung zu bringen. Daraus ergibt sich auch, daß die Beschwerde keine aufschiebende Wirkung hat (§ 542 C.-P.-O.). Berechtigt zur Beschwerde sind: 1. Bei der Festsetzung der Vergütung des Liquidators sowohl der Liquidator, wie der Ausschuß, der Bahneigentümer oder Konkursverwalter und jeder Bahnpfandgläubiger. 2. Bei der Festsetzung der Vergütung der Ausschußmitglieder jedes durch die Entscheidung betroffene Mitglied, der Bahneigentümer oder Konkursverwalter und jeder Bahnpfandgläubiger. 3. Bei der Festsetzung von Ordnungsstrafen der Liquidator, nicht aber andere Beteiligte, wenngleich sie die Strafe in Anregung bezw. Antrag gebracht haben.

199) Satz 2 des Abs. 4 gewährt gegen die Entlassung eines Liquidators die sofortige Beschwerde unter Bezugnahme auf § 577 C.-P.-O. Der Gang des Beschwerdeverfahrens ist bereits bei § 42 Anm. 179 S. 359, 360 dargestellt. Berechtigt zur Beschwerde ist im Falle der Entlassung der Liquidator, — im Falle den Entlassungsanträgen nicht stattgegeben wird: der Gläubigerausschuß, der Bahneigentümer oder Konkursverwalter und jeder Bahnpfandgläubiger. Auch diese Beschwerde hat keine aufschiebende Wirkung. Sie ist binnen einer Notfrist von zwei Wochen einzulegen. Diese Frist beginnt mit der Zustellung der Entscheidung. Über die Berechnung der Frist vgl. C.-P.-O. §§ 222, 224. Über die Wiedereinsetzung in den vorigen Stand gegen Versäumung der Notfrist (§§ 233—238); über die Formen der Beschwerde, die „weitere Beschwerde" und über das Verfahren: §§ 567—570, 571—575 l. c. § 45. Abs. 4 Satz 2.

§ 46.[200])

Der Liquidator hat die Verwertung aller Bestandteile der Bahneinheit vorzunehmen.[201]) In wichtigeren Fällen hat derselbe dem Ausschusse der Bahnpfandgläubiger von der beabsichtigten Maßregel Mitteilung zu machen.[202])

Die Zwangsverwaltung und Zwangsversteigerung von Grundstücken kann durch den Liquidator betrieben werden, ohne daß er einen vollstreckbaren Schuldtitel erlangt hat.[203]) Zur Veräußerung von Grundstücken aus freier Hand bedarf der Liquidator der Genehmigung des Ausschusses der Bahnpfandgläubiger sowie der Zustimmung des Bahneigentümers oder Konkursverwalters.[204])

200) Prinzip und Entstehungsgeschichte des § 46.

§ 46. Prinzip. I. Prinzip. Die Obliegenheiten des Liquidators bei der Zwangsliquidation einer Bahneinheit, seine Rechte und Pflichten bestehen 1. in der Verwertung der einzelnen Bestandteile der Bahneinheit (§ 40 Abs. 1 — § 4 Abs. 1 und 2), wie sie durch alle z. B. des Erlöschens zu ihr gehörigen Gegenstände und Rechte gebildet wird (§ 4 Abs. 8), und 2. in der Verteilung des Erlöses aus den verwerteten Bestandteilen, nach Abzug der Kosten und Ausgaben der Zwangsliquidation, an die Pfandgläubiger bis zur Befriedigung derselben. Über die Verwertung treffen die §§ 46 u. 47, über die Verteilung § 48 Bestimmung. Nach den Motiven ist das vorliegende Liquidationsverfahren nach Analogie des Konkursverfahrens gebildet. Der Zweck des Konkursverfahrens ist zwar ein wesentlich umfassenderer. Denn der Konkurs bezweckt die Verwertung und Verteilung der gesamten, der Zwangsvollstreckung unterliegenden Vermögensmasse des Gemeinschuldners an alle persönlichen Gläubiger, welche einen zur Zeit der Eröffnung des Verfahrens begründeten Vermögensanspruch an den Gemeinschuldner haben (Konkursgläubiger: §§ 1—3 K.-O.). Dagegen hat die Zwangsliquidation lediglich die Verwertung und Verteilung der einzelnen Bestandteile der Bahneinheit, also bestimmter und begrenzter Vermögensteile des Bahneigentümers (§ 4) zur abgesonderten Befriedigung einer einzelnen Kategorie von Gläubigern, der Bahnpfandgläubiger, zum Gegenstande (§ 40). Auch ist im Konkurse die Gleichberechtigung der Gläubiger die Regel, während hier der Vorrang eines jeden Gläubigers vor anderen auf Grund des Pfandrechts die Norm bildet. Aber abgesehen von diesen charakteristischen Unterschieden und in diesem beschränkteren Umfange muß der Liquidator im wesentlichen die gleichen Befugnisse Pflichten und Obliegenheiten, die nämliche rechtliche Stellung (Anm. 188, S. 365 ff.) besitzen, wie der Konkursverwalter.

Die §§ 46 bis 48 des vorliegenden Gesetzes heben nur einzelne dieser Pflichten und Befugnisse besonders hervor. Im übrigen ergibt sich aus den Motiven, daß sie, soweit dies zur Verwertung und Verteilung der einzelnen Bestandteile der Bahneinheit erforderlich ist, nach Maßgabe der dem Konkursverwalter durch die K.-O. zugewiesenen Pflichten und Befugnisse entsprechende Ergänzung finden sollen.

A. Jedenfalls ist hiernach die Annahme begründet, daß nach Analogie des § 6 K.-O. der Bahneigentümer die Befugnis verliert, diese Bestandteile zu verwalten und über dieselbe zu verfügen, und das Verwaltungs- und Verfügungsrecht des Bahneigentümers auf den Liquidator übergeht bezw. von ihm ausgeübt wird; daß ferner nach Analogie des § 7 l. c. Verfügungen des Bahneigentümers über einzelne Bestandteile der Bahneinheit den Bahnpfandgläubigern gegenüber unwirksam sind (s. § 19 Bahneinh.-Ges.) und daß auf die diese Bestandteile betreffenden Prozesse, sowie die Erfüllung der Rechtsgeschäfte die bezüglichen Bestimmungen der K.-O. (Tit. 1—8) entsprechende Anwendung zu finden haben Sodann muß der Liquidator (arg. § 117 K.-O.) berechtigt und verpflichtet sein, die gesamten zur Liquidationsmasse gehörigen Bestandteile der Bahneinheit nach der Eröffnung des Liquidationsverfahrens in Besitz zu nehmen. Nur unter eigener Verantwortlichkeit wird er die Ausübung seines Besitzrechts unterlassen und den Besitz dritten Personen, dem Bahneigentümer oder Konkursverwalter gestatten dürfen. Wenn der Zweck der Liquidation erreicht werden soll, so kann dem Bahneigentümer nicht neben dem Liquidator und konkurrierend mit demselben ein Verfügungsrecht über die zu verwertenden Bestandteile der Bahneinheit eingeräumt bezw. belassen werden. Der Zweck der Liquidation erfordert unabweisbar sowohl tunlichst freie Bewegung des Liquidators in der Veräußerung der Liquidationsobjekte, wie auch Konzentrierung des Besitz- und Verfügungsrechts in seiner Hand. In dem Rechte des Liquidators zur Verwertung aller Bestandteile der Bahneinheit (§ 46 Abs. 1 Satz 1) ist das Recht des Besitzes derselben und der Verfügung über dieselben implicite enthalten.

B. Auch in der Art der Veräußerung ist der Liquidator grundsätzlich nicht beschränkt. Er ist daher im allgemeinen auch zur freihändigen Veräußerung der Bestandteile der Bahneinheit befugt. Denn die freihändige Veräußerung durch den Liquidator ist ebenso eine Maßregel der Zwangsvollstreckung, wie eine Versteigerung durch das Gericht oder den Gerichtsvollzieher; es unterliegt daher keinem Bedenken, daß die Befugnis des Liquidators zu freihändigem Verkaufe durch Landesgesetz begründet werden kann, da die abgesonderte Befriedigung der Pfandgläubiger nach § 4 K.-O. außerhalb des Konkursverfahrens erfolgt und die Landesgesetzgebung die Art und Weise der Beitreibung eines Pfandrechts beliebig regeln kann (vgl. noch §§ 47 ff. K.-O., § 864 C.-P.-O.).

C. Der Grundsatz der vollen Verfügungsfreiheit des Liquidators hat im § 46 nur folgende Einschränkungen erfahren:

1. Zunächst ist bestimmt, daß in wichtigeren Fällen der Liquidator dem Gläubigerausschusse von der beabsichtigten Maßregel Mitteilung zu machen hat (Abs. 1 Satz 2). Diese Bestimmung soll nicht nur dazu dienen, dem Ausschusse von wichtigeren Maßnahmen Kenntnis zu verschaffen, sondern auch hierdurch ihn in die Lage zu versetzen, dieselben zu inhibieren bezw. durch das Gericht, bezw. die Gläubigerversammlung eine Änderung oder Untersagung herbeizuführen.

2. Sodann sind Grundstücke in der Regel nur in den Formen der Zwangsversteigerung und Zwangsverwaltung zu veräußern, welche jedoch nach Analogie des § 126 K.-O. vom Liquidator betrieben werden kann, und zwar ohne daß er einen vollstreckbaren Schuldtitel erlangt hat (§ 16 Ges. v. 24. März 1897). Der Eröffnungsbeschluß bildet ipsa lege den Vollstreckungstitel und die Ernennungsurkunde die Legitimation zur Betreibung der Zwangsversteigerung und Zwangsverwaltung (§ 46 Abs. 2 Satz 1).

3. Sollen Grundstücke vom Liquidator aus freier Hand veräußert werden, so bedarf der Liquidator der Genehmigung des Ausschusses der Bahn-

pfandgläubiger, sowie der Zustimmung des Bahneigentümers oder Konkursverwalters (§ 46 Abs. 2 Satz 2), vgl. § 134 Ziff. 1 K.=O.

An diese Fälle der Einschränkung der Verfügungsfreiheit schließt sich noch im § 47 der Fall, daß bei Erteilung der Genehmigung zum Fortbetriebe des Bahnunternehmens an einen Unternehmer die Veräußerung der noch vorhandenen Bestandteile der Bahneinheit als Einheit erfolgen soll. Auch in diesem Falle bedarf es der Zustimmung des Gläubigerausschusses, sowie des Bahneigentümers oder Konkursverwalters (s. Anm. 208 S. 895 ff.).

§ 46. Entstehung. II. In der Entstehungsgeschichte des § 46 findet die vorstehend erörterte Tendenz desselben ihre Bestätigung.

Der Preuß. Regierungsentwurf v. 18. März 1895 (Nr. 24 S. 15) enthielt als § 54 die wörtlich als § 54 in das Eisenb.=Pfandr.=Ges. v. 19. August 1895 übergegangene Bestimmung.

Die Motive (a. a. O. S. 59) sind bereits an früherer Stelle (§ 44 Anm. 188 S. 867 ff.) ausführlich mitgeteilt worden. Sie gipfeln in der Erklärung, daß dem Liquidator — abgesehen von den in den § 46 und § 47 besonders bezeichneten Fällen — in der Art der Verwertung der Bestandteile der Bahneinheit und in der Verfügung über dieselben freie Hand zu lassen und derselbe, ebenso wie der Konkursverwalter, als ein Organ des Gerichts zu betrachten sei, auf welches das Verfügungsrecht des Bahneigentümers übergehe. Auch verstehe sich von selbst, daß der Liquidator, soweit dies zur Veräußerung der Bestandteile erforderlich, die Einräumung des Besitzes derselben vom Eigentümer, Konkursverwalter oder einem dritten Besitzer verlangen könne.

Auch der Revisionsentwurf v. 10. Februar 1902 (Drucks. d. Herrenh. Sess. 1902 Nr. 42 S. 9) brachte den § 54 in unveränderter Fassung in Vorschlag, und welcher als § 46 unbeanstandet in das Bahneinh.=Ges. v. 11. Juni 1902 aufgenommen wurde.

§ 46. Abs. 1 Satz 1. **201**) Satz 1 des Abs. 1 verpflichtet den Liquidator, die Verwertung aller Bestandteile der Bahneinheit vorzunehmen. Da die Zwangsliquidation die abgesonderte Befriedigung der Bahnpfandgläubiger aus den einzelnen Bestandteilen der Bahneinheit bezweckt, müssen die Hauptobliegenheiten des Liquidators in der Verwertung und Verteilung dieser Bestandteile an die Gläubiger bestehen. Er handelt hierbei (Anm. 188 S. 866) als ein im öffentlichen Interesse geschaffenes Organ, welches die Legitimation zur Erfüllung seiner Funktionen aus dem Gesetze selbst entnimmt und weder Vertreter der Gläubiger, noch des Bahneigentümers, noch der Masse ist. Aus den die Erfüllung seiner Aufgabe bedingenden Verpflichtungen ergeben und bestimmen sich auch die ihm zur Ermöglichung der Erfüllung beigelegten Berechtigungen. Soweit diese im Gesetze keinen besonderen Ausdruck gefunden haben, sind sie aus den Bestimmungen der K.=O. über den Konkursverwalter entsprechend zu ergänzen, dessen Stellung die rechtliche Stellung des Liquidators analog gebildet ist. Daraus ergibt sich, daß die Worte des Satzes 1: „Der Liquidator hat die Verwertung . . . vorzunehmen“ bedeuten, daß er nicht nur die Pflicht zur Verwertung hat, sondern auch alle zur Erfüllung derselben erforderlichen Befugnisse, d. h. — nach Analogie der dem Konkursverwalter durch die §§ 6 u. 117 der K.=O. eingeräumten Rechte — zugleich auch das Recht der Verfügung, der Verwaltung und des Besitzes in betreff aller Bestandteile der Bahneinheit.

1. Das Recht der freien und selbständigen **Verfügung** des Liquidators über die Bestandteile der Bahneinheit — abgesehen von den in den §§ 46, 47 enthaltenen Ausnahmen — findet seine Grenze in der Aufgabe, die Befriedigung der Bahnpfandgläubiger herbeizuführen. Er hat nur diejenigen Verfügungsbefugnisse, welche mit dieser Aufgabe vereinbar sind und ihr dienen; Verfügungen, welche dem Zwecke der Liquidation widersprechen, sind dem Liquidator nicht gestattet, z. B. Schenkungen aus der Masse (s. Entsch. R.=G. Bd. 29 S. 82), wohl aber ist alles, was der Liquidator innerhalb der angegebenen Grenzen tut, den Gläubigern, dem Eigentümer, wie jedem Dritten gegenüber gültig, wenngleich er für die ordnungsmäßige und legale Ausführung verantwortlich ist. Danach scheint er befugt, zur Ausführung seiner Aufgabe neue Rechtsgeschäfte einzugehen, Kauf=, Pacht= und Mietsverträge abzuschließen und aufzuheben bezw. zu kündigen, Darlehne aufzunehmen, Gegenstände der Masse zu verpfänden, Parzellierungen und anderweite Teilungen der zur Bahneinheit gehörigen Grundstücke zu bewirken ꝛc. Derartige Rechtsgeschäfte schließt er in eigenem Namen für Rechnung der Liquidationsmasse ab. Die daraus entspringenden Verbindlichkeiten sind Masseschulden. Eine persönliche Verbindlichkeit erwächst ihm nicht.

2. Das Recht der **Verwaltung** in betreff der Bestandteile der Bahneinheit steht dem Liquidator in gleichem Umfange zu, wie das Recht der Verfügung. Er ist zu allen der Aufgabe der Liquidation entsprechenden Verwaltungsakten legitimiert, so daß es einer speziellen Aufzählung der bezüglichen Obliegenheiten und Befugnisse des Liquidators nicht bedarf. Durch den Zweck der Verwaltung, die Interessen der Bahnpfandgläubiger und des Bahneigentümers wahrzunehmen, solange bis die sachgemäße Verwertung der einzelnen Objekte erfolgt ist, in Verbindung mit der aus § 82 K.=O. herzuleitenden Verantwortlichkeit für die Erfüllung der ihm obliegenden Pflichten ist der Kreis und Umfang der dem Liquidator obliegenden und zustehenden Verwaltungstätigkeit genügend gekennzeichnet (v. Sarwey S. 682 Anm. 5, Willenbücher 2. Aufl. S. 182, v. **Wilmowski** 5. Aufl. S. 287).

3. Hierzu tritt das Recht der **Besitznahme** und des **Besitzes** an den Bestandteilen der Bahneinheit. Nur der Liquidator, nicht der Bahneigentümer, der Gläubiger oder das Gericht sind zum Besitz berechtigt. Der Eröffnungsbeschluß, die Bestallung und das Gesetz legitimieren den Liquidator zur Inbesitznahme der Bahnbestandteile. Er bedarf hierzu weder der Beihilfe noch der Einmischung des Gerichts. Besitz hat hier jedoch nur den Sinn des abgeleiteten Besitzes, der tatsächlichen Verfügungsgewalt. Besitz im eigentlichen Sinne erlangt der Liquidator nach der rechtlichen Natur seiner Stellung nicht. Er übt nur die Besitzrechte des Eigentümers aus, in gleicher Weise, wie der Vormund. Er hat die Bestandteile nicht als eigene, sondern als dem Eigentümer gehörige inne. Sein Besitzrecht erstreckt sich auf die zur Zeit des Erlöschens der Genehmigung zur Bahneinheit gehörigen Gegenstände und Rechte (§ 4 Abs. 3). Über die Zugehörigkeit zur Bahneinheit entscheiden die Bestimmungen des § 4 Abs. 1 u. 2 (Anm. 14ff. S. 23ff.). Ist der Dritte, in dessen Gewahrsam sich Bestandteile der Bahneinheit befinden zur Herausgabe bereit, so können sie vom Liquidator abgeholt werden (§ 809 C.=P.=O.). Weigert sich der Dritte, so läßt sich der Anspruch auf Herausgabe **nur im Prozeßwege geltend machen.** Zur Einziehung von Forderungen (z. B. § 4 Abs. 1 Ziff. 2) bedarf der Liquidator nicht der Überweisung (§ 835 C.=P.=O.). Der Eröffnungsbeschluß bildet den Vollstreckungstitel, auf Grund dessen gemäß § 794 Nr. 3 C.=P.=O. der Liquidator von

dem Bahneigentümer die Herausgabe der zur Bahneinheit gehörigen Bestandteile durch Wegnahme und Besitzeinweisung (§§ 883, 885 l. c.) erzwingen kann. Leistet der Bahneigentümer Widerstand, so ist es das Recht und die Pflicht des Liquidators, aus eigener Machtvollkommenheit, ohne einer weiteren Ermächtigung zu bedürfen, diesen Widerstand dadurch zu beseitigen, daß er unter Übergabe einer mit der Vollstreckungsklausel zu versehenden Ausfertigung des Eröffnungsbeschlusses und seiner Bestallung den Gerichtsvollzieher beauftragt, die Herausgabe beweglicher oder unbeweglicher Sachen oder Räumung seitens des Bahneigentümers selbst zu erwirken (C.=P.=O. §§ 724, 794 Nr. 8, 883, 885). Vollstreckbare Ausfertigung des Eröffnungsbeschlusses (§ 724 C.=P.=O.) ist vom Gerichtsschreiber dem Liquidator auf Antrag sofort zu erteilen, da die Beschwerde gegen den Beschluß keine aufschiebende Wirkung hat. Die Inhaftnahme des Bahneigentümers ist nicht gestattet, da die Spezialbestimmung des § 101 K.=O. hier nicht aufgenommen ist. Der Liquidator hat die Bestandteile der Bahneinheit behufs Verwertung tunlichst bald in Besitz zu nehmen und macht sich durch Verzögerung den Beteiligten verantwortlich.

4. Die vorerörterten Befugnisse der Verfügung, der Verwaltung und des Besitzes dienen dem Verwalter dazu, um seine Hauptaufgabe, die Verwertung der Bestandteile der Bahneinheit, herbeizuführen. Er hat das Recht und die Pflicht der Verwertung derselben. Der Liquidator soll der Natur der Sache nach die Verwertung in der für die Beteiligten vorteilhaftesten und zweckmäßigsten Weise vornehmen und ist für die Erfüllung der ihm obliegenden Pflichten allen Beteiligten verantwortlich (§ 89 K.=O.). Demgemäß sind ihm in betreff des Zeitpunktes der Verwertung keine Grenzen gezogen, er hat den für dieselbe geeigneten Zeitpunkt nach seinem pflichtmäßigen Ermessen zu wählen. Ebenso ist die Art der Verwertung seinem Ermessen anheimgegeben und kann in jeder geeigneten Weise durch Kauf, Tausch, Parzellierung, Arrondierung ꝛc. bewirkt werden; er braucht die Verwertung nicht in den Exekutionsformen der Veräußerung zu bewirken, auch nicht, sich dazu eines Gerichtsvollziehers oder amtlichen Auktionators zu bedienen oder meistbietend zu verkaufen. Seine Veräußerungen, auch wenn sie in der Form der Zwangsvollstreckung erfolgen, sind nicht als wirkliche Zwangsvollstreckungen anzusehen, unterliegen also nicht dem § 771 C.=P.=O. (Entsch. R.=G. 14. Februar 1898. Jur. Wochenschr. S. 158). Nur insofern ist das freie Ermessen des Liquidators Einschränkungen unterworfen, als er in wichtigeren Fällen dem Gläubigerausschusse Mitteilung zu machen hat (§ 46 Abs. 1 Satz 2) und bei der freihändigen Veräußerung von Grundstücken und der noch vorhandenen Bestandteile der Bahneinheit als Einheit der Zustimmung des Ausschusses sowie des Bahneigentümers oder Konkursverwalters bedarf (§ 46 Abs. 2, § 47).

5. Dadurch, daß der Liquidator mit dem Zeitpunkte der Eröffnung des Liquidationsverfahrens das Recht der Verwertung und im Zusammenhange damit das Recht der Verfügung, Verwaltung und des Besitzes in betreff aller Bestandteile der Bahneinheit erlangt, geht folgerichtig der Bahneigentümer zur selben Zeit dieser Rechte an den qu. Bestandteilen verlustig (arg. § 6 Abs. 1 K.=O.). Aber weiter erstrecken sich die privatrechtlichen Wirkungen der Liquidation bezüglich desselben nicht. Er wird weder handlungs= noch rechtsunfähig und kann auch während der Liquidation rechtsverbindlich kontrahieren und Verfügungen über einzelne Bestandteile der Bahneinheit treffen, aber nicht zum Nachteil der Bahnpfandgläubiger.

Diesen gegenüber sind solche Verfügungen unwirksam (§ 19). Im übrigen unterliegt seiner Verfügung unbeschränkt alles, was nicht zur Liquidationsmasse gehört — außer wenn über sein Vermögen der Konkurs eröffnet ist. Innerhalb dieser Grenzen kann er Verträge aller Art eingehen, Pacht- und Mietsverträge abschließen, seine sonstigen Geschäfte fortbetreiben, daraus klagen und verklagt werden. Öffentlichrechtliche Wirkungen aus der Liquidation (z. B. Ausschluß vom Reichstagswahlrecht 2c., vom Amte als Schöffe, Geschworener 2c., wie beim Gemeinschuldner) entstehen für den Bahneigentümer überhaupt nicht.

202) Satz 2 des Abs. bezweckt, in wichtigeren Fällen die dem Liquidator durch Satz 1 gewährten Befugnisse einzuschränken. Indes entspricht die gewählte Fassung diesem Zwecke nicht. In betreff mehrerer ausdrücklich bezeichneter wichtiger Maßregeln (§ 46 Abs. 2 Satz 2, § 47) ist die Genehmigung bezw. Zustimmung des Gläubigerausschusses, sowie des Bahneigentümers oder Konkursverwalters vorgeschrieben. So weit wird in betreff aller anderen wichtigeren Fälle nicht gegangen; in diesen soll vielmehr nach den Motiven dem Gläubigerausschusse eine dauernde Kontrolle über die Tätigkeit des Liquidators gesichert werden und zwar dadurch, daß der letztere den Ausschuß auch da, wo dessen besondere Genehmigung nicht erforderlich ist, von den beabsichtigten wesentlichen Liquidationshandlungen in Kenntnis setzen und seine Ansicht hören soll. Aber Satz 1 schreibt ausschließlich eine Mitteilung an den Ausschuß in wichtigeren Fällen vor, es fehlt an einer Aufführung oder näheren Kennzeichnung der Fälle, welche als wichtigere gelten sollen (s. dagegen §§ 133—135 K.-O.), ferner an der Bestimmung eines Zeitpunktes, wann die Mitteilung geschehen soll, weiter ist nicht bestimmt, daß der Liquidator verpflichtet sein soll, die Ansicht des Ausschusses zu hören, und welche Wirkungen eintreten bezw. welche Befugnisse dem Ausschusse zustehen, wenn der Liquidator ungeachtet der entgegenstehenden Ansicht des Ausschusses auf seiner Meinung verharrt und die Maßregel zur Durchführung bringen will bezw. durchführt. Nach dem Wortlaute der Bestimmung erscheint er hierzu durchaus berechtigt; denn diese erfordert von ihm lediglich die bloße „Mitteilung" von der beabsichtigten Maßregel in wichtigeren Fällen an den Ausschuß. Er kann also die Mitteilung unter Umständen erst nach der Ausführung oder jedenfalls so kurz vorher dem Ausschusse machen, daß dieser gar nicht in der Lage ist, seine Ansicht zu äußern bezw. Einspruch zu erheben, er kann aber auch, da der Begriff der größeren oder geringeren Wichtigkeit einer Maßregel ein sehr dehnbarer ist, nach eigenem Ermessen von einer Mitteilung ganz Abstand nehmen. Die Bestimmung des Satzes 2 leidet hiernach an einer unangebrachten Kürze und Unvollständigkeit, durch welche der Zweck vereitelt oder doch sehr in Frage gestellt wird. Von der Annahme jedoch aus, daß der Gesetzgeber nicht etwas gänzlich Zweckloses mit der Vorschrift des Satzes gewollt habe, wird man aus der Absicht desselben folgendes schließen können: § 46 Abs. 1 Satz 2.

1. Unter „wichtigeren Fällen" werden nach Analogie der in Betracht kommenden Bestimmungen der K.-O. diejenigen zu verstehen sein, in welchen bei den beabsichtigten Rechtsakten — Veräußerungen, Prozessen, Verträgen usw. — ein verhältnismäßig hoher Wert in Frage steht. § 133 K.-O. bezeichnet als Fälle, welche der Genehmigung des Gläubigerausschusses bedürfen: wenn die Erfüllung von Rechtsgeschäften des Gemeinschuldners verlangt, Prozesse anhängig gemacht, deren Aufnahme abgelehnt, Vergleiche oder Schiedsverträge geschlossen,

Aussonderungs-, Absonderungs- oder Masseansprüche anerkannt, Pfandstücke eingelöst oder Forderungen veräußert werden sollen und es sich in diesen Fällen um einen Wertgegenstand von mehr als dreihundert Mark handelt; ferner § 134 l. c. Aufnahme von Darlehen, Übernahme fremder Verbindlichkeiten, Verpfändung zur Masse gehöriger Gegenstände, Erstehung von Grundstücken. Diese Fälle bezw. Wertgrenze mögen auch hier als Norm dienen. Auch der Abschluß, die Erneuerung, Verlängerung von Miets- und Pachtverträgen gehört hierher, welche z. B. zur Unterbringung, Verwahrung von nicht sofort verwertbaren Betriebsmitteln, Materialien 2c. erforderlich sind.

2. Was ferner den Zeitpunkt der Mitteilung anlangt, so deuten die Worte „von der beabsichtigen Maßregel“ darauf hin, daß die Mitteilung vor der Ausführung der Maßregel zu erfolgen hat; sie muß aber, wenn sie nicht zweck- und bedeutungslos sein soll, so zeitig geschehen, daß der Ausschuß in der Lage ist dieselbe zu prüfen, noch vor der Ausführung Auskunft vom Liquidator einzuholen und eventuell Einspruch zu erheben. Denn wenn auch — arg. e contr. § 46 Abs. 2 Satz 2, § 47, § 48 Abs. 3 — der Liquidator nur Mitteilung zu machen, nicht Genehmigung einzuholen hat, so würde erstere doch ohne jeden Zweck sein, wenn nicht durch die rechtzeitige Mitteilung dem Ausschusse Gelegenheit gegeben werden sollte, die Maßregel zu prüfen und eventuell auf ihre Inhibierung hinzuwirken.

3. Die Vorschrift der Mitteilung ist ihrer Fassung nach obligatorisch. Die Mitteilung muß geschehen. Unterläßt oder verzögert der Liquidator absichtlich oder aus Nachlässigkeit die Mitteilung an den Ausschuß, so hat er nicht nur die Verantwortung für die Folgen der betreffenden Maßregel zu tragen, sondern setzt sich auch der Bestrafung und Entlassung gemäß § 45 Abs. 3 (Anm. 196 S. 385) aus. War die Maßregel erwiesenermaßen so dringlich, daß eine rechtzeitige Mitteilung nicht möglich war, so trifft den Liquidator zwar keine Strafe, wohl aber die zivilrechtliche Verantwortlichkeit. Nach außen hin sind die Rechtsakte des Liquidators gültig und wirksam, gleichviel ob die Mitteilung stattgefunden hat oder nicht. Denn die Mitteilung ist ein formelles Erfordernis für die Rechtsgültigkeit der betreffenden Maßregeln des Liquidators. Die Gültigkeit der Rechtshandlungen des Liquidators wird also durch die Nichtbeobachtung der Vorschrift des § 46 Abs. 1 Satz 2 dritten Personen gegenüber nicht berührt (arg. § 136 K.-O.). Ist auf rechtzeitig ergangene Mitteilung der Gläubigerausschuß mit der beabsichtigten Maßregel nicht einverstanden und kommt hierüber eine Einigung zwischen Liquidator und Ausschuß nicht zustande, so kann auf Antrag des letzteren das Gericht die Vornahme der Maßregel vorläufig untersagen und die Beschlußfassung durch die Gläubigerversammlung herbeiführen (arg. § 135 Abs. 2 K.-O.), an welche der Liquidator sodann gebunden ist. Verabsäumt der Gläubigerausschuß in angemessener Zeit nach erhaltener Mitteilung die Anrufung des Gerichts, so gilt die Maßregel als unbeanstandet und kann vom Liquidator ausgeführt werden. Da die Mitteilung in wichtigeren Fällen obligatorisch vorgeschrieben ist, so genügt es nicht, daß der Ausschuß von vornherein auf die Mitteilungen verzichtet oder generell zu allen Maßregeln seine Zustimmung gibt.

4. Eine Form für die Mitteilungen des Liquidators an den Gläubigerausschuß ist nicht vorgeschrieben. Dieselben können daher formlos, mündlich oder schriftlich erfolgen (vgl. § 77 Abs. 2 K.-O.).

203) Abs. 2 des § 46 trifft Bestimmung über die Befugnis des Liquidators zur Verwertung von Grundstücken und zwar im Satz 1 im Wege der Zwangsverwaltung und Zwangsversteigerung, im Satz 2 durch Veräußerung aus freier Hand. Im ersten Falle bedarf er der Genehmigung des Gläubigerausschusses, des Bahneigentümers oder Konkursverwalters nicht, weil durch das gesetzlich geordnete Verfahren die Interessen aller Beteiligten genügend gewahrt sind, im zweiten Falle ist dagegen diese Genehmigung zum Schutze der Interessen aller Beteiligten vorgeschrieben. § 46. Abs. 2 Satz 1.

Satz 1 erklärt den Liquidator für befugt auch ohne vollstreckbaren Schuldtitel die Zwangsverwaltung und Zwangsversteigerung von Grundstücken zu betreiben, und zwar, wie wohl selbstverständlich, von Grundstücken, welche zur Bahneinheit gehören.

Der Grund für diese Bestimmung liegt darin, daß auch dann, wenn an den zur Bahneinheit gehörigen Grundstücken dingliche Rechte bestehen, diese Grundstücke doch einen Teil der Liquidationsmasse bilden, der Überschuß nach Befriedigung der dinglich Berechtigten zur Liquidationsmasse gehört und der Liquidator zur Erfüllung des Liquidationszwecks im Interesse der Bahnpfandgläubiger deshalb das Recht haben soll, die Verwertung auch dann herbeizuführen, wenn die dinglich Berechtigten — aus irgendwelchen Gründen — keine Anträge auf Zwangsvollstreckung stellen oder, weil ihre Ansprüche etwa noch nicht fällig sind, noch nicht stellen können. Deshalb soll ausnahmsweise, d. h. obwohl keiner der normalen Vollstreckungsgründe vorliegt und es an einer Person des Exequenden fehlt, dies mithin eine wirkliche Zwangsvollstreckung nicht ist, der Liquidator doch ganz ebenso wie ein Hypotheken- rc. Gläubiger die Verwertung der Grundstücke in den Formen und mit den Wirkungen des Zwangsverfahrens veranlassen sc. „betreiben" dürfen, sofern aus dem Erlöse ein Überschuß für die Masse zu erwarten steht. Aus diesem Rechte folgt von selbst die Berechtigung des Liquidators, ein bereits anhängiges Verfahren aufzunehmen oder ihm beizutreten. Ein bereits anhängiges Verfahren wird übrigens durch die Eröffnung des Liquidationsverfahrens nicht aufgehalten, nimmt vielmehr seinen ungehinderten Fortgang, wie es auch dem Grundstückspfandgläubiger durch die vorliegende Bestimmung nicht verwehrt ist, jederzeit nach oder vor der Eröffnung des Liquidationsverfahrens unabhängig von dem Beitreibungsrecht des Liquidators sein eigenes Beitreibungsrecht geltend zu machen.

Der Liquidator „kann" die Zwangsverwaltung und -Versteigerung betreiben, d. h. er ist dazu berechtigt; aber er braucht es nicht und ist dazu nicht verpflichtet. Er ist, sofern er sich davon besseren Erfolg verspricht, nicht gehindert, die Grundstücke durch freihändige Veräußerung oder durch anderweitige Versteigerung ohne die Formen der Zwangsversteigerung zu veräußern, sofern er die Genehmigung des Ausschusses und des Bahneigentümers bezw. Konkursverwalters dazu erhält (§ 46 Abs. 2 Satz 2 Anm. 204 S. 397ff.). Ein freiwilliger Verkauf wird indes praktisch nur durchführbar sein, wenn der Liquidator im Besitze ist. Er kann auch von jeder Verwertung absehen, wenn mit Rücksicht auf die Kosten kein Vorteil daraus für die Masse zu gewärtigen ist. Die Betreibung der Zwangsverwaltung und Zwangsversteigerung von Grundstücken gehört ohne Zweifel zu den „wichtigeren Fällen" im Sinne des § 46 Abs. 1 Satz 2 (Anm. 202 S. 393, 394); es bedarf also der Mitteilung dieser Maßregel an den Gläubigerausschuß.

Das Verfahren, gleichviel ob es vom Liquidator oder von einem Grundstückspfandgläubiger veranlaßt und betrieben wird, ist vom Liquidationsverfahren ganz unabhängig und geht seinen selbständigen Gang; es wird nicht Teil des letzteren, sondern unterliegt lediglich den Bestimmungen des Landesrechts (C.-P.-O. § 864), d. h. dem Zw.-V.-Ges. v. 24. März 1897, nur mit der Abweichung, daß es eines vollstreckbaren Schuldtitels nicht bedarf. Es genügt zur Legitimation des Liquidators die mit Vollstreckungsklausel versehene Ausfertigung des Eröffnungsbeschlusses (§ 40 Abs. 1 Anm. 172, § 41 Satz 1 Anm. 175) und die urkundliche Bescheinigung seiner Bestellung (§ 45 Abs. 1 Satz 2 Anm. 192 S. 880, vgl. Fischer-Schaefer S. 696). Die Leitung steht dem Amtsgericht zu, in dessen Bezirk das Grundstück gelegen ist.

Auch die Wirkungen der Zwangsverwaltung oder Zwangsversteigerung sind gegenüber den Realgläubigern ganz dieselben, wie wenn ein Liquidationsverfahren nicht schwebte (§§ 864 ff. C.-P.-O.). Der Liquidator hat in dem Zwangsverfahren nur die Rechte einer Partei, und zwar im Interesse der Bahnpfandgläubiger. Er hat die für den Bahneigentümer bestimmten Mitteilungen zu erhalten, dessen Widerspruchsrechte gegen den Zuschlag auszuüben (§§ 88 ff. Ges. v. 24. März 1897), und kann unter den für Schuldner bestehenden Bedingungen (§ 85 l. c.) mitbieten. Seine Anträge bedürfen derselben Formen und Voraussetzungen, wie die aller übrigen Antragsberechtigten. Auch sind einer Zurücknahme seines Antrags dieselben Folgen beizumessen, wie der Zurücknahme des Antrags eines anderen Antragsberechtigten. Die Vertretung der Realgläubiger des Grundstücks steht dem Liquidator nicht zu.

Festzuhalten ist — wie Fischer u. Schaefer S. 696 zutreffend bemerken —, daß im Verfahren die Bahnpfandgläubiger selbst nicht als Beteiligte anzusehen sind; denn Gegenstand ihres dinglichen Rechts ist die Bahneinheit als ein von den einzelnen Bestandteilen rechtlich verschiedener Vermögensinbegriff. Das versteigerte Grundstück scheidet durch den Zuschlag aus der Bahneinheit aus, so daß eine Haftung für die Bahnpfandschulden, die sich bis dahin aus seiner Eigenschaft als Bestandteil der Bahneinheit ergab, nicht mehr in Frage kommt. Bestehen an dem einzelnen Grundstücke Sonderbelastungen (vgl. §§ 5, 12), so sind die betreffenden Beteiligten nach gewöhnlichen Grundsätzen im Verfahren als Beteiligte zuzuziehen. Durch das Vorgehen des Liquidators kann in ihre Rechte am Grundstücke, einerlei ob diese Rechte vor der Entstehung oder während des Bestehens der Bahneinheit entstanden sind, nicht eingegriffen werden, so daß diese Rechte bei Feststellung des geringsten Gebots sämtlich und zwar in Ansehung des Kapitales als bestehende Rechte zu berücksichtigen sind. Sind solche Rechte gemäß § 6 Abs. 2 aufgegeben, so ist der an die Stelle getretene persönliche Entschädigungsanspruch nicht bei der Zwangsversteigerung oder Zwangsverwaltung des betreffenden Grundstückes, sondern erst im Teilungsverfahren des § 48 zu berücksichtigen. Die Aufgabe der Rechte erfolgt nach § 875 B.-G.-B. durch eine entsprechende Erklärung und durch Löschung des Rechts im Grundbuche. Solange die Löschung nicht erfolgt ist, ist der Berechtigte im Verfahren als Beteiligter zuzuziehen. Auf die bloße Aufgabeerklärung hat der Vollstreckungsrichter, auch wenn die Erklärung nach § 875 Abs. 2 B.-G.-B. verbindlich geworden ist, keine Rücksicht zu nehmen. Auch nach Aufgabe des Rechtes kann der Berechtigte in dem Teilungsverfahren des § 48 nach Abs. 2 Satz 2 daselbst Befriedigung nur bis zur

Höhe des zu jener Teilungsmasse abgeführten Erlösüberschusses fordern. Im Verfahren der Zwangsversteigerung oder Zwangsverwaltung findet eine Verteilung des Erlöses nur insoweit statt, als es sich um die Berichtigung der Gerichtskosten und der etwa durch Barzahlung zu deckenden Sonderbelastungen des Grundstücks handelt. Im übrigen ist der Erlös an den Liquidator zu entrichten, welcher ihn für die durch Verwertung der einzelnen Bestandteile der Bahneinheit zu bildende allgemeine Teilungsmasse vereinnahmt (§ 48).

Das Gesetz spricht nur von der Befugnis des Liquidators zur Betreibung der Zwangsvollstreckung von Grundstücken und erwähnt eine adäquate Befugnis desselben zur Verwertung beweglicher Gegenstände, an welchen ein Gläubiger ein Faustpfandrecht oder ein diesem gleichstehendes Recht (z. B. Pacht, Miete, s. § 49 K.-O.) beansprucht, nicht. Es ist aber, da andernfalls die Liquidation unmöglich oder doch wesentlich gehindert und verzögert werden würde, die Annahme begründet, daß nach Analogie des § 127 K.-O. dem Liquidator das Recht zusteht, auch die Verwertung derartiger beweglicher, zur Bahneinheit gehöriger Gegenstände nach Maßgabe der Vorschriften über Zwangsvollstreckung zu betreiben, und daß der Gläubiger einer solchen Verwertung nicht widersprechen, sondern seine Rechte nur auf den Erlös geltend machen darf; und ferner, daß wenn der Gläubiger befugt ist, sich aus dem Gegenstande ohne gerichtliches Verfahren zu befriedigen, auf Antrag des Liquidators das Liquidationsgericht dem Gläubiger nach dessen Anhörung eine Frist bestimmen kann, innerhalb welcher er den Gegenstand zu verwerten hat, und nach Ablauf dieser Frist die Verwertung vom Liquidator nach den Vorschriften der Zwangsvollstreckung bewirkt werden darf.

204) Satz 2 des Abs. 2 beschränkt die Verfügungsbefugnis des Liquidators in betreff der Veräußerung von Grundstücken aus freier Hand, indem die Ausübung dieser Befugnis an die Genehmigung des Gläubigerausschusses, sowie des Bahneigentümers oder Konkursverwalters geknüpft wird. Während bewegliche Gegenstände vom Liquidator ohne weiteres selbständig veräußert werden dürfen und nur in wichtigeren Fällen eine Mitteilung an den Ausschuß vorgeschrieben ist (s. Anm. 201, 202 S. 890, 898), erfordert Satz 2 Abs. 2 für die freihändige Veräußerung von Grundstücken die Genehmigung des Ausschusses der Bahnpfandgläubiger, sowie die Zustimmung des Bahneigentümers oder Konkursverwalters (Motive: Anm. 188 S. 867, 868). § 46. Abs. 2 Satz 2.

1. Der Grund für die Vorschrift des Satzes 2 liegt in der Erwägung, daß es sich bei der Veräußerung von Grundstücken um besonders wichtige und einschneidende Maßregeln handelt, welche dem alleinigen Ermessen des Liquidators nicht überlassen werden können und auch nicht, wie die Zwangsversteigerung, durch ein gesetzlich vorgeschriebenes Verfahren geregelt sind, mithin der ausdrücklichen Genehmigung des Gläubigerausschusses, sowie des Bahneigentümers oder Konkursverwalters zur Wahrung der Interessen der Beteiligten bedürfen.

2. Erforderlich ist die Genehmigung des Ausschusses der Bahnpfandgläubiger (§ 44 Anm. 184 S. 870), sowie die Zustimmung des Bahneigentümers oder, — wenn dieser in Konkurs gefallen ist — des Konkursverwalters. Die Genehmigung beider Teile ist obligatorisch, sie muß eine ausdrückliche, in den grundbücherlichen Formen (§§ 18, 29, 80 Gr.-B.-O.) gehaltene sein. Die Genehmigung eines Teils — des Ausschusses oder des Bahneigentümers (bezw. Konkursverwalters) — genügt nicht, es ist unbedingt die Ge-

nehmigung beider erforderlich, anderenfalls ist die Veräußerung rechtsunwirksam und ungültig. Zwar spricht das Gesetz von der „Genehmigung" des Ausschusses und der „Zustimmung" des Bahneigentümers bezw. Konkursverwalters. Aber diese Verschiedenheit im Wortlaut bedeutet materiellrechtlich keinen Unterschied. Die Genehmigung ist, da sie das Gesetz ausdrücklich vorschreibt, zur Gültigkeit notwendig, die Veräußerung (Auflassung) ohne dieselbe ist ungültig und die Zulassung der Auflassung ohne die Beibringung der Genehmigung macht den Grundbuchrichter verantwortlich. Dafür sprechen die Motive, welche die Befugnis des Liquidators zur freihändigen Veräußerung von dieser Genehmigung abhängig machen (S. 367 ff.). Die hier in Rede stehende Vorschrift bestimmt also ein formelles Erfordernis für das Zustandekommen und die Gültigkeit des Rechtsaktes, dessen Mangel die Rechtsunwirksamkeit zur Folge hat. Abgesehen hiervon kann das Gericht für die Nichteinholung der Genehmigung die im § 45 Abs. 3 Satz 2 bezeichneten Strafen gegen den Liquidator verhängen (Anm. 196 S. 385, 386).

3. Gegenstand der Genehmigung ist die „Veräußerung von Grundstücken aus freier Hand", die freihändige Veräußerung. Ihren Gegensatz bildet nur die Zwangsversteigerung (Satz 1 Anm. 203 S. 395), — welche aus den oben S. 367 ff. mitgeteilten Gründen einer Genehmigung nicht bedarf, — nicht etwa jede freiwillige öffentliche Versteigerung. Es steht zwar im Ermessen des Liquidators, statt einer einfachen freihändigen Veräußerung eine freiwillige öffentliche Versteigerung zu veranlassen, wenn er sich davon mehr Erfolg verspricht. Aber eine derartige Versteigerung hat lediglich den Charakter einer freihändigen Veräußerung und bedarf daher, wie diese, der Genehmigung des Gläubigerausschusses und des Bahneigentümers oder Konkursverwalters. Unter „Grundstücken" sind alle zur Bahneinheit gehörigen Grundstücke im Sinne des § 4 Abs. 1 Nr. 1 (Anm. 14 S. 93) zu verstehen, nicht aber auch die a. a. O. erwähnten Rechte an fremden Grundstücken. Die freihändige Veräußerung der letzteren, sowie beweglicher Zubehörstücke von Grundstücken, wie z. B. von Erntevorräten, Lokomobilen, Inventarienstücken ꝛc. unterliegt der in Rede stehenden Vorschrift nicht und bedarf daher keiner Genehmigung.

§ 47.[205]

Wird einem Unternehmer die Genehmigung zum Fortbetriebe des Bahnunternehmens erteilt, so kann der Liquidator mit Zustimmung des Ausschusses der Bahnpfandgläubiger sowie des Bahneigentümers oder Konkursverwalters die noch vorhandenen Bestandteile der Bahneinheit als Einheit nach den im § 16 bezeichneten Vorschriften veräußern.[206]

205) Prinzip und Entstehungsgeschichte des § 47.

§ 47. Prinzip. I. Prinzip. Der Grundsatz der vollen Verfügungsfreiheit des Liquidators über die Bestandteile der Bahneinheit behufs Verwertung derselben (§ 46 Abs. 1) hat, wie bereits Anm. 200 S. 389 ff. erörtert, eine Einschränkung insoweit erfahren, als der Liquidator in besonders wichtigen Fällen nicht allein und selbständig zu veräußern befugt ist, sondern der Genehmigung des Gläubigerausschusses und des

Bahneigentümers oder Konkursverwalters bedarf. Als solche Fälle von besonderer Bedeutung bezeichnet das Gesetz im § 46 Abs. 2 Satz 2 die Veräußerung von Grundstücken aus freier Hand (Anm. 204 S. 397) und § 47 die Veräußerung der noch vorhandenen Bestandteile der Bahneinheit als Einheit nach den im § 16 bezeichneten Vorschriften, wenn einem Unternehmer die Genehmigung zum Fortbetriebe des Bahnunternehmens erteilt wird.

Nach Erlöschen der Genehmigung besteht die Bahneinheit als betriebsfähiges Ganzes zwar nicht mehr; aber sie wird, wenn sie im Bahngrundbuch eingetragen ist und Bahnpfandgläubiger vorhanden sind, mit den z. Z. des Erlöschens der Genehmigung vorhandenen Gegenständen und Rechten als Einheit noch bis zur Schließung des Bahngrundbuchblatts aufrecht erhalten und damit den Bahnpfandgläubigern Gelegenheit gegeben, im Wege der Zwangsliquidation aus den einzelnen Bestandteilen der Bahneinheit ihre abgesonderte Befriedigung zu erlangen (§ 8 Abs. 2 Satz 2 Anm. 10 S. 16; § 4 Abs. 3 Anm. 16 S. 32, § 14 Satz 4 u. 5 Anm. 67, 68 S. 116 ff. und § 40 Anm. 172 S. 348). Der Liquidator hat die Verwertung der einzelnen Bestandteile dieser Einheit zu dem bezeichneten Zwecke herbeizuführen (§ 46). Die Bahneinheit als betriebsfähiges Ganzes, als Bahnunternehmen kann er nicht veräußern, weil die Genehmigung zum Betriebe erloschen ist, sie mithin nicht mehr ein Bahnunternehmen bildet. Es steht zwar nichts entgegen, daß der Liquidator die gesamten Bestandteile oder einen großen Teil derselben in Bausch und Bogen, d. h. für einen gemeinsamen Kaufpreis veräußert, aber nicht als ein geschlossenes Ganzes bezw. als einheitliches Objekt, sondern nur als eine Reihe einzelner Objekte, derartig also, daß nach Maßgabe der gesetzlichen Vorschriften jeder Gegenstand für sich übergeben, jedes Grundstück besonders aufgelassen, jede Forderung speziell übertragen werden muß. Der § 47 enthält jedoch eine wichtige Ausnahme; er erklärt den Liquidator für befugt, — mit Zustimmung des Gläubigerausschusses und Bahneigentümers oder Konkursverwalters, — die noch vorhandenen Bestandteile der Bahneinheit als Einheit nach den in § 16 bezeichneten Vorschriften, d. h. als einen einheitlichen Gegenstand des unbeweglichen Vermögens nach den für Grundstücke gegebenen Bestimmungen des Grundbuchrechts, zu veräußern, „wenn einem Unternehmer die Genehmigung zum Fortbetriebe des Bahnunternehmens erteilt wird“. Diese Bedingung für die Veräußerungsbefugnis des Liquidators ist jedoch nicht korrekt ausgesprochen, denn nach dem Erlöschen der Genehmigung, welche gemäß § 40 die unbedingte Voraussetzung der Zwangsliquidation ist, ist das Bahnunternehmen nicht mehr vorhanden, es kann also auch nicht mehr von dem Fortbetriebe des Bahnunternehmens die Rede sein, bezw. eine Genehmigung zum Fortbetriebe erteilt werden. Es kann vielmehr nur eine neue Genehmigung zum Betriebe eines adäquaten Bahnunternehmens erteilt werden, für welches die Benutzung der noch vorhandenen Bestandteile des aufgelösten alten Bahnunternehmens zweckmäßig erscheint. Die Motive sprechen daher auch zutreffend von einer neuen Genehmigung. Und damit einerseits dem neuen Unternehmer dies im öffentlichen Interesse erleichtert, andererseits die Verwertung der Bestandteile des alten Unternehmens zugunsten der Bahnpfandgläubiger gefördert werde, ist ausnahmsweise dem Liquidator die Befugnis gegeben, diese Bestandteile als Einheit nach den Vorschriften des § 16 zu veräußern.

§ 47. Entstehung. II. Die Entstehungsgeschichte des § 47 bestätigt die demselben zugrunde liegende, vorerörterte Tendenz.

In dem Regierungsentwurfe v. 18. März 1895 (Drucks. d. Herrenh. Nr. 24 S. 16) ist als § 55 bereits die hier in Rede stehende Bestimmung wörtlich gleichlautend vorgeschlagen.

In den Motiven (a. a. O. S. 59) ist im Anschluß an die Bestimmung des § 54 Abs. 2 Satz 2 (jetzt § 46 Abs. 2 Satz 2), welche für die Veräußerung von Grundstücken aus freier Hand die Zustimmung des Gläubigerausschusses und Bahneigentümers oder Konkursverwalters vorschreibt, nur kurz bemerkt, daß diese Zustimmung auch dann erforderlich sein soll, wenn die Erteilung einer neuen Genehmigung für den Bahnbetrieb die Möglichkeit gewährt, die Bahn als Ganzes zu veräußern.

Sowohl in den Kommissionen wie in den Plenarberatungen des Herren- und Abg.-Hauses ist § 55 in der Fassung des Entwurfs ohne Diskussion unverändert in das Eisenb.-Pfandr.-Ges. v. 19. August 1895 aufgenommen worden.

Auch der Revisionsentwurf v. 10. Februar 1902 (Drucks. d. Herrenh. Sess. 1902 Nr. 42 S. 9) schlug als § 47 die wörtlich übereinstimmende Vorschrift vor, welche unbeanstandet in den Tenor des Bahneinheitsgesetzes v. 11. Juni 1902 überging.

§ 47. Einziger Absatz. 206) Das freie Verfügungsrecht des Liquidators in der Verwertung der Bestandteile der Bahneinheit ist durch das Erfordernis der Genehmigung des Gläubigerausschusses und Bahneigentümers oder Konkursverwalters in dem im § 46 Abs. 2 Satz 2 bezeichneten Falle der Veräußerung von Grundstücken aus freier Hand beschränkt. Hierzu fügt § 47 noch einen zweiten Fall. Es wird dem Liquidator, wenn einem Unternehmer die Genehmigung zum Fortbetrieb des Bahnunternehmens gewährt wird, die Befugnis gegeben, die noch vorhandenen Bestandteile der Bahneinheit als Einheit nach den in § 16 bezeichneten Vorschriften zu veräußern, aber nur mit Zustimmung des Gläubigerausschusses und Bahneigentümers oder Konkursverwalters.

1. Der Grund für diese Bestimmung liegt in folgendem. An sich steht dem Liquidator die Befugnis zur Veräußerung der Bestandteile der Bahneinheit als Einheit nicht zu. Die Bahneinheit besteht zwar mit Rücksicht auf die eingetragenen Bahnpfandgläubiger noch fort, aber nur um diesen durch die Veräußerung der einzelnen Bestandteile abgesonderte Befriedigung zu verschaffen; sie bildet nach Erlöschen der Genehmigung kein betriebsfähiges Ganzes mehr und kann daher auch nicht als Einheit weiterveräußert werden. Hiervon wird, um einerseits das öffentliche Interesse der Herstellung eines neuen Bahnunternehmens an Stelle und auf der Grundlage des alten zu fördern, andererseits um im Interesse der Beteiligten eine tunlichst günstige Verwertung der Masse zu ermöglichen, eine Ausnahme für den Fall gemacht, daß einem Unternehmer die Genehmigung zum Fortbetriebe des Bahnunternehmens erteilt wird. Alsdann soll der Liquidator die noch vorhandenen Bestandteile der Bahneinheit als Einheit nach den Vorschriften des § 16, d. h. wie ein einheitliches Immobile veräußern dürfen, aber mit Rücksicht auf die Bedeutung und den Umfang des Objekts nur mit Zustimmung des Gläubigerausschusses und Bahneigentümers oder Konkursverwalters.

2. Die Voraussetzung für diese ausnahmsweise dem Liquidator gewährte Befugnis ist die Erteilung der Genehmigung zum Fortbetriebe des

Bahnunternehmens an einen Unternehmer. Es ist bereits (S. 389) darauf hingewiesen worden, daß diese Voraussetzung nicht korrekt gefaßt und daher nicht wörtlich zu nehmen ist. Denn mit dem Erlöschen der Genehmigung hat das Bahnunternehmen zu bestehen aufgehört, wenngleich die Bahneinheit zum Zwecke der Liquidation noch im Bahngrundbuche eingetragen ist. Es ist also auch die Erteilung der Genehmigung zum Fortbetriebe dieses Unternehmens an einen Unternehmer nicht möglich. Vielmehr ist, wie auch die Motive (S. 400) aussprechen, eine neue Genehmigung, d. h. die Genehmigung für ein neues Unternehmen — auf der Grundlage oder an Stelle des alten — gemeint. Nach dem Zwecke der Bestimmung würde es auch an sich nicht erforderlich sein, daß die neue Genehmigung sich mit der alten deckt, vielmehr könnte die neue einen weiteren oder geringeren Umfang haben und hierbei die noch vorhandene Masse des alten Unternehmens Verwertung finden. Aber aus den Worten „Fortbetrieb des Bahnunternehmens" wird freilich die Absicht des Gesetzgebers gefolgert werden müssen, daß die Bestimmung des § 47 nur auf den Fall Anwendung finden soll, wenn das neue Unternehmen dem alten adäquat ist, also sich mit diesem vollständig deckt.

8. Liegt die vorerörterte Voraussetzung vor, so kann der Liquidator die noch vorhandenen Bestandteile der Bahneinheit als Einheit veräußern. Er ist dazu befugt, aber er braucht es nicht und kann von dem Konzessionar des neuen Unternehmens nicht dazu gezwungen werden. Wohl aber ist er verpflichtet, einer bezüglichen Weisung des Gerichts auf Grund eines Beschlusses des Gläubigerausschusses oder der Gläubigerversammlung Folge zu leisten, — wenn zugleich auch der Bahneigentümer oder Konkursverwalter zustimmt.

a) Das Gesetz sagt nicht, an wen der Liquidator zu veräußern befugt ist. Doch kann es nach dem Zusammenhange keinem begründeten Bedenken unterliegen, daß er unter der gegebenen Voraussetzung nur an den neuen Konzessionar, nicht etwa an beliebige dritte Personen die Veräußerung als Einheit bewirken darf, weil sonst der Zweck der Bestimmung vereitelt werden würde.

b) Die Veräußerung der noch vorhandenen Bestandteile der Bahneinheit kann als Einheit nach den im § 16 bezeichneten Vorschriften erfolgen, d. h. als ein einheitliches, in sich geschlossenes Ganzes, und zwar, wie der Hinweis auf § 16 ergibt, nach den gleichen Normen, die für die Veräußerung von Grundstücken anzuwenden sind, also im Geltungsbereiche der Grundbuchordnung durch Auflassung und Eintragung des neuen Erwerbers in das — noch nicht geschlossene — Bahngrundbuchblatt.

c) Die Worte „noch vorhandenen Bestandteile" weisen ferner darauf hin, daß die Veräußerung in dieser Weise jederzeit während der ganzen Dauer der Liquidation erfolgen darf, gleichviel ob bereits ein Teil der Bestandteile der Bahneinheit einzeln veräußert worden ist. Es ist nicht erforderlich, daß noch alle z. Z. des Erlöschens der Genehmigung die Bahneinheit bildenden Gegenstände und Rechte (§ 4 Abs. 3 Anm. 16 S. 82, 88) vollzählig vorhanden sind.

d) Die Veräußerung als „Einheit" steht im Gegensatz zur Verwertung durch Verkauf ꝛc. im einzelnen, also der einzelnen Gegenstände, Rechte, Forderungen ꝛc. jedes getrennt und für sich. Aber die Veräußerung als Einheit steht auch im Gegensatz zur Veräußerung aller Bestandteile oder größerer Abteilungen derselben in Bausch und Bogen, d. h. gegen eine Pauschalsumme. Denn eine derartige Veräußerung befreit nicht von der speziellen Übergabe der einzelnen Gegenstände

Auflassung der einzelnen Grundstücke, Übertragung der einzelnen Rechte und Forderungen, ist daher als Veräußerung einer Einheit im Sinne der vorliegenden Bestimmung nicht zu erachten.

e) Die Veräußerung der noch vorhandenen Bestandteile der Bahneinheit als Einheit gemäß § 16 erfordert die Zustimmung des Gläubigerausschusses und Bahneigentümers oder Konkursverwalters. Dies ist keine bloße interne Ordnungsvorschrift, vielmehr ist die Veräußerungsbefugnis des Liquidators von der Zustimmung der genannten Faktoren abhängig; es ist wie im Falle des § 46 Abs. 2 Satz 2 eine Formvorschrift, deren Nichtbeachtung die Rechtsunwirksamkeit der Veräußerung zur Folge hat. Daher kann auf die Ausführungen in der Anm. 204 S. 397ff. Bezug genommen werden. Das Erfordernis der Zustimmung betrifft aber nur die Veräußerung in Gemäßheit der Bestimmungen des § 47, nicht auf die Veräußerung von Bestandteilen der Bahneinheit im einzelnen oder in Bausch und Bogen, außer wenn hierbei die freihändige Veräußerung von Grundstücken in Betracht kommt und § 46 Abs. 2 Satz 2 Anwendung finden muß.

§ 48.[207])

So oft aus der Verwertung von Bestandteilen der Bahneinheit hinreichende bare Masse vorhanden ist, hat der Liquidator eine Verteilung vorzunehmen.[208]) Die Kosten und Ausgaben der Zwangsliquidation sind vorweg zu berichtigen.[209])

Bei der Verteilung bestimmen sich die Beteiligten und die Rangordnung, nach welcher ihre Ansprüche ein Recht auf Befriedigung gewähren, nach den für die Verteilung des Erlöses im Falle der Zwangsversteigerung geltenden Vorschriften;[210]) an die Stelle der Beschlagnahme tritt die im § 41 Satz 1 bestimmte Bekanntmachung.[211]) Die im § 26 Nr. 1 bezeichneten Entschädigungsansprüche gewähren nur ein Recht auf Befriedigung aus dem einzelnen Grundstücke.[212]) Die Verteilungen an die Bahnpfandgläubiger erfolgen, ohne daß es einer Anmeldung bedarf, auf Grund des Bahngrundbuchs.[213])

Die Vornahme einer Verteilung unterliegt der Genehmigung des Ausschusses.[214]) Von der beabsichtigten Verteilung ist der Bahneigentümer oder Konkursverwalter zu benachrichtigen.[215])

Nicht erhobene Anteile sind nach der Bestimmung des Ausschusses für Rechnung der Beteiligten zu hinterlegen.[216])

207) Prinzip und Entstehungsgeschichte des § 48.

§ 48. Prinzip. I. Prinzip. Wie bereits an früherer Stelle (Anm. 200 S. 388ff.) eingehend erörtert, bestehen die Obliegenheiten — Rechte und Pflichten — des Liquidators einerseits in der Verwertung (§§ 46, 47) der Bestandteile der Bahneinheit, andererseits in der Verteilung des aus der Verwertung sich ergebenden Erlöses. Die Regelung der die Verteilung betreffenden Obliegenheiten des Liquidators bildet den Inhalt des § 48.

Anlehnend an die Grundsätze der Konkursordnung (§§ 149 ff. K.-O.) ist das Verteilungsverfahren lediglich ein außergerichtliches, in welchem der Liquidator zur Verteilung nur der Genehmigung des Gläubigerausschusses bedarf (Abs. 1 u. 3). Dagegen erfolgt die Verteilung sowohl bezüglich der Teilnahmerechte, sowie der Reihenfolge und des Umfangs der zu befriedigenden Forderungen nach den für die Zwangsversteigerung geltenden Grundsätzen (§ 26 des vorliegenden Gesetzes und §§ 10 ff. des Zwangsvollstreckungsges. v. 24. März 1897), wobei auch die bevorrechtigten Forderungen, denen ein Pfandrecht nicht zusteht, berücksichtigt werden müssen. Von diesen Grundsätzen ist nur in zwei Punkten abgewichen. Erstens darf das Vorrecht der Entschädigungsansprüche aus § 6 des vorliegenden Gesetzes nur in Höhe des Erlöses des einzelnen Grundstücks ausgeübt werden. Diese Abweichung hat darin ihren Grund, daß bei der Zwangsliquidation nicht die Veräußerung der Bahneinheit als Ganzes erfolgt, sondern eine Veräußerung der einzelnen Bestandteile derselben stattfindet, mithin folgerichtig das Vorrecht auch nur auf den Erlös des betreffenden einzelnen Grundstücks, an welchem dem Entschädigungsberechtigten ein dingliches Recht zusteht, zu beschränken ist. Zweitens ist, insoweit für die Bestimmung des Umfangs einer Forderung nach dem Ges. v. 24. März 1897 der Zeitpunkt der Beschlagnahme maßgebend ist (§§ 10, 13, 28, 55 Ges. v. 24. März 1897), an die Stelle desselben der Zeitpunkt der Bekanntmachung des Eröffnungsbeschlusses (§ 41 des vorliegenden Gesetzes) gesetzt, weil im Zwangsliquidationsverfahren eine Beschlagnahme im Sinne des Ges. v. 24. März 1897 nicht eintritt.

Das Gesetz sieht davon ab, ein gerichtliches Prioritätsverfahren mit Anmeldungszwang und irgendwelcher Präklusion anzuordnen. Es bleibt den nicht aus dem Bahngrundbuche ersichtlichen Gläubigern überlassen, ihre Ansprüche beim Liquidator bis zur Beendigung der Zwangsliquidation (§ 49) anzumelden, während die im Grundbuche eingetragenen Gläubiger ohne weiteres und ipsa lege Berücksichtigung finden. Das Gesetz begnügt sich mit der Feststellung, daß die im § 26 bezeichneten Ansprüche bevorrechtigt und daher im Falle ihrer Anmeldung vor den Bahnpfandgläubigern aus dem Erlöse zu befriedigen sind. Sind Zweifel vorhanden, so hat der Liquidator den Betrag, dessen Verteilung er für zweifelhaft hält, nach der Bestimmung des Ausschusses für Rechnung der Beteiligten zu hinterlegen und den Interessenten zu überlassen, ihre Rechte gegeneinander geltend zu machen. Gläubiger, welche mit dem Verteilungsplane nicht einverstanden sind, können Klage auf Feststellung ihrer Rechte erheben und die Auszahlung des Erlöses bis zur Entscheidung dem Liquidator im Wege einstweiliger Verfügung untersagen lassen. Auch in diesem Falle wie überhaupt in allen Fällen, in welchen Anteile nicht zur Hebung gelangen, findet nach der Bestimmung des Ausschusses Hinterlegung für Rechnung der Beteiligten statt (Abs. 4 vgl. § 169 K.-O.).

Eingehendere Vorschriften über die Art der Verteilung sind im Gesetze nicht enthalten; insbesondere fehlen spezielle Bestimmungen darüber, ob und in welcher Form die Verteilungspläne offen zu legen und bekannt zu machen sind und ferner, wie bei noch nicht feststehenden, bedingten, betagten, abgesonderte Befriedigung beanspruchenden rc. Forderungen zu verfahren ist. Da der vorliegende Paragraph im Abs. 2 bezüglich der Beteiligten, der Rangordnung und des Umfangs der zu befriedigenden Ansprüche die für die Verteilung des Erlöses im Falle der Zwangsversteigerung geltenden Vorschriften für anwendbar erklärt, so muß in betreff aller dieser Fragen auf die betreffenden Bestimmungen des Zwangsvollstreckungsgesetzes v. 24. März 1897 und subsidiär die der K.-O. zurückgegangen werden.

§ 48. Entstehung. II. Aus der Entstehungsgeschichte ist folgendes zu entnehmen:

Der Regierungsentwurf v. 18. März 1895 (Aktenst. d. Herrenh. 1902 Nr. 24 S. 15) enthielt wörtlich die als § 56 in das Eisenb.-Pfandr.-Ges. v. 19. August 1895 übergegangenen Bestimmungen.

In den Motiven wird ausgeführt (a. a. O. S. 59, 60): „Neben der Verwertung der Masse liegt dem Liquidator auch die Verteilung des Erlöses ob. Diese Verteilung erfolgt nach denselben Grundsätzen wie bei einer Zwangsversteigerung, insbesondere sind auch die bevorrechtigten Forderungen (§ 37 dieses Gesetzes, §§ 24—28 des Ges. v. 18. Juli 1888), denen ein Pfandrecht nicht zusteht, zu berücksichtigen. Dabei findet nur der Unterschied statt, daß das Vorrecht der Entschädigungsforderung des § 6, da bei der Zwangsliquidation eine Veräußerung der einzelnen Gegenstände erfolgt, auf den Erlös des betreffenden Grundstücks zu beschränken ist, und daß an die Stelle des Zeitpunkts der Beschlagnahme derjenige der Eröffnung des Liquidationsverfahrens zu treten hat. Ein gerichtliches Verteilungsverfahren erscheint nicht erforderlich, vielmehr kann die Genehmigung zu der von dem Liquidator vorzunehmenden Verteilung dem ihm zur Seite stehenden Gläubigerausschusse übertragen werden. Die nicht aus dem Bahngrundbuch ersichtlichen Ansprüche müssen angemeldet werden, die im Grundbuch eingetragenen Rechte sind ohne weiteres zu berücksichtigen. Gläubiger, welche mit dem Verteilungsplan des Liquidators nicht einverstanden sind, können Klage auf Feststellung ihrer Rechte erheben und die Auszahlung des Erlöses bis zur Entscheidung dem Liquidator im Wege einstweiliger Verfügung untersagen lassen."

In den Kommissionen und Häusern des Landtages wurde § 48 ohne Diskussion in der Fassung des Regierungsentwurfs angenommen und ging endgültig in das Eisenb.-Pfandr.-Ges. v. 19. August 1895 über.

Der Revisionsentwurf v. 10. Februar 1902 ließ die Absätze 1, 3 u. 4 des § 56 unverändert und schlug nur für Absatz 2 die behufs Anpassung an das vorliegende Gesetz (§ 26) und das Reichsges. v. 24. März 1897 (insbesondere §§ 10 ff.) gebotenen Änderungen vor, welche im § 48 des Bahneinh.-Ges. v. 11. Juni 1902 widerspruchslos Aufnahme fanden. (Drucks. d. Herrenh. Sess. 1902 Nr. 42 S. 9 und S. 23.)

§ 48. Abs. 1. Satz 1. [208]) Satz 1 des Abs. 1 stellt nach Analogie des § 149 K.-O. an die Spitze der Regelung des Verteilungsverfahrens den Grundsatz, daß, so oft aus der Verwertung von Bestandteilen der Bahneinheit (§§ 46, 47) hinreichende bare Masse vorhanden ist, der Liquidator eine Verteilung vorzunehmen hat. Es soll nicht bis zur gänzlichen Verwertung aller Bestandteile gewartet werden, sondern eine Verteilung stattfinden, sobald ein angemessener, die Kosten und Umstände der Verteilung lohnender Massebestand bereit liegt.

I. Das Gesetz geht, wie in der einleitenden Anm. 207 erörtert, davon aus, daß die Verteilung eine außergerichtliche, lediglich durch den Liquidator zu bewirkende sein soll, welcher nur der Zustimmung des Gläubigerausschusses bedarf (Abs. 1 und 3). Der Grund liegt in der Absicht des Gesetzes, dem Liquidator eine tunlichst freie Hand in der Abwickelung der Liquidation zu gewähren und dadurch auf die möglichst baldige Befriedigung der Gläubiger hinzuwirken.

II. Voraussetzung für die Verteilung ist das „Vorhandensein einer hinreichenden baren Masse". Welche Masse als zur Verteilung hinreichend zu erachten ist, ist weder im Gesetze, noch in den Motiven definiert, mithin bei der Dehnbarkeit des Wortes „hinreichend" dem verständigen Ermessen des Liquidators überlassen. Jedenfalls müssen bare Bestände vorhanden sein, eine Verteilung anderer Werte, als barer Gelder, also z. B. von Materialien, Betriebsmitteln, Grundstücken, Forderungen darf nicht stattfinden und ist rechtsungültig.

III. Ist die vorerörterte Voraussetzung gegeben, so „hat der Liquidator eine Verteilung vorzunehmen". Die Verteilung ist obligatorisch. Unter der im Satz 1 bezeichneten Voraussetzung muß der Liquidator die Verteilung vornehmen. Zögert der Liquidator trotz des Vorhandenseins hinreichender barer Masse ohne Grund mit der Verteilung oder verweigert er trotz entsprechender Anträge der Gläubiger oder Aufforderung des Gläubigerausschusses die Verteilung disponibler Bestände, so kann er bei Zustimmung des letzteren gemäß § 45 Abs. 3 vom Gericht im Aufsichtswege dazu angehalten werden (s. Motive zur K.-O. S. 373, 374 und Reichsger.-Entsch. Bd. 29 S. 83). Dagegen steht den Gläubigern ein Klagerecht auf Zahlungen aus der Masse nicht zu (s. in betreff der Konkursgläubiger: Reichsgericht v. 27. Februar 1890, Jur. Wochenschr. 1890 S. 114, Gruchot Bd. 34 S. 1201).

IV. Das Gesetz spricht ganz allgemein von einer „Verteilung". Es sind daher — mangels einer Einschränkung — alle Arten der Verteilung gemeint, welche im Laufe des Liquidationsverfahrens vorkommen können. Das Gesetz unterscheidet a) Die Vorwegberichtigung der Kosten und Ausgaben der Zwangsliquidation (§ 48 Abs. 1 Satz 2); b) die Abschlags- oder Zwischenverteilungen während des Verfahrens (§ 48 Abs. 1 Satz 1). c) Die letzte oder Schlußverteilung bei Beendigung des Verfahrens (§ 49 Abs. 1); eine Nachtragsverteilung (§ 166 K.-O.) ist nicht vorgesehen. Mit der Schlußverteilung endet das Verfahren definitiv (§ 49 Abs. 1).

a) Zu den Kosten und Ausgaben der Zwangsliquidation gehören nach Analogie des § 58 Ziff. 1 u. 2 K.-O. 1. als Massekosten: die gerichtlichen Kosten für das Verfahren und die Ausgaben für die Verwaltung, Verwertung und Verteilung der Masse einschließlich der dem Liquidator und den Ausschußmitgliedern zustehenden Vergütungen (§ 45 Abs. 2 des vorliegenden Gesetzes), sowie 2. als Masseschulden: die im § 59 K.-O. bezeichneten Ansprüche aus Geschäften oder Handlungen des Liquidators, und zweiseitigen Verträgen, deren Erfüllung zur Liquidationsmasse verlangt wird oder für die Zeit nach der Eröffnung des Verfahrens erfolgen muß, und aus einer rechtlosen Bereicherung (vgl. des Näheren Anm. 209 S. 406 ff.).

b) Die Abschlags- oder Zwischenverteilungen hat der Liquidator nach Maßgabe der im Abs. 2 bestimmten Beteiligung, Rangordnung und Ausdehnung zu bewirken (Anm. 212, 213 S. 409 ff.), und zwar in betreff der Bahnpfandgläubiger lediglich auf Grund des Bahngrundbuchs, ohne daß es einer Anmeldung bedarf. Dagegen sind die vor den Bahngläubigern bevorrechtigten Gläubiger nur bei erfolgter Anmeldung zu berücksichtigen. Das Gesetz sieht weder einen Anmeldungszwang, noch eine Präklusion der Gläubigerforderungen bei nicht erfolgter oder verspäteter Anmeldung vor. Die öffentliche Bekanntmachung der Liquidationseröffnung (§ 41) soll genügen. Diejenigen Gläubiger, die sich auf Grund derselben melden, werden bei den Verteilungen berücksichtigt, die sich verspätet Meldenden nach Lage der Sache z. Z. der verspäteten Meldung. Nicht erhobene Anteile werden hinterlegt (Abs. 4 Anm. 216). Die Aufstellung und Offenlegung eines Verzeichnisses der einzelnen zu berücksichtigenden Ansprüche vor jeder Verteilung, sowie die öffentliche Bekanntmachung der Summe der Forderungen und der verfügbaren Masse nach Analogie des § 151 K.-O. (s. auch §§ 113 ff. Ges. v. 24. März 1897) ist nicht vorgeschrieben.

Das Gesetz ordnet als Kautelen für die Rechte der Gläubiger nur an, daß die Vornahme einer Verteilung der Genehmigung des Ausschusses bedarf und ferner, daß der Bahneigentümer oder Konkursverwalter von der beabsichtigten Verteilung zu benachrichtigen sind. Indes sind diese Kautelen zu Wahrung der Rechte der Gläubiger für sich allein nicht genügend. Aus den Motiven wird jedenfalls im Zusammenhange mit der Vorschrift der Genehmigung des Ausschusses vor jeder Verteilung entnommen werden müssen, daß der Liquidator nach Analogie des § 151 K.-O. vor der Vornahme jeder Verteilung einen Verteilungsplan aufzustellen und dem Gläubigerausschusse vorzulegen hat, und daß es Sache des Liquidators oder des Ausschusses ist, allen Gläubigern, die sich gemeldet haben, so rechtzeitig von dem Plane und der beabsichtigten Verteilung in geeigneter Weise Kenntnis zu geben, daß diese in der Lage sind, dagegen wegen Nichtberücksichtigung oder mangelhafter Berücksichtigung ihrer Forderungen Einspruch zu erheben und eventuell, wenn dieser Einspruch nicht gütlich zu beseitigen, bei Hinterlegung der streitigen Beträge, im Klagewege die Feststellung zu veranlassen.

c) Für die letzte bezw. Schlußverteilung (§ 49 Abs. 1) gelten die nämlichen Grundsätze, wie für die Abschlags- oder Zwischenverteilungen. Von den Normen der K.-O. weicht das Gesetz insofern ab, als auch die letzte Verteilung eine außergerichtliche ist, mithin nicht, wie die Schlußverteilung im Konkursverfahren (§ 161 Abs. 2 K.-O.) der Genehmigung des Gerichts bedarf. Daß Nachtragsverteilungen im Sinne des § 166 K.-O. hier nicht vorgesehen sind, ist bereits oben S. 405 erwähnt. Mit der Schlußverteilung ist die Reihe der Verteilungen endgültig geschlossen.

V. Bei der Verteilung der Liquidationsmasse ist die freie Verfügung des Liquidators nur in drei Richtungen beschränkt:

a) In bezug auf die Beteiligten, sowie die Rangordnung und den Umfang der zu befriedigenden Ansprüche ist er an die im Absatz 2 des § 48 vorgeschriebenen Normen gebunden und macht sich durch die Nichtbeachtung derselben verantwortlich.

b) Bei jeder Verteilung hat er die Genehmigung des Ausschusses einzuholen und von der beabsichtigten Verteilung den Bahneigentümer oder Konkursverwalter zu benachrichtigen (Abs. 3). Auch für die Außerachtlassung dieser Vorschriften trifft ihn die disziplinare (§ 45 Abs. 3) und zivilrechtliche Verantwortung.

c) Nicht erhobene Anteile hat er nach der Bestimmung des Ausschusses für Rechnung der Beteiligten zu hinterlegen (§ 45 Abs. 4). Unterläßt er die vorgeschriebene Hinterlegung oder bewirkt er die Verteilung der zu hinterlegenden Beträge, so hat er in gleicher Weise die Folgen zu tragen.

§ 48. Abs. 1. Satz 2. **209**) Satz 2 des Abs. 1 bestimmt, daß die Kosten und Ausgaben der Zwangsliquidation vorweg zu berichtigen sind. Weil diese Verwendungen rc. für die Liquidation der Masse notwendig sind, um im Interesse der Gläubiger die Liquidierung erst zu ermöglichen, gehen sie allen Gläubigerforderungen voran bezw. bilden sie die ersten und bevorrechtigsten aller Forderungen. Es ist hier unter „Kosten und Ausgaben der Zwangsliquidation" in abgekürzter Fassung dasselbe gemeint, was die K.-O. unter Massekosten und Masseschulden (§§ 58—60 K.-O.) versteht, und es kann daher auf das hierüber oben S. 405 Bemerkte Bezug genommen werden. Die Berichtigung geschieht außerhalb des eigentlichen Verteilungsverfahrens und unabhängig von dem sonstigen Gange der Verteilung durch den Liquidator und ist gegen denselben nötigenfalls im Prozeßwege zu erzwingen. Die Massenverbindlichkeiten können freilich vor jeder Zwischenverteilung ebenso wie vor der Schlußverteilung nur dann Berücksichtigung finden, wenn sie vorher festgestellt, fällig und vor der betreffenden Verteilung geltend gemacht sind. Ihre Berichtigung durch den Liquidator bedarf nach Analogie des § 133 Ziff. 2 K.-O. und des § 48 Abs. 3 Satz 1 des vorliegenden Gesetzes der Genehmigung des Ausschusses. Insoweit es sich um Masseansprüche des Liquidators selbst, sowie Auslagen und Gebühren der Ausschußmitglieder handelt, erfolgt die Festsetzung nach Maßgabe des § 45 Abs. 2 (Anm. 192, 193).

I. Als Massekosten kommen alle für und durch das Liquidationsverfahren direkt verursachten sachlichen Aufwendungen in Betracht, also nicht Kosten, welche den einzelnen Gläubigern durch ihre Teilnahme an dem Verfahren erwachsen und ebensowenig die Kosten eines besonderen Prozesses zur Feststellung streitiger Forderungen. Zu den Massekosten gehören nach Analogie des § 58 Ziff. 1 u. 2 der K.-O. insbesondere:

a) Die gerichtlichen Kosten für das gemeinschaftliche Liquidationsverfahren. Dies sind die durch die Liquidationsorgane Liquidator, Gläubigerausschuß, Gläubigerversammlung, Liquidationsgericht für das Verfahren, die Ermittelung, Sicherung und Verwertung der Aktivmasse, Eintragung von Sperrvermerken, Inventur, Feststellung der Passivmasse, Verteilung, Beendigung des Verfahrens, Abhaltung der allgemeinen Termine entstehenden Kosten, auch die Gebührenvorschüsse der das Verfahren beantragenden Gläubiger; nicht aber Gebühren und Auslagen, welche durch die Anträge einzelner Beteiligter entstanden sind, auch nicht die nicht den Liquidator treffenden Beschwerdekosten (§ 42).

b) Die außergerichtlichen Kosten, d. h. die Ausgaben für die Verwaltung, Verwertung und Verteilung der Masse. Hierher gehören die Gebühren und Auslagen des Liquidators und der Mitglieder des Gläubigerausschusses, die Verwaltungs- und Wirtschaftsunkosten, Arbeitslöhne, Mietsvergütungen, Versicherungsprämien, die auf Grundstücken haftenden öffentlichen und gemeinen Abgaben rc.

II. Masseschulden sind im Gegensatz zu den Massekosten alle anderen Masseansprüche, welche nicht unmittelbare Aufwendungen zur Erledigung des Liquidationsverfahrens zum Gegenstande haben und auf obligatorischer Verbindlichkeit beruhen, nach Analogie des § 59 K.-O. Dahin gehören:

a) Ansprüche, welche aus Geschäften oder Handlungen des Liquidators entstehen. Es fallen hierunter alle zweiseitigen Rechtsgeschäfte, Verträge, Darlehnsforderungen, Ansprüche aus Kaufverträgen (Erfüllung oder Gewährleistung, Arbeitslöhne, Mietszinsen), aber auch einseitige Verwaltungshandlungen, Prozeßführung, Zwangsvollstreckung, Versteigerung, Besitznahme.

b) Ansprüche aus zweiseitigen Verträgen, deren Erfüllung sich auf die Bahneinheit bezieht und für die Zeit nach der Eröffnung des Verfahrens zu erfolgen hat, also solche, welche der Bahneigentümer zu Zwecken der Bahneinheit (Bau, Unterhaltung, Betrieb) vor der Liquidationseröffnung abgeschlossen hat, die aber z. Z. derselben noch nicht vollständig erfüllt sind, z. B. Pacht-, Miets- und Dienstverträge, Lieferungsverträge, Kautionen usw.

c) Ansprüche aus ungerechtfertigter Bereicherung der Masse, d. h. aus Anlaß des Hinzutritts fremder Werte zur Masse ohne rechtlichen Grund (B.-G.-B. §§ 812 ff.) z. B. durch Geschäftsführung ohne Auftrag (B.-G.-B. §§ 677 ff.) rc.

§ 48 Abs. 2. Satz 1. 210) Absatz 2 des § 48 enthält die Grundsätze, welche — nach erfolgter Vorwegberichtigung der Kosten und Ausgaben der Zwangsliquidation (Absatz 1 Satz 2: Anm. 209 S. 406 ff.) — für die Verteilungen der Masse an die Bahnläubiger zur Anwendung zu bringen sind, und zwar ist an die Spitze der Grundsatz gestellt, daß die Vorschriften für die Verteilung des Erlöses im Falle der Zwangsversteigerung (§ 26) gelten (Satz 1), jedoch mit zwei die Entschädigungsansprüche aus den §§ 6 u. 7, sowie den Zeitpunkt für die Bestimmung des Umfangs der Forderungen betreffenden Modifikationen (Satz 2 und 3), während für die Rangordnung der Bahnpfandgläubiger die Eintragungen in das Bahngrundbuch als maßgebend hingestellt sind, ohne daß es einer Anmeldung bedarf (Satz 4).

Satz 1 des Abs. 2 schreibt für die Verteilung der Liquidationsmasse die Anwendung der für die Verteilung des Erlöses im Falle der Zwangsversteigerung geltenden Bestimmungen sowohl hinsichtlich der Beteiligten, wie der Rangordnung und des Umfangs der zu befriedigenden Ansprüche vor. Es sind damit, wie aus der im Satz 3 enthaltenen Bezugnahme auf § 26 Nr. 1 hervorgeht, die Bestimmungen für die Zwangsversteigerung einer Bahneinheit gemeint, d. h. mit anderen Worten: Es sollen — mit den sich aus den weiteren Sätzen dieses Absatzes ergebenden Modifikationen — in den genannten Beziehungen die Bestimmungen des Zwangsvollstreckungsgesetzes v. 24. März 1897, insbesondere der §§ 10 ff., unter Beachtung der im § 26 des vorliegenden Gesetzes bezeichneten Maßgaben zur Anwendung kommen. Demgemäß kann durchweg auf die eingehende Erläuterung der Vorschriften des § 26 (Anm. 119 bis 128 S. 241 bis S. 254) Bezug genommen werden.

Die Vorschrift des Satzes 1 ist nach der Fassung desselben obligatorisch. Die Bestimmungen, die für die Verteilung des Erlöses der Zwangsversteigerung einer Bahneinheit gelten, müssen auch für die Verteilung des Erlöses aus der Zwangsliquidation zur Anwendung kommen. Es sind lediglich die im zweiten und dritten Satze ausgesprochenen Modifikationen zulässig und vorgeschrieben (Anm. 211 S. 408 u. Anm. 212 S. 409). Andere Abweichungen sind nicht gestattet; insbesondere würde also eine Verteilung nach Maßgabe der Vorschriften über die Verteilung des Erlöses einer Konkursmasse (K.-O. §§ 61, 167 ff.) unzulässig und rechtsungültig sein, mithin den Liquidator und den Gläubigerausschuß (Abs. 8) den Interessenten gegenüber verantwortlich machen.

§ 48. Abs. 2. Satz 2. 211) Satz 2 des Abs. 2 enthält die erste Abweichung von den für die Zwangsversteigerung der Bahneinheit gemäß § 26 geltenden Vorschriften. Die nach letzterem in Betracht kommenden Bestimmungen des Zwangsvollstreckungsgesetzes vom 24. März 1897 machen den Umfang einer Reihe von Ansprüchen, welche bei den Verteilungen zu berücksichtigen sind, von dem Zeitpunkte der Beschlagnahme abhängig (s. §§ 10, 13, 28, 55 des Ges. v. 24. März 1897 und § 26 des vorliegenden Gesetzes). Der Zeitpunkt der Beschlagnahme tritt bei der Zwangsversteigerung nach § 22 Abs. 1 des Ges. v. 24. März 1897 mit der Zustellung des Beschlusses, durch welchen die Zwangsversteigerung angeordnet ist, an den Schuldner ein. Da bei der Zwangsliquidation in die Bestandteile der Bahneinheit eine Zustellung des Anordnungsbeschlusses an die Schuldner (sc. Bahneigentümer) nicht stattfindet, so mußte ein anderer Zeitpunkt für den Umfang der in Betracht kommenden Forderungen bestimmt werden. Und dies ist im vorliegenden Satz 2 durch die Vorschrift geschehen, daß an die Stelle des Zeitpunktes der Beschlagnahme der Zeitpunkt tritt, an welchem die Eröffnung der Zwangsliquidation bekannt gemacht ist, d. h. der im § 41 Satz 1 bezeichnete Zeitpunkt der öffentlichen Bekanntmachung. Der § 41, auf welchen verwiesen wird, bestimmt zwar im Satz 2 noch eine spezielle Benachrichtigung der ihrem Wohnorte nach bekannten Bahnpfandgläubiger, aber es ist, wie schon das Wort „bekannt gemacht", andeutet, nur die im Satz 1 des § 41 vorgeschriebene öffentliche Bekanntmachung gemeint. Denn anderenfalls würde der Zeitpunkt kein einheitlicher sein, auch spricht dafür die Analogie des § 76 Abs. 3 K.-O. (s. Anm. 175 S. 354ff.).

212) Satz 3 des Abs. 2 enthält die zweite Abweichung von den für die Zwangsversteigerung der Bahneinheit gemäß § 26 geltenden Vorschriften. Während Nr. 1 des § 26 (Anm. 121 S. 246) in betreff der gemäß §§ 6, 7 begründeten Entschädigungsansprüche (Anm. 24 S. 43 und Anm. 26 S. 44) bestimmt, daß diese an der im § 26 Nr. 1 bezeichneten Stelle aus dem „Kaufgelde", d. h. aus dem Gesamterlöse der Bahneinheit zu berichtigen sind, sollen nach Satz 3 Abs. 2 des § 48 bei der Zwangsliquidation diese Entschädigungsansprüche nur ein Recht auf Befriedigung aus dem einzelnen Grundstücke gewähren. Zur Begründung dieses Unterschiedes weisen die Motive darauf hin, daß, weil bei der Zwangsliquidation die Veräußerung der einzelnen Gegenstände erfolgt, die Inhaber dieser Entschädigungsansprüche ihr Vorrecht auch nur aus dem Erlöse derjenigen Grundstücke beanspruchen können, auf welche sich ihr Recht erstreckt; diese Abweichung von der Regel des § 26 ist begründet. Denn dem aus dem §§ 6, 7 Entschädigungsberechtigten haftet an sich nur das Grundstück als Pfandobjekt, an welchem er ein dingliches Recht besitzt. Im Falle der Zwangsversteigerung muß zwar demungeachtet sein Anspruch aus dem Gesamterlöse berichtigt werden, weil die Bahneinheit als Ganzes veräußert wird, mithin eine Feststellung des Erlöses für das spezielle Haftgrundstück nicht stattfindet. Dagegen erfolgt bei der Zwangsliquidation in der Regel die Veräußerung eines jeden zur Masse gehörigen Grundstücks im einzelnen, es ist daher möglich und gerechtfertigt, die Entschädigungsansprüche aus den §§ 6, 7 bezw. § 26 Nr. 1 auf den Erlös des betreffenden einzelnen Grundstücks zu beschränken. Zutreffend bemerken Fischer-Schaefer S. 697, daß die Deckung dieser Ansprüche aber gleichfalls in dem durch § 48 geregelten Verfahren, nicht außerhalb desselben bei Gelegenheit der Zwangsversteigerung des betr. Grundstücks erfolgen soll, jedoch nur bis zur Höhe des für das betr. Grundstück erzielten Erlöses. Will der Berechtigte daher nicht — was ihm freisteht — nach Erlöschen der Genehmigung auf Geltendmachung seines dinglichen Rechts zurückgehen, so muß er sich mit dem auf seinen Entschädigungsanspruch entfallenden Erlöse aus dem Haftgrundstücke begnügen. Auf mehr hat der Berechtigte keinen Anspruch, da ihm an sich nur dieses für sein dingliches Recht verhaftet war. § 48. Abs. 2. Satz 3.

Freilich ist bei dieser Vorschrift der Fall des § 47 nicht berücksichtigt, in welchem die noch vorhandenen Bestandteile der Bahneinheit als Einheit auch im Zwangsliquidationsverfahren veräußert werden können. Man wird daher annehmen müssen, daß in diesem Falle entweder die in Rede stehenden Entschädigungsansprüche ungeachtet der vorliegenden Bestimmung gemäß § 26 aus dem Gesamterlöse zu berücksichtigen sind, oder daß bei Vorhandensein derartiger Entschädigungsansprüche der Preis der zur Einheit gehörigen Grundstücke speziell bezeichnet werden muß.

§ 48. Abs. 2 Satz 4. **213**) Satz 4 des Abs. 2 gibt dem bereits oben (Anm. 208 S. 404 ff.) berührten Grundsatze Ausdruck, daß die Verteilung an die Bahnpfandgläubiger auf Grund des Bahngrundbuchs erfolgt, ohne daß es einer Anmeldung bedarf, und schließt sich damit im wesentlichen an dem im § 114 des Zw.-V.-G. v. 24. März 1897 ausgesprochenen Grundsatze an, nur mit dem Unterschiede, daß gemäß § 114 l. c. das Gericht bei Aufstellung des Verteilungsplanes diese Norm zu berücksichtigen hat, während es hier außergerichtlich Sache des Liquidators und des Gläubigerausschusses ist. Indem im allgemeinen in betreff der Anwendung dieser Norm auf die Erörterungen in Anm. 208 S. 404 ff. Bezug genommen wird, ist hier noch zusätzlich folgendes hervorzuheben. Aus dem vorliegenden Satze in Verbindung mit § 114 l. c. ergibt sich dreierlei: 1. daß die Verteilungen an die Bahnpfandgläubiger, d. h. die in das Bahngrundbuch eingetragenen Gläubiger nach der Reihenfolge der Eintragungen in das Bahngrundbuch, d. h. „auf Grund des Bahngrundbuchs" zu erfolgen hat, 2. daß der Liquidator in dieser Reihenfolge von Amts wegen, d. h. ohne daß es einer Anmeldung der Bahnpfandgläubiger bedarf, die Verteilungen zu bewirken hat und 3. daß die nicht eingetragenen Gläubiger ihre Forderungen anmelden müssen, wenn sie bei den Verteilungen berücksichtigt sein wollen.

1. Entscheidend für die Verteilungen an die Bahnpfandgläubiger sind die Eintragungen in das Bahngrundbuch an Hypotheken-, Grund- und Rentenschulden mit Einschluß der laufenden Zinsen in ihrer zeitlichen Reihenfolge (Priorität). Da das Bahngrundbuch allein maßgebend ist („auf Grund des Bahngrundbuchs"), so gehören hierher nicht die sich nicht aus dem Bahngrundbuche ergebenden Forderungen der Bahnpfandgläubiger, insbesondere, obwohl der Anspruch selbst im Bahngrundbuche eingetragen ist, nicht: Rückstände von Zinsen, ferner Kosten, deren Höhe aus dem Grundbuche nicht ersichtlich sind, usw. Auch die in das Bahngrundbuch eingetragenen Hypotheken für Teilschuldverschreibungen sind nach der Priorität der Eintragung unter Abzug der etwa bereits amortisierten Beträge zu berücksichtigen (§§ 18 ff.). Insoweit die zur Verteilung bestimmten Beträge nicht erhoben werden, erfolgt Hinterlegung gemäß Abs. 4 (Anm. 216).

2. Die Verteilungen an die Bahnpfandgläubiger in der vorbezeichneten Art und Reihenfolge haben durch den Liquidator — mit Zustimmung des Ausschusses (Abs. 3 S. 1 Anm. 214 S. 411) — von Amts wegen zu erfolgen, d. h. ohne daß es einer Anmeldung dieser Gläubiger bedarf. Der Liquidator sowohl, wie der Ausschuß machen sich durch eine Nichtberücksichtigung der Bahnpfandgläubiger bei den Verteilungen verantwortlich. Zu diesem Behufe kann der Liquidator für die Verteilung eine beglaubigte Abschrift des Bahngrundbuchblatts extrahieren. Stimmt aber diese mit dem Bahngrundbuche nicht überein, so entscheidet das letztere, denn die Verteilungen haben auf Grund des Bahngrundbuches, nicht des Bahngrundbuchblatts zu erfolgen.

3. Alle nicht eingetragenen Gläubiger bedürfen der Anmeldung (§ 114 Abs. 1 R.-Zw.-V.-G. v. 24. März 1897), welche sie mit Rücksicht auf die öffentliche Bekanntmachung des Eröffnungsbeschlusses (§ 41) zu bewirken haben. Durch Nichtanmeldung oder nicht rechtzeitige Anmeldung werden sie zwar mit ihren Ansprüchen nicht präkludiert; aber sie werden erst bei derjenigen Verteilung berücksichtigt,

zu der sie sich rechtzeitig gemeldet haben, also überhaupt nicht, wenn ihre Anmeldung nicht spätestens im Termine der Schlußverteilung erfolgt ist, und ohne jeden Anspruch aus den vorangehenden Verteilungen. Erfolgt sie, wenn auch in diesem Termine, nachdem der Erlös verteilt ist, so ist sie verspätet. Mit Ausführung der Verteilung tritt die Präklusion ein. Die Reihenfolge der nicht eingetragenen (angemeldeten) und der eingetragenen Gläubiger, sowie der Umfang ihrer Berücksichtigung ergibt sich aus § 26 (Anm. 119 ff. S. 241 ff.). Die Mittel, welche dem Gläubiger, der sich bei der Verteilung für benachteiligt oder zurückgesetzt hält, zur Verfügung stehen, sind bereits an früherer Stelle (Anm. 208 S. 404 ff.) bezeichnet.

214) Satz 1 des Abs. 3 erfordert für die Vornahme einer Verteilung die Genehmigung des Gläubigerausschusses und gewährt damit eine wichtige Bürgschaft im Interesse der Gläubiger für die gesetz- und ordnungsmäßigen Verteilungen disponibler Bestände gegen jede Willkür des Liquidators. Diese Maßnahme ist hier um so notwendiger, als das Verteilungsverfahren durchweg ein außergerichtliches ist, also selbst in bezug auf die Schlußverteilung der gerichtlichen Kontrolle entbehrt (Fischer-Schaefer S. 697). § 48. Abs. 3. Satz 1.

1. Dem Liquidator steht zwar, wie bereits oben Anm. 208 S. 404 ff. erörtert, die Initiative in betreff der Verteilungen der Masse zu. Er hat in erster Reihe für die Verwertung der Bestandteile zu sorgen, den Zeitpunkt zu bestimmen, wenn hinreichende bare Masse zu einer Verteilung vorhanden ist (Abs. 1 Satz 1 Anm. 208 S. 404 ff.), den Verteilungsplan aufzustellen und eventuell bei Einwendungen der Gläubiger zu berichtigen. Aber die Verteilung selbst darf er nach der vorliegenden Bestimmung nur mit Genehmigung des Ausschusses vornehmen, macht sich also disziplinarisch und zivilrechtlich durch eine Verteilung ohne diese Genehmigung verantwortlich.

2. Zum Zwecke der Verteilung hat er die Genehmigung bezw. Erklärung des Ausschusses zu veranlassen. Es liegt ihm ob, zu diesem Behufe dem Ausschusse die Grundlagen für die Prüfung und Beschlußfassung vorzulegen, also den Nachweis, daß hinreichende bare Masse zur Verteilung vorhanden ist, ferner einen Verteilungsplan und die Grundsätze, nach welchen die Verteilung erfolgen soll.

3. Der Ausschuß hat diese Unterlagen zu prüfen und durch formellen Beschluß die Verteilung entweder zu genehmigen oder abzulehnen. Gegen diesen Beschluß gibt es kein Rechtsmittel, er ist endgültig. Es ist nicht statthaft, das Gericht dagegen anzurufen. Ebensowenig ist es zulässig, einen abändernden Beschluß der Generalversammlung herbeizuführen oder an Stelle des Ausschusses die letztere um Genehmigung anzugehen. Wohl aber können die Interessenten (Gläubiger), wenn der Liquidator ohne Grund die Verteilung verzögert oder verweigert, das Gericht um Anweisung desselben bei Androhung von Ordnungsstrafen oder Entlassung (§ 45 Abs. 3) angehen, und dieses — falls der Ausschuß zustimmt — den Liquidator von Aufsichts wegen anweisen bezw. gegen pflichtwidrige Verzögerung oder Unterlassung zu den im § 45 Abs. 3 bezw. Strafen einschreiten. Erfolgt die Anregung des Gerichts durch den Ausschuß, so bedarf es der Natur der Sache nach einer weiteren Genehmigung desselben zur Verteilung nicht. Der Ausschuß hat nach freiem Ermessen seine Entscheidung zu treffen. Auch wenn die Erfordernisse für eine Verteilung, insbesondere bare Masse, vorhanden sind, kann es aus anderen

Gründen im Interesse der Gläubiger liegen, die Verteilung nicht zu genehmigen, zu verschieben oder zu vertagen.

4. Die Genehmigung des Ausschusses ist ausnahmslos für alle Verteilungen erforderlich, sowohl für Zwischen-(Abschlags-)Verteilungen (§ 48 Abs. 1), wie für die Schlußverteilung (§ 49 Abs. 1). Da im Zwangsliquidationsverfahren die Bestellung eines Gläubigerausschusses nicht fakultativ, sondern obligatorisch ist, so ist abweichend von der bezüglichen Vorschrift des § 150 K.-O. die Genehmigung des Ausschusses hier absolut und in allen Fällen vorgeschrieben. Der Genehmigung des Gerichts, sowie der Gläubigerversammlung bedarf es nicht. Beide sind nicht zuständig, die Genehmigung des Ausschusses zu ersetzen. Wohl aber wird dem Gericht die Zuständigkeit zuerkannt werden müssen, die Aussetzung einer Verteilung anzuordnen, — wogegen den Beteiligten das Beschwerderecht zusteht.

§ 48 Abs. 3 Satz 2. [215]) Satz 2 des Abs. 3 fügt zu der Bürgschaft, die Satz 1 durch das Erfordernis der Genehmigung des Ausschusses gewährt, noch eine zweite Bürgschaft durch die Vorschrift hinzu, daß von der beabsichtigten Verteilung der Bahneigentümer oder Konkursverwalter zu benachrichtigen ist. Diese Vorschrift bezweckt, dem Bahneigentümer oder, wenn derselbe in Konkurs geraten, dem Konkursverwalter Gelegenheit zu geben, auch seinerseits die beabsichtigte Maßnahme der Verteilung zu prüfen und eventuell dagegen Einspruch zu erheben. Es gilt hier das zu der gleichartigen Vorschrift im § 46 Abs. 1 Satz 2 (Anm. 202 S. 398 ff.) Bemerkte. Soll die Vorschrift nicht zwecklos sein, so muß die Benachrichtigung so zeitig geschehen, daß dem Bahneigentümer oder Konkursverwalter die Möglichkeit zur Prüfung und Einrede bleibt. Die Vorschrift der Benachrichtigung ist obligatorisch. Unterläßt oder verzögert der Liquidator dieselbe, so hat er nicht nur die Verantwortung für die Folgen zu tragen, sondern setzt sich auch den Strafen des § 45 Abs. 3 aus. Dritten gegenüber ist aber auch im Falle der Unterlassung der Mitteilung die Verteilung rechtsgültig. Ist auf rechtzeitig ergangene Benachrichtigung der Bahneigentümer oder Konkursverwalter mit der beabsichtigten Verteilung nicht einverstanden und kommt hierüber eine Einigung nicht zustande, so hat auf Antrag der letzteren das Gericht die Vornahme der Maßregel vorläufig zu untersagen und die Beschlußfassung des Gläubigerausschusses über den Einspruch des Bahneigentümers oder Konkursverwalters (Abs. 3 Satz 1 Anm. 214 S. 411) herbeizuführen. Erteilt der Ausschuß demungeachtet die Genehmigung, so hat es hierbei sein Bewenden. Lehnt das Gericht die vorläufige Untersagung ab, so steht dem Bahneigentümer oder Konkursverwalter die Beschwerde zu. Die Benachrichtigung ist für jede beabsichtigte Verteilung vorgeschrieben. Es genügt nicht, daß der Bahneigentümer oder Konkursverwalter generell und von vornherein auf jede Benachrichtigung verzichtet. Eine besondere Form ist für die Benachrichtigung nicht bestimmt. Sie kann daher formlos, mündlich oder schriftlich geschehen (§ 77 Abs. 2 K.-O.).

§ 48 Abs. 4. [216]) Abs. 4 schreibt die Hinterlegung nicht erhobener Anteile nach der Bestimmung des Ausschusses für Rechnung der Beteiligten vor. Die Bestimmung des Abs. 4 ist in abgekürzter Fassung den §§ 117, 120, 124, 126 des Ges. v. 24. März 1897 und § 169 K.-O. nachgebildet und muß mit Rücksicht auf ihre Unvollständigkeit aus diesen Gesetzesbestimmungen dem Zwecke des Liquidationsverfahrens gemäß ergänzt werden.

1. Zunächst kann es nicht zweifelhaft sein, daß die Vorschrift sich sowohl auf

die Zwischen-(Abschlags-)Verteilungen (§ 48 Abs. 1), wie auf die Schlußverteilung (§ 49 Abs. 1) bezieht. Wo auch immer ein Anteil bei einer Verteilung nicht erhoben ist, muß er — mangels jeder Einschränkung — vom Liquidator hinterlegt werden.

2. Ebensowenig kommt es auf den Grund an, aus welchem die Abhebung des Anteils nicht geschehen ist. Es genügt die Tatsache der Nichtabhebung. Die Abhebung kann nicht erfolgt sein, weil der Gläubiger mit der Abhebung aus Nachlässigkeit oder anderen Gründen im Verzuge ist, nicht zu ermitteln ist und von der Verteilung nicht in Kenntnis gesetzt werden kann, ferner weil er seiner Person nach unbekannt ist, die Legitimation zur Abhebung nicht zu erbringen vermag (z. B. Hypotheken- und Grundschuldinstrumente, Teilschuldverschreibungen, Zessionen, Testamente rc.), sodann weil in betreff des Rechtes auf Abhebung des Anteils Widerspruch und Streit zwischen mehreren Beteiligten besteht, endlich weil die Forderung, für welche der Anteil bestimmt ist, eine aufschiebend bedingte, betagte ist rc. In allen diesen Fällen ist die Hinterlegung geboten.

3. Die Hinterlegung hat „nach der Bestimmung des Ausschusses" zu erfolgen. Der Tendenz des Gesetzes gemäß, das Verfahren außergerichtlich durchzuführen, ist abweichend vom Zwangsvollstreckungsgesetz und der K.-O., welche die Anordnung dem Gerichte zuweisen, hier die Bestimmung dem Gläubigerausschusse überlassen. Dieser hat sowohl von vornherein vor der Verteilung zu bestimmen, welche Anteile zu hinterlegen sind, als auch, wenn sich bei derselben Anstände ergeben, nachträglich darüber zu entscheiden. Die Entscheidung erstreckt sich nicht nur materiell auf den Hinterlegungsgrund, sondern auch formell auf die Art der Hinterlegung, insbesondere die Kasse, bei welcher zu hinterlegen ist. Ein Rechtsmittel gegen die Bestimmung des Ausschusses in betreff der Hinterlegung ist zwar unmittelbar vom Gesetze nicht gegeben. Doch wird den Beteiligten das Recht nicht abgesprochen werden können, bei dem Liquidationsgerichte gegen die getroffene Anordnung Einspruch zu erheben, die vorläufige Untersagung der Maßnahme zu bewirken und eventuell im Wege der Klage gegen den Liquidator eine Änderung herbeizuführen. Sache des Liquidators ist es, die Bestimmung des Ausschusses auszuführen. Die Bestimmung des Ausschusses muß den Gesetzen entsprechen. Er macht sich durch gesetzwidrige Anordnungen verantwortlich.

4. Die nicht erhobenen Anteile sind „für Rechnung der Beteiligten" zu hinterlegen. Die Beteiligten gelten in Höhe der hinterlegten Beträge für befriedigt (B.-G.-B. §§ 878, 1142, 1224), sie tragen Gefahr und Kosten der Hinterlegung, beziehen aber auch die erwachsenen Zinsen; sie haben weder ein Recht auf Zinszahlung noch auf Ersatz für entzogene Nutzungen (§§ 879, 381).

5. Die Hinterlegung nicht erhobener Anteile dauert so lange, wie das der Erhebung entgegenstehende Hindernis. Nicht erhobene Beträge bleiben bis zur Erhebung hinterlegt. Unterbleibt diese Erhebung auch nachträglich, so bestimmen sich die Folgen nach dem bürgerlichen Rechte, also, wenn die Hinterlegung bei der amtlichen Hinterlegungsstelle stattgefunden hat, nach §§ 58—69 Hinterl.-O. v. 14. März 1879. (Art. 144—146 Einf.-Ges. z. B.-G.-B.) mit den Abänderungen durch d. Ausf.-Ges. z. B.-G.-B. v. 20. September 1899. Eine Befugnis, dem Bezugsberechtigten eine Frist zur Erhebung unter Androhung des Verlustes vorzuschreiben, steht dem Ausschusse nicht zu.

§ 49.[217])

Nach der letzten Verteilung und nach der Rechnungslegung des Liquidators beschließt auf den von dem Liquidator und dem Ausschusse der Bahnpfandgläubiger gestellten Antrag das Gericht die Aufhebung der Zwangsliquidation.[218])

Gegen den Beschluß findet Beschwerde nach Maßgabe der Deutschen Zivilprozeßordnung (§§ 568 bis 575) statt.[219])

Die Aufhebung ist öffentlich bekannt zu machen.[220])

§ 49 Prinzip. [217]) **Prinzip und Entstehungsgeschichte des § 49.**

I. **Prinzip.** Die Bestimmungen der eng miteinander zusammenhängenden §§ 49 u. 50 regeln den **vierten** (Schluß-)Abschnitt des Zwangsliquidationsverfahrens, welcher die **Beendigung dieses Verfahrens** umfaßt (Anm. 171 S. 346 ff.). Anschließend an die Normen der K.-O. ist davon ausgegangen, daß die Beendigung des Zwangsliquidationsverfahrens auf **zweifache** Weise erfolgen kann, entweder nach gänzlicher Durchführung desselben im Wege der **Aufhebung** (§ 49 — s. K.-O. §§ 163, 164) oder mit Unterbrechung des begonnenen Verfahrens durch **Einstellung** (§ 50 — s. K.-O. §§ 202 ff.). Beide Arten der Beendigung sind ihrem Zwecke und Begriffe entsprechend sowohl in ihren Voraussetzungen, wie in ihrer formalen Ausführung wesentlich **verschieden** und daher, um dieser Verschiedenheit Ausdruck zu geben, die im Eisenb.-Pfandr.-Ges. v. 19. August 1895 in einen Paragraphen (57) vereinigten Vorschriften zweckmäßig in zwei Paragraphen: § 49 (Aufhebung) und § 50 (Einstellung) getrennt worden.

Die **Aufhebung** des Zwangsliquidationsverfahrens (§ 49) hat zur Voraussetzung die Schlußverteilung der Liquidationsmasse und die Rechnungslegung des Liquidators. Sind diese Voraussetzungen gegeben, so ist zur Herbeiführung der Aufhebung ein Antrag des Liquidators und des Gläubigerausschusses erforderlich, welcher von beiden gemeinsam an das Liquidationsgericht zu stellen ist. Auf Grund dieses Antrages erfolgt sodann der Beschluß des Gerichts über die Aufhebung der Zwangsliquidation. Von dem Konkursverfahren weicht diese Regelung insofern ab, als es eines Antrages des Verwalters und Gläubigerausschusses nicht bedarf, das Konkursgericht vielmehr nach der Schlußverteilung und Abnahme der Schlußrechnung von Amts wegen ohne weiteres die Aufhebung des Konkursverfahrens beschließt (§§ 161—163 K.-O.). Die Motive geben für diese Abweichung keinen Grund an.

Für die **Einstellung** des Liquidationsverfahrens (§ 50) sind materielle Voraussetzungen nicht vorgeschrieben. Doch liegt es in der Natur der Sache, daß der Liquidator eine Schlußrechnung vorzulegen hat. Dagegen ist abweichend vom Konkursverfahren nicht bestimmt, daß die Insuffizienz der Masse zur Deckung der Kosten des Verfahrens (§ 204 K.-O.) einen Grund für das Gericht bilden darf, von Amts wegen das Verfahren einzustellen. Für die Einstellung desselben ist vielmehr als alleinige formale Voraussetzung die **Zustimmung der Bahnpfandgläubiger** bezeichnet. Diese ist notwendig, weil es sich um den jeweiligen **Verzicht** auf die Ausübung des Pfandrechts handelt. Es genügt daher hier nicht ein Antrag des Liquidators, oder Gläubigerausschusses oder ein Majoritätsbeschluß der Gläubigerversammlung. Vielmehr hat jeder einzelne Bahnpfandgläubiger persönlich seine Zustimmung zu erklären. Nur für die Zustimmung der Inhaber von Teilschuldverschreibungen ist gemäß § 50 Abs. 2 das Beschlußverfahren nach den §§ 51 bis 58 zugelassen (§§ 6—18, § 25 Reichsgesetz v. 4. Dezember 1899, betr. die gemeinsamen Rechte der Besitzer von Schuldverschreibungen). Auf Grund dieser Zustimmung hat sodann der Beschluß des Gerichts über die Einstellung der Zwangsliquidation zu erfolgen. Diese Vorschriften über die Einstellung des Verfahrens sind jedoch nicht vollständig. Es fehlt die Bezeichnung des zum Antrage auf Einstellung Legitimierten. Ebensowenig ist bestimmt, ob und in welcher Weise über die Einstellung zu verhandeln ist. Man wird diese Lücken aus den analogen Bestimmungen der K.-O. (§§ 202, 208) ergänzen müssen (s. Anm. 222 S. 421).

Gemeinsam sind der Aufhebung und Einstellung der Zwangsliquidation sowohl die Bestimmungen über das Rechtsmittel gegen den Gerichtsbeschluß, wie über die Bekanntmachung (§ 49 Abs. 2 u. 8 — § 50 Abs. 1 Satz 2 Ges. v. 11. Juni 1902). Als Rechtsmittel ist gegen die gerichtlichen Entscheidungen über die Aufhebung und Einstellung die Beschwerde gemäß §§ 568—575 C.-P.-O. gegeben (§ 49 Abs. 2), und zwar sowohl gegen diejenigen Beschlüsse, welche den Antrag auf Aufhebung bezw. Einstellung ablehnen, wie ihnen stattgeben. Dies weicht von den analogen Bestimmungen der K.-O. insofern ab, als im Konkursverfahren der Gerichtsbeschluß über die Aufhebung unanfechtbar und sofort rechtskräftig (§ 163 Abs. 1 S. 2 K.-O.), mithin kein Rechtsmittel gegen denselben zugelassen ist. Ein Grund für diesen Unterschied ist weder in den Motiven, noch in den Verhandlungen angeführt. Ferner ist die öffentliche Bekanntmachung für die Aufhebung und Einstellung vorgeschrieben (§ 49 Abs. 8 — § 50 Abs. 1 Satz 2). In beiden Fällen darf mit Rücksicht auf das Rechtsmittel der Beschwerde die Bekanntmachung erst nach eingetretener Rechtskraft der Beschlüsse erfolgen. Die Bekanntmachung liegt dem Gerichte ob, und zwar nach den Vorschriften des § 57.

II. Aus der Entstehungsgeschichte des § 49 ist folgendes hervorzuheben. § 49. Entstehung.

Der Regierungsentwurf v. 18. März 1895 (Drucks. d. Herrenh. 1895 Nr. 24 S. 17) hat die bezüglichen Bestimmungen als § 57 vollständig in derjenigen Fassung in Vorschlag gebracht, in welcher er in das Eisenb.-Pfandr.-Ges. v. 19. August 1895 aufgenommen worden ist. Eine besondere Begründung der vorgeschlagenen Bestimmungen enthalten die Motive des 1895er Entwurfs, abgesehen von dem allgemeinen Hinweis auf die analogen Vorschriften der K.-O., nicht. In den Kommissionen wie im Plenum beider Häuser des Landtages ist § 57 ohne Diskussion unbeanstandet angenommen worden.

In dem Revisionsentwurfe v. 10. Februar 1902 (Drucks. d. Herrenh. Sess. 1902 Nr. 42 S. 9 u. 10) sind die über die Aufhebung und Einstellung des Liquidationsverfahrens handelnden Bestimmungen des § 57 des Eisenb.-Pfandr.-Ges. v. 19. August 1895 getrennt in zwei Paragraphen (§ 57: Aufhebung und § 57a: Einstellung) in derjenigen Fassung in Vorschlag gebracht, in welcher dieselben widerspruchslos als §§ 49, 50 in das Bahneinh.-Ges. v. 11. Juni 1902 aufgenommen worden sind. Zugleich sind die im § 57 Abs. 2 Satz 2 des bisherigen Eisenb.-Pfandr.-Ges. v. 19. August 1895 angeführten Vorschriften der §§ 28—30 dieses Gesetzes, welche gemäß § 25 des Reichsgesetzes v. 4. Dezember 1899 auf die Versammlung und Vertretung der Pfandgläubiger einer Eisenbahn oder Kleinbahn in dem zur abgesonderten Befriedigung dieser Gläubiger aus den Bestandteilen der Bahneinheit bestimmten Verfahren beschränkt sind, in den §§ 57b bis 57d (jetzt:

§§ 51—58 des Bahneinh.-Ges.) in betreff des Verfahrens der Zustimmung der Inhaber von Teilschuldverschreibungen durch Beschluß einer Gläubigerversammlung aufrecht erhalten und es ist demgemäß im § 57a Abs. 2 (§ 50 Abs. 2) auf die §§ 57b bis 57d (§§ 51—58) hingewiesen worden.

In den Motiven wird hierzu ausgeführt (a. a. O. S. 28): „Durch den § 25 des Reichsgesetzes v. 4. Dezember 1899 sind auch die im § 57 Abs. 2 Satz 2 in bezug genommenen Vorschriften der §§ 28—80 des vorliegenden Gesetzes über die Versammlung der Inhaber von Teilschuldverschreibungen für die Zwangsliquidation aufrecht erhalten. Sie weichen von den Bestimmungen des Reichsgesetzes v. 4. Dezember 1899 namentlich darin ab, daß sie die Berufung der Versammlung dem Gerichte zuweisen und die gerichtliche Bestätigung des Beschlusses der Versammlung erfordern. Die Vorschriften sind in den §§ 57b bis 57d des Entwurfes sachlich beibehalten."

§ 49. Abs. 1. 218) Absatz 1 des § 49 trifft Bestimmung über die Aufhebung der Zwangsliquidation durch Beschluß des Liquidationsgerichts, während Absatz 2 das Rechtsmittel gegen diesen Beschluß, Absatz 8 die Veröffentlichung der Aufhebung regelt.

Was zunächst die Aufhebung der Zwangsliquidation anlangt, so findet diese gemäß Abs. 1 des § 49 nur unter bestimmten gesetzlichen Voraussetzungen und auf Antrag der gesetzlich hierzu Legitimierten durch Beschluß des Liquidationsgerichtes statt.

I. Voraussetzungen der Aufhebung der Zwangsliquidation sind mit Rücksicht darauf, daß die Aufhebung auf der vollständigen Durchführung des Liquidationsverfahrens beruht, die letzte Verteilung der Masse und die Rechnungslegung des Liquidators. „Nach der letzten Verteilung und nach der Rechnungslegung des Liquidators . . . beschließt das Gericht die Aufhebung der Zwangsliquidation." Beide Voraussetzungen zusammen müssen für den Antrag und den Gerichtsbeschluß auf Aufhebung gegeben sein. Eine allein genügt nicht. Ein Aufhebungsantrag ohne den Nachweis dieser beiden Voraussetzungen ist unsubstantiiert, und ein Aufhebungsbeschluß ohne Erfüllung derselben rechtsungültig.

a) Erste Voraussetzung ist die letzte sc. Schlußverteilung der Liquidationsmasse. Die Verteilung erfolgt, sobald die Verwertung der Masse bedingt ist (§ 161 Abs. 1 K.-O.). Für die Verteilung gelten die gleichen Bestimmungen, wie für die Zwischen- oder Abschlagsverteilungen (§ 48 Anm. 208—216 S. 404 ff.). Abweichend vom Konkursverfahren (§ 161 Abs. 2) ist auch für die Vornahme der Schlußverteilung eine Genehmigung des Gerichts nicht vorgeschrieben, es bedarf nur der Genehmigung des Gläubigerausschusses (§ 48 Abs. 3). Sind noch Gegenstände vorhanden, welche der Ausschuß für realisierbar erachtet, so wird die Genehmigung zur Schlußverteilung nicht gewährt. Anderenfalls fallen die noch übrigen Gegenstände als unrealisierbar und daher für die Ausübung der Gläubigerrechte bedeutungslos an den Bahneigentümer zurück. Eine Nachtragsverteilung (K.-O. § 166) sieht das Gesetz nicht vor.

b) Zweite Voraussetzung ist die Rechnungslegung des Liquidators. Zu derselben ist der Liquidator bei Beendigung seines Amtes bezw. Verwertung der Masse verpflichtet und kann sowohl auf Anregung des Ausschusses vom Gericht im Aufsichtswege (§ 45 Abs. 8) als auch von jedem Beteiligten im Wege der Klage angehalten werden. Die Form ist die schriftliche, die Rechnung hat sachgemäß übersichtlich im Anschluß an das Inventar die Verwertung bezw. den Verbleib aller Objekte der Masse und die Ausgaben und Verteilungen ꝛc. nachzuweisen. Nähere Bestimmungen über das Abnahmeverfahren hat das Gesetz hier nicht getroffen. Die Bestimmungen der K.-O. (§§ 86, 162) über Aufstellung und Abnahme der Schlußrechnung, Abhaltung des Schlußtermins ꝛc. ohne weiteres anzuwenden, erscheint nicht angängig. Doch ergibt sich aus dem Zwecke der Rechnungslegung, daß die Rechnung dem Gläubigerausschusse vorgelegt, von diesem dem Bahneigentümer oder Konkursverwalter, sowie den Gläubigern mit angemessener Frist behufs Erhebung von Einwendungen bekannt gemacht, und sodann nach erfolgter Prüfung anzuerkennen oder der Rechnung als unzureichend die Anerkennung zu versagen ist. Im letzteren Falle ist eventuell im Aufsichtswege die Richtigstellung herbeizuführen. Den Beteiligten bleibt es überlassen, die Erledigung der sich bei der Rechnungslegung ergebenden Streitpunkte im Prozeßwege zu verfolgen, d. h. den Liquidator im ordentlichen Prozeßverfahren zu verklagen.

II. Sind die vorerörterten Voraussetzungen gegeben, so haben der Liquidator und der Ausschuß der Bahnpfandgläubiger den Antrag auf Aufhebung der Zwangsliquidation bei dem Liquidationsgericht zu stellen.

a) Diese Vorschrift weicht wesentlich von den Normen der K.-O. ab, welche einen Aufhebungsantrag nicht erfordert, sondern nach Abhaltung des Schlußtermins das Gericht von Amts wegen zum Aufhebungsbeschlusse ermächtigt (§ 163 Abs. 1 K.-O.). Der Grund für diese in den Motiven nicht erörterte Abweichung liegt unverkennbar darin, daß im Konkursverfahren die Schlußverteilung der Genehmigung des Gerichts unterliegt (§ 161 Abs. 2 K.-O.) und das Schlußrechnungsverfahren unter Mitwirkung des Gerichts stattfindet (§ 162 K.-O.), dieses also über den Abschluß des Verfahrens auf diesem Wege unterrichtet ist und entscheidet, während hier auch die Schlußverteilung ebenso wie die Schlußrechnung nur der Genehmigung des Gläubigerausschusses bedarf und der Mitwirkung des Gerichts nicht unterworfen ist.

b) Der Antrag muß vom Liquidator und dem Gläubigerausschuß, also beiden zusammen gestellt werden. Der Antrag eines von beiden genügt nicht. Entstehen über die gemeinsame Stellung des Antrages Streitigkeiten, so kann die Intervention des Gerichts angerufen werden. Auch steht es den Beteiligten frei, den Rechtsweg zu beschreiten.

c) Der Antrag darf nur nach der letzten Verteilung und nach der Rechnungslegung des Liquidators gestellt werden. Der Nachweis, daß beides ordnungsmäßig geschehen, gehört daher zur Substantiierung des Antrages. Das Gericht hat denselben zurückzuweisen, wenn eines der bezeichneten Erfordernisse fehlt oder mangelhaft ist. Die Nichtbeobachtung bietet jedem Beteiligten einen triftigen Beschwerdegrund gegen den bezüglichen Gerichtsbeschluß (Abs. 2).

III. Auf Grund des solchergestalt substantiierten Antrages des Liquidators und des Gläubigerausschusses hat das Gericht die Aufhebung der Zwangsliquidation zu beschließen.

a) Das Gericht ist zur Beschlußfassung zuständig und verpflichtet. Von dem Aufhebungsbeschluß im Konkursverfahren unterscheidet sich der vorliegende einerseits dadurch, daß er nur auf Antrag erfolgt und andererseits, daß er im Beschwerdewege angegriffen werden kann (Abs. 3); der Aufhebungsbeschluß im

Konkursverfahren ergeht ohne Antrag von Amts wegen und ist nicht anfechtbar, mithin sofort rechtskräftig (§ 163 Abs. 1 K.-O.).

b) Der Beschluß soll nicht nur eine formale Bedeutung haben, derartig, daß nach der letzten Verteilung und Rechnungslegung auf Antrag des Liquidators und Ausschusses unter allen Umständen die Aufhebung beschlossen werden muß; sondern das Gericht hat materiell zu prüfen, ob der Zeitpunkt für die Aufhebung gekommen und sachlich die Liquidation erledigt ist. Das Gericht hat daher die Voraussetzungen des Antrags (letzte Verteilung und Rechnungslegung s. unter I. S. 416), sowie die Legitimation der Antragsteller (Liquidator und Gläubigerausschuß s. unter II. S. 417) formell und materiell zu prüfen, insbesondere also, ob die Schlußverteilung und die Rechnungslegung legal stattgefunden hat, und nur bei ordnungsmäßiger Erledigung dieser Erfordernisse die Aufhebung zu beschließen. Sowohl gegen den Aufhebungsbeschluß, wie gegen die Ablehnung desselben sind die Rechtsmittel des Abs. 2 (Anm. 219) gegeben. Der Aufhebungsbeschluß ist öffentlich bekannt zu machen (Abs. 3 Anm. 220).

c) Die Rechtswirkungen der Aufhebung bestehen darin, daß das mit dem Eröffnungsbeschluß (§§ 40, 41) eingeleitete Liquidationsverfahren zur abgesonderten Befriedigung der Bahnpfandgläubiger beendet ist.

1. Mit der Beendigung des Zwangsliquidationsverfahrens erfolgt die Schließung des Bahngrundbuchblatts (§ 14 Satz 4), und mit dieser Schließung hört die bis dahin noch zusammengehaltene Bahneinheit endgültig auf (§ 8 Abs. 1 Satz 2, § 4 Abs. 3). Zugleich erlöschen die Rechte der Bahnpfandgläubiger, die etwa noch vorhandenen (nicht verwerteten) einzelnen Bestandteile der bisherigen Bahneinheit fallen in das freie Verfügungsrecht des Bahneigentümers zurück — abgesehen von den noch nicht erhobenen Anteilen — oder in die Konkursmasse des Bahneigentümers, und die bisherigen Bahnpfandgläubiger verlieren das Recht, Verfügungen des Bahneigentümers über einzelne Bestandteile der Bahneinheit als unwirksam anzugreifen (§ 19). Ein Verfolgungsrecht als Bahnpfandgläubiger in etwa noch vorhandene Bestandteile der Bahneinheit besitzen sie nicht, denn ihre Bahnpfandrechte bestanden nur an der Bahneinheit als Ganzes, nicht an den einzelnen Bestandteilen derselben, und sind mit der Beendigung der Liquidation erloschen. Nur insofern ihnen oder Dritten sonst Rechte an diesen Bestandteilen zustehen, können solche nunmehr unbeschränkt ausgeübt werden (§ 37 Abs. 2 Satz 1).

2. Die Tätigkeit des Liquidators ist beendet; seine Obliegenheiten, Rechte und Pflichten, in betreff der Verwaltung und Verwertung der Bestandteile der Masse, werden gegenstandslos. Er verliert jede Verfügungs- und Vertretungsbefugnis, insbesondere auch die Legitimation zur Prozeßführung und zu Rechtsgeschäften rc. in betreff der Masse, wie auch den Anspruch auf weitere Vergütungen (§ 45 Abs. 2).

3. Die Organe der Gläubiger — Gläubigerausschuß und Gläubigerversammlung — können als solche nicht mehr funktionieren, ihre Tätigkeit erlischt.

§ 49. Abs. 2. **219)** Abs. 2 des § 49 gewährt gegen den vorstehend, d. h. im Abs. 1 bezeichneten Beschluß die Beschwerde nach Maßgabe der §§ 568—575 der C.-P.-O. Es ist also unter „Beschluß" der Beschluß über die Aufhebung (Abs. 1 Anm. 218 S. 416) der Zwangsliquidation zu verstehen. Wie aus dem Hinweis auf die §§ 568—571 C.-P.-O. erhellt, ist nur die gewöhnliche, nicht die sofortige Beschwerde (§ 577 C.-P.-O.) zugelassen. Abs. 2 entspricht fast wörtlich der im § 45 Abs. 4 Satz 1 enthaltenen Vorschrift, so daß im wesentlichen auf die Erläuterungen zu dieser (Anm. 198 S. 386, 387) Bezug genommen werden kann. Berechtigt zur Beschwerde sind im Falle der Aufhebung oder Einstellung sämtliche am Verfahren Beteiligte, im Falle der Ablehnung der beantragten Aufhebung oder Einstellung nur die Antragsteller. Bemerkenswert ist, daß im Konkursverfahren der Aufhebungsbeschluß unanfechtbar, also mit der Beschwerde nicht angreifbar und daher sofort rechtskräftig ist (§ 163 Abs. 1 Satz 2 K.-O.), während im Zwangsliquidationsverfahren der Aufhebungsbeschluß ebenso wie der Einstellungsbeschluß dem Rechtsmittel der Beschwerde unterliegt.

220) Abs. 3 des § 49 schreibt die öffentliche Bekanntmachung der Aufhebung der Zwangsliquidation vor. Die Vorschrift ist obligatorisch. Die Unterlassung macht das Gericht für die Folgen verantwortlich. Die Form der öffentlichen Bekanntmachung ist im § 57 (Anm. 249ff.) vorgeschrieben. Es gilt hier das über die öffentliche Bekanntmachung des Eröffnungsbeschlusses Gesagte (§ 41 Satz 1 Anm. 175 S. 354ff.). Da gegen den Aufhebungsbeschluß noch die Beschwerde zulässig ist und dieser Beschluß erst nach Ablauf der Beschwerdefrist rechtskräftig wird, so ist es nicht angängig, die öffentliche Bekanntmachung erst nach der Rechtskraft zu veranlassen. Denn die Beschwerdefrist beginnt einheitlich für alle Beteiligte mit der wirksamen öffentlichen Bekanntmachung (s. § 42 Satz 2 Anm. 180 S. 360 u. § 74 K.-O.). Die öffentliche Bekanntmachung gilt als Zustellung für alle Beteiligte. Eine besondere Zustellung an die Beteiligten ist nicht vorgeschrieben, würde auch bei Vorhandensein von Teilschuldverschreibungen unmöglich und ausgeschlossen sein. Es kann also nicht durch besondere Zustellung vor der öffentlichen Bekanntmachung die Rechtskraft der Beschlüsse herbeigeführt werden. Immerhin aber treten gesetzlich die Wirkungen des Aufhebungs- oder Einstellungsbeschlusses (s. Anm. 218 S. 416), also die freie Verfügung des Bahneigentümers bezw. des Konkursverwalters, das Aufhören der Vertretungs- und Verfügungsbefugnis des Liquidators, der Funktionen des Gläubigerausschusses und der Gläubigerversammlung und das Aufhören der Beschränkung der Bahnpfandgläubiger in der selbständigen Verfolgung ihrer Pfandrechte ꝛc. mit der bewirkten öffentlichen Bekanntmachung ein, da die Beschwerde keine aufschiebende Wirkung hat (C.-P.-O. § 572, Eccius I § 119 Nr. 2). Eine Aufschiebung dieser Wirkungen bis zur Rechtskraft der Beschlüsse ist gesetzlich nicht zu rechtfertigen. Für den Fall einer Aufhebung des Einstellungs- oder Aufhebungsbeschlusses in der Beschwerdeinstanz ist nun freilich im Gesetze keine Vorschrift gegeben. Es bleibt also in diesem Falle nur übrig, die eingetretenen Wirkungen der Einstellung oder Aufhebung, soweit als es ohne Verletzung der inzwischen wohlerworbenen Rechte möglich ist, wieder zu beseitigen bezw. als nicht erfolgt zu behandeln. § 49. Abs. 3.

Aus § 14 folgt, daß von der rechtskräftigen Beendigung der Zwangsliquidation behufs Schließung des Bahngrundbuchblatts vom Liquidationsgerichte zu den Bahngrundakten von Amts wegen Nachricht zu geben ist. Über die sich daraus ergebende Löschung der Sperrvermerke auf den Grundbuchblättern der einzelnen zur Bahneinheit gehörigen Grundstücke trifft § 15 Bestimmung.

§ 50.[221])

Das Gericht hat die Einstellung der Zwangsliquidation zu beschließen, wenn die Bahnpfandgläubiger der Einstellung zustimmen.[222])

Die Vorschriften des § 49 Abs. 2, 3 finden entsprechende Anwendung.[223])

Für die Inhaber von Teilschuldverschreibungen kann die Zustimmung nach Maßgabe der §§ 51 bis 53 durch Beschluß einer Versammlung der Gläubiger erteilt werden.[224])

[221]) Prinzip und Entstehungsgeschichte des § 50.

§ 50. Prinzip. I. Prinzip. Während § 49 die Aufhebung des Zwangsliquidationsverfahrens regelt, trifft § 50 über die Einstellung desselben Bestimmung. Bereits oben (S. 414) ist darauf hingewiesen worden, daß beide Arten der Beendigung des Zwangsliquidationsverfahrens sowohl in ihren Voraussetzungen, wie in ihrer formalen Ausführung wesentlich verschieden sind und daher im Bahneinheitsges. v. 11. Juni 1902 eine Trennung der früher in einem Paragraphen vereinigten Bestimmungen in zwei besondere Paragraphen erfolgt ist. Während durch die Aufhebung nach der letzten Verteilung der Masse und nach der Rechnungslegung durch den Liquidator das Zwangsliquidationsverfahren seine natürliche Beendigung findet und demgemäß der Aufhebungsbeschluß des Liquidationsgerichts auf Antrag des Liquidators und Bahnpfandgläubigerausschusses genügt, liegt in der Einstellung des Verfahrens eine außergewöhnliche Unterbrechung desselben bezw. ein Verzicht der Bahnpfandgläubiger auf die Ausübung ihrer Rechte, für welchen ein Antrag des Liquidators oder des Gläubigerausschusses oder ein Majoritätsbeschluß der Gläubigerversammlung nicht ausreicht, sondern die Zustimmung eines jeden Bahnpfandgläubigers an sich vor der Beschlußfassung des Liquidationsgerichts erforderlich ist. Nur für die Zustimmung der Inhaber von Teilschuldverschreibungen ist durch § 50 Abs. 2 das im wesentlichen mit den Bestimmungen des Reichsges. v. 4. Dezember 1899, betr. die gemeinsamen Rechte der Besitzer von Schuldverschreibungen, übereinstimmende Beschlußverfahren nach Maßgabe der §§ 51—58 des Bahneinh.-Ges. zugelassen. Die Zulässigkeit der Abweichung desselben von dem durch das Reichsges. v. 4. Dezember 1899 geregelten Beschlußverfahren gründet sich darauf, daß nach Maßgabe des im Art. 112 Einf.-Ges. z. B.-G.-B. enthaltenen allgemeinen Vorbehalts der § 25 des Reichsges. v. 4. Dezember 1899 die landesgesetzlichen Vorschriften über die Versammlung und Vertretung der Pfandgläubiger einer Eisenbahn oder Kleinbahn in dem zur abgesonderten Befriedigung dieser Gläubiger aus den Bestandteilen der Bahneinheit bestimmten Verfahren unberührt läßt. Die Vorschriften der §§ 27—81 des bisherigen Eisenb.-Pfandr.-Ges. v. 19. August 1895 sind also zwar außerhalb des Liquidationsverfahrens (sc. zur abgesonderten Befriedigung der Gläubiger) reichsgesetzlich aufgehoben und durch das Reichsges. v. 4. Dezember 1899 ersetzt, aber sie sind gemäß § 25 l. c. innerhalb des Liquidationsverfahrens in Geltung geblieben und als §§ 50—58 in das Bahneinheitsgesetz aufgenommen worden. Die Abweichung zwischen dem durch das Reichsges. v. 4. Dezember 1899 vorgeschriebenen und dem durch die §§ 51—58 des Bahneinh.-Ges. bestimmten Verfahren besteht vornehmlich darin, daß nach letzterem die Berufung der Gläubigerversammlung durch das Gericht sowie die gerichtliche Bestätigung des Beschlusses der Versammlung erforderlich ist, während nach ersterem die Berufung durch den Schuldner bezw. durch den Antragsteller (§§ 3, 4) zu erfolgen hat und der Beschluß der Bestätigung weder durch das Gericht noch durch die Bahnaufsichtsbehörde

(§ 18) bedarf (§ 58 Satz 1 Bahneinh.-Ges. sieht nur eine Anhörung der Bahnaufsichtsbehörde vor der gerichtlichen Bestätigung vor).

Festzuhalten ist also grundsätzlich, daß für die Einstellung der Zwangsliquidation ein Beschluß des Liquidationsgerichtes erforderlich und daß Voraussetzung für diesen gerichtlichen Beschluß die Zustimmung der Bahnpfandgläubiger ist. Auf dieses Beschlußverfahren finden die Bestimmungen des Reichsges. v. 4. Dezember 1899 keine Anwendung, sondern nach § 25 desselben — weil es sich um ein zur abgesonderten Befriedigung der Bahnpfandgläubiger bestimmtes Verfahren handelt — die landesgesetzlichen Bestimmungen, d. h. die §§ 50—58 des Bahneinh.-Ges. v. 11. Juni 1902. Es sind also zwei Kategorien von Gläubigern zu unterscheiden: die Bahnpfandgläubiger und die Inhaber von Teilschuldverschreibungen. Die Bahnpfandgläubiger haben ihre Zustimmung einzeln zu erklären (§ 50 Abs. 1 Satz 1); insoweit aber Inhaber von Teilschuldverschreibungen in Betracht kommen, kann die Zustimmung derselben in dem in den §§ 51—58 vorgesehenen gemeinsamen Beschlußverfahren erfolgen (§ 50 Abs. 2).

II. In betreff der Entstehung des § 50 wird auf die oben mitgeteilte Entstehungsgeschichte des § 49 (Anm. 217 S. 415) Bezug genommen, welche beiden Paragraphen gemeinsam ist und die vorstehende Darstellung des Prinzips des § 50 bestätigt. § 50. Entstehung.

222) Absatz 1 des § 50 trifft Bestimmung über die Einstellung der Zwangsliquidation durch Beschluß des Liquidationsgerichts, während Absatz 2 das Rechtsmittel gegen diesen Beschluß sowie die Veröffentlichung der Einstellung regelt. § 50. Abs. 1 Satz 1.

Gemäß Satz 1 des Abs. 1 erfordert die Einstellung der Zwangsliquidation den Beschluß des Liquidationsgerichts. Die hierüber im Satz 1 enthaltenen Bestimmungen sind jedoch unvollständig und der Ergänzung bedürftig. Denn Satz 1 beschränkt sich lediglich auf die Vorschrift, daß die Einstellung auf Beschluß des Gerichts erfolgt, welches die Zustimmung der Bahnpfandgläubiger voraussetzt, und zwar, insoweit diese Inhaber von Teilschuldverschreibungen sind, nach Maßgabe der §§ 51—58 (Abs. 2). Weder sind Gründe angeführt, durch welche die Einstellung bedingt wird, noch in welcher Weise, ob auf Antrag oder von Amts wegen, der Beschluß des Gerichts herbeizuführen ist, noch eventuell diejenigen, welche zur Stellung des Aufhebungsantrages legitimiert sind. Soweit dies angängig, sind die entsprechenden Normen der K.-O. (§§ 202, 208) entsprechend in Anwendung zu bringen.

I. Als alleinige Voraussetzung des Gerichtsbeschlusses auf Einstellung der Zwangsliquidation bezeichnet Abs. 1 Satz 1 des § 50 die Zustimmung der Bahnpfandgläubiger, welche gemäß Abs. 2, insoweit dieselben Inhaber von Teilschuldverschreibungen sind, nach den Vorschriften der §§ 51—58 herbeizuführen ist (Anm. 224 S. 428). Abgesehen hiervon bedarf es der Zustimmung jedes einzelnen Bahnpfandgläubigers, es genügt nicht die nach Mehrheitsbeschluß erfolgte Zustimmung einer Gläubigerversammlung. Das Gesetz spricht ausdrücklich von der Zustimmung der Bahnpfandgläubiger, nicht der Gläubigerversammlung. Die Motive bemerken hierzu, daß, wie mit Rücksicht auf die Schwierigkeiten, welche der Einzelverfolgung des Pfandrechts der Eisenbahngläubiger entgegenstehen, das Recht zum Antrag auf Eröffnung der Zwangsliquidation als ein Individualrecht jedes Gläubigers anerkannt werden mußte, auch das Verfahren nur unter denjenigen Voraussetzungen wiederum eingestellt werden dürfe, unter denen sonst im Entwurfe eine Schmälerung von Einzelrechten der Gläubiger im gemeinsamen Interesse aller zugelassen werde. Das Gesetz bestimmt nicht, von wem die Zustimmung der Bahnpfandgläubiger anzuregen und zu betreiben ist. Ein Interesse an der Einstellung der Zwangsliquidation kann der Bahneigentümer oder Konkursverwalter haben, weil alsdann die noch vorhandenen Bestandteile in die freie Verfügung des Eigentümers bezw. in die Konkursmasse fallen, ferner aber auch der Liquidator, der Gläubigerausschuß und die einzelnen Bahnpfandgläubiger, wenn sich, sei es wegen vollständiger Befriedigung der Gläubiger oder Insuffizienz der Masse oder aus anderen Zweckmäßigkeitsgründen die Einstellung des Verfahrens empfiehlt. Diese alle sind daher berechtigt, die Zustimmung der Bahnpfandgläubiger in Anregung zu bringen. Dagegen ist es nicht Sache des Gerichts, dies von Amts wegen zutun. Insbesondere ist der im Konkursverfahren zugelassene Grund der Insuffizienz der Masse (§ 204 K.-O.) zur Einstellung von Amts wegen hier nicht gegeben.

Wenngleich aber das Gesetz nur die Zustimmung der Bahnpfandgläubiger erfordert, so kann es doch nicht zweifelhaft sein, daß diese Voraussetzung allein nicht genügt, vielmehr auch die **Rechnungslegung** des Liquidators und, soweit die Gläubiger nicht sämtlich darauf verzichten, die **Verteilung** der vorhandenen Masse dem Gerichtsbeschlusse vorangehen muß. In welcher Weise dies zu geschehen hat, ist Anm. 218 (S. 416 ff.) des näheren erörtert.

II. Sind diese Voraussetzungen gegeben, so ist auch hier, wie bei der Aufhebung, ein **Antrag** des die Einstellung des Verfahrens Betreibenden erforderlich. Denn wenngleich das Gesetz dies nicht, wie im § 49 Abs. 1, ausdrücklich ausspricht, so ist ein solcher Antrag deshalb notwendig, weil ein Einschreiten seitens des Gerichts von Amts wegen nicht vorgesehen ist, dasselbe auch anderenfalls von den Bestrebungen, eine Einstellung des Verfahrens herbeizuführen, gar keine Kenntnis haben würde. Der Antrag kann von jedem an der Einstellung Interessierten, also sowohl von jedem Bahnpfandgläubiger, wie vom Bahneigentümer oder Konkursverwalter, dem Liquidator oder Gläubigerausschuß ausgehen. Zur Substantiierung des Antrages gehört aber die Beibringung der **Zustimmung aller Bahnpfandgläubiger** bezw. bezüglich der Inhaber von Teilschuldverschreibungen in der in den §§ 51—58 vorgeschriebenen Form. Fehlt dieses Erfordernis, so hat das Gericht den Antrag zurückzuweisen. Auch die vorgängige Veröffentlichung des Antrags nach Analogie des § 208 K.-O. erscheint erforderlich, um den Gläubigern Gelegenheit zum Einspruch zu geben, und ferner die Anhörung des Liquidators und Gläubigerausschusses, sowie des Bahneigentümers oder Konkursverwalters und des widersprechenden Gläubigers vor Fällung der Entscheidung.

III. Auf Grund des hiernach substantiierten und verhandelten Antrages **hat das Gericht die Einstellung der Zwangsliquidation zu beschließen**. Diese Bestimmung ist obligatorisch. Das Gericht ist, wenn die Voraussetzungen vorliegen, hierzu zuständig und verpflichtet. Wie die Aufhebung, so stellt auch die Einstellung der Zwangsliquidation einen Akt der Beendigung der Zwangsliquidation dar, welcher gemäß § 14 Satz 4 die Schließung des Bahngrundbuchblatts und das Erlöschen der Bahnpfandrechte, sowie nach § 8 Abs. 1 Satz 2 das Aufhören der Bahneinheit zur Folge hat. Es gilt daher in betreff der Rechtswirkungen das zu Abs. 1 Anm. 218 IIIc S. 418 Bemerkte.

[223]) Satz 2 des Abs. 1 erklärt die Vorschriften des § 49 Abs. 2 und 3 auch auf das Einstellungsverfahren für entsprechend anwendbar, d. h. eine unbegründete Ablehnung der Beschlußfassung oder ein die Einstellung versagender Beschluß berechtigt zur Beschwerde nach Maßgabe der §§ 568—575 der C.-P.-O. (§ 49 Abs. 2) und die Aufhebung ist öffentlich bekannt zu machen (§ 49 Abs. 3). Es wird hierbei auf die Anm. 219 (S. 418) und Anm. 220 (S. 419) zu den Abs. 2 und 3 des § 49 Bezug genommen. § 50. Abs. 1 Satz 2.

[224]) Absatz 2 gestattet, für die Inhaber von Teilschuldverschreibungen die Zustimmung nach Maßgabe der §§ 51—58 durch Beschluß einer Versammlung zu erteilen. Grundsätzlich ist nach Satz 1 die Zustimmung eines jeden Bahnpfandgläubigers zur Einstellung der Zwangsliquidation erforderlich. Aber dieser Grundsatz muß notwendig eine Ausnahme bezw. Einschränkung erfahren, insofern Inhaber von Teilschuldverschreibungen in Betracht kommen. Diese sind weder durch die Eintragung in das Bahngrundbuch, noch sonst nach Namen und Wohnort sämtlich bekannt und zu ermitteln. Es würde also mit großen Schwierigkeiten verknüpft und in der Regel unmöglich sein, sie zur Zustimmung einzeln aufzufordern bezw. dieselbe von allen durch einzelne Willenserklärungen zu erlangen. Damit würde aber auch die Einstellung der Zwangsliquidation zur Unmöglichkeit werden. Um diese zu ermöglichen, ist daher durch Abs. 2 des § 50 die Erteilung der Zustimmung der Inhaber von Teilschuldverschreibungen durch Beschluß einer Versammlung der Gläubiger nach Maßgabe der §§ 51—58 zugelassen, d. h. es genügt, daß durch Mehrheitsbeschluß der Versammlung dieser Gläubiger, welcher nach den bezeichneten Vorschriften rite gefaßt und gerichtlich bestätigt ist, die Zustimmung zur Einstellung erklärt worden ist. § 50. Abs. 2

Daß die in mehreren wesentlichen Punkten, namentlich betreffs der Berufung der Versammlung und der Bestätigung ihres Beschlusses durch das Gericht, von der allgemeinen reichsgesetzlichen Regelung der gemeinsamen Rechte der Besitzer von Schuldverschreibungen durch das Reichsges. v. 4. Dezember 1899 (R.-G.-Bl. Nr. 47) abweichenden landesgesetzlichen Sonderbestimmungen der §§ 51—58 des Bahneinheitsges. v. 11. Juni 1902 getroffen werden durften, beruht — wie bereits oben § 18 Anm. 88 S. 164 ff. und § 50 Anm. 221 S. 420 des näheren erörtert — auf der Vorschrift des § 25 des Reichsges. v. 4. Dezember 1899, wonach die landesgesetzlichen Vorschriften über die Versammlung und Vertretung der Pfandgläubiger einer Eisenbahn oder Kleinbahn in dem zur abgesonderten Befriedigung dieser Gläubiger aus den Bestandteilen der Bahneinheit bestimmten Verfahren unberührt bleiben. Von diesem Vorbehalt ist in den §§ 51—58 des Bahneinh.-Ges. Gebrauch gemacht.

Der Zustimmungsbeschluß muß von den Gläubigern jeder Emission getrennt gefaßt werden (§ 52 Abs. 1 Anm. 288 S. 485); sowohl die Berufung der Versammlung (§ 51 Anm. 226 ff. S. 425 ff.), die Leitung und Beschlußfassung (§ 52 Anm. 280 ff. S. 481 ff.), wie die Bestätigung, Beschwerdeführung und Rechtskraft (§ 58 Anm. 285 ff. S. 487 ff.) unterliegen den Vorschriften der §§ 51—58 derartig, daß die Zustimmung nicht gültig und wirksam ist, wenn sie in anderer Weise oder unter Nichtbeachtung der Normen der §§ 51—58 erfolgt. Demgemäß wird das Gericht, wenn ein Zustimmungsbeschluß der Teilschuldverschreibungs-

Inhaber gefaßt wird, zweimal mit der Frage der Einstellung befaßt, nämlich zuerst behufs Bestätigung des Zustimmungsbeschlusses und sodann behufs Beschlußfassung über die Einstellung. Beide Funktionen des Gerichts sind auseinander zu halten. Auch präjudiziert sich das Gericht durch die Bestätigung des Zustimmungsbeschlusses (§ 52) nicht, d. h. es kann, obwohl es diesen Beschluß bestätigt hat, späterhin den Antrag auf Einstellung der Zwangsliquidation ablehnen.

§ 51.[225])

Die Versammlung wird durch das Gericht, bei welchem das Bahngrundbuch geführt wird, berufen.[226]) Die Berufung findet statt, wenn sie unter Angabe des Zweckes, sowie unter Einzahlung eines zur Deckung der Kosten hinreichenden Betrags von Gläubigern, deren Teilverschreibungen zusammen den fünfundzwanzigsten Teil des Betrags der Bahnpfandschuld darstellen, oder von dem Eigentümer der Bahn oder dem Konkursverwalter beantragt oder wenn sie von der Bahnaufsichtsbehörde verlangt wird.[227])

Die Berufung erfolgt durch öffentliche Bekanntmachung unter Angabe des Zweckes.[228])

Gegen den die Berufung ablehnenden Beschluß des Gerichts findet Beschwerde nach Maßgabe der Deutschen Zivilprozeßordnung (§§ 568 bis 575) statt.[229])

[225]) Prinzip und Entstehungsgeschichte des § 51.

§ 51. Prinzip. I. Prinzip. Wenngleich die Befugnis der Versammlung der Inhaber von Teilschuldverschreibungen, zur Einstellung der Zwangsliquidation durch Beschluß die Zustimmung zu erteilen (§ 50), in der Absicht zugelassen ist, im Interesse der Gläubiger gegenüber dem unberechtigten Widerstand einzelner oder deren Lässigkeit das Unternehmen und damit das Pfandobjekt existenzfähig zu erhalten, und auf diese Weise wenigstens zum Teil durch die Notlage des Unternehmens bedrohten Forderungen zu retten, so durfte doch nicht übersehen werden, daß diese Mehrheitsbeschlüsse immerhin schwere Eingriffe in die wohlerworbenen Rechte der einzelnen Gläubiger involvieren und die Möglichkeit des Mißbrauchs zu unlauteren, leichtfertigen und schädlichen Manipulationen nicht ausschließen. Es mußte daher darauf Bedacht genommen werden, gesetzliche Bürgschaften zu schaffen, welche geeignet sind, eine ungerechtfertigte Benachteiligung oder unbillige Vergewaltigung der einzelnen Gläubiger durch die gemäß § 50 zugelassenen Mehrheitsbeschlüsse der Gläubigerversammlung zu verhindern und auszuschließen.

Diese Bürgschaften sieht das Gesetz einerseits in der gerichtlichen Berufung (§ 51) und Leitung (§ 52 Abs. 1) der Gläubigerversammlung, sowie in der gerichtlichen Prüfung und Bestätigung des Beschlusses unter vorgängiger Anhörung der Aufsichtsbehörde (§ 58), andererseits darin, daß die zur Beschlußfassung erforderliche Mehrheit zugleich die Mehrzahl der anwesenden Gläubiger und zwei Dritteile des Gesamtbetrages der Bahnpfandschuld umfaßt (§ 52 Abs. 2).

Als erste der Bürgschaften schreibt § 51 die Berufung der Gläubigerversammlung durch das Gericht, bei welchem das Bahngrundbuch geführt wird, vor und schließt damit jede private oder von anderer Seite ausgehende Einleitung des Verfahrens aus (Abs. 1 Satz 1). Aber auch die Berufung seitens des Gerichts darf nicht ohne weiteres auf beliebige Anregung Dritter hin oder von Amts wegen erfolgen. Vielmehr bezeichnet das Gesetz bestimmt die Voraussetzungen der Berufung, sowie diejenigen Faktoren, von welchen allein der Antrag auf Berufung einer Gläubigerversammlung ausgehen darf. Die Berufung hat nur stattzufinden, wenn sie unter Angabe des Zwecks sowie unter Einzahlung eines die Kosten deckenden Betrages von Gläubigern im Besitze des 25. Teils der Teilschuldverschreibungen oder vom Bahneigentümer oder vom Konkursverwalter beantragt oder von der Aufsichtsbehörde verlangt wird (Abs. 1 Satz 2). Dazu tritt, daß die Berufung durch öffentliche Bekanntmachung derselben unter Angabe des Zwecks erfolgen muß (Abs. 2). Andererseits ist, wenn die Voraussetzungen und Formen für die Einleitung des Verfahrens erfüllt sind, gegen die ungerechtfertigte Ablehnung des Antrages seitens des Gerichts durch die Vorschrift Schutz gewährt, daß gegen den ablehnenden Beschluß des Gerichts Beschwerde gemäß §§ 568—575 C.=P.=O. stattfindet.

II. Aus der Entstehungsgeschichte des § 51 ist folgendes zu entnehmen. § 51. Entstehung.

Der Regierungsentwurf v. 18. März 1895 (Drucks. d. Herrenh. Nr. 24 S. 10) enthielt die als § 28 in das Eisenb.=Pfandr.=Ges. v. 19. August 1895 wörtlich übergegangenen Bestimmungen mit der allgemeinen die §§ 27—31 dieses Gesetzes umfassenden Begründung (S. 49): „Die über den Mehrheitsbeschluß in den §§ 27—31 vorgesehenen näheren Vorschriften, welche sich durchweg an die Vorschriften der Konkursordnung anlehnen, bieten die Gewähr dafür, daß eine unbillige Vergewaltigung der einzelnen Gläubiger nicht erfolgt, indem sie die Versammlung der Leitung des Gerichts unterstellen, eine gerichtliche Prüfung des Beschlusses, sowie die Anhörung der Aufsichtsbehörde anordnen und nur eine solche Mehrheit für ausreichend erachten, welche zugleich die Mehrzahl der anwesenden Gläubiger und drei Viertel des Gesamtbetrages der Bahnpfandschuld umfaßt."

Der § 28 in der Fassung des Entwurfs wurde sowohl in der Kommission des Abg.=Hauses (Aktst. Nr. 254 S. 3157), wie in den späteren Lesungen ohne weitere Diskussion angenommen.

Der Revisionsentwurf v. 10. Februar 1902 (Drucks. d. Herrenh. Sess. 1902 Nr. 42 S. 10) schlug § 28 unverändert aus den bei § 49 Anm. 217 S. 418 mitgeteilten Motiven als § 57 b vor und dieser Paragraph fand sodann als § 51 unbeanstandet Aufnahme in das Bahneinh.=Ges. v. 11. Juni 1902.

226) Absatz 1 des § 51 trifft im Satz 1 Bestimmung über die erste Bürgschaft gegen eine Vergewaltigung oder Benachteiligung der Gläubiger durch die im § 50 in Verbindung mit § 52 zugelassenen Mehrheitsbeschlüsse der Gläubigerversammlung. Diese Bürgschaft besteht darin, daß die Berufung der Versammlung in die Hand des Gerichts gelegt wird, bei welchem das Bahngrundbuch geführt wird. § 51. Abs. 1 Satz 1.

1. Die Bestimmung, daß die Berufung durch das Gericht zu erfolgen hat, ist eine obligatorische, auch durch die Emissionsbedingungen nicht abzuändernde. Die kategorische Fassung: „Die Versammlung der Gläubiger wird durch das Gericht berufen", läßt darüber keinen Zweifel. Ebensowenig die Motive, welche in der gerichtlichen Berufung eine wichtige Bürgschaft gegen einen Mißbrauch der

Mehrheitsbeschlüsse erblicken. Die Berufung muß durch das Gericht stattfinden, anderenfalls ist sie eine ungesetzliche und zieht die Folgen einer solchen nach sich.

2. Zuständig zur Berufung ist ausschließlich das Gericht, bei welchem das Bahngrundbuch geführt wird, d. h. das im § 10 Abs. 2 bezeichnete Amtsgericht (s. Anm. 40 S. 66). Ein anderes Gericht oder Organ (z. B. die Aufsichtsbehörde, der Eigentümer ꝛc.) ist zur Berufung nicht kompetent und nicht berechtigt. Auch bedarf es bei Staatsbetrieben nicht der vorherigen Anhörung der Aufsichtsbehörde (Anders § 5 Ges. v. 4. Dezember 1899). In betreff des Beschwerdegerichts s. Abs. 3 Anm. 229.

3. Die Berufung durch das Gericht erfolgt nicht von Amts wegen, sondern nur auf Antrag, welcher nur von den im Satz 2 bezeichneten Stellen ausgehen und nur unter den dort bezeichneten Voraussetzungen gestellt werden darf (Anm. 227 S. 427—429).

4. Wird dem Antrage stattgegeben, so ist ein formeller Gerichtsbeschluß nicht erforderlich, vielmehr genügt es, daß im Wege der Verfügung die Berufung angeordnet wird. Wird aber der Antrag abgelehnt, so bedarf es eines dem Antragsteller zuzustellenden Gerichtsbeschlusses (s. Absatz 3 und C.-P.-O. § 567).

5. Die Berufung muß in der Form der öffentlichen Bekanntmachung unter Angabe des Zwecks erfolgen (Abs. 2 s. Anm. 228 S. 429). Eine andere Form der Berufung ist nicht statthaft. Über Art, Ort und Frist der Berufung s. gleichfalls Anm. 228 S. 429—430.

6. Sind die Formen und Voraussetzungen des Abs. 1 Satz 2 erfüllt, so darf das Gericht die Berufung nicht ablehnen; es müßte denn sein, daß der Antrag offenbar aus Mutwillen und Schikane (um das Unternehmen zu diskreditieren ꝛc.) gestellt wird. Gegen den die Berufung ablehnenden Gerichtsbeschluß ist gemäß Abs. 3 (Anm. 229 S. 430—431) der Beschwerdeweg zulässig. Wohl aber ist dem Gerichte durch die ihm gemäß § 63 zugewiesene Bestätigung des Beschlusses die Möglichkeit gegeben, den materiellen Inhalt derselben seiner Kognition zu unterziehen.

7. Bezüglich der Folgen der nicht ordnungsmäßigen Berufung ist zu unterscheiden zwischen Berufung durch ein unzuständiges Organ (d. h. durch ein anderes, als das das Bahngrundbuch führende Gericht) und der ordnungswidrigen Berufung durch das zuständige Organ. Im ersteren Falle liegt mangels einer Berufung einer Gläubigerversammlung überhaupt nicht vor. Beschlüsse einer solchen Versammlung sind eo ipso ungültig, ohne daß sie der Anfechtung bedürfen. Im letzteren Falle ist die Versammlung zwar gültig, aber die Beschlüsse unterliegen wegen der Ordnungswidrigkeit der Anfechtung. Sind es Beschlüsse, die der Eintragung im Grundbuche bedürfen, so muß der Grundbuchrichter, dem die Prüfung obliegt, die Eintragung ablehnen.

8. Aus dem Rechte der Berufung folgt auch das Recht, die Berufung aufzuheben. Auch hierzu ist das Gericht allein zuständig und berechtigt, welches das Bahngrundbuch führt. Die Aufhebung kann entweder vor dem Versammlungstermin in derselben Form erfolgen, wie die Einberufung (§ 51 Abs. 2), oder im Termine selbst durch ausdrückliche Verkündung oder auch stillschweigend, indem die Vertreter des Gerichts nicht erscheinen, mithin eine Leitung durch dieses (§ 52)

nicht stattfinden kann. Die Aufhebung steht der Ablehnung des Antrages gleich und kann also im Beschwerdewege (§ 51 Abs. 3) angegriffen werden.

9. Vgl. noch über die Form, den Inhalt, die Frist und den Ort der Berufung Anm. 228 S. 429—430.

227) Absatz 1 des § 51 bestimmt im Satz 2, daß die durch Satz 1 angeordnete Berufung nur auf Antrag zu erfolgen hat, welche Erfordernisse dieser Antrag zu seiner Substantiierung enthalten und von wem derselbe ausgehen muß. § 51 Abs. 1 Satz 2.

I. Die gerichtliche Berufung der Gläubigerversammlung findet nur auf Antrag statt. Das Gericht darf nicht von Amts wegen die Berufung bewirken. Der Antrag muß an das nach Satz 1 zuständige Gericht gestellt sein und den im folgenden erörterten Bestimmungen, sowie den allgemeinen Bestimmungen der Grundbuchordnung entsprechen. Das Antragsrecht ist ein nicht nur zum Schutze privater, sondern auch öffentlicher Interessen gegebenes (daher auch der Aufsichtsbehörde zustehendes). Es darf mithin weder in den Emissionsbedingungen, noch auf anderem Wege den im Satz 2 bezeichneten Antragsberechtigten entzogen oder erschwert werden. Es darf aber auch andererseits nicht erleichtert bezw. an leichtere Voraussetzungen geknüpft werden (z. B. an einen geringeren Besitz, als den 25. Teil des Betrages der Bahnpfandschuld) weil damit gegen die Absicht des Gesetzes die Schranke, welche gegen eine frivole oder unbegründete Einleitung des Beschlußverfahrens errichtet werden sollte, beseitigt werden würde. Das Gericht braucht dem Antrage auf Berufung nicht früher zu entsprechen, als dies die Antragsteller verlangen. Haben diese eine Frist nicht bezeichnet oder haben sie sofortige Berufung beantragt, so ist, falls die Prüfung des Antrags nicht zur Ablehnung führt, demselben sofort zu entsprechen.

II. Für die Substantiierung des Antrags sind zwei Erfordernisse unbedingt vorgeschrieben:

a) Zunächst muß der Antrag die Angabe des Zwecks, zu welchem die Berufung der Gläubigerversammlung stattfinden soll, enthalten (§ 254 Abs. 1 H.-G.-B. — § 3 Abs. 2 Ges. v. 4. Dezember 1899). Es genügt nicht eine bloße allgemeine Angabe. Vielmehr ist erforderlich, daß sowohl die Emision, deren Inhaber einberufen werden sollen, genau und in concreto bezeichnet wird, wie auch die in Vorschlag zu bringende, dem § 50 entsprechende Maßnahme und der Grund für dieselbe. Der angegebene Zweck muß den Bestimmungen des § 50 entsprechen. Die Angabe anderer Zwecke ist nicht statthaft und rechtfertigt die Ablehung des Berufungsantrages.

b) Sodann ist die Einzahlung eines zur Deckung der Kosten hinreichenden Betrages erforderlich. Die Worte „unter Einzahlung der Kosten" bedeuten, daß der Antragsteller sich im Antrage unter Angabe des Werts zur Einzahlung der Kosten erbietet, sodann der Wert gemäß §§ 14—16 des deutsch. Gerichtskostenges. v. 18. Juni 1878 in der Fassung v. 20. Mai 1898 (R.-G.-Bl. S. 659) vom Gerichte festgesetzt wird und die danach berechneten Kosten nebst baren Auslagen (§ 79 l. c.) vom Antragsteller als Vorschuß bei der Gerichtskasse einzuzahlen sind (§§ 81, 84 l. c.). Über die endgültige Tragung der Kosten ist damit nichts bestimmt, sie kann auch den anderen Interessenten ganz oder teilweise zufallen und wird in der Regel den Schuldner treffen (§ 3 Abs. 3 Ges. v. 4. Dezember 1899). In betreff des Kostensatzes bestimmt § 124 des Preuß. Gerichtskostengeſ. v. 25. Juni 1895 in der Fassung v. 6. Oktober 1899 (G.-S. S. 826) daß zwei Zehnteile der im § 8 des deutschen Gerichtskostengesetzes bestimmten Gebühr für die Entscheidung einschließlich des vorangegangenen Verfahrens über Anträge auf Anordnung der Zwangsliquidation erhoben werden. Hierzu treten die baren Auslagen gemäß § 79 l. c., insbesondere Schreibgebühren, Post- und Telegraphengebühren, Kosten für Einrückungen von Bekanntmachungen in öffentlichen Blättern (§ 51 Abs. 2), Tagegelder und Reisekosten der Gerichtsbeamten 2c. Auch die Kosten für ein zur Abhaltung der Versammlung gemietetes Lokal, dessen Beleuchtung, Heizung 2c. sind hierher zu rechnen. Im Falle der Beschwerde gegen den die Berufung ablehnenden Beschluß (§ 51 Abs. 3) findet § 45 des deutschen Gerichtskostengeſ. Anwendung. Für Ausländer gelten die Bestimmungen des § 85 l. c.

III. Der Antrag kann von den Gläubigern, dem Bahneigentümer oder Konkursverwalter ausgehen oder in einem Verlangen (Ersuchen) der Bahnaufsichtsbehörde bestehen.

a) Wie die Fassung zeigt, scheidet das Gesetz die drei ersteren Antragsteller von der letzten. Diese Unterscheidung hat aber unverkennbar nur darin ihren Grund, daß der Antrag seitens der Gläubiger, des Eigentümers und Konkursverwalters im privaten, vermögensrechtlichen Interesse gestellt wird, während der Antrag der Aufsichtsbehörde das öffentliche Interesse von Aufsichts wegen wahrnimmt. Im übrigen bietet jedoch die Fassung keinen Anlaß, die Erfordernisse, welche für den Antrag auf Berufung vorgeschrieben sind, nicht auch auf den Antrag der Aufsichtsbehörde zu beziehen. Freilich fällt das Erfordernis der Kostenzahlung bei der Aufsichtsbehörde fort, da sie den Antrag nicht in privatem (fiskalischem 2c.), sondern im öffentlichen Interesse stellt und in diesem Falle nach dem allgemeinen Prinzipe des Gerichtskostengeſ. v. 25. Juni 1895 in der Fassung v. 6. Oktober 1899 (§§ 7 und 8 G.-S. S. 826), die Behörden Gebührenfreiheit genießen. Vielmehr hat das Gericht nach Maßgabe der Interessen der Beteiligten 2c. über die Tragung der Kosten des Verfahrens zu entscheiden (s. § 86 deutsches Gerichtskostengeſ. v. 18. Juni 1878 in der Fassung v. 20. Mai 1898 R.-G.-Bl. S. 680). Wohl aber liegt es auch der Aufsichtsbehörde ob, mit ihrem Antrage die Angabe des Zwecks der Berufung zu verbinden. Es ist nach der Tendenz der vorliegenden Bestimmungen nicht Sache des Gerichts, ohne jede Kenntnis und Prüfung des Zwecks lediglich der Requisition der Aufsichtsbehörde Folge zu leisten (arg. § 58 Satz 1). Dafür spricht auch, daß Abs. 2 die öffentliche Bekanntmachung der Berufung unter Angabe des Zwecks vorschreibt, ausnahmslos und ohne Unterschied, ob der Antrag von Dritten oder von der Aufsichtsbehörde ausgegangen ist. Dasselbe gilt gemäß Abs. 3 für die Ablehnung des Antrages.

b) Nur die oben bezeichneten vier Kategorien sind zur Stellung des Antrags berechtigt. Andere sind hierzu nicht befugt; ihre Anträge müssen a limine zurückgewiesen werden. Berechtigt sind:

1. Die Gläubiger, aber nicht in beliebiger Zahl und Zusammensetzung, sondern nur dann, wenn deren Teilschuldverschreibungen zusammen den 25. Teil des Betrages der Bahnpfandschuld darstellen. Auch ein einziger Gläubiger hat dieses Recht, wenn er Besitzer des Mindestbetrages von $^1/_{25}$ ist. Die Absicht ist auf diese Weise den Antrag zu erschweren und eine gewisse Garantie dafür zu bieten, daß ein Verfahren, welches zur Aufgabe von Rechten wider Willen des Be-

rechtigten führen kann, ohne hinreichende Grundlage nicht einmal eingeleitet werde. Es ist der 25. Teil des Betrages derjenigen Bahnpfandschuld gemeint, welche in die Teilschulden bezw. Teilschuldverschreibungen der betreffenden Emission zerlegt ist (s. § 18 Anm. 84 S. 176). Es kommt nur der noch validierende Teil der Bahnpfandschuld in Betracht. Ist also die ursprüngliche Bahnpfandschuld durch Amortisation oder Rückzahlungen vermindert, so verringert sich auch entsprechend der 25. Teil ihres Betrages. Die antragstellenden Gläubiger haben dem Gerichte in geeigneter Weise den Nachweis zu führen, daß ihr Besitz an Teilschuldverschreibungen sich auf den 25. Teil des Betrages der Bahnpfandschuld beläuft. Eine Hinterlegung, wie im Falle des § 52, ist nicht vorgeschrieben. Der Besitz muß **mindestens** den 25. Teil (4 Proz.) betragen; mehr kann der Natur der Sache nach vorhanden sein, nicht aber weniger. Läßt sich der 25. Teil nicht darstellen (z. B. wenn eine Bahnpfandschuld von 10000 Mark in Teilschuldverschreibungen à 500 oder à 1000 Mark zerfällt), so muß der nächst höhere Betrag dargestellt werden.

2. Der **Eigentümer der Bahn** bezw. der zu einer Bahneinheit vereinigten Bahnen (§ 2 Abs. 1 Satz 2). Es ist der in das Bahngrundbuchblatt eingetragene Eigentümer (§ 18 Abs. 1) gemeint.

3. Der **Konkursverwalter**, wenn über das Vermögen des Bahneigentümers der Konkurs eröffnet ist (vgl. § 40 Abs. 2).

4. Die **Bahnaufsichtsbehörde** (s. § 4 Abs. 2 Anm. 15 S. 81, § 5 Anm. 18 S. 86). Die Befugnis derselben zur Stellung des Antrags kann auf andere vorgesetzte oder nachgeordnete Behörden nicht delegiert werden.

228) Absatz 2 des § 51 schreibt die Berufung der Gläubigerversammlung unter **Angabe des Zwecks durch öffentliche Bekanntmachung** vor. Auch darin liegt eine wichtige Garantie gegen den Mißbrauch der Mehrheitsbeschlüsse, indem jeder Gläubiger zur Beteiligung an der Versammlung und Wahrnehmung seiner Interessen unter Angabe des Zwecks aufgefordert wird. Die Bestimmung des Absatz 2 ist nach Absicht und Fassung **obligatorisch** und zwingend. Eine Versammlung bezw. Beschlußfassung ohne vorgängige ordnungsmäßige Bekanntmachung der Berufung unter Zweckangabe ist daher **ungültig** und ihre Beschlüsse sind anfechtbar (s. oben Anm. 226 S. 426). § 51. Abs. 2.

1. Die öffentliche Bekanntmachung der Berufung muß den **Bestimmungen** des § 57 des Gesetzes entsprechen. Eine spezielle Aufforderung oder Einladung der einzelnen Gläubiger ist (H.-G.-B. § 257) nicht vorgeschrieben, auch mit Rücksicht darauf, daß es sich um Papiere auf den Inhaber handelt, deren Besitzer nach Namen und Aufenthalt nicht bekannt sind, nicht angängig.

2. Der **Inhalt** der öffentlichen Bekanntmachung besteht in der Angabe, daß eine Gläubigerversammlung gemäß § 51 berufen wird, ferner in der genauen Bezeichnung der Emission von Teilschuldverschreibungen, deren Inhaber berufen werden, sodann in der — vom Antragsteller (Abs. 1 Satz 2 Anm. 227 S. 427 ff.) gemachten — Angabe des Zwecks der Berufung bezw. des Gegenstandes der Verhandlung, der Zeit und des Orts der Versammlung, des Datums der Bekanntmachung sowie der Unterschrift des berufenden Gerichts. Unwesentliche Verstöße schaden nichts (Reichsger. Bd. 84 S. 118).

3. Eine **Frist** für die Berufung — wie z. B. im § 255 H.-G.-B., wonach zwischen der Publikation der Berufung, durch Ausgabe des Publikationsorgans,

und dem Tage der Generalversammlung eine Frist von mindestens zwei Wochen liegen muß, die noch zu erstrecken ist, wenn statutarisch für Ausübung des Stimmrechts die Hinterlegung der Aktien erforderlich ist — ist zwar gesetzlich nicht vorgeschrieben. Wenn also nicht etwa in den Emissionsbedingungen Vorsorge getroffen ist, würde hiernach gesetzlich schon das Dazwischenliegen eines Tages genügen. Daß dies aber nicht ausreicht, insbesondere auch mit Rücksicht auf die durch § 52 vorgeschriebene Hinterlegung der Teilschuldverschreibungen zur Ausübung des Stimmrechts, liegt auf der Hand. Mangels der Bestimmung einer Minimalfrist wird daher nach Analogie des § 255 H.-G.-B. verfahren werden müssen.

4. Ebenso ist ein Ort für die Versammlung (Sitz des Gerichts, Domizil des Unternehmens bezw. der Gesellschaft ꝛc.) im Gesetze nicht bestimmt. Daß es ein Ort im Inlande sein muß, kann keinem Zweifel unterliegen, da die Leitung der Versammlung nach § 52 Abs. 1 dem zuständigen Gerichte unterliegt. Ist in den Emissionsbedingungen hierüber keine Bestimmung getroffen, so wird man aus § 52 Abs. 1 schließen müssen, daß in der Regel der Sitz des zuständigen Gerichts der Ort der Versammlung sein soll; doch kann dieses auch einen anderen Ort, z. B. den Gesellschaftssitz bestimmen, notwendig ist es aber nicht, daß der Ort im Bezirke des Gerichts oder des Gesellschaftssitzes liegt. Nur darf durch die Wahl des Ortes den Gläubigern die Ausübung ihrer Rechte nicht erschwert werden.

5. Was die Angabe des Zwecks anlangt, so muß diese der vom Antragsteller (Abs. 2 Satz 2) gemachten Angaben, sowie den gesetzlichen Bestimmungen entsprechen und, wenn auch kurz, doch so klar, vollständig und präzis gefaßt sein, daß jeder Gläubiger weiß, worüber verhandelt und eventuell Beschlusse gefaßt werden soll, und sich daher gehörig darauf vorbereiten kann. Die Zweckangabe ist um so wichtiger, als über andere als die angegebenen Zwecke Beschluß in der Gläubigerversammlung nicht gefaßt werden dürfen. (Ebenso § 7 Abs. 2 Ges. v. 4. Dezember 1899). Nur der Zweck selbst, also der Gegenstand der Beratung und Beschlußfassung, d. h. Zustimmung zur Aufhebung des Liquidationsverfahrens (§ 50 Abs. 2), nicht aber die auf diesen Gegenstand bezüglichen Anträge muß die öffentliche Bekanntmachung enthalten. Ist der Zweck nicht gehörig bekannt gemacht, so ist der Beschluß ungültig und anfechtbar.

§ 51. Abs. 3. 229) Absatz 3 des § 51 gewährt gegen den die Berufung ablehnenden Beschluß des Gerichts Beschwerde nach Maßgabe der deutschen C.-P.-O. (§§ 568 bis 575). Nur dem Antragsteller, d. h. der Gläubigergruppe oder dem Bahneigentümer oder Konkursverwalter oder der Aufsichtsbehörde, welche den Antrag gestellt haben (s. Anm. 227 S. 428ff.), steht die Beschwerde zu; dritten Personen oder Behörden nicht, auch wenn sie ein Interesse zur Sache nachweislich besitzen. Zweifel können entstehen, wenn nur ein Teil der Gläubiger, welche den Antrag auf Berufung gestellt haben und den 25. Teil der Bahnpfandschuld repräsentieren, das Rechtsmittel der Beschwerde ergreifen will. Es wird aber in diesem Falle, da die Voraussetzungen für die Einlegung der Beschwerde nicht andere bezw. geringere sind, als für den Antrag auf Berufung, die Beschwerde als zulässig nicht erachtet werden können.

Über die Beschwerde entscheidet das im Instanzenzuge zunächst höhere Gericht, d. h. das Landgericht (§ 71 G.-V.-G.). Gegen die Entscheidung des Beschwerdegerichts ist, soweit nicht in derselben ein neuer selbständiger Beschwerdegrund enthalten ist, eine weitere Beschwerde nicht zulässig (eventuell Oberlandesgericht: § 128 Nr. 4. — Reichsgericht: § 185 Nr. 2). Die Beschwerde wird bei dem Gericht eingelegt, welches den angefochtenen Beschluß erlassen hat; sie kann in dringenden Fällen auch bei dem Beschwerdegericht eingelegt werden. Die Einlegung erfolgt durch Einreichung einer Beschwerdeschrift oder durch Erklärung zum Protokolle des Gerichtsschreibers. Die Beschwerde kann auf neue Tatsachen und Beweise gestützt werden. Erachtet das Gericht, dessen Beschluß angefochten wird, die Beschwerde für begründet, so hat es derselben abzuhelfen; anderenfalls ist die Beschwerde vor Ablauf einer Woche dem Beschwerdegerichte vorzulegen. Die Entscheidung über die Beschwerde kann ohne vorgängige mündliche Verhandlung erfolgen. Ordnet das Gericht eine schriftliche Erklärung an, so kann dieselbe durch einen Anwalt erfolgen, der bei dem Gerichte zugelassen ist, von welchem oder von dessen Vorsitzenden die angefochtene Entscheidung ist. Die Beschwerde kann auch zum Protokolle des Gerichtsschreibers abgegeben werden. Das Beschwerdegericht hat von Amts wegen zu prüfen, ob die Beschwerde an sich statthaft und ob sie den gesetzlichen Erfordernissen entspricht. Mangelt es an einem dieser Erfordernisse, so ist die Beschwerde als unzulässig zu verwerfen. Erachtet das Beschwerdegericht die Beschwerde für begründet, so kann es demjenigen Gericht, von welchem der beschwerende Beschluß ergangen war, die erforderliche Anordnung übertragen (C.-P.-O. §§ 567 ff.).

§ 52.[230])

Die Versammlung findet unter Leitung des Gerichts statt.[231])

Der Beschluß wird nach Mehrheit der Stimmen gefaßt.[232]) Stimmenmehrheit ist vorhanden, wenn die Mehrzahl der im Termin anwesenden Gläubiger ausdrücklich zustimmt und die Gesamtsumme der Teilschuldbeträge der Zustimmenden wenigstens zwei Dritteile der Gesamtsumme der Bahnpfandschuld beträgt.[233]) Gezählt werden nur die Stimmen der Gläubiger, welche die Teilschuldverschreibungen nach Anordnung des Gerichts hinterlegt haben.[234])

[230]) Prinzip und Entstehungsgeschichte des § 52.

I. Prinzip. Die zweite der Bürgschaften, welche dazu bestimmt sind, eine ungerechtfertigte Benachteiligung der einzelnen Gläubiger bezw. deren Minorität durch die gemäß § 50 Abs. 2, § 52 Abs. 2 gestatteten Mehrheitsbeschlüsse der Gläubigerversammlung zu verhindern und auszuschließen, hat das Gesetz durch die Bestimmung des § 52 geschaffen, wonach die Versammlung unter Leitung des Gerichts stattfindet (Abs. 1) und der Beschluß nur von einer solchen Mehrheit zu fassen ist, welche zugleich die Mehrzahl der anwesenden Gläubiger und zwei Dritteile des Gesamtbetrages der Bahnpfandschuld umfaßt (Abs. 1 Satz 1), auch bei der Abstimmung nur die Stimmen derjenigen Gläubiger in Betracht kommen, deren Teilschuldverschreibungen nach Anordnung des Gerichts hinterlegt worden sind. § 52 Prinzip.

Wenngleich man grundsätzlich Mehrheitsbeschlüsse im Interesse der Aufrechthaltung des Unternehmens und der Gläubiger für notwendig hielt, so ging man doch von der Annahme aus, daß in der Regel jeder Gläubiger seine Interessen selbst tunlichst wahrnehmen werde und daher ein Fernbleiben desselben von einem so wichtigen Beschlusse nur bei einem kleinen Teile der Gläubiger auf Lässigkeit oder Eigensinn zurückgeführt werden könne, mithin ein Eingriff in die Gläubigerrechte durch Mehrheitsbeschluß nicht zu gestatten sei, wenn die Mehrheit der Gläubiger oder ein ein Drittel des Gesamtbetrages der Bahnpfandschuld repräsentierender Teil derselben von der Versammlung fernbleibe und sich an deren Beschlüssen nicht beteilige.

II. Daß die vorerörterten Prinzipien für den Gesetzgeber maßgebend waren, ergibt die Entstehungsgeschichte des § 52.

Der Regierungsentwurf v. 18. März 1895 (Drucks. d. Herrenh. Nr. 24 S. 11) enthielt als § 29 wörtlich diejenige Bestimmung, welche als § 29 in das Eisenb.-Pfandr.-Ges. v. 19. August 1895 aufgenommen worden ist. Nur war die Gesamtsumme der Teilschuldbeträge der Zustimmenden auf wenigstens drei Vierteile der Gesamtsumme der Eisenbahnschuld bemessen.

In der Begründung (S. 49) wird im allgemeinen darauf hingewiesen, daß sich auch diese Bestimmungen an die Vorschriften der K.-O. anlehnen und eine Gewähr dafür bieten, daß eine unbillige Vergewaltigung der einzelnen Gläubiger nicht erfolgt, indem sie die Versammlung der Leitung des Gerichts unterstellen und nur eine solche Mehrheit für ausreichend erachten, welche zugleich die Mehrzahl der anwesenden Gläubiger und drei Viertel des Gesamtbetrages der Bahnpfandschuld umfaßt. Sodann wird speziell noch hinzugefügt, daß unter der im § 29 vorgeschriebenen Hinterlegung der Teilschuldverschreibung nicht eine Hinterlegung im Sinne der Hinterlegungsordnung zu verstehen ist, vielmehr in der Regel die Niederlegung bei einer Bank und die Vorlegung des Hinterlegungsscheins derselben vom Gericht für ausreichend erachtet wird.

In der Kommission des Abgeordnetenhauses (Drucks. 1895 Nr. 254 S. 3157) wurde die Vorlage mit der Maßgabe angenommen, daß anstatt „drei Vierteile" gesagt wird: zwei Dritteile.

In dieser Fassung ging § 29 in das Eisenb.-Pfandr.-Ges. v. 19. August 1895 definitiv über.

Der Revisionsentwurf v. 10. Februar 1902 (Drucks. d. Herrenh. Sess. 1902 Nr. 42 S. 11) schlug den § 29 unverändert aus den bei § 49 Anm. 217 S. 416 mitgeteilten Motiven als § 57c vor und dieser Paragraph fand sodann als § 52 ohne Widerspruch Aufnahme in das Bahneinh.-Ges. v. 11. Juni 1902.

§. 52. Abs. 1. 221) Absatz 1. Der § 52 gewährt im Absatz 1 die zweite Bürgschaft gegen eine mißbräuchliche Ausübung der Mehrheitsbeschlüsse der Gläubigerversammlung. Anschließend an die Anordnung des § 51, welcher die Berufung der Versammlung in die Hand des Gerichts legt, schreibt § 52 Abs. 1 auch die Leitung der einberufenen Versammlung durch das Gericht vor.

1. Die Leitung soll dem Gericht obliegen. Es ist zwar nur allgemein „das Gericht" gesagt und die Frage offen gelassen, welches Gericht gemeint ist. Mit Rücksicht auf den engen Zusammenhang mit § 51 kann aber kein Zweifel darüber bestehen, daß auch hier das Gericht, bei welchem das Bahngrundbuch geführt wird, das allein zuständige ist (s. Anm. 89 S. 66). Auch die Emissionsbedingungen dürfen nichts hiervon Abweichendes bestimmen.

2. Auch die Vorschrift des § 52 Abs. 1 ist, wie diejenige des § 51 Satz 1, eine obligatorische. Die Leitung muß durch das Gericht erfolgen, anderenfalls

ist die Versammlung eine ungesetzlich geleitete und ihre Beschlüsse sind ordnungswidrig gefaßt.

3. Das Gesetz trifft keine Bestimmung darüber, in welcher Weise und nach welchen Regeln die Versammlung vom Gericht zu leiten ist. Im Begriff und Wesen der Leitung liegt es, daß der das Bahngrundbuch führende Richter selbst den Vorsitz in der Versammlung führt und dahin zu wirken hat, daß über die dem angekündigten Zwecke gemäß gestellten, dem § 50 Abs. 2 des Gesetzes entsprechenden Anträge ordnungsmäßig beraten und beschlossen wird. Sind in den Emissionsbedingungen nicht etwa Bestimmungen vorgesehen, so hat sich das Gericht bei Leitung der Versammlung — nach Analogie der Generalversammlungen der Aktien ꝛc. -Gesellschaften — nach den allgemeinen Grundsätzen über die Handhabung parlamentarischer Versammlungen zu richten. (Staub, H.-G.-B. § 256, Könige, § 10, S. 44). Dazu gehört auch die Form der Ausübung des Stimmrechts, ob durch Stimmzettel, Zuruf, oder Aufstehen und Sitzenbleiben, ferner die Feststellung der Beschlußfähigkeit, Prüfung der Legitimationen ꝛc.

4. Das Gericht hat dafür zu sorgen, daß die Vorschläge dem angekündigten Zwecke entsprechen und so genau, vollständig und den gesetzlichen Bestimmungen gemäß sind, daß sie eine Abstimmung mit ja oder nein ermöglichen. Sind mehrere selbständige Vorschläge gemacht, so ist über jeden derselben getrennt abzustimmen.

5. Über die Verhandlungen und Beschlüsse der Versammlung ist ein Protokoll aufzunehmen. Das Protokoll wird von dem Gerichte, welches die Versammlung leitet, aufgenommen, hat also eo ipso den Charakter eines gerichtlich beurkundeten (H.-G.-B. § 259). Das Protokoll muß nach Maßgabe des § 159 C.-P.-O. enthalten: den Ort und Tag der Verhandlung, den Namen des Richters und des Gerichtsschreibers, die Bezeichnung des Gegenstandes, die Namen der erschienenen Gläubiger, gesetzlichen Vertreter, Bevollmächtigten und Beistände sowie die Art und das Ergebnis der Beschlußfassungen. Die Aufstellung eines Verzeichnisses der erschienenen Gläubiger oder Vertreter von Gläubigern (H.-G.-B. § 258, R.-Ges. v. 4. Dezember 1899 § 8) ist zwar nicht vorgeschrieben, aber zum Zwecke der Abstimmung (§ 52 Abs. 2 Satz 1—3) erforderlich. Ist ein derartiges Verzeichnis nicht aufgestellt, so müssen die Namen der erschienenen Gläubiger oder Vertreter derselben mit Angabe ihres Wohnorts sowie des Betrages der von jedem vertretenen Schuldverschreibungen in das Protokoll aufgenommen werden. Hat aber die Aufstellung stattgefunden, so ist das Verzeichnis dem Protokolle beizufügen (H.-G.-B. § 259. — R.-Ges. v. 4. Dezember 1899 § 9). Der Gang der Verhandlungen ist nur im allgemeinen und in seinen wesentlichen Zügen anzugeben. Die Anträge, Abstimmungen und Beschlüsse sind durch Aufnahme in das Protokoll festzustellen (§ 160 l. c.). Das Protokoll ist den Beteiligten vorzulesen oder zur Durchsicht vorzulegen. In demselben ist zu bemerken, das dies geschehen und die Genehmigung erfolgt sei oder welche Einwendungen (Proteste ꝛc.) erhoben sind (§ 162 l. c.). Das Protokoll ist von dem Leiter (Vorsitzenden) und dem Gerichtsschreiber zu unterschreiben (§ 163 l. c.). Die Beobachtung der für die Verhandlungen vorgeschriebenen Förmlichkeiten (ordnungsmäßige Leitung, Verfahren, Abstimmung) kann nur durch das Protokoll bewiesen werden (§ 164 l. c.).

6. Die in § 53 vorgeschriebene Bestätigung der Beschlüsse der Versammlung durch das Gericht kann in der Versammlung nicht stattfinden, da es hierzu der

vorgängigen Anhörung der Bahnaufsichtsbehörde bedarf. Es muß also die gerichtliche Entscheidung über die Bestätigung oder Nichtbestätigung in einem besonderen Termine verkündet werden (s. § 58 des vorliegenden Gesetzes in Verbindung mit §§ 185, 189 der deutschen K.-O.).

§ 52. Abs. 2 Satz 1. 232) Absatz 2 des § 52 spricht im Satz 1 das für das in Rede stehende Beschlußverfahren grundlegende Prinzip aus, daß die nach § 50 von der Gläubigerversammlung zu fassenden Beschlüsse nach Mehrheit der Stimmen zu fassen sind. Denn dadurch ist dieser Mehrheit Gelegenheit geboten, gegen den ungerechtfertigten Widerstand, den Eigensinn oder die Lässigkeiten einzelner Maßnahmen zu beschließen, welche den Fortbestand und Betrieb des Unternehmens und damit auch die Gläubigerrechte zu sichern geeignet sind.

§ 52 Abs. 2 Satz 2 233) Satz 2 gewährt im Anschluß an Satz 1 eine weitere Garantie gegen den darin liegenden Eingriff in die wohlerworbenen Rechte der einzelnen Gläubiger durch die Bestimmung, daß nur eine tunlichst umfassende Mehrheit d. h. eine solche für die Beschlußfassung ausreicht, welche sowohl die Mehrzahl der anwesenden Gläubiger als auch zwei Drittel der Bahnpfandschuld umfaßt. Nicht die einfache Stimmen- oder Summenmehrheit bildet die vom Gesetz geforderte Majorität, sondern es muß die Personen- und die Summenmehrheit, und zwar letztere noch qualifiziert durch die Zustimmung von wenigstens zwei Drittel des Gesamtbetrages der Bahnpfandschuld, vorhanden sein. Diese Bestimmung ist zwingend und darf nicht abgeändert oder unbeachtet gelassen werden.

a) Die erste Voraussetzung der Stimmenmehrheit ist, daß die Mehrzahl der im Termin anwesenden Gläubiger ausdrücklich zustimmt. Es wird also nicht die Mehrzahl aller überhaupt stimmberechtigten Gläubiger (einschließlich auch der abwesenden) verlangt, sondern nur die Mehrzahl der im Termine anwesenden Gläubiger.

1. Daraus, daß das Gesetz die Mehrheit der „anwesenden“, nicht der „abstimmenden“ Gläubiger fordert, könnte gefolgert werden, daß die Stimmen anwesender Gläubiger, welche sich der Abstimmung enthalten, als verneinend zu zählen seien. Es sind jedoch (s. die Mot. z. d. analogen § 169 K.-O. v. 10. Februar 1877) nur die im Termine abgegebenen Stimmen zu zählen. Ein Gläubiger also, welcher sich der Abstimmung enthält, d. h. eine Stimme abzugeben sich weigert, gilt als nicht anwesend; selbstverständlich ebenso ein Gläubiger, welcher sich vor der Abstimmung entfernt hat.

2. Jede Teilschuldverschreibung, auch eine einzelne von noch so geringem Betrage, und gleichviel welcher Art, gewährt das Recht, zu stimmen. Vorausgesetzt ist die Eigenschaft als Gläubiger. Diese besitzt, wer eine Teilschuldverschreibung der betreffenden Emission in seinem Besitz hat. Der Interimsschein gibt, auch wenn er nicht voll eingezahlt ist, gleiche Rechte, wie die Teilschuldverschreibung. Wenn mehrere Gläubiger zusammen eine Teilschuldverschreibung besitzen (z. B. durch Erbschaft, Miteigentum rc.), so können sie nur zusammen eine Stimme geltend machen (Könige S. 51). Eine Teilung der Forderung und mithin auch der Stimme ist bei Papieren auf den Inhaber nicht möglich. Können sich also die mehreren Inhaber einer Teilschuldverschreibung nicht einigen, so gilt ihre Stimme als nicht abgegeben.

3. Das Stimmrecht kann auch durch gehörig legitimierte Bevollmächtigte oder gesetzliche Vertreter ausgeübt werden (H.-G.-B. § 252 Abs. 1 Satz 1.

— R.-Ges. v. 4. Dezember 1899 § 10 Abs. 1 Satz 1). Dem Gläubiger steht die freie Auswahl seines Vertreters zu. Ein Antrag in der Kommission des Abg.-H., nur „schriftlich legitimierte Bevollmächtigte“ zuzulassen wurde zurückgezogen, nachdem konstatiert worden war, daß die Vertretungsbefugnis sich nach den allgemeinen Rechtsgrundsätzen richtet. Wenn ein Bevollmächtigter mehrere Stimmberechtigte vertritt, kann er für jeden einzelnen Machtgeber besonders abstimmen, und es werden bei der Ermittlung der Majorität nach der Personenzahl die Personen der einzelnen Machtgeber zur Berechnung gezogen.

4. Das Stimmrecht der Gläubiger ist — abgesehen von dem Erfordernis der Hinterlegung der Teilschuldverschreibungen behufs Ausübung des Stimmrechts (Satz 3 Anm. 284 S. 436) — keinerlei Beschränkung unterworfen. Auch wer durch die Beschlußfassung entlastet werden soll (z. B. der Bahneigentümer) hat das Stimmrecht, falls er Inhaber von Teilschuldverschreibungen ist. (Anders nach § 10 Abs. 4 R.-Ges. v. 4. Dezember 1899.) Die Sonderbestimmungen des Abs. 3 § 252 H.-G.-B. finden hier keine analoge Anwendung.

b) Die zweite Voraussetzung der Stimmenmehrheit ist, daß die Gesamtschuld der Teilschuldbeträge der Zustimmenden wenigstens zwei Dritteile der Gesamtsumme der Bahnpfandschuld beträgt. Es werden einerseits die Beträge der Teilschuldverschreibungen der zustimmenden (also nicht aller abstimmenden) Gläubiger (sc. derjenigen, welche ihre Teilschuldverschreibungen hinterlegt haben, s. Satz 3 Anm. 284 S. 436), andererseits der Gesamtbetrag der Bahnpfandschuld in Berechnung gezogen. Erstere müssen mindestens zwei Dritteile der letzteren ergeben. Unter Bahnpfandschuld ist nur die eine Bahnpfandschuld zu verstehen, welche die Grundlage für die Teilschuldverschreibungen einer Emission bildet. In der Kommission des Abg.-Hauf. war, um hierüber keinen Zweifel zu lassen, beantragt worden, hinter „Gläubiger“ einzurücken: „einer Bahnpfandschuld“. Dieser Antrag wurde zwar abgelehnt, aber ausdrücklich festgestellt, daß nur an die Gläubiger einer Hypothek oder Grundschuld gedacht sei. Als Gesamtsumme kommt nur der noch nicht amortisierte (zurückgezahlte), in Kraft stehende (validierende) Betrag, nicht der ursprünglich eingetragene Betrag der Bahnpfandschuld in Betracht.

c) Sind die beiden vorerörterten, im Satz 2 vorgeschriebenen Mehrheiten — die Personenmehrheit und die Summenmehrheit — vorhanden, so ist der bezügliche Antrag von der Gläubigerversammlung zum Beschluß erhoben, der gemäß § 53 noch der Bestätigung des Gerichts bedarf. Ist keine der beiden Mehrheiten oder nur eine derselben erreicht, so ist der Antrag abgelehnt und definitiv beseitigt. Ein etwaiger neuer Antrag unterliegt den Bestimmungen des § 51. Eine Wiederholung der Abstimmung — sei es in diesem, sei es in einem neuen Termine — darf weder von den Antragstellern oder Dritten verlangt, noch vom Gerichte bewilligt werden, es sei denn, daß ein Formfehler bei der ersten Abstimmung vorgekommen ist. Eine dem § 182 Abs. 2 K.-O. entsprechende Sonderbestimmung ist in das Gesetz nicht aufgenommen worden. Doch steht selbstverständlich nichts entgegen, in einem neuen Verfahren den früher abgelehnten Antrag wiederum zu stellen.

284) Das Stimmrecht steht den Inhabern der Teilschuldverschreibungen bezw. § 52.
ihren Bevollmächtigten oder gesetzlichen Vertretern zu. Satz 3 macht jedoch die Abs. 2
Ausübung des Stimmrechts noch von der besonderen Voraussetzung abhängig, Satz 3.
daß die Teilschuldverschreibungen derjenigen Gläubiger, deren Stimme wirksam sein

soll, nach Anordnung des Gerichts **hinterlegt** werden. Es werden nach Satz 3 nur die Stimmen derjenigen Gläubiger gezählt, welche die Hinterlegung nach gerichtlicher Anordnung bewirkt haben.

1. Auch diese Bestimmung ist **obligatorisch**, sie ist nicht fakultativ — wie in § 255 H.-G.-B. — den Vorschriften der Emissionsbedingungen vorbehalten. Das Gericht darf von der Hinterlegung nicht absehen; nicht ob, sondern nur wie hinterlegt werden soll, d. h. nur über die Art und Form der Hinterlegung hat es Anordnung zu treffen. Die Motive des Regier.-Entwurfs (S. 482) weisen darauf hin, daß die Hinterlegung das Mittel bietet, dem Gericht die Prüfung der Legitimation der Stimmenden zu ermöglichen. Eine Abstimmung ohne Hinterlegung der Teilschuldverschreibungen ist unstatthaft, ordnungswidrig und ungültig, ebenso die Stimmen derjenigen Gläubiger, welche die Hinterlegung unterlassen haben.

2. Was die **Art und Form** der Hinterlegung anlangt, so wird den Gerichten in den Motiven die Direktive erteilt, durch ihre Anordnung möglichst wenig Unbequemlichkeit zu verursachen. Es handelt sich hier weder um eine öffentliche Hinterlegung nach den §§ 372—386 B.-G.-B., noch um eine Verwahrung nach § 165 F.-G.-G., noch um die Depositionsbefugnis des Schuldners (Art. 144—146 Einf.-Ges. z. B.-G.-B.). Daher erscheine bei Urkunden, welche bei der Bank hinterlegt sind, in der Regel die Vorlegung des Hinterlegungsscheins ausreichend, es brauche das hinterlegte Papier weder selbst beigebracht noch anderweitig hinterlegt zu werden. Indes ist dies immerhin nur eine in den Motiven gegebene Direktive, welche **in der Regel** beachtet werden soll. Das Gesetz sagt schlechthin „**nach Anordnung des Gerichts**" und überläßt mithin demselben Art, Form, Frist, Ort ꝛc. der Hinterlegung (vgl. § 10 Abs. 2 R.-Ges. v. 4. Dezember 1899). Das Gericht kann sich hiernach zwar mit der Vorlegung der Hinterlegungsscheine über die bei beliebigen Banken verwahrten Teilschuldverschreibungen begnügen, es kann aber auch die Hinterlegung bei bestimmten Banken (Reichsbank) oder Behörden, oder bei der Gerichtsstelle, oder bei den in der Hinterlegungsordnung bezeichneten **Stellen** erfordern. Auch erscheint es nach dem Wortlaute und der Absicht des Gesetzes genügend, daß die Teilschuldverschreibungen selbst (die Stücke) hinterlegt, dagegen die Zinsscheine (Coupons) und Talons dem Gläubiger belassen werden. Denn seine Legitimation als Inhaber ist durch den Besitz der Stücke ausreichend geführt. Eine den Anordnungen des Gerichts nicht entsprechende Hinterlegung berechtigt das Gericht, die Stimme des betreffenden Gläubigers zurückweisen, bezw. nicht mitzuzählen. Läßt jedoch demungeachtet das Gericht den Gläubiger zur Abstimmung zu, so kann angenommen werden, daß es nachträglich die anderweite Hinterlegung gebilligt (ratihabiert) hat.

3. Eine **Veröffentlichung** in betreff der Anordnung des Gerichts über die Hinterlegung ist nicht vorgeschrieben. Würde aber eine solche Veröffentlichung nicht erfolgen, so würde jeder einzelne Gläubiger das Gericht befragen. Es ist klar, daß dies mit großen Unzuträglichkeiten verknüpft sein würde. Mit Recht ist daher in der 1. Lesung des Abgeordnetenhauses eine Bestimmung angeregt worden, wonach in der öffentlichen Bekanntmachung des Gerichts über die Berufung der Versammlung (§ 51 Abs. 2) auch über die Hinterlegung nach Art, Ort und Zeit Bestimmung zu treffen und eine Ankündigung zu erlassen ist. Wenngleich dieser Anregung nicht Folge gegeben worden ist, so erscheint dies oder eine besondere öffentliche Bekannt-

machung als der allein zweckmäßige Weg, um die Gläubiger von der Anordnung des Gerichts in Kenntnis zu setzen.

4. Eine Frist für die Hinterlegung — wie im § 255 Abs. 2 H.-G.-B. — ist gleichfalls nicht vorgeschrieben. Es liegt aber auf der Hand, daß die Hinterlegung eine angemessene Zeit vor dem Termine der Gläubigerversammlung stattfinden muß, um dem Gerichte Gelegenheit zu geben, die Ordnungsmäßigkeit der Papiere und der Hinterlegung zu prüfen. Wenn daher auch an sich nach dem Gesetze nichts entgegensteht, die Hinterlegung vor oder zum Termine anzuordnen, so erfordern doch Zweckmäßigkeitsgründe, daß dieselbe eine angemessene Zeit vorher erfolgt und die bezügliche Frist in der öffentlichen Bekanntmachung (§ 51 Abs. 2) ausgesprochen oder besonders kundgegeben wird.

5. Über die Ausübung des Stimmrechts, wenn das Gläubigerrecht an der Schuldverschreibung geteilt oder beschränkt ist, vgl. Könige a. a. O. S. 48—51, insbesondere bei Verpfändung der Schuldverschreibung (S. 48), Nießbrauch (S. 49), im Falle der Zugehörigkeit der Schuldverschreibung zu einem Nachlaß oder einer Nacherbschaft (S. 50), zum eingebrachten Vermögen der Ehefrau oder zum Vorbehaltsgut (S. 50), in sonstigen Fällen gemeinsamer Berechtigung, z. B. Zugehörigkeit zum Gesellschaftsvermögen (B.-G.-B. §§ 718, 719), oder zu einer Gemeinschaft (B.-G.-B. § 747), 2c. (S. 50). Bei einer Vereinigung mehrerer Schuldverschreibungen in der Hand eines Gläubigers kann dieser nur als eine Person zählen, daher bei der Abstimmung nicht mit sich selbst in Widerspruch geraten (Petersen u. Kleinfeller § 169 Anm. II 2 u. 4, Seuffert § 55 Anm. 8). Deshalb können auch nicht Bevollmächtigte desselben Gläubigers verschieden stimmen. Wohl aber darf ein Gläubiger sich für einen Teil seiner Schuldverschreibungen der Ausübung des Stimmrechts enthalten (Könige S. 51).

§ 53.[235])

Der Beschluß der Versammlung bedarf der Bestätigung des Gerichts; vor der Bestätigung ist die Bahnaufsichtsbehörde zu hören.[236]) Auf die Bestätigung, deren Wirkung und Anfechtung finden die Bestimmungen der §§ 181, 184 Abs. 2, 185, 186 Nr. 1, 188, 189, 193, 195, 196 der Deutschen Konkursordnung entsprechende Anwendung.[237]) Der Antrag auf Verwerfung des Beschlusses sowie die sofortige Beschwerde gegen die Entscheidung über die Bestätigung steht jedem Inhaber einer Teilschuldverschreibung zu.[238]) Der rechtskräftig bestätigte Beschluß ist in Ausfertigung zu den Grundakten der Bahn zu bringen.[239])

235) Prinzip und Entstehungsgeschichte des § 53.

I. Prinzip. Eine weitere wesentliche Bürgschaft gegen den Mißbrauch der durch §§ 50ff. eingeführten Mehrheitsbeschlüsse der Gläubigerversammlung liegt in der durch § 53 angeordneten gerichtlichen Bestätigung dieser Beschlüsse nach vorgängiger Anhörung der Bahnaufsichtsbehörde. Gewähren § 51 (gerichtliche Berufung) und § 52 (gerichtliche Leitung) Garantien in formeller Hinsicht, so bietet § 53 eine Bürgschaft in materieller Richtung. Der Gläubigerbeschluß § 53. Prinzip.

soll nicht nur nach seinen formellen Voraussetzungen, sondern auch nach seinem materiellen Inhalt der Prüfung und Bestätigung des Gerichts unterliegen, welches vor Erteilung derselben die Bahnaufsichtsbehörde zu hören hat (Satz 1). Sowohl für die Bestätigung, wie für die Wirkung und Anfechtung derselben ist im wesentlichen und soweit nicht die Natur der Sache eine Abänderung bedingt, die entsprechende Anwendung der bezüglichen Bestimmungen der K.-O. vorgeschrieben.

A. Was zunächst die Bestätigung anlangt, so kommen einerseits die Grundsätze der Prüfung in materieller und formeller Hinsicht, andererseits das Bestätigungsverfahren in Betracht.

I. Die Grundsätze der Prüfung sind:

a) In materieller Hinsicht ist davon auszugehen, daß der Gläubigerbeschluß allen Gläubigern gleiche Rechte gewähren bezw. gleiche Pflichten auferlegen muß. Ungleichheiten sind nur mit ausdrücklicher Einwilligung der dadurch zurückgesetzten Gläubiger zulässig. Jedes andere Abkommen, welches eine Bevorzugung einzelner Gläubiger bezweckt, ist nichtig (§ 181 K.-O.). Der Beschluß darf nicht durch Begünstigung eines Gläubigers oder sonst in unlauterer Weise zustande gebracht sein oder dem gemeinsamen Interesse der Gläubiger widersprechen (§ 188 Abs. 1 K.-O.).

b) In formeller Hinsicht ist zu prüfen, ob die für das Verfahren und die Fassung des Beschlusses gegebenen Vorschriften beobachtet sind, bezw. das etwa Fehlende ergänzt werden kann (§ 186 Nr. 1 K.-O.).

c) Fehlt es an vorstehenden Erfordernissen in materieller Hinsicht, so kann auf Antrag eines Gläubigers, wenn die Tatsachen, auf welche derselbe gegründet wird, glaubhaft gemacht werden, fehlt es an den Erfordernissen in formeller Hinsicht, von Amts wegen der Beschluß der Gläubigerversammlung verworfen werden (§§ 186, 188 K.-O.).

II. Das formale Bestätigungsverfahren besteht in folgendem:

a) Der Entscheidung des Gerichts über die Bestätigung des Beschlusses muß die Anhörung der Gläubiger in dem Beschlußtermine, oder in einem besonderen, vorher zu verkündenden Termine, sowie die Anhörung der Bahnaufsichtsbehörde vorangehen (§ 184 Absatz 2 K.-O., § 53 Satz 1 des vorliegenden Gesetzes). Ob noch andere Interessenten, z. B. der Bahneigentümer oder Konkursverwalter zu hören sind, ist in das Ermessen des Gerichts gestellt. In dem Termine muß der Antrag auf Verwerfung des Beschlusses gestellt und begründet werden. Der Antrag auf Verwerfung des Beschlusses steht, außer der Aufsichtsbehörde, jedem Inhaber einer Teilschuldverschreibung zu (§§ 186, 188 K.-O., § 53, Satz 3 des vorliegenden Gesetzes).

b) Sodann trifft das Gericht die Entscheidung über die Bestätigung oder Verwerfung des Beschlusses der Gläubigerversammlung. Das Gericht kann denselben ohne jeden Antrag ex officio bestätigen und ebenso aus den Gründen des § 186 Nr. 1 K.-O. (Mangel der formellen Erfordernisse) ohne Antrag von Amts wegen, sonst nur auf Antrag aus den Gründen des § 188 K.-O. (Verstöße gegen die materiellen Erfordernisse) verwerfen. Liegt weder ein Grund des § 186, noch ein Antrag nach § 188 vor, so muß die Bestätigung des Beschlusses erfolgen. Denn eine Verwerfung ist nur aus den Gründen der §§ 186, 188 statthaft. Die Entscheidung des Gerichts muß mit Gründen versehen sein, da anderenfalls der Beschwerdeweg illusorisch sein würde. (Diese Frage ist im Konkursrecht streitig.)

c) Es folgt endlich die Verkündung der gerichtlichen Entscheidung, durch welche der Beschluß bestätigt oder verworfen wird (§ 185 K.=O.), da eine Zustellung an alle von ihm Betroffenen untunlich ist. Daneben ist also eine Einzelzustellung nicht erforderlich.

d) Gegen die gerichtliche Entscheidung über die Bestätigung oder Verwerfung des Beschlusses ist als einziges Rechtsmittel die sofortige Beschwerde (§ 577 C.=P.=O.) gegeben, welche in einer Notfrist von zwei Wochen einzulegen ist (§ 189 K.=O. § 53 Satz 3 des vorliegenden Gesetzes). Die Frist zur Einlegung der Beschwerde beginnt mit der Verkündung der Entscheidung. Die Beschwerde steht außer der Bahnaufsichtsbehörde — jedem Inhaber einer Teilschuldverschreibung (sc. der betreffenden Emission) zu, — auch wenn er an der Gläubigerversammlung nicht teilgenommen hat, — unter dieser Voraussetzung auch nur dem Bahneigentümer und Konkursverwalter. Eine Anfechtung der Entscheidung des Beschwerdegerichts findet nicht statt.

B. Die Wirkung des rechtskräftig bestätigten Beschlusses erstreckt sich auf alle Teilschuldgläubiger der beteiligten Emission, auch wenn dieselben an dem Beschlußverfahren, der Gläubigerversammlung und der Beschlußfassung nicht teilgenommen, sich der Stimme enthalten oder gegen den zum Beschluß erhobenen Antrag gestimmt haben. Sie müssen die beschlossenen Herabminderungen der Gläubigerrechte in vollem Umfange gegen sich gelten lassen (§ 193 K.=O.).

C. Die Anfechtung des rechtskräftig bestätigten Beschlusses kann durch eine Klage auf Aufhebung desselben aus dem Grunde der Nichterfüllung nicht stattfinden (§ 195 K.=O.). Wohl aber kann, wenn der Beschluß durch Betrug — gleichviel von welcher Seite — zustande gebracht ist, jeder Gläubiger den Beschluß anfechten (§ 196 K.=O.). Die Anfechtung ist jedoch nur zulässig, wenn der Gläubiger ohne Verschulden außerstande war, den Anfechtungsgrund in dem Bestätigungsverfahren geltend zu machen.

D. Damit alle Inhaber von Teilschuldverschreibungen die Möglichkeit haben von dem sie bindenden Beschlusse Kenntnis zu erlangen, soll der rechtskräftig bestätigte Beschluß in Ausfertigung von Amts wegen zu den Grundakten der Bahn genommen werden (§ 53 Satz 4 des vorliegenden Gesetzes).

E. Die Kosten des Bestätigungsverfahrens sind durch die §§ 134, 135 des Preußischen Gerichtskostengesetzes v. 25. Juni 1895 (G.=S. S. 203ff.) in der Fassung der Bekanntmachung des Justizministers v. 6. Oktober 1899 (G.=S. S. 325, 326ff.) geregelt.

II. Aus der Entstehungsgeschichte des § 53 wird folgendes hervor gehoben: § 53. Entstehung.

Der Regierungsentwurf v. 18. März 1895 (Drucks. d. Herrenh. Nr. 24 S. 11) enthielt als § 31 bezw. § 30 die als § 30 in das Eisenb.=Pfandr.=Ges. v. 19. August 1895 übergegangenen Bestimmungen, nur mit der Modifikation, daß der Entwurf von 1895 im ersten Satze noch den Zusatz hatte:

„welches vor Erteilung derselben die Bahnaufsichtsbehörde zu hören hat",

und am Schluß die Worte: „zu den Grundakten der Bahn" statt: „zu dem Anlagebande des Eisenbahnbuchs".

Besondere Motive sind — neben den oben (S. 416, 425) mitgeteilten, die §§ 27 bis 31 im allgemeinen erläuternden, — dem § 30 nicht beigegeben.

§ 30 wurde unverändert in der Fassung des Entwurfs angenommen und ging so in das Gesetz über.

Der Revisionsentwurf v. 10. Februar 1902 (Drucks. des Herrenh. Session 1902 Nr. 42 S. 1) schlug den § 30 unverändert aus den bei § 49 Anm. 217 S. 416 mitgeteilten Motiven als § 57d vor und dieser Paragraph fand sodann als § 58 unbeanstandet Aufnahme in das Bahneinh.-Ges. v. 11. Juni 1902.

§ 58. Satz 1. 236) Als Schutz und Bürgschaft gegen den etwaigen Mißbrauch der Mehrheitsbeschlüsse der Gläubigerversammlung schreibt § 58 im Anschluß an die Berufung (§ 51) und Leitung (§ 52) der Versammlung noch die Bestätigung des Beschlusses derselben durch das Gericht nach vorgängiger Anhörung der Bahnaufsichtsbehörde vor. Nach Satz 1 bedarf der Beschluß der Versammlung der Bestätigung des Gerichts, welches vor der Erteilung derselben die Bahnaufsichtsbehörde zu hören hat.

Die gerichtliche Bestätigung des Beschlusses ist obligatorisch. Ohne diese Bestätigung ist der Beschluß rechtsunwirksam. Weder die Gläubiger noch der Bahneigentümer sind an den nicht bestätigten Beschluß gebunden, auch kann der nicht rechtskräftig bestätigte Beschluß nicht zu den Grundakten genommen werden (§ 30 Satz 4).

Der Bestätigung muß die Anhörung der Bahnaufsichtsbehörde durch das Gericht vorangehen. Das Gericht kann entweder eine schriftliche Äußerung der Bahnaufsichtsbehörde unter Mitteilung des Beschlusses erfordern oder eine mündliche durch einen legitimierten Vertreter der Behörde in einem hierzu anzuberaumenden Termine. Dieser Termin wird zweckmäßig mit demjenigen verbunden, der gemäß Satz 2 auf Grund des § 184 Abs. 2 K.-O. behufs Anhörung der Gläubiger stattzufinden hat (Anm. 237 S. 442). Die Äußerung der Bahnaufsichtsbehörde ist nur eine gutachtliche, welche neben den anderen Maßnahmen des Gesetzes eine Gewähr gegen eine unbillige Vergewaltigung der Minderheit der Gläubiger durch die Mehrheit derselben bieten soll, ohne daß es ihr jedoch benommen ist, auch vom Standpunkte des öffentlichen Interesses Bedenken gegen den Beschluß geltend zu machen.

Das Bestätigungsverfahren, die Gründe, welche für die Bestätigung oder Verwerfung des Beschlusses maßgebend sind, die Wirkung und Anfechtung desselben sowie die zulässigen Rechtsmittel sind in den folgenden Sätzen dieses Paragraphen geregelt.

§ 58. Satz 2. 237) Satz 2 des § 58 bestimmt, daß auf die Bestätigung, deren Wirkung und Anfechtung die Bestimmungen der §§ 181, 184 Abs. 2, 185, 186 Nr. 1, 188, 189, 193, 195, 196 der K.-O. entsprechende Anwendung finden. Nicht alle Bestimmungen der K.-O. sollen zur Anwendung kommen, sondern nur die im Satz 2 speziell bezeichneten. Daraus folgt, daß die anderen, im Satz 2 nicht besonders erwähnten Normen der K.-O. hier nicht zur Anwendung gebracht werden dürfen. Die Anwendung der speziell bezeichneten ist zwar, wie die Fassung des Satzes 2 erkennen läßt, an sich obligatorisch. Aber die Anwendung soll nur eine „entsprechende“ sein, d. h. sich den Verhältnissen des Gläubigerbeschlusses anpassen und die zwischen diesem und dem Zwangsvergleiche im Konkurse bestehenden Verschiedenheiten in Berücksichtigung ziehen. Von diesem Gesichtspunkte aus bedürfen die einzelnen hier benannten Bestimmungen der K.-O. noch der näheren Erläuterung. Es ist hierbei die Bestätigung selbst nach den für sie maßgebenden materiellen und formellen Gesichtspunkten, ferner das Bestätigungsverfahren, sodann die Wirkung und die Anfechtung der Bestätigung zu unterscheiden und gesondert in Betracht zu ziehen.

I. Die Gesichtspunkte, von welchen das Gericht bei seiner Entscheidung über die Bestätigung oder Verwerfung des Beschlusses auszugehen hat, sind teils materieller, teils formeller Natur. Aber das Gesetz macht insofern zwischen beiden einen wesentlichen Unterschied, als, wenn es an den Erfordernissen in materieller Hinsicht fehlt, nur auf Antrag eines Gläubigers, dagegen, wenn die formellen Erfordernisse fehlen, von Amts wegen der Beschluß der Gläubigerversammlung zu verwerfen, sonst aber zu bestätigen ist (§ 188 Abs. 1, § 186 K.-O.).

a) Was nun die zu beachtenden materiellen Gesichtspunkte anlangt, so ist nach § 181 in Verbindung mit § 188 K.-O. prinzipiell daran festzuhalten, daß der Beschluß allen Gläubigern gleiche Rechte gewähren bezw. gleiche Pflichten auferlegen muß. Das Erfordernis, welches das Gesetz unwandelbar für den Inhalt eines jeden Beschlusses aus § 50 aufstellt, ist unbedingte Gleichheit für alle beteiligten Gläubiger. Der Beschluß darf der Majorität nicht andere Rechte gewähren, als der Minorität, den stimmenden Gläubigern nicht andere, als den nicht stimmenden, den anwesenden nicht andere, als den abwesenden. Außer dem Falle der ausdrücklichen Einwilligung der zurückgesetzten Gläubiger ist kein Nebenabkommen zu dulden, durch welchen einzelnen Gläubigern von dem Bahneigentümer besondere Vorteile abweichend von dem Inhalte des Beschlusses geboten sind. Es setzt den Beschluß der Verwerfung (§ 188 Nr. 1) und der Anfechtung (§ 196) aus. Das Nebenabkommen darf nicht einmal zwischen den Kontrahenten rechtliche Wirksamkeit beanspruchen. Es ist nichtig, nicht nur den benachteiligten Gläubigern gegenüber, oder überhaupt nicht bloß relativ einzelnen gegenüber nichtig oder anfechtbar, sondern absolut nichtig, wirkungslos, so daß sich niemand darauf berufen kann. Hieraus folgt, daß nicht daraus geklagt werden kann. Der Beschluß darf nicht durch Begünstigung eines Gläubigers oder sonst in unlauterer Weise zustande gebracht sein, oder dem gemeinsamen Interesse der Gläubiger widersprechen (§ 188 Abs. 1 K.-O.). Namentlich das Stimmenkaufen von Gläubigern kann unter diesen Gesichtspunkt fallen. Ein Widerspruch gegen das gemeinsame Interesse der Gläubiger liegt vor, wenn der Beschluß mit dem gleichen gemeinschaftlichen Interesse aller nicht vereinbar sein würde. Andererseits ist der Grund in den Momenten, aus welchen eine Benachteiligung der Gläubiger zu entnehmen ist, ein unbeschränkt allgemeiner. Die Prüfung in der beregten Richtung ist vom Gesetze ganz in das freie, pflichtmäßige Ermessen des Gerichts gestellt und unterliegt der tatsächlichen Würdigung. Auf Grund der vorliegenden Bestimmung kann aber der Beschluß aus solchen Erwägungen nicht verworfen werden, welche sich auf die Art und Weise, wie die Stimmenmehrheit des Beschlusses herbeigeführt worden ist, z. B. darauf stützen würde, daß ein Bevollmächtigter gegen seine ausdrückliche Instruktion für den Beschluß gestimmt hat.

b) Was sodann die formellen Gesichtspunkte anlangt, so bedarf es der Prüfung, ob die für das Verfahren und die Fassung des Beschlusses gegebenen Vorschriften beobachtet sind, bezw. das etwa Fehlende ergänzt werden kann (§ 186

Nr. 1 K.-O.). Der Beschluß darf nicht Bestätigung finden, wenn das vorhergegangene Verfahren oder der Beschluß selbst an wesentlichen Mängeln leidet. Selbst ein stillschweigender oder ausdrücklicher Verzicht aller Beteiligten kann allgemeine Mängel nicht heilen.

c) Fehlt es dem Beschlusse an den nach Vorstehendem notwendigen Erfordernissen, so ist zu unterscheiden, ob dieselben materieller (a) oder formeller (b) Art sind. Sind sie materieller Natur (S. 441), so kann nur auf Antrag eines Gläubigers, welcher stimmberechtigt war, der Beschluß verworfen werden (§ 188 Abs. 1. K.-O.). Es kommt nur auf die Stimmberechtigung zur Zeit der Beschlußfassung an, gleichviel ob der Gläubiger zugestimmt oder dagegen gestimmt oder überhaupt nicht mitgestimmt hat. Doch ist der Antrag nur dann zuzulassen, wenn die tatsächlichen Behauptungen, auf welche derselbe gestützt wird, glaubhaft gemacht werden (§ 188 Abs. 2 K.-O.). Das Gericht ist überdies befugt, zur Aufklärung aller betreffenden Verhältnisse die erforderlichen Ermittelungen insbesondere die Vernehmung von Zeugen und Sachverständigen von Amts wegen anzuordnen (§ 75 K.-O.), bleibt aber in seinen Ermittelungen und in der Verwerfung des Beschlusses auf die in dem Antrage geltend gemachten Tatsachen beschränkt. Der Antrag kann schriftlich oder zu Protokoll des Gerichtsschreibers oder im Beschlußtermine selbst gestellt, muß aber im ersteren Falle in diesem Termine wiederholt und begründet werden. Der Beschluß darf jedoch auf Grund des Antrages nur nach Verhandlung hierüber im Termin (§ 184 Abs. 2 K.-O.) verworfen werden. Der Antrag ist bis zur Verkündung des Beschlusses zulässig. Dagegen kann über die Zulassung des Antrages oder die Nichtzulassung desselben wegen mangelhafter Glaubhaftmachung das Gericht ohne mündliche Verhandlung entscheiden.

Sind die mangelnden Erfordernisse formeller Natur (S. 441 ff.), so kann von Amts wegen der Beschluß der Gläubigerversammlung verworfen werden (§ 186 K.-O.). Wesentliche Mängel des Verfahrens oder des Beschlusses kann und muß das Gericht von Amts wegen berücksichtigen, ohne daß es eines Antrages oder einer Anregung bedarf. Doch kann selbstredend auch ein Antrag zugrunde liegen. Inwieweit das Gericht die Mängel der formellen Erfordernisse für wesentlich und die Verwerfung bedingend zu erachten hat, ist gänzlich seinem Ermessen überlassen. Als wesentliche Mängel werden zu erachten sein: das Fehlen der gesetzlich vorgeschriebenen Majorität, falls nicht nachträglich eine Ergänzung (z. B. durch nachträglich beigebrachte Vollmacht) möglich ist, ferner die Unterlassung der öffentlichen Bekanntmachung, der vorgängigen Anhörung der Bahnaufsichtsbehörde und der Gläubiger ꝛc.

II. Das Bestätigungsverfahren zerfällt in folgende, zeitlich aufeinander folgende Akte:

a) Bevor die gerichtliche Bestätigung erfolgen kann, muß die Anhörung der Bahnaufsichtsbehörde gemäß § 58 Satz 1 und die der Gläubiger (§ 184 Abs. 2) stattfinden. Die Anhörung der Gläubiger muß in dem Schlußtermine oder in einem besonderen, vorher zu verkündenden Termine geschehen. Die Anhörung der Bahnaufsichtsbehörde kann entweder schriftlich oder mündlich erfolgen. Zweckmäßig wird sie mit der Anhörung der Gläubiger im Termine verbunden. In dem Termine muß der im Satz 8 erwähnte Antrag auf Bestätigung oder Verwerfung des Beschlusses begründet werden. Doch kann der Antrag auf Verwerfung auch noch in der Beschwerdeinstanz gestellt bezw. wiederholt werden. Ob noch andere Interessenten im Termine zu hören sind, ist in das Ermessen des Gerichts gestellt. Das Gericht kann die Gläubiger ꝛc. zu einer Äußerung nicht zwingen. Ist ihnen durch den Termin Gelegenheit hierzu gegeben und diese von ihnen nicht beachtet worden, so hat auch ohne Äußerung die gerichtliche Entscheidung zu erfolgen.

b) An die Anhörung der Vorbezeichneten reiht sich sodann die gerichtliche Entscheidung über die Bestätigung oder Verwerfung des Beschlusses. Die Bestätigung wird, wenn die gesetzlichen Erfordernisse erfüllt sind, vom Gericht ohne Antrag ausgesprochen. Sind die im § 186 bezeichneten formellen Mängel vorhanden, so muß — gleichfalls ohne Antrag — von Amts wegen der Beschluß verworfen werden. Sonst darf die Verwerfung nur auf Antrag aus den im § 188 l. c. vorgesehenen materiellen Gründen erfolgen. Liegt also weder ein Verwerfungsgrund aus § 186, noch ein Verwerfungsantrag aus § 188 vor, so muß der Beschluß bestätigt werden. Die Entscheidung des Gerichts bedarf der Begründung, da tatsächlich der verkündete Beschluß die Stelle eines zugestellten Urteils mit Gründen vertritt. Insbesondere im Falle der Verwerfung würde durch eine Verkündung ohne Gründe die sofortige Beschwerde illusorisch werden (v. Wilmowski K.-O. § 171 Anm. 8, Wengler Anm. 2, A.-M v. Sarwey Anm. 2, Stieglitz Note a, Petersen Anm. I, 8, Fitting § 48 Anm. 14).

c) Darauf folgt nunmehr die Verkündung der gerichtlichen Entscheidung. Nach der für § 185 K.-O. herrschenden Annahme hat die Verkündung entweder im Beschlußtermine oder in dem späteren, der Anhörung der Gläubiger gewidmeten Termine oder endlich in einem hierzu besonders anzuberaumenden Publikationstermine zu erfolgen. Eine weitere Bekanntmachung oder Zustellung des Beschlusses an die Beteiligten (Antragsteller bezw. alle im Termine Anwesenden) und öffentliche Bekanntmachung der Entscheidung ist nicht erforderlich. Die Zustellung würde die Verkündung gemäß § 185 K.-O. zwecklos erscheinen lassen. Die Verkündung ist aber vorgeschrieben, weil eine Zustellung an alle vom Beschlusse Betroffenen untunlich ist. Für die Beschwerde würde die Zustellung auch keine Bedeutung haben, da die Frist nach § 189 Abs. 2 von der Verkündung an zu rechnen ist. Sache des Interessenten ist es, sich in den Terminen über die gerichtliche Bestätigung oder Verwerfung des Beschlusses zu unterrichten, um daran ein etwa zu erhebendes Rechtsmittel zu knüpfen.

d) Das Rechtsmittel gegen die gerichtliche Entscheidung, durch welche der Beschluß bestätigt oder verworfen wird, ist die sofortige Beschwerde (§ 189 K.-O., § 577 C.-P.-O.). Die Frist zu ihrer Einlegung beginnt mit der Verkündung der Entscheidung (s. vorstehend sub c und § 189 Abs. 2 K.-O.). Die Beschwerde ist in einer Notfrist von zwei Wochen einzulegen. Auch das Beschwerdegericht ist an die Vorschriften der §§ 186 und 188 K.-O. gebunden. Der Antrag auf Verwerfung des Beschlusses kann noch in der Beschwerdeinstanz wirksam gestellt werden. Die Beschwerde kann sich darauf stützen, daß gegen formelle oder materielle Voraussetzungen des Beschlusses oder der Bestätigung (s. S. 442) verstoßen sei oder eine Verletzung des Gesetzes, d. h. irgend einer materiellen oder formellen Rechtsnorm vorliege. Die Beschwerde kann auf neue Tatsachen oder Beweise gestützt werden (§ 570 C.-P.-O.). Die Entscheidung des Beschwerdegerichts ist nach den allgemeinen Regeln der C.-P.-O. den Beteiligten zuzustellen. Die Vorschrift des § 185 K.-O., daß der Bestätigungs- oder Verwerfungsbeschluß zu verkünden ist, findet auf die Entscheidung des Beschwerdegerichts keine Anwendung. Das durch eine Beschwerde veranlaßte Verfahren braucht nicht, wie das dem Beschlusse der ersten Instanz vorangehende, eine mündliche Verhandlung in einem Termine zu sein und wird es in der Regel nicht sein. Eine Anfechtung der Entscheidung des Beschwerdegerichts findet nicht statt (§ 189 Abs. 3 K.-O.). Dieselbe ist unanfechtbar, daher eine „weitere Beschwerde" im Sinne der C.-P.-O. § 568 Abs. 2 ausgeschlossen.

B. Der rechtskräftig bestätigte Beschluß erstreckt seine Wirkung auf alle Inhaber von Teilschuldverschreibungen der betreffenden Emission, gleichviel ob sie an der Beschlußfassung teilgenommen, für oder gegen den Beschluß gestimmt, sich der Stimme enthalten haben oder abwesend gewesen sind (§ 193 K.-O.). Dagegen werden durch den Beschluß die Rechte der Gläubiger gegen den Mitschuldner und Bürgen des Bahneigentümers nicht berührt. Das Gesetz unterscheidet nicht, aus welchem Grunde die dem Beschlusse unterworfenen Gläubiger an dem Verfahren und Beschlusse nicht teilgenommen haben.

C. Eine Klage auf Aufhebung des Beschlusses aus dem Grunde der Nichterfüllung desselben findet nicht statt (§ 195 K.-O.). Folge der Nichterfüllung ist vielmehr nur die Erzwingbarkeit der Erfüllung. Dagegen ist die Anfechtung des Beschlusses jedem Gläubiger gestattet, wenn der Beschluß durch Betrug zustande gebracht ist (§ 196 K.-O.). Unter „Betrug" ist Betrug im zivilrechtlichen Sinne gemeint, d. h. dolus, welcher die Anfechtbarkeit der Gültigkeit von Rechtsgeschäften nach den allgemeinen privatrechtlichen Vorschriften begründet. Ist der Beschluß durch Betrug zustande gebracht, so ist der Beschluß nicht nichtig, sondern nur anfechtbar, und zwar relativ, d. h. mit einer sich auf den Anfechtenden beschränkenden Wirksamkeit. Das Gesetz gibt jedem Gläubiger ausnahmslos das Anfechtungsrecht, welcher überhaupt beweist, daß ein Betrug das Zustandekommen des Beschlusses bewirkt hat: also gleichviel, ob er dem Betruge selbst ausgesetzt war, ob und wie er gestimmt hat. Die Anfechtung kann sowohl im Wege der Klage, der Präjudizialklage der §§ 256, 280 der C.-P.-O., als im Wege der Replik gegen die der Klage auf Zahlung des Ganzen entgegengesetzte Einrede des Erlasses geltend gemacht werden. Sie ist jedoch nur zulässig, wenn der Gläubiger ohne Verschulden außer stande war, den Anfechtungsgrund in dem Bestätigungsverfahren geltend zu machen. Hierbei gilt das Verschulden des Vertreters des Gläubigers als eigenes Verschulden des letzteren (C.-P.-O. § 282 Abs. 2).

§ 53. Satz 3. [238]) Satz 8 des § 53 trifft Bestimmung über die Legitimation sowohl zu dem Antrage auf Verwerfung des Beschlusses, wie auch zur sofortigen Beschwerde gegen die Entscheidung über die Bestätigung. Der Antrag auf Verwerfung des Beschlusses kann sowohl vor der gerichtlichen Entscheidung sei es im Beschlußtermine oder in einem besonderen Termine, zur Anhörung der Gläubiger gestellt und substantiiert, aber auch noch in der Beschwerdeinstanz eingebracht werden (S. 443). Die sofortige Beschwerde ist gegen die gerichtliche Entscheidung zu erheben und das einzige Rechtsmittel gegen dieselbe (S. 439). Sowohl der Antrag auf Verwerfung des Beschlusses, wie die sofortige Beschwerde soll nach Satz 8 jedem Inhaber einer Teilschuldverschreibung zustehen, gleichviel ob er an der Beschlußfassung oder dem Bestätigungsverfahren teilgenommen, für oder gegen den Beschluß gestimmt, sich der Stimme enthalten oder im Beschluß- oder im späteren Verhandlungstermine an- oder abwesend gewesen ist. Lediglich die Tatsache des Besitzes einer Teilschuldverschreibung genügt zur Legitimation.

Satz 8 regelt aber nur die Legitimation der Gläubiger, erschöpft jedoch damit nicht den Kreis der zum Verwerfungsantrage und zur sofortigen Beschwerde überhaupt Berechtigten. Auch die Bahnaufsichtsbehörde, der Bahneigentümer und Konkursverwalter sind ebenso, wie ihnen gemäß § 51 das Recht zum Antrage auf Berufung der Gläubigerversammlung zusteht, zum Antrage auf Verwerfung der in dieser gefaßten Beschlüsse und zur sofortigen Beschwerde gegen die gerichtliche Entscheidung legitimiert.

Satz 8 spricht nur von der Legitimation der Gläubiger zur sofortigen Beschwerde gegen die Entscheidung über die Bestätigung des Beschlusses. Daraus darf jedoch nicht e contr. gefolgert werden, daß ihnen nicht auch die gleiche Legitimation zur sofortigen Beschwerde über die Verwerfung des Beschlusses zusteht. Unter „Bestätigung" ist hier vielmehr sowohl die erfolgte, wie die nicht erfolgte Bestätigung, die positive und negative Entscheidung zu verstehen (§ 189 Abs. 1 K.-O.).

239) Satz 4 des § 58 schreibt obligatorisch vor, daß der rechtskräftig bestätigte Beschluß in Ausfertigung zu den Grundakten der Bahn zu bringen ist. Das Gericht hat dies von Amts wegen zu bewirken, also auch wenn ein Antrag nicht gestellt ist, und macht sich durch die Unterlassung verantwortlich. Die Vorschrift bezweckt, allen Interessenten, insbesondere den Inhabern der Teilschuldverschreibungen die Möglichkeit zu bieten, sich von dem sie bindenden Beschlusse Kenntnis zu verschaffen, auch wenn eine Eintragung auf Grund des Beschlusses noch nicht erfolgt ist. Diese Maßnahme erschien deshalb zweckmäßig, weil eine öffentliche Bekanntmachung der gerichtlichen Entscheidung über die Bestätigung des Beschlusses, sowie der Rechtskraft desselben nicht stattfindet, vielmehr nach Satz 2 des § 58 (sc. § 185 K.-O.) die Verkündung der gerichtlichen Entscheidung nur im Beschluß- oder Verhandlungstermine, oder in einem hierzu besonders anberaumten Publikationstermine erfolgt (Anm. 287 S. 448). § 53. Satz 4

Sechster Abschnitt.

Schlußbestimmungen.

§ 54.[240])

Wenn ein Anderer als der Eigentümer einer Bahn den Betrieb auf derselben kraft eigenen Nutzungsrechts ausübt, so gehört dies Nutzungsrecht in Ansehung der Zwangsvollstreckung zum unbeweglichen Vermögen.[241]) Die Zwangsvollstreckung erfolgt nach den Vorschriften des vierten Abschnitts dieses Gesetzes als Zwangsverwaltung durch Ausübung des Nutzungsrechts.[242])

Die Zwangsvollstreckung in das Nutzungsrecht umfaßt auch die im § 4 bezeichneten Gegenstände, soweit sie dem Nutzungsberechtigten gehören.[243]) Auf die Zwangsvollstreckung in einzelne dieser Gegenstände findet die Vorschrift des § 37 Abs. 1 Anwendung.[244])

240) Prinzip und Entstehung des § 54.

I. Prinzip. Mit § 54 beginnt der die §§ 54 bis 58 umfassende sechste (Schluß-) Abschnitt des Gesetzes, welcher die Schlußbestimmungen enthält. Von § 54. Prinzip.

diesen betrifft § 54 die Zwangsvollstreckung gegenüber demjenigen, der nicht als Bahneigentümer, sondern kraft eigenen Nutzungsrechts den Betrieb auf einer Bahn ausübt, § 55 die Anwendung des Gesetzes auf Bahnen, welche nur zum Teil im Gebiet des Preußischen Staates liegen, § 56 die Beschwerde gegen Beschlüsse und Verfügungen der Aufsichtsbehörden der Kleinbahnen, § 57 die Art und Form der nach diesem Gesetz angeordneten öffentlichen Bekanntmachungen und § 58 die Ausführung des Gesetzes.

§ 54 enthält ergänzende Bestimmungen zu dem vierten Abschnitte (§§ 20 bis 37) des Gesetzes über die Zwangsvollstreckung und hätte nach der Legalfolge und des Zusammenhanges wegen besser am Schlusse des vierten Abschnittes seine Stelle gefunden. Für die Aufnahme des § 54 war die Erwägung leitend, daß die Bestimmungen des vierten Abschnittes nur die Zwangsvollstreckung gegen den Bahneigentümer in Betracht ziehen, daß aber auch Fälle der Zwangsvollstreckung gegen Personen möglich sind, die nicht als Eigentümer die Bahn betreiben. Insoweit diese Personen lediglich als Bevollmächtigte und Stellvertreter des Bahneigentümers, im Namen und für Rechnung desselben den Betrieb führen, handelt es sich lediglich um das Recht des Eigentümers selbst und findet der vierte Abschnitt ohne weiteres in vollem Umfange Anwendung. Insoweit aber der Betriebsführer für eigene Rechnung handelt, derartig, daß ihm selbst das ökonomische Ergebnis des Betriebes zufällt, er also ein eigenes Nutzungsrecht als Pächter zc. ausübt, bedurfte es für den Fall der Zwangsvollstreckung einer besonderen gesetzlichen Regelung. Denn es ist in diesem Falle davon auszugehen, daß nicht die Zwangsvollstreckung in die Bahneinheit selbst, sondern das Nutzungsrecht an der Bahneinheit den Gegenstand der Zwangsvollstreckung bildet. Für diesen Fall waren im Interesse der Aufrechterhaltung des Betriebes gesetzliche Maßnahmen geboten, damit nicht durch Zwangsvollstreckung in die dem Nutzungsberechtigten gehörigen Gegenstände der Betrieb der Bahn gestört werden könne. Denn das dem Nutzungsberechtigten gehörige Material ist nach § 4 Nr. 8 an sich nicht Bestandteil der Bahneinheit und würde daher auch durch § 37 einer Zwangsvollstreckung nicht entzogen sein. Das Gesetz bestimmt daher grundsätzlich, daß, wie die Bahneinheit selbst (§ 1), so auch das eigene Nutzungsrecht an derselben in Ansehung der Zwangsvollstreckung zum unbeweglichen Vermögen gehören, d. h. einen Gegenstand des unbeweglichen Vermögens bilden soll (Satz 1). Auf Grund dieser gemäß § 864 Abs. 1 u. 2 § 871 C.-P.-O. (vgl. § 2 Einf.-Ges. z. Zw.-V.-G. u. Art. 112 Einf.-Ges. z. B.-G.-B.) getroffenen Bestimmung konnte sodann nach Abs. 1 l. c. die Zwangsvollstreckung in dieses Nutzungsrecht durch das vorliegende Landesgesetz geregelt werden.

Diese Regelung ist in folgende Normen zusammengefaßt. 1. Erstens ist bestimmt, daß die Zwangsvollstreckung nach den Vorschriften des vierten Abschnittes des vorliegenden Gesetzes als Zwangsverwaltung durch Ausübung des Nutzungsrechts geschehen soll (Satz 2). Die Realisierung der Gläubigerrechte hat sich demgemäß auf die Ergebnisse der Zwangsverwaltung nach Maßgabe der Vorschriften des vierten Abschnittes zu beschränken. Eine Zwangsversteigerung des Nutzungsrechts ist hiernach ausgeschlossen, wohl mit Rücksicht darauf, daß es sich um ein Vertragsverhältnis des Nutzungsberechtigten zum Bahneigentümer handelt (Pacht zc.), welches nicht auf Dritte übertragen werden kann. 2. Zweitens ist bestimmt, daß die Zwangsvollstreckung in das Nutzungsrecht auch die im § 4 bezeichneten Gegenstände umfaßt, soweit sie dem Nutzungsberechtigten gehören (Abs. 2 Satz 1). Sie werden dadurch — in analoger Weise wie die zur Bahneinheit gehörigen Gegenstände Bestandteile der Bahneinheit sind — zu integrierenden Bestandteilen des Nutzungsrechts und bilden mit diesem gewissermaßen ein der Zwangsverwaltung unterworfenes, einheitliches Objekt. 3. Und daraus ergibt sich folgerichtig drittens der Satz, daß bis zum Erlöschen der Genehmigung, d. h. der Betriebsfähigkeit des Unternehmens die Vorschriften des § 87 Abs. 1 (arg. § 87 Abs. 2) auf die Zwangsvollstreckung in diese dem Nutzungsberechtigten gehörige Gegenstände Anwendung finden. Danach findet eine Zwangsvollstreckung, falls nicht das Reichsges. v. 3. Mai 1886, betreffend die Unzulässigkeit der Pfändung von Eisenbahnfahrbetriebsmitteln, Platz greift, nur statt, soweit die Bahnaufsichtsbehörde bescheinigt, daß die Vollstreckung mit dem Betriebe des Bahnunternehmens vereinbar ist.

Man kann somit das Ergebnis der Vorschriften des § 54 dahin zusammenfassen, daß der Gesetzgeber das Recht des den Betrieb einer Bahn kraft eigenen Nutzungsrechts Ausübenden analog der Bahneinheit selbst zu einem mit Immobiliarqualität ausgestatteten Recht, also gewissermaßen selbst wieder zu einer Einheit gestaltet hat, zu welcher die dem Nutzungsberechtigten eigentümlichen Gegenstände als integrierende Bestandteile gehören, und die daher nur als Ganzes der Zwangsvollstreckung in Form der Zwangsverwaltung unterworfen werden kann. Eine Zwangsvollstreckung in die einzelnen zu dieser Einheit gehörigen Gegenstände ist bis zum Erlöschen der Genehmigung nur mit Unschädlichkeitsbescheinigung der Aufsichtsbehörde zulässig.

II. Diese Tendenz des § 54 ist auch aus der Entstehungsgeschichte desselben ersichtlich. § 54. Entstehung.

Der Regierungsentwurf v. 18. März 1895 (Drucks. d. Herrenh. 1895 Nr. 24 S. 17) hat als § 58 die als § 58 in das Eisenbahnpfandrechts-Ges. v. 19. August 1895 übergegangenen Bestimmungen in Vorschlag gebracht.

Zur Begründung wird ausgeführt (S. 60): „Die Bestimmungen des Entwurfs gehen von dem regelmäßigen Falle aus, daß der Eigentümer der Bahnanlage und der sonst dem Bahnunternehmen gewidmeten Gegenstände zugleich der Betriebsunternehmer ist. Es kommt indessen vor, daß die Bahn zum Betriebe des Bahnunternehmens verpachtet und dem Pächter die Genehmigung zum Betriebe auf der fremden Bahn erteilt wird. Für solche Fälle muß Vorsorge getroffen werden, daß nicht durch Zwangsvollstreckung in die dem Betriebsunternehmer gehörigen Gegenstände der Betrieb der Bahn gestört werden kann. § 58 unterstellt daher die von einem solchen Betriebsunternehmer dem Bahnbetriebe gewidmeten Gegenstände den Vorschriften über die Zwangsvollstreckung in das unbewegliche Vermögen und bestimmt, daß eine Pfändung der einzelnen Gegenstände nur insoweit zulässig ist, als dadurch der Betrieb der Bahn nicht beeinträchtigt ist, und daß auf die Vollstreckung in die Gesamtheit der Gegenstände die Vorschriften über die Zwangsverwaltung einer Bahn Anwendung zu finden haben."

In der Fassung des Regierungsentwurfs ist hierauf § 58 ohne weitere Diskussion in das Eisenb.-Pfandr.-Ges. v. 19. August 1895 übergegangen.

Der Revisionsentwurf v. 10. Februar 1902 (Drucks. d. Herrenh. Sess. 1902 Nr. 42 S. 10) schlug bei § 58 folgende Änderungen vor:

„Im § 58 werden ersetzt: a) im Satz 2 das Wort „fünften“ durch das Wort „vierten“; b) die Sätze 8, 4 durch folgenden Abs. 2: Die Zwangsvollstreckung in das Nutzungsrecht umfaßt auch die in § 4 bezeichneten Gegenstände, soweit sie dem Nutzungsberechtigten gehören. Auf die Zwangsvollstreckung in einzelne dieser Gegenstände findet die Vorschrift des § 47 Abs. 1 Anwendung.“

Die Begründung (a. a. O. S. 23) weist nur kurz darauf hin, daß die Vorschriften des § 58 durch den besonderen Vorbehalt des § 871 der C.-P.-O. vollständig gedeckt seien. Die vorgeschlagene Änderung der Sätze 8, 4 bezwecke teils die Anpassung des Ausdrucks an das Reichsrecht, teils eine Verdeutlichung.

Hierauf ging § 58 des Entwurfs als § 54 ohne Widerspruch in das Bahneinh.-Ges. v. 11. Juni 1902 über.

§ 54. Abs. 1 Satz 1. **241**) Satz 1 des Abs. 1 des § 54 erklärt das eigene Nutzungsrecht, kraft dessen ein anderer als der Eigentümer einer Bahn den Betrieb auf derselben ausübt, in Ansehung der Zwangsvollstreckung als zum unbeweglichen Vermögen gehörig. Der Grund für diese Bestimmung im Zusammenhang mit den folgenden liegt darin, daß auf diesem Wege gemäß § 864 Abs. 1 u. 2 C.-P.-O. und nach dem Vorbehalt im § 871 l. c. (vgl. 52 Einf.-Ges. z. Zw.-V.-G. u. Art. 112 Einf.-Ges. z. B.-G.-B.) die Zwangsvollstreckung in dieses Nutzungsrecht durch das vorliegende Landesgesetz geregelt und demgemäß die Aufrechthaltung des Betriebs gegen störende Zwangsvollstreckungsmaßregeln geschützt werden konnte. Indem — analog der Bahneinheit selbst (§ 1) — auch das eigene Nutzungsrecht eines Dritten zur Ausübung des Betriebs der Bahn als zum unbeweglichen Vermögen gehörig erklärt und mit den hierzu gehörigen, dem Nutzungsberechtigten eigenen Gegenständen (Abs. 2 Satz 1) als eine Einheit gestaltet wurde, war es gemäß § 864 Abs. 1 C.-P.-O. möglich und nach § 871 l. c. zulässig, das Verfahren der Zwangsvollstreckung in diese Einheit in einer mit der Aufrechthaltung des Betriebes vereinbarten Weise — durch Anordnung der Zwangsverwaltung — zu regeln und die erforderlichen Betriebsgegenstände gegen den Zugriff der Gläubiger durch das Erfordernis der Unschädlichkeitsbescheinigung der Aufsichtsbehörde ebenso zu schützen (Abs. 2 Satz 2), wie dies in betreff der zur Bahneinheit gehörigen Gegenstände durch § 37 geschehen ist. Es ist daher im § 54 der Satz an die Spitze gestellt, daß das eigene, nicht dem Bahneigentümer, sondern einem Dritten zustehende, von diesem für eigene Rechnung ausgeübte Nutzungsrecht zum Betriebe einer Bahn als Gegenstand des unbeweglichen Vermögens zu betrachten ist. Dies drückt Satz 1 wenig geschickt durch die Umschreibung aus: daß, wenn ein anderer als der Eigentümer einer Bahn den Betrieb auf derselben kraft eigenen Nutzungsrechts ausübt, dies Nutzungsrecht in Ansehung der Zwangsvollstreckung zum unbeweglichen Vermögen gehört.

1. Vorausgesetzt ist hiernach zunächst, daß die Ausübung des Betriebs durch einen anderen als den Eigentümer der Bahn erfolgt, daß dieser Dritte an Stelle des Bahneigentümers der Betriebsunternehmer ist. Denn nur dann liegt der Fall vor, daß der Betrieb mit Material geführt wird, welches nicht zur Bahneinheit gehört (§ 37 Abs. 1), also eines besonderen gesetzlichen Schutzes gegen Zwangsvollstreckung bedarf. Andere Formen der Betriebsführung, z. B. neben dem Bahnunternehmer — gemeinsamer Betrieb auf derselben Bahn, Mitbetrieb im Sinne des § 27 Eisenbahn-Ges. v. 8. November 1838, — fallen nicht unter § 54, weil es sich alsdann um besondere Betriebe, wenngleich unter Benutzung derselben

Strecken, handelt, mithin um selbständige Bahneinheiten, welche den Vorschriften des vierten Abschnittes unterworfen sind.

2. **Voraussetzung** ist ferner, daß es ein **eigenes Nutzungsrecht zum Betriebe** ist, daß der die Bahn Betreibende „den Betrieb auf derselben kraft eigenen Nutzungsrechts ausübt". Nicht derjenige ist gemeint, der für den Bahneigentümer den Betrieb faktisch besorgt oder für dessen Rechnung und Gefahr im Auftrage oder in Vollmacht führt, z. B. der Betriebsdirektor, Verwalter, Generalbevollmächtigte ꝛc., sondern derjenige, welchem vom Bahneigentümer der Betrieb des Eisenbahngewerbes auf der Bahn **für eigene Rechnung und auf eigene Gefahr** in dem Sinne überlassen ist, daß das ökonomische Ergebnis des Betriebes ihm zum Vorteil oder Nachteil gereicht, also wer die Bahn zu eigener Ausnutzung gepachtet oder durch einen Betriebsüberlassungs- oder analogen Vertrag ein eigenes Nutzungsrecht zum Betriebe erlangt hat.

3. **Weitere Voraussetzung** ist, daß dem den Betrieb kraft eigenen Nutzungsrechts Ausübenden die **staatliche Genehmigung** hierzu erteilt ist. Es ist dies zwar im § 54 nicht ausdrücklich ausgesprochen, folgt aber selbstverständlich daraus, daß der Bahneigentümer selbst zum Betriebe der Konzession bedarf und diese ihm als ein höchst persönliches Recht staatlicherseits verliehen ist. Wenn er die Ausübung des Rechts durch einen Privatvertrag (Pacht ꝛc.) einem anderen überträgt, so kann dies daher nur mit staatlicher Genehmigung geschehen. Darunter ist nur die dem Dritten erteilte Genehmigung zur Betriebsführung zu verstehen, nicht die dem Bahnunternehmer gegebene Konzession (§ 1 Ges. v. 8. November 1838, § 2 Ges. v. 28. Juli 1892). Die Bahnkonzession wird von dem Erlöschen dieser dem Dritten erteilten Betriebsgenehmigung an sich nicht berührt, sie bleibt weiter fortbestehen, der Bahnunternehmer übernimmt alsdann — z. B. nach Ablauf des Pachtvertrages, des Betriebsüberlassungsvertrages ꝛc. — wieder den Betrieb, und es finden auf ihn die Zwangsvollstreckungsvorschriften des vierten Abschnittes, nicht die des § 54 Anwendung. Für die Betriebsgenehmigung ist grundsätzlich die ausdrückliche Erteilung durch die zur Konzessionierung der Bahn zuständige Instanz in Form eines Konzessionsnachtrags erforderlich, da in der Betriebsführung des dritten Nutzungsberechtigten ohne Zweifel eine wesentliche Modifikation der Konzessionsbedingungen liegt, welche den Betrieb durch den Konzessionar voraussetzen. Die Annahme **Gleims** (a. a. O. S. 117), daß eine schriftliche oder auch nur ausdrücklich dem Dritten erteilte Betriebsgenehmigung nicht erforderlich sei, sondern auch eine stillschweigende Genehmigung genüge, kann hiernach nicht für zutreffend erachtet werden. Es mag wohl häufig vorkommen, daß vom Bahnunternehmer der Aufsichtsbehörde nicht ein Antrag auf Genehmigung der Betriebsführung durch den Dritten unterbreitet, sondern ihr nur Anzeige von der Betriebsübertragung erstattet wird, und daß mangels eines Widerspruchs dieser Behörde stillschweigende Genehmigung angenommen wird. Aber einerseits ändert dieser Umstand an dem rechtlichen Erfordernisse nichts, daß die Erteilung der Genehmigung ausdrücklich zu erfolgen hat, und andererseits ist nicht die Aufsichtsbehörde, sondern die zur Konzessionierung zuständige Instanz diejenige Stelle, von welcher die Genehmigung zu gewähren ist.

4. Sind die vorerörterten Voraussetzungen gegeben, so gehört das **Nutzungsrecht** des die Bahn Betreibenden in Ansehung der Zwangsvollstreckung **zum unbeweglichen Vermögen**. Die Ausdrucksweise ist nicht ganz klar. Es soll

damit, wie aus den Motiven erhellt, gesagt sein, daß dieses Nutzungsrecht — in analoger Weise wie die Bahneinheit selbst (§ 1) — mit den ihm nach Maßgabe des § 4 gewidmeten, dem Berechtigten gehörigen Gegenständen (s. Satz 3 Anm. 256 S. 692) einen Gegenstand des unbeweglichen Vermögens, mithin in gewissem Sinne eine Einheit für sich bildet. Das Nutzungsrecht mit seinem Zubehör wird durch positive gesetzliche Bestimmung mit Immobiliarqualität ausgestattet und bildet hiernach einen in sich geschlossenen und mit seinen Bestandteilen einheitlichen und ungetrennten Gegenstand des unbeweglichen Vermögens.

5. Indes ist diese Eigenschaft dem Nutzungsrecht nicht — wie der Bahneinheit — in allen Beziehungen verliehen, sondern nur „in Ansehung der Zwangsvollstreckung". Nur in dieser einen Hinsicht hat dasselbe Immobiliar Charakter, in allen übrigen Beziehungen behält es unverändert seine rechtliche Natur. Daraus folgt, daß es nicht, wie die Bahneinheit, mit seinem Zubehör als Einheit veräußert oder verpfändet werden kann, nicht den Bestimmungen über die Eintragung in das Bahngrundbuch unterliegt, und auf seinen Erwerb ꝛc. nicht die Vorschriften der §§ 16 ff. Anwendung finden. Dem Bedürfnisse entsprechend beschränkt sich die Spezialbestimmung des vorliegenden Satzes ausschließlich auf die Zwangsvollstreckung und läßt alle anderen Verhältnisse, welche sich auf dieses Recht beziehen, unberührt, so daß diese den allgemeinen Rechtsnormen unterworfen sind.

§ 54. Abs. 1 Satz 2. 242) Aus der Bestimmung des Satzes 1 des § 54 würde zwar an sich folgen, daß dies Nutzungsrecht mit seinem Zubehör bezw. die daraus gesetzlich gebildete Einheit in bezug auf die Zwangsvollstreckung den Vorschriften des vierten Abschnittes (§§ 20 ff.) des vorliegenden Gesetzes vollständig zu unterwerfen ist. Indes sollen nach Satz 2 die Vorschriften der Zwangsvollstreckung nicht in vollem Umfange auf das Nutzungsrecht Anwendung finden, sondern nur „als Zwangsverwaltung durch Ausübung des Nutzungsrechts". Nur auf diese Form ist hier die Zwangsvollstreckung beschränkt, die Zwangsversteigerung ist ausgeschlossen. Dies geht sowohl aus dem Wortlaute wie aus den Motiven hervor.

Freilich wäre es angängig und möglich gewesen, auch die Vorschriften über Zwangsversteigerung auf die Zwangsvollstreckung in das Nutzungsrecht für anwendbar zu erklären Indes sprach dagegen, daß sich dieses Nutzungsrecht auf ein Vertragsverhältnis des Nutzungsberechtigten zum Bahneigentümer (Pacht ꝛc.) gründet, welches nicht ohne weiteres auf Dritte übertragen, also auch nicht im Wege der Zwangsversteigerung veräußert werden kann.

Die Vorschriften des vierten Abschnittes über die Zwangsverwaltung finden, mangels einer Einschränkung, in vollem Umfange Anwendung, insbesondere also auch mut. mut. § 83 über die Voraussetzungen des Antrags auf Anordnung der Zwangsverwaltung (Anm. 145 ff.), § 84 über die Zuständigkeit der Bahnaufsichtsbehörde, im Falle des Konkurses über das Vermögen des Nutzungsberechtigten den Antrag auf Einleitung der Zwangsverwaltung zu stellen (Anm. 147 ff.), § 85 über die Übertragung der dem Gerichte durch die §§ 150, 153 und 154 des Reichs-Ges. v. 24. März 1897 zugewiesene Tätigkeit auf die Bahnaufsichtsbehörde und über das Anordnungsrecht des Ministers der öffentl. Arbeiten für die Geschäftsführung und Vergütung des Verwalters (Anm. 150 ff.), und § 86 über die Berichtigung der Ansprüche bei der Verteilung der Einkünfte (Anm. 153 ff.) — wobei auch die Vorschriften des § 25 (Anm. 115 ff.) und § 26 (Anm. 119 ff.) in Betracht kommen.

243) Satz 1 des Abs. 2 des § 58 bezeichnet als das Nutzungsrecht umfassend auch die in § 4 bezeichneten Gegenstände, soweit sie den Nutzungsberechtigten gehören. In dieser Bestimmung liegt der Kern der Vorschriften des § 54. Die von dem Nutzungsberechtigten dem Bahnbetriebe gewidmeten Gegenstände zerfallen in zwei Kategorien: § 54. Abs. 2 Satz 1.

1. in solche, welche zur Bahneinheit gehören (§ 4), als integrierende Bestandteile derselben mit ihr ein Ganzes bilden, mithin auch nur entweder zusammen mit ihr oder einzeln — auf Grund eines Unschädlichkeitsattestes der Bahnaufsichtsbehörde — veräußert bezw. der Zwangsvollstreckung unterworfen werden können (§§ 5 und 37);

2. in solche, welche nicht zur Bahneinheit gehören, sondern Eigentum des Nutzungsberechtigten sind und von diesem für den Betrieb in Ausübung seines Nutzungsrechtes verwendet werden. Diese letzteren sind ebenso, wie die ersteren zur Aufrechterhaltung des Betriebs erforderlich und diesem gewidmet. Da sie aber nicht zur Bahneinheit gehören, würden sie der Zwangsvollstreckung nach den allgemeinen zivilprozessualischen Vorschriften unterworfen sein, wenn nicht im Interesse der Aufrechthaltung des Betriebs durch Satz 1 des Abs. 2 des § 58 die Bestimmung getroffen wäre, daß von der Zwangsvollstreckung in das Nutzungsrecht auch die in § 4 bezeichneten Gegenstände umfaßt werden, soweit sie dem Nutzungsberechtigten gehören, mit diesem eine Einheit bilden und demgemäß auch nur als integrierende Teile derselben der Zwangsvollstreckung unterworfen werden können. Da nach Abs. 1 Satz 2 die Zwangsvollstreckung in das Nutzungsrecht nur in der Form der Zwangsverwaltung zulässig ist, so können auch diese dem Nutzungsberechtigten eigenen Betriebsgegenstände nur dieser Zwangsverwaltung mitunterworfen werden. Vorausgesetzt ist aber, daß es Gegenstände sind, die den im § 4 bezeichneten Kategorien entsprechen, also zum Betriebe des Bahnunternehmens erforderlich diesem gewidmet sind. Gegenstände anderer Art gehören zum Nutzungsrechte nicht, unterliegen also auch nicht der über dieses eingeleiteten Zwangsverwaltung, sondern den allgemeinen Zwangsvollstreckungsvorschriften. Vorausgesetzt ist ferner, daß sie dem Nutzungsberechtigen gehören. Gegenstände, die diese Eigenschaft nicht besitzen, sei es, daß sie dem Bahneigentümer, d. h. zur Bahneinheit gehören, oder dritten Personen, fallen nicht unter die Bestimmung des Satzes 1 Abs. 2, mithin auch nicht zur Zwangsverwaltung.

244) Satz 2 des Abs. 2 spricht eine notwendige Folgerung zu der Bestimmung des Satzes 1 aus. Umfaßt die Zwangsvollstreckung in das Nutzungsrecht auch die im § 4 bezeichneten, dem Nutzungsberechtigten gehörigen Gegenstände, so kann eine Zwangsvollstreckung in einzelne dieser Gegenstände nur in gleicher Weise zulässig sein, wie in die zur Bahneinheit gehörigen Gegenstände. Demgemäß finden nach Satz 2 des Abs. 2 auf die Zwangsvollstreckung in einzelne dieser Gegenstände die Vorschrift des § 87 Abs. 1 Anwendung, d. h. — abgesehen von der durch das Reichsges. v. 8. Mai 1886 in betreff der Unzulässigkeit von Eisenbahnfahrbetriebsmitteln getroffenen Regelung — findet eine Zwangsvollstreckung in die dem Nutzungsberechtigten eigentümlich gehörigen Gegenstände nur statt, soweit die Bahnaufsichtsbehörde bescheinigt, daß die Vollstreckung mit dem Betriebe des Bahnunternehmens vereinbar ist. Es wird hierbei auf die Erläuterungen des § 87 Abs. 1 (Anm. 157 S. 312 ff., Anm. 158 S. 317 ff.) Bezug genommen. Abs. 2 des § 27 kann hier keine Anwendung finden. Denn der vor- § 54. Abs. 2 Satz 2.

liegende Satz 2 beschränkt arg. e contr. die Anwendung der Vorschriften des § 37 auf die Zeit bis zum Erlöschen der Genehmigung, Abs. 2 des § 37 trifft aber Bestimmungen für die Zeit nach dem Erlöschen der Genehmigung. Wie § 37, so ist auch § 54 nicht auf bewegliche Gegenstände beschränkt, wenngleich diese wohl vornehmlich in Betracht kommen. Die Vorschriften des § 37 müssen daher auch dann zur Anwendung gebracht werden, wenn ein Nutzungsberechtigter an fremder Bahn eigene Grundstücke zur Ausübung seines Nutzungsrechts erworben haben sollte (Gleim S. 119). Mit dem Erlöschen der dem Nutzungsberechtigten erteilten Betriebsgenehmigung (s. Anm. 241 S. 448—450) erlischt die Anwendung des § 37 auf die ihm gehörigen Gegenstände. Sie sind von diesem Zeitpunkte an wieder den allgemeinen Zwangsvollstreckungsvorschriften unbeschränkt unterworfen.

§ 55.[245])

Bei Bahnen, welche nur zum Teil im Gebiete des Preußischen Staates liegen, finden die Vorschriften dieses Gesetzes, sofern nicht durch Staatsvertrag ein anderes bestimmt ist, auf die im Preußischen Gebiete befindlichen Bestandteile Anwendung.[246])

[245]) Prinzip und Entstehung des § 55.

§ 55. Prinzip. I. Prinzip. § 55 ist dazu bestimmt, die Anwendung des vorliegenden Gesetzes in betreff derjenigen Bahnen zu regeln, welche nur zum Teil im Gebiete des preußischen Staates liegen. Für diese Bahnen stellt § 55 den Grundsatz auf, daß die Vorschriften des Gesetzes, sofern nicht durch Staatsvertrag ein anderes bestimmt ist, auf die im preußischen Gebiet befindlichen Bestandteile Anwendung finden. Diese Bestimmung ist mit der Tendenz des Gesetzes nicht vereinbar und für die praktische Anwendung ungeeignet. Denn es kann damit nur zweierlei gemeint sein. Entweder sollen die im preußischen Gebiete befindlichen Bestandteile des Bahnunternehmens eine selbständige Bahneinheit bilden. Dies würde gegen den Grundgedanken des Gesetzes verstoßen, daß die in einem Bahnunternehmen vereinigten Vermögenswerte eine untrennbare Einheit, ein gemeinsames Objekt der Verpfändung, Veräußerung und Zwangsvollstreckung bilden. Es würde auch praktisch undurchführbar sein, weil eine absolute Trennung der in einem Bahnunternehmen vereinigten Vermögenswerte (§ 4) der Fonds, Forderungen Kassenbestände, Betriebsmittel und Betriebsmaterialien nicht möglich ist. Oder es sollen auf die im Inlande befindlichen einzelnen Bestandteile der Bahn die Vorschriften des vorliegenden Gesetzes Anwendung finden. Dies ist gleichfalls mit der Tendenz desselben nicht vereinbar. Denn das Gesetz geht nach seinem Zwecke und grundsätzlich gerade davon aus, die einzelnen Bestandteile des Bahnunternehmens in ein Ganzes, eine rechtliche Einheit zusammenzufassen. Weder die Bestimmungen des § 3 über Entstehung und Beendigung einer Bahneinheit, noch der § 4 über die Bestandteile einer solchen, der Abschnitt II (§§ 5—15) über Bahngrundbücher, III (§§ 16—19) Rechtsverhältnisse der Bahneinheiten, IV (§§ 20—39) Zwangsvollstreckung, Zwangsversteigerung und Zwangsverwaltung in besonderen Fällen und V (§§ 40—53) Zwangsliquidation lassen sich auf Teilstrecken oder einzelne Bestandteile einer Bahn, sei es direkt oder auch nur sinngemäß in Anwendung bringen, weil alle diese Bestimmungen lediglich auf dem Grundgedanken der Bahneinheit als eines geschlossenen, einheitlichen Ganzen beruhen und die Regelung der Rechtsverhältnisse der einzelnen Bestandteile nicht zum Zweck und Gegenstand haben.

Nun sollen zwar nach § 55 die Vorschriften des Gesetzes auf die im preußischen Gebiete befindlichen Bestandteile der Bahn nur Anwendung finden, sofern nicht durch Staatsvertrag ein anderes bestimmt ist (Art. 56 Einf.-Ges. z. B.-G.-B.). Aber auch durch Staatsvertrag würde keineswegs in durchführbarer Weise vereinbart werden können, daß die inländischen und ausländischen Teile des Bahnunternehmens als eine Einheit, sei es dem vorliegenden Gesetze, sei es einem entsprechenden ausländischen Gesetze unterworfen sein sollen. Dem steht die Verschiedenheit der Qualifikation und Zuständigkeit der Behörden, der Grundbuch-Einrichtungen und -Ordnungen, der Eigentumserwerbsgesetze, Konkurs- und Zwangsvollstreckungsvorschriften und anderer in Betracht kommender Gesetze 2c. in jeder Hinsicht entgegen (Achilles u. Strecker S. 158). Die bezügliche Bestimmung der Staatsverträge würde sich daher immer nur auf die Vereinbarung beschränken können, daß Bahnen, die zum Teil im Inlande, zum Teil im Auslande liegen, dem vorliegenden Gesetze nicht unterworfen sind.

De lege ferenda würde sich die Aufnahme einer entsprechenden Bestimmung in das Gesetz an Stelle des § 55 empfohlen haben, und es bleibt mangels einer solchen kein anderer Weg übrig, als — unter Außerachtlassung der nicht durchführbaren Vorschrift des § 55 — die Teile eines nur zum Teile im preußischen Staatsgebiete liegenden Bahnunternehmens in bezug auf das vorliegende Gesetz den Staatsbahnstrecken gleichzustellen, d. h. von der Anwendung desselben zu eximieren.

II. Aus der Entstehungsgeschichte des § 55 ist folgendes zu entnehmen. § 55. Entstehung.

In dem Regierungs-Entwurfe v. 18. März 1895 (Drucks. d. Herrenh. 1895 Nr. 24 S. 17) ist § 59 bereits in der in das Eisenb.-Pfandr.-Ges. v. 19. August 1895 übergegangenen Fassung in Vorschlag gebracht.

Die nur kurze Motivierung lautet wie folgt (a. a. O. S. 56 bezw. S. 60): „Eine zweckmäßige Regelung der Verhältnisse von Bahnen, welche das Gebiet mehrerer Staaten berühren, kann nur durch Staatsvertrag getroffen werden. § 59 gibt nur eine subsidiäre Vorschrift für diesen Fall, welche klarstellt, daß das Gesetz auch bei Bahnen, die nur zum Teil in Preußen liegen, insoweit Anwendung finden soll, als der Geltungsbereich der preußischen Gesetzgebung sich erstreckt."

Im Revisionsentwurfe v. 10. Februar 1902 (Drucks. d. Herrenh. Sess. 1902 Nr. 42 S. 10) wurde § 59 unverändert vorgeschlagen und ging als § 55 in das Bahneinh.-Ges. v. 11. Juni 1902 über.

§ 55 regelt für Bahnen, welche nur zum Teil im Gebiet des preußischen Staates liegen, die Anwendung des vorliegenden Gesetzes dahin, daß in diesem Falle prinzipaliter die etwaigen Bestimmungen des über das Unternehmen abgeschlossenen Staatsvertrages gelten, und, sofern nicht durch Staatsvertrag ein anderes bestimmt ist, subsidiär die Vorschriften dieses Gesetzes auf die im preußischen Gebiete befindlichen Bestandteile Anwendung finden. Es sind hierbei nicht nur Bahnen gemeint, welche außerdeutsches, sondern alle Bahnen, welche außerpreußisches Gebiet berühren. § 55. Einziger Absatz.

I. Prinzipaliter sollen gemäß § 55 für die nur zum Teil in Preußen liegenden Bahnen in betreff der im vorliegenden Gesetze geordneten Verhältnisse die hierüber etwa getroffenen Bestimmungen des Staatsvertrages gelten. Indes würde ein Staatsvertrag nur dreierlei verfügen können: entweder, daß auf die ausländischen Linien des Unternehmens das vorliegende preußische Gesetz, oder umgekehrt, daß ein bezügliches ausländisches Gesetz auf die preußischen Linien des Unternehmens Anwendung finden, oder daß für jeden einzelnen Fall besondere, im Staatsvertrage speziell aufgeführte Normen gelten sollen. Aber gerade die hier in Frage stehenden Verhältnisse der Verpfändung und Veräußerung eines Bahnunternehmens, sowie die Zwangsvollstreckung in derselben greifen so tief in die verschiedensten privatrechtlichen Rechtsgebiete ein, daß sowohl die Anwendung des preußischen Gesetzes auf ausländische Strecken, wie umgekehrt die Anwendung eines entsprechenden ausländischen Gesetzes auf preußische Strecken ausgeschlossen erscheint, und aus gleichem Grunde auch die Regelung durch spezielle Bestimmungen des Staatsvertrages für jeden einzelnen Fall nicht durchführbar ist. Vornehmlich die Verschiedenheit der Grundbucheinrichtungen, sowie ferner der Gestaltung und Kompetenz der Gerichts- und Aufsichtsbehörden steht der Anwendung des preußischen Gesetzes auf ausländische Linien wie umgekehrt der Anwendung eines ausländischen Gesetzes auf inländische Linien entgegen.

Mit Recht führt daher auch Gleim (S. 119, 120) aus, daß aus diesem Grunde schon in der Übertragung von Aufsichtsbefugnissen über die inländische Linie einer ausländischen Bahn auf eine ausländische Behörde ein Umstand liegt, welcher die Anwendung des vorliegenden Gesetzes auf die betreffende inländische Linie verhindert, weil die Organisation und Kompetenz der ausländischen Aufsichtsbehörde nicht derjenigen einer inländischen Aufsichtsbehörde adäquat ist, es mithin an einer Aufsichtsinstanz fehlen würde, welche eine Reihe von Bestimmungen des vorliegenden preußischen Gesetzes als wesentlich voraussetzt. „Es seien — bemerkt Gleim a. a. O. — in dieser Beziehung namentlich diejenigen Bestimmungen des Gesetzes in Betracht zu ziehen, welche der Bahnaufsichtsbehörde eine wesentliche Mitwirkung bei Handhabung desselben zuweisen. Auch diese Bestimmungen hätten keine Wirsamkeit über die preußischen Grenzen hinaus; sie gelten nur für preußische Behörden. Für Aufsichtsbehörden anderer Staaten könnten und sollten hierdurch keine Vorschriften gegeben werden. Es folge daraus, daß es für die in Preußen belegenen Strecken auswärtiger Bahnunternehmungen, deren Beaufsichtigung in Staatsverträgen den Behörden anderer Staaten vorbehalten sei, an einem für die Anwendung des Gesetzes notwendigen Faktor, nämlich einer inländischen Aufsichtsbehörde fehle und daher in den betreffenden Bestimmungen der Staatsverträge eine „andere Bestimmung" im Sinne des § 55 zu finden sei. Es mache hierbei auch keinen Unterschied, ob in einem Staatsvertrage die gesamte Aufsicht, oder, wie dies öfters, z. B. in Art. X Abs. 4 des Staatsvertrages zwischen Preußen und Sachsen v. 30. Juni 1888 (G.-S. S. 328), geschehen sei, nur die technische Aufsicht über den Betrieb und den betriebsfähigen Zustand der Bahn einem anderen Staate übertragen sei. Denn die der Bahnaufsichtsbehörde nach dem Gesetze obliegende Tätigkeit beruhe ebensowohl auf ihren betriebstechnischen, wie auf ihren allgemeinen Aufsichtsbefugnissen und eine inländische Bahnaufsichtsbehörde im Sinne des Gesetzes sei daher nicht vorhanden, wenn ihr nicht in beiden Richtungen die Aufsicht zustehe. Dasselbe gelte auch in denjenigen Fällen, in welchen Staatsverträge zwar keine ausdrückliche Bestimmung darüber enthielten, welcher Staat zur Aufsicht berufen sein solle, jedoch einem fremden Staate bezüglich einzelner Verwaltungs- oder Betriebszweige solche im Aufsichtsrechte enthaltene Befugnisse übertrügen, welche die inländische Aufsichtsbehörde zur vollständigen Erfüllung der ihr im Gesetze gestellten Aufgabe nicht entbehren könne."

II. Erscheint nach vorstehendem die prinzipale Regelung der in Rede stehenden Verhältnisse durch Staatsvertrag ausgeschlossen, so müßte subsidiär die Bestimmung Platz greifen, daß bei Bahnen, welche nur zum Teil im Gebiet des Preußischen Staates liegen, die Vorschriften des vorliegenden Gesetzes auf die im Preußischen Gebiet befindlichen Bestandteile Anwendung finden. Aber auch diese Bestimmung ist nach der Tendenz und dem Grundgedanken des Gesetzes undurchführbar. Denn es kann nach dem Wortlaute nur zweierlei in Frage kommen: entweder ist gemeint, daß die im Preußischen Gebiete befindlichen Bestandteile des Unternehmens als eine selbständige Bahneinheit im Sinne des Gesetzes behandelt werden sollen, oder daß auf diese Bestandteile — ohne daß sie eine selbständige Einheit bilden — die Vorschriften dieses Gesetzes, soweit sie sich auf einzelne Bestandteile beziehen, in Anwendung zu bringen.

Die erstere Annahme wird in der Tat von Gleim (a. a. O. S. 119) vertreten. „Ein Preußisches Gesetz — führt er aus — könne selbstredend nur für Preußische Bahnen Bestimmungen treffen. Überschreite eine Bahn die Preußischen Grenzen, so könne nur die diesseits dieser Grenzen belegene Strecke Gegenstand der Regelung durch ein Preußisches Gesetz sein, es sei denn, daß, was bisher nicht geschehen sei und auch wohl schwerlich geschehen werde, dem Preußischen Staate durch Staatsvertrag auch die gesetzliche Regelung für die ausländische Strecke übertragen werden sollte. Es entstehe aber der Zweifel, ob eine inländische Teilstrecke überhaupt als eine Bahn im Sinne des § 1 des vorliegenden Gesetzes angesehen werden könne und diesen Zweifel löse der § 55, indem er diese Frage im bejahenden Sinne für alle diejenigen Fälle beantworte, in welchem nicht durch Staatsvertrag ein anderes bestimmt sei." Indes diese Annahme Gleims verstößt gegen den Grundgedanken des Gesetzes, dessen wesentlicher Inhalt grade darin besteht, die sämtlichen, in einem Bahnunternehmen vereinigten und ihm gewidmeten Vermögenswerte (§ 1), zu einer untrennbaren und geschlossenen Einheit, einem einzigen mit Immobiliarqualität vorgesehenen Rechte zusammenzufassen und dadurch zu einem gemeinsamen Objekt der Verpfändung, Veräußerung und Zwangsvollstreckung zu machen (s. § 1 Anm. 1 S. 1 ff., § 4 Anm. 18 S. 19 ff.) Darauf sind sämtliche Bestimmungen des Gesetzes gerichtet und es steht daher in Widerspruch mit der Absicht des Gesetzes, einzelne Bestandteile oder Teilstrecken des ganzen Bahnunternehmens als selbständige Bahnen oder Bahneinheiten betrachten und darauf die Bestimmungen des Gesetzes in Anwendung bringen zu wollen. Es würde dies nicht nur rechtlich, sondern auch faktisch unmöglich sein, weil sich die einzelnen Bestandteile eines Bahnunternehmens, die Forderungen, Bestände, Fonds &c. nicht streckenweise auseinanderreißen lassen. Es würde nur angängig sein, daß die inländischen Teile der Bahn zu einem besonderen, nur räumlich, aber weder finanziell noch in irgendwelcher Hinsicht materiell mit den ausländischen Teilen zusammenhängenden selbständigen Bahnunternehmen gestaltet werden; alsdann kann aber von den „im Preußischen Gebiete befindlichen Bestandteilen" einer — sc. ausländischen — Bahn nicht die Rede sein, sondern es liegen alsdann alle Bestandteile des Bahnunternehmens im Inlande und bilden eine selbständige Bahneinheit, die nur in gewissem Sinne durch Personalunion, d. h. dadurch, daß sie denselben Eigentümer, wie die ausländische Bahn besitzt, mit derselben in einem tatsächlichen, nicht rechtlichen Zusammenhange steht.

Auch der Wortlaut des § 55 steht der Gleimschen Annahme entgegen. Denn wäre es die Absicht des Gesetzgebers gewesen, die inländischen Bestandteile der Bahn sc. die preußischen Teilstrecken als selbständige Bahneinheit hinzustellen, so hätte ausdrücklich ausgesprochen werden müssen, daß die im Preußischen Gebiete befindlichen Bestandteile eine Bahneinheit im Sinne des § 1 bilden. Dies ist aber nicht gesagt, sondern nur, daß auf diese Bestandteile die Vorschriften dieses Gesetzes Anwendung finden.

Die zweite Annahme, daß auf die in Preußen belegenen Bestandteile — ohne daß sie eine selbständige Bahneinheit bilden — die Vorschriften des Gesetzes, soweit angängig, in Anwendung zu bringen sind, ist gleichfalls nicht haltbar, weil sie ebenso, wie die erste, mit dem Grundgedanken und Wesen des Gesetzes nicht vereinbart ist. Denn das Gesetz hat ausschließlich die Absicht und den Zweck, aus sämtlichen Bestandteilen des Bahnunternehmens ein einheitliches, der Veräußerung, Verpfändung und Zwangsvollstreckung fähiges Objekt, eine Bahneinheit zu schaffen, nur unter diesem Gesichtspunkte werden die einzelnen Bestandteile des Unternehmens behandelt. Ist also die Basis der Bahneinheit nicht vorhanden, so können auch die, die einzelnen Bestandteile derselben betreffenden Vorschriften des Gesetzes keine Anwendung finden. Der Umstand, daß es sich um Teile eines — vom Gesetze an sich nicht betroffenen — Bahnunternehmens oder einer Bahnlinie, Teilstrecke ꝛc. handelt, rechtfertigt an sich die Anwendung der Vorschriften des vorliegenden Gesetzes nicht. Als einzelne Gegenstände sind sie in bezug auf Veräußerung, Verpfändung und Zwangsvollstreckung lediglich den allgemeinen Normen des bürgerlichen Rechts unterworfen, nur in ihrer Zusammenfassung als Bahneinheit und im Zusammenhang mit dieser gilt für sie das vorliegende Gesetz. Es ist nicht ersichtlich, wie die Vorschriften über den Begriff, die Entstehung und Beendigung der Bahneinheit (Abschn. I), Bahngrundbücher (Abschn. II), Rechtsverhältnisse der Bahneinheiten (Abschn. III), Zwangsvollstreckung ꝛc. (Abschn. IV) und Zwangsliquidation derselben (Abschn. V), sei es direkt, sei es auch nur sinngemäß auf einzelne Bestandteile oder Teilstrecken einer Bahneinheit Anwendung finden sollen.

Können aber nach vorstehenden Ausführungen die inländischen Bestandteile (Teilstrecken) eines zum Teil im Auslande belegenen Bahnunternehmens weder als selbständige Bahneinheit im Sinne des vorliegenden Gesetzes betrachtet werden, noch als einzelne Bestandteile den Vorschriften desselben unterliegen, noch auch die in diesem Gesetze geordneten Verhältnisse der Bahneinheit für solche teils im Inlande, teils im Auslande belegenen Teile einer Bahn einheitlich durch Staatsvertrag geregelt werden, so erübrigt nur, die Bestimmung des § 55 als undurchführbar außer Anwendung zu lassen und die im Inlande belegenen Bestandteile der Bahn nach Analogie der Staatsbahnstrecken von der Anwendung des vorliegenden Gesetzes zu eximieren. Diese durch Zweck und Inhalt des Gesetzes notwendige Konsequenz würde freilich eine weit weniger fühlbare sein, wenn dasselbe, wie ursprünglich beabsichtigt, für das ganze Reich und nicht allein für Preußen erlassen worden wäre. Denn die Zahl der alsdann in Betracht kommenden Bahnlinien ist eine verhältnismäßig nur geringe.

§ 56.[247])

Auf die Beschwerde gegen die nach diesem Gesetze den Aufsichtsbehörden der Kleinbahnen zustehenden Beschlüsse und Verfügungen findet der § 52 des Gesetzes über die Kleinbahnen und Privatanschlußbahnen vom 28. Juli 1892 (Gesetz-Samml. S. 225) Anwendung.[248])

[247]) Prinzip und Entstehung des § 56.

I. Prinzip. § 56 regelt den Instanzenzug für Beschwerden gegen die nach dem vorliegenden Gesetze den Aufsichtsbehörden der Kleinbahnen zustehenden Beschlüsse und Verfügungen. In betreff der Beschlüsse und Verfügungen der Aufsichtsbehörden der Privateisenbahnen erschien eine derartige Regelung nicht erforderlich, weil für diese Behörden nach dem Eisenbahn-Gesetze vom 3. November 1838 der Minister der öffentlichen Arbeiten ohne Zweifel die Aufsichts- wie die Beschwerdeinstanz bildet. Dagegen konnten in dieser Hinsicht betreffs der Verfügungen und Beschlüsse der Aufsichtsbehörden der Kleinbahnen deshalb Bedenken entstehen, weil § 22 des Kleinbahngeſ. v. 28. Juli 1892 diesen Behörden nur die Aufsicht „rücksichtlich der Erfüllung der Genehmigungsbedingungen und Vorschriften des „Kleinbahngesetzes“ zuweist, und daher die Folgerung nahe liegt, daß die im § 52 l. c. getroffene Regelung der Rechtsmittel gegen Verfügungen und Beschlüsse der Kleinbahn-Aufsichtsbehörden sich nur auf den Rahmen des Kleinbahngesetzes beschränkt. Es wurde aber aus sachlichen Gründen für erforderlich erachtet, diese Regelung des Instanzenzuges auch auf das vorliegende Gesetz auszudehnen. Soweit Beschlüsse und Verfügungen der Orts- und Landes-Polizeibehörden in Betracht kommen, bei welchen Eisenbahnbehörden nicht mitwirken, tritt hierdurch in dem gewöhnlichen Verfahren keine Änderung ein, da auch § 52 des Kleinbahngesetzes in diesen Fällen lediglich die Anwendung der Rechtsmittel nach den Bestimmungen der §§ 127 bis 130 des Gesetzes über die allgemeine Landesverwaltung v. 30. Juli 1883 (G.-S. S. 195) vorschreibt. Insoweit es sich aber um Beschlüsse und Verfügungen derjenigen Aufsichtsbehörden handelt, welche sich aus den Landespolizei- und Eisenbahnbehörden zusammensetzen (§ 3 Nr. 1 Kleinb.-Ges.), ist abweichend von den gewöhnlichen Normen der Minister der öffentlichen Arbeiten als alleinige Beschwerdeinstanz bestimmt. Diese Kompetenz des Ministers der öffentlichen Arbeiten wird zur Vermeidung jeden Zweifels durch den vorliegenden § 56 auch auf die Verfügungen und Beschlüsse der bezeichneten (kombinierten) Aufsichtsbehörden aus dem Bahneinh.-Ges. vom 11. Juni 1902 übertragen. § 56. Prinzip.

II. Aus der Entstehungsgeschichte des § 56 ist folgendes zu entnehmen. § 56. Entstehung.

Dem Regierungsentwurfe v. 13. März 1895 (Drucks. d. Herrenh. 1895 Nr. 24 S. 17) fehlte eine dem § 56 entsprechende Bestimmung.

Erst in den Beratungen der Kommission des Abg.-Hauses v. 15. Juni 1895 (Aktst. des Abg.-Haus. 1895 Nr. 254 S. 3153) wurde, und zwar regierungsseitig, die Aufnahme einer dem § 56 konformen Bestimmung in das Gesetz in Anregung gebracht. In dem Gesetzentwurfe, führte der Regierungskommissar aus, seien der Bahnaufsichtsbehörde in vielfachen Richtungen Entscheidungen,

Bescheinigungen und sonstige Verfügungen übertragen, ohne daß des Rechts der Beschwerdeführung hiergegen Erwähnung geschehe. Damit sei das Beschwerderecht nicht etwa ausgeschlossen, denn nach den bestehenden Rechtsgrundsätzen könne in Verwaltungsangelegenheiten gegen eine jede Entscheidung oder Verfügung die Beschwerde bis in die oberste Instanz verfolgt werden, soweit dieselben nicht durch besondere gesetzliche Bestimmungen für unzulässig erklärt oder auf bestimmte Instanzen beschränkt sei. Dies greife daher auch für Beschwerden gegen die Bahnaufsichtsbehörde Platz, und seien für die Ausübung dieses Beschwerderechts ebenfalls die in dieser Beziehung stehenden allgemeinen Rechtsvorschriften maßgebend.

Die Anwendung dieser Rechtsvorschriften gebe, soweit die dem Eisenbahngesetze v. 3. November 1838 unterstehenden Eisenbahnen und die von Ortspolizeibehörden, sowie von den Landespolizeibehörden ohne Mitwirkung von Eisenbahnbehörden zu genehmigenden Kleinbahnen in Frage kommen, keinerlei Zweifeln Raum. Die zur Beaufsichtigung der ersten berufenen Behörden — jetzt die Präsidenten der Königlichen Eisenbahndirektionen — unterstehen dem Minister der öffentlichen Arbeiten, welcher daher auch die Beschwerdeinstanz für diese bilde. Die Beschwerdeführung gegen Beschlüsse und Verfügungen der Orts- und Landespolizeibehörden, bei welchen Eisenbahnbehörden nicht mitwirken, regele sich, wie auch in § 52 des Kleinbahngesetzes anerkannt sei, nach den Bestimmungen der §§ 127—130 des Gesetzes über die allgemeine Landesverwaltung vom 30. Juli 1883. Gegen die Beschlüsse und Verfügungen, für welche die Landespolizeibehörden in Verbindung mit den Eisenbahnbehörden zuständig sind, sei in § 52 des Kleinbahngesetzes die Beschwerde an den Minister der öffentlichen Arbeiten gegeben. Die Staatsregierung sei von der Annahme ausgegangen, daß diese Bestimmung auch ohne weiteres auf die Beschwerde gegen Beschlüsse und Verfügungen Anwendung finde, welche diesen Behörden in dem vorliegenden Gesetzentwurfe übertragen werden sollen, und habe deshalb von der Aufnahme einer diese Anwendbarkeit ausdrücklich aussprechenden Vorschrift in den Schlußbestimmungen abgesehen. Der § 22 bezeichne zwar als die Aufgabe der Aufsicht über die Kleinbahnen die Überwachung der Erfüllung der Genehmigungsbedingungen und der Vorschriften dieses Gesetzes. Das schließe aber nicht aus, daß durch spätere Gesetze die Aufsichtsfunktionen eine Erweiterung erfahren, auf welche dann die Bestimmungen des Kleinbahngesetzes über die Beschwerde gegen Beschlüsse und Verfügungen der Aufsichtsbehörden ohne weiteres anzuwenden seien. Aus sachlichen Gründen sei es unbedingt erforderlich, die Entscheidung auch über Beschwerden gegen die nach dem vorliegenden Gesetzentwurfe den Landespolizeibehörden im Einvernehmen mit Eisenbahnbehörden obliegenden Aufsichtsfunktionen in die Hand des Ministers der öffentlichen Arbeiten zu legen, weil nur diesem die dazu unentbehrliche Sachkunde innewohne.

Zur Vermeidung irrtümlicher Auffassungen werde es sich empfehlen, die vorstehend entwickelte Auffassung hier zum Ausdruck zu bringen.

Die Kommission hat mit Rücksicht auf diese Auslassungen des Regierungskommissars die Einfügung einer jeden Zweifel ausschließenden Bestimmung in das Gesetz (§ 59a) in Aussicht genommen, und in der als § 60 in das Eisenb.-Pfandr.-Ges. v. 19. August 1895 übergegangenen Fassung beschlossen (s. a. a. O. S. 3159).

In den Beratungen des Abgeordneten- und Herrenhauses wurde keine Änderung vorgenommen.

Auch der Revisionsentwurf v. 10. Februar 1902 (Druckf. d. Herrenh. Sess. 1902 Nr. 42 S. 10) ließ den § 60 unberührt und ebensowenig wurden in den legisl. Beratungen Abänderungsvorschläge gemacht, so daß die Bestimmung als § 56 unverändert in das Bahneinh.-Ges. vom 11. Juni 1902 überging.

245) Durch § 56 ist der Instanzenzug gegen die nach dem vorliegenden Gesetz den Aufsichtsbehörden der Kleinbahnen zustehenden Beschlüsse und Verfügungen geregelt worden. § 56. Einziger Absatz.

A. Der Grund für diese Regelung lag darin, daß es mit Rücksicht auf den engen Zusammenhang des vorliegenden Gesetzes mit dem Kleinbahngesetze und das für alle Verfügungen und Beschlüsse, wie auch Entscheidungen über Beschwerden gegen dieselben gebotene Erfordernis des besonderen Sachverständnisses der verfügenden Behörden und Instanzen geboten erschien, den gleichen Instanzenzug einzuführen.

B. Die Regelung des Instanzenzuges beschränkt sich auf die Verfügungen und Beschlüsse der Aufsichtsbehörden der Kleinbahnen. Der Instanzenzug der Aufsichtsbehörden der Privateisenbahnen (s. § 4 Anm. 15 S. 82) ist durch das Eisenb.-Ges. v. 8. November 1888 ausreichend geregelt, indem der Minister der öffentlichen Arbeiten die alleinige und ausschließliche Beschwerdeinstanz bildet. Auf die nach dem vorliegenden Gesetze erforderlichen Verfügungen und Beschlüsse der Gerichte findet der gewöhnliche Instanzenzug nach Maßgabe der Vorschriften der Civilprozeßordnung und des Gerichtsverfassungsgesetzes Anwendung.

C. Nicht für alle sich aus dem vorliegenden Gesetze ergebenden Maßnahmen der Aufsichtsbehörden der Kleinbahnen greift § 56 Platz, sondern nur für die aus dem Aufsichtsrechte sich ergebenden, sich rechtlich und begrifflich als Verfügungen und Beschlüsse qualifizierenden Akte.

a) Dahin sind zu rechnen: 1. Die Entscheidung, ob ein vom Bahnunternehmer angelegter Fonds zum Betriebe und zur Verwaltung der Bahn erforderlich ist (§ 4 Abs. 2 Satz 3). 2. Die Bescheinigungen über die Nichtbeeinträchtigung der Betriebsfähigkeit in den Fällen der §§ 5—7, § 12 Abs. 2 und § 37 Abs. 1. 3. Die Ablehnung des Antrages in betreff der Eintragung einer Bahn in das Bahngrundbuch (§ 8 Satz 3). 4. Die Verfügungen in betreff der für die Eintragungen in das Bahngrundbuch erforderlichen Angaben und Urkunden an den Bahneigentümer (§ 13 Abs. 2). 5. Die Verfügungen in betreff der Eintragung und Löschung der Sperrvermerke (§ 15 Abs. 2 u. 3). 6. Die Erklärung über die Suffizienz der Einkünfte in betreff der Einleitung der Zwangsverwaltung (§ 33). 7. Die Verfügungen in betreff der Ernennung und Beaufsichtigung der Geschäftsführung des Zwangsverwalters (§ 35).

b) Dagegen fallen nicht unter § 56: 1. Der Antrag auf Berufung einer Gläubigerversammlung behufs Beschlußfassung über die gemäß § 50 zu treffenden Maßnahmen (§ 51 Abs. 1). 2. Der Antrag auf Anlegung des Bahngrundbuchblatts im Falle des Antrags auf Eintragung einer vollstreckbaren Forderung im Bahngrundbuche (§ 21). 3. Der Antrag auf Aufnahme der nach § 11 erforderlichen Angaben in das Bahngrundbuch im Falle der Anlegung desselben gemäß § 24 Abs. 1 Satz 4. 4. Der Antrag auf Einleitung der Zwangsverwaltung im Falle der Konkurseröffnung über das Vermögen des Bahneigentümers (§ 34). 5. Die Erklärung über die gemäß § 50 gefaßten Beschlüsse der Gläubigerversammlung (§ 33 Satz 1). 6. Die Erklärung über das Anteilsverhältnis an zu mehreren Bahnen gehörigen Gegenständen und Rechten (§ 25 Satz 2). 7. Die Erklärung über die Kaufbedingungen vor der Zwangsversteigerung (§ 30).

D. § 56 erklärt den § 52 des Kleinbahngesetzes vom 28. Juli 1892 nur auf die Beschwerde gegen die nach dem vorliegenden Gesetze den Aufsichtsbehörden der Kleinbahnen zustehenden Beschlüsse und Verfügungen für anwendbar. Es kann aber nach der Absicht des Gesetzes und den Motiven keinem Zweifel unterliegen, daß dieser Ausdruck zu eng ist und damit sämtliche gemäß § 52 zulässigen Rechtsmittel, also auch in den Fällen des § 52 Satz 2 l. c. die in den §§ 127—130 des Gesetzes über d. allgem. Landesverw. v. 30. Juli 1883 gegebenen Klagen, darunter zu verstehen sind.

E. Aufsichtsbehörden der Kleinbahnen sind in Gemäßheit des § 22 des Kleinb.-Ges. v. 28. Juli 1892 die für die Genehmigung der Kleinbahnen jeweilig zuständigen Behörden. Jeweilig zuständig ist aber — abgesehen von dem im § 3 Abs. 3 Satz 2 l. c. bezeichneten Falle — stets diejenige Behörde, die für eine der dem Unternehmer angehörigen Bahnen zuletzt gemäß § 2 und 3 l. c. eine Genehmigung erteilt hat. Zur Erteilung der Genehmigung ist nach § 3 l. c. zuständig: 1. wenn der Betrieb ganz oder teilweise mit Maschinenkraft beabsichtigt wird: der Regierungspräsident, für den Stadtkreis Berlin der Polizeipräsident, im Einvernehmen mit der von dem Minister der öffentlichen Arbeiten bezeichneten Eisenbahnbehörde; 2. in allen übrigen Fällen, und zwar: a) sofern Kunststraßen, welche nicht als städtische Straßen in der Unterhaltung und Verwaltung von Stadtkreisen stehen, benutzt oder von der Bahn mehrere Kreise oder nicht preußische Landesteile berührt werden sollen: der Regierungspräsident, im ersten Falle für den Stadtkreis Berlin der Polizeipräsident, b) sofern mehrere Polizeibezirke desselben Landkreises berührt werden: der Landrat, c) sofern das Unternehmen innerhalb eines Polizeibezirks verbleibt: die Ortspolizeibehörde. Wenn die zum Betriebe mit Maschinenkraft einzurichtende Bahn die Bezirke mehrerer Landespolizeibehörden berührt, oder in dem Falle der Nr. 2a die betreffenden Kreise nicht in demselben Regierungsbezirke liegen, bezeichnet der Oberpräsident, falls jedoch die Landespolizeibehörde bezw. Kreise verschiedenen Provinzen angehören, oder Berlin beteiligt ist, der Minister der öffentlichen Arbeiten im Einvernehmen mit dem Minister des Innern die zuständige Behörde. Die Zuständigkeit zur Genehmigung von wesentlichen Erweiterungen oder sonstigen wesentlichen Änderungen des Unternehmens, der Anlage und des Betriebes regelt sich so, als ob das Unternehmen in der nunmehr geplanten Art neu zu genehmigen wäre. Jedoch bleibt zur Genehmigung von Änderungen des Betriebes der in Abs. 1 Nr. 1 erwähnten Unternehmungen diejenige Behörde zuständig, welche die Genehmigung zum Bau und Betriebe erteilt hat (s. des Näheren: Eger, Kommentar z. Kleinbahngef. 2. Aufl. § 3. Anm. 9—18 und die dort aufgef. Entsch. und Erlasse.

F. Was nun den Inhalt des in Anwendung zu bringenden § 52 des Kleinbahngef. v. 28. Juli 1892 anlangt, so zerfällt dieser Paragraph in zwei Sätze, von denen der erste die Rechtsmittel gegen diejenigen Beschlüsse und Verfügungen betrifft, für welche die Landespolizeibehörden in Verbindung mit den Eisenbahnbehörden oder die eisenbahntechnischen Behörden allein zuständig sind, während sich der zweite Satz auf die Rechtsmittel gegen Beschlüsse und Verfügungen der übrigen Aufsichtsbehörden bezieht.

Satz 1 bestimmt, daß gegen Beschlüsse und Verfügungen, für welche die

Landespolizeibehörden in Verbindung mit den Eisenbahnbehörden zuständig sind und gegen die Beschlüsse und Verfügungen der eisenbahntechnischen Aufsichtsbehörden die Beschwerde an den Minister der öffentlichen Arbeiten stattfindet. Beschlüsse und Verfügungen, die nur von den eisenbahntechnischen Aufsichtsbehörden auszugehen haben, kommen im vorliegenden Gesetze nicht vor. Es handelt sich hier also nur um Beschlüsse und Verfügungen, für welche die Landespolizeibehörden in Verbindung mit den Eisenbahnbehörden, d. h. beide gemeinsam zuständig sind. Diese Beschlüsse und Verfügungen sind vorstehend unter C a Ziff. 1—7 (S. 459) aufgeführt.

1. Das Rechtsmittel, welches gegen diese Beschlüsse und Verfügungen gegeben ist, besteht in der Beschwerde an den Minister der öffentlichen Arbeiten. Dieses Rechtsmittel ist ein ausschließliches. Es ist nicht allein der Rechtsweg gänzlich ausgeschlossen, sondern auch die Verwaltungsbeschwerde und die Verwaltungsklage. Letztere sind auch nicht wahlweise mit der Beschwerde an die Ministerialinstanz gestattet (s. Eger, Komment. z. Kleinbahnges. 2. Aufl. S. 468).

2. Geht man hiernach davon aus, daß die Beschwerde an den Minister der öffentlichen Arbeiten eine Verwaltungsbeschwerde im Sinne der §§ 127 ff. Land.-Verw.-Ges. nicht ist, so fehlt es für die vorliegende Beschwerde an Bestimmungen, welche das Beschwerdeverfahren regeln. Weder ist eine Frist für Einlegung der Beschwerde bestimmt (Jerusalem S. 84 Anm. 2, Hilse, Arch. f. öff. Recht XI S. 354 und Preuß. Verw.-Bl. XVII Nr. 2 S. 18), noch die Behörde, bei welcher die Einlegung und Rechtfertigung der Beschwerde zu erfolgen hat, noch eine Frist zur Beantwortung derselben durch die Gegenpartei, noch endlich die Rechtswirkung (ob mit oder ohne Suspensiveffekt ꝛc.). Dies, insbesondere der Mangel einer Fristbestimmung für die Einlegung und Rechtfertigung der Beschwerde ist eine höchst empfindliche Lücke des Gesetzes, welche dringend der Remedur bedarf. Denn — abgesehen von der Anomalie, daß gegen die Beschlüsse und Verfügungen gemäß Satz 2 des § 52 ein geordnetes Beschwerdeverfahren mit bestimmten Fristen ꝛc. gegeben ist, welches den Beschlüssen und Verfügungen aus Satz 1 fehlt, — entsteht auch die erhebliche Unzuträglichkeit, daß letztere mangels einer Beschwerdefrist Rechtskraft nicht erlangen können und daher jederzeit durch Beschwerde bei der Ministerialinstanz angreifbar bleiben (s. Eger, Komment. z. Kleinbahnges. 2. Aufl. S. 468, 469).

Satz 2 bestimmt, daß gegen die Beschlüsse und Verfügungen der übrigen — sc. im Satz 1 nicht bezeichneten — Kleinbahnaufsichtsbehörden die nach den Bestimmungen der §§ 127—130 des Gesetzes über die allgemeine Landesverwaltung v. 30. Juli 1883 (Ges.-S. S. 195) zulässigen Rechtsmittel Platz greifen.

A. Hiernach findet gegen Beschlüsse und Verfügungen der Ortspolizeibehörden entweder der Beschwerdeweg an die betreffenden vorgesetzten Einzelbeamten (Landrat, Regierungspräsident, Oberpräsident) mit nachfolgender Klage beim Oberverwaltungsgericht (§ 127) oder die Klage beim Kreisausschusse bezw. Bezirksausschusse (§ 128) statt. Gegen polizeiliche Verfügungen des Regierungspräsidenten findet — abgesehen von Hohenzollern — nur die Beschwerde an den Oberpräsidenten mit nachfolgender Klage bei dem Oberverwaltungsgerichte statt (§ 130). Es sind nur die Rechtsmittel der §§ 127—130, d. h. die Verwaltungsbeschwerde und die Verwaltungsklage, gestattet, nicht etwa auch konkurrierend damit die für die Fälle des Satzes 1 gegebene Beschwerde an den Minister der öffentlichen Arbeiten.

Wohl aber stehen gegen polizeiliche Verfügungen &c. der Ortspolizeibehörden und Kreispolizeibehörden die beiden Rechtsmittel des § 127 Abs. 1 und § 128 (Beschwerde und Klage) den Beteiligten wahlweise zu; sie können nach freiem Ermessen das eine oder das andere Rechtsmittel ergreifen, jedoch so, daß die Anbringung des einen das andere ausschließt (§ 129 Abs. 4 A.-L.-V.-G.). Aus diesem Grunde ist auch im § 129 Abs. 1 A.-L.-V.-G. die Anbringung sowohl der Beschwerde, wie der Klage bei derjenigen Behörde vorgeschrieben, gegen deren Verfügung sie gerichtet ist. Dadurch soll verhindert werden, daß beide Rechtsmittel tatsächlich konkurrieren und die Vorschrift des Abs. 4 l. c. gesichert werden, wonach die Anbringung des einen Rechtsmittels das andere ausschließt und bei gleichzeitiger Anbringung beider Rechtsmittel nur der Beschwerde Fortgang zu geben ist.

B. Das Verfahren in betreff beider Rechtsmittel ist, wie folgt, geregelt:

1. Die Beschwerde ist durch § 127 A.-L.-V.-G. gegen polizeiliche Verfügungen der Orts- und Kreispolizeibehörden zugelassen, soweit das Gesetz nicht ausdrücklich anderes bestimmt, und zwar a) gegen die Verfügungen der Ortspolizeibehörden auf dem Lande oder einer zu einem Landkreise gehörigen Stadt, deren Einwohnerzahl bis zu 10000 Einwohnern beträgt, an den Landrat und gegen dessen Bescheid an den Regierungspräsidenten; b) gegen die Verfügungen der Ortspolizeibehörden eines Stadtkreises, mit Ausnahme von Berlin, einer zu einem Landkreise gehörigen Stadt mit mehr als 10000 Einwohnern, oder des Landrates an den Regierungspräsidenten, und gegen dessen Bescheid an den Oberpräsidenten: c) gegen ortspolizeiliche Verfügungen in Berlin an den Oberpräsidenten.

Ist in dieser Weise der Beschwerdeweg erschöpft, so findet gegen den in letzter Instanz ergangenen Bescheid des Regierungspräsidenten bezw. des Oberpräsidenten die Klage bei dem Oberverwaltungsgerichte statt. Während aber die Beschwerde in ihrer Begründung in keiner Weise beschränkt ist und sich auf alle möglichen, zu ihrer Unterstützung dienenden Gründe erstrecken kann, ist die Zulässigkeit der Klage insofern begrenzt, als sie nur darauf gestützt werden kann: 1. daß der angefochtene Bescheid durch Nichtanwendung oder unrichtige Anwendung des bestehenden Rechtes, insbesondere auch der von den Behörden innerhalb ihrer Zuständigkeit erlassenen Verordnungen den Kläger in seinen Rechten verletze; 2. daß die tatsächlichen Voraussetzungen nicht vorhanden seien, welche die Polizeibehörde zum Erlasse der Verfügung berechtigt haben würden.

2. Die Klage ist durch die §§ 128, 129 wahlweise mit der Beschwerde (1) gestattet, und zwar findet die Klage an Stelle der Beschwerde in allen vorstehend unter 1 angeführten Fällen statt: a) gegen die Verfügungen der Ortspolizeibehörden auf dem Lande oder einer zu einem Landkreise gehörigen Stadt, deren Einwohnerzahl bis zu 10000 Einwohnern beträgt, bei dem Kreisausschusse; b) gegen die Verfügungen des Landrates oder der Ortspolizeibehörden eines Stadtkreises oder einer zu einem Landkreise gehörigen Stadt mit mehr als 10000 Einwohnern bei dem Bezirksausschusse. Die Klage kann nur auf die gleichen Behauptungen gestützt werden, wie die Klage bei dem Oberverwaltungsgerichte (§ 127 Abs. 3 und 4).

3. Die Beschwerde im Falle des § 127 Abs. 1 und die Klage im Falle des § 128 sind bei derjenigen Behörde anzubringen, gegen deren Verfügung sie gerichtet sind. Die Behörde, bei welcher die Beschwerde oder Klage angebracht ist, hat dieselbe an diejenige Behörde abzugeben, welche darüber zu beschließen oder zu entscheiden hat. Der Beschwerdeführer bezw. Kläger ist hiervon in Kenntnis zu

setzen. Die Frist zur Einlegung der Beschwerde und zur Anbringung der Klage gegen die polizeiliche Verfügung, sowie gegen den auf Beschwerde ergangenen Bescheid beträgt zwei Wochen. Die Anbringung des einen Rechtsmittels schließt das andere aus. Ist die Schrift, mittelst deren das Rechtsmittel angebracht wird, nicht als Klage bezeichnet oder enthält dieselbe nicht ausdrücklich den Antrag auf Entscheidung im Verwaltungsstreitverfahren, so gilt dieselbe als Beschwerde. Bei gleichzeitiger Anbringung beider Rechtsmittel ist nur der Beschwerde Fortgang zu geben. Das hiernach unzulässigerweise angebrachte Rechtsmittel ist durch Verfügung der im Abs. 1 bezeichneten Behörde zurückzuweisen. Gegen die zurückweisende Verfügung findet innerhalb zwei Wochen die Beschwerde an die zur Entscheidung auf die Klage berufene Behörde statt. Wird die Beschwerde oder Klage der Vorschrift des ersten Absatzes zuwider innerhalb der gesetzlichen Frist bei derjenigen Behörde angebracht, welche zur Beschlußfassung oder Entscheidung darüber zuständig ist, so gilt die Frist als gewahrt. Die Beschwerde oder Klage ist in solchen Fällen von der angerufenen Behörde zur weiteren Veranlassung an diejenige Behörde abzugeben, gegen deren Beschluß sie gerichtet ist.

C. Während in betreff der Verfügungen der Orts- und Kreispolizeibehörden die Rechtsmittel der Beschwerde und Klage wahlweise zugelassen sind, ist hinsichtlich der Verfügungen des Regierungspräsidenten diese Wahl nicht gegeben. Gegen diese Verfügungen findet vielmehr innerhalb zweier Wochen nur die Beschwerde an den Oberpräsidenten und gegen den vom Oberpräsidenten auf die Beschwerde erlassenen Bescheid innerhalb gleicher Frist die Klage bei dem Oberverwaltungsgerichte nach Maßgabe der Bestimmungen des § 127 Abs. 8, 4 A.-L.-V.-G. (s. S. 462) statt. Gegen polizeiliche Verfügungen des Regierungspräsidenten in Sigmaringen findet innerhalb zweier Wochen unmittelbar die Klage bei dem Oberverwaltungsgerichte statt.

§ 57.[249])

Die in diesem Gesetz angeordneten öffentlichen Bekanntmachungen erfolgen durch mindestens einmalige Einrückung in den Anzeiger des Amtsblatts.[250]) Die Bekanntmachung gilt als bewirkt mit dem Ablaufe des zweiten Tages nach der Ausgabe des die Einrückung oder die erste Einrückung enthaltenden Blattes.[251])

Außerdem erfolgt die Bekanntmachung durch mindestens einmalige Einrückung in die durch die Statuten oder die Bedingungen der Ausgabe der Teilschuldverschreibungen bestimmten Blätter.[252])

[249]) Prinzip und Entstehung des § 57.

I. Prinzip. § 57 regelt die Form der im vorliegenden Gesetze angeordneten öffentlichen Bekanntmachungen und bestimmt zugleich den Zeitpunkt, mit welchem dieselben als bewirkt anzusehen sind. Da bei den in diesem Gesetze vorgeschriebenen öffentlichen Bekanntmachungen der Kreis der in Betracht kommenden Interessenten im wesentlichen stets derselbe ist, so empfahl es sich, abweichend von den für die verschiedenen Fälle des prozessualischen Verfahrens gegebenen Bestimmungen der C.-P.-O. (§§ 203 ff.) und in Anlehnung an § 76 der K.-O. Form § 57. Prinzip und Zeitpunkt der öffentlichen Bekanntmachungen einheitlich dahin zu regeln, daß dieselben durch mindestens einmalige Einrückung in den Anzeiger des Amtsblatts zu erfolgen haben und als bewirkt gelten mit dem Ablaufe des zweiten Tages nach der Ausgabe des die Einrückung oder die erste Einrückung enthaltenden Blattes (Abs. 1).

Insoweit eine Gesellschaft (Aktiengesellschaft 2c.) Bahneigentümer bezw. Unternehmer ist, deren Statuten die öffentlichen Bekanntmachungen der Gesellschaft in bestimmten Blättern vorschreiben oder Teilschuldverschreibungen ausgegeben sind, genügt jedoch diese Form der öffentlichen Bekanntmachung nicht, weil die Gesellschafter und die Inhaber der Teilschuldverschreibungen einen Anspruch darauf haben, daß die im Gesetze angeordneten, die Bahneinheit betreffenden öffentlichen Bekanntmachungen in den durch die Statuten oder Emissionsbedingungen bestimmten Blättern erfolgen; denn die Gesellschafter und Teilschuldgläubiger sind auf diese Blätter ausdrücklich hingewiesen und haben mithin die Bekanntmachung durch dieselben zu erwarten. Demgemäß ist bestimmt, daß außer der allgemein im Abs. 1 vorgeschriebenen Form die Bekanntmachung noch durch mindestens einmalige Einrückung in die durch die Statuten oder die Bedingungen der Ausgabe der Teilschuldverschreibungen bestimmten Blätter zu bewirken ist.

Die vorbezeichneten Bestimmungen über die öffentlichen Bekanntmachungen erstrecken sich jedoch nur auf die im vorliegenden Gesetze ausdrücklich angeordneten. Insoweit nach Maßgabe desselben andere Gesetze auf die Verhältnisse der Bahneinheit Anwendung zu finden haben, z. B. Grundbuchordnung, Konkursordnung, Zwangsvollstreckungsgesetz 2c., haben die in diesen Gesetzesbestimmungen angeordneten öffentlichen Bekanntmachungen in der dort vorgesehenen Form zu erfolgen und gelten zu dem dort bestimmten Zeitpunkt als bewirkt. Nur in betreff des letzteren Gesetzes ist aus Zweckmäßigkeitsgründen ausnahmsweise bestimmt, daß die Bekanntmachung des Termins einer Zwangsversteigerung (§§ 20ff.) auch durch mindestens einmalige Einrückung in die durch die Statuten oder die Emissionsbedingungen der Teilschuldverschreibungen bestimmten Blättern zu geschehen hat, ohne daß jedoch dadurch im übrigen die bezüglichen Vorschriften des damals geltenden § 46 des Ges. v. 18. Juli 1888 jetzt §§ 39, 40 R.-Zw.-V.-G. v. 24. März 1897, Art. 5 Ausf.-Ges. z. Zw.-V.-G. berührt wurden (Abs. 2 Satz 2). Das Bahneinh.-Ges. v. 11. Juni 1902 hat diese Ausnahmebestimmung des § 61 Abs. 2 Satz 2 des bisherigen Eisenbahnpfandrechtsgesetzes über die Form der öffentlichen Bekanntmachung der Terminsbestimmung bei Zwangsversteigerung einer Bahneinheit zwar beibehalten, aber zweckmäßig und folgerichtig aus dem Abschnitt des Gesetzes für Schlußbestimmungen in den zugehörigen Abschnitt über die Zwangsvollstreckung als § 29 versetzt (s. § 29 Anm. 183 ff. S. 260ff.).

§ 57. Entstehung. II. Aus der Entstehungsgeschichte des § 57 ist folgendes zu entnehmen: Der Preußische Regierungsentwurf v. 13. März 1895 (Nr. 24 S. 17) schlug diejenigen Bestimmungen vor, welche als § 61 in das Eisenb.-Pfandr.-Ges. v. 19. August 1895 aufgenommen worden sind.

Die Motive (S. 60/61) lauten: „Öffentliche Bekanntmachungen schreiben vor die §§ 14, 22, 26, 28, 31, 49, 52, 58, 56. Die in § 61 für die Ausführung dieser Bekanntmachungen gegebenen Vorschriften schließen sich an die Bestimmung des § 68 Abs. 1 der K.-O. an. Abs. 2 weicht insofern von § 68 Abs. 2 der K.-O. ab, als dort die Einrückung in andere Blätter dem Ermessen des Gerichts überlassen ist, während hier die Einrückung in bestimmte Blätter vorgeschrieben ist. Es empfiehlt sich eine derartige Vorschrift mit Rücksicht darauf, daß eine Bekanntmachung in den nach den Statuten oder den Ausgabebedingungen von Teilschuldverschreibungen bestimmten Blättern am sichersten zur Kenntnis der in Frage kommenden Interessenten gelangt. Aus dem gleichen Grunde ist diese Bekanntmachung auch zum Zweck der Veröffentlichung des Termins einer Zwangsversteigerung vorzuschreiben.

In den legisl. Beratungen wurde der Paragraph ohne Beanstandung angenommen und ging in der vorgeschlagenen Fassung unverändert in das Eisenb.-Pfandr.-Ges. v. 19. August 1895 über.

Der Revisionsentwurf v. 10. Februar 1902 (Drucks. d. Herrenh. Session 1902 Nr. 42 S. 10) brachte den Abs. 1 und den Abs. 2 Satz 1 des § 61 unverändert in Vorschlag, dagegen den Abs. 2 Satz 2 in Fortfall. In den Motiven wird nur kurz darauf hingewiesen, daß der Abs. 2 Satz 2 durch den § 42a (sc. § 29) des Entwurfs ersetzt ist (a. a. O. S. 23). Mit dieser Abkürzung fand der bisherige § 61 als § 57 ohne Widerspruch Aufnahme in das Bahneinh.-Ges. v. 11. Juni 1902.

250) Absatz 1 des § 57 trifft allgemein für alle durch das vorliegende Gesetz angeordneten öffentlichen Bekanntmachungen hinsichtlich der Form (Satz 1) und des Zeitpunktes, mit welchem die Bekanntmachung als bewirkt gilt (Satz 2), Bestimmung. § 57. Abs. 1. Satz 1.

Satz 1 regelt die Form der öffentlichen Bekanntmachungen, welche in diesem Gesetze angeordnet sind, dahin, daß dieselben durch mindestens einmalige Einrückung in den Anzeiger des Amtsblatts zu erfolgen haben.

A. Satz 1 wie überhaupt der § 57 bezieht sich nur auf „die in diesem Gesetz angeordneten öffentlichen Bekanntmachungen".

1. Nach dem vorliegenden Gesetz sind öffentlich bekannt zu machen: a) das Erlöschen der Genehmigung, wenn Pfandrechte eingetragen sind (§ 14 Satz 3), b) die Berufung der Versammlung der Teilschuldgläubiger (§ 51 Abs. 2), c) der Beschluß, durch welchen die Zwangsliquidation eröffnet wird (§ 41 Satz 1), d) die Berufung der Versammlung der Bahnpfandgläubiger im Zwangsliquidationsverfahren zur Bestellung eines Gläubigerausschusses (§ 44 Abs. 2 Satz 1), e) der Name des Liquidators (§ 45 Abs. 1 Satz 1), f) die Aufhebung und Einstellung der Zwangsliquidation (§ 49 Abs. 3 u. § 50 Abs. 1 Satz 2).

2. Aus den Worten „in diesem Gesetze angeordneten öffentlichen Bekanntmachungen" folgt, daß sich § 57 ausschließlich auf die im vorliegenden Ges. v. 11. Juni 1902 bezeichneten öffentlichen Bekanntmachungen erstreckt. Insoweit nach Maßgabe desselben andere Gesetze auf die hier geordneten Rechtsverhältnisse Anwendung zu finden haben, greifen die Bestimmungen des § 57 nicht Platz, sondern richtet sich die Form und der Zeitpunkt, mit welchem die Bekanntmachung als bewirkt gilt, lediglich nach diesen Gesetzen. Man könnte zwar dagegen einwenden, daß das vorliegende Gesetz, indem es für einzelne Rechtsverhältnisse andere Gesetze oder Abschnitte derselben für anwendbar erklärt, diese zu integrierenden Teilen seiner selbst macht und daher die dort angeordneten öffentlichen Bekanntmachungen mittelbar als durch das vorliegende Gesetz angeordnet gelten müssen. Indes erscheint eine solche Annahme nicht angängig, weil die Bestimmungen derjenigen Gesetze oder Gesetzesabschnitte, welche durch das vorliegende Gesetz hinsichtlich des Pfandrechts

an Privateisenbahnen ꝛc. — für anwendbar erklärt werden, sich nicht ohne ausdrückliche Vorschrift voneinander trennen lassen, vielmehr in ihrer Gesamtheit und in ihrem Zusammenhange zur Anwendung gebracht werden müssen, mithin auch die in diesen Gesetzen angeordnete Form ꝛc. der öffentlichen Bekanntmachung. Insbesondere bleiben also bei Anwendung der Vorschriften der Grundbuchordnung (§§ 9 ff.), der auf Grundstücke sich beziehenden Vorschriften des B.-G.-B. sowie der für den Erwerb des Eigentums und für die Ansprüche aus dem Eigentum an Grundstücken geltenden Vorschriften des B.-G.-B. (§§ 16 ff.) des Ges. v. 4. Dezember 1899 betreffend die gemeinsamen Rechte der Besitzer von Schuldverschreibungen, der K.-O. (§ 58), des Ges. v. 24. März 1897, über die Zwangsversteigerung und die Zwangsverwaltung ꝛc. (§§ 20 ff.), die in diesen Gesetzen getroffenen Bestimmungen über öffentliche Bekanntmachungen unberührt und ungeachtet des § 57 maßgebend.

8. Die Bestimmung des Satzes 1 ist ihrer Fassung und Absicht nach obligatorisch. Die öffentlichen Bekanntmachungen müssen in dieser Form erfolgen. Jede andere Form ist ungültig und macht die publizierende Behörde für den Fehler verantwortlich und den bezüglichen Rechtsakt, welcher die legale Bekanntmachung voraussetzt, unwirksam.

B. Die Art der öffentlichen Bekanntmachung ist die „mindestens einmalige Einrückung in den Anzeiger des Amtsblatts“. Diese Vorschrift ist nach Analogie des § 76 Abs. 1 Satz 1 K.-O. an die Stelle der §§ 203 ff. der C.-P.-O. getreten. Letztere Vorschriften sind der Kostenersparnis wegen dahin modifiziert, daß die Anheftung an die Gerichtstafel und die Einrückung in den deutschen Reichsanzeiger wegfällt, und nur eine einmalige Einrückung in den Anzeiger des Amtsblatts nötig ist. Es kann zweifelhaft sein, welches Amtsblatt gemeint ist, das der Bahnaufsichtsbehörde (Kreisblatt, Regierungsamtsblatt ꝛc.) oder das zur Veröffentlichung amtlicher Bekanntmachungen des Bahngrundbuchgerichts bestimmte Blatt. Indes da sämtliche hier fraglichen Bekanntmachungen (s. vorstehend unter a bis e S. 465) vom Gerichte auszugehen haben und ferner in den Motiven auf die Analogie des § 68 (jetzt § 76) Abs. 1 K.-O. ausdrücklich Bezug genommen ist, so ist die Annahme begründet, daß das Blatt des Bahngrundbuchgerichts (§ 10 Abs. 4 Anm. 89 S. 66) gemeint ist. Die Voraussetzungen der Unbekanntschaft des Aufenthalts von Beteiligten und des Gesuchs einer Partei fallen fort. Die Bekanntmachungen erfolgen, wie die einzelnen Vorschriften ergeben, sobald die sonstigen sachlichen Voraussetzungen vorhanden sind, seitens des Gerichts von Amts wegen. Durch das Wort „mindestens“ ist angedeutet, daß das Gericht, falls es nach seinem Ermessen notwendig erscheint, auch mehrere Einrückungen in den Anzeiger des Amtsblatts veranlassen kann. Ob außerdem auch Bekanntmachungen in anderen Blättern, ist nicht bestimmt. Der Abs. 2 des § 76 K.-O. ist hier nicht aufgenommen. Die Einrückung in noch andere Blätter erscheint zwar gestattet (§ 204 Abs. 3 C.-P.-O.), wird aber jedenfalls immer nur unter dem Gesichtspunkte geschehen dürfen, daß unnötige Kosten zu vermeiden sind.

C. Über die Form der öffentlichen Bekanntmachungen ist im Gesetze nichts bestimmt. Es fehlt die im § 76 K.-O. enthaltene Bestimmung, daß die Einrückung auszugsweise geschehen kann. Es ist aber demungeachtet anzunehmen, daß, insoweit das Gesetz nichts anderes vorschreibt, die öffentliche Bekanntmachung sich ihrem Inhalte nach hier auf das für ihren Zweck Notwendige und Wissenswerte beschränken darf.

D. Ihrer **Wirkung** nach gilt jede öffentliche Bekanntmachung als **Zustellung** an alle Beteiligten; sie ersetzt die besondere Zustellung oder Benachrichtigung in allen Fällen, auch wenn eine solche ausdrücklich angeordnet ist (z. B. § 41 Satz 2 und 3). Daher laufen auch die Fristen zur Einlegung von Rechtsmitteln, z. B. der sofortigen Beschwerde von der öffentlichen Bekanntmachung an (arg. § 42 Satz 2). Zwar fehlt dem vorliegenden § 57 eine dem § 76 Abs. 3 K.-O. entsprechende Bestimmung. Aber es ist bereits an früherer Stelle (Anm. 175 S. 355 Anm. 180 S. 361) darauf hingewiesen und begründet worden, daß die Vorschrift des § 76 Abs. 3 K.-O. auf die öffentliche Bekanntmachung des vorliegenden Gesetzes analog in Anwendung zu bringen ist.

251) Satz 2 des Abs. 1 setzt in wörtlicher Übereinstimmung mit § 76 Abs. 1 § 57.
Satz 2 den **Zeitpunkt** fest, mit welchem die Bekanntmachung **als bewirkt** gilt. Abs. 1 Satz 2
Dies geschieht „mit dem Ablaufe des zweiten Tages nach der Ausgabe des die Einrückung oder die erste Einrückung enthaltenden Blattes". Der Tag der Ausgabe wird nicht mitgerechnet. Von diesem Tage ab — der also selbst nicht mitzurechnen ist — müssen zwei Tage vergangen sein, bevor die Bekanntmachung als bewirkt gilt (§ 76 Abs. 1 Satz 2 K.-O.). Ob einer der Tage, wenngleich der letzte, ein Sonntag oder Feiertag ist, macht keinen Unterschied. Entscheidend ist der Tag der **allgemeinen** Ausgabe am Orte des Erscheinens des Blattes (nicht der für Postsendungen schon abends vorher erfolgten, teilweisen), und zwar der wirklichen **Ausgabe**, nicht des im Blatte gedruckten Datums, wenn dieses nicht mit der tatsächlichen Ausgabe übereinstimmt.

252) Abs. 2 regelt die öffentlichen Bekanntmachungen für den Fall, daß die § 57.
Statuten oder die **Bedingungen der Ausgabe von Teilschuldverschreibungen bestimmte Blätter** für öffentliche Bekanntmachungen vorsehen. Abs. 2.
Alsdann soll **außerdem**, d. h. — abgesehen von der öffentlichen Bekanntmachung in der durch Abs. 1 vorgeschriebenen Art, — die Bekanntmachung noch durch mindestens einmalige Einrückung in diese Blätter erfolgen. Abs. 2 ist zu kurz und daher wenig verständlich gefaßt. Vorausgesetzt ist, daß Bahneigentümer oder Unternehmer eine Gesellschaft ist, deren Gesellschaftsvertrag (Statut) für ihre öffentlichen Bekanntmachungen bestimmte Blätter vorschreibt, oder daß Teilschuldverschreibungen (§ 18) auf die Bahneinheit ausgegeben worden sind und die Emissionsbedingungen für die Kundgebungen an die Inhaber bestimmte Blätter bezeichnen. In diesen Fällen haben einerseits die Gesellschafter (Aktionäre ꝛc.) und die Inhaber der Teilschuldverschreibungen einen Anspruch darauf, auf die in den Statuten oder Emissionsbedingungen vorgeschriebene Weise unterrichtet zu werden, sie sind darauf hingewiesen, und andererseits erscheint es auch zweckmäßig, diesen Weg der öffentlichen Bekanntmachung zu benutzen, weil dies von den Interessenten erwartet wird und die Gewißheit bietet, daß sie von der Bekanntmachung bestimmt Kenntnis erlangen. Demgemäß ist die Bekanntmachung auch durch diese Blätter, wie aus dem Worte „erfolgt" sich ergibt, **obligatorisch** angeordnet. Die Einrückung soll „**außerdem**" erfolgen, d. h. **neben** der allgemeinen im Abs. 1 vorgeschriebenen Form. Das eine soll das andere nicht ausschließen, vielmehr sind **beide** Formen **vereint** geboten, so daß die Unterlassung beider oder auch nur einer von beiden die oben S. 466 bezeichneten Folgen nach sich zieht. Auch in betreff der Worte „durch mindestens einmalige Einrückung" wird auf das in der Anm. 250 S. 466 Bemerkte Bezug genommen.

Hinsichtlich des Zeitpunktes, mit welchem diese Bekanntmachung als bewirkt gilt, ist die Bestimmung des Abs. 1 Satz 2 (Anm. 251 S. 467) maßgebend. Doch können Zweifel entstehen, wenn die Bekanntmachung bezw. Ausgabe des Anzeigers des Amtsblatts (Abs. 1 Satz 1) und der durch die Statuten oder Emissionsbedingungen bestimmten Blätter (Abs. 2) zu verschiedenen Zeiten erfolgt. Indes erscheint die Annahme wohl begründet, daß in diesem Falle die durch den Anzeiger des Amtsblatts (Abs. 1 Satz 1) erfolgte allgemeine sc. für alle Beteiligte geltende Bekanntmachung als die entscheidende anzusehen ist.

§ 58.[253])

Mit der Ausführung des Gesetzes werden der Justizminister und der Minister der öffentlichen Arbeiten beauftragt.[254])

Urkundlich unter Unserer Höchsteigenhändigen Unterschrift und beigedrucktem Königlichen Insiegel.

Gegeben Neues Palais, den 19. August 1895.

(L. S.) Wilhelm R.

von Boetticher. Thielen. von Köller. Schönstedt.

[253]) Prinzip und Entstehung des § 58.

§ 58. Prinzip. I. Prinzip. Sowohl der Umstand, daß das vorliegende Gesetz einer Reihe neuer Rechtsinstitute und Rechtsnormen in das Recht einführt und zugleich in andere Gesetze gewissermaßen hineinfügt, wie auch die damit zusammenhängende Tendenz, bei der Einführung der neuen noch der praktischen Anwendung und Erfahrung bedürfenden Rechtsnormen sich mehr auf allgemeine Grundsätze zu beschränken und nicht zu sehr ins Detail zu gehen, endlich die vielfachen Änderungen, welche das bisherige Eisenb.-Pfandr.-Ges. v. 19. August 1895 durch das Bahneinh.-Ges. v. 11. Juni 1902 erfahren hat, war dafür bestimmend, die Ausgestaltung im einzelnen der administrativen Regelung und der Praxis zu überlassen. Mit der hiernach erforderlichen Ausführung des Gesetzes, d. h. mit den Maßnahmen, welche zur Handhabung und Anwendung desselben in Gestalt von Verfügungen, Anweisungen, Einrichtungen notwendig und angemessen erscheinen, sind durch § 58 der Justizminister und der Minister der öffentlichen Arbeiten betraut worden. Hierbei ist folgendes grundsätzlich zu beachten: Zunächst liegt es im Begriffe der Ausführung, daß sich die bezüglichen Maßnahmen im Rahmen und auf der Grundlage des Gesetzes halten, mithin die Bestimmungen desselben weder abändern, noch verletzen dürfen. Es muß stets daran festgehalten werden, daß es sich nur um die Ausführung des bestehenden Gesetzes handelt, nicht um Änderungen, Modifikationen oder Erweiterungen. Sodann deutet die Fassung des § 58 darauf hin, daß die Ausführungsmaßnahmen mit Rücksicht auf die Beteiligung der Interessen beider Ressorts — in der Regel wenigstens — von beiden Ministern gemeinsam zu treffen sind. Doch ist an sich nicht grundsätzlich ausgeschlossen, daß auch jeder Minister für sich, insoweit es sich lediglich um Angelegenheiten seiner Ressorts handelt, Ausführungsverfügungen erläßt.

§ 58. Entstehung. II. Entstehung. § 58 ist in seiner gegenwärtigen Fassung in dem Preuß. Regierungsentwurf v. 18. März 1895 (Druckf. d. Herrenh. Nr. 24 S. 19 § 65) in Vorschlag gebracht und lediglich damit begründet worden, daß die ausdrückliche

Bezeichnung der mit der Ausführung des Gesetzes beauftragten Minister erwünscht erscheine (a. a. O. S. 62). Die Aufnahme in das Gesetz als § 58 ist ohne jede Diskussion beschlossen worden, und ebenso ist derselbe unbeanstandet nach dem Vorschlage des Revisionsentwurfes v. 10. Februar 1902 (Drucks. d. Herrenh. Sess. 1902 Nr. 42 S. 10) in das Bahneinh.-Ges. v. 11. Juni 1902 übergegangen (a. a. O. S. 28).

254) Durch § 58 werden der Justizminister und der Minister der öffentlichen Arbeiten mit der **Ausführung** dieses Gesetzes beauftragt. Es wird hierdurch beiden Ministern durch das Gesetz die Ermächtigung erteilt, alle Maßnahmen und Verfügungen zu treffen, welche zur Handhabung und Anwendung des Gesetzes erforderlich erscheinen. Dahin gehört vornehmlich die Regelung des Verfahrens der zuständigen Aufsichtsbehörden und Gerichte bei der ihnen durch das Gesetz zugewiesenen Tätigkeit, bei dem Benehmen mit anderen beteiligten Behörden, die Feststellung der Grundsätze bei Wahrnehmung der dem Staate zustehenden Rechte und der Erfüllung der ihm obliegenden Verpflichtungen, die Ergänzung des Gesetzes in denjenigen Beziehungen, in welchen dasselbe offensichtlich Raum für die administrative Regelung auf Grund der gesetzlichen Bestimmungen gelassen hat, wie z. B. in betreff der Einrichtung der Bahngrundbücher — des Titels und der Grundakten — (§ 11 Abs. 4), der Bestimmung der zuständigen Amtsgerichte (§ 10 Abs. 2), der Geschäftsführung und Vergütung der Verwalter im Zwangsverwaltungsverfahren (§ 85 Satz 2). Auch die Erläuterung und Auslegung gesetzlicher Bestimmungen, welche etwa zu Zweifeln und Bedenken Anlaß bieten können, fällt in den Kreis der Ausführungsanweisung. Es kommen hierbei aber folgende Gesichtspunkte in Betracht: § 58. Einziger Absatz.

1. Alle zur Ausführung des Gesetzes ergehenden Verfügungen, Anweisungen und Erläuterungen der genannten Minister müssen sich grundsätzlich **im Rahmen des Gesetzes und auf der Grundlage des Gesetzes** bewegen, derartig, daß sie nur einen das Gesetz ausführenden, d. h. ergänzenden und deklaratorischen Charakter tragen dürfen und daher ungültig sind, insoweit sie das Gesetz abändern, demselben widersprechen oder mit den Bestimmungen desselben nicht vereinbar sind. Die Ausführungsanweisungen dürfen nicht an die Stelle des Gesetzes treten oder dasselbe beliebig erweitern, sondern müssen sich strikte in den Grenzen und auf der Grundlage des Gesetzes halten.

2. Sodann liegt es nach der Fassung des § 58 unverkennbar in der Absicht des Gesetzes, daß die Ausführung desselben mit Rücksicht auf das Ineinandergreifen und den Zusammenhang der Interessen der hauptsächlich beteiligten Ressorts der Justiz und der öffentlichen Arbeiten **von beiden Ministern zusammen ausgehen** oder doch **unter gegenseitigem Einverständnis und Benehmen** die bezüglichen Anweisungen — wenigstens der Regel nach — gemeinsam in die Wege geleitet und erlassen werden sollen. Indes ist doch nicht ausgeschlossen, daß auch Ausführungsverfügungen von einem der genannten Minister **allein** erlassen werden, insbesondere in Fällen, in welchen nur das eigene Ressort in Frage kommt und es sich lediglich um ein Internum desselben handelt, wie ja auch das Gesetz selbst die Ausführung einzelner Bestimmungeu z. B. die Bestimmung des zur Führung des Bahngrundbuchs zuständigen Amtsgerichts, wenn sich der Sitz der Hauptverwaltung der Bahn nicht innerhalb des preußischen Staatsgebietes befindet (§ 10 Abs. 2), die nähere Einrichtung des Titels des Bahngrundbuchblatts und

der Bahngrundbuchakten (§ 11 Abs. 4) dem Justizminister, dagegen die allgemeinen Anordnungen für die Geschäftsführung der Verwalter und die denselben zu gewährende Vergütung bei der Zwangsverwaltung von Bahneinheiten (§ 85 Satz 2) dem Minister der öffentlichen Arbeiten allein zugewiesen hat. Andererseits steht aber auch die Vorschrift des § 58 der Mitwirkung und Zuziehung anderer Ressorts bei der Ausführung des Gesetzes, z. B. des Ministers des Innern, des Finanzministers, des Landwirtschaftsministers (Generalkommissionen ꝛc.) usw. nicht entgegen, wenngleich dies in den betreffenden Ausführungsanweisungen nicht formell zum Ausdruck gelangt.

8. Von diesen Gesichtspunkten aus sind vom Justizminister auf Grund des § 58 und in Ausführung des § 10 Abs. 1 des Gesetzes sowie unter Zugrundelegung der Allgem. Verfügung v. 20. November 1899 zur Ausführung der Grundbuchordnung (J.-M.-Bl. S. 349) die allgemeine Verfügung, betreffend die Bahngrundbücher, v. 11. November 1902 (J.-M.-Bl. S. 275) (in der nachstehend beigefügten Anlage I abgedruckt), sowie mehrere andere Erlasse (gleichfalls im Anhange mitgeteilt) ergangen. Auf diese Verfügungen und Erlasse ist bei den betreffenden Paragraphen des Gesetzes und den Erläuterungen derselben entsprechend Bezug genommen (s. insbesondere § 10 Abs. 1 Anm. 85 S. 59—61).

Die Kostenvorschriften des § 64 des Eisenb.-Pfandr.-Ges. v. 19. August 1895 sind nach den Motiven des Revisionsentwurfes v. 14. Februar 1902 (Drucks. d. Herrenh. Sess. 1902 Nr. 42 S. 28) — in das Bahneinh.-Ges. v. 11. Juni 1902 nicht aufgenommen, sondern, soweit sie noch Bedeutung behalten haben, in der durch den Justizminister am 6. Oktober 1899 bekannt gemachten Fassung in das Preuß. Gerichtskostengesetz v. 25. Juni 1895 (G.-S. S. 326 ff.) übergegangen. Dahin gehören die §§ 67, 68, 119—122, 124—136 des genannten Gesetzes (Anlage II S. 471—475).

Anhang.

Anlage I.

Preuß. Ausführungsgesetz zum Reichsgesetz über die Zwangsversteigerung und die Zwangsverwaltung.

Vom 23. September 1899 (Preuß. G.-S. S. 291 ff.).

Art. 45. Die §§ 117 bis 121a und der § 122 Abs. 1 des Preuß. Gerichtskostenges. v. 25. Juni 1895 (G.-S. S. 203) fallen weg. Im § 122 Abs. 2 werden die Worte „oder Genehmigung" gestrichen und die Worte „der Zwangsvollstreckung in das unbewegliche Vermögen" durch die Worte „der Zwangsversteigerung, der Zwangsverwaltung oder der Zwangsliquidation" ersetzt. Der § 114 Abs. 1 erhält folgende Fassung:

> Die Vorschriften der §§ 8, 10, 13, 16, 17, 30, 31, 110 finden auch in den Angelegenheiten der streitigen Gerichtsbarkeit Anwendung. In dem Verfahren der Zwangsversteigerung oder der Zwangsverwaltung von Gegenständen des unbeweglichen Vermögens sowie der Zwangsliquidation einer Bahneinheit finden alle Vorschriften des ersten und zehnten Abschnitts des ersten Teiles Anwendung.

Art. 46. Der Justizminister wird ermächtigt, bei der Bekanntmachung des neuen Textes des Preuß. Gerichtskostengesetzes die §§ 1 bis 11 des Ges. v. 18. Juli 1883 und die §§ 121b, 122 des Preuß. Gerichtskostengesetzes in den zweiten Teil des letzteren Gesetzes als zweiten Abschnitt unter der Überschrift „Zwangsversteigerung und Zwangsverwaltung von Gegenständen des unbeweglichen Vermögens. Zwangsliquidation einer Bahneinheit." aufzunehmen. Hierbei sind die §§ 121b, 122 des Preuß. Gerichtskostengesetzes hinter den §§ 1 bis 8, 10, 11 des Ges. v. 18. Juli 1883 und der § 9 des letzteren Gesetzes am Schlusse des Abschnitts einzustellen. Die §§ 114 bis 116, 122a, 123 des Preuß. Gerichtskostengesetzes erhalten als erster Abschnitt des zweiten Teiles die Überschrift: „Allgemeine Bestimmungen."

Anlage II.

Preuß. Gerichtskostengesetz v. 25. Juni 1895 in der Fassung v. 6. Oktober 1899.

(Preuß. G.-S. 1899 S. 326 ff.).

§ 67 Abs. 1. Die vorstehend für Grundstücke gegebenen Vorschriften sind auf Bergwerke und andere Berechtigungen, für welche die sich auf Grundstücke beziehenden Vorschriften gelten, entsprechend anzuwenden. Dabei wird jedoch der Gebührensatz A nur zur Hälfte erhoben, wenn die anderweite Eintragung eines Eigentümers durch die Konsolidation mehrerer Bergwerke, welche bis dahin verschiedenen Eigentümern (Gewerkschaften) gehörten, veranlaßt wird.

§ 68. Die hinsichtlich der Grundbücher bestehenden Gebührenbestimmungen sind auf die Bahngrundbücher entsprechend anzuwenden. Es werden erhoben für die Anlegung und für die Schließung des Bahngrundbuchs der Satz des § 62 und für den Vermerk des Erlöschens der Genehmigung, einschließlich der öffentlichen Bekanntmachung des Vermerkes, der Satz des § 60. Die Eintragung des infolge einer Veräußerung der Bahn eingetretenen Eigentumswechsels in dem über ein Bahngrundstück geführten gerichtlichen Buche erfolgt gebührenfrei.

Die Kosten der Anlegung des Bahngrundbuchs sowie der Vermerke der Zugehörigkeit eines Grundstücks zur Bahneinheit trägt der Bahneigentümer; die bezeichneten Kosten fallen jedoch, wenn ein Gläubiger durch den Antrag auf Eintragung einer vollstreckbaren Forderung die Anlegung des Bahngrundbuchs veranlaßt, diesem Gläubiger und, wenn die Anlegung im Zwangsversteigerungsverfahren auf Ersuchen des Vollstreckungsgerichts erfolgt, dem Ersteher zur Last.

§ 119 Abs. 1. Die Vorschriften der §§ 8, 10, 18, 16, 17, 80, 81, 116 finden auch in den Angelegenheiten der streitigen Gerichtsbarkeit Anwendung. In dem Verfahren der Zwangsversteigerung oder der Zwangsverwaltung von Gegenständen des unbeweglichen Vermögens sowie der Zwangsliquidation einer Bahneinheit finden alle Vorschriften des ersten und zehnten Abschnitts des ersten Teiles Anwendung.

§ 120 Abs. 1. Das Deutsche Gerichtskostengesetz und die Vorschriften des § 119 finden, soweit nicht ein anderes bestimmt ist, Anwendung auf die vor die ordentlichen oder vor besondere Gerichte gehörigen Rechtssachen, für welche die Deutsche Zivilprozeßordnung oder die Deutsche Strafprozeßordnung kraft landesgesetzlicher Vorschrift maßgebend sind.

§ 214. Zwei Zehnteile der im § 8 des Deutschen Gerichtskostengesetzes bestimmten Gebühr werden erhoben für die Entscheidung, einschließlich des vorangegangenen Verfahrens, über Anträge auf Anordnung der Zwangsversteigerung, der Zwangsverwaltung oder der Zwangsliquidation. Ist ein Gläubiger der Antragsteller, so werden die Gebühren nach dem Betrage der einzuziehenden Forderungen nebst den miteinzuziehenden Zinsen berechnet; im übrigen werden die Gebühren nach der Hälfte des Wertes des Gegenstandes der Zwangsversteigerung, der Zwangsverwaltung oder der Zwangsliquidation berechnet. Bei Gegenständen, welche der Grundsteuer oder der Gebäudesteuer unterliegen, ist der Wert auf den vierzigfachen Betrag des staatlich ermittelten Grundsteuerreinertrags und den fünfundzwanzigfachen Betrag des staatlich ermittelten Gebäudesteuernutzungswerts zu bestimmen. In den Hohenzollernschen Landen ist an Stelle des nach der Grund- und Gebäudesteuer zu berechnenden Wertes der Steueranschlag maßgebend.

Wird der Antrag zurückgenommen, ehe eine gebührenpflichtige Entscheidung ergangen ist, so wird ein Zehnteil der im Abs. 1 bestimmten Gebühr erhoben. Im Falle einer teilweisen Zurücknahme wird diese Gebühr nur insoweit erhoben, als die im Abs. 1 bestimmte Gebühr sich erhöht haben würde, wenn die Entscheidung auf den zurückgenommenen Teil erstreckt worden wäre.

§ 125. In dem Verfahren der Zwangsversteigerung werden erhoben:

1. für den Erlaß der Bekanntmachung des Versteigerungstermins zwei Zehnteile,

2. für die Abhaltung des ersten Versteigerungstermins zwei Zehnteile,
3. für die Abhaltung eines jeden Versteigerungstermins nach Abhaltung des ersten ein Zehnteil,
4. für das Verteilungsverfahren fünf Zehnteile der im § 8 des Deutschen Gerichtskostengesetzes bestimmten Gebühr.

Bei Gegenständen von mehr als 100000 Mark steigen die ferneren Wertklassen um je 3000 Mark und die Gebühren um je 10 Mark.

Die Gebühr für den Erlaß der Bekanntmachung des Versteigerungstermins wird nur einmal erhoben. Wird jedoch nach Abhaltung des bekannt gemachten Termins ein neuer Termin bekannt gemacht, so wird ein Zehnteil der bezeichneten Gebühr erhoben (§ 8 a. a. O.).

Die Bekanntmachung des Versteigerungstermins gilt als erlassen, wenn sie zur Veröffentlichung oder an einen der Beteiligten abgesandt worden ist.

Der Versteigerungstermin gilt als abgehalten, wenn in demselben nach Feststellung der Versteigerungsbedingungen zur Abgabe von Geboten aufgefordert worden ist.

Findet nach § 144 des Gesetzes über die Zwangsversteigerung und die Zwangsverwaltung ein Verteilungsverfahren nicht statt oder wird nach § 143 desselben Gesetzes ein Verteilungsverfahren nach der Zustellung der Bestimmung des Verteilungstermins, aber vor dem Beginne des Verteilungstermins eingestellt, so werden zwei Zehnteile der im § 8 des Deutschen Gerichtskostengesetzes bestimmten Gebühr erhoben. Ist diese Gebühr und die Gebühr der Nr. 4 von verschiedenen Teilen des Erlöses zu berechnen, so darf der Gesamtbetrag die nach Nr. 4 von dem Gesamterlöse zu berechnende Gebühr nicht überschreiten.

§ 126. Für den Beschluß, durch welchen im Verfahren der Zwangsversteigerung der Zuschlag erteilt worden ist, wird das Zweifache der im § 33 bestimmten Gebühr erhoben.

Daneben wird der Betrag des nach den Bestimmungen der Stempelgesetze zu berechnenden Wertstempels erhoben. In den Hohenzollernschen Landen wird bei der Eintragung des Erstehers als Eigentümers von diesem die im Art. 2 § 1 des Ges. v. 22. Juni 1875 (G.-S. S. 285) bestimmte Abgabe erhoben.

Im Falle der Zwangsversteigerung zum Zwecke der Aufhebung einer Gemeinschaft findet bei der Berechnung der Gebühren, Stempel und Abgaben die Vorschrift im Abs. 3 der Tarifstelle 32 des Stempelsteuergeſ. v. 31. Juli 1895 (G.-S. S. 413) Anwendung.

Wird der Beschluß aufgehoben, so werden die angesetzten Beträge nicht erhoben oder, wenn sie bezahlt sind, erstattet.

§ 127. Die nach den §§ 125, 126 zu erhebenden Gebühren werden nach dem Gebote berechnet, für welches der Zuschlag erteilt ist.

Erreicht das Gebot nicht zwei Dritteile des Wertes des Gegenstandes, so treten diese zwei Dritteile bei Berechnung der nach § 125 Nr. 1, 2, 3 und § 126 zu erhebenden Gebühren an Stelle des Gebots. Ist der Zuschlag nicht erteilt, so werden die nach § 125 zu erhebenden Gebühren nach dem Werte des Gegenstandes berechnet.

Auf die Berechnung des Wertes finden die Vorschriften des § 124 Abs. 1 Satz 3, 4 Anwendung.

Sind nach § 65 des Gesetzes über die Zwangsversteigerung und die Zwangsverwaltung Gegenstände besonders versteigert oder anderweit verwertet worden, so tritt für die Berechnung der Gebühren für das Verteilungsverfahren ihr Erlös dem Gebote hinzu.

§ 128. Betrifft das Verfahren der Zwangsversteigerung mehrere Gegenstände, so werden die im § 125 bestimmten Gebühren nach der Summe der für die einzelnen Gegenstände maßgebenden Beträge berechnet. Werden mehrere Gegenstände verschiedenen Personen zugeschlagen, so werden die im § 126 bestimmten Gebühren, Stempel und Abgaben nach den Personen der Ersteher gesondert berechnet.

§ 129. Die im § 125 bestimmten Gebühren werden, wenn der Zuschlag erteilt ist und ein Verteilungstermin stattfindet, nicht vor diesem Termin erhoben.

Ist der Zuschlag nicht erteilt, so werden die Gebühren fällig, sobald der den Zuschlag versagende Beschluß erlassen oder das Verfahren ohne solchen Beschluß beendigt ist oder das Verfahren nach Abhaltung des Versteigerungstermins nur noch auf Antrag fortzusetzen ist.

Ist das Verfahren eingestellt, so werden mit dem Ablauf eines Jahres seit dem Erlasse des Einleitungsbeschlusses die bis dahin entstandenen Gebühren fällig.

§ 130. In dem Verfahren der Zwangsverwaltung werden für jedes Jahr fünf Zehnteile der im § 8 des Deutschen Gerichtskostengesetzes bestimmten Gebühr erhoben. Der Tag der Beschlagnahme gilt als der erste Tag eines jeden Verwaltungsjahrs.

Die Gebühr wird nach demjenigen Betrage der Einkünfte berechnet, welcher nach Berichtigung aller Ausgaben der Verwaltung und der laufenden Beträge der öffentlichen Lasten zur Verteilung gelangt, mindestens jedoch nach dem Betrage des Grundsteuerreinertrags und des Gebäudesteuernutzungswerts. In den Hohenzollernschen Landen tritt an Stelle des Grundsteuerreinertrags und Gebäudesteuernutzungswerts der Betrag von vier Prozent des Steueranschlags.

§ 131. Die Gebühren im Verfahren der Zwangsverwaltung werden am Ende des Verfahrens und, wenn dasselbe länger als ein Jahr dauert, am Ende eines jeden Jahres erhoben.

Ist der Gegenstand des Verfahrens vor Aufhebung desselben dem Verwalter nicht übergeben oder nicht von demselben in Besitz genommen, so werden Gebühren nicht erhoben.

§ 132. Für die von dem Vollstreckungsgerichte veranlaßte Tätigkeit des Grundbuchamts und des das Schiffsregister führenden Richters werden Gebühren nicht erhoben, mit Ausnahme jedoch der Eintragung des Erstehers als Eigentümers und der Eintragung der Sicherungshypothek oder des Pfandrechts für die Forderung gegen den Ersteher.

§ 133. Zur Zahlung der im § 124 bestimmten Gebühren ist der Antragsteller, zur Zahlung der im § 126 bestimmten Gebühren, Stempel und Abgaben ist der Ersteher verpflichtet. Für die nach den §§ 125, 130 zu erhebenden Gebühren haftet der Antragsteller, sofern sie nicht aus einer bar vorhandenen Teilungsmasse entnommen werden können.

Für die von dem Antragsteller zu erhebenden Kosten und Kostenvorschüsse haftet von mehreren Antragstellern, sofern diese nicht Mitberechtigte sind, jeder ohne Rücksicht auf die Mitverhaftung anderer.

§ 134. Für die Zwangsliquidation einer Bahneinheit werden sechs Zehnteile und, wenn die Zwangsliquidation eingestellt wird, nur vier Zehnteile der Sätze des § 8 des deutschen Gerichtskostengesetzes erhoben. Die Gebühr wird nach dem Gesamtwerte der Bestandteile der Bahneinheit berechnet.

§ 135. Bei Beschwerden in dem Verfahren der Zwangsversteigerung, der Zwangsverwaltung oder der Zwangsliquidation finden die Vorschriften der §§ 45 und 46 des Deutschen Gerichtskostengesetzes entsprechende Anwendung. Wird von dem Beschwerdegericht im Verfahren der Zwangsversteigerung der in unterer Instanz versagte Zuschlag erteilt, so ist außer der nach den Vorschriften des § 45 a. a. O. zu erhebenden Gebühr die Gebühr für Erteilung des Zuschlags und der tarifmäßige Stempel zu erheben.

§ 136. Schreibgebühren werden nur für solche Abschriften und Ausfertigungen erhoben, welche nur infolge eines auf die Erteilung gerichteten Antrags erteilt werden. Schuldner derselben ist der Antragsteller.

Bei dem Erlasse der Einleitungs- und Beitrittsbeschlüsse finden diese Beschränkungen nicht Anwendung, in der Beschwerdeinstanz nur bei der Zustellung eines den Zuschlag in der Zwangsversteigerung erteilenden Beschlusses.

Anlage IIIa.

Preußisches Ausführungsgesetz zur Grundbuchordnung.

Vom 26. September 1899 (Preuß. G.-S. 1899 S. 307 ff.).

Art. 30. Das Preußische Gerichtskostenges. v. 25. Juni 1895 (G.-S. S. 203) wird dahin geändert:

IV. Im § 58 treten an die Stelle der Worte „jede endgültige Eintragung in der zweiten oder dritten Abteilung" die Worte „jede Eintragung der Belastung des Grundstücks mit einem Rechte".

Als Satz 2 wird folgende Vorschrift hinzugefügt:

Als Belastungen des Grundstücks gelten auch das Recht des Nacherben, die Lehns- oder Fideikommißeigenschaft, ein bedingtes Recht auf Eigentumserwerb sowie die Zugehörigkeit zu einer Wassergenossenschaft, einer Bahneinheit oder einer sonstigen mit Beschränkungen des Eigentümers verbundenen Vermögensmasse und die nach § 1010 des Bürgerlichen Gesetzbuchs eingetragenen Bestimmungen oder Ansprüche.

X. Im § 66 Abs. 1 werden die Worte „selbständige Gerechtigkeiten" ersetzt durch die Worte „andere Berechtigungen, für welche die sich auf Grundstücke beziehenden Vorschriften gelten".

XI. Im § 66a erhält der Abs. 1 Satz 2 folgende Fassung:

Es werden erhoben für die Anlegung und für die Schließung des Bahngrundbuchs der Satz des § 61 und für den Vermerk des Erlöschens der Genehmigung einschließlich der öffentlichen Bekanntmachung des Vermerkes der Satz des § 59.

Art. 31. Im § 25 des Gesetzes, betreffend das Pfandrecht an Privateisenbahnen und Kleinbahnen und die Zwangsvollstreckung in dieselben, v. 19. August 1895 (G.-S. S. 499) treten an die Stelle des Abs. 3 Satz 2 folgende Vorschriften:

Der Inhaber des Zinsscheins kann gegen Aushändigung des Scheines den Betrag in Empfang nehmen. Sein Recht erlischt mit dem Ablaufe von sechs Monaten nach dem Eintritte der Verjährung; der Hinterleger ist zur Zurücknahme berechtigt. Ein Aufgebot der Zinsscheine findet nicht statt.

Anlage IIIb.

Allgemeine Verfügung des Preußischen Justizministers zur Ausführung der Grundbuchordnung.

Vom 20. November 1899 (Preuß. J.-M.-Bl. 1899 S. 349 ff.).

§ 11. In der zweiten Abteilung dienen die Spalten 1 bis 3 zur Eintragung:

1. der das Grundstück belastenden Rechte mit Ausnahme von Hypotheken, Grundschulden und Rentenschulden, insbesondere auch der im § 1010 Abs. 1 und im § 2044 des Bürgerlichen Gesetzbuchs bezeichneten Belastungen des Anteils eines Miteigentümers oder Miterben;
2. der Beschränkungen des Verfügungsrechts des Eigentümers, insbesondere durch die Fideikommißeigenschaft des Grundstücks (Ausf.-Ges. z. G.-B.-O. Art. 15 Abs. 1 Satz 2), durch das Recht eines Nacherben (G.-B.-O. § 52) oder die Ernennung eines Testamentsvollstreckers (G.-B.-O. § 53), durch die Anordnung der Zwangsversteigerung oder Zwangsverwaltung des Grundstücks (Gesetz über die Zwangsversteigerung ꝛc. § 19 Abs. 1, § 146 Abs. 1), durch ein vom Konkursgericht erlassenes Veräußerungsverbot oder durch die Eröffnung des Konkursverfahrens über das Vermögen des Eigentümers (K.-O. § 113), durch die Vermerke oder Vormerkungen nach § 59 der Verordnung wegen des Geschäftsbetriebs in den Angelegenheiten der Gemeinheitsteilungen ꝛc. v. 30. Juni 1834, nach § 12 Abs. 3 des Gesetzes, betreffend die Beförderung der Errichtung von Rentengütern, vom 7. Juli 1891 und nach § 28 Abs. 3 Nr. 1 des Gesetzes, betreffend das Anerbenrecht bei Renten- und Ansiedelungsgütern, v. 8. Juni 1896 sowie durch die Zugehörigkeit zu einer Bahneinheit (Gesetz, betreffend das Pfandrecht an Privateisenbahnen ꝛc., v. 19. August 1895 § 15 Abs. 1);
3. der Vormerkung über ein eingeleitetes Enteignungsverfahren (Enteignungsgesetz v. 11. Juni 1874 § 24 Abs. 4);
4. der vertragsmäßigen Feststellung der Höhe einer für einen Überbau oder einen Notweg zu entrichtenden Rente, sowie des Verzichts auf die Rente (B.-G.-B. § 914 Abs. 2, § 917 Abs. 2).

In die Spalten 4, 5 sind die Veränderungen der in den Spalten 1 bis 3 vermerkten Rechte und Beschränkungen einzutragen. Hierher gehören insbesondere die Änderung des Rangverhältnisses (B.-G.-B. § 880), die nachträgliche Anlegung eines besonderen Grundbuchblatts für ein Erbbaurecht (G.-B.-O. § 7 Abs. 2), die Mitbelastung eines anderen Grundstücks in den Fällen des § 49 Abs. 1 Satz 2 der G.-B.-O. sowie die Beschränkung des Berechtigten in der Verfügung über ein in den Spalten 1 bis 3 eingetragenes Recht (B.-G.-B. § 892), auch wenn die Beschränkung nicht erst nachträglich eintritt.

Die Löschung einer Veränderung erfolgt in Spalte 6, die Löschung der in den Spalten 1 bis 8 eingetragenen Rechte oder Beschränkungen in den Spalten 7, 8.

§ 45. Für die Einrichtung der Bahngrundbücher und -grundakten behält es bei den Vorschriften der §§ 10, 11 des Gesetzes, betreffend das Pfandrecht an Privateisenbahnen und Kleinbahnen und die Zwangsvollstreckung in dieselben vom 19. August 1895 (Gesetz-Samml. S. 499) und der Allgemeinen Verfügung vom 19. September 1895 (J.-M.-Bl. S. 286) sein Bewenden.

Anlage IV.

Reichsgesetz, betreffend die gemeinsamen Rechte der Besitzer von Schuldverschreibungen.

Vom 4. Dezember 1899 (R.-G.-Bl. 1899 Nr. 47 S. 691—698).

§ 1. Sind von jemand, der im Inlande seinen Wohnsitz oder seine gewerbliche Niederlassung hat, im Inlande Schuldverschreibungen mit im voraus bestimmten Nennwerten ausgestellt, die nach dem Verhältnisse dieser Werte den Gläubigern gleiche Rechte gewähren, und betragen die Nennwerte der ausgegebenen Schuldverschreibungen zusammen mindestens dreihunderttausend Mark und die Zahl der ausgegebenen Stücke mindestens dreihundert, so haben die Beschlüsse, welche von einer Versammlung der Gläubiger aus diesen Schuldverschreibungen zur Wahrung ihrer gemeinsamen Interessen gefaßt werden, nach Maßgabe dieses Gesetzes verbindliche Kraft für alle Gläubiger der bezeichneten Art.

Die Versammlung kann insbesondere zur Wahrnehmung der Rechte der Gläubiger einen gemeinsamen Vertreter für diese bestellen.

Eine Verpflichtung zu Leistungen kann für die Gläubiger durch Beschluß der Gläubigerversammlung nicht begründet werden.

§ 2. Sinkt der Gesamtbetrag der im Umlaufe befindlichen Schuldverschreibungen unter einhunderttausend Mark oder sinkt die Zahl der im Umlaufe befindlichen Stücke unter einhundert, so ist dies von dem Schuldner unverzüglich im Deutschen Reichsanzeiger bekannt zu machen. Von dem auf die Bekanntmachung folgenden Tage an können Gläubigerversammlungen auf Grund dieses Gesetzes nicht mehr abgehalten werden; mit dem bezeichneten Zeitpunkt erlischt das Amt eines von der Gläubigerversammlung bestellten Vertreters der Gläubiger.

§ 3. Die Versammlung wird durch den Schuldner berufen.

Die Versammlung ist zu berufen, wenn Gläubiger, deren Schuldverschreibungen zusammen den zwanzigsten Teil des Gesamtbetrags der im Umlaufe befindlichen Schuldverschreibungen erreichen, oder ein von der Gläubigerversammlung bestellter Vertreter der Gläubiger die Berufung schriftlich unter Angabe des Zweckes und der Gründe verlangen.

Die Kosten der Berufung und Abhaltung der Versammlung trägt, soweit nicht in diesem Gesetz ein anderes vorgeschrieben ist, der Schuldner.

§ 4. Wird einem nach § 3 Abs. 2 gestellten Verlangen nicht entsprochen, so kann das Amtsgericht, in dessen Bezirke der Schuldner seinen Wohnsitz oder seine gewerbliche Niederlassung hat, die Antragsteller ermächtigen, die Versammlung zu berufen. Hat in dem Zeitpunkt, in welchem der Antrag gestellt werden soll, der

Schuldner im Inlande weder einen Wohnsitz noch eine gewerbliche Niederlassung, so ist das Amtsgericht zuständig, in dessen Bezirk er zuletzt seinen Wohnsitz oder seine gewerbliche Niederlassung gehabt hat.

Wird der Antrag von Gläubigern gestellt, so haben diese ihre Schuldverschreibungen bei der Reichsbank, bei einem Notar oder bei einer anderen durch die Landesregierung dazu für geeignet erklärten Stelle zu hinterlegen.

Wird die Ermächtigung zur Berufung der Gläubigerversammlung erteilt, so kann das Gericht zugleich über den Vorsitz in der Versammlung Bestimmung treffen. Das Gericht entscheidet darüber, ob die durch den Antrag sowie die durch die Berufung und Abhaltung der Versammlung entstehenden Kosten von den Antragstellern oder von dem Schuldner zu tragen sind.

Vor der Verfügung, durch welche über den Antrag auf Ermächtigung zur Berufung der Gläubigerversammlung oder über die Tragung der Kosten entschieden wird, ist soweit tunlich der Schuldner und, wenn ein Vertreter der Gläubiger bestellt ist, auch dieser zu hören. Gegen die Verfügung findet die sofortige Beschwerde statt.

§ 5. Steht der Geschäftsbetrieb des Schuldners unter staatlicher Aufsicht, so hat das Gericht vor der im § 4 Abs. 4 bezeichneten Verfügung auch die Aufsichtsbehörde zu hören.

Die Aufsichtsbehörde kann die Gläubigerversammlung auf Kosten des Schuldners berufen oder die Berufung durch den Schuldner anordnen.

Sie hat das Recht, einen Vertreter in die Versammlung zu entsenden.

§ 6. Die Berufung der Gläubigerversammlung erfolgt durch mindestens zweimalige Bekanntmachung im Deutschen Reichsanzeiger und in den sonstigen Blättern, durch welche für den Bezirk des im § 4 bezeichneten Gerichts die Eintragungen in das Handelsregister bekannt gemacht werden. An die Stelle der letzteren Blätter treten, wenn der Schuldner eine Aktiengesellschaft, eine Kommanditgesellschaft auf Aktien, eine Gesellschaft mit beschränkter Haftung oder eine eingetragene Genossenschaft ist, die für die Veröffentlichungen der Gesellschaft oder der Genossenschaft bestimmten Blätter.

Die Frist zwischen der letzten Bekanntmachung und dem Tage der Versammlung ist so zu bemessen, daß mindestens zwei Wochen für die im § 10 Abs. 2 vorgesehene Hinterlegung der Schuldverschreibungen frei bleiben.

In dem Falle des § 4 muß bei der Berufung auf die gerichtliche Ermächtigung Bezug genommen werden.

§ 7. Der Zweck der Versammlung soll bei der Berufung bekannt gemacht werden. Jedem Gläubiger ist auf Verlangen eine Abschrift der Anträge zu erteilen.

Über Gegenstände, die nicht gemäß § 6 Abs. 1, 2 ihrem wesentlichen Inhalte nach angekündigt sind, können Beschlüsse nicht gefaßt werden.

Die Vorschriften der §§ 3, 4, des § 5 Abs. 1, 2 und des § 6 Abs. 3 finden auf die Ankündigung von Gegenständen zur Beschlußfassung einer Versammlung entsprechende Anwendung.

§ 8. Bei dem Beginne der Versammlung ist ein Verzeichnis der erschienenen Gläubiger oder Vertreter von Gläubigern mit Angabe ihres Namens und Wohnorts sowie des Betrags der von jedem vertretenen Schuldverschreibungen aufzustellen. Das Verzeichnis ist sofort nach der Aufstellung, spätestens aber vor der ersten Abstimmung zur Einsicht auszulegen; es ist von dem Vorsitzenden zu unterzeichnen.

§ 9. Jeder Beschluß der Versammlung bedarf zu seiner Gültigkeit der Beurkundung durch ein über die Verhandlung gerichtlich oder notariell aufgenommenes Protokoll.

In dem Protokolle sind der Ort und der Tag der Verhandlung, der Name des Richters oder des Notars sowie die Art und das Ergebnis der Beschlußfassungen anzugeben.

Das nach § 8 aufgestellte Verzeichnis der Teilnehmer der Versammlung sowie die Belege über die ordnungsmäßige Berufung der Versammlung sind dem Protokolle beizufügen. Die Beifügung der Belege über die Berufung der Versammlung kann unterbleiben, wenn die Belege unter Angabe ihres Inhalts in dem Protokoll aufgeführt werden.

Das Protokoll muß von dem Richter oder dem Notar vollzogen werden. Die Zuziehung von Zeugen ist nicht erforderlich.

§ 10. Die Beschlüsse bedürfen, soweit nicht in diesem Gesetz ein anderes vorgeschrieben ist, der Mehrheit der abgegebenen Stimmen. Die Mehrheit wird nach den Beträgen der Schuldverschreibungen berechnet. Bei Gleichheit der Stimmen entscheidet die Zahl der Gläubiger.

Gezählt werden nur die Stimmen derjenigen Gläubiger, welche ihre Schuldverschreibungen spätestens am zweiten Tage vor der Versammlung bei der Reichsbank, bei einem Notar oder bei einer anderen durch die Landesregierung dazu für geeignet erklärten Stelle hinterlegt haben.

Das Stimmrecht kann durch einen Bevollmächtigten ausgeübt werden. Für die Vollmacht ist die schriftliche Form erforderlich und genügend.

Der Schuldner ist für die in seinem Besitze befindlichen Schuldverschreibungen nicht stimmberechtigt. Soweit ihm an den Schuldverschreibungen ein Pfandrecht oder ein Zurückbehaltungsrecht zusteht, ist er auf Verlangen des Eigentümers verpflichtet, die Schuldverschreibungen bei einer der im Abs. 2 bezeichneten Stellen in der Weise zu hinterlegen, daß, unbeschadet der Fortdauer des Pfandrechts oder Zurückbehaltungsrechts, dem Eigentümer die Ausübung des Stimmrechts ermöglicht wird; die Kosten der Hinterlegung hat der Eigentümer zu tragen und vorzuschießen.

§ 11. Die Aufgabe oder Beschränkung von Rechten der Gläubiger, insbesondere die Ermäßigung des Zinsfußes oder die Bewilligung einer Stundung, kann von der Gläubigerversammlung nur zur Abwendung einer Zahlungseinstellung oder des Konkurses des Schuldners beschlossen werden.

Der Beschluß, durch welchen Rechte der Gläubiger aufgegeben oder beschränkt werden, bedarf einer Mehrheit von mindestens drei Vierteilen der abgegebenen Stimmen. Die Mehrheit muß mindestens die Hälfte des Nennwerts der im Umlaufe befindlichen Schuldverschreibungen und, wenn dieser nicht mehr als zwölf Millionen Mark beträgt, mindestens zwei Dritteile des Nennwerts erreichen; beträgt der Nennwert der im Umlaufe befindlichen Schuldverschreibungen weniger als sechzehn Millionen, aber mehr als zwölf Millionen Mark, so muß die Mehrheit acht Millionen Mark erreichen.

In diesen Fällen bleiben bei der Berechnung des Nennwerts der umlaufenden Schuldverschreibungen die im Besitze des Schuldners befindlichen Schuldverschreibungen, für welche das Stimmrecht nach § 10 Abs. 4 ausgeschlossen ist, außer Ansatz.

Der Schuldner ist verpflichtet, in der Gläubigerversammlung Auskunft über den Betrag der im Umlaufe befindlichen, zum Stimmen berechtigenden Schuldverschreibungen zu erteilen.

§ 12. Ein Beschluß der im § 11 bezeichneten Art muß für alle Gläubiger die gleichen Bedingungen festsetzen. Die Festsetzung ungleicher Bedingungen ist nur mit ausdrücklicher Einwilligung der zurückgesetzten Gläubiger zulässig. Jedes sonstige Abkommen des Schuldners oder eines Dritten mit einem Gläubiger, durch welches dieser begünstigt werden soll, ist nichtig. Ein Beschluß der Versammlung, der durch Begünstigung einzelner Gläubiger zustande gebracht ist, hat den übrigen Gläubigern gegenüber keine verbindliche Kraft.

Der Schuldner hat den Beschluß in der im § 6 Abs. 1 bezeichneten Weise bekannt zu machen.

Auf die dem Nennwerte der Schuldverschreibungen entsprechenden Kapitalansprüche kann durch Beschluß der Versammlung nicht verzichtet werden.

§ 13. Steht der Geschäftsbetrieb des Schuldners unter staatlicher Aufsicht, so ist zu einem Beschlusse der im § 11 bezeichneten Art die Bestätigung durch die Aufsichtsbehörde erforderlich.

Die Aufsichtsbehörde hat die Erteilung sowie die Versagung der Bestätigung öffentlich bekannt zu machen.

§ 14. Beschließt die Versammlung die Bestellung eines Vertreters der Gläubiger, so muß zugleich der Umfang seiner Befugnisse bestimmt werden.

Soweit der Vertreter zur Geltendmachung von Rechten der Gläubiger ermächtigt ist, kann durch Beschluß der Gläubigerversammlung die Befugnis der einzelnen Gläubiger zur selbständigen Geltendmachung ausgeschlossen werden. Der Beschluß unterliegt den Vorschriften des § 11 Abs. 2 bis 4, des § 12 Abs. 2 und des § 13.

Zum Verzicht auf Rechte der Gläubiger ist der Vertreter nur auf Grund eines ihn hierzu im einzelnen Falle besonders ermächtigenden Beschlusses der Gläubigerversammlung befugt. Der Beschluß unterliegt den Vorschriften der §§ 11 bis 13.

Führt der Vertreter für die Gesamtheit der Gläubiger einen Rechtsstreit, so hat er in diesem die Stellung eines gesetzlichen Vertreters. Für die Kosten des Rechtsstreits, welche den Gläubigern zur Last fallen, haftet der Schuldner, unbeschadet seines Rückgriffs gegen die Gläubiger.

Sind mehrere Vertreter bestellt, so können sie, falls nicht ein anderes bestimmt ist, ihre Befugnisse nur in Gemeinschaft ausüben.

Ein Vertreter kann, unbeschadet des Anspruchs auf die vertragsmäßige Vergütung, von der Gläubigerversammlung jederzeit abberufen werden. Der Beschluß bedarf einer Mehrheit von drei Vierteilen der abgegebenen Stimmen; die Mehrheit muß, wenn dem Vertreter nach Maßgabe des Abs. 2 die ausschließliche Geltendmachung von Rechten der Gläubiger übertragen ist, mindestens die Hälfte des Nennwerts der im Umlaufe befindlichen Schuldverschreibungen betragen; die Vorschriften des § 11 Abs. 3, 4 und des § 12 Abs. 2 finden Anwendung.

§ 15. Ist der Schuldner eine Gesellschaft oder juristische Person, deren Mitglieder in Versammlungen Beschlüsse fassen, so ist jeder nach Maßgabe dieses

Gesetzes bestellte Vertreter der Gläubiger befugt, den Mitgliederversammlungen beizuwohnen und sich an den Beratungen zu beteiligen.

Soweit nach den Gesetzen Schriftstücke, die sich auf die Verhandlungen in der Mitgliederversammlung oder auf die Vermögenslage oder den Geschäftsbetrieb der Gesellschaft beziehen, den Gesellschaftern mitzuteilen sind, hat die Mitteilung in gleicher Weise auch an den Vertreter der Gläubiger zu erfolgen.

§ 16. Die Befugnisse und Verpflichtungen eines Vertreters, dessen Bestellung gemäß § 1189 des Bürgerlichen Gesetzbuchs oder auf Grund einer bei Ausgabe der Schuldverschreibungen in verbindlicher Weise getroffenen Festsetzung erfolgt, werden durch die nach diesem Gesetze vorgenommene Bestellung eines Vertreters nicht berührt.

Die Rechte, welche nach den Vorschriften des § 3 und des § 7 Abs. 3 einem von der Gläubigerversammlung bestellten Vertreter hinsichtlich der Berufung der Versammlung und der Ankündigung von Gegenständen zur Beschlußfassung zustehen, können auch von einem Vertreter der im Abs. 1 bezeichneten Art geltend gemacht werden.

Auf Antrag von Gläubigern, deren Schuldverschreibungen zusammen den fünften Teil des Gesamtbetrags der im Umlaufe befindlichen Schuldverschreibungen erreichen, kann das Gericht, wenn ein wichtiger Grund vorliegt, den Vertreter abberufen. Zuständig ist das im § 4 bezeichnete Amtsgericht. Vor der Verfügung, durch welche über den Antrag entschieden wird, sind soweit tunlich der Vertreter und der Schuldner zu hören. Gegen die Verfügung findet die sofortige Beschwerde statt.

§ 17. Die Vorschriften des § 16 finden auch auf einen Vertreter Anwendung, der für die Besitzer von Schuldverschreibungen vor dem Inkrafttreten des Bürgerlichen Gesetzbuchs in Gemäßheit des bisherigen Rechtes bestellt worden ist oder nach dem Inkrafttreten des Bürgerlichen Gesetzbuchs bis zu dem Zeitpunkt, in welchem das Grundbuch als angelegt anzusehen ist, in Gemäßheit des Landesrechts durch Eintragung in das Hypothekenbuch oder ein ähnliches Buch bestellt wird.

Ein solcher Vertreter steht im Sinne des § 44 Abs. 2 der Grundbuchordnung einem nach § 1189 des Bürgerlichen Gesetzbuchs bestellten Vertreter gleich. Dasselbe gilt in Ansehung eines durch die Gläubigerversammlung bestellten Vertreters.

§ 18. Ist über das Vermögen des Schuldners der Konkurs eröffnet, so gelten in Ansehung der Versammlung der im § 1 bezeichneten Gläubiger die folgenden besonderen Vorschriften.

Die Versammlung wird von dem Konkursgerichte berufen und geleitet.

Unverzüglich nach der Eröffnung des Konkurses ist eine Versammlung der Gläubiger zu berufen, um über die Bestellung eines gemeinsamen Vertreters im Konkursverfahren zu beschließen; die Berufung kann unterbleiben, wenn schon vorher von einer Versammlung über die Bestellung eines solchen Vertreters Beschluß gefaßt worden ist.

Das Konkursgericht hat außer den Fällen des § 3 Abs. 2 eine Versammlung der Gläubiger zu berufen, wenn dies von dem Konkursverwalter, dem Ausschusse der Konkursgläubiger oder der Aufsichtsbehörde verlangt wird.

Die Stelle, bei welcher die Gläubiger die Schuldverschreibungen zu hinterlegen haben, wird durch das Konkursgericht bestimmt.

Die Vorschriften des § 5 Abs. 1, 2, des § 11 Abs. 1, des § 12 Abs. 3 und des § 13 finden keine Anwendung.

§ 19. Werden im Konkurse die Forderungen aus den Schuldverschreibungen durch den von der Gläubigerversammlung bestellten Vertreter der Gläubiger angemeldet, so bedarf es der Beifügung der Schuldverschreibungen nicht. Zur Erhebung der bei einer Verteilung auf die Schuldverschreibungen fallenden Beträge ist die Vorlegung der Schuldverschreibungen erforderlich; auf die Erhebung findet die Vorschrift des § 14 Abs. 2 keine Anwendung.

§ 20. Die in diesem Gesetze der Gläubigerversammlung und dem Vertreter der Gläubiger eingeräumten Befugnisse können durch Festsetzungen in den Schuldverschreibungen nicht ausgeschlossen oder beschränkt werden.

§ 21. Wer Schuldverschreibungen, die sich im Besitze des Schuldners befinden, einem anderen zu dem Zwecke überläßt, das Stimmrecht der Vorschrift des § 10 Abs. 4 zuwider an Stelle des Schuldners auszuüben, wird mit Gefängnis bis zu einem Jahre und mit Geldstrafe bis zu fünftausend Mark bestraft. Die gleiche Strafe trifft denjenigen, welcher die Schuldverschreibungen zu dem bezeichneten Zwecke verwendet.

Sind mildernde Umstände vorhanden, so tritt ausschließlich die Geldstrafe ein.

§ 22. Wer in der Bekanntmachung, die gemäß § 2 erlassen wird, oder in der Auskunft, die gemäß § 11 Abs. 4 in der Gläubigerversammlung erteilt wird, wissentlich unwahre Angaben über Tatsachen macht, deren Mitteilung ihm nach den bezeichneten Vorschriften obliegt, wird mit Gefängnis bis zu einem Jahre oder mit Geldstrafe bis zu dreitausend Mark bestraft.

Wer es unterläßt, die nach § 2 ihm obliegende Bekanntmachung zu bewirken, wird mit Geldstrafe bis zu dreitausend Mark bestraft.

§ 23. Wer sich besondere Vorteile dafür gewähren oder versprechen läßt daß er bei einer Abstimmung in der Gläubigerversammlung in einem gewissen Sinne stimme oder an der Abstimmung in der Gläubigerversammlung nicht teilnehme, wird mit Geldstrafe bis zu dreitausend Mark oder mit Gefängnis bis zu einem Jahre bestraft.

Die gleiche Strafe trifft denjenigen, welcher besondere Vorteile dafür gewährt oder verspricht, daß jemand bei einer Abstimmung in der Gläubigerversammlung in einem gewissen Sinne stimme oder an der Abstimmung in der Gläubigerversammlung nicht teilnehme.

§ 24. Auf Schuldverschreibungen des Reichs, eines Bundesstaats oder einer Körperschaft des öffentlichen Rechtes finden die Vorschriften dieses Gesetzes keine Anwendung. Die Landesgesetze können jedoch bestimmen, daß die bezeichneten Vorschriften auch auf Schuldverschreibungen von Körperschaften des öffentlichen Rechtes Anwendung finden.

§ 25. Unberührt bleiben die landesgesetzlichen Vorschriften über die Versammlung und Vertretung der Pfandgläubiger einer Eisenbahn oder Kleinbahn in dem zur abgesonderten Befriedigung dieser Gläubiger aus den Bestandteilen der Bahneinheit bestimmten Verfahren.

§ 26. Dieses Gesetz tritt gleichzeitig mit dem Bürgerlichen Gesetzbuch in Kraft. Es findet auch auf die vorher ausgegebenen Schuldverschreibungen Anwendung.

Anlage V.

Allgemeine Verfügung des Preuß. Justizministers, betreffend die Bahngrundbücher.

Vom 11. November 1902 (Preuß. J.=M.=Bl. 1902 S. 275—287).

Auf Grund des § 9 und des § 10 Abs. 1 des Gesetzes über die Bahneinheiten (Bekanntmachung v. 8. Juli 1902, G.=S. S. 287) wird folgendes angeordnet:

§ 1. Auf die Einrichtung und die Führung der Bahngrundbücher finden die Vorschriften der Allgemeinen Verfügung v. 20. November 1899 zur Ausführung der Grundbuchordnung (J.=M.=Bl. S. 349) entsprechende Anwendung, soweit nicht im Gesetz oder nachstehend ein anderes bestimmt ist.

§ 2. Das Bahngrundbuch wird für den ganzen Amtsgerichtsbezirk eingerichtet.

§ 3. Für die Einrichtung der Grundbuchblätter ist das beigefügte, mit Probeeintragungen versehene Formular maßgebend. Jedes Blatt besteht aus dem Titel (§ 10 Abs. 3 des Gesetzes) und drei Abteilungen.

§ 4. Der Titel enthält die Aufschrift, in der das Amtsgericht zu bezeichnen ist und die Nummern des Bandes und des Blattes anzugeben sind, und sechs Abschnitte, die für die im Gesetze vorgeschriebenen Angaben über den Bestand der Bahneinheit bestimmt sind.

§ 5. Ist bei der Eintragung eines Bahnunternehmens die Genehmigung zur Eröffnung des Betriebs noch nicht erteilt, so ist dies in dem Abschnitte II des Titels (Beschreibung des Bahnunternehmens) zu vermerken; nach Erteilung der Genehmigung ist der Vermerk zu löschen.

In demselben Abschnitt ist anzugeben, ob das Unternehmen eine Privateisenbahn oder eine Kleinbahn ist.

§ 6. In dem Abschnitte III des Titels (Länge der Bahnstrecken) ist unter c die Länge nur solcher Bahnstrecken oder ihrer Teile zu vermerken, die in ihrer ganzen Längenausdehnung zugleich auf eigenem und auf fremdem Grund und Boden belegen sind, z. B. wenn als Bahnkörper teils eine im fremden Eigentume stehende Straße, teils ein neben der Straße liegendes, vom Bahneigentümer erworbenes Gelände dient.

Liegen nur kleinere Teile der Bahnstrecke, wie z. B. Wegeüberführungen, auf fremdem Grund und Boden, während im übrigen die Bahnstrecke im Eigentume des Bahnunternehmers steht, so hat die Eintragung der Streckenlänge nur unter a zu erfolgen. Ebenso ist die Streckenlänge nur unter b einzutragen, wenn bei einer auf fremdem Grund und Boden belegenen Bahnstrecke einzelne kleinere Teile im Eigentume des Bahnunternehmers stehen.

Bei jeder Eintragung unter c ist das ungefähre Verhältnis der Flächen auf eigenem zu denen auf fremdem Grund und Boden anzugeben.

§ 7. Werden in dem Grundbuch über ein im Abschnitte VI des Titels verzeichnetes Grundstück (§ 11 Abs. 2 Nr. 2 des Gesetzes) Veränderungen eingetragen, welche die in das Bahngrundbuch aufzunehmenden Angaben berühren, so hat das Grundbuchamt dem das Bahngrundbuch führenden Amtsgerichte behufs Vermerkes der Veränderungen im Abschnitte VI des Titels des Bahngrundbuchs Mitteilung zu machen. Diese Mitteilung und der Vermerk der Veränderungen im Bahngrundbuch erfolgen kostenfrei.

§ 8. Werden mehrere selbständige Bahneinheiten auf einem Grundbuchblatt eingetragen (§ 10 Abs. 2 des Gesetzes, § 4 der Grundbuchordnung), so erfolgen die Angaben über den Bestand der Bahneinheiten für jede von ihnen auf einem besonderen Titelformular. Die Bahneinheiten erhalten fortlaufende, unter der Aufschrift einzutragende Nummern. In der Aufschrift des Titels ist bei der ersten Bahneinheit auf die folgenden zu verweisen; bei den letzteren ist hinter der Nummer des Grundbuchblatts zu vermerken, daß es sich um eine Fortsetzung dieses Blattes handelt.

§ 9. Ist eine Privateisenbahn nach den Bestimmungen der für sie erteilten Genehmigung einheitlich mit einer anderen bereits bestehenden Privateisenbahn (Stammbahn) zu betreiben, so daß beide eine einzige Bahneinheit bilden (§ 2 Abs. 1 Satz 2 des Gesetzes), so sind die durch die Eintragung der ersteren erforderlich werdenden Angaben über den Bestand der Bahneinheit auf dem Titel der Stammbahn zu bewirken. Im Abschnitte II des Titels ist die Erweiterung des Bahnunternehmens zu vermerken.

Die Vorschrift des Abs. 1 Satz 1 findet entsprechende Anwendung, wenn eine Bahneinheit einer anderen Bahneinheit als Bestandteil zugeschrieben wird (§ 10 Abs. 2 des Gesetzes, § 5 der Grundbuchordnung). Im Abschnitt I des Titels sind in diesem Falle die Bahneinheiten mit Buchstaben zu bezeichnen. In den folgenden Abschnitten erhalten die Angaben über den Bestand der Bahneinheiten eine Verweisung auf die Buchstaben des Abschnitts I. Die Zuschreibung als Bestandteil ist im Abschnitt II zu vermerken.

§ 10. Die bestehenden Bahngrundbücher sind fortzuführen. Neue Eintragungen erhalten an der dafür geeigneten Stelle des bisherigen Formulars ihren Platz.

§ 11. Von den Grundakten ist ein besonderer Band zur Aufnahme der im § 11 Abs. 3 des Gesetzes bezeichneten Angaben zu bestimmen. In diesem Band sind lediglich diejenigen Schriftstücke aufzunehmen, welche den Betrag des zur Anlage und Ausrüstung der Bahn verwendeten Kapitals (Baukapitals) ergeben oder die fortlaufenden Mitteilungen über den Betrag der Betriebseinnahmen und Betriebsausgaben eines jeden Geschäftsjahrs nebst der Bescheinigung der Bahnaufsichtsbehörde (§ 18 Abs. 8 des Gesetzes) enthalten. Auf diesen Schriftstücken ist die Stelle der Grundakten zu bezeichnen, wo sich die auf die Aufnahme der fraglichen Schriftstücke in die Grundakten bezüglichen Übersendungsschreiben, Verfügungen usw. befinden.

Dem nach Abs. 1 anzulegenden besonderen Bande der Grundakten ist ein Inhaltsverzeichnis vorzuheften.

Berlin, den 11. November 1902.

Der Justizminister.
Schönstedt.

Amtsgericht: Liebstadt.

Bahngrundbuch.

Band I.

Blatt Nr. 1. (Fortsetzung: Bahneinheit Nr. 2.)[1]

I. Bezeichnung der Bahn.

Die Liebstadter Lokalbahn.[2]) Eingetragen am 12. Oktober 1902.

Fischer Neumann

II. Beschreibung des Bahnunternehmens.

Laut Genehmigungsurkunde des Regierungspräsidenten zu N. v. 10. September 1894 ist die Genehmigung für eine dem Personen- und Güterverkehre dienende vollspurige Kleinbahn mit Dampfbetrieb von Liebstadt nach Neudorf mit Abzweigung nach Buchhain auf die Dauer von 50 Jahren seit dem Tage der Betriebseröffnung erteilt.

---

[1]) Bei der Probeeintragung ist der Fall des § 8 der Verfügung unterstellt. Bei der folgenden Bahneinheit würde die Eintragung lauten:

Bd. I Bl. Nr. 1. (Fortsetzung.)
Bahneinheit Nr. 2.

[2]) Wird eine zweite Bahneinheit als Bestandteil gemäß § 9 Abs. 2 der Verfügung zugeschrieben, so ist hier der Buchstabe a beizufügen, so daß die Eintragung lautet:

a) Die Liebstadter Lokalbahn.
b) Die Lokalbahn Buchhain—Kirchdorf.
Bestandteil von a.

III. Länge der Bahnstrecken.

a) auf eigenem Grund und Boden.

10 Kilometer. Eingetragen am 20. Juni 1908.[1])

Fischer Neumann

b) auf fremdem Grund und Boden.

20 Kilometer.
..................................[2])
10 Kilometer. Eingetragen am 20. Juni 1903.[1])

Fischer Neumann

c) auf eigenem und fremdem Grund und Boden.

4 Kilometer, wovon etwa $^1/_3$ auf eigenem, $^2/_3$ auf fremdem Grund und Boden.

---

[1]) Bei der Probeeintragung ist angenommen, daß bei Eintragung der Bahneinheit 20 Kilometer der Bahnstrecke auf fremdem Grund und Boden lagen und daß nachträglich das Eigentum an der Hälfte dieser Strecke erworben worden ist, während 4 Kilometer der Bahnstrecke von vornherein zugleich auf eigenem und fremdem Grund und Boden lagen.

[2]) Die punktierte Linie bedeutet einen roten Strich.

IV. Zur Bahneinheit gehörige Fonds.

Nr.	Bezeichnung der Fonds	Veränderungen und Löschungen	
		zu Nr.	
1	2	8	4
1.	Der in § 12 des Statuts der Liebstadter Lokalbahn-Aktiengesellschaft vom 1. August 1894 bezeichnete Erneuerungsfonds.		

V. Bestimmungen über das Anteilsverhältnis an Gegenständen,

Nr.	Bezeichnung des Gegenstandes	Beteiligte Bahnen	Bestimmungen über das Anteilsverhältnis	Veränderungen und Löschungen	
				zu Nr.	Löschungen
1	2	3	4	5	6
1.	Der Bahnhof zu Buchhain in dem Umfange, wie er aus dem Band I Blatt 20 der Grundakten befindlichen Plane ersichtlich ist.	Die Liebstadter Lokalbahn. Die Lokalbahn Buchhain—Kirchdorf.	Jede Bahn ist zur Hälfte beteiligt.		

VI. Verzeichnis der zur Bahneinheit gehörigen Grundstücke, deren

Nr.	Nähere Bezeichnung des Grundstücks	Gemarkung	Bezeichnung nach dem Kataster	
			Kartenblatt oder Flur	Parzelle
1	2	3	4	
1.	Ein als Arbeiterwohnung benutztes Haus.	Brühl.	5	800/10

welche mehreren Bahnunternehmungen gewidmet sind.

Nr.	Bezeichnung des Gegenstandes	Beteiligte Bahnen	Bestimmungen über das Anteilsverhältnis	Veränderungen und Löschungen	
				zu Nr.	
1	2	3	4	5	6

Widmung für das Bahnunternehmen nicht äußerlich erkennbar ist.

Amtsgericht	Bezeichnung nach dem Grundbuch oder sonstigen gerichtlichen Buche	Eintragungsvermerk	Abschreibungen
5	6	7	8
Buchhain.	Brühl Band II Blatt Nr. 101.	Eingetragen am 20. Juni 1908. Fischer Neumann	

Erste Abteilung.

Eigentümer	Laufende Nummer der Bahneinheiten	Grund des Erwerbes, Verzicht	Erwerbspreis, Wert, Feuerversicherungssumme
1	2	3	4
Die Liebstadter Lokalbahn-Aktiengesellschaft.	1	Auf Grund der Genehmigungsurkunde des Regierungspräsidenten zu N. vom 10. September 1894 und seines Ersuchens vom 10. Oktober 1902 eingetragen am 12. Oktober 1902. Fischer Neumann	

Dritte

Laufende Nummer der Eintragung	Laufende Nummer der belasteten Bahneinheiten	Betrag		Hypotheken, Grundschulden, Rentenschulden	Zur laufenden Nummer der Eintragung	Betrag	
		Mark	Pf.			Mark	Pf.
1	2	3		4	5	6	
1	1	500 000		Fünfhunderttausend Mark Grundschuld mit sechs vom Hundert jährlich seit dem 1. Oktober 1902 verzinslich und drei Monate nach Kündigung zahlbar, für die Deutsche National-Credit-Bank in B. eingetragen am 12. Oktober 1902. Fischer Neumann			

Zweite Abteilung.

Laufende Nummer der Eintragung	Laufende Nummer der belasteten Bahneinheiten	Lasten und Beschränkungen	Veränderungen			Löschungen	
			Zur laufenden Nummer der Eintragung	Eintragung	Löschung	Zur laufenden Nummer der Eintragung	
1	2	3	4	5	6	7	8
1	1	Die Zwangsversteigerung ist angeordnet am 5. April 1904. Eingetragen am 9. April 1904. Fischer Neumann [1]				1	Gelöscht am 30. Mai 1904. Fischer Neumann

Abteilung.

Veränderungen		Löschungen			
Eintragung	Löschung	Zur laufenden Nummer der Eintragung	Betrag Mark	Betrag Pf.	
7	8	9	10		11

[1]) Die punktierten Linien bedeuten rote Striche.

Anlage VI.

Bürgerliches Gesetzbuch.

§ 1184. Eine Hypothek kann in der Weise bestellt werden, daß das Recht des Gläubigers aus der Hypothek sich nur nach der Forderung bestimmt und der Gläubiger sich zum Beweise der Forderung nicht auf die Eintragung berufen kann (Sicherungshypothek).

Die Hypothek muß im Grundbuch als Sicherungshypothek bezeichnet werden.

§ 1185. Bei der Sicherungshypothek ist die Erteilung des Hypothekenbriefs ausgeschlossen.

Die Vorschriften der §§ 1138, 1139, 1141, 1156 finden keine Anwendung.

§ 1186. Eine Sicherungshypothek kann in eine gewöhnliche Hypothek, eine gewöhnliche Hypothek kann in eine Sicherungshypothek umgewandelt werden. Die Zustimmung der im Range gleich- oder nachstehenden Berechtigten ist nicht erforderlich.

§ 1187. Für die Forderung aus einer Schuldverschreibung auf den Inhaber, aus einem Wechsel oder aus einem anderen Papiere, das durch Indossament übertragen werden kann, kann nur eine Sicherungshypothek bestellt werden. Die Hypothek gilt als Sicherungshypothek, auch wenn sie im Grundbuche nicht als solche bezeichnet ist. Die Vorschrift des § 1154 Abs. 3 findet keine Anwendung.

§ 1188. Zur Bestellung einer Hypothek für die Forderung aus einer Schuldverschreibung auf den Inhaber genügt die Erklärung des Eigentümers gegenüber dem Grundbuchamte, daß er die Hypothek bestelle, und die Eintragung in das Grundbuch; die Vorschrift des § 878 findet Anwendung.

Die Ausschließung des Gläubigers mit seinem Rechte nach § 1170 ist nur zulässig, wenn die im § 801 bezeichnete Vorlegungsfrist verstrichen ist. Ist innerhalb der Frist die Schuldverschreibung vorgelegt oder der Anspruch aus der Urkunde gerichtlich geltend gemacht worden, so kann die Ausschließung erst erfolgen, wenn die Verjährung eingetreten ist.

§ 1189. Bei einer Hypothek der im § 1187 bezeichneten Art kann für den jeweiligen Gläubiger ein Vertreter mit der Befugnis bestellt werden, mit Wirkung für und gegen jeden späteren Gläubiger bestimmte Verfügungen über die Hypothek zu treffen und den Gläubiger bei der Geltendmachung der Hypothek zu vertreten. Zur Bestellung des Vertreters ist die Eintragung in das Grundbuch erforderlich.

Ist der Eigentümer berechtigt, von dem Gläubiger eine Verfügung zu verlangen, zu welcher der Vertreter befugt ist, so kann er die Vornahme der Verfügung von dem Vertreter verlangen.

§ 1190. Eine Hypothek kann in der Weise bestellt werden, daß nur der Höchstbetrag, bis zu dem das Grundstück haften soll, bestimmt, im übrigen die Feststellung der Forderung vorbehalten wird. Der Höchstbetrag muß in das Grundbuch eingetragen werden.

Ist die Forderung verzinslich, so werden die Zinsen in den Höchstbetrag eingerechnet.

Die Hypothek gilt als Sicherungshypothek, auch wenn sie im Grundbuche nicht als solche bezeichnet ist.

Die Forderung kann nach den für die Übertragung von Forderungen gelten.

den allgemeinen Vorschriften übertragen werden. Wird sie nach diesen Vorschriften übertragen, so ist der Übergang der Hypothek ausgeschlossen.

§ 1195. Eine Grundschuld kann in der Weise bestellt werden, daß der Grundschuldbrief auf den Inhaber ausgestellt wird. Auf einen solchen Brief finden die Vorschriften über Schuldverschreibungen auf den Inhaber entsprechende Anwendung.

Anlage VII.

Einführungsgesetz zum Bürgerlichen Gesetzbuche.

Art. 112. Unberührt bleiben die landesgesetzlichen Vorschriften über die Behandlung der einem Eisenbahn- oder Kleinbahnunternehmen gewidmeten Grundstücke und sonstiger Vermögensgegenstände als Einheit (Bahneinheit), über die Veräußerung und Belastung einer solchen Bahneinheit oder ihrer Bestandteile, insbesondere die Belastung im Falle der Ausstellung von Teilschuldverschreibungen auf den Inhaber, und die sich dabei ergebenden Rechtsverhältnisse sowie über die Liquidation zum Zwecke der Befriedigung der Gläubiger, denen ein Recht auf abgesonderte Befriedigung aus den Bestandteilen der Bahneinheit zusteht.

Sachregister.

(Die Zahlen bedeuten die Seiten.)

A.

Abänderung von Angaben des Titels des Bahngrundbuchblatts 91, 98.

Abgaben, öffentliche 241, 243, 249, 306, s. Reihenfolge.

Ablehnung von Anträgen durch Gerichtsbeschluß. Beschwerde 353, 358, 423, 424, 430.

Abrechnungsforderungen aus der Benutzung der Fahrbetriebsmittel, Befriedigung und die Zwangsversteigerung 241, 248, 251, 309.

Abschlüsse Vorlegung behufs Anlegung des Bahngrundbuchblatts 91, 105.

Abschrift der Genehmigungsurkunde für die Grundakten 67, 72, 91, 100. — des Grundbuchblatts 82, 86.

Abteilungen des Bahngrundbuchblatts 66.

Abtretung, s. Teilabtretung.

Abweisung, s. Ablehnung.

Allgemeine Verfügung des Justizministers, betr. Ausführ. d. Gr.B.O. 776, betr. die Bahngrundbücher 56, 60, 63, 64, 483, s. Anordnungen.

Amtsblatt 460, 463, s. öffentliche Bekanntmachung.

Amtsgericht, Zuständigkeit zur Führung des Bahngrundbuchs 56, 66, 67. Schließung 106, 110. Eintragung und Löschung der Bahngrundstücke 45, 52, 120, 135. Obliegenheiten des A. in betreff der Beschlüsse der Gläubigerversammlungen 419, 421, 424 ff., 431 ff. Leitung derselben 431, 432. Anordnung zur Hinterlegung 431, 435 ff. Bestätigung der Beschlüsse 437, 440 ff. Eintragung der Sicherungshypothek 208, 210, 218, 226, 229. Zuständigkeit zur Zwangsvollstreckung 213, 215. Bezirk 56, 66, 67. Bestimmung des Anteilverhältnisses an den mehreren Bahneinheiten dienenden Gegenständen 231, 234. Anordnung der Zwangsliquidation 343, 350. Liquidator 365, 377, 414, 416.

Amtswegen, Eintragungen durch das Amtsgericht 120, 185, 186, 208, 210, 224, 228. Zustellung 275, 277, 343, 350, 353, 357, 365, 377, 414, 417.

Anfangspunkt der Bahn, Angabe im Titel 6 , 72.

Angaben im Titel des Bahngrundbuchblatts 67, 72, 73. Antrag der Bahnaufsichtsbehörde 91, 93, 98, 208, 211, 223, 228. Angabe des Zwecks bei Berufung von Gläubigerversammlungen 424, 427.

Anhörung der Bahnaufsichtsbehörde durch das Gericht vor Bestätigung der Beschlüsse der Gläubigerversammlung 437, 440. — behufs Feststellung des Anteilsverhältnisses 231, 239. — vor Feststellung der Bedingungen bei der Versteigerung 265, 269.

Anlagekapital, Verzeichnung in den Grundakten 67, 81.

Anlegung des Bahngrundbuchblatts 19, 53. Bahngrundbuchblatt 223, 228, 329, 342, 348. Gerichtskosten 470.

Anmeldung, s. Aufforderung.

Anordnung der Zwangsversteigerung 202 ff., 252 ff. Zwangsverwaltung 287 ff., 291 ff. Zwangsliquidation 343 ff., 353 ff., s. Eröffnung.

Anordnungen, allgemeine, des Ministers über die Geschäftsführung und Vergütung des Zwangsverwalters 297, 304, s. Gericht, Gesetz, Minister.

Anspruch des Bahnunternehmers auf Subvention 19. Eigentumsansprüche 82, 88. Kaufgeld. — Reihenfolge der in der Zwangsversteigerung zu befriedigenden Ansprüche, s. Reihenfolge.

Anteile, nicht abgehobene, bei der Zwangsliquidation, Hinterlegung 402, 412.

Anteilsverhältnis an den mehreren Bahneinheiten dienenden Gegenständen 281, 284. Angabe im Titel des Bahngrundbuchblatts 67, 78, 101.

Antrag des Eigentümers auf Eintragung einer Bahn 45, 50, 56. — an die Bahnaufsichtsbehörde 52, welche den Antrag an das Amtsgericht zu stellen hat 91, 98. — des Bahneigentümers auf Eintragung und Löschung des Vermerks der Zugehörigkeit zur Bahneinheit 120, 182. — auf Berufung einer Gläubigerversammlung, s. Berufung. – auf Eintragung einer Sicherheitshypothek 208, 210. — auf Zwangsvollstreckung 217. Zwangsverwaltung 287, 289, im Konkurse 291, 294. Zwangsversteigerung 252, 254, 329, 342, 348. Zwangsliquidation 348, 350. Aufhebung und Einstellung 414, 416, 417.

Anwendung der Grundbuchgesetze, Einführungsgesetze und des Immobiliarrechts auf die dinglichen Rechtsverhältnisse der Bahneinheiten 140, 157, s. Konkursordnung, Zivilprozeßordnung, Zwangsvollstreckungsgesetz.

Anzahl, s. Teilschuldverschreibung.

Anzeiger des Amtsblatts 463, 465.

Armenrecht 289.

Attest, s. Bescheinigung, Unschädlichkeitsattest.

Aufforderung, öffentliche, des Amtsgerichts zur Anmeldung von Eigentums- 2c. Ansprüchen 82, 88.

Aufgabe des Pfandrechts, gänzliche oder teilweise, auf Beschluß der Gläubigerversammlung 169 ff., 178, 190.

Aufhebung der dinglichen Rechte an der Bahneinheit 140, 147, 178. — des Beschlusses der Gläubigerversammlung 438, 440 ff., 448 ff. — der Zwangsliquidation 414, 417.

Aufhören der Bahneinheit 11, 16, 120, 121, 130, 216. — der Zwangsliquidation 106, 117.

Aufsicht des Gerichts über den Liquidator 377, 384.

Aufsichtsbehörde, s. Bahnaufsichtsbehörde.

Ausführung des Gesetzes 468.

Ausgaben, s. Betriebs-A., Reihenfolge, Zwangsliquidation.

Auslagen 383, s. Verwaltung, Vergütung, Reihenfolge.

Ausrüstung, s. Anlagekapital.

Ausschluß des Kündigungsrechts des Gläubigers bei Bahnpfandschulden 178, 174.

Ausschlußurteil bei Kraftloserklärung von Teilschuldverschreibungen 171, 177.

Ausschuß der Gläubiger, Wahl 865, 367. Vergütung 377, 388. Mitwirkung bei der Verwertung 888, 893, 395, 898, 402. Verteilung 402, 411.

Ausstellung, s. Bescheinigung, Teilschuldverschreibung, Inhaberpapiere.

Auswärtige Staaten 4, 452.

Auszug aus Grundbüchern 82, 86, 91, 99. Grundsteuermutterrolle und Gebäudesteuerrolle 252, 254.

B.

Bahn, s. Eisenbahn, Privatbahn, Kleinbahn, Bahneinheit, Anteilsverhältnis, Berechtigung zur Verfügung über eine Bahn 7, 10. Eintragung in das Bahngrundbuch 45, 48. Dingliche Rechtsverhältnisse 140. Nicht eingetragene Bahn 223, 226. — zum Teil im Ausland belegene 452, 453.

Bahnaufsichtsbehörde für Privateisenbahnen und Kleinbahnen 32. Zuständigkeit der B.: zu Entscheidungen 19, 32. Bescheinigungen der Unschädlichkeit bei Veräußerung und Belastung von Grundstücken 33, 37, 82, 88. — zur Mitwirkung bei Anlegung und Führung des Bahngrundbuchs 45, 46, 50, 52, 91, 93, 102, 105. Bekanntgabe des Erlöschens der Genehmigung an das Amtsgericht 106, 110. Befugnis, den Bahneigentümer zur Eintragung und Löschung des Vermerks der Zugehörigkeit zur Bahneinheit anzuhalten 120, 133. — zum Antrage auf Berufung einer Gläubigerversammlung 424, 425. Anhörung vor Bestätigung der Gläubigerausschüsse 424, 437, 440. Eintragung von Sicherheitshypotheken für Gläubigerforderungen 208, 210. Erklärung über die Kostendeckung bei Einleitung der Zwangsverwaltung 287, 288. — im Konkurse 291, 294. Befugnisse bei der Zwangsverwaltung, Ernennung und Beaufsichtigung des Verwalters, Verteilung der Einkünfte 297, 299 bis 302. Anhörung vor Feststellung der Bedingungen bei der Versteigerung 265, 269. — bei öffentlichen Versteigerungen gem. §§ 21 u. 47 Ges. v. 8. Nov. 1838 329, 336. Beschwerden und Instanzenzug 457, 462. Klein-

bahnen 460. Zwangsmittel der B.-A. 108, 104.
Bahneigentümer, Widerspruch gegen Geltendmachung dinglicher Rechte 43, 45. Anlegung des Bahngrundbuchs 45, 50. Pflicht des B. zur Beibringung der erforderlichen Angaben und Urkunden 91, 102. Pflicht, die Eintragung und Löschung des Vermerks der Zugehörigkeit zur Bahneinheit zu beantragen 120, 132. Bewilligung der Eintragung einer Grund- oder Rentenschuld 158, 162. Verfügungen des B. nach Erlöschen der Genehmigung 191, 194. Konkurs 291, 294. Antrag auf Zwangsliquidation 343, 351. Beschwerde 358. Mitwirkung bei der Verwertung 388, 395, 401. Verteilung 402, 408.
Bahneinheit, Begriff 1, 6. Selbständige B. 7, 9. Verbindung mehrerer Bahnen zu einer einzigen Bahneinheit 7. Grundbuchblatt 56, 66. Entstehung der B. 11. Aufhören der B., Sperrvermerk bezw. Eintragung der Zugehörigkeit von Grundstücken zur Bahneinheit 120, 126. Löschung des Vermerks nach Aufhören der B. 120, 129. Verzeichnis der zur Bahneinheit gehörigen Grundstücke vom Bahneigentümer mitzuteilen 120, 135. Dingliche Rechtsverhältnisse der Bahneinheit 140. Eintragung einer noch nicht eingetragenen Bahneinheit 153. Freiwillige Veräußerung, Auflassung, staatliche Genehmigung 154. Fortbestehen der Bahneinheit nach Erlöschen der Genehmigung, Verfügungen des Bahneigentümers 191, 194. Eintragung einer Sicherheitshypothek 208, 210, 492. Zwangsvollstreckung 312, 318. Zwangsliquidation 343, 348. Veräußerung der noch vorhandenen Bestandteile als Einheit 398, 401. Inhalt und Umfang der B. 18, 231. Fortbestehen nach dem Erlöschen der Genehmigung 19. Verfügungen über die B. 7. Verpfändung der B. 141. Verfügungen über die Bestandteile der B. 33, 37, 39, 42. — nach dem Erlöschen der Genehmigung 191. Zwangsvollstreckung in die B. 202, 206. — in Bestandteile der B. 312. Befriedigung aus der Bahneinheit 240. Feststellung des Wertes vor der Versteigerung 271.
Bahngebäude 19, 29.
Bahngrundbuch, Eintragung einer Bahn vor Genehmigung der Betriebseröffnung 11, 17. Anlegung des B. 45, 49, 58, 91, 208, 228, 329, 341, 342. Führung des B. 53, 55. Gerichtsgebühren für die Anlegung 470. Zuständigkeit des Amtsgerichts zur Anlegung und Führung des B. 56, 66, 213. Formular und Einrichtung des B. 57, 66, 67, 105, 485. Allg. Verf. d. J.-M. 60, 64, 488. Änderung von Eintragungen 98. Nicht eingetragene Bahn 223, 226. Schließung des B. 106, 111. Gerichtsgebühren 736, 789. Eintrag des Zwangsvergleichs 420.
Bahngrundbuchblatt, Schließung 11, 17, 106, 111, 117, 191. Anlegung 19, 56, 60, 120, 126, 208, 211, 329, 342, 343, 483—491. Abteilungen 60.
Bahngrundbuchgericht 56, 66, s. Amtsgericht, Vollstreckungsgericht.
Bahngrundstücke 19, s. Grundstücke. Veräußerungen und Belastungen 33. Bezeichnung im Titel des Bahngrundbuchblatts 67, 74, 488. Form der Veräußerung 154, 155, s. Eigentumsnachweis.
Bahnkörper 18, 24. Veräußerung, Form 154.
Bahnpfandgläubiger 38. Recht der Pfandgläubiger auf Unwirksamkeit der Verfügungen des Bahneigentümers 191, 195; erlischt mit Schließung des Bahngrundbuchs 191, 201. Nichtbezeichnung bei in Teile zerlegten Bahnpfandschulden 170, 171, 174, 176, s. Teile, Teilschuldverschreibungen, Zerlegung einer für einen bestimmten Gläubiger eingetragenen Bahnpfandschuld in Teile 177. Antrag auf Berufung einer Gläubigerversammlung 424. Mehrheitsbeschlüsse 202. Beitreibung eines auch den Bahnpfandgläubigern gegenüber wirksamen Pfandrechts 312, 320. Abgesonderte Befriedigung durch Zwangsliquidation 343, 352. Benachrichtigung 353, 356. Beschwerde 358. Selbständige Verfolgung von Pfandrechten 361. Anmeldung bei der Zwangsliquidation 402, 405. Zustimmung zur Einstellung 414, 417, 419.
Bahnpfandschuld, Begründung 158, 492. Ausschluß des Kündigungsrechts 173, 174. Zerlegung einer B. in Inhaberteilschulden 177, s. Teilabtretung, Genehmigung 170, 176. Zwangsvergleich über B. 481. Verzeichnung in d. Grundakten 67, 81, 101, im Bahngrundbuchbl. 490.

Bahnstrecken, Länge im Titel des Bahngrundbuchblatts anzugeben 67, 78, 100. Betriebseröffnung 11, 14. Verzeichnis 20, 185. Form der Veräußerung 155. — im Ausland belegene 452, 458.
Bahnverwaltung 19.
Bahnunternehmen 6, s. Bahn, Eisenbahn, Gesetz, Privatbahn, Kleinbahn, Bahneinheit, Anteilsverhältnis, Veräußerung, Beschreibung.
Bahnunternehmer 19, 67, 71, 223, 227.
Baufonds 27.
Baukapital 91, 105.
Baulichkeiten als Bestandteile der Bahneinheit 19, 26.
Baumaterialien 19, 27.
Beaufsichtigung des Verwalters bei der Zwangsverwaltung durch die Bahnaufsichtsbehörde 297, 300. — des Liquidators 377, 385.
Bedingungen bei Erteilung des Zuschlags 275, 279, s. Kaufbedingungen, Konzessionsbedingungen, Versteigerungsbedingungen.
Beeinträchtigung der Betriebsfähigkeit 33, s. Bescheinigung.
Beendigung, s. Aufhören der Zwangsliquidation 106, 117, 419.
Befriedigung, aus der Bahneinheit in der Zwangsvollstreckung 240, abgesonderte, der Gläubiger 343.
Beginn, s. Frist.
Beglaubigte Abschrift, s. Abschrift.
Beibringung der zur Eintragung erforderlichen Angaben und Urkunden durch den Bahneigentümer 91, 101. — von Urkunden und der Löschungsbewilligung bei Löschung von Teilschulden 171, 177, s. Kosten.
Beitreibung von Pfandrechten, s. Verfolgung, eines den Bahnpfandgläubigern gegenüber wirksamen Pfandrechts 191, 312, 320.
Bekanntmachung, s. öffentliche.
Belastung der Bahngrundstücke 33, 36, 43, 44, 82, 86.
Belegung des Kaufgeldes 275, 286.
Benachrichtigung des Ausschusses bei der Zwangsliquidation 388. — des Eigentümers und Konkursverwalters 402, 412, s. öffentliche.
Benutzung von Fahrbetriebsmitteln 241, s. Abrechnungsforderungen.
Berechtigung zur Verfügung über eine Bahn 7, s. Rechte, dingliche.
Berufung der Gläubigerversammlung durch das Gericht bei Teilschuldverschreibungen 175, 424. — im Liquidationsverfahren 365, 424. — unter Angabe des Zwecks 365, 424, 427. Einzahlung eines die Kosten deckenden Betrages 424, 427. — auf Antrag eines Teils der Gläubiger, des Eigentümers bezw. Konkursverwalters oder Bahnaufsichtsbehörde 424, 428. — durch öffentliche Bekanntmachung 424, 429. — im Liquidationsverfahren 365, 424. Beschwerde gegen ablehnenden Beschluß 424, 430.
Bescheinigung der Bahnaufsichtsbehörde bei Veräußerung und Belastung von Grundstücken 33, 36, 82, 88. Verfolgung dinglicher Rechte 39, 42. Versagung der B. 39, 43. — des Ortsvorstandes über Eigentums- und Belastungsverhältnisse 82, 87. — der Bahnaufsichtsbehörde über die in den Grundakten 2c. aufzunehmenden Angaben 91, 105. — bei Zwangsvollstreckung 312, 317, s. Bestellung.
Beschlagnahme der Bahn für Sicherheitshypotheken 208, 210, s. Zeitpunkt der B., Zwangsvollstreckung.
Beschluß der Gläubigerversammlung 178, 431, 434. — des Gerichts auf Ablehnung der Berufung 424, 430. Stimmenmehrheit 178, 431, 434. Bestätigung durch die Aufsichtsbehörde 179, das Gericht 437, 440. Wirkung, Anfechtung 408, 414. Verwerfung, Beschwerde 441—445. — zu den Grundakten zu bringen 437, 445, s. rechtskräftig, Zwangsliquidation, Beschwerde, Aufhebung, Einstellung der Zwangsliquidation, Instanzenzug, Zuschlag.
Beschränkung der Verfügung 33. Bestallung des Liquidators 377, 380.
Beschreibung des Bahnunternehmens: auf dem Titel des Bahngrundbuchs 67, 69, 71, 223, 227. — in der Bekanntmachung des Versteigerungstermins 258, 260.
Beschwerde wegen Ablehnung der Berufung einer Gläubigerversammlung 424, 430. — wegen Verwerfung ihres Beschlusses 437, 441. — wegen Einleitung und Versagung der Zwangsliquidation 358, 424. — gegen Entscheidung in betreff des Liquidators 377, 381, 382. — wegen Aufhebung der Zwangsliquidation 414, 417. — gegen Verfügungen der Bahnaufsichtsbehörden 457, 458.
Besondere Genehmigung, s. Bahnunternehmen 6.
Bestände, s. Kassenbestände, Materialien.

Bestätigung der Beschlüsse der Gläubigerversammlung durch die Aufsichtsbehörde 179. — das Gericht 437, 440, f. rechtskräftig, Beschluß.
Bestandteile der Bahneinheit 18ff., 312, 317, 325. — nach dem Erlöschen der Genehmigung 19, 32. Verfügungen des Bahneigentümers 191, 194, f. Anteilsverhältnis, Zwangsliquidation.
Bestellung, f. Ausschuß, Ernennung, Liquidator.
Bestimmungen, f. Vorschriften.
Beteiligte, f. Interessenten 275, 282.
Betrag, f. Teilschuldverschreibung, Hinterlegung, Forderung, Sicherheitsleistung.
Betrieb, einheitlicher 6. Forderungen aus dem B. 28. — als Maßstab für das Anteilsverhältnis an den mehreren Bahnen dienenden Gegenständen 231. — einer Bahn durch einen Dritten 445, f. Bestandteile.
Betriebsausgaben, Verzeichnung in den Grundakten 67, 81, 91, 101, 105.
Betriebseinnahmen, Verzeichnung in den Grundakten 67, 81, 91, 101, 105.
Betriebseröffnung, Genehmigung dazu 11, 14. Vermerk auf dem Titel des Bahngrundbuchblatts 67, 72.
Betriebsfähigkeit des Bahnunternehmens, f. Bescheinigung 38.
Betriebsfonds 19, 26.
Betriebsforderungen 19, 27, 29.
Betriebskosten, Deckung 287, 291.
Betriebsmaterial, rollendes 19, 26, 30. B.-Mittel 312, 317.
Betriebsmittel 19, 29, 312, 317.
Betriebspflicht 5.
Bevollmächtigte der Gläubiger bei der Abstimmung 434, 435.
Bewegliche Sachen als Bestandteile der Bahneinheit 19, 26. Anteilsverhältnis 231, 235. Zwangsvollstreckung 312, 317.
Bewilligung des Bahneigentümers zur Eintragung einer Hypothek oder Grundschuld (Bahnpfandschuld) 158, 162, 168. — des das Ausschlußurteil Bewirkenden zur Löschung von Teilschuldverschreibungen 177, 178.
Bezeichnung, katastermäßige, der Bahngrundstücke im Titel des Bahngrundbuchblatts 67, 74, 100. — fehlende des Gläubigers bei in Teile zerlegten Bahnpfandschulden 171, 174, 177, f. Teilschuldverschreibung, Teilabtretung.
Bietungskaution, f. Sicherheitsbestellung.
Blätter für Bekanntmachungen an Inhaber von Teilschuldverschreibungen 179, 463, 467, f. Amtsblatt, öffentliche.
Buchmäßige Feststellung 281, 239, f. Anteilsverhältnis.
Bürgerliches Gesetzbuch. Geltung für die Bahneinheit 140.

C.

Casse, f. Kasse.
Caution, f. Kaution, Sicherheitsbestellung.
Civilprozeßordnung, Beschwerde nach den Vorschriften derselben bei Beschwerden 358, 377, 387, 414, 419.
Conkurs, f. Konkurs.
Conzession, f. Konzession.

D.

Dauernde Widmung von Grundstücken für den Bahnbetrieb 18, 25, 33.
Deckung, f. Kosten.
Deichpflicht 249, 250, f. Reihenfolge der bei der Zwangsversteigerung zu befriedigenden Ansprüche.
Deposition, f. Hinterlegung.
Dienst, dauernder 248, Bezüge 240, 248, 247, 306, f. Reihenfolge.
Dienstländereien 24, 25.
Dienstpersonal, f. Dienstbezüge.
Dienstwohnungen 25.
Dingliche Rechte, Verfolgung 39, 41, 42, 191. Lasten auf Bahngrundstücken 82, 88.
Dingliche Rechtsverhältnisse an Bahnen 140, f. Erwerb des Eigentums und der sonstigen dinglichen Rechte an der Bahneinheit, Umfang, Wirkung, Uebertragung und Aufhebung.
Dispositionsgrundstücke.

E.

Eigentümer, f. Antrag, Bahneigentümer, Anteilsverhältnis, Grundstücke.
Eigentum, f. Erwerb 140, 147, 151—153.
Eigentumsansprüche, f. Aufforderung. Die Vorschriften des BGB. über Ansprüche aus dem Eigentum an Grundstücken finden entsprechende Anwendung auf Bahneinheiten 140, 152.
Eigentumserwerb. Die Vorschriften des B.G.B. finden Anwendung auf die Bahneinheit 150, 151.
Eigentumsnachweis der Bahngrundstücke 82, 87.
Eigentumswechsel, Eintragung 11, 120. — Veräußerung einer Bahneinheit 153, f. Veräußerung.

Eigentumszeichen des Betriebsmaterials 19, 30.
Einführungsgesetze zur Grundbuchordnung 53, 54, 55. Anwendung auf die dinglichen Rechtsverhältnisse 140, 151.
Einheit, s. Bahneinheit.
Einheitlicher Betrieb mehrerer Bahnen 6, 10.
Einkünfte aus der Zwangsverwaltung ausreichend zur Kostendeckung 287, 289. — im Konkurse 291, 292. Verteilung 304, 308.
Einlegung, s. Beschwerde.
Einleitung (Anordnung) der Zwangsliquidation 106, 118, 343, 351, 353, s. Zwangsliquidation. Zwangsverwaltung, Zwangsversteigerung 202, 205, 287, 288, 329, 342. Anordnung. — im Konkurse 291, 292.
Einlösung von Zinsscheinen 172, 178, 186.
Einnahmen, s. Betriebseinnahmen.
Einräumung eines Vorrechts durch Beschluß der Gläubigerversammlung 178.
Einrichtung der Bahngrundbücher 56. — des Titels und der Grundakten des Bahngrundbuchblattes 67, 68, 71 ff.
Einrückung in den Anzeiger des Amtsblattes des Versteigerungstermins 262. — der öffentlichen Bekanntmachungen 463, 465.
Einstellung des Konkursverfahrens durch Beschluß der Gläubigerversammlung 178. — der Zwangsliquidation 414, 419, 422. — Zwangvollstreckung 202, 205. — einstweilige des Versteigerungsverfahrens 275.
Eintragung einer Bahn in das Bahngrundbuch 11, 15, 45, 50, 56. — auf Ersuchen der Bahnaufsichtsbehörde 91, 94, sonstige Angaben 91, 94. Abänderungen 91, 98. Bahnpfandschulden, maßgebend für die Schließung des Bahngrundbuchs 106, 111, 112. — der Zugehörigkeit eines Grundstücks in das Bahngrundbuch 126, 189. — einer Hypothek oder Grundschuld 158, 162, 163. — einer Bahnpfandschuld ohne Bezeichnung des Gläubigers, wenn in Teile zerlegt 171, 174—177. Öffentliche Bekanntmachung der Eintragung von Teilschulden 163, 179. Eintragung der Umwandlung in Teilschuldverschreibungen 177. — der Beschlüsse der Gläubigerversammlung im Bahngrundbuch 437, 445. — einer Sicherheitshypothek für eine Gläubigerforderung 208, 210.
Eintragungsbewilligung einer Hypothek oder Grundschuld (Bahnpfandschuld) 158, 162, 163.
Einzahlung, s. Kosten.
Eisenbahnen, Begriff 4, s. Privatbahnen, Kleinbahnen.
Eisenbahnfahrbetriebsmittel, s. Pfändung.
Emissionen von Teilschuldverschreibungen stimmen in den Gläubigerversammlungen getrennt 178, 423, 435.
Ende, s. Aufhören, Beendigung.
Endpunkt der Bahn 67, 69.
Entlassung des Liquidators 377, 384.
Entschädigungsforderungen, s. Reihenfolge der Ansprüche bei der Zwangsversteigerung usw. 28, 240, 246. — wegen nicht verfolgbarer dinglicher Rechte 39, 43. — Vorrecht derselben 246, 402. Berücksichtigung bei der Zwangsliquidation 402, 408.
Entscheidung des Amtsgerichts über den Eigentums- und Belastungsnachweis von Bahngrundstücken 82, 87, s. Urteil, Zuschlagsurteil, Beschwerde.
Entstehung der Bahneinheit 11. — des Pfandrechts 208, 210.
Erhaltung der Bahn 19, 29, s. Ausgaben, Reihenfolge der Ansprüche bei der Zwangsversteigerung 2c.
Erklärung der Bahnaufsichtsbehörde über die Kostendeckung bei der Zwangsverwaltung 287, 289.
Erlös im Konkurse 312, 343. — in der Zwangsliquidation, s. Verteilung.
Erlöschen der Genehmigung 11, 16, 18, 19, 32, 33. Fortbestehen der Bahneinheit 19, 32. Zwangsvollstreckung 312, 315, 317. Bekanntgabe an das Amtsgericht 106, 110. Öffentliche Bekanntmachung 106, 113, 115. Fortbestehen der Bahneinheit nach dem Erlöschen der Genehmigung; Verfügungen des Bahneigentümers 191, 195. Erlöschen des Rechts der Bahnpfandgläubiger auf Unwirksamkeit der Verfügungen des Bahneigentümers 191, 197,199. Nach Erlöschen ist Zwangsversteigerung und Zwangsverwaltung unzulässig 220. Zwangsliquidation 348, 349.
Ermäßigung des Zinsfußes durch Beschluß der Gläubigerversammlung 178.
Ernennung des Verwalters bei der Zwangsverwaltung durch die Bahnaufsichtsbehörde 297, 299. — des Liquidators 369.

Erneuerung der Bahn 19, 29.
Eröffnung des Betriebs, Genehmigung 11, 14. Vermerk auf dem Titel 67, 72. — der Zwangsversteigerung 202. Zwangsverwaltung 287. Zwangsliquidation 343. Konkurs 291, 294, s. Einleitung, Beschwerde.
Erstattung, s. Forderung, Entschädigung.
Ersteher, Erfordernis staatlicher Genehmigung 275, 279, 280.
Ersuchen der Bahnaufsichtsbehörde um Anlegung des Bahngrundbuchs 91, 93. Aufnahme der übrigen Angaben in den Titel und die Grundakten 91, 97.
Erteilung des Zuschlags 275, 279, s. Bestätigung, Zuschlag 11.
Erwerb, gutgläubiger 38. — des Eigentums an Bahnen 140, 149, 150. in der Zwangsversteigerung 275, 279.
Erwerber, Bezeichnung, s. Teilabtretung.

F.

Fällige Teilschuld, Hinterlegung behufs Löschung 171, 172, 177. Zinsscheine 172, 178.
Fahrbetriebsmittel 312, 313, 317. Ansprüche für Benutzung. Reihenfolge der Befriedigung in der Zwangsversteigerung 243. Pfändung 312.
Feldgericht, s. Ortsgericht.
Feststellung der Versteigerungsbedingungen vor der Versteigerung, Anhörung der Bahnaufsichtsbehörde 265, 266. — eines geringsten Gebotes 329, 339. — des Wertes der Bahneinheit 271.
Fonds 19, 27, 31, 32, 235. Bezeichnung im Titel des Bahngrundbuchblatts 67, 78, 100.
Forderungen, zur Bahnheit gehörige 19, 27, 28. — Eintragung einer Sicherungshypothek 208, 210. — mehrerer Bahneinheiten 235. — Rangordnung der F. 208, 210, 307, s. Reihenfolge, Ansprüche, Entschädigungs = Abrechnungsforderungen.
Form der Veräußerung von Bahneinheiten, Bahnkörpern, Bahngrundstücken und Bahnstrecken 153—156.
Formular des Bahngrundbuchs 60, 65, 67, 71. — Einrichtung des Titels 67, 71.
Fortbestehen der Bahneinheit nach Erlöschen der Genehmigung 19, 32. Verfügungen des Bahneigentümers 148, 195. Zwangsvollstreckung 312, 317.
Frankfurt a. M. 120, 128. Verbotsbuch 120, 126, 128, 139.
Freiheit, s. Pfandfreiheit.
Frist, s. Beschwerde.
Führung der Bahngrundbücher 53, 56, 65, 66, 213, 215.

G.

Gänzliche Aufgabe des Pfandrechts 178. — der Zwangsliquidation 414.
Gebäudesteuerrolle 252, 254.
Gebot, geringstes 329, 339. — zum Bau und Betriebe einer Bahn 339, s. Meistgebot.
Gebühren 470, 471—475, s. Gerichtskosten.
Gegenstand des unbeweglichen Vermögens ist die Bahneinheit 1, 6. Anteilsverhältnis mehrerer Bahnen 67, 78, 231, 284. Zwangsvollstreckung in einzelne Gegenstände der Bahneinheit 312, s. Bestandteile.
Geldforderung 211, 319, s. Forderung.
Geltendmachung der Rechte aus der Eintragung der Teilschuld, s. Legitimation.
Genehmigung, besondere 6. Bedeutung für Entstehen und Aufhören der Bahneinheit 11, 14. — für das Verfügungsrecht über die Bahn 6. Erteilung der G. an den Ersteher einer Bahn bei der Zwangsversteigerung 269, 275, 280. Versagung der G. 275, 281. Verwirkung der G. 11, 329, s. Erlöschen, Verwirkung, Inhalt, Minister, Bahnaufsichtsbehörde, Ausschluß, Teilschuldverschreibungen, staatliche Genehmigung.
Genehmigungsurkunde, Abschrift zu den Grundakten 67, 72. — dem Eintragungs-Antrage der Bahnaufsichtsbehörde beizufügen 91, 99.
Gerätschaften 19, 30.
Gericht, s. Amtsgericht.
Gerichtlich, s. Urkunde.
Gerichtskosten 470, 471—475.
Geringstes, s. Gebot.
Gesamtbetrag, s. Teilschuldverschreibung.
Geschäftsführung des Verwalters bei der Zwangsverwaltung 297, 300 bis 304. — des Liquidators 316. Vergütung 377, 381.
Geschäftsjahr 67, 81, 231, 236. Betriebseinnahmen, Anteilsverhältnis.
Gesetz über die Eisenbahnunternehmungen vom 3. November 1838 1, 329, 335. Grundbuchgesetze 53, 55. Einführungsgesetze 53, 55. Gesetz betreffend die Zwangsvollstreckung in das

unbewegliche Vermögen vom 13. Juli 1888 68, 69, 202, 206, 467. Zivilprozeßordnung 213, 217. Gesetz vom 3. Mai 1886 312, 317. Kleinbahngesetz 457, 460. Reichsgesetz über die Zwangsversteigerung und Zwangsverwaltung vom 24. März 1897 326.

Gläubiger, Nichtbezeichnung bei Teilschuldverschreibungen 171, 175, 177, f. Bahnpfandgläubiger.

Gläubigerausschuß im Liquidationsverfahren 365.

Gläubigerversammlung der Inhaber von Teilschuldverschreibungen 178, 365, 414, 419, 424, 431, 437. — einer jeden Emission 428, 435. — ist befugt zu Beschlüssen über Aufgabe des Pfandrechts, Einräumung eines Vorrechts, Gewährung einer Stundung, Ermäßigung des Zinsfußes, Verzicht auf Sicherungsmaßregeln, Zustimmung zur Einstellung des Konkursverfahrens 169, 178. Berufung durch das Gericht 178, 424, 425, f. Berufung, Leitung, Bestätigung, Beschluß, Verwerfung, Beschwerde, Mehrheit, rechtskräftig. — zur Bestellung eines Ausschusses bei der Zwangsliquidation 365, 370.

Grenzbahnen 452, f. Reich.

Grundakten 67, 72, 81, 82, 86, 91, 96, 98. — allg. Verf. d. J.M. 60, 64.

Grundbuch, Eintragung und Löschung der zu einer Bahneinheit gehörigen Grundstücke 120, 126, 130, f. Vermerk, Bahngrundbuch.

Grundbuchblatt, für jede Bahneinheit 56. Abschrift 82, f. Bahngrundbuchblatt, Bahngrundbuch.

Grundbuchgesetze 53. Anwendung auf die dinglichen Rechtsverhältnisse der Bahneinheit 140, 147.

Grundbuchordnung 53, 56, 120, 137.

Grundbuchrecht 33, 82, 86.

Grundschuld, Eintragung 158, 162, 164, 171, 173, 175 ff.

Grundschuldbriefe 175, bei Teilschuldverschreibungen 176.

Grundsteuermutterrolle 252, 254.

Grundstücke, Vorschriften des B.G.B. anwendbar auf Bahneinheiten 140, 147, 151. — dem Bahnunternehmer gewidmete 19, 24, 81, 83. Rechte an fremden Grundstücken 19, 26. Veräußerung und Belastung 33, 37. Eintragung im Bahngrundbuche 67, 74, 82, 85, 100. Eintragung der Bahnzugehörigkeit im Grundbuche 120, 126. Nichteingetragene Grundstücke 120, 137. Veräußerung im Zwangsliquidationsverfahren 383, 395. Verzeichnis 120, 135, f. Bahngrundstücke.

Gutgläubiger Erwerb 38. Verfügungen des Bahneigentümers 191, 195, f. Sperrvermerk.

H.

Hauptschuld, Fälligkeit, Einlösung der Zinsscheine 163, 172, 186.

Hauptverwaltung des Bahnunternehmens 56, 66.

Herabminderung, f. Minderung.

Herausgabe von Gegenständen, Zwangsvollstreckung 319.

Herstellung der Bahn 19, 29.

Hessische, vormals Großherzogliche und Landgräfliche Gebietsteile 120, 139.

Hinterlegung fälliger Teilschulden unter Verzicht auf Zurücknahme 182, 185, 186. — Löschungsantrag gestützt auf Hinterlegung 181, 183. — fälliger Zinsscheine 186. — der Teilschuldverschreibungen vor der Gläubigerversammlung 178, 375. — nicht erhobener Beträge im Zwangsliquidationsverfahren 402, 412.

Hören, f. Anhörung.

Homburg 82, 120, 139. Löschung 163.

Hypothek, Eintragung 158, 162, f. Bahnpfandschuld.

Hypothekenbriefe bei Teilschuldverschreibungen werden nicht gebildet 175, 176.

J.

Immobilien, f. Grundstücke, Baulichkeiten, Sachen, Bahneinheit, Unbeweglich.

Immobiliarmasse, f. Nutzungsrecht an fremder Bahn.

Immobiliarsachenrecht, Anwendung auf die dinglichen Rechtsverhältnisse der Bahneinheit 2c. 140, 261.

Inhaberpapiere, f. Teilschuldverschreibungen auf den Inhaber.

Inhalt der Genehmigung ist in den Titel des Bahngrundbuchblatts aufzunehmen 67, 71.

Instanzenzug bei Beschwerden 457, 458.

Interessenten, Zustellung des Zuschlagsurteils 275, f. Beteiligte.

Justizminister, Bestimmung des Bahngrundbuchamts für außerpreußische Bahnen 56, 66. — Bestimmung der

Einrichtung des Bahngrundbuchs 56, 60, 64, 68, 80. — allgemeine Verfügung des J.-M. 60, 64, 476, 483. — Ausführung des Gesetzes 468.

K.

Kassenbestände 19, 27, 28.
Katastermäßige Bezeichnung der Bahngrundstücke, s. Bezeichnung.
Kaufbedingungen, bei der Zwangsversteigerung 265, 266.
Kaufgeld, Reihenfolge der daraus zu befriedigenden Ansprüche bei der Zwangsversteigerung 241, 243, 245. — Belegung und Verteilung des K. der zwangsweise versteigerten Bahn 275, 285.
Kaution, s. Sicherheitsleistung.
Klage, an Stelle der Beschwerde gegen Verfügung und Beschlüsse 707. — Kraftloserklärung von Teilschuldverschreibungen 181, 182, 186, 187.
Kleinbahnen 1, 4. — Genehmigung 51. — Steuern und Abgaben der K. 241, 243, 249, 250. — Beschwerden gegen die Aufsichtsbehörde der K. 457, 458.
Kommunale, s. Abgaben.
Konkursmasse 312.
Konkursordnung, Anwendung der §§ 181, 184 Abs. 2, 185, 186 Nr. 1 188, 189, 193, 195, 196 auf die Bestätigung, Wirkung und Anfechtung der Beschlüsse der Gläubigerversammlungen 437, 440.
Konkursverfahren, Einstellung des K. durch die Gläubigerversammlung 178. Zwangsverwaltung im K. 291, 292. Nichtausschließung von Pfandrechten 312, 323. Antrag auf Berufung einer Gläubigerversammlung 178. — auf Zwangsliquidation 343, 353. Beschwerde 358. Mitwirkung bei der Verwertung 388, 397, 398, 401, 402, 412.
Konkursverwalter 343, 388, 398, 402.
Konventionalstrafen 28.
Konzession, landesherrliche, Entziehung, Verwirkung 387, s. Genehmigung, Privileg.
Konzessionsbedingungen, allgemeine und spezielle, bei der Zwangsversteigerung 265, 268, 271.
Kosten des Verfahrens s. Gerichtskosten 470, 471—475. — Einzahlung bei Berufung einer Gläubigerversammlung 178, 424, 427. — bei der Zwangsverwaltung 287, 289, 306. — im Konkurse 291, 294. — in der Zwangsliquidation 402, 405, s. Ausgaben, Vergütung.
Kostgeld, Anspruch in d. Zwangsversteigerung 243.

L.

Länge der Bahnstrecken im Titel des Bahngrundbuchblatts anzugeben 67, 73.
Lagerplätze 25.
Landesgesetzliche Vorschriften 54, 140, 145, 202, 240.
Landesherrliche Genehmigung, s. Konzession, Privileg 338. Entziehung und Verwirkung 337, s. Konzession.
Lasten 242, s. Reihenfolge, Bahnpfandschulden, dingliche Rechte.
Legitimation zur Geltendmachung der Rechte aus der Eintragung steht dem Inhaber der Teilschuldverschreibung zu 177.
Leitung des Gerichts bei Gläubigerversammlungen 314, 365, 401, 403.
Liquidation, s. Zwangsliquidation.
Liquidationsgericht, s. Amtsgericht.
Liquidator 120, 138. Ernennung 365, 367, 369. Bekanntmachung 377, 379. Vergütung 377, 381. Beaufsichtigung 384. Ordnungsstrafen 385. Entlassung 386. Geschäftsführung 367. Obliegenheiten, Verwertung 388, 390. Mitteilung an den Ausschuß in wichtigeren Fällen 388, 393. Veräußerung von Grundstücken 388, 395; der vorhandenen Bestandteile als Einheit 398, 401. Verteilung 402, 405. Schlußverteilung und Rechnungslegung 414, 416, 417.
Löschung der eingetragenen Pfandrechte 106, 117. — des Vermerks der Zugehörigkeit zur Bahneinheit 120, 121, 130, 137. — vor dem Aufhören der Bahneinheit 120, 138. — der Teilschulden 163, 177. Öffentliche Bekanntmachung 187, 188.
Löschungsbewilligung bei Kraftloserklärung von Teilschuldverschreibungen 177, 178.
Lohn, Ansprüche in der Zwangsversteigerung 243.

M.

Masse, s. Verteilung.
Massekosten 407.
Masseschulden 407.
Mehrere Bahnunternehmungen, s. Anteilsverhältnis an Gegenständen 231,

234. — Angabe im Titel des Bahngrundbuchblatts 67, 78, 101.
Mehrheit bei Wahlen, Beschlüssen der Gläubigerversammlung 178, 365, 375.
Mehrzahl, s. Mehrheitsbeschlüsse.
Meistgebot, Berichtigung 329.
Minderung der Rechte der Teilschuldgläubiger durch Beschluß der Gläubigerversammlung 178, 377, 379, 419.
Minister der öffentlichen Arbeiten, Genehmigung der Eintragung einer Grundschuld 158, 162, 163. — Befugnisse in betreff der Zwangsverwaltung, allgemeine Anordnungen betreffs der Geschäftsführung des Verwalters 297, 304. — in betreff der Kaufbedingungen der Zwangsversteigerung 269, 270. — als Beschwerdeinstanz 458. — Ausführung des Gesetzes 468, s. Justizminister.
Mitglieder, s. Ausschuß.
Mitteilung an das Ortsgericht an Stelle des Vermerks im Grundbuche über die Zugehörigkeit zur Bahneinheit 120, 189.
Mobilien, s. bewegliche Sachen.

N.

Nachweis des Eigentums der Bahngrundstücke zum Vermerk derselben auf dem Titel erforderlich 82, 86. — ebenso Pfandfreiheit 82, 86.
Nichteingetragene Bahn, Zwangsversteigerung und Zwangsverwaltung 223, 226.
Notarielle Urkunde, s. Urkunde.
Nutzungsrecht an fremder Bahn, Zwangsvollstreckung 445, 448.

O.

Öffentliche Aufforderung zur Anmeldung von Ansprüchen 82, 88.
Öffentliche Bekanntmachung des Erlöschens der Genehmigung 106, 113, 115. — der Eintragung von Teilschulden 163, 179. — der Löschung einer Teilschuld 164, 188. Berufung einer Gläubigerversammlung 178, 420. — der Eintragung der Beschlüsse der Gläubigerversammlung 437, 445. — der Eröffnung der Zwangsliquidation 353, 354, 358. Berufung der Gläubigerversammlung zur Wahl eines Ausschusses 365, 370. Name des Liquidators 365, 377. Bekanntmachung des Versteigerungstermins 262, 268. — der Aufhebung oder Einstellung der Zwangsliquidation 414, 417. Form der öffentlichen Bekanntmachungen 463, 466.
Öffentlicher Glauben des Grundbuchs 191, 195.
Öffentliche Lasten, Reihenfolge der Befriedigung in der Zwangsversteigerung 243.
Öffentliche Versteigerungen von Bahnen gemäß §§ 21 und 47 Gesetz vom 8. November 1838, 329, 335.
Ordnungsstrafen, gegen den Zwangsverwalter 302, Liquidator 377, 385.
Ortsgericht (Feldgericht) 121, 139, s. Mitteilung.
Ortsvorstand, Bescheinigung über Eigentumsbesitz und dingliche Rechte 87.

P.

Pachtgeldforderungen 28.
Pensionsfonds 27.
Person des Bahneigentümers 91, 94. — des Erstehers (staatliche Genehmigung) 275, 279, 280.
Personal, s. Dienstpersonal.
Personenmehrheit bei der Abstimmung der Gläubigerversammlung 401, 407.
Pfandrecht, Begründung 62. Freiheit 82, 86, 88. Eintragung und Nichteintragung von Pfandrechten, maßgebend für die Schließung des Bahngrundbuchs 106, 111, 112. Löschung der einzelnen Pfandrechte 106, 117. Zeitpunkt der Entstehung 209, 211. — für Teilschulden auf den Inhaber 303. Aufgabe des Pfandrechts, gänzliche oder teilweise, auf Beschluß der Gläubigerversammlung 377, 389. Beschränkung der Verfolgung während der Zwangsliquidation 361.
Pfändung von Eisenbahnfahrbetriebsmitteln 312, 317. — von Grundstücken s. Beschlagnahme, Zwangsvollstreckung.
Pferdebahnen 4.
Pflichtverletzung des Liquidators 377, 385.
Preußisches Staatsgebiet 24, 56, 66, 67. Bahnen zum Teil im Pr. St. belegen 452, 455, s. Gesetze.
Privateisenbahnen, Begriff 1, 4. Vereinigung mit anderen 6, 10. Veräußerung von Grundstücken 33. Genehmigung des Ministers der öffentlichen Arbeiten zur Eintragung von Grundschulden 158, 160—163. Erteilung der Genehmigung für Privateisenbahnen 51, 267. Steuern und Abgaben der Privateisenbahnen 250.

Zwangsversteigerung der Privateisenbahnen nach § 21 und § 47 des Eisenbahngesetzes 329, 331, 334, 339. Beschwerden gegen Verfügungen der Aufsichtsbehörde der Privateisenbahnen 458.
Privileg, die Genehmigung von Kleinbahnen 4. — die Konzession von Privateisenbahnen 338.
Protokoll bei Gläubigerversammlungen 483.

R.

Rangordnung, der Forderungen 209, 211, 309.
Realansprüche, 209, 211, 244, 306, s. Reihenfolge.
Rechnungsbücher, Abschlüsse 91, 105. Rechnungslegung des Zwangsverwalters 302. Liquidators 414, 416, 417.
Recht der Kündigung einer Bahnpfandschuld 277, 281. — der Bahnpfandgläubiger, betr. Unwirksamkeit von Verfügungen des Bahneigentümers 191, 195, s. Legitimation, dingliche Rechte.
Rechnungslegung des Liquidators 414, 417.
Rechte an fremden Grundstücken 19, 26. Verfolgung 34, 41, 43—45. — auf Bahngrundstücken 82, 88. — an Gegenständen mehrerer Bahnen, Anteilsverhältnis 281, 284, s. dingliche Pfandrechte. — der Bahnpfandgläubiger 343, 361.
Rechtskräftig bestätigter Beschluß der Gläubigerversammlung ist in Ausfertigung zu den Grundakten zu bringen 487, 445, s. Beschluß, Entscheidung.
Rechtsmittel, s. Beschwerde.
Rechtsverhältnisse der Bahneinheiten, Gattung der Vorschriften des B.G.B. 140.
Reich, Bahnen über die Grenzen des Reiches hinaus 5.
Reichsgesetz, s. Gesetze.
Reihenfolge der aus dem Kaufgelde zu befriedigenden Ansprüche bei der Zwangsversteigerung 245. Ausgaben der Verwaltung, Verbesserung, Erhaltung 240, 243. Entschädigungsforderungen 240, 246. Dienstbezüge 240, 246, 247. Abgaben, Renten, Steuern und Lasten 240, 246, 248. Abrechnungsforderungen 240, 246, 249. — bei Verteilung der Einkünfte der Zwangsverwaltung 304, 308. — des Erlöses der Zwangsliquidation 402, 408.
Renten s. Reihenfolge.
Rentenschuld, Eintragung 33, 82, 86, 158, 162, 164, 171, 173, 175 ff.
Reservefonds § 4.
Rollendes Betriebsmaterial als Bestandteil der Bahneinheit 19, 29.
Rückstände 246, s. Reihenfolge an Zinsen und Hebungen 243, 307.
Rückständiges Kaufgeld 286.
Rückzahlung, s. Tilgungsplan.

S.

Sachen, unbewegliche 18, 24. — bewegliche 19, 29, s. Mobilien, Immobilien, Grundstücke, Bestandteile.
Schließung des Bahngrundbuchblatts 11, 17, 106, 107, 111, 117, 312, 317. Recht der Gläubiger auf Unwirksamkeit der Verfügungen des Bahneigentümers 191, 195, s. Bahngrundbuchblatt.
Schlußbestimmungen 445.
Schlußverteilung 414, 417.
Schuld, s. Bahnpfandschuld, Teilschuldverschreibungen.
Schuldgrund 174, 176, s. Teilschuldverschreibung.
Schuldurkunde 175, 176, s. Teilschuldverschreibung.
Schuldverschreibungen, Anwendung des Reichsges. v. 4. Dez. 1899 auf Teilschuldverschreibungen 164, 178.
Selbständige Bahneinheit 7. Kosten 736, 739, s. Bahneinheit. — Verfolgung von Pfandrechten 361.
Sicherheitsleistung des Zwangsverwalters 302.
Sicherungshypothek, Eintragung für die Forderung eines Gläubigers 208. Antrag 211, 223.
Sicherungsmaßregeln, Verzicht auf S. durch Beschluß der Gläubigerversammlung 178.
Sitz der Hauptverwaltung 56, 66.
Sofortige Beschwerde, s. Beschwerde.
Sperrvermerk, d. i. Vermerk der Zugehörigkeit eines Grundstückes zur Bahneinheit im Grundbuche 120, 121, 122. Eintragung und Löschung 126, 129. — auf Antrag des Bahneigentümers 132. — von Amts wegen 135, 137. — schließt die Gutgläubigkeit des Erwerbs aus 191, 199, 200.
Staat, auswärtiger als Bahnunternehmer 4, 452. Preußischer Staat als Betriebsführer auf fremder Bahn 449, s. Abgaben, Genehmigung.

Staatliche Genehmigung zur Inverkehrsetzung von Teilschuldverschreibungen auf den Inhaber 176. — zum Erwerb der Bahn in der Zwangsversteigerung 275, 279. — Versagung der Genehmigung 275, 281.
Staatsvertrag 449, 452, 454.
Staatsgebiet, preußisches 24, 56, 66, 67. Bahnen zum Teil im Pr. St. belegen 452, 453.
Stammbahn 7, 10. — allgemeine Verfügung d. J.-M. 60, 64, 476, 483.
Statuten 463, 467.
Steuern 240, 241, 243, 249, s. Reihenfolge.
Stockbuch 120, 126, 128, 136.
Strafen, s. Konventional-, Ordnungsstrafen.
Steuerung, s. Steuern.
Stimmenmehrheit, s. Mehrheit.
Strecken, s. Bahnstrecken.
Stundung durch Beschluß der Gläubigerversammlung 178, 389.
Subventionsforderungen 19, 27, 28, s. Zuschuß.
Summenmehrheit bei der Abstimmung der Gläubigerversammlung 434, 435.

T.

Termin zur Verkündung des Zuschlagsurteils 275, 283, s. Zeitpunkt, öffentliche Bekanntmachung, Zwangsversteigerung.
Terminsbestimmung, Inhalt bei der Zwangsversteigerung 259. — Bekanntmachung 262. — Verteilung des Erlöses 275.
Teile der Bahneinheit 18, 19.
Teilnahmerechte bei der Zwangsliquidation 402, 408.
Teilschulden, Eintragung 171, 174, 175, 176, 177. — öffentliche Bekanntmachung der Eintragung, Hinterlegung fälliger Teilschulden 163, 179. Löschung 164, 168. Berücksichtigung bei der Zwangsverwaltung 304, 310.
Teilschuldverschreibungen auf den Inhaber 144, 163. Eintragung 171, 174—177. Anwendung der Vorschriften über Schuldverschreibungen auf den Inhaber 176 und des Reichsges. vom 4. Dezember 1899 178. Öffentl. Bekanntmachung der Eintragung 163, 179, der Löschung 164, 188. — legitimiert zur Geltendmachung der Rechte aus der Eintragung 177. Löschung 177. Zwangsliquidation 414, 417. Bekanntmachungen für Inhaber von Teilschuldverschreibungen 463, 467. Gläubigerbeschlüsse 377, 387. — im Zwangsvollstreckungsverfahren 304, 310. Befriedigung bei der Zwangsverwaltung 304, 310, s. Gläubigerversammlung, Zinsscheine.
Teilstrecken, inländische 452. Veräußerung 155, s. Bahnstrecke, Bahnen.
Titel des Bahngrundbuchblatts 19, 65, 67. Angaben im Titel 67, 73, 91, 93. Beschreibung des Bahnunternehmens 67, 71, 72, 95. Betriebseröffnung 67, 72. Nähere Einrichtung durch den Justizminister zu bestimmen 56, 60—65. Vermerk auf den Titel setzt Eigentumsnachweis voraus 82, 85. — und Pfandfreiheit 82, 85.
Transportmittel, Bestandteile der Bahneinheit 19, 27—30, 312, 317, 325. Benutzung 241, 250, s. Abrechnungsforderung, Betriebsmittel, Pfändung.

U.

Überschüsse, Verteilung bei der Zwangsverwaltung 304.
Übertragung der dinglichen Rechte an der Bahneinheit 140, 143, 150.
Umfang der dinglichen Rechte an der Bahneinheit 246, 254.
Umwandlung einer für einen bestimmten Gläubiger eingetragenen Bahnpfandschuld in Teilschuldverschreibungen 177.
Unbewegliches Vermögen, die Bahneinheit als Gegenstand desselben 1, 6. Zwangsvollstreckung in die Bahneinheit 202, 206, 317. Gegenstände und Rechte. Anteilsverhältnis 231, 234. Nutzungsrecht an fremder Bahn 445, 448.
Unschädlichkeitsattest der Bahnaufsichtsbehörde bei Veräußerung und Belastung von Grundstücken 33, 36. — bei Verfolgung dinglicher Rechte 39, 41. — bei Zwangsvollstreckung 312, 317, s. Bescheinigung.
Unternehmer, Verpflichtung zum Betriebe einer Kleinbahn 1. Erlöschen der Genehmigung 11, s. Bahnunternehmer.
Unwirksamkeit von Verfügungen des Bahneigentümers 191, 195.
Unzulässigkeit der Pfändung von Eisenbahnfahrbetriebsmitteln, Gesetz vom 3. Mai 1886 312, 317. — von Veräußerung und Verpfändung einzelner zur Bahneinheit gehöriger Grundstücke 33.
Urkunde, s. Genehmigungsurkunde, Hy-

pothekenbrief, Grundschuld, Vernichtung. — gerichtliche oder notarielle bei Löschung von Teilschulden beizubringen 177, 181. Bestallung des Liquidators 377, 379, 881.
Urteil, s. Zuschlagsurteil, Entscheidung, Beschluß.

V.

Veränderungen, Eintragung im Titel 98.
Veräußerung der zur Bahneinheit gehörigen beweglichen Sachen 19, 30. — der Bahngrundstücke 38, 36. Rechte an fremden Grundstücken 48, 44. — der Bahneinheit 120, 129, 153. Form der Veräußerung bei Bahneinheiten 154. Bahnkörper 154. Bahngrundstücke 154, 155. Bahnstrecken 155, 156. Grundstücken aus freier Hand im Zwangsliquidationsverfahren 388, 397. — der Bahneinheit im Zwangsliquidationsverfahren § 55 und Anmerkung dazu. — Siehe auch Verfügungen.
Verbesserungen, s. Ausgaben, Reihenfolge.
Verbotsbuch der Stadt Frankfurt 120, 124, 128.
Vereinbarkeit mit dem Betriebe, s. Unschädlichkeitsattest, Bescheinigung.
Verfahren der Zwangsversteigerung und Zwangsverwaltung 202, 204. — nach Erlöschen der Genehmigung unzulässig 220, 222. Kosten 287, 289. Einstellung 275. — im Konkurse 291, 295.
Verfolgung dinglicher Rechte 39, 41. — selbständige von Pfandrechten 361.
Verfügung über die Bahneinheit 6, 10. — über Bahngrundstücke, Beschränkung 33. — über Rechte an fremden Grundstücken. — über Bestandteile der Bahneinheit nach Erlöschen der Genehmigung 191, 194, 197. Siehe auch Veräußerung, Instanzenzug. Allgemeine Verfügung des Just.-Minist. 56, 60, 64, 476, 483.
Vergütung für den Zwangsverwalter 298, 304. — für den Liquidator 377, 381. — für die Mitglieder des Gläubigerausschusses.
Verjährte Zinsen 186.
Verkündung, s. öffentliche Bekanntmachung, Zustellung, Zuschlagsurteil.
Vermerk der Zugehörigkeit des Grundstücks zur Bahneinheit 33. — der noch nicht erteilten Genehmigung zur Betriebseröffnung 67, 72. Verf. d. J.-M. 56, 60, 64, 476, 488. — auf dem Titel 82, 85. Vermerk des Erlöschens der Genehmigung im Bahngrundbuch, wenn Pfandrechte eingetragen sind 106, 111. — der Eintragung und des Erlöschens der Zugehörigkeit zur Bahneinheit 120, 126, 129, 187, 188. — des Antrags auf Zwangs-Versteigerung oder Verwaltung 224, 228, s. Sperrvermerk.
Vermögen, s. bewegliche, unbewegliche Sachen, Bahneinheit als Gegenstand des unbeweglichen V. 1. Zwangsvollstreckung 202, 206. Konkurs 291, 295.
Vermögenswerte, dem Bahnunternehmen gewidmete 1, 6.
Vernichtung der Hypothekenurkunde bei Umwandlung in Teilschuldverschreibungen 177. — der Teilschuldverschreibungen bei Löschung der Teilschulden 176, 177, 182.
Versagung des Unschädlichkeitsattestes 40, 43. — der Genehmigung bei der Versteigerung 275, 282. — des Zuschlags 275.
Versammlung, s. Gläubigerversammlung.
Versteigerung, öffentliche, von Bahnen nach §§ 21 und 47, Ges. v. 8. Nov. 1838 329, 335. Bedingungen 265, s. Zwangsversteigerung.
Versteigerungstermin 11, 18. Öffentliche Bekanntmachung 527, 530.
Verteilung des Erlöses bei der Zwangsversteigerung 240, 245, 286. — der Überschüsse der Zwangsverwaltung 304, 308. — der Masse in der Zwangsliquidation 402, 404, s. Ausschuß, Benachrichtigung, Schlußverteilung 213, 217.
Verträge, s. Form.
Vertreter der Gläubiger bei der Abstimmung 178, 434, 435.
Vertretung, gemeinsame, der Teilschuldgläubiger durch die Gläubigerversammlung 178, 420, 428, 424, 431, 437.
Verwalter bei der Zwangsverwaltung, Ernennung, Beeidigung, Beaufsichtigung, Geschäftsführung, Vergütung 297, 300—304, s. Liquidator, Konkursverwalter.
Verwaltung, s. Ausgaben, Reihenfolge.
Verwaltungsfonds 19.
Verwerfung des Beschlusses der Gläubigerversammlung 438, 443, 444.
Verwertung in der Zwangsliquidation 398, 400.
Verwirkung der Genehmigung 11.
Verzeichnis der zur Bahneinheit gehörigen Grundstücke ist vom Bahneigentümer der Aufsichtsbehörde mitzuteilen 120, 135.

Verzeichnung, s. Grundakten.
Verzicht auf Zurücknahme bei Hinterlegung einer fälligen Teilschuld 181, 185. — von Zinsscheinbeträgen 186. — auf Sicherungsmaßregeln durch Beschluß der Generalversammlung 178.
Vollstreckbare Forderung, Eintragung 208, 210.
Vollstreckungsgericht, Ersuchen um Eintragung 223, 226. Zuständigkeit zur Zwangsvollstreckung 213, 215. Feststellung des Anteilverhältnisses 231, 234, 239.
Vorlegung der Zinsscheine 172, 177, 178.
Vorrecht, Einräumung durch Beschluß der Gläubigerversammlung 178. Entschädigungsforderungen für entzogene dingliche Rechte 240, 243, 246. — der zu dauerndem Dienste Angestellten 240, 243, 248. — der Steuern und öffentlichen Abgaben 240, 243, 249. — der Abrechnungsforderungen 251.
Vorschriften des Bürgerlichen Gesetzbuchs 140. — der Konkursordnung 437, 440. — des Eisenbahngesetzes vom 3. November 1838, 329, 335. — des Zwangsvollstreckungsgesetzes 202, 206. — der Zivilprozeßordnung 213, 216. bei der Zwangsvollstreckung 213, 215. — Geltung landesgesetzlicher Vorschriften 54, 140, 202, 240.

W.

Wagenachskilometer 231, 237, s. Anteilsverhältnis.
Wahlen zum Ausschusse durch die Gläubigerversammlung in der Zwangsliquidation 365, 375.
Wechsel, s. Eigentumswechsel, Eintraguug 120, 129.
Werkstätten 26.
Werkzeuge 19, 30.
Wert, s. Vermögenswerte. — Feststellung des Wertes der Bahneinheit vor der Versteigerung 271.
Widerspruch des Eigentümers gegen die Geltendmachung dinglicher Rechte 48, 45.
Widmung eines Grundstücks für den Bahnbetrieb 19, 24. — für einen andern Zweck 33.
Wiederholter Versteigerungstermin 11, 18.
Wirkung der dinglichen Rechte an der Bahneinheit 140, 147. -- der gerichtlichen Bestätigung der Beschlüsse der Gläubigerversammlung 439, 444.
Wohnort, s. Bahnpfandgläubiger.

Z.

Zahlungsbedingungen 176, s. Teilschuldverschreibung.
Zeichen der Zugehörigkeit der Betriebsmittel zur Bahn 19, 30.
Zeit der Entstehung des Pfandrechts 209, 210.
Zeitpunkt des Eingangs des Antrags 209, 210. Zeitdauer des Unternehmens einzutragen in den Titel des Bahngrundbuchblatts 67, 72. — der Eintragung der Bahn in das Bahngrundbuch 11. — der Entstehung der Bahneinheit 11, 14. — des Aufhörens 16, 17.
Zerteilung von Grundstücken, s. Form.
Zerlegung der Bahnpfandschuld in Teile, s. Teilschuldverschreibungen.
Zinsen, verjährte 178, 186.
Zinsfuß, Ermäßigung des Z. durch Beschluß der Gläubigerversammlung 178.
Zinsscheine 163, 172, 178, 186, s. Hinterlegung, Reihenfolge.
Zubehör einer Bahneinheit zu einer andern B. 110. – allg. Verf. d. J.-M. 56, 60, 64, 476, 483, s. Bestandteile.
Zugehörigkeit von Gegenständen zur Bahneinheit 18, 19, 33. Eintragung 120, 126. Vermerke im Grundbuche 120, 126, 130, 137. Mitteilung an das Ortsgericht (Feldgericht) 121, 139.
Zurücknahme des Antrags auf Zwangsliquidation 106, 119, s. Verzicht, Hinterlegung.
Zurückweisung des Antrags auf Zwangsliquidation 106, 119.
Zusammenhang von Grundstücken mit dem Bahnkörper 67, 75.
Zuschlag bei der Zwangsversteigerung 11, 275, 279.
Zuschlagsurteil, Aufhebung 275, 281. Versagung 282. Genehmigung, Versagung des Zuschlags 275. Zustellung 284. Termin zur Verkündung 275, 285.
Zuschüsse zu Bahnunternehmungen 28.
Zusicherung von Zuschüssen als Bestandteile der Bahneinheit 19, 27, 28.
Zuständigkeit der Amtsgerichte zur Anlegung und Führung der Bahngrundbücher 58, 66. — zur Zwangsvollstreckung 213, 215, 216, s. Bahnaufsichtsbehörden.
Zustellung des Zuschlagsurteils 275, 281. — des die Zwangsliquidation abweisenden Beschlusses 353, 357.
Zustimmung des eingetragenen Eigentümers bei Zerlegung einer für einen bestimmten Gläubiger eingetragenen

Pfandschuld in Teilschuldverschreibungen 177. — der Gläubigerversammlung zur Einstellung des Konkursverfahrens 178. Zustimmung zum Löschen des Zugehörigkeitsvermerks zur Bahneinheit seitens der Aufsichtsbehörde oder des Liquidators 120, 138.

Zwangsliquidation, Eröffnung 106, 118, 348. Beendigung 106, 119, 414, 419. Eröffnungsbeschluß 351, 353, 354. Beschwerde 353. Liquidator 365. Ausschuß 365. Verwertung 388, 398. Verteilung 402, 404. Kosten und Ausgaben 402, 406. Verteilungsvorschriften 402, 408. Hinterlegung 402, 412. Aufhebung und Einstellung 414, 417, 418.

Zwangsmittel der Aufsichtsbehörde, s. Bahnaufsichtsbehörde 103, 104.

Zwangsversteigerung 11, 18, 202, 204, 207, 329, 334, 336. — einer nicht eingetragenen Bahn 223, 226. Einleitung 252, 254. Anhörung der Bahnaufsichtsbehörde über die Versteigerungsbedingungen 265, 266. — im Zwangsliquidationsverfahren 388, 395. Gerichtsgebühren der Z. 470—475, s. öffentliche Versteigerung, Termin, Bekanntmachung 463, 466.

Zwangsverwalter 297.

Zwangsverwaltung 11. — einer nicht eingetragenen Bahn 226, 229. Antrag auf Einleitung, Kostendeckung 287, 289. — im Konkurse 291, 294. — Verwalter, Ernennung, Aufsicht, Geschäftsführung 297, 300—304. Verteilung der Einkünfte 304, 308. — im Zwangsliquidationsverfahren 388, 395. — durch Ausübung des Nutzungsrechts 445, 448, 450. Gerichtsgebühren der Z. 470, 471—475.

Zwangsvollstreckung in die Bahneinheit im Allgemeinen 46, 58, 202, 206. Vollstreckungsgericht 213, 215. — in Bestandteile der Bahneinheit 312, 317. — im Falle der Betriebsausübung durch Dritte 445. — in das Nutzungsrecht an fremder Bahn 445, 448, 450. Gerichtskosten 470, 471—475.

Zwangsvollstreckungsgesetz vom 13. Juli 1883. Anwendung auf Bahneinheiten 202, 206, 207.

Zwangsversteigerungsgesetz vom 24. März 1897 202 ff., Preuß. Ausführ.-Gesetz vom 23. September 1899, 208 ff., 471.

Zweck der Gläubigerversammlung ist bei der Berufung anzugeben 424, 427.

Druck von A. W. Hayn's Erben, Berlin und Potsdam.

MIX
Papier | Fördert gute Waldnutzung
FSC® C083411

Kolibri 360 GmbH
Ferdinand-Jühlke-Straße 7
99095 Erfurt, Deutschland
produktsicherheit@kolibri360.de